Martin Chemnitz

Itinerarium Sacrae Scripturae

Ein Reisebuch über die ganze heilige Schrift in zwei Bücher geteilt

Martin Chemnitz

Itinerarium Sacrae Scripturae
Ein Reisebuch über die ganze heilige Schrift in zwei Bücher geteilt

ISBN/EAN: 9783337175702

Printed in Europe, USA, Canada, Australia, Japan

Cover: Foto ©Lupo / pixelio.de

More available books at **www.hansebooks.com**

ITINERARIVM
SACRÆ SCRIPTVRÆ.

Das ist:

Ein Redebuch

Vber die gantze heilige Schrifft /
in zwey Bücher getheilet.

Der Erste Theil begreifft alle Reisen der lieben Patriarchen / Richter / Könige / Propheten / Fürsten / etc. Nach Deutschen Meilen außgerechnet / vnnd die Länder / Städte / Wasser / Berg vnd Thal / deren in heiliger Schrifft gedacht wird / nach aller gelegenheit vnd gestalt beschrieben / vnd ihre Hebreische vnd Griechische Namen verdeutschet werden / mit angehengten kurtzen Allegorien, vnd Geistlichen Bedeutungen.

Der Ander / gehet auff das Newe Testament / vnd zeiget an / wie die Jungfraw Maria / Joseph / die Weisen aus Morgenland / der HERR JEsus Christus / vnd die lieben Eposel gereiset haben / aus dem Glaubwirdigsten vnd fürnembsten Büchern zusammen gezogen / vnd Geometrischer weise außgerechnet.

Zuuor gemehret mit einem Büchlein DE MONETIS ET MENSVRIS, darin alle Silbern vnd Goldmüntze / auch Korn vnd Weinmaß / deren in heiliger Schrifft gedacht / nach notturfft erkleret werden. Jetzt aber auffs newe durch den Autoren selbst mit fleiß vbersehen / an vilen örtern weitleufftiger vnd deutlicher erleitert / Vnd mit mehren schönen herrlichen Tabulis, auch hin vnd wider an vielen löblichen vnd fürtrefflichen Historien gemehret vnd g. bessert / Inso̜derheit aber mit einer feinen nützlichen erklerung deß
Buchs Josua.
Durch/

M. Henricum Bünting / Pfarrhern der Kirchen zu
Gennaw im Lande zu Braunschweig.

Mit einer Vorrede deß Herrn D. Martini Chemnitii,

Gedruckt zu Magdeburg / durch Paul Donat / Jnvorlegung
Ambrosij Kirchners / Anno 1597.
CVM GRATIA ET PRIVILEGIO, &c.

Die fürnemesten Autoren

daraus diß Werck zusamen gezogen/
sind diese.

Die Reisen sind genommen aus der heiligen Bibel/vnd aus Flauio Josepho.

Aber zu den meilen außzurechnen/haben
mir insonderheit gedienet.

Cl Ptolomeus.
S. Hieronymus.
Iacobus Ziglerus.

Tilemannus Stella Sigensis,
Petrus Apianus,
Gemma Frisius,

Die Hebreischen Namen zuuerdeutschen/da
sind diese Autores zugebraucht worden.

S. Hieronymus.
D. Martinus Lutherus.
Philippus. Melanthon.
Dauid Cytræus.

Robertus Stephanus, Typographus,
Parisiensis.
Iohannes Forsterus.
Iohannes Auenarius.

Die Stedt vnd Lender zubeschreiben/dazu
sind nachfolgende treffliche Doctores vnd
Lehrer gebraucht worden.

Strabo.
Plinius.
Pompeus Mela.
C. Iulius Solinus.
S. Hieronymus.
Flauius Iosephus.
Egesippus.
Eusebius.
Sozomenus.
Nicephorus.
Historia Ecclesiastica Tripartita.
Iohannes de Mandeuille.
Sebastianus Munsterus.
Bernhard von Breitenbach Ritter.
Sebastianus Franck.
Adamus Reisnerus.
Iehannes Heidenus.
Bap. Platina.
Laonicus Galcocondil Atheniensis.
Conradus Gesnerus.
Haithonus Armenus.
Venerabilis Beda.

Stephanus.
Raphael Volaterranus.
Iacobus Ziglerus
VVolffgangus VVeissenbungius,
Acade. Basiliensis.
Mathematicus,
Ioachimus Vadianus Consul Sangillensis.
Christianus Vurstisius Basiliensis.
Iohannes Honterus Coronensis.
Ludouicus Patricius Romanus.
Nicolaus Sophianus.
Marcus Pauli Venetus.
Caspar Vopelius.
Abraham Ortelius.
F. Borcardus Monachus.
Ludolphus de Suchon.
Pastor Ecclesiæ in Suchen,

Was

Vorrede.

Was aber Bernhard von Breitenbach belanget deß ich offt vnnd vielmals in disser meiner Erbeit gedencken werde / derselbige ist ein Edler Ritter vom Adel / vnnd ein Decan vnnd Camerer des Ertzstiffts Meintz gewesen / vnnd ist im Jahr nach CHRJsu Geburt / 1 4 8 3. mit einem Graffen von Solms / vnd vielen andern Freyherrn / Edlen vñ Rittern ins Heilige Land gefahren / daßelbige mit Pferden bereisen / vnd einen Kunstreichen Mahler bey sich gehabt / der alles hat malen vnd entwerffen müßen / Sie sind auch nach dem Berge Sinai / vnnd von dannen gen Alcair in Egypten gezogen. In der heimfart ist Graff Johan von Solms zu Alexandria in Egypten gestorben vnnd daselbst in S. Michaelis Kirchen fein Ehrlich zur Erden bestattet. Bernhard von Breitenbach aber / als er wider heim kommen / hat er die gantze Reise vnd Walfart in Lateinischer sprache beschrieben / vnd seinem Herrn dem Erdbischoff vnd Churfürsten zu Meintz dasselbe Buch dediciert vnd zůgeschrieben / Des ich mich zu dieser meiner Erbeit gebrauchet.

Dem Durchleuchtigen Hoch-
gebornen Fürsten vnd Herrn/ Herrn Wilhelm/
dem Jüngern / Hertzog zu Braunschweig vnd
Lüneburg meinem gnedigen Fürsten
vnd Herrn.

GNADE vnd Friede von Gott dem
Himlischen Vater/ durch Jesum Christum sei-
nen eingebornen Son vnsern einigen Mitler
vnnd Seligmacher zuuor.   Durchleuchtiger
Hochgeborner Fürst/ vnd gnediger Herr/ wir
lesen von dem Königlichen Propheten Dauid
das er die zeit seines Lebens/ eine Pilgram-
schafft vnd Walfart vergleichet/ wie denn sei-
ne Wort lauten im 39. Psalm.   Höre mein Gebet HErr/ vnd ver-
nim mein schreyen/ vnnd schweige nicht vber meinen Trenen/ Denn
ich bin dein Pilgrim vnd dein Bürger/ wie alle meine Veter. Sehr
sein beschreibet da der liebe Dauid / sein vnd aller frommen Christen
leben/ wie es darumb gethan sey.   Hie leben wir auff dieser Erden/
gleich als in einem Jammerthal/ müssen viel mühe / erbeit / vnd vn-
gemachs leiden / können gar selten recht frölich sein / vnnd bringen
das merer theil vnsers lebens zu / mit wehklagen / seufftzen / schrey-
en vnnd weinen / haben auch nichts eigens / sondern sind gleich
wie Frembdlinge / vnnd Wandersleute / die hie nicht zu Hauß gehö-
ren / sondern gleich wie im Elend herumb schweben / wie denn auch
der weise man Syrach im 40. Cap. mit sehr schönen worten / solch
Elend Menschliches lebens noch weiter erkleret / vnd daneben anzeiget / das solchem vnglück vnd elende / je so wol grosse vnd hohe Potentaten / als andere arme Menschen vnterworffen sein müssen.   Es ist
ein elend jemmerlich ding (spricht er) vmb aller Menschen Leben/ von
Mutterleib an/ biß sie in die Erden begraben werden / die vnser aller
Mutter ist.   Da ist immer sorge / furcht / hoffnung/ vnd zu letzt der
tod/ so wol bey dem / der in hohen Ehren sitzt / als bey dem geringsten
auff Erden/ so wol bey dem der Seiden vnd der Kron tregt / als bey dem
der einen groben Kittel an hat.   Denn hie ist kein vnterscheid / Es sey
Keyser / König / Fürst oder Vnterthaner / arm oder reich / wir sind
alzumal elende vnd mühselige Menschen/ dazu rechte Wandersleute
auff dieser Erden / wie der heilige Patriarch Jacob spricht zum Könige Pharao.   Die zeit meiner Walfart ist 130. Jar / wenig vnd böse ist die zeit meines lebens/ vnd langet nicht an die zeit meiner Veter
in jrer Walfart / Gen. 47.

   Der grosse Alexander / König in Macedonia/ war ein Herr

Vorrede.

der gantzen Welt / aber man sehe sein leben an / so wird es sich befinden / das er der grössseste Walbruder auff dieser Erden gewesen / vnnd der mühseligste Mensch der zu seiner zeit mag gelebet haben. Denn sein Leben hat jmmer gehangen / wie an einem seiden Faden / hat in grosser hitze offt reisen vnnd grossen durst leiden müssen /, vnd ob er wol ein Land vnnd Königreich nach dem andern eingenommen / war es doch nicht sein eigen / denn als er auff das höheste kommen war / fiel er dahin vnnd starb eilendt hinweg / muste alles hie auff Erden lassen / Da stundt die gantze Welt ohn HERren / wie es sich ansehen ließ / Aber Gott wolte damit anzeigen / Das nicht Alexander / sonder er selbst der Welt HErr were / Alexander aber were ein Walbruder gewesen / vnnd gleich wie ein rechter Wandersman vnd Frembdling auff dieser Erden. Vnd also hat es auch ein gestalt vmb aller Menschen leben / sie sein hohes oder nidriges Standes.

Trost in vnser Pilgrimschafft.

Das ist aber dagegen vnser Trost / Das Dauid in obgenanten 36. Psalm sich nicht allein ein Pilgrim / sondern auch einen Bürger vnsers HERrn GOttes nennet / damit anzuzeigen / das / ob wir wol hie auff Erden keine bleibende stat haben / so sein wir doch gleichwol Bürger vnnd Haußgenossen vnsers lieben GOttes / die bey jhm vnd seinen lieben Engeln / sollen im newen Himlischen Jerusalem wohnen / vnnd dasselbige Bürgerrecht / hat vns der HERR Christus durch sein Theures Blut erworben. Vnnd also haben wir in ein groß vortheil für den Weltkindern / die hie auch wol / gleich wie wir / arme elende Wandersleute sind / aber nimmermehr können zur Ruhe kommen / weil sie Christum vnd sein heilig Wort faren lassen / sich desselbigen nicht annemen / sondern jmmer für ein spot halten.

1. Jnn vnd ins halt dieses Jtinuraril.

Diß alles noch deutlicher vnd scheinbarlicher zu erkleren / vnd gleich wie in lebendigen Exempeln für die Augen zustellen / habe ich für mich genommen die gantze heilige Bibel / vnd beschreibe nacheinander / alle Reisen der lieben Patriarchen / Richter / Könige / Fürsten / Propheten / deß HErrn Christi selbst / vnd seiner lieben Apostel. Die denn allzumal rechte Pilgrim / vnd Wandersleute auff dieser Erden gewesen.

Vnd ob es wol etliche Könige vnd Fürsten als Jerobeam / Antiochus / Holofernus / Nicanor vnd andere mehr / den Irrweg gewandert / vnnd mit Leib vnd Seel in Abgrund der Hellen gerant / so haben doch die lieben Patriarchen vnd Propheten / der HERR Christus vnnd seine heiligen Aposteln / auch viel fromme Könige vnd Fürsten / als Dauid / Hiskia / Josia / Naeman aus Syrien / Judas Maccabeus vnnd viel andere mehr / jhre Walfart seliglich

vollen-

Vorrede.

vollendet. Solches wird sich nun viel deutlicher finden / wenn man jhr gantzes leben mit allen mühseligen Reisen / wie ich die in diesen zween Büchern nach einander außgerechnet vnnd beschrieben habe / mit fleiß wird angesehen vnd erwogen. Als denn können wir vns / gleich als in einem hellen Spiegel / in jhrem gantzen Leben abspiegeln / vnd also an jhnen lernen erkennen / was gut vnd böse sey / wie wir Gottselig leben / vnnd wofür wir vns hüten vnd fürsehen sollen / was wir auch für arme mühselige Creaturen vnnd gebrechliche Menschen sein / vnd wie wir allein den HErrn CHRJstum / mit starcken Glauben ergreiffen sollen / auff das wir also die vnsere Walfart dermal eins selig vollenden mügen / vnnd aus diesem Jammerthal / vnd frembden Lande / da wir Pilgrim vnd Frembdling inne gewesen / mügen abscheiden in das Himlische Vaterlandt vnnd also neben allen außerwelten heiligen Menschen vnd Engeln Bürger vnnd Haußgenossen mügen werden / im newen Himlischen Jerusalem.

Darnach zum andern / gibt es auch eine sonderliche liebe vnd lust zu lesen in der heiligen Bibel / wenn man hat eine gewisse außlegung vnd bedeutung der vnbekandten Nahmen / auch eine gründliche beschreibung der Stedt vnd Orter / die sonsten im lesen ein vberdruß machen / Denn was ist doch lieblicher zu hören / als das die Stedt vnnd Orter im heiligen Lande / fast alle / entweder von Gott selbst / vnd seinem Gottes dienste / oder aber / von wolriechenden Kreutern vnd Blumen / vnnd andern edlen gewechsen den namen haben? Als Jerusalem heist ein Gesicht des Friedes / Jesreel Gottes samen / Samaria Gottes wache / Gibeon eine höhe / da Gott geehret vnd angebetet wird / Nazareth Grüßzweig / Jericho ein süß geruch deß Balsams / Bethlehem Brodhauß / Makeda / ein hangendes blümlein / Megiddo Citrinatepffel / Betherem ein Hauß des Weingarten / Berotha Cypressen / Rimmon / Granatepffel / Bethphage Feigenhauß / Carmel grüne Olive. Vnd also haben fast alle Stedt des heiligen Landes / sehr schöne vnd liebliche Nahmen / entweder von Gott selbst oder von den edlen Gewechsen vnd blümlein / die bey einer jeden Stadt sind gefunden worden.

Woher die Stedte im H. Lande jhre namen haben.

So findet man auch in diesen zween Büchern beschrieben / nicht allein die gemeinen kleinen Flecken deß heiligen Landes / sondern auch die allerschönsten vnnd prechtigsten Gebew der gantzen Welt: Als nemlich / die Stadt vnnd den Tempel zu Jerusalem / der von eitel Marmel / Silber Gold vnd Edelgestein erglastet / vnd alle Gebew der Welt weit hat vbertroffen / Item die septem mirabilia mundi, das ist / die 7. Wundergebew / der Welt / davon Strabo Plinius vnnd andere treffliche Menner mehr / nicht gnugsam haben schreiben /

Die schönste Gebewte der gantzen Welt.

Vorrede.

ben/ aus deren Büchern / wie auch aus andern mehr/ beuorab aber/ aus der Göttlichen heiligen Schrifft / altes vnd newes Testaments / Jch denn diß Werck höhestes meines vermügens vnd auffs fleissigste ich gekont / habe zusamen gezogen. Der liebe Gott gebe das vielen frommen Christen damit müge wolgedienet.

Vnd dieweil von dem nutz vnd fruchtbarkeit dieser Bücher / in der Vorrede des Ehrwirdigen vnd Hochgelarten Herrn Doctoris Mart. Chemnitij Superintendenten der löblichen Stadt Braunschweig dem ich als meinen insondern günstigen Herrn vnd Freunde/ diß Werck darob zu iudiciren/ nit vnbillig vnterworffen / weitleufftiger gehandelt / vnd geschrieben wird / acht ich vnuonnöten sein / hie weiter wort dauon zu machen.

Dedicatiō vnd vrsach der selben.
Dieweil es aber gebreuchlich / das man köstliche güldene Kleinoter / die mit der rechten Goldfarbe heraus gestriechen / vnnd mit Perlin vnnd edlen Gestein / Kunstreich vbersetzet sein / gemeinlich grossen Fürsten vnd HErrn / als die sich insonderheit darauff versichen / vnd jhren verstand nach / damit sich billig zieren vnd schmücken sollen / pfleget zu zutragen/ Also komme ich auch / als ein geistlicher Jubilierer vnnd Wandersman zu E. F. G. mit dem aller köstlichsten Perlin / dauon der HErr Christus selber saget / Matth. 13. Das man alles was man in der Welt hat / gerne dafür solte verkeuffen vnnd fahren lassen / dasselbige theiwre Perlin / nemlich / den HERrn Jhesum Christum selbst / mit seinem gantzen Himlischen Reiche / vnd allen thewren verdiensten vnd gaben / habe ich in diese Bücher / gleich wie in ein gulden Kleinoth verschlossen / vnd so best vermacht / mit einer schönen Geistlichen Goldfarbe heraus gestrichen. Dasselbige offerire E. F. Gnaden als meinem gnedigen Fürsten / vnnd Herrn / der insonderheit zu solchen geistlichen Kleinöden Lust vnnd Liebe hat / vnd die vber alle Schetze der Welt / sehr köstlich vnd werd achtet / Jch hiemit in vntertheniger demuth / der vntertheniger / vngezweiffeleten vnnd gentzlichen zuuersicht / E. F. G. werden sich dieses mein fürnehmen in allen gnaden gefallen lassen / Vnd viel fromme Christen/ denen E. F. G. grosse lust vnd liebe zu GOttes Wort / auch Gottseliger Christlicher Wandel sehr wol bekandt ist / werden dadurch verursachet werden / diese Bücher mit mehrem fleiß zu lesen / vnd jhr ziel dahin zu richten / das sie jre Walfart vnd lauff jhres lebens seliglich vollenden / vnd diß rechte gülden Kleinot / Christum den Sohn Gottes auch endlich ergreiffen vnnd dauon bringen mügen / das jhe der liebe GOtt vns allen / gnediglich verleyen wolle / Jnsonderheit aber E. F. G. vnd derselbigen geliebten Gemahlin / auch Jungen HErrn vnd Frewlein / die ich hiemit inn aller vnterthenigkeit / zu Glückseliger regierung jhrer

Vnter-

Vorrede.

Vnterthanen / vnd steter Wollfart an Leibe vnd Seele / dem lieben Gott gantz getreulich thu befehlen.

Datum zu Grunow im Jahr nach Christi vnsers HErrn Geburt / 1 5 7 9. am 26. tage des Monats Martij / auff welchen tag / für vier hundert vnd acht Jahren / eben am Karfreytag / als man zelet nach Christi Menschwerdung / 1171. Der Durchleuchtigster vnd Hochgeborner Fürst vnd Herr / Herr Heinrich genant der Lew / deß heiligen Römischen Reichs Churfürst vnnd Hertzog zu Sachsen vnd Bayrn / Herr zu Braunschweig vnd Lüneburg / etc. E. F. G. vnd allen andern Hertzogen zu Braunschweig vnd Lüneburg Vorvater / in der hinfart zum heiligen Lande zu Constantinopel gar Fürstlich / Herrlich vnd prechtig / von dem Christlichen Keyser Emanuel / der zu der zeit daselb regieret / ist entpfangen worden / vnnd mit denselbigen vnd seinen Theologis vber Tisch / vom heiligen Geiste / vnd andern Gottseligen sachen / viel schöner vnterredung gehalten. Der liebe Gott wolle vns allen verleyen / das wir je mügen Walfart ziehen / zum rechten Heiligen Lande / damit wir nicht das irrdische / sondern viel mehr das rechte Himlische Jerusalem erlangen mügen / Solches verleye vns allen / der liebe fromme Gott / vmb seines lieben Sohns / vnsers HErrn Jesu Christi willen / Amen.

    E. F. G.
   Vntertheniger vnd
    Dienstwilliger.

      M. Heinricus Bünting / Pfarherr der Gemeine Gottes
         zu Grunow

Dem Christlichen Fleissigen

Gottseligen Leser/ so in den Biblischen Historien der
heiligen Schrifft mit verstande / nutz vnd fruchtbar zu lesen lust vnd
liebe hat/wünschet Martinus Chemnitius Doctor / der Kirchen in Braunschweig Superintendens / Gottes Gnade vnd Segen/durch Christum JHESum vnsern einigen Erlöser vnd Mitt-
ler / in krafft deß Heiligen
Geistes.

Gottes wolthaten belangendt die H. Schrifft.

1. Die offenbarung des Göttlichen Worts.

Es ist eine sonderliche/ hohe/ grosse Gnade
Gabe vnd Wolthat deß frommen getrewen Gottes/das er sich sein
wesen vnd willen/in seinem sonderlichen dazu geoffenbarten worte
vns armen MenschenKindern kund gethan/vnd wissen hat lassen/
weil in rechten waren erkentniße Gottes vnd seines willens vnse-
rer Seelen heil/ vnd das ewige leben stehet / vnnd dasselbige vnserer vernunfft von
Natur verborgen/ vnd von sich selbst recht zu wissen vnnd erkennen vnmüglich / wie
Plinius in der ersten Epistel an die Corinther / mit gewaltigen schönen Sprüchen
dasselbige handelt/vnd wie die alten recht fein gesagt haben/ impossibile est Deum
sine Deo nosse. Es ist vnmüglich / das man Gott ohne seine sonderliche offenba-
rung/ Gnade vnd Würckung recht erkennen könne.

2. Beschreibung deßselben durch gewisse zeugen.

Zum andern/ist das auch eine sonderliche gutthat Gottes/das er solch sein geof-
fenbartes Wort / so viel den Nachkommen zu wissen von nöten/ selber hat lassen in
gewisse glaubwirdige schrifften verfassen vnd auffzeichnen/das ist/ (wie man in Po-
litischen sachen redet)das er seinen Worten/Reden/Wercken vnd thaten/durch gewisse begleubte/vnd insonderheit dazu vocirte vnd requirirte Notarien vnd zeugen/
hat lassen offentliche Instrumenta auffrichten/auff das die Nachkommen sich nicht
dürfften wegen vnd wiegen lassen/ von allerley Winde der Lehre / so vnter den Namen Göttliches Worts fürgebracht wird/Ephe. 4. Sondern das sie gewiß möchten
sein/welches das Wort vnd die Lehre were/welche Gott selber geoffenbaret vnd gegeben hette / wie der 102. Psalm sagt / Das werde geschrieben / auff die Nachkom-
men/vnd das Volck / das geschaffen sol werden/wird den HErrn loben.

3. Verzeichnis deßselben in allen sprachen.

Zum dritten/vnter gemelte Wolthaten Gottes gehöret auch diese/das der fromme Gott/solch sein offenbartes vnd beschriebenes Wort/nicht allein in einer gewis-
sen/ vnnd den gemeinen Man vnbekandter / also das alte Testament in Ebrei-
scher / das newe in Griechischer sprach (welche darumb billig Heuptsprachen genent werden/vnd der Kirchen nötig sind) wil gelesen haben/sondern das fürnemlich
zur zeit des newen Testamentes allerley Zungen vnd sprachen Gott erkennen/ loben
vnd preisen solten/ Jes. 45. Rom. 14. wie deß zur anzeigung vnd bestettigung der H.
Geist am Pfingstag den Aposteln gegeben ist/in gestalt fewriger vnd zerteileter Zun-
gen/Vnd die Apostel predigten die grossen thaten Gottes in mancherley sprachen/
wie es ein jeder nach seiner Landart/darin er geboren/verstehen kündte / Act. 2.

Verwirrung der sprachen vnd ire wiederstatung. Genes. 11.

Was das für ein sonderlich grosse wolthat Gottes sey/ist daraus abzunemen/
das nach der Sündflut / Do die sprachen bey den Babylonischen Thurm verwirret
worden/dadurch die reine Lere deß Göttlichen worts/fast bey allen Völckern ist ver-
tunckelt/vnd endlich gar verloren worden/allein im Hause Eber/ist das wort neben
der Ebreischen sprache/durch sonderliche gnade vnd segen Gottes erhalten vnd ver-
wartet worden.Vnd ist in newen Testament/der verwirrung der Zungen vnd sprachen die gabe deß H. Geistes entgegen gesetzet/ das durch mancherley vnterschiedliche sprachen/alle Völcker zur einigkeit des glaubens versamlet werden wie die Kirche recht singet. Daher do die zeit des Newen Testaments herzu genahet / ist die

Schrifft

Vorrede.

schrifft des alten Testaments in Griechische oder Chaldeische oder Syrische sprachen (weil die beyden sprachen dazumal / von wegen des Chaldeischen / vnd darauff bald erfolgeten Griechischen Keyserthumbs / in aller Welt fast bekant worden) vbersetzt worden. Vnd die schrifft des newen Testaments ist wol in einer / als in der Griechischen sprache anfenglich beschrieben / ist aber hernach in allerley sprachen / vnter allen Völckern in der gantzen Welt geprediget worden. Wie auch Hieronymus zu seiner zeit / die gantze Bibel / in Dalmatische oder Wendische sprache vbersetzet hat.

Vnd vnter andern schaden vnd beschwernis / so das Bapstthumb der Kirchen Gottes gethan vnd zugefüget / ist nicht das geringste / das man die Heuptsprachen / darin vrsprünglich das Alte vnd Newe Testament beschrieben / hat verlöschen vnd vnbekand werden lassen / vnd das man die heilige Schrifft / nicht in eines jeden Landes vnd Volckes bekandter Muttersprache / sondern allein in Latein (da die Dolmetschung offt verkeret vnd gestümelt befunden) hat wollen lesen lassen. Dagegen zu vnsern zeiten / da das joch des Bapstthumbs aus besonder Gottes Gnade von vns genommen / vnter andern wolthaten Gottes auch diese nicht die geringsten sein / das die Heuptsprachen widerumb ans Liecht gebracht / vnd das auch gemeinen Christen oder Leyen / die Bibel in irer gemeinen bekandten Muttersprachen / lesen vnd hören können / vnd daraus ein jeder selber sehen / vernemen vnd verstehen könne / das / vnd wie Gott sein Wort / darin er von anfang der Welt / sein Wesen vnd willen offenbaret hat / in die heilige Schrifft hat fassen vnd verzeichen lassen.

Heuptsprach d. h. S. Schrifft im Bapstthumb vnbekandt.

Solche sonderliche Wolthaten Gottes belangend / sein allein Seligmachendes Wort vnd die heilige Schrifft / sollen wir in der Kirchen Gottes erkennen / betrachten vnd bewegen / dafür den frommen Gott loben vnd preisen / vnd vnsere danckbarkeit dafür vnd dagegen nicht mit dem Munde allein / sondern von Hertzen im werck vnd mit der that beweisen vnd erzeigen / das wir offt gern vnd mit fleiß die liebe Bibel oder die heilige Schrifft lesen / vnd lesen lassen / Derselbigen verstand geschicht vnd lehre vns bekand vnd gemein machen. Vnd ist zu erbarmen / das bey so hellen klaren Liecht des Göttlichen Worts / das lesen in der Bibel / vnd nicht allein bey gemeinen Christen / sondern auch wol bey Gelarten (wil nicht sagen von denen so Prediger sein wollen) sehr abnimpt / wenig vnd mit fleiß geübet vnd getrieben wird / welche vndanckbarkeit weil es eine grosse Sünde ist / Gott ohn zweiffel grewlich straffen wird / mit Thewrung nicht des Brods / sondern seines Worts / vnd rechter reiner Lehre / Amos 8.

Schüldige danckbarkeit für die wolthat heiliger Schrifft.

Vnter andern aber / das manchen vom lesen in der Bibel entweder gar abhelt oder ja dazu vnwillig / vnfleissig vnd verdrossen macht / ist auch das / das in beschreibung der Biblischen Historien / viel Lande vnd Leute / mancherley Städt vnd örter vnterschiedliche grosse Stedte vnd kleine Flecken genent werden / welcher gelegenheit vnd zustand / dem gemeinen Leser / eines mehrn theil vnbekandt sind / vnd ist verdrießlich vnd langweilig / solche vnbekandte Nahmen zulesen / Wie dagegen eine Lust vnd Frewde ist / wenn man weis vnd verstehet / wo ein jedes Land oder Stadt dauon man lieset / gelegen sey / in welchem ort Landes / nach welcher gegend / wie weit von einander / was etwa an solchen örtern sonst merckliches vnd denckwirdiges sich begeben. Denn aber sind die Historien viel lieblicher zu lesen / wenn der Leser die gegend vnd gelegenheit der Sted vnd örter / so genennet oder erzehlet werden / verstehet vnd sich darnach richten kan.

Was die Bibel zu lesen lustig macht.

Der vrsachen halben / hat mir gar sehr wolgefallen / die erbeit deß Ehrwirdigen vnd wolgelarten Herrn Magistri Heinrici Büntings / die ich auch / do es nur geschrieben gewesen / mit lust vnd frewde gelesen / weil darin gründtlich / deutlich vnd vnterschiedlich / mit fleiß beschrieben wird / die gelegenheit / vnd gegend des gelobten Landes / in welchem die Erzväter / Propheten / vñ der HErr Christus selber mit den

Inhalt vnd nutz dieses Buchs.

Aposteln

Vorrede.

Aposteln gewonet/gewandert/gereiset vnd jre meiste thaten darin verrichtet haben/ wo vnd wie ein jede Stadt vnd Ort/der in der Bibel gedacht wird/gelegen sey/nach welcher gegend hinauß / wie weit vnd fern eines vom andern gelegen / wie etwa die namen etlicher örter vnd Städt zu vnterschiedlichen zeiten geendert/was etwa sonderlichs mercklichs an etlichē fürnemen örten geschehen. Vnd fürnemlich/das darin ordentlich zusammen gezogen vnd gezeiget wird/ was ein jeder Ertzvater/ Prophet/Christus vnd die Aposteln/vor Reisen gethan/wie sie von einem Ort zum andern gewandert/welche örter sie fürnemlich besucht/wie weit vñ breit/auch auff wie viel meilen eines jeden Reise sich erstrecke. Das ist je lieblich vnd lustig zu wissen.

Habe derwegen vorgemelten Magistro Heinrico Bünting geraten / auch gebeten vnd bey jm angehalten/das er solche Erbeit/ durch offnen Druck/der Kirchen Gottes wolte mittheilen. Denn dasselbige wird (wie mir gantz kein zweiffel ist) einem gemeinem Leser ein groß Licht sein/dadurch er sich in die Historien der H. Schrifft desto leichter vnd besser schicken/vnd zu rechte finden wird können. Wird auch mit grösserer lust vnd mehrem nutz/ die Biblischen Historien ohne verdruß lesen / wenn er diese verzeichnuß vnd anleitung dabey hat.

Die Gelehrten haben zwar die Landtaffel vnd Charten vnd anders/so ad Chorographiam, zu beschreibung der gelegenheyt vnd gegend der Länder gehöret: Das man aber nicht allwege die Charten vnd Tafeln besehen/lange nachsuchen/oder viel Bücher auffschlagen dürffe / wird auch ein gelerter Leser / alle gegend vnd gelegenheit der örter vnd Städte/die er in der Bibel lieset/in diesem Buche schon vnd nach notturfft erklert finden/badurch er viel nachsuchens vberhaben wird. Das also das Buch/wie ich gentzlich verhoffen wil/beyde Gelerten vnd Leyen / erfarnen vnnd gemeinen Leser/wird nützlich vnd in viel wege zum verstande/ vnd nachrichtung in der Biblischen Historien/dienstlich sein.

Es kan auch der Leser aus dieser anleitung das erlangen / das er nicht allwege darff in dis Buch/ oder in andern Tafeln vnd Charten sehen vnd nachsuchen. Sondern kan jm fein einfeltig vnd richtig einbilden/die gelegenheit des gantzen gelobten Landes/vnd die gegend der vmbligenden/entweder die bey nachbarten/oder weit abgelegenen Länder vnd örter/gegen dem Jüdischen Lande/ Welche einbildung ein jeder kan im gedechtnis bey sich tragen/vnd in seinem verstande alwege/gleich wie für augen haben/vnd sich aller gelegenheit der fürnembsten Stedte vnd örter/ so in der Bibel vorlauffen/erinnern/wenn er gleich kein Buch oder Taffel für sich hat. Vnd wie ich für meine Person dasselbige mir einbilde/ im verstand vnd gedechtnis pflege zu fassen/wil ich dem einfeltigen gutherzigen Leser/guter wolmeinung vmb mehrer vnd besser nachrichtung willen/fürtzlich vermelden vnd anzeigen.

So ist nun Palestina / das Gelobte Land / das Jüdische Land/ oder das Land Jsrael in der breite zwischen dem grossen Meer/ vnnd jenseid deß Jordans/zwischen hohen Bergen/ vnd in die lenge gelegen/gegen Mittag vnd Mitternacht/ oder gegen Norden vnd Süden. Denn es ist fast zweymal lenger als es breit ist/ohn gefehr an die sunffzehen vnser Meilen breit/vnd in die viertzig lang. Vnd mit der lenge gehet es zwar nicht gerade ins Süden vnd Norden / sondern es neiget sich auff einem ende ins Nordost/auff dem andern ende ins Südwesten. So bilde ich mirs nu also ein. Gegen Abend oder ins Westen/ streicht das Land in die lenge her / an dem grossen Meer/ welches sonst genennet wird das Mittelmeer/ oder das Syrische Meer. Gegen oder ins Osten oder gegen Morgen/ sind jenseid deß Jordans hohe Berge/ die Hermonim oder auch wol Trachoni / vnd die Berge Gilead genent werden/ so sind auch daselbst die Berge Abarim. Mit solchem Gebirge wird das gelobte Land jenseid deß Jordans / als gegen Morgen/ vnd in Osten der lenge nachgeschlossen.

Gegen

Vorrede.

gegen Mitternacht oder ins Norden/wirts geschlossen vnd geendigst an den hohen Gebirge Libano vnd Antilibano/da der Jordan entspringet. Gegen Mittag oder in Süden ist die Grentze/da es stöst an Jdumeam vnd Arabiam/Petræam. Das ist eins.

Darnach zum andern bilde ich mir ein/das der Jordan in die lenge durchs Land leufft/vom Norden ins Süden/vnd der eine theil des Landes/zwischen dem grossem Meer vnd an den Jordan/heist disseid des Jordans/etwa 9. meilen breit/der ander theil deß Landes/zwischen dem Jordan vnnd dem hohen Gebirge nach Osten/heisset das Land jenseid des Jordans etwa 6. meilen breit.

Zum dritten/der theil des Landes zwischen dem hohen Meer vnd den Jordan/ ist zun zeiten deß HErrn Christi also abgetheilet gewesen in der lenge. Wenn ich vom Mittage oder von Süden an steige gegen Nordenwerts/gegen Südenwerts/ das Land das eigentlich Judea genennet wird/damit Jerusalem auch begriffen ist. Wenn ich denn fort ziehe gegen Norden/so ist Samaria gelegen zwischen Judea vnd Galilea/vnd ist das Land Samaria so groß/lang vnd breit nicht/ wie Judea vnd Galilea. Nach Samaria gegen Nordenwerts/folget Galilea/ vnd ist erstlich das nider Galilea/ so bald an Samariam stossen/darnach bis an die Grentze des Landes gegen Norden/ ist das **Ober Galilea**/ oder **Heydnische Galilea**/ weil viel Heyden daselbst mit vnter worden. Vnd herwider/ wenn ich die lenge des Landes/disseid des Jordans/ zwischen dem Jordan vnd grossen Meer/ vom Norden anfange/ins Süden zu zelen/so ist erstlich das Ober Galilea, darnach vnter Galilea / nach Galilea folget Samaria/vnd darnach Judea.

Zum vierden jenseid des Jordans/das Land so gelegen ist/zwischen dem Jordan vnd dem Gebirge gegen Morgen oder in Osten/wird so getheilet vnd gemunet in die lenge. Was gegen Galilea vber gelegen ist/jenseid des Jordans/ das heist Trachonitis/was gegen Samaria vnd Judea vber gelegen / jenseid des Jordans das heist Peræa.

Zum fünfften/an dem Fluß vnd lauff des Jordans/kan ich mir auch die gelegenheit des Landes einbilden/weil er die lenge durchs Land leufft. Denn da der Jordan entspringet im Norden/vnd leufft gegen Mittag ins Süden/biß das er kompt durch vnd aus dem See Genezareth/an derselbigen seiten/ ist disseid Galilea gelegen/vnd jenseid ist so weit Trachonitis gelegen/weil aber der Jordan weiter leufft / das ist disseid Samaria gelegen/da aber der Jordan in das rodte Meer leufft / an dem theil des Jordans ist disseid Judea gelegen / vnd gegen Samaria vnd Judea vber/jenseid des Jordans ligt Peræa.

Zum sechsten/die Herrschafften im Lande waren zu der zeit Christi also ausgeteilet. Archelaus/vnd nach jm der Römische Landpfleger hatte inne/Jdumeam/ Judeam vñ Samariam. Herodes/den man nennet Antipam/hatte inne beyde Galileam/nemlich das Nider vnd Ober Galilea vnd jenseid des Jordans Petræam/das ist der theil/welches jenseid des Jordans gegen Judea vnd Samaria vber gelegen war. Aber der Vierfürste Philippus / Herodis Bruder/ hatte jenseid des Jordans den theil des Landes / so gegen Galilea vber gelegen/ vnnd Trachonitis genennet ward.

Auß solcher außtheilung kan ich darnach leichtlich gedencken/wenn ein Stad oder Ort beschrieben wird/ wie es damit der Gegend halben/ein gelegenheit habe/ auch wie es mit den Reisen geschaffen sey. Denn aus Galilea in Judeam oder gegen Jerusalem/ sind zweyerley wege gewesen/einer gerade zu durch Samariam/ der ander das man aus Galilea vber den Jordan gegangen/vnd deñ wider vber den Jordan in Judeam.

Leicht-

Vorrede.

Leichtlich kan ich mir auch also einbilden/welche Gegend hinaus andere Lande gegen dem Jüdischen Lande zurechnen/gelegen sein. Als gegen Abend in Westen ist das grosse Meer/ vnd jenseid des Meers Creta/ Macedonia/Italia/etc. Gegen Mittag ins Süden ist gelegen/Arabia Felix/Egypten vndLybien.GegenMorgen ins Osten ist gelegen/Celesiria/darnach Mesopotamia/Chaldea vndPersia/Daher Jesaias sagt / Abraham sey aus Morgenland beruffen / vnd die Weisensind kommen aus Morgenlande. Item die Königin von Sabba/wird genennet die Königin vonMittag. Gegen Mitternacht ins Norden ist gelegen/Syria/Armenia/ Asia minor/vnd Pontus.

Welches alles ordentlich vnd vnterschiedlich in diesem Buche weiter erkleret wird. Ich habe alleine dem einfeltigenLeser meine gedancken/wie ichs mir pflege für zubilden/fürtzlich anzeigen wollen. Der guthertzige Leser wolle das Buch fleissig lesen/vnd darnach vrtheilen/so wird er jm die Erbeit vnd den fleiß wolgefallen lassen. Datum Braunschweig/ 25. Februarij/ Anno 1 6 8 1.

ELEGIA D. HERMANNI NEVWALDI
IN ITINERARIVM CLARISSIMI ET DOCTISSIMI
VIRI D. M. HENRICI BVNTINGII, PASTORIS
Ecclesiæ in Grunaw.

Oc, hoc illud erat florens Ecclesia lustris,
   Cuius adhuc multis in digia visa fuit.
Et quod susceptos post tot tantosq; labores,
   Artificem potuit non reperire suum
Credibile est alios etiam tentasse, sed omne,
   In primo durum limine fregit opus.
Ergo quid intactum soles industria linquit?
   Cuncta nec in lucem discutiendo vocat?
Non ita: diuiso sua sparta cuique labore,
   Contigit, & proprio marte probanda fides.
Pristinus obscuris splendor datur, abdita lucem,
   Accipiunt, grato spreta fauore placent.
Hæc tua materia est, in qua florentis acumen
   Ingenij, & clausas pectore reddis opes.
Seu perplexa latent, seu luminis orba premuntur,
   Omnia sunt studijs enucleata suis:
Atq; aliquis voluens non deside talia mente,
   Interius raptu feruipiore calet.
Iam sibi cum patribus deserta per ardua ferri,
   Iam per frugiferos ire videtur agros.
Mox loca, meditur Ipacijs distantia longis,
   Inque palestino mœnia structa solo.
Quam bene delitijs fastidia pellimus istis,
   Lectio quæ interdum quotidiana parit.
Interea quanto res constitit illa labore,
   Tanta tuæ quondam copia laudis erit.
Seraque cum sacris visurus secula scriptis,
   Ille tuus viuet tempus in omne liber.
Hæc studij merces, fructusq; laboris, vt ille,
   Crescat. ad inceptam sæpe recurre viam.

ODE.
IN ITINERARIVM M. HENRICI
BVNTINGII V. C.

I fastuosi mœnia Romuli,
Colles Hetruscos, & iuga Vesbij.
Ambusta flammis, Tybris altum,
Eridaniq́; ruentis amnem.
Theatra, thermas, compita porticus,
Fontes apricos, balnea, curias,
Circosq́; Mausolæa celsa,
Cœlitibusq́; dicata templa.
Scripsisse laus est: emeruit decens,
Si Marlianus nomen, idoneo,
Romæ triumphantis labore,
Restituens monumenta nobis:
Quid Christianus conueniens magis,
Vel fructuosum vel magis vtile?
Quam gentis immensas Hebreæ,
Diuitias, & amœna sacro,
Delubra cultu scribere; partibus,
Regnata priscis mœnia condere:
Iordanis & præceps fluentum,
Sioniumq́; notare montem.
BVNTINGE sydus nobile Patriæ,
O quanta mentis dexteritas tuæ,
Clarantis aptè tortuosa,
Expolientis & implicata.
Natura pollens singula singulis,
Largitur æquo munera numine:
Te clara cœli metientem,
Sydera, stelliferosq́; tractus,
Plagasq́; mundi triplicis: alite
Leuat secunda fama perennior
Durante ferro clariori.
(Voce quod vnanimi fatemur)
Enectus auso, sume superbiam,
Virtute partam, si niger allatrat,
Liuor, secundis inuolutus,
Inuidiam superato cœptis.

M. Henricus Meibomius Lemgouiensis,
In Academia Iulia Poëseos & Hi-
storiarum Professor.

Vorrede des Autoris.

Nad vnnd Friede durch CHRJstum vnsern Heylande zuuoran. Liebe andechtige in Christo Jesu / es möcht sich ein frommer Christ verwundern / wie es doch müglich were / das man solte / ausrechnen können wie viel meilen die Stedte / der in heiliger schrifft gedacht wirdt / von einander gelegen hetten / so doch sind Christi geburt viel Stedt gantz vmbgekeret vnd verwüstet sind. Denn wo ist nun Niniue? Wo ist Babylon? Jnn der Aschen liegen sie / vnd also ist es auch ergangen mit vielen Stedten im heiligen Lande / die Stadt Jerusalem ist durch die Römer gantz geschleiffet worden. Wenn man nun diß alles fleissig bedenckt / möchte mancher frommer Christ also gedencken. Es ist Narrenwerck / das sich einer vnterstehen wolt zu schreiben / wie viel meilen die lieben Väter gereiset / Vnnd wie weit die lender vnd Stedte / darin sie gewandert haben von einander gelegen. Aber darauff gebe ich diesen gründlichen bericht.

Es hat der liebe Gott viel trefflicher Leute nach einander erweckt / vnd mit hohem verstandt vnd weißheit begabet / die insonderheit ihre gedancken dahin gewand / das des gantzen Erdbodems gestalt beschrieben vnd auff die Nachkommen gereichen möchte / angesehen / das ohn anzeigung der zeit vnd Stedte / keine Historien gründlich können beschrieben oder verstanden werden. Also hat Gott in heiliger schrifft / den lieben Josua erwecket / der die Kinder von Jsrael durch den Jordan geführet / das gelobte Land vnter sie ausgetheilet vnd des gantzen Landes gelegenheit / wie es vnter die zwölff Stemme ist ausgetheilet worden / verzeichnet vnd beschrieben hat. Vnd ob derselbige Josua keiner meilen gedencket / so zeiget er doch gleichwol an / bey welchen Bergen / Wasser vnd Stedten / einem jeglichen Stam sein erbtheil ist gefallen / Welche Berge Wasser vnd Stedte / noch heutiges tages für Augen liegen / vnd von denen so durch das heilige Land reisen / gesehen werden. Was nu noch für Augen ligt / das kan man je abmessen vnd ausrechnen.

Zum andern so hat auch Gott den hochgelarten Astronomum Cl. Ptolomeum erweckt / deßgleichen in der kunst des Himlischen lauffs kein Mensch erstanden ist. Dieser Ptolomeus hat beschrieben den vmbkreis der Erden / alle Lender in Tafeln abgetheilet / vnd darin abgemalet vnd verzeichnet / Stödt / Leuder / Wasser / vnd Meer / wie dann sein arbeit noch vorhanden ist / vnd keiner mag ein recht gelarter Man sein / er habe sich denn aus diesem Ptolomeo eingebildet die gelegenheit vnd theilung der gantzen Erden. Vnd insonderheit hat er die fürnemsten Stedt im heiligen Lande / Jtem die grossen Heuptstedt / Wasser vnd Berge / deren in allen Historien / hin vnd wider gedacht wird / dermassen beschrieben / das er auch anzeiget vnter welchen Circkeln vnd Graden des Himels sie gelegen. Vnd also kan man Geometrischer vnd Astronomischer weise fein ausrechnen / wie viel meilen die Lender vnd Stedte / die noch heutiges tages stehen / Jtem / auch die jenen die vorlengst vmbgekeret vnd verwüstet sind / von einander gelegen haben.

Zum dritten / hat auch der heilige Hieronymus / der vier hundert Jar nach Christi geburt bey Bethlehem im Jüdischen Lande gewonet / vnd das gantze Laude durch gezogen / vnd Augenscheinlich besichtiget / alle gelegenheit auffgezeichnet / vnd beschrieben / wie denn sein arbeit noch für augen ist / vnd von vielen gelarten Leuten mit sonderlicher lust gelesen wird. Vnd dieser heiliger Hieronymus schreibet / Wie viel Welsche meilen die Stedt im heiligen Lande von einander gelegen haben / vnd was man noch zu seinen zeiten / daselbst gesehen vnd gefunden habe.

Zum vierden / sind auch viel frommer Christen aus vnsern Landen / von wegen sonderlicher andacht / offt vnd vielmals gen Jerusalem zum heiligen Grab gereist / vnd das heilige Land da hin vnd wider durch zogen / vnd alles mit sonderlichem fleiß besichtiget / auffgezeignet vnd beschrieben / die denn mit dem lieben Josua / Ptolomeo vnd Hieronymo / eintregtiglich vberein stimmen.

2 Vorrede des Autoris.

Aber insonderheit hat Jacobus Zieglerus das gantze heilige Land / nicht allein in Tafeln abgemalet / sondern auch die kleinen Städte / die Ptolomeus außgelassen / mit Circkeln vnd Graden des Himmels / darunter sie gelegen / beschrieben. Vnd wird derwegen dieser Zieglerus / von vielen Gelarten Leuten / die seine Erbeit thewr vnd wert halten (nicht vnbillig) sehr gelobt. Also sind auch viel andere Gelarte Leute die auch sonderlichen fleiß hierin angewendet haben / als nemlich / VVolffgangus VVeissenburgius Academiæ Basiliensis Mathematicus. Tilemannus Stella Sigensis, Ioachimus Vadianus Consul Sangillensis, vnnd andere treffliche Doctores vnd Leute mehr / deren ich mich zu dieser meiner arbeit gebraucht / vns alles Geometrischer vnd Astronomischer weise / durch die Tabulas sinuum außgerechnet habe.

Wozu solche anstreckung zu wissen dienet. Es möchte aber einer sprechen / lieber wo dienet es zu / das man so eben wissen muß die gelegenheit vnd gestalt der Länder vnd Städte / vnnd wie viel meilen sie von einander gelegen haben ? Antwort / Es dienet darzu / das man die heilige Schrifft desto besser vnd gründlicher verstehen lerne.

Genes. 49. Als zum Exempel / Jacob der heilige Patriarche / spricht zu Pharao Gen. 49. Die zeit meiner Walfart ist hundert vnd dreissig Jahr / etc. Da vergleicht der liebe Jacob die zeit seines Lebens einer Walfart. Wenn ich nun die sorglichen weiten Reisen der lieben Patriarchen / die sie mit ihrem gantzen Haußgesinde / vnd alle jrer Habe / hin vnd wider gezogen sein / nach einander betrachte / vnd fleissig nach aller gelegenheit erwege / als denn let we ich diesen spruch des lieben Patriarchen Jacobs der sein vnd seiner Väter leben / einer Walfart vergleichet / erst recht gründlich verstehen. Item / also lesen wir im Buch der Richter am 16. cap. Sim-

Judic. 16. son habe zu Gaza / beyde Thür der Stadthor ergriffen sampt den beyden Pfosten / vnd sie aus den Riegeln gehoben / auff seine Schuldern gelegt / vnd biß auff die höhe des Berges für Hebron getragen. Wenn ich nu weiß / wie weit diese beyde Städte / Hebron vnnd Gaza / die noch heutiges tages stehen / von einander liegen als nemlich fünff meilen / so kan ich erst diß grosse Wunderwerck recht verstehen / Denn was ist doch wunderlicher zu hören / als das ein Mensch sol zween grosse Flügel der Stadt thor mit ihren beyden Pfosten auff seine Schuldern legen vnd vber fünff meilen tragen. Dißgleichen sterckes ist vor niemals gehört worden / ja es kan sich kein Mensch nicht gnugsam barob verwundern. Also haben auch die lieben Propheten geweissaget / von vielen Länder vnd Städten / die vmb Jerusalem her / gegen Abend vnd Morgen / Mitternacht vnd Mittag gelegen. Derwegen niemand jhre Weissagung recht gründlich verstehen kan / er habe den von solchen Länder vnd Städten einen gründlichen bericht.

Vnd was darff es viel Wort ? keine Historien der gantzen heiligen Schrifft können ohne gewisse beschreibung der Städt vnd Orter / recht gründlich verstanden werden / sondern bleiben gantz dunckel / vnd fären dich gleich als in ein vnbekand Land / da du weder wege noch stege weist / vnd dich gantz nicht zu rechte finden magst. Aber wenn du diesem Wegeleiter oder Reisebuch folgest / so wird die das heilige Land vnd alle Länder / derer in heiliger Schrifft nicht gedacht wird / so bekand werden / als wenn du sie durchzogen / vnd mit Augen besichtiget hettest.

Vnd also sihet man nun welch ein hochnötig vnd nütze arbeit diß ist / derwegen mich auch keine mühe noch arbeit verdrossen hat / diß Werck zu vollenden Gott gebe das es viel Christen lust vnd liebe mache dem heiligen
Wort Gottes weiter nachzudencken / Das verley der getrewe fromme Gott / vmb seines
lieben Sons Jesu Christi willen
der vns mit seinem heili-
gen Blut erwor-
ben hat.
AMEN.

Von

Von der Ordnung dieses Buchs.

ZVm ersten setze ich etliche Tafeln/darin alles Augenscheinlich abgemahlet ist.

Zum andern / folget die Beschreibung der heiligen Stadt Jerusalem.

Zum dritten/ folgen die Reisen der lieben Patriarchen/Richter/Könige/Propheten vnd Fürsten/etc. Vnd in denselbigen Reisen halte ich diese Ordnung.

ZVm ersten / Erzele ich auffs aller kürtzte/ die Reisen nacheinander mit angehengten Historien / was auff einer jeglichen Reise geschehen sey.

Zum andern/Colligire ich alle Reisen in eine Summa/wie viel Deutsche meilen sie machen.

Zum dritten / Folget eine sonderliche beschreibung der Stadt vnd Länder / derer in den Reisen nach einander gedacht worden / Vnd wird daneben angezeiget/wie weit ein jeglich Land oder Stad von Jerusalem gelegen sind.

Zum vierden vnnd letzten / Folget darnach die Allegoria oder geistliche Bedeutung.

Die erste Taffel begreifft die gelegenheit des
gantzen Erdbodems/in der gestalt eines
Kleeberblats.

DAmit man die gelegenheit des gantzen Erdbodems / desto besser einnehmen vnd begreiffen möge / hab ich des gantzen Erdreichs gelegenheit in einem Kleeberblat abgemahlet/vnd das meinem lieben Vaterlande / der Stadt Hannover / zu ehren/denn die führet ein grün Kleeberbat im Wapen/So kan mans auch zwar nicht einfeltiger noch simpler vorbilden.

Der Kern in diesem Kleeberblat / ist das heilige Land/darinnen liegt die Stadt Jerusalem/gleich als im mittel der Welt. Denn die Stadt Jerusalem ist der rechte Kern/ des gantzen Erdbodems/vnd Gott hat daselbst seine Kirchen hingesetzt gehabt / gleich als in das mittel der Welt. *Jerusalem ligt mitten in der Welt wie die Kern im Apffel*

Die drey Bletter an diesem Kleeberbat / sind die drey theile der Welt/Europa/Asia vnd Africa. Denn in diese drey teile/wird das Erdreich abgetheilet. Europa ligt von Jerusalem gegen Nidergang der Sonnen/Asia erstreckt sich gegen der Sonnen Auffgang/ vnd Africa ligt von Jerusalem gegen Mittag.

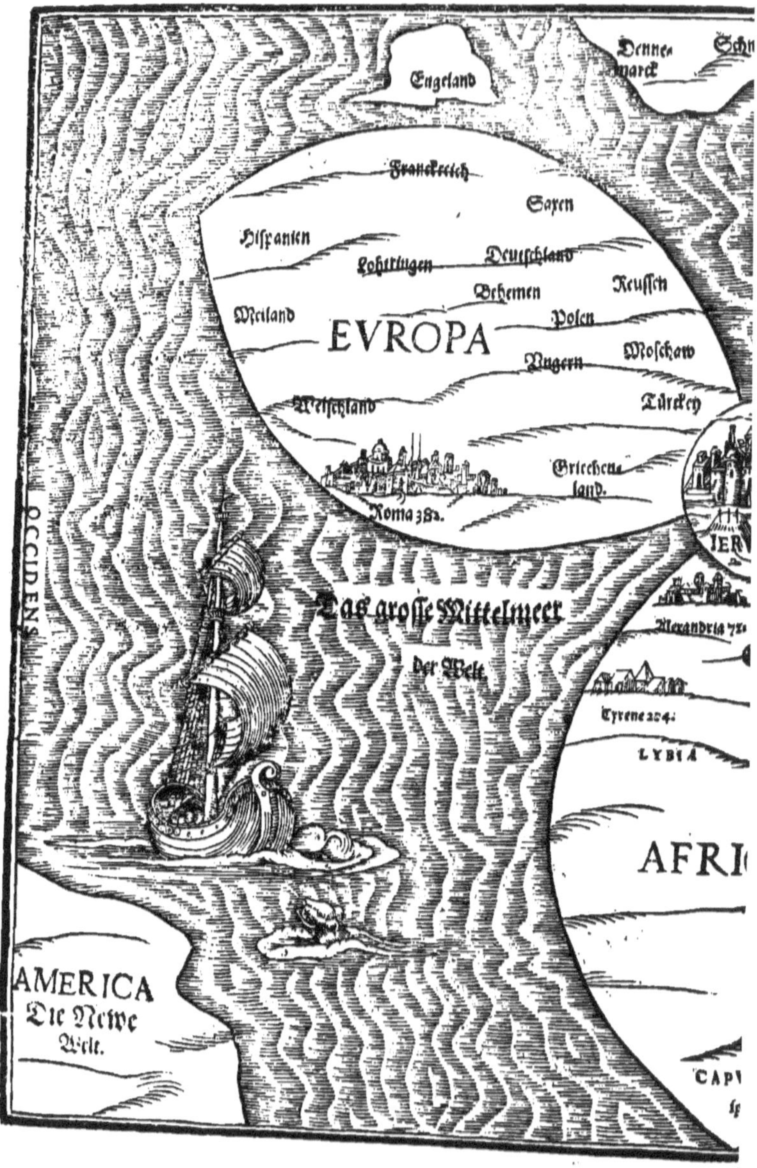

Die gantze Welt in ein Kleberblat/Welches ist der

Engeland
Denne-marck

EVROPA

Franckreich
Saxen
Hispanien
Lothringen
Deutschland
Behemen
Reussen
Meiland
Polen
Ungern
Moschaw
Welschland
Türckey
Griechen-land
Roma 382

Das grosse Mittelmeer der Welt

Alexandria 75
Cyrene 204
LYBIA

OCCIDENS

AFRI(CA)

AMERICA
Die Newe Welt.

CAP(UT)

adt Hannover/meines lieben Vaterlandes Wapen.

6

Europa.   In Europa/ Welches ist der erste theil der Welt liegen Hispanien/ Franckreich/ Meyland / Welschland/ Deutschland/ Behmen Polen/ Ungern/ Reussen/ Moschaw/ Türckey vnd Griechenland. Diese Länder alle erstrecken sich von Jerusalem gegen Niedergang der Sonnen / vnd jhrer etliche / als Reussen / Moschaw vnd Türckey/leucken sich auch zum theil gegen Norden.

Asia.   Asia ist der ander theil der Welt/ darin liegen Armenia/Syria/ Mesopotamia/Assyria/Meden/ Chaldea/Arabia/Persia/Judia/ vnd die Städte/ Ur/ Babylon/ Susa/ Saba/ Persepolis/ Antiochia/ Damascus/ Charan/ Ninive/vnd Rages. Diese Städte vnd Länder ligen von Jerusalem gegen Auffgang der Sonnen/vnd jhrer etliche wie in diesem Kleberblat zusehen / leucken sich gegen Norden/als nemlich/ Syria/Mesopotamia/Armenia vnd Assyria/vnd die Städte Antiochia/Damascus /Haran vnd Ninive.

Africa.   Africa ist der dritte theil der Welt / darin findestu Egypten/ Lybien/ Cyrene/Meroen/Morenland/vnd das Königreich Melinde. Diese Länder liegen von Jerusalem gegen Mittag / vnd jhrer etliche/als nemlich/ Cyrene/vnd Lybia/ leucken sich auch zum theil gegen der Sonnen Nidergang.

Das Meer zwischen Europa vnd Africa/ heist Mare Mediterraneum, Das grosse Mittelmeer der Welt.

Das Meer aber/ zwischen Africa vnd Asia/ wird das rote Meer genent/ von dem roten sande / den es am Vfer vnd im grunde hat / vnd daselbst ist Pharao ersoffen.

Also kanstu nun die gelegenheit des gantzen Erdreichs/ durch diß Kleberblat fein lernen / das du fein wissen kanst / wohin ein jeglich Land oder Stadt/ von Jerusalem gelegen sey/vnd merck die zahl die hin vnd wider bey die Städte geschrieben sind. Denn die zeigen an wie viel meilen ein jegliche Stadt von Jerusalem gelegen sey. Vnd diß ist also eine kurtze vnterrichtung für den gemeinen Mann / das derselbige die gelegenheit des Erdreichs auch ein wenig verstehen lerne.

Wiewol sich aber die drey theile der Welt / Europa / Asia vnd Africa von Jerusalem ausbreiten gegen der Sonnen Auffgang/Nidergang vnd Mittag/gleich wie die drey Bletter an diesem Kleberblat anzeigen/ So ist dennoch das hieneben zumercken / das die gestalt der Erden/ gleichwol nicht in allen dingen dem Kleberblat gleich ist/derwegen werdie rechte eigentliche gestalt der Erden vnd des Meers verstehen lernen wil/der besehe die nachfolgende Tafeln/da findet er alles dinges noch weitern Bericht-

Erklerung

Erklerung der andern Tafel / darin der rechte eigentliche gestalt der Erden vnd des Meers abgemalet ist.

Jerusalem wie du sihest / ligt gleich im mittel der Welt / gegen Nidergang der Sonnen findestu Europam den ersten Theil der Welt / welcher sich einer ligenden Jungfrawen vergleichet. Das Heupt ist Hispania / die Brust Franckreich / das Hertz Deutschland / der lincke Arm Dennmarck / der rechte Arm Welschlandt / fornen am Rocke findestu Griechenland vnd hinden der nachschweiff am Rocke / ist Lifflandt vnnd Reussen. *Europa.*

Asia ist der ander vnd grösseste theil der Welt / darin auch Jerusalem vnd das gantze Jüdische Land gelegen ist. Ein theil von diesem Asia erstreckt sich gegen Nidergang der Sonnen / vnd wird genent das kleinere Asia. Aber der grösseste theil / erstreckt sich von Jerusalem gegen Auffgang der Sonnen / vnnd wird genent Asia maior / das ist / das grösseste Asia / darin liegen Chaldea / Syria / Armenia / Mesopotamia / Assyria / Meden / Persia / Arabia / vnd Jndia / sampt ihren Städten / wie sie darin abgemalet sind / vnd die zal dabey / zeiget an / wie weit ein segliche Stadt von Jerusalem gelegen sey. *Asia.*

Africa ist der dritte theil der Welt / vnd breitet sich von Jerusalem aus gegen Mittag / daselbst findet man / gleich wie auch zuuorn angezeiget / Egypten / Cyrenen / Lybien / Meroen / Morenland / vnd das Königreich Melinde. *Africa.*

Was aber den vierdten theil der Welt / nemlich Americam belanget / welches newlich erfunden / vnd derwegen die newe Welt genant wird / dauon ist ohne noth / an diesem ort weitleufftiger zuschreiben / denn derselbigen wird in heiliger Schrifft nicht gedacht. *America.*

Das aber mus ich hieneben anzeigen das man die gantze gestalt der Erden / auffs füglichste auff einer runden Kugel abmalen kan / denn die Erde macht mit dem Meer ein runde Kugel.

C   Die

COSMOGRAPHIA VNIVERSALIS.

Wie die fürnemesten Länder vnd Königreich von den Propheten genent werden.

Syria vnd Armenia / werden von den Propheten Aram genent / von Aram Sems Sohn.
Hernach ist die Stadt Antiochia in Syria gelegen / siebentzig meilen von Jerusalem.
Chaldea wird daß Land Sinear genent.
Assyria heist in heiliger Schrifft Assur / vnd hat den Namen von Assur Sems Sohn.
Persia aber wird in der Bibel Elam genent / Elamiter sind Perser / Act. 2. vnd haben den Namen von Eham Sems Sohn.
Kithim ist das Land Macedonia.
India aber wird bißweilen Heuila / bißweilen auch wol Ophir geheissen. Hievon wirstu hernachmals weitern bericht empfahen.

Folget nun eine sehr schöne
Tafel darinnen der erste theil der Welt / Europa
genant / in der gestalt einer Jungfrawen fürgebildet wird.

D Kurtze

EVROPA PRIMA PARS

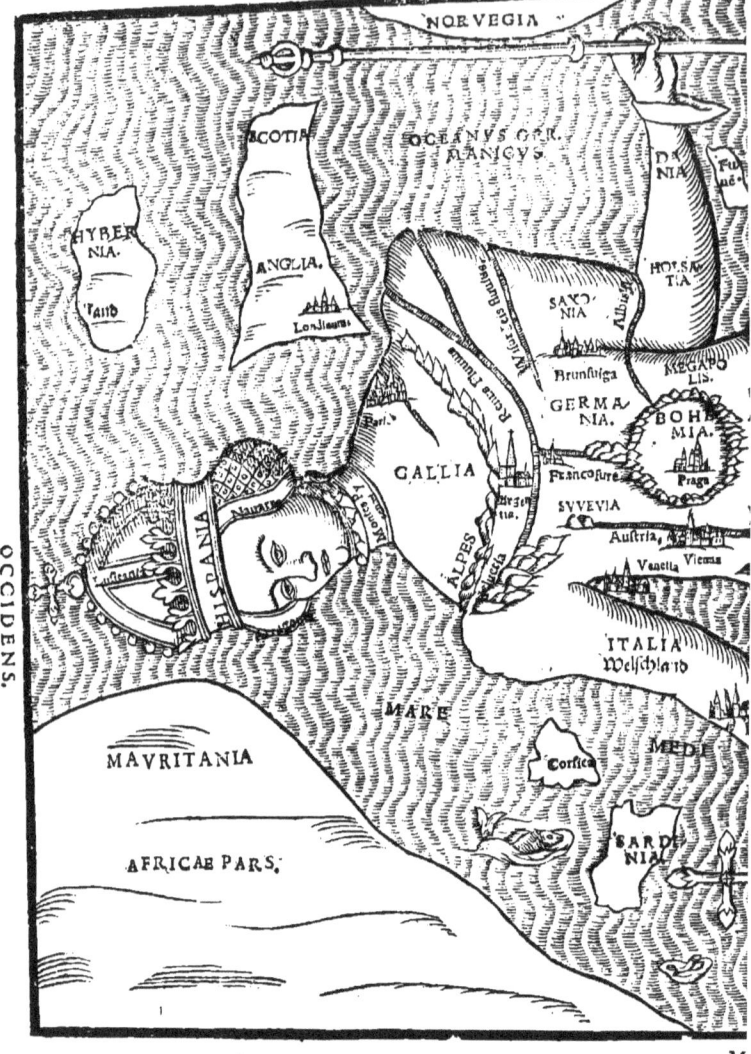

En tibi, formosæ sub Europa puellæ,
Viuide fecundos pandit vt illa sinus

Fidens Italiam dex
Obtines, Hispa

:RRÆ IN FORMA VIRGINIS. 13

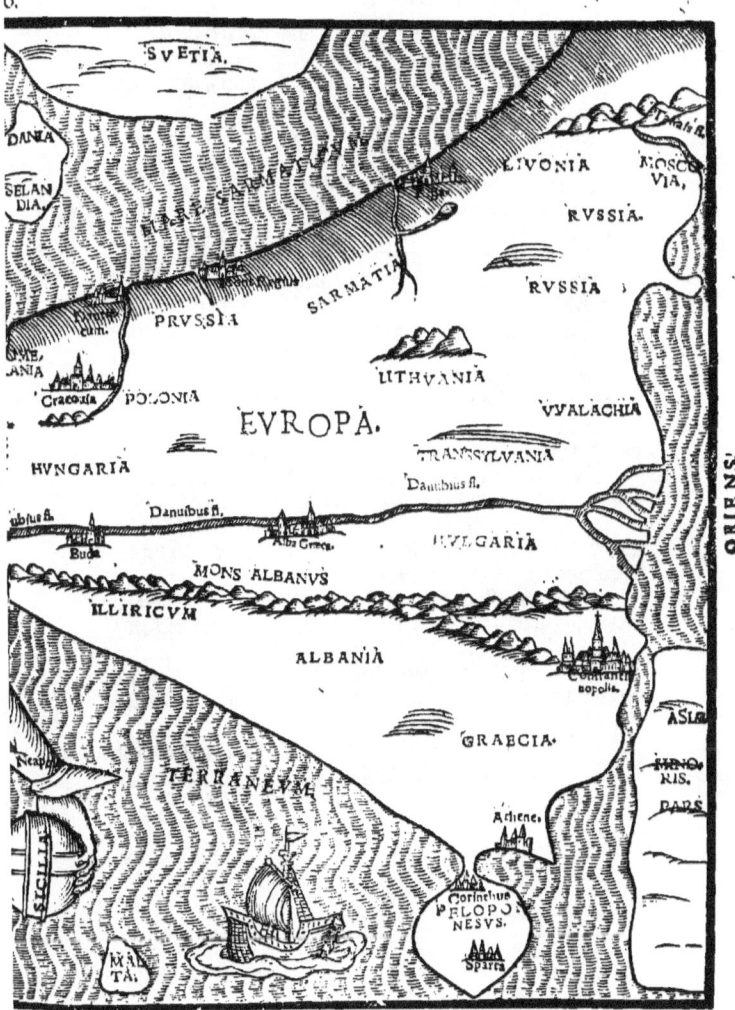

'DIES.
imbrosq; finiftra,
fronte geritq; folum.

Pectore habet Gallos, Germanos corpore geftat,
Ac pedibus Graios, Sauromatasq; fouet.

Kurtze erklerung dieser Tafeln.

Als Heupt/wie du sihest/ist Hispania/vnd recht oben in der Kronen/ligt Lusitania/sonsten Portugal genent.

Das rechte Ohr ist Arrogonia / vnd auff dem lincken Ohr/hat man das Königreich Nauarra

Die Brust dieser Europae/ist Gallia vnd Franckreich/daselbst findet man auch die Königliche Stadt Pariß.

Die Alpes oder das Alpgebirg/vnd der Reinstrom/sind gleich als Ketten die Europa am Halse hat / vnd der Behmer Waldt/ zu sampt dem gantzen Königreich Behem/ist wie ein Güldener Pfenning/oder wie ein rundes Gehenge vnd Kleinoth/so an die Ketten des Reinstroms gehenget ist/durch die Mayn vnd den Hartzwald als durch die gülden Glieder oder Seidene schnürlein.

Das rechte Hertze aber in dieser Europa / ist das edle Deutschland vnd insonderheit mein hertzliebes Vaterlandt / das Fürstenthum Braunschweig.

Der rechte Arm ist Italia oder Welschlandt / darinnen sind gelegen viel herrlicher Städt/ insonderheit aber Rom vnd Neapolis. Des Reichs Apffel ist das Königreich Silicia.

Der lincke Arm an dieser Europa / ist das Königreich Dennemarck/ welchs zu vnser zeit/ Gott lob sehr reich vnd mechtig ist.

Fornen am Rocke findet man Peloponnesum vnd Griechenland/vnd ist der rechte Fuß die Stadt Constantinopel / da jtzt der Türckische Keyser sein Hofflager hat.

Hinden am Rocke dieser Europae / ist gelegen Samaria zu sampt den Ländern/ Preussen/ Lieffland/ Reussen vnd Moschow/ vnd der lincke Fuß insonderheit ist das Land Reussen.

Das Gebirge Albania/ vnd das Wasser Danubius / sonsten die Donaw genant / sind gleich als lange Gürtel vnd Leibketten / die auff den Fuß herab hengen.

Sihe / also kanstu hiedurch diese gemeine Europae / dir fein einbilden/die gelegenheit der gantzen Europae.

In dieser nachfolgender Ta-
fel findet der gütige Leser Asiam/ den andern Theil
der Welt abgemalet vnd enttworffen in der gestalt eines
fliegenden Pferdes / welchs die Poeten
Pegasum nennen.

E   Kurtze

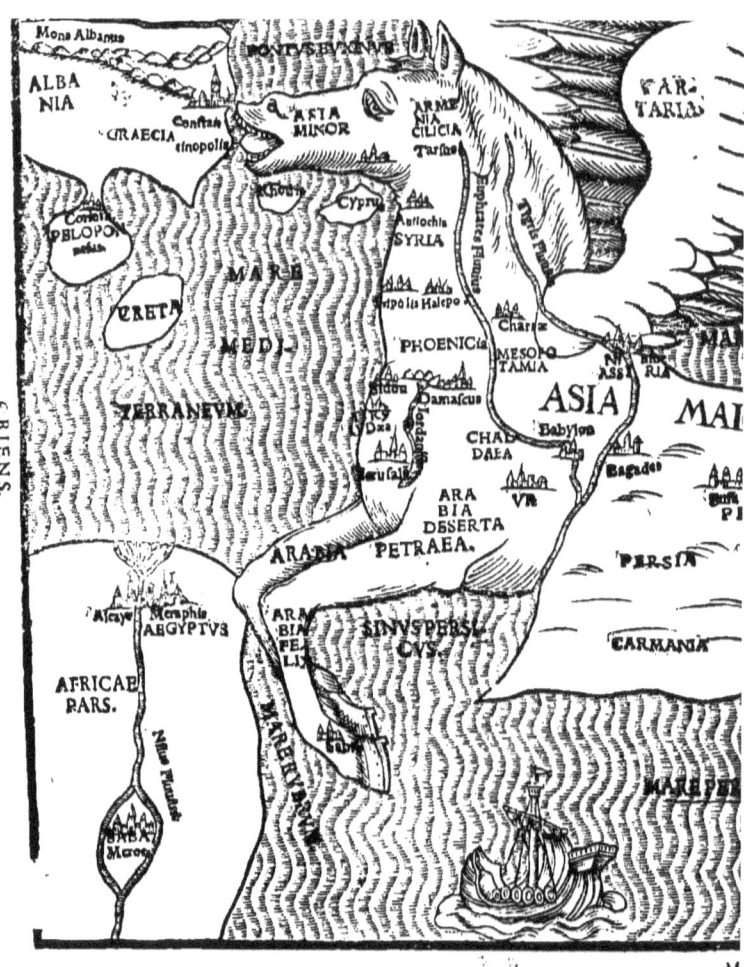

Ihesus Christus magnus ille Belleropontes, omnium malorum occisor ascendens Pegasum, hoc e
in as evomens caput & pectus Leonis habuit, ventrem autem Caprae, & caudam Draconis hoc es

:RRÆ IN FORMA PEGASIR. 17

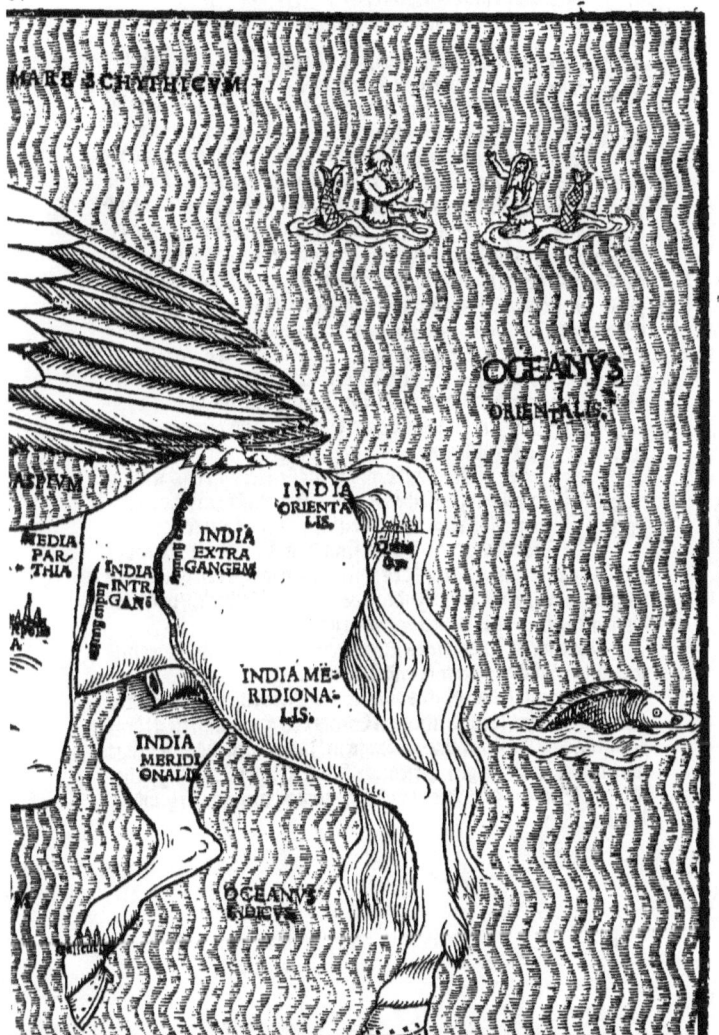

DIES.
ısia fontem doctrinæ aperiens, Solimos vicit, & chimæram interfecit horribile monstrum quod flam:
rauit ac Interfecit filius antiquum illum Draconem Diabolum, sublato peccato more ac inferno,

18.

Kurtze erklerung dieses fliegenden Pferdes / oder Pegasi.

Das Heupt dieses Pferdes ist das kleinere Asia / darinnen zu vnser zeit der Türckische Keyser sehr mechtig Herschet vnnd regieret. Daselbst ist auch das Land Cilicia gelegen / vnd die Stadt Tharsus / daraus der Apostel Paulus ist bürtig gewesen.

Fornen am Halse dieses Pferdes / liegt das Land Syria mit den herrlichen Stedten Antiochia / Tripoli vnd Haleopolis / etc. So findet man auch an dem Halse dieses Pferdes zwo Adern / das sind die Wasser Euphrates vnd Tygris / zwischen denen ist gelegen die Stadt Haran / vnd das gantze Land Mesopotamia. An dem Wasser Tygris / findet man auch die Stadt Niniue vnd das Land Assyria / Item / die mechtige Kauffstadt Begades / welche ist die letzte Stadt des Türckischen Keysers gegen Orient gelegen. Denn das Land Persia hat einen eigen König / der dem Türckischen Keyser nicht vnterworffen ist / der demselbigen auch grossen widerstandt thut. Aber das rechte Hertze an diesem Pegaso vnd fliegenden Pferde / ist die Stadt Jerusalem vnd das Jüdische Land / fornen an der Brust des Pferdes gelegen.

Die Decke / welche auff dem Pferde henget / ist das Königreich Persia / der König desselben Landes ist zu vnser zeit sehr mechtig / vnd führet grosse Kriege wider den Türckischen Keyser.

Die fordersten zwey Beine sinn das Königreich Arabia / vnd das gantze hinderste theil des Pferdes / zu sampt den hindersten zwey Beinen / ist das Land Judea / welchs sehr Goldreich / vnd vber die massen sehr gross vnd weit begriffen ist.

Die zween Flügel dieses fliegenden Pferdes / sind die grossen vnd weiten Länder Scythia vnd Tartaria.

Hinden auff dem Schwantze dieses Pferdes / ligt die Stadt Quinsay / das heist auff dentsch ein Stadt des Himmels / sie ist dem grossen Cham / des mechtigen Königs in India vnterthan / vnd lige am ende der Welt / gegen Orient. Diese Stadt Quinsay ist die grösseste Stadt in aller Welt / vnd man findet darin zwölff hundert brücken.

Diese nachfolgende Tafel/
zeiget gantz klärlich vnd deutlich an / Was für
Städt / Königreich vnd Landschafften in Africa/
den dritten Theil der Welt/
gelegen sein.

F   Folget

AFRICA TERT

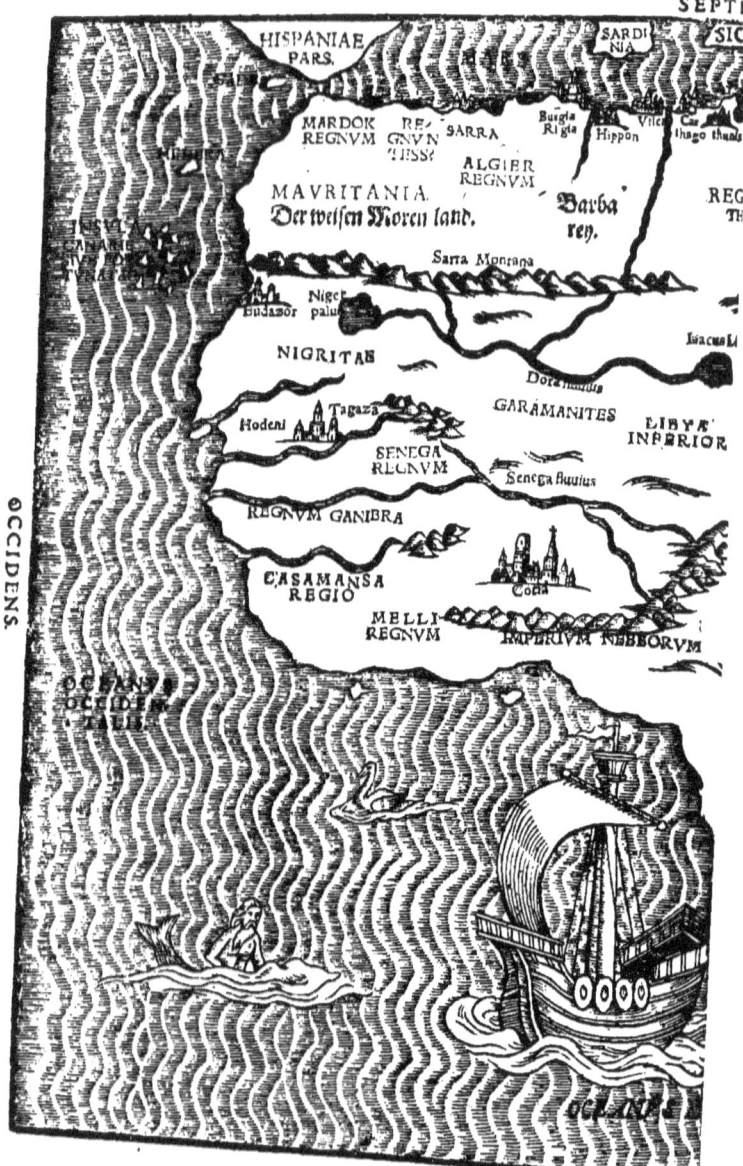

Folget nun die Beschreibung des heiligen Landes.

Erstlich wie es gestalt gewesen / ehe die Kinder von Israel darin gewohnet haben / Darnach zum andern / was es für eine gestalt vnd gelegenheit gehabt / da es vnter die zwölff Stemme vnd Geschlechte Israel ist ausgetheilet worden.

Das heilige Land hat erstlich Canaan geheissen / vnd den namen gehabt von Canaan / welcher ist gewesen ein Sohn Ham / des Sohns Noe / vnd desselben Canaans Kinder haben darin gewonet / vnd werden in heiliger Schrifft Cananiter genent / der sind viel Geschlechter gewesen.

Denn Canaan hat viel Kinder gehabt / Gen. 10. Die heissen also / Sidon / Heth / Jebusi / Emori / Girgosi / Hiui / Arriki / Sini / Aruadi / Zema vnd Hamathai.

Sidon hat die Stadt Sidon gebawet / von Heth kommen die Hethiter / von Jebusi die Jebusiter / von Emori die Amoriter / von Girgosi die Girgositer / von Heui die Heuiter / von Hamathai hat die Stadt Hemath den namen / welche hernach Antiochia ist genent worden / vnd liegt im Lande Syria siebentzig meilen von Jerusalem gegen Norden.

Beschrei-

Beschreibung des heiligen Landes Canaan.

Folget nun die beschreibung

des heiligen Landes / wie es gestalt gewesen /
als die Kinder von Israel darinnen gewonet haben.

Namen des heiligen Landes.

 As heilige Land / hat erstlich das Land Canaan geheissen / darnach ist es von den Philistern die auch grosse gewalt in diesem Lande gehabt / Palestina genennd worden. Aber sein rechter name heist billig das heilige Land / dieweil die heiligen Propheten vnd auch der HErr Christus in diesem Lande gewonet vnnd geprediget haben.

Abtheilung des Landes.

Es wird aber dis heilige Land / welches vierzig meilen lang / vnd acht meilen breit ist / in drey Lender getheilet / nemlich in Judeam / Samariam vnd Galileam.

1. Judea vnd seine Stedte.

Judea ist das fürnembste vnd heiligste Land / denn daselbst ist Christus geboren / hat auch daselbst den bittern Todt gelitten / vnd dasselbige Land mit seinem heiligen Blut besprenget. Die fürnembsten Stedt in diesem Jüdischen Lande sind / Jerusalem / Bethania / Hebron / Emmahus / Lydda vnd Joppen. Item die fünff Stadt der Philister / Gaza / Ascalon / Gad / Assdod vnd Ekron.

2. Samaria vnd seine Stedte.

Samaria oder das Samaritische Land / ist der ander theil des heiligen Landes / vnd hat den namen von der Stadt Samaria da die Könige von Israel jhren Königlichen Sitz vnd wonung gehabt. Die fürnembsten Stedt in diesem Samaritischen Lande sind gewesen / Samaria / Sichem / Tirza / Caesarea / Stratonis / Jesreel Sunem vnd Najs.

3. Galilea vnd seine Stedte.

Galilea ist der dritte theil des heiligen Landes / darin haben gelegen / Sydon / Tyrus / Sarebta / Bethsaida / Capernaum / Tyberitas / Cana / Nazareth / vnd jenseid des Jordans / Astaroth / Edrei / Chorazin vnd Gadara / etc.

Folget nun die Taffel des hei=
ligen Landes / wie es gestalt gewesen / als die zwölff
Stemme Israel darin gewohnet / vnd die lieben Propheten /
der Sohn Gottes / vnd die heiligen Apostel /
darinne gewandert vnd gepre=
diget haben.

G   Beschrei=

MARE MEDITERRANEVM

Das grosse Mittelmeer der Welt.

IVDÆA

Folget die Taffel der Reisen
der von Israel aus Egypten.

Dieweil der Patriarche Abraham/vnnd auch hernachmals Joseph vnnd Jacob/mit allen jren Sönen hinab in Egyptenland gezogen/ vnnd daselbst gewonet haben/welcher Nachkommen vnnd Kinder/ Gott der HErr durch den Propheten Mosen / wiederumb hat aus Egyptenland führen lassen / mitten durch das rote Meer / inn die Wüsten deß steinigten Arabie / da sie viertzig Jahr haben hin vnd wieder reisen müssen/so besihe die Tafel/da wirstu alles augenscheinlich abgemalet finden.

H   Reisen

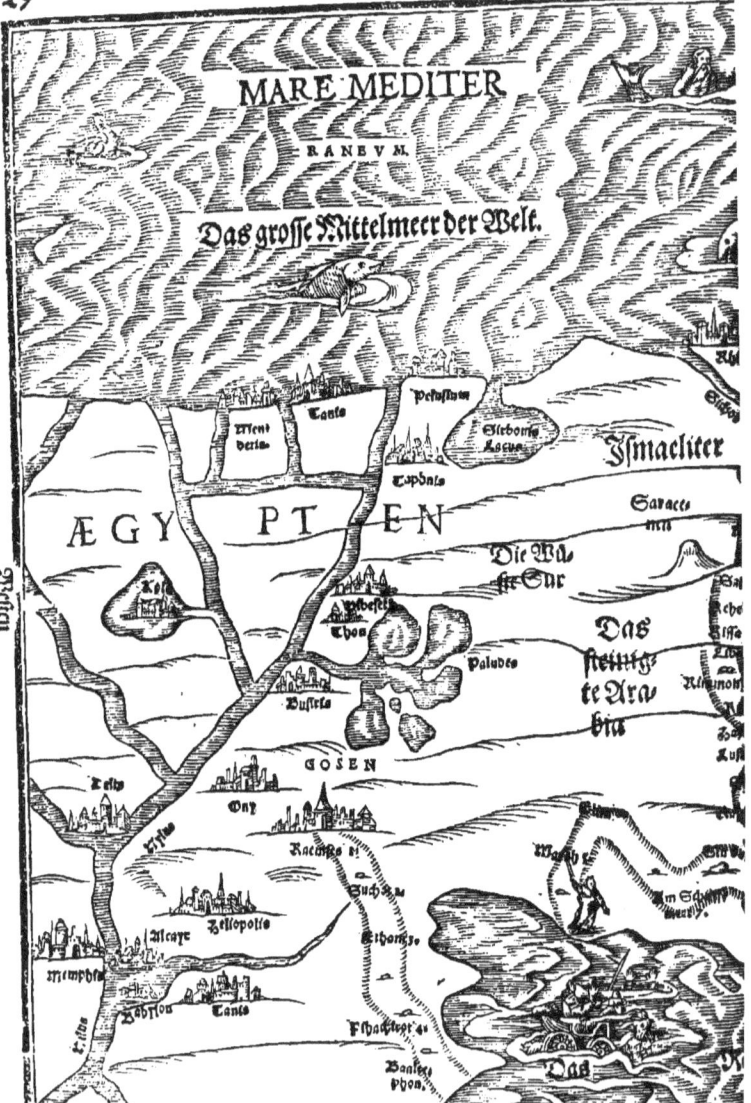

aus Egypten.

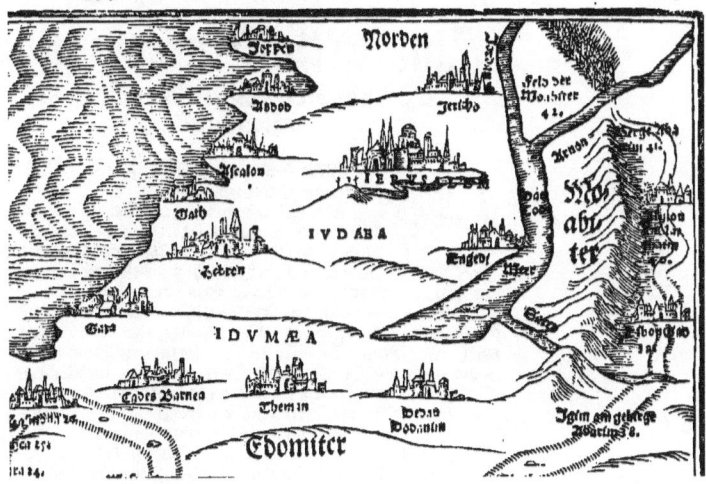

Geometrische abmessung.

Eine kurtze Unterrichtung/
Wie man die Geometrische abmessung recht verstehen sol.

In Grad des Himmels / begreifft auff Erdreich funfftzehen Deutscher meilen.
Vier Minuten machen eine Deutsche meile.
Eine minute machet ein Viertel einer Deutschen meilen. Vnd hievon soltu fleissig mercken/ dz ich in diesem meinem Buche von eiteln Deutsche meilen schreibe/ denn diese meine gantze außrechnung ist auff vnser Deutsche meilen gerichtet / So du aber gerne wissen wolltest / wie viel Welscher meilen / die reisen oder Distantz oder Stæte in sich begreiffen/ so multiplicier die Deutsche meilen durch vier/ als den bekömbstu die Welsche meilen / Denn vier Welsche meilen macht eine Deutsche meile. Doch gehen wol auch bißweile fünff Welsche meilen auff eine Deutsche meile / als denn mustu durch fünff multiplicieren. Wiltu aber Frantzösische meilen habē/so halbier die deutsche meilen/als denn hastu Frantzösische meilen/denn zwo Frantzösischer meilen/ machen eine Deutsche meilen. Doch sind auch etliche Frantzösische meilen so gros/das jr anderthalb auff eine Deutsche meilen gehen. Die Hispanischen meilen aber / sind den Deutschen schier gleich.

Das wörtlein Meile / hat den Namen von den Lateinischen wort Mille, das heist Tausent. Dñ eine welsche meile/begreifft Tausent grosser schrit. Ein Frantzösische meil zwey tausent /oder anderthalb tausent schrit/vñ eine Deutsche meile vier tausent schrit/ wie Gualterus H. Riuius anzeiget.

Was Stadium sey.

Je heiligen Euangelistē/Lucas im vier vnd zwantzigsten vñ Joh. im eillfften Capittel zelen durch Stadia. Lucas zeiget an/die stadt Emmahus habe von Jerusalem gelegen sechtzig Stadia/vñ Johannes schreibet / das städtlein Bethania habe von Jerusalem gelegen fünfftzehen Stadia / Doctor Martinus Luther verdeutschet es Feltweges. Nu ist es gar gemeine bey allen Historien schreibern/so wol bey den Griechischen als Lateinischen/ das sie durch Stadia zelen/vnd darumb mus man fleissig mercken / was Stadium sey.

Ein Grad begreifft auff Erdreich vier hundert vnd achtzig Stadien/ daraus wil folgē/dz zwey vñ dreissig stadia eine Deutsche meilen macht.

Ein Minute des Himmels begreifft auff Erdreich acht Stadia / die machen ein viertheil einer Deutschen meilen/das ist eine Welsche meile. Zwo Minuten begreiffen sechzehen Stadia/die machen ein halbe Deutsche meilen/das ist eine Frantzösische meile.

Drey Minuten machen vier vnd zwantzig Stadia / das sind drey viertheil einer Deutschen meil.

Dieweil nun Lucas/der heilig Euangelist/ im vier vnd zwantzigsten Capittel schreibet die stadt Emmahus lige von Jerusalem sechtzig Stadia oder Feldweges/so wil daraus folgē/das sie ein wenig mehr/als anderthalb Deutsche meilen von Jerusalem gelegen habe.

Item/

recht zuuerstehen. 32

Item/Johannes im eilfften Capittel spricht: Bethania hat funffzehen Feld-weges oder Stadia von Jerusalem/die machen schier ein halbe meilen. Also auch in andern Historien schreibern.

Josephus zeiget an/ der Oleberg habe von Jerusalem gelegen/ fünff Stadien/ das ist/ein wenig mehr, als ein halb vierteil einer Deutschen meilen/denn acht Stadien machen ein viertheil.

Item/derselbige Josephus schreibet/ die Stadt Jerusalem habe in jhrer Ringmauren begriffen/drey vnd dreissig Stadia/das ist ein wenig mehr als ein Deutsche meile/denn zwey vnd dreissig Stadia machen eine Deutsche meile. Etliche andere schreiben / die Stadt Jerusalem habe vier meilen in der Ringmauren gehabt / aber das ist nicht von Deutschen sondern von Welschen meilen zuuerstehen / denn vier Welsche meilen machen eine Deutsche meile.

Strabo schreibet/die Stadt Babylon habe drey hundert fünff vnd achtzig Stadia im vmbkreiß gehabt/die machen ein wenig mehr als zwölff Deutsche meilen.

Samaria hat zwantzig Stadia in der Ringmauren gehabt/das sind vierdehalb vierteil einer Deutschen meilen.

Das Wörtlein Stadium / pflegen Geometri gemeiniklich einen grossen Roßlauff zuuerdeutschen.

Weiter ist auch an diesem Ort zu mercken/ das
die Römer die Stadia vnd meilen mit grossem schritten abgemessen haben/die sie Passus nennen/vnd geschicht solche abmessung der gestalt.

Vier Gerstenkörnlein zwerch an einander gelegt / machen ein Fingerbreit. Vier Fingerbreit machen ein Handbreit.

Vier Handbreit machen ein Schuch/zu Latein Palmus. Vnd dieser Schuch hat bey den Römern ein gewisse masse vnnd grösse gehabt / wie man denn solche Masse des Antiquischen Römischen Stadt Schuch noch heutiges tages bey den Geometris findet.

Fünff Schuch machen einen grossen Schrit oder Passum.
Hundert fünff vnd zwantzig solcher Passus oder Schrit/gehen einen Stadium.
Tausent Schrit/ geben eine Welsche meile / vnnd vier tausent Schrit / eine Deutsche meile.

Sechs Handbreit machen eine Elle/ Cubitus genant / zwey solcher Geometrischer Ellen machen drey Schuch.

Zum beschluß muß ich das an diesem Ort auch anzeigen/das/dieweil in Deutschland mancherley meilen sind/klein vnd groß/ so will ich in diesem meinem Buch / allein gemeine Deutsche meilen verstanden haben/wie wir hie in Sachsen / vnnd im Land Braunschweig gebrauchen / deren funffzehen auff einen Grad des Himmels gehen. Die Schweitzer meilen aber / vnd Schwäbischen meilen/ sind viel grösser. Denn da vnsere gemeine Deutsche meilen/ zwey vnd dreissig Stadia halten/da haben die Schweitzer vnd Schwäbischen meilen vierzig Stadia/vnd sind also ein gantz vierteil einer meilen grösser / als vnsere gemeine Deutsche meilen.

Hie

33 Geometrische abmessung.

Hie sol ich das auch vnuermeldet nicht lassen / wer S. Hyeronymus de locis Hebraicis recht verstehen wil/der sol fleissig mercken/ da er entweder durch meilen oder durch lapides zelet. Die meilen aber der Hieronymus gedencket/das sind Welsche meilen/vnd gehn derselbigen vier auff eine Deutsche meile. Vnd die lapides oder Steine dauon Hieronymus schreibet / haben auch die wege abgemessen vnd vnterschieden/vnd derselbigen gehen sechs auff eine Deutsche meile.

Damit auch ein jeglicher / der der Geometria vnnd Cosmographia ein wenig bericht ist/die Taffeln selbst abreissen vnd entwerffen/vnd seines gefallens sie vergrössern vnd verkleinern möge/So habe ich der fürnembsten Stedt longitudines vnd latitudines hieher schreiben wollen. Wer aber weittern bericht hieuon begeret / der lese Cl. Ptolomæum/vnd Palestinam Jacobi Zigleri Landaui.

Sidon 67 51 33 30.	Silo 65 58 31 58.
Tyrus 67 0 33 20.	Beseck 66 34 23 24.
Sarepta 67 10 33 28.	Michmas 66 6 32 4.
Kades 67 14 33 0.	Samaria 66 22 32 19.
Chabul 67 4 33 4.	Nobe 65 45 32 3.
Rechob 67 13 33 14.	Gazeron 65 41 31 59.
Abela Bethmaacha 67 20 32 59.	Emahus 65 54 31 59.
Semnim Vallis 67 1 32 58.	Iericho 66 10 32 1.
Carmel 66 35 32 50.	Aialon 65 56 31 1 56.
Cana maior 67 13 33 24.	Anathot 66 1356.
Cana Minor 67 52 32 48.	Gibeah Saulis 65 57 31 59.
Nazareth 66 56 31 42.	Kiriath Iearim 65 58 31 59.
Thabor 66 45 32 38.	Ierusalem 66 0 31 55.
Capernaum 66 53 32 29.	Baburim 66 3 51 56.
Bethsaida 66 51 32 29.	Ephraim 66 8 32 0.
Chorazin 66 53 32 29.	Gilgal 66 12 32 1.
Tyberias 66 44 32 27.	Esthaol 65 36 31 54.
Magdalum 66 48 32 28.	Timnath 65 48 32 3.
Dora 66 25 32 28.	Sarea 65 51 31 55.
Cæsarea Stratonis 66 16 32 25.	Gedor 65 44 31 59.
Lidda 65 43 32 6.	Modin 65 45 32 1.
Ioppen 65 40 32 5.	Bethania 66. 0 31 54.
Messada castellum 66 21 31 47.	Bethlehem 65 55 31 51.
Merom Lacus 66 36 32 25.	Debir 66 10 31 58.
Sunem 66 33 32 23.	Iermuth 65 37 31 51.
Naim 66 35 32 33.	Azocha 65 51 31 54.
Naphtbalis 67 6 32 57.	Lachis 65 51 31 49.
Bethoron superior 66 0 32 14.	Eglon 65 50 31 48.
Bethoron inferior 65 54 32 0.	Neheda 65 49 31 52.
Gazer 66 10 32 20.	Libna 65 39 31 50.
Bethsan 66 41 32 23.	Debir 65 32 31 49.
Endor 66 26 34 31 27.	Bethsur 65 47 31 48.
Megiddo 66 26 32 32.	Kethila 65 38 31 47.
Tebetz 66 30 32 25.	Maresa 65 42 31 54.
Aphec 66 28 32 32.	Maon 65 38 31 41.
Gilim 66 25 31 22.	Carmel 65 40 31 44.
Alexandrium 66 23 32 11.	Ziph 65 18 31 45.
Thirza 66 20 32 13.	Araih 65 45 31 43.

Hebron

recht zuverstehen.

Hebron 65 13 31 45.
Gerar 65 17 31 42.
Kades Barnea 65 22 31 29.
Adar 65 12 31 32.
Carcaba 95 6 31 30.
Hesmona 65 0 31 30.
Bethsemes 65 55 31 55.
Bersebah 65 31 31 40.
Siclag 65 15 31 37.
Ecron 65 40 31 58.
Azotus 65 35 32 0.
Ascalon 65 24 31 52.
Gath 65 23 31 48.
Gaza 65 11 31 40.

Der Stedt am Jordan Longitudines & Latitudines.

Dan 67 25 33 8.
Ior fons 67 31 33 7.
Cesarea Philippi 67 30 33 5.
Seleucia 67 17 32 50.
Eruptio fluuij ex samaeboniti de Plaude 67 11 32 44.
Capernaum 66 53 32 29.
Eruptio fluuij è mari Genezareth 66 42 32 21.
Ephron 66 42 32 20.
Enuon 66 40 32 19.
Gamala 66 55 32 25.
Salem 66 37 32 18.
Chrit torrens 66 16 31 57.
Ostia Iordani 66 17 31 54.
Engedi 66 22 31 43.
Zoarsel Segor 66 17 31 38.
Eruptio Zered 66 19 31 34.

Stedte jenseid deß Jordans gelegen.

Mizba 66 50 32 20.
Astharoth 67 0 32 26.
Astharoth 66 57 32 22.
Gadara 66 48 32 23.
Machanaim 66 44 32 19.
Iaezer 66 39 32 12.
Hesbon 66 28 32 5.
Iabes 66 55 32 21.
Ramoth 66 51 32 20.
Nobach 66 38 32 16.
Nebsa 66 28 32 2.

Aroer 66 30 32 0.
Macherus 66 21 31 56.
Minith 66 36 32 6.
Midian 66 30 31 55.
Didon 66 23 32 6.
Pnuel 66 39 32 18.
Adrei 96 15 23 21.
Abela vinearum 67 0 32 25.
Philadelphia 67 10 31 22.
Pella 67 3 32 20.
Phiala fons 67 43 33 5.
Betharan 66 30 32 8.
Pisga 66 26 32 1.
Adarim montes 66 39 31 58.

Stedt in Egyptenland gelegen.

Memphis 61 50 29 50.
Heliopolis 26 15 29 55.
Tanus 62 10 29 50.
Taphnis 62 20 31 0.
Ony 62 20 30 10.
Alexandria 60 30 31 0.
Mercurij Ciuitas magna 61 40 28 55.
Neresurij Couitas Persa 71 0 30 50.
Delte magnum 62 0 30 0.
Xois 62 30 30 45.
Busiris 62 30 30 15.
Arsinoe 61 20 29 10.
Solis fons 58 15 28 0.

Reisen aus Egypten.

Raemses 63 0 30 5.
Pihachiroth 62 50 92 40.
Mara 63 35 29 50.
Elim 63 45 29 50.
Iuxta mare 63 35 29 45.
Pora promonterium 65 0 29 0.
Daphca 64 14 29 46.
Alu 64 30 29 46.
Raphiddim 64 40 29 53.
Sinai mons 65 0 30 0.
Hazeroth 64 30 30 14.
Sepher mons 64 59 30 50.
Moseroth 65 18 31 4.
Masmona 65 0 31 30.

Gidgad mons 65 30 30 20.
Ietbebata 65 30 30 0.
Hebrona 65 30 29 40.
Hesiongeber 65 35 29 20.
Sin 66 0 29 56.
Hor mons 66 0 30 25.
Salmona 66 15 30 40.
Phunon 66 30 30 54.
Oboth 66 50 31 4.
Iebarim 67 0 31 18.
Zered torrens & vallis 66 42 31 20.
Dibon Gad 66 48 31 32.
Almon Diblathaim 66 48 31 44.
Chedemoth Solitudo 66 56 32 0.
Beerputeus 66 50 23 0.
Mathana solitudo 66 46 23 0.
Nathalici 66 40 0 23.
Bamoth vallis 66 30 32 0.

Stedt in Arabia Petrea gelegen.

Petrea 65 30 31 18.
Paran 64 50 30 4.
Midian 65 40 29 15.
Hesiongeber 65 35 29 0.
Elana villa Haila vel Elath 65 35 29 15.

Ostia Nili.

Canopicum 66 50 51 5.
Bolbitinum 61 30 31 9.
Sebenniticum 61 45 31 5.
Patmiticum 62 30 31 10.
Mendesium 62 45 31 10.
Tanicum 62 60 31 15.
Pelasiacum 63 15 31 15.
Tbon 63 0 30 30.
Sirbonis lacus eruptio 63 46 31 15.
Sirbonis Lacus 63 30 31 10.
Item 63 45 12 10.
Ciuitas Pelusium 36 25 31 20.
Rinocorura 64 40 31 30.

Etliche andere grosse Städte.

Babylon 79 0 95 0.
Antiochia 69 30 35 30.
Damascus 68 55 32 0.
Palmyra 72 40 35 10.

Beschreibung der Stadt.

Vr Chaldeorum 78 30 31 40.	Persepolis 0 91 33 20.	Meroe 91 30 16 25.
Niniue 78 0 93 40.	Hecatumbylon in Parthia 96 0 37 50.	Haram in Mesopotamia 75 15 36 10.
Ecbatana 88 0 37 45.	Saba in Arabia felice 76 0 13 0.	Hyrcania 98 30 40 0.
Rages in media 93 40 36 40.		Cyrene 50 0 31 20.
Susa in Persia 84 0 34 15.		

Beschreibung der Heiligen Stadt
Jerusalem/ wie sie gestalt gewesen/ ehe
sie Titus Vespasianus verstöret hat.

Je Stadt Jerusalem ist zweymal zu Grunde verstöret worden. Erstlich durch Nebucadnezar den König zu Babel/ der hat die Stadt Jerusalem sampt den schönen Tempel/den König Salomon gebawet zu grunde verbrand vnd zubrochen. Darnach haben Zorobabel vnd der Hohepriester Josua/ als sie wider aus dem Babylonischen Gefengnis kommen/ den Tempel vnd die Stadt wider gebawet. Es ist aber derselbige ander Tempel nicht so groß vnd schöne gewesen wie der vorige/denn er war 30. Ellen nidriger. Derwegen hat König Herodes sechtzehen Jar für Christi Geburt/denselbigen Tempel wider abbrechen lassen/ wie Josephus schreibt/ vnd einen schönen newen Tempel wider gebawet/ der dem ersten Tempel deß Königs Salomonis/nicht allein an der grösse gleich gewesen/ sondern auch ja so zierlich von Golde geleuchtet hat/das wer gen Jerusalem kommen/ groß wunder daran gesehen. Vnd dieser Tempel ist 40. Jar nach Christi Leiden/frölicher Aufferstehung vnd Himmelfart zu Grunde verbrande vnd zubrochen worden/ Zu der zeit als die Stadt Jerusalem zum andern mal zu grunde verstöret ward/ von Tito des Keysers Vespasiani Sohn.

Nu will ich die Stadt Jerusalem beschreiben/wie sie gestalt gewesen/ehe sie von Tito Vespasiani Sohn ist verstöret worden/vnd auch daneben auzeigen/wo die köstlichen Kleinoter/die König Salomon in den Tempel machen ließ/gestanden haben. Denn ob wol die zwo ehrnen Seulen vnd das grosse gegossene Meer/ zu deß HErrn Christi zeiten nicht mehr gewesen/sondern durch des Königs Nebucadnezar Kriegsfürsten/zur zeit der ersten verstörung der Stadt Jerusalem/sind zubrochen worden/ so ist es dennoch nützlich zu wissen/ wo sie gestanden haben. Vnd damit der gütige Leser einen Gründlichen Augenscheinlichen bericht haben möge/ wil ich erstlich die Stadt Jerusalem/wie sie gestalt gewesen/abmalen vnd entwerffen/ mit allen Namhafftigen örtern/ Mawren/Thürmen/Pforten/ Burgen/ Schlössern/Brunnen/ Bergen/Thalen vnd allen fürnembsten Gebewten.

Wie weit die Stadt Jerusalem von Deutschland gelegen sey.

Die Stadt Nürnberg ligt schier mitten in Deutschland/ vnnd von Nürnberg biß gen Jerusalem sind 500. meilen/ wil man aber auff Venedig zu ziehen/vnd auff dem Meer dahin schiffen/ so muß man an die sechstehalb hundert meilen haben.

Nachfol-

Jerusalem.

Nachfolgende Contrafactur der Stad Jerusalem/zeiget an/wie sie gestalt gewesen/ ehe sie Titus des Keysers Vespasiani Sohn verstöret hat.

Sie hat gelegen vierecket/auff vier hohen Bergen/ Nemlich/auff dem Berge Sion/ Moriah/ vnd Bezetha.

Der Berg Sion ist der höhest gewesen / vnnd hat gelegen in der Stadt Jerusalem gegen Mittag / Darauff war gebawet König Dauids Hauß oder Schloß Zion/ vnd die Oberstadt.

Der Berg Moriah/darauff der Tempel gestanden / hat in der Stadt Jerusalem gegen der Sonnen Auffgang gelegen.

Der Berg Acra/darauff die Vnterstadt gebawet war/hat in der Stadt Jerusalem gegen der Sonnen Nidergang gelegen/ vnd daselbst haben Hannas/ Caiphas/ Pilatus/ Herodes Agrippa/ Bereniçe / vnd viel andere Könige vnd grosse Herrn gewohnet.

Der Berg Bezetha/ hat in der Stadt Jerusalem gelegen/ gegen Norden / vnd darauff sind zwo Vorstedte nach einander gebawet worden. Diß alles findestu in nachfolgender Tafel augenscheinlich abgemalet / vnd sol alles in nachfolgender beschreibung der Stadt Jerusalem noch gründlicher vnd eigentlicher erkläret werden.

J iij   Jeru-

Jerusalem die heilige viereckete Sta

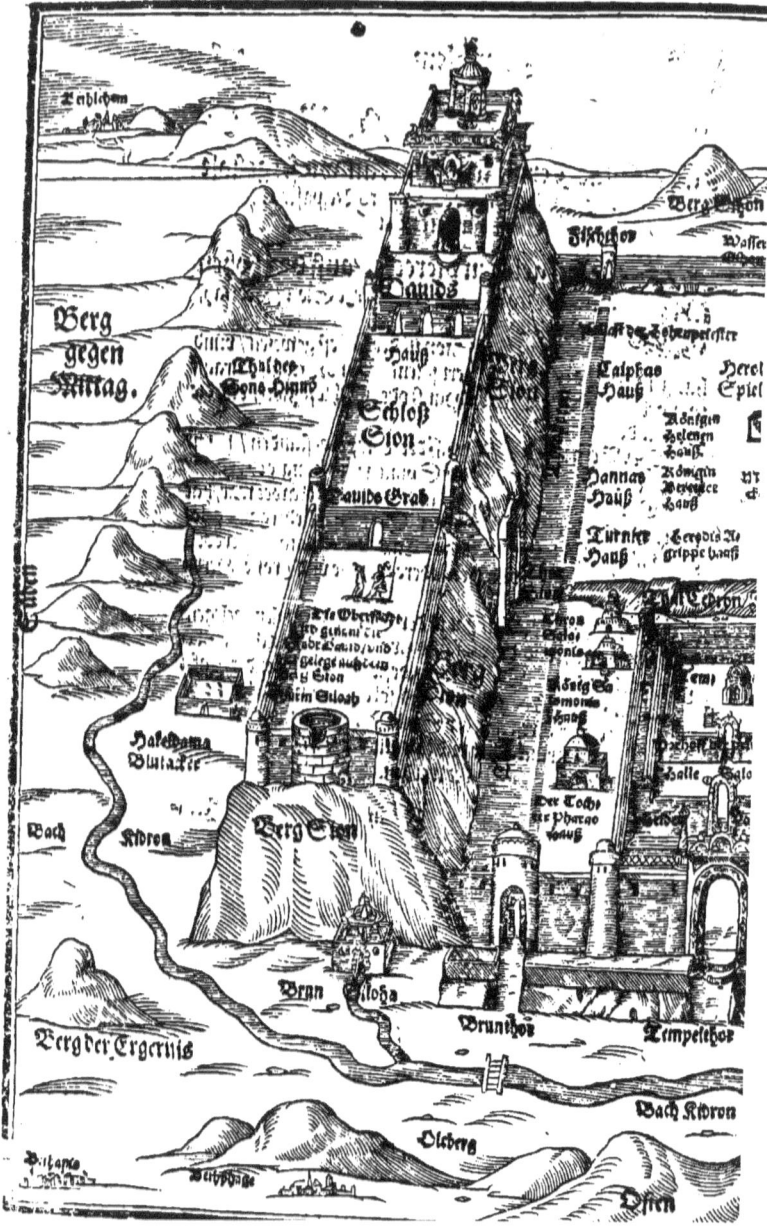

n grundt gelegt/ vnd eigentlich abgemahlet. 38

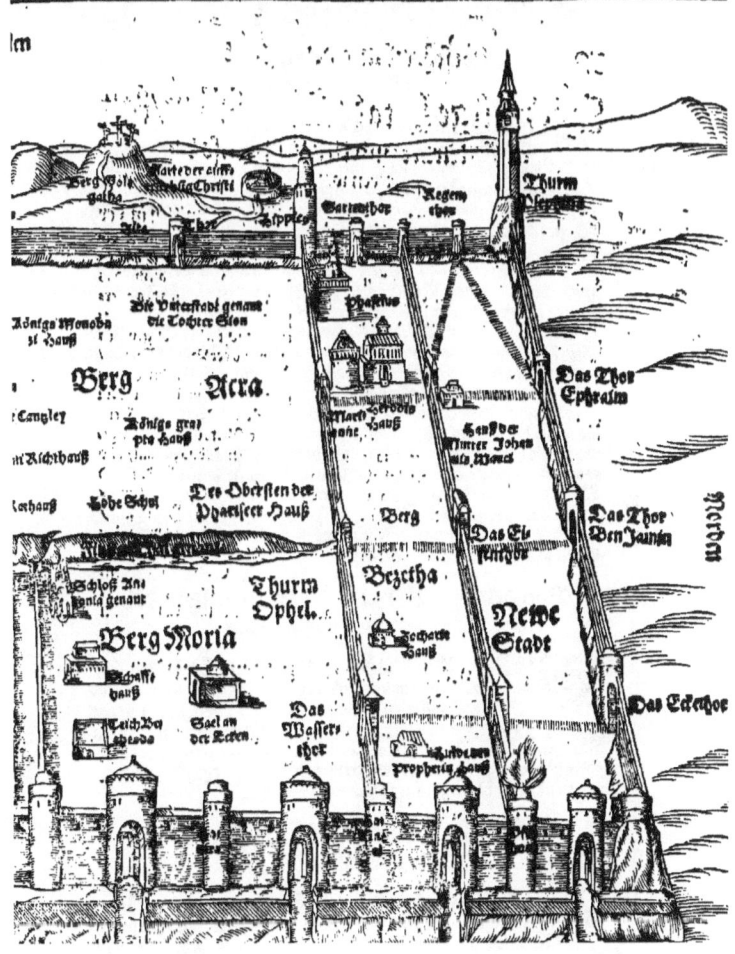

Beschreibung der Stadt

Die heilige Stadt Jerusalem/kan auffs kürtzte vnd klärlichste also beschrieben worden.

Mancherley namen der Stadt Jerusalem.

Gen. 22.

Die wunderschöne Stadt Jerusalem / hat mitten in der Welt gelegen auff hohen Gebirg / als ein jrdisch Paradyß vnd Vorbilde der ewigen Stadt Gottes. Vnd ist die Heuptstad des Jüdischen Landes gewesen / im Stam Ben Jamin gelegen / vnd hat erstlich Salem / das ist / Friedsam geheissen / als König Melchisedech / der Priester Gottes des allerhöhesten / darin regieret / der sie auch anfenglich sol gebawet haben / wie Josephus vnd Egesippus schreiben. Sie ist aber zu der zeit nicht sehr groß gewesen / sondern hat allein auff dem Berge Sion gelegen / vnd der Berg Moriah / auff welchem Abraham seinen Sohn Isaac opffern solte / lag für der Stad / vnd ist hernachmals auch in die Statmawren gebracht wie an seinem ort sol vermeldet werden. Nach Melchisedech sind die Jebusiter in der Stadt Jerusalem sehr gewaltig worden / vnd haben die Königliche Wirde vnd das Regiment an sich gezogen / vnd die Stadt nach ihrem Namen Jebus genant / vnd diesen namen hat sie lange zeit behalten / wie wir sehen / Josu. 10. Jud. 1. vnd 2. Samuel 5. biß sie endtlich König Dauid durch hülffe seines Feldheuptmans Joab gewonnen / die Jebusiter daraus vertrieben vnd sie Jerusalem / das ist / ein Gesicht des Friedes genant. Aber das hat sie auch noch viel andere namen in heiliger Schrifft. Denn Jesai. 29. Wird sie Ariel / das ist / Gottes Lew / vnd der Berg Libanus genant / darumb / das sie aus Cedern Holtze / vom Berge Libano ist gebawet worden. Der Prophet Hesekiel im 23. Capittel nennet sie Ahabila Mein gezelt in jhr / das ist ein solche Stadt / da Gott sein Gezelt vnd Wonung in auffgeschlagen.

Von den vier Bergen / die inwendig in der Stadt Jerusalem gelegen haben.

Die Stadt Jerusalem hat inwendig vier Berge gehabt / darauff sie gelegen. Nemlich der Berg Sion / welcher hat gelegen gegen Mittag. Der Berg Moriah / darauff der Tempel gestanden / hat gelegen gegen der Sonnen Auffgang / vnd der Berg Acra gegen der Sonnen Nidergang / vnd der Berg Bezetha / darauff die Newstadt gebawet war / lag gegen Norden. Also hat die Stadt Jerusalem auff vier hohen Bergen gelegen / die ich auffs kürtzte nach einander beschreiben wil.

Wie groß die Stadt Jerusalem gewesen sey.

Die Stadt Jerusalem hat viereckt gelegen / vnd in jhrem ombschweiff drey vnd dreissig stadia begriffen / wie Josephus schreibet / dieselben 33. stadia / machen ein wenig mehr / als ein Deutsche meil. Etliche andere schreiben / die Stadt Jerusalem habe vier Meilen vmb sich begriffen / aber das ist nicht von Deutschen / sondern von Welschen Meilen zuuerstehen.

Jerusalem. 40

stehen/ denn vier Welsche meilen/ machen eine Deutsche meilen/ wie auch zuvorn angezeiget.

Von dem Berge Sion.

Der Berg Sion hat in der Stadt Jerusalem gegen Mittag gelegen/und ist viel höher gewesen/als die andern Berge/die zu Jerusalem waren/derwegen heist er billig Sion/das ist ein Warte/Und auff diesem Berg Sion hat die Oberstadt gelegen/die in heiliger Schrifft die Stadt David genennet wird/darumb das sie David den Jebusitern abgewonnen/und mit vielen schönen Heusern und Gebewen gezieret hat. Und insonderheit hat der König David auff diesem Berge Sion/an der ecken gegen Südwesten für sich selbst ein schön Hauß gebawet von köstlichem Cedern Holtze/und dasselbige Hauß wird genant die Burg Sion/und hat gelegen an der ecken gegen Bethlehem uber. Auff diesem Cedern Hause/hat der König David gewonet/und seine Ehe daselbst gebrochen mit Bethseba/dem Weibe Uria deß Hethiters/der auch sein Hauß auff diesem Berge Sion/nahe bey des Königes Hauß gehabt/wie Josephus schreibet. *Davids Stadt. Die Burg Sion.*

Neben König Davids Hause/ ist auch auff diesem Berge Sion/der Könige Begrebnis gewesen/darin König David und sein Sohn Salomon/und die andern Könige Juda/die nach ihnen regieret haben/ sind begraben worden. Item auff diesem Berge Sion gegen Auffgang der Sonnen ist auch deß Königs Garten gewesen/nicht weit von den Brunnen Siloah/Nehem.3. Daselbst auch der Thurm Siloha gestanden/ deß der HERR Christus gedencket/Luc. 13. *Der Könige Begrebnis. deß Königs Garten.*

Josephus vom Kriege der Jüden im ersten buche und 16. Capittel schreibet König Herodes unter dem der HErr Christus geboren/ habe im obern theil der Stadt Jerusalem/auff dem Berge Sion/zwey grosse und fast hübsche Heuser gebawet dennen auch der Tempel nicht möchte verglichen werden/ und sie nach seinen Freunden genant/das eine Cæsaream/nach dem Römischen Keyser/und das ander Agrippam nach dem Edlen Römer Marco Agrippa/ der diß Keysers Augusti Tochterman gewesen. Und das sey also kürtzlich genug von der Oberstadt/ die auff dem Berge Sion gelegen/und funffzehen Stadia/das ist/schier eine halbe meile in ihrer viereckten Ringmauren begriffen. Und diese Oberstadt wird gemeinlich in H. Schrifft die Stadt David genant/ Sie wird auch wol Millo/das ist/ die fülle und oberfluß genent/ denn alles dinges ist da die fülle und oberfluß gewesen. *zwey höhische Heuser Herodis.*

Von den Stuffen die von der Stadt David herab gegangen/ zu der Unterstadt/ Nehem. 3.

Der Berg Sion darauff die Oberstadt gelegen/ war ein sehr harter Feiß und so steil/das ihn niemandt auffsteigen kondte/ohn recht in der mitte/gieng eine Treppe von der Stadt David herab zu der untern Stadt biß an das Thal Thropeon und dieselbe Treppe war 200. unnd 80. schuch hoch wie Johannes Heydenius schreibet. Und unten an dieser Treppen war ein Thor/ das man das Thor Sion nennete/das stund im Thal Thyropeon recht gegen dem Thal Cedron

Cedron vber/vnd durch daſſelbige Thor Sion/gieng man auff den Berg Sion/vnd ſtieg die Trepgen hinauff zu der Stadt Dauid. Ich halte es werde auch an einem andern ort ein ſchreiner Fahrweg hinan gegangen ſein / das man hat können hinauff fahren.

Geiſtliche bedeutung des Berges Sion.

Von das Hebreiſche Wort/wird verdeutſchet ein hoch Ort/ein Warte oder Thurm/darauff man weit vnd breit vmbſehen mag/ Vnd hat die Jüden ſollen erinnern deß hohen Himmels/der wonung Gottes/darauff er alles ſehen mag von dem er abgeſtiegen iſt in das vnter Jeruſalem/das Er vns reinige von vnſern Sünden/vnd in das obere Sion hinauff führe/ da Er wonet.

Das Wörtlein Sion/wird von den Propheten offt für die gantze Stadt Jeruſalem gebraucht/alſo/das ſie mit dem Wort Sion offt die gantze Stadt Jeruſalem meinen / denn der Berg Sion war der fürnembſte vnd höchſte / auch ſterckſte vnnd feſteſte Berg zu Jeruſalem / da niemand hinauff kommen köndte / allein durch das einige Thor Sion / welchs den HErrn Chriſtum bedeutet / denn der allein iſt die Pfort vnd weg zum Himmel / durch denſelben allein können wir auffſteigen in das Himliſche Sion/da Gott vnd die lieben Engel wonen.

Von dem Berge Moriah.

Der Berg Moriah hat in der Stadt Jeruſalem gelegen/gegen der Sonnen Auffgang / vnd iſt ein ſehr harter vnd ſteiler Felß geweſen/ohn gegen Auffgang der Sonnen köndte man gemechlich hinab gehen / ſonſten an den andern dreyen örtern war er ſteil auff wie ein ſteinerne Wand. Vnd dieſer Berg Moria/ war nicht ſo gar hoch als der Berg Sion / wiwol er ſonſt auch eine groſſe höhe gehabt/vnd oben auff luſtige Ebene / darauff auch vorzeiten Abraham ſeinen Sohn Iſaac hat offern ſollen/ Gen. 22.

Vnd zu derſelbigen zeit/ als Abraham den befehl Gottes gehorſamet/vnd ſeinen Sohn Iſaac auff dem Berge opfern wolte/vnd ein Altar daſelbſt bawet/ da lag dieſer Berg Moriah noch auſſer der Stadt. Aber lange hernach/ als König Dauid die Jebuſiter aus der Stadt Jeruſalem vertrieb vnd auff dem Berge Sion ein köſtlich Cedernhauß bawet/ vnd die Stadt erweitert / da hat er auch die zween Berge, Moriah vnd Acra in die Ringmawren gebracht.

Weiter iſt hie zu mercken / das auff dieſem Berge Moriah geſtanden hat / die Tenne Araffna des Jebuſiters/darin König Dauid ein Altar bawet/vnd Gott den HErrn durch Opffer verſöhnet/ das der Engel Gottes / der ſeine Hand mit einem bloſſen ſchwert auſtrecket vber Jeruſalem / vnd das Volck mit der Peſtilentz ſchlug/ ablaſſen muſte/vnd eben an daſſelbige Ort/ da die Tenne Arafna des Jebuſiters geſtanden / hat hernach König Salomon den Tempel gebawet/ 1. Par. 22. 23. Joſeph. Antiq. Iud. lib. 13 & 14.

Geiſt-

Jerusalem. 42

Geistliche bedeutung des Berges Moriah.

Moria heist ein Myrrhe / vnd bedeutet den HErrn Christum das ist die rechte Myrrhe / vnd das wolriechende opffer Gottes / vnd der Fels vnd das starcke vnbewegliche Fundament / darauff Gottes Kirche vnd Gemeine gegründet vnd gebawet / Jesa. 28. Matth. 16. Moriah wird auch ausgelegt cultus & timor Domini, der dienst Gottes. Das an diesem ort der Figürliche Gottesdienst angestellet vnd erhalten worden/biß auff Christum.

Beschreibung des Tempels zu Jerusalem.

Er Tempel hat gelegen auff dem Berge Moriah/vnd ist von weissen Marmelstein gebawet gewesen/ die so dichte in einander gefüget waren/ das man keine fuge daran sehen kondte/ Vnd die Wende inwendig im Tempel waren von köstlichen Cedern Holtz gemacht/mit schnitzwerck/von außgehölden Cherubin/ Palmen vnd blumen/ vnd war alles vberzogen mit lauterm Golde/das also die twen dem Tempel lauter Gold waren mit Edelgestein kunstreich gezieret/das Erdreich/ darauff man gieng/war auch mit Gülden blechen beschlagen. Vnd in Summa/der gantze Tempel inwendig/oben vnd vnten / vnd an allen wenden/ glentzert inwendig/ vom lautern Golde / vnd war eitel Gülden/ vnd außwendig war er von eitel weissen Marmelsteinen gebawet/sehr glantz vnd blanck außpoliert, Vnd dieser Tempel war hundert ellen lang/hundert ellen breit/vnd hundert vnd zwantzig ellen hoch/ wie Josephus schreibet von den alten Geschichten der Jüden im funffzehenden Buche vnd vierzehenden Capittel. Das Dach oben auff dem Tempel war von Tennen holtze gemacht/vnd mit Gülden Blechen beschlagen/auch kleine güldene spitze Zäcklein darauff gemacht/das keine Vogel sich darauff setzen vnd zu besudeln kondte. Wenn man gen Jerusalem reisete/ vnd den Tempel von ferne sahe/vnd die Sonne darauff scheinete / so gab der weisse Marmelstein vnnd das Gülden Dach solch einen hellen glantz von sich / das es die Augen blendet.

Inwendig aber hatte der Tempel ein Chor / der lag gegen Sonnen Nidergang vnd war recht vierecket/zwantzig ellen lang/breit/ vnd hoch / dieses Chor ward genent der aller heyligste orht deß Tempels/da niemand muste hinein gehen/ohn allein der Hohepriester deß Jahrs ein mal. Vnd mitten in diesem Chor stunden zween grosse Engel Cherubin von Oelbaum holtze gemacht/vnd mit lauterm Golde vberzogen/die waren gestalt wie schöne Jüngling / zehen Ellen hoch/ vnd ein Jeglicher hatte zween flügel fünff Ellen breit/vnnd stunden neben ein ander dergestalt / das sie mit den innern flügeln an einander stiessen/vnd mit den eussersten Flügeln die Wende des Cohrs berürten/vnd ire Angesichter waren gewand gegen der Sonnen auffgang/vnd mitten vnter den flügeln dieser Cherubin stund die Lade des verbundes. Aber nach der Babylonischen Gefengnis / ist die Lade des verbundes nicht mehr gewesen/ Sondern diß allerheiligste Chor ist gantz ledig gestanden / vnd man hat nichtes darin funden/ alleine die zwen güldene Engel Cherubin wie ich sie itzt beschrieben habe. Die Wand für diesem Chor / war eitel Gülden / mit Kunstreicher Arbeit/ sehr schöne vnd hübsch gezieret. In dieser Wand war ein Gülden Thor vnd die Flügel

Beschreibung des Tempels.

Der vorhang für dem Al-ler heiligsten
flügel an diesem thor waren auch mit Gold überzogen/vnd kunstreich ausgegraben. Durch diß Thor gieng man hinein in das aller heiligste Chor/darin die gülden Engel Cherubin stunden. Vnd vor diesem Thor hieng ein Vorhang von köstlicher seiden mancherley Farben sehr kunstreich gemacht / vnd waren Cherubin darin gewircket. Dieser Vorhang / ist zu der zeit des Leidens Christi zurissen/von oben an biß vnten aus/zur anzeigung das nu jederman frey zu Gott dem HErrn/den sein lieber Sohn versöhnet/hinein gehen vnd hinzu tretten möchte / zum Gnadenthron Gottes.

Das heilige vnd was dar innen gestanden/ Luc. 1.
Vor dem Chor war gegen Auffgang der Sonnen/ noch ein ander eben platz im Tempel 40. ellen lang/vnd 20.ellen breit/auff beyden seiten mit gülden Wenden zu gemacht/vnd ward genent der heilig ort im Tempel/Da niemand hinein gehen must/ ohn allein die Priester/ wenn sie reucherten vnd Gott dieneten. Hierein stund in der mitte/ein gülden Reuchaltar/ dabey auch der Engel Gabriel dem Zachariæ erschienen ist/ vnd im die frölich Botschafft gebracht/ sein Weib Elisabeth solte schwanger werden/vnd Johannem dem Teuffer gebären/der für dem HErrn Christo würde hergehen/ vnd im den weg bereiten. Neben dem Gülden Altar stund auff einer seiten gegen Mittage der Heilige Leuchter / vnd auff der andern seiten gegen Norden

Josephus de bello Iud. lib.6.cap.6.
ein gülden Tisch/darauff man die Schawbrot leget. Aber das stunden auch in diesem heiligen ort des Tempels/noch zehen andere Tische zum Speißopffer zugerichtet/ Item zehen andere Güldene Leuchter / die mit Ampeln / Lilien vnd andern schönen Blumen gezieret waren. Die Thüren dadurch man hinein gieng in den heiligen ort des Tempels/waren von Gold sehr kunstreich gemacht/vnd hiengen auch Tapezereyen vnd fürheng in den Thüren.

Es sind auch auff beyden seiten im Tempel vmbgenge gewesen/dreyfach auff einander gebawet/vnd auff der rechten seiten gieng ein wendelstein hinauff/da kondt man in alle obere Gemach vnd Saal des Tempels kommen/ vnd wurden daselbst die heiligen gefesse vnd kleinoder des Tempels verwaret. Das Dach oben auff diesen Vmbgengen war auch mit güldene Blech beschlagen / Vnd war was nidriger / als das rechte hohe Dach des Tempels. Vnd daher ists kommen/das der Tempel mit einem zweyfachen Dache geglastet. Die Fenster am Tempel waren inwendig weit/ vnd außwendig enge. Die Thüren vmb den Tempel her waren Gülden / fünff vnd

2.Reg.15. Die ist fleissig zumercken/ daß nach Geometrischer ausrechnung/ Just eineinhalb ellen machen / die man cubitos, das ist Ellenbogen nennet.
zwantzig ellen hoch / vnd 16.Ellen breit/ Aber insonderheit gegen der Sonnen Auffgang/hat der Tempel ein sehr hoch Thor/das im 2.Buch der Könige am 15 Capitel/das hohe Thor genant wird/vnd wie Josephus schreibet/ist es 90.Ellen hoch gewesen vnd hat flügel gehabt/ 40. Ellen hoch/ vnd 20. Ellen breit/ Die sind mit lauterm Golde gantz vergüldet gewesen / vnd köstlich außgegraben / mit Edlen Stein versetzet. Die Wand für diesem Thor war auch gülden/ vnd das Gold erhoben/wie Weingewechse/ mit grossen Gülden Blettern / vnd hiengen Weintrauben daran / eines Menschen grösse/dieselben weintrauben waren von hellen Christallen gemacht. Inwendig in dem hohen Thor hieng auch ein Vorhang gleich so lang vnd breit/als das Thor inwendig hoch vnd weit war. Dieser Vorhang war ein Babylonischer Teppich/wunderbarlich gemacht/von Seiden allerley Farben/von Scharlach/ Purpur vnd Sammet/Vnd wie Josephus schreibet/ war des Himmels Lauff darein gewircket. Wenn der Wind wehet/ so beweget sich dieser Vorhang / wie ein fliegendes Fehnlein schwebet.

Von

Jerusalem.
Von den Vorhöfen des Tempels.

Vr dem hohen Thor des Tempels waren gegen der Sonnen Auffgang drey Vorhöfe vnterm freyen Himmel gelegen/vnd mit schönen Marmelsteinen mancherley farben vbersetzet/darauff man gieng vnd betet/ vnd den Gottesdienst verrichtet.

Der erste Hoff ward genent der Oberhoff/da muste niemand hinein gehen/ ohn allein die Priester/wenn sie opfferten vnd Gott dieneten / vnd der lag allerne-hest für dem Tempel für dem hohen Thor. *1. Der Ober-hoff.*

Der ander Hoff ward genant die Halle Salomonis / darin das Volck pfleg-ten anzubeten/vnd in diesem Vorhofe hat der HERR Christus geprediget Jo-han. 10. *2. Die Halle Salomonis.*

Den dritten Vorhoff hat der König Herodes noch dazu gebawet / für die frembden Heyden/die auch gen Jerusalem kamen anzubitten. *3. Der Hey-den Vorhoff.*

Diese drey Vorhöfe / haben den Tempel gleich wie drey grosse Kirchhöfe rings vmbgeben vnd sind viereckt gewesen/ gleich wie der Tempel. Vnd zwi-schen diesen Vorhöfen/waren Vorwercke vnd Spatziergenge mit Marmelstei-nern Seulen gemacht / vnnd mit schönen gewelben bedecket / da könte man vnter gehen wenn es regnet. Vnd war alles von Cedern vnd Cypressen holtze/vnd von Marmelsteinen gemacht/vnd mit Silber vnd Gold geschmücket/ Jnsonder-heit gegen der Sonnen Auffgang / recht gegen dem hohen Thor des Tempels vber / denn da waren die Vorhöfe auff das grösseste vnd weiteste/wie du in nehestfolgender Figur alles augenscheinlich findest ab-gemahlet.

Jeneben ist fleissig zu mercken / das/ So offt ich in der beschrei-bung des Tempels zu Jerusalem etlicher ellen gedencke/sol mans nicht von solchen Ellen verstehen/wie wir bey vns im lande Braunschweig haben/Son-dern/von Geometrischen ellen/die man sonsten cubitos, Das ist/ Ellenbogen nen-net/vnd zwo solcher Ellen machen drey Schuch.

Der erste Tempel den König Salomon gebawet / hat nur zween Vorhöfe gehabt/gleicher gestalt hat auch der ander Tempel/den Zorobabel vnd Josua nach der Babylonischen Gefengnis wider gebawet haben/der zwantzig ellen nidriger ge-wesen/auch nur zween Vorhöfe gehabt. Aber König Herodes ließ denselben Tem-pel. 6. Jar vor Christi Geburt abbrechen / vnd bawet von grund auff einen newen Tempel/der den 1. Tempel Salomonis an grösse vnd schönheit gantz gleich gewe-sen. Vnd derselbig Tempel hat drey Vorhöfe gehabt/den Herodes ließ den drit-ten Vorhoff noch dazu bawen/für die frembden Heyden/das die darein gehen vnd beten möchten/wie Josephus schreibet. *Tempel zu Jerusalem von Herode gebawet.*

Antiq; Iudai. lib, 2. cap. 14 & de bello Iudai, lib. 6. cap. 6.
Item AEgesippus lib. 1. cap. 35.36.

K   Gestalt

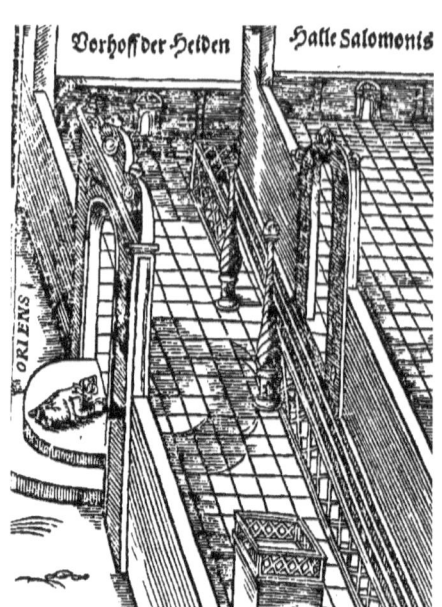

ien dreyen Vorhöfen. 46.

IES
Dach
pels.

Gülden dach des Tempels.

Finster Thal Cedron.

OCCIDENS

EPTENTRIO

Beschreibung des Tempels.

Bericht Josephi von den Vorhöfen.

Als aber Josephus lib. 2 Contra Apionem von vier vorgebewe oder Vorhöfen schreibet / ist also zuuerstehen: Das der mittelste Vorhoff durch ein scheide Mawr / in zwey Vorhöfe oder theil von einander geschelden gewesen / der gestalt / Das auff einer seiten gegen Nordenwerts die Jüdischen Frawen/ die rein vnd vnbefleckt waren/ pflegten anzubeten/ vnd an der andern seiten gegen Südenwerts/ die Jüdischen Menner / die auch nach dem Gesetze sich für vnreinigkeit bewaret hatten/ wie dann Josephus sich selbs also erkleret, lib. 6. de bello Iudai cap. 6.

Nun wil ich die drey Vorhöfe des Tempels einen jeglichen besonders/ nach einander beschreiben.

Von dem Obern Vorhofe des Tempels.

IN dem Obern Vorhofe der aller nehest für dem Tempel gelegen/ stund ein ehrnen Altar/ mit Gülden hörnen gezieret / darauff opffert man Ochsen/ Schaff/ vnd Tauben. Item im selbigen Vorhofe hat auch vorzeiten gestanden / das grosse gegossene Meer des Königs Salomonis/ vnd die zwo ehrne Seulen mit kneuffen vnd Granatepffeln kunstreich gemacht / Item zehen Kessel auff Redern. Aber diese Kessel vnd Seulen mit kneuffen vnd Granatopffeln/ vnd das grosse gegossene Meer des Königs Salomonis / sind durch Nebucadnezar den König zu Babel zubrochen / vnd derwegen nach der Babylonischen Gefengnis/ im Tempel zu Jerusalem nicht mehr funden. Denn sie wurden nicht wider gemacht. Der ehrne Altar aber mit den vergülden Hörnen darauff man Ochsen/ Schaff/ vnd Tauben geopffert/ ward wider gemacht/ vnd stund/ wie gesagt/ in diesem Obern Vorhofe/ vnd viel Tische / darauff man das Viehe schlachtet / stunden dabey. Es ist auch ein lustiges Springbrünlein in diesem

Zacharias Barachiae Sohn getödtet.

Vorhofe gewesen/ dadurch man das Blut vom geschlachtetem Viehe hat pflegen auss dem Tempel zuspülen. Denn es giengen etliche Rennen zwischen dem Marmelsteinen her / durch dieselbigen lieff das Wasser in die Erden/ vnd vnter der Erden/ durch einen heimlichen gang vnd rören zur Stadt hinauss in den Bach Kidron.

Zacharias des Hohenpriesters Joiade Sohn gesteiniget.

In disem Obern Vorhofe des Tempels ist Zacharias der Sohn Barachiae getödtet/ zwischen dem Tempel vnd Altar/ Matth. 23. Item/ daselbst ist auch Zacharias des Hohenpriesters Joiade Sohn zu todte gesteiniget / 2. Chron. 24. Es ist auch dieser Vorhoff mit einer sonderlichen grossen Mawer vmbgeben gewesen / von bunten Marmelsteinen mancherley Farben sehr Prechtig gebawet/ vnd giengen viel Thor durch die Mawren. So waren auch von Cedernholtze viel Capellen / Spatziergenge vnd Vmbgenge / wie bey vns in den Klöstern sind/

Aber insonderheit gegen Auffgang der Sonnen / hat dieser Vorhoff ein sehr hohes Thor gehabt/ dauon Josephus schreibet/ das es 70. ellen hoch gewesen sey vn 25. ellen breit/ vn sey auch gantz vergüldet gewesen/ aber es hiengen kein flügel daran / sondern es stund imer weit offen auff das man sein hindurch sehen möchte/ wie die Priester in diesem Obern Vorhoff den Gottesdienst verrichten. Vnnd

Das newe Thor/ Jeremia 26. 36.

wer was opffern wolte/ der muste es den Priestern bringen biss für dieses Thor/ er muste aber nicht hinein gehen. Im Propheten Jeremia/ im 26. vnd 36. Cap. wird dis Thor das newe Thor genant/ vnd daselbst ist auch gewesen/ die Capelle Gemaria/ des Sohns Saphan/ darin Baruch das Buch des Propheten Jeremia gele-

Die Capelle Gemariae.

sen/ für den ohren des gantzen Volcks. Jerem. 36. Wann die Sonne Auffgieng in den zeichen des Widers/ da sich Tag vnd Nacht vergleichen / so schein sie durch diss Thor/ vnd durch das hohe Thor des Tempels hinein biss zum allerheiligsten Thor/ wie Josephus anzeiget.

Von

Jerusalem.

Von dem mitteln Vorhoffe/ genant die Halle Salomonis/ Johan. 10. Actor. 3.

Diser Vorhoff ist was nidriger gewesen/ denn man hat etliche Seuffzen vnd Treppen hinauff steigen müssen/ zum obern Vorhofe. Jm zehenden Capittel des Euangelisten Johannis/ wird dieser ander Vorhoff die Halle Salomonis genant/ Vnnd wie Josephus anzeiget/ ward er durch eine Mawren dermassen zutheilet/ das auff einer seiten gegen Nordenwerts/ die Frawes personen/ die rein vnd vnbefleckt waren/ pflegten anzubeten/ Vnd auff der ander seiten die Jüdischen Männer/ die auch nach dem Gesetz sich für vnreinigkeit bewaret hatten. Es muste aber kein Vnreiner oder frembder Heyde da hinein kommen/ denn gegen Auffgang der Sonnen/ stund vor den Stuffen/ da man zu diesem Vorhofe hinan stieg/ ein Gegitter werck/ drey ellen hoch/ sehr hübsch gemacht/ von edel Marmelstein/ vnd stunden auch Marmel seulen darzwischen/ daran mit Hebreischen/ Griechischen vnd Lateinischen worten geschrieben stund/ Omnis alienigena accedens ad habitaculum Domini moriatur. Das ist wer ein frembdling ist/ vnd hinein gehet zur Wonung des HErrn/ der sol sterben. Herodes machet auch für der Halle Salomonis ein Thor aus Gold/ vnnd ob dem Thor ließ er ein gülden Sehwerdt hencken/ darin auch diese wort geschrieben waren: Welcher Frembder herzu nahet/ der sol sterben. Also muste kein frembder Heyde/ bey verlierung seines Lebens/ in dem mittelsten Vorhofe oder Halle Salomonis gehen.

Vnd eben in dieser Halle Salomonis/ da allein/ wie gesagt/ das Jüdische Volck/ Frawen vnd Männer/ pflegten anzubeten/ vnterm freyen Hüffel/ das sie ire augen gen Himel heben könten/ da hat der alte Simeon das Kindlein Jesum auff seine Arme genommen/ vnd gesprochen: HErr nu lssestu deinen Diener in Friede fahren/ wie du gesaget hast/ Denn meine Augen haben deinen Heylandt gesehen/ etc. Daselbst ist auch die liebe Prophetin Hanna/ die Tochter Phanuel vom Geschlechte Aser/ hinzu getretten/ vnd von dem Kindlein Jesu eine schöne Predigt gethan/ Luc. 2. Vnd es hindert nicht/ das Lucas spricht/ solches sey in Tempel geschehen/ denn die Vorhöfe wurden auch Tempel genant. Item in diesem mittelsten Vorhofe oder Halle Salomonis/ da allein/ wie gesaget/ das Jüdische Volck pflegt anzubeten/ hat der HErr Christus gemeinlich geprediget/ vnd ward daselbst von den Jüden vmbringet/ vnd gefraget/ Ob er Christus were/ Joh. 10. Item in dieser Halle Salomonis haben auch die Aposstel sich gemeinlich erhalten/ Act. 3. Es ist auch daselbst der Gotteskasten gewesen/ bey welchem Heliodorus von dem Engel im gülden Harnisch zu boden gerent ward/ 2. Mac. 3. So wird auch dieses Gotteskasten gedacht/ Johan. 8. Marc. 12. Das sich der HErr Christus gegen dem Gotteskasten gesetzt/ vnd zugesehen habe/ wie das Volck Geld einlegte zum Opffer Gottes. Vnd als eine arme Widwe kam/ vnd zweene Scherfflein einlegte/ lobet sie der HErr Christus/ das sie mehr geopffert hette/ als alle andere/ Denn sie hatte von jhrem Armut jhr gantze Narung eingelegt. Nicht weit von diesem Gotteskasten waren Spaziergenge vnd Vmbgenge/ von köstlichen Marmelseulen gemacht/ die oben mit Silber vnnd Golde geschmücket/ vnnd diese Vmbgenge waren oben zugedeckt/ das man kunt darunter zuschawr gehn/ wens regnet/ gleich wie bey vns die Vmbgenge in den Klöstern sind. Vnd die Thüren an diesem Vorwerck vnd Vmbgengen/ waren etliche mit Silber/ vnnd etliche mit golde beschlagen. Aber das rechte hohe Thor/ dadurch man von Auffgang der Sonnen in diesem Vorhoff oder Halle Salomonis gieng/ das recht gegen dem hohen Thor des Tempels vberstunde/ zwischen der Halle Salomonis/ vnd vntern Vorhofe der Heyden/ war fuuffzig ellen hoch/ vnnd die Flügel viertzig ellen hoch/ wie Josephus schreibet/ vnd waren mit silber vnd Golde sehr dicke beschlagen.

Von dem dritten Vorhofe deß Tempels/ darin die Heyden pflegten anzubeten.

Diesen dritten Vorhoff hat König Herodes bawen lassen/ zu der zeit/ als er den gantzen Tempel vernewert/ sechzehen Jar für Christi Geburt/ das ist/ sechs vnd vierzig Jar zuuor/ ehe der HErr Christus anfieng zu predigen/ Johan. 2.

Vnd ist dieser Vorhoff der Heyden/ ein vberköstlich gebew gewesen/ vnd ein groß Wunder/ von wegen seiner grösse vnd schönheit. Denn er war hundert ellen weit/ vnd sieben hundert

Beschreibung des Tempels.

vnd zwantzig Ellen lang/vnd strecket sich gegen Auffgang der Sonnen / biß an den Bach Kidron. Das Erdreich/darauff man gienge / war gleich wie auch in den andern Vorhöfen mit Marmelstein mancherley Farben vbersetzt. Vnd die Mawren vnd Marmelseulen vmbher waren fünff vnd zwantzig Ellen hoch / vnd die Vmbgenge darzwischen vberaus köstlich gebawet/waren dreissig Ellen weit. Vnd dieser Vorhoff ward der Heyden Tempel vnd Vorhoff genant. Denn die Heyden aus aller Welt / die gen Jerusalem kommen waren / möchten in diesen Vorhoff gehen/vnd daselbst anbeten. Vnd eben in diesem Vorhoff haben gesessen die Wechseler/die jhre Schinderey darin getrieben / vnd den frembden Leuten/die dahin kamen/ jhres gefallens das Geld vnd frembde Müntze abgewechselt. Item da haben auch gesessen/ die Ochsen/Schaffe vnd Tauben feil hatten / welchs dem HERrn Christo so hefftig verdrossen/das er ein Geyssel aus Stricken gemacht / vnnd sie alle zum Tempel hinaus gejagt / Johan. 2. Matth. 2. Dies ist auch diß zu mercken/das dieser Vorhoff etliche Stuffen vnd Treppen nidriger gewesen ist / als die Halle Salomonis. Vnd alle diese drey Vorhöffe / sind mit hohen Mawren vnd Vmbgengen / wie bey vns die Vmbgenge in den Klöstern sind / vnzerscheiden gewest / vnd haben den gantzen Tempel rings vmbgeben. Vnnd in den Ecken der Vmbgenge vnd Mawren / stunden hohe Thürme / darauff einer von dem Priester / des Abends/wenn ein Sabbath angieng / mit der Posaunen dessen ein Zeichen gab / denn sie hatten keine Glocken. Auff der Mawren des eussersten Vorhofes/davon Josephus schreibet / das sie aus dem Thal Cedron/in die höhe zu rechnen / vier hundert Ellen hoch gewesen / stunden hohe Thürme/darauff waren Sommerheuser / vnd lustige Spasiergenge / da man kundte herab in den Tempel/vnd in die gantze Stadt sehen. Vnd diese Thürme wurden genennet / die hohen Zinnen des Tempels / vnd waren so sehr hoch / das / wer von diesen hohen Zinnen hinab gesehen hat/in das tieffe Thal/dem ist das Gesichte vergangen / wie Josephus schreibet / von den alten Geschichten der Jüden/im 15. Buch am 14. Capitel. Vnd auff dieser hohen Zinnen eine/hat der Teuffel den HERrn Christum geführet / vnd gesprochen: Bistu Gottes Sohn/so laß dich von hinnen hinab / Matth. 4. Das Thor am eussersten Vorhofe/das gegen dem andern hohen Thoren vberstund / war dreissig Ellen hoch / wie Josephus schreibet/vnnd die Flügel daran funfftzehen Ellen breit / Vnd diß Thor / war von Corinthier Ertz gegossen/das wie Silber vnd Gold von sich leuchtet/vnd war köstlich ausgegrabet/ Derwegen sie nicht vnbillich die schöne Thür des Tempels genent wird.

Petrus vnd Johannes/als die hinauff giengen in dem Tempel zu beten/haben sie für dieser schönen Thür des Tempels einen Menschen gesund gemacht / der Lahm von Mutterleibe geboren war/Actor. 3. Hieraus ist nun offenbar/das / wenn man von Auffgang der Sonnen in den Tempel gieng/so wurden die Thor jmmer höher. Das erste Thor am Vorhose der Heyden/von Corinthier Ertz gegossen/war dreissig ellen hoch. Das ander Thor/da man in die Halle Salomonis gieng / war funtzig Ellen hoch. Das dritte Thor/da man in den Obern Vorhoff gieng/war siebentzig Ellen hoch. Vnnd das rechte hohe Thor am Tempel war neuntzig Ellen hoch.

Also ist ein jedes Thor jmmer zwantzig Ellen höher gewesen/als das vorige. Vnd in diesen Thoren waren Bencke gemacht/das man darin sitzen kundte. Es sind auch sonsten noch viel andere Thor am Tempel gewesen/auff beyden seiten / vnnd wie Josephus schreibet im 2. Buche wider Appionem/sind derselbigen Thor etliche sechtzig Ellen hoch gewesen / vnd zwentzig Ellen breit/alle vbergüldet / vnd beynach auch aus lauterm Golde gemachet/vnnd zwey hundert man haben teglich die Thor am Tempel auff vnd zuthun müssen. Egesippus schreibet/Keyser Titus Vespasianus / als er für den Tempel gekommen / vnd denselben angefangen zu stürmen/habe er befolhen / eines von den gülden Thoren / die verschlossen waren/anzustecken/auff das man also mit gewalt in den Tempel brechen / vnnd denselbigen mit stürmender Hand gewinnen möchte / Als nun die Kriegsleute das gülden Thor angestecket / sey das Gold mit hauffen herab geschmoltzen. Es hat auch der Tempel sonderliche graben vn mawren gehabt/wie ein festes Schloß/derwegen es kein geringe mühe vnd arbeit gekostet hat/denselben zu gewinnen. Das sey also gnug von dem wunderschönen gebew des Tempels.

Geistlis

zu Jerusalem.

Geistliche bedeutung des Tempels.

DEr Tempel ist ein Fürbilde gewesen des HERRN Christi/ vnd seiner lieben Kirchen vnd Gemeine /. Denn als der Sohn Gottes den Tempel seines Leibes ließ zubrechen/ Johan. 2. Hat er dadurch wider auffgericht seine Kirchen vnd Gemeine/ Das ist das rechte Geistliche Hauß vnd Tempel/ da Gott in wonet/ 2. Corinth. 6.]

Des weissen Marmelsteins bedeutung.

CHristus ist auch der rechte weisse Marmelstein/ der gantz keine Flecken noch Sünde hat/ Jesa. 53. Joh. 8. Diesen Stein haben die Bawleut verworffen/ Aber bey Gott ist er außerwelet vnd köstlich/ vnd wir werden als lebendige Steine darauff gebawet/ 1. Pet. 2.

Des Goldes bedeutung.

DAs Gold vnd Edelgestein im Tempel/ bedeutet die Gottheit des HErrn Christi/ Denn in Christo wonet die gantze fülle der Gottheit/leibhafftig/Coloss. 2.

Cedern Holtz.

DAs Holtz von Cederbewmen/ Cypreß vnd Olebewmen/ das beständig immerwerende/ vnd den Würmen nicht vnterworffen/ bedeutet den Menschlichen Leib des HERRN Christi/ der die verwesung nicht gesehen hat/ Psalm. 16.

Cherubin.

DEr Tempel ist auch ein Fürbilde der Himlischen Gloria, des ewigen Lebens gewesen/ da die Engel Cherubin für Gottes Angesicht stehen/ ihm auff den Dienst warten/ vnd das ewige Te Deum laudamus singen/ Apoc. 4. Die zween gülden Cherubin aber/ im aller heiligsten Chor/ bedeuten das Alte vnd Newe Testament/ die beyde auff den Gnadenthron GOttes/ nemlich auff den HErrn Christum sehen.

Gülden Thür des Tempels.

CHristus ist die Thür/ dadurch wir eingehen zum ewigen Leben/ Johan. 10. 14.

Vorhang im Tempel.

DEr Son Gottes/ vnser lieber HErr Jesus Christus/ ist der rechte Vorhang/ der da henget zwischen Gott vnd vns am Stamme des Creutzes/ mit blutigen Striemen vnnd rothen Wunden/ gleich wie ein schöner Tepich mit roter Seiden durch wircket/ Vnd mit diesem Vorhang können wir vnsere Sünde zudecken/ Hebre. 10.

Lade des Verbundes.

DJe Lade des Verbundes im aller heiligsten Chor/ zeigt an/ das vnser Hertze sol sein ein gülden Schrein/ darin das Gesetze Gottes vnd der edle Gnadenthron/ vnser lieber HErr Jesus Christus/ durch den wir vergebung der Sünden haben/ geschlossen werde.

Gülden Reuch Altar.

DEr gülden Reuchaltar/ im heiligen Ort des Tempels/ war gemacht vom Holtze Sittim/ vnd mit lauterm Golde oberzogen/ vnd hatte vier güldene Hörner/ vnnd oben vmbher ein gülden Kron. Dieser gülden Reuchaltar hat den HErrn Christum fürgebildet. Das immerwerende Holtz Sittim bedeutet die vnuerweßliche Menschheit Christi/ die ist obergüldet/ das ist/ mit Göttlicher Herrligkeit durchfewret/ vnd in die Gloria Gottes auffgenommen. Wie auch die Kron die Majestet Christi fürbildet/ die nu in Gott erhöhet ist. Vnd wer auff diesem Reuchaltar/ nemlich auff den HErrn Christo reuchert/ das ist/ GOtt anbetet/ der bekömpt vergebung aller seiner Sünden. Die gülden Hörner auff diesem Altar waren Reuchfesser/ mit Reuchwerck erfüllet/ vnnd bedeuten die erleuchte Hertzen/ die vom Altar Christi/ mit dem Fewer des heiligen Geistes erfüllet/ ihr Gebet für Gott außschütten/ Apoc. 9.

L ij   Gül-

Beschreibung des Tempels.
Gülden Leuchter.

DEr Gülden Leuchter/aus lauterm Gold/mit sechs Röhren vnd sieben Lueernen/ bedeutet/ den HERRN Christum/der ist das ware Liecht/ das alle Menschen erleuchtet/ so in diese Welt geboren werden/Joh. 1. Apoc. 1. Von diesem heiligen Leuchter / nemlich/ vom HErrn Christo/gehen aus viel Röhren vnd Lucernen/Nemlich/fromme Lehrer vnd Prediger/ das sind auch Liechter der Welt/die mit jhrer heilsamen Lehre die Menschen erleuchten. Die Lilien vnd Blumen an diesen Leuchtern/bedeuten die Gaben des heiligen Geistes / damit die Christlichen Lehrer geschmücket vnd gezieret sind.

Gülden Tisch.

DEr gülden Tisch/der eine güldene Kron vmbher gehabt / war ein fürbildung des Geistlichen Tisches vnd essus im Reich Christi / Luc. 22. Das Brodt auff diesem Tische ist der Sohn Gottes/der ist das rechte Himmelbrodt/das vom Himmel kömpt / vnd gibt der Welt das Leben/Johan. 6.

Opffer.

DIe Opffer im ober Vorhoff haben allzumal auff den HErrn Christum gedeutet / der ist das einige Opffer für aller Welt Sünde/1. Pet. 2.

Ober Vorhoff.

DIeser ober Vorhoff/ist ein Fürbilde des Geistlichen Priesterthumbs vnsers HErrn Jesu Christi/der vns alle zu Königen vnd Priestern machet/vnd mit seiner Vnschuld vnd thewrem Verdienst zieret/1. Pet. 2.

Springbrünlein im Obern Vorhofe / vnd gegossen Meer auff zwölff Ochsen.

DAs gegossen Meer vnd Springbrünlein im Obern Vorhofe / sind ein Fürbilde gewesen der heiligen Tauffe/vnd des heiligen Brunnen/ der aus den Wunden vnd aus der gebenedeyeten Seiten entspringet/Denn dadurch werden wir gereiniget vnd abgespület von allen vnsern Sünden / 1. Johan. 1. Durch die zwölff Ochsen werden verstanden die zwölff Apostel/die mit jrer Stimm die gantze Welt erfüllen/ vnd das Meer der Gnaden die heilige Tauffe/in alle vier örter der Welt tragen/1. Corinth. 9.

Der mittelste Vorhoff.

DEr mittelste Vorhoff/ darin der HERR Christus geprediget / darin auch das Jüdische Volck allein pflegete anzubeten/ hat angezeiget / das der HErr Christus erstlich aus dem Israelischen Volck eine heilige Gemeine vnd Kirche versamlen würde/ wie er spricht zum Cananeischen Weiblein/Matth. 15. Er sey nicht gesand/denn nur zu den verlornen Schaffen/ vom Hause Israel.

Der eusserste Vorhoff.

DIeser Vorhoff hat bedeutet / das auch die Heyden zum Schaffstall des HErrn Christi/ vnd zu der Gemeinschafft Christi vnd seiner lieben Kirchen kommen solten / wie er selbst spricht/Johan. 10. Ich habe noch andere Schaffe/die muß ich auch herzu führen/etc.

Also hat nun der Tempel mit seinen Vorhöffen / vnd allem herrlichen Schmuck / auff Christum/vnd seine liebe Kirchen vnd Gemeinen gedeutet.

Von den andern Gebewen/ die auch auff dem Berge Moriah gelegen haben/ bey dem Tempel.

Neben

zu Jerusalem. 52

Eben dem Tempel gegen Mittage/ hat auff dem Berg Moriah König Salomon für sich selbs ein Königlich Hauß gebawet/ das auch sehr schön vnd hübsch gewesen/vnd von Golde vnd Silber geleuchtet hat/ darüber sich die Königin von Seba sehr verwundert. Vnd daselbig Königliche Hauß hat auch lustige Vorhöfe gehabt/ in deren einem der Prophet Jeremias gefangen gelegen.

1. Salomonis Königliches Hauß.

Neben demselben Königlichen Hause ließ auch Salomon ein Richthauß bawen/ darin stund ein Elffenbeinen Stuel/mit zwölff gülden Lewen gezieret/1.König. 10.

2. Salomonis Richthauß.

Item/ So ließ auch König Salomon daselbst ein Hauß bawen/ der Tochter Pharao/ seiner lieben Gemahl vnd Königin/1. König. 7.

3. Der Königin Salomonis Hauß.

Diese drey Heuser des Königes Salomonis haben auff dem Berge Moriah gelegen/ an der seiten des Tempels/gegen Mittag/vnd sind alle drey zubrochen vnd verbrand/ zu der zeit/ als König Nebucad Nezar die Stadt vnd Tempel zu Jerusalem verstöret.

Von dem Teich Bethhesda.

Bey dem Tempel gegen Norden/ ist gewesen ein Schaffhauß / darin die Schaffe beschoren vnd gewaschen wurden/ die man im Tempel opffern solte / Denn man muß nichts vnreines opffern. Das Wasser/ darin die Schaffe gewaschen wurden/ist roth gewesen/Vnd hat bedeutet/das die Schefflein des HERRn Christi in seinem heiligen Blute gereiniget vnd abgewaschen werden von allen Sünden.

Bey diesem Schaffhause war ein Teich/ der hieß Bethhesda/ da war ein Spittalhauß vmbher gebawet/das hatte fünff Hallen/ vnd der Engel des HERRn fuhr herab zu seiner zeit vnd beweget das Wasser. Daselbst hat der HErr Christus einen Menschen gesund gemacht/ der acht vnd dreissig Jar kranck gelegen/Johan. 5. Bethhesda heist so viel/ als ein Spittalhauß/wie es Doctor Martinus Luther außgelegt/Es heist auch wol so viel/als Domus Effusionis, ein Hauß des außgiessens/Denn König Hiskia hat das Wasser des obern Teichs Gihon/ der nicht von dem Berg Caluaria gewesen/mit Röhren durch die Stadt geleitet/ vnd daß selbige Wasser ist eben an diesem ort wider aus der Erden herfür kommen/ dauon dieser Teich Bethhesda worden/der das Wasser des vntern Teichs genant wird/Jesa. 22.

Von der Burg Antonia.

Die Burg Antonia/hat auch auff dem Berge Moriah gelegen/ zwischen zwey Vorwercken des Tempels / an der Ecken gegen Nordwesten. Diß Schloß hat vorhin Baris geheissen/vnd anfenglich von den Maccabeern gebawet worden/Aber König Herodes ließ es gantz vernewen/vnd vber die maßen köstlich auff bawen mit hohen Thürmen/ vnd sehr starck befestigen/vnd nennet es nach dem Edlen Römer Antouio/der ein zeitlang neben dem Keyser Augusto regieret/die Burg Antoniam.

Vom Saal an der Ecken.

Auff dem Berge Moriah hat auch gestanden ein Hauß an einer Ecken/ das hat oben einen köstlichen Saal gehabt/Vnd desselbigen Hauses wird auch gedacht im Alten Testament/ Nehem. 3. Vnd man helts dafür/ der HErr Christus habe in diesem Hause mit seinen Jüngern das Osterlamb gessen.

Nehem. 3. Der Saal darin Christus das Osterlamb gessen.

Vom Thurm Ophel/auff deutsch Finsterburg.

Der Thurm Ophel ist auch ein Schloß gewesen/vnd hat gelegen auff dem Berge Moriah/ nicht weit vom Tempel gegen Norden/Nehem. 3.

Vom Thurm Hamea/auff deutsch Hundertburg.

Dieser Thurm hat auch auff dem Berge Moriah gestanden/ in der Stadtmawren/zwischen dem Schafftor vnd Misthor/vnd hat den namen gehabt von den Heuptleuten vber hundert/die auff diesem Thurm haben die Wacht gehalten/gegen dem Tempel vber. Dieses Thurms wird auch gedacht/Nehem. 12.

L iij Von

53　Wie die Stadt
Von dem Berg Acra.

Der Berg Acra hat in der Stadt Jerusalem gelegen / gegen der Sonnen nidergang/ vnd den namen gehabt von seiner grossen höhe / Denn das Griechische wort Acra heisset so viel als ein hoher ort. Vnd ob wol dieser Berg vorhin höher gewest als der Berg Moriah/so hat jn doch Simon Jude/Maccabei Bruder / ernidert / vnnd das Schloß

Acropolis. Acropolin/das der wütrige König Antiochus darauff gebawet / abgebrochen / vnd den Berg oben sein eben gemacht / das er hinfort gleich so hoch gewesen ist als der Berg Moriah/von dem er durch ein tieffes Thal/das finster Thal Cedron genant/abgeschieden ward. Vnd auff

Die Tochter Zion. diesem Berge Acra hat die Vnterstadt gelegen / die in heiliger Schrifft die Tochter Zion genent wird / darumb / das sie vnter der Oberstadt gelegen / vnnd von derselben/als von einer Mutter/geboren vnd her kommen war. In dieser Vnterstadt haben viel schöner Heuser gestanden/als nemlich/der Königin Helena Hauß / welche ist eine Königin der Ablabener gewesen/vnd gen Jerusalem kommen/vnd daselbst ein Hauß gebawet / auff das sie Gott anbeten möchte im Tempel zu Jerusalem. Item/jrer Söhne der Königin Monobazi vnd Grapte

Hannas vnd Caiphas. Heuser haben auch daselbst gestanden. Die Hohenpriester/Hannas vnd Caiphas / haben auch jre Heuser vnd stadtliche Pallast auff dem Berge Acra/nicht weit vom Thal Tyropæon / gehabt.

Herodis Hauß. Der Gottlose König Herodes hat auch auff diesem Berge Acra / am Marckt / sein Königlich Hauß vnd Wohnung gehabt / eben an dem ort / da vorhin die Maccabeer ein Schloß vnd Festung gehabt. Denn die Maccabeer haben zwey Schlösser zu Jerusalem gebawet: Eins auff dem Berge Moriah bey dem Tempel / daraus Herodes die Burg Antoniam gemacht/vnd das ander Schloß der Maccabeer lag auff dem Berge Acra / gegen dem Tempel vber/am Marckt der Vnterstadt. Diß Schloß hat König Herodes / der die vnschuldigen Kindlein tödten ließ/eingenommen/vnd sehr stadtlich gebawet / vnnd seinen Königlichen Sitz vnd Wonung darin gehabt. Vnd nach seinem todt haben auch seine Nachkommen / als nem-

Archelai vnd Herodis Agrippæ Heuser. lich Archelaus vnd Herodes Agrippa darin gewonet. Weiter / so hat auch König Herodes dem Keyser Augusto zu ehren/zwey stadtliche Spielheuser gebawt / die auch daselbst bey seiner Königlichen Wonung gelegen. Das eine ist gewesen wie ein halter Circkel / von weissen Marmelsteinen in die höhe geführet / vnd sind hohe Stuffen vnd Bencke darin gewesen / im-

Herodis Spielheuser. mer eine höher als die ander/darauff viel tausent Menschen sitzen kondten / vnd zu sehen / wenn Heydnische Spiel gehalten/Comedien vnd Tragedien / die nach Heidnischer gewonheit das

Theatrum. selbst gespielet wurden. Vnd dieses Spielhauß oder Theatrum war vber die massen schön mit Golde vnd Silber geschmücket/vnd mit schönen Gemälten vnd schlachtungen / die Keyser Augustus gewonnen/sehr hübsch gezieret. Das ander Spielhauß stund auch auff diesem Berg Acra/nicht weit von des Königes Hauße gegen Mittag / vnnd war gebawet wie ein gan-

Amphitheatrum. tzer Circkel/sehr weit begriffen/Vnd in diesem Amphitheatro oder runden Spielhauße wurden Thurnier gehalten/auff Wagen vnd Pferden/alles dem Keyser Augusto zu ehren.

Marckt. Aber insonderheit am Marckt sind stadtliche Heuser gestanden / als nemlich / wie jetzt gemeldet/des Königes Herodis Hauß vnd Königlicher Pallast / darinn auch seine Nachkommen / als nemlich/Archelaus vnd Agrippa gewonet. Vnd desselbigen Königes Agrippæ Schwe-

Berenice Hauß. ster/Berenice/hat auch jre Königliche Wonung / aller nehest bey jhrem Bruder am Marckt gehabt. Gegen diesen Königlichen Heusern vber stund das Rathauß/darin das Synedrion,

Rathauß Synedrion/ da sie sein zusammen kommen. vnd die 70. Eltesten pflegten zusammen kommen/vnd gericht zu sitzen / Daselbst ist der HERR Christus auch für den Rath geführet / vnd gefraget/ ob er Christus were/Luc. 22. Item/Auff diesem Rathause sind auch die Apostel gesteupet worden/Actor. 5.

Pilati hauß. Bey diesem Rathause hat gestanden des Landpflegers Pontij Pilati Richthaus / darinn auch die andern Landpfleger/die noch jm regiret/gewonet haben. Vnd das Richthauß ist auch vberauß köstlich gewesen / vnd der HERR Christus ist in diesem Richthaus gegeisselt/

Cantzeley. vnd mit Dörnern gekrönet. Bey dem Richthaus Pilati stund auch die Cantzley / ein groß prechtig Hauß/sehr köstlich gebawet.Vnd das sind also die fürnembsten Gebew vnd Heuser/ die in der Vnterstadt/auff dem Berge Acra am Marckt gestanden. Es ist aber der Marckt so

Marckt. groß gewesen/das auch / wie Josephus schreibet / grosse Schlachtungen darauff geschehen sind. Vnd auff dem Marckt/bey Pilati Richthause/ ist gewesen ein hoher Stuel/von steinen

sehr

Jerusalem gebawet gewesen. 54

sehr köstlich gepflastert/derwegen er auch auff Chaldeisch Gabatha, das ist / Hechpflaster ge= | Gebatha/
nant worden. Daselbst hat Pilatus die Hende gewaschen/vnd gesprochen/ Ich bin vnschül= | Merckwir=
dig an diesem Blut/das Volck aber hat geruffen/ Sein Blut komme vber vns vnd vber vnser | dige Ver-
Kinder. Vnd solch geschrey hat auch Gott der HErr an den Jüden redlich war lassen wer= | schichte auff
den/eben bey diesem Richtstuel. Denn es hat sich nicht lange darnach zugetragen / das Pila= | den Marck
tus Geld aus ihrem Gotteskasten begeret / damit er ein Wasser in die Stadt führen wolte/ | zu Jerusa-
das ihm die Jüden keines weges haben einreumen oder willigen wollen / sondern sind tretzig | Iosephus de
worden/vnd haben Pilatum auff diesen hohen Richtstuel sitzende mit grossem geschrey vmb= | bello lib. 2.
geben. Er aber / weil er vorhin sich besorget / das solch ein Getümmel vnd auffruhr entstehen | cap. 8.
würde/hat er seinen Kriegsknechten befohlen / sich vnter das Volck zu mengen in gemeiner
Manskleidung/doch solten sie der Schwerder nicht gebrauchen/ sondern dieselben/ so ein ge=
schrey machten/mit Kolben damider schlagen. Als nun die sache also gerichtt/hat er ihnen vom
Richtstuel ein Zeichen geben / da ists weidlich vber die Jüden gangen / denn ihrer viel sind er=
schlagen/viel haben sich selbst erwürget/ vnd haben in der flucht einander jemmerlich erdruckt.

Item/Aber etlich Jar hernach/ hat auch der Landpfleger Florus bey diesem Richtstuel mit | Iosephus de
den Auffrhürischen Jüden ein schrecklich Spectakel angericht. Denn die Edelsten der Jü= | bello lib. 2.
den hat er für diesem Richtstuel Gesseln vnd Creutzigen / vnd allenthalben in der Stadt viel | cap. 15.
Volcks tödten lassen/ auch der schwangern Frawen vnnd Kinder nicht verschonet/das also
auff denselbigen tag sechs hundert vnd dreyssig Jüden sehr schrecklich sind getödtet vnd hin=
gerichtet worden/das auch die Königin Berenice durch solchen jammer bewogen/ barfuß für
den Richtstuel getretten / vnd den Landpfleger Florum gebeten / des armen Volcks zuuerscho=
nen. Jhr ist aber nicht allein gantz keine ehre bewiesen / sondern sie ist in grosse geschrligkeit ih=
res Leibes vnd Lebens gerathen/ vnd hat den zornigen Kriegsknechten kaum in iren Königli=
chen Hoff entweichen können / vnd daselbst sich die gantze Nacht mit gewarsamer Hut bewa=
chen lassen/damit sie von dem Römischen Kriegsvolck nicht vberfallen / vnd getödtet wür=
de. Vnd dieser Königin Berenice vnd ires Bruders Agrippæ wird auch gedacht in der Apo=
stel Geschichten im 25. Capittel/da wir lesen/ Das der Apostel Paulus ihnen eine schöne Pre=
digt gethan. Das sey also genug vom Richtstuel Gabatha/ da Pilatus die Hende gewaschen/
vnd die Jüden geschrien haben/Sein Blut komme vber vns vnd vnsere Kinder / Wie GOtt
solches eben an demselbigen Richtstuel habe lassen war werden.

Weiter ist hie auch zumercken/das von des Königes Herodis Hause / darin auch König | Zerrlicher
Agrippa hernach gewonet / biß an das Rathaus / ein weiter Spatziergang vber den Marckt | Spatiergangk
gebawet gewesen/der oben zugedecket / vnd schöne lustige Vmbgenge sind oben darauff gewe= | auff dem
sen/das man hat können spatzieren gehen/vnd oben herab auff den Marckt sehen. Vnnd das | Marckt zu
selbst herab hat König Agrippa eine stadtliche Rede zum Volck gethan / vnd seine Schwester | Jerusalem.
Berenice hat bey im gestanden/Iosephus de bello lib. 2. cap. 16. Vnd damit ichs je deutlich
gnug erkläre/ist diß Spatzierhauß also gebawet gewesen / das man beyde oben vnd vnten darin
spatzieren gehen konte. Vnd von diesem Spatziergange gieng eine lange Brücke vber das Thal
Cedron zum Tempel.

Weiter so sind auch noch viel andere Gebew vnd Heuser auff diesem Berge Acra gewe=
sen / Denn wie zuuorn gemeldet / die gantze Vnterstadte hat darauff gelegen / welche vber die | Collegium
massen viel Gassen vnd Strassen gehabt. Vnd insonderheit hat auch der Phariseer vnd Sa= | der Phari-
duceer Collegium auff dem Berg Acra gestanden/ So sind auch viel Synagogen vnd Schu= | seer vnd
len hin vnd wider in der Stadt Jerusalem gewesen. | Saduceer.

Vnd das sey also genug vom Berge Acra/ vnd von den schönen Heusern vnd Gebewen/
die darauff gestanden.

Von dem Thal Cedron.

DAs Thal Cedron ist gewesen ein sehr tieffes Thal zwischen den Bergen Moriah vnd
Acra/vnd es giengen Treppen hinab von dem Berge Moriah in diß Thal / vnd rechte
gegen vber giengen Treppen wider hinauff zum Berge Acra/ das man also auff vnd
absitzen kondte. Es war diesses Thal so sehr tieff / das / wer auff der Mawren des Tempels
stund/vnd hinab sahe/dem vergieng das Gesicht/vnd schwindelte / von wegen der grossen tieff=
fe. Es gieng auch eine brücke vom Tempel vber diß thal zum Berge Acra/ wie ich zuuor ange=
L iiij zeiget

Wie die Stadt

Jacobus Alphei Sohn wird von der Mawren des Tempels geſtürtzet.

gezeiget habe. Jacobus Alphei Sohn/der heilige Apoſtel des HErrn Chriſti/ iſt von den hohen Zinnen/die auff der euſſerſten Mawren des Tempels ſtunden/ vnnd vber vier hundert Ellen hoch waren/in diß tieffe Thal hinab geſtürtzet/ vnd darnach vollend mit einer Ferberkeule zu todte geſchlagen. Vnd von wegen ſolcher groſſen tieffe/ iſt es gemeinlich ſehr finſter in dieſem Thal geweſen/vnd darumb wird es das Thal Cedron/ das iſt/ ein ſchwartz finſter Thal genant. In dieſem Thal haben die Kauffleute vnd Krämer gewonet/ Soph. 1. Aber das ander Thal/das zwiſchen dem Berge Zion/ vnd den andern zween Bergen Moriah vnd Acra geweſen/wird genant das Thal Tyropeon/wie dann ſolches das Gemelte/vnd die Figur der Stadt Jeruſalem/die ich zuvorn abgemalet habe/deutlich anzeiget.

Tyropeon.

Von dem Berge Bezetha.

DEr Berg Bezetha hat in der Stadt Jeruſalem gelegen/gegen Norden/ vnd zwiſchen dieſen Bergen vnd den Bergen Moriah vnnd Acra ſind tieffe Graben geweſen. Es haben aber auff dieſen Bergen Bezetha zween Vorſtedte gelegen/ die mit einer ſonderlichen Stadtmawr ſind von einander geſcheiden geweſen. Die erſte Vorſtadt/ ſo den Bergen Moriah vnd Acra am neheſten gelegen/ hat Bezetha oder das ander theil der Stadt geheiſſen/die ander Vorſtadt iſt die Newſtadt genent worden. Vnd von dieſen Vorſtedten wil ich auch auffs kürtzte ſchreiben.

1. König. 12.

Bezetha die erſte Vorſtadt.

Zacharias Hauß.

DIſe theil der Stadt Jeruſalem/ wird in heiliger Schrifft das ander Theil genant/vnnd daſelbſt hat die Prophetin Hulda gewohnet. Item/Zacharias/ Johannis des Teuffers Vater. Denn das die Prieſter daſelbſt gewonet haben iſt offenbar aus dem 3. Capittel Nehemiæ.

Herodis Hauß.

Es hat auch König Herodes/ vnter dem der HErr Chriſtus geboren/ in dieſem andern theil der Stadt eine Königliche Wonung gehabt/darin er ſelbſt gewonet. Vnd diß Königliche Hauß war von ſchönen Marmelſteinen gebawet/ vberaus köſtlich/ mit Schwichbogen/ Marmelſeulen Königlichen Saalen vnd Pallaſten/die allenthalben von Golde vnnd Silber geleuchtet haben/vnnd ſo groß geweſen/ das hundert Tiſche in einem Gemach haben ſichen können/Es ſind auch Spatiergenge darin geweſen/ vnd ſchöne Luſtgärten vnd Springbrünlein. Dieſer Königliche Hoff war auch mit einer Mawer vmbgeben/ die auch von eitel weiſſen Marmelſteinen gebawet war/dreiſſig Ellen hoch/ vnnd wie es Vadianus dafür helt/ hat Herodes den HErrn Chriſtum in dieſem Hauſe beſpottet/ ihm ein lang weiß Kleid angezogen/vnd wider zu Pilato geſand. Es hat auch König Herodes bey dieſen Königlichen Hofe einen groſſen Thiergarten gehabt/Item/ein Gefengnis/darin Petrus gefangen lag/als ihn der Engel Gottes aus dem Gefengnis führet/Actor. 12.

Wo Chriſtus vom Herode beſpottet. Wo Petrus gefangen gelegen Act. 12.

Von der andern Vorſtadt zu Jeruſalem/die Newſtadt genant.

ALs das Volck in der Stadt Jeruſalem vberhand nam/ alſo/ das ſie auch in der Vorſtadt Bezetha nicht mehr platz hatten/ mehr Heuſer zu bawen/ haben ſie gegen Norwenwerts noch eine Vorſtadt gebawet/die ſie die Newſtadt genent haben/die zu der zeit/ als der HERR Chriſtus für aller Welt Sünde gnug thet vnnd bezalet/ vnnd von den Todten wider aufferſtund/ noch nicht in der Ringmawren gelegen/ derwegen kondten die Jünger/ die mit dem HERRN Chriſto gen Emahus wanderten/als ſie ſehr ſpate wider vmbkehren/ wol in dieſe Vorſtadt kommen/ denn weil ſie nicht mit in der Ringmawren lag/ ward ſie auch nicht beſchleiſſen. In dieſer Vorſtadt hat geſtanden das Hauß Mariæ/der Mutter Johannis Marci/ da ſich die Jünger gemeinlich enthalten/Vnd in demſelbigen Hauſe iſt der HERR Chriſtus ſeinen Jüngern nach ſeiner frölichen Aufferſtehung lebendig erſchienen/ Daſelbſt iſt auch Petrus wider zu den Jüngern kommen/ als ihn der Engel aus dem Gefengnis geführet hatte/ Actorum am 12.

Der Mutter Johannis Marci hauß Actor. 12.

Die

Jerusalem gebawet gewesen. 56

Die Heuser der Stadt Jerusalem / haben gemeinlich oben ein eben Dach gehabt / das man darauff kondte spatzieren gehen/essen/trincken vnd tantzen. Vnnd solche Dächer haben ein Gitterwerck rings vmbher gehabt.

Von den Mawren der Stadt Jerusalem.

DJe Stadt Jerusalem hat drey Mawren gehabt gegen Norden / die auch Titus des Keysers Vespasiani Son/als die Stadt Jerusalem verstöret / alle drey nach einander einnemen vnd erobern müssen.

Die erste Mawer gieng vmb die eusserste Vorstadt/die Newstadt genant / vnd hat neuntzig hohe Thürme gehabt. Vnd diese Mawr ist zu des HERRN Christi zeiten noch nicht gewesen/sondern als der HERR Christus am Himmel gefahren war / hat sie vber etlich Jar hernach König Agrippa gebawet / vnnd hat in der Ecken gegen Nordwesten / einen sehr hohen Thurm von Marmelsteinen auffrichten lassen / der so hoch gewesen / das man darauff biß ins Meer/vnd biß in Arabiam hat sehen können / Vnnd dieser Thurm wird genant der Thurm Psephina. *Diese Thürme werden genant. Turres Muliebres. Die Seewlichen Thürme.*

Die ander Mawr ist gewesen zwischen den zween Vorstedten / vnd hat viertzehen Thürme gehabt/vnd diese Mawren hat König Hiskia gebawet/2. Chron. 32. Vnd in dieser Mawren hat in einem winckel zwischen dem Roßthor vnnd Thalthor / der Ofenthurm gestanden / da man des Nachts stets ein Fewer auffgemacht / das sehr weit vmb sich geleuchtet hat / darnach man sich hat zu recht finden können. Dieses Thurms gedenckt durch Nehemias im 3. Capitel. *Der Ofensthurm.*

Die dritte Mawre hat den Tempel vnd die Vnterstadt vmbgeben / vnd auff hohen Bergen gelegen/vnnd sechzig hohe Thürme gehabt. Vnd insonderheit ist im Alten Testament berhümet der Thurm Hananiel / welcher hat gestanden in dem winckel zwischen dem Thalthor vnd Mistthor. König Herodes aber/vnter welchem der HErr Christus geborn / hat auch auff diese Mawren von schönen weissen Marmelsteinen drey hohe Thürme bawen lassen/vnd gebawet. Den einen/der auff der Mawren stund zwischen dem Gartenthor vnnd Altenthor / Hippicum genant/ nach seinem Freunde Hippico. Den andern hat er Phaselum genant/ nach seinem Bruder Phaselo. Den dritten nennet er Mariane / nach seinem schönen Gemahl Mariane/die noch der Bluthund ohn alle schuld hat tödten lassen. Diese drey Thürme sind sehr hoch/vnd vberaus köstlich gewesen/ vnnd ein zierath der gantzen Stadt Jerusalem. Vnd als Titus die gantze Stadt Jerusalem schleiffet vnd verstöret / da ließ er doch gleichwol diese drey Thürme stehen/vnd legt Kriegsvolck darein/ zum gedechtnis / das man doch an diesen Thürmen noch sehen möchte/wie ein schöne Stadt Jerusalem gewesen / Aber hernach sind diese Thürme durch Keyser Adrianum auch zubrochen worden. Zwischen vnnd bey diesen 3. Thürmen/ hat auch des Königs Herodes vbr...us köstliche Hauß vnd Königlicher Pallast gelegen/ den er in der Vorstadt Bezatha gebawet/ wie ich zuvor davon gesagt vnd geschrieben habe. Es hat auch die Oberstadt/auff dem Berge Sion sonderliche Mawren vnd sich her gehabt. *Thurm Hananiel. Thürme von Herodes gebawet.*

Die ist auch fleissig zu mercken / das die Stadt Jerusalem nicht allein groß /vnd wunderschön gebawet / sondern das sie auch vber die massen sehr feste gewesen/ Denn die Mawren der Stadt Jerusalem sind gemeinlich fünff vnnd zwentzig oder dreissig Ellen hoch gewesen/ von weissen Marmelsteinen gebawet / deren ein jeglicher zwantzig Ellen lang / zehen Ellen breit/vnd fünff Ellen hoch gewesen / vnnd so dicht ein einander gefüget / das man keine Fuge daran hat sehen können / vnd aus solchen Steinen sind auch die Thürme gebawet gewesen /so auff den Mawren gestanden. Es sind auch die Mawren gemeinlich 20. Ellen dicke gewesen/ derwegen es keine geringe mühe vnd arbeit wird gewesen sein / solche starcke Mawren vnnd Thürme zu brechen. Aber insonderheit am Tempel sind Marmelsteine verbawet worden / die fünff vnd zu antzig Ellen lang/acht Ellen hoch/vnd zwölff Ellen dicke gewesen / wie Josephus schreibet/Antiq. Jud. lib. 5 cap. 14. & de bello, lib. 6 cap. 1. Es sind auch solche Ellen nicht so groß wie vnser Ellen / sondern es sind Geometrische Ellen / die man Cubitos, das ist/ Ellenbogen nennet/ vnd zween solcher Ellenbogen machen drey Schuch. *Starcke Festung der Stadt Jerusalem.*

Die

Wie die Stadt

Die Graben vmb die Stadt Jerusalem her/ wie Strabo schreibet/ sind in einem harten Felß gehawen gewesen/vierzig Fuß tieff/vnd dritthalb hundert Fuß breit. Vnd wie were es müglich gewesen/solche Graben zu eröbern/ wenn Gott nicht wunderbarlich den Römern geholffen/vnd die Jüden mit frey eigen todten Cörpern/ die an der Pestilentz vnd an Hunger gestorben waren/die Graben nicht außgefüllet hetten/wie Josephus schreibet.

Von den Thoren der Stadt Jerusalem.

Die Stadt Jerusalem hat zwölff Thor gehabt/ da man aus vnd ein gereiset.
Gegen auffgang der Sonnen fünff Thor.

Der Blinde/ Johan. 9. Luc. 24. 1. Das Brunthor/ hat den Namen gehabt von dem Brunnen Siloha/ der bey diesem Thor aus dem Berg Zion entsprungen/ Vnnd bey diesem Brunn Siloha hat sich gewaschen der Mensch/der blind von Mutterleibe geboren wie jhm der HERR Christus befohlen hatte/vnd ist sehend worden/ Johan. 9. Es ist auch der HERR Christus in diß Brunthor geritten auff der Eselin/als er von Bethanien kam/am Palmtage.

In welch Thor der HErr Christus gefangen geführet ist. 2. Das Schaffthor/hat den namen gehabt von den Schaffen/ die daselbst sind hinein gebracht/das man sie solt opffern im Tempel/ denn diß Thor war nahe bey dem Tempel des HErrn. Vor diesem Thor hat der Oelberg gelegen/fünff Stadien/das ist ein wenig mehr als ein halb viertheil einer Meilen von Jerusalem/gegen Auffgang der Sonnen. Vnd daselbst ist auch gewesen der Hoff Gethsemane/vnd der Garte/ darin der HErr Christus gefangen/vnd gen Jerusalem ins Schaffthor geführet ward/als das rechte Schefflein/das für aller Welt Sünde solte hingeopffert werden. Gethsemane heisset ein Oelthal.

3. Das Mistthor oder Kothpforte/ hat den namen gehabt vom Regenwasser/ das allen Vnflat aus diesem Thor zur Stadt hinaus gespület. Dauon auch das Wasserthor den namen gehabt/welches nicht weit von diesem Mistthor inwendig der Stadt gestanden.

Drachen-brun/Nehemi. 1. 4. Das Thalthor hat den Namen gehabt vom thal Josaphat/ das nicht weit von diesem Thor gelegen. Vnd daselbst auch der Drachenbrun gewesen/Neh. 2.

5. Das Roßthor war das letzte Thor gegen Auffgang der Sonnen.

Gegen Norden hat die Stadt Jerusalem drey Thor gehabt.

6. Das Eckthor hat gegen Nordosten gelegen.

7. Das Thor BenJamin/ da gieng man hinaus zum Stam BenJamin/ In diesem Thor ward der Prophet Jeremias gefangen/Jerem. 37.

8. Das Thor Ephraim/da gieng man hinaus nach dem Stam Ephraim.

Gegen Nidergang der Sonnen aber hat die Stadt Jerusalem vier Thor gehabt.

9. Das Regentthor/da der Regen allen Vnflat hinaus gespület.

10. Das Gartenthor/für welchem der Garten gewesen/ darin der HErr Christus begraben/vnd vom Todte wider erstanden.

11. Das alte Thor/Für diesem Thor hat der Berg Caluarie gelegen/darauff der HERR Christus ist gecreutziget worden.

12. Das Fischthor/Wird den namen gehabt haben von den Fischen/ die man von dem Meer in diß Thor gebracht. Es wird auch sonsten das Ziegelthor genant/ Der Prophet Jeremias hat daselbst einen Erdenkrug zubrochen/Jerem. 19. Aus diesem Thor gieng man gen Bethlehem.

Aber gegen Mittag hat die Stadt Jerusalem kein Thor gehabt/ denn daselbst war der Berg Zion so hoch vnd steil ab/ wie eine Wand/ das niemand auff oder abkommen kondte.

Von

Jerusalem.
Von den Thoren inwendig in der Stadt Jerusalem.

Dm Thor Sion ist zuuor gesagt/das es gestanden habe im Thal Tyropæon/ da man die hohen Stuffen herab gieng von der Stadt Dauid. Gleiches falles habe ich des Wasserthors auch gedacht/ das es inwendig der Stadt nicht weit vom Messthor gewesen/ vnd den Namen gehabt vom Regenwasser. Was aber das Mittelthor belanget/ des Jeremias gedencket im 19. Capittel / wird es vielleicht mitten in der Stadt gelegen haben/in dem Thal Cedron/nahe bey dem Thurm Marianne. Aber das Eisenthor / das sich dem Engel/der Petrum aus dem Gesengnis führet/selbst auffgethan/Actor.12. wird vielleicht gelegen haben in den Mawren/da man aus einer Vorstadt in die ander gieng.

Das sey also gnung von den Thoren der Stadt Jerusalem.

Der Bach Kidron.

Er Bach Kidron ist entsprungen aus dem Berge/ der nicht weit von Jerusalem/gegen Mittag gelegen/vnd ist gegen Orient gegen der Stadt Jerusalem her geflossen/ durch ein grosses weites Thal / zwischen dem Oelberge vnnd der Stadt / biß für das Thalthor/da floß er gegen Morgenwerts ins Thal Josophat/ vnd durch den gespalten Oelberg in das todte Meer/vnd war dieser Bach im Sommer gemeinlich trucken. Aber diesem Bach Kidron ist der HErr Christus zur zeit seines bittern ledens gegangen. Es sind zwey Wasser in diesem Bach Kidron geflossen/nemlich der Brun Syloha/ vnd das Tempelwasser/das vnter der Erden aus dem Tempel kam: Kidron heisset schwartz/Denn dieser Bach Kidron ist schwartz gewesen/von wegen des fetten Erdreiche.

Von dem Oelberg.

Der Oelberg hat fünff Stadia) das ist / ein wenig mehr / als ein halb viertel einer Meile von Jerusalem gelegen/gegen der Sonnen Auffgang / für dem Brunthor vnd Schoffthor/vnd sind viel Palmen/Oelbewme vnd Feigenbewme darauff gestanden. An diesem Oelberg hat auch Bethphage gelegen / aber hieuon sol im andern Buch vber das Newe Testament weitleufftiger geschrieben werden.

Bethania heist ein Trawrhauß.

BEthania hat nicht gar eine halbe Meil von Jerusalem gelegen / gegen Südosten. Vnd wenn man von Bethania gen Jerusalem gieng / so muste man an einer seiten vber den Oelberg kommen.Von diesen Flecken findestu im andern Buche vber das Newe Testament weittern bericht.

Von dem Berg Gihon.

DEr Berg Gihon hat von Jerusalem gelegen gegen der Sonnen Nidergang / für dem Fischthor vnd Altenthor / 2. Chron. 22. Auff diesen Berge ward König Salomon zum Könige gekrönet/1. Köni. 1. Vnd dieweil der Berg Golgatha / darauff der HERR Christus ist gecreutziget worden / ein stücke gewesen von dem Berg Gihon / so sihet man daraus/das eben au dem Berge/da Salomon zum Könige erhöhet ward / auff demselbigen Berge auch der HErr Christus erhöhet ist am stammen des Creutzes. Vnd das ist der rechte Salomon/ der einen ewigen Fried zwischen Gott vnd vns zuwegen gebracht hat / vnnd darumb mag er billich Salomon/das ist/Friedsam oder Fridenreich heissen.

Aus dem Berge Gihon floß der Bruun Gihon / welcher genent wird das Wasser des ober Teiches/da auch der Acker des Ferbers gelegen/2. Kön. 18. 2. Chron. 33. An diesem ort haben die Boten vnd Gesandten Fürsten des Königs Sennaherib hohn gesprochen dem lebendigen Gott. Darüber Gott so hefftig erzürnt/das er seinen Engel außgesandt/der in einer Nacht/in des Königs Sennacherib Lager 185. tausent Man erschlagen.

Christus der eben au dem Berge/da Salomon rechte Salomon.
Der Brunn Gihon. 2. Reg. 18. 2. Par. 32.

Von dem Thal Benhinnom.

DAs Thal des Sons Hinnom hat gelegen hinder der Stadt Jerusalem gegen mittag/ zu der lincken Hand/wenn man von Jerusalem gegen Bethlehem gieng. In diesem thal haben die Jüden einen Abgott auffgericht/von Kupffer gemacht / wie ein König/

vnd

Von der Stadt Jerusalem.

vnd denselbigen Gott hiessen sie Moloch/das ist/ einen König der Abgötter: Dieser Kupfferner Abgott stund mit außgebreiteten Armen / vnd ward ein Fewer darunter gemacht / das er gantz glüend ward/ So war auch für jhm zwischen zweenen Wenden ein Fewer angesteckt/ das jhn zu ehren brennete / vnnd durch das Fewer fliessen die Pfaffen die lebendigen Kinder dem glüenden Moloch in die Arme/der sie also mit seinen glüenden Armen zu todte brandte. Also opfferten die Jüden jre eigene Kinder dem Abgott Moloch. Vnd wenn solches geschahe/ machet man ein groß geschrey/vnd schlugen auff die Trummel/ das die Eltern jre Kinder/ wenn sie also geopffert wurden/nicht solten weinen hören. Von wegen solche Trummel schlagens ward dasselbige Thal/auch das Thal Tophet genant / denn Tophet heisset ein Paucke oder Trummel. Diß ist nu eine sehr grewliche Abgötterey gewesen / derwegen auch der HERR Christus nach dem Thal des Sohns Hinnom dem hellischen Fewer den Namen gegeben hat/da ers Gehenna genennet/Matth. 5.

Vnd das die Jüden sich je insonderheit für dieser Abgötterey hüten solten/ hat jhn Gott auffs aller scherffste im Gesetz sagen lassen/das / wer diese Abgötterey thete / den solte man zu todte steinigen/vnd nicht leben lassen/Levit.18. 20.

Deß Thales Gehinnom wird in heiliger Schrifft offt gedacht / Josu. 15. Nehem. 11. 2. Chron. 28. 33. Jerem. 7. Hieronymus schreibet/das bey diesem Abgott Moloch/ im Thal Hinnom/sey ein gar lustiger Waldt gewesen / der von dem Wasser des Brunnens Siloha/ das da allenthalben herumb geflossen/sey befeuchtet worden.

Vom Blutacker Hakeldama.

Dieser Blutacker/der für die dreissig Silberling gekaufft ist worden / dafür der HErr Christus durch Judam verrathen war/ hat gelegen nicht weit vom Thal Hinnom/ bey der Stadt Jerusalem gegen Mittag/wie Hieronymus schreibet.

Vom Berge der Ergernis.

Dieser Berg hat nicht weit von Jerusalem gelegen gegen Südosten/ bey dem Oleberg/das ein Thal zwischen jhn gewesen/ vnd ist nicht also hoch als der Oleberg. Auff diesem Berg der Ergernis / hat König Salomon in seinem Alter seinen Weibern Götzentempel auffgericht/darin er neben jnen jre Abgötter angebetet.

Wie die Stadt Jerusalem/ als sie
Titus verstöret hatte/hernach vom Keyser Elio Adriano wider gebawet sey/vnd was sie zu vnser zeit für eine gestalt vnd gelegenheit habe.

BarCochab gibt sich für Messiam aus.

Die verstörete Stadt Jerusalem hat sechtzig Jar gantz wüste gelegen / vnd ist eine rechte Grube der Mörder vnd Reuber blieben/so haben auch Wölffe vnd wilde Thier in den zerstörten Städten genistet / biß sich ein Jüde Bar Cochab genant / felschlich für Messiam außgeben/ vnd in der Stadt Bethoron / nahe bey Emahus gelegen/ viel tausent Jüden an sich gehangen/im Jüdischen Lande grosse Tyranney geübet / vnnd die Jüden achtzehen Jar lang betrogen/denn sie haben den Spruch (Num. 24. Es wird ein Stern aus Jacob auffgehen)auff

BarCochab wird vom Keyser Adriano erschlagen.

in gedeutet/diewil er BarCochab/das ist/ein Sohn des Sterns geheissen / vnd haben jhn also für den rechten Messiam gehalten. Aber Keyser Elius Adrianus sandte seinen Feldoberstern/ Julium Severum/mit einem statlichen Kriegsvolck ins Jüdisch Land/der hat den falschen Messiam vnd Meutmacher BarCochab / zu Bethoron / nicht weit von Emahus mit fünffzig tausent Jüden erschlagen/Vnnd wie die Thalmudisten schreiben / als man den falschen Messiam BarCochab vnter den Todten gesucht/ hat sich eine grosse Schlange vmb seinen Halß gewickelt gehabt.

Noch

Jerusalem gebawet. 60

Nach dieser austilgung der Jüden/hat Keyser Elius Adrianus die Steine/ die an der vorstöreden Stadt Jerusalem am Tempel noch vbrig waren/ auß dem Fundament ausge=graben/zerstücken/zerscherben vnnd zerschlagen lassen/ Denn es muste war werden/ was der Sohn Gottes vorhin geweissaget hatte/Matth.26. Warlich ich sage euch/ es wird hie kein Stein auff den andern bleiben/der nicht zubrochen werde. Also hat nu Keyser Elius Adria=nus alles/was von der verstörten Stadt Jerusalem noch vbrig gewesen/ zu staub vnd Aschen gemacht/ vnd den namen Jerusalem gar ausgetilget/ vnd hat nicht weit dauon/ am Berge Gihon vnd Golgatha da der HErr Christus war gecreutziget worden/ ein ander Städtlein gebawet/ das er nach seinem Namen Elia genant/ darin ließ er dem Abgott Jupiter/ vnd der Abgöttin Venus Tempel bawen/ vnd da vorhin im Tempel das allerheiligste gestanden/ am selben ort hat er Equestrem statuam sein Bildnis auff eine hohe Seulen gestellet/die zur zeit Hieronymi noch gestanden/vnd zu Bethlehem hat er dem Abgott Adonis einen Tempel gebawet. Er ließ auch Schweine in Marmelstein hawen/ vnd den Jüden zum spott vber die Thor der Stadt Elia oder Jerusalem setzen/vnd nennet sie Stadt/wie Dion/schreibet/nach seinem Namen/ Elia Capitolina/eine Stadt Jouis Capitolini/ vnd hat den Jüden den ein=gang in diese Stadt/bey verlierung jres Lebens/verboten/den Heyden aber vnd Christen ward zugelassen/daselbst zu wonen. Diese Stadt Elia stehet noch heutiges tages/ vnd wird zu vnser zeit gemeinlich Jerusalem genant/aber nicht recht/ Denn sie ligt nicht auff der Hoffstadt/ da Jerusalem gestanden/ sondern es ist gar ein andere Stadt/ an einem andern Ort gelegen/ hat auch einen andern Namen/ denn sie wird noch heutiges tages von den Landsassen im hei=ligen Lande mit jhrem rechten Namen Elia genant.

Zu deß Keysers Constantini zeiten haben sich die Jüden vnterstanden/ die Stadt Jeru=salem vnd den Tempel wider zu bawen auff die rechte Hoffstadt/ da sie vorhin gestanden/ A=ber der Keyser Constantinus hat sie abgetrieben/vnd allen Jüden die Ohren abschneyden las=sen/ dar umb / das sie Ohren gehabt / vnd nicht hören wollen/vnd den HErrn Christo nicht wollen gehorchen/Jerem.6.

Helena Keysers Constantini Mutter/hat zu Elia den Tempel Venerjs verstöret/ vnnd am Berge Golgatha einen andern Tempel gebawet/vnd Templum Golgathanum genent. Sie hat auch auff den Olsberge/an dem Orte/da Christus gen Himmel gefahren war/einen Tempel gebawet. Keyser Constantinus hat einen herrlichen grossen Tempel auff das Grab Christi gebawet/der von Silber/Gold/vnd Marmelsteinen sehr zierlich geleuchtet/ vnd einen schönen glanz von sich gegeben hat.

Im Jahr nach Christi Geburt 363. hat der Abtrünnige Keyser Julianus Apostata den Jüden erleubet/den Tempel Salomonis zu Jerusalem wider zu bawen/ damit der HERR Christus/der gesaget/der Jüden Hauß solte wüste gelassen/ vnd die Stadt nicht wider gebau=wet werden/ Matth 23. lügenhafftig würde. Also sind viel Jüden gen Jerusalem kommen/ vnd haben an dem Ort/ da die Stadt vorhin gestanden/angefangen zu bawen. Aber es ge=schach ein gros Erdbeben/ der warff die Steine aus dem Grunde heraus/ vnd machet Berg vnd Thal eben/ So schlug auch Fewer aus der Erden/vnd fiel zu gleich Feiwr vom Himmel vnd verzehret das Gebew/vnd die Jüden/ die daran arbeiten. Vnd das die Jüden nicht mei=neten / es geschehe solche straffe natürlicher weise / oder aus anderer vrsach / ist ein groß Creutze am Himmel erschienen/vnd sind des Nachts kleine deutliche Creutzlein/wie die Stern=lein in aller Jüden Kleider gefallen / das sie es am Morgen nicht haben können abwaschen/ Darauff folget wider ein Erdbeben/ vnd ein vngestümer Wind/der all jhren Kalck vnd zeug in die Lufft zerstrewet/ Vnd haben die vberliebenen Jüden also von jrem fürnemen absteben müssen/vnd aus furcht vnd schrecken bekant/das Jesus/den jre Voreltern an dem ort gecreu=tziget haben/der ware Messias/ HERR vnd Gott sey.

Hieronymus vnd Nazianzenus schreiben / das die Jüden järlich auff den Tag / daran Jerusalem zerstöret worden / auff die zerstörte Hoffstadt kommen/ vnnd die verwüstung mit kleglicher stimme beweinet haben / vnd musten mit einem grossen Geldt järlich bezahlen/ das jhnen gestattet ward an diese Ort zu kommen vnd zu klagen/ denn sonst durffte kein Jüde an das ort nahen. Also haben die Jüden/ die das vnschüldige Blut des Sons Gottes vmb Geld verkaufft jhre Zeher/heulen vnd weinen vmb Geld kauffen müssen.

Keyser Adrianus tilget den namen Jerusalem aus.

Elia Capitolina gebawet

Die Jüden vnterstehen sich Jerusalem wider zu bawen auff jre rechte stette/ aber vmb sonst.

Templum Golgathanum. Tempel zum H. Grabe.

Julianus Apostata erleubet den Jüden den Tempel Salomonis wider zu bawen Anno Christi 363.

61   Von der Stadt Jerusalem.

Cosroes ein bōser das newe Jerusalem.
Im Jahr nach Christi Geburt 615. ist Cosroes der Persen König/ der so Gottloß vnnd Abgöttisch war/ das er sich für Gott anbeten ließ/ in die Stadt Elia/ sonsten Jerusalem genant/ gefallen/ vnd hat neuntzig tausent Christen erschlagen/ vnd das heilige Creutz mit den Patriarchen oder obersten Bischoff der Stadt Jerusalem/ auch viel andere Christen/ gefangen hinweg gefüret. Aber der Keyser Heraclius hat jhn widerumb vbertzogen/ mit Schwerdt vnd Fewer verderbet/ den Cosroen vnd sein Volck vorjaget vnd vmbgebracht/ den Patriarchen Zacharia/ vnd das Creutz wider an seinen ort gebracht/ vnd selbs mit einem Triumph in den Tempel auff den Berg Caluaria getragen. Solches ist geschehen im Jahr nach Christi Geburt 628.

Die Saracenen bringen Jerusalem vnter ihre gewalt.
Aber nicht lange darnach sind die Saracenen mit jren Fürsten Homar welcher der dritte Mahometh gewesen/ sehr mechtig worden/ vnd haben gantz Syriam vnd Judeam jnen vnterthenig gemacht/ vnd die Stadt Elia/ sonsten Jerusalem genant/ nach zwey järiger belagerung erobert/ vnd mit jren Mahometischen Grewel verunreiniget/ im Jar nach Christi geburt 637.

Die Türcken eroberen Jerusalem/ vñ treiben die Saracenen wider aus.
Vnd von der zeit an ist die Stadt Jerusalem fünfftehalb hundert jar vnter der Saracenen gewalt geblieben. Als man zalt 1114. hat Calipha der Egyptische Sultan die Stadt Elia/ oder Jerusalem/ eingenommen/ vnnd den schönen herrlichen Tempel/ den vorhin Constantinus Magnus auff das Grab des HErrn Christi gebawet/ zerstöret vnd abgebrochen. Bald darnach haben auch die Türcken/ die aus Scitia/ vbers Gebirge Caspia herfür komen/ vnd Mahomets Religion angenomen/ die Stadt Jerusalem eröbert/ vnd die Saracenen außgetrieben.

Hierauff sihet man nun/ das sich die Saracenen selbs vmb das Jüdische Land gezogen vnd geschlagen/ vnd die Christen haben jn järlich von dem vierden theil der Stadt/ darin das heilige Grab war/ ein Tribut geben müssen. Haben auch mit hülffe des Constantinopolitanischen Keysers/ den Tempel des heiligen Grabes/ den Calipha der Egyptische Sultan zubrochen/ wider gebawet.

Zug ins heilige Land wider die Saracenen.
Im Jar nach Christi Geburt 1094. hielt Bapst Vrbanus des Namens der ander/ ein Concilium zu Claremont in Franckreich/ da kam ein Münch/ mit namen Petrus Heremita vom heiligen Grabe/ vnd klagt dem Bapst/ wie Simon der Patriarch zu Jerusalem von den Türcken/ Egypten vnd Saracenen beschweret were/ dem solt man zu hülff kommen. Derwegen sind durch anreitzen des Bapsts viel Fürsten vnd Herrn/ so wol als der gemeine Man etliche hundert tausent wolgerüst ins heilige Land gezogen/ Vnd haben zum Kennezeichen allzumal rote Creutze auff jhren Kleidern geführet. Als dieser gewaltiger hauff anzog/ erschein ein erschrecklich Comet in Occident/ vnd folget darauff ein grosse Pestilentz.

Gottfried von Lottringen/ Graff zu Bolonia/ der erste König zu Jerusalem.
Sie aber zogen jmmer fort/ vnd namen vnterwegens viel Städt vnd Lender ein/ biß sie entlich für die Stadt Jerusalem kamen/ die haben sie auch mit stürmender Hand gewonnen vnd eröbert/ vnd Hertzog Gottfrieden von Lottringen/ Graffen zu Bolonia/ zum König erwelt. Die Hauptleute haben jhn auff den Achseln zum heiligen Grabe getragen/ vnd König zu Jerusalem genant. Ob er nun wol das Regiment angenommen/ so hat er doch gleichwol den Titel vnd die Kron des Reichs nicht tragen wollen/ Denn er sprach/ Es were nicht zimlich/ das ein ander König zu Jerusalem regieren solte/ denn der König der Jüden/ Jhesus Christus/ so were so vnbillich/ das ein sündiger Mensch ein güldene Kron auff seinem Heupte tragen solt/ an dem ort/ da der Ertz König Jesus Christus ein Dorne Kron getragen hette. Darnach haben die Christen auch ein obersten Hohenpriester/ oder Patriarchen zu Jerusalem gemacht/ mit namen Arnolphus. Es erschien im October ein grosser Comet gegen Mittag/ wie ein Schwert/ zur warnung/ das/ die das jrrdische Jerusalem vnterstunden auffzurichten durch Schwert würden vmbkommen. Es lieffen gen Jerusalem alle Christen in Orient/ auß Antiochia vnnd Syria. Am Weynachtage weyheten sie Bischoffe vnd Chorherrn im Tempel des heiligen Grabes/ vnd fungen Illuminare Ierusalem. Sie namen alle Flecken ein/ vnd satzten vberall Bischoffe/ vnd machten vier Fürstenthumb/ das erste war zu Jerusalem/ das ander zu Antiochia/ das dritte zu Edessa/ vnd das vierde zu Tripoli. Sie satzten auch Graffen vnd Herrn zu Berito/ Sidon/ Cesarea/ zu Galilea zu Joppen vnd Ascalon/ die solten alle dem Könige zu Jerusalem tribut geben. Dieses alles ist geschehen im Jahr nach Christi Geburt 1099. Da das geschrey in die Welt außgieng/ das heilig Grab wer gewonnen/ geschach erst ein grosser zulauff aus aller Welt/ das gantze Europa war im Harnisch/ Hispania/

nach der verstörung. 62

nia/ Franckreich/ Engelland / Deutschland /Italia Sicilia / Sind aber fast alle auff dem Wege durch die Griechen vnnd andere Völcker vmbkommen / viel auch für Hunger vnnd Durst verschmachtet. Vnd also an jnen erfüllet worden die Weissagung des Propheten Zachariæ im 12. Capitel/ Es wird geschehen / Ich wil Jerusalem zum Steinhauffen machen / vnd alle die es wollen auffrichten die sollen vntergehen/ vnd es werden sich wider sie versamlen alle Heyden auff Erden.

Hertzog Gottfried aber/ der erste König zu Jerusalem/ ist gestorben am Rotenwehe/ oder Fieber/ als er ein Jar regieret hatte. Nach jhm ist sein Bruder Baldwin / deß Namens der erste/ König zu Jerusalem worden/ den hat Caliphas der Egyptische Sultan/ im Streit vberwunden/ vnd jhm vber dreytzehen tausent Man erschlagen/ vnd ist König Baldwin kaum selb dritte davon kommen/ vnd gen Jerusalem entrunnen. Als er achtzehen Jar regieret / ist er ohn Erben gestorben / vnnd im eingang des Tempels zu Golgatha bey seinem Bruder begraben. Er hatte vor seinem Tode zum Könige verordnet Baldwin seinen Vettern / der von Burgo aus Franckreich gebohrn / vnnd zu derselbigen zeit Fürst zu Edessa war/ sie waren zweyer Brüder Kinder.

Baldwinus der ander König zu Jerusalem.

Baldwin von Burgo deß Namens der ander / König zu Jerusalem / hat den Türcken vnd den König zu Damasco erschlagen. Darauff kam Balach / König aus Parthia/ vnd hat dem König Balwin vnd alle Edlen hinweg geführet/ vnd ins Gefencknis gelegt. Mitlerweil war er Herrscher in der Stadt Elia / sonsten Jerusalem genant/ Warmund der Patriarch. Vnd als der König durch Geld wider aus dem Gefencknis erlediget/ ist er wider in sein Reich kommen/ hat wider die Ascaloniter geschlaget/ vnd als er dreytzehen Jar regieret/ ist er auch zu letzt ohn Mans Erben gestorben/ befahl das Reich seiner Tochterman/ mit namen Fulco.

Baldwinus von Burgo der dritte König zu Jerusalem.

Dieser Fulco war ein Graff von Angiers/ des Königs von Engelland Bruder / er hat 11. Jar lang / die Königliche Wird zu Jerusalem getragen/ vnd mit den Türcken gar Ritterlich gefochten/ jhrer 3000. erschlagen / vnd eine grosse anzahl mit sich gefangen gen Elia oder Jerusalem geführet. Als dieser König Fulco bey Accon einen Hasen nachreiten/ vnd das Roß vber vnd vbergangen/ ist er des Falls gestorben/ vnd zwen Söne hinder sich verlassen / mit namen Baldwin vnd Almerich.

Fulco der vierdte König zu Jerusalem.

Baldwin/ des Namens der dritte König zu Jerusalem / regieret nach seinem Vater neuntzehen Jahr. Er gewan die Stadt Ascalon nach harter langer belagerung / vnd bawet die zerstörete Stadt Gaza / vnd besetzet sie mit Rittern vnd Brüdern/ die man Tempelherrn nennet. Er verlor die Stadt Edessa/ darin die Saracenen(als sie die Stadt am Weinachtage eroberten) viel Christen erschlagen haben. König Baldwin starb zu letzt am vergifften Fieber/ vnd ließ kein Kindt.

Baldwinus 3. der fünffte König zu Jerusalem.

Nach jhm ward König sein Bruder Almerich / der regieret zwölff Jahr. Zu seiner zeit zog herauff der Egyptische Sultan/ vnd erschlug viel Tempelherrn. Solches wolt König Almerich rechen/ zog mit Heereskrafft in Egypten/ vnd belagert die grosse mechtige Stadt Alcair/ konte aber nichts außrichten/ sondern muste wider abziehen. Zu letzt ist er auch am Fieber gestorben/ vnd drey Kinder hinter sich gelassen / ein Sohn Baldwin/ vnd zwey Töchter/ Sybilla vnd Isabella.

Almerich der sechste König zu Jerusalem.

Baldwin/ des Namens der vierdte/ König zu Jerusalem / regieret nach seinem Vater 12. Jar. Aber gleich wie Gott der HErr den König Usia mit Aussatz schlug / als er wolte zu Jerusalem Hoherpriester sein/ vnd im Tempel opffern/ Also hat auch Gott diesen König Baldwin mit Aussatz geschlagen / zur anzeigung / das er keinen gefallen hette an den Königreich Jerusalem. Also ist König Baldwin am Aussatz gestorben/ vnd hat seiner Schwester Sibilla Son/ der auch Baldwin hieß/ vnd noch ein kleines Kindlein war/ zum Könige geordnet/ Denn dieselbe Sibilla / König Almerichs elteste Tochter/ war erstlich vermehlet Graff Wilhelm von Montferrer/ dem hat sie bald im ersten Jar den gedachten jungen Son Baldwin gebohren/ Vnd als gedachter Graff jhr erster Man starb/ hat sie den Graffen zu Joppe/ mit namen Guido von Lusignan/ zur Ehe genomen/ den hat der Aussetzige König verordnet/ das er nach seinem Tode das Reich seinem Jungen Stieffson Baldwin auffhalten/ vnd mitlerweile verwalten solte / biß das Kind mündig würde. Weil aber der Guido sehr stoltz war / hat jhn der König abgesetzt/ vnd die Pfleg vnd Verwaltung Graffen Reymund zu Tripoli befohlen.

Baldwinus 4. der siebende König zu Jerusalem.

M ij   Als

Von der Stadt Jerusalem

Als aber der Außsetzige König Baldwinus am Außsatz gestorben / vnnd das junge Kindlein/ so er zum Könige geordnet/im 8. Monat hernach auch hinweg starb/hat die Mutter Sybilla gewolt/ihr Man Graff Guido solte König sein/solches wolt er der Regent Graff Reymund zu Tripoli nicht gestatten/vnd durch solche zwyspalt ist Saladin der Egyptischer Sultan bewogen worden/das er mit Heerskrafft in das Jüdische Land gefallen / vnnd die Stadt Jerusalem/vnd das gantze Land eingenommen / an die dreyssig tausent Christen sehr jämmerlich erschlagen/die Glocken zu Jerusalem aus dem Thurm geworffen/aus den Kirchen Roßställe gemacht/ doch allein des Tempels zu Golgatha verschonet / welchen die Türcken vnd Saracenen in ehren halten/weil sie meinen der HERR Christus sey ein grosser Prophet.

Saladin der Egyptische Sultan erobert Jerusalem.

Also hat nun das newe Königreich der Christen zu Jerusalem ein ende genommen / im Jahr nach Christi Geburt 1187. als es 88. Jahr gestanden / vnd sind die zeit vberweil das Königreich geweret/viel grosser schrecklicher Zeichen am Himmel/ in der Lufft/vnd auff Erden geschehen zur anzeigung/das Gott an solchem Königreich keinen gefallen hette / Denn sein Reich ist nicht von dieser Welt/ spricht der HERR Christus/ Joh. 18.

Ende des newen Königreichs zu Jerusalem.

Vnd ob wol die Christen sich etlich mal vnterstanden / solch Königreich wider auffzurichten/ so hat es jhnen doch jmmer gefehlet/Gott hat sie auch vnterwegs/ so offt sie dahin gezogen/ mit Pestilentz, hunger vnd kummer angegriffen / das jrer etliche auch jr eigen Roß haben fressen müsten. Keyser Friedrich Barbarossa / ist vnterwegen in einem Wasser ertruncken. So sind auch viel andere Herrn/ die dahin gezogen/ vnd das jrdische Jerusalem wider auffrichten wollen/ vmbkommen / oder sonsten in groß Vnglück geraten / vnd jres Volckes sind viel tausent vmbkommen/ vnd erschlagen.

Die Christen vnterziehen sich das newe Jerusalem sehr widerauffzurichten.

Vnd als der Egyptische Sultan von Keyser Friederich / des Namens der ander / mit Krieg ward angefochten/ vnd die Tempelherrn die Stadt Damiata belagerten / hat Corderio deß Sultans Sohn die Mawren der Stadt Jerusalem auff den boden abgebrochen / doch hat er des Tempels Salomonis/ vnd des Tempels deß heiligen Grabes / auch des Berges Zion verschonet/ durch fürbitte der Christen/ die daselbst woneten.

Die Mawren zu Jerusalem werden zubrochen.

Als man zehlet nach Christi Geburt 1228. kam Keyser Friederich deß Namens der ander/in das Jüdische Land gen Accon/ oder Ptolomais/ da lag er stille / vnd machet mit dem Egyptischen Sultan einen Anstand vnd Frieden / zog darnach in die zerbrochene Stadt Elia / sonsten Jerusalem genant/ hielt daselbst ein Fest vnter der Kron/ hat das Geberd wider auffgericht/ vnd Christen eingesetzet.

Keyser Friederich der 2. helt zu Jerusalem ein Fest.

Im Jahr nach Christi Geburt 1246. ist Castianus der Tartern König auff des Sultans anstickung/mit grossem Kriegsvolck/in das Jüdische Land kommen/ vnd hat die Stad Jerusalem eingenommen/ die Christen jemmerlich erschlagen / vnnd das heilige Grab mit grossem Eyffer zertrümmert. Aber das ist dieselbe Stadt Elia oder Jerusalem durch Tamerlanem/ Item / durch den Türckischen Keyser Mahomet verwüstet worden/ vnnd so gar verachtet / das sich niemand mehr darumb angenommen. Doch haben die Munche das heilige Grab wider auffgericht / vnd dem Egyptischen Sultan / Herrn dieses Landes/ järlichen Tribut gegeben.

Castianus der Tartern König nimt Jerusalem ein.

Zu letzt/als man zelet, 1517. jar nach Christi Geburt/ hat Selimus der Türckische Keyser den Egyptischen Sultan mit einem grossen hauffen Volckes erschlagen / vnnd sein gantzes Land/ Syriam/ Damascum/ Judeam vnd Egypten eingenomen. Vnd als er durch Judeam in Egypten zog/dasselbe Land zuerobern / hat er sein Kriegsvolck auff Gaza geschicket / vnd er selbs ist mit wenig Volck gen Elia oder Jerusalem kommen / das er wolte das alte berümpte Ort der Stadt Jerusalem besehen/ Da fand er aber nichts/ denn einen vnfruchtbarn / armen/ verstöreten Flecken/ da gar wenig Christen woneten/ welche Christen mit grossem spott/ wie Paulus Jouius schreibet / für dem besitz des heiligen Grabes dem Egyptischen Sultan ein schweren Tribut bezahlen müssen. Selimus der Türckische Keyser hat seinem Mahomet da geopffert/ vnd hat den Priestern Christliches Namens/ die diesen Flecken innen hatten/ vnd sehr arm waren/ Geld zur vnterhaltung geben/ ist nur eine Nacht da blieben / vnd die Stadt Alcair vnd das gantze Land eingenommen/ deß Sultans Reich gantz eineetilget/ vnd vnter seine gewalt gebracht/ vnd also bleibet das heilige Grab vnd die Stadt Elia oder Jerusalem noch heutiges tages in des Türcken gewalt. Vnd hat zu vnser zeit eine solche gestalt vnd gelegenheit.

Selimus der Türckische Keyser nimt mit Jerusalem ein. Anno 1517.

Beschrei-

Beschreibung der Stadt Jerusalem/wie sie zu vnser zeit gestalt gewesen.

Als die Stadt Jerusalem im Jahr nach Christi Geburt 1517. Jn deß Türcken gewalt kommen / ist sie sehr verfallen vnnd zerbrochen gewesen / hat darzu halb öde gestanden / derwegen hat sie der Türckische Keyser Solimannus Anno 1542. wider auffgericht/vnd mit Mawren erweitert/das sie zu vnser zeit eine feine zierliche Stadt ist / auff hohem Gebirge gelegen / vnd hat vnter andern schönen Gebewen/ insonderheit zween grosse Tempel/die gegen einander vber stehen/ Nemlich/ den Tempel des heiligen Grabes/vnd den Tempel Salomonis gebawet / Vnnd diese zween Tempel wil ich nach einander beschreiben.

Solimannus richtet das verfallene Jerusalem wider auff Anno 1542.

Vom Tempel des heiligen Grabes.

Der Tempel des heiligen Grabes ligt in der Stadt Jerusalem / gegen der Sonnen Nidergang/vnd ist anfänglich durch Keyser Constantinum sehr köstlich gebawet von Marmelstein/Silber vnd Gold. Als aber Caltpha der Egyptische Sultan demselben Tempel zerstöret vnd zubrochen haben ihn hernach die Christen durch hülff des Constantinopolitischen Keysers wider gebawet / vnd stehet noch heutiges tages/vnnd hat eine runde form vnd gestalt/drey vnd siebentzig Fuß weit/ vnd ist oben mit Bley gedecket/vnd in der mitte ist er oben offen / vnd doch gleichwol ein Thürnlein darauff gebawet / das ringes vmbher voller Fenster ist/damit deß tages Liecht hinein falle/ Mitten vnter diesem Thürnlein / recht mitten im Tempel des heiligen Grabes/ stehet die Höle / oder das Gewelbe / darin das heilige Grab ist. Die Kirch deß Berges Golgatha ist in die lenge gebawet / vnd an stadt eines Chors an diesem Tempel des heiligen Grabes gehangen / vnd ist ein wenig nidriger / doch liegen sie beyde gleichwol vnter einem Dache. Das Gewelb oder Höle/darin das H. Grab stehet/ist viereckt/ acht Fuß lang vnnd breit/vnd ist außwendig mit weissen Marmelstein vberzogen / inwendig aber ists ein außgehawener Fels / vnnd hat gegen der Sonnen Auffgang ein kleines nidriges Thürlein/ wenn man da hinein gehet / findet man zur lincken seiten gegen Nordenwerts an der Wand das heilige Grab/von Marmelstein gemacht/ grawer Farbe/vnd ist drey Handbreit hoch / vnd acht Fuß lang / eben so lang/ als inwendig das Gewelbe oder Höle ist/ darin es stehet/ Es kan keines tages Liecht hinein fallen/weil kein Fenster darin gehet/ sondern es hangen stets in die achtzehen brennende Ampeln vber dem heiligen Grabe. Es ist auch noch ein ander Gewelbe oder Höle für dieser / eben so groß/ lang vnd breit/ als die/ darin das heilige Grab ist/vnd von aussen scheinet es ein Gewelb/oder Höle zu sein/ aber wenn man hinein gehet / so sihet man / das sie in der mitte mit einer Mawr von einander geschieden / durch die eussersten muß man hinein gehen zu der innersten Höle / darin man das heilige Grab findet. Vnd in der eussersten Spelunck oder Höle findet man noch ein theil des Steins / den der Engel sol abgewaltzet haben von der innersten Thür / da man inwendig zum heiligen Grabe hinein gehet/ Vnnd das ander theil desselben Steins wird auff dem Berge Zion verwaret / vnd haben die Armenier ein Altar davon gemachet. Der Berg Calvariæ / darauff der HErr Christus ist gecreutziget worden / ist ein Fels / weisser Farbe/ mit roten vermischet / vnd ligt hundert vnd dreissig Fuß vom heiligen Grabe / vnd man mus ein Treppen auffsteigen achtzehen Fuß hoch / da zeiget man den Bilgern das Loch / darin gestecket sol haben das Creutz Christi. Die Capel daselbst ist mit schönen Steinen gepflastert/ vnd die Wende mit Marmelsteinen/ mit kunstreicher geschnitzter arbeit gezieret.

Hie muß ich aber auch das vnvermeldet nicht lassen. Das Grab / welches man heutiges tages zu Jerusalem weiset / ist nicht das rechte heilige Grab / darin der HErr Christus gelegen/ Denn wie oben gemeldt/ist das heilige Grab etlich mal von den Heyden verunreiniget / vnd verwüstet worden / vnd insonderheit die Tartern habens gantz vnd gar zubrochen vnnd zertrümmert. Das Grab aber/das man jetzt zu Jerusalem weiset/ das haben die Münche hernach wider gebawet.

Jetziger zeit hat man nit mehr das h. Grab

M iij   Das

65 Beschreibung deß Tempels.

Das sey also gnug von dem Tempel des heiligen Grabes / vnd von der Kirchen des Berges Golgatha / die daran gebawet ist / darin König Gottfried / vnd die andern König / die nach jhn zu Jerusalem regieret haben / sind begraben worden.

Beschreibung des Tempels Salomonis /
wie er zu vnser zeit gestalt.

DEr Tempel Salomonis ligt in der Stadt Jerusalem gegen Orient / Denn als die Stadt Elia / sonsten Jerusalem genant / erweitert vnnd gebessert ward / ist auch dieser Tempel Salomonis in seiner vorigen Stadt von den Christen wider gebawet worden / vnd hat eine runde form oder gestalt / sehr groß vnd weit / von grossen Werckstücken vnd außpolierten Marmelsteinen gebawet / vnd ist inwendig vnd außwendig mit kunstreicher arbeit gezieret / vnd oben mit Bley gedecket. Die Saracenen vnd Türcken halten diesen Tempel in grossen ehren / vnd haben jhn inwendig nach Mahometischer art mit Gemälde gezieret / lassen auch keine Christen oder Jüden / bey verlierung jhres lebens / da hinein kommen. Sie aber / wenn sie da hinein gehen wollen / waschen vnd baden sie sich erstlich / darnach gehen sie Barfuß hinein / vnd beleuchten jhn Tag vnd Nacht mit 700. Ampeln / sie nennen jhn auch einen heiligen Felsen. Denn in der mitte dieses Tempels ist ein Felß oder Stein / rings vmb gittert mit Eysern Gittern / vnnd darff für grosser Andacht kein Saracen sich hinzu nahen / sondern von weiten beten sie an / wenn sie gleich von fernen Landen kommen. Denn sie glauben / vnd haltens dafür / das Melchisedech / der Priester Gottes des allerhöchsten / auff diesem Felß oder Stein / Brod vnd Wein geopffert habe / vnd das der Patriarch Jacob da entschlaffen / eine Leiter am Himmel gesehen habe / welchs doch nicht sein kan / denn solches ist nicht zu Jerusalem / sondern zu Bethel geschehen. Item / so glauben sie auch / Dauid habe auff diesem Felß gesehen das außgezückte Schwert des Engels / der das Volck mit Pestilentz schlug. Sie halten auch / die Israelitischen Priester haben vorzeiten auff diesem Felsen jhr Opffer vollnbracht / welches durch das Fewr vom Himmel verzehret vnd auffgelecket sey worden / welches sich doch mit heiliger Schrifft auch gantz nicht reimet. Item / sie halten / das nach gemeiner sag der Jüden / der Prophet Jeremias die Arch Gottes in diesem Felß verschlossen habe / biß der Heyden zeit aus vnd erfüllet sey / Derwegen meinen sie / die Arch sey noch in diesem Felß. Gründen also jhren Glauben auff Lügen der Jüden. Item / die Saracenen vnd Türcken gleuben auch / der HErr Christus sey auff diesem Felsen oder Stein im Tempel geopffert worden / als in der alte Simeon auff die Arme nam / Er habe auch / als er zwölff Jar alt gewesen / auff diesem Felsen oder Stein mit den Lehrern im Tempel disputieret / vnd auch sonsten auff diesem Felsen offtmals geprediget. Aber das gleube wer da wil / wir aber dagegen wissen / das die Opfferung des HErrn Christi in den Tempel / in den Vorhöffen des Tempels geschehen ist / wie oben gemeldete / so hat auch der HERR Christus in der Halle Salomonis gemeinlich geprediget / Johan. 10.

Halle Salomonis. Vmb den Tempel Salomonis her / ist ein grosser weiter Kirchhoff vnd ebener Plan / mit Marmelsteinen gepflastert.

Die Stadt Jerusalem vnnd der Tempel verwüstet / vnd mit Mahomets grewel verunreiniget. Bey dem Tempel Salomonis stehet noch ein andere lange Kirche / die Halle Salomonis genant / aber als Jerusalem noch vnter den Christen war / hat sie vnser lieben Frawen Kirche geheissen / darin brennen Tag vnd Nacht 800. Ampeln / denn sie ist weiter als der Tempel. Der Sultan hat noch eine Kirche oder Muschea dabey gebawet / die sehr groß vnd weit ist / vnd werden stets 88. Ampeln darin gebrand. So ist auch vnter der Erden ein Roßstall dabey gebawet / so groß das 600. Pferde darin stehen können. Hierauß sihet man / das der Tempel Salomonis vnd die Stadt Jerusalem nicht allein verwüstet / sondern auch mit dem Grewel des Mahomets verunreiniget ist / Vnnd also stehet nun der Grewel der verwüstung an der heiligen Stet / vnd gehet heutiges tages recht in schwange die Wassagung Jeremiæ am 19.

Deß Türckischen Keysers Wapen zu Jerusalem. Der HERR spricht / Es wird dieses Ort / wie das Ort Trophet vnrein / darin sie gereuchert haben allem Heer des Himmels / vnd frembden Göttern.

Es sind auch noch viel andere schöne Gebew vnd Heuser zu Jerusalem / als insonderheit der Pisauer Schloß / vnd viel Kirchen vnd Capellen der Christen / Sie hat auch schöne Thürme / vnnd oben auff den Knöpffen der Thürme stehet gemeinlich ein Mond / welches ist des Türckischen Keysers Wapen.

Die

Salomonis.

Der Berg Zion ligt zu vnser zeit aus der Stadt Jerusalem gegen Mittag/ vnd man weiß nit wie sie darauff die Burg/ darin König Dauid gewonet/ Item/ das Grab der Könige/ Dauids, Salomonis vnd anderer was mehr. vnd Salomonis/ vnd andere Heiligthumb mehr. Aber Paulus Orosius vnd andere Historienschreiber zeigen an/ das zu der zeit des Keysers Adriani ein groß Erdbeben im Jüdischen und in den Lande geschehen/dauon der Berg Zion / vnd das Grab der Könige/ Dauid vnd Salomonis Grab gantz verfallen. So zeigen auch alle warhafftige Historien / das die Stadt Jerusalem von den Römern nicht allein sey verstöret/sondern auch hernach durch Keyser Adrianum geschleifft/ die Steine auß dem Fundament gegraben/zerstücket vnd zerscherbet. Noch sind die Bilger so toll vnd blind/das sie gen Jerusalem lauffen/lassen sich da vmb jhr Geld betriegen/ vnd in die Jreue exiren. Denn man weiset jhn daselbst Heuser/ darin Hannas/ Caiphas/ Pilatus/ Herodes/ vnd andere mehr sollen gewonet haben/so doch aus den worten des HERRN Christi offenbahr/ das da nicht ein Stein auff den andern geblieben. Derwegen sind sie alle im Fewr auffgangen/vnd zu grunde verstöret vnd geschleifft worden/ wie Josephus vnd viel andere Historienschreiber bezeugen.So ists auch offenbahr aus den Worten des HERRN Christi/ Matth.24. Das nicht ein einig Stein von den alten Jerusalem vbergeblieben/ der nicht zerbrochen sey. Derwegen ists kein zweiffel/ das es mit den Heusern/ die man den Bilgern zu Jerusalem für Heiligthumb weiset/ eitel Narrenwerck vnd lauter betriegerey ist/ vnnd die es sind es auch grosse Narren/die dahin lauffen/solche Heuser zu sehen. Gleicher weise ist auch das heilige Grab/wie oben gemelt/ etlich mal verwüstet/ vnnd durch die Tartern gantz vnd gar zertrümmert/das man also das rechte heilige Grab/darin des HErr Christus gelegen/nicht mehr hat. Derwegen sol man den HErrn Christum nicht mehr im Grabe bey den Todten suchen/ sondern in seinem heiligen seligmachenden Wort/ da wird man jhn gewißlich finden. Vnd das sey also gnug von der Stadt Jerusalem.

Von den Secten im Tempel des heiligen Grabes.

IN der Kirchen des Berges Caluariæ/die in der lenge gebawet/ vnd an stat eines Chors an den Tempel deß heiligen Grabes gehangen ist/ verhalten sich zu vnser zeit viel Secten von mancherley Nation/die doch alle Christen sein wollen/ Neimlich/ Latini/ Griechen/ Abyssini Armeni/ Georgiani/ Nestoriani/ Suriani/ Jacobiten.

Die Latini seind Papisten/nemlich/ Barfüsser Mönche/ Franciscaner/ deß mittern Ordens. Diese haben fürnemlich inne das H. Grab/ das sie in guter hut halten. So werden denn auch bißweilen daselbst etliche Bürger zu Ritter geschlagen/ vnnd die edle Ritterschafft der Ceremonia S. Johanser Tempelherrn eingenommen/ mit Bäpstischen Ceremonien vnd geprengen/in augusti, vnd dieselbe werden gezieret vnd geschmücket mit einem Schwert/ das mit Golde beschlagen ist/ vnd an einem roten Samten Gürtel henget/auch mit einer güldenketten/ von gewer von cum Hiero- 100. Vngerische Ducaten/ vnten mit einem Jerosolimitaischen Creutze behenget. Item/ solymi-norum. Sie bekommen als denn auch güldene Sporen/mit roten Samteten Riemen.

Das Jerosolymitaische Creutze aber/ das vnten an der gülden Ketten henget/ hat ein solche gestalt. Item/ein solch Creutze roter Farben wird auch denselben Rittern erleubet in Wopen vnd Kleidern zu führen. Dagegen müssen sie sich zuvor mit einem Eyde vorpflichten/das sie des Bapst Lehr schützen vnd schirmen wollen/ vnnd sehr Mannlich vnd Ritterlich wider den Türcken fechten/ vnd solch Eyd schweren sie auff das H. Grab.

Die Griechischen Mönche/ die zu Jerusalem im Tempel des H. Grabes/ vnd die Kirchen des Berges Caluariæ gefunden werden/ haben insonderheit inne die Schedelstede/ da der HErr Christus gecreutziget ist worden. Sie gleuben/das der H. Geist allein vom Vater außgehe/ vnd nicht vom Son. Das Sacrament deß Leibes vnd Blutes vnsers HErrn Jesu Christi reichen sie jederman beyderley gestalt. Den Bapst erkennen sie nicht für das Heupt der Kirchen/sie verwerffen auch das Fegfewer vnd vorbitte für die vorstorbenen Menschen/ doch halten sie/das 7. Sacramenta sein/ wie auch die Papisten thun. Item/ Sie lehren/ das man die verstorbenen Heiligen ehren vnd anbeten solle. Sie halten jährlich zwo strenge Fasten/ vnd essen am Sabbath oder Samestag Fleisch zu jhrem gefallen. Die Messe singen sie in jhrer Sprache/ auff das sie von allen vorstanden werden. Die Griechischen Christen in gantz Orient lassen den H. Ehestand jederman frey/ gefelt jnen auch vbel/ das die Lateinischen Priester nicht so wol/ als wie sie/ den klaren worten Pauli nach/ zur Ehe greiffen. Sie leiden in jhren Kirchen

Von den Secten im Tempel.

Kirchen kein erhabtes/geschnitztes oder gehawenes Bilde/sondern haben nur schlechte gemälde auff Taffeln oder Wenden. Hin vnd wider in jren fürnemen Städten/haben sie an statt deß Bapst (dem sie gantz nichts gehorchen noch vnterworffen sein wollen) jre Patriarchen Ertz-bischoffe vnd Bischoffe/ vnd wird insonderheit bey jhnen der Patriarch zu Constantinopel in grossen Würden gehalten. Den Bapst pflegen sie järlich am Karfreytag zu excommuniciren vnd in Bann zu thun/dieweil er das Abendtmal deß HErrn Christi deprauiret vnd verfelscht. Sie reden wol die Griechische Sprache/ aber fast corrumpiret vnnd so vnterschiedlich von der alten/als die Italienische von der Lateinischen sein mag. Sie tragen vmb jhre Hüt weisse binden mit blawen leistlein / vnd werden von den Türcken sehr verhasset vnd verachtet.

Abyßiner. Die Abissiny haben jre ankunfft aus Priester Johans Land/sein dunckelbraun von farben/vnd haben jr wesen im Tempel des Berges Caluariæ/ gleich bey der Kirchpfort zur lincken Handt/diese wollen auch den Bapst für jr Heupt nicht erkennen/ lassen die Priester Ehe zu/reichen das Sacrament in beyderley gestalt/neben diesem behalten sie doch gleichwol viel Jrrthumb/denn sie essen nicht die speise so im alten Testament verboten. Sie beschneiden nicht allein die Kneblein/sondern auch die Megdlein/welchs doch die Jüden nicht thun. Den Sabbath behalten sie vor jren gewonlichen Feyertag/den Sontag aber feyren sie nicht. Die Kinder tauffen sie/ aber nicht mit Wasser/sondern mit Fewer/wie denn von dieser Secten hernach bey der beschreibung der Stadt Saba weitleufftiger sol gehandelt werden.

Armenier. Die Armenier sind des Glaubens/ wie die Christen in Armenia/ von denen sie auch gen Jerusalem gekommen sein/da sie insonderheit ihr wesen haben/ nahe bey der Schedelstedt/ in einer Capellen/ vnd auff dem Berge Sion/ in S. Jacobs deß grössern Kirchen. Sie wollen auch nicht den Bapst für das Heupt der Kirchen erkennen / reichen das Sacrament in beyderley gestalt/ jre Priester haben Eheweiber/doch essen sie nicht die speise/die im alten Testament verboten/vnd haben ein sehr Aberglaubiges geheule bey jhren todten Grebern. Am tage der Offenbarung/oder der heiligen drey Könige / halten sie ein grosses Fest / darauff bald jhre Fasten angehet / die sie strenge halten / vnd in der sie / wie auch am Mittwochen vnd Freytag durchs Jar aus / weder von Eyern / Fleisch / noch jrgend etwas/ das ein Leben hat/essen.Sie predigen/ singen vnd vorrichten jhre Gottesdienst in jhrer gemeinen Armenischen Sprache/ von den Ablaß vnd Fegefewer halten sie weniger den nichts. Sie tragen vmb jre Hüte Blawe Binden.

Georgianer. Georgianor sind Christen bey der heiligen Stadt Trapezunta / am Erxinischen Meer wonhafftig/ jren Priestern wird die Ehe wol zugelassen/ aber wenn bey der eins mit todt abgehet / dürffen sie nicht zu der andern Ehe greiffen / wie sie denn auch sonsten mehres theils der Lehr vnd den Jrrthumb der Griechen folgen. Zu Jerusalem haben sie auch jhre sondere örter jnne/ insonderheit aber das ort des Tempels Caluariæ/ da der HERR Christus nach seiner Aufferstehung/Mariæ Magdalenæ in eines Gärtners gestalt erschienen.

Nestorianer Nestorianer Ketzer/die zu Niniue jetzt Mossel genennt/vnd in der vmbligenden Landschafft daselbst heufftig gefunden werden / behalten noch heutiges tages die Ketzerey Nestorij jhres Meisters/ vnd lehren/wie der HErr Christus zwo Naturen habe/also habe er auch zwey Personen/ vnd sein Mutter Maria sey nicht Gottes Gebererin/ sondern habe allein Christum einen Menschen geboren. Diese tragen Leibfarbe Binden vmb die Hüte / vnd man findet jhrer Priester auch etliche im Tempel des Berges Caluariæ zu Jerusalem.

Surianer Die Surianer folgen in der Religion mehres theils der Griechischen Christen/ geben doch nicht fast viel auff jre Religion/weil sie sich wegen jrer armut als Taglöner/zu Wasser vñ lande von den Türcken gebrauchen lassen/vnd den selbigen sehr viel zu der hand gehen. Zu Jerusalem/ wonen jrer ein theil in den Kirchlein S. Marci/da vorzeiten der heilige Apostel Petrus/ als jn der Engel aus dem gefengnis geführet hatte/an das Hauß der Mutter Johannis Marci geklopffet. Die Suriani lassen sich auch bißweilen sehen im Tempel des heiligen Grabes.

Jacobiter. Der Jacobiten Secte wird gefunden im Tempel des heiligen Grabes/in einer Capellen/ so hinden an der begrebnis Christi ist. Diese nennen sich Jacobitas / nach Jacobo dem Ketzer / welcher ein Jünger gewesen ist des Patriarchen zu Alexandria / vnd sind vnter sich selbst hin vnd wider in Judea/Egypten vnd Morenland in viel Secten zerteilet. Denn etliche haltens mit Eutiche vnd Macharie/ die nur eine Natur in Christo setzen/nemlich die Göttliche/ vnd die

Reisen der heiligen Patriarchen   68

die Menschliche Naturverleuchnen sie. Jrer ein theil lassen jhre Kneblein beschneiden/Etliche aber vnd der mehrer theil lassen jhre Kindelein mit Fewer teuffen/vnd jhnen an Stirnen oder Schlaff ein Creuzlein machen. Von der fewrigen Tauffe/wirstu hernach weitern Bericht finden bey der beschreibung der Stadt Saba. Auß diesem allen sihet man nun klerlich wie der Tempel des H. Grabes zu Jerusalem mit so vieler Hand Rotten vnd Secten verunreiniget/die alle dem Türckischen Keyser Tribut geben müssen/daraus wol erscheinet/das der HErr Christus nicht mehr am selbigen ort im Grabe/ sondern in seinem heiligen seligmachenden Wort wil gesucht sein. Das sey also gnug von der Stadt Jerusalem.

Folgen nun die Reisen der heiligen Patriarchen/der im ersten Buch Mose gedacht werden.

Von dem Ort / da der erste Mensch Adam aus roter Erden gemacht/vnd von Gott geschaffen worden.

ES sind etliche Leute / die sich mit dieser Frage bekümmern / an welchem ort der Erden der erste Mensch Adam von Gott geschaffen sey. Vnd haben sich etliche gefunden/die mit gantzem ernst vnd grossem eyffer vertedigt haben/ er sey in der Damasceener Lande geschaffen/ darumb/das sie gehöret/das der Damasceener Erde roth vnd fruchtbar sein sol. Dagegen finden sich auch etliche/die geben für er sey nicht zu Damasco/sondern zu Hebron/da auch viel roter Erden ist geschaffen/ vñ auch daselbst begraben. Dieweil man aber der keiner meinung aus heiliger Schrifft beweisen kan/ so lassen wir solche Frage/die in der Warheit vnnütz vnd vergeblich ist/ billig vnterwegen.

Mancherley meynungen der alten wo Adam geschaffen sein.

Vom Paradiß.

DAs wörtlein Paradiß/auff Hebreisch Partes, heisset ein Mirtengarte/ ein schöner lustiger Garte/ da viel Mirteubeume in wachsen/ die kleine früchte vnd Beerlein tragen/wenn man die zerdrücket/so leufft ein süsser Wein heraus/ den man Mirtenwein nennet. In H. Schrifft wird das ort/da das Paradiß gelegen/Eden/ das ist/ein Wollust genennet/ Deñ aller wolriechender Blumen/Kreuter/Bewme/Epffel/Vogelsanges/ vnd aller wollüstigen dinge ist da die fülle vnd oberflüß gewesen. Vnd dieweil das Paradiß den Menschen vnd allen seinen Nachkommen verordnet war / ist vergeblich/ das man gedencken wolt / es were ein Garten gewest/ nur etlicher meilen breit/sondern es ist der beste vnd fürnemste theil der Erden gewest/nemlich/ Syrien/Mesopotamia/Damascus vnd Egypten/in welcher mitten Jerusalem ligt. Vnd das solchs war sey/geben anzeigung diese vier Wasser/ die durch das Paradiß geflossen/als nemlich/Ganges/Euphrates/Tigris vnd Nilus. Vnd ob wol diese vier Wasser zu der zeit von einem Strom gekommen / so sind sie doch durch die Sindfluth so gar von ein ander gerissen/das sie jtz Wasserquelle/daraus sie entspringen/ viel hundert meilen von einander sind. Vnd das gantze Erdreich ist durch das Wasser der Sindfluth so gar verwüstet/das man das Paradiß nach der Sindfluth nirgend mehr gefunden/ Ist derwegen ohne noth/viel hievon zu disputieren. Etliche gelerte Leute halten dafür/ das Paradiß sey für der Sündfluth gewesen eben an dem Ort / da nach der Sündfluth das Jüdische Land gelegen hat/ vnd der Bawm der Erkentnis des guten vnd bösen habe gestanden auff dem Berg Calvariæ / da der HErr Christus hernach ist gecreutziget worden. Das also eben an dem Ort / da Adam vnd Eua das Gebot Gottes gebrochen/ der HErr Christus für aller Welt Sünde auch gnug gethan vnd bezalt habe. Das erste Paradiß war hie vnten auff Erden/vnd ist durch die Sündfluth/wie gesaget/gantz verwüste. Aber das ander Paradiß ist bey Gott / oder im Himmel/wie Paulus bezeuget in seiner andern Epistel an die Corinth. im 12.

Das erste Paradiß durch die Sündfluth gantz verwüstet.

Wo Christus gecreutziget sey.

Von den vier Wassern/die durch das Paradiß geflossen.

DAs Wasser Ganges fleust in Jndiam/zwölff hundert meilen von Jerusalem/gegen Auffgang der Sonnen/vnd ist einem See gleich / drey oder vier meilen breit derwegen es auff Hebreisch

Gen. 2. J. Ganges.

Reisen der heiligen.

Gebreisch Pison/das ist/Außbreitung heist. Man findet Crocodil/ Delphin/ vnnd andere vn-gehewre Thier darin.

Tygris
Das Wasser Tygris entspringet in Armenia/anderthalb hundert Meilen von Jerusa-lem/gegen Nordosten/vnd fleust durch die See Arethusen so geschwind/das es sein Wasser gantz vnuermischet behelt/ von wegen seines schnellen lauffs/wird es Tygris/das ist ein Pfeil genant auff Medische sprache. Es fleust vmb Mesopotamiam her/ gegen dem Wasser Eu-phraten/vnd kömpt also mit demselben in das Persische Meer/jenseid Arabien/ im Hebrei-scher sprache heist es Hideckel/das ist ein sehr schnell fliessendes Wasser/ nicht weit auff jen-seid Babylon/nemlich in der Stadt Dagedeth/ist das Wasser Tygris so breit/als nicht der Rhan zu Stroßburg sein mag/vnd an seinem schnellen lauff so tunckel/das es gleich abscheu-lich anzusehen/vnd einem ein Schwindel erregen solt.

Euphrates
Das Wasser Euphrates/ wie Strabo schreibet/entspringet aus dem Berge Niphate in Armenia/ hundert vnd 50. meilen von Jerusalem/gegen Nordosten/ vnd fleust durch Meso-potamiam/Chaldeam/vnd mitten durch die Stadt Babylon/ vnd entlich in das Persische Meer. Die Königin Semiramis hat in der Stadt Babylon eine Brücke vber das Wasser Euphratem lassen bawen/ da es am engesten war/die war ein viertel einer Deutschen Meilen lang. Gleich wie das Wasser Tygris gegen Auffgang der Sonnen Mesopotamiam vmbrin-get/also wird auch dasselbige Land von dem Euphrate gegen Niedergang der Sonnen vmb-geben. Auff Hebreisch heisset dieses Wasser Euphrates / der Phrat/das ist/fruchtbar/oder ein fruchtbares Wasser/darumb das es mit seinem anfeuchten die Lender fruchtbar machet. Das Wasser Euphrates ist stets trübe/vnd derhalben nicht fast gut zu trincken; wie der HERR durch Jerem. im 2. Cap. zu den Israelitern redet / Was hilfft dichs/ das du gen Assirien zeuchst/vnd wilt das Wasser Phrat trincken. Wenn man das Wasser in einem jeden Gefeß oder Krug ein Stunde oder zwo stehen lest / so setzt sich der Sand vnd der vnreinigkeit Fin-gers dick vmb den Boden/Darumb pflegen die Einwoner in Euphrate/die nicht klar Brun-nen haben / in grossen Erdentöpffen/ deren etliche zwo Curmas halten / das Wasser sichend haben/biß sich das trübe an dem Boden setze/ damit sie also klar Wasser zu trincken haben/ es sey denn/das der Durst groß/als denn nemen sie ihr Fazaleth/vnd trincken dadurch.

Nilus Montes Lune
Das Wasser Nilus kömpt aus dem See Nidile/welcher ist hinter Mauritania/vnd auch auß andern Seen vnd sümpffen/vnd insonderheit von den hohen Schneebergen / die montes lune genent werden/ vnd ligt 800. meilen von Jerusalem/ gegen Mittag in Africa. Es fleust der Nilus durch Mörenland in Egypten/ vnd teilet sich da in die 7. Flüsse/ vnd fleust also in das grosse Mittelmeer der Welt/ das man Mare mediterraneum nennet. Die 7. Einflüß des Nili ins Meer heissen also: Canopicum, Bolbitinum, Sebennidicum, Pathnidicum Mendefin, Tanicum, vnd Pelusiacum. Das sind also die 7. Ostia oder Einflüse des Nili ins Meer/vnd die eusserften zwey nemlich Canopicum vnd Pelusiacum, sind an die viertzig Meilen von einander. Nach mitten des Sommers/wenn die Sonne bey den Hundsstern Si-rium kömpt / schmelzet der Schnee auff den hohen Bergen/nemlich auff den montibus lu-næ, dauon wechsset der Nilus/vnd wird so groß/das er vberleufft/vnd gantz Egyptenland be-feuchtet/ solches geschicht wenn die Sonne im Krebs/vnnd insonderheit wenn sie mitten im Lewen ist/ als denn stehet gantz Egyptenland voll Wassers/vnd alle Sted vnd Dörffer ligen auff hohen Bergen/ darumb kan ihnen das Wasser nichts schaden. Man kan auch von keiner Stadt/oder von keinem Dorffe zum andern kommen/man muß dahin schiffen. Nu merck/ wo das Erdreich am nidrigesten ist/da hat man Zeichen gesteckt/dabey man abmessen kan / ob es ein fruchtbar Jar sein werde oder nicht. Denn wenn der Nilus nicht mehr den zwölff El-lenbogen auffsteiget / so sind die Egypter desselben Jahrs eines hungers wartend / Desglei-chen geschicht auch / wenn er nur dreytzehen Ellen hoch wird. Kömpt er auff die viertzehen Ellenbogen / so wird jederman erfrewet. Kömpt er aber auff die funfftzehen Ellenbogen/ so sind sie gewiß eins fruchtbaren vnd guten Jahrs wartend. Vnnd wenn seine höhe sechtze-hen Ellenbogen erreichet / so leben sie im sause/ vnnd sitzen in ihren beschlossenen Stedten vnd Dörffern/vnnd schlemmen/vnd schatzen sich für gantz selig. Steiget aber das Wasser noch höher, so wird das Land gar zu feuchte/darumb werden die Egypter trawrig / vnd müssen

sich

Patriarchen.

sich einer Thewrung besorgen. Also wird Egyptenland alle Jar vom Nilo befeuchtet. Vnd das gibt die Natur dem Lande für einen Regen/ den sonsten regnets in Egypten nimmer. Im Herbst/ wenn die Sonne aus der Wage gehet/ kömpt der Nilus/ der gemächlich abgenommen/ widerumb in sein Vser/ vnd das Land wird bald trucken/ also/ das man im Weinmonat pflüget/vnd seet. Bey dem Wasser Nilo findet man auch den Vogel Pellican/ vnd den grossen vngehewren Wurm den Crocodill/ vnd andere vngehewre Thier. Auff Hebreisch heisset das Wasser Nilus/Gihon/das ist/ ein heraus brechendes Wasser/das mit gewalt ausbricht vnd vberfleust/wie Johannes Auenarius anzeiget. — Pellican.

Der Crocodil ist ein groß vngehewr Thier/ vnd schentlicher Wurm/ den man in Egypten am Wasser Nilo/vnd auch in India am Wasser Gange/ findet. Er kömpt von einem Ey/das so groß ist als ein Gans Ey/ vnd wechset so groß/ das er achtzehen oder zwey vnnd 20. Ellen lang wird. Seine Haut ist so hart von den Schuppen/die darüber gehen/ das man mit keiner Büchsen dadurch schiessen mag. Er hat 4. Füsse vnd einen langen schwantz vnnd lebet mehr im Wasser als auff dem Lande. Vnd dieser böse vngehewre Wurm frist zu gleich Menschen vnd auch die Thier. Wenn er die Menschen sihet/ lauffen ime die Augen vber/ als ob er weinet/aber wenn sie jme zu nahe kommen/ das er sie erschnappen kan/ verschlinget er sie. Dauon ist das Sprichwort kommen/wenn einer aus falschem Herßen weinet / das man spricht/Es sind Crocodils Thränen. — Crocodil. Lachrimæ Crocodili.

Es ist aber ein ander Thierlein/das heist Ichnewmon / ein Nachtschleigerlein / das ist so groß als ein Kätzlein/ vnd hat eine gestalt wie eine Mauß / darumb es auch gemeinlich eine Indianische Mauß genennet wird. Dieses Ichneumon oder Nachtschleigerlein ist dem Crocodil bitter feind/. Derwegen netzet es sich im Wasser / vnd welzet sich darnach am Vser im Sande / das es der Crocodil nicht kennen sol / vnd wenn der Crocodil mit auffgethanem Rachen schlefft / springet ihm das Thierlein Ichneumou in den Rachen/ vnd leufft ihm in dem Bauch hinein/geuaget vnd beisset ihn zu tode. Vnd weil es von Natur weiß / das der Crocodil vnter dem Leib weich ist / frist es sich durch den Bauch wider loß. — Ichneumon.

Hierin wird nun sehr fein abgebildet/ der streit vnd Kampff vnsers Herrn Jesu Christi/ mit dem Hellischen Crocodil vnd Drachen/nemlich / mit dem leidigen Teuffel. Denn gleich wie sich das Ichneumon oder Nachtschleicherlein netzet/vnd im Sande welzet/ das es ein andere gestalt kriegt / Also hat der Son Gottes vnsere Menschliche Natur an sich genommen/ doch ohne Sünde/ ob wir wol Staub vnd Erden sind. Vnd in Summa/der Son Gottes ist das rechte Ichneumon vnd Nachtschleicherlein/das dem Hellischen Crocodil / dem leidigen Teuffel/in den Rachen springet/gnaget vnd beisset ihn zu tode/vnd frist sich durch den Bauch der Hellen vnd des Todes wider loß. — Ichneumon. Des Herrn Christi bilde.

Von dem Ort/ da Adam vnd Eua nach dem Falle
gewonet haben/ Genes. 3.

DAs Adam vnd Eua/ nach dem sie aus dem Paradeiß verstossen/zu Damasco viertzig meilen von Jerusalem gegen Nordosten / gewonet haben / schreibet Münsterus vnnd andere mehr. Denn die Einwoner derselbigen Stadt weisen noch heutiges tages das ort/da Cain seinen Bruder Abel zu tode geschlagen. So ist auch gleublich/ das die Stadt den namen dauon bekomen habe/Denn Damascus heisset ein Blutsack/ ein blutig Ort/ das Blut gesoffen hat. — Damascus.

Von dem Ort/ da Cain gewonet habe.

DOctor Martinus Luther helts dafür/das Land Nod/vnd die Stadt Henoch/ da der versuchte Cain gewonet/nach dem er seinen frommen Bruder Abel ermordet/sey eben an dem ort gewesen/ da nach der Sündfluth die Stadt Babylon gebawet ist/ 170 meilen von Jerusalem/gegen der Sonnen auffgang. Henoch heisset eingeweihet/oder Gott geheiliget.

Wo Noah gewonet habe.

NOah hat gewonet in Armenia / anderthalb hundert meilen von Jerusalem / gegen Norden/bey dem Berge Ararat/darauff die Arca stehen blieben / Gen. 8. Ptolomeus nennet die hohen Berge in Armenia Gordoes/die werdt mit ewigen schnee bedecket / vnd mag auch kein Mensch darauff komen/Vnd wie etliche wollen/so sind es eben die Berge/ die in der Hebreischen Sprache Ararat genent werden / darauff sich die Arca zu der zeit der Sündflut nieder gelassen. — Gen. 8. Montis Gordoei.

Reisen der heiligen

gelassen. Es schreibet Haltonus/ der ein geborner Armenier gewesen ist das man zu seinen zeiten/nemlich für drey hundert Jahren/gesehen habe etwas schwartzes auff diesem Berge in dem Schnee/vnd sey die gemeine sage gewesen in dem Lande/ es sey noch etwas von der Archen Noahe.

Sem.

SEm/der in der Schrifft Melchisedech/ das ist/ein König der Gerechtigkeit/genent wird/ hat in der Stadt Jerusalem gewonet / die zu derselbigen zeit Salem/ das ist / ein Stadt

Salem. des Friedes genent ward.

Nimrod.

NJmrod/der erste Fürst vnd Regente auff Erden/hat Babylon gebawet/hundert vnnd siebentzig Meilen von Jerusalem/gegen Auffgang der Sonnen. Strabo schreibet/Das zu Babylon sey gewesen ein alt vierecket Gebew auffgeführet von Ziegelsteinen/eines Stadien/ das ist/vier hundert vnd sechtzehen Ellen hoch/vnd jegliche Seite vier hundert vnd sechtzehen

Thurm zu Ellen breit/ Das wird ohn zweiffel ein stück gewesen sein vom Thurm zu Babylon/ des Spi-
Babylon. tze bis in den Himmel solte gereichet haben/ Genesis am 11. Capittel. Strabo schreibet / Es sey König Beli Grab gewesen/Aber es ist gleublicher / das König Belus hernachmals in diesem Thurm sey begraben worden.

Babel oder Babylon heisset eine verwirrung/darumb/das Gott an diesem ort der Menschenkinder Sprach verwirret vnd vermischet hat/da sie den Thurm zu Babylon baweten.

Abrahams Reisen.

ABraham ist aus seinem Vaterlande/ von Vr aus Chaldea / bis zu der Stadt Haran in Mesopotamiam gezogen/84. Meilen/ Gen. 11.
2. Von Haran ist er auff Gottes befehl gen Sichem gezogen/100. Meilen.
3. Vnd von Sichem zog er durch den Hayn More / zu dem Berge/ zwischen Bethel vnd Ai/sieben Meilen.
4. Von dem Berge zwischen Bethel vnd Ai/gegen Mittag/vnd bis in Egypten/60. meilen.
5. Aus Egypten wider in das Land Canaan/zu dem Berge / da er vorhin seine Hütten gehabt/zwischen Bethel vnd Ai/60. Meilen / Gen. 13.
6. Von demselbigen Berge ist er gezogen nach dem Hayn Mamre zu Hebron/8. meilen.
7. Von dem Hayn Mamre zog Abraham bis gen Dan / 11. Meilen/ vnd schlug daselbst die vier Könige /die Loth gefangen hatten. Gen. 14.
8. Vnd hat den flüchtigen Feinden nachgejaget vber 20. Meilen/ bis gen Hoba in Pheniciam/die zur lincken Handt Damascel ligt / Gen. 14.
9. Aus Phenicia gen Sodoma da jhm Melchisedech entgegen gieng / sind viertzig Meilen / Gen. 14.
10. Von Sodoma ist er wider Heim nach dem Hayn Maure gezogen/10. Meilen.
11. Von dem Hayn Mamre zog Abraham gen Gerar/anderthalb Meilen/ da ward jhm sein Sohn Jsaac gebohren. Gen. 22.
12. Von Gerar gen Berseba /drey Meilen/da hat er dem König Abimelech geschworen.
13. Von Berseba zog Abraham nach dem Berge Moriah. 10. Meilen/vnd hat da seinen Sohn Jsaac offern wollen/Gen. 22.
14. Vom Berge Moriah ist er wider Heim gen Berseba kommen/ober 10. Meilen.
15. Von Berseba ist Abraham mit seiner Sara nach dem Hayn Mamre gen Hebron gezogen/vier Meilen/vnd sind da gestorben vnd begraben/Gen. 23. 25.

Summa aller Reisen des Patriarchen Abrahams / vier hundert neun vnd viertzigste halbe Meilen.

Folget nun die beschreibung der Städt vnd Orter.

Vr.

DJe Stadt Vr in Chaltea/darin Abraham gebohren ist/wird zu vnser zeit Orchæ genant/ wie Petrus Apianus schreibet/vnd ligt hundert vnd 55. Meilen von Jerusalem / gegen Auffgang

Patriarchen.   72

Auffgang der Sonnen. Vr heist auff deutsch ein Liecht oder Fewer/ vnd wird den Namen bekommen haben vom Gottesdienst/ das man daselbst Brandopffer angezündet hat / Doch ist an diesem ort/ grosse Abgötterey damit getrieben / darumb auch Abraham von dannen hinweg gezogen ist/ vnd es lest sich ansehen / das die Chaldeer vnd Perser das fewer/ darumb für Gott angebetet vnd geehret haben/ weil es pfleget vom Himmel zu fallen / vnnd der Ertzväter opffer verzeret. Vnd die Gelerten haltens dafür / das die Chaldeer auch in dieser Stadt Vr/ das Fewer/ wie einen Gott angebetet haben.

Haran.

Haran die Heuptstadt in Mesopotamia / darin Abraham mit seinem Vater Thara eine zeitlang gewonet/ da auch der reiche Römer Crassus mit seinem Kriegsvolck von den Parthen erschlagen/ ligt von Jerusalem hundert vnd 10. meilen gegen Nordosten/ vnd hat den namen von dem Wasser Charan/ das dadurch fleust. Zu vnser zeit wird die Stadt Haran Ophra genent/ vnd ligt eilff tagreise von Mossel oder Niniue/ vnd wie D. Leonhart Rauwolff anzeiget/ der im Jar nach Christi vnsers HErrn geburt 1575. am 30. tage des Jenners in diese Stadt gekommen ist / Ophra oder Haran ist eine herrliche Stadt/sehr lustig auch zimlich gross vnd mit Festungen wol verwaret. Es gibt alda zimlich grosse Handtierung/ insonderheit mit schönen geserbten Teppichten/ die daselbst gemacht / vnnd bißweilen auch wol zu vns herauß gebracht werden. So ist auch daselbst eine grosse Niderlage der Wahren/ die auff Carouanen dahin gebracht werden. Es sind aber Carouanen grosse hauffen Camel Pferde vnd Thier die Last tragen/ dabey viel Leute sind/ die ihrer Kauffmannschafft nach/ durch die Lande ziehen. *Grosser bey zu-kam.*

Es ist diese Stadt vorzeiten den Parthen zustendig gewesen / denn als der reiche Römer Crassus 53. Jar für Christi vnsers HErrn geburt/ den Tempel Gottes zu Jerusalem beraubet vnd an die 60. tonnen Goldes hinweg nam/ auß dem Heiligthumb/ straffet der liebe Gott jhn im nechstfolgenden 52. jar für Christi geburt/ scheinbarlicher weise / denn er ward am 6. tage Junii bey der Stadt Haran in Mesopotamia von den Parthen vberwonnen / gefangen vnd getödet / vnd die Parthen haben jhm zerschmoltzen Gold in den Halß gegossen / vnnd gesagt: Sauff nu Gold / da dir Geitzhalß immer nach gedürstet hat / damit du dermal eins deinen Geitzrachen voll kriegest. Es sein in dieser Schlacht dreissig tausent Römer vmbkommen. *Haram kömpt in ein Parther gewalt.*

Also ist die Stadt Haran in der Parther gewalt komen.

Hernach ist sie auch den Persen vnterthan gewesen / Jetzt aber zu vnser zeit/ ist sie dem Türckischen Keyser vnterthenig.

Man weiset noch heutiges tages einen Wasserreichen Brünnen / bey welchem die liebe Rebecca/ Eleasar vnd Abrahams Knechte vnnd seinen Camelen hat trincken geben / derselbige Brunn wird von den Einwonern Abrahams Brunn genant. Daselbst ist auch Rachel Labans Tochter dem heiligen Patriarchen Jacob erschienen/ der den Stein von dem Brunnen gewetzet/ vnd jre Schaffe getrencket. *Abrahams brunn Gene.*

Das wasser dieses Brunnen/ hat mehr ein trübe weisse farbe als ander wasser/ vnnd einen sonderlichen doch lieblichen jungen vnd süssen geschmack/ vnd ist ein schön bilde der heiligen Tauffe. Denn gleich wie die lieben Väter jre Braut bey diesen Brünnen angenommen/ also nimpt Christus/ dess. füebilde sie gewesen/ seine liebe Braut die Christliche Kirche an / bey dem Gnadenbrunn der heiligen Tauffe/ in sein heiliges wort vnnd Sacrament gefasset/ das ist das rechte Brünlein Israelis/ welches in das ewige leben quellet. Vnd obwol dieser Gnadenquel trüb wasser hat/ denn das liebe Creuze vnd wasser des trübsals/ist immer dabey wie alle lieben Patriarchen heiligen Väter/ vnd fromme Christen/ ja der Son Gottes selber/ der/ als er seiner lieben Braut hie auff Erden nachgezogen / von dem trüben Bach auff dem wege hat trincken müssen/ wol erfahren/ so wird doch zu letzt solch ein lieblicher süsser vnd augenener geschmack darauß/ das vns in ewigkeit nichte mehr wird dürsten. Die Stadt Haran/ oder Ophra wie sie jetzt genant wird/ ligt von Niniue 58. Meilen gegen der Sonnen Nidergang. *Bilde der Tauffe. Brünnlein Israelis.*

Sichem.

Sichem ist eine Stadt im Samaritischen Lande im Stam Ephraim/ auff dem Berge Grisim gelegen / neun meilen von Jerusalem gegen Norden. Sie hat den namen wie Philippus Melanthon schreibet/ von dem Hügel daran sie gelegen als auff einer Schulter/ denn

Reisen der heiligen

denn Sichem heist ein Schulter. Von dieser Stadt/sol im andern Buch vber das newe Testament/weitleufftiger gehandelt werden/ denn der HErr Christus hat bey dieser Stadt mit der Samaritischen Frawen am Brunnen geredet/ Johan. am 4.

In dieser Stadt Sichem/ist auch Dina Jacobs Tochter beschlaffen / Gen. 34. Item der Patriarch Joseph ist in dieser Stadt begraben / Josuæ 24. Der Richter Abimelech hat die Stadt Sichem in grimmigen zorn geschleiffet/vnd Saltz darauff gesetzt/ Judic. 9. Jeroboam aber der König in Jsrael/ hat sie wider gebawet/ vnd darinne gewonet / 1. König. 12. Es ist eine Priesterliche Freystadt gewesen/ dahin einer fliehen mochte / der vnuersehens einen Todtschlag begangen/ Josuæ 20. Der Berg Grisim darauff die Stadt Sichem gelegen / ist ein stück des Berges Epraim gewesen.

Tanis/auff Hebreisch Zoan.

Tanis oder Zoan/ die Heuptstadt in Egypten/ darin König Pharao / zu Abrahams zeiten Hoffgehalten/ wie auß dem dreyzehenden Capittel des vierdten Buchs Mose/ vnnd auß dem 78. Psalm zuermessen/ hat gelegen 58. Meilen von Jerusalem gegen Süd westen. Zwo meilen von Tanis hat auch die Königliche Stadt Memphis gelegen/ die auch für Abrahams zeiten gebawet worden / Sie ist aber zu der zeit so berühmet nicht gewesen als Tanis/ denn der Stadt Memphis wird in den Büchern Mose mit keinem wort gedacht. Aber von diesen zwo Stedten/ wird hernach an seinem ort weitleufftiger gehandelt werden.

Von dem Berge zwischen Bethel vnd Ai.

Der Berg Ephraim.

Dieser Berg hat 2. meilen von Jerusalem gegen Norden gelegen / zwischen den Stedien Bethel vnd Ai/ vnd wird sonsten genant der Berg Ephraim / vnnd Abraham hat daselbst zum andern mal gewonet/ da er wider auß Egypten kam / sonder zweiffel darumb/ das er mit Melchisedeck der zu Jerusalem wonet/ offt reden möcht/ vnnd GOTT dem HERRN danck sagen/ das er seine Sara auß der Hand Pharaonis / der sie jhrer keuschheit berauben wolte/ so wunderbarlich erlöset. An diesem ort/ ist auch Loth von Abraham gewichen/ vnd gen Sodoma gezogen/ 7. meilen gegen der Sonnen Auffgang.

Hayn Mamre.

Kiriath Arba.

Der Hayn Mamre/ ist gewesen ein wenig mehr / als ein halb viertel einer Meilen/ von Hebron gegen Auffgang der Sonnen/ sechsthalb meilen von Jerusalem gegen Süd westen. Die Stadt Hebron ist eine grosse Stadt gewesen / auff einem Berg gelegen/ vnd wird sonsten in heiliger Schrifft Kiriath Arba/ das ist/ eine Stadt des grossen Riesen/ Arba genent/ der die Herrschung vnd das Regiment darinnen gehabt/ Josuæ 14.

Es ist aber die Stadt Hebron anfenglich gebawet worden / von deß verfluchten Canaan Son/ Heth/ von dem auch die verfluchten Völcker die Hethiter geboren sind / vnd dieselbigen Hethiter haben zu Abrahams zeiten darin gewonet / vnnd Abraham ist ein Frembdling bey jhnen gewesen. Es hat auch die Stadt immer zugenommen an Reichtumb / vnnd an starcken Leuten/ vnd streitbaren Helden / denn als Josua das Land Canaan einnam / regieret ein König in dieser Stadt Hebron/ mit namen Hoham/ der war einer von den fünff Königen die Josua auffhencken ließ. Es waren auch zu derselbigen zeit / starcke Riesen in dieser Stadt / nemlich Ahimam/ Sesai/ vnd Thalmi/ Enochs Kinder/ die sind auch erschlagen von den Kindern Juda. Vnd Josua hat die Stadt Hebron/ Caleb/ dem Son Jephune/ zum Erbtheil geschencket/ vnd eine Priesterliche Freystadt darauß gemacht/ Josuæ 20. Es ist auch Dauid in dieser Stadt Hebron zum Könige gemacht worden/ vnd hat sieben Jar seinen Königlichen Sitz darin gehabt/ 2. Sam. 5.

Der Hayn Mamre.

Nicht gar ein viertheil einer meilen vor Hebron/ ist gewesen ein lustiger Wald / in einem schönen fruchtbaren Thal / gegen Hebron vber / derselbige Waldt hat geheissen der Hayn Mamre/ vnd den namen bekommen von einem Jüngling/ der Mamre geheissen/ vnnd bey diesem lustigen Walde seinen sitz/ wie bey vns der Adel im Felde / allein gehabt. Vnnd dieser Jüngling Mamre/ ist ein Bruder Escol vnd Amer gewesen. Gen. 14. Vnd dieweil Abraham bey diesen dreyen Brüdern Herberge gefunden/ hat er grosse Freundschafft mit jhnen gehalten/ vnd sie zu dem rechten waren Gott bekeret / das sie mit jhm in den streit gezogen sind wider die vier Könige/ die Loth seinen Bruder Sohn gefangen hinweg geführet hatte.

Hieraus

Patriarchen.

Hierauß siehet man nun/wo Abraham gewonet habe / nemlich/ in dem Hain Mamre/ bey den dreyen Brüdern/Mamre / Escol vnnd Aner / in einem schönen Walde / nahe bey der berühmten stadt Hebron. Vnd Jnsonderheit sol daselbst ein Baum gestanden haben / den die siebentzig Ausleger einen Eichenbaum nennen. Josephus vnd Egesippus schreiben/ es sey ein Therebinth der allerweg grünet/Winter vnd Sommer/wie Buchsbaum/ seine Bletter fallen jhme nicht abe/vnd sein wolrichender Safft ist in aller Artzeney heilsam. Dieser Baum war 6. stadia das ist ein wenig mehr/als ein halb viertel einer meilen / von der stadt Hebron/ vnnd sol da gestanden haben von vnfang der Welt / biß auff die zeit Keysers Constantini Magni. Niemand hat jhn abhawen müssen / denn er ware heilig gehalten/ vnnd von fernen Landen heimgesucht/darumb das Abraham bey diesem Baum gewonet/ vnnd GOtt der HERR in Menschlicher gestalt/vnd in Dreyfaltigkeit der Person / dem Abraham vn. er diesem lustigen Baum sol erschienen sein/vnnd mit jhm geredet haben/ Derwegen auch die Keyserin Helena bey diesem Baum ein köstlichen Tempel gebawet / wie Nicephorus schreibet/ lib. 8. Cap. 30. Vnnd dieweil Gott der HErr Abraham wie gesaget/ vnter einem lustigen grünen Bawme erschienen/ haben die Jüden vnter allen grünen Bewmen grosse Abgötterey angerichtet/denn wie Hesekiel schreibet/Cap. 16. haben sie auff den hohen Bergen/vnd allen dicken grünen Bewmen jhren Abgöttern getzuchert.

   Jn dem Hain Mamre/ist auch eine zweyfache Höle gewesen / Darein Abraham/Jsaac vnd Jacob/vnd jhre Haußfrawen/ Sara / Rebecca vnnd Lia begraben sint/vnd wie Josephus schreibet/sind jhre Begrebnis Von Marmelsteinen sehr wercklich gemacht. Das aber auch Adam vnd Eua daselbst solten Begraben liegen / hat gantz kein grund in heiliger Schrifft derwegen lassen wir solche meinung billig fahren. Die Stadt Hebron vnd der Hain Mamre/ haben im Stam Juda gelegen.

   Zu Hieronymi zeiten/der vier hundert jar nach Christi Geburt gelebet / hat man in dem Hain Mamre zu Hebron/nicht allein Abrahams Grab/ sondern auch sein Haus darin er gewonet/geweiset/welchs den sehr alt vnd verfallen gewesen/ vnnd die Christen haben eine Kirche dahin gebawet/aus befelh der Keyserin Helena / wie kurtz zuvorn angetzeiget / das es ein köstlicher Tempel gewesen.

Wie die Stadt Hebron zu vnser zeit gestalt sey.

Die alte Stadt Hebron/die/wie gesaget/auff einem Berge gelegen / ist gantz zerstöret/ allein das man noch viel alte verfallen Gebewes da findet / daraus wol erscheinet / das sie vorzeiten eine herrliche Stadt gewesen. Die zweyfache Höle / darin der heiligen Patriarchen begrebnis ist / ligt gegen den alten Hebron vber / in einem schönen fruchtbaren thal/das sehr lieblich vnd lustig ist/vnd die Newstadt Hebron sunsten Mamre genant / ist hart daran gebawet/daselbst hat vorzeiten eine Kirch oder Bisthumb gestanden/als die Lender noch vnter den Christen waren/aber die Saracenen vnd Türcken/haben eine Muschea vnd Türckische Kirchen/vnd starcke festung daraus gemacht / vnd lassen weder Jüden noch Jüden darein/sondern durch ein Fenster mag man die Begrebnis der heiligen Patriarchen sehen/vnd die Saracenen vnd Türcken halten sie in grossen ehren.

   Von der zweyfachen Höle vnd begrebnis der Patriarchen gegen Occident / so weit als ein gut Armburst schiessen mag / ligt der acker Damascenus / vnd hat rote Erden die man biegen vnd zerziehen kan als Wachs / vnd die Einwoner vnnd Bürger zu Hebron geben für daselbst sey Adam geschaffen. So wird auch die Erde weit geführet/von den Saracenen/vnd zur Specerey gebrauchet / vnnd viel Aberglaubens damit getrieben. Von diesem Acker einen guten Steinworff gegen Mittag / weisen sie das orth / da Cain seinen Bruder Abel erschlagen. Item nicht weit von dannen weisen sie die Höle / dreissig Schuch lang vnd dreissig Schuch breit/darein ein lustiges Brünlein herfür quellet/daselbst in jr Adam vnd Eua/jhres Sohns Abels todt/hundert jar lang beweinet. Aber alles was sie von Adam vnd Eua/Cain vnd Abel fürgeben/ hat gantz keinen grund in heiliger Schrifft / vnd darumb halten wir es billig für ein Gedichte.

   Das Wort Hebron heist auff Deutsch ein Gemeinschafft / vnd ist ein fürbilde der Geistlichen gemeinschafft/im Reich vnsers HErrn Jesu Christi / davon Johannes redet / in seiner

N ij   ersten

Marginalia:
Gen. 18. Helenae Tempel.
Abgötterey der Jüden vnter den grünen Bewmen.
Heser. 16. Zweyfache Höle Abraham. Gen. 23 25. 94.
Abrahams Haus vnd Grab.

Reisen der Heiligen.

Hebron ein fürbilde der Gemeinschafft im Reich Christi. Job. 1.

ersten Epistel im ersten Cap. Unser gemeinschafft ist mit dem Vater/ vnd mit seinem Sohn Jesu Christo.

Gerar.

Jese Stadt Gerar/darin Isaac geboren/darin auch König Abimilech Regieret/ligt anderthalb meilen von Hebron gegen Südwester./von Jerusalem aber/ ligt sie achtehalb meilen. Sie mag billig Gerar/das ist/eine Walfahrt heissen/ dieweil die lieben Patriarchen da gewonet haben/deren leben eine rechte Walfahrt gewesen/ Gen. 37. Die Stadt Gerar/ligt im Stamm Juda.

Verseba.

Dan.

Erseba ist ein Stedlein/ darin Abraham dem König Abimilech ein Eyd geschworen/ vnd auch ein Brunnen daselbst gegraben hat/ daher das Stedtlein Verseba/ das ist/ Schwerbrunnen/ist genant worden/Gen.21. Diese Stadt Verseba hat gelegen von den Grentzen der Philister vnd des Jüdischen landes / zehen meilen von Jerusalem gegen Südwesten/vnd von dieser Stadt biß gen Dan (welches eine Stadt am berge Libano gelegen/da der Jordan entspringet) hat man die terminos vnd grentzen des gantzen Jüdischen landes gezelet. Zu Hyeronymi zeiten ist Verseba noch ein groß Flecken gewesen. Zu vnser zeit heisset sie *Gallyz.* Gallon.

Moriah.

Jeweil der berg Moriah / darauff Abraham seinen Sohn Isaac hat opffern wollen/ nahe bey dem berge Zion gelegen/auff welchem zu der zeit die Stadt Salem/vnnd die Wohnung des lieben Melchisedechs gewesen / so hat Melchisedech / die opfferung des lieben Isaacs angesehen/vnd zugleich die stimme des Engels der vom Himmel schreyet / vnnd dem Abraham die zusage vom verheissenen Samen vernewert/hören können/welches denn sehr lieblich zu bedencken.

Geistliche Bedeutung des heiligen Patriarchen Abrahams.

Braham heisset hauffen Vater / Vnnd ist also Abraham ein Bilde Gottes des Himlischen Vaters/welcher ob er wol vieler Völcker Vater ist / so hat er gleichwol einen einigen natürlichen Sohn der heist Jesus Christus. Abraham der hat Gott so sehr geliebet/der seines einigen Sohns nicht hat verschonet/widerumb hat Gott den Abraham / vnd die gantze welt so sehr geliebet/das er seines einigen Sohns Jesu Christi auch nicht verschonet.

Reisen des Ertzvaters Loth.

1. Oth hat mit Abraham gereiset von Vr aus Chaldea / gen Haran in Mesopotamiam/ 84. meilen/Gen. 13.
2. Von Haran sind sie gen Sichem ins Land Canaan gezogen/100. meilen.
3. Von Sichem durch den Hayn More / zu dem Berge zwischen Bethel vnd Ai /sieben meilen.
4. Von dem Berge zwischen Bethel vnd Ai / gegen Mittag vnd biß in Egypten/ sechtzig meilen/Gen. 13.
5. Aus Egypten wider ins land Canaan/biß an den Berg zwischen Bethel vnd Ai / da Abraham zuvor gewonet hatte/60. meilen/Gen. 13.
6. Von dem Berge zwischen Bethel vnd Ai / ist Loth von Abraham weg gezogen sieben meilen gegen auffgang der Sonnen/in die Stadt Sodoma/Gen. 13.
7. Auß der Stadt Sodoma / ist Loth mit aller seiner Habe gefangen hinweg geführet biß gen Dan/26. meilen/Gen. 14.
8. Vnd als ihn sein Vater Abraham auß des Feindes Hand erlöset / vnnd den flüchtigen Feinden nachjaget/ist er mit demselbigen von Dan biß gen Hoba in Pheniciam / die da ligt gegen der lincken hand Damasci/fortgezogen/vber 20. meilen.
9. Aus Phenicia ist Loth mit Abraham widerumb gen Sodoma kommen / vber viertzig meilen.

Gen. 19. 10. Zum letzten ist Loth/als Gott vber Sodoma vnd Gomorra wolt fewer regnen lassen auß Sodoma in ds klein Stedtlein Zoar/welches nahe dabey gelegen/gewichen/vñ hat daselbst bey

Patriarchen. 76

bey der Stadt Zoar/in einer Höle seine zwo Töchter beschlaffen / darüber er in grosse trawrigkeit vnd hertzeleid gerathen/das jhn(wie es Lutherus dafür helt) Abraham zu sich in die Stadt Hebron wird geholet/vnd getröstet haben/vnd ist Loth sonder zweiffel nicht lange darnach für schmertzen gestorben. Es sind aber von Zoar gen Hebron 9. meilen.

Summa aller Reisen des Ertzvaters Loth vier hundert vnd dreyzehen meilen.

Folget nun die beschreibung der Stedt vnd Orter.

Sodoma.

Die Stadt Sodoma hat gelegen sechs meilen von Jerusalem gegen Südosten/da nun das tode Meer ist/das mit Pech vnd Schweffel brennet. Da sind die vier Stedt/Sodoma/Gomorra/Adama vnd Zeboim vntergangen / als es Fewr vom Himmel regnet: Vnd die fünffte Bela/die auch sonsten Zoar / das ist / klein heist / die ist vmb Loths willen stehen blieben/vnd stehet auch noch heutiges tages. Das man aber spricht/das 5. Stedte vntergangen sein/halte ich/sey daher kommen/weil das Land daselbst / so versuncken / vnd vntergangen/vnd durch das wilde Fewer verdorben/Pentapolis/das ist/das Land der 5. Stedt genennt ward. Vnd obwol Lutherus es dafür helt / das die fünffte Stadt so erstlich vmb Loths willen stehen blieben/hernach auch vntergangen/so ist doch solches gantz vngewiß / weil sy noch heutiges tages stehet/es were denn sache / das hernach ein ander Stadt were wider gebawet worden/die nach jhrem namen auch Zoar were genent worden. Sodoma heisset ein geheimnis/Gomorra Korngarbe / Adama Roterden/Zeboim lustig vnd fruchtbar/vnd Bela ein verschlingung.

Von dem Todten Meer.

An dem ort/da diese Stedte vntergangen sind/ist eine See/mehr als neun meilen lang/vnd an etlichen örtern anderhalbe meilen / an etlichen auch wol zwo oder drey meilen breit. Dieser See brennet noch auff den heutigen tag von Pech vnd Schweffel / vnd wird das Tote Meer genant/von wegen seines bösen gifftigen dampffs / davon die Thier vnnd auch die Vögel so darüber fliegen/sterben. Vnd hat die art an sich / das alle schwere dinge die man darein wirfft/empor schwimmen/ vnd man kan sie nicht zu boden sencken / Denn Vespasianus/der dahin gezogen war/den See zu besehen/ließ etlichen die das leben verwircket hatten / die hende auff den rücken binden/vnd da der See am tieffsten war hinein werffen / Aber sie schossen wider in die höhe / als ob sie der Wind herauß getrieben hette. Dieser See wird auch sonsten Mare salsum, das saltzen Meer genant/ denn er ist gesaltzen/ vnd gantz vnfruchtbar / Es wird auch wol Lacus Asphaltites genent/von dem Griechischen worte ασφαλτος, das heist Bitumen ein zeher Leim/gleich als Pech. Denn die Natur dieses Meers ist wunderbarlich / vnd das Wasser darin verendert sich alle tage drey mal / vnd glentzet gegen der Sonnen / vnd speyet Fewer auß/vnd wirfft grosse scholle schollechtige Leimkuchen in die höhe / die brennen gleich als Pech / vnd schwimmen darin gleich als grosse Ochsen / ohn das sie nicht Köpff haben. Die nu dieses Meers eigenschaffe wissen/fahren hinein / vnd ziehen die Leimichten Pechkuchen an die Schiffe/vnd diewel es zehe ist / lest es sich nicht abbrechen / Sondern henget an den Schiffen/biß es mit Frawen Kranckheit vnd Harnwasser abgelöschet wird. Diß Pech vnnd schweffelicher Leim/dienet auch nicht allein darzu / das man die Schiffe damit verpichen kan/ sondern man brauchts auch viel in Artzneyen. Josephus vom Kriege der Jüden / im fünfften Buche schreibet/man sehe noch in diesem See die Brandsturen vnd bildnis der Stedte/ die von den wilden Fewer sind verzehret worden. So wachsen auch daselbst am Vfer wunderschöne Epffel / vnd andere Früchte / die an Farben vnd gestalt dem Korn vnd den Wicken gleich sind. Aber wenn man sie abbricht sind sie inwendig Rauch vnd Aschen. Vnnd wie Bernhard von Breitenbach schreibet / wird auch im todten Meer gefunden / die Schlange Tyrus/davon macht man den Tyriac. Das ist ein klein Schlenglin / wird eines halben ellenbogens lang/vnd eines fingers dicke/ist grawer Farbe mit Roten flecken vermischet / Sie ist auch blind/vnd hat strengen Gifft / das man jm mit keiner Ertzney entgegen kommen kan/

Epffel so am Todt. meer wachsen.

N iij Sondern

Reisen der Heiligen.

Sondern das glied abhaw: in uus das damit verletzet wird. Sie ist harechtig vmb den Kopff vnd so sie erzürnet wird/wird sie gesehen/gleich als hette sie fewer auff der Zungen. Man siehet auch noch heutiges tages (wie Bernhard von Breitenbach schreibet) nicht weit von der Stadt Zoar/zwischen dem todten Meer vnd dem Berge Engedi, die Saltzseule / darin Loths Weib ist verwandelt worden/ Vnd dieselbe Saltzseule glentzet von sich wie Saltz. Der anfang des Todten Meers gegen Norden/ist von Jerusalem vierdehalb meilen/gegen Auffgang der Sonnen/Vnd daselbst fleust auch der Jordan uns todte Meer.

Reise der Engel/ die Loth aus Sodoma
gefüret haben/Gen. 19.

Diese Engel haben mit Abraham im Hain Mamre zu Hebron geredet / vnnd sind von dannen gen Sodoma gegangen/zehen meilen / vnd haben Loth auß Sodoma geführet/sampt seinen Töchtern/sein Weib ist aber vnterweges / als sie sich vmbsahe/ zur Saltzseule geworden/Gen. 19.

Von Loths Töchtern.

Die erste Tochter gebar einen Son den hieß sie Moab/ von dem kommen her die Moabiter/die jenseid des todten Meers wonen /8. meilen von Jerusalem / gegen der Sonnen Auffgang. Moab aber heißt vom Vater/denn sie war vom Vater schwanger worden/vnd hatte jhm diesen Sohn geboren.
Die ander Tochter gebar einen Sohn, den hieß sie Ben Ammin / das heist / ein Sohn meines Volcks. Das (Ob sie jhm wol von jhrem eigen Vater in grosser Blutschande empfangen vnd geboren) er dennoch gleichwol zu Gottes Volcke gehöret. Von diesem Ben Ammi/ kommen die Kinder Ammon/oder die Ammoniter/die wonen jenseid dem Gebirge Gilead/ funfftzehen meilen von Jerusalem gegen Nordosten.

Von den vier Königen/die Loth gefangen hinweg.
geführet haben/Gen. 14.

König Amraphel hat zu Sinear / das ist / zu Babylon in Chaldea hoff gehalten/hundert vnd 70. meilen von Jerusalem gegen Auffgang der Sonnen / Denn Sinear ist das Land Chaldea.

2. Arich ist ein König zu Eleasar/das ist/in Assyrien gewesen / hundert 71. meilen von Jerusalem gegen Nordosten. Denn so weit ligt Niniue die Hauptstadt des Landes Assyria von Jerusalem:

3. Kedor Laomar hat seinen Königlichen Sitz im Königreich Elam / das ist/in Persia gehabt/300. meilen von Jerusalem gegen Orient.

4. Thideal der König der Heyden/wird in Syria Hoffgehalten haben / zu Damasco/ 40. meilen von Jerusalem gegen Nordosten.

Diese vier König haben zwo Stedte gewonnen / Nemlich / Astharoth vnnd Kiriathaim/ vnd als sie das Land vmbher durch streiffet hatten/Lagerten sie sich zu Hazezon Thamar/vnd von dannen zogen sie ins Thal/Sidim/da nu das todte Meer ist / da haben sie die Könige von Sodoma vnd Gomorra vberwonnen / jhre Stedte geplundert vnd den lieben Loth gefangen hinweg geführet/Gen. 41.

Folget nun die beschreibung der Stedt
vnd örter.

Astharoth.

Astaroth heißt ein Stadt der Göttin Venus/ die daselbst ist angebetet vnd geehret worden. Denn Venus ward von den Syrern Astoreth genant. Diese Stadt ligt im halben Stam Manasse/ jenseid des Jordans / vierzehen meilen von Jerusalem gegen Nordosten/Die Einwoner dieser Stadt sind Karnaim vnd Risen genent worden. Nicht weit von dannen/haben auch im Lande Ham die Susim/das ist/die starcken Helden gewonet. Hieronymus schreibet/der heilige Job habe in der Stadt Astaroth Karnaim seinen Sitz vnd Wonung gehabt. Das Wort Astaroth/heist auff Deutsch Schaffhürten.

Kiria-

Patriarchen.

Kiriathaim.

Die Stadt Kiriathaim hat auff jenseid des Jordans / sechste halbe meilen von Jerusalem gegen Osten gelegen/im Stam Ruben / vnnd hat den namen davon / das viel Stedte oder Gericht darinnen gewesen. Denn Kiriathaim heist Ciuitates, Stedte/ vnnd in dieser Stadt haben die Emim/das ist/die starcken Eisenfresser gewonet.

Hazezon/Thamar.

Die Stadt hat den namen von den Palmen die am Vfer gewachsen / Denn Hazezon Thamar heist ein Palmig Vfer. Sie ligt am rodten Meer / 5. meilen von Jerusalem gegen Südosten/vnd wird sonsten gemeinlich Engedi/das ist/Lemblins Brunn genant. Dauid hat daselbst in einer Höle/als er vom Könige Saul in der Wüsten verfolget ward/einen Zipffel von Sauls Rock geschnitten/1. Sam. 24. Es ist gar eine fruchtbare Gegend vmb Hazezon Thamar her/denn da fleust der edle Balsam / vnnd es wachsen auch viel Palmen am selbigen ort. Sie ligt im Stam Juda.

Wie Agar die Egiptische Magd gereiset habe.

1. Agar ist von jhrer Frawen Sara auß dem Hayn Mamre von Hebron / gegen Mittag biß zu dem Brunnen deß lebendigen vnd sehenden geflohen / vber vier meilen. Vnnd ist gleublich das Agar widerumb in jhr Vaterland/Nemlich / in Egypten hat fliehen wollen/Denn der Brunn des lebendigen vnd sehenden ligt auff der Strassen da man hinab reiset in Egypten/Gen. 16.
2. Von dem Brunnen des lebendigen vnd sehenden/ist Agar/wie jhr des HErrn Engel befohlen hatte/wider gen Hebron zu jhrer Frawen Sara gekommen/vber 4. meilen.
3. Von Hebron ist sie mit jhrem HErrn Abraham / vnnd mit jhrer Frawen Sara / gen Gerar gezogen anderthalb meilen/Gen. 20.
4. Von Gerar ist sie mit jhrem Son Ismael außgestossen / vnnd hat sich begeben auff die Strassen gen Egypten. Vnd als sie jrre gieng in der Wüsten Berseba / 3. meilen von Gerar/da erschein jhr der Engel des HErrn/vnd weiset jhr einen Brunnen / da sie jhren Sohn Ismael/der dürstes sterben wolte/trincken geben kondte/Gen. 21.
5. Vnd als der Engel jhren Sohn Ismael gesegnet / ist sie mit jhm in die Wüsten Haran gezogen/an die 20. meilen/vnd da mit jhm gewonet/Gen. 21.

Summa aller Reisen der Egyptischen Magd Agar 33. meilen.

Von dem Brunn des lebendigen vnd Sehenden.

Der Brunn des lebendigen vnd sehenden / ligt von Jerusalem 10. meilen gegen Süden zwischen den Stedten Bareth vnd Kades Barnea vnnd wird sonsten genant der Brunn Agar/die daselbst vom Engel ist vermanet worden / sie solt widerumb zu jhrer Frawen Sara keren/vnd derselbigen Vnterthan vnd gehorsam sein. Darumb nennet Agar denselben Brunn/einen Brunn des lebendigen vnnd Sehenden / das sich der lebendige GOtt jhrer angenommen vnd sie daselbst in jhrem elende angesehen hette / das wolte sie jmmer gedencken/vnd sich stets erinnern / so offt sie bey diesen Brunnen keme / oder an diesen Brunnen gedechte. Der Engel aber / der mit Agar an diesem Brunnen geredet/ist der Engel deß Verkundes/vnser HErr Jesus Christus gewesen / Der ist der ware lebendige GOtt/ der alle Christgleubige Menschen auß dem todte zum leben bringet / vnnd durch denselbigen siehet vns auch Gott der Himlische Vater mit Gnaden an/vnd vergibt vns alle vnsere Sünde/ vnd heisset vns widerumb keren / vnd busse thun. Bey dem Brunn des lebendigen vnd sehenden hat auch der Patriarch Isaac gewonet/vnd daselbst sind jhme seine zween Söhne/Jacob vnd Esau geboren/Gen. 26.

Der Engel des Verbundes mit Agar.

Wo Ismael gewonet habe.

Haran auff Deutsch Grünzweig/ist eine Stadt im steiniglen Arabia/sechs vnd zwantzig meilen von Jerusalem gegen Mittag gelegen.Von dieser Stad hat die wüste Pharan darin Ismael gewonet/Gen. 21. vnd sich mit schiessen vnd jagen erneret/den namen bekom-

Reisen der heiligen

bekommen/das sie die wüste Pharan geheissen / darumb das sie die Stadt Pharan vmbgeben vnd vmbringet gehabt. Vnd in dieser Wüsten Pharan/haben auch die Jsmacliter gewonet/ die von Jsmael her kommen vnd geboren sind / dieselben Jsmaeliter haben auch im steinigten Arabia gewonet/20. meilen von Jerusalem gegen Südwesten.   Vnd gleich wie Jsmael ein wilder Mensch/vnd ein guter Schütze gewesen/also sind auch seine Nachkommen/die Jsmae-
Agareuer. liter/wilde rauchlose Leute gewesen/die sich des jagens vnd raubens ernehret haben. Von A-
gar sind die Agarener herkommen / die haben auch ihre wonung im steinigten Arabia gehabt/
vnd sich hernach Saraceneu genent/Denn sie wolten lieber von der Frawen Sara / als von
Mahomeht der Magd Agar den namen haben. Von denselben Saracenen ist hernach Mahomet mit sei-
vñ seine Tür- nen Türcken herkommen/Denn obwol die Türcken / auß Scythia ihren vrsprung haben sol-
cken wo sie len/so sind sie doch den Mahometischen vnd Saracenischen glauben anhengig / vnd die Sa-
herkommen. raceneu/so den Türcken vnterworffen/werden gemeinlich zu vnser zeit / alzumal Türcken genant.

Von Abrahams Knechte/Gen. 24.

1. Brahams Knecht ist von Hebron auß dem Hayn Mamre / biß gen Haran in Mesopotamiam gezogen/hundert vnd 16. meilen/vnd hat Rebeccam dahin geholet.
2. Darnach wider zurück / biß zu dem Brunnen des lebendigen vnd sehenden da der
Breutigam Jsaac gewonet/sind hundert vnd 20. meilen.

Also hat Abrahams Knecht hin vnd her zwey hundert
sechs vnd dreissig meilen gereiset.

Reisen deß Patriarchen Jsaacs.

1. Jsaac hat mit seinem Vater Abraham/als er noch ein kleiner Knabe gewesen / von Berseba nach dem Berge Moriah/da ihn sein Vater opffern wolte / gereiset / zehen meilen/Gen. 22.
2. Von dem Berge Moriah ist er mit seinem Vater widerumb heim gen Berseba kom-
men/vber 10. meilen.
3. Darnach ist er mit seinem Vater von Berseba wider gen Hebron zu dem Hayn Mamre gezogen/4. meilen.
4. Von dem Hayn Mamre/zog Jsaac gegen Mittag biß zu dem Brunnen des lebendigen
vnd Sehenden/4. meilen/vnd wonet daselbst/Gen. 24.
5. Von dem Brunnen deß lebendigen vnd Sehenden / ist er zum Könige Abimelech gen
Gerar gezogen/2. meilen/da saget er Rebecca wer seine Schwester/Gen. 26.
6. Von Gerar zog Jsaac gegen Westen/biß zum Grunde Gerar/zwo meilen/vnd da hat
er etliche Brunnen gegraben/Gen. 26.
7. Von dannen gen Berseba eine meile/da hat ihm Gott der Herr die zusage vom
verheissenen Samen vernewet/Gen. 26.
8. Von Berseba ist Jsaac wider gen Hebron zu dem Hayn Mamre gezogen / 4. meilen/
vnd daselbst sind Sara vnd Rebecca gestorben/Gen. 35.

Summa aller Reisen des Patriarchen Jsaacs
sieben vnd dreissig meilen.

Geistliche bedeutung deß Patri-
archen Jsaacs.

Als Abraham seinen Sohn Jsaac opffern wolte/da trug Abraham der Vater/das Fewer
vnd Schwert/der Son Jsaac/trug das Holtz zum Brandopffer / da er selbst solt auff
geopffert werden. Also hat auch der Sohn Gottes der Herr Christus selbst / das Holtz
seines Creutzes tragen müssen. Vnd sein Himlischer Vater/ trug das Fewer deß grimmigen
Zorns wider die Sünde/vnd das schwert/da der Prophet Zacharias von redet / im 13. Cap.
Schwert mache dich auff vber meinen Hirten/spricht Gott/vnd vber den Man / der mir der
neheste ist/Schlage den Hirten / so wird sich die Herde zerstrewen.   Diesen Spruch hat der
Herr Christus selbst auff sich gedeutet/Matth. 14.
Item/sihe ist auch das zu mercken/ gleich wie der Wider der für Jsaac geopffert ward/
mit seinen Hörnern in den Hecken gehangen/also hat auch der edle Wider / vnnd das vnschül-
dige

Patriarchen.

vnschüldige Lemlin vnser HERR Jesus Christus mit seinem heiligen heupt in einer dornen Kron hengen müssen. Vnd ist für Isaacs vnd aller Welt Sünde hin geopffert worden.

Reisen des Patriarchen Jacobs.

JOn Berseba ist Jacob gen Bethel gegangen zwölff meilen / vnnd hat da ein Leiter am Himmel gesehen/vnd die Engel auff vnd absteigen/Gen. 28.

2. Von Bethel gieng er gen Haran in Mesopotamiam/ hundert vnd acht meilen. Vnd hat da Hochzeit gehalten/mit Lea vnd Rahel/Gen. 29.

3. Von Haran auß Mesopotamia ist er mit Weib vnd Kinder nach dem Gebirge Gilead gezogen/ 95. meilen. Vnd als jhm sein Schweher Laban nachgejaget/ haben sie einander auff dem Berge Gilead geschworen/ Gen.

4. Von dem Berge Gilead ist Jacob gen Mahanaim gezogen/ 4.meilen/vnd daselbst sind jhm die Heerscharen der lieben Engel begegnet/Gen. 31.

5. Von Mahanaim zog er vber das Wasser Jaboc/biß gen Pnuel / eine meile / Da hat er mit dem Engel gerungen/Gen. 32.

6. Von Pnuel kam er vber eine halbe meile gen Suchot / vnd schlug da seine hütten auff/ Gen. 33.

7. Von Suchot ist er vber den Jordan gezogen / vnnd also vber zwo meilen gen Sichem kommen/nicht weit von Salem gelegen/ daselbst ist jhm seine eigene Dochter Dina beschlaffen worden/Gen. 35.

8. Darnach zog Jacob von Sichem gen Bethel/sieben meilen/da ist jhm der Rebecca Amme gestorben/Gen. 35.

9. Von Bethel gen Bethlehem Ephrata / 3 meilen. auff disen Wege ist jhm die Rachel nahe bey Bethlehem gestorben/vnnd als er die begraben/ist er fort gezogen/ vnd hat seine Hütten auffgeschlagen bey den Thurm Eder / ein viertel meilen jenseid der Stadt Bethl. hem/ Gen. 35.

10. Von Bethlehem Ephrata vnd von dem Thurme Eder / ist er vber fünff meilen wider gen Hebron zu seinem Vater Isaac kommen/ Gen. 35.

11. Vnd als er hat wollen zu seinem Sohn Joseph in Egyptenland reisen / da ist er erstlich von Hebron gen Berseba gezogen/ 4. meilen Gen. 48.

12. Von Berseba biß zu der Stadt Ony in Egypten/ im lande Gosen gelegen/ 42. meilen/ da kam jhn Joseph entgegen/Gen. 46.

13. Von Ony/biß gen Tanis/ 7. meilen/da ward er für Pharao gestelt/Gen. 47.

14. Von Tanis zog Jacob wider gen Ony 7. meilen/vnd hat da gewonet/ist auch daselbst im lande Gosen gestorben/ Gen. 48.

Folget nun die Beschreibung der Städt vnd örter/
der vorhin noch nicht gedacht worden.

Bethel/Gotteshaus.

BEthel ist eine Stadt im stamm Ben Jamin. zwo meilen von Jerusalem/ gegen Norden/ Vorhin hieß sie Lus/auff Deutsch eine Haselnuß oder Haselstrauch/ aber als Jacob da selbst ein Leiter sahe/die biß an den Himmel reichte/vnd die Engel auff vnd absteigen/ vnd Gott jhm, oben an der Leiter/die zusage / vom verheissenen Samen erinnert / da nennet er sie Bethel/das heist ein Gotteshauß. Hernach hat König Jerobeam zu Bethel ein gülden Kalb auffrichten lassen/zum zeichen/das man daselbst opffern solte / vnd ist grosse Abgötterey da getrieben worden/1. Kön. 12. Vnd daher ist es kommen/ das die Propheten den namen dieser Stad vmbgekeret/vnd sie nicht mehr Bethel/das ist/ein Gotteshauß / sondern Beth Auen / das ist/ ein sündenhauß genent haben/Hose. 4. Vatablus vnd etliche andere geben für/ es sollen zween Bethel gewesen sein / eins vom stam Ben Jamin nicht weit von Ai / das ander im stamm Ephraim gelegen. Aber wenn das war sein solte / so müsten zween Bethel nicht weit von Ai auff einer halben meilen gelegen haben / Wie vngereimet aber solches sey / siehet jederman

Jacobs Leiter/ Gen. 28
Gülden Kalb zu Bethel. 1. Reg. 12.
Beth Auen Hose. 4.
Nicht zween sondern ein Bethel.

wol/

Reisen der Heiligen

wol/vnd ist nicht not Weitleufftiger davon zu disputieren / darumb halte ichs gentzlich dafür das nur ein Bethel gewesen sey/in der grentze der stemme Ben Jamin / vnnd Ephraim gelegen nicht weit von Ai nahe bey Luza. Denn der scheit des stammes Ephraim felt nahe für der Stadt Luza vber/gegen mittag/Iosu.18. Jacob aber hat nicht in der Stadt Lutz oder Luza sondern für der Stad auff dem Felde geschlaffen auff einem steine / daselbst auch hernach seine Hütten auffgeschlagen für der Stad Lutz/vnd denselben ort welches im stam Ben Jamin gelegen/Bethel/das ist/Gotteshauß genent. Also ist Bethel als eine Vorstadt gewesen/nahe für Luza/vnd nicht weit von Ai gelegen/hernach aber ist auch Luza vnd Bethel eine Stadt geworden/die der stam Ephraim zu sich gezogen hat / als der stam Ben Jamin die Cananiter nicht kondte darauß vertreiben Iud. 1. Vnnd also ist es ohne noth/das man auff einer halben meilen zwey Bethel seyen solte. Vnd da es sich villeicht möchte ansehen lassen/als were das Bethel/ da Abraham bey gewonet hat/Gen. 12. elter/als dieses Bethel / da Jacob die Leiter vom Himmel gesehen hat/so ist doch leicht darauff zu antworten / Nemlich / das zu Abrahams zeiten noch gantz kein Bethel gewesen sey / Moyses aber der lange hernach diese Historiam beschrieben/hat das ort bezeichnen wollen/da Abraham das mal sich nider gelassen / nemlich zwischen der Stadt Ai/vnd dem ort da Jacob hernach die Leiter am Himel gesehen / vnd daselbst für der Stadt Luza/die Stadt Bethel fundieret hat.

Die Stadt Bethel/ist ein schön Bilde der heiligen Christlichen Kirchen / den dieselb ist das rechte Bethel oder Gotteshauß/gegründet vnd gebawet auff den lebendigen Eckstein Jesum Christum/1. Pet. 2. So ist auch ein jeder frommer Christ ein Tempel vnnd Wonung Gottes des HERRN/wie der HErr Christus selber bezeuget/Johan. 14. Wer mich liebet der wird meine Wort halten/vnd mein Vater wird ihn lieben vnnd wir werden zu ihm kommen vnd eine Wonung bey ihm machen. Vnd gleich wie der Patriarche Jacob auff dem Steine geruhet vnd geschlaffen/Also s. llen wir auch vnsere Ruhe haben/vnd vns lehnen auff den Eckstein Jesum Christum/Der ist der rechte Eckstein / den die Bawleute verworffen hatten. Aber Gott hat ihn erhaben/vnd gesalbet mit dem Frewdenöle/ des werden heiligen Geistes / Psalm. 45. 118. Jesa. 16. Math. 21. Darumb wird auch der Sohn Gottes genant Christus/der Gesalbete des HErrn Psalm. 2.

Jacobi Leiter weiser auff Christum Johā 14.

Die Leiter die Jacob am Himel gesehen/darauff die Engel auff vnd abfahren/ist der Son Gottes vnser lieber HErr Jesus Christus selber/Gott vnd Mensch in einiger Person / der ist die einige Stiege Treppe vnd Gang zum Vater/wie er selber bezeuget Johan. 14. Ich bin die Weg/die Warheit vnd das Leben/Niemand kömpt zum Vater denn durch mich. Wer diese Stiege oder Leiter/welche von der Erden biß zu Gott in den Himmel hinauff gehet / für sich hat/der mag mit den lieben Jacob billig sprechen : Gewißlich ist der HERR an diesem ort/ hie ist nicht anders/als Gottes haus/vnd ist hie eine pforte des Himels. Wie auch der HErr selber sich also erkleret/Joh. 10. Ich bin die Thür/wer durch mich wird eingehen/der wird eingehen vnd außgehen/vnd Weide finden/Ich bin gekommen/ das sie das Leben vnd volle gnüge haben sollen.

Gilead/ Zeugen Hauffe.

DAs Land Gilead/ligt zwischen dem Galileischem Meer / vnnd den Bergen Gilead/funfftzehen meilen von Jerusalem gegen Nordosten. Vnnd die Berge Gilead heben an vom Libano/vnd reichen biß an das Steinigt Arabia/vnd scheiden die Grentzen der Gileaditer vnd Ammoniter. Als Jacob vnd Laban einander schworen auff dem Berge Gilead/da machten sie einen hauffen von Steinen/daher ward das ort genant Gilead / auff Deutsch Zeugenhauffe/Dauon haben nu die Berge vnd das gantze Land den Namen bekommen daß es das Land Gilead ist genant worden/Gen. 31. Es ist ein sehr fruchtbar Land gewesen / darin viel schöner Stedte gelegen.

Mahanaim/Heerlager.

DIe Stadt Mahanaim ligt an dem ort/da der bach Jacob in den Jordan fleust/ eilff meilen von Jerusalem gegen Nordosten/jenseid des Jordans/im Lande Gilead / vnnd heist Mahanaim/auff Deutsch Heerlager / darumb das sich daselbst die Heerscharen der lieben Engel vnd Jacob hergelagert haben/als er sich fürchtet für seinem Bruder Esaw/Genes. 31. Diese Stad hat gelegen im staimen Gad/es ist auch Dauid dahin geflohen/für seinem Son Absalon nicht

Patriarchen.

weit von der Stadt Mahanaim/ist der Bach Jacob/auff Deutsch Steubekach oder Ringebach/darumb das der heilige Patriarche vnd Ertzvater Jacob/daselbst mit dem Ertzengel gestreubet vnd gerungen/Gen. 32. Die Stadt Mahanaim ist vom Stammen Gad den Leuiten gegeben worden/Josu. 21.

Pnuel/Gottes Antlitz.

Das Stedtlein Pnuel/ligt jenseid am Vfer des Jordans im Stammen Gad/10. meilen von Jerusalem gegen Nordosten/vnd heist Pnuel/auff Deutsch/Gottes Antlitz/darumb das Jacob am selbigen ort/den Engel des Bundes/vnsern HERRN Jesum Christum von Angesichte gesehen/eben in der gestalt/die er hernach hat wollen an sich newmen/Genes. 32. Gideon hat ein Thurm zu Pnuel zubrechen/Judic. 8.

Suchot/Hütten.

Suchot ist ein Stedtlein jenseid des Jordans/nicht weit von Pnuel/im Stammen Gad gelegen/10. meilen von Jerusalem gegen Nordosten. Daselbst hat Jacob seine Hütten auffgeschlagen/vnd eine zeitlang am selbigen ort gewonet/vnd das Stedtlein ist von Jacobs Hütten Suchot genent worden/auff Deutsch/Hütten. Gideon hat die muthwilligen Bürger zu Suchot mit Dornen gedroschen/Judic. 8.

Salem/Friedsam.

Salem ist die Stadt disseit am Vfer des Jordans gelegen/im halben Stamme Manasse/zehen meilen von Jerusalem gegen Nordosten/nicht weit von Sichem da Jacobs Tochter ist beschlaffen worden/Genes. 34. Johannes der Teuffer hat auch zu Enon nahe bey Salam getaufft/Joh. 3.

Bethlehem/Ephrata.
Brodhauß/Fruchtbar.

Die Stadt Bethlehem Ephrata/darin der HErr Christus geboren/ligt anderthalb meilen von Jerusalem gegen Süden/vnd hat den namen von der Fruchtbarkeit des Landes/denn sie ist sehr Kornreich gewesen. In dieser Stadt hat auch Ebzan der Jüdische Richter gewonet/Judic am 12. Vnd Dauid ist zu Bethlehem zum Könige gesalbet/1. Sam. 16 Capitel Von dieser Stadt wirstu im 2. Buch vber das newe Testament weitern bericht finden.

Grab Rahel.

EIn viertel einer meilen von Bethlehem/gegen Norden/ligt Rahel begraben/die des Patriarchen Jacobs liebste Haußfrawe gewesen/derwegen er auch auff jhrem Grabe ein Grab mal auffgerichtet/Nemlich/zwölff steine/die stehen noch heutiges tages zu der rechten Hand wann man von Jerusalem gen Bethlehem gehet. Vnd von diesem Grabe hat die gantze vmbligende Gegend/den namen bekommen/das sie das Land Rahel heisset/denn als der wütige Herodes/die vnschuldigen Kindlein Tödten ließ/da weinet das gantze Land Rahel/vnd wolte sich nicht trösten lassen/Matth. 2. Jerem. 31.

Thurm Eder.

EIn viertel einer meilen von Bethlehem gegen Mittag/hat der Thurm Eder gestanden/vnd ist eine Warte gewesen auff dem Bethlehemitischen Felde/vnnd den Namen gehabt/von der Heerde Schaffe/die da sind gewaidet worden/Denn Eder heist ein Heerdethurm. Bey diesem Thurm haben die Engel den Hirten die Botschafft gebracht/das der HERR Christus der Welt Heyland geboren were/vnd zu Bethlehem in der Krippen lege. Derwegen ist hernachmals auß diesem Thurm eine Kirche gebawet/die zu Hieronymi zeiten/Angelus ad Pastores auff Deutsch/Der Engel zu den Hirten geheissen hat. Bey diesem Thurm Eder hat Jacob eine zeitlang gewonet/vnd daselbst hat Ruben sein Erstgeborner Sohn/bey Bilha seines Vaters Kebsweib geschlaffen/Gen. 35.

On.

On die Heuptstadt des Landes Gosen in Egypten/ligt funfftzig meilen von Jerusalem gegen Südwesten. In der Stadt sol der Patriarche Jacob gewonet haben.

Geistli=

Reisen der heiligen.

Geistliche bedeutung des heiligen Patriarchen Jacobs.

Jacob ein Fürbilde Christi vnd eines gleubigen Menschen.

Jacob heist ein vntertreter vnd ist ein Bilde des HErrn Christi / denn er ist der rechte Vntertreter/ der der Schlangen den Kopff zutrit vnd zukniršchet. Er ist auch ein Fürbilde eines Christgleubigen Menschen / der durch den Glauben mit dem Sohn Gottes ringet/vnd endtlich die vberwindung behelt/vnd den Segen empfehet/vnd Israel/ das ist ein Fürste Gottes genent wird.

Jacob hat zwo Frawen gehabt/ Lea vnd Rachel.

Lea ein bilde der Mosaischen Kirchen.

Lea heist mühesetig/vnd ist ein Bilde der alten Mosaischen Kirchen / die ist auch mühesetig gewesen/vnd hat die Priester/Leuten / vnd streitbaren Könige vnd Fürsten des Jüdischen Volcks geboren/die mit eitel mühesetiger arbeit sind vmbgangen / vnd das Gesetz Mose ist jhnen eine schwere Bürde vnd Last gewesen.

Rachel ein Bilde der Kirchen Christi.

Rachel heist ein Schäfflein / vnnd ist ein Bilde der Kirchen Christi im newen Testament die ist friedsam als ein Schäfflein/wie der HERR Christus selbs redet/ Matth. 10. Meine Schäfflein hören meine Stimme.

Reisen Esau.

Vom Gebirge Seir/ist er seinem Bruder Jacob entgegen gezogen / biß gen Pnuel 20. meilen. Da hat sich Jacob sieben mal für jhm geneiget/vnd jhn seinen Herrn genant/ auß sonderlicher Reuerentz vnd Ehrerbietung / Esau aber ist Jacob vmb den Halß gefallen/vnd hat jhn geherzet vnd geküsset/Gen. 33.

Darnach ist Esau heim gezogen vber 20. meilen.

Summa dieser Reisen Esau/sind 40. meilen.

Seir.

Das Gebirge Seir/da Esaw auff gewonet / hat gelegen 10. meilen von Jerusalem gegen Mittag/vnd den namen gehabt von einem Fürsten/ mit namen Seir / Genes. 36.

Edomiter.

Als aber Esau dasselbige Gebirge einnam/vnd mit seinen Kindern vnd Nachkommen darauff gewonet/hat das Land von Esaw/der auch Edom hieß/den namen bekommen / das es hernach das Land Edom oder Idumea geheissen hat/vnd die Einwoner desselbigen Landes/die von Esaw herkommen werden Edomiter genant.

Geistliche bedeutung Esaws.

Eide den zweyerley Völcker in der Kirchen.

Gleich wie Rebecca / Esaw vnd Jacob / geboren hat/ also sind in der Kirchen auch zweyerley Völcker/etliche sind gleubig vnd außerwelet/wie Jacob/etliche sind rechte Gottlose / vnnd vngleubige Heuchler/hoffertige Verechter Göttliches worts / vnd verfolger der rechten waren Kirchen/gleich wie Esaw ein solcher gewesen ist. Hieher gehört der Spruch des HErrn Christi/Es werden die ersten vnd die letzten sein/ Denn viel sind beruffen/aber wenig außerwelet/Matth. 20. Denn Esaw der erstgeborne Sohn hat den Segen verloren/ den er hat zu erlangt vnd bekommen/Gen. 28. Rom. 9.

Reisen des Ertzvaters Juda.

Juda hat gereiset von Hebron/da sein Vater Jacob gewonet/biß gen Odullam vier meilen/ vnd hat da ein Weib genommen / Gen. 38.

2. Von Odullam gieng er gen Timnath seine Schaffe zuscheren / 3. meilen/ vnterweges hat er seine schnur Thamar beschlaffen/Gen. 38.

3. Vber das ist er mit seinen Brüdern zweymal in Egypten gezogen/Korn zukeuffen/vnd es sind von Hebron biß gen Tanis oder Zoan in Egypten/da Joseph gewonet hat / 52. meilen/ so wollen nu die zwo reysen machen/208. meilen/ denn er ist nicht allein hinab in Egypten gezogen sondern auch wider heim gen Hebron zu seinem Vater komen/ Gen. 42. 43. vnd 44.

5. Vnd zum letzten ist er abermal/mit seinem Vater Jacob hinab in Egypten gezogen / 52. meilen/ Gen. 46.

Summa aller reisen des Ertzvaters Juda / 267. meilen.

Folgt

Patriarchen.

Folget nun die Beschreibung der Städt vnd örter.

Odollam.

Odollam ist ein klein Stedtlein im Stam Juda/ 2. meilen von Jerusalem gegen Südwesten. In dieser Stadt hat der Ertzvater Juda ein Weib genomen/ Gen. 28. So hat sich auch David daselbst in einer Höle verborgen/ für König Saul 1. Sam. 22. Hieronymus schreibet/ es sey zu vnser zeit noch ein Dorff gewesen. Odollam heist ein Zeugnis.

Timnath Wunderschön.

Timnath ist eine Stadt auff dem Gebirge Ephraim/ drey meilen von Jerusal. in gegen Norowesten. In dieser Stadt hat der Ertzvater Juda seine Schaffe beschern/ Gen. 38. Vnd Simson hat daselbst ein Weib genommen/ vnd auff dem W. gegen Thimnath einen jungen Lewen zerrissen Judic. 14. Zu Hieronymi zeiten/ hat noch ein Dorff vnd Meyerhoff daselbst gelegen. Die Stadt Thimnath hat auch Josua gewonnen/ vnd die Kinder von Israel haben sie ihm zum Erbtheil geschencket/ er ist auch daselbst gestorben vnd begraben. Im Buch Josua am 19. Capittel/ wird sie Timnath Serah/ das ist ein wunderschöne Außbreitung/ genant/ sonder zweyffel darumb/ das sie Josua erweitert/ vnd hernach gebawet hat. Im Buch der Richter/ im 2. Capittel/ wird sie auch Timnath Hares genent/ auff Deutsch ein wunderschön Sonnenglantz.

Reisen des Patriarchen Josephs.

1. Joseph ist aus dem Hayn Mamre biß gen Sichem gegangen 15. meilen/ vnd hat da seine Brüder gesucht/ Gen. 37.
2. Von Sichem gieng er gen Dothan/ zwo meilen/ vnd ward da von seinen Brüdern in eine Gruben geworffen/ vnd verkaufft/ Gen. 37.
3. Von Dothan ward er gen Tanis in Egypten gefüret/ 68. meilen/ vnd Petiphar/ deß Pharao Hoffmeister verkaufft Gen. 37.
4. Von Tanis ist er seinem Vater Jacob/ der in Egypten kam entgegen gezogen/ biß in das Land Gosen/ 7. meilen/ Gen. 46.
5. Auß dem Lande Gosen wider gen Tanis/ 7. meilen/ da hat er seinem Vater vnd seine Brüder für Pharao gestelt/ Gen. 47.
6. Vnd von Tanis ist er abermal gen Ony/ ins Land gezogen/ 7. meilen/ da ist er bey seines Vaters letzten ende gewesen/ Gen. 49.
7. Von Ony wider Heim gen Tanis/ da König Pharao gemeinlich hat pflegen Hoff zu halten/ sind 7. meilen/ da hat ihm Pharao erleubet/ das er seinen verstorbenen Vater ins Land Canaan füren/ vnd daselbst begraben möchte/ Gen. 50.
8. Von Tanis ist er wider gen Ony ins Land Gosen gezogen/ 7. meilen/ auff das er seinen todten Vater ins Land Canaan fürete.
9. Von Ony aus Egypten/ biß zu der Tennen Atad/ jenseid des Jordans/ sind 60. meile/ da Joseph vnd seine Brüder ihren Todten Vater/ den sie gen Hebron füreten bitterlich beweinet. Vnd hieraus siehet man nu/ das Joseph als er seinen Vater aus Egypten gen Hebron gefüret/ nicht da begraben wollen/ weit vmbgezogen ist/ vielleicht darumb/ das in die Edomiter nicht haben wollen durch ir Land ziehen lassen/ denn Joseph hatte ein grosses Heer bey sich/ Gen. 50. Es ist aber die Tenne Atad nahe bey den Jordan gewesen gegen Jericho vber.
10. Von der Tenne Atad biß gen Hebron/ sind zehen meilen/ da hat Joseph seinen Vater im Hayn Mamre begraben.
11. Von Hebron wider in Egypten/ biß zu der Stadt Heliopolis/ da Joseph eine hohe Schule gestifftet hat/ sind 50. meilen.

Summa der Reysen des Patriarchen Joseph 275. meilen.

Folget

Patriarchen.

Folget nun die Beschreibung der Städt und örter.

Dothan.

Dothan ist eine Stadt im Stamm Manasse / 12. meilen von Jerusalem gegen Norden gelegen. Die ist Joseph von seinen Brüdern in eine Gruben geworffen / vnd verkaufft worden / Gen. 37. Daselbst haben sich auch die Engel Gottes mit fewrigen Rossen vnd Wagen/ vmb den Propheten Elia her gelagert / 4. Reg. 6. An demselbigen ort / hat auch Holofernus sich gelagert / die Stadt Bethulia zubestreiten / Judith. 7. Die Stadt Dothan findet man noch heutiges tages / vnter dem Berge Bethulia liegen / vnnd ist gar ein lustiger Flecken mit Weingarten / Olebewmen / vnd guten Weiden vmbgeben / Man zeiget auch noch auff dem Felde die alten Gruben / darin Joseph von seinen Brüdern geworffen ward/ vnd diese Grube ist auff dem Wege da man von Dothan gen Bethsaida gehet.

Josephs Gruben.

Tanis/Auff Hebreisch Zoan.

Tanis oder Zoan die Königliche Stadt in Egypten / darin König Pharao gemeinlich Hoffgehalten/ da auch Moses grosse Wunderzeichen gethan / ligt von Jerusalem 58. meilen gegen Süden. Zoan heist eine bewegung.

Heliopolis/Sonnenstadt.

Die Stadt Heliopolis/ auff Hebreisch Irheres/ Jesa.19. Auff Deutsch Sonnenstadt ligt anderthalb meilen von Tanis / von Jerusalem aber / ligt sie 56. meilen gegen Südwesten / vnd ist ober die massen ein sehr schöne vnnd prechtige Stadt gewesen / die König Busiris anfenglich sol gebawet haben / in dieser Stadt haben die Könige in Egypten bißweilen Hoffgehalten.

Hohe Schul zu Heliopolis.

Es ist eine treffliche hohe Schule daselbst gewesen / vnnd die Astronomia / die Edle freye Kunst vom Lauff des Himmels/ vnd außtheilung der Welt/ vnd andere freye Künste mehr/ sind daselbst rechtschaffen im schwang gangen/ Derwegen ist gleublich/ das der Ertzvater Joseph selbst anfenglich gelernt/ vnd zu solchen freyen Künsten den Grund gelegt habe / ja auch dieselbe Schule gantz gestifftet. Denn die Doctores vnd Lehrer/ dieser Stadt haben / wie Münsterus in seiner Cosmographia schreibet / grosse Priuilegia vnd Gerechtigkeit gehabt / die sie sonder zweiffel von dem Ertzvater Joseph werden empfangen vnd bekommen haben / Gen. 47. In dieser Stadt ist zu der zeit als der HErr Christus gecreutziget war / Dionysius Areopagita / gewesen / vnd als er sahe das die Sonne am hellen Mittage / vbernatürlich den schein verlor / sprach er zu seinem Meister Apollonia: Entweder Gott der Natur mus leiden/ oder die Welt wird zerbrechen. Derselbige Dionysius Areopagita / ist darnach durch den Apostel Paulum/ zu Athen bekeret worden/ zu dem HErrn Christo/ Actor. 17.

Dionysius Areopagita.

Geistliche bedeutung des heiligen Patriarchen Josephs.

Der Ertzvater Joseph ist ein Fürbilde des HErrn Jesu Christi gewesen / Denn gleich wie Joseph einen bunten Rock gehabt/ also hat sich auch der HErr Christus Persönlich in seine heilige Menschheit bekleidet / die mit Blutigen Striemen / vnnd roten Wunden bunt gemacht worden/ durchstochen vnd durch stippet gewesen.

Joseph ein Fürbilde Christi.

Joseph ward von seinem Vater außgesand/ das er seine Brüder suchen solte / Gen. 37. Der HErr Christus ist auch von seinem Himlischen Vater in die Welt gesand / das er seine Brüder die verlorne Schäfflein vom Hause Israel/ wider suchen solte/ Matth.15.

Joseph dem wurden seine Brüder bitter feind / darumb das er ihnen zuuersehen gab / es würde die zeit kommen/ das sie sich alle für ihm neigen würden. Also ist auch der HErr Christus von dem Jüdischen Volcke / seinen Brüdern sehr gehasset worden/ darumb/ das er lehret er were Gottes Sohn / für dem sich alle Creaturen beugen müssen / Solche Lehre haben die Jüden wie einen Traum vnd Spott gehalten.

Wie auch Joseph von seinen eigenen Brüdern/ den blutgierigen vnd reuberischen Ismaeliten für 20. Silberling ist verkaufft worden / durch angeben vnd rath seines Bruders Juda Gen. 37. Also ist auch der HErr Christus durch seinen Jünger Judam für dreissig Silberling

Reisen Mose/ vnd der Kinder　　86

verrathen vnd verkaufft/den blutdürstigen vnd reuberischen Jüden / die den Israelitern von art vnd Natur gantz gleich sind. Joseph ward in Egypten geführet/ vnd dem Potiphar vberantwortet/Also ist auch der HErr Christus in die Stadt Jerusalem geführet /zu dem Hohenpriester Caiphas/der im 22. Psalm einem fetten Ochsen vergleichet wird/ vnnd eben so viel heisset auch Potiphar in Syrischer sprache. Vnd wie Joseph vnschuldig ins Gefencknis geworffen ward/Also ist auch der Sohn Gottes / darumb das er deß Potiphars oder Caiphas Weib/ nemlich/ der Jüdischen Pharisenschen Schule / allezeit die ungebürlichen liebe geweigert/ felschlich verklaget/vnd vnschuldig ins Gefencknis gebracht.

potiphar ein fetter Ochse.

Aber gleich wie Gott der HErr dem Joseph ließ gnade finden/für dem Hauptman vber das Gefencknis/ Also hette auch Pilatus den HErrn Christum gerne loß gelassen.

Vnd gleich wie mit Joseph zween Kemmerer des Königs Pharaonis / Nemlich / der Schenck vnd Becker/sind gefangen gelegen / deren einer loß gelassen vnd der ander gerichtet worden/Also sind auch mit dem Sohn Gottes zween Vbeltheter gecreutziget worden/ deren einer das Leben erlanget / vnd der ander ewiges todes gestorben ist. Vnd die Jüden haben Christum entblösset /da sie jhn Creutzigen wolten/vnd jhm nicht alleine seine Kleider/sondern auch seiner Seelen den bunten Rock/ Nemlich / seinen Menschlichen Leib / der vol Blutiger Striemen vnd Wunden war/außgezogen/ Das ist/Sie haben jhn getödtet/vnd seinen Rock/ nemlich/seinen Leib / davon die Seele ausgefaren war / haben sie in das Blut eines Ziegenböcklins/getunckt. das ist/mit des HErrn Christi vnschuldigen Blut/ der selbst das vnschuldige Lemblin gewesen / haben sie seine Glieder gefärbet/ als sie jhm seine Seiten mit einem Speer öffneten/das Wasser vnd Blut heraus floß.　　Darnach ist dieser ander Joseph/nemlich/der HErr Christus in eine Gruben geworffen / da kein Wasser innen war / Zach. 9. Er ist auch wider vom Todte erstanden/vnd der grosse König Pharao / Gott der Himlische Vater hat zu jhm gesagt: Du solt nehest mir der grösste sein/ setze dich zu meiner rechten Handt ohn deinen willen sol niemand eine Hand oder einen Fuß regen / in gantz Egyptenland/ ja in der gantzen weiten Welt/im Himmel vnd auff Erden.

Pharao that seinen Ring von seiner Hand/ vnd gab jhn Joseph an seine Hand/vnd kleidet jhn mit weisser Seiden/vnd hieng jhm eine güldene Ketten an seinen Halß. Also hat auch Gott der HERR/seinen Son Jesum Christum/mit Himlischer Klarheit gezieret/vnd jhm die Allmechtige gewalt gegeben/ das von jhm die Christglaubigen / durch den gülden Pitschier Ring/des heiligen Euangelij/ darin der rote Carniol/nemlich/ des HErrn Christi Rosin farbes Blut verfasset ist/sollen versiegelet werden/ zum ewigen Leben. Pharao ließ Joseph auff den andern Wagen fahren/vnd für jhme her ruffen.Das ist des Landes Vater.　　Der HErr Christus aber ist gen Himmel gefaren/vnd Gott der Himlische Vater / lest durch die lieben Propheten vnd Apostel für sin her ruffen/Er sey deß Landes Vater Pater Patriæ ; der Heyland des gantzen Menschlichen Geschlechts/für dem sich alle knie beugen sollen / Phil. 2.

Vnd gleich wie Pharao dem lieben Joseph seinen heimlichen Rath nennet / also ist auch der HErr Christus der heimliche Rath Gottes/ seines Himlischen Vaters / der aus seines Vaters Schoß gekommen ist/vnd er hats vns verkündiget / Joh. 1.

Joseph war dreissig Jahr alt da er für Pharao stund/ Christus gieng auch in sein dreissigste Jar/ als er getauffet ward.

Zum beschluß/Joseph ließ seinen Vater vnd seine Brüder in Egypten holen/vnd speiset vnd erneret sie daselbst/das sie nicht hungers sterben solten: Dasselbige thut auch der Son Gottes/der HErr Jesus Christus / wie er selbst spricht Johan 16.　Ich bin das Brod des Lebens / Wer zu mir kompt / dem wird nicht hungern/ vnd wer an mich gleubet/ den wird nimmermehr dürsten.

Ende des ersten Buchs Mose.

Reisen des Propheten Mose vnd der Kinder Israel aus Egypten.

AVß Egypten ist Moses zu den Priestern in Midian geflohen / fünff vnnd viertzig mielen/Exod. 2.

D ij　　　　　　　　　　　　　4: Von

2. Von dannen biß zu dem Berge Horeb oder Sinai/ sind 16. meilen/ Da ist jhm der HERR im Fewrigen Busch erschienen/ Exod. 3.
3. Von dem Berge Horeb ist Moses widerumb zu seinem Schweher gen Midian kommen/ vber sechzehen meilen.
4. Von der Stadt Midian zog Moses wider gen Tanis in Egypten/ 45. meilen/ vnd hat daselbst für dem Angesichte Pharao deß Königes in Egypten/ grosse Wunderzeichen gethan. Psalm. 78. Exod. 4. 5. 6. 7. 8. 9. 10. 11.
5. Von Tanis/ da die grossen Wunderzeichen geschehen waren/ ist Moses mit den Kindern Israel gen Raemses gezogen 11. meilen/ Num. 33.
6. Von Raemses gen Suchot/ zwo meilen/ Num. 33.
7. Von Suchot zu der Wüsten Etham zwo meilen/ Num. 33.
8. Von Etham gen Hahiroth/ das da ligt gen Baal Zephon vber 4. meilen/ Num 33.
9. Van Hahiroth sind sie gegangen durch das rote Meer/ vnd haben 3. Tagereise in der Wüsten gewandert/ biß in die Wüsten Etham/ vnd haben sich gelagert zu Marah/ 10. meilen von Hahiroth/ daselbst hat Moses ein Holtz in das bitter Wasser geworffen/ davon es alsbald süsse worden/ Exod. 15. Num. 33.
10. Von Marah gen Elim/ da zwölff Wasserbrunnen vnd siebentzig Palmen gewesen/ sind zwo meilen/ Exod. 15. Num. 33.
11. Von Elim gegen Süden/ biß an das Schilffmeer/ 4. meilen/ Num. 33.
12. Vom Schilffmeer biß zu der Wüsten Sin/ da es Himmelbrod geregnet hat/ 4. meilen/ Exod. 7. Num. 33.
13. Auß der Wüsten Sin/ biß gen Daphka/ drey meilen/ Num. 33.
14. Von Daphka gen Alus drey meilen/ Num. 33.
15. Von Alus gen Raphidim/ zwo meilen. Hie hat Moses den Felsen geschlagen vnd ist also bald Wasser herauß gesprungen/ Exod. 17.
16. Von Raphidim biß zu den Lustgrebern/ 2. meilen/ da hat Gott das Gesetz gegeben/ Exod. 19. vnd 20.
17. Von dem Berge Synai zu den Lustgrebern/ 2. meilen/ Daselbst hat der Wind Wachtelu ins Lager gewehet/ Num. 13.
18. Von den Lustgrebern gen Hazeroth/ 2. meilen/ Da ist Moses Schwester mit namen MirJam/ Außsetzig worden/ Num. 12.
19. Von Hazeroth sind sie gen Rithma gezogen zwo meilen/ Num. 33.
20. Von Rithma gen Rimon Parez/ anderthalb meilen/ Num. 33.
21. Von Rimon Parez gen Libna/ anderthalb meilen/ Num. 33
22. Von Libna gen Rissa/ anderthalb meilen/ Num. 33.
23. Von Rissa gen Kehelatha anderthalb meilen/ Num. 33.
24. Von Kehelatha/ zum Gebirge Sapher/ ein meil/ Num. 33.
25. Vom Gebirge Sapher gen Harada/ anderthalb meilen/ Num. 33.
26. Von Harada gen Makeloth/ ein meil/ Num. 33.
27. Von Makeloth gen Thabath/ ein meil/ Num. 33.
28. Von Thabath gen Thara/ ein meil/ Num. 33.
29. Von Thara gen Mithka/ ein meil/ Num. 33.
30. Von Mithka gen Hasmona/ zwo meilen/ Num. 33.
31. Von Hasmona vnd Kades Barnea/ hat sie die Wolckenseule/ wider zu rück nach dem roten Meer geführet/ biß gen Moseroth/ 8. meilen/ Num. 33.
32. Von Moseroth gen Benejackon/ sechs meilen/ Num. 33.
33. Von Benejackon zu dem Berge Gidgad/ 5. meilen/ Num. 33.
34. Von dem Berge Gidgad gen Jathbatha/ 6. meilen/ Num. 33.
35. Von Jathbatha gen Abrona/ fünff meilen/ Num. 33.
36. Von Abrona gen Ezeongaber/ sieben meilen/ Num. 33.
37. Von Ezeongaber biß zu der Wüsten Zin Kades/ da MirJa Moses Schwester gestorben/ zwölff meilen/ Num. 33.

Israel auß Egypten.

38. Von der Wüsten Zin Kades zu dem Berge Hor/ da Aaron gestorben / zwölff meilen/ Num.20.33.
39. Von dem Berge Hor gen Salmona 7.meilen/ Num.33.
40. Von Salmona biß zu der Stadt Phunon 5. meilen / Num.33. Da hat Moses ein Ehrne Schlange erhöhet/Num.21.
41. Von Phunon gen Oboth/sechs meilen/Num.33.
42. Von Oboth gen Igim ans Gebirge Abarim/4. meilen.Num.33.
43. Von Igim gen Dibon Gad/ vier meilen/ Daselbst ist auch der Bach Sared gewesen/Num.21.33.
44. Von Dibon Gad gen Almon Diblathaim/ 4. meilen/Num.33.
45. Von Almon Diblathaim/biß auff das Gebirge Abarim/4. meilen/Num.33.
46. Von dem Gebirge Abarim zogen sie vber den Bach Arnon / biß auff das ebene Feld der Moabiter/zu der Stadt Jachza/4. meilen/da hat Moses Sihon den König der Amoriter mit allen seinen Kriegsvolck erschlagen/Num.21. Deut.2.
47. Van Jachza zogen sie gen Hesbon eine meil/ Dieselbe Stadt des Königes der Amoriter/haben sie auch eingenommen/Num.21. Deut.2.
48. Von Hesbon biß zu der Stadt Jaeser die Moses auch gewonnen hat/ zwo meilen/ Num. 21. Deut.2.
49. Von Jaeser gen Edrei / drey meilen/da hat Moses Og den König zu Basan mit all seinem Volcke erschlagen/ Num.21. Deut. 2.
50. Von Edrei biß an den Berg Libanum/daran sich das Königreich Basan geendet hat/ 14.meilen/Dasselbige Land hat Moses alles eingenommen/ Num. 21. Deut.3.
51. Von dem Berge Libano/ sind sie wider zu rücke gezogen / biß auff das ebene Feld der Moabiter/ 20.meilen/Num. 21.Bey dem selbigen Gefilde der Moabiter / ist gewesen der hohe Berg Pisga / daselbst ist Moses gestorben/Deut.34.

       Summa aller Reisen des Propheten Mose/ drey hundert ein vnd dreissig meilen.

Folget nun die Beschreibung der Städt vnd örter.

Midian.

Midian ist eine Stadt am Roten Meer gelegen/ viertzig meilen von Jerusalem gegen Mittag/daselbst hat Jethro Moses Schweher gewonet. Es haben auch die Könige in Idumea / in dieser Stadt jren Königlichen Sitz gehabt/ 1. König.11. Es ligt auch sonsten noch ein ander Stadt/ die auch Midian heist / am Bach Arnon/ 6.meilen von Jerusalem gegen Auffgang der Sonnen. Also haben die Midianiter zum teil im Steinigten Arabia gewonet am roten Meer/vnd zum theil auch bey den Moabitern am Bach Arnon vnd haben jren vrsprung von Midian Abrahams Son/den im Ketura geboren hat/Gen.35.

Horeb.

Horeb ist ein Berg im Lande der Midianiter / vnd wird sonsten genent / der Berg Sinai / vnd ligt von Jerusalem dreissig meilen gegen Mittag. Auff diesem Berge ist der Engel deß Verbundes/vnser HERR Jesus Christus/Mosi im fewrigen Busche erschienen / Exod.3. Vnd wie Bernhard von Breitenbach schreibet / ist eine Capel dahin gebawet/ die wird genant/ Ecclesia sanctæ Mariæ de Rubro, In dieser Capellen weiset man das ort/ da Gott dem Mose im fewrigen Busche erschienen sey. Ob es aber das rechte ort sey/ laß ich in seinen wirden bleiben / Denn man siehet wie die Münche hin vnnd wider Kirchen gebawet haben/ nur darumb das sie die Frembden Bilger vmb das jre betriegen möchten. Horeb heist eine Wittwisse oder Wüste. [Judic.7.9.]

Tanis.

Tanis auff Hebreisch Zoan / ist ein Stadt in Egypten / darin König Pharao gewonet / darin auch Moses für dem Angesichte Pharaonis grosse Wunderzeichen gethan/wie

Reisen Mose/ vnd der Kinder

der 78. Psalm bezeuget/ das also geschrieben stehet: Für jhren Vätern thet er Wunder in Egyptenland/ auff dem Felde Zoan. Im Lateinischen wird gelesen./ in campo Taneos mirabilia fecit Dieser Stadt wird auch gedacht/ Num. 13. Hebron ward gebawet 7. Jar für Zoan in Egypten/ im Lateinischen stehet Tanis. Es ist eine herrliche prechtige Stadt gewesen/ darin wie gesaget/ der verstockte König Pharao seinen Königlichen Sitz gehabt/ vnd 58. meilen von Jerusalem gegen Südwesten gelegen. Dieser Stadt gedencket auch der Prophet Jesai. 19. Capittel/ da er also schreibet: Die Fürsten zu Zoan sind Thoren die weisen Räthe Pharao/ sind im Rath zu Narren worden. Vnd im selbigen Capittel/ die Fürsten Zoan sind zu Narren worden/ die Fürsten zu Noph (das ist/ zu Memphis) sind betrogen. Im Lateinischen wird allenthalben Tanis gelesen. Vnd diese Stadt Tanis/ darin Moses wie gesaget/ für dem Angesichte Pharaonis grosse Wunderzeichen gethan/ hat nur zwo meilen von Heliopolis vnd eine, meil von Memphis gelegen. Aber zu vnser zeit sind diese drey stedte/ eine grosse stadt die in jrem vmbcirck 15. meilen begreifft/ vnd heist Alcair. Es ist auch sonsten noch eine andere Stadt in Egypten 7. meilen von Pelusio, am grossen Mittelmeer der Welt gelegen/ dieselbige Stadt heist auch Tanis/ vnd ligt am Ostio Danteo/ das von jhr den Namen hat. Dieweil aber diese Stadt Tanis 25. meilen vom dem Roten Meer gegen Norden ligt/ kan es nicht die Stadt Tanis sein/ darin Moses solche Wunderzeichen gethan hat/ sonsten hette er ganzer 25. meilen zu rücke ziehen müssen/ nach dem Roten Meer. Diß habe ich darumb weitleufftiger anzeigen müssen/ dem ich sehe/ das viel Gelerte Leute hierin geirret haben. Das Hebreische wort Zoan/ heist eine bewegung.

Raemses.

Raemses ist eine grosse Stadt in Egypten/ die die Kinder von Israel dem König Pharao gebawet haben/ Sie ist die Heuptstadt im Lande Gosen gewesen 47. meilen von Jerusalem gegen Südwesten gelegen/ vnd hat den Namen von Jauchzen vnd frölichem geschrey. Den Raemses heist ein Frewdengezhön/ wie der H. Hieronymus anzeiget.

Hahiroth.

Hahiroth/ auff Deutsch Clarmund/ sind zween Berge gewesen/ am Roten Meer/ die sich von einander gethan vnd zerspalten gewesen/ wie ein Mund/ vnd ein Thal da zwischen darin sich die Israeliten gelagert haben/ das sie also auff beyden seiten hohe Berge gehabt/ für sich das Rote Meer/ vnd hinter sich den König Pharao. Gegen Hahiroth vber/ hat Baal Zephon/ ein Götzentempel gestanden/ wie bald hernach sol argezeiget werden.

Rote Meer.

Das Rote Meer ist von Jerusalem 40. meilen gegen Mittag/ zwischen Arabia vnd Egypten/ vnd wie etliche wollen sol es den Namen haben/ vom roten Schilffe/ der darin wechset/ darumb es auch das Schilffmeer genent wird in heiliger Schrifft. Etliche schreiben/ es habe den Namen von dem roten Sande/ den es am Vfer vnd im Grunde hat. Etliche wollen/ das Wasser in diesem Meer habe die art an sich/ das es gegen den roten Bergen Roth scheine/ Aber Strabo lib. 16. zeiget an/ dis Meer habe vom Könige Erythra den Namen bekommen/ das es Mare Erythracum sey genent worden. Vnd dieweil das wort Erythracum so viel als Roth heisset in Griechischer sprache/ ist es aus vnuerstande in Lateinische sprache Mare rubrum, vnd auff Deutsch das rote Meer genennet worden. Es ist aber derselbige Erythra/ Danon wie gesaget/ das rote Meer den Namen bekommen hat/ Persey vnd Andromede Son gewesen. Strabo lib. 15. schreibet/ das allenthalben am Vfer deß Roten Meers vnter dem Wasser Bewme wachsen/ die sein gestalt wie Palmen vnd Olebewme/ die werden mit dem Wasser des roten Meers gantz vberschwemmet/ denn sie wachsen gleich wie Schilff im Meer/ vnd stehen vnter dem Wasser/ werden auch durch die vngestüme Wellen deß Meers offt außgereut/ vnnd heraus geworffen: In den Jnseln des roten Meers/ wachsen auch Bewme die sind roth wie Prissilien.

Insel des roten Meers

Geistliche bedeutung des roten Meers.

Gleich wie Moses die Kinder von Israel/ mitten durch das rote Meer/ auß dem Diensthause Egypti füret/ vnd sie aus der Hand vnd Tyranney d. König Pharaonis erlöset

Israel auß Egypten.

löset. Also füret vns auch der Son Gottes/ durch sein Rotes Rosinfarbes Blut auß dem Diensthause der Sünden/vnd erlöset vns von der gewalt vnd Tyranney deß Teuffels. Vnnd gleich wie König Pharao mit alle den seinen im roten Meer erseuffet vnd vntergangen / Also hat auch der HErr Christus durch sein Rosinfarbendes Blut / den alten Adam/die Sünde den Todt / vnd den Teuffel mit seinem gantzen Hellischen Reich ersäuffet vnd vertilget.

Baal Zephon.

AM Vfer des Roten Meers / hat in Egypten/ein Abgott gestanden / Baal Zephon genant/derselbige Abgott (wie es die Egypter dafür hielten) weret den flüchtigen Knechten/das sie aus Egypten nicht entrinnen solten/wie Fagius nach der Hebreer meinung dauon schreibet/ vnd derwegen sol Baal Zephon / Dominus speculæ, ein Gott der auff die flüchtigen Knechte gesehen/sey genent worden. Dem sey nu wie jhm wölle / So lest es sich gleichwol ansehen / als ob es ein Götze / oder Götzentempel gewesen sey/der am Vfer des Roten Meers auff einem hohen Berg gestanden/ vnd daselbst sind die Kinder von Israel/ ins rote Meer hinein gegangen / vnd als jhnen Pharao nachfolget / ist er im Meer / mit all seinem Volcke vntergangen vnd ersoffen/ in Gegenwarts seines Abgotts / der da wie ein Klotz auff dem Berge gestanden/ vnd jhm gar nicht hat helffen mögen/ ob jhn wol Pharao sehr fleissig wird angeruffen haben.

Marah/Bitter.

MArah ist ein orth in der Wüsten/der von der Bitterkeit den Namen bekommen / darumb daß das Wasser am selbigen orthe sehr bitter gewesen. Aber Moses hat einen Bawm in das bitter Wasser geworffen/ dauon ist es alsbald süsse worden / Solches ist geschehen viertzig meilen von Jerusalem gegen Südwesten. Adam vnd Eua haben gegessen von dem verbotenen Bawme/ dadurch ist die Sünde vnd eitel bitterkeit in die Welt kommen. Aber Gott weiset Mosi einen andern Bawm/Nemlich den HErrn Christum / so bald derselbe durch das Gesetze Gottes / von wegen vnser Missethat/ vnschüldig zum Tode verdampt/vnd in vns bitter Wasser / das ist/ins bitter Leiden / ja in den bittern Todt hinein geworffen vnd gesencket wird/macht er alles wider süsse.

CHRJstus macht alles wider süsse was Adam bitter gemacht hat.

Elim/zu der Hirschenfelde.

ELim ist ein ort in der Wüsten/ 36. meilen von Jerusalem / gegen Südwesten / da sind zwölff Wasserbrunnen vnd siebentzig Palmen gewesen / vnnd es ist gleublich / das sich viel Hirschen vnd Hinden an demselbigen Wasserbrunnen haben sehen lassen / vnnd darauß getruncken / dauon der orth den Namen bekommen / das Elim Hirschen oder zu der Hirschenfeld ist genent worden.

das rechte Büffelbrodt Johann.6.

Sin/ Dornicht.

SJn heisset Dornicht/da viel Dornbüsche stehen / vnnd ist ein orth in der Wüsten / 39. meilen von Jerusalem gegen Südwesten/ am selbigen ort hat es Himmelbrod geregnet / Exod. 16. Der HErr Christus ist das rechte Himmelbrod/ das vom Himmel kompt/ vnd gibt der Welt das Leben/ Johann.6.

Raphidim/ Graßbencke.

RAphidim ist ein orth in der Wüsten / nicht weit von dem Berge Synai / 33. meilen von Jerusalem gegen Südwesten/da haben sich die Kinder von Jsrael gelagert / vnd wie es sich ansehen lest / werden sie am selbigen ort ein sehr lustig Lager gehabt / vnd Graßbenck gemacht haben/ dauon o,jc. zweiffel das orth den Namen behalten hat/ das es hinfort Raphidim/ das ist/ zu den Graßbencken ist genent worden.

Hie ist das Wasser aus einem harten Felsen gesprungen. Derselbige Felß bedeut Christum 1. Cor. 10. Der wird vmb vnsert willen / von dem Fluch deß Gesetzes getroffen vnnd geschlagen / vnd alsbald springet herauß ein Brünlein des Wassers / das in das Ewige Leben quillet / Johann. 4. Ja / Wasser vnd Blut fleust aus seiner gebenedeyten Seite / damit wir abgewaschen werden von allen Sünden/ vnd getrencket zum ewigen Leben. In der Wüsten Raphidim/haben auch die Amalekiter wider Jsrael gestritten/Exod.17. Daselbst ist auch Raguel Mosis schweher/ der auch Jethro genent wird/zu Mose in der Wüsten kommen/Exod.18.

D iiij   Synai

Reisen Mose vnd der Kinder
Sinai / Dornicht.

Das Gesetz auff dem Berge Sinai gegeben.

Er Berg Sinai / ligt von Jerusalem 30. meilen gegen Mittag / vnd hat den Namen von vielen Dornstreuchen / die darauff wachsen / Denn Sinai heist so viel als Dornicht / da viel Dornbüsche stehen. Auff diesem Berge hat Gott der HErr die heiligen zehen Gebot gegeben / das sind die spitzen Dörner / die einem armen Sünder in sein Hertze stechen. Dieser Berg wird auch sonsten Horeb / Das ist / ein Wildnis oder Wüste genant.

Der Berg Horeb.

Bernhard von Breitenbach / Decan vnd Cämmerer deß Stiffts Meintz / ist im Jahr nach Christi Geburt / 1483. (als er zuvorn das heilige Land besehen hatte) am 24. tage Septemb: mit einem Graffen von Solms / vnd vielen andern edlen Herrn vnd Rittern / auff den Berg Synai gestiegen / darauff sie zween tage geblieben / vnd den Berg gantz fleissig besehen haben /

Beschreibung deß Berges Synai.

vnd beschreibt derselbe Bernhard von Breitenbach den Berg Synai also : Der Berg Synai vber die massen sehr groß vnd hoch / vnd hat zwo hohe spitzen / die eine gegen der Sonnen Nidergang / die heist Horeb / vnd die ander gegen der Sonnen Auffgang / die heist Synai. Vnd von diesen zwo Spitzen hat der Berg Synai auch den namen / das er bißweilen Horeb / bißweilen auch wol Sinai genent wird in heiliger Schrifft / vnnd mitten zwischen diesen beyden Spitzen / ligt auff dem Berge Synai ein Closter / die 40. heiligen Mårterer genant / dabey ist ein Wunderschöner Lustgarte / aber vnten am Berge Synai / gegen Norden werts / recht gegen der Spitzen Horeb / ligt ein Münch Closter / S. Catharinen Ordens / das Keyser Justinianus gestifftet hat. Bey demselbigen Closter / ist eine Capell Sactæ Mariæ de Rubro, darin weiset man vnter einem Altar das ort / da Gott der HErr Mosi in einem fewrigen Busche sol erschienen sein / Exod. 3. Bey dieser Capellen vnd S. Catharinen Closter ist auch ein wunderschöner Lustgarte / vnd Springbrunnen. Wenn man von dannen die spitzen deß Berges Horeb hinan steiget / so kömpt man an die Höle / da Gott mit dem Propheten Elia sol geredet haben / 3. König. 19. Da ist eine Capell hin gebawet. Darnach besser hin auff findet man noch ein ander Höle / da Moses in gestanden / als Gott für jhm vberging Exod. 33. Darnach weiter hinan / recht auff der spitzen Horeb / stehet eine schön zierliche Capelle / an dem ort da Gott der HErr Mosi die zwo Steinern Tafeln gegeben hat / darin die Zehen Gebot geschrieben waren. Diese Capell ist mit einer eissern Thür sehr fest verschlossen / vnd die Münche in S. Catharinen Closter haben die Schlüssel darzu. Vnd von demselben Closter / das / wie gesaget / vnten am Fusse dieses Berges ligt biß an diese Capellen auff der Spitzen Horeb sind mehr als sieben Tausendt Tritt. Nicht weit von der Capellen auff der Spitzen Horeb / ist eine Höle / darin Moses viertzig Tage vnd viertzig Nacht sol gefastet haben / da stehet ein Müsklea / das ist / ein Kirche der Saracenen vnnd Türcken / die auch jhre Walfart dahin haben. Was aber die ander Spitze belanget / die mit jhrem rechten Namen

Die Wüste Synai.

Synai genent wird / die ist vngleich viel höher als die spitz Horeb / vnd man kan da das rote Meer / vnd sonsten sehr weit vmb sich sehen. Es ligt aber der Berg Synai zwo Tagereisen vom roten Meer. Die Wüste vmb den Berg Synai her / wird die Wüste Synai genant. Da haben die Jüden das gülden Kalb angebetet / da sind alle Gesetze gegeben / vnnd die Hütte deß Stiffts auffgerichtet / vnd Nadab vnd Abihu Aaronis Söhne vom Fewer gefressen vnd verzehret worden / Item die Silbern Posaunen eingesetzet.

Lustgreber.

Je Lustgreber sind von Jerusalem 28. meilen / da haben sich die Jsraeliten an Wachteln zu Tode gefressen / vnd also hat man da das lüstern Volck begraben / Num. 11. Es hat auch daselbst deß HERRN Fewr die eussersten Lager verzehret / daher das Ort Tabera / Das ist / ein anzündung ist genent worden / das sich des HERRN Fewr vnter jhnen angezündet habe / Num. 11.

Hazeroth / zu den Grundhöfen.

Hazeroth / auff Deutsch zu den Grundhöfen / ist ein ort in der Wüsten / da Mirjam Mosen Schwester Aussetzig worden / 28. meilen von Jerusalem gegen Mittag.

Rithma / zu den Wacholdern.

Rithma / auff Deutsch zu den Wacholdern / ist ein orth in der Wüsten / da die Kinder von Jsrael jhr Lager gehabt / Num. 33. Vnd ligt von Jerusalem 28. meilen gegen Südwesten /

Israel auß Egypten. 92

Südwesten/ Es kan sein das daßelbige ort von den Wacholderbewmen/ die da gestanden/ den namen bekommen habe. So ist es auch gleublich/ das der Engel Gottes/ hernach an diesem ortß den Propheten Eliam vnter einem Wacholdern gespeiset habe/ 1. Reg. 10.

Rimon Paretz/Granatöpffel Riß.

ZV Rimon Paretz/haben die Kinder von Israel jhr sechzehende Lager gehabt/ 27. meilen von Jerusalem gegen Südwesten/ daßelbige orth hat den Namen von Granatöpffeln/ derwegen ist es gleublich das sie daselbst viel Granatöpffel gefunden/ vnter sich getheilet haben.

Libna/Weyrauch.

ZV Libna haben die Kinder von Israel jhr siebenzehende Lager gehabt/ 26. meilen von Jerusalem gegen Südwesten.Es kan sein/ das daselbst viel Weyrauch gewachsen/ davon das ort den Namen bekommen habe.

Rissa/Himmelsthaw.

RIssa ein orth in der Wüsten/ da sich die Kinder von Israel gelagert haben/ 25. meilen von Jerusalem/gegen Südwesten/ vnd ist gleublich das es eine fruchtbare Gegend daselbst gewesen/ da die wolriechenden Blumen/ wie der name dieses orths anzeiget mit süssen Himmelsthaw sey befeuchtet worden.

Sapher/Schönfeld.

SApher aber ist ein Berg in der Wüsten/22. meilen von Jerusalem gegen Südwesten. Da haben die Kinder von Israel jhr zwantzigste Lager gehabt.

Mithka/Süssigkeit.

MIthka hat gelegen an den Gretzen des gelobten Landes Canaan/ nur 14. meilen von Jerusalem gegen Südwesten/derwegen haben die Kinder von Israel viel süsser vnnd wolschmeckender Früchte am selben ort gefunden/wie der Name dieses orts anzeiget.

Kades Barnea.

KAdes Barnea/ ist eine Stadt in Idumea/ zehen meilen von Jerusalem gegen Mittag gelegen/ da hat Moses die Kundschaffer außgelesen/ die das Land Canaan beschen Vnd erkündigen solten. Vnd als dieselben wider kamen/erhub sich ein murren wider Gott vnd den Kindern von Israel. Derwegen ward Gott zornig/ vnd wolte sie nicht in das gelobte Land Canaan bringen/ sondern sie mußten gantzer sieben vnd dreissig meilen wider zurücke ziehen/biß gen Ezeongaber an das rote Meer/ vnd gantze viertzig Jar in der Wüsten sein/ehe sie Gott in das gelobte Land bringen wolte. Kades heist heilig/ Barnea eine reine Bewegung.

Moses sendet die Kundschaffer aus Num.13.

Ezeongaber/Bawmsterck.

EZeongaber ist eine Stadt in Idumea am roten Meer gelegen /37. meilen von Kades Barnea/vnnd 44. meilen von Jerusalem gegen Mittag. Da haben die Kinder von Israel in der Wüsten jhr Lager gehabt. Daselbst hat auch König Salomon Schiffe gebawet/die Gold aus Ophir holen solten/ 1. Reg. 9.

Sin/Kades.

ZWischen Ezeongaber vnd dem Berge Hor/ ist gewesen die Wüste Sin/ die auch sonsten die Wüste Kades oder Pharan heisset/ vnd reichen von Kades Barnea/ an das gelobte Land. In dieser Wüsten ist Mir Jam Moses Schwester gestorben/dreyssig meilen von Jerusalem gegen Mittag/Daselbst hat auch Moses zweymal den Felsen geschlagen/ ehe er hat Wasser geben wollen. Das ist nu das Haderwasser damit sich Moses vnnd die Kinder von Israel versündiget haben/ Num. 20. Sin heisset Dornicht/vnd Kades heisset heilig.

Miriam stirbt Num.20
Haderwasser Num.20.

Hor/Berg.

HOr ist ein Berg in Idumea/ 22. meilen von Jerusalem gegen Südosten gelegen/ da ist der Hohepriester Aaron gestorben vnnd Begraben. Daselbst hat auch der Canaaniter König Arad/ die Kinder von Israel oberwonnen/ Als er aber zum andern mal wieder kam/ vnnd vermeinet abermal eine gute Beüte zu holen/ da rissen die Kinder Israel

Aaron stirbt Num.20:15.

Israel auß Egypten.

Israel den HErrn ihren Gott an/der hat ihr Gebet erhöret/ vnd den Kindern von Israel geholffen/das sie den König der Cananiter / mit seinem gantzen Kriegsvolck erschlagen/ vnd seine Stedte verstöret vnd vmbgekeret haben/vnd das Land Harma/ das ist / ein Fluch genant/ Num. 20. 21.

Phunon / Perlein.

Eherne Schlange / Num. 21.

Phunon ist eine Stadt des Königs in Jdumea/ vnd ligt in der Wüsten des steinigten Arabiæ / sechtzehen meilen von Jerusalem gegen Südosten/ da hat Moses die Ehrne Schlange erhöhet/ Num. 21.

Abarim / Durchfuhr.

Das Gebirge Abarim / ligt von Jerusalem 8. meilen gegen der Sonnen Auffgang/ vnd zwischen dem Gebirge Abarim vnd dem todten Meer/ haben die Moabiter gewonet. Es lest sich aber ansehen/ daß das Gebirge Abarim den namen gehabt/ von den vielen Wegen vnd Strassen/die daburch gegangen/das man allenthalben da zwischen durch hat Reisen vnd Fahren können.

Jahza / Halberstadt.

Jahza ist eine Stadt der Leuiten / die vom Stamm Ruben/den Kindern Merari gegeben ist/ Josu. 21. Vnd hat gelegen jenseid des Jordans / 6. meilen von Jerusalem / gegen der Sonnen Auffgang. Da hat Moses Sihon den König der Amoriter vberwonnen/ Num. 21. Deut. 2.

Hesbon / Kunstreich.

Esbon ist eine Priesterliche Stadt in den Greutzen des Stams Ruben vnd Gad/sieben meilen von Jerusalem gegen der Sonnen Auffgang / diese Stadt hat Moses eingenommen/Num. 21. Deut. 2. Vnd die Kinder Ruben haben sie wider gebawet / Num. 23. Sie ist auch noch zu Hieronymi zeiten eine prechtige schöne Stadt gewesen. Die Kinder Gad haben sie vor zeiten den Leuiten geschencket/ Josu. 21.

Jaezer / Gotteshülff.

Jaezer ist auch eine Priesterliche Stadt im Stamm Gad / neun meilen von Jerusalem / gegen der Sonnen Auffgang. Zu des heiligen Hieronymi zeit war es ein Dorff.

Edrei / Wölcklin.

Der König Og vberwunden Num. 21. Deut. 3.

Edrei ist eine Stadt jenseid des Galileischen Meers / im Lande Gilead/ 13. meilen von Jerusalem gegen Nordosten / dem halben Stamm Manasse / jenseid des Jordans zustendig. Da hat Moses Og den König zu Basan vberwonnen/ Num. 21. Deut. 3. Hieronymus schreibet/es sey noch zu seinen zeiten ein schöne Stadt gewesen / vnd habe Adara geheissen.

Astharoth / Schaffhürten.

Astharoth ist eine Königliche Stadt des Königes von Basan gewesen/ vnd hat 1. meil von Edrei/von Jerusalem aber 14. meilen gegen Nordosten gelegen/im halben Stam Manasse / jenseid des Jordans. Sie hat den namen von der Göttin Venus/ die da ist geehret vnnd angebetet worden / denn Venus wird von den Sperrn Astaroth genant / sonst heist Astharot auch/ wol so viel als Schaffhürten. Die Einwoner dieser Stadt sind Carnaim vnd Riesen genennet worden / Gen. 14. Es hat auch der heilige Job in dieser Stadt gewonet/ als an seinem ort sol vormeldet werden.

Pisga / Hoher Berg.

Pisga ist ein sehr hoher Berg im Gefilde der Moabiter gegen Jericho vber/ 6. meilen von Jerusalem gegen der Sonnen Auffgang / bey den Stedten Pisga vnd Nebo /. Auff diesem Berge / hat Gott dem Propheten Mose das gantze Land Canaan gewiset vnd als solches geschehen war / ist Moses gestorben / vnd Gott hat ihn begraben. Es ligt aber dieser Berg Pisga wie gesaget/ im Gefilde der Moabiter / gegen einem andern Berg vber/ darauff des Abgotts Peor Tempel gestanden / den die Moabiter angebetet vnnd geehret haben/ Deut. 34.

Reisen

Reisen Bileams.

Reisen deß Propheten Bileams.

Jeser Bileam sol von Nebor Abrahams Bruder herkommen sein / der zu Haran in Mesopotamia gewonet/Gen. 11. Vnd wie Josephus schreibet / hat dieser Bileam seine Wonung gehabt am Wasser Euphrate in Mesopotamia / Vnd wie der heilige Hieronymus schreibet / hat die Stadt darin Bileam gewonet Fatura geheissen/ derwegen / wird er also gereiset haben. *Fatura da Bileam gewonet hat.*

1. Von Fatura aus Mesopatamia / biß an das Pfad der Weinberge / da die Eselin mit Bileam geredet/Num.22. sind 100. meilen.
2. Von den Pfad der Weinberge biß an das Land der Moabiter/10.meilen/da hat er auff dem Berge des Abgotts Peor/die Kinder Israel gesegnet/Num. 24.

Summa dieser Reisen des Propheten Bileams/
hundert vnd zehen meilen.

Diesen Weg sind die Gesandten des Königs der Moabiter / die Bileam holen solten zweymal hin vnd her gezogen/das machet vberal vier hundert vnd 40.meilen. Das 5. Buch Mosis im 33.Capittel zeiget klerlich an/Bileam sey von Pethor aus Mesopotamia gewesen/ welches also mit dem heiligen Hieronymo sein vberein stimmet.

Von dem Pfad der Weinberge.

Der Pfad der Weinberge ist berühmet in heiliger Schrifft / denn Jeptha hat daselbst die Ammoniter erschlagen / Judic. 11. So ist auch vmb Fruchtbarkeit des Landes willen/vnd von wegen des süssen Weins / der da wechset/eine Stadt dahin gebawet/ die von den lustigen Weingärten Abela Vinearum oder ein Pfad der Weingärten / ist genent worden. Sie ligt von Jerusalem viernehen meilen gegen Nordosten / vnd dieweil sie auff der Strassen ligt / die von Haran aus Mesopotamia zu der Moabiter Land gehet / ist wol gleublich/das an diesem orth die Eselin mit Bileam geredet habe / Num. 22. Der heilige Hieronymus schreibet/das noch zu seiner zeit das Dörfflin Abela da gelegen habe/ vnd sey viel Weins dabey gewachsen.

Auff das Buch Josua.

Reisen deß Großfürsten Josua.

Josua vnnd Caleb sind mit Mose von Raemses / aus Egyptenland durch das Rote Meer/vnd biß gen Kades Barnea gezogen/67.meilen.

2. Von Kaden Barnea sind sie neben den andern Kundschaffern außgesand / das Land Canaan zu erkündigen / Num. 13. Vnd sind aus der Wüsten Sin vnnd Pharan von Kades Barnea außgezogen / vnd haben gereiset biß zu der Stadt Rechob in ober Galilea gelegen/35.meilen.

3. Von Rechob zogen sie 45. meilen / biß zu der Stadt Hamath in Syria / die hernach Antiochia ist genent worden.

4. Von Hamath oder Antiochia / zogen sie wider zu rück gen Hebron / 76. meilen/da haben sie am Bach Eseol ein Weintrauben abgeschnitten daran ihrer zween genug zu tragen gehabt/Num. 13.

5. Von Hebron sind sie wider zu Mose gen Kades Barnea kommen vber 5. meilen/da ist das Volck vngeduldig worden / vnd hat wider Gott gemurret / Num.14. Hieraus ist nun offenbar das die Kundschaffer deß Landes Canaan / in 40. tagen hundert zwey vnd sechzig meilen gewandert haben/das were auff einen jeglichen tag vier meilen.

6. Darnach sind Josua vnd Caleb/ mit Mose vnd mit den Kindern von Israel gen Ezeongaber/vnd von dannen auff das Feld der Moabiter / nach der Stadt Jahza gezogen/ 116. meilen.

7. Von Jahza durch zwey Königreich / biß an den Berg Libanon / 20. meilen.

8. Von

Reisen des Großfürsten Josua.

8. Von dem Berge Libano sind sie mit Mose wider heim gezogen/ 2c. meilen/ nach dem lande Sittim/welches ist gewesen bey dem Berge Pisga/auff dem Gefilde der Moabiter.

9. Auß dem Lande Sittim sind sie durch den Jordan gegangen/vnd vber anderthalb meilen gen Gilgal kommen/da hat Josua ein Feldlager auffgeschlagen/Num.21.Jos.4.5.

10. Von Gilgal zog Josua gen Jericho ein halbe meilen/dieselbe Stadt hat er mit Posaunen gestürmet vnd eröbert/ Josua.6.

11. Von Jericho ist er gen Ai gezogen/eine meil/ vnd hat da die Stadt auch gewonnen/ vnd mit Fewr verbrand/ Josu.7.8.

12. Von Ai ist er wider gen Gilgal ins Lager gezogen/ eine meil/ vnnd hat da auff dem Berge Ebol/Gott dem HERRN ein Altar gebawet/ Es ist taselbst auch auff dem Berge Grisim vnd Ebal der Segen vnd Vermaledeyung gesprochen/Josu.8. Deut.27.

13. Von Gilgal ist er gen Gibeon gezogen/ drey meilen / da hat im Streit wider die 5. Könige/ die Sonne stille gestanden/Josu.10.

14. Vnd von Gibeon gen Aialon/ein halbe meilen/ da hat der Mond still gestanden/ Josu.10.

15. Von Aialon gen Aseka ein meil/ hie hat es auff die Feinde die für Josua geflohen gehagelt/Josu.10.

16. Von Aseka ist Josua wider ins Lager gen Gilgal gezogen/5. meilen. Josu.10.

17. Vnd von Gilgal zog Josua gen Makeda/5. meilen/ vnd ließ da die 5. Könige auffhencken/Josu.10.

18. Von Makeda zog er gen Libna / eine halbe meil/ die Stadt hat er gewonnen Jos.10.

19. Von Libna gen Lachis zwo meilen/ Josu.10.

20. Von Lachis gen Eglon zwo meilen/ Josu.10.

21. Von Eglon gen Hebron vier meilen/ Josu.10.

22. Von Hebron gen Debir/ein viertel einer meilen/Josu.10.

23. Darnach gewan Josua auff einmal das gantze Jüdische Land/ das im heiligen Lande gegen Mittag ligt/vnd Judea genent wird / das sich gegen Morgenwerts endet am Todten Meer gegen Mittag an Kades Barnea/ gegen Nidergang der Sonnen an Aedod vnnd Gaza/vnd gegen Mitternacht an Gibeon vnd Gilgal / der vmbkreiß dieses Landes begreifft 39. meilen.

24. Von Gilgal ist Josua aus seinem Feldlager auffgebrochen/ vnd vber 8. meilen biß an das Wasser Merem gezogen / da hat er die vbrigen Könige der Heyden in die flucht geschlagen/Josu.11.

25. Von dem Wasser Merem/hat Josua den flüchtigen Feinden nachgejaget/ biß gen Sidon/18. meilen. Josu.11.

26. Vnd von Sidon wendet er widerumb/ vnd zog gen Hazor 8. meilen/ die Stadt hat er mit Fewr verbrand/ Josu.11.

27. Darnach gewan Josua auff ein mal die Stedte des heiligen Landes/ die gegen Mitternacht im Lande Samaria vnd Galilea gelegen haben / von Gibeon biß an den Berg Libanum / vnd von dem Jordan an bis an das grosse Meer / das man Mare mediterraneum nennet/vnd begreiffen alle die Länder im vmbzirck 70. meilen.

28. Darnach ist Josua wider in sein Feldlager gen Gilgal gezogen/ welches 18. Meilen gelegen hat von der Stadt Hazor / die in den eröberten Königreichen die Heupstadt gewesen. Vnd als Josua wider in sein Feldlager gen Gilgal kam/ hat er angefangen das Land zu theilen/ Josua 14.15.

29. Von Gilgal ist er gen Silo gezogen/ drey meilen/ vnnd hat die außtheilung des Landes vollendet/ Josu.18.

30. Von Silo ist Josua gen Thimnath Sera gezogen / zwo meilen/ vnd hat daselbst gewonet / Denn die Kinder von Israel hatten jhm dieselbige Stadt zu Erb vnd eigen geschencket/Josu.18.

31. Von Thimnath Sera/zog Josua kurtz vor seinem Todt gen Sichem 10. meilen/das hatte er alle Stemme Israel bescheiden/Josu.24.

32. Von

Erklerung der Stedt vnd örter

32. Von Sichem ist er wider heim gen Timnath Sera gezogen/zehen Meilen/ vnd daselbst gestorben/vnd begraben/Josu. 24.

Summa aller Reisen des Fürsten Josua fünffhundert acht vnd neunzig meilen.

Folget nun die beschreibung der Stedt vnd Örter.

Rechob/Breitstrassen.

REchob ist eine Priesterliche Stadt im Stam Aser/fünff vnd zwantzig Meilen von Jerusalem/gegen Mitternacht gelegen/Num. 13.

Hamath/Grim.

HAmath die Heuptstadt in Syria/die hernach ist Antiochia genent werden/ligt von Jerusalem siebentzig meilen gegen Norden/Von dieser Stadt sol hernach bey den Reisen deß wütrigen Königen Antiochi weitleufftiger gehandelt werden.

Gilgal/Rundteil.

GIlgal ist eine Stadt zwischen den Jordan vnd Jericho gelegen / drey meilen von Jerusalem gegen Nordosten/da hat Josua / als er die Kinder von Israel durch den Jordan geführet hatte/sein Feldlager auffgeschlagen / darauß er alle Völcker des Landes Canaan bestritten. Vnd dieweil Gilgal so viel als ein Rundteil oder Circkelkreiß heist / leßt es sich ansehen/das es würcklich deß Josuæ Schantz vnd Lager rund vmbgraben gewest sey/ vnd habe der Ort vnd das Stedlein Gilgal den namen dauon behalten. In dieser Stadt sind die Kinder Israel beschnitten worden / haben auch daselbst das erste Pasche Fest im Lande Canaan gefeyret/vnd von den Früchten des Landes gegessen/vnd also bald hat das Manna auffgehöret. Es hat auch Josua zu Gilgal die zwölff Steine auffgericht/die er mitten aus den Jordan genommen/Josu. 4. 5. *Die Jüden halten zu Gilgal ihr erste Pasche Fest.*

So hat auch daselbst die Hütte deß Stiffts eine zeitlang gestanden / Darumb haben die Jüden am selbigen orte hernach eine Wolfart vnd falschen Gottesdienst angericht / darumb sie von den Propheten sehr hefftig gestraffet werden/ Hose. 2. 4. 9. Amos 5. Ehud der dritte Richter des Jüdischen Volcks/hat zu Gilgal da man den Götzen pflegte zu opffern / von den Kindern Israel Geschencke empfangen / die er Eglon der Moabiter König bringen solte/vnd als er den König erstochen/ist er auch wider gen Gilgal geflohen/Judic. 3. Item / Der Prophet Elias ist auch kurtz zuuor/ehe er in einem Fewrigen Wagen gen Himmel geholet ward/ mit seinem Jünger Elisa gen Gilgal gegangen/2. Reg. 2. *Walfart vñ falscher Gotresdienst zu Gilgal.*

Jericho/ein süsser Geruch.

JEricho ist eine Stadt im Stamm Ben Jamin / dritthalb meilen von Jerusalem gegen Nordosten gelegen/vnd hat den Namen vom wolriechen. Denn es hat schöne Balsamgarten vmb Jericho her gehabt/vnd wolriechende Rosen. Diese Stadt hat Josua mit Posaunen gestürmet vnd eröbert. Josu. 18. Vnd der HErr Christus hat auch zu Jericho einen Blinden sehend gemacht Luc. 18. Vnd auch Zacheum daselbst bekehret/Luc. 19. Sie wird auch die Palmenstadt genant/von den schönen Palmen/die darumb her gewachsen. Vnd Ehud der Jüdische Richter hat Eglon der Moabiter König daselbst erstochen/Judic. 3. Sie ligt anderthalb Meilen vom Jordan/vnd ist zu vnser zeit ein klein Dörfflein. Hieruon wirstu hernach im 2. Buch ober das Newe Testament weitleufftigern bericht empfahen/Fol. 31.

Ai.

AI ist die andere Stadt/die Josua gewonnen hat/vnnd ligt von Jerusalem 2. meilen gegen Norden/auff einem Hügel/dauon sie auch den Namen hat/denn Ai heist höckericht oder bergigt. Von den Propheten wird die Stadt/Aiath genant / Jesa. 10. Nehem. 7. Zu Hieronymi zeiten hat man noch kaum das ort sehen können/da Ai gelegen hatte.

Gibeon/Bergen.

GIbeon ist eine Priesterliche Stadt im Stam Ben Jamin / eine meile von Jerusalem gegen Norden gelegen/auff einem Berge/dauon sie auch den Namen hat. Dieser Stadt Einwoner haben sich Josuæ williglich ergeben/Jos. 19. Daselbst ist hernachmals des Leutten

P   Kebsweib

Erklerung der Städt und Ärter.

Kebsweib geschendet Jud. 19. In dieser Stadt Gibeon hat auch König Saul gewonet/vnnd hat da die Priester des HERrn getödtet/1. Samuel 22. Als Josua bey dieser Stadt die 5. Könige vberwand/muste die Sonne am Himmel stille stehen/Josu. 10.

Ajalon/Rehe/Reheburg.

AJalon ist eine Priesterliche Stadt im Stamm Dann/ eine meil von Jerusalem/in einem Thal gelegen/gegen Nordwesten/Hie hat der Mond stille gestanden / Josu. 10. In dieser Stadt hat auch Saul seinen Sohn Jonatham tödten wolle/ nur darumb/das er ein wenig Honig gekostet/1. Sam. 14.

Aseka/Ein Festung.

ASeka/auff Deutsch/eine vmbgezeunete Zesung/ist eine Stadt der Amoriter/im Stamm Juda/zwo meilen von Jerusalem/gegen Westen gelegen / Da hat Gott der HERR auff die Feinde/die Josua in die Flucht geschlagen hatte / einen starcken Hagel regnen lassen. Bey dieser Stadt hat auch Dauid den grossen Goliath erschlagen/1. Sam. 17. Diese Stadt hat noch zu Hieronymi zeiten gestanden.

Thal Achor/Schreckenthal.

DAs Thal Achor/da Achan der Dieb gesteiniget worden / ligt drey meilen von Jerusalem/ bey den seiten Jericho vnd Gilgal/gegen Nordwerts/Josu. 7.

Makeda heist Casia/ein hangendes Blümlein.

MAkeda ist eine Stadt im Stam Juda/ zwo Meilen von Jerusalem/ gegen Nordwesten gelegen/da hat Josua fünff Könige auffhencken lassen / Josu. 10. Diese Stadt hat noch zu Hieronymi zeiten gestanden.

Libna/Weyrauch.

LYbna ist die Stadt im Stam Juda/ drittehalb meilen von Jerusalem gegen Mittag gelegen/da hat der vierzehende König gewonet/der von Josua ist vberwunden worden/Josu. 1. Diese Stadt hat entweder den Namen von weissen Steinen / dauon sie gebawet worden/der vom Weyrauch/der da gewachsen.

Lachis/Spatziergengerin.

DIe Stadt Lachis hat auch im Stam Juda gelegen fünff Meilen von Jerusalem / gegen Sudwesten/eine halbe meile von Regila gegen Norden. Auß dieser Stadt Lachis ist einer gewesen von den 5. Königen/die Josua auffhencken ließ/Josu. 10.

Eglon/Kelblin.

Eglon ist auch eine Stadt im Sam Juda / drey meilen von Jerusalem gegen Mittag gelegen. Den König auß dieser Stadt hat Josua auffhencken lassen. Jos. 10.

Debir.

DEbir ist eine Stadt im Stam Juda / sechstehalb meilen von Jerusalem / gegen Sudwesten/vnd hat einen schönen Namen/Denn Debir heist so viel als ein heilig Ort oder Stad/ da Gottes Wort inne gehört wird/Vorzeiten aber hat sie Kiriath Sepher/das ist der Schreiberstadt geheissen. Sie ligt nicht gar 1. halbe meile von Hebron gegen Nordwesten. Diese Stadt hat Athniel Calebs Bruder Sohn gewonnen / derwegen hat ihn Caleb seine Tochter Achsa zum Weibe gegeben/Jud. 1.

Asdod/Fewrlich.

ASdod ist eine Stadt der Philister/am grossen Mittelmeer der Welt gelegen/sechstehalbe meilen von Jerusalem/gegen der Sonnen Nidergang. Diese Stadt hat Josua gewonnen/Josu 11. Zu vnser zeit ist es ein Dorff vnd wird sonsten gemeintlich Azotus genant.

Gaza/Starck.

GAza ist auch eine schöne prechtige Stadt der Philister gewesen / vnd ligt am grossen Mittelmeer der Welt/ 11. meilen von Jerusalem gegen Sudwesten. Simson hat zu Gaza bey de Thür der Stadthor ergriffen/vnd sie auß den Rigeln gehaben. Auff seine Schuldern gelegt/vnd biß auff die höhe des Berges für Hebron getragen / Jud. 16. Item/ Zu Gaza hat
auch

Erklerung der Stedt vnd Orter.   93

auch Simson das Hauß/da die Philister versamlet waren/ eingerissen vnd sich selbst mit viel
tausent Philistern zu todte geworffen/Judic. 14.

Wasser Merom/Hoch Wasser.

MErom ist ein Wasser nicht weit von Dothan/eilff meilen von Jerusalem gegen Norden/
Da hat Josua die Könige der Cananiter vberwunden/Josu. 11.

Sidon/Ein Stadt der Jäger.

SJdon ist ein herrliche Kauffstadt in Phenicia am grossen Mittelmeer der Welt bey dem
Berge Libans gelegen/neun vnd zwantzig meilen von Jerusalem/gegen Mitternacht. Von
dieser Stadt sol im andern Buche weitleufftiger beschrieben werden.

Libanus/Wittenberg oder Weyrauch.

LJbanus ist ein sehr hoher Berg in Syria / 26. meilen von Jerusalem gegen Norden gele-
gen/daauff hohe Cedernbewme/Cypressen vnd wolriechende Blumen vnd Weyrauchsbü-
sche gewachsen/dauon auch der Berg wird den Namen bekommen haben. Doch meinen et-
liche/dieser Berg werde oben von wegen seiner grossen höhe mit ewigem Schnee bedecket / vnnd
gebe derwegen denen/die im Meer fahren/ einen weissen schein von sich/ vnnd daher werde er
Libanus/das ist/ein weisser Berg genennt. Er wird getheilet in Libanum vnd Antilibanum.
Vornen bey der Stadt Sydon wird er Antilibanus genent / vnd hinden bey der Stadt Damasco vnd gegen Nordenwerts heist er schlecht Libanus, Auff diesem Berge wonen zweyerley Secten/die sich beyde für Christen ausgeben zu vnsern zeiten / nemlich/ die Maronitæ vnd
Trusci. Die Maronitæ sind anfenglich von dem Ketzer Maron/ also genent worden/welcher
nur eine Natur/verstand vnd werck in Christo setzet/nach der Opinion des Ketzers Machero,
dem er in diesem fleissig gefolget. Hernach aber seind die Maronitæ von gedachter Schwer-
merey abgestanden/ vnnd haben sich in den gehorsam der Römischen Kirchen begeben/ folgen
auch derselben Lehr mehr als irgend einer ander Nation / doch reichen sie gleichwol den Leyen
das Nachtmal deß HERRN in beyderley gestalt / nach den worten der einsetzung vnsers
HERRN Christi. Ihre Priester tragen fast alle vber ihre Kleidung härine schwartze Schepler
vnd halten einen strengen Orden/essen nimmer Fleisch / auch an Festagen gar nichts/weder
von Butter noch Eyern/sondern behelffen sich ihrer Früchte/Bonen / Erbis / Phaseoln/vnd
anderer dergleichen geringen Speisen. Sie haben auch einen Patriarchen/ der wird von der
Gemeine erwelet/vnd vom Römischen Bapst confirmirt / derselbig Patriarch der wird von
ihnen in grossen ehren gehalten / denn sie küssen ihm die Hende mit gebogenen Knien. Er wonet auff den Vorbergen des hohen Gebirgs Libani/ ein Tagreise von Tripoli / in einem Kloster zu vnser lieben Frawen genant/vnter einem grossen Felsen ligend. Vnd ob man wol in
gantz Türckey nirgend ein Zäiger oder Glocken findet/ denn die Türcken gebrauchen sich
keiner Zeiger oder Glocken / so haben doch gleichwol diese Maronitæ auff dem Gebirge Li-
bani Glocken/vnd leuten zum offtermal. Ihre Nachtbarn die Turfei aber / die auch / wie
gemelt/auff dem Berge Libono ihr wesen vnd wonung haben / geben für/ das sie auch Christen sein/von den alten Christen /welche das heilige Land vor Jaren mit gewalt erobert vnnd
eingenommen/herkommen sein. Jedoch sind sie weder Christen/ Türcken / Meren noch Jü-
den/denn sie halten gantz keine versamlung zum dienst Gottes / sondern schreyen allein zu zeiten gen Himmel/Gott solle sie beschirmen/ stecken daneben in der falschen nerrichten Opinion
vnd meinung Pythagoræ , das die Seelen nach dem abscheid von einem Leibe in einen andern fahren/eines frommen/in ein Kind / so erst geboren wird / eines bösen Menschen aber in
einen Hund oder wildes Thier/sonderlich wenn er im lebens zeiten sich sehr vbel gehalten hat.
Sie leben auch in grosser Blutschande / den der Bruder nimpt die Schwester zur Ehe / der
Sohn die Mutter/vnd der Vater die Tochter/vnd sprechen / Weil mir Gott das Kind zu einem Samen geben hat / warumb solt ich sie liederlich einen andern vngefreunden anhangen?
Item/Ich habe einen Garten/Gott gibt mir darin Blumen oder Früchte / ists nicht billich/
das ich mich mit denselbigen erhole. Solcher außredung vnnd entschuldigung gebrauchen sie
viel. Sie pflegen auch järlich mit ihren Weibern ein grosses Fest zuhalten/ in welchem sie vntereinander zu ihren gefallen verwechseln vnd vertauschen. Sie halten mit den Maronitis/
ihre Nachbaren starcke Verbündnis wider den Türcken / vnnd wollen weder den selbigen noch

P ij   einigen

Erklerung der Stedt vnd örter

einigen andern Potentaten vnterworffen sein/thun ihm auch zu jederzeit starcken widerstand/ denn sie sein streitbare tapffere Leut/mehrentheils Hackenschützen / die jhnen jhre Büchsen/ Rohr/Wehren vnd Wapffen selbst machen/haben am Getreide/Oel/Wein/gutem Fleisch/ vnd köstlichen Früchten auff dem hohen/lustigen / fruchtbaren Berge Libano keinen mangel/ das sie also Außlendischer hülffe nicht bald bedürffen. Jhre fürnembste Hanthierung ist mit Seiden/die sie von den Würmen nemen/vnd jerlich etliche Zentner schwer spinnen. Den Türcken sind sie sehr bitter feind/aber die Christen (wie D. Leonhard Rauwolff anzeiget) halten sie in grossen ehren/vnd lassen jhnen am Wein/essen vnd trincken keinen mangel / das denn die jenigen/so hinauff ziehen/Seiden zukauffen / zu mehrmalen erfahren. Man findet auch hoch auff dem Berge Libano etliche höhe Hügel vnd spitzen/die sind mit ewigem Schnee bedecket.

Jordan.

DEr Jordan ist ein lustig Wasser im heiligen Lande / vnd entspringet vnten am Berge Antilebano aus zween Wasserquellen/der eine heist Jor der ander Dan/ davon hat der Jordan den namen/Denn die zwo Wasserquellen oder Springbrünlein / Jor vnnd Dan/fliessen vnd kommen in einander/also / das ein Wasser drauß wird bey der Stadt Cæsarea Philippi nicht weit von dem Berge Antilibano/26. meilen von Jerusalem gegen Norden / darnach fleust der Jordan immer fort/biß das er kömpt an den See Samachoniten / da fleusst er mitten durch/vnd leufft denn durch Galileam/vñ befeuchtet viel lustige örter / von dannen fleust er mitten durch das Galileische Meer/vnd wenn er darauß kömpt / fleust er nach dem Todten meer zu/vnd besuchtet auch das Jüdische Land/biß er zu letzt vom Todtenmeer / da er hinein seit/verschlungen wird/vierdhalb meilen von Jerusalem/gegen der Sonnen auffgang. Drey meilen von der Stadt Cæsarea Philippi gegen der Sonnen auffgang ist ein Brun Phiala genant/der ist rund wie ein Rad/davon er auch den namen hat/ Dieser Brunn ist stets voll Wassers/vnd gehet doch das Wasser nimmer vber / wird auch nimmer kleiner noch grösser/ Vnd wie Josephus schreibet von dem Kriege der Jüden im 3. Buch im 18. Cap. hat Philippus der Vierfürst Sprew vnnd Reiser darin werffen lassen / die sind im Jordan vnd in Brunquellen Dan wider herfür kommen. Darauß ist nun offenbar / das der Brunn Phiala des Jordans vrsprung ist / vnd das Wasser auß dem Brunnen Phiala leufft vnter der Erden her/biß es im Brunnen Dan/ vnten am Berge Antilibano wider auff der Erden quillet / vnd dem Jordan daselbst den anfang gibt. Es ist aber der Jordan vberal 23. meilen lang/Denn von der Stadt Cæsarea Philippi an den See Samachoniten biß an den See Samachoniten/ da der Jordan mitten durch fleust / ist drey meilen lang. Von dem See Samachonites biß an das Galileische Meer sind 5. meilen. Das Galileische Meer da der Jordan auch mitten durch fleust/ist zwo meilen. Von dannen biß an das Todtenmeer / begreifft der Jordan 9. meilen/thut in alles 23. meilen. Zu der zeit der Erndte/ die vmb Ostern vnd nach Ostern im Jüdischen Lande gehalten war / ist der Jordan stets am grösten gewesen / vnnd in seinen Vfern allenthalben so voll/ das er an etlichen örtern vbergehet / Vnd vmb die zeit hat Josua die Kinder von Jsrael trocken durch den Jordan geführet/Jos 3. Die Propheten/Elia vnd Elisa/sind auch trocken durch den Jordan gegangen/2. Reg. 2. Im Jordan hat sich auch der Außsetzige Naeman gebadet/vnd ist rein vnd gesund worden/2. Reg. 2. Item / der Prophet Elisa hat im Jordan Epsen schwimment gemacht/2. Reg. 6. Der Sohn Gottes vnser HErr Jesus Christus ist auch von Johanne am Jordan getaufft worden/Matth. 3. Luc. 3.

Hazor/Grünhoff.

HAzor ist eine Stadt im Stam Naphtali / 20. meilen von Jerusalem gegen Norden/im ober Galilea gelegen. Diese Stadt hat Josua mit Fewr verbrand/ Jos. 11. Item Barak der Feldheuptman der Prophetin Dibora hat die Stadt auch gewonnen/ vnd Jabin der Cananiter König darin erschlagen/Jud.4. Die alten verfallen Gebew in dieser Stadt geben noch heutiges tages gute anzeigung/das es vorzeiten ein feste vnd grosse Stadt gewesen sey.

Silo/Glückselich.

SIlo/ist eine Stadt vnd Gottes Hauß gewesen/im Stam Ephraim/eine grossen meil von Jerusalem gegen Norden/auff einen sehr hohen Berge gelegen. In dieser Stadt ist die Lade Gottes gewesen/von der zeit an/ da die Kinder Jsrael ins Land Canaan gekommen waren/

Erklerung der Städt vnd Orter.   100

ren/biß zu der zeit deß Priesters Eli/da haben sie die Philister im Streit genommen/ vnnd der Lade Gottes Priester Eli stürtzet in der Stadt Silo seinen Hals entzwey/1. Sam. 4. Es ist auch Gott der zu Siloh. Herr dem Propheten Samuel zum ersten mal in der Stadt Silo erschienen/1.Sam.4.

4. Die Einwoner deß heiligen Landes/weisen auff dem Berge Silo auff der höhe des Ge= birges Ephraim vestigia der Begrebnis des Propheten Samuelis/ Aber das kan nicht sein/ *Samuelis* denn Samuel ist nicht zu Silo/sondern in seiner Stadt Rama/ sonsten Armathia genent/ *begrebnis.* beg: ab:n worden/1. Sam. 28. Darumb wird dasselbe Begrebnis auff der höhe zu Silo ent= weder des Priesters Eli Begrebnis sein/der daselbst den Hals entzwey gestürtzet/1.Sam.4 oder es müssen dieselben verfallene Mawren noch stücke vnd vestigia sein des Tempels oder Got= tes Hauses zu Silo/welcher daselbst auff der höhe gestanden/nu aber gantz verfallen ist.

Thimnath/ Wunderschön.

Die Stadt Thimnath/darin Josua gewonet hat/ ligt auff dem Gebirge Ephraim/ drey meilen von Jerusalem gegen Nordwesten. Von dieser Stadt habe ich zuvor bey den Rei= sen deß Schwagers Juda weitleufftiger geschrieben.

Die Außlegung des Landes Canaan findestu in den Tafeln des heiligen Landes abgema= let. So wird auch am ende dieses ersten Buchs ein sonderlich Tractetlein davon folgen.

Gestliche bedeutung des Grossfürsten Josue.

Josua vnd Jesus ist ein Namen/ vnnd heist so viel als ein Heyland vnd Seligmacher. Der HERR Christus ist der rechte Josua/ der vns ins Gelobte Land/ das ist/in das ewige Leben bringet/durch den Jordan/den er / gleich wie auch alle andere Wasser/ zu einer seligen Tauffe vnd reiche abwaschung der Sünden geheiliet vnd eingesetzet.

Wo die ein vnd dreissig Könige gewonet haben/die
Josua vberwunden vnd geschlagen hat/Jos. 12.

Gleich wie der grosse Prophet Moses das Land jenseid des Jordans eingenommen/ *Baalgadad.* Also hat auch Josua der streitbare Held das Land disseid des Jordans erobert/ von Baalgadan/welches ist eine Stadt gewesen vntet am Libano/ nicht weit vom Berge Hermon/bey der Stadt Cæsarea Philippi gelegen/biß an das Gebirge Seir/da Esaw vor zei= ten gewonet hat/welches Land nach der lenge in sich begreifft 40. meilen/vnd nach der breite 7. oder 8. meilen.

1.
Der erste König/den Josua vberwunden/ hat zu Jericho gewonet/ welche Stadt kurtz zuvorn ist beschrieben worden.

2.
Der ander König hat zu Ai seinen Sitz gehabt/ welche Stadt ich zuvorn auch beschrie= ben habe.

3.
Der dritte König hat zu Jerusalem Hoff gehalten/vnd Adoni Zedeck/ ein Herr der Ge= rechtigkeit/geheissen. Diesen König ließ Josua auffhencken zu Makeda/ wie auch kurtz zu= vorn/ist angezeiget worden/Jos. 10.

4.
Der vierdte König der zu Hebron gewonet / hat geheissen Hoham/ das ist/Calefactor, der seine Vnterthanen erwermet / Er ward auch zu Makeda an einen Baum gehencket/ Jos. 10.

5.
Der fünffte König/mit namen Piream/Bawrisch/hatte seinen Königlichen Sitz zu Jar= muth/im Stam Juda/sünff meilen von Jerusalem/gegen der Sonnen Nidergang. Das wort Jarmuth heist so viel/als ein Lehre des Todtes.

6.
Der sechste König hieß Japhia/Durchleuchtig / Ein Durchleuchtiger Fürst/ dieser hat zu Lachis gewonet/eine halbe meile von Jarmuth gegen Mittag / wie denn die Stadt Lachis kurtz zuvorn ist beschrieben worden. Dieser König ist zusampt den vorigen dreyen Königen zu Makeda gehenget worden/Jos. 10.

P iij   Der

Von den ein vnd dreissig Königen

7.

Der siebende König / der zu Eglon gewonet / hieß Debir / ein heiliger Man / dieser ist auch wie zuuorn gemeldet / zu Makeda an einen Baum geknüpfft worden / Josu. 10.

8.

Der achte König hieß Horam / ein Schütze / vnnd hat sein Königliches Hofflager gehabt im stam Dan / in der Stadt Gesar / vier meilen von Jerusalem gegen Westen / Als der König dieser Stadt dem Könige zu Lachis wolte zu hülffe kommen / erschlug ihn Josua mit allen seinem Volcke / Jos. 10. Gesar heist so viel als Zwispalt.

9.

Der neundte König / den Josua erschlagen / hat zu Debir gewonet / von welcher kurtz heuorn meldung geschehen.

10.

Der zehende König hat zu Geder Hoff gehalten / im Stammen Juda / vierdthalb meile von Jerusalem / gegen der Sonnen nidergang Geder heist so viel als ein Zaun oder Wand / ein vmbzeunete Stadt.

11.

Der eilffte König hat zu Harma seinen sitz vnd Wonung gehabt / im stam Juda / an den Grentzen des steinichten Arabiæ / nicht weit von Siklag / zehen Meilen von Jerusalem / gegen Südwesten. Diese Stadt hat vorzeiten Zephat / ein Warte geheissen / darumb / das sie auff einen Berge gelegen war. Als aber die Kinder Juda das gantze Heer der Cananiter daselbst nidergelegt / vnd erschlagen / haben sie dieselbe Stadt / Harma / das ist / ein Fluch genent / Judic. 1.

12.

Der zwölffte König hat gesessen zu Arad / sechsthalb meile von Jerusalem gegen Mittag / das ist eine Stadt der Amoriter gewesen / vnd hat den namen gehabt vom WaldEsel / dieweil es daselbst in der Wüsten viel WaldEsel gehabt. Diese ist in der theilung dem stam Juda zugefallen.

13.

Der dreyzehende König / den Josua erschlagen / hat gewonet zu Libna im stam Juda / von welcher Stadt kurtz zuuorn ist gesagt worden.

14.

Der viertzehende König hat sein Wesen gehabt zu Adollam / in welcher Stadt der Patriarch Juda vorzeiten ein Weib genommen / als an seinem ort ist angezeiget vnd gemeldet worden.

15.

Der funfftzehende König hat Hoff gehalten zu Makeda / da Josua fünff Könige auffhengen ließ / Jos. 10. Welche Stadt auch kurtz zuuorn ist beschrieben worden.

16.

Der sechtzehende König war gesessen zu Bethel / da Jacob vor zeiten die Leiter am Himmel gesehen / Gen. 28.

17.

Der siebentzehende König hat sein Wesen gehabt zu Thapuah / nicht weit vom Jordan vnd Jericho / drey meilen von Jerusalem gegen Nordosten. Thapuah heist Bedechtig / ein vorsichtige vnd bedechtige Stadt. Sie ist in der theilung des Landes Canaan dem stam Juda zugefallen / Jos. 15. Der Brunn Thapuah aber vnnd das Land darumb her ist dem Stam Manasse zugetheilet worden / Jos. 17.

18.

Der achtzehende König hat sein Sitz vnnd Wonung gehabt zu Hepher / funfftzehen meilen von Jerusalem gegen Norden. Hepher heist so viel als ein Grube. Diese Stadt ist hernach in der Erbtheilung dem Stam Zebulon zugefallen / vnnd wird sonsten genant Gath Hephar / ein durchgrabene Weinpresse / Jos. 19. Der Prophet Jonas ist aus dieser Stadt bürtig gewesen / 2. Reg. 14. Sie ligt eine Deutsche meile von der Stadt Nazareth gegen Mittag.

Von den ein vnd dreissig Königen

19.
Der neunzehende König hat gewonet zu Aphek / eilff meilen von Jerusalem gegen Norden/ein halbe meile von Jesreel. Da ist auch hernach die Lade Gottes genommen/vnnd Ophni vnd Phineas des Priesters Eli Söhne erschlagen worden / 1. Sam. 4. Sie ist in der theilung dem halben stam Manasse zugefallen. Aphek heist so viel als streitig/ ein zenckische vnd streitige Stadt.

20.
Der zwantzigste König ist gesessen gewesen zu Lasaron / das heist zum Ebenfelde vnd hat fünffthalb meile von Jerusalem gegen Nordwesten gelegen/bey Joppen vnd Lydda / da man auch noch heutiges tages ein eben Feld findet.

21.
Der ein vnd zwantzigste König hat sein Wesen gehabt zu Madon/das heist ein Masse/vnd. ist/wie es sich ansehen lest/die Stadt Modim/da hernach die Maccabeer jhren sitz vnd Begrebnis gehabt/vierdhalb meile von Jerusalem gegen Nordwesten.

22.
Der zwey vnd zwantzigste König hat regieret zu Hazor / das heist Grimhoff / von dieser Stadt ist kurtz zuuor in der Reisen Josua geschrieben worden.

23.
Der drey vnd zwantzigste König hat gewonet zu Simron/das heist ein Stadt der Wechter/vnnd ist in der Erbtheilung dem stam Sebulon zugefallen/Jos. 19. Sie ligt von Jerusalem 17. meilen gegen Norden/nicht weit von der Stadt Nazareth in Galilea / sie hat den Zunamen Maron/das heist Wesserich/dieweil sie an einen Wesserichen Ort gelegen gewesen.

24.
Der vier vnd zwantzigste König hat Hoff gehalten zu Achsaph / das heist ein Zauberische Stadt/da viel Zauberey innen geschicht. Sie hat von Jerusalem 22. meilen gelegen gegen Norden/vnd ist dem stam Aser zugetheilet worden.

25.
Der fünff vnd zwantzigste König hat gewonet zu Taanach / das heist Verführisch/ein Auffrhürische vnd verführische Stadt/sie hat gelegen eilffthalb meile von Jerusalem gegen Norden/vnd ist ein Priesterliche Stadt geworden im stam Manasse / anderthalb meile von Jesreel gegen Mittag/Jos. 14. vnd 21.

26.
Der sechs vnd zwantzigste König hat sein wesen gehabt zu Megiddo / eilff meilen von Jerusalem gegen Norden/nicht all eine meile von Taanach. Bey dieser Stadt Megiddo ward Josua der König Juda geschlagen von Pharao Necho dem König aus Egypten/ 2. Reg. 23. Megiddo heist Citrinatepffel oder Pomerantz. Sie ist dem stam Manasse in der theilung zugefallen. Von dieser Stadt soll in den Reisen Josia / des Königes Juda weitleufftiger gehandelt werden.

27.
Der sieben vnnd zwantzigste König hat regieret zu Kades / das heist Heilig/ oder heilige Stadt/23. meilen von Jerusalem gegen Norden/auff dem Gebirge Naphtali / da auch der Feldheuptman Barak geboren ist/Jud. 4. Sie ist dem stam Naphtali zugetheilet / vnnd ein Priesterliche Freystadt geworden/Jos. 19. 21.

28.
Der acht vnd zwantzigste König ist gesessen gewesen zu Jackneam / 18. meilen von Jerusalem gegen Norden/am grossen Mittelmeer der Welt/nicht all eine meile von Ptolemais gegen Mittag. Jackneam heist ein hörendes Volck. Diese Stadt ist dem stam Sebulon zugefallen/vnd ein Stadt der Leuiten geworden/Jos. 21.

29.
Der neun vnd zwantzigste König ist HErr zu Napher Dor / der Prouintzen oder des Landes Dor gewesen / vnnd hat in der Stadt Dor oder Dora Hoff gehalten / welche am Meer gelegen gewesen / auff halben wege zwischen dem Berge Carmel vnd der Stadt Cæsarea Stratonis/zwölff meilen von Jerusalem gegen Norden. Dieser Stadt wird auch gedacht 1. Maccab. 15. Item/Josu. 11, 12. 17. Judic. 1. Dor heist so viel als Dauren/Altenstadt oder Oldenburg.

P iiij   Der 30.

Reisen der Richter.

30.

Der dreissigste König hat zu Gilgal gewonet/auff halben wegen/zwischen Jericho vnd den Jordan/vnd ist der aller erste gewesen/den Josua vertilget hat/vnd darnach sein Lager daselbst auffgeschlagen/aus welchem er alle andere Könige bestritten hat/wie kurtz zuuorn in der beschreibung der Stadt Gilgal ist angezeiget worden.

31.

Der ein vnd dreissigste König hat sein wesen gehabt zu Thirza / das heist lustig/Denn diese Stadt hat auff einem lustigen Berge gelegen/im Stam Manasse/ 6. meilen von Jerusalem gegen Norden. In dieser Stadt haben hernach die Könige von Israel Hoff gehalten/ehe Samaria gebawet worden.

Von der theilung des Landes Canaan findestu ein sonderliches Tractetlein am ende dieses ersten Buchs/welchs sehr dienstlich ist zu der erklerung deß Buchs Josua.

Auff das Buch der Richter.
Wie Caleb vnd Athniel gereiset haben.

Aleb vnd Athniel/vnd der gantze Stam Juda / sind aus Judea biß gen Besek gezogen/ eilff meilen/vnd haben da König Adoni Besek gefangen / vnd jhm die Daumen an Henden vnd Füssen abgehawen/Judic. 1.

2. Von Besek zogen sie wider gen Jerusalem eilff meilen/ Die Stadt haben sie auch mit der scherffe des Schwertes geschlagen/vnd angezündet/ Judic. 1.

3. Von Jerusalem gen Hebron sechsthalbe meilen/ die Stadt haben sie auch gewonnen/ vnd die Riesen darin erschlagen/Judic. 1.

4. Nicht weit von Hebron hat Debir gelegen / die Stadt hat Athniel gewonnen/darumb hat jhm Caleb seine Tochter Ascha zum Weibe gegeben/Judic. 1.

5. Von Debir sind sie gen Zephat gezogen / vier meilen / vnd haben die Stadt auch gewonnen/Judic. 1.

6. Von Zephat gen Gaza eine meile.

7. Von Gaza gen Ascalon vier meilen/Judic. 1.

8. Von Ascalon gen Ekron vierdhalb meilen.

9. Von Ekron gen Debir/da Athniel gewonet hat/sind drey meilen.

Derwegen hat Athniel 43. meilen gereiset.

Besek/Donnerblitz.

Besek ist eine Königliche Stadt der Cananiter gewesen / vnd hat gelegen bey dem Wasser Merom/eilff meilen von Jerusalem gegen Norden. Da hat König Adoni Besek Hoff gehalten/vnter desselbigen Tisch musten 70. Könige mit verhawenen Daumen an Henden vnnd Füssen/die Brocken aufflesen. Aber wie er gethan hat/also hat jhm Gott vergolten/Jud. 1.

Zephat/ein Warte.

Zephat ist eine Stadt im Stam Juda vnd Simeon gelegen / nicht weit von Ziklag/ Jos. 15. Den Einwonern in dieser Stadt hat Dauid geschencke gesand / 1. Sam. 30. An diesem Ort haben die Kinder Juda das gantze Heer der Cananiter zu tode geschlagen/vnd haben diese Stadt/Harma/das ist/ein Fluch genant/vorhin aber hieß sie Zephat / auff deutsch ein Warte/darumb/das sie auff einem Berge gelegen war.

Gaza/Sterck.

Von den fünff Stedten der Philister/Gaza/Gad/Ascalon/Asbod vnd Ekron/wird hernach bey den Reisen der Laden deß Bundes Gottes deß HERRN/ die die Philister von einem ort zum andern geführet haben/ gründlich geschrieben werden / 1. Sam. 5.

Es

Reisen der Richter. 104

Es haben aber die 5. Stedte am grossen Mittelmeer der Welt gelegen / von der Stadt Jerusalem/gegen der Sonnen Nidergang.

Geistliche/ Bedeutung.

Caleb heisset ein solcher Man/der mitt gantzem Hertzen an Gott hanget / vnd ist ein Fürbilde vnsers HErrn Jesu Christi. Denn gleich wie Caleb die Stadt Hebron gestürmet vñ gewonnen hat/vnd drey grosse Riesen / deß Enacks Kinder daselbst erschlagen: Also hat auch der Son Gottes die Helle gestürmet/vnd die drey Kinder des Teuffels/die vom Teuffel herkommen vnd geboren sind/nemlich/die Sünde / die Welt vnd den Todt vberwunden/vnnd erwürget. Denn Hebron hat auch vor zeiten Kiriath Arba / das ist / eine Stadt des grossen Riesen Arba geheissen: Also ist auch die Helle / oder das Hellische Reich / eine Wonung des grossen Giganten vnd Riesen/nemlich/des leidigen Teuffels.

Calebs Vater hieß Jephunne/das heist so viel/als ein Man der scharff sihet. Deß HErren Christi Vater ist Gott selbs/der alle ding sihet.

Ehud der dritte Richter.

Ehud ein Sohn Gera/auß dem Stam Ben Jamin / hat in der Palmstadt Jericho gewonet/dieselbige Stadt hatte Eglon der Moabiter König gewonnen/ vnd 18. Jar seinen Königlichen Sitz darin gehabt. Ehud aber hat sich mit vielen geschencken vnd teglicher vnterredung den König zum Freunde gemacht / vnd als er zu Gilgal / da man den Götten pflechte zu opffern/von den Kindern Israel Geschenck empfangen / die er dem Könige Eglon bringen solte/vnd gieng er gen Jericho/vnd als jhm zugelassen ward / mit dem König allein ein gespräch zu halten/hat er mit seinem Schwert dem Könige Eglon/ der ein feister Man war/in die Kaldaunen gerant/ vnd jhm also in seinem eigenen Saal erstochen. Ist darnach als bald nach den Gösen gen Gilgal gelauffen/vnd von dannen auff das Gebirge Ephraim/ vnd hat da die Posaunen blasen lassen / Judic. 3. Josephus von alten Geschichten der Juden/lib. 5.

Reisen des Richters Ehud. Judic. 3.

1. Von Jericho ist er gen Gilgal gegangen / eine halbe meilen / vnd hat von den Kindern Israel Geschencke empfangen/die er dem Könige Eglon bringen solte.
2. Von Gilgal ist er gen Jericho wider gegangen/eine halbe meilen/vnd hat da den König in seiner Sommerleube erstochen.
3. Vnd ist da wider gen Gilgal geflohen/eine halbe meilen.
4. Vnd von Gilgal nach dem Berge Ephraim/da er die Posaunen hat blasen lassen/eine meilen.
5. Von dem Berge Ephraim biß an die Furt am Jordan/ eine meile / Da sind zehen tausent Moabiter erschlagen.

Summa dieser Reisen des Richters/Ehud vierdhalb meilen.

Der Berg Ephraim hat gelegen nahe bey Jericho / zwo meilen von Jerusalem gegen Norden/vnd hat sich nach der lenge außgestrecket biß gen Joppen ans grosse Mittel Meer der Welt.

Reisen der Kinder Hobab des Keniters.

Die Kinder Hobab des Keniters/Mosis Schweers/sind von der Palmstadt Jericho biß zu der Stadt Arad in der Wüsten Juda gezogen eilff meilen.

Arad/Wald Esel.

Arad ist eine Stadt der Amoriter gewesen/vnd hat gelegen im Stam Juda / sechstehalb meilen von Jerusalem gegen Mittag. Es kan sein das es daselbst in der Wüsten viel WaldEsel gehabt/davon die Stadt den Namen bekommen. In dieser Stadt hat der 12. König/den Josua erschlagen/seinen Sitz vnd Hofflager gehabt/Jos. 12.

Reisen

Reisen der Richter.

Reisen der Frawen Jael / die den Feldheuptman Sissera getödet hat / Judic. 4.

Von Arad ist sie biß zu den Eiche Zaanaim gezogen / neun vnnd zwantzig meilen / vnd hat da gewonet / auch Sissera den Feldheuptman daselbst getödtet / Es sind aber die Eichen Zaanaim gewesen bey der Stadt Kedes im Stam Naphtali / drey vnnd zwentzig meilen von Jerusalem / gegen Norden.

Von Debora vnd Barak.

Die Prophetin Debora hat gewonet zwischen Bethel vnd Ramath / auff dem Gebirge Ephraim / vnter einer Palmen / die von jr den namen bekommen / das sie die Palmen Debora geheissen hat / vnnd sichet noch heutiges tages / zwo meilen von Jerusalem gegen Norden.

Barak der Sohn Abinoam, jhr Feldheuptman / hat in ober Galilea / auff dem Gebirge Naphtali / in der Priesterlichen Freystadt Kedes gewonet / 23. meilen von Jerusalem gegen Norden / Judic. 4.

Reisen der Prophetin Debora vnd jhres Feldheuptmans, Barak.

1. Barak ist erstlich zu der Prophetin Debora gezogen / Judic. 4. Es ist aber von Kedes Naphtali biß zu der Palmen Debora 21. meilen.
2. Debora machet sich auff / vnd zog mit Barak gen Kedes / 21. meilen.
3. Vnd von Kedes sind Barak vnd Debora mit zehen tausent Mann auff den Berg Thabor gezogen 9. meilen. Da hat Gott den Feinden einen starcken Schlagregen vnd Hagel vnter Augen vnd ins Gesichte regnen lassen / wie Josephus schreibet / davon sie erschrocken / das Hasen Panir auffgeworffen / vnnd auß dem Felde geflohen / ja er selbs Sissera der Feldheuptman / als er gesehen / das die seinen jemmerlich erschlagen / vnd aus dem Felde getrieben wurden / sprang er von seinen Wagen / vnd flog zu Fusse / vnnd lieff was er auß seinem Leibe konte / von dem Berge Thabor biß zu der Eichen Zaanaim / gantzer neun meilen / Da hat jhn Jael in jhrer Hütten getödtet mit einem Nagel / den sie jhm mit einem Hammer durch den Kopff schlug.
4. Von dem Berge Thabor hat Barak den flüchtigen Feinden nachgejaget vber sieben meilen / biß gen Haroseth der Heyden / welches ist eine Stadt in ober Galilea / am See Samachonites gelegen / 10. meilen von Jerusalem gegen Norden Iosephus antiq; Iudai lib. 5.
5. Von Haroseth der Heyden ist Barak gezogen nach der Eichen Zaanaim drey meilen / vnd hat den Heuptman Sissera todt gefunden in der Hütten Jael.
6. Von dannen ist Barak nach der Stadt Hazor gezogen / zwo meilen / die Stadt hat er gewonnen / vnd Jabin der Cananiter König / der seine Wonung darin gehabt / mit alle seinem Volck erschlagen / Iosephus Antiq; Iudai lib. 5.

Summa dieser Reisen Debora vnd Barak / zwey vnd sechtzig meilen

Thabor / Klarberg.

Der berg Thabor / darauff sich auch der HErr Christus verkleret hat / Matth. 17. ligt in den Grentzen Isaschar vnd Zebulon / 14. meilen von Jerusalem gegen Norden / vnnd strecket sich ausgegen Mittag biß an den Bach Kison / da haben Debora vnd Barak / Sissera den Feldheuptman des Königes der Cananiter in die flucht geschlagen / Judic. 4. Von diesem Berge sol im Buch vber das Newe Testament weitleufftiger gehandelt worden.

Hazor / Grünhoff.

Hazor ist ein Stadt im Stam Naphtali / 20. Meilen von Jerusalem gegen Norden. Diese Stadt hat Josua mit Fewr verbrand / Jos. 11. Vnd wie Josephus schreibet / hat auch Barak / der Feldheuptman der Prophetin Debora / die Stadt gewonnen / vnd der

Cana-

Cananiter König daselbst erschlagen. Die alten verfallenen Gebew in dieser Stadt geben noch heutiges tages gute anzeigung/das es vorzeiten eine grosse vnd feste Stadt gewesen sey.

Geistliche Bedeutung.

Ebora heisset eine Biene/vnd ist ein Bilde der heiligen Christlichen Kirchen/die fürret vnd leitet allzeit/sticht mit dem Stachel des gesetzes/sauget aus dem Blümlein Göttliches Worts alle süssigkeit/vnd wie Sprach spricht im 10. Capittel/so ist ein kleines Vögelein/vnd gibt doch die aller süsseste Frucht. Treibet auch die Wespen/vnnd alles Vngezieffer/das ist/die Diebe vnnd faulen Schelme/mit dem Stachel Göttlichs Worts von dem Bienenkorb vnd süssen Honig des heiligen Euangelij hinweg/Vnnd insonderheit streitet sie mit grossem ernst wider alle Ketzer vnd Sacramentschwermer. Item/Gleich wie die Bienen einen König vnter sich haben/der keinen Stachel hat/also auch die Christliche Kirche/hat auch einen König/den HERRN Christum/den Shon Gottes/der ist nicht kommen die Menschen zuuerderben/sondern zu erhalten/Luc. 9.

Barak heist ein Donnerblitz oder Donnerschlag/vnd ist ein Bilde des HERRN Christi der ist auch ein Edler Fürst vnd freywiger Feldherr/der lieben Debora/der heiligen Christlichen Kirchen/vnd zerstrewet seine Feinde mit dem hellen blitzen vnnd Donnerschlage seines Gesetzes/wird auch am Jüngsten tage mit wetterleuchten vnd Donnerschlegen in der Welt rauschen/vnd alle Gottlosen in abgrund der Hellen schlagen.

Gideons Reisen.

Ideon war geboren in der Stadt Ophra/die da ligt jenseid des Jordans/im halben Stam Manasse/eilff meilen von Jerusalem/am Vfer des Jordans/nahe bey der Stadt Mahanaim/vnd wird sonsten gemeinlich Ephron genent. In dieser Stadt ist Gideon geboren/daselbst ist jhm auch der Eugel Gottes erschienen/vnd jhn dazu vermanet/das er die Kinder Israel erlösen solte aus der Midianiter Hand. Derwegen hat Gideon alsbald daselbst in seinem Vaterlande zu Ophra den Abgott Baal verstöret/vnd dem HERRN ein Altar gebawet/hat auch ein Lemlins Fell auff die Erden aussgebreitet daran Gott grosse Wunderzeichen gethan. Vnd bey Ophra ist gewesen der Brunn Harod/da sind zwey vnnd zwantzig tausent verzagte Kriegesleute widerumb zu Haus gezogen/Iud. 6.7.

2. Nicht weit von dem Brunnen Harod war der Jordan/da hat Gideon sein Kriegsvolck probieret/vnd nicht mehr als drey hundert behalten/die aus der Hand zum Munde gelecket haben/Judic. 7.

3. Des nechstfolgenden Tages wie Josephus schreibet/hat Gideon sein Kriegsvolck vber den Jordan geführet/vnd ist mit jhnen vier meilen fort gerücket/biss gen Jesreel/da die Midianiter jhr Feldlager gehabt. Gideon aber hat sie mit den Krachen/vnnd brechen der Krüge/vnd mit dem Feldgeschrey vnd schall der Posaunen erschrecket vnd verwirret/das sie sich vntereinander erwürget vnd zuschlagen haben. Da sind die Fürsten der Midianiter/Oreb vnnd Seb/aus dem Feld geflohen/vnd als sie ganzer neun meilen geloffen/vnd biss an die Furt des Jordans/gen Bethabara/gekommen waren/sind sie daselbst auff dem Gebirge Ephraim ergriffen vnd getödtet. Oreb auff dem Fels Oreb/vnd Seb in der Kelter Seb/Judic. 7.

4. Gideon aber ist von Jesreel/da er die Feinde in die flucht geschlagen/vnd jhr Lager geplündert hatte/wider nach dem Jordan gezogen/4. meilen/vnnd hat seine drey hundert Menner hinüber geführet/vnd ist in die Stadt Suchot kommen/darin der Patriarch Jacob vorzeiten gewonet. Vnd von den Bürgern in dieser Stadt hat Gideon Speise begeret/die sie jhme tröstlich versaget/Judic. 8.

5. Derwegen ist Gideon von Suchot gen Pnuel gezogen/eine halbe meilen/da hat er von den Einwonern daselbst auch keine speise erlangen können. Es ist aber Pnuel eben die Stadt/da der Patriarch Jacob vorzeiten mit dem Engel gerungen hat. Gen. 32.

6. Von Pnuel ist Gideon gen Nobach gezogen/eine halbe meilen/Judic. 8.

7. Vnd von Nobach gen Jagbeha/eine meilen/da hat Gideon das Heer der Midianiter erschlagen/die gantz sicher waren/vnnd sich solches schleunigen vberfallens wenig versehen/Judic. 8.

8. Von Jagbeha ist Gideon gen Karkar gezogen/zwo meilen vnd hat da Seba vnd Zalmuna/die Könige der Midianiter/gefangen/Judic. 8.

Reisen der Richter.

9. Von Karkor zog Gideon wider gen Suchot / zwo Meilen/ vnd ließ die Obersten der Stadt mit Dornen zu dreschen/ Judic. 8.
10. Vnd von Suchot zog er gen Pnuel/ eine halbe meilen/ vnnd ließ daselbst einen Thurn zubrechen/ Judic. 8.
11. Von Pnuel ist er wider heim in sein Vaterland / nemlich / in die Stadt Ophra gekommen/ vber eine Meilen/ vnd hat da von den gülden Stirnbanden / die sein Volck von den Midianitern geraubet/ ein köstlichen gülden Leibrock gemacht / damit die Kinder von Israel grosse Abgötterey getrieben haben. Item daselbst zu Ophra/ in seinem Vaterlande/ hat Gideon gewonet Judic. 8.
12. Von Ophra ist er gen Sichem gezogen/ dritthalb meilen / da hat jhm sein Kebsweib einen Sohn geboren Abimelech genant/ Judic. 8.
13. Von Sichem ist Gideon wider heim gen Ophra in sein Vaterland kommen / vber dritthalbe Meilen/ vnd daselbst im guten Alter gestorben/ vnd begraben/ Judic. 8.

Summa dieser Reisen des Richters Gideons/ vierzig Meilen

Folget nun die beschreibung der Stedt vnd örter.

Jesreel/ Gottes Samen.

Reg. 19. Je Stadt Jesreel/ da Gideon seine Feinde die Midianiter erschreckte / vnd in die flucht geschlagen/ ligt am Wasser Kison/ im Stam Isaschar / 12. meilen von Jerusalem/ gegen Norden/ vnd die Hunde haben daselbst die Gottlose Königin Jesebel gefressen 2. Reg. 19. Diese Stadt ligt auff einem Hügel/ vnd hat zu vnser zeit in die dreissig Heuser vnd heist Sanachini.

Berg Ephraim.

Er Berg Ephraim hat gelegen nahe bey Jericho / zwo Meilen von Jerusalem gegen Norden/ vnd hat sich nach der lenge außgestrecket biß gen Joppen/ an das grosse Mittelmeer der Welt.

Nobach/ Propheten Stadt.

Knathj Num. 12. Nobach ist eine Stadt im halben Stam Manasse / jenseid des Jordans / zehenhalb meilen von Jerusalem/ gegen Nordosten gelegen/ vor zeiten hat sie Knath geheissen / Aber Nobach/ der Fürste des halben Stams Manasse/ hat sie gewonnen/ vnd nach seinem Namen Nobach genent/ Num. 32.

Jagbeha/ Hoch erhaben.

Je Stadt Jagbeha ist von den Kindern Gad / jenseid des Jordans gebawet worden/ vnnd ligt neundtalbe meilen von Jerusalem/ gegen Nordosten/ Num. 32. Judic. 8.

Karkor/ Außforschung.

Je Stadt Karkor ligt jenseid des Jordans/ im halben Stam Manasse/ eilfftehalbe meilen von Jerusalem gegen Nordosten. Da hat Gideon Sebah vnd Zalmuna die Könige der Midianiter gefangen/ Judic. 8. Vnd wie der heilige Hieronymus schreibet / ist Karkor noch zu seiner zeit ein Stedtlein gewesen.

Geistliche/ Bedeutung.

Ein Bilde des HErrn Christi. Gideon heist ein Außrotter/ vnd ist ein Bilde des HErrn Christi/ der ist der rechte Gideon der des Teuffels Reich zerstöret/ vnd die Gottlosen außrottet. Item der HERR Christus ist auch das reine geröste Himmelbrod/ das zum lager der Midianiter weltzet / vnnd die Gezelt vmbkeret/ Jud. 8. Wer von diesem Himmelbrod/ vom HErrn Christo / essen wird/ der hat das ewige Leben/ Johan. 6. Item/ Dieser Himlischer Gideon / der HErr Christus vberwindet seine Feinde/ mit der Posaunen seines heiligen Worts / vnd mit dem hellen Liechte des Euangelij/ das in den jrrdischen Fessern/ nemlich/ in seinen Predigern/ fürgetragen wird.

Reisen

Reisen der Richter.

Reisen Abimelechs/des sechsten Richters.

Judic. 9.

1. Abimelech ist von Ophra gen Sichem gegangen/drittehalb meilen / vnd ist da von seinen Landesleuten zum Fürsten gemacht.
2. Von Sichem ist er wider vber drittehalb meilen gen Ophra kommen / vnd hat seine siebentzig Brüder erwürget.
3. Von Ophra ist er abermal gen Sichem gezogen/ drittehalb meile / vnnd ist daselbst zum Könige gemacht.
4. Von Sichem wider gen Ophra/ drittehalb meilen / da hat er drey Jahr vber Israel regieret/ Judic. 9.
5. Darnach ist er zum dritten mal gen Sichem gezogen/drittehalb meilen/wider die Auffrürischen Bürger/ die von jhm abgefallen waren / vnnd hat im grimmigen zorn die Stadt Sichem geschleiffet/vnd Saltz darauff gesect.
6. Von Sichem zog er gen Tebetz / eine halbe meil / da hat jhm ein Fraw vom Thurm herab / mit einem Stein den Kopff zuworffen/ vnd ward vollent von seinen eigenen Knaben durchstochen/das er starb/Judic. 9. Summa dieser Reisen vierzehen meilen.

Tebetz ist eine Stadt/eine halbe meil von Sichem gegen Norden gelegen/ von Jerusalem aber ligt sie zehendehalb meilen gegen Norden/ mitten in dieser Stadt stunde ein Thurm den wolte Abimelech stürmen vnd anzünden/ aber eine Fraw hat jhm vom Thurm herab ein stück vom Mülstein/ auff den Kopff geworffen / vnd damit man je nicht sagen solte/ein Weib hette jhn vmbbracht / hat jhn sein eigen Knabe vollent erstechen müssen Judic. 9. Thebetz heist ein Pfütz.

Wie Jotham/ Abimelechs Bruder gereiset habe.

Jotham Abimelechs Bruder / ist getreten auff den Berg Grisin / vnd hat ein Fabel von Bewmen erzehlet / ist darnach für seinen Bruder Abimelech geflohen / von dem Berge Grisim / biß zu der Stadt Ber / eilff meilen/ vnd hat sich da versteckt vnd verborgen für seinem Bruder / Judic. 9.

Grisim/ Bawmhawer.

Grisim oder Gartzim/auff Deutsch der Bawmhawer/ist ein Berg im Samaritischen Lande/vnd strecket sich auß nach der lenge von der Stadt Sichem biß gen Jericho/ Auff diesem Berge vnd auff dem Berge Ebal / der daneben ligt / ist der Segen vnnd Fluch gesprochen / Deut. 27. Josu. 8. Von diesem Berge sol hernach im Buch vber das newe Testament / weitleufftiger geschrieben werden/ bey der Stadt Sichar / da der Herr Christus mit der Frawen am Brunnen geredet hat.

Ber / Klarbrünlein.

Ber oder Bare / ist ein Städtlein im Stam Juda / drittehalb meilen von Jerusalem gegen der Sonnen Nidergang/ da ist Jotham Abimelechs Bruder hingeflohen/wie es der heilige Hieronymus dafür helt. Bey dieser Stadt hat auch Judas Maccabeus Bachidem vnd Aleimum in die Flucht geschlagen / 1. Maccab. 9.

Von Thola dem siebenden Richter.

Judic. 10.

Thola der siebende Richter deß Israelitischen Volcks war geboren auß dem Geschlechte Isaschar/ vnd hat gewonet in der Stadt Samir/auff dem Gebirge Ephraim/ nicht weit von Jericho/drey meilen von Jerusalem / gegen Norden/ist auch daselbst gestorben vnd begraben. Samir heist eine Warte / vnd wird diese Stadt davon den Namen haben Josua 15. das sie auff dem Berge geleget hat / Vnd wie Josua im 15. Capittel anzeiget / hat sie zum Stam Juda gehöret.

Reisen der Richter.
Von Jair dem achten Richter /
Judic. 10.

Alß der achte Richter des Jüdischen Volcks / war geborn auß dem Stam Manasse / vnd hat gewonet jenseid des Galileischen Meers / im Lande Gilead / 12. meilen von Jerusalem gegen Nordosten / daselbst ligt er auch begraben / in seiner Stadt Kamon.

Reisen Jephtha / des neunden Richters.

Jephtha hat auß seinem Vaterlande / nemlich / auß dem Lande Gilead / vnd auß der Stadt Mizpa / von wegen seiner Brüder / die ihm sehr hefftig zusetzten / müssen entweichen / vnd ist geflohen biß in das Land Tob / vber 12. meilen / Jud. 11.

2. Auß dem Lande Tob / ist er wider in sein Vaterland in die Stadt Mizpa geholet / vber 12. meilen / vnd daselbst von seinen Landsleuten zum Fürsten gemacht / Jud. 11.
3. Von Mizpa ist er gen Aroer gezogen / siebendehalbe meilen / vnd hat da die Ammoniter in die flucht geschlagen / Jud. 11.
4. Von Aroer ist er den flüchtigen Feinden nachgeeilet / biß gen Minnith / zwo meilen / Judic. 11.
5. Vnd von Minnith biß gen Pfat der Weinberg / sechs meilen / Jud. 11.
6. Von den Pfaden der Weinberge / ist Jephtha wider heim in seine Stadt Mizpa komen / vber zwo meilen. Da hat er seine Tochter geopffert / Judic. 12. Er hat auch daselbst nicht weit von seiner Stadt Mizpa / die Kinder Ephraim auß dem Felde geschlagen / Jud. 12.

Summa aller Reisen des Richters Jephta / ein vnd viertzig meilen.

Beschreibung der örter / deren in diesen Reisen deß Richters
Jephtha ist gedacht worden.

Tob / Gut.

Das Land Tob hat gelegen / im Königreich Basan / nicht weit von dem Berge Antilibano / jenseid des Jordans / sechs vnd zwantzig meilen von Jerusalem gegen Nordosten.

Mizpa / ein Warte.

Die Stadt Mizpa ligt im halben stam Manasse / jenseid des Jordans im Land Gilead 12. meilen von Jerusalem gegen Nordosten / in dieser Stadt hat Jephtha Hoff gehatten / vnd seine eigene Tochter daselbst geoffert / Jud. 11. Item in dieser stadt Mizpa / hat auch Samuel das Volck Israel gerichtet / vnd als er da ein Milchlemlein opffert / da donnert Gott vom Himmel vnd erschrecket das Heer der Philister / 1. Sam. 7. Es hat aber Judas Maccabæus die Stadt Mizpa mit stürmender hand gewonnen / geplündert vnd verbrand / vnd alle Mansbild darin tödten lassen / 1. Mac. 5. Am selbigen ort wird sie Maspha genent. Es ist noch ein ander Stadt Mizpa im stam Ben Jamin gelegen gewesen / nicht weit von Gibeon / eine meil von Jerusalem gegen Norden / Jerem. 40.

Maspha.

Aroer.

Aroer ist eine Stadt jenseid des Jordans im stammen Gad gelegen / sechs meilen von Jerusalem gegen Osten. Hieronymus schreibet / sie habe zu seiner zeit gelegen auff einem lustigen Berge / am Bach Arnon. Das wort Aroer heisset ein Thamarischen Busch / vnnd ist ein Bewmlein oder Busch / den man bey vns nicht findet / zu Latein Tamerix oder Myrica genant / vnd von diesem Bewmlein oder Busch / hat die Stadt Aroer den Namen. Bey dieser Stadt hat Jephtha die Kinder Ammon in die flucht geschlagen / Jud. 11. Dieser Stadt wird offtmals in heiliger Schrifft gedacht / als insonderheit / Deut. 3. Josu. 12. 13. Jerem. 46. Num. 21. 32. 33. Item / 1. Sam. 30. 1. Regum 10. Es ist auch sonsten noch ein ander Stadt gewesen / die auch Aroer geheissen / vnnd hat gelegen bey Damasco in Syria / Jesai. 17.

Minnith /

Erklerung der Stedt vnd örter.   110

Minnith / Mercurij Stad.

Jnnith ist eine Stad im Stam Ruben / 8. meilen von Jerusalem gegen Osten gelegen / jenseid des Jordans/ Hieronymus schreibet / es sey zu seiner zeit ein Dorff vnd Meyerhoff gewesen/ vnd habe Mennith geheissen/ vnd biß an diese Stad hat Jephtha den flüchtigen Ammonitern nachgejaget / Jud 11. Sie hat den namen vom Abgott Mercurio den die Syrer Meni heissen / derselbe Abgott ist in dieser Stadt angebetet vnnd geehret worden.

Pfad der Weinberge.

Er Pfad der Weinberge da auch die Eselin von Bileam geredet / ist jenseid des Jordans/ bey der Stadt Abela vincarum / 14. meilen von Jerusalem gegen Norden/ sten/ Hieronymus schreibet / es sey zu seiner zeit ein Dörfflein gewesen/ vnnd habe viel Weins dabey gewachsen.

Von Ebzan den zehenden Richter.

Bzan der zehende Richter des Jüdischen Volcks / hat zu Bethlehem gewonet/ im stam Juda/ anderthalb meilen von Jerusalem/ gegen mittag. Vnd wie es die Hebreer dafür halten / sol dieser Abzan sein/ Boas des Königs Dauid Elter Vater.

Von Elom den eilfften Richter.

Lom der eilffte Richter des Jüdischen Volckes / hat gewonet im Stam Zebulon / zwantzig meilen von Jerusalem gegen Norden/ ligt auch daselbst in seiner Stadt Asalon begraben/ Judic, 12.

Von Abdon den zwölfften Richter.

Abdon der zwölffte Richter des Jüdischen Volckes / hat gewonet im Stam Ephraim/ 4. meilen von Jerusalem gegen Norden/ ligt auch daselbst in seiner Stadt Pireathon/ auff dem Gebirge der Amalekiter/ begraben/ Judic. 12.

Wie Simson der dreyzehende Richter gereiset habe.

Simson ist geboren zu Zarea / vnd aufferzogen im Lager Dan zwischen Zarea und Estahol / Jud. 13. Von dannen ist er gen Timnath gegangen drey meilen / vnd hat da eines Philisters Tochter lieb gewonnen/ Judic. 14.

2. Von Thimnath ist er wider heimgangen gen Zarea / 3. meilen / vnd hat seinen Eltern seine liebe die er zu deß Philisters Tochter hatte/ geoffenbaret.

3. Von Zarea ist er mit seinen Eltern mit jhm (die Jungfraw zubesehen) gen Thimnat gegangen/ drey meilen/ Jud. 14. Auff derselbigen Reise hat Simson vnterweges einen jungen Lewen zerrissen.

4. Darnach gieng Simson mit seinen Eltern wider heim gen Zarea / 13. meilen/ Jud. 14.

5. Nicht lange darnach ist Simson mit seinen Eltern abermals gen Thimnat gereiset / 13. meilen / Vnterweges hat er von dem Aß des Lewen/ Honig genommen/ vnd seinen Eltern auch dauon zu essen geben. Vnd als er gen Timnath kam / hielt er Hochzeit mit des Philisters Tochter/ vnd gab den Gesten ein Rebel auff / Judic. 14.

6. Von Timnath gieng Simson gen Ascalon / 6. meilen/ vnd schlug da dreissig Philister zu Todte/ Judic. 14.

7. Von Ascalon ist er wider vber 6. meilen gen Thimnat kommen/ vnd hat seyr Kleider geben denen die das Reyel erraten haben/ Judic. 14.

8. Ist darnach sehr zornig worden/ vnd von Thimnat wider gen Zarea in sein Vaterland gegangen 5. meilen.

9. Zu der zeit der Weitzenerndte / gieng Simson von Zarea aus seinem Vaterland gen Thimnath/3. meilen/ vnd nam ein Ziegenböcklein mit sich das er Gasterey anrichtet / vnnd mit seinem Weibe frölich were / Aber jhr Vater hatte sie einem andern geben / vnd wolte jhn nicht zu jhr in die Kamer lassen. Derwegen ward Simson zornig / vnd fieng 300. Füchse / vnd band zween vnd zween einen Fewrbrand zwischen die Schwentze / vnnd jaget sie also in der Philister Korn:

D ij   10. Von

Reisen der Richter.

10. Von Thimnath biß zu der Steinklufft zu Etam/ da Simson seine Wonung gehabt/ sind drey meilen/ Judic. 15.

11. In der Steinklufft zu Etam ist Simson mit zweyen newen Stricken gebunden / vnd also gefangen geführet biß gen Ramoth Lehi/ anderthalb meilen / da würden die Stricke an seinen Armen wie Faden / die das Fewr versenget hat / vnnd die Banden an seinen Lenden zerschmolßen / vnd fand einen fauleu Esels Kinbacken / vnd schlug damit tausent Man zu todt Judic. 15.

12. Von Ramath Lehi ist Simson vber 6. meilen gen Gaza gegangen / vnnd hat da das Stadtherzubrochen / gleich wie auch hernachmals der ander Simson / der HERR Jesus Christus/die Pforten der Hellen zubrochen hat.

13. Von Gaza hat Simson die Pfoste vnd beyde Thür der Stadt Thor / vber 5. meilen biß auff das Gebirge für Hebron getragen / Judic. 16.

14. Von Hebron biß an den Bach Soreck sind 3. meilen/ Da hat Simson ein Weib lieb gewonnen / die hieß Delila / die hat ihn schendlich betrogen / vnd verrathen / das ihn die Philister gefangen haben.

15. Von dem Bach Soreck haben die Philister Simson / nach dem sie ihn beyde Augen ausgestochen hatten gen Gaza geführet / acht meilen. Da hat Simson ein zeitlang gefangen gelegen / vnd als die Philister sich versamlet hatten/ ihrem Abgott Dagon ein groß Opffer zuthun / vnd Simson für sich holen liessen / ihr gespöte mit ihm zu treiben / hat er das Haus eingerissen/da die Philister versamlet waren vnd ist also mit viel tausent Philistern zu Todt gefallen/ Judic.

Summa aller Reisen Simsons / sechzig meilen.

Folget nun die beschreibung der Stedt vnd örter.

Zarea / Hornüssen.

Zarea ist eine Stadt im Stam Dan / vnd hat gelegen am Bach Soreck / fünfftehalb meilen von Jerusalem / gegen der Sonnen Nidergang / in dieser Stadt ist Simson geboren / Judic. 13.

Esthaol / Frawenstercke.

Esthaol ist auch ein Stadt im Stamm Dan / eine halbe meile von Zarea am Bach Soreck gelegen / von Jerusalem aber ligt sie fünff meilen / gegen der Sonnen Nidergang. Zwischen Esthaol vnd Zarea ist gewesen das Lager Dan / daselbst ist Simson aufferzogen/ Judic. 13. Zu Hieronymi zeiten ist Esthaol ein Dorff gewesen / vnd hat Asto geheissen/ vnd wie derselbige heilige Hieronymus schreibet/ sol Simson zu Esthabl auch begraben liegen.

Thimnath / Wunderschön.

Die Stadt Timnath/ da Simson ein Weib genommen/darin auch Josua gewonet / vnd der Ertzvater Juda seine Schaffe beschoren hat/ist vorhin bey den reysen des Ertzvaters Juda gründlich beschrieben worden / vnd derwegen ohne noth solches zuwiderholen. Sie ligt auff dem Gebirge Ephraim / 3. meilen von Jerusalem gegen Nordwesten.

Ascalon / Schandfeiwer.

Ascalon ist eine Stadt der Philister/vnd ligt am grossen Mittelmeer der Welt / achtehalb meilen von Jerusalem gegen der Sonnen Nidergang / da hat Simson dreissig Philister zu Todt geschlagen / Judic. 14. Diese Stadt stehet noch heutiges Tages / vnd hat die gestalt eines halben Circkels.

Gaza /

Beschreibung der Stedt vnd örter.   112

Gaza/Sterck.

Die Stadt Gaza da Simson der Stadt Thor zubrochen / ligt eine halbe meile von
Mittelmeer der Welt / 11. meilen von Jerusalem gegen Südwesten/ auff der Stras=
sen da man hinab in Egypten zeugt. Es ist auch eine von den 5. Stedten der Phili=
ster. Vnd in dieser Stadt weiset man noch heutiges tages die verfallene Mawren des Götzen=
hauses Dagon / das Simson eingerissen/ vnd viel tausent Philister damit zu todt geworffen.

Bach Soreck / Rebenbach.

Der Bach Soreck hat sonder zweiffel den Namen von den edlen Weingärten vnnd
fruchtbaren Weinstöcken/ die schöne Reben vnd süsse Weintrauben getragen haben/
am Vfer dieses Wassers Soreck. Es entspringet aber dieser Bach Soreck im stam Ju=
da/ vnd fleust gegen der Sonnen Nidergang durch das Land der Philister / ins grosse Mit=
telmeer der Welt. Bey diesem Bach Soreck ist ein lustiges Thal gewesen / drey meilen von
Jerusalem gegen der Sonnen Nidergang / da hat das listige Weib Delila gewonet / die
Simson schendlich betrogen vnd verrahten/ Judic. 16.

Steinklufft Etam/Steinklufft der Vogel.

Der Felß Etam / darin Simson gewonet / als in einer festen Burg / ist gewesen im
Stam Juda am Bach Soreck / drey meilen von Jerusalem gegen der Sonnen Ni=
dergang. Vnd kan sein / das vorhin die Vogel in dieser Steinklufft genistet haben /
davon sie der Vogel Steinklufft geheissen / biß sie entlich, Simson zu seiner Wonung ge=
macht / darin er gesessen hat / als in einer festen Burg. Diese Festung hat hernach König Re=
habeam noch stercker gebawet / 2. Paralip. 11.

Geistliche Bedeutung.

Simson heisset die Sonne / vnd ist ein Bilde vnsers HErrn Jhesu Christi / der ist die   Simson ein
rechte Sonne der Gerechtigkeit / die vns allzumal erleuchtet zum ewigen Leben/ Jesa. bilde Christi
24. Der Mond wird sich schemen/ vnd die Sonne mit schanden bestehen / wenn der
HErr Zebaoth König sein wird auff dem Berge Sion vnd zu Jerusalem/ vnd für seinen El=
testen in der Herrligkeit. Vnd Jesa. 60. Die Sonne sol nicht mehr des Tages dir scheinen /
vnd der glantz des Monden sol dir nicht leuchten / sondern der HErr wird dein ewiges Liecht/
vnd dein Gott / wird dein Preiß sein. Item Apoc. 21. Die newe Stad / das Himlische Jeru=
salem/ bedarff keiner Sonnen / noch des Mondes das sie ir scheine / denn die herrligkeit Got=
tes erleuchtet sie. Ja des HErrn Christi Angesichte leuchtet als die Sonne / Matth. 17.

Simson war ein Nasir vnd ein verlobter Gottes von seiner Mutter Leibe an/ der HErr
Christus ist der rechte Nasir vnd starcker Helt / der Sünde / Todt / Teuffel vnd Helle, vber=
weldiget/ vnd heisset billig Nazarenus/ denn er ist ein Nasir vnd verlobter Gottes von Mut=
ter Leibe an / der darumb geboren ist / das er vns allen helffen solte/ Matth. 2. Er sol Nazare=
nus heissen/ Vnd füret billig den Titel oben zu seinem Heupte am Creutz: JESVS von
Nazareth der Jüden König / Johan. 18.

Simsons Geburt ward zuuor verkündiget durch einen Engel Gottes/ der sprach also
zu Simsons Mutter: Sihe/ du bist vnfruchtbar vnd Gebierest nichts/ oder du wirst schwan=
ger werden vnd einen Son gebären / etc. Also hat auch der Engel Gabriel zu der Jungfra=
wen Maria gesprochen: Fürchte dich nicht Maria / Sihe / du wirst schwanger werden in
deinem Leibe/ vnd einen Son gebären/ des Namen soltu Jesus heissen / Luc. 1.

Simson hat mit einer faulen Esels Kinbacken tausent Man erschlagen. Also zuschmeisst
auch der HErr Christus/ mit seinem krefftigen Wort/ seine Feinde / vnnd aus demselbigen
Wort/ das gleich wie eine faule Esels Kinbacke verechtlich gehalten wird / entspringet gleich
wol das rechte lebendige Springbrünlein / damit wir erquickt vnnd gedrencket werden/ zum
ewigen Leben / Johan. 4. 7. Gleich wie ein Zahn in des Esels Kinbacken zerspalten / Was=
ser gegeben/ davon Simson gedruncket hat / vnd zu seinen Krefften wider komen ist / Jud.
15. Also wer im Creutz vnd Elende stecket / der mag trincken von dem Edlen Brünlein Gött=
liches worts / als denn wird er wider erquicket vnd gesterckt werden.

Simson

Reisen der Richter.

Simson hat einen jungen Lewen zerrissen. Der HErr Christus greifft dem Teuffel in den Rachen/vnd erwürget Sünde/Todt/Teuffel vnd Helle/Hos.13.

Simson hat sich mit eines Philisters Tochter befreyet. Also auch der HErr Christus vermeldet sich mit allen armen Sündern/ in Gerechtigkeit vnnd Gerichte/ in Gnade vnnd Barmhertzigkeit/ ja mit Glauben thut er sich mit jhnen vertrawen vnd verloben/ Hos. 2. Vnd wie Johannes der Teuffer spricht: Es ist der HErr Christus der Breutigam/ er aber Johannes/ ist der Freund des Breutigams/ vnd stehet vnd frewet sich hoch vber des Breutigams stimme/ Johan.3.

So wir vns aber (gleich wie Simsons Weib einen andern Man genommen hat) vom HErrn Christo abwenden/ so wird vns Gott mit listigen Füchsen/ Das ist / mit Tyrannen vnnd mit Fewr/ ja mit der ewigen Hellenglute straffen/ Matth. 25. Der HErr Christus ist auch der edle starcke Lewe vom Hause Dauid/ der vmb vnser Sünde vnd Missethat willen getödtet ist/ von dem kömpt das süsse Honig des heiligen Euangelij / damit wir gespeiset werden zum ewigen Leben/ Das ist das rechte Himlische Manna/ das wie Semmel mit Honig geschmecket hat/ Exod. 16. Wer von diesem HErrn Christo essen wird/ der wird Leben in alle Ewigkeit/ Johan. 6. Aus dem HErrn Christo wachsen auch die rechten Bienen oder Immen/ die frommen Prediger vnd Christen/ die jmmer Surren vnd Beten/ vnd aus den Blümlein Göttliches Worts/ alle süssigkeit saugen mit dem Stachel des Gesetzes von sich stechen/ vnd die süssesten Früchte geben/ Syrach 10. In Summa/ Der HErr Christus ist der starcke Lewe vom Hause Dauid/ der vns im alten Testament wie ein Rexel fürgetragen/ vnd durch das newe Testament erraten vnd ausgelegt wird.

Simson hat die Thor der Stadt Gaza zerbrochen/vnd die Thüren mit den Pfosten hin weg getragen/ biß auff die Höhe des Berges für Hebron. Also auch der HErr Christus hat die Pforten der Hellen zubrochen/ vnd ist in die Höhe gefahren/ das Gefengnis gefangen/ einen herrlichen Triumph daraus gemacht/vnd sie schaw getragen öffentlich/ Psalm. 68. Col. 2.

Simson ward von dem Weibe Delila/ der die Philister Fürsten/ein jeglicher ein tausent vnd hundert Silberling gelobet/sehendtlich verrathen vnd verkaufft. Also ist auch der HErr Christus von dem Jüdischen Volcke/ vnnd von seinem eigenen Jünger Juda/ für dreissig Silberling verrathen/verkaufft vnd jemmerlich hingerichtet worden.

Simson hat in seinem todt seine Feinde gedempffet/ vnd mit viel tausent Philister vmbgebracht/die er mit dem Hause welches er eingerissen/ zu tode geworffen. Also auch der HErr Christus/hat zu der zeit seines Leidens vnd Sterbens die Helle zubrochen/alle Feinde getödtet vnd durch seinen Todt vns erlöset von allen vnsern Feinden/ Nemlich/ von Sünde / Todt/ Teuffel vnd Helle / das die vns in Ewigkeit nicht mehr schaden sollen/ Jesa. 25. Hose. 13.

Reisen der Kundschaffer der Dananiter / Jud. 18.

Diese Kundschaffer sind von Zarea vnd Esthaol/ biß auff den Berg Ephraim zum Hause Micha gezogen 6. meilen.

2. Von dem Hause Micha zogen sie gen Lais / 24. meilen.

3. Von Lais sind sie wider heim gen Zarea vnd Esthaol kommen/ vber 9. meilen.

Summa dieser Reisen 39. meilen.

Berg Ephraim.

Der Berg Ephraim / da Micha auff gewonet / ligt bey Jericho zwo meilen von Jerusalem / gegen Norden.

Lais Lew.

Die Stadt Lais hat gelegen vnten am Berge Antilibano / da der Jordan entspringet/ 26. meilen von Jerusalem/gegen Norden.

Diese Stadt haben die Kinder Dan eingenommen vnd verbrand / vnd sie darnach wider gebawet / vnd nach dem Namen Dan genent/ Josu. 18. Vorhin aber hies sie Lais das heist auff Deutsch/ ein Lew.

Reisen der Richter.

Reisen der Daniter/ Jud. 18.

Von Zarea vnd Esthaol sind die Kinder Dan gen Kiriath Iearim gezogen / vier meilen vnd haben sich da gelagert.

2. Von Kiriath Iearim / zogen sie auff den Berg Ephraim/zum Hause Micha 2. meilen / vnd haben da einen Abgott vnd Priester hinweg gefüret.

3. Von dem Berge Ephraim sind sie gen Lais gezogen / 24. meilen / die Stadt haben sie ausgebrand / vnd darnach wider gebawet / vnd nach jhrem namen Dan genent.

Summa dieser Reisen 30. meilen.

Kiriath Jearim/ ist eine Stadt der Welde,
oder der Wechter Stadt.

Kiriath Jearim/ ist eine Stadt der Leuiten im Stam Juda / vnd in den Grentzen des Stams BenJamin gelegen/ ein viertel einer meile von Jerusalem / gegen der Sonnen Nidergang/ da haben sich die Kinder Dan gelagert/ /Jud. 12. So ist auch die Lade Gottes dahin gebracht / als sie wider kam aus der Philister Lande / da sie 6. Monden gewesen war/ vnd ist gesetzt worden gen Gibeath/ das ist / an einem hohen orth in der Stadt Kiriath Jearim / da sie jetzt verwaret worden im Hause Abinadab des Priesters / vnnd ist also zu Kiriath Jearim geblieben vber 40. Jahr/ nemlich / so lange als Samuel vnd Saul regieret haben / biß sie Dauid gen Jerusalem geholet hat / 1. Sam. 7. vnd Sam. 6. 1. Paral. 14. Doch ist sie vber 20. Jahr / nach dem sie erstmals gen Kiriath Jearim gebracht war / einmal gegen die Philister gebraucht worden/ Sam. 7. vnd 14. Aber bald wider gen Kiriath Jearim konten. Kiriath Jearim heißt eine Stadt der Wechter / denn die Philister haben da die Wachte bestellet/ vnd die Stadt mit Kriegsvolck Amptleuten vnd Wechtern besetzet / die musten achtung darauff haben / das sich die Kinder Israel nicht widerumb empöreten. Als Saul von Samuel zum Könige war gesalbet worden / vnd zu dieser Stadt eingieng/ begegnet ihm ein hauffen Propheten die Weissagten / vnd der Geist Gottes geriet auff Saul / das er auch anfieng zu weissagen/ 1. Sam. 10. Jonathan König Sauls Son / ist in die Stadt Kiriath Jearim gefallen/ vnd hat die Philister aus jrem Lager geschlagen 1. Sam. 13. Die Stadt Kiriath Jearim wird auch sonsten Geba/ das ist/ eine Höhe genant/ denn sie hat auff einem Berge gelegen/ vnd als Dauid aus der Stadt Jerusalem zog / wider die Philister zu streiten/ vnd bey dieser Stadt das rauschen Gottes des HERRN / auff den wiffeln der Maulberbewme hörte / griff er die Feinde an/ vnd schlug sie aus dem Felde / 2. Sam. 5. Es left sich ansehen/ das kurs für dieser Stadt gegen Morgenwerts/ ein Hügel Gottes gewesen / Geba oder Gibeath genant/ welcher/ ob er wol anfenglich in der Erbtheilung dem Stam BenJamin zugefallen/ so sey er doch hernacher ein Suburbium oder Vorstadt der Stadt Kiriath Jearim geworden / denn man siehet wie sich die stemme Juda vnd BenJamin an einander gehenget haben. Die stadt Kiriath Jearim hat eigentlich anderthalb viertel einer meilen von Jerusalem gelegen / daher ist es kommen / das ich bißweilen ein viertel / bißweilen auch wol eine halbe meile dafür genommen habe/ welche sich der gütige Leser nicht sol anfechten lassen.

Reisen des Leuiten / des Weib die Bürger zu Gibeon
Geschendet haben/ Judic. 10, 20.

Von dem Berge Ephraim gieng er gen Bethlehem in sein Vaterland 4. meilen / vnd holet sein Weib wider/ das jhm entlauffen war.

2. Von Bethlehem zog er mit seinem Weibe gen Jebus / das ist Jerusalem / anderthalb meilen.

3. Vnd von Jerusalem gen Gibeon 1. meil/ da ist jhm sein Kebsweib zu todte geschendet.

4. Von Gibeon ist der Leuit wider heim gezogen in die Stadt Rama auff den Berg Ephraim/ zwo meilen/ vnd hat da sein todtes Weib in die zwölff stücke geschnitten.

Summa dieser Reisen neundehalb meilen.

Rahma/ Ein Höhe.

Ramath ist eine Stadt auff dem Berge Ephraim/ 2. meilen von Jerusalem gegen Norden/ da hat der Leuit gewonet/ vnd sein Kebsweib / das die Bürger zu Gibeon zu tode geschendet hatten / in 12. stücke geschnitten vnd in alle Grentze Israel gesand Judic. 20.

Reisen der Kinder Israel.

Diese Stadt hat auch Baesa der König Israel bawen wollen/ist aber daran verhindert worden/ 1. Reg. 15. Es sind auch sonsten noch viel andere Stedte im heiligen Lande gewesen / die auch Rama geheissen haben / als nemlich Ramoth in Gilead/da König Ahab erschossen worden/und Ramathaim Zophim / sonsten Arimathia genant / Item Rama bey Bethlehem/ und Rama im Stam Naphthali/ etc. Und haben alle den Namen davon / das sie auff hohen Bergen gelegen haben.

Reisen der Kinder Israel / als sie wider die BenJa-
miter gestritten haben/ Judic. 20. 21.

1. Von Mizpa/da sie sich zusamen geschworen haben/sind sie gen Silo da die Lade Gottes war / gereiset 12. meilen.
2. Von Silo zogen sie gen Gibeon / eine halbe meil / und als sie wider die Stadt stritten/sind zwey und zwantzig tausent Israeliten erschlagen.
3. Da zogen sie wider gen Silo eine halbe meil/ und rieffen Gott an umb hülffe.
4. Und sind da abermal gen Gibeon gezogen / eine halbe meil / unnd als sie wider die Stadt stritten/sind in derselben andern Schlacht 1800. Israeliter umbkommen.
5. Darumb machten sie sich wider gen Silo zu der Laden Gottes/ unnd rieffen den Namen Gottes sehr fleissig an.
6. Und als sie da zum drittenmal die Stadt Gibeon angriffen / unnd im streit alle ihre hoffnung und vertrawen auff Gott setzten / haben sie die oberhand behalten/und 25000. BenJamiter erschlagen.
7. Nach solcher herrlichen überwindung / sind die Kinder von Israel wider nach der Laden des Bundes Gottes des HErrn/ gen Silo gezogen / eine halbe meil / und haben da bitterlich geweinet und gesprochen: Ach HErr Gott / warumb ist heute eines Stams geringer worden in Israel.
8. Darnach sind 10000. Israeliter nach der Stadt Jabes in Gilead gezogen 13. meilen / und haben die Stadt mit Stürmender hand gewonnen.
9. Von Jabes in Gilead / sind die zehen tausent Israeliten wider gen Silo gekommen uber 13. meilen /und haben vier hundert gefangene Jungfrawen mit sich gebracht / und dieselben den BenJamitern geschencket/ das sie ihre Eheweiber sein solten.

Summa dieser Reisen der Kinder Israel 41. meilen.

Der Stadte Mizpa / Gibeon und Silo ist vorhin gedacht worden. Denn zu Mizpa hat Jephta seine Tochter geopffert / Jud. 11. Zu Gibeon hat die Sonne stille gestanden / als Josua wider die fünff Könige gestritten / Josu. 10. Und zu Silo hat Josua die austheilung des Landes Canaan vollendet / Josu. 18.

Jabes.

Jabes ist eine Stadt im Lande Gilead / 13. meilen von Jerusalem/ gegen Nordosten / Die Stadt haben die Kinder Israel gewonnen / und vier hundert Jungfrawen daraus gefangen hinweg geführet / und den BenJamitern zu Weibern geschencket / Judic. 21. Die Bürger zu Gades in Gilead / haben auch die Gebeine des Königlichen Sauls begraben/1. Sam. 31. Jabes heist dürre oder trucken.

Auff das Buch Ruth.

1. Elimelech und seine Frawe Naemi/ sind gezogen von Bethlehem Juda/in das Land der Moabiter/ zehen meilen.
2. Aus dem Lande der Moabiter/ sind Naemi unnd ihre Schnur Ruth wider kommen gen Bethlehem/ zehen meilen.

Summa dieser Reisen Naemi 20. meilen.

Uber

Vber das erste Buch Samuelis.
Wie Anna Samuelis Mutter gereiset habe.

Du Rama:haim Zophim vom Gebirge Ephraim/ ist sie gen Silo gezogen 3. meilen da hat sie Gott fleissig gebeten/ das er jhr einen Son geben wolte/ 1. Sam. 1.

2. Von Silo ist sie wider heim gen Ramathaim Zophim (welche Stadt sonsten Arimathia heist) gezogen/3. meilen/ vnd hat jhren Son Samuel geboren/ 1. Sam. 1.

3. Darnach hat sie jhren Son Samuel von Arimathia gen Silo gebracht/ vber drey meilen/ das er da dem HErrn dienen solte sein Lebelang/1. Sam. 1.

4. Von Silo ist Anna Samuelis Mutter wieder heim gen Arimathia gezogen/ 3. meilen/vnd hat noch drey Söne vnd zwo Töchter geboren/ 1. Sam. 1.

Summa dieser Reisen zwölff meilen.

Amathaim Zophim/ist eine Stadt auff dem Gebirge Ephraim/vnd wird sonsten Arimathia/ oder auch wol Ramath geheissen. Sie ligt von Jerusalem vier meilen gegen Nordwesten/nicht weit von Lidda vnd Joppen. In dieser Stadt ist Samuel geboren hat auch darin gewonet. So ist auch hernachmals aus dieser selbigen Stadt gewesen / der Joseph von Arimathia/ der den Leichnam des HErrn Christi hat begraben / Matth. 27.

Sie hat vorzeiten geheissen Ramathaim Zophim / darumb das sie eine herrliche Höhe der Propheten gewesen/ Aber zu vnser zeit heist sie Ramala.

Wie die Lade Gottes von einem ort zum andern sey geführet / Da sie von den Philistern genommen worden/ 1. Samuel. 4. 5. 6. 7.

1. Je zween Söne Eli/Ophni vnd Pinehas/ haben die Lade Gottes von Silo gen Ebeneser getragen/ eine halb meilen. Denn Ebeneser ligt nahe bey Aphek 12. meilen von Jerusalem gegen Norden. Daselbst sind die zween Söne Ophni vnd Pinehas erschlagen/vnd die Lade Gottes ist jhnen genommen. Da solches der Hohepriester Eli in der Stadt Silo erfur/ stürtzet er seinen Hals entzwey/ 1. Sam. 4.

2. Die Philister aber haben die Lade Gottes von Aphek gen Asdod geführet/drey meilen vnd sie ins Hauß deß Abgotts Dagon gesetzt/ darumb hat Gott der HERR den Abgott Dagon herunter geworffen vnd zubrochen. Derwegen ist die Lade Gottes geführet.

3. Von Asdod gen Ascalon/drey meilen.
4. Von Ascalon gen Gath / eine meil.
5. Von Gath gen Gaza / drey meilen.
6. Von Gaza gen Ekron / acht meilen.
7. Von Ekron haben sie zwo seugende Kühe auff einem newen Wagen widerumb gen Bethsemes ins Land Juda geführet/drey meilen.
8. Vnd von Bethsemes ist sie gen Kiriath Jearim gebracht / vber ein halbe meil / da ist sie gesetzt worden auff einen hocherhabenen orth/ in der Stadt/ welcher genent wird Geba/ daselbst ist sie geblieben im Hause Abinadab des Priesters/ biß sie König Dauid hat gen Jerusalem geholet / Es ligt aber die Stadt Kiriath Jearim / nur ein viertel einer Deutschen meilen von Jerusalem gegen der Sonnen Nidergang/ wie kurtz zuuorn angezeiget ist.

Summa aller meilen/ die die Lade Gottes ist getragen vnd gefürt worden/ zu der zeit/als sie von den Philistern gewonnen ward/ 43. meilen.

Folget nun die Beschreibung der Sted vnd örter Aphek/ Streitig.

Aphek ist eine Stadt im Lande Samaria / eine halbe meil von Jesrael 12. meilen von Jerusalem gegen Norden / da sind Ophni vnd Pinehas/ des Hohenpriesters Eli Söne zu todt geschlagen/ vnnd die Lade Gottes von den Philistern genommen / In diese Stadt flog Benhadad / der König von Syrien / aus einer kamer in die ander/als er nie entkommen konte

hat er

Beschreibung der Städt vnd örter.

hat er sich Ahab dem Könige von Israel/müssen gefangen geben/1.Reg.20. Die Stad Aphek ligt nur wie gesaget/eine halbe meile von Jesreel gegen Süden werts/vnd ist in der theilung den halben Stam Manasse zugefallen.

Die fünff Stedte der Philister, Asdod, Ascalon, Gath, Gaza vnd Ekron/ liegen am Vfer des grossen Mittelmeers der Welt von Jerusalem gegen der Sonnen Nidergang.

Asdod / Fewerliebe.

Asdod wird sonsten gemeinlich Azotus genant/ vnnd ligt von Jerusalem sechstehalb meilen gegen der Sonnen Nidergang. In dieser Stadt ist die Lade Gottes in das Haus Dagon gebracht/ Aber Gott hat den Abgott Dagon herunter geworffen vnnd zubrochen/1.Sam. 5. Zu vnser zeit ist die Stad Asdod ein Dorff.

Ascalon/ Schandfewer.

Die Stadt Ascalon ligt von Jerusalem achtehalb meilen/ gegen der Sonnen Nidergang/ vnd hat die gestalt eines halben Cirkels/ da hat auch Simson 30. Philister zu tode geschlagen/ vnd Feyerkleyder geben/denen die sein Retzel erraten hatten/ Jud.14.

Gath/ Weinpresse.

Judic.14.

Gath die dritte Stadt der Philister/ ligt neundehalb meilen von Jerusalem/gegen der Sonnen Nidergang. Es kan sein/das es daselbst viel Weingarten gehabt/ dauon die Stadt den Namen bekommen/ denn Gath heist ein Weinkeller oder Weinpresse.

Gaza/ Sterck.

Gaza die vierde Stadt der Philister / ligt eine halbe meile vom grossen Mittelmeer der Welt/seilff meilen von Jerusalem gegen Südwesten/auff der Strassen/ da man hin ab in Egypten zeucht. In dieser Stadt hat Simson der Stadtthor zubrochen/ vnd zu letzt hat er auch/in dieser Stadt sich selbst/vnd viel tausent Philister/ mit einem Hause das er eingerissen/ zu tode geworffen/ Judic. 16. Bernhard von Breitenbach schreibt/ das die Stadt Gaza sey viel grösser als Jerusalem/ aber nicht so zierlich gebawet/ vnnd man zeiget noch darinnen viel verfallene Mawren des Götzenhauses Dagon/ das Simson eingerissen/ vnd die Philister vnd sich selbst zu tode geworffen.

Ekron/ Zerstörerin.

Ekron die fünffte Stadt der Philister/ligt auch nicht weit vom grossen Mittelmeer der Welt/ nahe bey Asdod / von Jerusalem aber / ligt sie vier meilen / gegen der Sonnen Nidergang. Die Einwoner in dieser Stadt/ haben Beelzebub für Gott angebetet / 1. Reg. 1. Das sey also genug von den fünff Stedten der Philister.

Bethsemes/ist eine Stadt im Stam Juda/darin Leuiten vnd Priester gewonet haben/ Josu. 21. Vnd hat nur 1.meil von Jerusalem gelegen / gegen der Sonnen Nider- gang. In der Stadt hat Gott das Volck geschlagen / das jhrer 50000. vnd 70.schleu- nig gestorben sind / darumb das sie die Lade Gottes hatten sehen wider komen / aus der Phi- lister Lande / 1. Samuel. 9. vnd sie angerüret / so sie doch keine Priester waren.

Reisen des Propheten Samuelis.

1. In Arimathia hat jhn seine Mutter gen Silo gebracht/ vber 3. meilen/das er da dem HERRN dienen solte sein lebelang / 1. Sam.1.

2. Von Silo gen Mizpa ins Land Gilead/ sind 12. meilen /da hat Samuel das Volck Jsrael gerichtet vnd als er daselbst ein Milchlemlin opfferte / Donnerte Gott vom Himmel vnd erschreckt das Heer der Philister / 1. Sam. 8.

3. Von Mizpa ist Samuel in sein Vaterland/ nemlich/ in die Stadt Arimathia gezo- gen / 14. meilen vnd hat da gewonet / vnd dem HERRN ein Altar gebawet) 1.Sam. 7.

4. Von

Reisen des Propheten Samuelis. 118

4. Von dannen ist er alle Jar gen Bethel gezogen 4. meilen/ 1. Sam. 7.
5. Von Bethel gen Gilgal eine halbe meil / 1. Sam. 7.
6. Von Gilgal gen Mizpa ins Land Gilead/ 9. meilen/ 1. Sam. 7.
In diesen dreyen Stedten hat Samuel alle Jar Visitation gehalten.
7. Von Mizpa ist Samuel wider heim gen Arimathia gezogen 41. meilen. Da sind zu jhm kommen die Eltesten des Jüdischen Volcks / vnd haben jhn gebeten / das er jhnen einen König wehlen solte / 1. Sam. 8.
8. Derwegen zog Samuel aus seiner Stadt Arimathia vber 4. meilen gen Rama / welches ist eine Stadt im Lande Zuph / nicht weit von Bethlehem Ephrata gelegen / Da hat er Saul den Son Kis/ zum Könige gesalbet/ 1. Sam. 10.
9. Von Rama ist Samuel gen Gilgal gezogen / 4. meilen / vnd hat da geopffert / vnnd Saul gesagt was weiter zu thun were / 1. Sam. 10.
10. Von Gilgal zog Samuel gen Mizpa ins Land Gilead / neun meilen / da ist Saul durchs Loß zum Könige erwelet/ 1. Sam. 10.
11. Darnach zog Samuel von Mizpa wider heim in seine Stadt Arimathia / 14. meilen/ 1. Sam. 10.
12. Von Arimathia sind 11. meilen gen Beseck / da vor zeiten Adoni Beseck gefangen ward/ den die Kinder von Jsrael an henden vnd Füssen/ die dawmen abhaweten/ daselbst liessen Samuel vnd Saul ein Kriegsvolck zusamen lauffen/ wider die Kinder Ammon/ 1. Sam. 11.
13. Von Beseck sind Samuel vnd Saul vber den Jordan gen Jabes in Gilead gezogen vier meilen/ vnd haben dem Könige der Ammoniter/ mit seinem gantzen Heer aus dem Felde geschlagen / vnd als solches geschehen war / sprach Samuel zum Kriegsvolck : Lasset vns gen Gilgal gehen / vnd das Königreich daselbst vernewen / 1. Sam. 11.
14. Von Jabes in Gilead abermals gen Gilgal sind neun meilen/ da ist Saul in seinem Königreich bekrefftiget worden/ 1. Sam. 11.
15. Von Gilgal ist Samuel wider heim gen Arimathia gereiset / 5. meilen.
16. Aus seiner Stadt Arimathia/ ist Samuel abermals gen Gilgal gezogen / 5. meilen / vnd hat da König Saul sehr hefftig gestraffet / darumb das er geopffert hatte/ 1. Sam. 13.
17. Von Gilgal zog Samuel gen Gibeon / drey meilen / 1. Sam. 13.
18. Vnd von Gibeon wider heim gen Arimathia / drey meilen.
19. Von Arimathia zog Samuel abermals gen Gilgal / 5. meilen / vnd strafft da den König Saul zum andern mal sehr hefftig / darumb das er die Amalekiter nicht gantz verbannet hatte. Vnd alsbald hat auch der Prophet Samuel / Agag den König der Amalekiter/ zu stücken gehawen / 1. Sam. 15.
20. Darnach ist Samuel wider heim gen Arimathia gezogen/ 5. meilen.
21. Vnd von Arimathia zog er gen Bethlehem / 4. meilen/ vnd salbet Dauid zum Könige / 1. Sam. 16.
22. Vnd ist darnach wider heim in seine Stadt Arimathia gezogen / 4. meilen / vnnd daselbst gestorben vnd begraben/ 1. Sam. 28.

Summa dieser Reisen des Propheten Samuelis hundert sechs vnd viertzig meilen.

Von der Stadt Arimathia / daraus Samuel bürtig gewesen/ darin er auch gewonet / ist kurz zuuor beschrieben/ bey den Reisen der Mutter des Propheten Samuelis. Im alten Testament wird sie gemeinlich Rama oder Ramath/ auff Deutsch eine hohe genant / denn sie ligt auff dem Berge Ephraim 1. meilen von Jerusalem / gegen Nordwesten / nicht weit von Lidda vnd Joppen/ 1. Sam. 7. vnd 28.

Bama / ein Höhe.

Jeronymus nennet die Stadt da Saul zum Könige ist gesalbet worden / Bama / das wird in heiliger Schrifft verdeutschet/ ein Höhe / vnd es lesset sich schier ansehen/ das es ein sonderliche Höhe in der Stadt gewesen sey / darauff man Gott hat pflegen zu opffern / vnd die vmbstende der Historien zeigen an / das diese Stadt nahe bey Bethlehem gelegen habe/ denn als Saul zum Könige war gesalbet worden / vnd von Samuel hinweg gieng/ da traff er am ersten an das Grab Rachael / welches ist ein viertel einer meilen von Bethlehem gegen Norden. Geistli-

Reisen des Königs Sauls.

Geistliche Bedeutung.

Samuel heisset eben so viel/ als sein Name ist Gott / vnnd ist ein Fürbilde Gottes des Himlischen Vaters/ der hat den lieben Dauid / seinen Son Jesum Christum mit dem frewden Öle/ vnd mit dem heiligen Geiste vom Himmel herab gesalbet / Psalm 45. Matth. 2. Jesai. 61.

Wie König Saul gereiset habe

Saul ist aus seinem Vaterlande/ nemlich von der Stadt Gibeon auff das Gebirge Ephraim gegangen zwo meilen / vnd hat seines Vaters Eselin gesucht/ 1. Sam. 9.

2. Von dem Gebirge Ephraim ging er durch das Land Salisa biß an die Grentze der Stadt Salim/ 2. meilen/ 1. Sam. 6.

3. Von der Stadt Salim ins Landt Jemini/ im Stamm BenJamin gelegen / sind vier meilen.

4. Von dem Lande Jemini ist Saul gen Rama gegangen zwo meilen / vnd ward da von dem Propheten Samuele zum Könige gesalbet/ 2. Samuel 10. Es hat aber die Stad Rama bey Bethlehem gelegen/ vnd nicht weit von dannen / ist das Grab Rachel / da sind Saul in den Grentzen BenJamin zu Zela/ welches so viel heist als ein Schattiger orth/ zween Menner begegnet/ die sagten jhm die Eselin were gefunden / solches ist geschehen/ ein viertel einer meilen von Bethlehem.

5. Von dannen ist Saul eine halbe meile gegangen / biß an die Eichen Thabor / da sind jhm drey Menner begegnet die nach Bethel gehen wolten/ die haben jhme zwey Brodt gegeben / 1. Samuel. 10.

6. Darnach ist er auff den Hügel Gottes / wie die Hebreer dauon schreiben / gen Kiriath Jearim gekomen/ da zu der zeit die Lade Gottes war / da auch die Philister jhr Lager gehabt / Wechter vnd Amptleute bestellet / die da musten achtung auff haben/ das die Kinder von Israel sich nicht widerümb empörten. Als Saul in dieselbe Stadt Kiriath Jearim hinein gieng / begegneten jhm ein hauffen Propheten / die weissageten vnd der Geist Gottes geriet auff Saul das er auch anfieng zu weissagen. Solches ist geschehen anderthalbe meilen von Bethlehem.

7. Von Kiriath Jearim ist Saul widerumb heim zu seinem Vater gen Gibeon komen/ vber ein meil/ 1. Sam. 10.

8. Darnach ist Saul von Gibeon gen Gilgal gegangen / da hat Samuel geopffert vnd zu Saul gesagt was weiter zu thun were/ 1. Sam. 10. Es sind aber von Gibeon gen Gilgal drey meilen.

9. Von Gilgal gieng Saul gen Mizpa ins Land Gilead/ neun meilen / vnnd ward da durchs Loß zum Könige erwelet / 1. Sam. 10.

10. Von Mizpa gieng er heim wider gen Gibeon / 12. meilen/ 1. Sam. 10.

11. Von Gibeon ist König Saul gen Beseck gezogen 10. meilen/ vnd hat da ein Kriegsvolck versamlet wider Nahas dem König der Ammoniter / der den Bürgern zu Jabes in Gilead das rechte Auge ausstechen wolte. Sam. 11.

12. Von Beseck ist König Saul mit Kriegsvolck gen Jabes in Gilead gezogen / 4. meilen / vnnd hat Nahas der Ammoniter König mit seinem gantzen Kriegsvolck aus dem Felde geschlagen.

13. Vnd von Gabes in Gilead zog König Saul gen Gilgal/ neun meilen/ vnd ward da in seinem Königreich bestetiget/ 1. Sam. 11.

14. Von Gilgal gen Michmas ein meil/ da hat Saul drey Tausent Man aus Jsrael erwelet/ der haben zwey Tausent auff den König Saul zu Michmas warten müssen / vnnd ein Tausent bey seinem Sohn Jonathan/ zu Gibeon gewesen / 1. Sam. 13.

15. Von Michmas ist Saul mit seinem Kriegsvolck gen Gilgal gezogn/ eine meil / vnd hat da geopffert/ vnd ist derwegen von Samuel sehr hart gestrafft worden/ 1. Sam. 13.

Beschreibung der Stedt vnd Orter.

16. Darnach zog Saul von Gilgal drey meilen/nach dem Hügel Ben Jamin / welcher ist gewesen nahe bey Gibeon.
17. Vnd von Gibeon zog er wider gen Michmas/zwo meilen/da haben Jonathan vnd sein Waffentreger der Philister Lager erschreckt/1. Sam. 14.
18. Von Michmas ist Saul den flüchtigen Feinden nachgejaget biß gen Aialon/drey meilen. Da hat auch Saul seinen Sohn Jonathan tödten wollen / darumb / das er ein wenig Honigs gekostet hatte/1. Sam. 14.
19. Von Aialon gen Gibeon da König Saul seinen Königlichen sitz vnd Hoff gehabt/ist eine halbe meil.
20. Von Gibeon/da König Saul ins Land der Moabiter gezogen / 7. meilen / die hat er trefftiglich vberwunden/1. Sam. 14.
21. Vnd aus dem Lande der Moabiter/biß in das Land der Ammoniter / zehen meilen/da hat König Saul die stedte/vnd das gantze Land der Kinder Ammon auch weidlich verheret vnd eingenommen.
22. Darnach ist er auß dem Lande der Ammoniter wider heim gen Gibeon gezogen 15. meilen/1. Sam. 14.
23. Von Gibron zog König Saul mit Heerskrafft in das Land Edom / oder Jdumea/ (wie mans sonsten gemeinlich nennet) zehen meilen / vnnd hat dasselbige Land sich auch vntertheinig gemacht.
24. Auß Jdumea ist er widerumb auff sein Königliches Hauß gen Gibeon gezogen/ zehen meilen.
25. Darnach ist König Saul mit einem stadtlichen Kriegsvolck von Gibeon außgezogen/ vber anderthalb hundert meilen/biß gen Zoba in Armeniam/ vnd hat den König desselben Landes vberwunden/1. Sam. 14.
26. Vom Königreich Zoba ist er wider heim in seine Stadt Gibeon kommen / vber anderthalb hundert meilen.
27. Vnd ist darnach wider die Philister in streit gezogen/3. meilen. Vnd wie die Historia vermeldet/hat Saul sein lebenlang wider die Philister zu streiten gehabt/1. Sam. 14.
28. Von den Philistern ist er wider gen Gibeon kommen/ zu seinem Königlichen Hause/ vber 3. meilen.
29. Von Gibeon zog König Saul in die Wüsten Sur/40. meilen / da hat er die Amalekiter vberwunden/1. Sam. 15.
30. Vnd hat das gantze Land der Amalekiter verwüstet / von Pelusio der stadt Egypti an biß an das rote Meer/23. meilen.
31. Darnach ist er auß der Wüsten Sur/wider in das Jüdische Land/ biß in die stadt Carmel kommen/vber fünff vnd dreissig meilen/1. Sam. 15.
32. Von dannen ist er gen Gilgal gezogen / acht meilen / da ward er von dem Propheten Samuel sehr gestraffet / darumb / das er die Amalekiter nicht gentzlich verbannet hette/ vnd Agag den gefangenen König der Amalekiter / hat der Prophet Samuel zu stücken gehawen/1. Sam. 15.
33. Von Gilgal zog Saul wider heim gen Gibeon/3. meilen.
34. Von Gibeon ist er mit seinem Kriegsvolck gen Socho vnd Aseka gezogen/ zwo meilen/da hat der kleine David den grossen Goliath erschlagen/1. Sam. 17.
35. Vnd Saul hat den flüchtigen Feinden nachgejaget / biß an das Thal am Bach Sö reck/1. meil/vnd biß an die stedte der Philister/die da ligen von dem ort / da Goliath erschlagen war/Ekron zwo meilen/Askalon fünff meilen/vnd Gad 6. meilen/ vnnd sind auff solcher nachjagt dreissig tausent Philister erschlagen/1. Sam. 17.
36. Darnach kereten sie von der nachjagt widerumb/ plünderten vnd verbranten der Philister Lager vnd bekamen gute Beute/1. Sam. 17.
37. Von Socho vnd Aseka/da der grosse Goliath erschlagen/ vnnd die andern Philister in die flucht getrieben/vnd ihr Lager geplündert worden/ ist König Saul wider nach seiner stadt Gibeon gezogen/2. meilen/da sind jhm die Weiber entgegen kommen/ vnnd haben mit hoher stimm gesungen/Saul hat 1000. erschlagen/aber David zehen tausent/1.Sam.18.

X   38. Von

Reisen deß König Sauls.

38. Von Gibeon ist Saul gen Arimathia gegangen/ 3. meilen / vnnd als er doselbst Dauid suchte zu tödten/vnd kam an den heilige Ort/der in der Stadt war/ vnd Najoth zu Rama genennt wird/ja gerieth daselbst der Geist Gottes auff Saul/ vnd verwirret jhm seinen Verstant/das er anfieng zu singen für Samuel vnnd Dauid / einen ganzen Tag vnd eine ganze Nacht/gleich als ob er Weissagete/1. Sam. 19.

39. Darnach kam König Saul wider in seine Stadt Gibeon vber 3. meilen/ Da hat er im grimmigen zorn seinen Son Jonathan/darumb/ das er den frommen Dauid entschüldigte/ mit einem Spiesse durchschiessen wollen. Daselbst hat er auch 85. Priester des HErrn tödten lassen/ nur darumb/ das der Priester Abimelech zu Nobe dem flüchtigen Dauid die Schawbrod vnd das Schwert des grossen Riesen Goliaths gegeben/1. Sam. 21. 22.

40. Von Gibeon ist auch der wütrige Bluthund Saul nach der Priesterlichen stadt Nobe gezogen/3. meilen/vnd hat daselbst Alt vnd Jung/Frawen vnd Mann/auch die kleinen vnmündigen Kinder/allzumal getödtet/vnd die Stadt zu grund verstöret/1. Sam. 22.

41. Von der Priesterlichen Stadt Nobe ist er wider heim gen Gibeon kommen/ 3. meilen.

42. Von Gibeon ist er gegen Mittag zu der Wüsten Moan gezogen/ fünff meilen/da hat er den frommen vnschüldigen Dauid mit seinen Männern vmbringet / hette sie auch alle gefangen/wenn er nicht durch ein geschrey / das die Philister ins Land gefallen / daran were verhindert worden/1. Samuel. 23.

43. Derwegen ist Saul mit seinem Kriegsvolck von der Wüsten Moan wider hinder sich gerücket/vnd hat die Philister zu rücke getrieben / vnnd ist also vber 6. meilen wider in seine Stadt Gibeon kommen/1. Sam. 23.

44. Von Gibeon zog Saul nach der Burg Engedi/6. meile/ Da hat Dauid in einer Hole einen Zipffel von Sauls Rock geschnitten/1. Sam. 24.

45. Von der Burg Engedi wider gen Gibeon/6. meilen.

46. Von Gibeon biß gen Ziph / sechstehalb meil. Als König Saul daselbst auff dem Hügel Hachila schlieff/kam Dauid selb ander zu jhm heimlich ins Lager / vnd nam den Wasserbecher vnd spieß von seinem Heupt/vnd wolt jhn gleichwol nicht erstechen/1. Sam. 26.

47. Von dem Berge Hachila ist Saul wider gen Gibeon kommen/ sechstehalb meil.

48. Von Gibeon ist König Saul wider die Philister zu Feld gezogen / biß auff den Berg Gilboa/10. meilen/1. Sam. 28.

49. Auff dem Berge Gilboa hat Saul seine Kleider gewechselt / vnd ist gegangen biß gen Endor 1. meil/da hat er bey einer Zeuberinnen rath gesucht / vnd der Teuffel ist jhm erschienen in der gestalt eines Propheten Samuelis/1. Sam. 28.

50. Von Endor ist er wider in sein Lager auff den Berg Gilboa kommen/ vber 1. meile/ Vnnd als er deß nehesten Tages mit den Feinden ein Treffen thet / erhub sich eine grosse schlacht/darin sind seine 3. Söhne vmbkommen/vnd er selbst mit seinem ganzen Volcke in die flucht geschlagen/1. Sam. 31. 1. Chron. 11.

51. Von dem Berg Gilboa ist Saul vber zwo meilen gen Bethsan geflohen / da hat sich Saul in sein eigen schwert gestellet/ vnd ist darnach vollend zu tode geschlagen / 1. Sam. 31. 1. Chron. 11.

52. Von Bethsan ist Sauls Leichnam gen Jabes in Gilead gebracht/ 3. meilen./ vnd daselbst begraben/1. Sam. 31. 1. Chron. 11.

Summa aller Reisen deß König Sauls/sechs hundert vnd sieben meilen.

Folget nun die beschreibung der Stedt vnd örter.

Gibeon/Bergen.

Ibea oder Gibeon ist eine Stadt im Stam Ben Jamin / vnd hat gelegen auff einem Berge/1. meil von Jerusalem gegen Norden. In dieser Stadt ist König Saul geboren/hat auch daselbst seinen Königlichen sitz vnd Hoff gehabt. Zu Gibeon hat auch die Sonne stille gestanden/als Josua wider die fünff Könige gestritten/Jos. 10.

Man findet aber etliche gelerte Leute/die haltens dafür / Gibeon vnnd Gibea Sauls sollen zwo

Beschreibung der Stedt vnd örter 122

len zwo Stedte gewesen sein / Jch aber befinde ex situ locorum, vnnd auß den vmbstenden der Reisen/das Gibea Saulis vnd Gibeon eine Stadt sey gewesen / denn die terminatio nominum thut in diesem falle gar wenig / oder auch wol gar nichts zur sachen / wenn der situs locorum vberein stimmet, Deß Leuiten Reise von Bethlehem gen Gibea / Jud. 10. seit von Bethlehem auff Jebus oder Jerusalem / vnnd von dannen schnurrecht auff Gibeon/darumb muß Gibeon vnd Gibea eine Stadt sein. Wenn aber der andern meinung recht sein solte/so würden 3. Hügel Gottes/Geba/Gibeon vnd Gibea Saulis / auff eine halbe Meile zu ligen kommen/welches gantz vngereimet ding ist/so ist das auch einmal war / das die Stadt Gibeon die fürnembste vnd heiligste Stadt des Stams Ben Jamin gewesen/denn Josua zeiget an im 10. Capitel/das sie groß/vnd wie eine Königliche Stadt gewesen/darauß wol erscheinet / das sie für andern Stedten zum Königlichen sitz wird erkoren sein worden. Vnd also neme ich Gibeon vnd Gibea Sauls billich für eine Stadt/denn 1. Sam. 14. seit die nachjagt recht auß Gibeon oder Gibea Saulis auff Bethaven / sonsten Bethel genant / gen Michmas/da der Philister Lager war/darauß abermals klärlich erweiset wird / das Gibeon sey Gibea Saulis.

Mar ein Gibeon.

Es wird Gibeon darumb Gibea Saulis genant / denn man findet auch noch ein ander Gibea/welches an einem andern ort/im stam Ben Jamin gelegen hat / Jos. 18. Denn der Stedte Gibea sind viel gewesen im heiligen Lande/nemlich Gibea eine Stadt des stams Juda/Jos. 15. vnd Gibeath im stam Ben Jamin/Jos. 17. Gibea Saulis/welches war Gibeon/wie oben ex situ locorum krefftiglich erweiset / vnd Gibea bey Kiriath Jearim / sonsten Geba genant/Doch könte es wol sein/das Saul für die stadt Gibeon ein herrlich Castel vnd Königlich Schloß gebawet/darin er seinen Königlichen sitz vnd Hefflager gehabt / welchs schloß ein herrlich schmuck vnd zierath seines Vaterlandes gewesen / vnnd nach ihm den namen wird bekommen haben/das es Sauls Hauß/ vnnd Gibea Saulis ist genent worden / 1. Sam. 15. Demnach were dasselbige Schloß vnd Castel nahe für der Stadt Gibeon gelegen/Sauls Höhe genant/oder die hohe Burg König Sauls. So viel aber die gelegenheit deß Orts belanget/haben Gibeon vnnd Gibea Saulis an einer stedte gelegen / wie die Reisen nach einander außweisen. Vnd also nemlich Gibeon vnd Gibea Saulis für eine stadt / welche eine herrliche Königliche vnd Priesterliche stadt gewesen ist/Jos. 10. 21. Da auch Pinehas der Hohepriester gewonet hat/Josu. 29. Item/daselbst ist die Hütte des stiffts GOttes / die Mose der Knecht des HERRN gemacht hatte/auffgeschlagen gewesen / die gar herrlich von silber vnnd gold geleuchtet hat. So ist auch daselbst gewesen der Ehrne Altar / den der Kunstreiche Meister Bezaleal im Berge Sinai gemacht hatte / derselbe schöne Altar hat auch daselbst für der Wonung deß HErrn zu Gibeon gestanden/2. Chron. 1. Hierauß siehet man nun/das der Königliche sitz bey dem H. Tabernockel vnd Hütten des stiffts gewesen ist / vnnd die stadt Gibeon zu der zeit / von wegen des Heiligthumbs vnnd Königreichs alle andern stedte im heiligen Lande weit vbertroffen hat / denn zu Gibeon / bey der Hütten des stiffts/haben die rechten Hohenpriester auß dem stam Aaron / nemlich / Eleasar / Pinehas/vnnd ihre Nachkommen ihren Priesterlichen sitz stets vnuerrückt behalten / biß zu König Davids zeiten/Ja/zu Salomonis zeiten hat man noch pflegen dahin zu gehen/vnd GOTT dem HErrn zu opffern denn auch König Salomon/ehe er den Tempel bawet / hat er zu Gibeon GOtt angeruffen/ vnnd auff den schönen Ehrnen Altar für der Hütten des stiffts geopffert tausent Brandopffer/2. König 2. vnd 2. Chron. 1.

Warumb Gibeon Gibea Saulis genent worden.

Vnd von wegen des Priesterlichen sitzes/auch Königlichen Hofflagers daselbst/hat die Stadt Gibeon/wie es pflegt zugeschehen / auch andere Zunamen bekommen. Denn erstlich ist sie schlecht nach ihrem eigentlichen namen Gibeon genent worden / Zum andern/weil sie vom stam Ben Jamin den Priestern vnd Leuiten vom Hause Aaron gegeben ward/ Josu. 21. Ist sie Gibea Ben Jamin/das ist/die Höhe in Ben Jamin genent worden / Jud. 19 Zum dritten / weil daselbst zu Gibeon bey der Hütten des stiffts der Hohepriester Pinehas seinen sitz hatte/der bey dem gantzen Israelitischen Volcke in grossem ansehen / vnnd ein herrlicher Man war/ist die stadt Gibeon nach seinem namen Gibea Pinehas / das ist / des Hohenpriesters Pinehas Höhe genent worden / Jos. 24. Zum vierdten / als König Saul daselbst sein Hofflager vnd Königlichen sitz hielt/ward sie auch genand Gibea Saulis/1. Sam. 15. Doch hat sie neben solchen ihren Beynamen ihren vorigen vnnd ersten namen Gibeon allzeit behalten/1. König. 3. Par. 1.

Andere Zunamen der Stadt Gibeon/ vnd woher sie die gehabt.

R ij   Auß

Reisen deß König Sauls.

Auß diesem allen sihet man nun klärlich / wie ein herrliche Stadt Gibeon zu der zeit gewesen sey. Vnnd eben als Saul König war / ist daselbst für dem heiligen Tabernackel Hoherpriester gewesen Achieob / vom stam Eleasar / des Sohns Aaron. Ahimelech aber / den Saul neben den andern Priestern des HERRN hat tödten lassen / ist nicht Hoherpriester / sondern sonst ein herrlicher Priester gewesen / vom stam Eli vnd Ithamar / des Sohns Aaron / vnd hat sein wesen gehabt zu Nobe / 1. reil von Gibeon / 1. Sam. 21. 22. vnd 1. Chron. 7. vnnd 15. Das sey also zu diesem mal gnug von der Stadt Gibeon / da zugleich das Heiligthumb vnd Königlicher sitz gewesen ist zu Saulis zeiten.

Beth Salisa / Dreyfaltigkeit Hauß.

Judic. 14.

Das Land Salisa / vnnd die stadt Beth Salisa / haben gelegen auff dem Gebirge Ephraim / zwo meilen von Jerusalem gegen Nordwesten. Diser stadt wird auch gedacht im 2. Buch der Könige am 4. Capitel.

Salim / Füchsen wonung.

Je stadt Salim hat gelegen 4. meilen von Jerusalem gegen Westen / vnnd ist zu deß H. Hieronymi zeiten ein Dörfflin gewesen. Nicht weit von dannen hat Simson die Füchse gefangen / vnd in der Philister Korn gejagt / als zween vnnd zween die Fewerbrende zwischen die Schwentze gebunden. Vnd kan sein / das diese stadt den namen davon bekommen habe / denn Salim heist Füchsenwonung.

Ramah / ein Höhe.

Von der stadt Ramah / da Saul ist zum König gesalbet worden / habe ich vorhin bey des Propheten Samuelis Reisen geschrieben. Sie hat gelegen nahe bey Bethlehem im Lande Ziph / das heisset so viel / als ein Immenhauß oder Immengarte / da die Immen oder Bienen aus den Blümlein süssen Honig gesogen haben.

Jabes in Gilead / Trucken.

Jabes in Gilead ist eine stadt jenseid des Jordans / im Land Gilead gelegen / 13. meilen von Jerusalem gegen Nordosten. Den Bürgern in dieser Stadt hat Nahas der Ammoniter König das rechte Auge außstechen wollen / aber König Saul ist dem fürgekommen / vnd hat die Bürger zu Jabes in Gilead gerettet / vnnd die Feinde von der Stadt hinweg geschlagen. Solcher Wolthat sind die Bürger zu Jabes eingedenck gewesen / vnd haben den Leichnam König Sauls begraben / 1. Sam. 31. 1. Chron. 11. Jabes heist dürres oder drucken. Zu Hieronymi zeiten ist Jabes in Gilead ein klein Dörfflein vnd Meyerhoff gewesen.

Michmas / Demuth.

Michmas ist eine stadt auff dem Gebirge Ephraim / dritthalb meile von Jerusalem gegen Norden / nicht weit von Jericho. Da hat Saul drey tausent Man erwehlet / die seine Trabanten sein solten. Item / am selbigen ort haben Jonathan vnd sein Waffentreger die Philister in die flucht geschlagen. Zu Hieronymi zeiten war es ein groß Dorff.

Zoba / auffgeblasen.

Das Königreich Zoba / welches von Josepho Sophena genant wird / ligt in Armenia bey den Bergen Masio vnd Antitauro / anderthalb hundert meilen von Jerusalem / gegen Norden / vnd das Wasser Euphrates fleust dadurch. Diß Land hat Saul eingenommen / 1. Sam. 14. Item / David 2. Sam. 8. 1. Chron. 19. Zoba heist so viel als stolz vnd auffgeblasen.

Carmel / Grünaw.

Carmel im stam Isaschar.

Carmel ist eine stadt im Jüdischen Lande / vnnd ligt auff einem Berge / zwo meilen von Hebron / gegen der Sonnen Auffgang / vnd 5. meilen von Jerusalem / gegen Südwesten. Da hat der törichte Nabel gewonet / den David von wegen seiner Vndanckbarkeit vnd Narrheit hat tödten wollen / 1. Sam. 25.

Es ist auch sonsten noch ein ander Berg im H. Lande / der heist auch Carmel / vnd ligt am grossen Mittelmeer / der Welt / im stam Isaschar / 16. meilen von Jerusalem / gegen Norden / daselbst hat der Prophet Elias gewonet. Das wort Carmel heist ein junge Blüet / von vnfruchtbarn Kreutern vnd Blumen.

Aseka

Beschreibung der Stedt vnd Orter. 124

Aseka vnd Socho.

Aseka vnd Socho sind zwey kleine stedte im stam Juda / 2. meilen von Jerusalem gegen Südwesten gelegen. Da hat Dauid den grossen Riesen Goliath erschlagen / 1. Sam. 17. Aseka heist ein vmbgezeunte Festung. Socho heist ein Zweig.

Nobe oder Nob/Prophetenstadt.

Nobe ist eine Priesterliche Stadt im stam Ben Jamin / Da hat der Priester Ahimelech dem flüchtigen Dauid die Schawbrod vnnd das schwerdt des grossen Riesen Goliaths gegeben/derwegen ist König Saul zornig worden / vnnd hat 85. Priester des HErrn erwürget/vnd die stadt Nobe zu grunde verstöret. Sie hat nahe bey Jerusalem gelegen/Jos. 10. Zu vnser zeit heist sie Bethenopolis/wie Gerhard von Breitenbach anzeiget.

Maon/Lusthauß.

Maon ist ein stedtlein in der Wüsten des Jüdischen Landes / 6. meilen von Jerusalem / gegen Mittag. Da hat Saul den frommen vnschüldigen Dauid mit seinem Kriegsvolck vmbgeben/hette ihn auch gewißlich gefangen / wenn jhn GOtt vnd der einfall der Philister daran nicht hette verhindert/1. Sam. 23.

Engedi/Lemblins Brünnlein.

Engedi ist eine Burg/am Vfer des todten Meers / fünffmeilen von Jerusalem / gegen Südosten gelegen. Da hat Dauid in einer Hölen einen Zipffel von Sauls Rocke geschnitten/ 1. Sam. 24. Es ist ein sehr fruchtbare gegend vmb Engedi her / denn es fleust da der edelste Balsam/so wachsen auch viel Palmen vmb Engedi her / Darumb wirb sie auch Hazezon Thamar/das ist/ein Palmig Vfer genant/Gen. 14.

Siph.

Siph ist eine stadt im Jüdischen Lande/nicht weit von Hebron/im stam Juda / vnd hat gelegen auff einem Berge/sechstehalb meile von Jerusalem / gegen Südwesten. Die Bürger in dieser stadt haben Dauid verrathen/1. Sam. 26. Es lest sich ansehen / das diese stadt den namen habe von einem Manne Siph / welcher ist gewesen ein Sohn Jehaleel/ auß dem stam Juda/1. Chron. 14.

Gilboa.

Gilboa ist ein Gebirge im stam Manasse nicht weit von Sichem vnd Aphek / zehen meilen von Jerusalem gegen Norden / Da sind im streit wider die Philister Sauls 3. Söhne vmbkommen / vnnd er selbst in die flucht geschlagen / 1. Sam. 13. Der Berg Gilboa erstrecket sich nach der lenge von der stadt Aphek an biß zu der stadt Betsan / an die zwo Deutsche meilen/Vnd eine halbe meile von dem Berge Gilboa gegen Norden / ligt der Berg Hermon/Auff der ebene da zwischen sind grosse schlachtlingen geschehen / Denn da Gideon die Midianiter vberwunden/Judic. 7. Item/Daselbst ist auch König Saul in die flucht geschlagen. Vnd König Ahab hat da die Syrer nidergeleget/1. Reg. 2. So haben auch die Tartarn daselbst gegen die Saracenen gestritten. Auß dem Berge Gilboa entspringet der Bach Kison/vnnd theilet sich in die zween ströme / der eine fleust gegen Morgen werts/in das Galilesche Meer/vnd der ander gegen Mitternacht / bey dem Berge Carmel/ in das grosse Meer/Mare mediterraneum genant.

Endor/Daurbrünnen oder Warbrunnen.

Endor ist eine stadt im stam Manasse/am Wasser Kison gelegen / eilff meilen von Jerusalem/gegen Norden/Da hat Saul bey einer Zeuberin rath gesucht. Zu Hieronymi zeiten ist es noch ein groß Flecken gewesen. Das wort Endor heist so viel als Daurbrunnen/ein jmmerwerendes Brünlein.

Bethsan/Schlaffhauß.

Bethsan ist eine Stadt im stam Manasse / zwischen der stadt Bethulia vnnd dem Galileischen Meer gelegen / eilff meilen von Jerusalem gegen Norden / Da hat sich Saul in sein eigen schwert gefellet/vnd die Philister haben jhme sein Heupt abgehawen/vnd sein Leichnam auff die Mawren zu Bethsan gehangen / 1. Sam. 31. Diese stadt/

R iij wie

Beschreibung der Stedt vnd örter

wie Josephus vnd Hieronymus schreiben/ist hernach Schytopolis genent worden/vnd im andern Buch der Maccabeer wird sie der Schyten stadt genant/denn die Schyten/die von Jerusalem vier hundert meilen gegen Norden gewonet haben/sind in das heilige Land gefallen/ vnd diese stadt eingenommen/vnd darinnen gewonet.

Ein merck-
würdige Hi-
storia.
Bey dieser stadt ist zu Josephizeiten ein schrecklicher Mord geschehen: Denn wie derselbige Josephus im 2. Buch vom Kriege der Jüden im 18. Capittel anzeiget/ haben etliche Jüden den Bürgern zu Schytopolis vmb Geld gedienet/ wider jhr eigen Volck/ die andern Jüden. Vnd dieweil die Bürger zu Schytopolis jhnen nicht wol getrawen durfften/ vnnd besorgeten/sie solten aus der stadt ziehen/an den nehesten Wald / das sie auch also bald gethan/ Da sind die Bürger zu Schytopolis vber drey tage hernach aus der stadt gezogen / vnnd haben die Jüden im Walde vberfallen / vnd an dreyzehen tausent erschlagen / vnnd die vbrigen vmbgeben/das sie nicht entweichen kundten. Da hat einer/mit namen Simon/ sein schwerdt ausgezogen / vnnd sehr schrecklich vnd jemmerlich vber laut geschryen vnd geruffen / Wehe mir/das ich euch ehrlosen Verrähtern so recht trewlich wider mein eigen Volck gedienet habe/dafür gebt jhr vns nun den rechten lohn / wie wir verdienet haben / vnnd ich/ als ein Gottloser Bube/sterbe billich von meinen eigenen Henden / denn ich bin nicht werth / das ich / als ein ander reelicher Kriegsman/von den Freunden erschlagen werden. Als er solches redet/sahe er vmb sich sehr jemmerlich/mit grim zornigen Augen nach seinem eigen Haußgesinde / das bey jhme war / vnd ergriff erstlich seinen eigen Vater / mit namen Saul / der ein sehr alter Mann war/bey den Haaren / vnd warff jhn vnter sich / trat auff seinen Leib / vnnd stieß sein schwerdt durch jhn/Erwürget darnach seine Mutter / die sich nicht wehrete / Vnnd darnach durchstach er auch sein eigen Weib vnd Kinder / Vnnd zu letzt/als er sein gantz Geschlecht ermordet hatte/stund er auff von den Todten/recket seine Hand aus / das jederman sehen kunt/ vnd stieß sein schwerdt durch sich selbst/in sein eigen Leib/ vnnd starb also / wie ein rechter Ertzinförer vnd Verrähter. Solches ist geschehen kurtz zuuor / ehe Vespasianus ins Jüdische Land zog/dasselbige zu verderben.

Zu vnser zeit behelt die stadt Schytopolis jhren ersten namen/ denn sie heist heutiges tags Bethsan. Jrer wird auch gedacht im 1. Buch der Maccabeer im 12. Capittel/Denn Tryphon des Königes in Syria Fürsten einer/ vnter stund sich den jungen Antiochum / König in Syria/zu tödten/ vnd das Königreich an sich zu bringen/ vnd dieweil er sich besorgete / Jonathas Juda Maccabei Bruder/möchte jhn daran verhindern/hat er jhm in dieser stadt Bethsan gute wort geben aus falschem Hertzen biß er jhn mit sich gen Ptolemais gebracht / vnnd jhn daselbst gefangen hat/wie hernach an seinem ort sol vermeldet werden.

Geistliche Bedeutung.

Als wörtlein (Saul) heist ein Grab/etswiemen heist es auch die Helle / also beyde / das Grab/das ist/der Todt vnd auch die Helle / haben nach dem vnschüldigen Dauid/ nemlich/nach dem HErrn Christo geschnappet. Saul kan auch wol so viel heissen/ als ein Kind des Todes vnd der Hellen / Solche Teuffels Kinder werden gleich wie Saul/ vom Teuffel gantz eingenommen/darumb verfolgen sie den rechten Dauid / den HERRN Christum/vnd tödten seine Propheten / suchen rath bey den Zauberinnen/ vnnd bey den Teufel/fallen in Vertzweiffelung/vnd das schwerdt / damit sie die Diener Gottes erwürget haben/ sticht jhn endlich selbst das Hertze abe.

Reisen der Philister auß dem Lager zu Michmas/1. Sam. 13.

Je Philister hatten sich gelagert zu Michmas/auff dem Gebirge Ephraim / drithalb meile von Jerusalem/gegen Norden / vnd aus dem Lager der Philister zogen 3. hauffen das Land zu verheeren.

Der eine wand sich auff die strassen gen Ephra / vnnd zog von Michmas gen Salem 7. meilen/vnd von Salem gen Ophra/eine meile. Der ander Hauffe zog von Michmas gen Bahoron/3 meilen.

Vnd der dritte Hauffe ist von Michmas nach dem Thal Zeboim gezogen/2. meilen.

Summa/fünffzehende halbe meilen.

Folget

in den Reisen Sauls.

Folget die beschreibung der Stedt und örter.

Er Stadt Salem und Ophra ist vorhin gedacht worden/Denn bey Salem hat Jacob gewonet/ und in der Stadt Ophra hat Gideon/ der fünffte Richter des Jüdischen Volckes/seine wonung gehabt.

Bethoron / Blanckenhausen.

Ober Bethoron und Nieder Bethoron sind zwo Stedte im Stam Ephraim / von Sara Ephraims Tochter gebawet/ 2. Paral 5. Nider Bethoron hat gelegen nicht weit von Emahus zwo meilen von Jerusalem gegen Nordwesten/Und ober Bethorou ligt fünff meilen von Jerusalem gegen Norden. Diese zwo stedte hat auch Salomon gebawet/und gebessert/1. Chron. 9. 2. Chron. 8.

Thal Zeboim/ der König Thal.

Zeboim ist ein Thal gewesen/nicht weit von Jerusalem/ im stam Ben Jamin gelegen/Nehem. 11.

Wie Jonathan/ Sauls Sohn/ gereiset habe.

Aus seinem Vaterland/nemlich / aus der stadt Gibeon / ist er gen Kiriath Jearim gezogen/eine halbe meile / und hat die Philister daselbst aus ihrem Lager geschlagen/1. Sam. 13.

2. Von Kiriath Jearim ist er wider heim gen Gibeon kommen/ein halbe meile.
3. Von Gibeon zog er gen Michmas/zwo meilen / und schlug da mit hülffe seines Waffentregers/die Philister aus ihrem Lager/1. Sam. 14.
4. Von Michmas hat er mit seinem Vater den flüchtigen Feinden nachgeeilet / biß gen Aialon/drey meilen/da hat ihn sein Vater tödten wollen / darumb/ das er ein wenig Honigs gekostet hatte/1. Sam. 14.
5. Von Aialon ist Jonathan mit seinem Vater wider heim gen Gibeon kommen / eine halbe meile.
6. Von Gibeon zogen sie gen Socho und Aseka/ zwo meilen. Da hat David den grossen Riesen Goliath erschlagen/und von wegen seiner Ritterlichen that gewan ihn Jonathan so lieb/ als seine eigene Seele und zog ihm seine Kleider an/1. Sam. 17.
7. Von Aseka und Socho/da David den grossen Goliath erschlagen/ ist Jonathan mit seinem Vater wider heim gen Gibeon kommen / über 2 meilen / und hat angehöret/das die Krawen gesungen haben/Saul hat tausent erschlagen/David aber zehen tausend. Und als König Saul von wegen solches Gesanges dem David sehr spinne feind ward / und Jonathan ihn entschuldiget/ward König Saul so zornig und grimmig/ das er seinen eigenen Son Jonathan schier mit einem spies durchschossen hatte / und Jonathan gieng hinaus für das Thor/und rieff den frommen unschuldigen David/ der sich im Felde verkrochen hatte / küsset jhn mit weinenden Augen/und rieth ihm aus getrewen hertzen / das er von dannen hinweg geben solte. Diß alles ist zu Gibeon geschehen 1. Sam. 18. 19.
8. Von Gibeon gieng Jonathan in die Wüsten Siph/sechsthalb meile/ und tröstet David/ der daselbst verborgen war/und schwur ihm ein Eyd/das er wolte sein Freund sein/ sein leben lang/1. Sam. 22.
9. Von der Wüsten Siph ist er wider heim gen Gibeon kommen / über sechsthalb meilen/ 1. Sam. 23.
10. Und ist darnach mit seinem Vater wider die Philister in streit gezogen / von Gibeon biß auff das Gebirge Gilboa zehen meilen/da ist Jonathan im streit umbkommen/1. Sam. 31. 1. Chron. 11.

Summa dieser Reisen Jonathan/zwey und dreissig meilen.

Wie AbJathar/ des Hohenpriesters Ahimelechs
Sohn/ gereiset habe/1. Sam. 22.

R iiij   Als

Reisen der Philister.

Als Saul die Propheten des HErrn erwürget/ ist Ab Jathar des Hohenpriesters Ahimelechs Sohn mit der flucht davon kommen/vnd ist von Gibeon zu David gen Kegila geflogen/5. meilen/vnd hat jhm seines frommen Vaters/ vnnd der andern Priester/vnschuldigen Todt geklaget. Das gieng David sehr zu hertzen/ vnd hat derwegen den Ab Jathar sein lebenlang bey sich behalten.

Kegila/Ein Gezelt.

Kegila ist ein stadt im stam Juda/ eine meile von Hebron/ gegen Auffgang der Sonnen/vnd 5. meilen von Jerusalem gegen Südwesten. Diese Stadt hat David von den Philistern/die sie belagert hatten/erlöset. So ist auch daselbst Ab Jathar zu David kommen/1. Sam. 22. vnd 23. Zu des Hieronymi zeiten ist es ein klein Dörfflein gewesen/ vnd man hat da des Propheten Habacuc Begrebnis gesehen.

Reisen des König Davids.

1. David ist zu Bethlehem geboren/ ist auch daselbst von dem Propheten Samuel zum Könige gesalbet worden. Vnnd darnach hat jhn sein Vater vber anderthalb meilen gen Gibeon gesandt zum König Saul/ das er für demselbigen solte auff der Harffen spielen/1. Sam. 16.
2. Als Saul wider die Philister in den streit zog/ gieng David wider heim gen Bethlehem/anderthalb meilen/vnd hütet der Schaff seines Vaters/1. Sam. 17.
3. Von Bethlehem gieng David gen Socho vnd Aseka/eine meile/ da hat er den grossen Riesen Goliath erschlagen/1. Sam. 17.
4. Von dannen hat er das Heupt des Philisters Goliath gen Jerusalem gebracht/ vber 2. meilen/1. Sam. 17.
5. Vnd von Jerusalem ist er mit König Saul gen Gibeon gezogen/eine meile/ da sind jhnen die Frawen aus allen stedten entgegen kommen/ die haben mit hoher stimm gesungen/ Saul hat tausent erschlagen/ David aber zehen tausent/1. Sam. 18.
6. Von Gibeon ist David ins Land der Philister gezogen/ drey meilen/ vnnd hat da zwey hundert Philister erschlagen/ vnd durch solche Ritterliche that/ des Königs Tochter zum andern mal zum Ehegemahl erworben/1. Sam. 18.
7. Aus dem Lande der Philister ist er wider gen Gibeon kommen/vber drey meilen/vnd hat mit Mich-l/Sauls Tochter/ Hochzeit gehalten/1. Sam. 18.
8. Nicht lange darnach/ hat David die Philister abermals in einer schlacht daruber gelegt/vnd ist wider heim gen Gibeon zu König Saul kommen. Diese Reise begreifft abermal zum wenigsten sechs meilen/1. Sam. 19.
9. Darnach ist David/den seine liebe Hausfraw Michal zum Fenster außgelassen/ als jn Saul tödten wolt/ von Gibeon gen Arimathia geflohen/ drey meilen/ vnnd hat den Propheten Samuel den gantzen Handel bitterlich geklaget. Solches ist geschehen zu Arimathia/ welche stadt sonsten Rama genent wird/denn daselbst hat der Prophet Samuel gewonet. Vnd als jhm David seine Noth vnnd gefehrligkeit klaget/ führet jhn Samuel an einen heiligen Ort in derselbigen stadt/der hieß Najoth/auff Deutsch/schön vnd hübsch/da pflegte das Volck zusammen kommen/Gott anzubeten. Vnnd als König Saul auch dahin kam/ David zu greiffen/ist er Wahnsinnig worden/vnd hat einen gantzen Tag/ vnnd eine gantze Nacht für Samuel vnd David gesungen/als ob er Weissagete/1. Sam. 19.
10. Darnach ist David wider gen Gibeon kommen/ vber drey meilen/ da hat jhn Jonathan/Sauls sohn/bey dem stein Ezel/welcher war nicht weit von Gibeon/ gegen Mittag/geküsset/vnd jhm gerathen/das er solte entweichen/vnd mit der flucht sein leben retten.
11. Derwegen ist David von Gibeon nach der Priesterlichen stadt Nobe geflohen/ drey meilen/ da hat jhm der Hohepriester Abimelech die Schawbrod vnnd das schwerdt des Philisters Goliaths gegeben. Als solches Doeg der Jdumeer gesehen/ saget ers dem König Saul alles an/vnd erwürget auff desselbigen befehl fünff vnd achtzig Priester des HERRN/ 1. Sam. 21 22.

12. Von

Reisen deß König Davids. 128

12. Von Nobe ist David geflohen nach der Priester stadt Gath / 6. meilen/Doselbst hat sich David gestellet/als wenn er absinnig were/vnd der Geiffer ist jhm in den Bart geflossen/ Vnd das thet David darumb/das jhn der Philister König nicht greiffen solte/1. Sam. 22.

13. Vnd von Gath aus der Philister Lande ist David gen Odollam kommen/vber 6. meilen/vnd hat sich da verborgen in einer Höle / eine meile von Bethlehem / gegen der Sonnen Nidergang/Da kamen seine Eltern vnd Brüder / vnnd alle seine Freundschafft zu jhm / dazu viel andere fromme Leute/vnd David ward jhr Oberster/also / das er bey die 400. Mann bey sich gehabt/1. Sam. 22.

14. Aus der Höle Odollam / biß in das Land der Moabiter / sind 10. meilen/da hat er seinen Vater vnd Mutter dem König der Moabiter trewlich befohlen/das sie bey jhm sicher sein möchten/2. Sam. 22.

15. Vnnd ist auff des Propheten Gaths vermanung wider ins Jüdische Land gezogen/ vnd vber 10. meilen durch den Wald Harad gen Kegila kommen,vnd dieweil die Philister dieselbe stadt belagert hatten/schlug sie David hinweg. Daselbst ist auch der Priester Ab Jathar zu jhm kommen/vnd geklaget/wie Saul 85. Priester des HERRN hette lödten lassen/darunter auch sein Vater Ahimelech gewesen/1. Sam. 23.

16. Von Kegila ist David / weil er sich besorget / Saul möchte dahin komen/ biß in die Wüsten Siph entwichen vber 1. meil/Da ist Jonathan/Sauls Sohn/zu David kommen/vnd hat jhn getröstet/jm auch ein Eyd geschworen/das er sein Freund sterben wolte/1. Sam. 23.

17. Auß der Wüsten Siph biß in die Wüsten Moan 1. meil / Da hat Saul den vnschüldigen frommen David vnd seine 600. Männer vmbgegeben/hette sie auch alle gefangen, wenn jhn der schnelle einfall der Philister daran nicht verhindert hette/1. Sam. 23.

18. Auß der Wüsten Maon nach der Burg Engedi / 9. meilen / Da hat David in einer Höle einen Zipffel von Sauls Rock geschnitten/1. Sam. 24.

19. Von der Burg Engedi ist David nach der Wüsten Pharan gezogen / neun meilen/1. Sam. 25.

20. Auß der Wüsten Pharan biß gen Carmel/ anderthalb meilen / Da hat David den vndanckbaren Nabel tödten wollen der ein rechter Narr war/1. Sam. 25.

21. Von Carmel eine halbe meil/ligt die stadt vnnd die Wüste Siph/da schlieff Saul auff dem Hügel Hachila/vnd David kam heimlich zu jhm ins Lager/vñ nam den Spieß vnd Wasserbrecher von seinem Heupt/vnd wolt jhn gleichwol nicht erstechen/1. Sam. 26.

22. Von dem Hügel Hachila biß zu der Philister stadt Gath/4. meilen/da hat Achis/der Philister König/den lieben David sehr fleissig auffgenommen / vnnd jhm die stadt Ziklag geschencket/1. Sam. 27.

23. Darumb zog David von Gath nach derselbigen stadt Ziklag/3. meilen/ 1. Sam. 27.

24. Von Ziklag ist David etliche mal gegen Mittag gezogen/an die 20. meilen / vnnd hat das Land der Amalekiter verheeret/die in der Wüsten Sur gewonet haben/30. meilen von Jerusalem gegen Südwesten.

25. Auß der Wüsten Sur ist David wider gen Ziklag kommen/vber 20. meilen / vnnd hat ein theil deß Raubes dem König der Philister geschencket/vnd gesagt / Er hette solche Beute auß dem Jüdischen Lande/von den Kindern Israel geholet.

26. Von Ziklag ist David mit den Philistern wider König Saul in streit gezogen biß gen Sunem/22. meilen/da haben die Philister bey den stedten Jesreel/Sunem vnd Apheck jhr Feldlager auffgeschlagen/vnd David nicht getrawen dürffen/1. Sam. 29.

27. Derwegen ist David aus dem Lager der Philister von Apheck vnnd Sunem wider heim gen Ziklag gezogen/22. meilen/1. Sam. 29.

28. Bey der Stadt Ziklag / die von den Amalekitern in Davids abwesen war verwüstet vnd außgebrandt worden / ist gewesen ein Bach Besor / da fand David einen Egyptischen Mann/der muste jhn dahin bringen/da die Amalekiter jhr Lager hatten. Vnd dieweil sie gar sicher waren hat sie David vberfallen/vnd in die flucht geschlagen / 1. Sam. 30 Wie weit aber die Amalekiter von der Stadt Ziklag jhr Lager gehabt/wird in heiliger Schrifft nicht außgedruckt.

29. Dar-

Reisen deß König Davids.

29. Darnach ist David wider gen Ziglag kommen/vnnd hat die Stadt wider gebawet/ vnnd Geschencke gesand allen vmbligenden siedten im stam Juda/Vnnd als er gehöret / das Saul vnd Jonathan im streit vmbkommen waren / hat er jhren Todt bitterlich beweinet/1. Sam. 30. 2. Sam. 1.

30. Von Ziglag ist David gen Hebron gezogen / 4. meilen/da haben jhn die Kinder Juda zum Könige erwehlet/Vnd David hat zu Hebron regieret 7. Jar vnnd 6. Monden/ hat auch von dannen vber 19. meilen Boten gesand/biß gen Gabes in Gilead / vnnd den Bürgern daselbst fleissig dancken lassen / das sie den Leichnam deß Königs Sauls begraben hatten/2. Sam. 2. 1. Chron. 12.

31. Von Hebron ist David mit seinem Kriegsvolck gen Jerusalem gezogen / sechsthalb meil/vnd hat die stadt mit stürmender Hand gewonnen / die Jebusiter daraus vertrieben/vnd auff dem Berge Sion die stadt/David gebawet / die Millo, das ist / die völle oder Vollkommenheit genent ward / das da alles dings die fülle vnd vberfluß gewesen. Item/David hat auch daselbst auff dem Berge Sion für sich selbs ein Cedern Hauß gebawet / zu der behuff/ hat jhm der König von Tyro/vber 26. meilen/auß dem Walde Libano Cedern bewme gesand/ 2. Sam. 5. 1. Chron. 12.

32. Das Thal der Giganten ligt von Jerusalem drey viertel meilen / auff der strassen/da man gen Bethlehem gehet/da hat David die Philister vbertwunden. Darumb ist das Ort Baalphrazim/das ist/Baals zerreissung genent worden/ weil die Philister dar zu torem gerissen/2. Sam. 5. 1 Chron. 15.

33. Auß dem Thal der Giganten kam David / als er die Feinde auß dem Felde geschlagen/wider heim gen Jerusalem/ober 1. meil/2. Sam. 5. 1. Chron. 15.

34. Vnd als die Philister zum andern mal wider David zu Felde gezogen/ vnd sich abermal lagerten im Thal der Giganten/da zog David gegen sie / Vnd als er höret das rauschen deß HErrn auff den Wipffeln der Maulbeerbewme / griff David die Feinde an bey der stadt Geba/die sonsten Kiriath Jearim/auff Delitsch/der Wechter stadt genent wird/vnd ligt von Jerusalem ein halbe meile / gegen der Sonnen Nidergang/da hat David die Philister zum andern mal aus dem Felde geschlagen/2. Sam. 5. 1. Chron. 12.

35. Vnd hat den flüchtigen Feinden nachgejaget von Geba/das ist / von Kiriath Jearim an/biß gen Gaser vierdthalb meil/2. Sam 5. 1. Chron. 15.

36. Von Gaser ist David wider gen Jerusalem kommen/ vber 4. meilen.

37. Darnach hat David versamlet alle Fürsten vnd Priester/ vnnd alle junge Manschafft in Jsrael/dreissig tausent/die woneten von dem Wasser Sechor an / biß an die stadt Hemath oder Antiochia in Syria/auff 88. meilen. Alle diese junge Manschafft/die man auff den 88. meilen fand/ließ David gen Jerusalem foddern / vnnd zog mit denselbigen gen Kiriath Jearim/ein viertel einer meilen von Jerusalem/vnd nam mit sich alle Fürsten vnd Priester/die Lade Gottes gen Jerusalem zu holen/2. Sam. 6. 1. Chron. 14.

38. Von Kiriath Jearim ist David wider gen Jerusalem kommen/ vber ein viertel einer meilen/Vnd als die Lade Gottes auff einem newen Wagen geführet ward / vnd der Gottlose Vsa der kein Priester war/sie antastet/ward er von Gott geschlagen / das er eines gehen Todes starb. Da besorget sich David / das jhm nicht auch deßgleichen begegnen möchte/wenn er die Lade Gottes mit sich gen Jerusalem in die stadt Davids brechte / vnnd ließ sie derwegen bringen in das Hauß ObedEdom des Gathiters / der ein sehr Gottfürchtiger Man war vnd nicht weit von Jerusalem auff einem Vorwercke wonet / wie bey vns der Adel seine wonung im Felde hat/2. Sam. 6. 1. Chron. 14.

39. Als aber David höret/das Gott das Hauß ObedEdom segnet vmb der Lade Gottes willen/ist er noch einmal aus der Stadt Jerusalem gezogen / ohn gefehr ein halb viertel einer meilen/biß in das Hauß ObedEdom/die Lade Gottes gen Jerusalem zu holen / 2. Sam. 6. 1. Chron. 16. Etliche haltens dafür / dieser ObedEdom habe zu Jerusalem in der Vnterstadt/auff dem Berge Aera/gewonet / vnnd David habe die Lade GOttes von dann auff den Berg Sion/in seine stadt David gebracht. Aber die erste meinung ist der Warheit ehnlicher.

40. Als

Reisen deß König Davids.

40. Als Priester Gottes die Laden gen Jerusalem trugen/ tantzte David für dem HERren her/ in einen leinen Leibrock/wie die Priester pflegten zutragen/ vnd schlug auff der Harffen/Vnd als sie gen Jerusalem zu der stadt David kamen/stücket die Königin Michal Sauls Tochter/zum Fenster aus/vnd verachtet jhren Herrn König David in jrem Hertzen/ darumb das er also tantzte im Priesterlichen Kleide/ vnd auff der Harffen spielte/ 2. Sam. 6. Vnnd als David in seinem Cedern Hause zu Jerusalem auff dem Berge Sion wonete/ vnnd guten friede hatte/da schicket Gott den Propheten Nathan zu jhm/ vnd thut jm die verheissung/das der HErr Christus der Sohn Gottes von jhm solte herkommen vnd geboren werden/ Darumb stund David elend auff/vnd gieng hin zu der Laden Gottes/ vnd fiel da für dem HErrn nider/vnd dancket jhm/vnd hat alda also bald die aller schönsten Psalmen vom HErrn Christo gemacht/2. Sam. 7. 1. Chron. 18. Psalm 16. 22. 28 45. 62. 69. 72. 89. etc.

41. Von Jerusalem ist David darnach ins Land der Philister gezogen/ vnd hat jhre stadt Gath/die neundehalb meil von Jerusalem ligt/mit stürmender hand gewonnen/1. Chron. 19.

52. Vnd ist wider heim gen Jerusalem kommen/neundehalb meilen/2. Sam. 8.

43. Von Jerusalem zog David wider ins Land der Moabiter /6. meilen / Vnd als zwey theil von jrem Kriegs volck zu boden geschlagen/machet er sich das vbrige Volck zinsbar/ 2. Sam. 8 1. Chron. 19. Vnd kam wider gen Jerusalem vber 6. meilen.

44. Darnach zog David mit grosser Heerskrafft ins Königreich Zoba/ das von Josepho Sophena genent wird/vnd ligt bey Armenia/ bey den Bergen Masio vnd Antitauro, anderthalb hundert meilen von Jerusalem gegen Norden. Da hat David den HadadEser König zu Zoba oder Sophena in einer grossen Feldschlacht vberwunden/ vnnd tausent Wagen/7. tausent Reuter/vnd zwantzig tausent Mann zu Fusse gefangen/ vnnd alle Wagen hat er mit Fewer verbrand/außgenommen 100. die hat er für sich behalten/ vnd ist im Lande Zoba oder Sophena herummer gezogen/vnd alle Stedte vnd Dörffer eingenommen vnd verwüstet/vnd hat reiche Beute vnd grossen schatz daraus genommen/von Golde/Silber vnnd Ertz/ das von wegen seiner schönheit dem Golde gleich geschetzet ward/denn Josephus schreibet/ hat König Salomon aus demselbigen Ertz das gegossen Meer im Tempel machen lassen.

45. Vnd als Adad, König zu Damasco/mit grossem Kriegsvolck auszog/dem König HadadEser zu helffen/zog David wider jhn/vnd griff jn an am Wasser Euphrate/vnd schlug da zwey vnd zwantzig tausent Syrer zu todt. Also hat David sein Königreich erweitert/ biß an das Wasser Euphraten/anderthalb hundert Meilen von Jerusalem gegen Norden/2. Sam. 8. 1. Chron. 19.

46. Mit solcher herrlichen Victoria vnd vberwindung/ führet David sein Kriegsvolck wider hinder sich/auff Syrien zu. Da sandte Thoi der König von Hemath oder Antiochia seinen Sohn Joram dem König David vnter augen / mit köstlichen Gaben vnd Kleinoten von Silber/Gold vnd Edelgesteinen/den hat David gütlich gehöret/ vnnd die köstlichen Gaben in gnaden von jhm angenommen/vnd ist mit seinem Kriegsvolck alsbald auff die stadt Damascum gezogen/vnd hat da im Seltzthal 18. tausent Syrer erschlagen/ vnd die stadt Damascum mit grosser macht gestürmet vnd gewonnen/vnd Kriegsvolck darein gelegt. Es ligt oder die stadt Damascus vom Königreich Sophena 100. vnd dreissig meilen.

47. Von der stadt Damasco führet David sein Kriegsvolck auff die Ammoniter/ die 25. meilen von Damasco wonen / auff der strassen / da man von Damasco gen Jerusalem reiset/da hat David viel stedt vnnd Dörffer der Kinder Amaton geplündert/ verwüstet vnnd außgebrand/vnd sich also die Ammoniter vnterthenig gemacht/2. Sam. 8.

48. Vnd ist darnach vber 25. meilen wider heim gen Jerusalem kommen/vnnd hat da viel tausent Pfund Goldes vnd Silbers/das er mit sich gebracht, dem HERRN geheiliget vnnd geopffert/1. Chron. 16.

49. Darnach zog David in das Königreich Idumea/vnd machet sich das gantze Land zinstbar vnd vnterthenig/ nam auch ein die Königliche stadt Midian/ die da ligt am rothen Meer/ 40. meilen von Jerusalem gegen Mittag.

Also hat König David sein Königreich erweitert biß an dz rote Meer gegen Südenwerts. Hieraus ist nu offenbar/das sich König Davids herrschafft erstrecket hat nach der lenge/ von dem roten Meer an/biß an das Königreich Sophena / auff 400. Meilen/ vnnd in die breite von habe.

Wie König David sein Reich so reich erweitert habe.

131   Reisen deß König Dauids.

von Tyro vnd Sydon an biß auff Damascum/ an die 30. meilen. Also ist Dauid ein sehr reicher vnd mechtiger König worden/ 2. Sam. 8. 1. Reg. 11. 1. Cron. 19.

50. Aus Joumea von der Königlichen Stadt Midian ist Dauid wider heim gen Jerusalem kommen / vber 40. meilen.

51. Nicht lange darnach/ hat Nahas der Ammoniter König/ Dauids Legaten gehönet/
vnd jhnen den Bart vnd Kleider halb weg schneiden lassen / vnd sie also wider zu Dauid gen
Jerusalem gesand/ hat auch ein groß Kriegsvolck gedinget/ aus Sophena / Syria / vnd Mesopotamia / wider König Dauid zu streiten. Aber König Dauid zog jhnen mit grossem Krieges volck entgegen vber den Jordan, vnd griff sie an bey dem Jordan / 5. meilen von Jerusa-
lem/bey der Stadt Helam/da hat Dauid 700. Wagen / vnd vierzig tausent Reuter zu boden
geschlagen/ 2. Sam. 10. 1. Chron. 20.

52. Nach solcher herrlichen Victoria vnd vberwindung / ist König Dauid vber 5. meilen
wider heim gen Jerusalem kommen/ vnd hat sich seines Glücks erhaben / seiner vorigen Andacht vnd Gottes furcht vergessen / vnnd sich zur Wollust vnd Hoffart begeben / vnnd seinen
Feldheuptman Joab aufgesand/ der Ammoniter Stadt Rabba zu belagern/ vnd er mitler weile blieb zu Jerusalem. aß vnd tranck/ vnnd lebet in Wollüsten / hielt auch gemeinlich Mittags
ruhe/ stunde denn gegen den Abend auff von seinem Ruhebettlein / vnnd gieng spatzieren auff
dem Dach seines Königlichen Hauses/vnd sahe zu / was für frembde / lust vnd kurtzweil in der
Stadt Jerusalem getrieben ward / Das ther er so lange / biß das er durch die schönheit der
Bathseba in vnordentlicher Liebe entzündet ward/ vnnd ließ sich jhre schönheit so gar einnemen vnd bethören, das er an jhr zum Ehebrecher/vnd an jhrem Eheman / dem frommen vnd
getrewen Uria/ zum schendlichen Meuchelmörder ward/ 2. Sam. 11.

53. Darnach versamlet Dauid sein Kriegsvolck / vnd zog vber 16. meilen biß zu der Ammoniter Stadt Rabba/ die hernach Philadelphia ist genent worden. Dieselbe Stadt hat Dauid mit grosser macht gestürmet vnd gewonnen / vnnd nam die gülden Kron jhres Königs/ die
mit Edelsteinen/vnd insonderheit mit einem grossen Sardonich / recht in der mitte gezieret
war/wie Josephus schreibet / vnnd ist König Dauid auff sein Heupt gesetzt worden. Diese
Kron hat am Gewicht ein Talent oder Zentner Goldes gehabt / Derwegen ists gleublich/
das sie der König nicht getragen hat / sondern das man jhn allein damit hat pflegen zu Krö-
nen/wenn er ist König worden.

2. Sam. 12.
Talentum/
Der Hebreer
sche Zentner
Goldes thut
sechs tausent
Vngerische
Goldgülden

54. Von Rabba ist Dauid wider heim gen Jerusalem kommen/ vber 16. meilen / vnd hat
da müssen den elenden Tag erleben / das jhm seine Tochter Thamar von jhrem eigen Bruder
Ammon genotzüchtiget vnd beschlaffen war/ 2. Sam. 13.

55. Vnd als darnach Dauid von seinem eigen Sohn Absolon auß seinem Königreich
vertrieben ward/da gieng er vber den Bach Kidron/ nach dem Oleberg / welcher 5. Stadien/
das ist / ein wenig mehr als ein halb viertel einer meilen von Jerusalem gelegen / gegen Auffgang der Sonnen, daselbst ist auch hernach der HERR Christus im Garten bey dem Hoffe
Gethsemane gefangen.

56. Von dem Oleberg gieng Dauid gen Bahurim/ eine halbe meile/ da hat jhm der Gottlose Simei/ vom G. schlechte Saul/ gefluchet/ 2. Sam. 16.

57. Von Bahurim zog Dauid biß an den Jordan/ dritthalb meilen / da sind die Priester/
Jonathan vnd Ahimaaz zu jhm kommen/ vnd haben jhm angezeiget/ was Ahitophel dem Absolom für bösen rath gegeben hette/ 2. Sam. 17.

58. Derwegen führet König Dauid sein Kriegsvolck/ das er bey sich hatte/ eilend vber den
Jordan vnd kam gen Bethabara/da der HERR Christus hernachmals ist getaufft worden/
4. meilen von Jerusalem gegen Nordosten.

59. Von Bethabara ist Dauid nach der Priesterlichen Stadt Mahanaim gezogen / 7.
meilen/vnd hat sich da gesterket wider seinen vngehorsamen Sohn Absolom. Nicht weit von
dieser Stadt ist auch Absolon im Walde Ephraim / da vorzeiten Jephtha die Ephraemiter
vberwunden/ Jud. 12. an einer Eichen hangen blieben / vnnd der Feldheuptman Joab hat jhn
drey Spiesse durchs Hertz gestochen/ 2. Sam. 17.

60. Als Dauid in der Stadt Mahanaim seines Sohns Absoloms Todt bitterlich bewei-
net/ vnd von Joab darüber hart gestraffet ward/ zog er von dannen wider heim gen Bethabara, 7. meilen.

Da

Reisen deß König Davids. 132

60. Da sind Siwei / Siba / Mephiboset vnd andere gute Leute zu David kommen / das sie jhn vber den Jordan füreten / 2. Sam. 19.

61. Von Bethabara zog David vber den Jordan / vnd kam gen Gilgal / ein meil / 2. Samuel 19.

62. Vnd von Gilgal kam David wider gen Jerusalem vber 3. meilen / vnd sandte Abisa / Joabs Bruder aus / wider den heilosen Man Seba / den Son Bichri / der von jhm abgefallen war / vnd ein Auffruhr angerichtet / wider König David / 1. Sam. 19. vnd 20.

63. Von Jerusalem gieng David gen Gabes in Gilead / 13. meilen / vnd ließ die Gebeine des König Sauls vnd seines Sons Jonathan / die daselbst begraben waren / wider auffgraben / 2. Sam. 21.

64. Von Gabes in Gilead / hat David die todten Gebeine deß König Sauls vnd seines Sons Jonathans / gen Gibeon ins Land BenJamin gebracht / vber 13. meilen / vnd daselbst begraben lassen / 2. Sam. 21.

65. Von Gibeon kam David wider heim gen Jerusalem / vber 1. meil.

66. Darnach ist David abermal im streit gezogen wider die Philister / vnd als er die Feinde angriff bey der Priesterlichen Stadt Nob oder Nobe / welche ligt 3. meilen von Jerusalem in den Grentzen der Philister / vnd deß Stams Dan / machet sich der grosse Riese Jesbi vnter den König David / vnd wolte jhn haben zu todte geschlagen / Aber Abisai / Joabs Bruder / schlug den grossen Riesen zu todt / vnnd rettet den König David sein leben / 2. Sam. 21. 1. Chron. 21.

67. Darnach kam David wider gen Jerusalem / vber 3. meilen / vnd als er das Volck hatte zelen lassen / vnd seinen Son Salemon zum König gemacht / ist er seliglich gestorben / vnd zu Jerusalem auff dem Berge Sion / in der Stadt David begraben worden / 2. Sam. 23. 1. Reg. 1 2. 1. Chron. 74. 30.

Summa aller Reisen des König Davids / 805. meilen.

Folget nun die Beschreibung der Städt vnd Örter.

Die Städt Sochot / Asska / Gibeon / Nobe / Siph / Meon / Engedi vnd Carmel / sind vorhin bey Sauls Reisen gnug erkleret worden / ist derwegen ohne noth solches an diesem orth zu widerholen. So sind auch die Städte Arimathia / Gath / Odolam vnd Kegila vorhin beschrieben worden. Denn zu Arimathia hat Samuel gewonet / zu Odolam hat der Ertzvater Juda ein Weib genommen / Gen. 38. vnd zu Kegila ist AbJathar deß Priesters Abimelechs Son / zu David kommen / 1. Sam. 22. 23. 1.Sam.1.

Pharan / Grünzweig.

Die Wüste Pharan / darin auch Jsmael Abrahams Son gewohnet hat / ligt von Jerusalem 7. meilen gegen Süden / vnd hat den Namen von der Stadt Pharan / die da ligt im steinigten Arabia / 26. meilen von Jerusalem gegen Mittag.

Ziklag / Runden.

Ziklag ist ein Städtlein im Stam Juda am Bach Besor / 10. meilen von Jerusalem gegen Südwesten gelegen / nicht weit von der Philister Stadt Gaza. Zu des heiligen Hieronymi zeiten ist es ein klein Dörfflein gewesen / aber zu Davids zeiten war es eine feine Stadt. Achis der Philister König / hat sie David geschencket / 1. Sam. 27. vnd als sie in Davids ab- 1. Sam. 16. wesen durch die Amalekiter mit fewr verbrand ward / hat sie David wider gebawet. Genes. 25.

Sur / Pastey.

Sur heist ein Pastey oder Bolwerck / vnnd eine Wüste im Steinigten Arabia / vnd strecket sich von den Grentzen des Jüdischen Landes / biß an das rote Meer / vnd an Egypten. Sur significat propugnaculum, nam desertum. Sur fuit propugnaculum Egypti.

Sinnem / Purpurfarbe.

Sinnem heisset so viel als Purpurfarbe / oder Scharlachenrot / wie der heilige Hieronymus anzeiget / vnd ist eine Stadt im Stam Jsaschar / 12. meilen von Jerusalem gegen Norden. In dieser Stadt hat hernach der Prophet Elisa seiner Wirtinnen Son vom tode
erweckt

Beschreibung der Städt vnd örter.

erwecket/ 2. Reg. 4. Auß dieser Stadt ist auch bürtig gewesen/ die schöne Jungfraw Abisag von Sunem/ die bey König Dauid geschaffen/vnd in in seinem Alter gewermet hat/ 1. Reg. 1.

Apheck/ Streitig.

Je Stadt Apheck ligt 11. meilen von Jerusalem gegen Norden/ eine halbe meil von Jesreel/ da haben sich die Philister gelagert/ wider Saul zu streiten/ 1. Sam. 29. eben an dem ort da vorzeiten Ophni vnd Pinehas im streit vmbkommen/ vnnd die Lade Gottes genommen worden/ 1. Sam. 4.

Gaser/ Zwiespalt.

Aser ist eine Stadt an den Grentzen der Philister/ nicht weit von Ekron/ vnd hat gelegen 4. meilen von Jerusalem gegen Sonnen Nidergang. Das Dauid seinen Feinden den Philistern nachgejaget habe biß an die Stadt/ ist offenbahr auß dem andern Buch Samuelis am 5. Capittel.

Sichor/ Schwartz.

Jchor ist ein Wasser in der Wüsten Sur/ das bey der Stadt Rhinocrura in das grosse Mittelmeer der Welt fleust/ 18. meilen von Jerusalem gegen Südwesten. Diß Wasser wird auch sonsten Rhinocrurus genant.

Bahurim/ Außerkorn.

Sebastian Franck. Bernhard von Breitenbach.

Ahurim ist ein Städtlein im Stamm Ben Jamin/ drey viertel einer meilen von Jerusalem gegen Nordosten. Biß an diese Stadt hat Paltiel seiner Frawen Michal nachgefolget vnd geweinet/ als er sie Dauid wider zustellen muste/ 2. Sam. 3. Item auß der Stadt Bahurim ist der Gottlose Simei dem König Dauid entgegen kommen/ vnd hat in mit Steinen vnd Erdklümpen geworffen/ vnd jhn gefluchet/ 2. Sam. 16. Die Stadt Bahurim ist zu vnser zeit ein schönes Schloß/ auff einem hohen Berge gelegen / vnter demselbigen Schloß im Thal gegen Orient / ist der Stein Bohen des Sons Ruben / vnd scheinet Marmor sein. Dieses Steins wird auch gedacht / Jos. 15.

Mahanaim/ Heerlager.

Jn der Stadt Mahanaim/ da vorzeiten die lieben Engel Jacob begegnet sind / Item da auch Absalon am Bawm ist behangen geblieben / ist vorhin bey den Reisen deß Patriarchen Jacobs geschrieben worden. Sie ligt von Jerusalem 11. meilen gegen Nordosten.

Geistliche bedeutung deß Königs Dauids.

1. Sam. 16.

Auid heist lieb/ der für Gottes Angesicht lieb vnd werd ist / Also hat auch Gott gefunden einen Mann nach seinem Hertzen / Nemlich / seinen lieben Sohn Jhesum Christum / wie er selbst vom Himmel schreyet: Das ist mein lieber Sohn/ an dem ich ein wolgefallen habe/ Luc. 3.

Luc. 2.

Dauid ist zu Bethlehem geboren/ Also auch der HErr Christus/ ward zu Bethlehem von der Jungfrawen Marien geboren/ vnd ist der rechte Erbhirte der seines Himlischen Vaters Schäfflein weidet mit dem Hirtenstabe / Nemlich/ mit dem Gesetze Gottes / vnd lest daneben die Harffen/ das ist/ die süsse Predigt des Euangelij klingen / damit er seine Schäfflein sein freundlich zu sich locket. Bald kommen die zwey grimmigen Thier / Nemlich / ein Löw vnd schwartzer Beer/ das ist/ Todt vnd Teuffel / erhaschen die Schäfflein vnd wollen sie fressen / Aber der HErr Jesus Christus der rechte Dauid / tritt hinzu/ lest sein leben für die Schaffel erwürget Todt vnd Teuffel/ vnd reisset die Schäfflein wider auß jrem Rachen.

Matth. 3.

Item/ Johannes der Teuffer/ welcher mehr ist als der Prophet Samuel/ hat diesen Dauid vnsern HErrn Christum / im Jordan getaufft / vnnd jhn also mit dem Wasser der heiligen Tauffe zum Könige gesalbet / Ja Gott der Himlische Vater / hat jhn mit dem Frewdenöle / Nemlich mit dem heiligen Geist vom Himmel herab gesalbet / Psalm. 45. Esa. 61. Luc. 3.

Bald darauff hebet der HErr Christus an zu Predigen / vnd als ein rechter Dauid / vertreibet er mit der wolklingenden Harpffen/ Nemlich / mit der Predigt deß heiligen Euangelij den leidigen Teuffel/ der noch heutiges Tages König Saul vnnd die Gottlose Welt vnruig

Geistliche bedeutung des Königs Davids.   134

vnruig machet/Da wird der Teuffel erst recht ergrimmet/ vnd scheust nicht allein den Spieß nach David/zielet auch allein nicht auff jhn mit gifftigen Worten/ sondern der grosse Riese Goliath/das ist/die gantze weite Welt tritt herfür mit voller rüstung/ mit Schwertern vnnd mit spiessen/ vnnd wil den kleinen David/den HErrn Christum gar zu bodem schlagen. Aber der HErr Christus begegnet jhr nicht mit schwertern vnd spiessen/ sondern mit dem Hirtenstabe vnd Schleuder/ nemlich mit dem Gesetz Gottes/ vnnd mit seinem krefftigen Worte/ schmeist er den grossen Riesen Goliath die gantze weite Welt zu boden/ vnd erwürget sie mit jhren eigen Schwert. Eben das Schwert / damit sie Christum vnd das Volck Gottes verfolgen/muß durch jhren eigen Hals gehen/vnd müssen also in jhrer Sünde / als in jhrem eigen Schwert sterben.

Also hat der streitbare David/ der HErr Christus / drey gewaltige Feinde vberwunden / Erstlich den reissenden Lewen / welches ist der grimmige Todt / Zum andern / den schwartzen Beeren / den leidigen Teuffel/ Vnd zum dritten/ den grossen Goliath/das ist/die gantze weite Welt/ Vnd solche Feinde zu vberwinden / hat trawn grosse gefehrligkeit/ mühe vnd arbeit gekostet/ Denn da hat sich eine verfolgung vber die ander / wider den frommen vnschüldigen David erhaben. Erstlich Herodes der Blutdürstige Tyrann/ist der rechte Doeg der Jdumeer/ der den vnschüldigen David / dem HErrn Christo verrähterlich nachstellet / die Priester deß HErrn/ Hyrcanum vnd Aristobolum/ Item/die zwey vnd siebentzig Eltesten der Jüden mit dem Schwert erwürget. Vnd die Priesterliche Stadt Nobe hat fürgebildet das Stedtlein Bethlehem/darin der rechte Hohepriester/der HErr Christus ist geboren worden. Denn gleich wie die Seugenden vnmündigen Kindlein zu Nobe/ vnd Davids willen sterben mussten/also haben auch die vnschüldigen Kinder zu Bethlehem / vmb deß HErrn Christi willen sterben müssen. Solch Blutbad hat der arge Doeg der Jdumeer/nemlich/Herodes angerichtet/der auch ein Jdumeer gewesen.

Hernach ist auch David je lenger je mehr/ vom König Saul verfolget worden/ biß in den Todt/ kont auch nirgend für jhm sicher sein/sondern muste sich verkriechen in die Löcher der Erden. Dem Sohn Gottes gieng es noch viel erger/ wie er selbst klagt/ Matth.8. Die Vogel vnter dem Himmel haben jhren Nester/vnd die Füchse jre Gruben/aber deß Menschen Sohn hat nicht da er sein Heupt hinlegt.

David hat seine Eltern vnd Brüder /vnd ein kleines heufflein armer verlassener Leute bey sich gehabt/die musten sich mit jhm hin vnd wider in der Wüsten Siph vnd Engedi verkriechen vnd verstecken. Also ist die Christliche Kirche ein kleines vnd geringes heufflein das allenthalben vntergedrücket vnd verfolget wird/kan auch schier nirgend mit frieden bleiben / wird darzu allenthalben/ von den reichen Narren vnd Geitzhelsen/ jhre Güter vnd Zehenden beraubet. Aber solche Schelmen wurden auch, alsbald gleich wie Nabal/ durch die Handt Gottes gerüret vnd hingerichtet werden/wenn die liebe Abigail/die heilige Christliche Kirche/ dem lieben David/vnserm HErrn Christo/mit jhren süssen worten/ nicht vnter Augen gienge/ vnd den grimmigen zorn Gottes lindert / vnd für jhr Gottlose Obrigkeit/der sie vnterwerffen ist/ nicht betete. 1. Sam.15.

Saul hat auch den frommen David in der Wüsten Moan vmbringet/ vnd hette jhn 1. Sam.23. mit allen seinen Mennern gefangen/ wenn jhn Gott nicht hette wünderlich davon geholffen. Also ist auch der HErr Christus etliche mal von den Jüden vmbringet zu Nazareth / Luc. 4. vnd zu Jerusalem im Tempel/ Johan. 10. Aber er gieng mitten durch sie hinweg / vnd konten jhn nicht greiffen/denn seine zeit war noch nicht kommen/ Johann. 7. 8.

Vnd ob wol der HErr Christus/als der rechte David den Gottlosen Saul/nemlich die 2. Sam. 5. Rattenkönige auff Erden/vnd alle Tyrannen bald hinrichten könte / so wil er doch gleichwol solchs nicht thun/ sondern es ist jhm gnug/ wenn er allein seine Vnschuld vnd Gerechtigkeit so türlich darthut/das sie an jm müssen zu schanden werden/vnd sich in jr Hertze schemen/als denn lest er sie immer hinwülten/biß sie entlich in jhren eigen Schwertern vnd Sünden sterben.

Darnach hat auch David noch viel andere Feinde gehabt / nemlich seinen eignen Sohn Absalon/der jhm nach Leib vnd Erden stund. Also haben die Jüden / als vngehorsame Söhne jhren eignen Schöpffer/vnd ewigen Vater den HErrn Christum/ biß in den Todt verfolget/ vnd jhn für keinen König erkennen wollen/ wie auch der HErr Christus selber darüber klagt /

S ij   Jesai.

138 Geistliche bedeutung deß König Dauids.

Jesaie 1. Ich habe Kinder auffertzogen vnd erhöhet/vnd sie seind von mir abgefallen.

2.Sam. 15. Vnd gleich wie Dauid als er für seinen Sohn Absalon floh/ mit betrübtem Hertzen vber den Bach Kidron an den Oelberg gieng. Also auch/ ist der HErr Christus/ zu der zeit seines bittern Leidens in grosser trawrigkeit/vber den Bach Kidron zu den Oelberg gegangen/ vnd hat da für grosser Angst Blut geschwitzet. Ja gleich wie Könih Dauid/der aus Jerusalem gieng/sich in den willen Gottes ergab/vnd zu dem Hohenpriester Zodack sprach: Bringet die Lade Gottes wider in die Stadt/ Werde ich gnade finden für dem HERrn/ so wird er mich wider holen das ich sie sehen möge/ spricht er aber also: Ich habe nicht lust zu dir/ Siehe/hie bin ich/ er machs mit mir wie es jhm wolgefelt, Also hat sich auch der HErr Christus in den willen Gottes seines Himlischen Vaters ergeben/ vnd gesprochen: Vater/ wiltu so nim die sen Kelch von mir/doch nicht mein/ sondern dein Wille geschehe.

2. Sam. 16. Mitler weile hat Ahitophel/ nemlich/der arge Verräther Judas/ dem vngehorsam Absalon/ das ist/dem Jüdischen Volcke/ in der Stadt Jerusalem/ einen bösen gifftigen Rath geben/ wie sie dem HErrn Christo nachfolgen/vnd jhn greiffen solten. Vnd von wegen solcher Verrätherey hat auch Judas seine rechte gebürliche Straffe empfangen/ denn er hat sich gleich wie Ahitophel selbst auffgehangen.

2. Sam. 16. Weiter so ist auch das fleissig zu mercken/ Gleich wie Dauid in seinem grössesten leiden/ von dem Gottlosen Simei gelestert vnd bespottet ward. Also ist auch der HErr Christus in seinem grössesten Leiden von den Gottlosen Jüden noch dazu bespottet vnd gelestert worden, Doch aber war der HErr Christus sein gedultig/ vnnd bad für seine Feinde/ Vater vergib jhnen/ denn sie wissen nicht was sie thun. Gleich wie auch Dauid/gleicher Gestalt für den bösen Buben Simei/ Item/für seinen vngehorsamen Sohn Absalon gebeten hat/ das man jhn solt leben lassen. Also sihet man nu/ wie Saul/ Doeg/Ahitophel/ Absalon vnd Simei/ mit dem lieben Dauid die Passion gespielet vnd agirt haben/114. Jar zuuor/ehe der HErr Christus auff diese Welt geboren ward.

Aber gleich wie der liebe Dauid/ in solchem grossen leiden seine getrewe Diener/ die bey jhm bestendig blieben/ vber den Jordan geführet hat/in die Stadt Mahanaim/das heist Heerlager. Denn da sind vorzeiten die reinen Engel mit grossen Heerscharen dem Patriarchen Jacob begegnet/ Gen. 31. Also bringet vns auch der HErr Christus durch sein bitter Leiden in den fröhlichen Himmel/ das ist das rechte Heerlager/ da die Heerscharen der lieben Engel sind/ dargegen müssen alle Gottlose Buben mit Absalon zum Teuffel faren. Der HErr Christus aber kömpt gleich wie Dauid/ der wider gen Jerusalem in sein Königreich geführet ward/ widerumb zu allen seinen vorigen ehren/auffstehet von den Todten/ vnd feret mit grossem gepreng in einer lichten Wolcken gen Himmel/ vnnd regieret da/ als ein Allmechtiger König jmmer vnd Ewiglich/da wird jhn kein Auffrührischer Seba/Retzermeister/Türck/oder einig Tyrann herab reissen können.

Er sitzet auch daselbst nicht müssig/ sondern hat fleissig acht auff seine Kirchen vnd Gemeine/ vnd streitet insonderheit gegen die falschen Lehrer/ Werckheiligen vnd Sacraments schwermer/das sind die rechten Jesuiter/ das ist/Zertreter/die Gottes Wort vnd sein heiliges Blut mit Füssen treten/ vnnd dagegen jhre blinde Vernunfft vnd Lame Götzen ehren 2. Sam. 5. Dieselben Jesuiter muss der HErr Christus noch auff den heutigen Tag aus seiner Kirchen vnd Gemeine treiben.

Vber das bawet auch der HErr Christus auff dem Berge Sion/ Nemlich/ oben im Himmel die Stadt Dauid/ das newe Jerusalem/ vnd bereitet vns die Städte da wir Ewiglich wonen sollen. Dieselbe Stadt Dauid/ das newe Jerusalem/ mag billig Willo/ das ist/ die fülle vnd vberfluß heissen/ denn da werden wir alles dinges die fülle vnnd vberfluß haben. Dagegen müssen alle Amoniter vnnd Gottlose Völcker/ die des frommen Dauids/ deß HErrn Christi Boten vnd Prediger schmehen vnd hönen/ vnd die süsse Predigt deß Euangelii außschlagen/ vnd nicht annemen wollen/in Fegeloffen/das ist/im Hellischen Fewer ewiglig brennen/2. Sam.9. 12. Matth. 25.

Reisen deß Abners/ der ein Feldheuptman deß Königs Sauls gewesen ist.

Abner

Reisen des Feldheuptmans Abners.

ABner ist mit seinem Herrn König Saul / von Gibeon nach der Wüsten Siph gerei=
set / sechstehalb meilen. Da hat David den Wasserbecher vnd Spies / von Sauls
Heupt genommen / vnd den Abner sehr hefftig gestraffet / darumb / das er geschlaffen /
vnd seinen Herrn / den König Saul / nicht besser bewachet hette / auch die Wacht nicht fleissig
gnug bestellet / 1. Sam. 26.

2. Aus der Wüsten Siph / ist Abner mit seinem Herrn König Saul / wider gen Gibeon
kommen / sechstehalb meilen / 1. Sam. 31.

3. Von Gibeon bis auff den Berg Gilboa / da Saul in sein eigen Schwert fiel / sind 10.
meilen / 1. Sam. 31.

4. Von dem Berge Gilboa Mahanaim / sind 4. meilen / da hat Abner der Feldheupt=
man / Jsboseth Sauls Son / zum Könige gemacht. Also hat Jsboseth sein Königliches
Hofflager in der Stadt Mahanaim 7. Jahr gehabt / 2. Sam. 2. Vnd dis ist eben die Stadt
da dem Patriarchen Jacob / als er wider kam aus Mesopotamiam / die lieben Engel begeg=
net sind / Gen. 13. Dis ist auch eben die Stadt / bey welcher der vngehorsame Absolon / an
der Eichen hangen blieb.

5. Von Mahanaim zog Abner gen Gibeon eilff meilen / daselbst hat er Joabs Bruder
Asahel im streit erschlagen / 2. Sam. 2.

6. Von Gibeon zog Abner vber den Jordan gen Bithron / 7. meilen / 2. Sam. 2.

7. Vnd von Bithron gen Mahanaim vier meilen / 2. Sam. 2.

8. Vnd zum letzten ist Abner von Mahanaim gen Hebron gegangen / 17. meilen / vnd hat
da mit David geredet / vnd ein verbündnis mit jhm gemacht / vnd als jhn David mit frieden
lies von sich hinweg gehen / lies jhn Joab wider holen / vnd erstach jhn verrätherlich / vnter
dem Thor zu Hebron / 2. Sam. 3.

Summa dieser Reisen des Feldheuptmans Abners / 64. meilen.

BEthron oder Betharan / auff Deutsch Sanghausen / ist eine Stadt jenseid des Jordans /
im stamm Gad / sieben meilen von Jerusalem gegen Nordosten.

Joabs Reisen.

JOab ist von Hebron gen Gibeon gezogen / 6. meilen / da ist sein Bruder Asahel be=
graben / 1. Sam. 2.

2. Von Gibeon ist Joab gen Bethlehem gezogen / 2. meilen / vnd hat seinen Bru=
der Asael begraben / 2. Sam. 2.

3. Von Bethlehem kam Joab wider zum König David gen Hebron / 5. meilen. Vnd
da hat er hernach den tapffern vnd getrewen Held Abner / vnter dem Thor verrätherlich er=
stochen / 2. Sam. 3.

4. Von Hebron zog Joab mit seinem Herrn dem König David gen Jerusalem / sechste=
halb meilen / vnd hat die Burg Sion mit dem sturm gewonnen / vnd die Blinden vnd La=
men Götzen abgetrieben / 2. Sam. 5.

5. Vnd ist von dannen vber 15. meilen wider gen Jerusalem kommen.

6. Darnach ist Joab mit seinem Herrn König David ins Land Edom / sonsten Jdumea
genant gezogen / bis zu der Königlichen Stadt Midian / welche ligt am roten Meer 40. meilen
von Jerusalem gegen Mittag / da hat Joab die Jdumeer krefftig vberwunden / 1. Reg. 11.

7. Aus Jdumea von der Königlichen Stadt Midian / ist Joab mit dem Kriegsvolck wie=
der gen Jerusalem kommen vber 40. meilen.

8. Darnach ist Joab abermal in der Ammoniter Land gezogen / vnd hat die Stadt Rab=
ba belagert. Diese Stadt ligt von Jerusalem 16. meilen gegen Nordosten / vnd ist hernach
Philadelphia genent worden / von Ptolomeo Philadelpho / dem König aus Egypten / der sie
vernewet vnd gebessert. Vorhin aber hies sie Rabba / das ist / Volckreich vnd vberflüssich / das
da alles dinges die menge vnd vberflus gewesen. Für dieser Stadt ist der fromme getrewe
Vria / der Hethiter / im sturm vmbkommen / 2. Sam. 11.

9. Von der stadt Rabba ist Joab mit seinem Herrn König David wider gen Jerusa=
lem kommen / vber 16. meilen / 2. Sam. 11.

Reisen des Feldheuptmans Joabs.

10. Von Jerusalem gieng Joab in das Königreich Gesur/ welches ligt jenseid des Jordans vnten am Berge Libano/ bey der Stadt Caesarea Philippi/ 22. meilen von Jerusalem/ gegen Nordosten/. Diß Land ist hernach Trachonits genent worden/ Aus diesem Lande hat Joab den Brudermörder Absalom wider gen Jerusalem geholet/2. Sam. 14.
11. Also ist nu Joab mit Absalom aus dem Lande Gesur oder Trachonitis wider gen Jerusalem gekommen/vber zwey vnd zwantzig meilen/ 2. Sam. 14.
12. Als Dauid für seinem eigen Son Absalom/ aus Jerusalem/ entweichen must/ da gieng Joab mit seinem Herrn König Dauid aus Jerusalem vber den Jordan biß in die stadt Mahanaim eilff meilen/ vnd nicht weit von derselbigen Stadt/ hat Joab den vngehorsamen Absalon an der Eichen erstochen/2. Sam. 18.
13. Von Mahanaim kam Joab mit König Dauid wider gen Jerusalem vber eilff meilen/2. Sam. 19.
14. Von Jerusalem eine meile/ ligt die Stadt Gibeon/ da hat Joab seinen Vettern verrätherlich erstochen/2. Sam. 20.
15. Von Gibeon zog Joab vber 22. meilen/ nach der Stadt Abel Bethmaacha/ im stam Naphthali gelegen/ die Stadt hat Joab sehr hart belagert/ vmb des auffrührischen Seba willen/ der dem König Dauid nach dem Königreich stund. Aber durch einer weisen Frawen rath/ die mit Joab vber die Mawren freundlich redet/ ist es entlich dahin kommen/ das dem auffrührischen Bubin Seba/ der Kopff abgehawen worden/ 2. Sam. 20.
16. Von Abel Bethmaacha/ kam Joab wider gen Jerusalem/ vber zwey vnd zwantzig meilen Abel Bethmaacha/ heist auff Deutsch/ Trowerschloß.
17. Darnach als Joab das Volck zelen solte/ wie ihm König Dauid befohlen hatte/ da zog er vber den Jordan/nach der Stadt Aroer/sechs meilen/ 2. Sam. 24.
18. Vnd von Aroer gen Jaeser vierdtehalb meilen /2. Sam. 24.
19. Von Jaeser durch das Land Gilead / vnd durch das Niderland Hadsi/ biß gen Dan achtzehen meilen.
20. Von Dan/da der Jordan entspringt/ biß zu der grossen Stadt Sidon/ sind sechs meilen.
21. Vnd von Sidon/biß an die Mawren der Stadt Tyro vier meilen.
22. Von der stadt Tyro gegen Mittag/biß an die stadt Berseba/ drey vnd deysig meilen.
23. Vnd von Berseba ist Joab wider gen Jerusalem kommen vber zehen meilen/ vnd hat dem König gegeben die Summa des Volckes/ das gezelet war / darauff ist alsobald eine hefftige Pestilens erfolget/ 2. Sam. 24. Darnach ist Joab zu Jerusalem geblieben/ biß er nach König Dauids tode/aus befehlich des Königs Salomonis/in der Hütten des Herrn/ am Altar ist erschlagen worden/1. Reg. 2.

Summa dieser reisen des Feldheuptmans Joabs 337. meilen.

Dese Städt/der in diesen reisen des Feldheuptmans Joabs ist gedacht worden/sind vorhin beschrieben worden/vnd ist derwegen nicht noth/ solches zu widerholen. Was aber das Niderland Hadsi krianget/ das hat gelegen bey der Stadt Croazin/ jenseid des Jordans / im halben stamm Manasse/ vierzehen meilen von Jerusalem gegen Nordosten. Das wort Hadsi heist in Syrischer sprache so viel/als auff Deutsch Newgaben.

Reisen Baena vnd Rechob der Ertzmörder/ die jren eigen Herrn ermordet haben/1. Samuel. 4.

Je zween Mörder Baena vnd Rechob/ sind gegangen aus dem stamm Ben Jamin/ ober den Jordan gen Mahanaim / zehen meilen/ vnd haben daselbst ihren eigen Herren/König Josobeth/in seiner Schlaffkammer/ da er auff dem Bette lag/ erstochen/ vnd jhn den Kopff abgehawen.

Vnd haben das Heupt zu König Dauid/ gen Hebron getragen / 17. meilen. Dauid aber ist sehr zornig worden/ vnd hat die Ertzmöder wider vmbringen lassen/ 2. Sam. 24.

Summa dieser reisen/ sieben vnd zwantzig meilen.

Absa=

Beschreibung der Städt vnd örter. 138

Absoloms Reisen.

Absalom ist zu Hebron geboren/vnd mit seinem Vater Dauid gen Jerusalem kommen/ vber sechstehalb meilen/2. Sam. 3.

2. Von Jerusalem gieng Absalon gen Baal Hazor/ zwo meilen/ vnnd ließ da sei‍nen Bruder Amnon todt schlagen/2. Sam. 13.

3. Von Baal Hazor ist Absolom/ der sich für dem grimmigen Zorn seines Vaters Da‍uids fürchtet/in das Land Gesur geflohen/zwantzig meilen.

4. Aus dem Lande Gesur hat jn Joab wider gen Jerusalem geholet/vber zwey vnd zwan‍tzig meilen/2 Sam. 14.

5. Von Jerusalem gieng Absalon gen Hebron/ sechsthalb meilen/ vnnd hat sich da zum Könige auffgeworffen/ wider seinen Vater Dauid/2. Sam.15.

6. Von Hebron gieng er wider gen Jerusalem/ sechsthalb meilen/ vnd beschlieff seines Vaters Kebsweiber/2. Sam.16.

7. Von Jerusalem folget er seinem flüchtigen Vater nach/ bis gen Mahanaim/ 10. meilen vnd blieb da mit den Haaren an der Eichen hangen/ vnd ward von Joab dem Feld‍heuptman mit dreyen Lantzen durchstochen/2. Sam. 18.

Summa dieser Reisen Absaloms/70.meilen.

Baal Hazor/ deß HErrn Grünhoff.

Baal Hazor ist eine Stadt/ darin Absalom Schaffscherer gehabt/ vnd seinen Bruder Amnon hat todtschlagen lassen/2. Sam. 13. Diese Stadt ligt auff der Strassen nach Jericho/ zwo meilen von Jerusalem gegen Norden/am Berge Ephraim/ nicht weit von der Stadt Ephraim.

Gesu/ Ochsenkampff.

Gesu ist ein Land jenseid des Jordans/ nicht weit von Cæsarea Philippi/ 22. meilen von Jerusalem/ gegen Nordosten.

Bedeutung des Namens Absolom.

Absalom heist ein Vater deß Frieden/ stimmet derwegen gar vberein mit vnsern Deu‍tschen Namen Friederich. Also hat Absolom wol einen feinen Namen gehabt/ vnd doch gleichwol nichts getaugt.

Reisen der weisen Frawen von Thekoa/ die den König Dauid dahin bewogen hat/ das er seinen Son Absalom ließ widerholen/2. Sam.14.

Die weise Fraw ist von Thekoa gen Jerusalem gegangen/ zwo meilen/ vnd hat mitt dem König Dauid geredet/ vnd mit jhrer süssen Rede jhn sein Hertz gerüret/ vnd da‍hin bewogen/das er seinen Son Absalom ließ widerholen aus dem Lande Gesur/ Es ligt aber die Stadt Thekoa zwo meilen von Jerusalem gegen Südosten.

Bey dieser Stadt hat auch Josaphat ohn allen Schwertschlag/ allein durch das liebe Gebet vnd Posaunen klang/ seine Feinde vberwunden/ Vnd derwegen mag diese Stadt bil‍lig Thekoa/das ist Posaunen klang heissen/2. Chron.20.

Aus dieser Stadt ist auch der Prophet Amos gewesen/ Vnd wie der H. Hieronymus schreibet/hat man noch zu seiner zeit in der Stadt Thekoa des Propheten Amos Begrebnis gewiesen. Sie ligt von Bethlehem/ Wie Hieronymus anzeiget 6. Welsche meilen/ das ist an‍derthalb Deutsche meilen/ gegen der Sonnen auffgang. Bey Thekoa in der Wüsten ist der See Asphar/da sich Jonathan vnd sein Bruder Simon gelagert haben/1. Mac. 6.

Geburtstad des Prophe‍ten Amos.

Ahitophels Reisen/2. Sam. 17.

Der meineidige Böswicht Ahitophel/ ist bürtig gewesen aus der Stadt Gilo/ nicht weit von Hebron vnd Debir/ im Stam Juda gelegen/ Jos. 15. Als nu dieses Ahito‍phels kluger vnd gifftiger Rath nicht wolt fortgehen/ da sattelt er seinen Esel/ machte sich auff/ vnd zog heim in seine Väterliche Stadt Gilo/5.meilen von Jerusalem gegen Süd‍westen gelegen / da fiel er in Verzweifflung/ vnd erhieng sich selbst/2. Sam. 17. Gilo heist Scheinbar.

Ahitophel erhencket sich selbst.

S iiij Deß

Reisen des Königes Salomonis.

Des Gottlosen Simei Reisen / der dem König Dauid geflucht hat / 2. Sam. 16.

Von Bahurim / da er den König Dauid geflucht hat / ist er darnach gen Bethaba an die Furt des Jordans gegangen / vierdthalb meilen / vnd hat da von dem König Dauid gnade erlanget / 2. Sam. 16.

2. Von dem Jordan ist er mit dem König Dauid gen Gilgal gezogen/1.meil/2.Sam.16
3. Vnd von Gilgal ist er mit dem König Dauid gen Jerusalem kommen / drey meilen / 2. Sam. 16.
4. Von Jerusalem gieng Simei wider heim gen Bahurim/drey viertel einer meilen.
5. Von Bahurim ließ in König Salomon wider gen Jerusalem holen/vber drey viertel einer meilen/ da must er ein Haus bawen vnd wohnen / vnd bey Leibes straffe nicht aus der Stadt gehen.
6. Solch Gebot des Königes Salomonis/ hat Simei vbertreten / vnd ist aus der Stadt Jerusalem gegangen/ biß zu der Philister Stadt Gath/ acht meilen / vnnd hat da seine verlauffene Knechte gesucht/ 1. Reg. 2.
7. Von Gath kam er wider gen Jerusalem vber 8. meilen / vnd ward von wegen seines vngehorsams vnd vbelthat getödtet/1. Reg. 2.

Summa dieser Reisen Simei/24. meilen.

Vber die Bücher der Könige / vnd Chronica.

Reise der Jungfrawen Abisag/die in Dauids Armen geschlaffen hat/ 1. König 1.

Jese Abisag ist die schönste Jungfraw in gantz Israel gewesen / derwegen ward sie aus jhrem Vaterland/nemlich aus der Stadt Sunem biß gen Jerusalem/ zum König Dauid geführet / vber zwölff meilen/ da hat sie bey dem König Dauid geschlaffen/vnd jhn gewermet in seinem hohen alter.

Sunem / Scharlackenrot.

Jese Stadt Sunem ligt im Samaritischen Lande / im Stam Isaschar / zwischen Jesreel vnd Naim / 12. meilen von Jerusalem gegen Norden. Aus dieser Stadt ist Abisag von Sunem gewesen / die bey König Dauid geschlaffen / vnd jhn in seinem Alter gewermet hat/ 1. Reg. 1. In dieser Stadt hat auch der Prophet Elisa seiner Wirtin Son vom Todt erwecket/ 2. Reg. 4.

Reisen des Königes Salomonis.

Von Jerusalem gieng Salomon gen Gibeon/1. meil/ vnd opfferte da auff dem Altar den Moses in der Wüsten gemacht hatte tausent Brandopffer/1. Reg. 3. 2. Chron. 1.

2. Von Gibeon ist er wider gen Jerusalem kommen / vber ein meil / Vnd hat da dem HErrn einen Tempel gebawet / auff dem Berge Moriah. Zu der behuff hat jhm Hiram zu Tyro vber 40. meilen Cedernholtz vom Berge Libano / vnd von der Stadt Gibel gesand/ 1. Reg. 5. 2. Chron. 2. Den Tempel vberzog König Salomon inwendig mit lauterm Golde / vnd bawet darnach sein eigen Haus neben den Tempel ließ auch Millo / das ist / die Stadt Dauid auff dem Berge Sion vernewen.

3. Vnd als solches alles fertig war / zog Salomon von Jerusalem nach der Stadt Catul im Stamm Aser gelegen/22. meilen von Jerusalem/gegen Norden. Da hat König Salomon seinem Freunde Hiram/ dem König zu Tyro / 20. Stedte geschencket / vnd diewel die Stedte dem König Hiram nicht gesielen / hat er die Stedte vnd das Land Cabul genant/ dreckig sandig Land/das gantz vnfruchtbar ist/1. Reg. 9.

4. Von

Reisen des Königs Salomonis. 140

4. Von der Stadt Cabul aus ober Galilea / kam Salomon wider gen Jerusalem/vber 22.meilen.

5. Darnach hat auch Salomon die Stadt Hazor gebawet/11. meilen von Jerusalem gegen Mittag gelegen nicht weit von Kades Barnea im Stam Juda/ vnd wird sonsten auch wol Hebron genant/Josu. 15. auff Deutsch Grünhoff/1. Reg. 8.

6. Von Hazor ist Salomon vber 11.meilen wider heim gen Jerusalem kommen.

7. Von Jerusalem ist Salomon nach der Stadt Megitto gezogen/ auff Deutsch Pomerantz oder Citrinatepffel genant/ vnnd ligt von Jerusalem auff meilen gegen Norden/ im Stamm Manasse nahe bey Jesreel/ da auch vorzeiten Gibeon/ die Midianiter in die Flucht geschlagen.1.Reg. 9. Diese Stadt hat Salomon auch gebawet/ vnnd König Josia ist lange hernach daselbst tödlich verwundet /Reg.23.

8. Von Megitto wird König Salomon wider heim gen Jerusalem kommen sein/ vber 11.meilen/denn da war sein Königlicher Sitz/nahe bey dem Tempel.

9. Vnd als König Pharao aus Egypten zog / vnd die Stadt Gaser gewan / vnd sie mit Schwert vnd Fewer verderbet / vnd die Salomonis Tochter zum Weibe geschenckt / hat sie Salomon wider gebawet. Es ligt aber die Stadt Gaser im Stam Ephraim / 7. meilen von Jerusalem gegen Norden.

10. Von Gaser ist Salomon wider gen Jerusalem kommen zu seinem Königlichen Hause vnd zum Tempel Gottes/vber 7. meilen.

11. Darnach hat er obern Bethoron gebawet / welchs ligt 5. meilen von Jerusalem/gegen Norden/2. Chron. 8.

12. Vnd nieder Bethoron/welches ligt 4. meilen von obern Bethoron / gegen Süden / 1. Reg. 9. 2. Chron. 8.

13. Von nieder Bethoron wider gen Jerusalem/sind 2. meilen.

14. Darnach hat auch Salomon die Stadt Bælath gebawet/ 3. meilen von Jerusalem gegen Nordwesten gelegen/ 1. Reg. 9. 2. Chron. 8.

15. Von Bælath wider gen Jerusalem / sind 3. meilen. Vnd ist gleublich/ das König Salomon solche Stedte / die er hin vnd wider hat bawen lassen/ offt vnd vielmals besucht habe.

16. Er ist gen Hemath/das ist / gen Antiochia gezogen / 70. meilen vnd die Stadt desselbigen Landes befestiget / 2. Chron. 8.

17. Vnd von Hemath / das ist / von Antiochia / ist er ins Königreich Zoba gezogen / 80. meilen/vnd hat die Stedte desselbigen Landes auch befestiget / 2. Chron. 8. Es ligt aber dasselbige Land Zoba/sonsten Zophena genant/ wie oben gemeldet/ anderthalb meilen von Jerusalem/gegen Norden in Armenia/ am Wasser Euphrate.

18. Aus dem Königreich Zoba/ist Salomon nach der Stadt Thamar/ sonsten Palmyra genant/gezogen / hundert meilen vnd hat die Stadt gebawet/1.Reg. 9. 11. 2. Chron. 9.

19. Von der stadt Palmyra ist Salomon wider heim gen Jerusalem kommen/ 97. meilen.

20. Von Jerusalem zog Salomon in Jdumea / biß an das rote Meer/ zu der Stadt Ezcon Gaber / 44. meilen von Jerusalem / gegen Mittag gelegen/da hat Salomon Schiffe bawen lassen/die musten in Indien faren/ vnd Gold holen/ 1. Reg. 9.

21. Von Ezcongaber ist Salomon wider heim gen Jerusalem kommen/vber 44. meilen/ vnd hat sich zu lent seines Glücks vnd Reichthumbs vberhaben / 300. Kebsweiber vnd 700. Eheweiber genommen/ die sein Hertz zur Abgötterey gelencket haben. Nach solchem allen ist Salomon zu Jerusalem gestorben/ vnd auff dem Berge Sion/ bey seinem Vater David begraben worden.

Summa aller Reisen deß Königs Salomonis/556. meilen.

Folget nun die beschreibung der Städt vnd örter.
Gaser/ Zerspaltung.

GAser ist eine Stadt der Leuten gewesen/ im stam Ephraim/ 7. meilen von Jerusalem gegen Norden / vnd dieweil die Kinder von Israel die Cananiter aus dieser Stadt nichtzenglich vertrieben vnd ausrotten kondten / zog König Pharao aus Egypten herauff

Beschreibung der Stedt vnd örter.

herauff vnd verderbet diese Stadt Gaser mit Schwert vnd Fewr/vnd erwürget alle Cananiter die darinnen wohneten/ vnd schencket die Verheerte vnd verdorbene Stadt / seiner Tochter Salomonis Weibe. Vnd als König Salomon sahe/ das sie sehr bequeme war / zu einer guten Festung / hat er sie wider auffbawen lassen / 1. Reg. 9.

Bethoron/Blanckenhausen.

Bern vnd Nider Bethoron/ sind zwo Stedte im Stam Ephraim/von Sera Ephraims Tochter gebawet/ 1. Paral. 8. Nider Bethoron ligt nicht weit von Emaus/zwo meilen von Jerusalem/ gegen Nordwesten / vnd daselbst hat auch Gott der HERR einen starcken Hagel regnen lassen/ auff die Feinde die Josua in die Flucht geschlagen hatte/ Jos. 10. Obern Bethoron/ligt von Jerusalem 5. meilen gegen Norden. Diese zwo Städte hat Salomon gebawet vnd gebessert/ 1. Reg. 9. 2. Chron. 8.

Baclath/Edelsfraw.

Die Stadt Balath hat 3. meilen von Jerusalem gegen Nordwesten gelegen / im stam Dan / Jos. 19. Diese Stadt wird Salomon gebawet haben / als er die liebe pfleget/ denn sie hat einen Weibischen Namen. Doch hat sie solchen Namen auch zu Josuæ zeiten schon gehabt/ Josu. 19.

Palmyra/auff Hebreisch Thamar/ Palmenstadt.

Die Stadt Palmyra / wird auff Hebreisch Thamar oder Thamor genant/ ligt in der Wüsten des Landes Syria / vnd ist ein Edle Freystadt/ sehr Reich vnd mechtig / vnd hat schöne Springbrünlein gehabt / vnd ist vber die massen lustig vnd fruchtbar gewesen/ sie ist von König Salomon gebawet / vnd mit hohen schönen Mawren gezieret worden / vnd hat gelegen 97. meilen von Jerusalem gegen Nordosten/ zwey Tagereisen von obern Syrierland/ ein Tagreiß von dem Wasser Euphrate / vnd 6. Tagreisen von der Stadt Babylon / wie Josephus von den alten Geschichten der Jüden / im sechsten Capittel des achten Buchs anzeiget.

Plinius schreibet/ lib. 5. Cap. 25. die Stadt Palmyra habe gelegen zwischen zweyen Reichen oder Keyserthümen / Nemlich / zwischen den Römischen vnd Parthischen auff halben wege/vnd sey ihrer keinem vnterworffen/sondern für sich selbst / eine herrliche wunder schöne mechtige Freystadt gewesen. Die gantze Wüsten von dieser Stadt an/ biß an die Stadt Petra in steinigen Arabia gelegen/ Item bis ans Reich Arabien finan / werden Palmirenæ solitudines / das ist/die Palmyrenischen Wildnis vnd Wüsten genant.

EzeonGeber/Bawmstereck.

Die Stadt EzeonGeber/ da Salomon Schiffe gebawet hat / die Gold aus India geholet haben/ ligt am roten Meer 44. meilen von Jerusalem gegen Mittag / daselbst haben auch die Kinder von Jsrael ihr Lager gehabt in der Wüsten/ Num. 33. 4. meilen von Ezeon Geber gegen Norden/ hat die Stadt Eliah gelegen/ die hernach Rezin der König in Syrien den Jüden abgewonnen hat / 2. Reg. 16. Diese Statt ligt 40. meilen von Jerusalem gegen Mittag.

Geistliche bedeutung des Königs Salomonis.

Salomon heisset Friedsam/oder wie wir Deutschen sprechen/Friederich/ ist ein Bilde vnsers HErrn Jesu Christi/welcher der rechte Friedfürste ist / Jesai 9. der einen ewigen Friede anrichtet/zwischen Gott vnd vns.

Ja der HErr Christus bawet den rechten Geistlichen Tempel/ seine liebe Kirche vnnd Gemeine. Der rechte Grund darauff dieser Geistlicher Tempel gebawet wird / ist der HErr Jesus Christus selbst/ 1. Cor. 3. Die geistliche Steine / sind wir Christen/ 1. Pet. 2. Vnd diese hohe Cedernbewme vnnd Seulen in diesem Geistlichen Tempel/ sind die heiligen Propheten vnd Aposteln/ Gal. 2.

Salomon hat auch ein Hauß gebawet für sich selbst/vnd für seine Knechte. Also auch der HErr Christus ist auffgefaren vber alle Himel/vnd bereitet vns die wonung/ da wir ewiglich bey ihm wonen sollen. Joh. 14. Der schöne weisse Elffenbeinern Thron deß HErrn Christi / ist seine heilige Menscheit/ die gantz rein vnd vnbefleckt ist/vnd ist das köstlich Gold / nemlich in

die heilige

Reisen der Schiffe Salomonis.

die heilige Gottheit gefasset/ vnd mit derselbigen Persönlich vereiniget ist. Der ist also der rechte Gnadenthron Gottes/ Rom. 3. An denselbigen Stuffen stehen die zwölff gülden Löwen/nemlich/die 12. Apostel/die gantz küne vnd vnuerzaget gewesen/ vnd ein Löwenhertz gehabt/ dadurch sie alle widerwertigkeit vberwunden/ vnd gar kein vnglück gescheuwet haben. König Salomon hat auch ein Hauß gebauwet für die Tochter Pharao/ die er zum Weibe genommen/ also auch der HErr Christus vermehlet sich gleichesfals mit der armen Heydenschafft/ vnd bauwet auch eine ewige Wohnung vns Heyden/die wir an ihn glauben. Vnd also haben sich beyde Jüden vnd Heyden/dieses Salomonis vnd Friedfürsten/ Nemlich/ vnsers HErrn Jesu Christi zu frewen/Rom. 3. Hagga. 3.

Reisen der Schiffe Salomonis/ I. Reg. 3.

Jn EzeonGeber sind Salomonis Schiffe gen Ophir/ das ist J in Indiam gefaren/ zwölff hundert meilen.

2. Aus India sind sie wider gen EzeonGeber kommen/ 1200. meilen.

Summa dieser Schifffart/ 2400. meilen.

Solche Reisen haben Salomonis Schiffe gemeinlich in 3. Jahren volnbringen können/ Also/ das sie in 3. Jaren hin/ vnd wider her faren können/ daraus wil folgen das sie alle Jahren 806. meilen geschiffet haben. Vnd wie sie wider heim kamen/ brachten sie mit sich/ Gold/Silber/Edelgestein/Affen/Meertsatzen vnd Pfawen/ vnd andere seltzame Thier vnd Vogel. Item Eilffenbein vnd köstlich gewürtz.

India hat vorzeiten Ophir geheissen/ darumb das die Leute darin gewonet haben/ von *Wo von Jndia vorzeiten*
Ophir der des Eber Enckel gewesen ist/ entsprossen sind/Gen.10. Josephus im siebenden Capittel deß 8. Buchs von den alten Geschichten der Jüden/ nennet das Land Ophir/das Güldenland/ denn man hat daselbst das aller köstlichste Gold/das man Aurum Ophrizum oder Obrizum nennet/ gefunden/dauon König Salomon vber die massen Reich worden. Im ersten Buch Mose am 2. Cap. wird das Land India auch Heuila genent/ vnd derselbe Heuila ist ein Bruder gewesen deß Fürsten Ophir. Hieraus sihet man nun/ das diese zwen Brüder Ophir vnd Heuila/vorzeiten das Regiment in India/bey dem Wasser Ganges gehabt/ dauon gantz India den namen bekommen/das es vorzeiten Ophir vnd Heuila geheissen.

Reisen der Königin von Saba/
1. Reg. 10. 2. Chron. 9.

Jn Saba aus Morenland/ ist sie gen Jerusalem kommen/vber zwey hundert ein vnd viertzig meilen.

2. Vnd von Jerusalem ist sie wider heim gen Saba ins Morenland gezogen/ 200. ein vnd viertzig meilen. Summa dieser Reisen/ 482 meilen.

Saba ist eine Königliche Stadt in Morenland/ auff jenseid Egypten/ in Africa gelegen/ 241. meilen von Jerusalem gegen Mittag/ vnd hat den namen von dem Edlen Stein Achates/denn Schebo heist Achates/ ein köstlicher Edelstein/ von mancherley bunten Farben. Von diesem Stein wie es sich ansehen lest/ wird die Stadt Saba in Morenland den namen haben/ daher die Königin von Saba kommen ist/ die dem König Salomon Geschencke gebracht/ vnd ihm 120. Centner oder Talenta Goldes verehret hat/ die machen vnser Wichte 5625. Pfund Goldes. Denn ein Talent hat bey den Hebreern anderthalb Tausent Sicloß/ oder Loth Goldes gewogen. Cambyses/ der Persen König hat die Stadt Saba in Morenland vnter seine Gewalt gebracht/ vnd sie nach seiner Schwester namen Meroem genant/vnd von ihr ist auch das gantze vmbligende Land Meros genent worden. Es ist eine grosse vnd Königliche Stadt/ vnd mit dem Wasser Nilo rings vmbgeben/gleich wie ein Insel/ vnd zu vnser zeit heist sie Elsaba.

Es ist solch ein grosse Hitze in dieser Stadt vnd im gantzen Morenlande/ das dauon die *Grosse Hitze im Morenland*
Menschen vnd das Erdreich verbrennen/ Vnnd wie die Menschen verbrand werden biß in lande. das Gebüte hinein/ sihet Man an den schwartzen Moren/ die zu vns heraus kommen. Das *Sebastian*
Erdreich daselbst wird auch durch den vberaus heissen Sonnenschein in Sand verwandelt/ *Münsterus*
vnd ist gantz vnfruchtbar/ausgenommen bey der Stadt Saba oder Meroe/ da es vom Wasser Nilo

Beschreibung der König. Stadt Saba

ser Nilo befeuchtet wird. Man findet auch daselbst viel Saltzgruben / Item Ertz / Gold vnnd Edelstein. Das Viehe ist da viel kleiner denn anderswo / als Schaffe / Geissen vnd Stier. Sie haben auch kleine Hunde / aber sie sind sehr beissig vnd haderich. Die Leute gehen gantz nacket daselbst / ohn allein das sie mit Bawmwollen vnnd köstlichen Seitentuch / oder mit Gülden Spangen vnd Edelgestein / die Scham bedecken.

Die Königin von Mittag / die Salomonis Weißheit gehöret. 1. Reg. 10. Matth. 1.

Vnd das aus der Stadt Saba oder Meroe / die Königin gewesen sein / die gen Jerusalem kommen / Salomonis Weißheit zu hören / solches bezeuget nicht allein Josephus im 8. Buch von den alten Geschichten der Jüden / sondern die Hebreische Bibel stimmet auch dahin vnnd obwol vorzeiten / Könige in diesem Lande regieret haben / so ist es doch in folgenden zeiten dahin kommen / das die Weiber das Königliche regiment / an sich gebracht haben / vnd also ist das Land stets durch Königinnen regieret worden / die sie auff jhre sprache Candaces

Kemmerling aus Moren. Actor. 8.

nennen, die haben jhren Königlichen Sitz vnd Hoff in der Stadt Saba / oder Meroe / die zu vnsern zeiten / wie oben gemelt / Elisaba heist. Aus dieser Stadt ist auch der Kemmerling der Königin Candaces aus Morenland gewesen / den Philippus getaufft hat / Act. 8. Darnach hat auch der Euangelist Matthaeus in dieser Stadt sein Euangelium geprediget.

Die eleuatio poli daselbst

Die eleuatio poli ist dar nicht höher / als 16. Grad. 25. minut. Derwegen haben die Leute daselbst zwey mal im jar / Winter vnd Sommer / doch ist jhr Winter, vngleich viel heisser als vnser Sommer / derwegen mag man mit warheit sagen / das sie ein ewigwerenden Sommer haben / so lange die Welt stehet. Vnd wenn die Sonne im den 15. Grad des Stiers vnd Lewen kömpt / nemlich vmb Ostern vnd in den Hundstagen / stehet jnen die Sonne zu Mittag recht ober dem Kopffe / das jhr Thürme vnd Heuser keinen schatten geben vnd jr eigen schatten selt jhnen recht vnter die Füsse. Die Stadt Seba in Morenland / wird mit dem Buchstaben Schin geschrieben.

Erkleerung deß spruchs Jesaie 60.

Jhrer wird auch gedacht im Propheten Jesaia Cap. 60. da also geschrieben stehet: Sie werden von Saba kommen / Gold vnd Weyrauch bringen / vnd des HErrn lob verkündigen.

Matth. 2.

Diesen spruch haben etliche auff die Magos oder Weisen aus Morgenland gedeutet / die dem Kindlein Jesu Gold / Weyrauch vnd Myrrhen geopffert haben / aber solches wil sich gantz nicht reimen / denn Mattheus schreibet / die Weisen sein / ab Oriente, aus Morgenland / das ist vom Auffgang der Sonnen gen Jerusalem kommen / Saba aber ligt von Jerusalem gegen Mittag / wie der HERR Christus selber spricht: Matth. 12. Die Königin von Mittag wird aufftretten in diesem Geschlecht / vnd wird es verdammen / denn sie kam vom ende der Erden / Salomonis Weißheit zu hören / etc. Weil nu die Stadt Saba / daher die Königin kommen ist / Salomonis Weißheit zu hören / gelegen / wie der HErr Christus spricht / so ists vnmüglich / das die Magi oder Weisen / da selten herkommen sein / denn sie sind nicht vom Mittag / sondern ab Oriente, das ist vom Auffgang der Sonnen / herkommen / nemlich / aus dem Königreich Persia / vnd aus der Stadt Susa / da die Magi vnd die Sternkündiger in grossen ehren gehalten werden / das man auch Könige aus jhnen erwehlet hat. Die Weissagung aber / des Propheten Jesaie im 60. Capittel / redet von der ausbreitung der heiligen Christlichen Kirchen / die durch die gantze weite Welt geschehen solt. Darumb ge-

Midian. Gen. 25.

dencket er auch in selbigen Capittel der stadt Midian / die von Midian Abrahams Son / den jhm Kethura geboren / Gen. 25. den namen hat / vnd ist eine herrliche Kauffstadt gewesen / am roten Meer gelegen / 40. meilen von Jerusalem gegen Mittag / vnd ist von jr das gantze vmbliegende Land / das Land Midian genent worden. Daselbst hat auch Moses bey dem Priester Midian an die 40. Jahr gewonet / vnd seine Tochter zum Weibe genommen / Exod. 2. Item

Epha.

der Prophet Jesaias gedencket auch im selbigen 60. Capittel / des Landes Epha / das ist / Arabia Petrea / das den namen von Epha / Midians Sons. Dieweil nu der Prophet Jesaias in demselbigen seinem 60. Capittel / nicht allein in der Stadt Saba / sondern wie auch gemeldet der Stadt Midian / vnd des Landes Epha / vnd vieler andern Völckern gedencket / so ist daraus offenbar / das solche Weissagung von der vermehrung vnd ausbreitung der heiligen Christlichen Kirchen / durch die gantze weite Welt zuverstehen sey.

Saba im Reich Arabia.

Es ist auch noch ein ander Saba im Reich Arabia gelegen / vnd hat den namen von Seba dem Son Thus / welcher ist gewesen ein Son Cham deß Sons Nohe. Seba aber heisset so viel als truncken / oder auff Syrisch / alt. Vnd / diese ander stadt Sata wird durch ein Samech geschrie-

Beschreibung der König. Stadt Saba. 144

geschrieben / sie ligt im Reich Arabia/zu. meilen von Jerusalem gegen Sudosten / vnd ist die *Früchte deß reichen Arabia.* Heuptstatt desselbigen Landes/vnd ligt auff einem Berge zwischen grünen Bewmen / vnd hat bin. das gantze Land daselbst von dieser Stadt den namen bekommen / das es Sabeyerland ist ge= *Sebastian* nent worden. Man findet auch daselbst Zimmet / vnnd wird sein Bewmlein nicht über zwo *Munsterus Zimmer.* Ellenbogen hoch. Item, es wechset auch an selbigem ort Myrrhe / vnnd hat ein Bewmlein/ *Myrrhen.* das wird 5. Ellenbogen hoch / dornicht / hart vnd gewunden / vnd wenn man die Rinde auff *Weyrauch.* schneidet/ so fleust ein bitter Gummi daraus / wenn man die todten Cörper damit salbet / verwesen sie nicht balde. Es wird auch Weyrauch daselbst gefunden / der treufft auch aus! den Bewmen/wie Gummi/ vnd das geschiehet zweymal im Jar /im Früling vnd im Sommer / Im Früling oder im Lentzen ist es roth/vnd im Sommer weiß. Dieser Weyrauch wird auch sonsten nirgend so köstlich gefunden/ als im Reich Arabia/ vnd insonderheit bey dieser Stadt Saba. Durch das gantze Land gehet gar ein süß geschmack von Thujan / Myrrhen / vnnd wolschmeckenden Caunelrören/ die Man ans Fewer legt / so man einen guten geruch machen wil. Vnd wenn der wind kömpt in den wolschmeckenden Bewme/ so gehet der süße geschmack weit aus dem Lande / das auch/die im roten Meer schiffen/ einen wunder lustigen Geruch da= *Arabisch* von empfahen. Man findet auch in Arabia köstlich Gold/ das man bey vns Arabisch Gold *Gold.* nennet. Item/Edelgestein vnd Perlen/ die man aus dem roten Meer fischet. In Arabia findet man auch den Vogel Phœnix / der hat einen gülden Halß / von Goldgelben Federn / vnd *Phœnix ein Vogel von den Vogeln in Arabia.* auff dem Heupt von Pfaumfedern gleissam einer Kron / Auff dem Leib ist er Purpurfarb vnd in den roten Federn wird gesehen ein Himmelblaw Farbe/ Er ist von der grösse eines Adelers/vnd sol 540. Jahr leben/ Darnach machet er ein frisch Nest / von allerley wolriechenden Creutern/ vnd insonderheit von Zimmet vnd Cannel/ vnd dieweil es sehr heiß daselbst ist / entfuncken die dürren wolriechenden Reiser von den heissen Sonnenschein/ vnd also verbrennet der Phœnix in seinem eigen Nest. Darnach kömpt aus dem Aschen hervor ein newer Junger Phœnix/denn aus dem Marck in den Beinen wird erstlich ein Würmlein / daraus wird dar= *Phœnix ein bildt Christi.* nach ein Blutvögelein/vnd zu letzt ein gefiderter Vogel. Solches ist nun ein Bilde vnsers HErrn Jesu Christi/der ist ein rechter Himlischer Phœnix / mit einem gülden Halß/ denn er redet eitel güldene Wort/ Vnd auff seinem Heupt trägt er die Kronen Göttlicher Maiestet. Item/ Gleich wie der Phœnix auff dem Leibe Purpurfarb ist / also hat auch der HErr Christus/wie die Passion anzeiget/ einen Purpurmantel getragen/ vnd ist voller blawer vnd blutiger Striemen gewesen. Er ist auch das rechte Blutvögelein vnd Würmlein / das umb vnser Sünde willen am Stam des Creutzes zuquitschet ist/ Psalm 22. Es ist auch umb vnser Sünde willen der Son GOttes (der rechte Himlische Phœnix) durch das Fewer des grimmigen Zorns Gottes verzehret / wie er selber klagt im 22. Psalm/ Das sein Hertze in seinem Leibe sey wie zuschmoltzen Wachs. Aber entlich stehet der Sohn Gottes wider auff von den Todten / da kömpt das zuquitschte Würmlein vnd Blutvögelein/ das vmb vnser Sünde willen hingerichtet war/aus der Aschen vnd aus dem Staub wider herfür / vnd stehet auff mit verkleiretn Leibe / das ist der rechte Vogel/ der Sünde / Todt/ Teuffel vnd Helle überwunden hat. Vnd gleich wie der newe Phœnix 540. Jahr lebet / welchs denn ein sehr lange zeit ist / Also lebet der HErr Christus noch viel lenger/nemlich/ in alle ewigkeit.

Zum beschluß soltu beyde Saba in H. Schrifft recht vnterscheiden lernen/Eins wird Sa- *Wie beyde Saba zu vnterscheiden sein.* ba genant/das ander Seba. Wo du nu in der Bibel das Wort Saba findest/ ist solchs zuversehen von dem ersten Saba in Morenland gelegen. Wo du aber das Wortlein Seba findest/ wird dadurch verstanden das ander Saba im Reich Arabia gelegen. Als zum Exempel / Im 72. Psalm spricht David also : Die Könige am Meer vnd Inseln werden Geschencke bringen/ Die Könige aus Reich Arabia vnd Saba werden Gaben zuführen. Diese wort sollen verstanden werden von der Stadt Saba im Reich Arabia gelegen/ wie der Text klar mit sich bringet. Vnd ob etliche diesen Psalm auch wol auff die Weisen aus Morgenland gedeutet haben/die dem HErrn Christo Gold/ Weyrauch vnd Myrrhen geopffert/Matth. 2. So wil sich doch solchs auch gantz nicht reimen/weil Reich Arabia sich gegen Mittag von Jerusalem ausstrecke / vnd der Psalm von der versamlung vnd außbreitung der heiligen Christlichen Kirchen/durch die gantze Welt redet/wie die wort klärlich anzeigen/ die auff den vorigen text folgen : Alle Könige sollen jhn anbeten/Alle Heyden sollen jhm dienen/ beyde Saba haben in Zona Torrida,gelegen/da es sehr heiß / vnd ein immerwerender Sommer ist/ vnd schwartze Leute wonen. T Leonhart

145 Beschreibung der Königl. Stadt Saba.

Von der doch ungewissen ankunfft der Königin auß Reich Arabs.

Leonhart Rauwolff der Artzney Doctor / schreibet in seinen Reisen / Das die Moranen / so vnter Priester Johan jhren sitz vnd wonung haben / heutiges tages fürgeben / Die Königin von Saba / welche dem König Salomon Geschencke gebracht hat / habe Merquerta geheissen / vnd sey zu Jerusalem vom König Dauid schwanger geworden / hab jhm auch einen Sun geboren / mit namen Meylech / das heist so viel / als ein König / von demselben Meylech sollen alle andere Könige in Priester Johans Lande jren vrsprung vnd ankunfft haben / Darumb auch denselbigen Königen / im anfang jhrer Regierung / der Zuname Dauid gegeben wird / das sie von Dauid vnd Salomon jhre ankunfft haben sollen. Aber das gleube wer da wil / es wil mir schwerlich ein / vnd ist mehr ein Mehrlein vnd Fabel ehnlich / weder einer warhafftigen Historien / hat auch gantz kein grund in H. Schrifft. Item / Dieselbigen Moranen / ob sie sich wol zu vnser zeit für Christen außgeben / so lassen sie doch jhre Kinderlein nicht mit Wasser / sondern mit Fewr teuffen / so wir doch / dagegen in den Aposteln Geschichten Cap. 8. lesen / das der H. Philippus den Kemmerer der Königin Candaces auß Moreuland nicht mit Fewr / sondern mit Wasser getaufft habe. Also sihet man klärlich / das dieselben Moranen jhre fewrige Tauffe nicht von dem Kemmerer der Königin Candaces / auch nicht von den H. Aposteln Philippo vnd Mattheo haben / wie sie fälschlich fürgeben / sondern das jhre fewrige Tauffe ein lauter Ketzerey sey. Denn der Spruch Johannis diß Teuffers Mat. 3. Er wird euch mit Fewr vnd dem H. Geist teuffen / redet allein vom HErrn Christo / wie derselbige würde teuffen / ohn zuthun des Menschen / nemlich / er würde den H. Geist in fewrigen zertheilten Zungen vber die Apostel außgiessen / wie es denn der HErr Christus selbst also außgelegt vnd erkleret / als er kurtz vor seiner Himmelfart seinen Jüngern besiehlt / sie sollen von Jerusalem nit weichen / sondern warten auff die Zusage des Vaters / die jhr / sprach er / von mir gehöret habet / Denn Johannes hat mit Wasser getaufft / jhr aber solt mit dem H. Geist getaufft werden / nicht lange nach diesen tagen / Act. 1. Also sind auch die lieben Jünger kurtz darnach / am H. Pfingstage / vom Himmel herab getaufft worden mit dem H. Geist / der vber sie gekommen ist in fewriger Zungen / vnd also der spruch Johannis des Teuffers erfüllet worden / Er wird euch / nemlich der HErr Christus selber / mit Fewr vnd mit dem H. Geist teuffen. Darumb thun die Abisini vnd Lehrer in Priester Johans Lande sehr vnrecht / das sie diesen Spruch auff jre fewrige Tauffe ziehen / vnd dieselbe damit bekrefftigen wollen / so doch derselbe Spruch allein anzeiget / wie der HErr Christus selber teuffen würde / nicht wie wir teuffen solten. Darumb hat auch der HErr Christus selber niemals getaufft / sondern seine Jünger allein teuffen lassen / Johan. 4. Vnd solch Tauffen der Jünger ist nicht mit Fewr / sondern mit Wasser geschehen am Jordan / nicht fern von Johanne / der damals auch tauffte zu Enon / nahe bey Salim / Joh. 3. Also hat auch wie oben gemeldet / Philippus den Kelnmerer der Königin Candaces auß Morenland mit Wasser getaufft / Act. 8. Ja der HErr Christus selber hat sich im Jordan von Johanne mit Wasser teuffen lassen / Vnd in summa / das ich kurtz von der sache rede: Der HErr Christus allein teuffet mit Fewr vnd dem H. Geist / spricht Johannes der Teuffer / Matth 3. Wir Menschen aber sollen / gleich wie Johannes der Teuffer vnd die H. Apostel gethan haben / mit Wasser teuffen / vnd die Ketzerey der Abisiner vnd Lehrern in Priester Johannis Land billig fahren lassen.

Es möcht sich aber einer verwundern / Wie doch dieselben Leute mit Fewr teuffen könten. Antwort: Sie haben ein Oel / Achalecinte genant / das auß Griechenland zu jnen gebracht wird / darin tauchen sie ein Stiel / legen als denn Weyrauch darauff / zündens darnach an / vnd lassen einen Tropffen oder etliche herab fallen / solches Oel thut den Kindern keinen Schaden / Also teuffen sie mit Fewr / im Namen des Vaters / vnd des Sohns / vnd des H. Geists / aber nicht nach Gottes Wort vnd einsetzung / darumb ist auch jr Tauffe kein rechte Tauffe.

Weiter stecken sie auch in den Irrthumb / das sie gleuben / der heilige Geist gehe allein vom Vater aus / vnd nicht vom Son. Item / Sie essen auch die Speise nicht / die im Alten Testament verboten. In jrer Fasten wie auch am Mitwochen vnd Freytag durch das gantze Jahr / essen sie nicht / denn nur von früchten / kreutern vnd Zugemüse / vnd jhre Priester essen auff solche zeit nur Wasser vnd Brod. Sie behalten auch die Beschneidung / vnd beschneiden nit allein die Knäblein / sondern auch die Mägdlein / das doch die Jüden nit thun / doch halten sie die Beschneidung nicht nötig / aber die Tauffe ernewen sie alle Jar. Sonst halten sie mit vns in

vielen

Beschreibung der Stadt Memphis. 146

viel dingen vberein. Das Sacrament reichen sie in beyderley gestalt. Von der Firmung vnd letzten Oelung wissen sie gar nicht zusagen. Jren Patriarchen vnd Priestern ist die Ehe nicht verboten. Den Bapst zu Rom halten sie nicht für das Heupt jrer Kirchen. Sie haben aber einen Patriarchen / den nennen sie Abuna / deß Ampt ist / das er die andern Priester ordnet / der Pfründen aber vnd Bißthüme nimpt er sich nicht an / sondern lest den König damit nach seines gefallen vmbgehen.

Der Moren König.

Derselbe ihr König Petro Johan / den wir Priester Johan nennen (so er doch kein Priester / sondern ein König) wird sohn sten Ledermick / von Priestern aber Amina / genant / aber seine Vnterthanen nennen jhn Johan Belul / einen Keyser oder König der Moren.

Reisen deß Königs Pharao auß Egypten / der die Stadt Gaser gewonnen hat / 1. Reg. 9.

PHarao ist auß Egypten gezogen biß zu der Stadt Gaser / 67. meilen / vnnd hat die Stadt mit Schwert vnd Fewr verderbet / 1. Reg. 9.

2. Von der verstöreten Stadt Gaser ist er darnach gen Jerusalem gezogen / sieben meilen / da hat er die verstörete vnd verdorbene Stadt Gaser / seiner Tochter / Salomonis Weibe geschencket / 1. Reg. 9.

3. Von Jerusalem ist König Pharao wider in Egypten gezogen / nach seiner Königlichen Stadt Memphis / ein vnd sechzig meilen.

Summa dieser Reisen deß Königes Pharao auß Egypten / 135. meilen.

FOlget nun die beschreibung der Stadt Memphis / denn die Stadt Gaser ist kurtz zuuor bey den Reisen des Königes Salomonis beschrieben worden.

Memphis wird auch Moph genant Hosee 9.

MEmphis die Heuptstadt der Könige in Egypten / ligt von Jerusalem 61. meilen / gegen Sudwesten / der Prophet Hosea im 9. Capittel gedencket dieser Stadt / vnd nennet sie Moph / vnd spricht also: Das Volck Jsrael auß Ephraim mus weg für dem Verstörer / Egypten wird sie samlen / vnd Moph / das ist / Memphis / wird sie begraben. Moph aber heist so viel als ein Wunder / denn bey der Stadt Memphis haben die Pyramites / das ist die hohen vierecketen Thürme gestanden / die vnter die sieben Wunder der Welt sind gerechnet worden / Derwegen mag die Stadt Memphis billich Moph / das ist / ein Wunder / heissen. Sonsten wird sie gemeinlich in den Propheten Noph / das ist ein Honig rost genant / von wegen ihrer fruchtbarkeit vnd schöne Gegend. Vnd also nennet sie Esaias Cap. 19. da er spricht: Die Fürsten zu Zoan sind zu Narren worden / die Fürsten zu Noph sind betrogen. Zoan ist die Stadt Tanis / da Moses Wunderzeichen gethan hat. Noph aber ist die herrliche prechtige vnd Königliche Stadt Memphis / am Wasser Nilo gelegen / darin die Könige in Egypten gemeinlich hoffgehalten.

Gegen dieser Stadt Memphis vber / haben etliche Babylonische Männer / die von Babylon auß Chaldea dahin gezogen sind / ein starck Schlos vnd Castel gebawet / mit erleubnis *Strabo lib. 14.* der König von Egypten / wie Strabo schreibet / Vnd diese Castel vnnd newgebawte Stadt ist Babylon genent / vnd hat recht gegen Memphis vber gelegen / gegen der Sonnen auff- *Sebastian Münsterus Sebastian Franck.* gang zu legen / also / das der Nilus mitten zwischen diesen beyden Stedten durch geflossen / das also Memphis dem Nilo gegen der Sonnen niedergang / vnd Babylon gegen der Sonnen auff- *Alcair die Heuptstadt in Egypten.* gang zu legen. Endlich ist auß diesen zwo Stedten eine Stadt worden / vnd heist zu vnser zeit Alcair / vnd noch auff den heutigen tag ist sie das Heupt aller Stedt in gantz Egyptenland vnd begrifft in vnbereit 14. oder 15. meilen. Jm Jar 1476. war ein groß Sterben in dieser Stadt / das auff einen Tag zwantzig tausent Menschen sturben / Darauß ist leichtlich abzunissen / welch eine grosse prechtige Stadt / vnnd welch ein grosse menge des Volcks daselbst sein mus / Sie ist so Volckreich / das Bernhard von Breitenbach mit seiner Ritterschafft achtet / das so viel Menschen da sein / als ohn geferlich in gantz Italien oder Welschland. Es wibelet allezeit fast in allen Gassen / wie zu Rom in einem Jubeljahr / vnd ist da ein grosser Kauffhandel / denn man bringet allerley köstliche Wahr auß India / Item / Papegoy / Psittig / Meerkatzen vnd geschwentzte Affen zu Schiffe auff dem Nilo in diese Stadt / so werden auch viel Menschen daselbst auff den Marckt gebracht / vnd verkaufft. Das Wasser Ni-

T ij   lus

147 Beschreibung der Stadt Memphis.

lus fleust mitten durch die Stadt/vnd teilet also die Stadt mitten von einander/ vnd kan jhr doch gleichwol/ wenn es im Sommer hoch auffsteiget/ nicht schaden/ denn es mit Tammen auff beyden seiten wol verwaret. Vnd weil es die Stadt in zwey theil vnterscheidet/ wird die alte Stadt Memphis/welche ligt gegen der Sonnen Nidergang/Messir genant/vnd die newe Stadt/die gegen auffgang der Sonnen noch darzu gebawet ist/heist Alcair/ Doch heist die gantze Stadt vberal zu vnser zeit Alcair/ Man findet die aller schönesten Schweißbaden vnd Badstuben in dieser Stadt/von eitel Marmelsteinen so köstlich gebawet/deßgleichen kein menschlich Auge mag gesehen haben. So ist auch ein Schloß in der Stadt Alcair/das ist ohn gefehr so groß vnd weit / als die Stadt Vlm/ vand ist gar köstlich gebawt vnd gezirt mit Gold/Silber/Elffenbein/vnd mit köstlichem Holtz eingelegt/vnd hat viel Gärten vnd springende Brunnen/zu einer wunderbarlichen lust zugericht. Im Jar 1517. hat der Türckische Keyser Selimus die Stadt Alcair/als er sie 2. Tag vnd 2. Nacht gestürmet/krefftiglich eröbert/ vnd den Egyptischen Sultan Tomberium/ der sich in einen sumpfftigen Rohr biß vnter die Arm verborgen hatte/gefangen/vnd jhn ein Strick an den Hals hengen/vnd auff ein Maulesel in der Stadt herümmer füren/ vnd zu letzt bey einer Pforten auffhencken lassen. Also ist die S. Stadt Memphis oder Alcair/ wie sie jetzt genent wird/in des Türcken gewalt kommen.

Selimus der Türckische Keyser hat Alcair eingenommen.

Die Egypter haben vorzeiten zu Memphis einen Ochsen für Got angebetet/den haben sie genent Apim/ vnd ward beschlossen in ein Eysern Schrancken/ vnd für dem Gitterwerck war ein grosser Hoff/ da ließ man den Ochsen eingehen/ wenn ehrliche frembde Pilger dahin kamen/Vnd wenn der Ochse zu wild oder geil hie aussen wolt werden/ trieb man jhn wider in sein Gemach. Aber zu vnser zeit ist solches nicht mehr/ sondern es wonen zugleich Mamalucken/Türcken/Sarracenen/Jüden/ vnd auch etliche fromme Christen zu Alcair/ die ihre eigene Kirchen haben/ vnd des Apostels Pauli sehr insonderheit thewr vnnd werth halten. So weiset man auch daselbst das ort/ da Joseph vnd Maria mit den Kindlein Jesu sich sollen enthalten habe
n/als sie in Egyptenland gewesen waren/Matth. 2.

Der Egyptische Ochs, Apis zu Memphis.

Bey der Stadt Memphis haben gestanden die Pyramides / das waren hohe vierecke Spitzen/vnd waren so vberaus köstlich gebawet/ das die grössesten zwo vnter die sieben Wunder der Welt gerechnet wurden/ wie Strabo schreibet lib. 17. Die grössefte ist eines Stadien/ das ist 625. Schuch hoch gewesen/ vnd eine seite acht hundert vnd 83. Schuch breit. Man findet auch einen Brunnen darinnen/der ist 86.Ellenbogen tieff/ Dreymal hundert tausent/ vnd sechtzig tausent Man / haben zwantzig Jar auff dieser einen Frantzösische Kronen / vnnd solches ist noch allein für die geringste Speise ausgeben/damit die Arbeits leute sind gespeiset worden. Der Kosten aber/so für die köstlichen Steine vnd andero mehr ausgeben/ ist nicht auszusprechen/ vnd möchte einem wundern / wie die Könige in Egypten solchen vbers schwenglichen kosten haben mögen ertragen/ denn die Steine zu der höhesten Spitzen sind aus Arabia geholet. Aber wenn man wil an die Hure Rodopen/ die mit jhrer Hurerey so groß gut bekommen/ das sie den dritten Pyramiden vermocht zu bawen/ der hübscher vnd ansichtiger ist gewesen / als die grössern/vnd die schwartzen Steine/die daran verbawet/ gantz aus den innern Ethiopia vnnd Morenland hat holen lassen/ gedencket/wird es kein wunder sein/ so die Könige etwas mehr vermocht haben.

Pyramides beyde Memphis gestanden.

Grosse vnkosten, der auff diese Pyramides gangen ist.

Reisen

Reisen der Könige in Israel.

Reisen Habab des Königs aus Jdumea.
1. Regum. 11.

HAbab ist gewesen aus dem Königlichen Stam zu Edom / vnd für König Dauid aus der Stadt Midian geflohen/biß gen Paran/12. meilen/1. Reg. 11.

2. Vnd von Paran flog er in Egypten/30. meilen/ Da hat jhn Pharao seiner Königin Thapenes Schwester zum Weibe geben.

3. Vnd als Dauid gestorben war / kam Habab wider aus Egyptenland in sein Königreich Jdumeam/vber so. meilen.

4. Vnd als er das Land nicht wider erobern kundte/ward er Salomonis widersacher / vnd zog aus Jdumea gen Damascum 60. meilen/da hat er mit dem Heuptman Reson vnd andern losen verlauffenen Buben ein Verbündnis gemacht / vnd ist also König in Syrien worden.

Summa dieser Reisen Habab / 161. meilen.

DIe Stedt Midian vnnd Paran sind vorhin beschrieben worden. Denn in der Stadt Midian hat Jethro Moses Schweher / gewonet/Exod.2. Vnd in der Wüsten Paran hat Ismael gewonet/Gen.21.

Reisen des verlauffenen Buben Reson/der auch Salomonis Widersacher gewesen/1. König.11.

REson ist von seinem Herrn König HababEser aus Zoba geflohen gen Damascum / 130. meilen / vnd ist neben Habad / des Königs Salomonis Widersacher worden / vnd hat hin vnd wider durch das Land Jsrael gestreiffet.

Zoba ist das Königreich Sophene/welches ligt bey Armenia/anderthalb hundert meilen von Jerusalem gegen Norden. Dasselbige Land haben beyde Könige Saul vnd auch Dauid/bestritten/ wie zuuorn an seinem ort angezeiget ist worden. Josephus Antiq. Juda. leb. 7.

Folgen nu die Reisen der Könige in Israel.
Jerobeams Reisen.

JErobeam ist geboren in der Stadt Zareda / nahe bey Bethlehem Ephrata gelegen / von dannen ist er vber anderthalb meilen gen Jerusalem kommen/ da hat jhn Salomon zum Bawmeister vnd Heuptman gemacht/1. Reg. 11.

2. Von Jerusalem ist er gen Silo gegangen / eine grosse Deutsche meile / da ist jhm der Prophet Ahia aus derselbigen Stadt entgegen kommen/vnd hat jhm auff dem Felde geweissaget/ das er würde König in Jsrael werden.

3. Vnd dieweil im König Salomon nach dem leben stellete / ist er vber 61. meilen zu Sisack/dem König in Egypten) geflohen/der zu Memphis hat Hoff gehalten/1. Reg. 11.

4. Aus Egypten ist Jerobeam wider ins Land Jsrael gen Sichem kommen / vber 70. meilen / Da ist er vom den Jsraelitischen Volcke zum Könige auffgeworffen/ hat auch ein zeitlang da gewonet/vnd die Stadt gebawet/1. Reg. 12. Sichem aber ist die Stadt/da vor zeiten Jacobs Tochter Dina ist beschlaffen worden / Gen. 34.

5. Von Sichem ist er gen Pnuel gezogen / 3. meilen / vnd hat die Stadt/da auch vor zeiten Jacob mit dem Engel gerungen/mit schönen Gebewen gezieret/1. Kön. 12.

6. Von Pnuel gen Bethel/da er ein gülden Kalb hat auffrichten lassen/sind acht meilen / Deßgleichen hat er auch noch ein ander güldin Kalb auffrichten lassen bey dem Berge Libano/da der Jordan entspringet/nemlich/zu Dan / 23. meilen von Bethel. Zu Bethel aber hat er selbst nicht allein angebetet/sondern sich auch des Priesterampts vnterwunden. Vnd als jhn der Man Gottes/der von Juda kommen war/darumb straffet/vnd der König sein Hand ausstreckt/jhn zu greiffen / ist sie jhm also bald verdorret/ vnd durch desselbigen Propheten/ den er greiffen wolte/fürbit/wider zu recht gebracht/1. Reg. 13.

T iij   7. Von

Reisen der Könige in Israel.

7. Von Bethel gen Thirtza sind vier meilen / da hat König Jerobeam seine Wonung vnd Hofflager gehalten / 1. Reg. 14.

8. Von Thirtza ist Jerobeam auff den Berg Zemaraim gezogen / fünfftzehalb meilen / vnd dauon Abia dem König Juda im Streit vberwunden / vnd sind auff Jerobeams seiten todt blieben fünff mal hundert tausent Man / 2. Chron. 13.

9. Von dem Berge Zemaraim ist Jerobeam wider von Thirtza geflohen / fünfftzehalb meilen / daselbst ist er auch entlich gestorben / 1. Reg. 14.

Summa dieser Reisen des Königs Jerobeams /
hundert acht vnd funfftzig meilen.

Folget nun die beschreibung der Stedt vnd örter.

Thirtza / Lustig.

Thirtza ist eine sehr schöne vnd wolgebawete Stad gewesen / vnd hat gelegen auff einem lustigen Berge im Stam Manasse / 6. meilen von Jerusalem gegen Norden. In dieser Stadt haben die Könige in Jsrael Hoff gehalten / ehe Samaria gebawet worden.

Zemaraim / Baumwollen.

Der Berg Zemaraim hat gelegen auff dem Gebirge Ephraim / 2. meilen von Jerusalem gegen Norden / bey der Stadt Bethel / da hat Jerobeam im streit fünff mal hundert tausent Mann verloren / vnd er selbst ist kümmerlich entrunnen / 2. Chron. 13. Es kan sein / das dieser Berg den Namen gehabt von der Baumwoll / die darauff gewachsen.

Reisen des Weibes Jerobeams.

1. König. 14.

1. Die Königin von Jsrael / Jerobeams Weib / ist von Thirtza gen Silo gezogen / 6. meilen / vnd hat da den Propheten Ahia gefraget / ob auch jhr Sohn Abia von seiner Kranckheit genesen werde.

2. Von Silo ist sie wider gen Thirtza gezogen / sechs meilen.

Summa dieser Reisen / zwölff meilen

Reise des Mannes Gottes / der von Juda kam / vnd den König Jerobeam straffet / 1. Reg. 13.

Dieser Mann Gottes ist ein Prophete gewesen / vnd hat Jadon geheissen / vnd ist von Jerusalem gen Bethel kommen / wie Josephus schreibet von den alten Geschichten der Jüden im 8. Buche. Es sind aber von Jerusalem biss gen Bethel / zwo meilen. Vnd als er daselbst am Altar den König Jerobeam straffet / vnd jhm die verdörrete Hand wider zu rechte gebracht / vnd durch einen andern Weg gen Jerusalem reisen wolt / ist er von einem alten Propheten betrogen / vnd wider gen Bethel geführet / hat auch wider GOttes Gebot am selbigen ort gegessen vnd getruncken. Darumb hat jhn auch ein Löwe / als er sich abermals auff den Weg machet gen Jerusalem zu reisen / vnterweges getödtet / vnd den Esel / darauff er geritten / leben lassen. Da hat jhn der alte Prophet / der jhn vorhin betrogen / wider gen Bethel geholet / vnd daselbst begraben.

Reise Nadabs / des Königs von Jsrael.

1. Regum. 14. 15.

Von Thirtza ist König Nadab gen Gibbethon gezogen / 9. meilen / vnd hat die Stadt sehr hart belagert / ist aber daselbst in der Belagerung von seinem eigen Diener Baesa erschlagen worden / 1. Reg. 15.

Gibbethon / Hochgaben.

Gibbethon ist eine Stadt im Stam Dan / darin Leuiten gewonet haben / vnd hat gelegen nicht weit von Ekron / im Lande der Philister / vier meilen von Jerusalem gegen der Sonnen Nidergang / Jos. 10.

Reisen

Reisen der Könige in Israel. 150
Reisen Baesa / des Königs von Israel.
1. König. 15.

On Gibbethon / da er seinen eigen Herrn König Nadab erschlagen / ist er gen Thirtza gezogen / 9. meilen / und hat da das gantze Hauß Jerobeam außgerottet / ist auch von dem Propheten Jehu umb seiner Abgötterey willen gestrafft worden.

2. Von Thirtza zog König Baesa gen Rama / vier meilen / vnnd bawet vnd befestiget die Stadt.

3. Als er aber höret / das jhn Benhadad / der König aus Syrien ins Land gefallen war / hat er von Gebew der Stadt Rama abgelassen / vnd ist wider heim gezogen 4. meilen.

Summa dieser Reisen Baesa 7. meilen.

Rama / ein Höhe.

Je Stadt Rama hat gelegen auff dem Gebirge Ephraim / 2. meilen von Jerusalem gegen Norden / Vnd darumb hat sie auch König Baesa befestiget / das er den König in Juda allerley schaden damit zufügen kundte. Es sind noch viel andere Stedte im Jüdischen Lande gewesen / die auch Rama geheissen haben / als insonderheit Rama bey Bethlehem Euphrate / Ramoth in Gilead jenseid des Jordans / vnd Ramoth Zophim / sonsten Arimathia genant / vnd andere mehr.

Von Ella / dem König in Israel.

Ella der König in Israel / hat zu Thirtza gewonet / ist auch daselbst von seinem eigen Knechte Simri zu todt geschlagen 1. Reg. 19.

Von Simri des Königs in Israel.

Imri hat zu Thirtza regieret sieben tage / vnd als er daselbst von Amri belagert ward / verbrand er sich selbst mit seinem Königlichen Hause / vnd Amri ward König an seine stadt / 1. Reg. 16.

Reisen Amri des Königs in Israel.

Mri ist von Gibbethon / da er zum König auffgeworffen ward / gen Thirtza gezogen / 9. meilen / vnd hat den König Simri so hart genötiget / das er sich mit seinem Königlichem Hause selbst verbrand hat / Vnd also ist Amri König in Israel worden / vnd hat zu Thirtza regieret / 1. Reg. 16.

2. Von Thirtza nach dem Berge Semer / sind anderthalb meilen / auff demselbigen Berge hat Amri die Stadt Samaria gebawet / 1. König. 19.

Summa dieser Reisen Amri / eilff meilen.

Samaria / Custodia, Dei. Gottes Wache.

Je Stadt Samaria hat gelegen auff dem Berge Semer / 8. meilen von Jerusalem gegen Norden / vnd hat den namen von Semer des Berges Herrn dem König Amri den Berg abgekaufft. In dieser Stadt haben 14. Könige von Israel jhren Königlichen Sitz gehabt / als nemlich / Amri / Ahab / Ahasia / Joram / Jehu / Joahas / Joas / Jerobeam / Zacharias / Sullum / Menahem / Pekahin / Peka / vnd Hosea. Der erste von diesen Königen nemlich Amri hat sie gebawet / vnd der letzte / Hosea hat sie verloren. Denn dieweil diese 14. Könige Gottlos waren / hat sie Gott auch grewlich gestraffet / das jhrer nicht mehr als 5. natürliches Todtes gestorben / die andern alle sind jemmerlich im Kriege erschlagen / oder haben sich selbst vnter einander erwürget / vnd der letzte König Hosea ist mit allen seinen Vnterthanen gefangen hinweg geführet in Assyrien / vnd das ist geschehen vmb jhrer grossen vbertretung vnd Abgötterey willen / weil Gott die grössesten Propheten / Eliam vnd Eliseam / zu jhnen sandte / vnd sie auch durch seine andere Propheten trewlich warnen ließ / vnnd sie sich gleichwol nichts daran kereten / sondern in jhrer Bosheit jmmer fort furen / vnd zu namen / darumb muste Gott das gar aus mit jhnen spielen / vnd sie von jhrem Lande außrotten.

T iiij   Was

Reisen der Könige in Israel.

Was aber die Stadt Samaria belanget/ sol dieselbige im andern Buch bey den Reisen des Apostels Petri gründtlicher vnd weitleufftiger beschrieben werden. Das aber ist hie insonderheit zu mercken/das nach der Stadt Samaria das gantze Königreich Israel / vnd das gantze vmbliegende Land den namen bekommen/das es das Königreich Samaria geheissen hat.

Reise des Mans Hiel/ der Jericho wider
gebawet/ 1. König. 16.

Dieser Hiel ist ein sehr reicher Man gewesen zu Bethel / vnd hat sich einen ewigen namen machen wollen/ist derwegen von Bethel gen Jericho gezogen / 1. meil / vnd hat die Stadt Jericho/die von Josua zeiten her / vber 500. Jar wüste gelegen / wider gebawet. Es ist ihm aber vbel bekommen / denn es kostet ihm seinen ersten Son Abiram / als er den Grund leget/vnd seinen jüngsten Son Segub / da er die Thüren setzt/ nach dem Wort des HErrn/das er gerotet hatte / durch seinen Fürsten Josua.

Reisen des Königs Ahabs

König Ahab hat zu Samaria Hoff gehalten/ vnd von Samaria ist auff dem Berge Carmel/da Elias die Baalspfaffen geschlachtet hat/sind acht meilen / 1. Reg. 8.

2. Von dem Berge Carmel ist Ahab gen Jesreel gefaren/4.meilen/vnd hat seinem Weibe Jesebel gesaget/wie Elias die Baalspfaffen mit dem schwert erwürget hette/1.Reg.18.

3. Von Jesreel gen Samaria sind vier meilen / daselbst Ahab von Benhadab dem König aus Syrien sehr hart belagert worden. Aber als er sein Kriegsvolck aus der Stadt schicket/ ist der Feind durch Gottes gnedige hülffe von der Stadt abgetrieben/1.Reg. 20.

4. Von Samaria ist Ahab gen Apeck gezogen / vierdehalb meilen / vnd hat da Benhadad den König aus Syrien vberwunden vnd gefangen / vnd dieweil er den gefangen König also bald wider los gab/hat ihn der Prophet Michas darumb gestraffet/1. Reg. 20. Josephus von den alten Geschichten der Jüden/lib.8. stimmet auch damit vberein.

5. Als aber Ahab vom Propheten/wie gesaget/gestraffet ward/ ergrimmet er/ vnd zog wider gen Samaria/vierdehalb meile/ 1. Reg. 20.

6. Von Samaria ist Ahab gen Jesreel gezogen / vier meilen / vnd Naboths Weinberg eingenommen/ 1. Reg. 21.

7. Von Jesreel gen Ramoth in Gilead/ sind sechs meilen / da ward Ahab im streit wider die Syrer tödtlich verwund/ 1. Reg. 22.

8. Von Ramoth in Gilead lies sich Ahab gen Samaria füren / sechs meilen / vnd vnterweges ist er auff seinem Wagen gestorben/vnd zu Samaria begraben/1.Reg.22.

Summa dieser Reisen Königs Ahabs 39. meilen.

Folget nun die erklerung der Stedt vnd örter.

Carmel / Grünberg.

Carmel ist ein Berg im Samaritischen Lande/ vnd hat gelegen am grossen Mittelmeer der Welt 16. meilen von Jerusalem / gegen Norden/ am Bach Kison in den Grentzen Jsaschar vnd Zebulon / vnnd noch heutiges tages findet man auff diesem Berge das Stedtlein Carmel/darin der Prophet Elias gewonet hat. Es ist auch sonsten noch ein ander Berg vnd Stadt Carmel im Stam Juda/darin der vndanckbare Nabal gewonet / den König Dauid seiner vndanckbarkeit halten hat Tödten wollen/1. Sam. 25.

Jesreel / Gottes Samen.

Jesreel/ist eine stadt im stam Jsaschar/ gelegen/ 12. meilen von Jerusalem gegen Norden/da Ahab auch zu zeiten Hausgehalten. In dieser stadt ist Naboth vnschuldig zum todte verdampt/vnd hinaus für die stadt gefüret/vnd zu tode gesteiniget worden. 1. Reg. 21. Item/an der Mawren zu Jesreel haben die hunde Jesebel gefressen/2. Reg. 9. Vnd auff den acker Naboths/der nahe für der stadt Jesreel/gegen Mittag gelegen / hat Jehu der Heuptman Joram des Königs Ahabs Son erschossen/vnd in von den Wagen auff den Acker werffen lassen/2.Reg.9. Vnd also ist es war worden/was Elias dem König Ahab zuuor geweissaget hatte/da er sprach: An der stedte da die Hunde Naboths blut gelecket haben/sollen auch die Hunde

Reisen der Könige in Israel.

dein Blut leck. ꝛc. Wilcu aber die wort vom König Ahab selbst verstanden haben / so mustu das wort (an der stadt) ingemein hin verstehen vom gantzen Lande / das diß des Propheten meinung sey: An dem Ort / das ist eben in diesem Samaritischen Lande / darin Hunde Naboths Blut geleckct haben/da sollen auch Hunde dein Blut lecken. Denn ob Jesreel auch wol im Samaritischen Lande ligt / so ligt sie doch gleichwol 4. meilen von der Heuptstadt Samaria/da Hunde Ahabs Blut geleckct haben. Vnd diese meinung stimmet sehr fein mit der Bibel vberein. Denn das wort Samaria wird offt in der Schrifft ingemeine hin vom gantzen Lande verstanden / Vnd das Land Samaria erstrecket sich von Antripatriden biß an den Berg Carmel/ vnnd begreifft nach der lenge 14. meilen / vnd in die breite 5. meilen. Victorinus Strigelius verstehet die Weissagung des Propheten Elisa also: An dem ort / das eben an solchem ort/nemlich an offener Strassen/ sollen die Hunde dein Blut lecken.

Aphek/Streitig.

Jn der Stadt Aphek/ da Ophni vnd Pinehas/ des Hohenpriesters Söne vmbkommen,/vnd die Lade Gottes genommen worden,/ist vorhin beschrieben. Sie ligt eine halbe meile von Jesreel/ vnd von Jerusalem ligt sie 11. meilen/ gegen Norden. Das wort Aphek heist streitig vngestüm gewaltig.

Ramoth in Gilead.

Je Stadt Ramoth ligt auff dem Gebirge Gilead / jenseid des Jordans / 12. meilen von Jerusalem gegen Nordosten. Diese Stadt war in deß Königes von Syrien gewalt kommen,/vnd als sie König Ahab vermeinet wider zu gewinnen/ ward er tödtlich verwund/vnd ließ sich wider heim gen Samaria füren / vnd vnterweges ist er gestorben. Ramoth in Gilead/ heist die hohen in Gilead. Sie ist eine Priesterliche Freystadt gewesen / deß Stams Gad.

Reisen Joram/ des Königs in Israel.

Joram ist seinem Bruder Ahasia/ der sich in seinem Pallast zu Samaria zu tod fiel / im Reich gefolget/ vnd hat auch zu Samaria hoff gehalten/Vnd wie Josephus von den alten geschichten der Jüden im 9. Buch anzeiget/ ist dieser Joram von Samaria gen Jerusalem zum König Josaphat gezogen/ 8. meilen / da ist auch der König aus Jdumea zu jnen kommen/das er jhnen wolte helffen streiten wider Misa/ der Moabiter König/2. Reg.13. 2. Von Jerusalem sind Joram der König von Jsrael / vnd Josaphat der König Juda/vnd der König aus Jdumea/ vber das Gebirge Edom oder Seir gezogen nach der Heuptstadt deß Königs der Moabiter/ welches ist Petra / vnd ligt von Jerusalem 18. meilen/ gegen Mittag Auff dem wege haben die drey Könige 7. tage zugebracht / denn sie zogen in der Wüsten irre,/ hetten auch durstes sterben müssen / wenn sie durch deß Propheten Elisa fürbitte vnd Wunderwerck nicht weren erhalten worden. Denn derselbe Prophet Elisa/ ist das mal bey jhnen gewesen,/ vnd hat sein Gezelt bey jhrem Lager auffgeschlagen gehabt/ vnd wie Josephus im 9. Buch von den alten Geschichten der Jüden anzeiget / sind die drey Könige aus jhrem Lager für den Propheten Elisa Gezelt gezogen / trost vnd hülffe von jhm begert. Darumb hat jhn GOtt auff des Propheten Elisa fürbitte vberflüssig Wasser beschert / vnd ein Bach in der Wüsten hat müssen rot scheinen/ als die Sonne auffgieng / auff das sich die Moabiter einbildeten / die drey König hetten sich vntereinander verderbet / Aber sie wurden in jhrer meinung betrogen/dann Gott halff den dreyen Königen streiten/ vnd sie namen eine Stadt nach der andern ein / vnd verheereten das gantze vmbliegende Land. Darüber geriet der König der Moabiter in solche grosse noth / das er seinen eigen Sohn auff der Mauren opfferte / Durch solch grewel worden die drey Könige verursachet/ wider abzuziehen/ 2. Reg 3.

3. Da zog König Joram wider gen Samaria/25. meilen/ Da hat jhn Benhadad/ den König von Samarien,/ so hart belagert / das solch ein grosse thewrung in Samaria entstanden / das eine Mutter verursachet worden / jhr eigen Kind zu fressen / 2. Reg. 6.

4. Von Samaria ist Joram gen Ramoth in Gilead in streit gezogen 6. meilen/ da hat jn Ahel/ der König aus Syrien vberwunden/ vnd tödtlich verwundet / 2. Reg. 8.

5. Aus

Reisen der Könige in Israel.

5. Aus dem Streit von Ramath in Gilead ließ sich König Joram gen Jesreel fůren / 6. meilen / da wolt er sich heilen lassen von den Schlegen / die jhn die Syrer geschlagen hatten / Vnd als er aus der Stadt Jesreel dem Feldheuptman Jehu / der sich zum Könige auffgeworffen hatte / entgegen zog / ward er von demselbigen erschossen / vnd auff dem Acker Naboth / deß Jesreeliten / geworffen / 2. Reg. 9.

Summa dieser Reisen des Königs Jorams / 64. meilen.

Reisen des Königs Jehu.

On Ramoth in Gilead / da er zum Könige gesalbet worden / ist er gen Jesreel gefaren 6. meilen / da hat er fůr der Stadt den König Joram erschossen. Vnd als er vnter das Stadthor kam / ward auff sein befehl die Königin Jesebel zum Fenster heraus geworffen / da haben sie die Hunde auffgefressen. Vnd dieweil König Ahab 70. Söne hatte / die bey den Bürgern zu Samaria waren / schicket Jehu Boten hin vber 4. meilen. Da musten die Bürger zu Samaria den 70. Sönen Ahabs die Köpffe abhawen / vnd in Körbe legen / vnnd sie jhn gen Jesreel senden / 2. Reg. 9.10.

2. Von Jesreel ist König Jehu gen Samaria gefaren / 4. meilen / vnd vnterwegen hat er bey einem Hirtenhause 40. Brüder Ahasia des Königes Juda tödten lassen. Vnd da er gen Samaria kam / schlug er / was noch vbrig war vom Hause Ahab. Item / er hat auch daselbst alle Baalspfaffen mit der scherffe des Schwertes erwürget / vnd aus dem Hause Baal ein heimlich Gemach machen lassen. Vnd als er 28. Jar zu Samaria regieret / ist er daselbst gestorben / vnd begraben / 2. Reg. 10.

Summa dieser Reisen des Königs Jehu / 10. meilen.

Von Joahas dem König in Israel.

Oahas / der Sohn Jehu / König in Israel / hat zu Samaria Hoffgehalten / vnd von wegen seiner Abgötterey / ergrimmet der Zorn Gottes wider jhn / vnd erwecket Hasael den König zu Syrien / der kam mit 10000. gewapneter / vnd 500. Reisigen / vnd belagert jhn zu Samaria / hat jhm auch sein Kriegsvolck erschlagen / vnd grosse Stedte abgewonnen / 2. Reg. 13. Wie der Prophet Elisa solches vorhin geweissaget hatte / 2. Reg. 8.

Reisen Joas des Königs in Israel.

König Joas ist von Samaria gen Apheck vierdhalb meile gezogen / da hat er die Syrer vberwunden / biß er sie auffgerieben hat / nach der weissagung des Propheten Elisa / vnd hat die Stedte wider gewunnen / die sein Vater verloren hatte / denn er hatte die Syrer dreymal geschlagen / 2. Reg. 13.

2. Von Apheck ist er wider heim gen Samaria kommen / vierdhalb meile.

3. Von Samaria ist König Joas ins Land Juda gen Bethsemes gezogen / 8. meilen / vnd hat da Amasia / den König Juda vberwunden / vnd gefangen / 2. Reg. 14.

4. Vnd von Bethsemes zog er mit dem gefangenen König gen Jerusalem / eine meile / vnd zubrach die Mawren zu Jerusalem / von dem Thor Ephraim biß an das Eckthor / vier hundert Ellen lang / 2. Reg. 14.

5. Von Jerusalem zog Joas wider heim gen Samaria / acht meilen / vnd da ist er gestorben / vnd begraben / 2. Reg. 14.

Summa dieser Reisen des Königes in Israel 24. meilen.

Bethsemes / Sonnenhauß.

Die Stadt Bethsemes hat gelegen im Stam Juda / eine meile von Jerusalem / gegen der Sonnen Nidergang vnd ist eine Stadt der Leuiten gewesen / Josu. 21.

In dieser Stadt hat Gott das Volck geschlagen / das jrer funfftzig tausent vnd siebentzig tausent schleinig gestorben sind / darumb das sie die Lade Gottes hatten sehen widerkommen aus der Philister Lande / ond dieselbe angerůret / da sie doch nicht Priester waren / denen solchs gebůret heete. Dieweil ob wol Leuiten zu Bethsemes gewonet haben / so sind doch gleichwol auch viel andere Einwoner da gewesen / die nit aus dem Stam Leui / sondern aus dem Stam
Juda

Reisen der Könige in Israel.   154

Juda geboren war/1. Sam. 6. Bey dieser Stadt hat auch Joas der König von Israel/Amazia den König Juda/ vberwunden/ 2. Reg. 14. Bethsemes ist auch noch ein ander Stadt in Egypten/sonsten Heliopolis genant/Jerem. 42.

Reisen Jerobeams/deß Namens der ander/
König in Israel.

JErobeam/deß Namens der andern/König in Israel / hat zu Samaria gewonet / vnd der Prophet Jonas hat jm geweissagt/er würde die Städte/ Hemat vnd Damascum wider in seine gewalt bringen. Derwegen hat er ein groß Kriegsvolck aus seiner Königlichen Stadt Samaria geführet / damit ist er fortgezogen / 62. meilen / biß an die Stadt Hemath/die hernach Antiochia ist genent worden / Diese Stadt mit dem gantzen vmbligenden Lande hat Jerobeam wider vnter seine gewalt gebracht /2. Reg. 14.

2. Von Antiochia gen Damascum sind 15. meilen/ Die Stadt hat Jorebeam auch eingenommen/vnd ist also ein mechtiger Herr in Syrien worden/ 2. Reg. 14.

2. Von Damasco ist Jerobeam wider heim gen Samaria kommen/ober 33. meilen/ Vnd als er zu Samaria 41. Jahr regiert/ist er daselbst gestorben/vnd begraben/2.Reg.14.

Summa dieser Reisen Jerobeams deß Königs in Israel/ 130.meilen

Von Zacharia dem König in Israel.

ZAcharias/König in Israel/hat zu Samaria regieret 6. Monat/Da ist er von seinem eigen Freunde Sallum zu tode geschlagen/ 2.Reg. 15. Josephus von den alten Geschichten der Jüden/lib 6.

Von Sallum den König in Israel.

KOnig Sallum hat auch nicht lenger als einen Monat zu Samaria regiert / da ist er mit gleicher Müntze bezalet/ Denn Menahem hat jn widerumb erschlagen/ vnd ist an seine stat König worden/ 2. Reg. 15.

Reisen Menahem / deß Königs in Israel.

MEnahem ist von Thirtza mit grosser Kriegsmacht gen Samaria gezogen / anderthalb meil / vnd hat den König Sallum/der seinen eigen Herrn erwürget/ wider zu tode geschlagen/ 2. Reg. 15. Vnd ist an seine stat König worden.

2. Von Samaria zog Menahem gen Tiphsah / vnd hat dieselbe Stadt darumb / das sie jn nicht einlassen wolten / zu grunde verstöret / vnd auch der schwangern Frawen vnd der jungen Kinder nicht verschonet. Es sind aber von Samaria biß gen Tiphsah anderthalb meile.

3. Von der verstörten Stadt Tiphsah ist er wider in seine Königliche Stadt Samaria gezogen/anderthalb meil/ da er 10. Jar regiert. Vnd dieweil er Gottloß war/ erwecket Gott Phul Belochum/den König aus Assyrien/ der kam ober 165. meil her/nemlich aus der Stadt Babylon/vnd brachte dem König Menahem zu Samaria in solche grosse noth / das er nicht wuste wo aus oder ein. Vnd wolte er König in Israel bleiben / so muste er Phul Belocho / dem König in Assyrien/ geben 1000. Centner Silbers/ das er wider gen Babylon zoge.

Summa dieser Reisen Menahem des Königs in Israel/ fünfftehalb meil.

Tiphsah/Zum Paschlembleiu/ oder Osterlembleiu.

DJe Stadt Tiphsah hat nahe bey Thirtza gelegen/ im Stam Manasse/6. meilen von Jerusalem gegen Norden/ vnd dieweil sie König Menahem nicht einlassen/ vnd für jhren Herrn erkennen wolten/ hat er sie zu grunde verstöret/2. Reg. 15.

Von Pekahia/dem König in Israel.

KOnig Pekahia hat nach seines Vaters todt nur 2. Jar in der Stadt Samaria regieret / da hat jhn Pekah eines Ritters Son/ in seinem eigen Pallast ober Tisch zu todt geschlagen/vnd ist nach jm König worden/ 2. Reg. 15.

Reisen

Reisen der Könige in Israel.
Reisen Pekah deß Königs in Israel.

PEkah der Son Remalia/ König in Israel/ist von Samaria gen Jerusalem gezogen/ 8. meilen/ vnd neben dem König von Syrien die Stadt belagern helffen / vnd doch nicht gewinnen können. Als es aber zu einer Feldtschlacht gerahten/hat er den Sieg vnd vberwindung behalten/vnd hundert tausent vnd zwantzig tausent streitbare Kriegsleute vnnd vber das noch zwey mal hundert tausent Weiber/ Jungfrawen vnd Kinder/gefangen hinweg geführet/1. Reg. 16. 2. Chron. 28.

2. Von Jerusalem ist König Pekah wider heim gen Samaria gezogen/8.meilen/da hat in Hosea/seiner Fürsten einer/zu tode geschlagen/vnd ist an seine Stadt König worden/2.Reg. 16.

Summa dieser Reisen des Königs Pekah/16. meilen.

Von Hosea den letzten König in Israel.

HOsea der letzte König in Israel/hat auch in der Stad Samaria Hoff gehalten/dieweil er aber Gottloß war / erweckt Gott der HErr Salmanasser den König von Assyrien/ der kam gen Samaria/ vnd belagert die Stadt drey Jar / vnd gewan sie mit grosser gewalt / vnd führt den König Hosea mit allen seinen Vnterthanen gefangen hinweg / von Samaria biß gen Niniue in Assyrien/ober 153.meilen. Vnd von Niniue hat der König Salmanasser ein theil des gefangen Volckes gen Hages in Meden gesandt / ober 183. meilen. Also sind etliche der gefangen Jüden ober 349. meilen aus jhrem Vaterland ins Elend geführet worden/denn so weit/nemlich 349.meilen ligt die Stadt Jerusalem gegen Nordosten. Was aber die Stedte/Niniue vnd Hages/belanget/ daruon wirstu hernach bey den Reisen des jungen Tobia/vnd des Engels Raphaelis/weitleufftiger bericht empfahen.

Von den Völckern/die König Salmanasser wider gen
Samaria gesand / als er die Kinder von Israel hatte
gefangen hinweg geführet/ 2. Reg. 17.

ES König Salmanasser die Kinder von Israel hatte gesenglich hinweg geführet in Assyrien/ da hat er des Volcks eins theils in Meden/vnd auch ein theil in Persiam gesant/vnd hat sie also hin vnd wider durch die Länder gethellet/vnd hat andern Völckern/die im Königreich Persia woneten/bey dem Wasser Chuta / dauon sie auch den namen bekommen haben/das sie Chutheer heissen/befohlen/das sie musten wider gen Samaria / vnd ins Land Israel ziehen/ vnd daselbst wonen / wie auch Josephus bezeuget von den alten Geschichten der Jüden im 9. Buch. Dagegen aber hat König Salmanasser ein theil der gefangen Israeliten auch widerumb in das Königreich Persiam geschickt/das sie bey dem Wasser Chuta woneten musten/eben in dem Lande/daraus die Chutheer hinweg gezogen waren gen Samariam. Also sihet man nun/wie König Salmanasser mit diesen Völckern vmbgewechselt hat.Er hat auch andern Völckern/nemlich/ denen zu Hemath oder Antiochia/ erleubet / das sie sich auch auffmachen/vnd ins Land Israel ziehen / vnd sich da besetzen möchten. Vber das hat er auch aus seinen Königreichen/ Assyrien vnd Meden/ vnd aus andern örtern mehr Leute dahin gesant/ auff das also das wüste Land wider voll würde. Vnd in diesem stück ist König Salmanasser viel fürsichtiger gewesen/als die Römer/ hat auch viel vernünfftiger darin gehandelt/ als Titus vnd Vespasianus / Denn dieselbigen/als sie das Land öde vnd wüste gemacht hatten/liessen sie es also stehen/vnd zogen dauon / vnd liessen gar ein geringe Kriegsvolck in etlichen verstöreten Stedten in der Besatzung/ die den vmbligenden Völckern nicht gnugsam widerstehen möchten; Derwegen sind die wilden ruchlosen Saracenen / die in der Einöde vnnd Wildnis deß steinigten Arabia woneten/durch die fruchtbarkeit des schönen Landes/ das wil sie vnd ohn Leute stund/ dazu verursachet/ das sie mit hauffen da hinein gefallen / vnd wonen auch noch heutiges tages darinnen/Hernach haben auch die Türcken darin geuistet.

Was aber die Völcker belanget/die König Salmanasser darin gesetzt hat/ vermeldet das 2. Buch der Könige im 17. Cap. Das ein jeglichs Volck einen sonderlichen Abgott mit sich ins Land gebracht hat/ vnd das Land dauon so vol Abgöttereysey geworden/ das Gott Lewen vnter sie hat lauffen lassen/ die sie zu stücken zerrissen.Derwegen muste König Salmanasser /
der ge-

Reisen der König in Syrien.

der gefangen Jsraelitischen Priester einen/ wider dahin senden/ der satzte sich zu Bethel/ vnnd leret die Heyden/wie sie den HErrn dienen waren Gott fürchten vnd ehren solten/ da fiengen sie an vnd machten Gottesdienste zugleich Gott dem HErrn vnd auch jhren Abgöttern/ daher kam es/das sie weder Gott vnd jhren Abgöttern/nach jhrer alten gewonheit/ recht dienen konten/ darumb wurden sie den Jüden ein Grewel/ das die Jüden keine gemeinschafft mit den Samaritern haben wolten/wie auch solches das Samaritische Weiblein dem HErrn Christo klaget Joh. 4. Vnnd wenn die Jüden einem einen bösen Namen geben wolten/nanten sie jhn einen Samariter/darumb sprechen sie zum HErrn Christo/Joh.8. Sagen wir nicht recht das du ein Samariter bist/vnd hast den Teuffel. Aber vnter allen diesen Völckern/ die König Salmanasser in das Samaritische Land gesetzt hat/sind die Chuteer/ die von Auffgang der Sonnen aus Persia herkommen sind/ vber drittehalb hundert meilen/ die fürnemsten gewesen/vnd die haben in der Stadt Samaria gewonet/vnd das oberste regiment darinne gehabt.

Reisen der Könige aus Syrien/die wider die Könige gestritten haben.

Reisen Ben Habab des Königs in Syrien.

Ben Habab/ der König zu Syrien / ist aus seiner Königlichen stadt Damasco gezogen/ biß gen Samaria/33. meilen/da hat er Ahab den König Jsrael belagert / ist aber durch die Knaben der Landvögte/aus dem Lager geschlagen/1. Reg. 20.

2. Vnd ist derwegen wider heim gen Damascum gezogen 33. meilen/1. Reg. 20.
3. Von Damasco ist er abermal ins Land Jsrael gen Aphek gezogen/ 31. meilen/da ist er abermals vom König Ahab aus dem Felde geschlagen / vnnd als er in die stadt Aphek entwichen/da er aus einer Kammer in die ander floch/vnd nicht entrinnen kunte / ward er gefangen/ doch hat jhn König Ahab also bald wider loß gelassen/ 1. Reg. 20.
4. Da zog er wider heim gen Damascum/vber/31. meilen.
5. Vnd vber drey Jar führt er abermals ein groß Kriegsvolck aus seiner stadt Damasco biß gen Ramoth in Giliath 26. meilen/vnd das mal hat er den Sieg behalten/denn Ahab ward im streit tödtlich verwundet/1. Reg. 12.
6. Von Ramoth in Giliad/zog Ben Habad wider heim in seine stadt Damasco 26. meilen.
7. Darnach ist er abermals von Damasco ins Land Jsrael gezogen / 30. meilen / vnnd hat gerathschlaget mit seinen Gewaltigen/da vnd da wollen wir vns Lagern / Es hat jhn aber der Prophet Elisa daran verhindert/denn er saget dem König in Jsrael allezeit wo sich die Syrer hinlagern wolten. Darumb sandte König Ben Habad viel Reuter gen Dothan/ das sie den Propheten Elisa greiffen solten / Aber der Berg vmb Elisa her / war vol fewriger Roß vnnd Wagen/darumb konten jhn die Syrer nicht schaden/2. Reg. 6.
8. Aus dem Lande Jsrael ist König Ben Habad wider heim gen Damascum kommen/ vber 30. meilen.
9. Darnach ist er abermal aus seiner Haupstadt Damasko gen Samaria gezogen/33. meilen/vnnd hat die stadt so hart belagert / das ein solcher Hunger zu Samaria entstanden/ das eine Fraw für grossem hunger jhr eigen Kind gefressen hat/2. Reg. 6. Zu letzt hat GOtt der HErr auff des Propheten Elisa fürbitte/die Syrer in jhrem Lager erschrecket / das sie des Nachts sind aus dem Lager geflohen / dadurch des nehesten tages das Korn vnter dem Thor zu Samaria sehr wolfeil worden / wie der Prophete Elisa solches zuuorn geweissaget/vnnd der vngleubige Gottesfesterliche Ritter/ der den Propheten Elisa nicht hatte wollen gleuben/ ward von der mennge des Volcks im Thor zudruckt vnd zutretten/das er starb/2. Reg. 7.
10. Der flüchtige vnd erschrockene Ben Habad aber/ ist wider heim gen Damascum kommen/vber 31. meilen/vnd nicht lange darnach gestorben/2. Reg. 8.

Summa aller reisen Ben Habad des Königs in Syrien drey hundert vnd sechs meilen.

Reisen

Reisen der Könige Juda.

Reisen der Heuptleute/ die Ben Habad der König zu Syrien außgesand hat/ da sie Barsa dem König von Israel sein Land verderben musten/). König 15.

1. On Damasco sind sie gen Jon gezogen/achtzehen meilen.
2. Und von Jon gen Dan/ eine meile.
3. Von Dan gen Abel Bethmaacha drey meilen.
4. Darnach haben sie alle Kornstedte eingenommen/im stamm Naphthali/ vnd sind wider gen Damascum gezogen/ein vnd zwantzig meilen.

Summa dieser reisen/drey vnd viertzig meilen.

Jon vnd Dan/sind zwey Stedtlein/vnnd liegen am Bergs Libano / da der Jordan entspringet/ sechs vnd zwantzig meilen gegen Nordosten.

Abel Bethmaacha/ Trawrschloß.

Die Stadt Abel Bethmaacha/die auch vor zeiten von Joab belagert / vnd durch einer weisen Frawen süsse wort/die zu Joab vber die Mauren redet / für vnglück behütet ward/ ligt von Jerusalem 22. meilen gegen Nordosten/im stamm Naphthali/2. Sam. 20.

Reisen Naeman des Feldtheuptmans Ben Habad des Königes in Syrien/2. Reg. 5.

Von Damasco zog Naeman gen Samaria /drey vnd dreissig meilen/ vnnd hat jhm der Prophet Elisa zu entboten/er solte sich siebenmal tauchen im Jordan / so würde er rein werden von seiner Auffsa.
2. Von Samaria zog Naeman biß an den Jordan/ vier meilen / vnd als er sich siebenmal tauchte im Jordan ward er gesund.
3. Darumb keret er widerumb vom Jordan/vnd fuhr wider gen Samaria / vier meilen/ vnd dancket dem Propheten Elisa fleissig.
3. Von Samaria ist er darnach wider heim gen Damascum gefahren/33. meilen.

Summa dieser reisen Naeman des Feldheuptmans/ des Königs aus Syrien/vier vnd siebentzig malen.

Reisen Asael des Königs in Syrien.

1. Von Damasco/da jhm der Prophet Elisa gewissaget hatte / das er würde König in Syrien werden/ist er gen Ramoth in Gilead gezogen/sechs vnd zwantzig meilen/da hat er Joram/ den König von Israel vberwunden/2. Reg. 8.
2. Ab ist da wider heim gen Damascum gezogen/sechs vnd zwantzig meilen.
3. Darnach ist König Asahel von Damasco nach der Stadt Aroer gezogen/33. meilen.
4. Und von Aroer durch das Land Gilead / in das Königreich Basan/ biß an den Berg Libanon,20. meilen/Dasselbige gantze Land hat Asael eingenommen/2. Reg. 10.
5. Und ist da wider heim gen Damascum in sein Königreich gezogen/18. meilen.
6. Von Damasco biß zu der Philister Stadt Gath/die Asahel gewonnen hat/ sind sieben vnd viertzig meilen/2. Reg. 12.
7. Von Gath ist Asahel gen Jerusalem gezogen/acht meilen/da hat jhn Joas / König in Juda mit Golde abgekaufft/2. Reg. 12.
8. Derwegen zog Asael wider heim gen Damascum/40. meilen.
9. Von Damasco ist König Asahel abermal ins Land Israel gen Samaria gezogen / 33. meilen/vnd hat König Joahas zu Samaria belagert/viel grosser Stedte abgewonnen / vnnd das gantze Israelitische Königreich sich vnterthenig gemacht/2. Reg. 13.
10. Und ist da wider heim in sein Königreich gen Damascum gezogen/33. meilen/vnnd ist daselbst gestorben/2. Reg. 13.

Summa dieser reisen des Königs Asael in Syrien/ 284. meilen.

Die Stedte Aroer vnd Gath sind vorhin beschrieben worden/vnd ist derwegen ohne noth solches zuwiderholen.

Reisen

Reisen der Könige Juda. 158

Reisen Ben Hadad/des Namens der ander König zu Syrien.

BEn Hadad/des Namens der ander König zu Syrien / ist König Asahels Sohn gewesen/vnd von Damasco ins Land Israel / nach der Stadt Aphek gezogen / 26. meilen/ da hat jhn Joas der König von Israel vberwunden / nach der Weissagung des Propheten Elisa/der solches zuuor verkündiget hatte.Vnd also hat dieser Ben Hadad die Städte wider verloren/die sein Vater gewonnen hatte / 2. Reg. 13. Aphek aber ist eben die Stadt/da auch vorzeiten Ophni vnd Pinehas des Hohenpriesters Eli Söhne vmbkommen/ vnd die Lade GOttes von den Philistern genommen ward/ vnnd ligt von Jerusalem zwölfftehalbe meilen gegen Norden nahe bey Jesreel.

2. Von Aphek ist König Ben Hadad wider heim gen Damascum gereiset / 26. meilen/ vnd daselbst gestorben.

Summa dieser Reisen Königs Ben Hadab des andern/52. meilen.

Reisen Rezin des Königs in Syrien.

KOnig Rezin ist von Damasco gen Jerusalem gezogen/40. meile/ vnd hat da Ahas den König Juda sehr hart belagert/darzu hat jhm Pekah der Sohn Remalia / König in Israel geholffen/2. Reg. 16

2. Von Jerusalem ist König Rezin in Idumeam. gezogen/biß gen Elath/welches ist eine Stadt am Roten Meer/vnd ligt von Jerusalem 40. meilen/gegen Mittag/ Diese Stadt hat König Rezin den Jüden abgewonnen/sie ligt von Ezeongaber 4. meilen gegen Norden.

3. Von Elath ist König Rezin wider heim gen Damascum gezogen 17. meilen/da hat in Tiglath Pilleser der König von Assyrien getödtet/ vnnd viel Bürger von Damasco gefangen hinweg geführet/1. Reg. 16.

Summa dieser Reisen Rezin des Königs in Syrien 130. meilen.

Reisen der Könige Juda/die zu Jerusalem Hoff gehalten haben.

Reisen des Königs Rehabeam.

REhabeam/König Salomonis Sohn/ist gen Sichem gezogen / 9. meilen/da hat er zu seinen Vnterthanen also gesprochen: Mein Vater hat euch mit Peitschen gezüchtiget/ich aber wil euch mit Scorpion züchtigen/ vnnd von wegen solcher trotzigen wort/ sind zehen Stemme von jhm abgefallen/das er nicht mehr/ denn allein die zween Stemme/Juda vnd Ben Jamin/behalten/1. Reg. 12. 2. Chron. 11.

2. Von Sichem ist er wider gen Jerusalem kommen/ober neun meilen/ vnnd hat die fürnembsten Städte im Stam Juda gebessert vnd befestiget/1. Reg. 2. 12. Chron. 11.

Summa dieser reisen des Königs Rehabeam/18. meilen.

ANsonderheit aber/hat dieser König Rehabeam 15. Städte im stamm Juda befestiget auff das er seinem Widersacher/den König Jerobeam / desto besser widerstehen künde/die die 15. Städte heissen also : Bethlehem/Etam/Tekea/Bethsur / Socho , Adulam/Goth/Maresa/Siph/Adoram/Lachis / Aseka/ Zarea/Ajalon vnd Hebron. Bethlehem ist die Stadt/da hernach der HErr Christus ist geboren. Zu Socho vnd Aseka hat Dauid den grossen Riesen Goliath erschlagen. Etam ist die Steinklufft vnd Festung / darin Simson gewonet hat. Za Adullam hat sich auch Dauid in einer Höle verborgen. Item / da hat sich der Ertzvater Juda ein Weib genommen. Zu Gath in der Philister Stadt hat sich Dauid Wahnsinnig gestellet/vnd der Geiffer ist jhm in den Bart geflossen. Zu Siph hat er den Wasserbecher vnd Spieß von Sauls Heupt genommen. Zu Ajalon/hat der Mond stille gestanden/da Josua die 5. Könige vberwan. Vnd zu Lachis / hat einer von den fünff Kö-

Luc. 2.
1. Sam. 17.
Judic. 15.
1. Sam. 15.
Gen. 38.
1. Sam. 26.
Josu. 10.
2. Sam. 14.

Reisen der König Juda.

nigen gewonet/die Josita auffhencken ließ. Von Thekoa ließ Joab eine weise Fraw holen/ die muste König David vberreden / das er seinen flüchtigen Sohn Abselon ließe widerholen/ dieweil in dieser Stedte offtmals vorhin ist gedacht worden / ist es nicht von nöthen/solches alles zu widerholen/vnd wil derwegen an diesem ort allein von den Stedten schreiben /der vorhin nicht ist gedacht worden/als nemlich von Maresa / Bethsur / Zarea vnnd Adoraim/denn dieselbigen Stedte hat König Rehabeam auch befestigen/vnd stadtlich auffbawen lassen.

Maresa/Bittercasser.

Maresa ist eine Stadt gewesen im stam̃ Juda / 4. meilen von Jerusalem / gegen der Sonnen Nidergang. König Assa hat daselbst die Moren erschlagen/2. Chron. 14. Auß dieser Stadt ist auch der Prophet Micha bürtig gewesen/Mich. 1. Der H. Hieronymus schreibet/das man zu seiner zeit noch die verfallene Mawren dieser Stadt gesehen habe.

Bethsur/Felsenhauß.

Bethsur ist ein Schloß auff einem Berge/vnd ligt von Jerusalem fünff stadien / das ist ein wenig mehr/als ein halb viertel einer meilen/vnnd ist in der theilung dem stam̃ Juda da zugefallen. Vnnd diese Burg ist eine Landwehr der Stadt Jerusalem gewesen/ vnd hat gelegen auff einem starcken Felsen/ zwischen den Bergen / da man von Jerusalem geit Bethlehem vnd gen Gaza gereiset.

Bethsur/ein Bilde Christi

Wie nu diese Burg eine Landwehr vnd beschirmung der Stadt Jerusalem gewesen/Also auch der HErr Christus/ist der rechte Fels vnd rechte Burg/der seine Christliche Kirche vñ Gemeine beschirmet/Psal. 18. 31. Ja die heilige Christliche Kirche ist das rechte Felsenhauß/

Wo der Candaces Kem̃erling getaufft sey.

das auff den starcken Fels/nemlich/auff den HErrn Christum gebawet vnd gegründet ist.

Es ist auch noch einander Bethsur/ein Stadt im stam̃ Juda / 3. meilen von Jerusalem/ gegen Sudwesten/auff der strassen / da man von Jerusalem hinab reiset gen Hebron vnnd in Egypten. Bey dieser Stadt Bethsur/ ist vnden am Berge ein Springbrünlein / das nicht weit fleust/sondern bald wider von der Erden verschlungen wird/ vnd wie Hieronymus schreibet/ist zu seiner zeit die gemeine sage gewest/das der Königin Candaces Kem̃erling in diesem Springbrünlem von Philippo sey getaufft worden/ Actor. 8.

Zwey Bethsur.

Herauß sihet man nun/das zwey Bethsur gewesen / Das erste war ein Schloß vnnd Landwehr nahe bey Jerusalem gelegen/vnd ist erstlich von König Rehabeam / vnnd darnach auch von Juda Machabeo befestiget worden/2. Chron. 11. Maccab. 4. Das ander Bethsur ist eine Stadt gewesen/3. meilen von Jerusalem gelegen / vnd daselbst sol der Königin Candaces Kemmerling sein getaufft worden / wie ich nach der lenge auß dem H. Hieronymo angezeiget vnd vermeldet habe.

Zarea Festung.

Zarea ist eine Stadt gewesen im stam̃ Juda / 2. meilen von Jerusalem / gegen der Sonnen Nidergang. Diese Stadt hat König Rehabeam befestiget/2. Chron. 11.

Adoraim/Hochdampffen.

Adoraim oder Adara/ist eine Stadt im stam̃ Juda/11. meilen von Jerusalem gegen Sudwesten gelegen. Diese Stadt hat König Rehabeam befestiget/2. Chron. 11.

Reisen des Königs Abia.

Abia ist von Jerusalem auff den Berg Zemariam gezogen/2. meilen/ vnd hat da bey der Stadt Bethel/Jerobeam den König Israel vberwunden / vnnd ihm fünffmal hundert tausent man erschlagen/1. Reg. 15. 2. Chron. 13.

2. Darnach hat er auch die Stadt Bethel eingenommen / vnd ist den Feinden krefftiglich ins Land gefallen/vnd dasselbige eingenommen vnd durchstreiffet/von Bethel biß gen Ephron/ 9. meilen/1. Reg. 15. 2. Chron. 13.

3. Von Ephron da auch vorzeiten Gideon gewonet hat / ist König Abia wider heim gen Jerusalem kommen/vber 11. meilen/vnd hat 14. Eheweiber genommen/ist auch endlich zu Jerusalem gestorben vnd begraben/2. Chron. 13.

Summa dieser reisen des Königs Abia 22. meilen.

Reisen

Reisen der Könige Juda. 160

Reisen des Königes Assa.

Von Jerusalem ist König Assa gen Maresa gezogen / vier meilen/vnd hat da im thal/ bey der stadt Maresa/auß welcher auch der Prophet Micha bürtig gewesen / wie kurtz zuuorn gemelt/die Moren vberwunden/2. Chron. 14.

2. Von der Stadt Maresa/hat König Assa den flüchtigen Moren nachgejaget / biß gen Gerar/fünfftehalb meilen/vnd hat viel Stedte wider eingenommen/die jhnen die Moren abgewonnen hatten/2. Chron. 14.

3. Vnd ist von Gerar wider heim gen Jerusalem kommen/vber acht meilen/vnd hat Gott dem HErrn von der Außbeute seiner Feinde geopffert 700. Ochsen / vnnd 700. Schafe/2. Chron. 15.   Summa dieser Reisen des Königs Assa/17. meilen.

KOnig Assa hat auch Boten gesand zum König Ben Hadad in Syrien / der in der Stadt Damasco wohnet/40. meilen von Jerusalem/gegen Nordosten / das er jhm möchte hülffe thun gegen Baesa den König in Israel / der die stadt Rama bawet auff dem Gebirge Ephraim/zwo meilen von Jerusalem gegen Norden. Vnd als Ben Hadad dem König Assa darin zu willen war / vnnd ein Kriegsvolck ins Land Israel sandte / da muste Baesa vom gebew der Stadt Rama ablassen/vnd zog wider heim gen Thirza. König Assa aber/ließ die Steine/damit Baesa den Baw wolt volnführet haben / an die zwo meilen in den stätt Ben Jamin führen/vnd bawet damit die stedte Mizpa vnd Geba/sonsten Kiriath Jearim genant/1. Reg. 15.

Reisen Serah des Königs der Moren / dem Könige Assa/ durch hülffe des Allmechtigen Gottes vberwunden hat/
à. Chrönic. 14.

DJeser Serah ein König der Moren / in dem innern Libia / ist der grosse Keyser in Morenland gewesen/den man zu vnser zeit Petro Johan nennet / vnd hat sein Sitz in Africa/auff jenseid Meroe/in der Stadt Hamarich / vnnd wird sonsten gemeinlich hie bey vns Priester Johan genent / doch aus vnuerstandt / denn er ist kein Priester/sondern ein König oder Keyser der schwartzen Moren / die in Libia vnnd Morenland wohnen. Just demselbigen Lande ist ohn zweiffel dieser Serah vber 300. meilen ins Jüdische Land kommen/wider König Assa zu streiten/vnd hat sich gelagert bey der Stadt Maresa/4. meilen von Jerusalem gegen der Sonnen Nidergang / da ist jhm König Assa von Jerusalem entgegen gezogen/vnd hat jhn durch hülffe des Allmechtigen Gottes / mit geringem Kriegsvolck vberwunden.

Das aber dieser Serah kein gemeiner König / sondern der mechtigste HErr vnd König in Africa gewesen/den man zu vnser zeit Petrô Johan nennet/ ist darauß offenbar / weil er zehenmal hundert tausent streitbare Mann/ vnd dreyhundert Wagen / wider den König Assa zu felde gefüret hat / Denn dergleichen grossen hauffen hat kein König für seiner zeit können auffbringen. Man liesst aber von Xerxe dem König in Persia / das er auch habe eben so viel als dieser Serah / nemlich / zehenmal hundert tausent Mann gegen die Griechen geführet/ Deßgleichen Tamerlanes der Tartern König / den man sonsten den grossen Cham nennet/ des Herrschung vnd Reich sich von dem Wasser Sinai an / biß an den eussern Orient/in der Stadt Caihai erstrecket/derselbe hat auch zehenmal hundert tausent Mann zu Felde geführet/vnd den Türckischen Keyser Bajazetem gefangen/mit Güldenketten gebunden / vnnd jhn in einem Eysern Kefich vmbher geführet.

Xerxes.
Tamerlanes ein mechtiger König der Tartern.

Geistliche bedeutung des Königs Assa.

ASsa heist auff Syrisch ein Heiland / vnnd ist ein schön Bild vnsers HErrn Jesu Christi. Denn gleich wie Assa die schwartzen Moren vberwunden hat / also hat / auch der HErr Christus die schwartzen Teuffel vberwunden/vnd jhr Hellische Reich zerstöret.

Reisen des Königs Josaphat/
1. Reg. 22. 2. Chron. 18.

V iij

Reisen der Könige Juda.

Da Jerusalem ist König Josaphat gen Samaria gezogen / 8. meilen da hat er seinen Freund/König Ahab besucht/Denn Joram/König Josaphats Sohn / hatte drey jar zuuor/Athaliam/Ahabs Schwester/zum Weibe genommen/2. Reg. 8.

2. Von Samaria ist Josaphat mit seinem Freunde König Ahab / in streit gezogen gen Ramoth in Gilead/6. meilen/da ward Ahab erschossen / Josaphat aber kam vnbeschedigt dauon/ 1. Reg. 22. 2. Chron. 18.

3. Von Ramoth in Gilead/ist König Josaphat wider heim gen Jerusalem komen vber 12. meilen/2. Chron. 19.

4. Von Jerusalem ist Josaphat gen Berseba gezogen / eilfftehalb meilen / vnnd hat sein Volck vnterrichtet/im Gesetz des HErrn/ 2. Chron. 19.

5. Von Berseba nach dem Berge Ephraim/12. meilen/2. Chron. 19.

6. Von dem Gebirge Ephraim / ist er wider heim gen Jerusalem komen/vber 2. meilen. Vnd hat also König Josaphat sein gantz Königreich durchzogen / vnnd das Volck zu der furcht GOttes/vnd zum rechten Gottesdienst vermahnet / hat auch hin vnd wider fromme Richter vnd Ampleute gesetzt/vnd also zu jhnen gesprochen : Sehet zu was jhr thut/denn jhr haltet das Gerichte nicht den Menschen/sondern dem HERRN/ vnd er ist mit euch im Gerichte/Darumb lasset die Furcht des HErrn bey euch sein/Denn bey dem HERRN vnserm GOTT ist kein vnrecht/noch ansehen der Personen / noch annemen des Geschenckes/2. Chron. 19.

7. Darnach ist Josaphat von Jerusalem gen Thekoa gezogen/anderthalbe meilen / vnnd als er vnd sein Kriegsvolck die Posaunen bliesen / vnnd GOttes heiligen Namen anrufften/ hat er die Feinde/nemlich/die Moabiter/Ammoniter/ vnd Edomiter/ die herauff komen waren/wider König Josaphat zustreiten / vnter sich selbst verwirret / das sie in einander gefallen/vnd sich selbst vntereinander erwürget haben / Solches ist geschehen auff dem ebenen Felde/zwischen Thekoa vnd Engeddi. Da haben Josaphat vnd seine Kriegsleute kaum in dreyen Tagen den Raub aufftheilen können/so viel guter Beute haben sie bekomen / Vnd ist das ebene Feld zwischen Thekoa vnd Engeddi von der zeit an / das Lobethal Jeruel genent worden/denn sie kondten den lieben Gott für solche herrliche Vberwindung nicht genugsam loben vnd preisen. Vnd diß Lobethal Jeruel/ligt von Jerusalem 2. meilen gegen Südosten/ vnd strecket sich von Thekoa biß an die Stad Engeddi/die da ligt am Vfer des todten Meers/ 5. meilen von Jerusalem.

8. Von Engeddi aus dem Lobethal/ist Josaphat mit Psalter/ Harffen / vnd Drometen/ wider heim gen Jerusalem komen/vber 5. meilen / vnnd ist in den Tempel GOttes gegangen mit freuden/vnd hat GOTT dem HErrn von wegen der herrlichen Victoria gedancket/2. Chron. 20. Darnach hat König Josaphat mit den Gottlosen Ahasia / König in Israel/ein verbündnis gemacht / vnd sich der gestalt mit einander vereiniget / das sie zu Ezeon Gaber wolten Schiffe machen lassen/die auffs Meer fahren solten / vnd Gold vnd Edelgesteine holen. Es ligt aber die Stadt Ezeon Gaber von Jerusalem 40. meilen gegen Mittag. Dieselbe Schiffart hat keinen fortgang haben müssen / Denn GOtt hat den König Josaphat von wegen solcher verbündnis sehr hart gestrafft / durch den Mund des Propheten Elieser/vnnd die Schiffe sind zubrochen/das sie nicht kondten auff dem Meer fahren/2. Chron. 20.

9. Von Jerusalem ist darnach König Josaphat mit Joram dem König Israel / in den streit gezogen wider die Moabiter / vnd diese zween Könige haben auch den König aus Jduinea bey sich gehabt. Diese drey Könige sind von Jerusalem ausgezogen vber das Gebirge Seir/in die Wüsten des steinigten Arabie gen Petra / welches ist die Heuptstadt des Königs der Moabiter/vnd ligt von Jerusalem 13. meilen/gegen Mittag. Auff diesem wege haben sie sieben Tage zugebracht/denn sie zogen in der Wüsten irre/hetten auch dürsten sterben müssen/ wenn jhnen der Prophet Elisa nicht geholffen hette / Denn derselbige Prophet Elisa zog mit jhnen/vnd hatte sein Gezelt neben jrem Lager auffgeschlagen/vnnd wie Josephus in seinem 9. Buch von den alten Geschichten der Jüden schreibet/sind die drey Könige aus jhrem Lager zu jm für sein Gezelt gezogen vnd haben seiner hülffe begeret. Derwegen hat Gott diesen dreyen Königen vberflüssig Wasser bescheret / vnd ein Bach in der Wüsten muste Blutroth scheinen/als die Sonne auffgieng/das sich die Moabiter einbildeten / die drey Könige hetten sich

vnters

Reisen der König Juda. 162

vntereinander verderbet/Aber es bekam jhnen vbel/ denn sie wurden in jhrer meinung betrogen/vnd Gott halff den dreyen Königen streiten/ vmb des frommen Königs Josaphats willen/das sie eine Stadt nach der ander einnamen/ vnd das gantze Land verheerten. Darüber gerieth der König der Moabiter in solche grosse noth/ das er seinen eigen Sohn auff der Mawren opfferte. Von wegen solches grewels/sind die drey Könige wider abgezogen/ 2. Regum. 3.

10. Da kam König Josaphat wider heim gen Jerusalem/vber 18. meilen/ als er 25. jar regieret/ist er im 60. jar seines alters gestorben/2. Reg. 22. 2. Chron. 21.

Summa aller Reisen des Königes Josaphats/93. meilen.

Geistliche bedeutung des Königs Josaphats.

JOsaphat heist so viel/ als Gott der HErr wird richten/ Dominus iudicabit, Vnnd ist ein schön Bilde vnsers HERRN Jesu Christi/ denn derselbige ist verordnet von Gott/ein Richter der Lebendigen vnd der Todten. *Actor. 10.*

Vnd gleich wie Josaphat ohn einigen Schwertschlag/ allein durch das liebe Gebet vnd Posaunenschall seine Feinde vberwunden/2. Chronic. 20. Also vberwindet auch der HERR Christus/ohn einigen Schwertschlag/allein durch die Geistlichen Posaunen/ nemlich/ durch sein heiliges Wort/seine Feinde.

Wie auch Josaphat in dreyen Tagen die Beute seiner Feinde aufgetheilet hat/ 1. Chronic. 20. Also ist auch der HErr Christus am dritten Tage aufferstanden von den Todten/ vnd hat reiche Beute außgetheilet/nemlich/ Vergebung der Sünden/vnd ewigen Friede vnd Seligkeit/Johan. 20.

Das Thal/so zwischen dem Oelberge vnd der Stadt Jerusalem gewesen/ dadurch der Bach Kidron geflossen/hat Josaphats thal geheissen/villeicht darumb/ das König Josaphat selbst da hat pflegen Gerichte zuhaltẽ/ Denn er war gar ein gerechter Gottfürchtiger König/ der Gerichte vnd Gerechtigkeit handhabete vnd beschirmete/Also wird auch der HERR Christus vom Himel herab komen/vnd wie etliche wollen/ im Thal Josaphat/Joel. 3. Oder wie das newe Testament anzeiget/in der Wolcken des Himels/Gericht sitzen/vnd ein gerecht Vrtheil fellen/vber die Lebendigen/vnd auch vber die Todten/1. Thess. 4. Matth. 24. Dan. 7. *Johan. 20. Thal Josaphats.*

Denn das Thal Josaphat ist ein Fürbilde der Wolcken/ darin der HErr Christus wird Gericht sitzen/Joel 3. Vnd wie Josaphat durch der Posaunen schall seine Feinde erschrecket vnd vberwunden/2. Chron. 20. Also wird auch der HErr Christus mit Posaunen vom Himel komen/vnd die gantze Welt stürmẽn im Jüngsten Tage/Matth. 24.

Reisen Joram/des Sohns Josaphat/der nach seinem Vater ist König worden.

VOn Jerusalem ist dieser König Joram auff das Gebirge Seir gezogen/ welches ligt 7. meilen von Jerusalem/gegen Mietag/da hat er seine Vnterthanen/ die Edomiter/ beschediget/vnd so grewlich wider sie Tyrannisiret/ das alle Edomiter von ihme sind abgefallen/vnd haben einen eign König erwehlet/der im Lande Edom/ das ist/ in Idumea herrschen vnd regieren solte/2. Reg. 8. 2. Chron. 21.

2. Von dem Gebirge Seir ist er vber 7. meilen wider gen Jerusalem kommen/vnnd dieweil er seine eigene Brüder tödtet/hat Gott die Philister vnd die Völcker auß dem Reich Arabia wider jn erwecket/die sind vber 300. meilen gen Jerusalem komen/ vnd haben genomen alle seine Habe vnd köstliche Güter/darzu seine Weiber vnd Söhne/ vnd haben sie gefangen hinweg geführet/vnd schmerlich erwürgen lassen/ das jhm nicht mehr als sein jüngster Sohn ist vberblieben. Ober das/hat jn auch Gott so hart angegriffen mit Kranckheit/ das sein Eingeweide von jm gangen ist. Vnd hat also wegen seiner Bosheit vnd Abgöitterey/ein schrecklich Ende genommen/ Ist auch zu Jerusalem begraben/ aber nicht in der Könige Gräber/ 2 Chron. 21. Summa dieser Reisen des Königs Joram/14. meilen.

Reisen des Königes Ahasia.

VOn Jerusalem gen Ramoth in Gilead/sind 12. meilen/ da hat König Ahasia seinen Vettern/nemlich/Joram/König zu Israel helffen streiten gegen die Syrer/ 2. Regum 8. 2. Chron. 22.

D iiij 4. Von

Reisen der Könige Juda.

2. Von Ramoth in Gilead ist König Ahasia gen Jesreel gezogen/ 6. meilen / seinen Vettern Joram/ der im streit wider die Syrer verwund war/zu besehen/ 2. Reg. 2, 3. Chron. 22.

3. Auß der Stadt Jesreel ist er mit seinem Vettern / König Joram/ dem Feldheuptman Jehu entgegen gezogen/vnd als König Joram erschossen ward / nam Ahasia die flucht nach des Königs Garten/ der auß Naboths Weinberge gemacht / der nahe für Jesreel war / vnnd wendet also seinem Wagen auff ein ander strassen/ Aber Jehu jaget jm nach/ vnd hieß jn auch schlagen auff seinen Wagen/ Da ist er nach der Stadt Megiddo / auff Deutsch Citrinatepffel genant/geflohen/welche ligt eine meile von Jesreel/nicht weit von der Stadt Apheck/gegen der Sonnen Niderzang/da hat er sich verbinden lassen / wie Josephus schreibet von den alten geschichten der Jüden im 9. Buche.

4. Von Megiddo ist der verwundete König Ahasia gen Samaria geflohen / vierdtehalb meilen/vnd hat sich da versteckt/aber Jehu hat jhn herfür suchen vnd tödten lassen/ 2. Chronic. 22.

5. Von Samaria ist die todte Leiche des Königs Ahasia gen Jerusalem geführet/ 8. meilen/vnd daselbst bey die Könige begraben/2. Chron. 22.

Summa dieser Reisen Ahasia des Königs Juda/ 30. meilen.

Von der Gottlosen Königin Athalja/
2. Reg. 11. 2. Chron. 22. 23.

Diese Königin Athalja/ist Amri/des Königs in Israels Tochter/ vnnd Ahas Schwester gewesen/sie ward Joram/dem König in Juda / Josaphats Sohn / ehelich vertrawet/ dem hat sie den Sohn Ahasia geboren/ der für jhr König gewesen ist / 2. Regum 8. Vnd dieweil sie nach jhres Sohns Ahasia todt / allen Samen vom Hause Dauid erwürget/vnd 7. Jar greulich tyrannisieret / hat Josada der Hohepriester einen kleinen Knaben/mit Namen Joas/auß dem stam̃ vnd geschlechte Nathan/ des Sohns Dauids / geboren/ heimlich im Tempel verwaret vnd auffgezogen / vnnd als die Königin Athalja/ wie gesaget/ 7. Jar regieret/vnd greiblich Tyrannisiret hatte / vnnd das Kneblein Joas 7. Jar alt ward/ hat jhn der Hohepriester Josada herfür gezogen / vnnd jhm im Tempel die Kron auffgesetzt/ vnd also zum König gemacht/die Gottlose Königin aber Athalja/ist getödtet worden. Solches alles ist zu Jerusalem geschehen.

Von Joas dem Könige Juda.

Dieser Joas hat 40. Jar zu Jerusalem regieret/ vnnd so lange der Hohepriester Jojada lebete/regieret er wol/aber nach desselben todte ward er sehr Gottloß vnnd vndanckbar/das er dem frommen Zachariam/des Hohenprister Jojade Sohn / der jhn doch zum Könige gemacht hatte/im obern Vorhofe des HERrn hat lassen todt steinigen/ 2. Chron. 24. Aber GOTT hat solches nicht vngestrafft hingehen lassen / denn König Joas ist endlich zu Millo / auff dem Berg Sina zu Jerusalem / auff seinem Bette/von seinen eigenen Knechten getödtet / vnnd daselbst zu Jerusalem in der Stadt Dauid begraben worden/ 2. Regum 12. Chron. 14.

Reisen des Königs Amazja.

Von Jerusalem ist König Amazja nach der Stadt Sela gezogen/ 18. meilen / da hat er die Edomiter im Saltzthal erschlagen/ 2. Reg. 14.

2. Von Sela ist er wider heim gen Jerusalem kommen/vber 18. meilen/ vnnd hat der Edomiter Göjen angebetet/ 2. Chron. 25.

3. Von Jerusalem zog König Amazja gen Bethsemes/ 1. meile / vnd ward da von Joas/ dem König in Israel/vberwunden vnd gefangen/ 2. Chron. 25.

4. Von Bethsemes hat Joas den gefangnen König Amazja wider gen Jerusalem geführet/ 1. meile 2. Reg. 14. 2. Chron. 25.

5. Von Jerusalem ist König Amazja / als sich ein auffruhr vnnd empörung erhub/ gen Lachis geflohen/fünff meilen/da ward er von seinen eignen Knechten getödtet / 2. Regum 14. 2. Chron. 25.

6. Von

Reisen der Könige Juda.

6. Von Lachis ist die/todte Leich des Königs Amazia/auff Rossen widerumb gen Jerusalem gebracht/vnd daselbst in der Stadt Dauid begraben/2. Reg. 14. 2. Chron. 25.

Summa dieser reisen des Königs Amazia/48. meilen.

Sela/Ein Felß.

Die Stadt Sela/wird sonsten gemeinlich Petrea genant / ligt 18. meilen / von Jerusalem/gegen Mittag / in den steinigten Arabia / das auch von dieser Stadt den Namen hat/das es Arabia Petrea/ vnd auff Deutsch / das steinigte Arabia genennet wird. Bey dieser Stadt hat König Amazia zehen tausent Jdumäer lebendig gefangen/vnd sie auff einen hohen Felsen geführet/da hat man sie herab gestürtzet /. das sie alle zu borsten sind. Da solches geschehen/grieff er auch die Stadt Sela an / vnnd gewan sie / vnd nennet sie Jaktheel/auff Deutsch Gotteshülff/2. Reg. 14.

Die Stede Bethsemes vnd Lachis / sind vorhin beschrieben worden. Denn zu Bethsemes ist die Lade Gottes angekommen/als sie wider kam auß der Philister Lande / 3. Sam. 6. Vnd zu Lachis hat einer von den 5. Königen gewonet/die Josua auffhencken ließ/ Jos. 10.

Reisen Vsia des Königs Juda/sonsten Asaria genant.

Von Jerusalem 40. meilen gegen Mittag / ligt die Stadt Elath am roten Meer / die vorhin war den König Juda abgewonnen / dieselbige Stadt hat Vsia wider an Juda gebracht/vnd sie gebawet vnd gebessert/2. Chron. 26.

2. Von der Stadt Elath wider gen Jerusalem sind 40. meilen.
3. Von Jerusalem ist König Vsia nach Gath der Philister Stadt gezogen / neundtehalbe meilen/die hat er den Philistern abgewonnen / vnd die Mawren nider gerissen / 2. Chronic. 26.
4. Von Gath ist König Vsia gen Japnea gezogen / 6. meilen / vnnd hat die Stadt auch eingenommen/2. Chron. 26.
5. Vnd von Jabnea zog er gen Asdod. 2. meilen/2. Chron. 26.
6. Vnd von Asdod ist er wider heim gen Jerusalem komen sechstehalbe meilen/2. Chronic. 26.
7. Von Jerusalem ist König Vsia gen GurBaal/das ist/ gen Gerar / gezogen 2. meilen da hat er die Araber vberwunden/2. Chron. 25.
8. Von GurBaal ist er wider gen Jerusalem komen/vber 8. meilen.
9. Von Jerusalem biß an das Land der Amoniter / sind 15. meilen / Dieselbigen Völcker hat sich König Vsia auch vnterthenig gemacht/2. Chron. 26.
10. Aus dem Lande der Ammoniter wider gen Jerusalem / sind auch funffzehen meilen. Darnach hat sich König Vsia seines glücks erhaben/ vnd ist so stolz vnnd vermessen worden/ das er sich auch vnterstanden hat / im Tempel zu Jerusalem zu reuchern / wie die Priester/ darumb hat jhn Gott gestraffet/das er ist Auffsetzig worden / vnd ausser Jerusalem in einem sondern Hause hat wonen müssen/Vnd als er starb ward er in seinen Lustgarten/in der Stad Jerusalem begraben/2. Reg. 13. 2. Chron. 26.

Summa dieser reisen des Königs Vsia 148. meilen.

Folget nun die beschreibung der Städt vnd örter.

Elath/Eichen.

Die Stadt Elath ligt von Jerusalem 40. meilen / gegen Mittag zwischen den Stedten Ezeon Gaber/am Vfer des roten Meers.

Jabnea/Weißheit.

Die Stadt Jabnea ligt nahe bey Joppen / 4. meilen von Jerusalem / gegen Nordwesten. Diese Stadt hat König Vsia gewonnen vnd zubrochen./2. Chron. 26.

Gur Baal/Baals Walfurt.

GurBaal/ist die Stadt Gerar darin Abraham vnd Jsaac gewonet haben / vnnd ligt von Jerusalem gegen Sudwesten/anderthalbe meilen von Hebron.

165

Reisen des Königs Jotham.
Reisen des Königs Jotham.

KOnig Jotham ist von Jerusalem/ins Land der Amoniter gezogen/15. meilen/vnnd hat da mit dem König der Kinder Ammon gestritten / vnd das gantze Land sich vnterthenig gemacht. Vnnd wolten die Ammoniter friede haben/musten sie jhm 3. Jar nach einander/alle Jar drey Centner Silbers geben/2. Reg. 15. 2 Chron. 27.

2. Aus dem Lande der Ammoniter/ist er wider heim gen Jerusalem gekommen / vber 15. meilen. Vnnd als er die Stadt vnd den Tempel mit schönen Gebewen gezieret hatte/ist er aus diesem Jammerthal geschieden/vnnd in der Stadt Dauid begraben worden / 2. Gen. 15. 2. Chron. 27.

Summa dieser reisen des König Jothams 30. meilen.

Von Ahas / dem König Juda.

DIeser König Ahas/ist ein sehr Gottloser König gewesen/ vnd hat in der Stadt Jerusalem viel Grewel vnd Abgötterey angericht/seine Kinder haben dem Abgott Moloch geopffert/vnd allerley Götzen geehret vnd angebetet. Von wegen solcher schrecklichen sünde/hat Gott der HErr viel Feinde vber jhn kommen lassen. Dann Rezin/ der Kö-
2. Reg. 16. nig von Syrien/hat jhm die Stadt Elath abgewonnen/Pekah aber der Son Remalia/König
2. Chron. 28. in Jsrael / hat jhm hundert tausent/vnnd zwanzig tausent streitbare Menner / vnd vber das auch/zweymal hundert tausent Waber/Jungfrawen vnnd Kinder / gefangen hinweg geführet/die sehr jemmerlich sind gemartert vnd geplaget worden / weren auch vmb jhr leben kom-
Obed. men/wenn der Prophet Obed nicht were aus der Stadt Samaria / dem zornigen Kriegsvolck entgegen gangen / vnd sie durch Gott vermahnet vnnd gebeten / das sie die arme gefangene Leute solten wider heim schicken. Daburch sind die zornigen Kriegsleute bewegt worden/das sie vber die gefangen armen Leute sich erbarmet / vnnd sie vber sechs meilen wider gen Jericho gesand haben. Durch diß groß vngelücke ist König Ahas in solch schrecken kommen/das jhm das Herze im Leibe gezittert hat/Aber der Prophet Esaias hat jhn getröstet mit dem lieben Immanuel/der Jungfrawen Sohn / Jesa. 7. Aber das hat auch König Ahas/ Thiglath Pilleser/den König von Assyrien vmb hülffe angeruffen / vnnd jhm köstlich geschenckt gesand. Derwegen ist derselbig König Thiglath Pilleser/vber 130. meilen von Niniue gen Damascum kommen/vnd hat da Rezin den König von Syrien getödtet / 2. Reg. 16. 3. Chron. 28.

Reisen des Königs Ahas.

KOnig Ahas ist von Jerusalem gen Damascum gezogen/40. meilen / vnnd hat Thiglath Pilleser/dem König von Assyrien gedancket/das er war gen Damascum kommen/ vnd hatte Rezin den König von Syrien getödtet/2. Reg. 16.

2. Von Damasco ist Ahas wider heim gen Jerusalem kommen / vber 40. meilen / 2. Regum 16.

Summa dieser reisen des Königs Ahas/ 80. meilen.
2. Chron. 25. **J**Eweil aber König Ahas nicht frömmer ward/sondern immer fort fuhr in seiner sünde/hat Gott noch mehr feinde vber jhn erwecket/als nemlich die Edomiter / die haben jhm auch keinen geringen schaden zugefüget / Jtem die Philister sind jhm mit hauffen ins Land gefallen/vnd haben jhm 6. Stedte abgewonnen / nemlich / Bethsemes/ Aialon/ So-
Gebroth. cho/Thimna/Gederoth vnd Gimso. Diese Stedte sind nun vorhin offtmals beschrieben worden/ausgenommen was die Stadt Gederoth belanget / die hat zwo kleine meilen von Je-
Gimso. rusalem gelegen/gegen Nordwesten/nahe bey Emahus / vnnd wird sonsten gemeinlich Gederothaim genant/auff Deutsch/Festung. Was die Stadt Gimso belanget die hat auch im staff Juda gelegen/Wo aber/oder an welchem ort/kan nicht eigentlich angezeiget werden. Gimso heist auff Deutsch/ein Dinge oder Rohr/das am Wasser wechset.

Reisen des Königs Hiskia.

VOn Jerusalem ist König Hiskia gen Gaza gezogen/ 11. meilen / da hat er die Philister geschlagen/wie der Prophet Jesaias vorhin geweissaget hatte Jesa. 15.

2. Von

Reisen der Könige Juda.   166

1. Von Gaza ist er wider heim gen Jerusalem kommen / eilff meilen / vnd hat die ehrne Schlange zubrochen / die Moses in der Wüsten auffgerichtet hatte / Num. 21.
Summa dieser reisen des Königs Hiskia 22. meilen.

Zu des Königs Hiskia zeiten / sandte Senaherib / der König von Assyrien / seine Fürsten gen Jerusalem / die hielten an der Stadtmauren / zwischen dem Fischthor vnd Altenthor / bey dem Wasser des obern Teichs / vnd lesterten Gott mit grewlichen worten. König Hiskia aber / ging in den Tempel des HErrn vnd rieff den HErrn seinen Gott an / derselbige hat sein Gebet erhöret / vnd seinen Engel vom Himmel gesand / der schlug im Lager des Königs von Assyrien / der dazumal für der stad Libna lag / drittehalb meilen von Jerusalem / hundert vnd fünff vnd achtzig tausent / Mann / in einer nacht zu todt / 2. Königs 18. 19. 2. Chronic. 23. Jesa. 36. 37.

2. Reg. 18. 19.
2. Chron. 22.
Jesa. 36. 17.

Vnd als König Hiskia tödtlichen kranck ward / hat ihn Gott der HErr durch den Propheten Jesaia wider gesund gemacht / vnd noch 15. Jar zu seinem Leben gethan / Vnd zum zeichen der Warheit / muste die Sonne am Himmel zehen Grad zu rücke gehen. Vnd nach vollendung der fünfftzehen Jaren / Ist König Hiskia zu Jerusalem Seliglich gestorben / vnnd daselbst sein ehrlich begraben. 2. Reg. 20. 2. Chron. 32. Jesai. 38.

2. Reg. 18. 19.
2. Chron. 22.
Jesa. 38.

Hiskia heist Gottes sterck / vnd Gabriel heist Gottes krafft / also stimmen diese zwey Namen / so viel die bedeutung belanget / gantz vber ein.

Reisen des Königs Manasse.

Manasses ist von wegen seiner Abgötterey vnd boßheit / darumb das er die Propheten des HErrn getödtet hatte / von Jerusalem gefangen hinweg geführet gen Babylon / 170. meilen / 2. Reg. 21. 2. Chron. 31.

2. Vnd als sich König Manasses für GOtt demütiget / sein Sünde bekandte / vnd Gnade begerte ist ihm Gott wider gnedig worden / vnnd hat ihn wider von Babylon gen Jerusalem kommen lassen / 170. meilen. Von der zeit an ist König Manasses from gewesen / vnd als er zu Jerusalem seliglich sein leben endete / ward er daselbst in seinem Garten sein ehrlich zur Erden bestadtet. 2. Reg. 21. 2. Chron. 33.

Von dem Könige Amon.

Dieser König Amon hat auch zu Jerusalem gewonet / vnd vmb seiner Abgötterey vnd boßheit willen ist er zu Jerusalem in seinem Hause / von seinen eigenen Knechten getödtet / vnd im Garten an seinem Hause begraben worden / 2. Reg. 21. 2. Chron. 33.

Reisen des Königs Josia.

Der fromme Gottsförchtige König Josia / ist erstlich von Jerusalem gen Bethel gezogen / zwo meilen / vnd hat da auff dem Altar zu Bethel / die Priester der Höhen geopffert / vnd Menschen bein darauff verbrand / wie der Mann Gottes / der von Juda gen Bethel kommen war / solches dem Könige Jerobeam zuvorn geweissaget hatte / 1. Regum. 13. 2. Reg. 23.

2. Von Bethel ist König Josia wider heim gen Jerusalem kommen / vber zwo meilen / vnd hat dem HErrn Passah gehalten / 2. Reg. 23. 1. Chron. 35.

3. Von Jerusalem zog er gen Megiddo / eilff meilen / vnnd ward da im streit wider Pharao Necho / dem König aus Egypten / tödtlich verwundet / vnd ist bald darauff aus diesem jammerthal geschieden / 2. Reg. 23. 2. Chron. 35.

4. Von Megiddo ward König Josia wider gen Jerusalem geführet / eilff meilen / vnd daselbst begraben / 2. Reg. 23. 2. Chron. 35.
Summa dieser Reisen des Königs Josia / 26. meilen.

Migiddo / Citrinatepffel oder Pomerantz.

Die stadt Megiddo / da König Josia im streit wider Pharao Necho / dem König aus Egypten erschossen ist / ligt eilff meilen von Jerusalem gegen Norden / nicht weit von der stadt Apeck / gegen der Sonnen Nidergang. Es kan sein / das daselbst viel Citrinatepffel vnnd Pomerantzen gewachsen sein / dauon die Stadt den Namen bekommen habe / Aber

Reisen der Könige Juda.

Aber zu vnser zeit wird sie Subeben genant. Die stadt Megiddo hat auch König Salomon gebawet vnd gebessert/1. Reg. 9. Es lest sich ansehen/als ob der newe name Subeben wie sie jetzt genent wird/sey ein außlegung des alten Hebreischen namen Megiddo / Denn Eitrinatepffel werden bißweilen wol Subeben genant.

Geistliche Bedeutung des Königs Josia.

Josia heist Gottes Fewer vnd Brandopffer/vnnd ist ein schön bilde vnsers HErrn Jesu Christi/der ist das rechte Brandopffer/denn er ist am stam des Creutzes / als an dem rechten hohen Altar angezündet / vnnd in heisser liebe gebraten / als das rechte Osterlemblin/das für aller Welt sünde auffgeopffert ist / vnd vns Gott dem Himlischen Vater versünet. Vnd solches reimet sich auch sehr fein/mit der Historien des Königs Josia/denn vnter allen Königen ist keiner zu Jerusalem gewesen/der des HERRN Osterfest so herrlich gefeyret hette/als dieser König Josia.

König Josia hat auch den Götzendienst zu Bethel verstöret / vnnd den Altar zubrochen/ Er hat auch die Priester der Hohen verbrand/auff ihren eigen Altaren: Also der HErr Christus/der Himlische Josia oder JESVS/vnnd auch die Altar zu Bethel / das ist eines jeden Götzenhauß zubrechen/Denn Bethel ist ein recht fürbilde eines jeden Götzenhauses / da findet man auch die Gülden bilder auffgerichtet/gleich wie zu Bethel das gülden Kalb stund. Ja solch Götzenhauß ist auch das rechte Bethauen / vnd hauß der sünden vnd aller boßheit / gleich wie Bethel. Aber gleich wie König Josia/die Priester der hohen/auff iren eigen Altaren / mit fewr verbrand hat/Also wird auch der HErr Christus/der König aller Könige/die Priester der Höhen/nemlich verführische Lerer vnd Prediger/mit Hellischen Fewer verbrennen ewiglich.

Reisen des Königs Joahas.

König Joahas/ist von Jerusalem gen Riblath / das ist / gen Antiochia gezogen 70. meilen/da hat jhn Pharao Necho der König aus Egypten gefangen/2. Reg. 23.

2. Von Riblath hat König Pharao Necho den gefangen König Joahas mit sich gen Jerusalem geführet 70. meilen/vnd hat da seinem Bruder Jojakim zum Könige gemacht 2. Reg. 23. 2. Chron. 23. vnd 36.

3. Von Jerusalem ist König Joahas gefangen in Egypten geführet/biß gen Memphis ein vnd sechzig meilen/2. Chron. 36. Summa dieser reisen des König Joahas/ 201. meile.

Es Königs Joahas Mutter hat Hamutal geheissen / vnnd ist bürtig gewesen/aus der Priesterlichen stadt Libna/die hat gelegen im stam Juda dritthalb meilen von Jerusalem/gegen Sudwesten.

Libna heist Weyrauch oder weis/vieleicht darumb/ das daselbst viel Weyrauch gewachsen/oder das die stadt von weissen steinen gebawet gewesen. Vnnd für dieser stadt hat auch Sennaherib/der König von Assyrien gelegen/als der Engel des HERRN in seinem Lager/hundert vnd fünff vnd achtzig tausent Mann erschlug. Sie hat gelegen eine meile von Bethlehem/gegen der Sonnen Nidergang.

Von dem Gottlosen König Jojakim.

König Jojakim war ein Tyranne vnd Bluthund/ der auch den Propheten Jeremiam hat tödten wollen/darumb hat GOtt Nebucad Nezar den König zu Babylon / erwecket/der ist gen Jerusalem kommen/vnd König Jojakim getödtet / vnd befohlen/man solte ihn hinauß für die stadt werffen/vnd daselbst vnabegraben liegen lassen / welches auch also geschehen/Jrem. 22. 2. Reg. 23. 24. 2. Chron. 36.

Dieses Königs Jojakims Mutter/hat Sebuda geheissen/vnd ist bürtig gewesen auß der Stadt Ruma/das ist wie Eusebius schreibet/die Stadt Arimathia / vier meilen von Jerusalem gegen Nordwesten gelegen.

Reisen des Königes Jojachin.

König Jojachin ist von Jerusalem gefangen hinweg geführet gen Babylon / hundert vnd siebenzig meilen/2. Reg. 24. 2. Chron. 36.

Reisen der König Juda.

Reisen Zedekia des letzten Königs in Juda.

KÖnig Zedekia / da er sahe das die Fürsten der Caldeer die Stadt Jerusalem gewonnen nam er die flucht vnd flog aus der Stadt Jerusalem biß gen Jericho / drey meilen / vnd ward daselbst gefangen / 2. Reg. 25. Jerem. 39. 52.

2. Von Jericho ward der gefangene König Zedekia / biß gen Riblath / das ist gen Antiochia in Syrien gefüret / sieben vnd sechzig meilen / da ließ jhm König Nebucadnezar seine Kinder für seinen Augen tödten / vnd jhm selbst seine beyde Augen aussstechen.

3. Von Riblath ward der gefangene König Zedekia / als jhm die Augen ausgestochen waren / gen Babylon gefüret / 125. meilen / vnd daselbst gefangen gehalten biß an seinen Todt.

Summa dieser Reisen des Königs Zedekia / 195.

Folget nun die beschreibung der Stedt
Riblath / Volckreich.

DIe Stadt Riblath hat gelegen im Lande Hemath / das ist in Syria / 70. meilen von Jerusalem gegen Norden. Es ist die Stadt Antiochia in Syria / die sonsten im alten Testament / auch wol Hemath genent wird / von Hamathas Canaans Son. Dieselbe Stadt wird auch Riblath / das ist Volckreich genant / denn es ein sehr reich vnd mechtige Stadt darzu sehr Volckreich gewesen / das man da alles dinges die menge vnd vberflus gefunden. Aber von dieser Stadt / sol hernach bey den Reisen des wüttigen Königs Antiochi weitleufftiger beschrieben werden. *Hemath.*

Babylon / Verwirrung.

DIe Stadt Babylon / hat gelegen hundert vnd siebentzig meilen von Jerusalem gegen der Sonnen auffgang / vnd ist die Heuptstadt gewesen in Caldea / das vorhin das Land Sinear / geheissen / vnd hat die Stadt angefangen zu bawen Nimrod / der erste Regent vnd König auff Erden. Denner vnd seine Vnterthanen hatten bey sich beschlossen / das sie wolten eine Stadt vnd Thurm bawen / des Spitze solt biß in den Himmel reichen / vnd solches ist entweder darumb geschehen / das sie auff den Thurme möchten sicher sein / wenn abermal ein Sündflut keme / oder das sie sich mit solchem Gebew / bey jhren nachkommen einen ewigen Namen haben machen wollen / Aber GOTT hat jhre Sprache verwirret / das keiner den andern hat verstehen können / derwegen haben sie von jhrem fürnemen abstehen müssen. Das ort aber / darauff sie den hohen Thurm gebawet haben / hat Sinear geheissen / vnd ist ein fein eben kampff vnd plan gewesen / dessen auch ein sehr alter Historien schreiber mit namen Histicus / mit solchen worten gedencket: Etliche von den Priestern die da sind gerettet worden / haben der Jouis Heiligthumb genommen / vnd sind auff den ebenen plan Sinear / gen Babylon kommen. Josephus von den alten Geschichten der Jüden im ersten Buche am neunden Capitel. *Wie weit Babylon von Jerusalem gelegen vnd wer sie zum ersten gebawet. Sinear.*

Hieraus ist nun offenbar / das die Menschen Kinder diesen hohen Thurm / auff einen selten grünen Anger vnd ebenen plan / Sinear genent / gebawet haben. Dieweil aber Gott der HErr jhre Sprache verwirret / das sie den Baw nicht wolnfärn kondten / hat der Thurm vnd die stadt den namen dauon bekommen / das sie Babel / das ist ein vermischung oder verwirrung ist genent worden. Es ist aber die Stadt Babylon angefangen zu bawen / hundert vnd dreissig Jahr nach der Sündflut / Vnd zu derselbigen zeit / hat auch Nimrot angefangen zu regieren vnd hat dem Reiche fürgestanden sechs vnd funfftzig Jahr. *Nimrod. Genes. 10.*

Nach seinem Todt ist das Regiment auff seinen Sohn kommen / der hat Belus Jupiter geheissen / dem selbigen succedirt sein Son Ninus / der die Stadt Niniue gebawet hat. Als dieser Ninus seinem Weibe / Semiramis / die Kron auffsetzete vnd aus sonderlicher liebe jr erleubete / das sie zween tage die höheste macht haben / vnd auch vber jhn / den König selbst / regieren solte / Da hat sie jhren Herrn den König Ninum / ins Gefencknis gesetzet / vnd sie selbst hat 42. Jar frevelich regiert. Diese Semiramis hat die Stadt Babylon / die Nimrod Saturnus der erste Regent / wie oben gemelt / zu bawen angefangen / erst rechtschaffen an die hand genommen / vnd sie sehr köstlich auffgebawet / vnd mit grossen dicken Mawren befestiget. *Johannes Funceius. Sebastian Munsterus. Semiramis ein geschwind de Königin der Assyrer.*

X Es hat

Reisen der König Juda.

Starcke Festung der Stadt Babylon/ Strabo lib. 6.

Es hat aber die Stadt Babylon/wie Strabo schreibet/ in der Ringmawren gehabt drey hundert fünff vnd achtzig Stadien/ die machen 12. Deutsche meilen/ mitten durch aber hat sie 4. meilen begriffen. Die Mawren der Stadt sind 200. Ellen hoch gewesen/ vnd so dicke vnd breit/ das zween Wagen darauff einander haben weichen können/ vnd stunden ringes vmbher auff den Mawren hohe starcke Thürme. Die Stadt Babylon hat hundert Thor gehabt/ da man kundte aus vnd ein faren. Weiter schreibet Strabo/ das zu Babylon sey gewesen ein alt vierecket Gebew/ eines Stadien/ das ist/hundert fünff vnd zwantzig Schrit hoch/ vnd eine jede seite/ hundert fünff vnd zwantzig Schrit breit. Das also diß Gebew sechs hundert fünff vnd zwantzig Schuch lang/breit vnd hoch gewesen/ recht vierecket/ von Ziegelsteinen auffgemawret.

Das wird sonder zweiffel noch ein stück gewesen sein vom Thurm zu Babylon/ des spitz biß in den Himmel solt gereichet haben. Vnd ob wol Strabo schreibet/ das diß Gebew Königs Beli Grab gewesen/ So ists doch viel glaublicher/das König Belus hernach in diesem Thurm begraben worden.

Das Schiffreiche Wasser Euphrates/hat mitten durch die Stadt geflossen/darumb ist ein grosser Kauffhandel in dieser Stadt Babylon gewesen/ denn man hat aus Jndien vnnd Arabia/Gold/Edelgestein/köstlich Gewürtz/ vnd andere Wahr gen Babylon gebracht.

Brück zu Babylon/ Plin.libr. cap. 16.

Die Königin Semiramis ließ eine Brücke vber das Wasser Euphrates machen/ die war fünff Stadia/das ist/ drey tausent/hundert fünff vnd zwantzig Schuch lang/ vnd fünfftzig Schuch breit/ Diese Brücke war mitten in der Stadt Babylon/ vnd stund auff zwölff steinern Seulen/die giengen sehr tieff in das Wasser.

Wundergarten zu Babylon.

Es hat auch die Königin Semiramis in der Stadt Babylon einen wunder schönen Lustgarten gebawet/ hoch vber der Erden/ so meisterlich vnd kunstreich/das er ist vnter die sieben Wunderwerck der Welt gerechnet worden. Dieser Garten stund auff steinern Mawren vnd Seulen/ vnd war der Boden auff den Seulen mit Quaterstücken vberseset/ vnd ein tieffer Grund/darauff geworffen/ das auch Beume darauff wuchsen/ vnd fünff hundert Schuch vber sich giengen/ vnd so fruchtbar waren/ als weren sie gewachsen auff dem grunde der Erden. Wer diesen Garten von fern sahe/ der meinet/ er sehe einen Wald auff einem Berge.

Wasserkunst.

Zwentzig breite Mawren trugen diesen Wald/ da je eine eilff Schuch von der andern stunde vnd waren Schnecken daran gebawet/ die das Wasser aus dem Euphrate in die höhe trieben in diesen Garten/vnd also ward es stets mit diesem Wasser Euphratis befeuchtet.

Das Schloß der Königin Semiramis/ lag an diesem Garten/ vnd begriff sin vmbkreiß zwentzig Stadien/ die machen schier drey viertel einer meilen/ vnd ist auch vber die massen sehr köstlich gebawet gewesen/ vnd mit Eilffenbein/Silber vnd Gold gezieret. Was aber diß Gebew vnd Heuser in der Stadt Babylon belanget/ stunden dieselben eines Ackers lenge von den Mawren/ denn die Stadt war nicht allenthalben dichte voll gebawet/ sondern es waren viel grosser Felde vnd liegende Acker in der Stadt/ also/ das man auch in der Stadt Pflügen Seen vnd einernden kundte.

Als König Cyrus diese Stadt eröbert/ vnd durch hinderlist eingenommen vnd gewonnen/ haben die Bürger/ die weit vom Königlichen Schloß bey der Stadt Mawren/ wonten/nach dreyen tagen erst erfahren/ das die Stadt gewunnen wer.

Grosse Hoffart vnd Pracht zu Babylon.

Es hat aber diese Stadt Babylon vber sechtzehen hundert Jahr in grosser Pracht vnd Herrligkeit gestanden/ vnd ist ein Heupt der gantzen weiten Welt gewesen/ vnd die Assyrischen vnd Persischen Könige haben jhren Königlichen Sig in dieser Stadt gehabt/ derwegen sind die Bürger vnd Einwoner in grosse Hoffart gerathen/ vnd haben grossen vbermut/ Wollust/ Oberfluß/ Pracht vnd Hoffart getrieben/ Derwegen kondte es nicht anders sein/ Gott muste sie stürtzen/ vnd sie muste fallen/ die schöne Babylon/ wie die Propheten vorhin geweissaget hatten.

Zerstörung der Stadt Babylon.

Das nu solches sey war worden/ bezeuget Strabo/ der zeiget an/ das Xerxes der mechtige König in Persia die schöne Stadt Babylon zu grunde verstöret habe. Als König Alexander Magnus dahin kam/ vnd die Stadt wider bawen wolte/ haben zehen tausent Menschen

Reisen der Könige Juda. 170

sehen kaum in 12 Monat weg reumen mügen die verfallene Stein von den Pyramyde oder viereckten Thurn/ dauon ich zuuorn gesaget/ das es ein stück von dem Thurn wird gewesen sein/ des Spitze sol biß in den Himmel gereichet haben. Vnd also ist Alexander Magnus an der erbeit/diese Stadt wider zu bawen/ erlegt/ den die arbeit war zu groß/ so ward er auch *Das newe Babylon.* mit dem Todt vbereilet/denn jhm ward mit Gifft vergeben/hat sich auch selbst zum theil zu todt gesoffen. Nach des Alexandri Magni todt/ wolt keiner seiner Nachkommen die Stadt Babylon wider auffrichten. Denn Seleucus einer von den vier Königen/ die dem Alexandro Magno succedirten/ als jhm sampt Syria in gantz Orient/ die Stadt Babylon zu theil ward/wolt er sie gleichwol nicht wider auffrichten/sondern erbawet ein ander Stadt/ die ligt 9. meilen auff jenseit Babylon/ am Wasser Tygris/ dieselbe Stadt hat König Seleucus nach seinem Namen Seleuciam genent/ aber die Einwoner des Landes haben sie das newe Babylon genant/ vnnd ist entlich der name Bobylon so sehr verendert worden/ das dieselbe Stadt noch auff den heutigen tag Baltach genent wird.

Aber die rechte alte Stadt Babylon ist gantz vnd gar wüst vnd zubrochen liegen blieben/ Eulen haben in jhrem Pallast gesungen/ vnd Drachen vnd Straussen haben da genistet wie der Prophet Jesaias im 13. Capittel vorhin jhr hatte geweissaget.

Wie die Stadt Babylon zu vnser zeit gestalt sey.

DJe alte Stadt Babylon ligt noch heutiges tages gantz öde vnd zerstöret/ denn man findet da grosse verfallene Steinhauffen/vber einander liegen/ohn das ein klein Flecklen dabey gebawet ist/ aus den zerfallenen Mawren der alten Stadt Babylon/ derselbe Fleck ligt am Euphrate/ vnd heißt zu vnser zeit Felugo oder Elugo. Nicht weit von dannen pflegen die Kauffleute/die gen Bagadeth reisen wollen/aus den Schiffen zu steigen/ vnd vber 9.meilen zu Lande durch wüste Einöde gen Bagadeth reisen.

Ob aber wol/wie gemeldet/ gantz Babylon öde vnd verfallen/ daß das Erdreich daselbst *Der Schloß* vmbher gantz steinig/ wüste vnd vnfruchtbar/ mit verfallenen Steinhauffen hin vnd wider *berg Baby-* bedecket/so findet man dennoch daselbst einen Berg/ darauff viel verfallene rudera vnnd zer- *lon.* brochene Mawren stehen/daher die Einwoner daselbst im Flecken Felugo/ denselbigen Berg den Schloßberg nennen.

Es stehet auch nicht weit dauon der Thurm Danielis/welcher gantz von schwartzen Stei- *Danielis* nen erbawet/ vnd zimlich hoch ist/ auch heutiges tages noch bewonet wird/vnd auff denselben *thurm vnd* Thurm kan die gantze gelegenheit der zerfallenen Stadt Babylon sein gesehen werden/ Ich *hauß zu Ba-* halte/ dieser Thurm sey vorzeiten des Propheten Danielis Sommerhaus gewesen/ darauff *bylon.* er offene Fenster gehabt hat gegen Jerusalem/ vnd fleissig gebetet/ vnd seinen Glauben bekant/ das es jederman hat sehen mügen/darüber er auch bey dem Könige Dario/sehr hart verklaget/ vnd zu den Lawen in den Graben ist geworffen worden/ Daniel 6.

Man findet auch zu Babylon noch heutiges tages etliche stücke vnd bogen von den grossen steinern Brücken/ die vber den Euphratem gegangen/vnd der Thurm der Kinder zu Ba- *Gifftiger* bylon/des Spitze biß an den Himmel sol gereichet haben. Derselbe Thurm helt wol eine halbe *Thier im* meile vmbher in sich/ ist aber nicht hoch/ vnd werden gifftige Thier darin gefunden/ die sind *Thurm Ba-* grösser als Eydexen/ haben drey Köpffe/ vnd oben viel sprengel von mancherley farben/ die *bylon.* sind sehr gifftig/lauffen herumb/neinen nit allein den Thurm ein/sondern auch den Schloßberg/der nit sonders hoch/vnd den Brunnen so gleich vnten daran entspringet. Diese Thierlein werden mit jhrem Persischen namen von den Einwonern Eglo genent/ vnd von wegen deß vielen Vngeziefers/ kan niemand auff dem Berge wonen/ oder von dem Wasser/ das sonsten gegen die Lehme gut sein sol/trincken. Man darff auch auff ein halb meilweges da nicht hinzu nahen/ sondern allein in Winters zeiten/ ein Monat oder zwen/ wenn das Vngezieffer noch in den Löchern stecket.

Dieweil aber deß gewaltigen hohen Thurms zu Babylon des Spitze biß an den Himmel sol gereichet haben/ weder in Herodoto oder Strabone/ noch einigem andern Scribenten gedacht wird/so halte ich/der weit begriff/ der die Einwoner für den grossen Thurm halten/sey das verfallene Schloß der Königin Semiramis/ welche 20. Stadia/ das ist/ scheir 3.

X ij   vierteil

Beschreibung der Stadt Babylon.

viertel einer meilen im vmbcirck begriffen/vnd der Berg/darauff noch etliche verfallene mu-
rern vnnd zerbrochene Mawren stehen/welchen die Einwoner den Schloßberg nennen/der
nicht hoch ist/wird sonder zweiffel sein der verfallene Wundergarte der Königin Semiramis/
darin sie auch ihre Lusthäuser gehabt/vnd der Brunn/so gleich vnter deren entspringet/wird
ein stück sein von der Wasserkunst/dadurch der Garte ist gewessert worden.

Den grossen vierecketen Pyramoden aber/des Strabo gedencket lib. 16. den ich für ein
stücke des grossen Thurms halte/hat der grosse Alexander wegreumen lassen/daran denn 10.
tausent Menschen 2. Monat lang genug zu schaffen gehabt. Zwo meil von dem Schloß
der Königin Semiramis/welches die Einwoner zu Babilon für den Babilonischen Turm
halten/ligt gegen Mittag die Stadt Trax/sonsten Apamea genent/am Wasser Euphrate
die gehört dem König in Persia zu/vnd ist gleich der Schlüssel seines Königreichs/Nicht weit
von dannen kommen die Wasser/Euphrates vnd Tygris/zusamen. Aber die alte zubroche-
ne Stadt Babilon ist dem Türckischen Keiser zustendig/vnd wie D. Leonhard Rauwolff
anzeiget/blicken daselbst in den Bergen vmbher/vnter dem Sande an etlichen örtern/
auch noch hersür etliche stücke der alten dicken Mawren/die vmb die Stadt ist her gegangen.

Von der Newestadt Babylon/Baldach oder
Bagadeth genent.

BAgadeth oder Baldach/ist aus der alten Stadt Babylon gebawet worden/vnd ligt 9.
meilen/neinlich/anderthalb Tagereise von Belugo oder Babylon/gegen Orient/am
Wasser Tygris/welches dadurch fleust/vnd die Stadt inzwey theil vnterscheidet/Das
theil jenseid deß Tygris ist die Stadt Seleucia Babyloniæ/von Seleuco dem Könige Syriæ
erbawet/Das theil dissers deß Tygris/ist die stadt oder der Flick Ctesyphonta,Pli lib.6.cap.
26.&.27. Strabo lib.15. Zu Bagadeth jenseid des Tygris helt der Türckische Basca sein Hoff-
lager/die Stadt gegen die Perser zu bewaren/denn das Königreich Persia grenzet daselbst/
Vnd wie Doctor Leonhart Rauwolff anzeigt/ist ein grosser Kauffhandel zu Bagadeth.

Woher des Königs Zedekia Mutter sey bürtig gewesen.

DEs Königs Zedekia Mutter hat.Hamutol geheissen/vnd ist bürtig gewesen aus der
Priesterlichen stadt Libna/die ich kurz zuuorn beschrieben habe. Vnd hieraus ist
offenbahr/das dieser König Zedekia vnd der König Joahas/den Pharao Necho ge-
fangen in Egypten gefürt/Volbrüder gewesen/denn sie haben eine Mutter gehabt/vnnd
König Josaphat ist ihr halber Bruder gewesen. Die Stadt Libna hat gelegen eine meile von
Bethlehem gegen der Sonnen Nidergang.

Reisen der Könige in Egypten/die
wider die Könige Juda gestritten haben.

Reisen Sisak des Königes aus Egypten/der wider Reha-
beam/des Königs Salomonis Sohn gestritten hat/
1. Reg. 14. 2. Chron. 12.

KOnig Sisak ist aus Egypten gen Jerusalem kommen mit sechzig tausent Reutern/
vnd zwölff hundert Wagen/vnd hat in seinem Heer gefähret/Egypter/Lybier/
Moren vnd Suchim/das sind schwarze Leute/die auff jenseid dem Equinoctial wonen in Afrika/dauon Plinius schreibet/das sie für grosser hize müssen in der Erden wonen/
Sie werden sonsten gemeinlich Troglotpeten genant/vnd wonen so weit von vns/das sie vnsern Meerstern oder Polum/Item/den kleinen Heerwagen am Himmel nicht mehr sehen
mögen/denn die gehen ihnen nimmer auff/Dagegen aber den Polum Atarcticum, Item/
die Stern/die vns nimmer auffgehen/die stehen ihn stets für augen. Mit diesen Völckern
ist König Sisak gen Jerusalem kommen/Es sind aber von der Stadt Memphis/darin die
Könige zu Egypten Hoff gehalten/biß gen Jerusalem/ein vnd sechzig meilen.

2. Als

Reisen der Könige zu Assyrien

2. Als König Sisag den Tempel zu Jerusalem beraubet hatte/ da zog er wider heim gen Memphis in Egypten/ein vnd sechtzig meilen.
Summa dieser Reisen Sisak deß Königs in Egypten/ hundert zwey vnd zwantzig meilen.

Reisen Necho/des Königs in Egypten/ der wider Josiam gestritten hat/ 2. Reg. 23. 2. Chron. 35.

Pharao Necho der König in Egypten / ist aus seinem Lande gezogen / wider den König von Assyrien zu streiten/ Es sind aber von Memphis biß gen Megiddo / da König Josia gestritten hat / 71. meilen.
2. Von Megiddo zog König Pharao Necho biß an das Wasser Euphrates/da die Stadt Charchemus gelegen hat/ 90.meilen/da hat er wider die Assyrer gestritten.
3. Von der Stadt Charchemis ist Pharao Necho wider zu rücke gen Riblath / das ist/ gen Antiochia gezogen/30 meilen/vnd hat da Joahas / den König Juda / gefangen.
4. Vnd ist darnach gen Jerusalem gezogen 70. meilen / da hat er Joiakim zum Könige gemacht.
5. Von Jerusalem zog er wider heim gen Memphis / in Egypten / 61. meilen.
Summa dieser Reisen des Königs in Egypten drithalb hundert vnd dreytzehen meilen.

Reisen der Könige zu Assyrien/die wider die Könige Juda vnd Israel gestritten haben.

Reisen Phul Belocht/ des Königs in Assyrien/ 1. König. 15.

König Phul Belochus ist von Babylon gen Samaria gezogen / 165. meilen / vnd hat Menahem dem König von Israel / tausent Zentner Silbers abgeschätzet.
Von Samaria ist er wider heim gen Babylon gezogen / 165. meilen.
Summa dieser Reisen des Königs Phul Belochi/ drey hundert vnd dreissig meilen.

Reisen Tiglath Pillesser/des Königs in Assyrien.

Jeweil Rezin der König in Syrien/ vnd Pekah der Son Remalia/ König in Israel / die Stadt Jerusalem belagerten / vnd dem König Ahas grossen schaden theten/ward der verursachet / Tiglath Pillesser / den König von Assyrien / vmb hülffe anzurüffen hat jhm auch köstlich Geschenck gesandt/dadurch ist König Tiglath Pillesser beweget worden/ jhm hülffe vnd beystand zu thun/ Ist derwegen von Niniue gen Damascum gezogen / hundert vnd dreissig meilen/vnd hat Rezin/den König zu Syrien / daselbst getödtet/vnd viel gefangene Syrer gen Kir / das ist/ gen Cyrenen in Africam/ ins Elend gesandt / vber zwey hundert zwey vnd viertzig meilen/ 2. Reg. 16.
2. Von Damasco ist Tiglath Pillesser in das Königreich Israel gezogen / 30. meilen/vnd hat da Pekah den Son Remalia / König in Israel/auch grossen schaden zugefüget / das gantze Land jemmerlich verwüstet / vnd ein groß Volck aus dem Stam Naphthali/ vnd aus dem Lande Gilead gefangen hinweg geführet/ 2. Reg. 15.
3. Vnd ist vber hundert vnd sechtzig meilen wider heim gen Niniue in Assyrien gezogen / da er seinen Königlichen Sitz vnd Hoff gehabt.
4. Nicht lange darnach/ist König Thiglath Pillesser von Niniue gen Jerusalem gezogen hundert ein vnd siebentzig meilen / vnd hat den Gottlosen König Ahas in der Stadt Jerusalem sehr hart belagert. Dieweil er aber die Stadt nicht gewinnen kondte/ ließ er sich mit Gelde abkauffen/ 2. Chron. 28.

173 Reisen der Könige zu Assyrien

5. Von Jerusalem zog König Tiglath Pillesser wider heim gen Niniue in Assyrien/hundert/ ein vnd siebentzig meilen. Summa dieser Reisen Tiglath Pillesser des Königs zu Assyrien 662. meilen.

Jn der Stadt Niniue / die hundert vnd siebentzig meilen von Jerusalem gegen Nordosten gelegen/ vnd die Heuptstadt im Königreich Assyrien gewesen/ sol hernach bey den Reisen des Prepheten Jona weitleufftiger geschrieben werden.

Kir / ein Land.

Je Stadt Kir wird sonsten mit jhrem gemeinen namen Cyrene genandt/vnd ligt in Africa 204. von Jerusalem gegen der Sonnen Nidergang. Aus dieser Stadt ist gewesen Simon von Cyrene/der dem HERRN Christo das Creutz nach trug.

Reisen des Königs Salmanasser/ 2. Reg. 17.

Von Niniue ist König Salmanasser gen Samaria gezogen / hundert drey vnd sechtzig meilen/vnd hat sich dem König Hosea zinsbar gemacht.

2. Vnd ist wider heim gen Jerusalem gezogen/ hundert drey vnd sechtzig meilen.

3. Als aber König Hosea wider abfiel/vnd mit dem Könige in Egypten ein Verbündnis machete/ da ergrimmete König Salmanasser / vnd zog abermal von Niniue gen Samaria / hundert drey vnd sechtzig meilen/ vnd belagerte die Stadt Samaria drey Jar lang sehr hart vnd nam vnter des das gantze vmbliegende Land ringes vmbher ein / vnd verwüstete vnd verheerete es jemmerlich / Zu letst gewan er auch die stadt Samaria / vnd füret die 10. Stemme des Jsraelitischen Volckes/mit jhrem Könige Hosea/ gefangen hinweg.

4. Vnd ist also von Samaria wider heim gen Niniue gezogen/ vber 163. meilen.
Summa dieser Reisen des Königs Salmanasser / 652. meilen.

Reisen des Königs Senacheribs.
2. Kön. 18. 19. 2. Chron. 32. Jesa. 36.

Von Niniue ist König Senacherib gen Lachis gezogen/ hundert vnd fünff vnnd siebentzig meilen/ die Stadt hat er belagert / vnd von dannen seine Fürsten vber 5. meilen gen Jerusalem gesandt / die haben gehalten zwischen dem Fischthor vnd Altenthor an der Wasserröten des obern Teiches/vnd haben Gott im Himmel gelestert/ vnd dem frommen König Hiskia hohn gesprochen.

2. Von Lachis ist König Senacherib gen Libna gezogen/ 2. meilen/vnd hat die Stadt belagert/ als er aber daselbst hörete von Thirhaka dem König der Moren / das er were angezogen wider jhn zu streiten/keret er wider vmb / vnd sandte zum andern mal seinen Boten für die Stadt Jerusalem / vnd ließ Gott im Himmel lestern / Darumb fuhr aus der Engel des HERrn/vnd schlug in einer Nacht/hundert fünff vnd achtzig tausent Mann zu todt.

3. Derwegen ist König Senacherib sehr hart erschrocken/von Libna wider heim gen Niniue/geflohen/173. meilen / Vnd als er heim kommen / ist er von seinen eigen Sönen im Götzen Tempel ermordet worden. Summa dieser Reisen des Königs Senacheribs/ 350. meilen.

Je Stedte Lachis vnd Libna sind vorhin beschrieben worden. Lachis hat gelegen 5. meilen von Jerusalem gegen der Sonnen Nidergang / nicht weit von Kegila / gegen Nordwesten/da ist auch Amasia / der König Juda / von seinen eigen Knechten getödtet worden. Libna aber hat gelegen drithalb meilen von Jerusalem / gegen Südwesten/eine meile von Bethlehem / gegen der Sonnen Nidergang.

Von Asserhaddon/ dem Könige zu Assyrien/
2. König. 19.

Dieser Asserhaddon ist der letzte König zu Assyrien / der zu Niniue Hoff gehalten hat / vnd als er zehen Jar regieret / ist er gestorben.

W ij

Reisen der Könige zu Assyrien.

Von Merodach BalAdan/ dem Könige zu Assyrien.

Dieser König Merodach BalAdan hat zu Babylon gewonet / 170. meilen von Jerusalem / gegen der Sonnen Auffgang. Von diesem Merodach schreibet der treffliche Astronomus vnd Mathematicus Erasmus Reinholdus in seinen Tabulis prutenicis, vnnd zeiget an / das jhn Ptolomeus Mardocepadum nennt / Metasthenes aber nennet jhn Merodach / Vnd wie es sich ansehen lest/hat er darumb Boten gen Jerusalem gesand/ das sie den König Hiskia fragen solten / Warumb die Sonne am Himmel 10. Grad were zu rück gegangen/ welches denn ein sonderlich groß Wunder gewesen ist / 2. Chron. 32. Jesa. 39. 2. Reg. 20.

Von NebucadNezar, des Namens dem ersten Könige zu Assyrien.

Dieser König Nebucad Nezar hat zu Niniue Hoff gehalten/ wie das Buch Judith im ersten Capittel anzeiget/ Denn dieser, NebucadNezar sol den Feldheuptman vnd Fürsten Holofernum ausgesand haben/ dem Judith das Heupt abgeschlagen hat/als hernach an seinem ort sol vermeldet werden. Doch scheinet es der Warheit ehnlicher / das die Historia von Judith ein schön Geistlich Gedicht vnd Spiel sey.

Reisen NebucadNezar / des Namens des andern Königs zu Babylon/ 2. Reg. 24. 25.

1. Er grosse König NebucadNezar ist aus seiner Königlichen Stadt Babylon gen Carchemis in Syriam gezogen/ 79. meilen/da hat er bey dem Wasser Euphrate/ Pharao Necho/ den König aus Egypten vberwunden/ Jer. 46. Herod. lib. 2.
2. Darnach ist NebucadNezar von dem Wasser Euphrate durch gantz Syriam gezogen/ biß an die Stadt Pelusium in Egypten/ vber hundert vnd dreissig meilen / vnd hat das gantze Land vnterwegen eingenommen / biß an Egyptenland.
3. Vnd ist von Pelusio wider heim gen Babylon kommen / vber zwey hundert meilen / Iosephus Antiquit. Iudaic. lib. 10. cap. 7. Item 2. Reg. 24.
4. Vber fünff Jahr hernach ist König NebucadNezar von seiner Stadt Babylon gen Jerusalem kommen/ vber 170. meilen / vnd hat sich König Josakim zinsbar gemacht / 2. Kön. 14.
5. Vnd ist da wider heim gen Babylon gezogen/ 170. meilen.
6. Im dritten Jar hernach/ ist König Jojakim wider ab/ derwegen kam König NebucadNezar von Babylon wider für die Stadt Jerusalem vber 170. meilen / vnd als er mit behendigkeit in die Stadt gelassen ward/ ließ er den Gottlosen König Jojakim tödten / vnd seinen Leichnam hinaus für der Stadthor werffen/ wie jhm der Prophet Jeremias im 22. Capittel vorhin geweissaget hatte/ vnd sein Son Jojachin ward König an seine Stadt / 2. König. 24.
7. Vnd NebucadNezar zog darnach wider heim gen Babylon/ 170. meilen/ vnd füret 3000. von fürnembsten Adel der Jüden mit sich gefangen hinweg/ vnter welchen auch der Prophet Heseckiel gewesen / der dazumal noch ein kleiner Knabe war/ wie Josephus im 10. Buche von den alten Geschichten der Jüden anzeige.
8. Vber ein Viertel Jahr ist König NebucadNezar von Babylon wider gen Jerusalem kommen/ 170. meilen/ denn er besorgte sich / König Jojachin möchte von jhm abfallen/ vnd seines Vaters Todt rechnen wollen / 2. Kön. 24.
9. Dieweil aber König Jojachin aus der Stadt Jerusalem gieng / vnd sich willig in deß Königs von Babylon Gesengnis ergab / hat König NebucadNezar sampt 10000. der fürnemesten von Adel der Jüden / vnter welchen auch der Prophet Daniel gewesen / gefangen gen Babylon geführet/ vber 170. meilen/ 2. Reg. 24. Daniel. 1.
10. Vber 9. Jahr hernach / ist König NebucadNezar von Babylon wider gen Jerusalem kommen/ vnd hat die Stadt von wegen deß Gottlosen Königs Zedekia der von jhme abgefallen war/sehr hart belagert / vnd auch wider andere feste Stedte in Juda / nemlich / wider Lachis vnd Aseka gestritten / Jerem. 34.

12. Dieweil aber Pharao der König aus Egypten mit grossem Kriegsvolck sich auffmachte/dem König Zedekia zu Jerusalem zu helffen/brach König NebucadNezar mit seinem gantzen Heerlager für Jerusalem auff/vnd zog dem König aus Egypten/ohn geschr biß halbweg in Egypten/an die 20. meilen/entgegen. Als solches Pharao hörete/verzaget er/vnd zog wider heim in Egypten. Mitlerweil/als König NebucadNezar von Jerusalem hinweg gezogen war/liessen sich viel falscher Propheten in Jerusalem vernemen/der König NebucadNezar würde nicht herkommen für die Stadt Jerusalem/sondern würde gantz weg ziehen/aber der Prophet Jeremia predigte das widerspiel/vnd/sprach/Er würde gewißlich wider komen/vnd die Stadt gewinnen. Zu derselbigen zeit/als König NebucadNezar von Jerusalem hinweg gezogen war/vmb des Heers Pharaonis willen/wolte der Prophet Jeremia aus der Stadt Jerusalem ins Land BenJamin gehen/Acker zu bestellen/er ward aber vnter dem Thor BenJamin gefangen/vnd ins Gefengnis geworffen/ Jerem.7.

14. Aber zu lerst ist es war worden/was der Prophet Jeremia geweissaget hatte. Denn König NebucadNezar ist aus der Wüste Sur/dahin er den König Pharao entgegen gezogen war/vber 20. meilen/bald wider für Jerusalem gekommen/vnd die Stadt biß an das dritte Jahr mit der belagerung sehr hart geenstiget/derwegen gros hunger vnd Jammer in der Stadt entstanden/biß sie entlich gewunnen/vnd sehr jemmerlich verbrandt verheeret vnnd verwüstet worden/2. Reg. 25. Jerem. 52.

13. Von Jerusalem ist König NebucadNezar gen Riblath/das ist/gen Antiochia in Syriam/sonsten Hemath genant/gezogen 70. meilen/Vnd hat da den König Zedekia/der daselbst zu jhm gebracht ward/seine Kinder für seinen Augen tödten/vnd jhm selbst beyde Augen ausstechen lassen/2. Reg. 25. Jerem. 29. 52.

14. Vnd hat jhn darnach von Riblath oder Antiochia mit sich gen Babylon geführet/vber 152. meilen/vnd daselbst ins Gefengnis gelegt/2. Reg. 25. Jerem. 52.

15. Darnach ist König NebucadNezar von/Babylon gen Tyrum gezogen/anderthalb hundert meilen/vnd hat dieselbige herrliche Kauffstadt Tyrum gewunnen/vnd geplündert/ Hes. 26.

16. Vnd von Tyro ist er in Egypten gezogen/120. meilen/vnd hat vnterwegen die Lender der Ammoniter/Moabiter/Philister vnd Edomiter grewlich verwüstet/vnd/darnach das gantze Egypten eingenommen/ Jesa. 15. 16. 19. Jer. 46. 47. 48. 49. Hese. 25 29.

17. Aus Egyptenland ist er vber 240. meilen wider heim gen Babylon gezogen/vnd von der zeit an/ist er Monarcha oder Keyser gewest vber alle Könige/also/das jhm keiner hat widerstehen können. Im andern Jar seines Keyserthumbs oder Monarchia/hat jhm Daniel den wunderlichen Trawm von den vier Monarchien der Welt/ausgelegt/Daniel 2. Vnd nicht lange darnach ließ NebucadNezar ein gülden Bild auffrichten/Vnd da die 3. Menner Sadrach/Mesach/vnd AbedNego/dasselbige Bild nicht anbeten wolten/ließ er sie in den fewrigen Ofen werffen/Aber sie giengen vnbeschädigt heraus/denn Gott sandte seinen Engel zu jnen/in den fewrigen Ofen/der stieß die hitz vnd flammen aus dem Ofen/vnd machts darinnen als einen kulen Thaw/das jhnen das Fewr nicht schaden kundte/Dan. 3. Vnd als König NebucadNezar stolz vnd hoffertig ward/stürtzet jhn Gott/das er Absinnig ward/vnd 7. Jahr in der Wildnis lieff mit Eysern Ketten/vnd das Hew fraß wie ein Ochse/biß er sich für Gott demütigete/vnd erkennet das der Höheste macht habe vber der Menschen Königreich/vnd gibt sie wem er wil. Da kam NebucadNezar wider zu seiner vernunfft/vnd zu seinen Königlichen Ehren/vnd hat die Stadt Babylon mit schönen Gebewen gezieret/vnd hangende Gärten hoch vber der Erden darin gemacht/wie Josephus von den alten Geschichten der Jüden im 10. Buch anzeiget/Vnd als er 43. Jahr regieret/ist er in der Stadt Babylon gestorben.

Summa dieser Reisen des Königs NebucadNezar/
zwey tausent drey hundert/fünff vnd
deisoig meilen.

Folget nun die Beschreibung der Stedt/deren vorhin noch nicht ist gedacht worden.

Pelusium

Reisen der Heiligen.

Pelusium.

Die Stadt Pelusium hat Peleus / deß streitbaren Helden Achillis Vater / gebawet von dem sie auch den namen hat. Sie ligt von Jerusalem 33. meilen gegen Sudwesten / im Lande Egypten / eben an dem ort / da der erste einfluß des Nili ins grosse Mittelmeer der Welt fleust. Vnd hat derselbige erste einfluß deß Nili gegen Morgenwerts von dieser Stadt den namen / das er Ostium pelusiacum genent wird. Nicht weit von der Stadt Pelusio findet man den hohen Berg Cusium / da ligt der Edle Römer Pompeius Magnus begraben.

Tyrus.

Die Stadt Tyrus / wird auff Hebreisch Zor / ein Felß genant / denn sie hat vorzeiten / gleich wie Venedig / im Meer gelegen / auff einem harten Felsen / vnd ist eine herrliche Kauffstadt gewesen / Sie ligt von Jerusalem 25. meilen gegen Norden / vnd ist mit einem Damm an das Land Phenicia gehenget / durch Alexandrum Magnum / den ersten Griechischen Monarchen. Der HErr Christus hat in den Grentzen Tyri vnd Sydon der Cananeischen Frawen Tochter vom Teuffel erlöset / vnd gesund gemackt / Matth. 15. Derwegen wirstu im andern Buche in den Reisen des HErrn Christi / von dieser Stadt weitleufftiger berichtet werden.

Reisen der Heiligen Propheten.

Reisen des Propheten Elia.

Aus seinem Vaterlande / nemlich / aus der Stadt Thisbe / aus dem Lande Gilead / ist der Prophet Elia gen Samaria gegangen / 6. meilen / vnd hat zum Könige Ahab also gesprochen: So war der HErr der Gott Jsrael lebet / für dem ich stehe / es sol diese Jahr weder Taw noch Regen fallen / ich sage es denn / 1. Reg. 17.

2. Vnd ist bald vom König Ahab / der zu Samaria seinen Königlichen Sitz gehabt / hinweg gegangen / biß an den Bach Crit / 6. meilen / da haben ihn die Raben gespeiset / 1. Reg. 17.

3. Von dem Bach Crit ist der Prophet Elia gen Zarphat oder Sarepta gegangen / 25. meilen / da hat eine arme Widwe den Propheten Eliam geherberget vnd gespeiset / vnd als jr Son starb / machet ihn der Prophet Elia wider lebendig / 1. Reg. 17.

4. Von Zarphat oder Sarepta ist der Prophet Elia wider ins Land Jsrael biß an den Berg Carmel gegangen / 15. meilen. Vnterwegen sind jhm der Hoffmeister Obadja / vnnd auch König Ahab selbst begegnet / denselbigen hat der Prophet Elia von wegen seiner Abgötterey sehr hart gestrafet / vnd jhn befolen / das er alle Propheten Baal / vnd das gantze Volck Jsrael auff dem Berg Carmel versamlen solte. Vnd als solches geschehen / hat Elias die Baalspfaffen mit ihrem falschen Gottesdienst zu schanden gemacht / vnd den Namen deß HErrn seines Gottes angeruffen / der auch alsbald sein Gebet erhöret / Denn das Fewr fiel vom Himmel vnd verzeret die Propheten Elia Opffer. Derwegen sind die Baalspfaffen lebendig gegriffen / vnd der Prophet Elia füret sie an den Bach Kison / der bey dem Berge Carmel ins Meer fleust / vnd schlachtet sie daselbst. Darnach ist der Prophet Elia wider auff die spitze des Berges Carmel gestiegen / vnd hat sich zu der Erden gebücket / vnd sein Heupt zwischen seine Knie gethan / vnd Gott gebeten / das er wolt regen lassen / 1. Reg. 18.

5. Von dem Berge Carmel ist der Prophet Elia für dem Könige Ahab her geflohen / biß gen Jesreel / 4. meilen. Vnterwegen hat es nit macht geregenet / 1. Reg. 18.

6. Dieweil aber die Gottlose Königin Jesebel den Propheten Elia tödten wolt / entwich er / vnd gieng von Jerusalem gen Berseba in Juda / 21. meilen / da ließ er seinen Knaben / 1. Reg. 19.

7. Von Berseba gieng der Prophet Elia eine tagereise in die Wüste Pharan / welche ist 5. meilen von Berseba gegen Süden / da hat ihn der Engel Gottes / vnter die Wacholdern / 2. mal gespeiset / 1. Reg. 19.

8. Durch

Reisen der Heiligen.

8. Durch krafft derselbigen Speise/ gieng der Prophet Elia noch weiter in die Wüste hinein/ nemlich 20. meilen/biß an den Berg Gottes Horeb/ der sonsten auch Sinai heisset/ vnd bleib 40. tage vngessen/ So krefftig war diese Speise deß heiligen Engels/ der jhn gespeiset hatte. Vnd an dem Berge Horeb/ der sonsten auch Sinai heisset/ ist Gott der HERR dem Propheten Elia der in einer Höle stund/ vnd sein Antlig mit einem Mantel bedecket/ erschienen/ vnd hat Persönlich mit jhm geredet/1. Reg. 19.

9. Von dem Berge Sinai ist der Prophet Elia gen Abel Mehola gegangen/ 39. meilen/ vnd hat da Elisa / dem Sohn Saphat zu einem Propheten beruffen/ 1. Reg. 19.

10. Von Abel Mehola ist der Prophet Elia gen Damascum gegangen/31. meilen/vnd hat da Ahasel zum Könige in Syrien gesalbet/ 1. Reg. 19.

11. Von Damasco nach dem Berge Carmel / da Elisa seine wonung gehabt/ sind dreissig meilen.

12. Vnd von dem Berge Carmel gen Jesreel / vier meilen / da hat der Prophet Elia den Gottlosen König Ahab in Naboths Weinberge sehr hart gestraffet/ 1. Reg. 21.

13. Von Jesreel wider heim auff den Berg Carmel/ da der Prophet Elia sein Wonung gehabt/ sind 4. meilen.

14. Von dem Berge Carmel ist der Prophet Elia gen Samaria gegangen/8. meilen/vnd hat den Boten des Königs Ahasia / der ausgesandt hatte/ Beelzebub den Gott zu Ekron zu fragen/ Ob er auch von seiner Kranckheit genesen würde/ also geantwortet/ gehet hin/ vnd saget ewrem Herrn/ der euch ausgesandt hat/ also: So spricht der HERR der Gott Israel Dieweil du ausgesandt hast zu fragen Beelzebub den Gott zu Ekron / Ob du von deiner Kranckheit genesen würdest / so soltu von dem Bette nicht kommen / darauff du dich geleget hast/ sondern solt des Todtes sterben/ 2. Reg. 1.

15. Vnd als bald ist der Prophet Elia wider nach seiner Wonung auff den Berg Carmel gegangen/8.meilen / da hat der König Ahasia zwey mal Heuptleute mit 5. Kriegsknechten zu jhm gesant / die jhn greiffen solten /. Aber das Fewr ist zweymal vom Himmel gefallen / vnd die Kriegsleute auffgefressen/ 2. Reg. 1.

16. Von dem Berge Carmel ist der Prophet Elia mit dem dritten Heuptman/ den König Ahasia zu jhm sandte / gen Samariam gegangen/ 8. meilen/ vnd hat da den König Ahasia in seinem Todbette sehr hart gestraffet / 2. Reg. 1.

17. Von Samaria widerumb auff den Berg Carmel/ sind acht meilen.

18. Von dem Berge Carmel / da der Prophet Elia sein wonung gehabt / biß gen Gilgal sind 13. meilen /1. Reg. 2.

19. Von Gilgal ist der Prophet Elia mit seinem Diener Elisa gen Bethel gegangen/anderthalb meilen/ 2. Reg. 2.

20. Von Bethel giengen sie gen Jericho/ eine meile.

21. Vnd von Jericho biß an den Jordan/ anderthalb meilen. Vnd als sie beyde trucken durch den Jordan gegangen waren / vnd mit einander redeten/ da kam ein fewriger Wagen mit fewrigen Rossen/vnd holet den Propheten Eliam im Wetter gen Himmel/ 2. Reg.2.

Summa dieser Reisen des Propheten Elia/ zwey hundert neun vnd funfftzig meilen.

Folget nun die beschreibung der Stedt vnd Orter / der vorhin noch nicht sind gedacht worden.

Thisbe / Gefengnis.

Thiebe ist eine Stadt gewesen im Lande Gilead / welches ligt jenseid des Galileischen Meers/ 12. meilen von Jerusalem gegen Nordosten. Aus dieser Stadt ist der Prophet Elisa bürtig gewesen/1. Reg. 17.

Crit / Trabantenbach.

Der Bach Crit/ Da die Raben den Propheten Eliam gespeiset haben / entspringet aus dem Berge Ephraim/ zwischen Bethel vnd Jericho / zwo meilen von Jerusalem gegen Norden/vnd fleust in den Jordan / 1. Reg. 17.

Zarphat

Reisen der Heiligen 178

Zarphat/Schmeltzhütten.

Zarphat ist die Stad/die sonsten Sarepta genand wird/vnd ligt zwischen Tyro vnd Sydon 28.meilen von Jerusalem gegen Norden. Es heist aber das wort Zarphat oder Sarepta so viel/als ein Schmeltzhütte oder Schmeltzgrube/ Denn die Sydonier haben daselbst die Kunst erfunden/wie man Glaß machen sol/ vnd haben jhre Schmeltzhütten daselbst auffgeschlagen/ darin sie Gleser gebrand haben/daruon ist darnach diese Stadt Zarphat oder Sarepta worden/ darin der Prophet Elia bey einer armen Widwen zur Herberge gelegen/ vnd wunderbarlicher weise ist erneeret worden/ vnd auch derselben Widwen Son vom Tode erwecket/ 1. Reg. 17.

Bey dieser Stadt sol auch das Cananeische Weiblein gewonet haben / das dem HErrn Christo in den Greutzen Tyri vnnd Sydon nachschreyete/ vnd sprach: Sie wolte gerne ein Hündlein sein/ wenn sie nur die Brosamen geniessen möchte/ die von der Kinder Tische fielen/ Matth. 15. Marci 7.

Zu vnser zeit hat die Stadt Sarepta kaum 8. Heuser/doch geben die verfallenen Gebew anzeigung / das es vorzeiten eine herrliche Stadt wird gewesen sein. Man zeiget noch daselbst das Kemmerlein/ darauff Elias der Widwen Sohn vom Todte erwecket hat. Vnd für der Stadt Thor/ gegen Mittag/ stehet eine Capell/da sol Elias die Widwen zuerst angesprochen haben / als sie Holtz aufflas/ 1. Reg. 17.

Abel Mehola/ Trawertantz.

Abel Mehola ist eine Stadt zwischen Sichem vnd Salem gelegen/ zehentehalb meilen von Jerusalem/gegen Norden. Aus dieser Stadt ist der Prophet Elisa bürtig gewesen/ ist auch daselbst von dem Propheten Elia/ der seinen Mantel auff jhn warff/ zum Propheten beruffen worden.

Zu vnser zeit ist die Stadt Abel Mehola ein Dorff/ vnd heist Abisena / vnd man findet da Marmelseulen vnd alte Grebew / daraus man sihet das es vorzeiten eine feine Stadt wird gewesen sein.

Geistliche Bedeutung des Propheten Elia.

Elia heist so viel/als ein Diener Gottes deß HErrn/wie es der Heilige Hieronymus also bedeutet/Oder/ wie etliche andere wollen/heist es auch wol die Stercke deß HErrn / oder Deus meus IEHOVA, Der HErr ist mein Gott.

Dieser Prophet Elia ist ein Fürbild Johannes des Teuffers/ der für dem HErrn Christo solte hergehen/vnd jhm den Weg bereiten / gleich wie Elias für Elisa ist hergegangen. Vnd daher kompt es auch / das Johannis der Teuffer wird Elias genent/ Malach 4. Mat. 11. 17. Denn er ist für dem HErrn Christo her gegangen / im Geist vnd in der krafft Eliæ/ Lucæ. 1.

Der Prophet Elia hat eine rauche Haud angehabt/ vnd einen Ledern Gürtel vmb seine Lenden/2. Reg. 1. Johannes der Teuffer trug auch ein Kleid von Cameelshaaren / vnd einen Ledern Gürtel vmb seine Lenden.

Der Prophet Elia hat dem Gottlosen König Ahab die bittere Warheit geprediget / 1. Reg. 18. 21. Deßgleichen hat auch Johannes der Teuffer dem Könige Herodi die bittere Warheit gesaget.

Elias ward von der Schandhuren Jesebel in den Todt verfolget / Deßgleichen ist dem lieben Johanni dem Teuffer von der Schandhuren Herodias auch begegnet.

Reisen des Propheten Elisa.

Von Abel Mehola aus seinem Vaterland / ist der Prophet Elisa mit seinem Herrn / dem Propheten Elia hinweg gegangen/ vnd hat demselbigen hin vnd wider gedienet / vnd Wasser auff die Hende gegossen / 1. Reg. 19. 2. Reg. 3.

2. Kurtz zuuor/ehe Elias im fewrigen Wagen gen Himmel fuhr/ gieng sein Diener Elisa mit jhm von Gilgal gen Bethel anderthalb meilen/2. Reg. 2.

3. Vnd von Bethel giengen sie gen Jericho / eine meile / 2. Reg. 2.

4. Vnd

Reisen der Heiligen

4. Vnd von Jericho biß an den Jordan/anderthalb meilen/vnd als sie beyde truckẽ durch den Jordan gegangen waren / kam ein fewriger Wagen mit fewrigen Rossen / vnd holet den Propheten Elia im Wetter gen Himmel. Elisa aber schrey jhm nach / Mein Vater / Mein Vater/Wagen Jsrael vnd seine Reuter. Vnd hub auff den Mantel Elia / der jhm entfallen war / vnd keret vmb/ vnd trat an den Vfer des Jordans / vnd nam denselbigen Mantel/vnd schlug ins Wasser vnd sprach: Wo ist nu der HErr der Gott Elia? Da teilet sichs auff beyden saiten/ vnd Elisa gieng hindurch/2. Reg. 2.

5. Von den Jordan ist der Prophet Elisa gen Jericho gegangen/anderthalb meile/Da sahen jhn der Propheten Kinder / vnd sprachen: Der Geist Elia ruhet auff Elisa / vnd santen wider seinen willen 50. Menner aus/ die solten den Propheten Elia suchen/2. Reg. 2. Daselbst zu Jericho hat der Prophet Elisa Saltz in die Wasserquelle geworffen / vnd das bittere vnfruchtbare Wasser / süsse vnd fruchtbar gemacht / 2 Reg. 2.

6. Von Jericho gieng Elisa gen Bethel/eine meile / da hat er 42. Knaben/die seiner spotteten vnd Kalkopff rieffen / im namen des HErren gefluchet/ vnd alobald sind zween Beeren aus dem Walde komen/ vnd haben die Buben zerrissen/ 2. Reg. 2.

7. Von Bethel gieng er auff den Berg Carmel / vierzehen meilen/ 2. Reg 2.

8. Vnd Feret vnd gen Samaria/acht meilen/2. Reg. 2.

9. Von Samaria ist der Prophet Elisa in die Wüsten des steinigten Arabiæ gezogen / 26. meilen/vnd hat daselbst den Dreyen Königen/ Joram den König von Jsrael / Josaphat dem Könige Juda / vnd dem König der Edomiter /(Die sonsten Dursts hetten sterben müssen/ wunderbarlicher weise geholffen / das sie nicht allein Wassers die fülle bekommen / sondern auch ein Bach in der Wüsten hat Blutrot scheinen müssen / als die Sonne auffgieng / auff das sich jhre Feinde/ die Moabiter/eimbildeten/ die drey Könige hetten sich vntereinander verderbet. Aber es bekam jhnen vbel / dann sie worden jhrer meinung betrogen / vnd durch Gottes hülffe von den dreyen Königen vberwunden/2. Reg. 2.

10. Aus der Wüsten des steinigten Arabien ist der Prophet Elisa mit dem König Joram wider gen Samarien kommen/ober 26.meilen/vnd hat da einer armen Widwen/die aus einem Diekruck/da sie ein wenig Ole in hatte/viel lere Gefesser/die von jhren Nachbarinnen geliehen/voll gegossen/aus aller jhrer Schuld geholffen. Vnd das dieses zu Samaria geschehen sey/ schreibet Josephus von den alten Geschichten der Jüden im 9. Buche/vnd zeiget das neben an / das diese arme Frawe sey deß Hoffmeisters Obad Ja/der die Propheten des HErren versiecket/ vnd heimlich gespeiset hatte / nachgelassene Widwe gewesen/2. Reg. 18.

11. Von Samaria ist der Prophet Elisa etliche mal gen Sunem gegangen/ vier meilen da hat jhn eine reiche Frawe ein breterne Kammer gemacht / als er offt/dadurch reisete nach dem Berge Carmel/da er auch offt zu wonen pflegete. Vnd dieweil jhm dieselbe reiche Frawe in der Stadt Sunem so viel Wolthat beweisete/hat er jhr geweissaget/Ob sie wol bißher vnfruchtbar gewesen / so solte sie doch schwanger werden / vnd vber ein Jar einen Son küssen / welches auch also geschehen/ 2.Reg. 4.

12. Von Sunem ist der Prophet Elisa nach dem Berge Carmel gangen/4.meilen/Denn da hat er auch vnterwegen gewonet/ 2.Reg. 4.

13. Von dem Berge Carmel ist er mit derselbigen Sumanitin/die zu jhm kommen war/ vnd jhn gebeten/ das er jhr liebes Sönlein das gestorben war / wider lebendig machen wolte/ gen Sunem gegangen 4. meilen / vnd hat jhr Söulein wider vom todt erwecket/ 2. Reg 4.

14. Von Sunem da er seiner Wirtin Son/ wie gesagt vom Todt erwecket/ biß gen Gilgal/ sind 9. meilen/ Da hat Elisa Mehl in ein gifftig Gemüse geworffen /, das niemand essen kundte / vnd also den Gifft daraus vertrieben. Item daselbst hat er auch mit 20. Gerstenbrod hundert Man gespeiset / 2. Reg. 4.

15. Von Gilgal gen Samaria sind 5.meilen/ da ist Naeman der Feldheuptman des Königs zu Syrien zu jhm kommen/ vnd hat mit Wagen vnd Rossen für seiner Hausthür gehalten / denselbigen hat Elisa zu entboten / Er solt sich sieben mal im Jordan waschen / als den würde er von seinem Auffsatz wider rein vnd gesund werden / Welches auch also geschehen / 2. Reg. 5.

16. Von

Reisen der Heiligen

16. Von Samaria biß an den Jordan sind zwo meilen/Da hat der Prophet Elisa eine eiserne Art schwimment gemacht/2. Reg. 6.

17. Von dem Jordan biß gen Dothan/sind auch zwo meilen / Das ist eben die Stadt da vorzeiten Joseph in eine Grube geworffen/vnd von seinen eignen Brüdern war verkaufft worden. Als der Prophet Elisa aus dieser Stadt gieng/vnd die Syrer in greiffen wolten / haben die Engel Gottes eine fewrige Wagenburg vmb jhn hergeschlage / das jhm die Feinde nicht schaden konten/sondern Gott schlug sie mit Blindheit/2. Reg. 6.

18. Vnd der Prophet Elisa füret sie von Dothan / biß gen Samaria / drey meilen/vnnd vberantwortet sie dem Könige in Jsrael / doch mit bescheide / das er sie möchte Speisen vnd trencken/vnd alsbald wider loß geben/2. Regum. 6. Vnd als bald hernach die Stadt Samaria abermal sehr hart belagert wird / davon eine grosse thewrung in der Stadt entstund/ vnd der Prophet Elisa weissagte / das deß nechsten tags das Korn vnter dem thor zu Samaria sehr wolfeil sein würde. Da antwortet ein Ritter/vnd sprach: Vnd wenn der HERR auch Fenster am Himmel machte/wie könde solches geschehen? Elisa sprach/ S ihe da mit deinen augen wirstu es sehen/vnd nicht davon essen/Vnd solchs ist auch also geschehen/denn er ward im Thor ertrücket/2. Reg. 7.

19. Von Samaria gen Sunem sind 4. meilen/da hat die Frawe gewonet / deren Sohn Elisa vom tode erwecket hatte/derselbigen hat er auch geraten/ sie solte an einander ort in ein fr...d Land reisen/vnd daselbst ein zeitlang wohnen /, denn der HERR würde ein Thewrung ins Land schicken/7. jar/2. Reg. 8.

20. Von Sunem biß gen Damascum / sind dreissig meilen / da hat der Prophet Elisa Hasahel dem Heupteman in Syrien geweissaget / das er würde König in Syrien werden/2. Regum. 8.

21. Von Damasco ist der Prophet Elisa wider heim gen Samaria gezogen / 33. meilen/ vnd als er daselbst in seinem Hause kranck ward/ist Joas/der König von Jsrael/zu jhm hinab kommen/jrgend auß der Stadt Jesreel/denn daselbst haben die Könige von Jsrael auch pflegen Hoff zuhalten/vnd hat den Propheten Elisa in seinem Todtbette besucht / vnnd aus dem Fenster schiessen müssen/ein pfeil des Heils vom HErrn/wie die Syrer. Nicht lange darnach ist der theure grosse heilige Gottes Mann/der Prophet Elisa gestorben/vnd für der Stadt Samaria begraben. Vnd Gott der HErr hat nach seinem abscheide / durch seine todte gebeine einen todten Cörper/der in deß Propheten Elisa grab geworffen ward/wider lebendig gemacht/ 2. Reg. 13.

Die Summa dieser Reisen des Propheten Elisa/ begreifft vber hundert vnd achzig meilen.

Folget nun die beschreibung der Stedt vnd Orter.

Vom steinigten Arabia.

ARabia Petrea oder Nabuthea auff Deutsch/das steinigte Arabia genant/ligt von Jerusalem 10. meilen/ gegen Süden/ vnd begreifft/in sich die Wüsten Pharan / vnnd Sur. Vnd die Heuptstadt des steinigten Arabia/davon das Land den namen bekommen hat/ heist Petrea/vnd ligt von Jerusalem 18. meilen gegen Mittag.

Sunem/Scharlackenrot.

SVnem/wie der H. Hieronymus anzeiget/heist so viel als Purpurfarbe / oder Scharlackenrot/vnd ist ein Stadt im Stamm Jsaschar / 12. meilen von Jerusalem/ gegen Norden. In dieser Stadt hat der Prophet Elisa/ seiner Wirtin Sohn vom tode erwecket/2. Reg. 4. Aus dieser Stadt ist auch bürtig gewesen/die schöne Jungfraw Abisag/von Sunem/die bey König David geschlaffen/vnd jhn in seinem alter erwermet hat/3. Reg. 1. Es ligt aber diese Stadt Sunem/zwischen den Stedten Jesreel vnd Naim/wie du in den Tafeln des heiligen Landes/sehen magst.

Geistliche bedeutung deß Propheten Elisa.

ELisa heisset Gottes heil/vñ ist ein schön Bilde vnsers HErrn Jesu Christi/ Der mag billich Gottes heil/oder ein Heiland deß gantzen Menschlichen Geschlechts heissen / Denn es ist
in sei-

in keinem andern Heil/ist auch kein ander Name den Menschen gegeben / dadurch wir sollen selig werden/Actor. 4.

Elisa hat zu Sunem seiner Wirtinnen Sohn lebendig gemacht. Nicht weit von Sunem ligt auch die Stadt Naim / da hat der HErr Jesus Christus der Widwen Sohn vom tode erwecket/Luc. 7.

Elisa hat den Auffetzigen Naeman / durch das Wasser deß Jordans von seinem Außsatz gereiniget/Der HERR Christus reiniget uns auch durch das Wasser der heiligen Tauffe/ von dem Geistlichen Außsatz vnd vnflat der Sünden.

Elisa hat mit 20. Gerstenbrot hundert Mann gespeiset/ Der HErr Christus hat mit 5. Gerstenbrot vnd 2. Fischen 5000. Mann gespeiset/Matth. 14.

Elisa hat den Geist Eliæ zweiseltig empfangen / Der Sohn Gottes aber empfehet den Geist nicht nach der masse Johan. 3. Sondern in jm wohnet die gantze fülle der Gottheit leibhafftig/Coloss. 2.

Deß Propheten Elisa todten gebeine/erwecken einen Todten durch Gottes krafft. Der HErr Christus machte vns durch seinen Todt auch wider lebendig.

Reisen der Sunamitin/deren Sohn der Prophet Elisa vom todt erwecket hat.

1. Von Sunem reiset sie 4. meilen nach dem Berge Carmel/vnd bat den Propheten Elisa das er jren Sohn wolte vom todt erwecken/2. Reg. 4.
2. Von dem Berge Carmel gieng der Prophet Elisa mit jhr gen Sunem/4. meilen/vnd machet jhren Sohn wider lebendig/2. Reg. 4.
3. Von Sunem ist sie von wegen der thewren zeit/ins Land der Philister gezogen / viertzehen meilen/2. Reg. 8.
4. Auß dem Lande der Philister zog sie gen Samaria/ zehen meilen / da hat der König befohlen/das man jr jhre Ecker vnd Güter wider geben sollen/2. Reg. 8.
5. Von Samaria ist sie wider gen Sunem zu jrem Hause gezogen/4. meilen.

Summa dieser Reisen der Sunamitin/36. meilen.

Von dem Propheten Jesaia.

DEr Prophet Jesaia hat angefangen zu Weissagen / 800. Jar für Christi Geburt/vnd der Kirchen Gottes fürgestanden/80. Jar. Im 777. Jar für Christi Geburt hat er den HErrn sitzen sehen/auff einem Hocherhabenen stul / vnnd die Engel Seraphim ober jn stehen/Jesa. 6. Vnd im 760. Jar für Christi Geburt / ist der Prophet Jesaias aus der Stadt Jerusalem gegangen / vnnd hat den König Ahas seinen Veltern getröstet am obern Teiche/am Acker des Ferbers/welcher hat gelegen nahe für Jerusalem / gegen der Sonnen Nidergang/zwischen dem Fischthor vnd Altenthor. Zu derselbigen zeit hat auch der Prophet Jesaia also geweissagt/Ein Jungfraw ist schwanger/vnd wird ein Sohn geberen/deß namen wird sie Immanuel heissen/etc. Jesa. 7.

Es ist aber der Prophet Jesaia dem Könige Ahas im 4. grad verwandt gewesen/ Denn wie es die Hebreer dafür halten/ist Amos deß Propheten Jesaia Vatter / des Königs Amasia Leiblicher Bruder gewesen/Derwegen erhelt sich die Geburt Line also;

Joas König.

König Amasia	Amos
König Usia	
König Jotham	Jesaia Prophet deß
König Ahas.	HERRN.

Vnd

Propheten.

Vnd daher kompt es/das der Prophet Jesaia / weil er auß dem Königlichen stam̃ Juda geboren/dem HErrn Christum seinen Vettern nennet/im fünfften Capittel.

Im 732. jar für Christi geburt/ist auff des Propheten Jesaia andechtiges gebet / der Engel Gottes vom Himel herab gefahren/vnd hat im Lager des Königs Senacheribs von Assyrien/hundert fünff vnd achtzig tausent Mann erschlagen.

Vnd in demselbigen Jar ist König Hiskia tödtlich kranck worden / vnnd Gott hat jhn durch den Propheten Jesaia wider gesundt gemacht / vnd jhm noch funfftzehen jar zu seinem leben gethan/vnd zum Wunderzeichen/muste die Sonne am Himmel zehen Grad zu rücke gehen/Jesai. 39. 2. Regum 20.

Zum letzten ist der Prophet Jesaia/von dem Gottlosen Könige Manasse/ mit einer segen mitten von einander geschnitten/Vnd wie der Heilige Hieronymus schreibet/ bey dem Brunn Rogel/nicht weit von Jerusalem/gegen der Sonnen Auffgang / jenseid dem Oleberg begraben worden.

Der name Jesaia stimmet sehr fein vberein/mit den namen JESV/Denn Jesaia heist Gottes des HERRN Heil/vnd JESVS ein Heiland.

Reisen des Propheten Jeremia.

Er Prophet Jeremia in der Stadt Anathot geboren / vnd von dannen gen Jerusalem gegangen/drittehalb viertel einer meilen/vnd hat da viertzig Jar geweissaget vnd geprediget.

2. Von Jerusalem ist er gegangen/biß an das Wasser Pharat oder Euphratem/hundert meilen/vnd hat da seinen Gürtel versteckt/Jerem. 13.

3. Von dem Wasser Euphrate/wider gen Jerusalem/sind hundert meilen.

4. Vber ein lange zeit ist er/als im der HErr solchs befohlen wider an das Wasser Pharan gegangen/hundert meilen/vnd hat seinen Gürtel widergeholet.

5. Von dem Wasser Euphrate/ist er wider gen Jerusalem kommen/ober hundert meilen.

6. Als das Heer des Königs Nebucadnezars / war von Jerusalem abgezogen wider König Pharao zustreiten/wolte der Prophete Jeremia aus Jerusalem gehen/in sein Vaterlandt Anatoth/daselbst Acker zubestellen/Er ward aber im Thor Ben Jamin gefangen/vnd wider in die Stadt Jerusalem gefüret/vnd ins Gefengnis gelegt / Jerem. 37. Josephus von den alten Geschichten der Jüden/im 10. Buch am 10. Capittel. Vnd als König Nebucadnezar darnach wider kam/vnd die Stadt Jerusalem auffs new belagert / vnnd der Prophet Jeremia im Vorhose der Gefengnis/jmmer anhielt mit Predigen vnd Weissaget/Die Stadt Jerusalem würde gewißlich gewonnen werden/da wurden die Fürsten zornig auff Jeremia vn̄ worffen jn in eine gruben da kein Wasser sondern schlam innen war / vnnd Jeremia sanck in den schlam/ ward doch gleichwol durch den fromen Moren Ebedmelech wider heraus gezogen/Jerem. 38.

7. Als die Stadt Jerusalem/gewonnen ward / da ward der Prophet Jeremia vnangesehen das jhn der Feld Obester Nebusar Adam loß geben hatte / von etlichen Gottlosen Kriegsleuten mit Ketten gebunden/ vnnd mit vielen andern Gesangenen aus der Stadt Jerusalem hinweg gefüret biß gen Rama/welches ist eine Stadt auff dem Gebirge Ephraim/zwo meilen von Jerusalem/gegen Norden. Da hat Nebusar Adam/der treffliche Fürste / vnd Feldheuptman des Königs Nebucadnezar/dem Propheten Jeremia loß gelassen / von den Ketten damit seine Hende gebunden waren/Jerem. 40.

8. Von Rama ist der Prophete Jeremia gen Mitzpa gegangen/zwo meilen / vnnd hat da ein zeitlang gewonet/bey den Jüdischen Fürsten Gedalia / der vom Könige Nebucad Nezar vber die Siedt in Juda gesetzet war/Jerem. 40.

9. Als aber derselbige Fürste Gedalia/ von Ismael / der aus dem Königlichen stam̃ Juda geboren/vnd derwegen die Heerschafft wider an sich bringen wolte/erschlagen ward / da ist der Prophet Jeremia / mit einem Jüdischen Fürsten Johannes genant / vnd mit vielen andern Jüden gen Bethlehem gezogen/zwo meilen / Jerem. 41. Vnd als sie bey einem Mann Kinham genant/zur herberge lagen/nahe bey Bethlehem/weissaget jnen der Prophet Jeremia also/

D ij   Wirdet.

Reisen der Heiligen

Werdet jhr in diesem Lande bleiben/so wird es euch wol gehen/vnd das vnglück wird euch nicht treffen/So jr aber in Egypten ziehet/so werdet jr durchs schwert vnd hunger sterben/Jer.41. 10.   Aber Johannes vnd die andern Jüden / haben nicht wollen gleuben den worten d. H. Propheten Jeremia/sondern sind hinab in Egypten gezogen / vnd haben den Propheten Jeremiam mit sich gefüret/von Bethlehem biß gen Tachpanhes in Egypten/45. meilen. Vnd als der Prophet Jeremia daselbst die scharffe bittere Warheit Predigte vnd Weissagte / Das der König Nebucadnezar auch würde in Egyptenland kommen / vnd das gantze Land verwüsten vnd verheeren/vnd die Bildseulen zu Bethsemes / das ist/ zu Heliopolis in Egypten/zubrechen/vnd das Volck gefangen hinweg führen/Jerem. 42. da wurden die Jüden zornig auff den Propheten Jeremiam/vnd worffen jn mit steinen zu Todte.

Summa dieser Reisen des Propheten Jeremia/450. meilen.

Folget nun die beschreibung der Stedt vnd örter.

Anothot/Elend.

Je Stadt Anothot/darin der Prophet Jeremia geboren / hat gelegen im Stamm Ben Jamin 20. Stadien/das ist/drittehalb viertel einer meilen/von Jerusalem gegen Norden/Jerem. 1. Josephus von alten Geschichten im 10. Cap.

Mizpa/eine Warte.

Izpa/ist eine Stadt im Stam Ben Jamin/die auch vorzeiten König Assa befestiget hat/1. Reg. 15. Sie ligt nahe bey Gibeon/ von Jerusalem aber hat sie 1. meil gegen Nordwesten gelegen. In dieser Stadt/hat der Prophet Jeremia ein zeitlang gewohnet/bey dem Jüdischen Fürsten Gedalia/den König Nebucadnezar / vber das Jüdische Land gesetzt hatte/Jerem. 40. Vnd derselbige Fürst Gedalia/ward auch von Ismael / dem losen Buben/in dieser Stadt Mizpa verreterlich ermordet Jerem. 41. Im 1. Buch der Maccabeer im 3. Capit. wird diese Stadt genennt/Mispath/ vnd Judas Maccabeus vnd seine Kriegsleute haben daselbst Gott sehr fleissig angeruffen / das er jhnen Sieg vnd Vberwindung geben wolte/wider jhre Feinde.

Tachpanhes/eine besatzte Festung.

Hachpanhes ist ein Stadt in Egypten / 45. meilen von Jerusalem gegen Südosten/ vnd wird sonsten gemeinlich Thaphnis genant. In dieser Stadt/ ist der Prophet Jeremia zu todt gesteiniget.

Bethsemes/Sonnenhauß.

Je Stadt Bethsemes ligt in Egypten / 56. meilen von Jerusalem gegen Südosten/ vnd wird sonsten Heliopolis/das ist/Sonnenstadt genant/ denn die Sonne hat in dieser Stadt einen herrlichen Tempel gehabt/ darin sie ist angebetet vnnd geehret worden. Die Einwoner in dieser Stadt haben auch einen Ochsen/ den sie Meuim genant / in einen Eisern Schrancken/für Gott angebetet/gleich wie die zu Memphis / den Ochsen Apim/ als einen Gott geehret haben. Dieser Stadt Bethsemes / oder Heliopolis/ist auch vorhin bey deß Ertzvaters Josephs reisen gedacht worden/dahin ich hiemit den gütigen Leser wil zu rücke gewiesen haben.   Der Prophet Jesaia im 19. Cap. nennet die Stade Irheres/ das heist auch Sonnenstadt.

Jeremia heist ein erhöheter des HErrn/den Gott erhöhet hat/Excelsus Domini, Er hat angefangen zu Predigen 646. jar für Christi Geburt / vnnd hat in der Stadt Jerusalem geweissagt 40. jar lang/diß auff das Babilonische gefengnis / Denn im 505. jar für Christi Geburt ist die Stadt Jerusalem durch die Fürsten des Königs Nebucadnezar gewonnen/vnd die 2 Stemme Juda vnd Ben Jamin gefangen gen Babylon gefürt. Vnd bald darnach ward der Prophet Jeremia/hinab in Egypten gefüret / vnd als er daselbst den Jüden auch die bittere Warheit geprediget/haben sie jn mit Steinen zu tode geworffen.

Reisen deß frommen Propheten Vria/ den König Jojakim hat tödten lassen/Des der Prophet Jeremia im 26. Capittel gedencket.

Der

Propheten.

Erselbige Prophet Uria / ist auß der Stadt Kiriath Jearim bürtig gewesen / welche ligt ein viertel einer meilen von Jerusalem gegen der Sonnen Nidergang / vnnd von dannen ist er gen Jerusalem kommen / vnd hat geweissagt / das die Stadt würde gewunnen vnd verstöret werden.

2. Vnd als jhn König Jojakim zu Jerusalem von solcher Predigt wegen tödten wolte / da flog er in Egyptenland / vierzig meilen.

3. Aber König Jojakim ließ jn wider holen / vnd in der Stadt Jerusalem mit dem schwert tödten / vnd seinen Leichnam vnter den gemeinen Pöfel begraben.

Summa dieser Reisen des heiligen Martyrers / vnd Propheten Urie / acht'g meilen / denn er ist in Egyptenland geflohen / vnd wider herauß geholet / vnd von Jerusalem biß an die Grentze des Landes Egypti / sind vierzig meilen.

Reises des falschen Propheten Hanania / des Jeremias im 28. Capittel gedencket.

Jeser Hanania ist auß der Stadt Gibeon bürtig gewesen / da auch vorzeiten König Saul gewonet vnd hoff gehalten / Auß derselbigen Stadt ist dieser falscher Prophet Hanania gen Jerusalem gegangen / eine meile / vnnd hat das höltzern Joch am Hals deß Propheten Jeremia zubrochen. Aber der Prophet Jeremia hat ein Eisern Joch wider an die Stadt gemacht / vnd den falschen Lügenhafftigen Propheten Hanania geweissaget / darumb / das er Lügen geprediget hatte / solte er noch desselbigen Jars sterben / welches auch also geschehen.

Reisen des Propheten Hesekiel.

Er Prophet Hesekiel / ist zu der zeit / als König Nebucad Nezar den Gottlosen König Jojakim tödten ließ / vnd seinen Son Joachin zum Könige gemacht / mit drey tausent der fürnemsten vom Adel der Jüden / von Jerusalem gefangen hinweg gen Babylon geführet / vber hundert vnd siebentzig meilen. Vnd hat daselbst in Chaldea am Wasser Chebar / die herrligkeit Gottes gesehen / die von vier Cherubim empor getragen ward / Hesek. 1.

Von dem Wasser Chebar.

As wasser Chebar / fleust in Chaldea nicht weit von Babylon / an den Grentzen des Landes Mesopotamiam / vnd wird sonsten Aborras genent / wie viel gelehrte Leute anzeigen. Strabo schreibet im 16. Buche seiner Geographia / das zwischen Euphrate vnnd Tygri / noch ein ander Wasser fliesse / das werde Basilius genant / vnd am selbigen Ort werde auch bey der Stadt Athemusia das wasser Aborras gefunden. Daß ist nun das Wasser Chebar / bey welchem der Prophet Hesekiel die Herrligkeit Gottes gesehen hat / vnd den gefangenen Jüden / die bey diesem Wasser wohneten / geweissaget: Die Stadt Jerusalem würde gewißlich gewunnen / vnd der König Zedekia gefangen gen Babylon geführet werden / doch solt er die Stadt Babylon gleichwol nicht sehen. Vnd solches ist auch also geschehen / denn der König Nebucad Nezar ließ jm beyde augen außstechen / vnd darnach gen Babylon führen.

Hesekiel heist Gottes sterck / Er hat gelebet sechs hundert Jar für Christi geburt.

Reisen des Propheten Daniel.

Er Prophet Daniel / ist mit dem gefangenen König Jojakim gebunden worden / Vnd dieweil König Nebucad Nezar anders raths ward / vnnd dem König Jojakim jns bar machte / vnd noch ein zeitlang ließ König bleiben / sind allein die fürnemsten vnd edelsten vom Geschlechte der Jüden / vnter welchen auch Daniel gewesen / gefangen gen Babylon geführet / vber hundert vnd siebentzig meilen / vnd solch ist geschehen / sechshundert zwey vnd zwantzig Jar für Christi geburt. Von der zeit an / ist Daniel in der Stadt Babylon aufferzogen / in

allen

Reisen der Heiligen.

ollen Künsten der Chaldeer/ vnd Gott hat jm solchen verstand vnd Weißheit geben/ das er dem Könige NebucadNezar den traum von den vier Monarchien hat außlegen können/ Daniel. 2. Gott der HErr hat auch seine drey Gesellen/ Sadrach/ Mesoch vnd AbedNego auß dem fewrigen Ofen erlöset/ Daniel 3. Vnd nicht lang darnach hat der Prophet Daniel den stoltzen Könige NebucadNezar geweissaget/ das er würde von sinnen kommen/ vnd in der wildnuffe lauffen vnd grass fressen/wie ein Ochse/Daniel 2. Item zu Babylon hat auch der Prophete Daniel auff seinem Bette das Gesichte gesehen/von den vier Thieren vnd Monarchien davon er schreibet im siebenden Capitel.

2. Von Babylon ist der Prophet Daniel gen Eusan ins Königreich Persia gezogen/ drey vnd sechtzig meilen/vnd hat da ein wasser Vlai/ das gesichte vom Wider vnd Ziegenbock gesehen/welches jhm der Engel Gabriel auffgeleget hat/wie er schreibet im achten Capitel.

3. Von Eusan wider gen Babylon/ sind drey vnd sechtzig meilen/ da hat Daniel dem Könige Belthazer die Schrifft gelesen/die auff die getünchte wand geschrieben war/ Daniel 5. Item daselbst zu Babylon ist auch der Prophet Daniel zu den Lewen in die Gruben geworffen/Daniel 6. In derselben Stadt Babylon hat auch der Engel mit dem Propheten Daniel geredet/von den siebentzig Jarwochen/nach welchem der HERR Christus den bittern Todt leiden solte/Daniel. 9

4. Von Babylon biß an das Wasser Hidekel/das mit seinem gewönlichen namen Tygris genent wird/sind 9. meilen/da hat ein sehr schöner vnd prechtiger Engel mit dem Propheten Daniel geredet/vnd jhm künfftige dinge geoffenbaret/Dan. 10. 11. 12.

5. Von dem Wasser Hidekel oder Tygris/wider gen Babylon/ da der Prophete Daniel sein Hauß vnd Wonung gehabt/sind neun meilen.

6. Von Babylon biß gen Ecbatana in Meden/ sind 116. meilen/ Da hat der Prophet Daniel ein sehr köstlich Grab vnd Hauß gebawet/ das so wunderschön vnd hübsch gewesen/ vnd so meisterlich feste gemachet/das es allezeit gleich schön geblieben/ vnd etliche 110. Jar hernach so zierlich geleuchtet hat/als wenn es erst wer new gebawet gewest. Denn da alle andere gebew alle worden vnd verfallen/ da hat diß gebew seine vorige schönheit allezeit behalten/ vnd man hat der Meder/Persier vnd Parther Könige dahin begraben/vnd dem die sorge desselbigen Grabes auffgeleget ward/der ist ein Jüdischer Priester gewesen. Hievon schreibet Josephus/von den alten Geschichten der Jüden/im zehenden Buche vnd 14. Capitel.

Summa dieser Reisen des Propheten Danielis/
vier hundert vnd dreissig meilen.

Folget nun die beschreibung der Stedt vnd Orter.

Susan/ Ein Rose.

Je Stadt Susan/die von der wolriechenden Rose den Namen hat/ ligt im Königreich Persia/zwey hundert vnd dreissig meilen von Jerusalem/ gegen der Sonnen auffgang. Etliche rechen anders/aber die rechte Astronomische vnnd Geometrische Rechnung/durch die Tabulas Sinuum/ist die allersinnigste/ So stimmet auch mit dieser Rechnung vberein/Tilemanius Stella Sigensis/ der in der Geometrischen Rechnung gantz gevbet vnd gewiß ist. Strabo schreibet im funfftzehenden buche seiner Geographia/ Das die Stadt Susa von Tithono/ des Königs Laomedontis von Troia Bruder/ anfenglich sey gebawet worden/vnd habe in die lenge gelegen/vnd keine mawren gehabt/ vnd sey so groß gewesen/das sie nach Polycleti anzeigung/zwey hundert stadia vnnd sich begriffen/ die machen sechs Deutsche meilen vnd ein viertel. Das gantze vmblegende Lande/ hat von dieser Stadt den namen bekommen/das es Susiana ist genent worden. Vnd das Schloß in der Stadt Susa hat Memnonium geheissen/ wie Strabo schreibet/ von Memnone des Königs Thithoni Sohn wie das Buch Ester anzeiget/ist das Schloß gezieret gewesen/ mit schönen Marmelseulen/Silbern vnd gülden Bencken/ vnd das pflaster darauff man gieng/ ist von weissen/grünen/gelben vnd schwartzen Marmelsteinen vbersetzet gewesen. So fand man auch schöne Lustgärten/voll wolriechender Kreuter vnd Blumen/am Königlichen Hause.

Vnd

Propheten. 186

Vnd ob wol die Könige in Persia anfenglich nicht zu Susa/sondern zu Persepolis/vnd andern örtern mehr/ die noch weiter gegen Auffgang der Sonnen gelegen/ hoffgehalten/so hat doch König Cyrus als er die Stadt Babylon/ vnd das gantze Königreich Assyrien einge= nommen vnd erobert/den Königlichen Sitz gen Susa gelegt/ auff das er die Stadt Babylon vnd andern Königreich::u/die er mit mechtiger hand in vnterthenig gemacht/ desto neher wo= nen/vnd desto füglicher vnd besser in gehorsam behalten/vnd regieren möchte.

Das Land vmb Susa her ist wol reich/ aber zu Sommers zeiten/ so heiß vnd dörre/das auch in derselbige gegend die Erdtzen vnd Schlangen verbrennen auff dem heissen Erdreich. Derhalben auch die Einwoner erdreich legen auff die Dächer/zwey Ellenbogen dick vnd auch gezwungen werden die Heuser desto schmeler vnd lenger zu machen. Die Könige in Persia/ha= ben zu Susa jren Königlichen Sitz gehabt/ zu Winterszeiten/ als denn ist doselbst eine feine warme temperirte lufft/Aber wenn gegen den Sommer gieng/ zogen sie gen Ecbatana in Me= den/vnd hielten daselbst den Sommer vber jhre Hofflager./ denn in Meden ist zu Sommers= zeit eine feine kalte lustige lufft. König Darius Ahasuerus ein Son Histaspis/ hat zu winters zeit/nemlich/im Monden Thebet/den wir Januarium nennen/in der Stadt Susa/ die from= me demütige/Gottfürchtige Jungfraw Esther/die eine arme Waise war/ vnnd weder Vater noch Mutter hatte zu einer Königin erhöhet/ allen armen Waisen zum tröstlichen Exempel.

Das auch die Weysen auß Morgenland/ die dem Kindlein Jesu Gold Weyrauch vnd Myrrhen geopffert haben/von Susa gen Jerusalem gekommen sein/ist darauß offenbar/weil die Magi oder Weisen/zu Susa eine hohe Schule gehabt/ vnd in solchem ansehen gewesen/ das man auch Könige aus jnen erwelet/ vnd die fürnembsten Empter sind jnen befohlen vnd zugetrawet worden. Vnd dieweil der Prophet Daniel im Königreich Persia in grossem anse= hen gewesen/werden sonder zweiffel die Magi seine Weissagung fleissig gelesen/ vnnd daraus haben abnemen können/Weil die siebentzig Jarwochen/davon er im 9. Capitel schreibet/schier verlauffen/muste Christus der Welt Heyland verhanden sein/vñ würde jnen durch einen new= en Stern geoffenbaret/sind derwegen vber 130. meilen gen Jerusalem/ vnd von dannen gen Bethlehem komen/vnd haben dem Kindlein Jesu Gold/ Weyrauch vnd Myrrhen geopffert. Denn das dieselben Weisen nicht können von Saba gekomen sein / ist darauß offenbar/weil Saba von Jerusalem gegen Mittag ligt/ Susa aber ligt gegen Morgenwerts/ vnd also sind die Magi oder Weisen von Morgenland gen Jerusalem komme / Matth. 2. Wie aber die Weissagung von der Stadt Saba zuuerstehen sey/ Jes. 60. Psal. 72. solches ist vorhin/bey der beschreibung der Stadt Saba/ gnugsam erkleret worden.

Die Stadt Susa vnd das Land darumbher gelegen/wird zu vnser zeit/ wie Abrahamus Ortelius anzeiget/Cusistan genant / vnd wie Sebastian Münsterus schreibet/ hat daselbst gewonet der Saracenen Oberster/ den sie Caliphum nennen / vnd werden da viel köstlicher Tücher von Gold vnd Seiden gemacht. Jn Jar nach Christi Geburt 1250. hat der gros= se Tartern König Allau die Stadt Susa mit grosser gewalt belagert. Nun hatte der Stadt= herr Caliphus einen Thurm in der Stadt von Golde/ Silber vnd Edelgestein / vnd andern *Allau der* köstlicher Kleinodien/die wolte er nicht angreiffen,vñ den schatz außtheilt vnter die Kriegsleute/ *Tartern Kö=* die jm die Stadt erhielten/für dem Feinde. Derwegen hat der Tartern König Allau/ als er *nig erobert* die Stadt erobert/den Caliphum gefangen/in den thurm gelegt zu dem Schatz/ vnnd gab *Susa. Anno* zu/ weder zu essen noch zu trincken/sondern sprach zu jhm: Hettestu diesen schatz nicht mit sol= *Christ. 1250.* chem geitz behalten/sondern zu vnter die Heuptleute vnd Kriegsleute auß getheilet/ so hettestu *Calyphus* dich/ vnd die gantze Stadt damit erlöset vnd erhalten. So lebe nu wol von dem Schatz/ der *stirbe hun=* dir so lieb gewesen ist/vnd iß vnd trincke dauon. Also starb der elende Mensch hungers/mitten *gers bey sei=* in seinem Schatz/Denn er kondte je das Gold/ Silber vnd Perlen nicht fressen/ kondte auch *nem eigen* seinen hungerigen Bauch damit nicht stillen. *Schatz.*

Von dem Wasser Ulai.

IN der Stadt Susa/findet man auch das Wasser Ulai/das Strabo im 15. Buche sei= ner Geographia Eulæum nennet. Vnd wie Strabo am selbigen ort auß Polycleto einen Alten Scribenten anzeiget/sind drey fürneme Wasser in Persia/ als nemlich/

D iiij. Choas=

Reisen der Heiligen

Choaspes/Eulæus/vnd Tygris. Eulæus ist das Wasser Ulai/ das durch Susan fleust/ vnd an demselbigen wasser hat der Prophet Daniel das Gesichte vom Steinbock vnd Widder gesehen davon erschreibet im 8. Capittel.

Elam.

Elam ist das Land Persia/welches anfenglichen Elam geheissen hat/von Elam Japhets Sohn/hernach aber ist dasselbige land/als es König Perseus eröbert/ vnnd krefftiglich darinnen Regieret/nach seinem Namen Persia genent worden. Das Wort Elam/ heist ein Jüngling/gleich wie Alma ein Jungfraw.

Ecbatana.

Ebatana die Heuptstadt im Königreich Meden/ ligt von Jerusalem 248. meilen gegen Nordosten. Von dieser Stadt sol hernach/ wenn ich an die Historien der lieben Judith komme/weitleufftiger geschrieben werden.

Geistliche bedeutung des Propheten Daniel.

Daniel hat angefangen zu Propheceyen 623. Jar für Christi geburt/ vnd der Kirchen Gottes fürgestanden 80. jar/vnd ist ein bilde vnsers HErrn Jesu Christi/ Denn Daniel heist ein Richter Gottes/also der HERR Christus/ ist verordnet von Gott ein Richter der lebendigen vnd der Todten/ vnd wird die vnschuldigen Susannen oder Rosen/die heilige Christlichen Kirchen/die als eine wolriechende rote Rosen/ mit dem Blute des HErrn Christi gesprenget/mitten vnter den Dornen stehet/ vnd allenthalben von den Gottlosen Tyrannen vnd bösen Leuten angefochten vnnd verfolget wird/ gnediglich erlösen/ vnd sie ledig vnd loßsprechen. Vnd dagegen die alten Ehebrecher/die seibst dasselbige thun/was sie an andern Leuten straffen sollen/vnd alle falsche Richter zum ewigen tode verdammen.

Das Wort Susanna/heist ein Rose/vnd bedeutet/ wie gesaget/die heiligen Christlichen Kirchen/ist die liebe Rosina/ davon auch Solemon singet/ in seinem Hohen Lied am andern Capittel/ wie eine Rose vnter den Dornen/ So ist meine freundinne vnter den Töchtern. Vnd diese liebe Susanna ist dem lieben Joachim/ das ist/ dem Sohn Gottes/ der von den Todten aufferstanden ist/Ehelich vertrawet/denn Joachim heist/ GOTTES des HErrn aufferstehung/Domini Resurrectio.

Gleich wie auch der Prophet Daniel vnschuldig verdampt/vnd zu den Lewen in den graben geworffen/ein stein dafür gewelzet/vnd mit dem Ringe des Königs/ vnnd seiner Gewaltigen versiegelt ward/Dan. 6. Also ist auch der HErr Christus vnschuldig zum tode verdampt dem Hellischen Lewen/nemlich/dem grimmigen todte/ in den Rachen geworffen/ vnd ins Grab geleget/ Vnd auch ein grosser stein für des Grabes thür gewelzet worden/ dergleichen gestalt auch versiegelt worden/wie Matthæus schreibet im 27. Cap. Wie aber Daniel des Morgens frü/da der tag anbrach wider aus der Lewengruben gezogen war/ vnd lebendig wider herfür kam/Also ist auch der Sohn Gottes/des Morgens frü/da der tag anbrach/wider auß dem Grabe herfür kommen/vnd vom todte erstanden.

Deßgleichen wie Gott der HErr die drey Menner/Danielis Gesellen/auß dem fewrigen Ofen errettet vnd seinen Engel zu jhen gesand hat/ deß gestalt gewesen ist/ wie ein Sohn der Götter/als Nebucad Nezar spricht/Also hat auch der Himlische Vater den Engeln des Bundeß/seinen lieben Sohn Jesum Christum vom Himel gesand/der vns erlöset hat/auß dem fewrigen Ofen/nemlich/auß der tieffen Hellen glut/ da wir ewiglich in hetten brennen müssen.

Dan. 3.

Von dem Propheten Hosea.

Der Prophet Hosea/hat im Königreich Jsrael geprediget/acht hundert jar für Christi geburt/vnd wie Dorotheus/Episcopus Tyri/ schreibet/ ist er auß einem Dorff Beemeloth genant/vnd auß dem stam Jsaschar gewesen. Was aber den namen des Propheten Hosea belanget/ stimmet derselbige mit dem namen JEsu gantz vberein/ denn Hosea heist ein Heylaud/vnd Seligmacher/vnd eben so viel heist auch Jesus/Matth. 1.

Der Prophet Hosea gedencket in seinem vierdten Capittel der Stadt Bethel/ da König Jerobeam das gülden Kalb hatte auffrichten lassen/dieselbe stadt nennet er Bethauen/dz ist ein Hauß

Propheten.

Hauß der Sünden/aller abgötterey vnd boßheit. Vorhin aker hieß sie Bethel/das ist/ein Gotteshauß/darumb das Jacob der heilige Patriarch daselbst ein Leiter am Himel gesehen/ vnd die Engel Gottes auff vnd absteigen/ Gen. 28. Also hat nun der Prophet Hosea den namen dieser Stadt/von wegen jhrer Abgötterey vnd boßheit vmbgekeret/das/da sie vorhin ein Gotteshauß geheissen/er sie Bethauen/ein Hauß der Sünden vnd Abgötterey genent hat.

Vnd im neundten Capittel gedencket der Prophet Hosea der Stadt Memphis/ die nennet er Moph das ist ein Wunder. Denn die Stadt war so herrlich vnd groß/das sie in aller Welt sehr berümbt war/so stunden auch die Pyramides/die hohen viereckten spitzen bey dieser Stadt/die vnter die sieben Wunder der Welt gerechnet worden.

Von dem Propheten Joel.

Joel heisst Gottes eigen/wie es Hieronymus außleget. Es hat aber der Prophet Joel geprediget achthundert Jar für Christi Geburt/ in bryden Königreichen Israel vnnd Juda/vnd ist gewesen auß einem Dorffe Bethomeron genant / nicht weit von Sichem gelegen/im stam Manasse/wie Dorotheus Episcopus Tyri schreibet.

Reisen des Propheten Amos.

Zwo meilen von Jerusalem gegen Südosten/ligt die Stadt Thekoa/auff Deutsch Posaunen klang. Daselbst hat vor zeiten König Josaphat ohn einigen Schwertschlag/nur allein durch das liebe Gebet vnd Posaunen klang/seine Feinde vberwunden/ 2. Chron. 20. Auß derselbigen Stadt hat auch Jacob eine weise Fraw holen lassen / die mit ihrer klugen rede den König Dauid dahin bewegen / das er seinen flüchtigen Sohn Absalon ließ widerholen/ aus dem Lande Gesur/2. Sam. 14. Auß dieser Stadt Thekoa/auff Deutsch Posaunen klang genant/ist auch der Prophet Amos gewesen/vnd hat daselbst die Küe ein zeitlang gehütet/ vnd Maulbeer abgelesen/wie er selbst bezeuget/im ersten vnd siebenden Capittel.

2. Vnd von Thekoa ist er gegangen gen Bethel/drey meilen / vnd hat da geprediget wider den falschen Gottesdienst / vnd wider das gülden Kalb / das König Jerobeam daselbst hatt auffrichten lassen. Solches verdroß Amasia dem Gottlosen Priester zu Bethel/ der verklaget nicht allein den Propheten Amos wie er selbst in seinem siebenden Capittel anzeiget / sondern ließ jhn auch greiffen/vnd Ozias desselben Gottlosen Priesters Amaziæ Sohn / hat den Propheten Amos mit einer stangen den Kopff entzwey geschlagen.

Vnd wie der heilige Hieronymus schreibet/ist der Prophet Amos also halb todt/von Bethel wider heim in sein Vaterland/nemlich/in die Stadt Thekoa geführet/ drey meilen/vnd daselbst gestorben vnd begraben. Vnd noch zu Hieronymi zeiten/hat man in dieser Stadt Thekoa des Propheten begrebnis geweiset.

Summa dieser reisen des Propheten Amos sechs meilen.

Er nant des Propheten Amos/heist auff Deutsch ein Last, Vnd in der Warheit ist auch dieser Prophet Amos/den Gottlosen Israeliten eine schwere bürde vnd last gewesen/denn er hat sie sehr hart gestraffet/von wegen jrer Sünde vnd missethat/vnd ist ein sehr scharffer Gesetzprediger gewesen/er hat gelebet achthundert Jar für Christi geburt.

Von dem Propheten Obad Ja.

Obad Ja heist ein Knecht Gottes des HErrn / vnd hat gelebet sechshundert Jar für Christi geburt/zu der zeit der Babilonischen gefengnis. Hieronymus schreibet / das er noch zu seiner zeit in der Stadt Samaria/drey gewaltiger Propheten begrebnis gefunden habe/nemlich/des Propheten Elisa/des Propheten Obad Ja/ vnd Johannis des Teuffers der mehr ist denn ein Prophet.

Das aber Hieronymus sich bedüncken lest / dieser Prophet Obad Ja/ sey eben derselbige Obad Ja/der zu König Ahabs/vnd der Gottlosen Königin Isebel zeiten / hundert Propheten des HERRN/ hie funffzig vnd da funffzig in einer Höle / mit Brodt vnnd Wasser versorget

Reisen der Heiligen

versorget vnd gespeiset hat/1. Regum 18. Das kan nicht sein / denn derselbige Hoffmeister Obadja/ist wol drey hundert Jar zuuor gestorben / ehe dieser Prophet Obadja hat angefangen zu Predigen vnd zu weissagen.

Reisen des Propheten Jona.

Er Prophet Jona ist geboren zu Gath-Hepher im stam̄ Sebulon / vnnd von dannen biß gen Samaria/sind acht meilen/ da hat der Prophet Jona Jeroboam/des namens dem andern / König in Israel geweissaget / das er wider würde gewinnen die grentze Israel/von Hemath/das ist/von Antiochia an/ biß an Damascum/ vnd biß ans Meer im flachen Felde/2. Regum 14.

2. Von Samaria gen Joppen oder Japho/sind zehen dehalb meilen / da ist Jona für dem HErrn auffs Meer geflohen. Aber Gott ließ einen starcken Wind vnd groß Vngewitter auffs Meer kommen/vnd Jonas ward auß dem Schiffe ins Meer geworffen/ vnd von einem grossen Fische verschlungen/ Jona 1.

3. Als der Waifisch den Propheten Jona verschlungen hatte / ist er in dreyen tagen vnnd dreyen nächten/mehr als drittehalb hundert meilen/mit ihm fort geschossen / bis an das Cyrinische Meer / denn da hat er ihn am Vfer des Meers wider außgespeiet / wie Flauius Josephus von den alten Geschichten der Jüden/im neunden Buche vnd eilfften Capitel anzeiget.

4. Von dem Vfer des Cyrinischen Meers / ist der Prophet Jona gen Niniue gegangen vber zwey hundert meilen/vnd da Busse geprediget.

Summa dieser Reisen des Propheten Jona/vier hundert acht vnd sechzig meilen.

Gath/Hepher.

Gath Hepher / heist eine durchgrabene oder durch geborete Weinpresse/vnnd ist eine Stadt im stam̄ Zebulon/funfftzehen meilen von Jerusalem/gegen Norden. In dieser Stadt ist der Prophet Jona geboren/2. Regum 14. Es kan sein / das viel Weins bey dieser Stadt gewachsen/dauon sie den namen bekommen habe. Sie ligt nur eine meile von Nazareth/gegen Mittag/vnd jhrer wird auch gedacht/Josu. 19.

Japho/Schön.

Japho/heist hübsch vnd schön/vnd ist die Stadt Joppe/ da man jetzt anfehret/weñ man gen Jerusalem schiffet/ Sie wirt zu vnser zeit von den vngleubigen Jaffa genant/vnnd ligt am grossen Mittelmeer der Welt/auff einem berge/fünff meilen von Jerusalem/ gegen Nordwesten. In dieser Stadt hat auch der Apostel Petrus die fromme Gottfürchtige Jüngerin Tabeam vom todte erweket/Acto. 9. Die Stadt Joppe sol für der Sündflut gebawet seyn/wie Plinius schreibet/ lib. 5. Man hat auch noch zu Hieronymi zeiten / daselbst einen Stein gewesen/daran Andromeda des Königs Cephei Tochter gebunden geweßt / wie die Poeten Fabuliren. Es lest sich ansehen/das die Stadt Japho den namen habe / von Japhet dem Sohn Noe.

Meer.

Da Japho oder Joppen/wie gesaget/ist der Prophet Jonas ins Schiff getreten/ vnd für dem HErrn auffs Meer geflogen. Der Lateinische Text helt hie sampt den Griechischen vberein. Derwegen meinen etliche/ Jona sey gefahren gen Tharsin / in die Stadt Cilicia da Paulus her war/Acto. 9. Aber das hat keinen grund in der Schrifft/wie auch D. Martinus Luther solches anzeiget/in seiner außlegung vber den Propheten Jona/deñ der Text in der Hebreischen Bibel spricht/nicht gen Tharsis/sondern in Tharsis oder auff Tharsis.

Namen das mit die heilbeeet das Meer nennen.

Die Hebreische Zunge hat zwey Wort/die das Meer heissen als nemlich/Jam vnd Tharsis. Jam/heist nicht allein das grosse Meer/sondern auch die grossen See / als da Lucas das Galileische Meer ein See nennet / da der HErr Christus auffschiffet mit seinen Jüngern bey Tyberias vnd Capernaum/das doch Johannes im 6.Capit.vnd die ander Euangelisten das Galileische Meer nennen. Also spricht auch Moses/Gen. 1. Gott nennet die versamlunge der Wasser/Jam/das ist/ See oder Meer.

Aber

Propheten.

Aber Tharsis heist eigentlich das grosse Meer/ das keine See ist/ sondern ein Wild vn=
gestüm Meer/als das grosse Mittelmeer der Welt/da Rhodis/Cypern/ Sicilia/vnnd viel an=
dere Inseln in liegen/da S. Paulus auff schiffet/Act. 28. Das jetzt der Türcke/die Venediger
vnd Hispanier innen haben/den es reichet von Joppen vnd Cilicia an / biß an den engen Meer
schlund/zwischen Hispanien vnd Mauritania / vnd wird Mare Mediterraneum, das grosse
Mittelmeer der Welt/oder des Erdreichs genant. Auff diesem Meer ist der Prophet Jona
auß dem Schiff geworffen/vnd von dem Walfisch lebendig verschlungen.

Also/das Rote Meer/vnd die andern grossen hohen Meer / heissen auch Tharsis/der 72.
Psalm spricht/Die Könige Tharsis/vnd die Inseln werden geschencke bringen / das ist/Die
Könige am grossen Meer/vnd die Inseln darinnen. Denn die Stadt Tharsis ist kein König=
reich/hat auch nie keinen König gehabt/schweige denn viel Könige. Also ließ auch Salomon
seine Schiffe in Tharsis/das ist/auffs Meer faren/gegen Mittag vnd Morgenwerts durchs
rote Meer Gold zu holen aus India: Da kondten ja die Schiffe nicht zu der Stadt Tharsis
faren/man helte denn auff dem Lande Schiffen wollen/ das doch gantz vnmüglich ist / Denn
zwischen Tharsis vnd den roten Meer eitel Land ligt/ wie die Cosmographia außweiset. Al=
so spricht auch der 48. Psalm/Du zubrichst die Schiffe Tharsis / mit starckem Winde/das
ist die Schiffe im Meer. Vnd Esa. 23. Heulet ir Schiffe Tharsis/ das ist ihr Schiffe deß
Meers/Vnd der sprüche viel mehr. Das auch Hieronymus selbst hie bekennet / es möge besser
Meer/als Tharsis/die Stadt heissen.

Euxinische Meer.

Das Euxinische Meer/Pontus Euxinus genent/ist das vngehewr grosse Meer/das sich
nicht weit von Constantinopel/von dem engen Meerschlund in Thracia / gegen mit=
ternacht/vnd gegen Auffgang der Sonnen strecket/vnd ist 200. meilen lang / vnd 70.
meilen breit. Gegen Mittag stösset es an klein Asiam / gegen Auffgang der Sonnen stösset es
an Colchidem/gegen Mitternacht hat es das Moetische Meer / vnnd gegen Nidergang der
Sonnen stösset es an die Walachey. Vnd diß Euxinische Meer wird sonsten gemeinlich von
König Ponto/der in klein Asia regiert/vnd dreye dem Lande / dariner gehercshet / vnd dem
Meer/das daran stösset/den Namen gegeben/Pontus Euxinus genant. Vorhin aber/hat es
Pontus Axenus das ist/das vngastbare Meer geheissen / denn wie auch Strabo im 7. Buch
seiner Cosmographia anzeiget, woneten an diesem Meer / solche vngastbare wilde Leute, das
sie die frembden wanderleute/die zu inen komen/tödten vnd auffrassen / vnd auß iren Hirn=
schalen Trinckgeschir machten. Daher ward dasselbige Meer anfengtlich von den Griechen/
das Arianische/das ist/das vngestüme Meer genant / ἄξενος πόντος. Als aber die Griechen
vnd Jones/Iones Populi auch in kleinern Asia anfingen zu wonen / vnd das wilde vngast=
bare Volck bezwungen/vnd fein sittig vnd zam machten / da bekam auch das Meer einen an=
dern Namen/vnd ward das Euxinische Meer / das ist das Gastbare Meer genant / πόντος
εὔξεινος.

Das aber der Walfisch den Propheten Jona an dem Vfer des Euxinischen Meer auß=
gespeyet habe/solches bezeuget Josephus von den Alten Geschichten der Jüden im 9. Buche
vnd 11. Capittel/darauß viel folgen/das der Walfisch mit dem Propheten Jona / in dreyen ta=
gen vnd dreyen Nachten/mehr als drittehalb hundert meilen fortgeschossen sey. Denn von
Joppen anzurechnen/biß an das Euxinische Meer sind zum aller wenigsten / drittehalb hun=
dert meilen. Das ist ja ein seltzame wunderliche Schiffart gewesen / Denn der Fisch hat mit
jm gantz klein Asien vmbschwimmet / vnd ist mit jm durch das Creische Meer / vnd für Con=
stantinopel vberkommen/vnd durch den engen Meerschlund bey Constantinopel /in das Eu=
xinische Meer hinein geschossen mit grosser vngestümigkeit / vnnd das alles in dreyen tagen
vnd drey Nachten/darauß denn folget/das er alle stunden an die 4. meilen fort geschossen sey/
welches denn solchem grossen Fische/der die gewalt GOttes getrieben / nicht vnmüglich ge=
wesen.

Es sind aber die drey Tage vnnd drey Nacht / wenn man auff Jona gedancken siehet/
spricht D. Luther/freylich die lengsten Tage vnd Nacht gewesen / nicht das sie lenger gewe=
sen/als andere Tag vnd Nacht / sondern das es dem Jona hat müssen aus der massen lange
duncken

Reisen der Heiligen.

duncken/das er alda im Finstern ist gesessen/im Bauch deß Walfisches / Ja ich halte/er habe vnterweilen gelegen vnd gestanden/Er hat ja wider Sonne noch Monden gesehen / vnnd gar keine stunde zelen mögen. Er hat auch nicht gewust / wo er im Meer vmbher gefaren ist / mit dem Fische/Wie offt mögen in die Lunge vnnd Leber geschlagen haben? Wie wunderlich ist seine wonung da gewesen/vnter dem Eingeweide vnd grossen Rieben? So ist auch das noch mehr zuuerwundern/das der Fisch den Propheten Jona nicht hat müssen verdawen / sondern die Natur des Fisches/hat da nicht alleine müssen stille halten/von ihrer gewönlichen wirckung vnd dewung, sondern hat auch müssen die speise wider geben/ darzu vber 150, meilen aus Land tragen/vnd vnuersert wider außspeien. Das ist ja eitel wunder Gottes.

Niniue/wolgestalt.

Ie Stadt Niniue hat den Namen von dem König Nino / der sie anfenglich gebawt hat/lenger als 2000, jar für Christi Geburt/vnd hat gelegen am Wasser Tygris/ 171. Dmeilen von Jerusalem gegen Nordosten zwischen dem Wasser Tygris / vnd dem Caspischen Meer, Vnd ob wol die Stadt Babylon/wie Strabo schreibt 385. Stadia/das ist 12. Deutsche meilen in jrer Ringmawren begriffen/vnd die Mawren zwey vnd funffßig schuch hoch/vnd so breit gewesen / das zwey Wagen einander darauff haben weichen können/so ist doch die Stadt Niniue noch viel grösser gewesen/ Denn die Mawren zu Niniue / ließ König Ninus hundert schuch hoch machen / vnd so breit / das drey Wagen neben einander darauff gehen möchten. Er ließ auch anderthalb tausent Thürme auff die Mawren bawen/die giengen hundert schuch hoch vber die Mawren in die höhe.

Der Prophet Jona schreibt/die Stadt Niniue sey 3. tagreisen groß gewesen / das vorstehet D. Martinus Luther also/ das man alle strassen in Niniue in dreyen tagen habe durchspacieren können/Denn das die Stadt Niniue solte 12. oder 15. meilen in der Ringmawren gehabt haben/ dünckt ihm gantz vngleublich sein. Aber wenn man die Stadt Alcair in Egypten anfihet/die noch auff den heutigen tag stehet/vnd 15. meilen vmb sich begreifft / vnnd so groß vnd voll Volcks ist / das Anno 1476. auff einen tag zwantzig tausent Menschen an der Pestilenz darin gestorben/so wird es einen auch nicht vngleublich düncken / das die Stadt Niniue 14. oder 15. meilen in der Ringmawren gehabt / wird also drey Tagreise groß gewesen sey. Doch ist des Herrn D. Martini Lutheri meinung auch nicht zuuerwerffen.

Das aber im ersten Buch Mose im zehenden Capitel geschrieben stehet / Assur Sems Sohn habe die Stadt Niniue gebawet / ist also zuuerstehen / das Assur die Stadt erst angefangen habe zubawen / vnd König Ninus habe sie erst recht außgebawet vnd verfertiget/oder das Ninus von denselbigen Assur Sohn entsprossen vnd herkommen sey/ vnd also ein König in Assyria gewesen/vnd die Stadt Niniue gebawet / da die Könige von Assyrien jren Königlichen Sitz vnd Hoff gehabt.

Die Stadt Niniue ist viel ehe denn Babylon verstört worden. Sie wird im 31. Capitel Hesekiel einem lustigen Baum verglichet/ vnd darinnen angezeiget/das derselbige schöne Baum zubrochen/vnd nider gerissen sey/all.n andern stoltzen Bewmen / Königreichen vnd Stedten/ zum merklichen Exempel vnd Warnung.

Niniue durch die Babylonier zerstöret.

Darauß sihet man nun/das die Stadt Niniue nicht lange darnach / als die 10. Stemme Israel hinweg gefürt waren bestanden/sondern sie sey durch die Babylonischen Könige / kurz zuuor ehe Jerusalem zum ersten mal verstört vnd verbrant worden / nider gerissen vnd zerstöret. Das also Gott der HERR die Ruten damit er die 10. stemme Israel gesteupet hatte/ schon ins fewr geworffen, vnd die Stadt Niniue schon verstöret gewesen/ vnd in der Aschen gelegen hat/ als die andern zween Stemme Juda vnd Ben Jamin gen Babylon geführet worden/ vnd obwol die Stadt Niniue nach derselben jrer 1. verstörung/die jr die heiligen Propheten Nahum vnd Sophonias/ desgleichen auch der alte Tobias/ der daselbst gewonet / zuuor vorkündiget hatten/eine lange raume zeit öde vnd wüste gelegen / ist sie gleichwol hernach wider gebawet worden / doch nicht in voriger grösse vnd herrligkeit / hat auch viel enderung der Regiment grosse vnd schwere anstösse zum offtermal erlitten/ biß sie endtlich der Tartern König Tamerianus mit gewalt eingenommen/außgebrant vnd zerstört/das hernach an dem mehren theil da die Stadt gestanden/Bonen vnd Calcassien/etc. sind gesett vnd gepflantzet worden / biß hernach
ein stadt

Propheten.

ein Stadt darwider hin gebawet worden/ die zu vnser zeit nicht mehr Niniue / sondern Mossel genent wird/ sie ligt disseid am Wasser Tygris in der Curter Lande / vnd in den Grentzen des Landes Armeniæ/hat sie etliche schöne Gebew vnd feine Gassen/ist auch einer zimlichen grösse / aber der vorigen Stadt Niniue den tausenden theil nicht gleich / Ist auch wie alle andere Stedte in Orient / mit Mawren vnd Graben vbel verwaret / vnd hat eine Schiffbrücken jenseid vber den Tygrum gehend/vnd daselbst hinaus schöne fruchtbare Länderey/ Aber disseid ist das Land gantz vnfruchtbar. In der Stadt Mossel ist eine grosse Niderlage von allerley Kauffhandel vnd Wahren/ die auff dem Wasser Tygris gen Bagadeth geführet werden. Ausserhalb der Stadt Mossel vnd ihrer Festunge / jenseid auff dem Wege ligend / findet man nicht sonderlich von Antiquiteten/ohn etliche kleine Flecken/die sind hin vnd wider auff dem weiten Platz/ da die Stadt Niniue vorzeiten gelegen / aus dem verfallenen Gebewen auffgerichtet worden. Das gantze Land daselbst/ wird der Curter Land genent/ vnd ist dem Türckischen Keyser zustendig.

der Curter Landt.

So viel Einwohner der Stadt Mossel belangt / zeigt D. Leonhart Rauwolff / der Artzney Doctor an / das daselbst die artzeit Nestoriani wonen/die sich wol für Christen außgeben/seind aber erger wie Türcken vnd Jüden / thun auch anders nicht / denn das sie sich des raubens vnd Mordens erneheren. Diese Nestoriani haben jren vrsprung vom Ketzer Nestorio der vmb das Jar nach Christi geburt 429 zu Constantinopel geleret hat: Christus were nicht wahrer Gott vnd Mensch in einer Person / Ist auch von wegen solcher grossen Ketzerey in Concilio zu Epheso verdampt/ vnd des Bisthumbs zu Constantinopel nicht vnbillig entsetzt vnd beraubt worden. Im Jar nach Christi vnsers Seligmachers geburt 431. Auch gen Thebas in Egypten ins Elend verwiset / da er dermassen von Gott angegriffen vnd gestraffet ist worden/das seine lesterliche Zunge jm im Mawle verfaulet / von Würmen ist gefressen worden/vnd sehr jemmerlich daran gestorben ist. Von diesem Ketzer Nestorio haben jren anfang die Nestoriani / die zu vnser zeit zu Mossel oder Niniue wonen / Sie sind starcke vnnd behertzigte Leute / aber aller boßheit voll/ vnd von jugend auff zum raube geneigt/ das niemand für jhnen sicher handeln vnd werben mag. Sie lehren / in Christo sind zwo Personen / die Göttliche vnd Menschliche/ deren sey die Menschliche Person allein von Maria geboren / Die Göttliche Person aber / sey mit der Menschheit Christi nicht Persönlich vereiniget.

Nestor. ist vnd wol seie: es vbertrung das leben.

Diese Secten halten die Türcken in ehren/ dieweil Mahometh einen Mönch dieser Secten genant/ zum Lehrmeister gehabt / der jhm den Alcoran hat helffen schmieden / darumb auch Mahometh seinen Türcken befielet/ diese Secten für andern in ehren zu halten/daher sich auch die Nestoriani in der Türckey sehr weit außgebreitet haben in Mesopotamia/ Chaldea vnd Assyria. Sie haben einen obersten Prelaten/ den sie Jacelich nennen/der gleich ist als were er jr Bapst/ vnd vber sie alle / in Geistlichen sachen zu gebieten hat. Von der Jungfraw Maria lehren sie/ das sie nicht sey Gottes geberterin / vnd habe nur einen Menschen vnd keinen Gott geboren. In jren Cultban oder Bäuden / vmb die Hüfte tragen die Nestoriani leibfarbe Leistlein / damit sie von andern Secten mögen vnterscheiden vnd erkant werden. Man stadet auch etliche jhrer Priester zu Jerusalem im Tempel deß Berges Caluariæ. Das sey also gnug von der Stadt Niniue / die zu vnser zeit Mossel heist / vnd ligt von Bagadeth. 35. meilen/vnd ein viertheil / wenn mans Geometrischer weise/ durch die Tabulas Sinuum außrechnet.

Nestorii Secten wird bey den Türcken gehert.

Geistliche Bedeutung des Propheten Jona.

JOna heist eine Taube/ vnd ist erstlich ein schön Bilde des HErrn Christi / der wie ein holdseliges Teublein / ohn alle Gallen vnd Zorn ist / vnd gar ein freundliches Hertz hat/ Denn dar ist mit dem heiligen Geist/in der gestalt einer holdseligen Tauben/ vom Himel herab gesalbet. Dieser Jona / nemlich der HErr Jesus Christus wird ins Meer vnd in den Bauch des Walfisches/ das ist/ Todt vnd Teuffel in den Rachen geworffen. Aber gleich wie der Walfisch den Propheten Jona wider außspeyen muste / also kont auch der HErr Christus im Tode nicht/ sondern der grosse Walfisch / nemlich / der grimmige Todt muste jhn nach dreyen tagen wider außspeyen/ Matth. 12.

Der Prophet Jona/ist auch ein schön Bilde des H. Geistes/ der in gestalt einer holdseligen Tauben vom Himmel herab gefaren ist/ vnnd derwegen ein recht Jona / ein holdseliges

Reisen der Heiligen.

Teublein/die am ende der Welt kömpt/vnd das Oelzweig des Euangelij im Munde füret/ Gleich wie der Ertzvater Noe/ein Taube außfliegen ließ/die vmb die Vesperzeit wider kam/ vnd ein Oelzweig in dem Munde füret/Gen.8.

Matth. 8.

Niniue heist wolgestalt/hübsch vnd schön/vnd ist ein bilde der Gottlosen Welt/die ist auch schön vnd prechtig. Aber Jona die holdselige Taube/der H. Geist/wird die Welt straffen vnd die Sünd/vmb die Gerechtigkeit/vnd vmb das Gerichte/Joh. 16. Solches kan nun die Gottlose Welt nicht leiden/Derentwegen müssen wir Prediger/die wir solches durch den H. Geist volnbringen/auch grosse Verfolgung leiden.

Die Wellen deß Meers/das ist/die Weltkinder/fahren auch ober vns her mit vngestümigkeit/Wir stecken auch gleich wie im Bauch des Walfisches/mitten im Tods/Aber Gott erhelt vns wunderbarlich/gleich wie er den Propheten Jona mitten im Bauch des Walfisches erhalten.

Jonas. 4.

Gleich wie auch der Prophet Jona/vnter einer schönen Leuben gesessen/vnd darunter erquicket worden wider die hitze der Sonnen/Also solten auch die Prediger von jren Pfarkindern/gleich als mit einer schönen Leuben/bedecket vnd erquicket werden/gegen jre Verfolger. Vnd die Pfarkinder sollen auch wol zusehen/das sie keine Kürbis oder wilde Ruben sein/die wol schöne grüne Bletter tragen/vnnd doch von Natur vnnütz vnd vnfruchtbar sind/vnnd wenn eine kleine hitze oder verfolgung verhanden ist/alsbald wider abfallen/vnnd durch den stich des bösen gifftigen Wurms/deß leidigen Teuffels/von dem Euangelio sich wider abschrecken lassen/denn wenn das geschiehet/so gehet es ober die frommen Prediger/die müssen gleich wie Jona/jhre Köpffe darstrecken/vnd sich weidlich darauff stechen lassen.

Von dem Propheten Micha.

Er Prophet Micha ist bürtig gewesen aus der Stadt Maresa/4. meilen von Jerusalem/gegen der Sonnen Nidergang gelegen/da auch König Assa vorzeiten die Moren erschlagen hat/2.Chron.14. Maresa heist so viel als bitter Acker/es heist auch wol ein Erbe. Der H. Hieronymus schreibet/Man habe noch zu seiner zeit die verfallen Mawren der Stadt Maresa gesehen/vnd es habe daselbst ein Dorff gelegen. Das aber der Prophet Micha aus der Stadt Maresa gewesen sey/bezeuget er selbst im 1. Capittel.

Der Name Micha heist so viel als demütig/vnd ist dieser Prophet insonderheit darumb in grossem ansehen/das er ganzer anderthalb hundert Jar zuuor/ehe das Kindlein Jesus geboren ward/geweissaget hat/das es eben zu Bethlehem solte geboren werden/Mich. 5.

Von dem Propheten Nahum.

Nahum/heist ein Tröster/vnd ist bürtig gewesen von einem Dorffe in Galilea/das hat geheissen Elkos. Diß Dörfflein ist dem H. Hieronymo geweiset worden/von denen/die mit jhm vmbher giengen/vnd jm die gelegenheit des heiligen Landes weiseten. Es war aber zu der zeit diß Dörfflein Elkos sehr klein vnd verfallen. Vnd hiemit stimmet auch vberein Dorotheus Episcopus Tyri/denn derselbige schreibet/Das Dörfflein Elkos/darauß der Prophet Nahum bürtig gewesen/habe gelegen jenseid Bethabara/vnd solches ist dem H. Hieronymo/ober wol zuwider ist/es habe in Galilea gelegen/nicht zu wider/denn das sich das Galileische Land auch jenseid des Jordans ausgestrecket hab/bezeuget auch Josephus vo den alten Geschichten der Jüden/im dritten Capitel/das Word Elkos/heist auff Deutsch Gottesshart.

Der Prophet Nahum/hat gelebt 750. Jar für Christi geburt/vnd hat insonderheit sehr scharff angegriffen die Stadt Niniue/der weissagte er/das sie solte ganz verwüstet vnd verheret werden/wie denn auch geschehen.

Von dem Propheten Habacuc.

Habacuc/heist auff Deutsch ein Hertzer/der einen freundlich in die Arme nimpt vnd küsset. Vnd also thut er auch mit seinem Volcke/die tröstet er vnd fasset sie gleich als in die Arme/gleich wie ein Amme em weinend Kindlein in die Arme fasset/hertzet vnd küsset/ vnd es

Reisen der Heiligen.

vnd es mit freundlichen worten stillet. Es hat aber der Prophet Habacuc gelebt siebendthalb hundert Jahr für Christi Geburt/ kurtz zuuor ehe der Prophet Jeremia anfieng zu predigen. Derwegen ist es auch vnmüglich/das er dem Daniel solte Speise gebracht haben gen Babylon in die Lewengruben/ Denn dieser Habacue hat an die 40. Jar für der Babylonischen gefengnis gelebt. Daniel ist vber 100. Jahr hernach / schier am ende der Babylonischen gefengnis zu den Lewen in die Gruben geworffen worden / als Darius aus Meden / vnd König Cyrus aus Persia / das Babylonische Keyserthum eingenommen hatten. Derwegen muß das ein ander Habacue gewesen sein / der dem Daniel Speise gebracht hat / oder dieselbe Historia muß ein schön geistlich Gedicht oder Spiel gewesen sein / wie es auch viel Gelerte Leute dafür halten.

Der H. Hieronymus schreibet/die Stadt Kegila/die vorzeiten Dauid aus der Philister Hand/ die sie belagert hatten/ erlöset/ wie wir lesen im ersten Buch Samuelis im 22. Cap. sey zu seiner zeit ein Dorff vnd Meyerhoff gewesen/ vnd man habe nahe dabey des Propheten Habacue Begrebnis geweiset. Es hat aber die Stadt Kegila 1. meil von Hebron gegen der Sonnen Auffgang gelegen / vnd von Jerusalem ligt sie fünff meilen gegen Südwesten. Der Name Kegila / heißt auff Chaldeisch ein Gezelt.

Von dem Propheten Zephan Ja.

Zephan Ja heißt ein Auffseher Gottes / vnd hat zu Jerusalem / vnnd in dem Jüdischen Lande geweissagt / zu der zeit des Königs Josia/sc. Jar/für Christi Geburt. Dorotheus Episcopus Tyri schreibet / Der Prophet ZephanJa sey bürtig gewesen aus dem Kegila Stam Simeon / von einem Dorff Sarbarthata genant.

Von dem Propheten Haggai/
vnd Zacharia.

Haggai/heißt ein Priester/der Gottes Feste feyret/Zacharia/ heißt ein Mann/der Gottes gedenckt. Sie haben beyde zu Jerusalem geweissagt/ vnd den Hohenpriester Josua vnd den Fürsten Serubabel/dahin vermanet/ das sie den Tempel vnd die Stadt Jerusalem wider bawen solten. Vnd solch ire Weissagung ist angenommen im 2. Jar deß Königs Darii des Sons Histaspis/ 520. Jar für Christi Geburt. Haggai sol zu Jerusalem bey die Priester begraben sein/ wie Dorotheus Episcopus Tyri schreibet.

Das aber der Prophet Zacharias bey einem Dorff/auff einem Acker/ Betharia genant/ 150. Stadien/das ist schier 5 meilen von Jerusalem/gegen Westen zu der Erden bestattet sey/ vnd zu deß Keysers Theodosii zeiten wider herfür gegraben / vnd für ein sonderlich Heyligthumb gehalten sey/wie Nicephorus in seiner Kirchen Historien im 14. Buch vnd 8. Cap. anzeiget / das wil sich mit heiliger Schrifft gantz nicht reimen / sondern ist einer Fabeln vnnd Mehrlein ehnlicher / als einer warhafftigen Historien.

Von dem Propheten Maleachi.

Der Prophet Maleachi sol in der Stadt Siph geboren sein / nach der Babylonischen Gefengnis / wie Dorotheus Episcopus Tyri schreibet/ vnd wird genent Maleachi / dauff Deutsch ein Engel/ Denn er so süß vnd lieblich / als ein Engel Gottes gepredigt / von dem Engel des Verbundes/ vnserm HErrn Jhesu Christo / vnd von Johanne dem Teuffer/der für dem HErrn Jesu Christo solte hergehen / wie ein Engel Gottes/vnd jm den Weg bereiten.

Was aber die Stadt Siph belanget/dieselbe ist vorhin bey den Reisen des Königs Sauls beschrieben worden/sie ligt im Stam Juda auff einem Berge / sechßtehalb meilen von Jerusalem gegen Südwesten. Die Bürger in dieser Stadt haben Dauid verrathen/ 1. Sam. 26. Vnd Dauid hat in der Wüsten Siph/auff dem Hügel Hachila / einen Spieß vnd Wasserbecher von Sauls Heupte genommen. Aus dieser Stadt ist auch der Prophet Maleachi bürtig

Reisen der Heiligen

bürtig gewesen/ wie Dorotheus Episcopus Tyri schreibet / Aber die Hebreer haltens dafür/ dieser Maleachi sey Esra der Schrifftgelerte/ der 456. Jahr für Christi geburt/ von Babylon gen Jerusalem kommen/ vnd beyde das Geistliche vnnd Weltliche Regiment daselbst wider auffgerichtet/vnd in gute Ordnung gebracht/wie das Buch Esra anzeiget.

Ein vnterrichtung/ wie man die Propheten recht verstehen sol.

Zum ersten besihe die Taffeln/ darin die Länder abgemalet sind im anfang dieses Buchs/ vnd merck die fürnembsten Länder/wie sie vmb Jerusalem her liegen.
Gegen Mittag ligen von Jerusalem/das Land der Edomiter/ Ismaeliter / Arabia/ Petra vnd Egypten.
Gegen auffgang der Sonnen aber/das Land der Moabiter/Chaldea Babylon vnd Persia.
Gegen Mitternacht das Land Ammon/ Item Assyria/Armenia/vnd Syria.
Gegen Nidergang der Sonnen/das grosse Mittelmeer der Welt/ Item Griechenland/ Welschland/Hispanien/vnd die Insel im Meer.

2. Zum andern merck auff diese Regel: Wenn die Propheten von den 10. stemmen Israel Weissagen/so gebrauchen sie der Wort/Israel / Samaria/Ephraim/ Joseph/ Jesrael/ Bethel/ vnd Bethauen/denn mit diesen Namen nennen sie das Königreich Israel/ Aber wenn sie von dem Königreich Juda/ oder von den stemmen Juda vnd Ben Jamin Weissagen / so gebrauchen sie der Wort/Juda/ Jerusalem/ Ben Jamin/das Hauß Dauid/Mit diesen namen nennen sie das Königreich Juda. Aber wenn sie von beyden Königreich Juda vnd Israel/ zugleich Weissagen/ so gebrauchen sie das Wort/Jacob vnd Israel.

3. Zum dritten/wenn dir in den Propheten ein name fürkömpt eines Landes oder Stadt die dir noch nicht bekant ist/ so gehe in das nachfolgende Register/welches ich nach dem Alphabet gestellet habe/ vnd such nach ordnung der Buchstaben/das vnbekandte Wort / das du begerst zu wissen/ als denn wirstu einen gründlichen bericht darin finden. Denn erstlich findestu den Hebreischen Namen/ dauchest die Deutschen Außlegung/Bedeutung desselbigen Hebreischen Namens/vnd darnach die beschreibung desselben orts/ Landes oder Stadt.

Register der Lender vnd Stedte/
deren die Propheten gedencken/ darin auch die Länder vnd Stedte / verdeutschet werden.

A.

Arim/ der Durchgenger Gebirge ist das Gebirge der Moabiter / da sich auch die Kinder von Israel auffgelagert haben / als sie aus Egypten zogen/Num. 33.
Achor / Schreckenthal / da ward Achan der Dieb gesteiniget / nicht weit von Gilgal/ gegen Norden/ Jesa. 7 Jes. 65. vnd ligt drey meilen von Jerusalem.
Adama/Roderben/ist die Stadt die mit Sodoma vnd Gomorra vntergieng / da es schwefel vnd fewr vom Himmel gerechnet/ Hos. 11. Gen. 14. 19.
Ai/Berglg / ist eine Stadt die Josua außgebrandt hat/ Jos. 8. Vnd ligt von Jerusalem zwo meilen/gegen Norden.
Aiath/heist ein Stunde/vnd ist die Stadt Ai/die Josua ausgebrand hat Jos. 8. Jes. 10.
Ar/ist die Stadt der Moabiter/die sonsten Ariopolis/ auff Deutsch Lewenstadt genent wird.
Jes.16. Sie ligt jenseid deß Jordans im stam Ruben/ 6. meilen von Jerusalem gegen der Sonnen Auffgang.
Aram/Hochzeit/ist Armenia in Syria/von Aram Sems Son/also genant.
Arnon/Freudenbach/ist ein Bach der Moabiter im Stam Ruben/ der ins todte Meer fleust/ 5. meilen von Jerusalem/gegen der Sonnen Auffgang/ Jes. 16.

Aroer/

Register der Länder und Städt.

Aroer/ Tamarischer Busch/ist ein Stadt der Moabiter/am Bach Arnon/jenseid des Jordans/6. meilen von Jerusalem/gegen der Sonnen Auffgang/Jer.48.
Item/ein ander Aroer/ligt bey Damasco in Syria/Jes.17
Arpad/ ein Liecht der Erlösung/ist eine Stadt in der Damascener Lande/Jerem. 49.
Arpad/ ist auch sonsten eine grosse herrliche Stadt/die mit der Stadt Hamat oder Antiochia vergleichet wird Jes. 10. Wo sie gelegen ist vngewiß.
Aruad/ ist das Land Canaan/von Aruadi/Canaans Sohn/also genant/Gen.10.
Ascenas/ sind Völcker/die in Armenia gewohnet/vnd fren Namen von Ascenas dem Sohn Gomer/des Sohns Japhet/haben/Gen. 10. Jes. 51. Zu vnser zeit wohnen sie in Europa/Denn von Gomer kommen die Germani/vnd von seinem Sohn Asceneo oder Tuisconio/kommen die Deutschen her.
Aska/ ein Festung/bey dieser Stadt hat David den grossen Goliath erschlagen/1. Sam.17. Sie ligt von Jerusalem 2. meilen/gegen der Sonnen Nidergang.
Assur/ heist Selig/vnd ist in Assyria/von Assur Sems Sohn also genant.
Auem/ Sündig vnd boßhafftig/wird die Stadt Bethel genand/da König Jeroboam ein gülden Kalb hat auffrichten lassen/Hos. 10.

B.

Babel/ Verwirrung/ist die Stadt Babylon in Chaldea/vnd ligt von Jerusalem 170.meilen/gegen der Sonnen Auffgang.
Bath-Hausen/ ist ein Dorff der Moabiter im stamm Ruben/jenseid des Jordans/Jes. 6.
Bazra/ Weinerndten/ist ein stadt der Edomiter/am Jordan bey Bethabara gelegen/5.meilen/von Jerusalem gegen Nordosten/Jes.24. Jerem. 48.
Vnd hie ist zu mercken/das der Moabiter Land/etliche mal dem Könige der Edomiter/gantz vnterworffen gewesen. Vnd also wird die stadt Bazra/die sonsten im Lande der Moabiter gelegen/ein Stadt der Edomiter genant.
Vnd diese Stadt ist eine von den sechs Freystedten gewesen/Jos. 20.
Bel vnd Nebo sind Abgötter gewesen/Jesa. 45.
Berotha/ Cypressen/ist eine stadt in Syria bey Hemath/das ist/bey Antiochia gelegen/70. meilen von Jerusalem/gegen Norden/Hes. 47.
Bethauen/ heist ein Hauß der Sünden/vnd ist die Stadt Bethel/da Jeroboam ein gülden Kalb hatte auffrichten lassen/2.meilen von Jerusalem gegen Norden/Hose.4.
Bethlehem/ Haus der Weingarten/ist ein klein Städtlein/nicht weit von Jerusalem gegen Norden gelegen/Jerem. 6.
Beth Diblathaim/ ein Haus der Feigenkuchen/ist ein Stadt der Moabiter/Jerem.48.
Beth Gamul/ ein Haus der vergeldung/ist auch ein Stadt der Moabiter/Jer.48.
Beth Jesimoth/ Haus der verstörung/ist eine Stadt der Moabiter/jenseid des Jordans im stamm Ruben/Jos.13. Hesek. 45. Sie ligt 5.meilen von Jerusalem.
Beth Baalmeon/ ein Hauß/darin der Abgott Baal wohnet/ist ein Stadt der Moabiter/jenseid des Jordans/im Stamm Ruben gelegen/6. meilen von Jerusalem gegen der Sonnen Auffgang/nahe bey Aroer/Hesek.25. 1. Paral.5.
Buß/ Raubschloß/eine stadt der Ismaeliter im steinigten Arabia/20. meilen von Jerusalem gegen Südwesten/Jerem.25.

C.

Calno/ Vollkommen vnd gantz zierlich gebawet/ist die stadt Seleucia/auff jenseid Babylon/vnd ligt von Jerusalem 179. meilen/gegen der Sonnen Auffgang/Jes. 10. Gen. 10.
Canne/ Grundfest/ist ein Stadt in Syria gewesen/Hesek. 17.
Capthor/ Cyffelland/ist das Land Cappadocia/im kleinern Asia gelegen/anderthalb hundert meilen von Jerusalem gegen Norden.
Carchemis/ heisset ein Geschlachtes Lemlein/vnd ist eine stadt in Syria gewesen/am Wasser Euphrate gelegen 100. meilen von Jerusalem gegen Norden.

Register der Lender vnd Stedt.

D.

Dedan/ist eine Stadt in Jdumea/vnd hat den namen von Dedan/dem Sohn Esau/Sie ligt von Jerusalem 5. meilen/gegen Mittag/Jer. 25. Jes. 21.

Dibon/ein vberflüssig Gebew/ist ein Stadt der Moabiter/im Stam Ruben/nahe bey Hesbon gelegen/7. meilen von Jerusalem gegen Nordosten/Jesa. 6.

Diblath/ist die Stadt Riblath/die sonsten Antichia in Syria genent wird/Sie ligt von Jerusalem 70. meilen/gegen Norden/Hesek. 6.

Dimon j Blutig/ist die Stadt Dibon im Stam Ruben/ 7. meilen von Jerusalem gegen Nordosten gelegen/Jes. 15. Das sie die Stadt Dibon sey/bezeuget Hieronymus.

Duma verschwiegen/ist ein Stad der Ismaeliter/von Dama Ismaels Sohn/also genant/ Sie ligt im steinigten Arabia/20. meilen von Jerusalem gegen Südwesten/Jes. 21. 16.

E.

Ecbatana/die Heuptstadt im Königreich Meden/ligt von Jerusalem 284. meilen gegen Nordosten.

Edom/Lustig/ist ein Stadt in Syria am Wasser Euphrate gelegen/100. meilen von Jerusalem/gegen Nordosten/Jes. 37.

Eglaim/Tropffen/ist ein Stadt im Lande Moab/Jes. 16.

Elam/ein Jüngling/ist das Königreich Persia/von Elam/Sems Son also genant/Jes. 10, 21. Hernach hat es König Perseus nach seinem namen Persiam genent.

Eleale/Gottes auffart/ist ein Stadt im Stam Ruben/jenseid des Jordans/siebenthalb meilen von Jerusalem gegen Nordosten/zwischen Jahza vnd Hesbon/Num. 32. Jes. 16.

Elim/Hirschen vnd Hindin trinck/ist ein Wasser im Lande Moab/Jes. 10.

Elisa/heist ein Gottes Lemblein/vnd so werden die Eloes in Griechenland genent/von Elisa dem Son Jauan/des Sons Japhet/Hes. 27. Gen. 10.

EnAglaim/Kelblins Brun/ist ein Dörfflein am todten Meer/Hes. 47.

Epha ist Arabia Petrea/von Epha/dem Son Midis/des Sons Abraham/also genent/ Jes. 60. Gen. 25.

G.

Gebim/Gruben/ist eine Stadt im Stam Juda gewesen/Jes. 10.

Geba/Bergen/ist die Stadt Kiriath Jearim/Jes. 10. Sie ligt von Jerusalem ein viertel einer meilen/gegen der Sonnen Nidergang.

Gebal/Grentzen/nemlich des Landes Syria am Meer gelegen/Es ist die Stadt Gibel/vnd ligt von Jerusalem 40. meilen gegen Norden/1. Reg. 5. Psalm 82.

Gebah/Bergen/ist die Stadt Gibeon/da Saul gewonet hat/eine meile von Jerusalem/gegen Norden/Jes. 10.

Gilgal/Rundteil/ist eine Stadt/da sich Josua gelagert hat/zwischen Jericho vnnd dem Jordan/Sie ligt von Jerusalem 3. meilen/gegen Nordosten.

Gog/ein Dach oder Gezelt/also wird der Türcke genant/Hesek. 38. darumb das die Türcken gemeinlich in Gezelten wonen.

Gosan/ein Wasser in Mesopotamia/dauon auch das vmbliegende Land denselbigen Namen sol bekommen haben/Jes. 37.

H.

Habadrimon ʃ Granateugesang/ist eine Stadt bey Megiddo gelegen/da König Josia im streit vmbkommen ist/zwölfthalb meilen von Jerusalem gegen Norden/Zach. 12.

Hadrach/heist frölich vnd zart/Also nennet der Prophet Zacharias das Land Syrien im 9. Capittel.

Hanes/Gnaden Pannier ist ein Stadt in Egypten/vnd grentzet an Morenland/Jes. 30.

Haran/heist ein Freystadt/Es ist die Heuptstade in Mesopotamia/da auch Abraham gewonet hat/Gen. 11. Sie ligt von Jerusalem eilff meilen/gegen Nordosten.

Haueran/eine Höhe/ist eine Stadt in Syria/bey Damasco gelegen/40. meilen von Jerusalem gegen Nordosten/Hesek. 47.

Hazar Enon/Hoff der Brünnen/ist auch ein Stadt in Syria/Hesek. 47.

Hazar Tichont Hoffmittel ist ein Dorff in Syria/nicht weit von Haueram/Hesek. 47.

Hazar

Register der Lender vnd Stådt.   198

Hazor/Grünland/also haben die Jsmaeliten jhr Land genant.
Hemath/Grim oder Zorn/ist die Stadt Antiochia in Syria / vnd ligt von Jerusalem 70. meilen gegen Norden.
Hermon/heist verfluchet/vnd ist ein Berg / der da ligt am Libano/ jenseid des Jordans / 28. meilen von Jerusalem gegen Nordost. Es ist auch noch ein ander Berg / der heist auch Hermon/vnd ligt bey der Stadt Nahim/nicht weit von dem berge Thabor/ 13.meilen von Jerusalem/gegen Norden/ darvon redet der, 89. Psalm / Thabor vnd Hermon jauchzen in deinem Namen. Der Berg Hermon aber jenseid des Jordans / wird sonsten das Gebirge Gilead genant.
Hesbon/heist ein Kunstreich gedichte / vnd ist ein Stadt der Moabiter im stamm Ruben / 7. meilen von Jerusalem gegen Nordosten.
Heua vnd Jwa/ sind Abgötter gewesen / Jesai. 37.
Heuila /ist Jndia / Jtem ein Ortlandes im steinigten Arabia/ von Heuila dem Son Chus also genant.
Hethlon ist ein Stadt in Syria gewesen/ bey Hemath/das ist / bey Antiochia gelegen / Hesekiel 47.
Holon oder Hethlon/ heist ein Fenster / vnd ist eine Stadt der Moabiter im stamm Ruben / Num. 2. Jerem. 47. 48.
Horonaim/Freydörffe/ sind zwey Dörfflein im Lande der Moabiter gewesen/ Jesa. 16.

I.

Jahza Gottes glanz/ ist ein stadt der Moabiter im stamm Ruben / 6. meilen von Jerusalem gegen der Sonnen Auffgang gelegen.
Jaer/Gottes hülffe/ ist ein Priesterliche Stadt im stamm Gad/ jenseid des Jordans / vnd ligt von Jerusalem 10.meilen / gegen Nordosten.
Jauan/Griechenland/hat von Japhan dem Sohn Japhet den Namen/ vnd ligt von Jerusalem 200. meilen / gegen der Sonnen Nidergang.
Jesreel/ Gottes Samen/ ist die Stadt / da die Hunde Jesebel gefressen haben / vnd ligt von Jerusalem 12. meilen gegen Norden.
Jrheres / Sonnenstadt / ist die stadt Heliopolis /in Egypten / vnd ligt von Jerusalem 56. meilen/gegen Südwesten/ Jesa. 19.

K.

Kebar/Schwartz vnd finster/ ist das Land der Jsmaeliter / in der Wüsten Sur / vnd ligt von Jerusalem 20. meilen/ gegen Südwesten.
Kir/ heist ein Wand / vnd ist Cyrene/eine grosse Stadt in Africa / Kir ist auch ein Dörfflein im stamm Ruben gewesen/ den Moabitern zustendig/ Jes. 16. Was aber Cyrenen die grosse Stadt in Africa belanget / die ligt von Jerusalem 204. meilen / gegen der Sonnen Nidergang.
Kirhasereth oder Kirhareo / auff Deutsch Ziegelstein / ist die stadt Petra im steinigten Arabia / den Moabitern zustendig/ Jes. 16. Sie ligt von Jerusalem 18. meilen gegen Mittag.
Kiriathaim/ Stedte/ ist ein Stadt im stamm Ruben/vnd ligt von Jerusalem sechstehalb meilen/gegen der Sonnen auffgang/ Jes. 16.
Kirioth/oder Kiriath / ist eben dieselbe Stadt Kiriathaim im stamm Ruben.
Kithim/ Gülden Kleinot / ist das Land Macedonia / vnd hat den Namen von Kithim / dem Sohn Jauan/ der Japhets Son gewesen ist / Gen. 10. Jer. 2,1. Macca. 1.
Vnd mercke wie die Namen aus einander entspringen. Kithim davon kömpt Makedis/ davon Macedonia / das ligt 230. meilen von Jerusalem gegen Nordwesten.

L.

Lachis / Spatziergang / ist ein Stadt im stamm Juda / Jer. 34. Sie ligt von Jerusalem fünff meilen / gegen der Sonnen nidergang.
Laisa/ Lewenstadt/ ist die Sdt Dan am Berge Libano/ da der Jordan entspringet / 26. meilen von Jerusalem gegen Nordosten.
Libna/ Weyrauch/ ist ein Stadt im stamm Juda / drithalb meilen von Jerusalem gegen Südwesten.

Y iij   Lud/

Register der Länder vnd Städt.

Lud/ ist das Land Lidda/im kleinern Asia/ von Lud Sems Son also genant.
Luhith/Grün/ist ein Berg im Stam Ruben Jesa. 16.

M.

Magog/der in Hütten wonet/vnd in Gezelten sein Lager hat/Es ist der Türcke/der wird al so genant/ Hesek. 38.

Maresa/Erbtheil/ist ein Stadt im Stam Juda/ vnd ligt von Jerusalem 4. meilen/ gegen der Sonnen Nidergang. Aus dieser Stadt ist der Prophet Micha gewesen/ Mich. 1.

Medan ein Masse/ ist das Königreich Meden/ von Medai Japhets Son also genant/ Genesis 10. Jsa. 21.

Medba/ zum warmen Wasser/oder zum warmen Bade/ist ein Stadt im Stam Ruben/den Moabitern zustendig/ Jesa. 6. Sie ligt 7. meilen von Jerusalem gegen der Sonnen auffgang.

Madmena/ Dreckigt/ist ein klein Stedtlein im Stam Juda/ nahe bey Berseba vnd Gaza gelegen 11. meilen von Jerusalem gegen Südwesten/ Jes. 15. Es ligt auch ein Stedtlein Madmena/im Stam BenJamin/nahe bey Jerusalem/ Jos. 10. Jerem. 48.

Megiddo/Citrinalepffel/oder Pomerantz/ ist die Stadt/ dabey König Josia im streit vmbkommen/Zach. 12. Sie ligt von Jerusalem zwölffthalb meilen/ gegen Norden.

Mephaath/Blanckwasser/ist eine Priesterliche Stadt im Stam Ruben/ den Moabitern zustendig/ Jerem. 48. Sie ligt 6. meilen von Jerusalem/ gegen der Sonnen Auffgang.

Mesech sind die Moscobiter vnd Reisen von Mesech/ Japhets Son/ also genant/ Gen. 10. Hesekiel 78.

Mehusal/Jauan Mehusal/heist ein Grieche/der hin vnd wider wandert / ein Kauffman aus Griechenland/ Hesekiel 27.

Midian heist ein Masse/vnd ist ein Stadt am roten Meer/ 40. meilen von Jerusalem/ gegen Mittag gelegen/vnd hat den namen von Midian/Abrahams Son/ den jhm Retura geboren hat/ Gen. 25. In der Stadt Midian haben die Könige in Jdumea jren Königlichen Sitz gehabt/ Vnd von dieser Stadt wird auch die gantze vmbliegende gegend/das Land Midian genent/ Jes. 60.

Mizpa/ ein Warte/ist die Stadt/da Jephtha seine Tochter geopffert hat/ Jos. 5. Sie ligt von Jerusalem 12. meilen/ gegen Nordosten. Mizpa ist auch noch ein ander Stadt im Stam BenJamin gelegen/eine meile von Jerusalem gegen Nordosten/Jer. 40.

Moab/ist das Land der Moabiter/ zwischen dem todten Meer vnd den Bergen Abarim gelegen/ Jes. 10. Hes. 25.

Moph/heist ein Wunder/ vnd ist die Stadt Memphis in Egypten/ Hesek. 9. Sie ligt von Jerusalem 61. meilen/gegen Südwesten.

N.

Nabajoth/ist das steinigte Arabia Nebathea/von Nebajoth/ Ismaels Son also genant / Jes. 50. Gen. 25. Dis Land hebet an jenseid des Jordans/ vom Stam Gad/ vnd strecket sich herumb gegen Mittagwerts/ vnd das todte Meer.

Nebo/Prophetenstadt/ist ein Stadt der Moabiter/im Stam Ruben/bey der Pissga gelegen/ 5. meilen von Jerusalem gegen der Sonnen auffgang/Jerem. 48.

Nimrim/Leoparden/ ist ein Stadt der Moabiter/im Stam Gad/ jenseid des Jordans/ vnd ligt von Jerusalem acht meilen/gegen Nordosten/ Jesa. 16.

No/heist ein hindernis oder steurend/vnd ist die Stadt Alexandria in Egypten/ Sie ligt von Jerusalem 72. meilen gegen der Sonnen Nidergang.

Noph/ ist ein Honigrost oder Weitland/ist die Stadt Memphis in Egypten/ Jesa. 19. Jere. 2. 44. Sie ligt von Jerusalem 61. meilen/ gegen Südwesten.

O.

On/heist Reichthumb/vnd ist die Stadt Heliopolis in Egypten/ 56. meilen von Jerusalem gegen Südwesten gelegen/Hesek. 30.

Oreb/ der Felß/auff Deutsch Rabenstein/ist auff dem Gebirge Ephraim/3. meilen von Jerusalem gegen Norden/ nicht weit von Jericho/ da der Midianiter Fürst Oreb erwürget ist/ Jud. 7. Psalm. 83. Jesa. 10.

Ophir/

Ophir/ist das gülden Land in India/ da Salomon Gold herholen ließ/ vnd hat den Namen von Ophir dem Sohn Jaketan/Gen. 10.1. Reg. 9. Jesa. 31.

P.

Pathros/ist die Stadt Petra im steinigten Arabia/ 18.meilen von Jerusalem/gegen Mittag gelegen. Item das Land in Egypten bey Taphnis/ 45.meilen von Jerusalem gelegen/ Jesa. 11. Jerem. 44. Hesek. 29.
Phrat/Fruchtbar/ist das Wasser Euphrates/Jerem. 2. 13.
Phrazin/Zerreissung/ist ein Thal bey Jerusalem/da hat Dauid die Philister geschlagen vnd nider gerissen/2. Sam. 5.
Phuth/ist Africa/von Phut dem Sohn Ham also genant / Gen. 10.

R.

Rabba/Volckreich/ist die stadt Philadelphia / die Heuptstadt der Kinder Ammon / Sie ligt von Jerusalem 16. meilen/ gegen Nordosten.
Raema/Donner/Also wird Morenland genent/von Raema dem Sohn Chus/ Gen.10.
Rama/ein Höhe/ist ein stadt zwo meilen von Jerusalem/ gegen Norden/Jesa.10.
Rezeph/heist ein glüende Kole/vnd ist ein stadt in Syria gewesen / Jesa. 37.
Riblath/Volckreich/ist die Stadt Antiochia in Syria/sonsten Hemath genant/vnd ligt von Jerusalem gegen Südwesten / Zachar. 13.

S.

Saba/hat den namen von Schebo/ das ist ein Edelstein / Achates genent / der mancherley schöne Farben hat/ Es ligt aber die stadt Saba/200. vnd 40. meilen von Jerusalem / gegen Mittag/vnd ist die Heuptstadt in Morenland/sonsten Meroe genant / darin die Königin Candaces Hoff gehalten hat/Act. 8
Sanir ist der Berg Hermon / der wird von den Ammonitern Sanir / das ist Leuchtenberg genant/Hesek.27. vnd ligt jenseid des Jordans / bey dem Berge Libano / 28. meilen von Jerusalem gegen Nordosten.
Sarion ist auch derselbige Berg Hermon/der wird von dem Edomitern Sario/ das ist Taubengesang genent.
Saron / Grünfeld oder Grünland / ist das gantze Land zwischen dem Galileisch Meer vnnd dem Gebirge Ephraim gelegen/Jes.35. Etliche haltens dafür/ es sey ein Berg.
Seba ist die stadt Saba im Reich Arabia gelegen/312. meilen von Jerusalem / gegen Südosten/vnd hat den Namen von Seba / dem Sohn Chus / Gen. 10. Psal. 12. Seba heist truncken / oder auff Sprisch/alt.
Sela heist ein Felß / vnd ist die Stadt Petra im steinigten Arabia/ 18.meilen von Jerusalem/ gegen Mittag gelegen.
Sepharuaim/Cantzley oder Studentenstadt/ eine stadt in Assyria / Jesa. 37.
Sibarim ist ein stadt in Syria / die mit Damasco grentzet/Hesek. 47.
Sibna/ist ein stadt der Moabiter/ von den Kindern Ruben gebawet / Num. 23. Sibna heist ein Erbgesetz.
Sichor/schwartz/ist ein bach/ sonsten Rhincorurus genant/ ist ein Wasser bey der stadt Rhincorura/18. meilen von Jerusalem/ gegen Südwesten.
Sichor/heist auch schwartz/vnd ist das Wasser Nilus in Egypten / Jerem. 2.
Simri sind die Araber die im winckel am roten Meer wohnen.
Sinear/ ist das Land Chaldea / Jesa.11.
Sion zerschüttung/ist der Berg Hermon/ Deuter. 4. wirds also geschrieben שׂן durch ein שׂ Sin.
Sion/ein Warte/ist der Berg Syon zu Jerusalem / vnd wird geschrieben / צִיּוֹן durch ein צ Zade.
Siene / Dornstrauch / ist ein Stadt in Africa / Hese. 29. Vnd ligt von Jerusalem hundert neun vnd zwantzig meilen/ gegen Mittag.

Thachpan-

Register der Länder vnd Städt.

T.

Thachphanhes/ ein bedeckt Fehnlein/ oder ein besatzte Festung ist die Stadt Taphnis in Egypten/ vnd ligt von Jerusalem 45. meilen gegen Südwesten/Jerem. 2.43.

Thamar/ Palmen/ ist ein Stadt in Syria/ die Salomon gebawet hat/ davon die vmbligende Gegend das Land Thamar genent wird/ vnd strecket sich von der Stadt Thamor biß an die Wüsten deß steinigten Arabiæ/ Hesekiel 47. Die Stadt Thamar/ sonsten Palmyra genant/ligt von Jerusalem 97. meilen gegen Nordosten.

Thelanar/ auff Deutsch/Fürstenberg/ist ein Land bey Assyria gelegen/ Jesa. 37.

Thema ist eine Stadt im steinigten Arabia/wie der H. Hieronymus wil/ von Thema Ismaels Son also genant/Jerem. 25. Es lest sich auch ansehen / das Thema vnd Theman/ da Eliphas von Theman/ Hiobs freund/her gewesen ist/ein Stadt sey/denn die Namen vnd auch die Gelegenheit dieser Stad/ stimmen gantz vberein.

Thogarma sind Völcker/ die wir Tartern nennen / Heszech. 27. Vnnd haben den Namen von Thogarma dem Sene Gomer / Gen. 10.

Thubal/sind Völcker von Thubal/ Japhets Sohn also genant/ Hesekiel 27. Etliche wollen/ es sind Völcker in Hispania/die bey dem Wasser Ibero wohnen. Etliche andere wollen/ Thubal sollen die Itali sein/aber aus dem 39. Capittel des Propheten Hesekiels ist leichtlich zuermessen/ das Thubal Völcker sein/ die vnter dem Türcken wohnen/ vnd sich mit Mesech/ das ist/ mit den Moscobitern Grentzen/ die wir auff vnsere Sprache die Roten Reussen nennen. Denn der Türck wird ein Herr in Mesech vnd Thubal genandt / Hesekiel 39.

V.

Ophas ist das gülden Land in India/ da Salomon Gold her holen ließ/ vnnd wird sonsten gemeinlich Ophir genant/ von Ophir dem Sohne Jakedan/Gen. 10. 1. Reg. 9. Jesa. 13. Jerem 10.

Z.

Zeb/ ein Kelter/Zeb ist auff dem Gebirge Ephraim gewesen/ 3. meilen von Jerusalem / gegen Norden/nicht weit von Jericho/da ist der Midianiter Fürst Zeb/ auff Deutsch / Hertzog Wolff von Midian/ erwürget worden/ Jud. 7. Zeb ist auch ein Stadt jenseid des Jordans am Bach Jabec gelegen/2. meilen von Jerusalem gegen Nordosten.

Zebom / Fruchtbar/ ist ein Stadt/ die mit Sodoma vnd Gomorra durch das wilde Fewr vom Himmel ist verbrandt worden/ Gen 14.19. Hosea 11.

Zenan/ ein passergengerin/ist ein Stadt im Stamm Juda gewesen/ Micha 1.

Zoan/ein bewegung / vnd ist die Stadt Tanis in Egypten/da Moses für Pharao wunderzeichen gethan hat/ sie ligt von Jerusalem 58. meilen gegen Südwesten.

Zor/heist ein Fels/vnd ist die Statt Thyrus/ 25. meilen von Jerusalem / gegen Norden gelegen.

Das ist also eine kurtze Beschreibung aller Städte/deren die Propheten gedencken/ wilt du aber von den grossen Städten/Memphis/ Babylon/Alexandria/ Heliopolis. Item Tyro/ Sydon/vnd dergleichen/ weitleufftiger bericht haben/so findestu sie / ein jgliche an seinem ort/wie das grosse Register am ende dieses Buchs anzeiget / weitleufftiger vnd noch gründlicher beschrieben. Desgleichen sind auch die fürnembsten Städt im heiligen Lande / eine jegliche an jhrem ort auch weitleufftiger beschrieben worden.

Von Esra dem Schrifftgelehrten.

Esra der Schrifftgelehrte/hat bey der Stad Babylon am Wasser Aheua viel Volcks versamlet/ vnnd aus dem Lande Caspia / welches auch in Chaldea nahe bey Babylon gelegen/ etliche Leuten holen lassen/vnd ist mit demselbigen/als sie gefastet / vnd Gott fleissig angeruffthatten/ vber hundert vnd siebentzig meilen gen Jerusalem gezogen/ vnd hat daselbst

Reisen Esrae vnd Nehemiae.

daselbst das Jüdische Regiment wider auffgerichtet/ vnd beyde im Geistlichen vnd Weltlichen Regiment/die Empter mit Fürsten/Priestern vnd Amptleuten besetzt.

Esra/ ist ein Bilde des HErrn Christi/ denn Esra heist ein Helffer/ vnd der Sohn Gottes ist der rechte Helffer vnd Heyland/der vns wider zu rechte bringet.

Caspia/ Silbern.

Das Land Caspia/auff Deutsch/Silberbrand/vielleicht darumb/ das es daselbst Silber Berge gehabt/ist ein Landschafft bey Babylon gewesen/wie Nicolaus Lyra schreibet/darin die gefangene Leuiten vnd Priester gewonet haben/ zu der zeit der Babylonischen Gefengnis/ Esra. 8.

Reisen Nehemiae des Jüdischen Landpflegers.

Nehemia ist von Susa gen Jerusalem gezogen/ 230. meilen/ vnd hat die Mawren vnd die Thor zu Jerusalem wider gebawet/ Nehem. 12.

2. Vnd als er auff 12. Jar regieret hatte/ ist er von Jerusalem wider gen Susa gezogen/ 230.meilen/vnd hat den König Darium Artaxerxem Longaminum besucht/ Neh. 13.

3. Von Susa ist er vber 230. meilen wider gen Jerusalem kommen/ vnd den Hohenpriester Eliasib/vnd etliche andere/die sich versündigt hatten/gestraffet/Nehem. 13.

Summa dieser Reisen des Fürsten Nehemiae/ 690. meilen.

Susa die Heuptstadt in Persia/ist vorhin beschrieben worden.

Nehemia/ heist Gottes Trost/ vnd ist ein bilde vnsers HErrn Jesu Christi/ denn der selbig ist der rechte Tröster/von GOtt seinem Himlischen Vater in diese Welt gesand/ das vns trösten sol. Vnd gleich wie Nehemia das Jrrdische Jerusalem gebawet hat/ also bawet noch der HERR Christus das Himlische Jerusalem/ da wir ewiglich wonen sollen/ Johan 14. Apocal. 21. Der HErr Christus sendet vns auch den Tröster/ den werden H. Geist vom Himmel herab/ Joh. 16.

Nehemia ein bilde Christi.

Reisen des Fürsten Serubabel.

Serubabel ist von Babylon gen Jerusalem gezogen/ hundert vnnd siebentzig meilen/ Esra 2. Nehem. 7.

2. Von Jerusalem ist er gen Susa gezogen/ 130. meilen/vnd hat den König Dario die Frage auffgelöset/ Ob der Wein/ oder der König/ oder die Fraw/ oder die Warheit am sterckesten were / 3. Esdr. 3. 4. Josephus in den alten Geschichten der Jüden im 11, Buche/ am 3. Capittel.

3. Von Susa ist der Fürste Serubabel gen Babylon gezogen / drey vnd sechtzig meilen / 3. Esdr. 4.

4. Vnd von Babylon ist er wider heim gen Jerusalem kommen / vber hundert vnd siebentzig meilen/3. Esdr. 4.

Summa dieser Reisen des Fürsten Serubabels/ 633. meilen.

Serubabel heist ein Frembdling zu Babel/ darumb das er zu Babylon im Elend vnd Gefengnis geboren. Der HEerr Christus ist der rechte Serubabel/ der auch im Elend geboren/ vnd sein Volck aus dem Babylonischen Gefengnis der Sünden wider in das rechte Vaterland/ nemlich in das Himlische Jerusalem geführet.

Serubabel ein Bilde Christi.

Auff

Auff das Buch Esther.

Reisen Mardachai.

Mardachai/der Königin Esther Vetter/ ist mit Jechania dem König Juda / von Jerusalem gefangen hinweg geführet gen Babylon/ 170. meilen/Esther 2.

Vnd von Babylon ist er gen Susa gezogen/ 63. meilen, da hat er seines Brudern Tochter/ die schöne seuberliche Jungfraw Esther zierlich gekleidet / vnd sie fein angeweiset, wie sie fleissig beten/ vnd sich züchtig halten solle / mit Worten vnd Geberden. Derwegen sie dem König Dario Ahasuero so hertzlich wolgefallen / das er sie zur Ehe genommen / vnd zu einer Königin erhöhet hat 127. Länder.

Summa dieser Reisen Mardachai/ 233. meilen.

Geistliche bedeutung vber das Buch Esther.

Mardachai.
Matth. 10. v. 26.

Mardachai heist leiter vnd zerknirscht. Vnser lieber HErr Jesus Christus ist der rechte Mardachai / der von wegen vnser Sünde vnd Missethat einen sehr bittern Kelch getruncken/ vnd mit scharffen Geisseln/Dornen/ Kron vnd Nägeln / am Stamm deß Creutzes zerknirschet ist / derwegen heist der HErr Christus billig Mardachai / bitter vnd zerknirschet.

Esther. 2.

Mardachai ist gewesen ein Sohn Jair / das heist Gottes Liecht. Also auch der HErr Christus ist der Son deß lebendigen Gottes/ ein Liecht von dem Liecht / ein wahrer Gott/von dem wahren Gott geboren/ wie das Symbolum Nicenum redet/Lumen de lumine, &c.

Esther.

Esther heist so viel als Alma, ein züchtige eingezogene Jungfraw / die sich verbirget für alle böse Geselschafft. Derwegen ist Esther ein schön Bilde der H. Christlichen Kirchen/ sie helt sich züchtig vnd eingezogen/hütet sich vor Sünden/ vnd verbirget sich für aller böser Geselschafft/ sie ist gantz Elend vnd verlassen/in der grossen Stadt Susan/nemlich in der Welt/darin die Weltkinder eitel wollust suchen. Doch hat gleichwol die liebe Esther/die H. Christliche Kirche einen Vormünden/der ist jhr Vetter Mardachai/vnser lieber HErr Jesus Christus/ der ist vnser Vetter/ denn wir sind jm Geblüts halben vorwand/ dieweil er vmb vnsert willen ist Mensch worden. Wie nu Mardachai seine Waisen/die liebe Esther / bekleidet vnd geschmücket hat/ also ziert vnd schmücket vns auch der HErr Christus mit seinem Rosenfarben Blut / damit bekleidet er vns / als mit einem roten Carmesin Sammitten Rocke / vnnd bringet vns in des grossen Königs Ahasueri Hoff/ nemlich / ins ewige Leben.

Ahasueros.

Ahasueros heist ein grosser Heupterr / der ist Gott der Himlischer Vater / der ist das rechte Heupt vber alle Königreich / vber 127. Lender / denn die gantze weite Welt ist jm vnterworffen/vnd regiert auff den hohen Schloß Susan / oben im Himmel/ der mach billig Susan/das ist/eine wolriechende Rose / vnd Himlisch Paradiß heissen.

Esther 1. Vasthi.

Die stoltze Königin Vasthi/ ist ein Bilde der Gottlosen Welt/die mag billig Vasthi/das ist/ein Seufferin heissen/ die in eiteln wollüsten schwebet/ Pracht vnd Vbermut treibet / vnd jhren Herrn / den grossen König / Gott im Himmel verachtet / derwegen billig von den Königlichen Thron / aus Gottes Reich verstossen wird / Dagegen aber wird die liebe demütige Esther/die H. Christliche Kirche zu einer Königin erhöhet.

Esther 1. Haman.
Esther 3.

Haman heist ein stoltzer vnd auffgeblasener Mann / der viel getümmels vnd auffruhrs anrichtet. Dieser Haman ist der leidige Teuffel / der war anfenglich ein schöner Engel geschaffen/vnd bis zu Gott im Himmel erhöhet/ Solcher ehren hat er sich vberhaben/ vnd Gott dem HErrn gleich sein wollen/ ja noch an Mardachai/den HErrn Jhesum Christum selbst begeret/ das er für jm niderfallen / vnd jhn anbeten solte/ Matth. 4. Ja der Teuffel/der leidige Haman/wolte gerne den frommen Mardachai/ vnd die Königin Esther / vnd das gantze Jüdische Volck/das ist/Christum vnd die gantze Christenheit/gantz vnd gar verschlingen.

Da hebt sich der Krieg an / zwischen Mardachai vnd den Drachen/wie der Traum Mardachai anzeiget in den stücken von Esther. Mardachai ist der HErr Christus / der streitet wider den alten Drachen/ nemlich gegen den bösen Haman den leidigen Teuffel. Vnd solcher

Krieg

Von dem heiligen Job.

Krieg weret noch heutigs tags. Darumb muß die liebe Esther / die heilige Christliche Kirche fleissig beten / als denn wird jhr Gott der HERR / der grosse König Ahasueros / den Gülden Scepter reichen / vnd sie auß Gnaden annemen / vnd nicht mit jhr handeln nach jhrem verdienste / sondern nach seiner grossen Barmhertzigkeit.   *Esth. 4.*

Drey tage haben Mardachai vnd Esther in Secken getrawret / vnd sehr kläglich geweinet vnd gebetet / vnd nach den dreyen tagen hat sich alle jhr Hertzleid in grosse Frewde verkehret. Also ist auch der HErr Christus nach dreyen Tagen widerumb vom Todte erstanden / da ist der stoltze Haman / der leidige Teuffel / erwürget / vnnd alle seine Teuffels Kinder müssen auch deß ewigen Todtes sterben.

Mardachai aber / nemlich / der HErr Jesus Christus / empfhet ein güldene Kron / vnd regiert also neben seinem Himlischen Vater / dem grossen König Ahasuero / in gleicher Mayestet / vnd alle seine gleubige werden mit jm die tage Purim / die tage deß Wollebens vnd frewden halten in alle ewigkeit. Dafür sey dem lieben Gott Lob / Ehr vnd Danck gesagt / Amen.   *Esth. 5.*

Von dem heiligen Man Job.

JOb der H. Man Gottes / hat gewonet im Lande Vtz / das ist ein groß weit Land gewesen / vnd den namen gehabt von Vtz / dem Sohne Aram / Gen. 10. Vnd wie der heilige Hieronymus in Genesin dauon schreibt / ist derselbige Vtz ein sehr mechtiger Herr gewesen / vnd sol die Stadt Damascum erstlich gebawet haben / vnd das gantze Land von Damasco an / biß an den Jordan / ist nach seinem Namen das Land Vtz genent worden. Vnd in diesem Lande hat der heilige Job gewonet / wie er selbst bezeuget im ersten Capittel. *Wo Job wonet.*

Die Stadt aber / darin er seine Behausung vnd wonung gehabt / hat geheissen Astharoth Carnaim / vnd ligt jenseid deß Jordans im halben Stam Manasse / 14. meilen von Jerusalem gegen Nordosten. Sie hat den namen gehabt von der Göttin Venus / die in dieser Stadt ist angebetet vnd geehret worden / Denn Venus ward von den Syrern Astoreth genant. Die Einwoner in dieser Stadt sind Carnaim vnd Riesen genent worden / dauon auch die Stadt den Namen behalten / das sie zu deß H. Hieronymi zeiten / Carnea geheissen. Vnd das der H. Job in dieser Stadt gewonet habe / bezeuget derselbige Hieronymus in seinem Buch de locis Hebraicis. Vnd noch heutigs tags wird deß H. Jobs begräbnis bey dieser Stadt geweiset / wie Sebastian Franck auß Bernhard von Breitenbach anzeiget. Hieronymus / Augustinus / Ambrosius / Philo / vnd Martinus Lutherus stimmen alle dahin / Job sey ein König in Jdumea gewesen / von Esau her geboren / vnd werden Gen. 36. Jobab genent / Vnd Hieronymus in seiner Vorrede vber das Buch Job spricht / Er sey der fünffte von Abraham / der wegen erhelt sich die Genealogia vnd Geburtstam also. *Jobs geburt.*

Abraham.

Nahor / Abrahams Bruder hat einen Son gehabt / der hieß Vtz / dauon wollen etliche / sey Job entsprossen / wie auch Hieronymus in quæstionibus Hebraicis vber Genesin anzeiget / aber der meiste hauffe der alten Väter stimmet dahin / er sey von Esau entsprossen.

Isaac

Esau

Basmath / Israels Tochter / ist deß Esaus Eheweib gewesen / Raguels Mutter / Esrahs Großmutter / vnnd Jobs Ahnfraw / oder Eltermutter. Ist also der heilige Job nach der Spiel von Ismael entsprossen / vnnd nach der Schwerdtlinien / von Isaac vnd Esau herkommen.

Reguel

Serah

Eliphas / Jobs Freund / ist Reguels Bruder gewesen / vnnd hat einen wesen / vnnd hat Sohn gehabt / der hieß Amaleck geboren / Teman / der bawete eine von dem komen die Stadt / die er nach seinem Namen Amalekiter.

Thimna ist Eliphas Kebsweib gewesen / vnnd hat einen Sohn gehabt / der hieß Amaleck geboren / von dem komen die Amalekiter.

Job oder nem namen Themanta nante / in der Stadt hat Jobab König in sein Vater bey jm gewonet. Jdumea net darumb heist er Eliphas von Theman. Gen. 36.

Z 4   Die

Von dem heiligen Job.

Jobs Geburts tag.

Die Stadt/daraus der H. Job bürtig gewesen/wie das erste Buch Mose im 36. Capitel anzeiget/hat Bazra geheissen/auff Deutsch Weinerndten/ vnd ligt bey Bethabara am Jordan im stam Ruben/s. meilen von Jerusalem gegen Nordosten. Vnd hie ist zu mercken/das dieselbige Gegend jenseid des Jordans anfenglich dem Königreich Jdumea sey vnterworffen gewesen/wie auch hernachmals dieselbe gegend vnd das gantze Land der Moabiter etlich mal vom König in Jdumea gantz eingenommen/vnd vnter seine gewalt gebracht ist. Daher kömpt es/das der Prophet Jesaia im 63. Capittel die Stadt Bazra/ ein Stadt der Edomiter nennet/da er spricht: Wer ist der von Edom kömpt/mit rötlichen Kleidern von Bazra/ etc. Vnd als aus derselbigen Weissagung deß Propheten Jesaia leichtlich zu ermessen/ist bey der Stad Bazra ein sehr schöne fruchtbare Gegend gewesen/ vnd insonderheit hat es da viel lustiger Weingärten gehabt/die roten Wein getragen haben / dauon auch die Stade sonder zweiffel den namen bekommen/das sie Bazra/das ist / Weinerndten geheissen. Josua im 20. Capitel nennet sie Bezer / das heist auch Weinerndten / vnd zeiget auch daneben an / es sey eine von den 6. Freystedten/dahin einer fliehen möchte / der vnuerschuldig einen Todeschlag begangen

Job König in Jdumea.

hette. Auß dieser Stadt ist der liebe Job bürtig gewesen/vnd nach dem Todte Bela/des 1. Königs in Jdumea/von wegen seiner Tugend vnd Frömmigkeit zum Könige erwehlet worden/ Vnd hat das Königreich Jdumea erweitert/vnd die vmbligende Länder jhm zinsbar vnd vnterthenig gemacht/vnd also seinen Königlichen Sitz / nach des H. Hieronymi anzeigung in locis Hebraicis, gen Astharoth Carnaim gelegt / sonder zweiffel darumb / dieweil in derselbigen Stadt tapffere Helden vnd Riesen gewonet haben/wie aus dem ersten Buch im 14. Capittel offenbar/mit deren hülff er den Feinden desto besser widerstehen mögen.

Wenn Job König in Jdumea gewesen.

Es ist aber der heilige Job (wie Doctor Martinus Lutherus in seiner Außlegung des 1. Buchs Mose vber das 36. Capitel anzeiget) ein König in Jdumea gewesen lange zuuor/ehe Moses die Kinder von Jsrael auß Egypten geführet/Vnd es kan wol sein/ das Job bereit geboren gewesen/ehe Jacob hunab in Egyptenland zog / denn Juda vnd Aser haben schen Kindeskind gehabt/als sie mit jhrem Vater in Egypten zogen / Gen. 46. Derwegen ists auch nicht vnmüglich/das Reguel/Esaus Sohn/Kindeskind gehabt habe/ dieweil sich Esau viel ehe befreyet hat/als sein Bruder Jacob.

Hieraus ist nu leichtlich zu ermessen / das der H. Job ein König in Jdumea geworden/ nichte lange darnach/da Jacob mit seinen Sönen war hinab in Egypten gezogen.

Denn wie D. Martinus Luther vber das 36. Capittel des 1. Buchs Mose anzeiget/haben erstlich die 14. Fürsten/des Esau Kindeskinder/vnter welchen auch Serah / Jobs Vater/ mit gezelet wird/das Land Edom zugleich regieret/aber nicht lange / Denn dieweil sich mancherley zwispalt erregt/wie es pfleget zugehen/wo kein gewisses Heupt ist / haben sie einen König erwehlet/Bela den Son Beor / vnd nach desselbigen tode haben sie Jobab oder Job/den heiligen Man Gottes/der gerecht vnd fromb war/zum Könige erwehlet / der sonder zweiffel dem Königreich ein lange raume zeit fürgestanden / Denn er hat hundert vnd viertzig Jar gelebt nach dem bittern Creutz/damit jhn GOTT probieret hatte.

Philo schreibet/Job habe Dinam/Jacobs Tochter/zum Weibe gehabt / Daraus sihet man/das Job schon zu Jacobs zeiten im leben gewesen sey. Aber der H. Hieronymus in der Vorrede vber das Buch Job/gibt jhm ein andere Fraw / nemlich / eines Mans Tochter auß Arabia/die habe jhm einen Sohn geboren/mit namen Ennon. Dem sey nu wie jhm wolle/so ist vns nicht viel daran gelegen / Denn es köndte wol beydes war sein/ das er erstlich die Dinam gehabt / vnnd nach derselbigen todt eines Arabischen Mannes Tochter zum Weib genommen.

Da aber Job nicht von Nahor/Abrahams Bruder/ wie es etliche Hebreer gehalten/sondern von Esau herkommen/vnd ein König in Jdumea gewesen sey / solchs scheinet auch war zu sein/auß dem ersten Capittel deß Buchs Jobs/denn da wird angezeigt / das die auß Reich Arabia vnd Chaldea jhm sein ins Land gefallen. Vnd eben die Völcker grentzen auch mit dem Königreich Jdumea/wie die Cosmographia fein außweiset. Besihe auch das 14. Capittel deß Propheten Heßkiel/denn da sihet man/welch ein heiliger Mann GOttes der liebe Job gewesen sey.

Nach

Vber das Buch Judith.

Nach dem absterben deß heiligen Jobs/werden die Riesen zu Astharoth Carnaim widerumb abgefallen sein von den Jdumeern / Denn als Moses die Kinder von Israel auß der
Wüsten führet/vnd das Land jenseid deß Jordans einnam/hat die Stadt Astharoth Carnaim
einen König gehabt/mit namen Og/ein König zu Basan/das war ein grosser Riese/ vnd hat
ein Eysern Bette gehabt/9. Ellen lang vnd 4. Ein breit/Deut. 2.

Von Eliphas/Jobs Freund.

Eliphas von Theman/ist deß heiligen Jobs Großvater Bruder gewesen/ vnd dieser E-
liphas hat vnter andern einen Sohn gehabt/der hieß Theman/ der bawet ein Stadt/
die er nach seinem Namen Theman nennete/die ligt von Jerusalem 10. meilen/ gegen
Mittag. Vnd in dieser Stadt hat sein Vater Eliphas bey jm gewonet/ vnd darumb wird er
im 2. Capittel deß Buchs Jobs Eliphas von Theman genent. Es wird auch dieser Stadt
gedacht/Jerem. 25. Weiter ist hie zu mercken/das dieser Eliphas von Theman ein Kebsweib
gehabt/mit namen Thimna/das heist ein wunderschöne Fraw die gebar einen Sohn/der hieß
Amaleck/vnd von demselbigen kommen die Amalekiter/die wider die Kinder Israel gestritten
haben/Exod. 17.

Reisen dieses Eliphas von Theman.

Von Theman biß gen Astharoth Carnaim/da Job gewonet hat/sind 23. meilen. Da
hat Eliphas den heiligen Job besucht.
Vnd ist darnach von Astharoth Carnaim wider heim gen Theman gezogen/23.
meilen/Job 42. Summa dieser Reisen Eliphas von Theman/
sechs vnd viertzig meilen.

Von Bildad/Jobs Freund.

Jenseid dem Galileischen Meer/nicht weit von der Stadt Astharoth Carnaim/findet
man noch heutiges tages die Stadt Suah/darauß Bildad / Jobs Freund gewesen.
Vnd bey derselbigen Stad ist järlich zu Sommerszeiten ein groß Jarmarckt / vnd als
denn werden bunte Gezelte von mancherley farben daselbs auffgeschlagen / wie Sebastian
Franck in seinem Weltbuch anzeiget.

Von Zophar/Jobs Freund.

Dieser Zophar ist gewesen von der Stadt Naema / welche hat gelegen im Stam Juda wie auß dem 15. Capittel deß Buchs Josua offenbar / aber wie weit von Jerusa-
lem/kan man nicht eigentlich wissen.

Vber das Buch Judith.

Von der Stadt Ecbatana.

Nebucad Nezar König zu Babylon / deß namens der erste / wird dafür gehalten/das er
eben derselbige sey/der den Holofernem außgesand / vnd Arphaxad der Meder König
vberwunden habe / denn die Jarrechnung vnd Chronologia reimet sich sehr wol hie-
mit/vnd stimmet sehr fein vberein. Denn dieser Nebucad Nezar der erste / hat angefangen zu
regieren im 21. Jar Deioces deß Königs in Meden/dauon Herodotus lib. 1. schreibet/ das er
die Stadt Ecbatana gebawet habe. Nach dem todt Deioces ist Phraotius König worden/im
16. Jar des Königs Nebucad Nezars des ersten/vnd hat 22. Jar regieret. Vnd dieser Phraortus wird sonder zweiffel der Arphaxad sein / dauon das Buch Judith anzeiget/ das er die
Stadt Ecbatana gebawet habe / denn der name Arphaxad reimet sich besser mit dem namen
Phraortus/als mit dem namen Deioces. Vnd es kan wol sein das Deioces die Stadt Ecbatana habe angefangen zu bawen/wie Herodotus schreibet / Aber Phraortus / als er ihm im
Reich nachgekommen/habe das gröste theil daran gebawet / vnd ist auffs herrligste vnd prech-
tigste vollend außgebawet/wie das Buch Judith von jhm vermeldet. Denn das König Phra-
ortius eben dieser Arphaxad sey / scheinet auch daraus war zu sein / dieweil Herodotus lib. 1:

Aa ij schreibet/

Beschreibung der Stedt.

schreibet: König Phraortes sey mit all seinem Kriegsvolck von den Assyrern erschlagen. Vnd von wegen solcher herrlicher Victoria vnd Vberwindung / ist Nebucadnezar der erste deß Namens / König in Assyrien / so steiß vnd hoffertig worden / wie das Buch Judith im 2. Capitel anzeiget / das er seinem Hauptman Holofernan außgesandt habe / das er die gantze Welt bezwingen vnd einnemen solte / vnd hat sich auch für einen Gott wollen anbeten lassen / Judith. 3.

Das ich aber wider auff die Stadt Ecbatana komme / die König Phraortus oder Arphaxad gebawet hat / die ligt von Jerusalem 284. meilen gegen Nordosten / vnnd ist ein sehr grosse vnd prechtige Stadt gewesen im Königreich Meden / denn jhre Mawren waren auß eitel Werckstücken gebawet / 70. Ellen hoch / vnd dreissig Ellen dicke ins gefirte / vnd die Thor der Stadt waren so hoch als die Thürme. In dieser Stadt Ecbatana haben die Könige in Persia Hoff gehalten zu Sommerszeiten / Denn als denn hat das Land Meden ein seine lustige / kalte / temperirte Lufft gehabt / aber zu Winterszeiten haben sie zu Susa vnnd Babylon Hoff gehalten / denn da war es viel wermer.

Danielis Fürstlich hauß vnd grab zu Ecbatana.

Josephus von den alten Geschichten der Jüden im 10. Buch schreibet / Der Prophet Daniel habe in dieser Stadt Ecbatana in Meden / ein sehr köstlich Grab vnd Hauß gebawet / das so wunder schön vnd hübsch gemacht / vnd auch so meisterlich feste gebawet / das es zu allen zeiten gleich schön geblieben / vnd etliche viel hundert Jar so zierlich geleuchtet hat / als wenn es erst newe newgebawet gewesen. Denn da alle Gebew alt wurden vnd verfielen / hat doch diß Gebew sein vorige Schönheit allzeit behalten / vnd man hat der Meder / Perser vnd Parther Könige dahin begraben / Vnd dem die pflege desselben Grabes befohlen war / das muste ein Jüdischer Priester sein.

Plinius lib. 6. schreibet / die Stadt Ecbatana habe 20. Welsche meilen / das sind 5. Deutsche meilen / von dem Caspischen Meer gelegen / vnd König Seleucus habe sie gebawet. Aber das muß man also verstehen / das Seleucus / der lange nach dem todt deß Propheten Danielis ein König in Syria gewesen / die Stadt Ecbatana noch schöner vnnd zierlicher gebawet / vnd an vielen örtern erweitert vnd befestiget habe.

Von dem Wasser Hydaspes.

Hydaspes / ist ein Wasser in Meden / welches in das Wasser Indium fleust / wie Plinius lib. 6. anzeiget. Item Strabo lib. 15. Nicht weit von dem Wasser Hydaspes / ist das grosse Feld Ragau gewesen / bey der Stadt Rages in Meden / da ist König Arphaxad erschlagen worden / Judith. 1.

Beschreibung der Lender / die Holofernes eingenommen hat.

Kedar / heist schwartz vnd finster / vnd ist das Land der Ismaeliter in der Wüsten Sur / von Kedar / Ismaels Sohn also genennt / Gen. 25.

Ange / Gnadenthal.

Als grosse Gebirge Ange / ligt an der lincken seiten Cilicien / zwischen Pamphilia vnd Cilicia / im kleinern Asia / 80. meilen von Jerusalem gegen Norden.

Cilicia.

Victor. 9.

Cilicia ist ein Landschafft im kleinern Asia / vnd hat den Namen von Celicie deß Königs Phenicis Sohn in Syria. Die Heuptstadt in diesem Lande Tharsus / darauß der Apostel Paulus bürtig gewesen / ligt von Jerusalem 76. meilen / gegen Norden. Von diesem Lande wird hernach im 2. Buch weitleufftiger beschrieben werden.

Melothi / Vberflüssig.

Judith. 2.

Melothi / ist die Stadt Mallos in Cilicia gelegen / 75. meilen von Jerusalem gegen Norden / vnd hat den Namen von der fülle vnd vberfluß / denn es ist ein herrliche vnnd prechtige Stadt gewesen / darin man alles dinges die fülle vnd vberfluß gefunden / Stephanus schreibet / sie habe den Namen von Mallo / der sie anfenglich sol gebawet haben. Sie stehet noch heutigs Tags / vnd wird gemeinlich Mallo genent / wie Conradus Gesnerus anzeiget.

Gesem /

Reisen Tobiae.

Gesem/Fruchtbar.

Gesem/ist das Land Gosen in Egypten/da der Patriarch Jacob/vnd die Kinder Israel gewohnet haben/ehe sie Moses durch das rote Meer geführet. Es ligt aber das Land Gosen 46. meilen von Jerusalem/gegen Südwesten.

Morenlandt.

Morenland ligt auff jenseid Egypten/200. meilen von Jerusalem/ gegen Mittag/vnd ist solch ein hitze in dem Lande/das die Leute gantz schwartz werden/ weil sie die Sonne biß ins Gebiüte hinein verbrend. Es wohnen auch fewrige Drachen vnd andere vngehewre Thiere in demselbigen Lande.

Esdrelon/Hülffsterck.

Esdrelon ist ein eben Feld/sehr groß vnd weit/zwischen den Bergen Thabor/ Hermon vnd Gilboa/vnd strecket sich der lenge nach/von Bethulia vnd dem Galileischen Meer an/biß an die Stedte Megiddo vnd Aphe. Vnd auff dieser Eben sind viel Schlachten geschehen/denn da hat Gideon die Midianiter vberwunden/ vnd Saul ist von den Philistern geschlagen/als er sich in sein eygen Schwerdt zü todt fiel. Vnnd Josia ward da von Pharao Necho/dem Könige auß Egypten vberwunden. Diß Feld hat auch Holofernes ringenommen/wie das Buch Judith anzeiget.

Judith. 6.
1. Sam. 31.
2. Reg. 23.
2. Paral. 35.
Judith. 7.

Sobal.

Sobal/ist das Königreich Sophena/am Wasser Euphrate gelegen/anderthalb hundert meilen von Jerusalem gegen Norden / Dasselbige Land haben auch Saul vnd David bestritten/vnd vnter ihre Gewalt gebracht/wie vorhin ist vermeldet worden.

Apamea.

Apamea/ist ein Stadt in Syria/vnd ligt von Jerusalem 70. meilen gegen Norden. König Seleucus Nicanor in Syria/hat diese Stadt gebawet/ vnd jr nach seinem Gemahl Apamea den Namen geben.

Von der Stadt Bethulia/da Judith dem Holoferni den Kopff abgehawen hat.

Die Stadt Bethulia ligt von Jerusalem 11. meilen gegen Norden / zwischen Dothan vnd dem Galileischen Meer. Es ist aber Dothan eben die Stadt / da vorzeiten Joseph von seinen Brüdern verkaufft ward/Gen. 37. Ein halbe meile von dieser Stadt Dothan/gegen Orient/ ligt Bethulia / vnd von Bethulia biß an das Galileische Meer/ist eine Deutsche meile. Weiter ist hie zumercken / das Holofernes sein Lager gehabt auff einem Berge nahe bey Dothan/gegen Bethulia vber / wie das Buch Judith im 7. Cap. anzeiget/ vnd daselbst sind auch die Dörffer Belma vnd Clemon gewesen/ vnd das eben Feld Esdrelon. Vnd zwischen der Stadt Bethulia / vnd des Holofernis Lager war ein Thal vnd eben Feld/ da floß ein Wasser durch/darin hat sich Judith gewaschen vnd gebadet.

Es hat aber die Stadt Bethulia gelegen auff einem hohen Berge / welcher Berg vnnd Schloß das darauff gebawet ist/im gantzen Galileischen Lande gesehen wird / gar schön vnd feste/vnd sind noch viel Gebew auff dem Berge/vnd am ende des Berges/ ein festes vnd wehrhafftiges Castel gebawet/den Berg zubeschirmen.

Man sihet auch noch Wartzeichen der belagerung Holofernis/vnd das Thal / darin sich Judith bey Nacht gewaschen. Wie Sebastian Franck auß Bernhard von Breitenbach anzeiget.

Wil man aber das Buch Judith für ein Geistlich schön Gedichte vnd Spiel halten/ wie D. Martinus Luther in seiner Vorrede/vber das Buch Judith anzeiget/ das ist vnserm Christlichen Glauben nicht zu wider / Sondern stehet einem jeden frey / vnd reimet sich die Geistliche Deutung vnd außlegung der Namen/die D. Martinus Luther daselbst einführet/ sehr wol. Denn Bethulia/wie oben gemeld/ heist Gottes Jungfraw/Judith heist ein Bekennerin Gottes/eine heilige Fraw die GOTT lobet/vnd sich von Sünden reiniget/vnd ist ein schön Bilde der heiligen Christlichen Kirchen/Holofernis heist Profanus Dux, ein Gottloser Fürste.

X iij

Auff

Reisen Jesu Syrachs.

Auff das Buch Tobiae.
Wie der alte Tobias gereiset habe.

Er alte Tobias ist auß seinem Vaterland/nemlich auß der Stadt, Naphthali/gefangen hinweg geführet gen Niniue/anderthalb hundert meilen/eben zu der zeit/als Salmanasser/der König von Assyrien/zehen Stemme des Israelitischen Volcks gefangen hinweg geführet/2. Regum. 17. Tob. 1.

2. Von Niniue ist er gen Rages in Meden gezogen/188. meilen/vnd hat da die gefangenen Israeliten besucht/vnd von einem frommen Gottsfürchtigen Man mit namen Gabel/10. Pfund Silbers geliehen/vnd ein Handtschrifft darauff entpfangen.

3. Von Rages auß Meden ist er wider heim gen Niniue kommen/vber 188. meilen. Vnd als er da blind worden/hat jm der Engel Raphel geholffen/das er wider sehend worden/vn als er nach der zeit noch/42. Jar gelebet/ist er zu Niniue gestorben vnd begraben.

Summa dieser Reisen des alten Tobiae/ 518. meilen.

Reisen deß Engels Raphaels vnd deß jungen Tobiae.

Von Niniue hat der Engel Raphael mit dem jungen Tobia gen Rages in Meden gewandert/hundert acht vnd achtzig meilen.

2. Vnd von Rages in Meden/sind sie wider heim gen Niniue kommen/vber hundert acht vnd achtzig meilen. Summa dieser Reisen deß Engels Raphaels vnd deß jungen Tobiae drey hundert vnd sechßig meilen.

Folget nun die Beschreibung der Stadt Naphthalis.

Die Stadt Naphthalis ligt von Jerusalem ein vnd zwantzig meilen gegen Norden/in ober Galilea/im stam Naphthali/dauon sie auch den Namen hat. Auß dieser Stadt/ ist der alte Tobias bürtig gewesen. Sie heist zu dieser zeit Syrien/wie Bernhard von Brittenbach anzeiget/vnd ligt an einem festen ende/vnd hat gegen Occident gar einen hohen Berg auff den man nicht steigen kan/so steil ist er. Vorzeiten hat die Stadt Jopata geheissen/vnd Josephus ist daselbst von den Römern gefangen worden.

Rages.

Rages/heist eine grosse versamlung/denn es ist eine herrliche vnd grosse Stadt gewesen im Königreich Meden/dauon Strabo schreibet im 11. Buch seiner Geographia/ das sie anfenglich Rahga geheissen/aber Nicanor habe sie vernewert/vnnd Europum genennt/Sie ligt von Jerusalem 349. meilen. Der H. Hieronymus gibt für/die Stadt Rages sey die Stad Edessa/aber das kan nicht sein/denn die Stadt Edessa ligt nicht im Königreich Meden/sondern in Celesyria/wie Plinius schreibet. Leonhard Rauwolff aber schreibet/ Die Stadt Rages/dahin der Engel mit Tobia gewandert habe/sey in Mesopotamia gelegen/aber das wil sich nach dem Buch Tobiae auch nicht reimen. Denn ob wol das Buch Tobiae im eilfften Capitel anzeiget/die Stadt Haran sey auff halbem wege gelegen gewesen/zwischen Niniue vnd Rages in Meden/so kan doch solches nicht von Haran in Mesopotamia verstanden werden/deß dieselbige ligt von Niniue gegen der Sonnen Nidergang/Das Königreich Meden aber/ligt von Niniue gegen der Sonnen Auffgang/darumb muß noch ein ander stadt Haran sein/auff jenseid Niniue gelegen.

Reise Jesu Syrachs.

Doctor Martinus Luther helt es dafür/dieser Jesus Syrach sey gewesen auß dem Königlichen stam Dauid/vnd ein Neff oder Enckel Amos Syrach/welcher der Oberste Fürste gewesen ist im Hause Juda/wie man auß Philone mag nemmen/so gedencket auch seiner der Euangeliste Lucas im dritten Capitel. Derwegen wird dieser Jesus Syrach von Jerusalem gen Alexandriam in Egypten gezogen sein 72. meilen/vnd daselbst sein Buch auß vielen schönen Büchern zusamen gezogen haben/wie ein Bien/auß mancherley Blumen ihr säfftlein sauget/vnd in einander menget. Es hat aber Jesus Syrach 230. Jar für Christi Geburt gelebet.

Von

Von der grossen Stadt Alexandria in Egypten.

Von der grossen Stadt Alexandria in Egypten/ da ein köstliche Liberey gewesen/darauß Jesus Syrach sonder zweiffel sein Buch wird zusammen gezogen haben/laut der Vorrede über sein Buch.

Die grosse Stadt Alexandria in Egypten / ligt von Jerusalem 72. meilen/ gegen der Sonnen Nidergang/und hat vorhin No/ auff Deutsch / Hinderung geheissen/wie im. gestorben sie auch von den Propheten also genent wird/Aber der grosse Alexander auß Macedonia/hat sie erneuwert vnd erweitert / vnd nach seinem Namen Alexandriam genent/vnd ligt auch in dieser Stadt begraben. Denn als er zu Babylon in Chaldea starb/ ward sein Leichnam durch Ptolemeum den Fürsten seines Hoffs /gen Memphis geführet / vnd nach wenig Jaren von Memphis gen Alexandriam. Das aber der grosse Alexander ein sonderliche lust zu dieser Stadt gehabt/dazu hat ihn verursachet jhre bequeme gelegenheit zu Wasser vnd zu Lande/denn auff einer seiten hat sie das grosse Mittelmeer der Welt/vnd auff der andern seiten den See Moriothim.

Es ist dieser Stadt Alexandria vor zeiten ein sehr herrliche vnd prechtige Stadt gewesen/ vnd hat 80. Stadien/das ist/dritthalb meilen in jhrem vmbkreiß gehabt / Zu vnser zeit wird sie vngefehrlich so groß geschätzet/als anderthalb Nürnberg / Ausserhalb der Mawren hat sie viel schöner Lustgärten/darin findet man Pomerantzen/ Feigen/ vnd andere schöne Früchte. Alle freye Künste haben in dieser Stadt geblühet vnd herfür geleuchtet. Denn Ptol. Philadelphus/der treffliche weise König in Egypten / hat in dieser Stadt ein köstliche Liberey auffgerichtet/vnd in die 4. mal hundert tausent Bücher zusammen gebracht/so hat jhm auch der Hohepriester Eleazarius von Jerusalem 72. gelerte Menner zugeschickt/die das alte Testament in der Stadt Alexandria in Griechische Sprache gebracht haben/ dafür hat der König Ptolomeus Philadelphus einen Tisch von lauterm Golde/ darin Carbunckel / Smaragden/vnd andere köstliche Edelsteine stunden/Item / zwei güldene Becher / vnd dreissig Schalen von lauterm Golde gemacht/in den Tempel zu Jerusalem geschencket / wie Flauius Josephus von den alten Geschichten der Jüden im 12. Buche anzeiget. Also hat er nu erstlich das Alte Testament in der Stadt Alexandria in Griechische Sprache gebracht. Derwegen auch daselbst die Lehre deß H. Gesetzes Gottes/je mehr vnd mehr zugenomen / biß auch endlich Jesus Syrach daselbst in der herrlichen Liberey / auß vielen Büchern zusammen gezogen hat/allerley schöne Lehre/vnd sie in ein Buch zusammen gebracht / vnd solches ist geschehen zu den zeiten Ptolemei Euergetis/der des vorgedachten Königs Ptolemei Philadelphi Sohn gewesen. Es haben auch sonsten alle freye Künste in dieser Stadt herfür geleuchtet/denn es ist da ein herrliche Schul gewesen/auch noch zu deß HERRN Christi zeiten/denn etliche von der Schule der Alexanderer/haben Stephanum zum Todt verdammet/ Actor. 6.

Es hat sich aber zugetragen 45. Jar für Christi Geburt/ im Kriege/ den Julius Cæsar wider Ptolemeum den jungen König in Egypten füret/als etliche deß Königs Schiffe auff dem Meer angezündet wurden/das dasselbige Fewer auch ein theil der Stadt Alexandria begriffen hat/vnd in einem Hauß vier mal hundert tausent Bücher verbrand. Hilff Gott/was wird da für ein thewer Schatz von den aller besten Büchern zu nicht worden sein? Wie mancher trefflicher Author wird daselbst sein vntergangen/ welcher nimmermehr hernach wider an Liecht kommen? Ja / was werden solche Bücher viel Geldes gekostet haben. Denn es sind eitel geschriebene Bücher gewesen/vnd hat offt ein einiges Buch für viel hundert Gülden müssen bezalet vnd gekaufft werden/wenn es treffliche schöne Historien / vnd edle freye Künste in sich begriffen hat.

Hundert vnd dreissig Jar nach Christi Geburt/ zu den zeiten deß Keysers Adriani / hat in dieser Stadt Alexandria gelebet der Hochgelarte Astronomus Cl. Ptolemeus/ deßgleichen in der Kunst deß Himlischen lauffs kein Mensch auff Erden erstanden ist/er hat viel geleget zu der Astronomey/da man vorhin nichts von gewust. Vnd insonderheit hat er sehr köstlich beschrieben des Himels lauff mit den 7. Planeten / vnd anzeigung geben / wie der volnbracht wird/ vnd wie man calculiren oder rechnen sol seinen vmlauff/vnd nach dem er dieses auff das aller scherffeste

211   Von der grossen Stadt Alexandria in Egypten.

scherffeste abgefertiget/hat er auch mit hülffe deß Landvogts vnd Fürsten in Egypten für sich genommen/den vmbkreis der Erden vnd alle Länder in Tafeln auffgeteilet/vnd darin abgemahlet vnd verzeichnet/Städte/Länder / . Wasser vnd Meer / wie denn sein arbeit noch vorhanden ist/der ich mich zu diesem werck gebrauchet habe/vnd keiner kan ein recht gelehrter Man sein/es hab jm denn aus diesem Ptolemeo eingebildet die gelegenheit vnd teilung der ganzen Erden.

Marcus der Euangelist predigt das Euangelium zu Alexandria.

Das ich aber wider auff die Stadt Alexandria kome/schreibet Eusebius im andern Buch seiner Kirchen Historien/der Euangelist Marcus habe sein Euangelium in dieser Stadt geprediget/vnd sey der Kirchen daselbst erster Bischoff vnd Superintendens gewesen / on gefehr 12. Jar nach Christi auffart gen Himmel. Vnd als man zelet 319. Jar nach Christi Geburt/ welche ist gewesen das neheste Jar nach dem Concilio Niceno, ist der H. Athanasius ein Bischoff vnd Superintendens der Kirchen vnd Schulen zu Alexandria geworden/der den Arianern einen grossen widerstand gethan / vnd das schöne Symbolum gemacht/welches wir noch heutiges tags in der Kitchen singen/vnd Symbolum Athanasij nennen. In Summa/diese Stadt Alexandria ist in der Göttlichen Lere vnd in allen freyen Künsten fürtrefflich gewesen/ darin auch viel heiliger Märterer sind gemacht worden/wie die Kirchen Historien anzeigen.

Athanasius Bischoff zu Alexandria.

Alexandria eine herrliche Kauffstad gewesen.

In dem ist es auch ein herrliche Kauffstadt gewesen/Denn was köstlichs in India wechselt/ von Gewürz vnd wolriechenden dingen/Item/Seidenwand/Perlin vnd Edelstein / hat man auff grossen Schiffen durch das rote Meer in Egypten gebracht / vnd von dem roten Meer einen kleinen weg vber Land in das Wasser Nilus / vnd aus dem Wasser Nilo hat man zu Schiff in die Marietischen See/vnd biß an die Stadt Alexandria fahren können/ Vnd also alle köstliche Wahr aus India zu Alexandria gebracht/ vnd von dannen in Syriam/Griechenland/Italiam/Africam/Franckrich vnd Hispanien geführet. Diese Länder alle/ ja gantz Europa/hat einen grossen Zoll der Stadt Alexandria geben müssen / davon die Sultanen in Egypten ein vnauß sprechliche nutzung gehabt/vnd ist die Stadt mit Heusern vnd andern köstlichen Gebewen also gezieret worden/ das man weit vnd breit jhres gleichen nicht hat funden. Aber derselbige Kauffhandel ist jr endlich zu mehren theil entwand/durch die erfundene Schiffart aus Portugal in Indiam/welches dem Türcken sehr hefftig verdreust.

Alexandria hat ihren Kauffhandel verloren.

Insel Pharos.

Gegen Mitnacht hat die Stadt Alexandria gar einen hübschen Port im Meer / der ist gebogen wie ein halber Circkel / vnd dafür ligt ein Insel / die heist Pharos / vnd ist gleich wie ein Landwehre dieser Stadt/ sie beschleust gar nahe diesen Port / vnd hat zu beyden seiten enge genge/die von dem Meer zu der Stadt gehen/die gar gefehrlich zu faren sind/vnd das von wegen der grossen Felsen/die im Wasser ligen / darumb auch König Ptolemeus Philadelphus des ich zuvor gedacht / daß er das alte Testament habe in Griechische sprache bringen lassen/ auff der seiten/da man von Egypten gen Syriam schiffet / in dieser Insel Pharos hat auffrichten lassen ein trefflichen hohen Thurm / von weissen Marmelsteinen / vnd verordnet bey Nacht darauff groß Fewr zu machen/damit die Schiffleute gewarnet würden/ zu vermeiden alle gefehrligkeit/vnd dieser Thurm ward von der Inseln / darinnen er gebawet war / Pharos genant/vnd nach jm werden auch alle andere Thürm/die hin vnd wider an den Steden/ so am Meer ligen/vnd einen gefehrlichen zugang haben/ vnd zu gleichem dienste verordnet sind auch Pharos genant. Lange hernach hat Cleopatra die Königin in Egypten die Insel Pharos an der Stadt bodem hefften lassen mit einem starcken Damm / der ward genant Hebtastadion/ denn er war 7. Stadien/das ist/schier ein viertel einer Deutschen meilen lang.

Thurn Pharos.

Der Damm Heblastastion.

Josephus schreibet/die Stadt Alexandria sey rings vmbher/ entweder mit dem Meer oder sümpffigen örtern vmbgeben/vnd derwegen sehr feste. Vnd ob sie wol vor zeiten eine von den fürnemsten vnd herrlichsten Steden gewesen/vnd noch heutiges tags ein herrliche Statt ist/ so ist sie doch durch vielfaltigen Kriege dermassen verwüstet/daß man viel alte verfallene Gebew vnd steinhauffen darin findet/vnd wie man augenscheinlich sihet/ ist sie vorzeiten noch viel grösser gewesen. Es stehet auch ein wunder grosse seule zu Alexandria auß einem stück eines steins gehawen/Alexandro zu ehren auffgerichtet. Vnd insonderheit findet man auch in den schönen Lustgarten für Alexandria/vnter andern edlen Früchten/ Adams Epffel/ deren bletter 15. oder 16. Schuch lang/vnd zween oder anderthalb Schuch breit/ Vnd diese Adams Epffel wachsen Traubensweise / 17 18. oder 20. zu zeiten an einer Trauben / wie die grossen Byren

Adams Epffel.

oder

oder Feigen/vnd wenn man die Adams Epffel auffschneidet/oder / als offt man nur ein schnitlin davon schneidet/so erscheinet allewege eine gestalt eines Crucifix / darin ein Menschenbilde hanget/derwegen es auch dafür gehalten wird/Adam habe an solchem Apffel das Gebot Gottes gebrochen/darumb werde er auch Adams Apffel genant.

Jn der Stadt Alexandria findet man auch Tauben/die Botschaffts weise gebraucht werden/denen bindet man die Zedel vnd Brieffe an die Füsse / oder vnter die Flügel / als denn fliegen sie auffs Schloß zu Alexandria/oder in ein ander Stadt / wo hin sie gewonet sind zu fliegen. So schreibet auch Plinius/ das die Tauben etwan in grossen sachen Botschaffterin gewesen sein/vnd Decimus Brutus / der Edle Römer / habe in der Mutinensischen belägerung etlichen Tauben Brieffe an die Füsse gebunden/vnd sie in der Römer Lager gesand / Plin. lib. 10. Cap. 37. Vnd solchen Tauben vergleichet auch der Prophet Jesaias die H. Apostel / da er spricht im 60. Capitel/Wer sind die/welche fliegen wie die Wolcken / vnd wie die Tauben zu jren Fenstern? Die Stadt Alexandria wird zu vnser zeit von den Türcken Scanderia genent.

Auff die Bücher der Maccabeer.
Reisen des wütrigen Königs Antiochia des Edlen.

1. Antiochus der Edle/ist auß dem Königreich Syria gen Rom gesand / vber 400. meilen/ vnd ist da ein Geisel worden für seinen Vater/ 1. Mac. 1.

2. Von Rom ist er nach seines Vaters todt heimlich entrunnen / vnd vber 400. meilen/wider gen Antiochiam in Syrian kommen/vnd daselbst nach seinem Bruder Seleuco ein mechtiger König in Syria worden.

3. Von Antiochia ist er im anfang seines Reiches gen Tyrum gezogen / 40. meilen/vnd hat vnterweges Nider Syriam vnd Phœniciam eingenommen/vnd zu Tyro den Abgott Herculi zu ehren/grosse Schawspiel anrichten lassen/ 2. Mac. 4.

4. Von dannen ist er vber 30. meilen fort gezogen / durch gantz Galileam vnd Judeam/ vnd hat vnterweges alles eingenommen/ auch hinab in Egypten ziehen wollen. Als er aber vernam/das sein junger Vetter/König Ptolomeus Philomedor / einen Reichstag aus geschrieben/vnd man jhn für seinen Vormünder erkennen wolte/ sande er Apollonium/seiner Fürsten einen/auff denselbigen Reichstag in Egypten/ vnd er selbst König Antiochus keret wider vmb/vnd kam gen Joppen/ 2. Mac. 4.

5. Von Joppen zog er gen Jerusalem/ fünff meilen / vnnd ward von dem Hohenpriester Jason/vnd von der gantzen Stadt herrlich empfangen / vnd eingeleitet mit Jackeln vnd grossem Triumph.

6. Da hat König Antiochus einen hauffen Kriegsvolck zu Jerusalem in die Burg gelassen/welches also der anfang gewesen ist der schweren Dienstbarkeit / vnd ist durch Phœnicien wider heim gen Antiochia gezogen/ 70. meilen.

7. Von Antiochia da er seinen Königlichen Sitz gehabt / ist er mit grossem Kriegsvolck in Ciliciam gezogen/vber zwantzig meilen/vnd hat die auffruhr der Tharser vnd Malloter gestillet/ 2. Mac. 4.

8. Auß Cilicia ist er wider heim gen Antiochia kommen/vber 10. meilen.

9. Von Antiochia ist er darnach mit einem grossen Kriegsvolck gen Pelusium in Egypten gezogen/ 100. meilen/vnd hat vntern schein / als wolt er des jungen Königs Ptolomei/ des seiner Schwester Cleopatræ Son war/getrewe Vormünde sein / gantz Egyptenland eingenommen/Denn sie haben jm die Thor willigklich auffgethan. Solches ist geschehen im sechsten Jar seines Königreichs.

10. Von Pelusio ist er gen Memphis gezogen/ 35. meilen/vnnd hat vnterweges die festen Stedte eingenommen/viel Egypter erschlagen/vnd groß Gut raubet.

11. Von Memphis ist er wider gen Pelusium kommen/vber 35. meilen/vnd hat die Stad mit Kriegsvolck wol besetzt.

12. Vnd

Reisen Antiochi deß Edlen.

12. Vnd als König Antiochus in Egypten dermassen gesieget hatte / vnd wider heim zog/wie das erste Buch der Maccabeer im 1. Capittel bezeuget / reiset er durch Israel / vnnd kam von Pelusio/vber 33. meilen/gen Jerusalem mit grossem Volcke / vnnd ward von dem Hohenpriester Menelao/vnd andern losen Leuten/in die Stadt eingelassen/da hat er viel tausent Jüden zu todt geschlagen/den Tempel geplündert/Sewfleisch darin geopffert / vnd eilff Tonnen Goldes/wie es Doctor Paulus Eberus fleissig außgerechnet / auß den Tempel weg genommen/mitten in der Stadt auff dem Berge Acra ein Schloß gebawet / Acropolis genannt/vnd Kriegsvolck darauff gelegt.

13. Darnach ist er vber 70. meilen von Jerusalem wider heim in seine Heupstadt Antiochia gezogen mit grossem Raube/vnd hat zehen tausent gefangene / mit Weib vnd Kindern/ mit sich hinweg geführet. Solchs ist geschehen in der 152. Olympiade / Josephus von den alten Geschichten der Jüden im 6. Capittel deß 12. Buchs.

14. Vber 2. Jar hernach / ist König Antiochus abermals auß seiner Heupstadt Antiochia gen Alexandria in Egypten gezogen/140. meilen / vnd hat seinen weg durch Coelesiriam genommen/vnd sich vnterstanden/gantz Egyptenland mit gewalt zu eröbern. Aber Ptolemeus Philometor/der junge König in Egypten/rieff die Römer vmb hülffe an / die jhm sein Vater im Testament zu Vormünden vnd Schußherrn gesetzt hatte. Derwegen sandten die Römer einen Rathsherrn Marcum Popilium mit einem Kriegsvolck in Egypten / der begegnet dem König Antiocho nicht weit von der Stadt Alexandria/Vnd da Antiochus die Römische Legaten freundlich grüssete/vnd dem Popilio die Hand reichete/hat jm Popilius geschriebene Täfflein/vberantwortet/vnd jhm befohlen / das er die erst lesen sol. Als nun König Antiochus sahe/das jhm die Römer ernstlich/befohlen/daß er das Land reumen / vnd auß Egypten wider weg ziehen solte / vermeidet er die Römischen Gesandten mit guten Worten abzuweisen/vnd sprach: Er wolte sich mit seinen Freunden darauff bedencken. Aber Marcus Popilius machte mit einem Stabe, den er in der Hand hatte / einen Kreiß im Sande / vmb Antiochum her/da er stünd am Meer/vnd sprach also zu jhm : So spricht der Rath zu Rom/Auß diesem Kreiß gehe du nicht/du sagest denn deine Antwort / ob du Krieg oder Frieden haben wollest. Da erschrack der König Antiochus/Vnd als er ein wenig stille geschwiegen / antwortet er : Was dem Rath zu Rom wolgefelt / das wil ich gerne thun. Vnd also muste er mit schanden wider abziehen. Solches ist geschehen in 18. Jar seines Königreichs.

15. Da zog er in grimmigen Zorn auß Egypten wider heim gen Antiochia / 140. meilen/ vnd sandte seinen Fürsten Apollonium mit 22000. gen Jerusalem/ der gab guten Frieden für/ vnd lagert sich für das Thor/vnd erwartet deß Sabbath tags. Vnnd als die Jüden auß der Stadt spazieren giengen / das Lager zubesehen / vnd sich solchs vberfallens wenig versehen hetten/hat Apollonius jhrer viel erschlagen / vnd ist in die Stadt Jerusalem gefallen/dieselbe an vielen örten angezündet/vnd sehr schrecklich darinnen haußgehalten. Er befestiget auch die Davids Burg mit starcken Mawren vnd Thürmen / vnd besetzt sie mit einem Gottlosen Hauffen/die allen mutwillen darauff vbeten/1. Mac. 1. Nicht lange darnach sandte König Antiochus noch einen andern Fürsten / nemlich / Atheneum gen Jerusalem / der muste den Abgott Jupiter in den Tempel setzen. Das ist der grewel der verwüstung/ deß im 1. Buch der Maccabeer im 1. Capittel gedacht wird/Dan. 9. Er ließ auch in allen Stedten Juda Altar auffrichten/Sewfleisch opffern/die Bücher deß Gesetzes zureissen / vnd verbot die Kinder zu beschneiden/vnd ließ die Gottesfürchtigen / die seinem Gebot nicht gehorchen wolten/ sehr grewlich hinrichten/2. Mac. 5. 7. Aber der heilige Priester Mathathias vnd sein Sohn Judas Maccabeus/haben sich als Helden dawider gesetzt / vnd jhm grossen abbruch vnd schaden gethan.

16. Derwegen ist König Antiochus auß seiner Heupstadt Antiochia gen Persepolis in Persien gezogen/274. meilen/vnd hat daselbst den Tempel der Göttin Diana plündern wollen/vnd auch sonsten das gantze Land schätzen lassen/ auff das er Geld zuwegen brechte / damit er den Krieg gegen Judam Maccabeum möchte vollend außführen/aber die Bürger zu Persepolis machten sich auff/vnd wolten dem Gottlosen König Antiocho nicht gestatten / das er jhre Stadt mit stürmender Hand eröbern vnd gewinnen solte / sondern zogen jhm entgegen/ vnd schlugen jhn zu rücke. Also muste er mit schanden wider abziehen/2. Mac. 9.

17. Da

Beschreibung der Stedt. 214

17. Da ist er von Persepolis gen Ecbatana in Meden gezogen/76. meilen. Als er da war/ kam es für jhm/wie Judas Maccabeus groß Preiß vnd Ehre erworben/ vnd den Tempel zu Jerusalem wider gereinigt hette. 2. Mac. 9.

18. Derwegen ergrimmet König Antiochus / vnd ließ sich von Ecbatana gen Babylon furen/116. meilen/vnd vnterweges ist er mit dem Wagen vmbgeschlagen / vnd das Krummen im Leibe bekommen/vnd so tödtlich kranck worden/das man jhn auff einer Senfftie hat tragen müssen/vnd als er gen Babylon kommen/ist er in derselbigen verstöreten Stadt/ gleich wie in einer Wildnissen/gestorben/1. Mac. 6. 2. Mac. 9.

Summa dieser Reisen deß wütrigen Königs Antiochi des Edlen/2000. vnd 4. meilen.

Hilff Gott/welch ein müheselig leben hat dieser Blutbund Antiochus gehabt? Welche schwere weite reisen hat er mit grosser mühe vnd arbeyt gezogen? Vnd dazu jmmer mit zornigen vnd widerwertigen gedancken sich plagen müssen. Darauß sihet man / das den Gottlosen die Helle zuuerdienen schwerer wird/als den 1. vmen der Himel / Denn vnter allen Patriarchen vnd fromen Königen vnd Propheten ist keiner gewesen / der so weite müheselige reisen gehabt/als dieser Antiochus/der jmerzu ein schweres Gewissen / vnd wünderliche Grillen/vnd zornige gedancken gehabt/vnd zu letzt ein sehr schreckliches ende genommen hat.

Den Gottlosen wird die Helle schwerer zuuerdienen/deß den frommen der Himel.

Folget nun die beschreibung der Stedte/der in diesen Reisen Antiochi ist gedacht worden.

Antiochia.

Die Stadt Antiochia/darin König Antiochus der Edle Hoff gehalten / hat vorzeiten Hemath vnd Riblath geheissen/wie sie auch also von den Propheten genennt wird / vnd bawet. ligt in Syria/70. meilen von Jerusalem gegen Norden/ bey den Stedten Seleucia/ Laodicea vnd Apamea/Vnd diese vier Stedte hat König Seleucus Nicanor gebawet/wie Strabo in seiner Geographia im 16. Buch schreibet. Es ist aber derselbige König Seleucus Nicanor ein sehr mechtiger König gewesen/vnd hat groß glück gehabt / derwegen wird er auch Nicanor/das ist/ein Vberwinder genant / denn er hat seine Feinde krefftiglich vberwunden/ vnd ist 13. Jar nach des grossen Königs Alexandri Magni tode/ ein mechtiger Herr/ Regent vnd König vber Syrian vnd gantz Orient worden/vnd hat 32. Jar regirt / vnnd wie Strabo schreibet/hat er diese 4. Stedte/Antiochiam / Seleuciam / Apameam vnd Laodiceam gebawet im 12. vnd 13. Jar seines Königreichs. Die Stadt Antiochiam hat er nach seinem Vater Antiochia also genant/Vnd Laodicea hat von seiner Mutter den namen bekommen/ Seleucia ist nach seinem eigen namen also genent/Vnd Apamea nach seinem Gemahl vnd Königin Namen. Vnd diese 4. Stedte werden Sorores,das ist / Schwestern genant/ darumb/ das sie zu einer zeit/vnd dazu von einem Könige sind gebawet worden. Die Stadt Antiochia ist vnter jhnen die grösseste gewesen/vnd so prechtig vnd herrlich/das sie auch der grossen Stad Seleucia am Wasser Tygris/die auch dieser König Seleucus auß der verstörten vnd zerbrochenen Stadt Babylon gebawet hat / vnd nach seinem Namen Seleuciam genent/ desgleichen auch der schönen zierlichen Stadt Alexandria in Egypten/ an grösse vnd herrligkeit vergleichen wird.

Anfenglich hat dise Stadt/wie oben gemelt/Heimath geheissen/ vnd den Namen gehabt von Hamathai Canaans Sohn/darnach ist sie auch Riblath genent worden/ zu der zeit/ als sie vnter der Babylonier gewalt kommen/ Zum dritten hat sie König Seleucus/ als er sie gar köstlich gebawet vnd vernewet/nach seines Vaters Antiochi Namen / Antiochiam genent/ vnd wie Strabo schreibt/ist sie mit starcken Mawren vmbgeben gewesen/ vnd auch jnwendig mit vnterscheidenen Mawren in viel gerichte oder theile vnterschieden vnd abgetheilet gewesen. In dem ersten theil hat König Seleucus selbst sein Königlich Hofflager gehabt / vnd die Einwoner auß einem Stedtlein Antigonia nahe dabey gelegen/ dahin gebracht / hat auch den Jüden grosse Freyheit geben/in dieser Stadt zu wonen. In dem andern theil hat die Stadt Antiochia hat die gemeine Bürgerschafft gewonet. Das dritte theil hat König Seleucus Calinicus hernach mit seinem Königlichen Hofflager gezieret. Das vierdte Gerichte oder Theil der Stadt hat König Antiochus der Edle bewonet vnd sehr köstlich mit mancherley Wollüsten vnd schönen Gebewen gezieret.

Von mancherley Namen dieser Stadt.

In

215 Beschreibung der Stedt.

Paulus hat zu Antiochia geprediget. In der Stadt Antiochia hat auch der Apostel Paulus geprediget / durch Göttliche hülff deß Geists Gottes daselbst die Kirche vnd Gemeine GOttes sehr gestercket vnd bekrefftiget/ vnd die Jünger sind daselbst am 1. Christen genent worden/ Act. 11. Item / in dieser Stadt ist auch der Apostel Petrus von dem Apostel Paulo ins Angesicht gestrafft worden Galat. 2. Es sol auch der Euangelist Lucas auß dieser Stadt Antiochia bürtig gewesen seyn.

Der Wald Daphne. Viertzig Stadien / das ist 5. viertel einer Deutschen meilen von der Stadt Antiochia/ ist ein grosser Waldgewesen / so breit vnd groß das er schier 1. Deutsche meile im vmbcirck gehabt/der ist gar ein lustiger Wald gewesen / mit viel Springbrünlein sehr lustig zugerich tet/darin auch die Vöglein auff den grünen Esten süsse gesungen / vnd sich stets erfrewet ha ben. Mitten in diesem Wald hat ein Tempel gestanden / darin der Abgott Apollo ward an gebettet. Es hat auch die Göttin Diana in diesem lustigen Wald eine Kirche gehabt / vnd die weil dieser Wald Daphne geheissen / hat die Stadt Antiochia den Zunamen davon bekom men/das sie Epidaphne ist genent worden. Im 2. Buch der Maccabeer im 4. Capittel lesen wir/das der fromme Hohepriester Onias in diesem Wald Daphne geflogen / vnd vermeinet an demselbigen befreyeten orte sicher zu seyn / er aber mit listigen Worten auß der Freyheit ge locket/vnd verrähterlich ermordet worden. Bey der Stadt Antiochia hat auch das Wasser Orontes geflossen/das in Cœlesiria entspringet/vnd darnach wider in die Erden fleust/darnach bey der Stadt Apamea wider herfür kompt/vnd auff Antiochia fleust/vnd von dannen vber 4. meilen/nicht weit von der Stadt Seleucia / in das grosse Mittelmeer der Welt / das sonsten Mare Mediterraneum genent wird.

Viel Stedte die Antiochia geheissen. Es sind sonsten auch noch viel andere Stedte/die auch Antiochia geheissen haben. Denn Stephanus zelet 12. Stedte, die alle mit diesem namen sind genent worden/ als nemlich / An tiochia Syriæ/davon ich jetzt geschrieben habe. Zum andern/Antiochia Pisidiæ. Zum drit ten/Antiochia Mesopotamiæ/sonsten Mygdonia oder Asibe genant. Zum vierdten/die Stadt Antiochia zwischen Syri vnd Arabia gelegen. Zum fünfften / Antiochia in Cilicia/am was ser Pyramo. Zum sechsten / Antiochia in Puria / die sonsten Arados von den Syrern genent wird. Zum siebenden/Antiochia am Berge Tauro/im Lande Commagena gelegen. Zum achten/Antiochia am See Calliroen. Die neundte Stadt Antiochia ist in Schytia gelegen. Die zehente in Caria/die sonsten auch Pythopolis geheissen. Die eilffte Stadt Antiochia ist vom Könige Sotero in Margiana gebawet worden. Vnd die zwölffte / ist die Stadt Thar sus in Cilicia/denn sie hat vor zeiten Antiochia geheissen.

Roma.

ROma ist die Heuptstadt deß Römischen Reichs/in aller Welt sehr wol bekant/ligt von Jerusalem 382. meilen/gegen der Sonnen Nidergang. Von dieser Stadt wirstu im 2. Buch bey den Reisen deß Apostels Pauli weitleufftiger bericht empfangen.

Die Stadt Tyrus/Joppen/Memphis vnd Alexandria/ sind vorhin beschrieben worden/ vnd ist derwegen ohne noth/solchs an diesem ort zu widerholen.

Tharsus.

THarsus/die Heuptstadt in Cylicia / darauß der H. Apostel Paulus bürtig gewesen/ ligt von Jerusalem 76. meilen gegen Norden / vnd hat den namen von Tharsis dem Sohn Javan/der da ist gewesen ein Sohn Japhet/deß Sohns Noe/Gen. 1. Von die ser Stadt wirstu bey den Reisen diß Apostels Pauli weitleufftiger geschrieben finden.

Mallus.

MAllus ist ein Stadt in Cylicia/ligt von Jerusalem 75. meilen gegen Norden / vnd hat den namen/wie Stephanus schreibet/von Mallo/der sie anfenglich sol gebawet haben. Sie ligt zwölff meilen von Tharsen/gegen der Sonnen Auffgang. Im Buch Ju dith im andern Capittel wird sie Melothi genant.

Pelusium.

PElusium ist ein Stadt in Egypten / die Pelus/Achillis Vater / gebawet/von dem sie auch den namen hat/vnd ligt von Jerusalem 33. meilen gegen Südwesten / an dem

ort/da

in den Reisen Antiochi beschrieben. 216

Ort/ da der Nilus ins Meer fleust/ vnd hat derselbe erste einfluß von dieser Stadt den namen das er Ostium Pelusiacum heisset.

Persepolis.

Die stadt Persepolis/ ist die Heuptstadt im Königreich Persia gewesen/ vnd hat gelegen 310. meilen von Jerusalem/ gegen der Sonnen Auffgang/ vnnd hat den namen von dem mechtigen Könige Perso der sie gebawet/ vnd nach seinem namen Persepelin/ das ist Persel Stadt genent/ vnnd nicht allein die Stadt/ sondern auch das gantze Land/ ist nach ihm das Königreich Persia genent worden. Man findet auch dieses Königs Persi vnd seiner Königin Andromedæ bildnis/ vnter den Sternen am Himmel/ daraus denn leichtlich zuermessen/ das es ein sehr mechtiger vnd weiser König wird gewesen sein / der insonderheit viel auff die edle Kunst der Astronomey/ vnd auff den lauff des Himmels wird gewendet haben. Die Stadt Persepolis/ darin er selbst/ vnd auch alle Könige nach jm/ jhren Königlichen Sitz vnd Hofflager gehabt/ ist die schönste Stadt in gantz Orient gewesen. *Wer sie gebawet.*

Es hat sich aber zugetragen/ als der grosse Alexander Magnus/ Darium/ der Perser letzter König in die flucht geschlagen/ vnd seine Mutter/ Weib vnd Töchter gefangen/ auch die schöne vnd gewaltige Heuptstadt des gantzen Königreichs Persi polis genant/ gewonnen/ vnd darin einen vberauß mechtigen schatz/ den alle Könige für vnd für gesamlet hatten/ eroberet/ pancketieret er vnd lebet alda in allen frewden mit vnzüchtigen Weibern/ vnter welches auch war die namhafftigste Hure Thais/ welche/ nach dem sie sich vol gesoffen/ lobet sie den König Alexandrum mit Höfflichen schönen Worten/ vnter andern sagt sie/ das sie auff diesen tag/ aller mühe vnd arbeit/ so sie in Persiam zu ziehen gehabt vnd erlitten / nunmals ergetzet vnd belonet were/ in dem/ das sie in den aller vbermütigsten vnd hoffertigsten der Perser König Pallasten/ so herrlich vnd wol leben thet/ Jedoch so würde jr frewde vnd wollust noch grösser/ vnd zum höhesten gemehret/ wenn sie diß Königs Xerxes/ Königlichen Pallast vnd Saal/ in solcher frölickeit möchte anzünden/ darumb das etwan die Perser jhr Vaterlandt/ Stedt vnd Heuser/ auch geschleiffet vnd verbrand hetten. Dieser vollen Bestien zu gefallen/ wünschet/ König Alexander Magnus in seiner Königlichen Kron selbst auff/ in voller weise vnd nam die brennende Fackeln zu handen/ vnd war dieses erbermlichen schadens der fürnemeste anrichter. Dem folgeten die Geist/ Diener vnd vollen Weiber/ vnd insonderheit die hure Thais gar mit grossem geschrey nach/ steckten vnd zündeten also den herrlichen Königlichen Hoff vnnd Pallast zu ringsumbher. Diewegl aber diß Königliche Hauß von vielen Cedern vnd Cypressen holtz gemacht/ entfieng es gar leichtlich Fewr/ vnnd namen die Flammen mit macht vberhand. Das Macedonische Kriegsvolck aber meinet/ solcher brand vnd fewr were durch versehen entstanden vnd verwarloset/ liessen derwegen zu mit hauffen zu retten. Da sie aber im Vorhofe des Schlosses den König selbst sahen das Fewr schweren/ liessen sie das Wasser stehen/ fiengen auch an dürre Materien vnd Reiser ins Fewr zu werffen/ damit also Schloß vnd Stadt verbrand/ ist auch hernach niemals wider gebawet/ ja man köndte nicht wissen wo sie gestanden/ wenn das Wasser Araxes/ das nahe für der Stadt hergegangen/ desselben nicht ein anleitung gebe.

Ein solch erbermlich ende hat auff einer losen Huren wincken/ die herrliche Stadt Persepolis genommen/ dergleichen in gantz Orient nicht ist gewesen/ in welcher so viel gewaltige Könige aus Persia/ bey drittehalb hundert Jaren/ Hoffgehalten/ die auch vorzeiten ein einiger schreck gantz Grecien gewesen/ als sie im solch Heer vnnd zehen tausent Schiffe auffgebracht/ damit gantz Europa erfüllet worden/ welche das Meer vberdeckt/ grosse Berge durchgraben/ vnd das Meer hindurch gefürt. Nach dem aber der König Alexander den Wein verdawet/ hat jm dieser grosse schade selbs gewewt/ das er auch gesagt/ man hette sich viel besser an den Persern rechnen können/ so sie jhn auff den Königlichen Stuel Xerxis hetten sitzen sehen müssen/ denn auff die weise.

Diewegl aber die Stadt Persepolis in grund verbrand / vnd hernach niemals wider gebawet worden/ vnd das erste Buch der Maccabeer im sechsten Capitel vermeldet/ die Stadt/ Elimas/ von welcher Antiochus hinweg geschlagen worden/ habe Elimais geheissen/ darin ein köstlicher Tempel gestanden/ da König Alexander Magnus groß gut/ vnd sein gülden kleider / Harnisch/ vnd Schilt eingegeben habe/ wie auch Josephus von den alten Geschichten der Jüden *Die Stadt Elimas.*

D b im zwölff

Beschreibung der Stadt.

im zwölfften Buch hiemit vberein stimmet/ so verursachet mich solchs zu gleuben/ daß die Stadt/ für welcher König Antiochus vberwunden/ vnd auß dem Felde geschlagen/ sey nicht die Stadt Persepolis/ sondern ein ander Stadt gewesen/vnd habe Elimais geheissen. Doch sondte es wol sein/das sie nicht weit von Persepolis gelegen/ vnd auß derselbigen verstöreten Stadt Persepolis were gebawet vnd gebessert worden/ vnnd also den namen dauon bekommen/ das sie das newe Persepolis were genent worden/ mit ihrem rechten namen aber/ heißt sie Elimais/ dauon auch das gantze vmbliegende Land in Persia/ auff jenseid Eusa gelegen/ den namen bekommen/ das es das Land Elimais/ oder Elimatica Regio, geheissen hat/ wie den beyde Plinius vnd Strabo desselbigen Landes gedencken.

Wo von Elimas ihren namen gehabt.

Der name Elimais aber/ ist sonder zweiffel der alte name Elam/ denn gantz Persia hat anfenglich Elam geheissen/ von Elam Sems Sohn/ Gen. 10. Biß hernach König Perseus dasselbige Land mit streitbarer Hand gewunnen/ vnd nach seinem Namen Persiani genent/ wie ich auch zuuorn habe angezeiget.

Das Land Persia hat viel mechtiger König gehabt/ denn im 536. Jar für Christi geburt hat König Cyrus/Cambysis eines Fürsten in Persia Sohn/ die Stadt Babylon eröbert/vnd den letzten König vnd Monarchiam oder das oberste Regiment auff Erden an die Persen gebracht/ bey denen es auch 206. Jahr geblieben/vnd haben die zeit vber in Persia regirt nach folgende mechtige Könige vnd Monarchæ/ Cyrus/Cambyses/ Darius Hystaspis Sohn/

Von verenderung deß Persischen Königreichs

Xerxes, Artaxarxes, Longimanus, Darius Nothus/ Artaxerxes Mnemon, Darius, Ochus, Arsanes vnd Darius vltimus. Diesen letzten Darium hat der grosse Alexander König auß Macedonia/krefftiglich vberwonnen/ vnd also das oberste Regiment auff E. den den Persen genommen/ vnd auff die Griechen gebracht/ im dreyhundertsten vnd dreissigsten Jar für Christi Geburt. Also hat dazumal das Königreich der Persen ein ende genommen/ vnd ist von der zeit an/ vnter der Griechen gewalt geblieben 192. Jahr. Denn als Demetrius Nicanor/ der Griechische König auß Syria in Orient/ vnnd mit hülffe der Perser vnnd Parthianer/Arsacem den mechtigen König der Parther vnd Meder/mit Heerskrafft angreiffen ward er vberwongen vnd gefangen/ vnd ist das gantze Land Persia von der zeit an/ den Parther vnterworffen gewesen/ die auch mit den Römern gewaltige Kriege gefüret haben.

Vber eine lange raume zeit hernach/ nemlich/im Jahr nach Christi vnsers HErrn Geburt 226. hat Ataxerxes/ein sehr mechtiger HErr in Persia/ Artabanum/den Parther König erschlagen/vnd ist also ein mechtiger König in Persia worden. 548 Jar nach des grossen Alexandri todt/vnd hat also das Persische Reich wider herfür gebracht. Von der zeit an/haben Artaxerxes vnd seine Nachkommen/die Königliche Krone in Persia getragen/314. Jar. Die zeit vber haben nachfolgende 26. Könige in Persia regieret/ Artarxerxes der erste. Sapores vrnisdates, Varatanes, Varatanes der ander/ Varatanes der dritte/ Narses Misdates, Sapores der ander/ Artaxerxes der ander/Sapores der dritte/ Varatanes der vierde/ Isdigertes, Varatanes der fünffte/ Varatanes der jechßte/ Peroces, Valens, Cauades, Zambades, Cauades der ander/Cosroes, Hormilda, Cosroes der ander/Siroes, Adhesyx, Sarhares, Bornarim, vnd Hormisda der ander. Dieser letzter König der Persen/ Hormisda, deß namens der ander/ ward im Jar nach Christi vnsers HErrn geburt/ 640. seines gantzen Königreichs vertrieben/also ist das Königreich Persia Haumaro, dem mechtigen vnd streitbaren Könige der Saracenen vnterthenig worden/welchs war der 3. Regent der Saracenen/ Mahometischs glaubens. Deß Mahometh war der erste/ Abuthathar der ander/ vnd dieser Haumar/ welcher das Königreich Persia eröbert/ist der dritte Tyrannische Regente der Saracenen gewesen.

Von dieses Haumars zeiten an/ist das Königreich Persia je vnd allwege den Saracenen vnd Türcken vnterthenig geblieben/die sich in viel Caliphas vnd Sultanen/außgebreitet/vnd grosse Kriege wider einander gefüret haben/ dadurch das Königreich Persia offt vnd vielmals sehr verwüstet worden/wie denn insonderheit Vsumcassanes, ein König in Persia/ auß Türckischem geblüte entsprossen/wider den Türckischen Keyser Mahometh/ des namens dem andern gewaltige Kriege gefüret hat/im Jar nach Christi geburt/1472. Dieser Vsumcassanes, hat seine Tochter Marthem vermehlet Harbulli einem edlen Schriftgelerten in Parthia/Saracenisches glaubens/von dem ist geboren Ismael Sophus/nach Vsumcassane, dem König in Persia/sein Son Jacobus/der ließ seinen schwager Harbullum tödten. Vnd als er darnach

durch

In den Reisen Antiochi beschrieben.

durch sein eigen Weib widerumb mit gifft getödtet ward/ist nach jm König in Persia worden obgedachter Ismael Sophus/welcher vom Türckischen Keyser Selimo oberwunden/vnd in die flucht ist getrieben worden/am 25. tage Augusti/im Jahr nach Christi geburt/1514. Doch hat der Türckische Keyser eine sehr blutige oberwindung behalten / denn in dieser Schlacht ober die 30000. Türcken verloren.

Dieses Ismaelis Sophi Sohn / ist gewesen Tamasus oder Techmes/der mechtige König in Persia/der im Jahr nach Christi geburt 1535. am dritten tage Octobris die stadt Taurum oberfallen 2000. Türcken erschlagen/des Türckischen Keysers Solomanni Frawenzimmer/gefangen hinweg gefüret/ vnd groß gut bekommen hat. Dieses Tamasi Sohn ist gewesen Gamael oder Gamaliel / ein mechtiger Sophi oder König in Persia / der dem Türckischen Keyser Selimo / des namens dem andern / grossen widerstandt gethan / vnd denselbigen im Jahr 1574. nach Christi geburt 2500. Türcken erschlagen. Nach solcher herrlicher Victoria ist gedachter Gamael / noch im selbigen Jahr / mit todt abgangen / So ist auch vnlangst darnach der Türckische Keyser Seltimus/am 15. tage Decembris/als er viel sauffens vnd vnzucht getrieben/ in seinen Sünden vnd Missethaten gestorben / welchen sein Sohn Amurathes / der jtzige Türckische Keyser/ im Reich succediret vnd nachkommen.

Der Persische König Gamuel aber/hat drey Söne vnd 1. Töchter gehabt. Der elteste Son Alschi/ist noch bey seines Vatern leben geköpfft worden / darumb/das er demselben nach der Kron gestellet. Der ander Son Ismael / welcher noch jung/ schön / lang vnd gerade vom Leibe / darzu sehr manlich vnd beherzt / ist dem Vater im Königreich succediret vnd zum Sophi oder König in Persia erwelet worden/fast vmb die zeit / als der jtzt regierende Türckische Keyser Amurathes ins Regiment getretten. Der dritte aber vnd jüngster Sohn Balthasar / helt sich in Perside/in einer sondern Prouintz vnd Stadt welche ferne nach Indien ligt. Die Tochter ist am Hofe der fürnembsten Räthe einen vermehlet worden.

Die Persen sind tapffere Leute/ an der Farben braun/an geberden Adelich/ vnd in jhrem thun auffrichtig / vnd ob sie wol Saracenisches vnd Mahometisches glaubens/ so halten sie doch nicht allerdinge mit dem Türcken/ sondern sehen mehr auff Hali vnd Omar/ Mahomeths Gesellen / als die nach dem Mahometh viel gewissere vnd besser Gesetze sollen herfür gebracht haben/ so doch dagegen die Türcken Mahometh/ für dem grössesten Propheten halten. Die Persen werden sonst Rot Türmen genant / darumb das sie an jhren weissen Binden vnd die Hüte/ Bawmwolle Fatzenetlein tragen/ mit roten seiden angeheftet. Man findet auch Christen in Persia/die sind eben des Glaubens wie die Christen in Priester Johans Lande / mit welchen der König in Persia grosse verbündnis vnd kundschafft helt.

Der jtzige König in Persia Sophi Ismael/ hat seinen Königlichen Sitz gemeinlich zu Samarand / da sel er etliche Eichorn haben/ vnd daneben etliche Greiffen/ Altra von jhnen genant/ die seinem Vater aus Africa von Priester Johan sind zu geschickt worden. Dieselben Greiffen sind mit ein zimliches höher vnd grösser als die Lewen / haben rot farbe Köpffe/ krumme Schnebel/gesterdten Hals/ einen blutroten Leib/schwartze Flügel wie ein Adeler/Füsse wie ein Drach/ vnd einen langen Löwenschwantz/ sind dem Fleische sehr gefehr / vnd weil sie noch jung pfleget der König kurtzweil halben mit sich zu füren/ Wen sie aber erwachsen vnd starck werden/ helt er sie in starcken Benden vnd ketten die jnen vmb den Hals oder Kragen gelegt.

Wo der heilige Priester Matathias/ Judae.
Maccabei Vater gewohnet habe.

Jerdehalbe meilen von Jerusalem gegen Nordösten/ auff der Strassen Joppen / hat auff einem Berge die stadt Modin gelegen/ darin Matathias/ Judae Maccabei Vater gewonet/ vnd auch daselbst einen Gottlosen Jüd mit des Königs Antiochi Heuptman am Gözen Altar erschlagen/ 1. Mac. 2 So ist auch dieser heiliger Priester Matathias / als er seinem Sohn Jude Maccabeo / die Heuptmanschafft vnd das Kriegsvolck befohlen/ vnd in Gott seelig gestorben war/in dieser stadt Medin begraben/ vnd sind nach seinem todt auch seine Söne daselbst hin begraben worden. Insonderheit aber/ hat sein Son Simon der Hohepriester zu Jerusalem solch begrebnis sehr hübsch gezieret mit schönen Gewelben/ auff seulen von eitel weissen polierten Marmelstein gemacht / vnd oben auff dem begrebnis auffrichten lassen

B b ij   sieben

219   Reisen des Fürsten Judae Maccabei.

sieben viereckete spitzen vnd Thürme/die man Pyramides nennet/ seinem Vater vnd Mutter vnd Jedem seiner Brüder zu ehren / Vnd dieselben hohen Pyramides oder viereckete spitzen sind von stette vnd grösse sehr ansichtig gewesen / haben auch noch zu Josephi zeiten gestanden. Vnd ringes an die Marmelseulen vmb das begrebnis her / hat auch derselbe Hohepriester Simon/seines Vaters vnd seiner Brüder Harnisch hangen lassen / zum ewigen gedechtnis/vnd oben auff die Pfeiler lassen Schiffe setzen / die man auff dem Meer sehen kondte / alles aus weissen Marmelsteinen gehawen / 1. Mac: 13. Josephus in den alten Geschichten der Jüden im 13. Buch vnd 6. Cap.

Reisen Judae Maccabei.

JVdas Maccabeus ist mit seinem Vater Matathia aus der stadt Modin auffs Gebirge geflohen / vnd als er nach seines Vatern Todt öberster Feldherr worden / ist er hin vnd wieder durchs Land gezogen / vnd sich ein zeitlang in Wildnissen vnd Wälden enthalten/vnd hat den Feinden grossen schaden gethan. Derwegen ist auch König Antiochi Fürsten einer/ Appollonius genant/ der in der Stadt Samaria sein wesend hat / mit einem grossen Kriegsvolck auffgebrochen / in meinung Judam Maccabeum zu vberfallen. Aber der frewdige Held / ist jhm als ein grimmiger Löwe gen Samaria entgegen gezogen / vnd in mit einem grossen hauffen Volckes in seinem grim zu todt geschlagen/ vnd des erschlageuen Fürsten Appollonij Schwerdt genomen/welches er hernach sein lebenlang geführt/1. Mac.3. Das ist also die erste Feldschacht die Judas Maccabeus gewunnen hat. Es ligt aber die Stadt Samaria neun meilen von der stadt Modin / daraus Judas Maccabeus bürtig gewesen / da er auch kurz zuuorn seinen Vater begraben hatte.

Die Erste Feldschlacht die Judas Maccabeus gewonnen.

1.   Als aber Seron/ der Fürste des Königs Antiochi / in Nider Syria höret / wie Judas Maccabeus den Fürsten Appollonium im streit erschlagen/ist er zornig worden/vnd gesprochen: Ich wil Ehre einlegen/das ich in dem gantzen Königreich gepreiset werde/vnd wil Judam vn seinen hauffen schlagen/ vnd lagert sich zu Bethoron im Lande Jude/8. meilen von Samaria. Aber der / frewdige Held Judas Maccabeus/ fiel ins Leger / vnd schlug jn mit seinen gantzen hauffen in die flucht / vnd jaget jn von Bethoron herunder in das Flache Feld/schlug srer achthundert todt/vnd die vorigen flohen in das Land der Philister/1. Mac.3. Das ist also die ander schlacht/die Judas Maccabeus gewonnen hat. Vnd solches ist geschehen bey der stadt Bethoron/ auff Deutsch Blanckenhausen genant/zwo meilen von Jerusalem gegen Nordosten.

Die ander Feldschlacht die Judas Maccabeus gewonnen.

2.   Da solches König Antiochus hörete/ward er sehr grimmig vnd zog in Persiam / Geld daselbst her zu holen auff das er den Krieg wider Judam Maccabeum aussfüren möchte / vnd lies einen Stadthalter im Lande Lysiam seinen Fürsten der sandte ein gross Kriegsvolck in Judeam/ vierzig tausent zu Fuss / vnd sieben tausent Reuter/ Diesen hauffen füreten drey Heuptleute/ Ptolomeus / Nicanor vnd Gorgias/ die lagerten sich bey Emahus/ wie Josephus im zwölfften Buche vnd zehenden Capittel/ von den alten Geschichten der Jüden anzeiget. Vnd die Stadt Emahus/auff Deutsch/Muttersterck/ ligt von Jerusalem ein wenig mehr als anderthalb Deutsche meilen /vnd ist eben die Stadt da auch der HErr Christus hin wanderte nach seiner frölichen Aufferstehung / mit zween seiner Jünger / Luc. 24. Im ersten Buche der Maccabeer im dritten Capittel wird diese Stadt Ammao genent.

4.   Judas Maccabeus aber versamlet sein Volck gen Mispath/nicht weit von Jerusalem gelegen/ von Bethoron aber/da er zuuor den Fürsten Seron aus dem Lager geschlagen / hat sie gelegen anderthalb meilen. Daselbst haben die frommen Jüden Gott fleissig angeruffen / das er jnen Sieg vnd vberwindung geben wolte/wider jre Feinde/ 1. Mac. 3.

Die dritte Feldschlacht die Judas Maccabeus gewonnen.

4.   Darnach ist Judas Maccabeus mit seinem Kriegsvolck von Mispath gen Emahus gezogen/ eine meile /vnd hat den Feinden die dritte Heuptschlacht abgewunnen / vnd Nicanorem aus dem Felde geschlagen/ 1. Maccab. 4.

5.   Von Emmahus hat er den flüchtigen Feinden nachgejaget/ vnd die zwo meilen/biss an die gegend der stedte Asdod/ Assenroth vnd Jamnia.

Jst

Reisen des Fürsten Jude Maccabei. 220

6. Ist darnach mit seinem Kriegsvolck vber zwo meilen wider gen Emmahus kommen/ vnd den Fürsten Gorgiani/ der ins Gebirge gezogen war/so hefftig erschrecket/ das er mit alle seinem Volcke das Hasen Pannier auffgeworffen/vnd dauon geflohen ist/1. Mac. 4.

7. Die vierde schlacht gewan Judas Maccabeus / anderthalb meilen von Emmahus/ bey dem Schloß Bethzura/ auff Deutsch Felsenhauß. Das ist ein wolgebawtes festes Schloß gewesen/ auff einem hohen Felsen gelegen / ein wenig mehr / als ein halb viertel einer meilen von Jerusalem/auff der strassen/gen Bethlehem. Bey diesem Schloß hat Judas Maccabeus Chisiam den Stadthalter des Königs Antiochi vberwunden / vnd dadurch grossen preiß vnd ehre erworben/ 1. Mac. 4. Dazumal hat auch der Engel Gottes auff einem Pferde / im weissen kleide vnd Gülden Harnisch/ Jude Maccabeo geholffen / 2. Mac. 11.

8. Vom schloß Bethzura/ist Judas Maccabeus schier ein viertel einer meilen/gen Jerusalem gezogen/vnd hat den Tempel vnd dz Heiligthumb wider gereiniget/1.Mac. 4. 2. Mac. 10.

9. Von Jerusalem/ist er in Jdumea gezogen/10. meilen/vnd hat zu Arabath die Kinder Esau vberfallen/ vnd die Kinder Bean/die rechte Strassenreuber gewesen / auff ihrer Burg belagert vnd verbrand/ 1. Mac. 5. 2. Mac. 10.

10. Vnd ist vber 10. meilen wider heim/gen Jerusalem kommen.

11. Darnach ist Judas Maccabeus wider die Kinder Ammon gezogen / die 15. meilen von Jerusalem gegen Nordosten gewonet haben/ 1. Mac. 5.

12. Ist darnach an die sechs meilen wider zurücke gezogen / vnd hat die Stadt Jaezer im stam Gad/mit andern vmligenden Flecken gewonnen/1. Mac. 5.

13. Dieselbe Stadt Jaezer hat auch Moses vorzeiten eingenommen/ als an seinem ort ist vermeldet worden.

14. Von Jaezer ist Judas Maccabeus wider gen Jerusalem gezogen / 10. meilen.

15. Vnd von Jerusalem zog er gen Joppen/ fünff meilen / vnd zündet bey nacht den Port an / 2. Mac. 12.

16. Vnd von Joppen ist er vber eine meile gen Jamnia gezogen / vnd hat den Port vnd die Schiffe auch angezündet/dauon ein solch groß fewr worden / das mans auch zu Jerusalem/vber 4. meilen/ hat sehen können/ 2. Mac. 12.

17. Von Jamnia ist er neun Stadia oder Feldweges fort gezogen / die machen ein wenig mehr / als ein viertel einer meilen/vnd hat Timotheum mit fünff tausent Arabern/ vnd fünff hundert Reutern im Streit vberwonnen/ vnd ist auch also bald in die Stadt Caspis gefallen/ vnd dieselbe auch mit stürmender hand gewonnen/ 2. Mac. 12.

18. Darnach zog Judas Maccabeus mit seinem Bruder Jonatha vber den Jordan / 750. Feldweges/ die machen 24. meilen/vnd hat da auff dieser Reisen/ den Nabatheer vnd Thubianer zugebracht. Vnd als die armen vnterdruckten Leute des Landes Gilead/Judam Maccabeum vmb hülffe anlangten/ sandte er seine Heuptleute Dositheum vnd Sosipatrum dahin/ die haben einen Flecken / den Thimotheus der Amnoniter Fürste mit Kriegsvolck starck besetzet hatte/ erobert/ vnd mehr als zehen tausent darin erwürget / 2. Maccab. am zwölfften Cap.

19. Judas Maccabeus aber keret vmb eine Tagereise / die machet ohn geferh in die sechs meilen/ vnd stürmet/ vnd gewan die Stadt Bosor/ jenseid des Jordans im Stam Ruben/ bey Bethabara gelegen/ vnd verbrandte sie im fewr. Vnd diese stadt Bosor auff Deutsch/ Weinernten/ ist eben die stadt/ daraus Job bürtig gewesen / wie oben an seinem ort ist angezeiget worden/ Jes. Cap. 63. nennet sie Bezra.

20. Von Bosor zog Judas Maccabeus vber acht meilen gen Maspha/ vnd hat vnterwegs Thimotheum der Ammoniter Fürsten/ der die Burg Dathemau stürmte angegriffen/ vnd in dauon gejaget. Vnd als er gen Maspha/ sonsten Mitzpe genant kommen/ da auch vorzeiten Jephta seine Tochter geopffert/hat er die Stadt gewonnen/vnd alle Mansbilde darin erstechen lassen. Vnd solches thet Judas Maccabeus darumb/ weil es eitel Gottlose Buben vnd arge Reuber waren. Deßgleichen hat er auch viel andere stedte des Landes Gilead vmb Maspha her gelegen/ eingenommen/ 1. Macc. 5.

B iij   Dar-

Reisen des Fürsten Jude Maccabei.

21. Darnach ist Judas Maccabeus bey einem Dorff Rapha genant/2.meilen von Maspha vbern Bach gezogen/vnd hat daselbst Timotheum/der Ammoniter Fürsten/der ein groß Kriegsvolck vnd viel Araber zu felde gehabt/so hefftig erschrecket/das sie aus dem Felde geflohen sind/in die stadt Astharoth Carnaim nahe dabey gelegen/da der heilige Job vorzeiten gewonet hat. Timotheus aber ward gefangen/ehe er in die stadt komen kondte / vnd auff seine grosse bitte vnd erbietens wider loß gelassen. Judas Maccabeus aber/hat die stadt Astharot Carnaim/die in andern Buch der Maccabeer Carnion genent wird/mit stürmender hand gewonnen vnd den Tempel der Göttin Venus / die von den Syrien Astharoth genent wird/ mit allen die darin geflohen waren verbrand/vnd also bald auch die stadt Atargation nahe dabey gelegen auch eingenommen. Vnd ließ darnach versamlen alles Volck Israel das in Galilea war klein vnd groß/das sie mit jm in Judeam zogen/1. Mac. 5. 2. Mac. 12.

22. Von Astharoth Carnaim bis gen Ephron/sind vier meilen/dieselbe Stadt hat Judas Maccabeus/darumb das sie in nicht wolten durchzihen lassen/mit stürmender handt gewonnen/vnd alle Manßbilder darin erstechen lassen/vnd ist hernach vber die todten Cörper durchzogen. Es ist aber die Stadt Ephron eben die stadt / da vorzeiten der Richter Gibeon geboren ist/vnd auch darinnen gewonet hat / vnd sie hat den namen vom steuben / darumb das bey dieser Stadt der Patriarch Jacob mit dem Engel gesteubet vnd gerungen.

23. Von Ephron zog Judas Maccabeus vber eine meile/gen Bethsan/sonsten Schytopolis genant/ da König Saul vorzeiten in sein eigen Schwerdt gefallen/die stadt hat Judas Maccabeus auch besucht/Josephus von den alten geschichten der Jüden im zwölfften Buch/ 2. Mac. 12.

24. Von Bethsan zog Judas Maccabeus wider gen Jerusalem auff dem Berg Sion. 11.meilen/vnd ist eben also am Pfingsten wider heim komen/ 1.Mac. 5. 2. Mac. 1.

25. Von Jerusalem ist Judas Maccabeus kurtz nach Pfingsten in der Philister Land gezogen/vnd hat da bey der Stadt Maresa / des Propheten Micha Vaterland / den Fürsten Georgiam vberwonnen 2. Mac. 12.

26. Von Jerusalem ist Judas Maccabeus mit seinem Volcke zu die stadt Odullam gezogen/anderthalb meilen. Es ligt aber die Stadt Odullam/eine meile von Bethlehem/ gegen der Sonnen Nidergang. Vnd Dauid hat sich daselbst verborgen für dem König Saul / So hat auch der Ertzvater Juda daselbst ein Weib genommen / Gen. 38. wie an seinem ort ist vermeldet worden.

27. Von Odullam ist Judas Maccabeus vber zwo meilen wider heim gen Jerusalem komen/ 2. Mac. 12.

28. Von Jerusalem ist Judas Maccabeus gen Hebron gezogen/ sechstehalb meilen/ vnd hat die stadt/ sampt den vmbliegenden flecken/erobert vnd gewonnen / 1. Mac. 5.

29. Von Hebron ist er gen Samaria gezogen/15.meilen 1. Mac. 5.

30. Vnd von Samaria gen Asdod / eilff meilen/da hat er der Götzenaltar eingerissen / vnd die Götzen mit fewr verbrand/1. Mac. 5.

31. Vnd ist darnach vber sechstehalb meilen wider gen Jerusalem komen/ vnd ist den Fürsten Thimotheo/der die Stadt Jerusalem angreiffen wolte/aus der Stadt entgegen gezogen Da erschienen den Feinden vom Himel fünff herrliche menner/ die auff Pferden mit güldenen Zeumen für den frommen Jüden herzogen / vnd 2. hielten neben Juda Maccabeo / vnd beschützten jn mit jhrer Wehr/das jhn niemand verwunden kondte/ vnd schossen fewrpfeile vnd Donnerstral in die Feinde / das sie geblendet vnd flüchtig worden/ 1. Mac. 10.

32. Judas Maccabeus aber jaget jnen nach biß gen Gazara / vier meilen.

33. Vnd von Gazara ist er wider heim gen Jerusalem kommen vier meilen / als er zuvor den Fürsten Timotheum/der sich zu Gazara in eine pfützen versteckte / mit seinem bruder Cherea vnd Apollophane hatte tödten lassen / 2. Mac. 10.

34. Von Jerusalem ist Judas Maccabeus gen Modin gezogen/ vierdehalb meilen/vnd hat daselbst bey seinem Vaterland sein feldlager auffgeschlagen wider den jungen König Antiochum/vnd seinem Volcke diese wort zu losung gebrn/GOTT gibt SIEG. Er hat auch bey nacht den jungen König Antiochum vberfallen / vnd jhm an die vier tausent man zu tode geschlagen/ 2. Mac. 13.

35. Vnd

Beschreibung der Städt.

35. Und als der König sein Volck durch unwegsame örter für das Schloß Bethzura führet/folget jhn Judas Maccabeus drey meilen nach/und lagert sich ein viertel einer meilen von Bethzura/an einem engen ort/Bethzachara genant. Und als der König sich unterstund Judam Maccabeum widerumb zu uberfallen //war der freidige Held unerschrocken/ unnd schlug dem Könige in einer schlacht/sechs hundert Man zu todt/ 1. Mac. 6. 2. Mac. 13.

36. Und zog darnach uber eine halbe meilen wider gen Jerusalem/ und rüstet zu/ auff das wenn der Feind jhn belagern würde/ er sich desto besser weren möchte/ wie Josephus in den alten Geschichten der Jüden/ im zwölfften Buche und viertzehenden Capittel anzeiget. Der König aber hat einen Fried mit Juda Maccabeo gemacht/ und ist wider heim gen Antiochia gezogen/ 1. Mac. 6. 2. Mac. 7.

37. Darnach ist Judas abermal im gantzen Lande umbher gezogen / und hat die abtrünnigen allenthalben gestraffet 1. Mac. 2.

38. Und als in Nicanor des Königs Demetrij Fürsten einer/ mit listigen griffen fahen wolte/entsprang er aus seinen henden/ und zog von Jerusalem gen Caphar/welche stadt hernach Antripatris ist genent worden/und ligt von Jerusalem drey meilen gegen Nordtwesten/ Daselbst schlug Judas Maccabeus den Fürsten Nicanor aus dem Felde/ das er muste das hasen Pannier auffwerffen/und wider gen Jerusalem auff die Burg Sihon fliehen/1. Mac. 7.

39. Judas Maccabeus der streitbare Held/ hat sein Volck von Cophar Salama / sonsten Antripatris genant gen Samaria geführet sieben meilen / unnd sich daselbst ein zeitlang enthalten/ 2. Mac. 5.

40. Von Samaria ist er gen Adasar gezogen/sieben meilen/ und hat daselbst den Gottlosen Fürsten Nicanor der seine hand ausstrecket und geschworen/ Er wolte den Tempel Gottes schleiffen/ritterlich uberwunden/und die Feinde aus dem Felde geschlagen/ deren fünff und dreissig tausent umbkommen / und zwar der Fürste Nicanor ward am aller ersten geschlagen/ und Judas Maccabeus ließ jhm den Kopff und die rechte Hand abhawen / die er gegen den Tempel ausgestrecket und geschworen hatte/das er jn schleiffen wolte/ 1. Mac. 7. 2. Mac. 15.

41. Und hat darnach den flüchtigen Feinden nachgejaget von Adasar / biß gen Gaza/ eilff meilen/ 1. Mac. 7.

42. Und von Gaza kam Judas Maccabeus wider gen Jerusalem / ober eilff meilen/und ließ Nicanors Kopff und Hand gegen den Tempel auffhencken / darumb das Nicanor damit gegen den Tempel versündiget / und grewlich wider Gott geschworen hatte / 1. Mac. 7. Er ließ auch die Gotteslesterliche Zunge aus dem Kopffe schneiden / und für die Vogel des Himmels zerhawen/ 2. Mac. 15.

43. Von Jerusalem biß gen Laisa sind drey meilen/ da hat Judas Maccabeus Bachidem des Königs Demetrij Kriegsfürsten/ in die flucht geschlagen/ 1. Mac. 9.

44. Und hat den flüchtigen Feinden nachgejaget/uber anderthalb meilen /biß an den berg gen Asdod und Gazeron/da ist der streitbare Held/ Judas Maccabeus von den Feinden umbgeben und im streit umbkommen/ 1. Mac. 9.

45. Von dem Berge bey Asdod und Gazeron/ist die todte Leich JudeMaccabei gen Modin gebracht/uber anderthalb meilen/und daselbst bey seinem Vater begraben/ 1. Mac. 9.

Summa dieser Reisen Jude Maccabei/ 234. meilen.

Folget nun die beschreibung der Stedt vnd örter.

Misphat/ ein Warte.

Je stadt Misphat/hat gelegen im stam Ben Jamin/eine meile von Jerusalem / gegen Nordwesten/ nicht weit von Gibeon. Und der Prophet Jeremias hat in dieser Stadt Misphat / sonsten Mizpe genant / ein zeitlang gewonet bey dem Jüdischen Fürsten Gedalia / den der König Nebucad Nezar uber die stedte in Juda gesetzet hatte Jerem. 49. Sie ist auch von König Assa gebawet worden/ 1. Reg. 15. In dieser stadt hat Judas Maccabeus mit seinem Kriegsvolck Gott fleissig angeruffen/ das er jhnen Sieg und uberwindung geben wolte/ wider jhre Feinde/ 1. Mac. 4.

Jamnia/

Beschreibung der Städt

Jamnia oder Jabnia/heißt zu der Weißheit.

Die Stadt Jabnia ligt von Joppen/vier meilen von Jerusalem gegen Südwesten.

Asseremoth.

Asseremot ist die stadt Gazaron/vier meilen von Jerusalem/gegen der Sonnen Nidergang gelegen/auff dem wege gen Asdod.

Caspin / Silbern.

WO die Stadt Caspin/die von Silber den namen hat/gelegen sey/finde ich nirgend beschrieben/Es wird aber auch im ersten Buch der Maccabeer im fünfften Capitel der stadt Casbon gedacht/das sie im Lande Gilead jenseid des Jordans/von Juda Maccabeo sey erobert vnd eingenommen worden. Vnd ließ sich zwar schier ansehen/als das Caspin vnd Caspon eine stadt sein solte/denn die namen stimmen schier vberein. Denn Caspin heist Silbern/vnd Caspon Silberberg. Dieweil ich aber nichts gewisses hievon beschrieben finde/laß ich es in seinem werden beruhen/Denn es kondte auch wol die Stadt Caspin/nicht weit von Jabnia vnd Joppen/am grossen Mittelmeer der Welt gelegen haben/Denn das ander Buch der Maccabeer im zwölfften Capittel zeiget an/das Judas Maccabeus/nach dem er Timotheum vnd die Araber bey der Stadt Jabnia vberwunden/da sey er auch alsobald in die stadt Caspin gefallen/die mit brücken wol verwaret gewesen/vnd habe sie mit stürmender hand gewunnen/2. Mac. 12.

Tubianer.

Die Tubianer haben gewonet jenseid des Jordans am gebirge Gilead/nicht weit von der Stadt Abela Vinearum, da auch vorzeiten die Eselin mit Bileam geredet/vnd das Land daselbst hat Tubin/das ist/Gutwein geheissen/von gutem süssen Wein/der da gewachsen. In diesem Lande hat Judas Maccabeus mit seinem Kriegsvolck drey Tagereise zugebracht. Das Land daselbst wird auch der Nabatheer Land geheissen/vnd den namen gehabt von Nabaioth/Jsmaels Sohn/von dem auch das gantze steinigte Arabia den namen bekommen/das es Arabia Nabathea ist genent worden. Vnd das Land Tubin/ist auch demselbigen steinigten Arabia zugehörig gewesen.

Caphar Salama Friddorff.

CAphar Salama/heist ein Dorff des Frieden/vnd hat gelegen drey meilen von Jerusalem/gegen Nordwesten/König Herodes hat auch diesem Dorff eine schöne stadt gemacht/vnd sie nach seines Vaters Namen Antripatriden genant/vnd von dieser stadt sol bey den Reisen des Apostels Pauli weitleufftiger gehandelt werden. Judas Maccabeus hat bey dem Dorff Caphar Salama den Fürsten Nicanor vberwonnen/1. Mac. 7.

Adasar.

Die stadt Adasar/hat gelegen drey meilen von Jerusalem/gegen Nordwesten/eine halbe meile von Antripatriden/gegen Mittag. Da hat Judas Maccabeus den Fürsten Nicanor vberwonnen/vnd im streit erschlagen/vnd ihm den Kopff vnd rechte Hand abhawen lassen/1. Mac. 7. 2 Mac. 15.

Laisa/Löwin.

Die stadt Laisa/da Judas Maccabeus den Fürsten Bachidem vberwonnen/ist ein klein Stedtlein oder Dorff gewesen/drey meilen von Jerusalem gegen der Sonnen Nidergang gelegen/bey der Stadt Bera/da Jotham Abimelechs Bruder hin geflohen ist/Jud. 9. 1. Mac. 6.

Gazeron/Zwiespalt.

BAzeron oder Hazeron ist ein stadt der Philister/nahe bey Ekron gelegen/vier meilen von Jerusalem gegen der Sonnen Nidergang. Bey dieser stadt ist Judas Maccabeus im streit vmbkommen. Josephus von den alten Geschichten der Jüden/lib. 12. Cap. 18.

Folget

Beschreibung der Städt

Folget nun die Allegoria vnd Geistliche Bedeutung.

JVdas Maccabeus ist ein Bilde vnsers HErrn Jesu Christi/gleich wie König Antiochus dagegen ein bilde des leidigen Antichristes vnd Teuffels ist/ vnd die namen stimmen auff beyden seiten sehr fein vberein.

Denn Judas heist Gottes preiß/der Gott dancket/lobet ehret/ vnd preiset. Also heist der HErr Christus billig Gottes preiß/denn in jhm vnd durch jn/ wird Gott der Vater gepreiset vnd gelobet / vnd wie der alte Simeon in seinem Lobgesange singet/ Gott hat jhn auffgerichtet/zum Preiß seines Volcks Jsraels.

Der HErr Christus wird auch billig Maccabeus genandt / Denn das wort Maccabei ist ein Hebreischer Zuname/vnd ein jeglich Buchstab darin/ bedeut ein sonderlich wort des schönen Spruchs/ den wir finden Exodi 15. Das Moses vnd die Kinder von Jsrael/ als sie Gott der HErr durch das rote Meer geführet hat/ also sungen: HERR/ wer ist dir gleich vnter den Göttern? Aus diesem Spruch hat sich Judas Maccabeus ein Symbolum/ oder wie wir sprechen/ einen Reim gemacht/ den hat er stets im Munde/vnd in den pannieren/vnd führet in gefüret/ daher ist er Maccabeus genent worden. Denn wenn man die Hebreische Buchstaben nimpt/ dauon sich ein jegliches Wort in diesem Spruch anhebet / vnd dieselben Buchstaben zusamen setzet/ so lautet es Maccabei/vnd bedeutet so viel/als HErr Wer ist dir gleich vnter den Göttern? Vnd diesen Namen mag billig der HErr Christus führen / der heist auch Maccabel/ HERR Wer ist dir gleich vnter den Göttern? Gleich wie er sonsten genent wird Michael / Wer ist als Gott?

Jch bin der starcke Gott allein/
Der dir hilfft aus der Hellen pein/
Das ist des HErrn Christi Reim.

Dagegen aber heist Antiochus so viel/ als Aduersarius, ein Widersacher vnd Widerwertiger/der wider Gott sehret/tobet vnd wütet. Vnd eben so viel heist auch Antichristus/ ein Widerchrist/der wider Christum den Son Gottes wütet vnd tobet. Antiochus hat den Zunamen gehabt/ das der Epiphanes/ das ist/ Durchleuchtige vnd edle genent worden / gleich wie auch eben auff solche/weise der Teuffel / Lucifer das ist ein Morgenstern heissen mag / der doch ein heßlicher schwarzer Teuffel ist. Also auch der Antichrist / wil auch der aller durchleuchtigst vnnd aller heiligste genent sein/ kan gedencken von wegen seiner schönen tugent. Aber gleich wie Polypius für Epiphanes das wort Epimanes, das heist Rasendig / also sollen auch alle fromme Christen thun/ vnd setzet das Wort allerheiligste auch vmb/ vnd nennen den Antichrist den allerheilesten/als der ein brand der Hellen vnd ewigen verdamnis ist.

Weiter wirs man fleissig achtung geben / auff das leben vnnd herrliche Thaten Jude Maccabei/vnd dagegen auch auff die grosse Tyranney des Königs Antiochi/so wird sich auch die Allegoria vnd Geistliche bedeutung desto besser finden.

Gleich wie Judas Maccabeus als ein frewdiger Lew/ wider König Antiochum gekempffet hat/also streitet auch der HErr Christus als ein frewdiger Lew vom Hauß Juda/Apo.5.Gen. 48.gegen den Antichrist/ der der rechte Antiochus vnd Widerchrist ist / der das Heiligthumb verwüstet/seine schreckliche grewel an Gottes stadt setzet/die heiligen Gottes sehr grewlich plaget/vnd ins Wasser vnd Fewr wirfft / vnd gern die gantze weite Welt vnter sich zwingen wolte. Dieser Antiochus oder Antichrist sendet auch seine Fürsten aus/ Gottlose Tyrannen/Könige/Fürsten vnd Potentaten/die verlassen sich auff jre grösse menge vnd Heerskrafft. Aber der Edle Held/Judas Maccabeus/nemlich/der HErr Jesus Christus/vberwindet sie all/streitet vnd kempffet für sein kleines Heufflein/nemlich für seine liebe Kirche vnd gemeine.

Wie Judas Maccabeus zu gleich ein Priester/ vnd auch ein streitbar Held/ der Sünde/ Todt/Helle/Teuffel/Antichrist/vnd die gantze Welt vberwindet/ sein Heiligthumb wider reiniget/vnd des Antichristes Grewel wider hinauß wirfft/vnd mit Hellischen Fewr verbrennet vnd spricht also: Der Eifer vnd mein hauß hat mich gefressen/Psalm. 69. Item/mein hauß/ sol ein Bethauß sein allen Völckern/ jr aber habt ein Mördergruben darauß gemacht/ vnnd jaget darnach. Kauffer vnd verkauffer mit jren Ablaßbrieuen/ Simoney vnd ander vnzehlicher Trigerey mehr/zum Tempel Gottes hinaus.

Item

225   Reisen des Fürsten Jude Maccabei.

Item wie Judas Maccabeus/ bey der stadt Emmahus zwey Fürsten vberwonnen/ Also auch der Herr Jesus Christus/nach seiner frölichen Aufferstehung/ zween seiner Jünger/mit einer scharffen Disputation vberwonnen/ vnd zu Emmahus sich ihnen lebendig sehen lassen vnd offenbaret/als ein rechter Judas Maccabeus/der Sünde/Todt/Teuffel vnd Helle/krefftiglich vberwonnen/vnd vom Tode were aufferstanden/ Luc. 24.

Vnd gleich wie der König Antiochus zu Babylon gestorben/ vnd ein sehr schrecklich ende genomen/ Also wird auch die Rote Hure zu Babylon/nemlich/der leidige Antichrist in seinen Sünden sterben vnd ewig verdampt vnd zu schanden werden müssen. Der HErr Christus aber als ein rechter Judas Maccabeus / behelt siner Sieg vnd vberwindung gegen seine Feinde/ vnd es mus allen Tyrannen/ die sich gegen ihn aufflehnen/gehen/wie es dem Fürsten Nicanor darüber gegangen ist / das sie ihre wahnsinnige Köpffe / Gotteslesterliche Zungen vnd Feuste verlieren.

Vnd zum beschluss/gleich wie Judas Maccabeus endlich in der Schlacht vmbkommen vnd für sein Volck williglich gestorben / Also hat auch der HErr Jesus Christus / wie ein rechter Judas Maccabeus / für vns willig den bittern todt gelitten.

Wie Jonathas Jude Maccabei Bruder
gereiset habe.

ALs Judas Maccabeus vmbkommen war / da namen Jonathas vnd Simon den Leichnam jres Bruders Judæ/ vnd brachten jn von dem Berge zwischen Gazaron vñ Asdod vber anderthalb meilen/gen Modin vnd begruben jn bey seinem Vater/1. Mac. 19.

2. Vnd als Jonathas widerumb an seines Bruders stadt/zum Fürsten erwelet ward/ vnd Bachides des Königs Demetrij Feldoberster jn suchen ließ/das er jn vmbrechte/ da flohen Jonathas vnd Simon in die wüsten Thekoa/vnd schlugen da jr Lager auff bey dem See Aspar fünff meilen von Modin/ da sie jren Bruder Judam begraben hatten / 1. Mac. 9. Es ist aber die See Asphar bey der stadt Thekoa gewesen / aus welcher der Prophet Amos geboren / wie an seinen ort ist angezeiget worden.

3. Von dem See Asphar / haben sie jren Bruder Johannem/zu den Nabatheern/gen Magdaba gesand / vber sieben meilen/ vnd freundlich gebeten vnd begert / das die von Magbaba jre Habe vnd Güter in die stadt nemen/ vnd bewaren wolten/Aber die Jhriosen Leute zu Magdaba haben aller freundschafft vnd verbündnis vergessen/ Denn sie zogen aus der stadt/vnd vberfielen Johannem vnd fiengen jhn/ vnd namen alles/ das er mit sich füret vnd brachtens in jre Stadt/vnd tödten jn/Derwegen würden Jonathas vnd Simon sehr zornig / vnd zogen aus der Wüsten Thekoa biß gen Magbaba / siben meilen/ vnd versteckten sich neben einem Berge / vnd als die Bürger aus der stadt Magbaba zogen/eine Braut zu holen / die eines Fürsten Tochter aus Canaan war/machten sich Jonathas vnd Simon auff/vnd schlugen jrer viel zu tode vnd recheten also den Mord den sie an jren Bruder begangen / 1. Mac. 9.

4. Vnd kerrten widerumb/vnd zogen von Magbaba bis an den Jordan/ drey meilen vnd schlugen jr Feldlager auff disseid des Jordans. Daselbst thet Bachides ein Schlacht mit jnen in denselben streit schlug Jonathan nach Bachide / aber Bachides weich jn rücke / Da sprang Jonathas vnd sein Volck in den Jordan/vndschwimmeten vber das Wasser/1. Mac. 9.

5. Darnach sind sie wider vber den Jordan kommen/ vnd haben die stadt Bethbesen sonsten Bethalagim genent/befestiget. Es hat aber die stadt nahe bey Gilgal/ drey viertel einer meilen vom Jordan gelegen. Vnd als des Königs Demetrij Fürste Bachides / sie daselbst belageri/ beweiseten sie sich als Helden/vnd schlugen jn hinweg vnd steckten sein Lager an/1. Mac. 9.

6. Von Bethbesen gen Michmas / sind anderthalb meilen / da hat Jonathas ein zeitlang gewonet/vnd das Jüdische Volck regieret/1. Mac. 1.

7. Vnd von Michmas gen Jerusalem sind dritthalb meilen / da hat Jonathas auch ein zeitlang gewonet/vnd Alexander König in Syria/ hat jm ein Purpurkleid vnd gülden Kron gesand/ vnd jn zum Hohenpriester gemacht / 1. Mac. 10.

g. Von

Reisen Jonathe. 226

8. Von Jerusalem ist Jonathas gen Ptolomais gezogen/ neunzehen meilen/ zum König Alexandro/ der daselbst Hochzeit hielt/ mit Cleopatra deß Königs Ptolomei auß Egypten Tochter/ 1. Mac. 10.

9. Von Ptolomais wider gen Jerusalem/ 1. Mac. 10.

10. Von Jerusalem ist Jonathas gen Joppen gezogen/ 5. meilen/ vnd hat die Stadt gewonnen/ 1. Mac. 10.

11. Von Joppen gen Asdod / 3. meilen/ die Stadt hat er auch erobert/ vnnd deß Abgotts Dagon Tempel verbrand / mit allen die darin geflohen waren / 1. Mac. 10.

12. Von Asdod zog Jonathas gen Ascalon/ 3. meilen die Stadt hat sich williglich ergeben/ 1. Mac. 10.

13. Vnd von Ascalon ist er wider heim gen Jerusalem komen/ vber 8. meilen/ 1. Mac. 10.

14. Von Jerusalem ist Jonathas wider gen Joppen gezogen/ 5. meilen/ vnd hat da Ptolomeum den König auß Egypten angesprochen/ 1. Mac. 10.

15. Vnd von Joppen hat Jonathas den König Ptolomeum geleitet/ biß an das Wasser Eleuthrum/ 50. meilen/ 1. Mac. 11.

16. Vnd ist darnach vber 11. meilen wider heim gen Jerusalem kommen / vnd hat die burg Acropolin/ die in seinem abwesen von etlichen losen Leuten eingenommen war / sehr hart belagert / 1. Mac. 11.

17. Von Jerusalem ist Jonathas gen Ptolomais gezogen/ 19. meilen/ vnd hat deß Königs Demetrij grimmigen Zorn mit Gaben gestillet/ vnd ist also auffs new in seinem Hohenpriester ampt bestetiget worden.

18. Von Ptolomais wider gen Jerusalem kommen/ vber 19. meilen / 1. Mac. 11.

19. Darnach ist er dem jungen König Antiocho zum besten vber den Euphratem gezogen/ 100. meilen von Jerusalem vnd hat daselbst ein Kriegsvolck versamlet/ 1. Mac. 11.

20. Vnd ist vber hundert meilen wider gen Jerusalem kommen.

21. Vnd von Jerusalem zog Jonathas gen Ascalon/ achthalb meilen/ die Stadt hat sich williglich ergeben / 1. Mac. 11.

22. Vnd von Ascalon ist er gen Gaza gezogen fünfftehalb meilen / die Stadt hat sich auch ergeben müssen / 1. Mac. 11.

23. Darnach zog Jonathas von Gaza gen Damascum/ 50. meilen.

24. Vnd von Damasco ist er mit seinem Kriegsvolck wider zu rücke gezogen biß an den See Genesara/ 26. meilen/ 1. Mac. 11.

25. Vnd deß morgens brach er auff von dem See Genesara / vnd zog acht meilen in das blachfeld Hazor/ da wurden die seinen erstlich in die flucht geschlagen/ Aber Jonathas strewet Aschen auffs Heupt/ vnd rieff Gott vmb hülffe an/ vnd setzet darnach wie ein Held in die Feinde vnd schlug sie in die Flucht / das jrer drey tausent vmbkamen/ 1. Mac. 11.

26. Vnd jaget den flüchtigen Feinden nach / eine halbe meil/ biß gen Kedes in jhr Lager 1. Mac. 11.

27. Von Kedes ist Jonathas wider heim gen Jerusalem komen/ vber 23. meilen/ vnd hat mit den Römern vnd Spartanern ein verbündnis gemacht/ 1. Mac. 11. 12.

28. Darnach ist Jonathas von Jerusalem ins Land Hemath gezogen/ biß an das Wasser Eleuthrum/ 50. meilen/ vnd hat da die Feindeerschrecket/ das sie jhr Lager selbst angesteckt vnd mit schanden vber das Wasser Eleutherum geflohen sind/ 1. Mac. 12.

29. Von dem Wasser Eleuthero ist er in Arabiam Nabatheam gezogen/ dreissig meilen / vnd hat die Araber/ welche heissen Zabidei/ geschlagen / vnd jr Land geplündert / 1. Mac. 12.

30. Vnd keret wider gen Damasco) vber 2. meilen/ vnd verheret das Land alles vmbher / 1. Mac. 12.

31. Vnd ist darnach wider heim gen Jerusalem kommen/ vber 40. meilen / vnnd hat die Stadt befestiget / 1. Mac. 12.

32. Von Jerusalem zog Jonathas gen Bethsan eilff meilen. Es ist aber Bethsan eben die Stadt/ da sich Saul vorzeiten in sein eigen Schwert gefellet. In dieser Stadt gab der Fürste

Tryphon

Beschreibung der Städt

Tryphon dem Hohenpriester Jonatha / gute wort aus falschen hertzen / vnd beredet jn / er solt das Kriegsvolck ziehen lassen / vnd wenig Leute bey sich behalten / vnd mit jm gen Ptolemais reisen / so wolte er jm die Stadt eingeben / vnd das gantze Königreich jm befehlen / 1. Mac. 12.

33. Jonathas ließ sich vbereden / vnd behielt nur 1000. man bey sich / vnd zog mit den Fürsten Tryphon von Bethsangen Ptolomais / 8. meilen. Vnd als er in die Stadt kam / ließ Tryphon die Thor zuschliessen / vnd nam Jonathan gefangen / vnd ließ seine Leute erstechen / 1. Mac. 12.

34. Von Ptolomais ward Jonathas gefangen gen Addus gefüret / 17. meilen biß an die Grentze des Jüdischen Landes / 1. Mac. 13.

35. Von der Stadt Addus / ist er ferner gefangen geführet / gen Jdumeam / Ador in zwölff meilen / 1. Mac. 13.

36. Vnd von Ador / auß Jdumea / gen Baschama ins Land Gilead / 24. meilen / da ward Jonathas getödtet / 1. Mac. 13.

37. Von Baschama aus dem Lande Gilead / ist der todte / Leichnam des Hohenpriesters Jonathe gen Modin geführet / vber 15. meilen / vnd daselbst begraben / 1 Mac. 13.

Summa dieser reisen Jonathe / sieben hundert acht vnd sechtzig meilen

Folget nun die beschreibung der Stedt vnd Orter.

Magdaba / Warmwasser.

Die Stadt Magdaba / hat gelegen jenseid des Jordans im Stam Ruben / 7. meilen von Jerusalem gegen Auffgang der Sonnen. Bey dieser Stadt haben Jonathas vnd Simon auff die Bürger gelauret / die jren Bruder Johannem getödtet hatten / vnd als die Bürger aus jrer Stadt Magdaba zogen / eine Braut zu holen / wurden sie von Jonatha vnd Simon vberfallen / vnd jhrer viel erschlagen / 1. Mac. 9. Es kan sein / das bey dieser Stadt ein warm Bad gewesen / dauon sie den Namen bekommen / denn Magdaba heist zum warmen Bade. Dieser Stadt gedencket auch Jesaias Cap. 16. Vnd das es jenseid des Jordans viel warmer wasser gehabt / darin sich die Krancken gebadet / bezeuget auch Josephus von den alten Geschichten der Jüden / lib. 17. Cap. 9.

Bethbesen / Schamrothausen.

Bethbesen / ist ein Stedtlein im Stam Ben Jamin / vnd wird sonsten gemeinlich Betheogla / das ist ein Frewdenhauß genant / vnd ligt bey Gilgal / 3. meilen von Jerusalem / gegen Nordosten. Diese Stadt haben Jonathas vnd Simeon befestiget / 1. Mac. 9. Josephus von den alten Geschichten der Jüden / lib. 13. Cap. 1.

Michmas / Demuth.

Michmas / ist eine Stadt auff dem Gebirge Ephraim / drittehalb meile von Jerusalem gegen Norden / da hat Saul 3000. Mann erwehlet / die seine Trabanten sein solten / 1. Sam. 13. Vnd sein Sohn Jonathan hat am selbigen ort mit seinem Waffenträger / die Philister in die flucht geschlagen / 1. Sam. 14. Jonathas der Hohepriester / Jude Macabei Bruder / hat in dieser Stadt ein zeitlang gewohnet / 1. Mac. 9. Zu deß H. Hieronymi zeiten ist Michmas ein groß Dorff gewesen.

Ptolemais.

Die Stadt Ptolemais hat vorzeiten Acon geheissen / vnd ligt von Jerusalem 19. meilen gegen Norden am grossen Mittelmeer der Welt / zwischen Tyro vnnd den Berg Carmel. Von dieser Stadt sol bey den Reisen / deß Apostels Pauli weitleufftiger beschrieben werden. Sie hat den Namen von Ptolomeo / einem König in Egypten / vnd Jonathas Juda Maccabei Bruder / ist darnach verrehterlich gefangen worden / 1. Mac. 12.

Eleuthe-

In den Reisen Jonathæ.   228

Eleutherus.

Das Wasser Eleutherus fleust in Syria vnd den Grentzen der Länder Phenicia vnd Syrie bey der Stadt Orthosia/sunfftzig meilen von Jerusalem gegen Norden/ vnten am Berge Libano. Man findet auch noch ein ander Wasser das heist auch Eleutherus vnd fleust zwischen Tyro vnd Sarepta/sieben vnd zwantzig meilen von Jerusalem gegen Norden.

See Genesara.

Das Meer Genesareth ist eine lustige See/im heiligen Lande/ 11. meilen von Jerusalem gegen Nordosten/vnd hat den namen von den lustigen fruchtbaren Lande Genesareth/das daran stösset/vnd wird sonsten gemeinlich/das Galileische Meer genent/ dauon findestu bey den Reisen deß HErrn Christi weitleufftiger geschrieben.

Blachfeld/Hazor.

Das Blachfeld Hazor ist gewesen im Stam Naphthali/ bey der Stadt Hazor/auff deutsch Grünhoff genant/die oben bey den Reisen Josua ist beschrieben worden, Daselbst hat Jonathas seine Feinde in die flucht geschlagen/wie das 1. Buch der Maccabeer im 11. Capittel bezeuget. Es ist aber dasselbige Blachfeld Hazor / zwischen den Städten Hazor vnd Kedes/21. meilen von Jerusalem/gegen Norden/in ober Galilea / das in heiliger Schrifft/das Heidnische Galilea genent wird.

Kedes/Heilig.

Die Stadt Kedes ligt im Stam Naphthali/23. meilen von Jerusalem/gegen Norden. Vnd ist eben die Stadt/darin Barack / der Propheten Debora Heuptman gewonet hat/wie das Buch der Richter im vierdten Capittel vermeldet.

Zabidei.

Zabidei sind Völcker/die in Arabia Deserta / das gegen Nordenwerts in Syriam vnnd Damascum stösset / gewonet haben / 50. meilen von Jerusalem/gegen Nordosten/am Wasser Eleuthero. Denn Arabia ist dreyerley: Arabia Deserta, das gegen Nordenwerts an Syriam vnd Damascum stösset. Arabia Petrea, darin die Kinder von Jsrael viertzig Jar in die wüsten gewandert haben. Vnd Arabia Fœlix, darin die Stadt Saba gelegen/ darin auch der Vogel Phenix gefunden wird/dauon ich oben bey der Stadt Saba weitleufftiger geschrieben. Vnd merck die namen Deutsch/ Arabia Deserta, ist das wüste Arabia/ Arabia Petrea, ist das steinigte Arabia. Vnd Arabia Fœlix, ist das Reiche Arabia.

Addus.

Addus sonsten Juda genant/wie Josephus schreibt von den alten geschichten der Jüden im 13 Buche vnd 9. Cap. ist ein Stadt gewesen/bey Arimathia auff dem gebirge Ephraim gelegen/4. meilen von Jerusalem/gegen Nordwesten/da man die Jüdischen Felder sehen kan/wenn man von Ptolemais in Judeam reiset. Bey dieser Stadt hat Simon zu dem Fürsten Tryphon geschicket/vnd jhm 100. Talenta/das ist/60000. Kronen gesand/vnd seinen Bruder Jonathan damit lösen wollen / Vnd zu mehrer versicherung / auch deß Jonathans zween Söne jm zu Geisel geben vnd zugestellet/wie er denn solches begeret. Aber als Tryphon die Kinder vnd das Geld empfangen/brach er trew vnd Glauben/ vnd wolte Jonathan gleichwol nicht wider loß lassen/sondern führet ju im Lande gefangen vmbher / biß er jn entlich/vnd auch die Kinder mit jm jemmerlich tödten vnd vmbbringen ließ/1. Mac. 13.

Ador/Durchleuchtig.

Die Stadt Ador oder Adera/ in Jdumea gelegen / ligt von Jerusalem zwölff meilen/ gegen Südwesten.

Baschama/Gewürtze.

Die Stadt Baschama hat den namen von köstlichen würtzen/ vnd hat gelegen im Lande Gilead/13. meilen von Jerusalem gegen Nordosten. Bey dieser Stadt ließ Tryphon Jonathan vnd seine zween Söne tödten/die worden da begraben. Aber Simon ließ

ließ sie von dannen holen / vnd bey seinem Vater in die Stadt Modin begraben / vnd das begrebnis vber die massen sehr köstlich bawen/1. Mac. 13.

Reise Simonis des Bruders Jude Maccabei.

Simon/hat noch bey leben seines Bruders Jude Maccabei viel herrlicher thaten außgericht/Denn er ist auß Judea in Galileam gezogen / vnd hat da mit den Feinden viel Schlachtungen gethan/vnd sie gejaget biß ans Thor der Stadt Ptolemais. Das ist eine herrliche Stadt gewesen am grossen Mittelmeer der Welt gelegen / 19. meilen von Jerusalem gegen Norden/1. Mac. 5.

2. Von Ptolemais ist er gen Arabath gezogen/neun meilen / da hat er viel frommer Jüden versamlet.

3. Vnd sie mit Weib vnd Kind mit sich gen Jerusalem in Judeam geführet vber 11. meilen/1. Mac. 5.

4. Darnach hat er auch seinem Bruder hin vnd wider in Schlachtungen trewlich bey gestanden/2. Mac. 8. 14. Vnd als Judas Maccabeus im Kriege erschlagen ward / zwischen den Städten Aodod vnd Gazeron / fünff meilen von Jerusalem / gegen der Sonnen Nidergang/1. Mac. 9.

5. Da haben Simon vnd Jonathas jres Bruders Jude Leichnam / vber anderthalb meilen gen Modin gebracht/vnd daselbst bey jhren Vater begraben/1. Mac. 9.

6. Darnach ist Simon mit seinem Bruder Jonatha in die Wüsten Thekoa gezogen/ vnd haben sich daselbst gelagert bey dem See Asphar/5. meilen von Modin/da sie jhren Bruder Judam begraben hatten/1. Mac. 9.

7. Auß der Wüsten Thekoa sind Jonathas vnnd Simon gen Magbaba gezogen / sieben meilen/vnd haben die Bürger daselbst/die auß der Stadt zogen vnd eine Braut holen wolten/ angegriffen/vnd jhrer viel zu todt geschlagen/darumb / das sie kurz zuvorn jren Bruder Johannem verretherlich gefangen vnd ermordet hatten/1. Mac. 9.

8. Darnach sind Simon vnd Jonathas von der Stadt Magbaba wider an den Jordan kommen/vber 3. meilen/vnd haben sich gelagert disseid deß Jordans / vnd daselbst mit Bacchide/deß Königs Demetrii Fürsten / eine Schlacht gethan / vnd als sie vberwunden wurden/ sprungen sie in den Jordan/vnd schwimmeten hinüber/1. Mac. 9.

9. Darnach haben Simon vnd Jonathas die Stadt Bethbesen befestiget / drey viertel einer meilen vom Jordan/nahe bey Gilgal / in der Wüsten gelegen / vnd daselbst dem Bachidi nicht geringen schaden zugefüget / wie ich in deß Jonathæ reisen weitleufftiger hievon beschrieben. Es hat aber die Stadt Bethbesen sonsten Bethalagen oder Bethehogla / das ist ein Freudenhauß geheissen/vnd 3. meilen von Jerusalem gelegen / Josephus Antiquit. lib. 13. Cap. 1.

10. Vnd von Jerusalem ist Simon mit seinem Bruder Jonatha gen Joppen gezogen/ 5. meilen / vnd haben die Stadt gewonnen. Josephus von den alten Geschichten der Jüden/ lib. 13. Cap. 6.

11. Von Joppen ist Simon mit seinem Bruder Jonatha gen Aodod gezogen 3. meilen/ vnd hat vnterweges die Feinde in die Flucht geschlagen/1. Mac. 10.

12. Von Aodod zogen sie gen Ascalon/3. meilen/1. Mac. 10.

13. Vnd von Ascalon wider heim gen Jerusalem/achthalb meilen/1. Mac. 10.

14. Darnach hat auch Simon / noch bey leben seines Bruders Jonathæ / das Schloß Bethzura/nicht gar ein viertel einer meilen von Jerusalem gelegen / eingenommen / vnd mit Kriegsvolck wol besetzt/1. Mac. 11.

15. Item als sein Bruder Jonathas ausser Lands war/ zog Simon gen Ascalon achthalb meilen von Jerusalem gelegen/vnd besucht auch die festen stedte nahe dabey gelegen/1. Mac. 12.

16. Vnd zog darnach gen Joppen 5. meilen/vnd nam die Stadt ein / vnnd besetzt sie mit Kriegsvolck/1. Mac. 12.

17. Von

Reisen Simonis. 230

17. Von Joppen zog er wider gen Jerusalem/fünff meilen. Josephus von den alten ge=
schichten der Jüden/lib. 13. Cap. 8.
18. Von Jerusalem ist Simon nach dem Felde Sephela gezogen/ vierdthalb meilen/vnd
hat daselbst die Burg Adida/gebawet 1. Mac. 12.
19. Von Adida wider gen Jerusalem/sind vierdthalb meilen / da ist Simon nach dem sein
Bruder Jonathas gefangen war/zum Fürsten vnd Heuptman erwehlet/1. Mac. 13.
20. Vnd ist darnach dem Fürsten Tryphon entgegen gezogen/von Jerusalem biß gen Ad=
dus/vier meilen/vnd hat seinen gefangen Bruder Jonathan mit Gelde lösen wollen 1. Mac. 13.
21. Von Addus ist Simon in seiner Schlachtordnung neben Tryphon hergezogen/biß
gen Ador in Jdumeam/gantzer zwölff meilen/vnd hat jhn geweret/ das er nicht ins Land Ju=
da fallen kundte/1. Mac. 13.
22. Von Ador ist Simon an die zehen meilen wider zu rücke/ ins Jüdische Land gezogen/
vnd hat dem Tryphon/der ins Land Gilead allenthalben gewehret das er nicht gen Jerusalem
kommen kundte.
23. Nach dem todt seines Bruders Jonathe/zog Simon von Jerusalem gen Modin in s...
Vaterland/vierdthalb meilen / vnd ließ da seine Eltern vnd Brüdern ein herrlich begrebnüß ba=
wen/ließ auch seines Bruders Jonathe Leichnam/ ober funffzehen meilen von der stadt Baseia=
ma/auß dem Lande Gilead holen/vnd auch zu Modin bey seinem Vater begraben/1. Mac. 13.
24. Von Modin wider gen Jerusalem/sind vierdthalb meilen. Da ist Simon nach sei=
nes Bruders todt Hoherpriester worden/vnd hat die Stedte im Lande Juda gebawet vnd be=
festiget mit starcken Mawren vnd hohen Thürmen/1. Mac. 16.
25. Von Jerusalem ist Simon wider gen Gaza gezogen / eilff meilen/vnd hat die Stadt
gewonnen/1. Mac. 13.
26. Von Gaza zog er wider gen Jerusalem/eilff meilen , vnd gewan die Burg Acro po=
lin/vnd wonet darauff 1. Mac. 13.
27. Von Jerusalem ist er gen Joppen gezogen/fünff meilen/vnd hat die Stadt auch erobert
vnd gewonnen/1. Mac. 14.
28. Von Joppen kam Simon ober fünff meilen wider heim gen Jerusalem / vnd wohnet
da ein zeitlang in gutem friede/vnd kleidet sich in gülden stücken vnd Purpurn / Denn das er
solche Kleider tragen solte / ward von dem gantzen Jüdischen Volck einträchtiglich berath=
schlaget vnd beschlossen/1. Mac. 14.
29. Zum letzten ist der Hoherpriester Simon von Jerusalem gen Jericho gezogen/ dritte=
halb meilen/vnd daselbst auff der Burg Doch/nahe bey Jericho gelegen / von seiner Tochter=
man ober Tische verretherlich ermordet/1. Mac. 16.

Summa dieser reisen des Hohenpriesters Simon 174. meilen.

Als nun die Stedt vñ örter belanget/deren in diesen reisen des Hohenpriesters Simon
ist gedacht/sind dieselben zu mehren theil / in den reisen seiner Brüder erkleret worden
wil derwegen allein von denen hie schreiben deren vorhin niemals ist gedacht worden.

Arabath/Hewschrecken.

Die Stadt Arabath oder Arabia/hat gelegen bey dem Wasser Merom/ nicht weit von
Dothan/da Joseph von seinen brüdern verkaufft ward/Gen 31. eilff meilen von Jeru
salem gegen Norden: In dieser Stadt Arabath/hat Simon des Jude Maccabei bru=
der/viel fromer Jüden versamlet / vnd sie mit Weib vnd Kind in Judeam gefüret vnd daselbst
beschützet vnd beschirmet/wider jre Feinde/1. Mac. 5. Es kan sein das diese Stadt den namen
bekommen habe von dem oberfluß vnd vielheit der Hewschrecken ober Krebs / die man daselbst
auß dem Wasser Merom gefangen. Denn Arben sind Locuste aquatiles Hewschrecken die
im wasser leben / vnnd ist ein art der Krebs gewesen / die auch Johannes der Teuffer am Jor=
dan gefunden/vnd gegessen hat. Denn in dem Hebreischen Evangelio Matth. im 3. Capittel
findet man auch/ eben diß Wort Arbe/das wird verdeutscht Hewschrecken. Es sind aber nicht
solche Hewschrecken gewesen/die Johannes gegessen hat/ wie man bey vns findet / sondern es
ist in art der Krebs gewesen. Denn wie auch Plinius lib. 9. cap. 12. anzeiget/das etliche Hew=
schrecken sind/die im Wasser leben/die er Locustas aquatiles nennet / die haben harte runden
Cc ij gleich

Reisen Simonis.

gleich wie ein Krebs/vnd daher kompt es/das mans dafür helt/es sey ein art des Krebs. Doch sind es nicht solche Krebs wie wir in Deutschland haben/denn die waren den Jüden im gesetz verboten/vnd musten sie nicht essen/wie das eilffte Capittel des dritten Buchs Mose anzeigt aber die Arber sind jhnen zugelassen zu essen/Doctor Luther hat das Wort Arbe/wie es an jm selbst lautet/stehen lassen/vnd nicht verdolmetschen wollen/Leuit, Cap. j.

Sephela.

Sephela/heist ein eben Feld oder Plan/mit bergen rings vmbgeben. Vnd diß Feld oder Land Sephela/ist gewesen am Bach Soreck/vierdtehalb meilen von Jerusalem/gegen der Sonnen Nidergang/da hat Simon Jude Maccabei Bruder die Burg Adita gebawet/vnd sie mit einem starcken Thor wol bewaret/vnd befestiger/1. Mac. 12. Vnd auß dieser Burg Adida wird hernach die Stadt Eleutheropolis sein gebawet worden/denn die ligt im Lande Sephela/am Bach Soreck/da auch das schöne Weib Delila gewonet hat/die Simson die Haar abgeschnitten/vnd jn den Philistern verrathen hat/Jud. 16.

Das Schloß/Doch.

Iß Schloß ligt noch heutiges tages nahe bey Jericho/drittehalb meilen von Jerusalem/gegen Nordosten/vnd man kan da weit vmbsich sehen/nemlich das Land Gilead/vnd die berge Nebo/Pisga vnd Abarim/wie Sebastian Franck vnd Bernhard von Breittenbach anzeigen.

Reisen Johannis Hyrcani.

Johannes Hyrcanus ward von seinem Vater Simon zum Heuptman gemacht/vber alles Kriegsvolck/vnd zog von Jerusalem gen Gaza eilff meilen/vnd wohnet daselbst/1. Maccab. 13.

2. Von Gaza kam er wider gen Jerusalem/eilff meilen/vnd zeiget seinem Vater Simon an/das Cendebeus ins Land gefallen were/1. Mac. 16.

3. Von Jerusalem ist Johannes Hyrcanus mit seinem Bruder Juda gen Modin gezogen/vierdthalb meilen/vnd da haben sie die nacht gelegen/1. Mac. 16.

4. Vnd des Morgens frü ist Johannes Hyrcanus mit dem gantzen hellen hauffen fortgezogen/vnd hat den Cendebeum nicht weit von Modin angegriffen/vnnd jhn auß dem Feld geschlagen/vnd den flüchtigen Feinden nachgejaget/ober zwo meilen/biß an die Festung Cedron/nicht weit von Azod gelegen/1. Mac. 16.

5. Von dem Lande bey Azod/ist Johannes Hyrcanus mit seinem Bruder Juda/wider heim gen Jerusalem ins Land Juda komen/ober sechstehalb meilen/1. Mac. 15.

6. Vnd von Jerusalem zog er wider gen Gaza zu seinem hauß/11. meilen. Vnd als sein Schwager Ptolomeus Leute außschickte/die jhn vmbbringen solten/gleich wie derselbige Ptolomeus kurtz zuvor seinen Vater Simon verretherlich vber Tisch ermordet hatte/da machte sich Johannes Hyrcanus auff/vnd ließ dieselben Buben die jn solten ermordet haben greiffen/vnd ließ sie hinrichten/wie sie verdienet hatten. Vnd so weit ist das Leben Johannis Hyrcani/in der Bibel beschrieben/wer aber weiter bericht davon begeret/der lese Josephum von den alten geschichten der Jüden im 13. Buche.

Summa aller Reisen Hyrcani sind 44. meilen.

Azod.

Zod/ist die Stadt Azotus/die sonsten in heiliger Schrifft gemeinlich Aebod genent wird/vnd ligt von Jerusalem sechstehalb meilen/gegen der Sonnen Nidergang/vnd diß eine von den fünff Heuptstedten der Philister.

Reisen der Könige in Syria die nach dem
wütrigen König Antiocho/dem Edlen regieret/vnd
mit den Maccabeern gestritten haben.

Wie Antiochus Eupator des wütrigen Königs
Antiochi Sohn gereiset habe.

Der

Reisen der Könige in Syrien. **232**

Er Junge König Eupator/ist von Antiochia gen Modin/an die grentze des Landes Jdumea gezogen/siebentzig meilen/zu Mac. 6.2. Mac. 13.

2. Und Modin ist er gen Bethzura kommen/vber drey meilen/vnd hat das schloß sehr hart belagert/1. Mac. 6.2. Mac. 13.

3. Von Bethzura/ist er vber ein viertel einer meilen gen Bethzachara gezogen Judam Maccabeum zu vberfallen/aber der freudige Held begegnet jhm als ein grimmiger Lew/vnd schlug jm sechshundert Man zu todt/1. Mac. 6.

4. Von Bethzachara ist König Antiochus Eupator/ wider nach dem Schloß Bethzura gezogen ein viertel einer meilen/vnd hat das Schloß gebawet/1. Mac. 6.

5. Von Bethzura zog er vber ein halb viertel einer meilen gen Jerusalem/ da ward jhm das Heiligthumb/als er mit denen/die darinnen waren/frieden machet/ eingereimet vnd williglich vbergeben/1. Mac. 6.

6. Von Jerusalem zog er gen Ptolemais/neuntzehen meilen/2. Mac. 13.

7. Und von Ptolemais ist er wider heim/ gen Antiochia in Syriam gezogen/funfftzig meilen/vnd hat dieselbe Stadt/ weil sich in seinem abwesen ein Fürste Philippus daselbst des Königreichs vntersangen/wider cröbert vnd eingenomen/1. Mac. 6.

Summa dieser Reisen des jungen Königs Antiochi/hundert drey vnd viertzigstehalb meilen.

Als Schloß Bethzura/vnd das enge ort Bethzachara/ sind vorhin beschriben worden/vnd ist derwegen ohne noth solches zu widerholen.

Reisen des Königs Demetrij/ der des wütrigen Königs Antiochi des Edlen Bruder gewesen.

Demetrius Soter ist von Rom/ da er ein Geisel gewesen/vbers Meer in Syriam gefahren/vnd also vber 420. meilen/in die Stadt Tripolin gekommen/ die hat er eingenommen vnd sich daselbst zum König auffgeworffen wider seinem Vettern/den Jungen Antiochum/1. Mac. 7.2. Mac. 14.

2. Von Tripolin ist König Demetrius zugenant Soter/ auff Deutsch/ ein Heiland/gen Antiochia gezogen/22. meilen / vnd hat daselbst seinen Vettern/ den Jungen König Antiochum/vnd den Fürsten Lysiam tödten lassen / vnd ist also ein mechtiger König in Syria worden/vnd hat das Land zehen Jar regieret/biß er endlich im streit/wider seinem Vettern Alexandrum/erschlagen ward/1. Mac. 7. vnd 10.

Summa dieser Reisen des Königs Demetrij/hundert zwey vnd viertzig meilen.

Tripolis/Dreystadt.

Je Stad Tripolis/hat gelegen in Phenicia / am grossen Mittelmeer der Welt/45. meilen von Jerusalem/gegen Norden/vnd noch heutiges tages/ wie Bernhard von Breitenbach anzeiget/ist sie reich von Volck / vnd viel hantierung darin/ mit Seiden vnd andern Gütern/vnd ist das Land vmbher sehr fruchtbar/vnd drey meilen von dieser Stad ist der berg Libanus/vnten an demselbigen lustigen berge entspringet ein sehr lustiges Wasser/ das fleust durch die Lustigen fruchtbaren Gärten vmb Tripolis her / darin Feigenbeume/ Weingärten/vnd andere edle früchte/wolriechende Kreuter vnd blumen wachsen.

Reisen des Königs Alexandri/ der des wütrigen Königs Antiochi des Edlen Sohn/vnd des Jungen Antiochi Eupatoris Bruder gewesen/1. Mac. 10. vnd 11.

Jeser König Alexander hat die Stadt Ptolemais eingenomen/ vnd sich daselbst zum Könige gemacht/Vnd als sein Vetter König Demetrius/wider in sein feld zog/thet er seine grawsame schlacht mit im/die weret von Morgen vnd den Abend/da ist Demetrius im Streit vmbkommen/vnd Alexander/ein mechtiger König in Syria worden. Vnd als er kurtz darnach in der Stadt Ptolemais Hochzeit hielt mit Cleopatra/ des Königes auß Egyptentochter/ließ er Jonathan Jude Maccabei bruder den er zum Hohenpriester gemacht/

Ee iij auch

233   Beschreibung der Stebt.

auch dahin fordern/vnd kleidet jn mit Purpur. 2. Von Ptolemais / ist König Alexander gen Antiochia gezogen funffzig meilen/Demetrio Nicanori/des vorigen Königs Demetrij Son/ widerstand zuthun.

3. Vnd von Antiochia zog er in Ciliciam/dreissig meilen/die Stebt wider zugewinnen/die von jm abgefallen waren/Als er aber höret/das sein Schwäher/König Ptolomeus Philometor auß Egypten komen/vnd jm abgefallen/vnd die Stadt Antiochia eingenomen / vnnd jhm die Tochter/die er jm vorhin zum Weibe gegeben/wider genomen/ vnd sie mit seinem Feinde vermehlet/da zog er wider jn/mit jm zu kriegen / Aber Ptolemeus war starck gerüst vnd zog jhm entgegen vnd verjaget jn. In demselbigen Streit/hat des Königes Ptolemei Pferd/eines Elephanten stimm gehöret/dauon es so hefftig erschrocken / das es den König abgeworffen/vnd als die Feinde solches gesehen/sind sie mit hauffen auff jn gedrungen / vnd haben sein Heupt mit viel wunden durchstochen/aber seine Trabanten erwischten jhn / vnd brachten jhn dauon. Also hat König Ptolomeus wol die Schlacht gewunnen / ist aber dagegen so tödtlich verwundert/das er biß an dritten tag Sprachloß gelegen. Mitler weile war der vberwunden König Alexander/als er die Schlacht verloren/in Arabiam Desertam geflohen/ welches ligt zwischen dem berge Amano/vnd dem wasser Euphrate / da vermeinet der König Alexander sicher zu sein/Aber der Regente im Lande/Zabdiel der Araber / als er höret/ das König Ptolomeus sehr mechtig war/ließ er seinem gaste Alexandro/den Kopff ab hawen / vnd schicket jhm den König Ptolomeo. Als aber König Ptolomeus den Kopff Alexandri gesehen / vnd sich daran ergetzet/starb er am dritten tage hernach / Josephus von den alten Geschichten der Jüden im dreyzehenden Buch vnd siebenden Capittel.

Summa dieser Reisen Alexandri des Königs in Syria hundert meilen.

Amanus.

Amanus/ist ein Berg zwischen Cilicia vnd Syria / vnnd strecket sich biß ans wasser Euphrates. Vnd zwischen diesem berge Amano vnd dem wasser Euphrate/ hat gelegen Arabia deserta,das wüste Arabia/darin Zabdiel ein gewaltiger Herr desselben Landes dem flüchtigen König Alexandro/ der bey jm vermeinte sicher zu sein/sein Heupt abgeschlagen. Es ligt aber der Amanus hundert meilen von Jerusalem/gegen Norden.

Reisen des Königs Demetrij Nicanoris der des Königes Demetrij/des reisen ich kurtz zuuorn beschrieben habe/Sohn gewesen.

Vs der Jnsel Creta/ist Demetrius Nicanor/ auff Deutsch ein obwinder genant/vber anderthalb hundert meilen in Ciliciam geschiffet / wie Josephus von den alten geschickten der Jüden im dreyzehenden buche vnd 6. Capittel,anzeiget/1. Mac 10.

2. Anß Cilicia ist er vber viertzig meilen in nider Syriam kommen / vnd hat den Fürsten Apollonium an sich gehangen/vnd jm mit einem stadtlichen Kriegsvolck gen Jamnia in Jude am gesand / darauff ist König Ptolomeus Philometor aus Egypten kommen / vnd hat alle Stedte eingenommen,biß gen Seleucia/am Meer gelegen/vnd seine tochter dem Alexandro wider genommen/vnd sie diesem Demetrio geben / vnd die Stabt Antiochia auch dahin beredet das sie diesem Demetrium zum Könige annemen solten/welches also geschehen/1. Mac.11.

3. Vnd also ist dieser Demetrius / auß nider Syria vber zwantzig meilen gen Antiochia kommen/vnd mechtiger König in Syria worden/1. Mac. 11.

4. Von Antiochia sind Demetrius vnd Ptolemeus Philometor/ihrem Widersacher/dem König Alexandrio/biß an den berg Amanum/entgegen gezogen an die dreissig meilen/ vnd haben jhn oberwunden/vnd des Landes vertrieben/Josephus Antiq.lud. lib.13. cap. 9.

5. Darnach ist König Demetrius vber dreissig meilen wider gen Antiochia kommen / vnd hat zwey Jar regieret.

6. Von Antiochia ist König Demetrius gen Ptolemais gezogen/funfftzig meilen/ Da ist der Hoheprester Jonathas von Jerusalem zu jhm kommen/ vnd hat jn mit gaben versönet/1. Maccab. 11.

7. Von

Reisen der König in Syrien. 234

7. Von Ptolemais zog Demetrius wider gen Antiochia/funfftzig meilen/da ist sein Kriegesvolck vnd die gantze Stadt Antiochia von jm abgefallen/ darumb hat jhm der Hohepriester Jonathas/Judæ Maccabei Bruder/ drey tausent guter Krieger gesand/ die haben dem Könige Demetrio sein leben gerettet/ vnd die Stadt Antiochia angezündet. Als er aber für solche erzeigete wolthat sich vndanckbar erzeigete/ ward er durch Trypphonem/ vnd den Jungen König Antiochum des Alexandri Sohn/des gantzen Landes vertrieben.

8. Derwegen ist König Demetrius vber dreyhundert meilen in Meden gezogen/ vmb hülffe wider den Fürsten Tryphon/ Aber Arsaces der Parther vnd Meder König/ sandte seinen Heuptman auß/der schlug Demetrium vnd fieng jhn/vnd brachte jn zu seinen Herrn dem Könige Arsace gen Hecatomppion/welches ist die Heuptstadt in Parthia 330. meilen/von Antiochia gelegen/gegen der Sonnen auffgang/Justinus lib. 14.

9. Von Hecatomppio/hat König Arsaces den gefangenen König Demetrium gen Hyrcaniam in die Heuptstadt des Landes Hyrcania führen lassen/ vber vier vnd viertzig meilen/da ließ er jhn verwaren/vnd hielt jhn doch gleichwol ehrlich/ denn er gab jhm seine Tochter zum Weibe/ Jästinus lib. 38.

10. Nach dem todt des Königs Arsacis/ kam Demetrius vber vierdhalb hundert meilen widerumb auß Hyrcania/in sein Königreich Syrien/ vnd regieret zu Antiochia noch 4. Jar.

Summa dieser Reisen des Königs Demetrij/
1364. meilen.

Folget nun die beschreibung der Stedt vnd Orter.

Creta.

Die Insel Creta ligt im grossen Mittelmeer der Welt/ anderthalb hundert meilen/ von Jerusalem/gegen der Sonnen Nidergang/ vnnd heist zu vnser zeit Candida/vnd ist sehr groß vnd fruchtbar von Cypressen Beumen/ Wein/Maluasier vnd Zucker. Titus/des Apostels Pauli Jünger ist/ein Bischoff in dieser Insel gewesen/ Derwegen ist sie auch bey des Apostels Pauli Reisen weitleufftiger beschrieben werden. An diesem ort aber ist das fleissig zu mercken/ das zu der Maccaber zeiten ein Herr vnd Regente in dieser Insel gewesen/mit namen Lasthenes/der hat den König Demetrium auffertzogen/ jhm auch ein Kriegsvolck geben vnd zugeordnet/ damit er seines Vaters Königreich wider einnemen vnd eröbern möchte/Vnd von wegen solcher wolthat nennet König Demetrius denselbigen Lasthenen/einen Vater/1. Maccab. 11. Josephus von den alten Geschichten der Jüden/ im dreytzehenden Buche vnd sechsten Capittel.

Seleucia.

Seleucia ist eine grosse herrliche Stadt in Syria/ vnd ligt am grossen Mittelmeer der Welt/siebentzig meilen von Jerusalem/gegen Norden. Vnd bey dieser Stadt fleußt das Wasser Orontes ins Meer. So findet man auch daselbst einen hohen Berg Casium/der eine Deutsche meilen hoch ist. Von dieser Stadt Seleucia/findestu bey des Apostels Pauli reisen auch weitleufftiger beschrieben.

Syria.

Syria wird auff Hebreisch Aram genent in heiliger Schrifft/ vnd hat den Namen von Aram/Semssohn/vnd wird getheilet in Ober Syria vnd nider Syria. In ober Syria ligen die Stedte/Antiochia/Seleucia/Laodicea/vnd Apamea. Vnd in nider Syria ligen die Stedte/Sydon/Tyrus/Berytus/Tripolis vnd Orthosia.

Parthia.

Das Land Pharthia/ligt auff jenseid Meden/ist fast Bergig/voller Wildnis vnd Wüsten. Die Heuptstadt in diesem Lande hat Hecatomppion/ das ist/Hundertthor geheissen/darumb/das sie hundert Thor gehabt. Darauß denn leichtlich zuermessen/ welch ein herrliche vnd prechtige Stadt es muß gewesen sein/ Denn auch die Könige in Parthia jhren Königlichen Sitz darinnen gehabt haben/ Sie ligt von Jerusalem drey hundert acht vnd siebentzig meilen/ gengen der Sonnen Auffgang/. Vnd zu dieser Stadt hat

Cc iiij auch

235 Beschreibung der Stebte.

auch der Großmechtige König Arsaces sein Königliches Hofflager gehabt / vnd hat die Monarchey des gantzen Orients an die Parthern gebracht, denn gantz Meden/Persia/Parthia/ vnd Hyrcania/sind jhm vnterthan gewesen. Vnd die Arsaces hat Demetrium Nicanorem/ den König aus Syria/gefangen gehalten/1. Mac. 14. Justinus lib. 36.

Hyrcania.

HYrcania/ist ein sehr fruchtbar Land / jenseid Meden am Caspischen Meer gelegen/vnd tregt viel Feigenbeume/Olebeume / vnd Weingarten / die ober die massen fruchtbar sind/der Acker ist auch sehr fruchtbar in diesem Lande / denn die Frucht gehet von jhr salbst auff von dem Samen/der in der nehesten erndte auß den ähren gefallen ist. Der Thaw auff den Eichbeumen/wird zu eitel Honig/das/wenn die Sonne auffgehet vnd darauff scheinet / Honig von den Eichbeumen trueffet / vnd hat diß Land den Namen von dem grossen Walde.Hyrcano/daran es gelegen. In demselbigen Walde werden grausame Thier gefunden/nemlich Parden/Panther vnd Tiger thier. Die Panther Thier die man sonsten Pardalen nennet/sind sehr grimmig/wenn sie hungerig sind / denn sie haben Wolffs Natur an sich/vnd reissen die Menschen auff stücken/aber wenn sie voll sind/schlaffen sie drey tage. Ihr Fell ist besprenget mit mancherley farben/haben also auff jrem Leybe bunte flecken/Das Männlein wird eitel Parde genent/vnd das Frewlein ein Panther thier.

Panther Thier vnd Parden sind sehr grimmig.

Die Tiger thier aber haben viel flicken / vnd lauffen so schnel wie ein Pfeil verscheußt/ darumb werden sie auch Tigris genent/denn Tigris heist in Medischer sprache/ ein pfeil. Plinius schreibet. wenn dem Tiger thier seine Jungen genomen werden/ vnd es findet seine Höle sehr so schmäcket vnd spüret es nach mit der Nasen / welche weg sie hinweg getragen sein/ vnd darumb eilet er hernach mit grawsamlichen/geschrey / wenn das der Reuber der jhm die Jungen genomen hat/höret/wirfft er ein Junges von jm in den weg / vnd dieweil dz alte thier das junge wider heim in das Nest tregt/entrinne er dem thier/mag er jhn aber zum andern mal ereilen/läst er noch ein Junges fallen / machet sich bescheide in das Schiff vnd fehret hinweg. Vnd welcher vermeint die Jungen alle zuentführen / der legt grosse Spiegel in den weg/vnd wenn das alte thier kompt vnd sich darin sihet/meinet es/es habe ein Junges eröbert / vnd dieweil es vber dem Spiegel stehet vnd darein gaffet/entrint jm ober der Reuber mit den Jungen.

Tiger thier.

Die Heuptstadt dises Landes hat vorzeiten auch Hyrcania geheissen / vnd ligt von Jerusalem vier hundert vnd zehen meilen. gegen der Sonnen auffgang. Vnd das König Arsaces dem König Demetrio/seine Tochter zum Weibe gegeben / vnd jhn in Hyrcania habe verwaren lassen/bezeuget Justinus lib. 38.

Daß Caspische Meer wird auch das Hyrcanische Meer genent/darumb/das es ans Land Hyrcaniam flöst/vnd ist daselbst sehr vnruwig vnd vngestüm / vnd hat doch gleichwol am selbigen ort viel Inseln/vnd sein süß Wasser/von wegen der fliessenden Wasser / die am selbigen ort darein fliessen.

Wie Tryphon geretset habe/der den Jungen König Antiochum/Alexandri Sohn getödtet/vnd also König in Syria worden.

DIeser Tryphon ist ein Heuptman vnd Fürste gewesen Alexandri des Königs in Syria dem in Arabia sein Heupt abgeschnitten ward / vnd dieweil König Demetrius in Syria groß Tyranney vbet/zog dieser Tryphon zu Emalkuel dem Regenten in Arabia/der den Jungen Antiochum Alexandri Sohn erzog/vnd hielt bey jhm an / das er jhm den Knaben geben solte/so wolte er jhn widerumb in seines Vaters Reich einsetzen. Vnd also hat Tryphon den Jungen Antiochum seines Herrn Alexandri Son/auß Arabia geholet/vnd jm ein grosses Kron auffgesetzt seinen Widersacher/König Demetrium / des Landes vertriben/ die Stadt Antiochia gewunnen/vnd den Jungen Antiochum zum Könige gemacht / 1. Mac. 11. 12. Von Antiochia ist Tryphon vber neun vnd funfftzig meilen gen Bethsan gezogen/da Saul vorzeiten in sein eigen schwerdt gefallen. In dieser Stadt hat Tryphon dem Hohenpriester Jonathe/Jude Maccabei Bruder / gute Wort geben aus einem falschen Hertzen/ vnd jhn beredet/er solte mit jhm gen Ptolemais Reisen / so wolt er jhm die Stadt eingeben/ 1. Macc. 12.

f. Von

Reisen der Könige in Syrien. 256

3. Von Bethson sind Tryphon vnd Jonathas/gen Ptolemais gezogen/acht meilen. Da ließ Tryphon die Thor zuschliessen/vnd nam Jonathan gefangen/vnd ließ seine Diener erstechen/1.Mac.12.

4. Von Ptolemais zog Tryphon mit grossem Kriegsvolck/vnd füret Jonatham gefangen mit sich/biß gen Addus/in die Grentze deß Landes Judea siebentzig meilen/vnnd hat dem Hohenpriester Simon/der daselbst sein Feldlager gegen jhn auff geschlagen/zuentboten/wenn er jm wölte so viel als sechtzig tausent Kronen senden vnd deß Jonathe zween Söhne/zu Geisel geben/so kündte er seinen Bruder Jonathan wider loß kriegen/1.Mac.13.

5. Vnd als Simon dasselbige thet/hielt Tryphon keinen Glauben/sondern behielt Jonathan gleichwol gefangen/vnd führet jhn von Addus biß gen Ador in Idumeam vber zwölff meilen/1.Mac.13.

6. Vnd von Ador auß Idumea/ist Tryphon gen Baschama/ins Land Gilead gezogen/42. meilen/vnd hat Jonathan mit seinen Söhnen tödten lassen/1.Mac.13.

7. Auß dem Land Gilead zog Tryphon wider heim gen Antiochia/sechtzig meilen/vnd füret den jungen Antiochum betrieglich hin vñ her im Lande/biß er jn zu letzt heimlich tödtet. Darnach setzt er selbst die Krone auff/ward also König in Syria/vnd regieret 3. jar 1.Mac.13.

8. Vnd als er von Antiocho/diß Königs Demetrij Bruder/vberzogen ward/nam er die flucht/vnd flog gen Dora ans Meer/sechtzig meilen von Antiochia gelegen/1.Mac.15.

9. Vnd als Antiochus jhn nachfolget/vnd die Stadt Dora belagert/machte sich Tryphon davon/vnd flog zu See/ist auff dem Meer/biß gen Orthosia viertzig meilen/1.Mac.15.

10. Vnd als er von dannen vber dreyssig meilen gen Apameam fliehen wolte/ward er vnterwegs ergriffen vnd getödtet. Summa dieser Reisen deß Königs Tryphon.310.meilen.

Folget nun die Beschreibung der Sted vnd Orter.

Die Stedte Ptolemais/Addus/Ador/Baschama/sind vorhin bey den reisen deß Hohenpriesters Jonathe/deß Bruders Jude Maccab.1 beschrieben worden.

Orthosia.

Orthosia/ist eine Stadt in Syria/ans wasser Eleuthero gelegen/da die Lender Phenicia/vnd Seleucia mit einander grentzen/fünfftzig meilen von Jerusalem gegen Norden/vnd hat den namen von der Göttin Diana/ die auch Orthosia heisset. In diese Stadt ist König Tryphon geflohen/vnd das ist zu Schiffe auff dem Meer geschehen/denn die Stadt Orthosia ligt am grossen Mittelmeer der Welt/ da das Wasser Eleutherus ins Meer fleust/1.Mac.15.Plin.lib.5.Cap.20.

Dora.

Dora heist ein Wonung/die lange zeit weret/ wie wir auff Deutsch sprechen/ Altenstadt oder Oldenburg. Es ligt aber die Stadt Dora am grossen Mittelmeer der welt/ 12. meilen von Jerusalem gegen Norden/am halben wege zwischen dem Berg Carmel vnd der Stadt Cæsarea Stratonis. Im Buch Josua m17. Capittel wird die Stadt Dora/ Dor genent/das heist auff Deutsch/dauren oder das lange zeit weret/ vnd stimmen die namen sehr fein vberein.

Apamea.

Die Stadt Apamea ligt in Syria siebenzehen meilen von Jerusalem gegen Norden/ vnd ist gebawet worden von Seleuco Nicanore/dem ersten König in Syria/nach des Alexandri Magni tode/vnd derselbige König Seleucus Nicanor / hat jhr den namen geben nach seinem Gemahl Apamea/wie auch vorhin in der Beschreibung der Stadt Antiochia ist angezeiget worden.

Die Reisen der Fürstin Appollonis/Georgiæ/Nicanoris/Bachidis vnd Cendebei/etc.sind an jhm selbs klar gnug/auß den Reysen der Maccabeer / ist derwegen nicht von nöthen dieselben allhier zu beschreiben.

Reisen Heliodori/ 2.Maccab.3.

Dieser Heliodorus ist ein Kemmerer des Königs Seleuci/zu Antiochia in Syria gewesen/ vnd von dannen ist er gen Jerusalem gezogen/siebentzig meilen / vnnd als er den Tempel
berauben

Reisen der Hohenpriester.

berauben wolte/sandte Gott seinen Engel / der saß auff einem Pferd / vnd hat einen ganzen gülden Harnisch an/vnd rennet mit aller macht auff den Heliodorum zu / vnd trat jn mit des Pferdes Füssen an die Erden. Vnd diesem Engel hulffen noch zween ander Engel / die schlugen den Heliodorum/das er zu boden gestürtzet/vnd halb todt aus dem Tempel getragen ward 2. Maccab 3.

2. Von Jerusalem ist Heliodorus/als jn Gott der HERR vmb des Hohenpriesters Oniæ vorbitte willen/das Leben schencket/wider zum König gen Antiochia gezogen / siebenzig meilen/vnd jm Gottes wunderthaten angezeiget.

Summa dieser Reisen Heliodori/140. meilen.

Reisen der Hohenpriester / der im andern Buch der Maccabeer gedacht wird / die auch für den Maccabeern regieret haben.

Reisen des Hohenpriesters Oniæ/2. Macc. 3. 4.

Er frome Hohepriester Onias / der durch sein andechtiges Gebet dem Heliodoro sein Leben rettet/ist von Jerusalem gen Antiochia gezogen/sibentzig meilen/ vnd hat König Seleucum ansprechen wollen. Diewail aber derselbige gestorben/vnd sein Bruder Antiochus der Edle/jhm Reich nachkomen war / hat Jason dieses Oniæ Bruder/denselben König Antiochio/das Hohepriesterampt abgekaufft / vnd jm an die drey Tonnen Goldes dafür geben/jm auch järlich so viel/als acht vnd viertzig tausent Kronen zu geben verheissen/vnd also seinen Bruder Oniam außgestochen. Da flog der frome Hohepriester Onias an ein befreytes ort/nemlich/in einem lustigen Wald / eine grosse Deutsche meile von Antiochia gelegen/ derselbig Wald hieß Daphne / vnd war sehr lustig von Springbrunnen vnd schönen Wasserquellen vnd war befreyet von wegen der Abgötter Apollinis vnd Dianæ/die jre Tempel vnd Kirchen in dem Walde gehabt. An diesem befreyeten ort/vermeinet der fromme heilige Hohepriester Onias sicher zu sein/Er ward aber durch Andronicum, des Königs Antiochi Stadhalter/mit guten Worten auß diesem besfreyeten lustigen Walde gelocket / vnd verretherlich durchstochen.

Summa der Reisen des Hohenpriesters Oniæ 71. meilen.

Reisen deß Hohenpriesters Jason/ 2. Macc. 4. vnd 5.

Dieser Jason ist ein sehr Gottloser Bube gewesen / vnd hat seinen Bruder den fromen Oniam vom Hohenpriesterampt verdrungen. Denn er ist zum König Antiochio dem Edlen gezogen / der in Antiochia hat pflegen Hoffzuhalten / sibentzig meilen von Jerusalem gegen Norden / vnd hat das Hohepriesterampt an sich gekaufft/mit grossem Gelde/denn er hat so viel als drey Tonnen Goldes dafür geben / vnnd noch darzu verheissen/ das zu dem König järlich acht vnd viertzig tausent Kronen geben wolte/wie es Doctor Paulus Eberus außrechnet.

2. Darnach ist der Hohepriester Jason / wider heim gen Jerusalem kommen / vber sibentzig meilen. vnd hat auff den Berge Acra / vnter der Burg Acropoli zu Jerusalem / ein Heydnisch spielhauß gebawet / vnnd viel Abgötterey angericht. Er ließ auch den wütrichten Antiochum/der von Egypten widerkeret/in die Stadt Jerusalem vnd empfieng jhn mit Fackeln vnd grossem Triumph.

3. Von Jerusalem zog Jason/als er des Hohenpriesterampts beraubet ward / vber zehen meilen in das Land der Ammoniter/jenseid des Jordans / an den Grentzen der Ammoniter gelegen/vnd Areta der König in Arabia Petrea ist ein Herr desselbigen Landes gewesen. Daselbst verbarg sich der Hohepriester Jason/ für seinem Bruder Menelao / den der wütrige König Antiochus zum Hohenpriester gemacht.

4. Vnd

Reisen

4. Vnd als ein erlogen geschrey auß kam/das der König Antiochus/ der hinab in Egypten gezogen war/solte todt sein/da kam Jason vber 10. meilen/wider auß der Ammoniter Lande/vnd nam die Stadt Jerusalem mit gewalt ein.

5. Als er aber höret/das der König Antiochus noch im leben were / vnd mit grosser macht auß Egypten daher zöge/entweich er abermal in das Land der Ammoniter/ vnd weil er daselbst für Areta/der Araber König verklaget ward / muste er auß einer Stadt in die ander fliehen/ vnd kundte nirgend sicher sein.

6. Derwegen entweich er in Egypten/ober 70. meilen.

7. Vnd auß Egypten ist er vber anderthalb hundert meilen in das Land Lacedemon geflohen/vnd daselbst im elende gestorben.

Summa dieser Reisen deß Hohenpriesters Jason/drey hundert vnd achtzig meilen.

Von der grossen Stadt Sparta die auch Lacedemon geheissen hat.

Die Stadt Sparta/ ist ein herrliche Stadt in Peloponneso gewesen/ vnd hat gelegen 205. meilen von Jerusalem/gegen der Sonnen Nidergang/vnd ob sie wol keine mawren gehabt/so ist sie doch sehr Volckreich / vnnd eine von den herrligsten Stedten in Griechenland gewesen/vnd hat den namen bekommen von einem Könige Sparto / der sie gebessert/vnd mit gebewen zierlich vernewet hat. Vorhin hat sie Lacedemon geheissen/vnd den namen gehabt von einem Könige Lacedemone / der sie anfenglich sol gebawet haben. Vnd nach dieser Stadt ist auch das gantze vmbligende Land Lacedemonia genent worden vnd der Hohepriester Jason ist da im elend gestorben/2. Mac. 5.

Menelaus der großmechtige König hat in dieser Stadt Lacedemon oder Sparta Hoffgehalten/vnd sein gemahl ist gewesen fraw Helena / die aller schönste in Griechenland/ vmb welcher willen die Stadt Troia zu grund verbrand vnd verstöret worden. In dieser Stadt Sparta hat auch Lycurgus/der treffliche Philosophus/viel Gesetze geben / darnach sich die Könige vnd Einwoner dieser Stadt gerichtet haben/Derwegen sie auch in allen tugenden zugenommen. Viel Ritterliche thaten außgericht/vnd wider die grosse Stadt Athen vnd alle vmbligende Länder vnd Herrschafften grosse Kriege geführt. Vnd Jonathas der Hohepriester zu Jerusalem/Jude Maccabei Bruder/ hat mit der Stadt Sparta ein verbündnis gemacht/1. Mac. 11. Diese verbündnis hat darnach der Hohepriester Simon Juda/ Maccabei vnd Jonathe Bruder vernewet/1. Mac. 14.

Reisen deß Hohenpriesters Menelai.

Dieser Menelaus / ist deß Hohenpriesters Jason Bruder gewesen / wie Josephus schreibt/aber das 2. Buch der Maccabeer zeigt an/er sey ein Benjamiter/vnd ein Bruder Simonis deß Tempelvogts gewesen/2. Mac. 3. Vnd als dieser Menelaus zum König Antiocho gesand ward / das er jhm von wegen deß Hohepriesters Jason Geld bringen solte/heuchelt er dem König vnd lobet jhm so viel/als 180. tausent Kronen mehr zu geben als Jason vnd brachte also das Hohepriesterthumb an sich. Es hat aber der König Antiochus gemeinlich zu Antiocho pflegen Hoff zuhalten 70. meilen von Jerusalem gegen Norden.

2. Von dem König Antiocho kam Menelaus wider heim gen Jerusalem vnnd handelt nicht als ein Hohepriester/sondern wie ein wütriger Tyran vñ grausames Thier/2. Mac. 4.

3. Als er aber das Geld/das er dem König versprochen hat/nicht bezalen kondte / muste er zum König kommen/der setzt jn ab/vnd verordnet seinen Bruder Lysimachum an seine Stadt 2. Mac. 4.

4. Derwegen ist Menelaus trawrig wider heim gen Jerusalem kommen.

5. Als aber der König Antiochus in Ciliciam gezogen war/ein auffrur zu stillen/vñ Andronicum seiner Fürsten einem zum stadthalter gemacht/gedachte Menelaus er hette nu gelegenheit bekommen/das er widerumb Hohepriester werden konte / vnd stal etliche gülden kleinot auß dem

Beschreibung der Stedt.

dem Tempel/vnd schencket sie dem Andronico/brachte auch so viel zu wegen/das der fromme heilige Mann Gottes / nemlich der Hoheprieſter Onias / der bey der Stadt Antiochia in den luſtigen Wald Daphne geflogen war/vnd daſelbſt vermeinet ſicher zu ſein / mit liſtigen worten heraußgelocket/vnd verretherlich durchſtochen ward / als auch vorhin iſt angezeiget worden. Vnd ſolchs geſchach fürnemlich darumb / das derſelbige fromme Onias dieſen Buben Menelaum ſtraffte/das er die gülden Kleinot auß dem Tempel zu Jeruſalem geſtolen / vnd vber 70. meilen gen Jeruſalem kommen war / vnnd ſie dem Andronico geſchencket. Solche ſtraffe war weder Menelao noch dem Andronico zu leiden/darumb muſte der H. Mann Gottes Onias ſterben/2. Mac. 4.

6. Von Antiochia iſt Menelaus wider gen Jeruſalem kommen / vnnd hat durch hülffe ſeines Bruders Lyſimachi/abermal ſehr viel auß dem Tempel geſtolen / darüber nicht ein geringe Meuterey vnd Auffruhr zu Jeruſalem entſtanden / ward auch darüber beim König ſehr hart verklaget/2. Mac. 4.

7. Derwegen muſte er von Jeruſalem gen Tyrum ziehen/25. meilen / da gab er dem Fürſten Ptolomeo viel Geldes/der bracht ihn bey dem König wider zu Gnaden / das er ledig erkand/vnd die frommen vnſchüldigen Leut/die den Ehrloſen Dieb verklaget hatten / getödtet worden/2. Mac. 4.

8. Von Tyro iſt Menelaus wider gen Jeruſalem gezogen/25. meilen / vnd hat da groſſe Tyranney geübet/vnd dem wütrigen König Antiocho geholffen / das er in die Stadt Jeruſalem kommen/den Tempel Gottes beraubet / vnd ſehr grewlich darinnen gewütet vnd getobet hat/2. Mac. 5.

9. Als der wütrige König Antiochus in der verſtörten Stadt Babylon lebendig verfaulet war/vnd in ſeinen Sünden geſtorben/vnd deſſelbigen Sohn / der junge Antiochus Eupater/ König in Syrien ward/vnd auch gen Jeruſalem zog / das heilige Volck Gottes anzugreiffen/da zog ihm dieſer Hoheprieſter Menelaus entgegen / vnd grüſſet ihn freundlich / vnd reitzet vnd vermanet den jungen König/mit groſſer Heuchley/zum verderben ſeines Vaterlands/das er dadurch das Hoheprieſter ampt/des er entſetzet war/wider erlanget. Aber der König aller Könige erweckt deß jungen Königs gemüt/das er den abtrünnigen Schalck ſtraffet / Denn der treffliche Fürſt Lyſias/zeigete dem Könige an / das dieſer Menelaus ein vrſach were aller vntuge/Darumb ließ in der König gen Berea führen/welchs eine Stadt in Syrien / 19. meilen von Jeruſalem gegen Norden gelegen/da war ein Thurm 50. Ellen hoch / darauff ward dieſer Ertzböſewicht/Menelaus zu todte gerädert/2. Mac. 13.

Summa dieſer Reiſen deß Hohenprieſters Menelai/ 160. meilen.

Wie Alcimus der letzte Hoheprieſter/ auß dem Stam Aaron gereiſet habe.

Dieſer Alcimus/ob er wol auß dem ſtam Aaron gekorn / ſo iſt er doch gleichwol nicht auß dem Geſchlecht deß Hohenprieſters Joſua geweſen/der neben Zorobabel das Jüdiſche Volck/auß der Babyloniſchen gefengnuß/wider Heim gen Jeruſalem gebracht hat. Es hat aber dieſer Alcimus alſo gereiſet.

1. Nach dem todt deß Hohenprieſters Meualai / zog dieſer Alcimus zum Könige Demetrio der auch zu Antiochia / 70. meilen von Jeruſalem hat pflegen Hoff zu halten / vnd verklaget Judam Maccabeum vnd alle fromme Jüden / vnnd weil er alſo dem König heuchlet/ machte er ihn zum Hohenprieſter/1. Mac. 7.

2. Von Antiochia iſt der Hoheprieſter Alcimus mit dem Fürſten Bachide / vber 70. meilen wider heim gen Jeruſalem kommen/daſelbſt Hoheprieſter worden/1. Mac. 7.

3. Als aber Judas Maccabeus ſehr gewaltig war/zog Alcimus abermal zum König Demetrio/vnd verklaget ihn hart/vnd brachte ſo viel zu wegen/das der König ſeinen Fürſten Nicanor außſandte/die Jüden ſo es mit Juda Maccabeo hielten/gantz zuuertilgen/vnd Alcimus zum Hoheprieſter zu machen/1. Mac. 7. 2. Mac. 14.

4. Vnd

Beschreibung der Stedt vnd örter. 240

4. Vnd also ist Alcimus mit Nicanori wider gen Jerusalem kommen.
5. Als aber Alcimus sahe/das Nicanor mit Juda Maccabeo Freundschafft machte/zog er widerumb zum König Demetrio der im Lande Soria/wie gemelt in der grossen Stadt Antiochia gemeinlich hat pflegen Hoffzuhalten/vnd verklaget den Nicanorem/das er vntrew worden were/vnnd hette Judam des Königs Feindt an seine Stadt zum Hohenpriester gemacht. Darumb ward der König sehr zornig/vnd schreib den Nicanori/ er solte Judam Maccabeum eilend fahen/vnd gen Antiochia schicken. Es wolt im aber nicht gerathen/ denn Nicanor hat seinen Kopff vnd rechte Hand/ vnnd sein gantz Leib vnd Leben darüber verloren/1.Maccab.7. 2.Maccab/14.vnd 15.
6. Als solches der König Demetrius höret/sandte er widerumb in Judeam/diese zween Bachidem vnd Alcimum/die kamen von Antiochia vber acht vnd viertzig meile gen Maßloth ins Land Arbela/vnd tödten da viel Leute/1.Mac.9.
7. Von Maßloth zogen sie gen Galgala oder Gilgal neunzehen meilen.
8. Vnd von Gilgal kamen sie vber drey meilen gen Jerusalem.
9. Vnd von dannen sind sie gen Berea gezogen/drey meilen/vnd wurden daselbst von Juda Maccabeo in die flucht geschlagen/1.Mac.9.
10. Von Berea wurden sie vber anderthalb meilen/biß auff das Gebirge zwischen Asdod vnd Gazeron gejaget/da haben sie sich vmbgewendet zur gegenwehr/vnd ist Judas Maccabeus im streit vmbkommen/1.Mac.9.
11. Darnach ist Alcimus vber 5.meilen gen Jerusalem kommen/da hat jhn Gott gerüret das er plötzlich nider gefallen/vnd eines grewlichen Todes gestorben/1.Mac.9.

Summa dieser Reisen des Hohenpriesters Alcimi vier hundert vnd dreissig meilen.

Folget nun die Beschreibung der Stedt vnd örter.

Arbela.

Die Stadt Arbela/hat gelegen im Stam Naphthali in Ober Galilea/vier vnd zwantzig meilen von Jerusalem gegen Norden/vnnd von jhr ist das vmbligende Land auch das Land Arbela genent worden.

Maßloth/Herscherin.

Die Stad Maßloth/die vom Herschen vnd regieren den namen hat/ ligt auch im stam Naphthali im Lande Arbela/23.meilen von Jerusalem gegen Norden/ eine halbe meile von der Stadt Kedes gegen der Sonnen Nidergang.

Berea/ Klarbrunlein.

Berea ist eine Stadt drey kleine deutsche meilen von Jerusalem gegen der Sonnen Nidergang gelegen/ da auch Jotham des Abimelechs Bruder hingeflohen ist/wie dz buch der Richter im 9.Capitel bezeuget daselbst hat auch Judas Maccabeus/Bachide vnd Alcimum in die flucht geschlagen/1.Mac.9.

Vnd also hab ich nu(Gott sey dar ck)alle reisen/der im alten Testament gedacht wirdt/ nach einander beschrieben/daraus man sein vernemen kan/ wie die Heiligen ErtzVäter Könige vnd Propheten/etc. In diesem Jammerthal hie auff Erden/ hin vnd wider gereiset/ vnd man cherley schwere/lange vnd weite Reisen/mit grosser mühe vnd arbeit volnbracht/ biß sie der liebe Gott aus diesem elende vnd mühseligen leben/zu sich in den frölichen Himmel genommen/ vnd also zu der ruhe gebracht. Gott verleihe vns allen auch dermal eins / ein seliges stündlein/ das wir mit dem lieben Jacob/ die zeit vnser Walfart auch zum seligen ende bringen mögen/. Das gebe der gütige fromme Gott/vmb seines lieben Sohn JESV Christi willen/der vns mit seinem thewren Blut erworben hat/AMEN.

Dd Register

Register vber dis erste Buch.

A.

Aron der Hohepriester wo er gestorben/88.
Abarim/ein Gebirge im Land der Moabiter/
Abel Bathmaacha/ein Stadt im stam Naphthali/157.
Abdon der Richter wo er gewonet. 110.
Abgötterey bey den Jüden vnter den grünen Bäumen/ 74.
Abgott Moloch/ 69.
Abela Vineaurum/ein Stadt im Land Gilead/94.110.
Abel Mehola/ des Propheten Elisa Vaterland.178.
Abia König/169.
Abia thar des Hohenpriesters Reisen/ 126.
Abimilech des sechsten Richters reisen/ 108.
Abisag von Sunem/ 139.
Abner deß Feldthauptmans reisen. 137.
Abraham Reisen/
Abrahams name vnd allegoria/ 75.
Abrahams Brunn zu Haran/ 72.
Abrahams Haus zu Hebron/ zu S. Hieronymi zeiten/ 74.
Abrahams knechts reise. 70.
Abrahams zwerfache hole/ 74.
Absolons reisen/ 138.
Abyssini/ 67.145.
Aceta ein Berg zu Jerusalem/ 53.
Aetopolis/ 53.
Adam der erste Mensch/wo er geschaffen sey/68.
Adin vnd Eua wo sie nach irem fall gewonet/170.
Adams Epffel / 111.
Adasar eine Stadt/223.
Addus son im Jabda/ 218.
Adoram. 159.
Ador ein Stadt in Jdumea/ 228.
Adom Bosset der König dem die Daumen an henden vnd Füssen abgehawen an welchem orth er gewonet/104.
Africa das dritte theil der Welt/vnd desselben Lender/6.7.10.
Agar Abrahams Magd wie sie gereiset hab/ 78.
der Engel des verbundnis redet mit Agar/78.
Agarener/ 79.
Agrippa König der Jüden/am welchem ort in der Stadt Jerusalem er seine wonung gehabt/53.
Ahab des Königs Jsrael reisen/ 161.
Ahas des Königs Juda reisen/ 163.
Ahasia reisen/ 172.
Ahitophels reisen/110.
Ay ein Stadt im heiligen Land / 96.195.
Aialon die Stadt wo sie gelegen/97.
Alcair eine grosse herrliche Stadt in Egypten/145.
Alcair wird von Türckischen Selimo eröbert/ 147.
Alcimi des Hohenpriesters reise/223.
Alexander des Königs in Sigria reisen 212.
Alexander Magnus König in Macedonia / 216.310.
Alexandri statua/216.
Alexandria eine herrliche Stadt in Egypten/210.
Almerich König zu Jerusalem/ 62.
America der vierde theil der Welt. 70.
Amasa wo er von Abner erschlagen/137.
Amasia des Königs Juda reisen/ 163.
Ammoniter oder die Kinder Ammon/wo sie gewonet/77.
Ammon König in Juda/166.
Amos des Propheten geburtstadt/138.
Amos der Prophet wie er gereiset/188.
Amos der name/was er bedeute./188.
Amri König in Jsrael/160.

Anathot des Propheten Jeremiae Vaterlant i/ 183.
Ange/ein Gebirge in Cilicia/207.
Antiochi des wütrigen reise/218.
Antiochi allegoria vnd Geistliche bedeutung/ 224.
Antiochus Eupator/231.
Antiochia die Heuptstadt in Syria/ 214.
Antonia das Schloß zu Jerusalem / 52.
Apamea eine stadt in Syria.208.235.
Apheck eine Stadt in Samaria.110.133.152.
Apis ein Ochß zu Memphis von den Egyptern für einen Abgott angebetet 147.
Ar eine Stadt der Moabiter/195.
Arabath oder Araba eine Stadt/197.130.
Arabia Felix/reich Arabia genant/218.
Arabia Petrea/das steinigte Arabia/198.228.
Arabia Deserta/das wüste Arabia/128
Arab/eine Stadt im Jüdischen Land. 104.
Aram das Land Syria vnd Mesopotamia/ 95.
Arbela eine Stadt im obern Galilea/140.
Arch Noe/wo sie nach der Sündflurh blieben bliebeu/41.
Arassna/des Jebusiters Scheune/41.
Arimathia ein Stadt im stam Ephraim/116.
Armenia ein Land in Asia/195.
Arnon ein Bach der Moabiter/195.
Aroer/das Stadt der Moabiter.109.195.
Aphrazad/ein König der Meden/vnd die Stadt Ecbatana gebawet/207.
Ashel des Königs in Syria reisen/137.
Ascalon eine Stadt der Philister/111.117.
Asdod eine Stadt der Philister / 97.117.
Aseka eine Stadt im Jüdischen Lande/97.124.
Asia der ander theil der Welt/vn desselben lender/6.7.15.
Assa des Königs Juda reisen/169.
Assa des Königs Juda geistliche bedeutung/ 60.
Assinerorh/ist die Stadt Bayreth / 223.
Assyria oder Assur, ein Land in Asia/6.9.10.
Athareth eine Stadt im Lande Gilead/77 91.
Athalia/der Gottlosen Königin jhre reisen/ 161.
Athanasius/Bischoff zu Alexandria/211.
Arhniels reisen.103.
Auen/ist die Stadt Bethel.95.
Azod ist Asdod/die Stadt der Philister/231.

B.

Baalhazor/eine Stadt/138.
Baalzephon/ein Abgott bey den Egyptern/90.
Babylon eine Stadt in Chaldea/168.
Babylonis thurm/71.
Cagabes die letze Stadt der Türckischen Reis es/18.
Bacsath eine Stadt im Stam Dan/141.
Brace des Mörders reise/117.
Barsa des Königs Jsrael reisen/150.
Baburim ein Stedlein im stam Ben Jamin /131
Bama da Saul zum König gesalbet/ 8.
Baldwin/haben etliche Könige zu Jerusalem geheissen/62.
Barack reisen/ 105.
Barack ein Bilde des Herrn Christi/ 108.
Barcochas/gibt sich für Messiam aus/ 49.60.
Basan ein Königreich/88.94.
Baschama/ eine Stadt im Lande Gilead/228.

Baytö

Register vber diß erste Buch.

Basra/ein Stadt in Jdumea/den Moabitern zustent Collegium der Pphriseer vnd Saduceer/ 54.
dig/119 6.
Benhadad des Königs in Syrien/ vnd seiner Heupt-
leute reise/156.157.158.
Benhinnom/58.
Der ein Stedtlein im stam Juda/108.
Berrea ein stadt/140.
Berrenices/an welchem ort zu Jerusalem sie jhr König-
liche wonung gehabt/53.54.
Berg der Ertzgernis/59.
Berotha ein stadt in Syria/ 196.
Beseck/eine Königliche stadt der Cavaniter/104.
Bethania ein stedtlein nahe bey Jerusalem/58.
Bethauen ist die stadt Bethel/86. 196.
Bethbesen ein stedtlein im stam Benjamin/ 227.
Bethoron hat nicht weit von Jerusalem gelegen/196.
Betherein zwey stedt im heiligen Lande/128.141.
Bethel eine Stadt im heiligen Lande/90.
Bethel ist ein Fürbild der Gögenheuser/ 87.
Verkerung des Namens Bethel in Bethauen/101
Bethes da der Teich/52.
Beth Gamul ein stadt der Moabiter/196.
Bethjesimoth ein stadt im stam Ruben/196.
Bethlehem Ephrata/82.
Bethphage/wo es gelegen/ 58.
Bethsalisa ein stadt/123.
Bethsan ein stadt in Galilea/1844
Bethseines in Juda/117. 151.
Bethsemes in Egypten/183.
Bethsur ein stadt im Jüdischen Lande/189.
Bensura ein Schloß/nicht weit von Jerusalem/159.
Bethulia da Judith Holofernem enthauptet/108.
Bezer ein Freystadt/204.
Bezetha ein Berg zu Jerusalem/54.
Bildad Jobs Freund/206.
Bileams Reise/94.
Blutacker/59.
Bosor ein stadt am Jordan/ 220.
Brunn deß lebendigen vnd sehenden/78.
Buz ein stadt der Jsraeliten/in Judea gelegen/
196.

C.

Cades Barnea/ein stadt in Jdumea/92.
Caesarea Philippi/99.
Caiphas/wo er zu Jerusalem gewonet/53.
Cain wo er seinen Bruder Abel ermordet/70.
Cain der Bruder Morder/wo er gewonet/ 70.
Calebs reisen/103.
Calebs Geistliche bedeutung/104.
Caliphas/ein Herr der stadt Susa/mus bey Gold
vnd Silber verschmachten/186.
Calne ein stadt jenseit Babylon/ 196.
Canaan das gelobte Land/23.24.
Cantzeley zu Jerusalem/53.
Cana ein stadt in Syria/ 221.196.
Caphar Salima ein Dorff/ 222.196.
Caphtor ist das Land Macedonia/196.
Carchemis ein stadt in Syria/196.
Carmel/zwen Berge im heiligen Lande/ 123.151.
Castanus der Tattern König/zertrümmert das hei-
lige Grab/63.
Caphar eine stadt im Lande Gilead/213.
Caspia ein Land/201.
Cedron ein thal zu Jerusalem/54.
Chaldea ein Land in Asia/6.7.
Chebar das Wasser/84.
Christus/wo er von Herode bespottet/ 55.
Christus wo er gecreutziget/ 68.
Cilicia/207.

Collegium der Pphriseer vnd Saduceer/ 54.
Crassus wird von den Parthen vberwunden/72.
Creta/eine grosse Jnsel/ 234.
Christ ein Bach/ 177.
Crocodil/ein vngehewr Wurm/ 70.
Cyrene eine Stadt in Africa/200.

D.

Damascus die Heuptstadt in Syria/70.157.
Damastenus Acker/70.
Dan ein Stadt am Berge Libano/da der Jordan
entspringet/221.71.113.
Daniels Reisen/ 184.
Daniels Sommerhaus zu Babel/ 170.
Daniels Köstlich haus vñ Grab zu Ecbatana/170.
Daniels Allegoria/vnd Geistliche bedeutung/187.
Daumier Rundschaffer/wie sie gereiset/ 112.
Der Dananuer reise/ 114.
Davids Reise/ 127.
Davids Geistliche bedeutung/ 133.
Debora die Prophetin/wie sie gereiset/ 104.
Debora Geistliche bedeutung/ 106.
Dedan eine stadt in Jdumea/ 297.
Demetrius Nicanor/König in Syria wie er gerei-
set/ 233.
Demetrius Soter/Königs in Syria reisen/ 232.
Dibon der Moabiter Stadt/ 197.
Dimon auch eine Stadt der Moabiter/ 197.
Dina/Jacobs Tochter/wo sie beschlaffen/ 196.73.82.
Doch/ein Schloß bey Jericho/ 291.
Dionysius Areopagita/ 85.
Dora eine stadt/ 236.
Dothan eine stadt/da Joseph von seinen Brüdern
ist verkaufft wordt/ da auch die Engel deß HErrn
den Propheten Elisa beschirmet/ 83.
Drachenbrun/ 57.
Duma eine Stadt der Jsnaeliten/197.

E.

Ehan der Richter/woer gewonet/ 110.
Ecbatana die Heuptstadt in Meden/ 197.187.
Ecron/eine stadt der Philister/ 117.
Eden wird das Paradiß genant/ 68.
Eder/Gerdthurm vñ warte auff dem Bethlehemi-
tischen Felde/ 82.
Edrei eine stadt im Lande Gilead/ 93.
Eglon der Moabiter König/wo er gewonet/104.
Eglon eine stadt im Jüdischen Lande/ 67.
Ehuds reisen/104.
Elam ist das Land Persia/187. 194.
Elamiter sind Persen/ 10.
Elad ist eine stadt am roten Meer/ 164.
Elom der Richter wo er gewona. 110.
Eleale eine stadt jenseit des Jordans/197.
Eleutheropolis ein stadt im Jüdischen Lande/231.
Eleutherus ein Wasser in Syria/ 228.
Eliae des Propheten Reisen/ 176.
Eliae des Propheten Geistliche bedeutung/ 178.
Elia/ist die Stadt Jerusalem/ 59.
Item ein Wasser im Land der Moabiter/197.
Eliphas/Hiobs Freund/ 206.
Elimais/eine stadt in Persia/für welche Antiochus
hinweg geschlagen ist/ 216.
Elisa des Propheten Reisen/ 178.
Elisa des Propheten Geistliche bedeutung/180.
Elisa werdt etliche Völcker in Griechenland genñ/
Ella König in Israel reisen/ 150.197.
Emmahus da der HErr Christus mit zween Jün-
gern gewandert/ 210.225.
Enaglaim ein Dorff am roten Meer/ 197.

Dd ii

Register vber diß erste Buch.

E
Endor eine Stadt/ da Saul bey einer Zauberin rath gesucht/ 124.
Engeddi ein Burg am Vfer des todten Meers/ 125.
Engel die Loth aus Sodoma geführt/ 77.
Ephra ist Arabia Petrea/ 197.
Ephraim ein Gebirg/ 11. 118. 73.
Ephrata ist die Stadt Bethlehem/ 82.
Ephrates das Wasser in Armenia/ 69.
Ephron ist Gideons Vaterlandt/ 108.
Ephron wird auch Ephra genent/ 106.
Esaias der Prophet/ 181.
Esau, wie er seinen Bruder Jacob entgegen gezogen/ vnd desselben Geistliche bedeutung/ 85.
Esorelon ein Feld im heiligen Lande/ 108.
Esra der Schriftgelerter/ 208.
Eden ein Feld da Simson in gewonet/ 111.
Esthaol ein Stadt im Jüdischen Lande/ 111.
Esther der Königin Allegoria vnd Geistliche bedeutung/ 201.
Ephrates ein Wasser durchs Paradiß gefloffen/ 69.
Europa der erste theil der Welt/ vnnd desselben Lender/ 107.
Das Euxinische Meer/ 109.
Ezongeber eine stadt am Rotenmeer gelegen/ 92. 141.

F.
Falco ein König zu Jerusalem/ felt sich auff der Jagt zu todt/ 12.
Fatura eine stadt/ da Bileam der Prophet gewonet/ 94.
Der Frawen von Thecoa reisen/ 138.
Friderich der ander helt zu Jerusalem ein Fest/ 61.

G.
Gabatha ein Stuel zu Jerusalem/ da Pilatus die Bencke gewaschen/ 54.
Galileisch Meer/ 118.
Gallym ist zu vnser zeit Berseba/ 57.
Garizim ein Berg bey Sichem/ 108.
Gaser eine Stadt/ 133. 140.
Ganges ein Wasser des Paradises/ 69.
Gad eine stadt der Philister/ 17.
Gad war auch eine prior der Philister/ 112. 103. 97.
Gaseron auch eine stadt der Philister/ 283.
G ba ist die stadt Kiriathearim/ 167. 114.
Gebim eine stadt im stam Juda/ 197.
Generoth eine stadt/ 141.
Gehenna/ 59.
Genesera die See/ ist das Galileische Meer/ 218.
Georgianer/ 15. 1. 67.
Gerar eine Ädt ägliche stadt da Isaac geboren/ 75.
Gesem ist das Land Gosen in Egypten/ 208.
Gesu ein Land nicht weit von Cesarea Philippi/ 118.
Gethsemane/ da Christus gefangen worden/ 58.
Gibea oder Gibeon/ eine Stadt da König Saul gewonet/ 96. 121.
Giberthon eine Stadt im Stam Dan/ 143.
Gibuona reifen/ 106.
Gideon verstöret den Abgott Baal/ 108.
Gideons Allegoria vnd Geistliche bedeutung/ 107.
Gihon ein Berg da König Salomon ist gekrönet/ 58.
Der brun Gihon/ ibid.
Gilead ein Land/ 81.
Gilboa ein Berg/ da König Saul sich in sein eigen Schwerdt gefellet/ 124.
Gilgal ein Stetlein da sich Josua gelagert/ 96.
Gilo Ahitophels Vaterland/ 118.
Gihon das Wasser Nilus/ 69.

Gimson eine Stadt im stam Juda/ 197.
Gottfried von Lothringe/ Graff zu Bolonia wird König zu Jerusalem/ 61.
Gog/ also wird der Türck genent/ 197.
Golgatha ein Berg/ darauff Christus ist gecreutziget worden/ 78.
Gomorra die stad wird mit Fewer verbrandt/ 76.
Gosen ein Wasser vnd Land in Egypten/ 197.
Gosen das Land in Egypten/ da die Kinder Israel gewonet/ 80.
Gordei monien/ 70.
Grisim ein Berg bey Sichem/ 108.
Griechische Kirche des heiligen Grabes/ 66.
Gurbaal ist die Stadt Gerar/ 144.
Gülden Kalb zu Bethel/ 80.

H.
Habacuc der Prophet/ 191.
Hadad der Könige aus Jdumea reisen/ 144.
Hadad Rimmon eine Stadt bey Megiddo gelegen 167.
Hakeldama/ Blutacker bey Jerusalem/ 49.
Hadrach ist das Land Syria 197.
Haggai der Prophet/ 194.
Harnath die Heuptstadt in Syria/ 96.
Hanes eine stadt in Egypten/ 197.
Hanna des Propheten Samuels Mutter reisen/ 116.
Hannas der Hohepriester/ wo er zu Jerusalem gewonet. 53.
Hananias den falschen Propheten reisen/ 184.
Haran die Heuptstadt in Mesopotamia/ 72.
Hauran ein stadt bey Damasco gelegen. 197.
Hasar Sichon ein Dorff in Syria/ 197.
Haserioth ein ort in der Wüsten/ da Mirjam Moses Schwester außsetzig worden/ 91.
Haseron Thamar/ eine stadt am Todtenmeer gelegen/ 97.
Hazor eine stadt der Cananiter/ 99. 106.
Hebron eine stadt da Abraham gewonet/ 74.
Hebron ein Fürbild der gemeinschafft im Reich Christi/ 74.
Heiligen Landes Beschreibung/ 21.
Helena der Adiabener Königin/ hat zu Jerusalem gewonet/ 69.
Heliopolis reifen/ 25.
Heliopolis eine stadt in Egypten/ 101. 85.
Hemath ist die Stadt Antiochia in Syria/ 105.
Hermon ein Berg/ 108.
Herodis Keiser in der stadt Jerusalem/ 54.
Herodes Agrippas Haus/ 55.
Hesbon eine Priesterliche Stadt/ 98.
Hisserim reisen vnd name/ 114.
Heulia ist India vnd Arabia Petrea/ 108.
Hewschrecken die Johan der Täuffer gessen/ 83.
Hechlon eine Stadt in Syria/ 114.
Hiel hat die Stadt Jericho wider gebawet/ 151.
Hiscaia ein Fruchtbares Land jenseid Meden gelegen/ 133.
Hiskia der Könige Juda reisen vnd sein Namen/ 174.
Hohestuel zu Heliopolis/ 85.
Holon/ oder Helon/ ist eine stadt der Moabiter/ 198.
Hor ein Berg/ darauff Aaron gestorben/ 94.
Horeb ist der Berg Sinai/ 88.
Horonaim zwey Dörffer der Moabiter/ 198.
Hosea König in Jsrael/ 155.
Hosea der Prophet/ 117.
Hisdalpes das Wasser in Meden/ 107.

Jabes

Register ober diß Erste Buch.

I.

Jabes in Gilead/ 115. 123.
Jabnea eine Stadt bey Joppen/ 364.
Jagbetha eine stadt von den Kindern Gad gebawet/ 107.
Jahza eine stadt der Leuiten/jenseid dem Jordan/ 93.
Jacobs reisen/ 80.
Jacobs Leiter/ 80.
Jacobus Allegoria vnd Geistliche bedeutung/83.
Jacobus Alphei Son/wo er zu Jerusalem vom Tempel herunder geworffen/vnd zu todt geschlagen/51
Jacobiten Secten des heiligen Grabes/ 67.
Jael ein Fraw hat Sissera getödtet/ 105.
Jaezar eine stadt/dat Moses gewonnen/ 93.
Jair ein Richter des Jüdischen Volcks/ 109.
Jamnia eine Stadt bey Joppen/ 189.
Japho die stadt Joppen/223.
Jason der Hohepriester/wie er gereiset/287.
Jchnemmon/ 70.
Jebus die Stadt Jerusalem/ 36.
Jebusiter sind Cananiter gewesen/ 18.
Jehu des Königs Jsraels Reisen/ 153.
Jephtae des Richters Reisen/109.
Jeremiae reisen/182.
  Was sein name bedeutet/183.
Jericho die Stadt/die Josua mit Posaunen gestürmet/ 96.
Jerobeams reisen/ 148. 154.
Des Mans Gottes der Jerobeam/straffete/reise/ 149.
Jerusalem ligt mitten in der Welt/ 3.
Jerusalem wie es gestalt gewesen/ehe es Titus verstöret/ 35.
Jerusalem starcke Festung/ 58.
Jüden vnterstehen sich Jerusalem wider zu bawen/ auff seine vorige Hoffstatt/60.
Das newe Jerusalem wird von den Saracenen erobert/61.
Die Türcken treiben die Saracenen wider aus Jerusalem/ 61.
Könige des newen Jerusalems/ 61.62.
Ende des newen Königreichs zu Jerusalem/ 63.
Solimus nimpt Jerusalem ein/ Anno 1517.63.
Salimanus bawet es wider auff/ 64.
Jerusalem vnd der Tempel werden verwüstet/ vnd mit Mahomets Lere verunreiniget/164.
Des Türckischen Keysers Wapen in Jerusalem/ 65.
Nichts ist von dem alten Jerusalem mehr vbrig/ 66.
Jesaias des Propheten vnd seines namens bedeutung 181.
India ist ein Landt in Asia/ 7.142.
Jesreel/da Jesebel von den Hunden gefressen/107.15
Jesu Syrachs reise/ vnd Buch/ 209.
Jesebel die Königin wird von den Hunden gefressen/ 151.
Jeheres/ist die Stadt Heliopolis in Egypten/ 198.
Joabs reisen/289.
Joahas des Königs Juda reisen/ 167.
Joahas des Königs Jsraels reisen/ 153.
Joas des Königs Juda reisen/ 153.
Joas des Königs Jsraels reisen/ 153.
Job wo er gewonet/ 104.
Jobab/ist Job/ein König in Jdumea/104.
Job wenn er König in Jdumea gewesen/ 105.
Joel der Prophet/ 188.
Joachin des Königs Juda reisen/167.
Joakim des Königs Juda reisen/197.

Johannes Hircani reisen/ 231.
Jonas der Prophet wie er gereiset/ 189.
  Seine Allegoria vnd Geistliche bedeutung/ 190.
Jonathan Sauls Son wie er gereiset/ 126.
Jonathas Judae Maccabei Bruder/ 217.
Joppen eine stadt im heiligen Lande/189.
Joram des Königs Jsraels reisen/154.
Joram des Königs Juda reisen/ 161.
Jordan ein lustig Wasser im Jüdischen lande/ 99.
Jasaphat/des Königs Juda reisen/160.
  Sein Allegoria vnd Geistliche bedeutung/ 161.
Josephs reisen/ 264.
Josephs Grabe/ 71.
Josephs Allegoria vnd Geistliche bedeutung/ 85.
Josiae Königs zu Juda reisen/vnd seine Geistliche bedeutung/ 168. 167.
Josua reisen/ 94.
Josua Allegoria/vnd Geistliche bedeutung/ 160.
Könige die Josua vberwundt/wo sie gewonet/100
Joram Königs Juda reisen/ 103.
Isaacs reisen/ 75.
  Seine Geistliche Bedeutung/ 79.
Isposeth Sauls Son/wo er seinen Königlichen Sitz gehabt/ 138.
Ismaels reisen/ vnd wo er gewonet/ 78.
Israels Brünlein/ 72.
Der Kinder Israels reise/ da sie wider die Beniamiten gestritten/115.
Judae deß Patriarchen reise/ 83.
Judae Macabei reise/ 219.
  Seine Feldschlachten/die er gewonnen/ 219.
  Seine Allegoria vnd Geistliche bedeutung/124.
Judith die Holoferni das Heupt abgehawen/206

K.

Kades Barnea eine Stadt in Jdumea/ 92.
Karkor eine stadt im halben stam Manasse/ 107.
Kedar ist das Land der Israeliter/ in der Wüste Sur/191.
Kegila ein stadtim stam Juda/ 102. 127.
Kemmerling aus Morenlandt 143.
  Der Bach Kidron/ 58.
Kinder von Israels reise aus Egypten/ 86.
Kir/ist die Heuptstadt in Africa/ 173.
Kirhareseth/oder Kirhareseth/ist die stadt Petres im steinigten Arabia/ 173.
Kiriathaim ein stadt jenseid des Jordans/74.198.
Kiriath Arba ist Hebron/93.
Kiriathjearim eine stadt im heiligen Landt/ 114.
Kison ein Dach im heiligen Landt/ 176.
Kithim ist das Land Macedonia/198.
Knath ist die Stadt Nobab/ 107.
Königin von Mittag/die Salomonis Weisheit gehöret/reise/ 142.

L.

Lacedemon ist eine Stadt vnd Landt/138.
Lachis eine Stadt im stam Juda/97.198.
Lade Gottes/wie die von den Philistern ist vmbgefüret/116.
Lais ein stadt am Berge Antilibano/119.
Laissa ist die Stadt Dan am Libano/ da der Jordan entspringet/198.223.
Des Leuiti reise/deß Weib zu Gibeon geschendet worden/ 114.
Libanus ein Berg in Syria/ 98.
Libna ein stadt in Juda/ 93.97.498.
Lyberey zu Alexandria/110.

Dd iij   Lotk

Register vber diß erste Buch.

Loths Reisen/ 75.
Von den vier Königen/die Loth weggeführet haben
Loths Töchter/ 77. (ten/ 77.
Luth ist Lydia/im kleinen Asia gelegen/ 199.
Luth ist ein Berg im Stamm Ruben/ 198.
Lustgreber/ 91.
Lus ist die Stadt Bethel/ 80.

M.

Maccabeus/der Name/was er bedeute/ 214.
Mahanaim ein stadt jenseid des Jordans/82. 133.
Macedonia wird Kittim genant/vñ ligt in Europa/ 198.
Magdaba ein stadt im stam Ruben/ 199. 227.
Magog ist der Türck/ 199.
Mahomet vñ seine Türcke/ wo her sie komen/79.
Maceba im stam Ruben gelegen/ 97.
Malachi der Prophet/194.
Mallus eine Stadt in Cilicia/ 207. 215.
Mamre/da Abraham gewonet/ 31.
Manasse des Königs Juda reisen/ 166.
Maon eine Stadt vnd Wüsten/ 124.
Marath ein ort in der Wüsten/ 90.
Marcus der Euangelist hat zu Alexandria das Euangelium geprediget/ 111.
Mariachai reisen/vnd Geistliche bedeutung/ 103.
Maresa des Propheten Micha Vaterland/159.199.
Maroniten/die auff dem Berg Libano wonen/ 98.
Marckt zu Jerusalem/ 53.
Merckwirdige Historien/die sich auff dem Marckt zu Jerusalem zugetragen haben/ 53.
Maspha ist die stadt Mizpe/ 109.
Mazloth ein stadt im Lande Arbela/ 240.
Mathathias/Jude Maccabei Vater/wo er gewonet/ 218.
Medai ist das Königreich Meden/ 199.
Medemina ist eine stadt im Jüdischen Lande/199.
Media ist das Königreich Mede in Asia gelegen/227
Meer wie die Hebreer das nennen/ 189.
Megiddo/ein stadt nicht weit von Jerusalem gelegen /156.
Melchisedech ein König zu Salem/ 71.
Melocht ist die Stadt mallius in Cilicia/ 267.
Memphis eine herrliche stadt, in Egypten/ 146.
Menahema deß Königs Israelis reise/ 194.
Menelai des Hohenpriesters reise/ 159.
Mephaath eine Priesterliche Freystadt im stam Ruben/ 139.
Merodach Baladan ein König zu Babylon/ 174.
Meron ein Wasser nicht weit von Dothan/ 98.
Mesech/Moscobiter vnd Russen/ 199.
Mesopotamia ein Land in Asia gelegen/ 6.7.
Mophis ein Ochs zu Heliopolis in Egypten für ein Abgott angebetet/ 174.
Micha der Prophet/191.
Michmas ein stad auff dē Gebirge Ephraim/124. 217.
Midian eine stadt in Jdumea / am Rotenmeer gelegen/88.
Millo ist die Oberstad zu Jerusalem/ gelegen auff dem Berge Sion/ 40.
Minith ein stadt jenseid des Jordans/ 110.
Mispath ist eine stadt im stam Benjamin /222.
Mittelmeer der Welt/189.
Mithka/gelegē an den grentzen des gelobten Landes/ 92.
Mizpa/ 109. 183.
Moab sind die Moabiter/199.
Modin eine stadt/da die Maccabeer ire wonung vnd Begrebnis gehabt/218.
Moloch ein Abgott im Thal Hinnom/ 59.
Moph ist die stadt Memphis/in Egypten/146.199

Moria/ein Berg/darauff der Tempel zu Jerusalem gebawet/ 43. 71.
Gebet so auff dem Berg Moriah gestanden/ 52.
Morenland/108.
Moses vnd der Kinder Israels reise/ 86.

N.

Nabajoth/das steinigte Arabia/ 199.
Nadaba des Königs von Israels reise/ 149.
Naeman aus Syrien wie er gereiset/ 197.
Naemi die Schwieger Ruth/ 115.
Nahum der Prophet/ 191.
Naphthali die stadt im stam Naphthali/ 209.
Nebo eine Stadt vnd Berg/jenseid des Jordans/den Moabitern zustendig/ 199.
Nebucarnecar/1, König zu Babylon/ 174.
Nebucadnezar/ 2. wie er gereiset/174.
Nehemiae reisen/ 202.
Nestonianer/ 69. 192.
Nilus ein Wasser in Egypten/ 69.
Nimrim eine stadt der Moabiter/ 199.
Ninive die Heuptstadt in Assyrien/ 191.
Nimrod hat Babylon gebawet/ 71.
No ist die stadt Alexandria in Egypten/ 199. 218.
Noah wo er gewonet/ 70.
Nob eine stadt im Jüdischen Lande. 124.
Nobach ein stadt im halben stam Manasse/ 107.
Noph ist die Stadt Memphis in Egypten/ 199.

O.

Obadia der Prophet/188.
Odollam ein klein stedtlein im stam Juda/84.
On ist die stadt Heliopolis in Egypten/ 199.
Oniae Hohenpriesters reise/ 238.
Ony die Heuptstadt im Lande Gosen/ 82.
Ophir ist ein Land in India/ 200.
Ophra ist eine stadt im halben stam Manasse/ 106.
Oreb/ 106. 200.
Orthosia eine stadt in Syria/ 236.

P.

Pantherthier oder Parten/ 236.
Palmyra eine Stadt in Syria/ 141.
Paradis/ 68.
Die Palmen Debora/ 105.
Parthia/ein Königreich jenseid Meden gelegen/ 234.
Pathros die stadt im steinigten Arabia/ 200.
Pekah des Königs Israelis reise/ 155.
Pekahia der König in Israel/ wo er gewonet/ 154.
Pelican/Vogel/70.
Pelusium eine stadt in Egypten/ 178. 219.
Persepolis/ 2.d.
Persia ein Königreich in Asia gelegen/ 212.
Des Persischen Königreichs verenderung/ 271.
Perea eine Stadt im steinigten Arabia gelegen/ 164.
Paran eine Stadt im steinigten arabia/ 81.
Pfad der Weinberg/ 94.110. 114.
Pharan eine Wüste/ 132.
Pharao des Königs in Egypten reise/ 146.
Pharao Necho wie er gereiset/ 172.
Phares eine Jnsel/211.
Phoenig ein Vogel in Arabia/ 144.
Philister reise aus dem Lager Michmas/128.
Phila ein Brunn/ des Jordans vrsprung/ 99.
Phrat ist das Wasser Euphrates/ 69.
Phul Belochs/Königes in Assyrien reise/ 171.
Phmon eine stadt dem König in Jdumea zustendig/ 93.
Pilati wonung in Jerusalem/63.
Pisga ein Berg im gefilde der Moabiter/ 93.
Pnuel ein stedtlein/ da Jacob mit dem Engel gerungen/ 115/82.

von wo

Register vber diß erste Buch.

Pontus Eurinus/ 190.
Phratin ein thal bey Jerusalem/ 200.
Priester Johan/ 156.
Ptolemeus Alexandrina/ 210.
Ptolomais oder Akon, eine Stadt in Galilea gelegen/ 227.

Q.

Gainsay/die aller gröste stadt in der ganzen welt hat 1200. Brücken/ 18.

R.

Rabba ist die stadt Philadelphia/ dē Ammonittern zuständig/ 200.
Rachaels Grab/ 82.
Raema ist Morenland/ 100.
Raemses/ 89.
Rages eine Stadt in Meden/ 209.
Rahma/ 123.121.150.
Ramathaim Zophim/ des Propheten Samuels Vatterland / 6.
Ramoth in Gilead 152.
Raphael der Eng. l reiset mit dem jungen Tobia/ 209.
Raphidim ein ort in der Wüsten/ 90.
Rebecca Isaacs Braut wird durch Adams Knecht geholet. 79.
Rechob ein Stadt im lērn Aser/ 96.
Register der länder vn stett deren in den Propheten gedacht wird/vn derselben verdeutschung/ 155
Rehabeams des Königs Juda reisen/ 158.
Resen/ Salomon wider sachens reise/ 148.
Reseph eine Stadt in Syria/ 200.
Reyn des Königs in Syrien reise/ 158.
Riblath ist die Stadt Antiochia in Syria/ 158. 200. & 4.
Rimon paren da die Kinder von Israel ihr lager gehabt/ 91.
Rissa ein ort in der wüsten/ da sich die Kinder von Israel gelagert 92.
Rithma auch ein ort in der Wüsten/ 91.
Roma die Stadt/ 215.
Rote Meer und desselben Inseln/ 87.
Roten Meers Geistliche bedeutung 80.
Ruth der Moabitin Reiserys.

S.

Saba eine Stad in Morenland/da die Könige vō Saba herkommen/ 141.100.
Saba ein Stadt im Reich Arabia/ 143.
Salem ist Jerusalem genent worden. 3. 71.6
Sladin des Egyptischē Sultan erobert Jerusalē 65.
Salem ein Stadt am Jordan gelegen/ 82.
Sallum der König von Israel/ 154.
Salma eine stadt/ 121.
Salmanasser König von Assyrien/ 173.
Von dem Volck das Salmanasser gen Samaria gesandt/ 155.
Salomon an welchē ort er zu Könige gesalbet/ 58.
Salomonis Königliches Haus/ 58.
Salomonis Reisen/ 159.
Salomonis Geistliche bedeutung / 141.
Salomonis schiff, wo sie hingefahren/ Golt zu holen 141.
Samaria die Heuptstadt im Samaritischen lande 150.
Samuels reisen/ 117.
Samuels geistliche bedeutung/ 119.
Samir der Berg Hermon/ 200
Sapher ein berg in der Wüsten/ 98.
Sarepta eine Stadt in ober Galilea/ bey Tiro vñ Sidon gelegen/ 178
Sarion/ der Berg Hermon 200.
Saron ein Land bey dem Galileischen Meer/ 200

Saracenen halten den Tempel Salomonis in grossen ehren/ 56.
Sauls reisen. 119.
Sauls geistliche bedeutung 115.
Seba ist die stadt im Reich Arabia/ 143.100.
Sebaim ein Stadt die mit Sodomia vnnd Gomorra vntergangen/ 70.
Seelen des heiligen Arabes/ 64.
Seir das gebirge in Idumea/ 83.
Sela die Stadt Petrea im klein̄gten Arabia/ 164.
Seleucia eine Stadt in Syria/ 229.
Seleucia ein Stadt am Wasser Tygris jenseit Babylon/ 134.
Selimus der Türckische Keyser eröbert Palestinam vnd kōmpt gen Jerusalem. 63.
Selimus erobert Alcair/ 146.
Sem wo er gewonet/ 71.
Semiramis eine geschwinde listige Königin/ 168.
Senacharios reisen/ 137.
Sepharuaim eine Stadt in Assyria/ 210.
Sera des Moren reisen/ 140.
Sephela ein eben Feld / 131.
Sebaiten ein Stadt in Syria 200.
Sichna ein Stadt der Moabiter/ 100.
Sichem ein stadt im Samaritischen lande/ 72.
Sichor ein Wasser in Egypten/ 133.200.
Sidon eine treffliche Kauffstadt in Phoenicia/ 98.
Silo ein Stadt auffm gebirge Ephraim 99.
Sloa ein Brunn vnd Teich zu Jerusalem/ 57.
Simei reisen/ 139.
Simonis des Hohenpriesters reisen/ 129.
Simri der König zu Jesreel/ hat zu Tirga gewonet/ 150.
Simri werden auch etliche Araber genent/ 200.
Simsons reisen/ 110.
Simsons Allegoria vnd geistliche bedeutung/ 113.
Sin ein ort in der Wüsten/ 90.
Sin Kades/ 91.
Sinai der Berg wo er gelegen/ vnd was er bedeute/ 91.
Sinear ist das Land Chaldea/ 201.
Sion wird auch genant der Berg Hermon/ 200.
Sion ein Berg in der Stadt Jerusalem/ 14.
Siph ein stadt nicht weit von Hebron / 114.
Sisak der König in Egypten zeucht gen Jerusalem/ Sobal ist das Königreich Sophena / 208. (171.
Sodomia wird durchs fewr vom Himel verzeret/ 70.
Solimannus der Türckische Keyser erwertert vnd bessert Jerusalem/ 64.
Sophena ein Königreich / 208.
Sparta ein stadt in Peloponeso/ 238.
Steinklüffte Elam/ 112.
Subeben ist das Stadt Megiddo/ 166.
Suchot ein Stedtlein jenseid des Jordans/ 97.
Suchot ein ort in der Wüsten/ 82.
Sunamitin reise/ 181.
Sunem die ist abt wie sie gelegen/ 132.130.180.
Sur ein Wüste im steinigten Arabia / 13.11.
Suriam/ 97.
Susa eine stadt in Persia/ 85.
Syene eine Stadt in Africa/ 200.
Syria ein stadt in Asia/ 214.

T.

Tamerlanes der Tartern König fenget Bajazedem den Türckischem Keyser. 170.
Tanis ein Stadt in Egypten. 71.83.89.
Tempel zu Jerusalem, wie er gestalt / ehe in Titus verbrand/ 45.
Tempel Salomonis wie er zu vnser zeit gestalt. 65.

Tempels

Register aber das erste Buch.

Tempels zu Jerusalem Geistliche bedeutung / 50.
Tempel des heiligen Grabes zu Jerusalem 60.
Templum Golgathanum / 60.
Thabor ein Berg in Galilea / 105.
Tachpanhes ein Stadt in Egypten / sonsten Thaphnis 201.
Thaphnis ein Stadt in Egypten / 181.
Tarsus eine Stadt in Cilicia / darauß Paulus bürtig gewesen / 215.
Tarsus wird das Meer genant / 189.
Thal Achor 97.
Thamar eine Stadt in Egypten / sonsten Palmira genaut / 193.
Terebinth ein Baum der Winter vnd Sommer grünet / wie der Buchsbaum / 74.
Thekoa des Propheten Amos Vaterlandt / 138. 108.
Thelassor ist das Königreich Assyrien / 201.
Thenia eine Stadt in Jdumea / 205.
Tiglat Pillesers Reise / 172.
Thipia ein Stad im Stam Manasse / 154.
Thigerither was sie für Naine haben / 233. Tigris eine von den vier Wassern / die durch das Paradiß geflossen / 69.
Timnath ein Stadt auff dem Gebirge Ephraim 84. 100. 111.
Thirza eine Stadt da die Könige Israel Hoffgehalten / 149.
Thisbe ein Stadt in Bilead / 177.
Thogarma sind die Tartern / 201.
Thola der Richter wo er gewonet / 108.
Thubal sind die Roten Russen / 201.
Tobias des alten / Reyse 209.
Tob ein Land im Königreich Basan / 109.
Todte Meer / 76.
Thopher ist das Thal Benhinnom bey Jerusalem / 58.
Truffi / die auff dem Berge Libano wonen 98.
Tubianer / wo sie gewonet / 223.
Tripolis ein Stad in Phoenicia / 238.
Tyropæon ein thal / 55.
Tyrus ein treffliche Kauffstad in phœnicia / 178.

V.

Vasthi die Königin / wird verstossen / 205.
Wasser zu Susa / 186.
Vnterricht wie man die Propheten recht verstehen sol / 105.
Vphas ein Landt in Jndia / 201.
Ve ein Stadt in Chaldea / 71.
Vria des Propheten Reise / 183.
Vsia der König in Juda / 164.

VV

Weisen aus Morgenland / 186.
Der Wald Daphne. 215.

X

Xistus ein spatziergang zu Jerusalem am marckt / 54.

Z.

Zabidel / 128.
Zacharia der Prophet / 104.
Zacharia König in Israel / 154.
Zacharia der Son Barachiae / wo zu Todt gesteiniget / 47.
Zacharias Johannis des Teuffers Vaters hauß / 55.
Zarea eine Stadt im Stam Dan / 111. 159.
Zarphat ist die Stadt Sarepta / bey Tyro vnd Sidon gelegen / 178.
Zephat ein Stadt im Stam Juda vnd Simon / 181.
Zmarim ein berg / im gebirge Ephraim / 149.
Zeb ein Kelter auff dem Gebirge Ephraim / 110. 20).
Zeboim ein Stadt die mit Sodoma vntergangen ist / 76. 126.
Zedekia des Königs reisen / 198.
Jenau eine Stadt im Stam Juda / 110.
Zephania der Prophet / 104.
Zidon eine herrliche Kauffstadt in Phœnicia wird sonsten gemeinlich Sidon genant / 28.
Ziglag eine Stadt da Dauid wonet / 138.
Zion der Berg Sion zu Jerusalem / 40.
Die Tochter Sion / 53.
Zion ist der Berg Hermon / 201.
Zoan ist die stadt Tanais in Egypten / 73. 85. 88. 201.
Zoba ist das Königreich Sophena / 123. 248.
Zophar Jobs Freund / 106.
Zur ist die Stadt Tyrus / 178.
Zorobabels / des Jüdischen Volcks Obersten fürsten reise / 202.
Zug ins heilige Land wider die Saracenen / 61.
Zuph ein Land / 123.

FINIS.

Erklerung Folgender Sprüche.

Psalm 72, Die Könige am Meer vnd Jnseln werden / geschenke bringen / die Könige aus Reich Arabia vnd Seba werden gaben zu führen / 144.
Jesaie 60, Sie werden aus Saba alle kommen / Gold vnd Weyrauch bringen / 143.
Matth. 3. Er wird euch / mit Fewer vnd dem heiligen Geiste teuffen / 145.

ITINERARIVM
NOVI TESTAMENTI.
Das ist:

Vber das newe Testament.

Ander Theil.

Darinnen werden begriffen/ die Reisen der heiligen Jungfrawen
Mariae / Josephs / der Weisen auß Morgenland / deß HERRN
Jesu Christi/ vnd der lieben Aposteln.

Gedruckt zu Magdeburg/ bey Paul
Donat/ In vorlegung Ambrosij Kirchners
Anno 1597.

Vorrede.

Ottes Gnade vnd Friede durch Christum vnsern Heyland zuuor an/Liebe andechtige in Christo Jesu/ich habe bis hero im ersten Buche nach einander beschrieben die Reisen der lieben Patriarchen/Richter/Könige vnd Propheten/etc. der im alten Testament gedacht wird. Vnd welch ein hochnötige vnnd nütze arbeyt das sey/ist ohne noth an diesem Ort weitleufftiger zuwiderholen/ Sondern es ist an jhm selbst klar. vnd offenbar genug / vnd wird der gütige Leser/so er anders ein wenig mit fleiß darinn gelesen/selbst bekennen müssen das er dnrch dis Werck / zu solchem verstande kommen / das jhm düncke / er sey nun gar ein newer Mensch vnd ein rechter Wandersmann/in heiliger Schrifft/ der gleich als von einem Ort zum andern ziehe / vnd die herrlichsten Städte vnd wunderschönsten Städte/Jerusalem/Babylon/ Niniue / Alcair in Egypten/den Berg Sinai/das rothe Meer / vnd andere Städte vnnd örter mehr/neben den Geschichten vnnd Historien/die da geschehen sind / gleich als mit Augen ansehe / als stünde noch solches alles da / vnd würde Augenscheinlich besichtiget.

Aber noch viel lieblicher ist es/wenn man auch also das newe Testament für sich nimpt/vnd achtung gibt / auff die Reisen der Jungfrawen Marien/ der Weisen aus Morgenland/deß HERRN Jesu Christi/vnd seiner lieben Aposteln. Ist es nicht eine grosse vnaußsprechliche Wolthat/das GOTT selbst vom Himmelreich kömpt/vnd gehet bey vns Persönlich auff Erden/vnnd wandert vmb vns armen Menschen willen/von eim Ort zum andern/gen Jerusalem/gen Cana in Galilea/gen Nazareth/gen Capernaum / vnd ander örter mehr/Fürwar/Wer diß recht zu Hertzen nimpt vnd betrachtet / dem werden die Augen vbergehen von grosser liebe/ vnd wird sich solcher hohen Demut Göttlicher Mayestet nicht gnugsam können außwundern.

Vnd diß ist also die fürnembste Vrsache/die mich bewogen hat/ auch die Reisen des newen Testaments für die Hand zu nemen. Denn wen wolt doch nicht gelüsten/eigentlichen bericht zu haben/von den Städten/darinn der HERR CHRISTVS selbs gewandert / vnnd grosse Zeichen vnd Wunder gethan ? Als da sind Nazareth/ da der Engel Gabriel / der Jungfrawen Marien die frőliche botschafft gebracht / das sie solt Gottes Mutter werden/Bethlehem da der HERR Christus geboren/ Cana in Galilea/da Er auff der Hochzeit/dem heiligen Ehestande zu ehren / das Wasser in Wein verwandelt/Naim/da Er der Widwen Sohn vom todt erwecket/Jericho/da Er etliche Blinden sehen gemacht/vnd den armen Sünder Zacheum / der im geitz gar ersoffen war/wider zu rechte gebracht vnd bekehret / Bethania da er Lazarum/der schon vier tage im Grabe gelegen hatte/vnd anfieng zu stincken/ vom todt aufferwecket/etc.

Diese Stedte stehen noch heutiges tages/ wiewol jhrer etliche gantz geringe

A ij

Vorrede.

ringe vnnd sehr verfallen sind/ vnd man findet da/zu sterckung vnsers Glaubens/noch viel alter Gedächtniß vnnd anzeigung der Zeichen vnd Wunder/ die der HErr Christus daselbst gethan. So ists auch sehr nütz vnd heilsam zu bedencken/wie weit solche Stedte nach einander gelegen / vnd was für grosse/ weite/sorgliche vnd mühselige reisen der Sohn GOttes vmb vnsert willen/ auff sich genommen/die er mit grosser schwerheit volnbracht : Fürwar/wenn wir diß recht bedencken/so werden wir den HERRN Christum desto lieber gewinnen/vnnd die Historien deß newen Testaments erst recht gründlich verstehen lernen.   So können auch der Apostel Geschicht / vnnd insonderheit die mühselige/weite vnd fehrliche Reisen deß Apostels Pauli / wenn man nicht hat eine richtige erklärung aller Lender /   Stedte vnd Jnseln / dadurch er gezogen/gantz nicht verstanden / viel weniger nach würden betrachtet oder erklert werden.

Darumb sol man sich nicht verdriessen lassen / auch diß ander Buch etliche mahl mit fleiß durch zu lesen/darinn man nicht allein alle Reisen der Jungfrawen Marien/deß HERRN Christi / vnnd der lieben Aposteln/nach Deutschen meilen außgerechnet/sondern auch die Lender/Stedte/ Berge vnd Jnseln/dadurch sie gewandert /   mit fleiß beschrieben findet / mit viel lustigen Allegorien vnd Historien vermenget/vnnd insonderheit bey deß Apostels Pauli reisen findet man gründtlichen bericht/ von den herrlichsten Stedten in Europa/nemlich/von Rom/Thessalonich/Nicea Corintho/vnd von Athen / der Mutter aller freyen Künste auff Erden.

Vnd diese Stedte beschreibe ich also / das ich erst auß Strabone vnnd Plinio anzeige/wie sie gestalt gewesen/als sie noch im Flor vnd vollkommener schönheit gestanden / vnd darnach / wie sie jetzt zu vnser zeit gestalt sein/Wie auch ihrer viel vnter deß Türcken gewalt kommen.   Vnd dienet die beschreibung dieser Stedte nicht allein zu erklerung der H. Schrifft / vnd insonderheit der Apostel Geschicht /vnd Episteln Pauli/ sondern auch zu vielen andern Historien/vnd die Poeten recht zu verstehen/ neben dem / das sie auch viel heilsamer Lehre vnd Exempel einführen/vnd ein sonderliche lust vnd kurtzweil geben im lesen.

Der

Vorrede.

Der liebe Gott wolle auch seinen heiligen Geist / den Himlischen Doctor vnd Lehrmeister dazu geben/der durch das gepredigte vnd geschriebene Wort/ vnd insonderheit durch diß heilsame werck /das mit grosser mühe vnd Erbeit zusamen getracht ist vieler menschen verstand eröffnen zu seinen Ehren/vnd jeter selbst Seelen Heil vnd Seligkeit/ vmb vnsers einigen Mittlers vnd Seligmachers/
JEsu Christi willen.
AMEN.

A iij   Tafel

Tafel des Heiligen Landes zu dem Newen Testament dienlich.

Wo Zacharias/ Johannis
des Teuffers Vater/ gewonet habe.

Je Einwoner des heiligen Landes wiesen noch heutiges tages / das Hauß Zachariae / auff der straſſen/ da man von Emmahus gen Jeruſalem gehet. Aber ſolches wil ſich mit heiliger Schrifft gantz nicht reimen denn Zacharias hat nicht im Felde/ oder in einer Wildnis gewonet ſondern in einer ſtadt/ die der Euangeliſt Lucas die ſtadt Juda nennet. Dieſe wort ſollen billich von der Heuptſtadt im Königreich Juda nemlich von der ſtadt Jeruſalem verſtanden werden / oder von einem andern ſtedtlein / nahe dabey gelegen auff dem gebirge Juda. Doch haltens Adamus Riſnerus / vnd Johannes Heidenus dafür Zacharias habe zu Jeruſalem im andern theil der Stadt / auff dem berge Bezetha gewonet/ wie ich im erſten Buch in der Beſchreibung der Stadt Jeruſalem angezeiget habe / denn das die Prieſter daſelbſt ire wonung gehabt/ bezeuget Nehemias im dritten Cap. Man findet auch etliche die haltens dafür/ Zacharias habe in der Stad Hebron gewonet/ denn dieſelbige Stadt iſt eine Prieſterliche Freyſtadt geweſen/ vnd dazu die Heuptſtadt im ſtam Juda / da man noch heutiges tags der dreyer Patriarchen/ Abraham/ Iſaacs / vnnd Jacobs begrebnis weiſet/ wie ich im erſten Buch bey den reiſen des Patriarchen Abrahams weitleufftiger angezeiget habe.

A iiij   Reiſen

Reisen der Jungfrawen Mariae.

Reisen der Jungfrawen Mariae/
der heiligen Mutter Gottes.

Von Nazareth gieng sie vber das gebirge endtlich gen Jerusalem / sechtzehen meilen/ vnd kam in das Hauß Zachariæ vnd grüsset Elisabeth/ Luc. 1.

2. Darnach kehret sie wider heim gen Nazareth/ sechtzehen meilen.

3. Als ein Gebot von Keyser Augusto außgieng/ das die gantze Welt geschatzet würde/ da zogen Joseph vnd Maria von Nazareth gen Bethlehem achtzehen meilen / vnd als sie daselbst waren/kam die zeit/das die Jungfraw Maria geberen solte / vnd sie gebar den Son des lebendigen Gottes/vnsern HErrn Jesum Christum/ Luc. 2.

4. Von Bethlehem haben Joseph vnd Maria das Kindlein Jesum vber anderthalb meilen gen Jerusalem in den Tempel gebracht/Luc. 2.

5. Vnd da sie alles vollendet hatten im Tempel/nach dem Gesetz des HErrn / kereten sie widerumb in Galileam/zu jhrer Statt Nazareth/vber sechtzehen meilen.

6. Von Nazareth wider gen Bethlehem / sind achtzig meilen / da haben die Weisen auß Morenland drey Kindlin Jesu/Gold/Weyrauch vnd Morrhen geopffert/Matth. 2.

7. Von Bethlehem sind Joseph vnd Maria mit dem Kindlein Jesu in Egypten geflohen/ biß in die Stadt Hermopolis/vier vnd sibentzig meilen/Matth. 2, Sozome lib. 5.

8. Von Hermopolis auß Egypten/sind Joseph vnd Maria mit dem Kindlein Jesu/vber zwey vnd neuntzig meilen wider gen Nazareth kommen. Denn als sie auß Egypten kamen/ vnd höreten das Archelaus König war/an stat seines Vaters Herodis/besorgeten sie/er möchte dem Kindlein auch nach dem leben stellen/ derwegen düsten sie zu Bethlehem nicht wonen/ sondern zogen gen Nazareth/vnd woneten daselbst / wie GOtt der HErr solches dem Joseph im Traum befohlen hatte/Matth. 2.

9. Von Nazareth zogen Joseph vnd Maria zehen Jar nach einander / alle Jar gen Jerusalem auffs Osterfest/vber sechtzehen meilen/vnd hatten auch so viel weges widerumb heim Derwegen haben sie zehen Jar nach einander zum Tempel vnd wider heim gereiset/drey hundert zwantzig meilen/Luc. 2.

10. Vnd als der HErr Christus 12. jar alt war/zogen seine Eltern abermal von Nazareth gen Jerusalem zum Osterfest 16. meilen/vnd namen das Kind Jesum mit sich/Luc. 2.

11. Vnd als die Tage vmb waren/das sie wider zu Hauß gegangen / bleib das Kind Jesus zu Jerusalem/vnd seine Eltern wustens nicht/sie meineten aber er were vnter den geferten/vnd kamen eine tagereise vnd suchten jhn vnter den gefreunten vnd bekandten. Diese tagreise begreifft ohne gefehr/fünff meilen.

12. Vnd da sie jhn nicht funden / giengen sie widerumb gen Jerusalem / ohn gefehr vber fünff meilen/vnd suchten jhn/ Luc. 2.

13. Vnd als sie jhn nach dreyen tagen zu Jerusalem im Tempel wider funden / gieng er mit jhnen hinab/vnd kam vber sechtzehen meilen/mit seinen lieben Eltern wider gen Nazareth/ vnd war jhnen vnterthan/Luc. 2.

14. Hernach werden seine Eltern gleichwie vorhin/ alle Jar gen Jerusalem auffs Osterfest gezogen sein/vnd sonder zweiffel das Kindlin Jesum mit sich genommen haben/ Denn das Creutz wird sie von solchem heiligen Gottesdienst nicht haben abschrecken können. Vnd als der HErr Christus sechtzehen Jar alt gewesen / sol der liebe Joseph gestorben sein. So machen nu diese vier Jar hundert ache vnd zwantzig meilen/die Joseph vnd Maria mit dem Kinde JEsum zum Tempel vnd wider heim gereiset haben/ von dem zwölfften Jar an / biß auff das sechte beide Jar des alters vnsers HErrn Jesu Christi.

Joseph stirbet.

15. Von Nazareth ist die Jungfraw Maria gen Cana in Galilea zur Hochzeit kommen/ vber zwo meilen/vnd der HErr Christus hat daselbst das Wasser zu Wein gemacht/Joh. 2.

16. Von Cana ist die Jungfraw Maria mit jhrem lieben Sohn gen Capernaum gegangen/fünff meilen/ Joh. 2.

17. Von Capernaum gen Nazareth/da die Jungfraw Maria gewonet hat/sind 3. meilen.

18. Von Nazareth biß an das Galileische Meer/sind drey meilen / da hat die Jungfraw Maria jhren lieben Sohn ansprechen wollen/Matth. 12.

19. Von

Reisen der Jungfrawen Mariae. 3

29. Von dem Galileischen Meer wider gen Nazareth sind 3. meilen. Vnd das die Mutter Gottes daselbst ihre wonung gehabt/auch zu der zeit/weil jr lieber Sohn hin vnd wider reisete/lerete vnd predigte/gemeinlich sich zu Nazareth enthalten habe / bezeuget Marcus im 6. Capitel.

30. Es ist auch die Jungfraw Maria jrem hertzlieben Son/als er auff Erden gieng/lerete vnd predigte/hin vnd wider nachgefolget / Vnnd insonderheit zu der zeit seines bittern Leidens machte sie sich auff/vnd folget im nach auß Galilea gen Jerusalem/16. meilen/vnd stund da mit hoch vnd betrübten Hertzen vnter dem Creutz jres lieben Sons. Vnd ist also war worden/was der liebe alte Simeon jhr geweissaget hatte / Ein Schwert wird durch deine Seele bringen/Luc. 2. Widerumb ist sie auch sehr hoch erfrewet worden/als sie jren hertzlieben Son hat wider gesehen lebendig/das er vom Todt war aufferstanden. Vnd im 12. Jar hernach sol   Maria
sie zu Jerusalem in Gott seliglich gestorben vnd begraben sein/als sie 59. Jar alt gewesen/wie   stirbet.
Nicephorus schreibet. Darauß folget/das sie zu der zeit/als sie den HERRN Christum auff
die Welt geboren/14. Jar ist alt gewesen.   Summa dieser Reisen der Jungfrawen
                                                        Mariæ/774. meilen.

Joseph aber/ deß HERRN Christi Pflegvater/hat
sieben hundert vnd zehen meilen gereiset.

Folget nun die beschreibung der Stedt vnd örter/der in diesen Reisen Mariae vnd Josephs ist gedacht worden.

Nazareth/heist Grünzweig/oder ein Krantz.

Die Stadt Nazareth ligt auff einem Berge in Galilea / 16. meilen/vnd ein viertel von Jerusalem gegen Norden/Etliche setzen gemeinlich/ sie habe 19. oder 20. meilen von Jerusalem gelegen/aber die sehens ohn gefehr hin/ vnd habens so genaw nicht auffgerechnet/ich aber folge hierin billich Jacobo Zieglero vnd Tilemanno Stellæ. Nach Bernhard von Breitenbachs auslage / weiset man noch heutiges tages der Stadt Nazareth das ort/ da der Engel Gabriel der Jungfrawen Marien die frölich Botschafft gebracht / das sie solte Gottes Mutter werden. Vnd dasselbige Ort ist was nidrig in der Erden/also/das man etliche Staffeln dazu hinab steigen muß/ vielleicht darumb / das die Vngleubigen es mit Erden werden verschüttet haben/vnd die Christen darnach wider herfür gegraben / vnnd eine Kirchen dasun gebawet. Also haben sie auch eine Kirche gebawet an das ort / da der HERR   Kirche zu
Christus auffertzogen ist/vnd diese Kirch: habe schon zu deß heiligen Hieronymi zeiten gestan=   Nazareth/
den/wie er in seinem Büchlein de locis Hebraicis anzeiget. Vnd wie Bernhard von Brei=   da Christus
tenbach schreibet/weiset man auch zu Nazareth einen Brunnen / darauß das Kindlein Jesus   ist auffertzo=
seiner Mutter hat pflegen Wasser zu holen.   gen.

Das aber die Stadt Nazareth auff einem Berge gelegen/bezeuget Lucas im 6. Cap. Denn Die von Nadie Bürger zu Nazareth sehr zornig auff den HERRN Christum worden / als er sie in jhrer zareth wolSchule straffete/stiessen sie jhn zur Stadt hinauß/vnd führeten jn auff ein Hügel deß Berges/ ten Jesum
darauff jre Stad gebawet war/dz sie jn hinab stürtzeten/ aber er gieng mitten durch sie hinweg. vom Berge
Vnd derselbige hügel deß Bergs wird auch noch heutiges tages zu Nazareth geweiset. Zu deß herab stürH. Hieronymi zeiten ist Nazareth ein klein Städtlein gewesen/ vnd hat Nazareth geheissen.   tzen.

Vnd diese Stadt mag zwar billich Nazareth/das ist/Schönzweig oder Grünzweig heissen/Denn in dieser Stadt ist der schöne Zweig herfür gewachsen/davon der Prophet Jesaias weissaget in 11. Capitel/Es wird ein Ruthe auffgehen auß dem Stam Jesse/ vnnd ein Zweig auß seiner Wurtzel Frucht bringen/darauff wird ruhen der Geist deß HERRN/etc. Diese wort können von niemand anders/als vom HERRN Christo verstanden werden/der ist der rechte Schönzweig oder Grünzweig / auß dem Stam Jesse entsprossen/der in der Stad Nazareth auffgegangen/vnd sehr schön gegrünet hat. Es hat aber die Stadt Nazareth im Stam Zebulon gelegen.

Vom Gebirge / darüber die Jungfraw Maria gegangen
als sie zu Elisabeth gereiset/ Luc. 1.

Zwischen

Reisen der Jungfrawen Mariae.

Zwischen Nazareth vnd Jerusalem sind 4. hohe Berge / als nemlich der Berg Gilboa/ darauff Saul in sein eigen Schwert gefallen. Item/die Berge Grisim vnd Hebal / dar auff der Segen vnd Vermaledeyung gesprochen/Deut. 27. Vnd der Berg Ephraim/ darauff Ehud/als er den Moabiter König Eglon in seinen dicken Bauch gestochen/ die Posaunen hat blasen lassen/Jud.3. Aber diese Berge/die denn sehr hoch vnd groß gewesen/ist die Jungfraw Maria gegangen/als sie ihr angeborne Freundin Elisabeth besucht/ Luc. 1. Dieweil aber von diesen Bergen im ersten Buch weitleufftiger geschrieben / ist ohn noth solches zu widerholen.

Bethlehem/Brodhausen.

Die Stadt Bethlehem ligt anderthalb meilen von Jerusalem/gegen Mittag / auff einen hohen Berg in die lenge/also/das sich ihre lenge/ vom Auffgang der Sonnen gegen Nidergang erstreckt/ wie Sebastian Franck auß Bernhard von Breitenbach an zeiget. Diese Stadt mag billich Bethlehem/das ist/Brodhauß heissen/denn der Sohn Gottes vnser lieber HERR Jesus Christus/das rechte Himmelbrod/ ist da geborn.

Eusebius schreibet/die Keyserin Helena / deß frommen andechtigen Keysers Constantini Magni Mutter, habe zu Bethlehem ein vberauß köstliche Kirchen gebawet/an das ort/da der HERR Christus von der Jungfrawen Maria auff diese Welt geborn. Diese Kirche stehet noch heutiges tags/vnd ligt am ende der Stadt Bethlehem/gegen der Sonnen Auffgang/sie ist von Marmelstein mancherley Farben/so köstlich gebawet/ das man ihres gleichen schier in der gantzen Welt nicht findet/vnd ist oben mit Bley gedecket/vnd mit Thürmen geziret / vnd ist 228. Schuch lang/vnd 87. Schuch breit. Viel hohe Marmelstein stehen darin/nach vier erbawung gesetzt/vnd das Gemelde inwendig ist mit Golde/Silber / vnd schönen Farben gezieret. Auß dieser Kirchen gehet man 10. Staffeln herab in die Capel / darin man das Ort zeiget/ da der HERR Christus sol geboren sein/wie Bernhard von Breitenbach schreibet. Man findet auch in dieser Capellen ein theil von der Krippen darin der HErr Christus sol gelegen haben/vnd dieselbe Krippe ist in einem Stein oder Felß gehawen / wie man da gewönlich Krippen machet. Diese Capell stösset gegen der Sonnen Auffgang an die Stadtmawer / vnd ist auch inwendig mit geschnitzten Werck gemachet / vnd das Pauiment mit Marmelstein vberseyet. Die Saracenen vnd Türcken ehren alle Kirchen vnser lieben Frawen / aber sonderheit diese/denn sie halten den HERrn Christum für einen Propheten. Vnd in dieser Kirchen wird auch das ort geweiset/da das Kindlein Jesus sol beschnitten sein.

Gegen der Sonnen Nidergang/findet man kurtz für dem Thor der Stadt Bethlehem/ vnten am Berg/einen Brunnen / darauß haben die drey Helden deß Königs Davids Wasser geholet/als David lüstern war/vnd begeret auß diesem Brunnen zu trincken/2. Sam 23.

Ein viertel einer meilen von Bethlehem/gegen Mittag/hat gestanden der Thurm Eder/ das heist/ein Heerdethurm/vnd ist ein Warte gewesen / auff dem Bethlehemitischen Felde/ vnd hat den namen bekommen von den Hirde Schaffen / die daselbst sind geweidet worden. Vnd bey diesem Thurm Eder / sollen die Engel den Hirten die frölich Bottschafft gebracht haben/das der HERR Christus geboren were/vnd zu Bethlehem in der Krippen lege. Derwegen ist hernachmals auß diesem Thurm ein Kirche gebawet / die zu Hieronymi zeiten Angelus ad Pastores,auff Deutsch/der Engel zu den Hirten geheissen hat/ Wie auch D. Martinus Luther in Genesin davon schreibet/vnd hiemit gantz fein vberein stimmet. Diese Kirche stehet noch heutiges tages. Bey dem Thurm Eder hat auch Jacob ein zeitlang gewonet/vnd Ruben hat daselbst seines Vaters Kebeweib beschlaffen/Gen. 35.

Rachels Grab.

Ein viertel einer meilen von Bethlehem / gegen Norden / ligt Rachel begraben/die deß Patriarchen Jacobs liebste Hausfraw gewesen ist / vnnd darumb hat er auff ihrem Grab ein Gratmahl auffgerichtet/nemlich/ zwölff Steine / die stehen noch heutiges tages zu der rechten Hand/wenn man von Jerusalem gen Bethlehem gehet. Vnd von Jerusalem Grabe Rachel / hat die vmbligende Gegend den namen bekommen/das sie das Land Rachel geheissen hat / Denn als Herodes die vnschuldigen Kindlein tödten ließ / da weinet das gantze Land Rachel / vnnd wolte sich nicht trösten lassen/Matth. 2. Jerem. 31.

Jesse Davids Vaters Begrebnis.

Der H. Hieronymus/der nahe bey Bethlehem gewonet / vnd seine Capellen daselbst gehabt/schreibet/das man noch zu seiner zeit/420. Jar nach Christi Geburt/in der Stadt Bethlehem/Jesse/deß König Davids Vaters Begrebnis geweiset habe.

Die

Beschreibung der Stedt vnd örter.   5

Die Stadt Bethlehem hat auch vorzeiten Euphrata/ das ist/ Fruchtbar geheissen/denn **Bethlehem** es ist eine schöne fruchtbare Gegend vmb Bethlehem her gewesen. Sie hat im stam Juda gele- **Euphrata.** gen/darumb wird sie Bethlehem Juda genant/zum vnterscheid einer andern Stadt/ die auch Bethlehem geheissen/vnd im stam Zebulon gelegen/Jos. 19.

Der H. Hieronymus helt es dafür/die Stadt Bethlehem habe den namen bekommen von **Woher Beth-** ein ettwem Mann, der Bethlehem geheissen/vnd Calebs Son gewesen sey. Sie habe auch Eu- **lehem den** phrata geheissen/von Ephrat Calebs Haußfrawen/1 Chron. 2. Aber es lest sich ansehen aus **kommen.** dem 35. Capittel/des 1. Buch Mose/das die Stadt Bethlehem lange zuuor/ehe Caleb geboren ward/Euphrata vnd Bethlehem geheissen habe.

Von der Reise auß Judea in Egypten.

Zwischen Judea in Egypten / ist das steinigte Arabia / dasselbige Land ist zum grössern **Arabia Pe-** theil gantz vnfruchtbar/sandich/ felsich vnd bergig / ja auch grosser mangel des Wassers **trea.** darin/vñ dazu sehr heiß/denn zu Sommers zeiten/wenn wir den lengsten Tag haben/sie het die Sonne nur 6. grad von jhrem Heupte/also das sie jnen schier recht ober dem Kopff ste- het/darumb muß sie daselbst sehr heiß scheinen. Aber das sind solche grosse sandigte Wüsten in diesem Lande/wie Sebastian Münsterus schreibet/dz der Wind vber nacht auffwirfft hauffen Sandes gleich als Berge/vnd was darunter begriffen wirdt/muß vnter dem Sande ersticken.

Es wonen auch böse Leute in diesem Lande/ die sich des raubens vnnd mordens ernehren/ **Einwoner** nemlich die Saracenen/die von Isma. l/Abrahams Sohn her kommen. Darumb gleich wie **dieser Lan-** Ismael ein wild Mensch/ vnd dazu ein Schütz vnd guter Jäger gewesen/also sind auch seine **den.** Nachkommen die Saracenen/wilde böse Leute/die sich des Jagens vnd raubens ernehren. Vnd ob sie wol von Ismael vnd Ager her kommen/ so wollen sie doch gleichwol nicht Agarener heis- sen/vnd von einer Magt den namen haben / sondern nennen sich Saracenen/ nach der lieben Sara die die rechte Domina vnd Abrahams Ehliche Haußfraw gewesen / vnnd von diesen Saracenen ist auch Machometh her komen.

Hierauß siehet man nun/wie Josephus vnd Maria mit dem Kindlein Jesu einen sorgli- chen Weg gezogen sind/beyde von wegen deß Bergichten vñ sandrichten weges/vnd auch von we- gen den Saracenen/das sehr böse Leute sind/vnd noch heutiges Tages anders nicht thun/denn Rauben vnd morden/darumb auch die Kauffleute gemeinlich bey hauffen dadurch reisen/auff das sie den Reutern vnd Mördern desto baß widerstehen mögen / vnd können dennoch kaum sicher sein. Aber die lieben Engel haben Joseph vnd Mariam/mit dem Kindlein Jesu/auff die- sem Wege wunderbarlicher weise für Vnglücke bewaret/vnd die Hand Gottes deß Allerhöch- sten hat sie beschirmet/Ja Joseph hette sich in dieser geschrigkeit nicht dürffen bewegen, wenn jhm Gott der HErr im Trawm hette befohlen/Matth. 2.

Hermopolis.

Hermopolis heisset Mercurij Stadt/vnd ligt von Jerusalem 76. meilen gegen Sudwe- sten/vnd ist eine fürneme Stadt in Egypten/vnd wird sonsten Mercurij ciuitas magna genant/wie Petrus Apianus anzeiget. Das ober Joseph vnd Maria mit dem Kindlein Jesu dahin geflohen sein/schreiben Nicephorus vnd Sozomenus in jhren Kirchen Historien/ vnd zeigen darneben an/das daselbst vmb Hermopolis in Egypten ein grosser Baum gestanden habe/ Persis genant / der sich / da das Kindlein Jesu mit seinen Eltern für das Thor dieser Stadt gekommen/biß zu der Erden gebeuget vnd geneiget habe/als ihet er dem Kindlein Jesu ein sonderliche Reuerentz vnd Ehr/ Vnd von der zeit an/habe auch derselbige Baum ein wun- derliche krafft gehabt/den die Früchte/Bletter vnd Rinden an diesem Bawme / haben allerley Seuchen vnnd Kranckheit geheilet/Vnnd die Egypter haben diesen Bawm heilig gehalten. Diß schreibet Sozomenus in seiner Kirchen Historien an Keyser Theodosium/ im 5. Buch/ vnd 20. Capittel.

Es ligt auch sonsten noch ein ander Stadt in Egypten die heist Hermopolis parua/Aber diese Stadt/dahin Joseph vnd Maria mit dem Kindlein Jesu geflohen sind/heist Hermopo- lis magna/wie Petrus Apianus anzeiget.

Jacobus

Beschreibung der Stedt vnd örter.

Jacobus Ziglerus aber helt es dafür/Joseph vnd Maria/als sie mit dem Kindlin Jesu in Egypten geflohen/haben sie daselbst niche zu Hermopolis/sondern im Lande Gosen gewonet/ da auch vor zeiten der heilige Patriarch Jacob/vnd seine Nachkommen/die Kinder von Israel jhre Wonung gehabt. Vnd diß reimet sich sehr fein mit dem Spruch: Auß Egypten habe ich meinen Sohn geruffen/Matth. 2. Hof. 11. Das also der heilige Patriarch Jacob/der in Egypten gezogen ist/vnd seine Nachkommen/die Kinder von Israel / als sie wider auß Egypten gezogen/sind eitel Fürbilde deß HErrn Christi gewesen. Es ligt aber das Land Gosen in Egypten/50. meilen von Jerusalem/gegen Sudwesten. Zum dritten wird auch in der Stadt Alcair in Egypten das ort geweiset/da sich Maria vnd Joseph mit dem Kindlein Jesu sollen enthalten haben/Ob es aber das rechte ort sey/ ist vngewiß.

Cana in Galilea.

Je Stadt Cana in Galilea / da der HERR Christus Wasser zu Wein gemacht/ligt von Jerusalem 17. meilen gegen Norden. Von dieser Stadt sol hernach in den Reisen deß HErrn Christi weitleufftiger beschrieben werden.

Capernaum/Schöndorff.

Je Stadt Capernaum hat gelegen am Galileischen Meer/17. meilen von Jerusalem gegen Norden. Von dieser Stadt sol man hernach an seinem ort / in deß HERRN Christi Reisen/weitleufftiger bericht finden.

Reisen der Weisen aus Morgenland / die den Kindlein Jesu / Gold / Weyrauch / vnd Myrrhen geopffert haben Matth. 2.

Je Weisen/oder Magi/sind hochuerstendige vnd Weise Leute gewesen / die sich auff den lauff deß Himmels verstanden haben. Vnd weil die Magi zu Susa/im Königreich Persia/ein Hohe Schule gehabt / wird es von vielen Gelerten Leuten nicht vnbillich dafür gehalten/das die Magi nicht von Saba aus Arabia / sondern von Susa aus Persia/ das von Jerusalem gegen Morgenwerts ligt/gen Jerusalem kommen sein / vber 230. meilen vnd haben Herodem gefraget/Wo ist der Newgeborne König der Jüden.

2. Von Jerusalem sind sie gen Bethlehem gezogen/ anderthalb meilen / vnnd haben dem Kinlein Jesu/Gold/Weyrauch vnd Myrrhen geopffert.

3. Vnd sind darnach durch einen andern Weg 232. meilen wider heim in Persia gezogen.

Summa dieser Reisen der Weisen auß Morgenland/ 464. meilen.

Je Stad Susa/da die Weisen auß Morgenland herkommen sind/ist im ersten Buch bey den Reisen deß Propheten Danielis weitleufftiger beschrieben worden/vnd derwegen ohne noth/solches an diesem ort zu widerholen. Das Königreich Persia aber/wird darumb ein Morgenland genennet/weil es von Jerusalem gegen Morgenwerts ligt. Das aber etliche gemeinet/vnd es dafür gehalten / die Magi sein von Saba gen Jerusalem kommen/als sie dem Kindlein Jesu/Gold/Weyrauch vnd Myrrhen geopffert haben / Das kan nicht sein/denn Saba ligt von Jerusalem gegen Mittag/vnd nit gegen Morgenwerts/gleich wie Susa in Persia. Wie aber die Weissagung des Propheten zuuerstehen sind/die von Saba reden/dauon findestu gründlichen bericht im 1. Buch/in der beschreibung der Stadt Saba/ bey den Reisen der Königin von Saba/die gen Jerusalem kommen ist/Salomonis Weißheit zu hören/dahin ich den gütigen Leser wil zu rück geweiset haben. Denn da hab ich den rechten Verstand deß 90. Capittels Esaiæ/vnd auch des 72. Psalm gründlich außgeleget vnd erklert. Das aber die Weisen oder Magi nicht von Seba kommen sind/ist darauß offenbar.

Der Euangelist Mattheus spricht / Die Weisen sind von Morgenland gen Jerusalem kommen.

Saba ligt nicht im Morgenland/ sondern gegen Mittag / darumb können die Weisen nicht da sein herkommen.

Reisen

Reisen Johannis des Teuffers.

Acharias / Johannis des Teuffers Vater / soll zu Jerusalem zwischen dem Tempel vnd Altar / von den Phariseern todt geschlagen sein / darumb das er zeugete / das der rechte Messias empfangen vnd gekommen were. Elisabeth aber / die Widwe / sol vmb die zeit / als Herodes die vnschüldigen Kindlin tödten ließ / wie Nicephorus schreibet / mit ihrem Sönlein Johannes in die Wüsten geflohen sein / vnd von Jerusalem biß gen Adumim / 3. meilen / daß ist Johannes der Teuffer in der Wüsten / zwischen Jerusalem vnd Jericho / bey dem Schloß Adumim heimlich auffertzogen / Luc. 1.

2. Von Adumim ist Johannes der Teuffer vber eine meilen / gen Bethabara / jenseid des Jordans kommen / vnd hat da den HErrn Jesum Christum im Jordan getaufft / Matth. 3. Luc. 3. Johan. 1.

3. Von Bethabara ist Johannes gen Enon kommen / vber 6. meilen / vnnd da auch ein zeitlang getaufft / Johan. 3.

4. Von Enon biß gen Macherunth / sind 7. meilen / da ist Johannes im Gefengnis entheuptet worden / Josephus von den alten Geschichten der Jüden / lib. 18. cap. 10.

Summa dieser Reisen Johannis des Teuffers / 17. meilen.

Folget nun die beschreibung der Stedt vnd Orter.

Adumim / Blutiger orth.

Adumim ist ein Schloß / deß auch Josua gedencket im 18. Capittel / vnd ligt drey meilen von Jerusalem / gegen Auffgang der Sonnen / nicht weit vom Jordan / in der Wüsten / zwischen Jerusalem vnd Jericho / darin viel raubens vnd mordens geschehen ist / Darumb auch diß Schloß vom Bluturgiessen den Namen wird bekommen haben / das es Adumim / das ist / ein blutiger ort / ist genent worden. In dieser Wüsten / spricht der HErr Christus / sey auch der arme Mensch / der von Jerusalem hinab gen Jericho gieng / vnter die Mörder gefallen / Luc. 10. Vnd in dieser Wüsten sol Johannes der Teuffer / bey dem Schloß Adumim / in einer Höle auffertzogen sein.

Es stösset aber die Wüste an den Garten Engedi / da die alten Propheten / Elias vnd Elisa jre Schule gehalten / vnd die Esseer jr wesen gehabt / vnter welcher zucht Johannes der Teuffer ist auffertzogen / wie es der alte Herr Mathesius dafür helt. Denn die Esseer haben ein seer eusserlich züchtig Leben geführet / sich des betens vnd der arbeit beflissen / auff das sie durch müssiggang nicht in scheußliche Sünde fielen. Sie haben auch die Bücher des Gesetzes vleissig gelesen / vnd jr Leben darnach angestellet / vnd insonderheit haben sie sich auff die Ertzney begeben / vnd wie Plinius schreibet / ihre Wonung gehabt in den Balsam Garten bey Engedi / Item am Jordan / vnd bey Jericho / da der edle Balsam geflossen / vnd die wolrichende Rosen / vnd andere Kreuter vnd Blumen gewachsen / zu der Artzney dienlig. Dieweil nun Johannes der Teuffer in der Wüsten bey dem Jordan / zwischen Jericho vnd Engedi / auffertzogen ist / da die Esseer jre Schulen gehabt / ist es nach des alten Herrn Johannis Mathesii meinung nicht vngleublich / das Johannes der Teuffers anfenglich vnter derselbigen Esseer zucht gewesen sey / die gleich als Nazaret / ein gestreng / keusch / züchtig Leben geführet haben / gleich wie Johannes der Teuffer / hernach auch solch gestreng Leben geführet / vnd sonder zweiffel der Esseer sehr viel zu dem HErrn Christo wird bekehret haben / Denn seine Predigt ist nicht ohn frucht abgangen / vnd vnter den dreyen Secten der Jüden / nemlich / vnter den Phariseern / Saduceern vnd Esseern / sind die Esseer die frümbsten gewesen / vnd man findet nirgend im Euangelio das sie sich gegen dem HErrn Christum auffgelehnet haben.

Das Schloß Adumim hat gelegen im Stam Ben Jamin / Josu. 18.

Bethabara.

Bethabara heist ein Hauß der Durchfuhr / vnd ist ein ort jenseid des Jordans / 4. meilen von Jerusalem / gegen der Sonnen Auffgang / da man hat pflegen vber den Jordan zu fahr-

Reisen des HErren

zufahren/ Derwegen auch billig derselbige orth Bethabara/ das ist ein Hauß der Durchfuhr oder Vberfuhr geheissen hat. Vnd dieweil daselbst stets viel Volck zusammen kam/ vnd viel Wandersleute/ die sich vber führen liessen/ hat Johannes der Teuffer am selbigen ort sein Predigt angefangen/ damit er jmmer zu viel Zuhörer haben möchte. Vnd da die Phariseer zu jm sandten Priester vnd Leviten/vnd jn fragen liessen: Ober Christus were/oder Elias/oder ein Prophet/Gab jnen Johaňes eine gute rechtige Antwort/Er were nicht Christus/auch nicht Elias/auch kein Prophet/sondern ein ruffende stimme in der Wüsten/ der dem HErrn Christo den Weg bereitet/ vnd zwar/ der HErr Christus were mitten vnter sie getreten/ vnd were auff der Bahn allen armen Sündern zu helffen/ den solten sie erkennen vnd annemen. Solchs ist geschehen zu Bethabara/jenseid des Jordans/da Johannes tauffte/Johan.1.

Es hat auch Johannes der Teuffer den HErrn Jesum Christum daselbst zu Bethabara im Jordan getaufft/ eben an dem ort/da Josua mit den Kindern von Jsrael trucken durch den Jordan gegangen ist/ Jos.4. vnd 5. Vnd gleich wie zu der zeit die Lade GOttes/ die von den Priestern getragen ward/ mitten im Jordan gestanden/ Also hat auch der HErr JEsus Christus/der Gnadenthron GOttes im Jordan gestanden/ da er sich von Johanne hat tauffen lassen/ Matth.3. Luc.3.

Enon heist ein Brunquell oder Springbrünlein.

Non/ist ein Stat: bissed am Vfer deß Jordans gelegen/ eilffthalb meilen von Jerusalem gegen Norden/ da hat Johannes auch ein zeitlang getaufft/ ein halbe meilen von Salem/da vorzeiten der H. Patriarch Jacob gewonet habe/wie mir lesen/ Gen.33.

Macherus oder Macherunt/ heist ein Schwert.

Macherus ist ein Schloß des Königes Herodis Antipæ gewesen/ vnnd hat gelegen im Lande Pirea/jenseid des Jordans auff einem hohen Berge/5.meilen von Jerusalem gegen der Sonnen Auffgang/Vnd wie Plinius schreibt lib.5.cap.16.ist es nechst Jerusalem das schönste vnd fürnembste Gebew deß Jüdischen Landes gewesen/darumb auch König Herodes Antipas/gemeinlich alda hat pflegen Hoff zu halten/Vnd auff diesem Schloß Macherunth ist Johannes der Teuffer entheuptet worden/Vnd obwol seine Jünger daselbst seinen Leichnam zu der Erden bestättet/so ist er doch gleichwol ein lange zeit hernach/ von den Christen wider auffgegraben/vnd vber sechs meilen gen Sebasten/ das ist/ gen Samaria gebracht/vnd daselbst sein ehrlich zur Erden bestätiet.Vnd wie Nicephorus vnd Theodoretus in jren Kirchen Historien anzeigen/ sind die todten Gebeine Johannis des Teuffers/ zu den wütrigen Keysers Julian Apostatæ zeiten/ wider auffgegraben/ vnd verbrand. Der H. Hieronymus schreibt/ Man habe noch zu seiner zeit in der Stadt Samaria/ drey gewaltiger Propheten/als nemlich/ des Propheten Elisa/ deß Propheten Obadja/ vnd Johannis deß Teuffers/der mehr ist als ein Prophet/ Begräbnis gefunden.

Johannes wird entheuptet.

Sozomenus in seiner Kirchenhistorien/ lib. cap. 21. gedencket deß Heuptes Johannis des Teuffers/ wie es bey etlichen München/ die von Jerusalem in Ciciliam gezogen waren/ gefunden/ vnnd gen Constantinopel gebracht sey/ vnnd der Keyser Theodosius habe für der Stadt Constantinopel ein vberauß schöne Kirchen gebawet/ vnd das Heupt Johannis des Teuffers dahin gethan. Ob es nun das rechte Heuffs gewesen sey/ ist gantz vngewiß / Dman sihet/wie viel betriegerey die Münche jmer getrieben haben/ So ist vns auch an solchem Heupt nicht viel gelegen. Das aber Johannes der Teuffer im Schloß Macherunth sey entheuptet worden/schreibet Josephus von den alten Geschichten der Jüden/ im 18. Buch/ am 10. Capittel.

Haupt S. Johannis.

Vnd obwol dasselbige Schloß Macherunt sehr grosse vnd weite Graben gehabt/ die so tieff waren/das sie einem der hinein sahe/ einen Schwindel machten/vnd der Jüdische König Alexander/ der das Castel anfenglich bestettzet/vnd hernach Herodes Antipas/ij Schloß vnd die Stadt/die daran gebawet war/ mit starcken Mawren vnd hohen Thürmen/ die 160. Ellen hoch waren/sehr wol versehn/dennoch muste Johannis des Teuffers todt auch an dem Hause/darin er war entheuptet worden/ nicht vngerochen bleiben. Denn als die Stadt Jerusalem vnd dz gantze Jüdische Land/durch Titum Vespasianum feuerlich waren zerstört vnd verwüstet worden/hat sich der edle Römer Lucius Bassus/auch für das Schloß Macherunth gelegt/

Johannis todt wird am Schloß Macherunth gerochen.

vnd als

Jesu Christi.

vnd als er ein streitbaren Jüngling Eleazarum/ vom fürnembsten Adel der Jüden/ gefangen/ ein Creutz auffrichten ließ/ als ob er jn wolt Creutzigen lassen/ haben die zu Macherunt (solte anders derselbige jhr oder Herr Eleazarus das leben behalten) die Stadt vnd das Schloß müssen auffgeben/ da ist solch ein würgen vnd morden geschehen/ das 1700. Mann sind erschlagen/ vnd Weib vnd Kind gefangen hinweg geführt/ wie Josephus schreibet vom Kriege der Jüden/ lib. 7. cap. 25.

Zwey deerbare Springbrünlein. Bey dem Schloß Macherunt findet man auch lustige Bäder deren etliche warm vnnd etliche kalt sind/ Vnd daß noch mehr zuuerwundern/ findet man da sehr nahe bey einander zwey Springbrünlein in einem Loch/ ouß dem einen sehr heiß vnd warmes/ vnnd aus dem andern sehr kaltes Wasser rinnet/ die vnter ein ander vermischet/ machen ein liebliches Bad zu vielen kranckheiten sehr nütz vnd heilsam/ Iosephus de bell. Iud lib. 7. cap. 25.

Reisen vnsers HErrn JEsu Christi in seiner Kindheit/ Matth. 2. Luc. 2.

1. Jn Bethlehem ist das Kindlein JHEsus/ vber anderthalb meilen gen Jerusalem/ in den Tempel gebracht.
2. Von Jerusalem brachten Joseph vnd Maria (als sie alles vollendet hatten/ in den Tempel des HErrn) das Kindlein JEsum mit sich gen Nazareth in Galilea/ vber 16. meilen.
3. Von Nazareth sind Joseph vnd Maria mit dem Kindlein Jesu widerumb gen Bethlehem kommen/ vber 18. meilen/ vnd die Weisen aus Morgenland haben jhm daselbst Gold/ Weyrauch vnd Myrrhen geopffert.
4. Von Bethlehem sind Joseph vnd Maria/als die Weisen wider hinweg gezogen waren/ mit dem Kindlein JEsu gen Hermopolin in Egypten geflohen/ 74. meilen.
5. Von Hermopolin aus Egypten/ hat Joseph das Kindlein Jesum vnd die Mutter Mariam/ vber 92. meilen wider gen Nazareth gebracht.
6. Als das Kind JEsus 12. Jar alt war/ gieng es mit seinen Eltern von Nazareth hinauff gen Jerusalem zum Osterfest/ vber 16. meilen.
7. Vnd als seine Eltern jhn verloren hatten/ vnnd im Tempel mitten vnter den Lehrern wider funden/ war er jnen gehorsam/ vnd gieng mit jhnen von Jerusalem hinab gen Nazareth 16. meilen. Summa dieser Reisen des HErrn Jesu Christi/ in seiner Kindheit/ 234. meilen.

Je Städte/ die in diesen Reisen des HErren Christi gedacht worden/ sind vorhin bey den Reisen der Jungfrawen Maria beschrieben/ vnd derwegen ohn not solches zu widerholen.

Reisen vnsers HErrn Jesu Christi/ von seiner Tauffe an/ biß an das erste Osterfest/ deß Johannis gedencket in seinem Euangelio/ im andern Capitel.

Er HErr JEsus Christus kam von Nazareth/ vber dreyzehen meilen/ gen Bethabara an den Jordan/ vnd ließ sich daselbst von Johannes Tauffen/ im dreissigsten Jar seines alters/ Matth. 5.

2. Vnd als er getaufft war/ treib jn der Geist alsobald in die Wüsten/ da war er vierzig Tage vnd vierzig Nächt bey den wilden Thieren/ vnd aß nicht in denselbigen Tagen/ vnd als er vierzig Tage vnd vierzig Nächte gefastet hatte/ hungert jn/ vnd der Versucher trat zu jm/ vnd sprach: Bist du Gottes Sohn/ so sprich/ das diese Stein Brod werden/ Matth. 4. Luc. 4. Wie die Wüste/ darin diese versuchung geschehen ist/ geheissen habe/ zeigen die Euangelisten nicht an. Es ist aber gleublich/ das diese versuchung geschehen sey in der grossen Wüsten am Berg Sinai/ da auch vorzeiten Moses vnd Elias vierzig Tag vnnd vierzig Nächte gefastet

Reisen vnsers HErrn

gefastet haben/dann dieselben Propheten sind Fürbilde des HErrn Jesu Christi gewesen. Es ligt aber der Berg Sinai 34. meilen von Bethabara/von Jerusalem aber ligt er 30. meilen gegen Mittag. Vnd kein ort könte dem Teuffel bequemer sein/den HErrn Christum anzufechten/von wegen der Sünde des gantzen Menschlichen Geschlechtes/denn eben der ort/an welchem Gott das gestrenge Gesetz gegeben hatte/dadurch alle Menschen verflucht vnd verdampt werden. Darumb ist es viel gleublicher/das der HErr Christus in der Wüsten Sinai vom Teuffel angefochten sey/denn das solches in der Wüsten Quarentene/zwischen Jerusalem vnd Jericho solte geschehen sein/wie es etliche dafür halten.

2. Aus der Wüsten hat der Teuffel den HErrn Christum gen Jerusalem auff die hohen Zinnen des Tempels geführet/vber 30. meilen/denn so weit ligt der Berg Sinai von Jerusalem. Vnd hie bedencke nu die grosse vermessenheit des leidigen Teuffels/da er den Son Gottes/den HErrn Jesum Christum selbs/den HErrn vnd Schöpffer aller Creaturen/so ein weiten Weg durch die Lufft hat führen dürffen. Daneben bedencke auch die grosse Krafft des Allmechtigen Gottes/O wie gern hette der leidige Sathan den HErrn Christum/auff einen Felsen geworffen/vnd jn den Hals entzwey gestürtzet/wenn die Allmechtige Hand Gottes jn daran nicht hette verhindert. Vnd wenn man schon so setzen wolte/Das der Teuffel den HErrn Christum angefochten hette in der Wüsten nahe bey Jericho/auff den sehr hohen Berg Quarentena/wie etliche einwoner des Heiligen Landes fürgeben/doch ohne gewissen Grund der Schrifft/derwegen auch eine Capelle oben auff denselben Felsen gebawet ist/so würde der Teuffel den HErrn Christum gleichwol zum aller wenigsten drittehalb Deutscher meil geführet haben. Darneben bedencke auch die grosse Höhe/wie auch der leidige Sathan den HErrn Christum in die Lufft geführet. Denn ich habe im ersten Buch/in der Beschreibung der stadt Jerusalem angezeiget/das die hohen Zinnen des Tempels zu Jerusalem/sein mehr als 40. ellen oder Cubitos hoch gewesen/die machen 600. Schuch/vnd sind hohe Thürme gewesen auff den euffersten Mawren/am Vorhofe der Heyden/da man kundte vom Tempel herab in den Thal Cedron sehen/vnd waren diese hohe Thürme oder Zinnen des Tempels so sehr hoch/das wer herab sahe/dem schwindelte/vnd das Gesichte verging jm/von wegen der vberschwenglichen grossen Höhe. Vnd auff dieser Zinnen eine/hat der Teuffel den HErrn Christum gesetzt/vnd gesprochen: Bistu Gottes Sohn/so las dich von hinnen hinab/Matth. 4.

3. Von der Hohen Zinnen des Tempels/hat der Teuffel den HErrn Christum auff einen sehr hohen Berg gefüret/was es aber für ein Berg gewesen/oder wie er geheissen/zeigen die Euangelisten nicht an. Die Einwohner des heiligen Landes meinen/es sey der Berg zwischen Bethel vnd Ai/da auch vorzeiten Abraham gewohnet hat/Gen. 13. aber derselbige Bergist nicht gar hoch/denn man findet noch viel höher Berge im Jüdischen Lande. Derwegen ist es gleublicher/das der Sathan den HErrn Christum/auff den sehr hohen steilen Berg Pisga gefüret habe/welcher ligt jenseid des Jordans/6. meilen von Jerusalem gegen auffgang der Sonnen. Auff demselbigen Berge hat Gott der HErr dem Propheten Mosi/das gantze Land Canaan geweiset/Deut. 34. Vnd dieser Berg ist sehr hoch/das Moses daselbst die Stadt Dan/da der Jordan entspringet/hat können liegen sehen/die doch 16. meilen von diesem Berge Pisga gelegen hat. Vnd dieweil der Teuffel ein rechter Aduersarius vnd Widersacher ist/der alle gute Wercke Gottes verkehret/reimet es sich nicht vbel/ja ist es der Warheit gemeß/das der Sathan eben an dem Ort/vnd auff dem Berge/dem HErrn Christo der Welt Reiche geweiset habe/da zuuor Gott der HErr dem Propheten Mosi/die Reiche des Landes Canaan geweiset hatte/Ja/Es stimmet solches mit den vmbstenden der Euangelischen Historien sehr fein vberein.

4. Denn von dem Berge Pisga sind nur 2. meilen gen Bethabara/da Johannes getaufft/vnd zeugnis vom HErrn Christo gegeben/Johan. 1. Vnd wie daselbst der HErr Christus wider zu Johanne kommen/hat Johannes seine Jünger von sich zum HErrn Christo geweiset vnd gesprochen: Sehet das ist Gottes Lamb/das der Welt Sünde tregt/Johan. 1. Also sihet man nu/das der hohe Berg Pisga nicht weit von Bethabara gelegen/vnd so bald die Versuchung des HErrn Christi vollendet war/kam er wider zu Johanne an den Jordan/vnd also stimmen die vmbstende der zeit vnd örter sehr fein vberein.

6. Von

Jesu Christi.

6. Von Bethabara/da Johannes tauffet/ist der HErr Christus gen Cana in Galileam gegangen/13.meilen/vnd hat da auff der Hochzeit Wasser zu Wein gemacht/Joh.2. Vnd vnterwegen/ehe denn er zu Cana gekomen ist/wird er in der gegend der Stadt Bethel/wie es sich ansehen lest/den lieben Nathanael zu einem Jünger beruffen haben/Denn so führet der Johan.1. HErr Christus daselbst ein/die schöne Historia/wie der Patriarch Jacob eine Leiter am Himmel gesehen/vnd die Engel Gottes auff vnd absteigen/vnd dieselbe Historia ist zu Bethel geschehen/Gen.28. Vnd dieweil der HErr Christus in der beruffung des lieben Nathanaels diese schöne Historia einführet/vnd auff sich deutet/Lest sichs ansehen/das diese beruffung deß lieben Nathanael in der Gegend dieser Stadt Bethel geschehen sey/vnd darumb sey dem HErrn Christo diese Historiaeben eingefallen.

7. Als der HErr Christus zu Cana in Galilea das Wasser in süssen Wein verwandelt hatte/zog er gen Capernaum/fünff meilen/vnd bleib nicht lang daselbst/Johan.2.

8. Von Capernaum gen Jerusalem/sind vierzehen meilen/als der HErr Christus dahin kam/kurtz vor den Ostern/vnd im Tempel sitzend fand/die Ochsen/Schafe vnd Tauben feil hatten/machte er ein Geissel aus stricken vnd sagete sie zum Tempel hinaus.

Summa dieser Reisen vnsers HErrn Jesu Christi/von seiner Tauffe an/biß auff die ersten Ostern/117.meilen.

Cana in Galilea.

Cana heist ein Rohr.

Die Stadt Cana in Galilea/da der HErr Christus auff der Hochzeit das Wasser in süssen Wein verwandelt/ligt von Jerusalem 17. meilen/gegen Norden im Stamm Zebulon/Vnd wie Bernhard von Breitenbach schreibet/weiset man heutiges tages daselbst den ort/da die Tische vnd 6.steinerne Wasserkrüge gestanden haben/Vnd derselbige Ort ist tieff in der Erden/also/das man etliche staffeln hinab steigen mus/Gleich wie auch der ort/da der Engel Gabriel der Jungfrawen Marien zu Nazareth die Botschafft gebracht/das sie solt ein Mutter Gottes werden. Item/an dem ort/da der HErr Christus Wunderzeichen gethan/auch tieff in der Erden sind/das man etliche Staffeln dazu hinab steigen mus/vielleicht darumb/das solche örter etlich mal von den Heyden verstört/vnnd mit Erde sind vberschüttet worden/welche die Christen hernacher haben wider herfür gegraben. Die Stadt Cana hat gegen Norden werts einen runden Berg/daran sie henget/aber gegen Süden werts hat sie ein lustig grün eben Feld.

Es wird aber die Stadt Cana/da der HErr Christus Wasser zu Wein gemacht/Cana in Galilea genant/darumb/das sie in Galilea gelegen ist/zum vnterscheid einer andern Stadt/die auch Cana geheissen/vnd ligt zwischen Tyro vnd Sydon/im Lande Seraphenicæ/vnd wird genent das grosse Cana/daher das Cananeische Weiblein wird gewesen sein/das dem HErrn Christo nachschreiet/in den Grentzen Tyri vnd Sydon/Matt. 15. Aber dieses Cana/da der HErr Christus Wasser zu Wein gemacht/heisset Cana minor/das kleine Cana/vnd liget in Galilea/im Stam Zebulon. Beide Cana liegen von einander eilff meilen.

Es ist aber die Stadt Cana ein Bilde dieses elenden Lebens/darin der HErr Christus Hochzeit helt mit seiner Braut/der heiligen Christlichen Kirchen. Vnd ist gleublich/das vmb Cana her sehr sumpffig gewesen/vnd viel Rohr da gewachsen sey/daher die Stadt den namen bekommen habe/Denn Cana heisset ein Rohr. Also auch ligt die Christliche Kirche in dieser Welt/als an einem sehr sumpffigen ort/mit vnglück ringes vmbgeben/vnd ist wie ein Rohr/das von den Sturmwinden/Tyrannen/allenthalben angefochten wird/aber der HErr Christus wird das zustossen Rohr nicht zubrechen/Jesa.42. Er stehet seiner lieben Kirchen bey/beschützet/beschirmet/vnd tröstet sie in jrem Elende/vnd verwandelt also das bitter Wasser in süssen Wein/vnd alles vnglück in Himlische Freude vnd Seligkeit.

Cana ein Bild des Lebens.

Capernaum/Schöndorff.

Die Stadt Capernaum hat gelegen im Lande Genezareth/am Galileischen Meer/vierzehen meilen von Jerusalem gegen Norden/im Stam Isaschar/vnd ist vorzeiten eine schöne Stadt gewesen/darinne der HErr Christus gemeinlich seine wonung gehabt/darumb sie auch der Euangelist Mattheus im neunden Capittel/des HERRN Christi Stadt nennet.

Reisen des HErren

Vnd das der HErr Christus da kein Frembdling / sondern ein Bürger vnnd Einwoner gewesen / ist offenbar aus dem 17. Capittel Matthei / Denn da gibt der HERR Christus den Zinßgroschen / vnd zeiget doch darneben an / Er sey es nicht schüldig zu thun / dieweil er nicht ein Frembdling / sondern ein Kind / das ist / ein Bürger vnd Einwoner daselbst sey. So schreibet auch Mattheus am 4. Capittel / Der HErr Christus habe sein Vaterland / die Stadt Nazareth / verlassen / vnd sey gen Capernaum gezogen / vnd habe daselbst gewonet.

Erzelung der Wunderwercke / die Christus zu Capernaum gethan.

In dieser Stadt Capernaum hat auch der Apostel Petrus sein Haus vnd wonung gehabt / vnd der HErr Christus hat da seine Schwieger vom Fieber gesund gemacht / Matth. 8. Es hat auch in dieser Stadt gewonet der Königsche / des Son kranck lag / darumb er zum HErrn Christo gen Cana in Galilea gieng / vber 5. meilen / vnd in bat / Er wolte hinab kommen / vnd seinen Sohn gesund machen / ehe er stürbe / Der HErr Christus aber sprach / Gehe hin / dein Son lebet / Vnd sein Son ward gesund zur selbigen stund / Joh. 4. Dieser Königische ist ein Diener des Königs Herodis gewesen / vielleicht ein Amptman oder sonsten ein Befehlichhaber / vnd ist an den HErrn Christum gleubig worden / mit seinem gantzen Hause.

In der Stadt Capernaum hat auch ein frommer Heuptman gewonet / deß knecht der HErr Christus gesund gemacht / vnd deß Heuptmans trefflichen glauben gepreiset / Matth. 8. Luc. 7. Derselbige Heuptman ist auch so fromb vnd andechtig gewesen / das er die Schule zu Capernaum gebawet / darin der HErr Christus einen Teuffel ausgetrieben hat / Marc. 1. Luc. 7.

In der Stadt Capernaum hat auch der HErr Christus einen Gichtbrüchtigen gesund gemacht / der von vieren auff einem Bette zu jhm getragen / vnd durch die Ziegel für jn nieder gelassen ward / Matth. 9. Marc. 2. Das er aber auch deß Jairi Töchterlein in dieser Stadt vom todt erweckt / vnd eine Fraw gesund gemacht / die zwölff jar den Blutgang gehabt / davon wirstu hernach an seinem ort einen andern bericht empfangen. Marcus im 1. Capitel schreibet / der HErr Christus hab zu Capernaum viel Krancken gesund gemacht / vnd viel Teuffel ausgetrieben. So hat er auch daselbst sonsten viel Wunderzeichen gethan / die für der menge nicht kondten beschrieben werden.

Wie Capernaum gelegen.

Es hat aber der HErr Christus nicht ohn vrsach die Stadt erwehlet / dieweil sie recht mitten zwischen den 12. Stemmen Jsrael gelegen. Denn von Capernaum gegen Norden haben gelegen / die drey Stemme / Aser / Naphthali vnd Zebulon. Gegen Mittag / die Stemme / Juda / Ben Jamin / Dan vnd Simeon. Gegen Nidergang der Sonnen hat die Stadt Capernaum / die drey Stemme / Jsaschar / Ephraim / vnd den halben Stam Manasse. Vnd gegen auffgang der Sonnen hat sie 3. Stemme / Ruben / Gad / vnd den vbrigen halben Stam Manasse. Also hat jm nun der HErr Christus recht mitten vnter den zwölff Stemmen Jsrael ein wonung ausgesehen.

Zu dem hat die Stadt Capernaum zu gleich am Galileischen Meer / vnd auch am Jordan gelegen das man hat vberfaren können / vnd jenseid des Jordans in die Grentze der 10. Stedte kennen kommen. Item / sie hat auch recht mitten zwischen den Jüdenthumb vnd zwischen der Heydenschafft gelegen / Denn von Capernaum gen Jerusalem sind 14. meilen / desgleichen von Capernaum bis an die Heydenschafft / nemlich an die Grentze Tyri vnd Sydon / sind auch 14. meilen. Also hat jhm der HERR Christus recht mitten vnter den zwölff Stemmen Jsrael / vnd auch recht mitten zwischen dem Jüdenthumb vnd der Heydenschafft eine Wohnung ausgesehen. Vnd wenn man nun die gelegenheit der Stadt Capernaum fleissig erwieget / kan man die diese Weissagung des Propheten Jesaiae im 9. Capittel / wie die der Evangelist Mattheus am 4. einführet / recht verstehen / Denn so lauten die Wort daselbst: Das Land Zebulon vnd Naphthalim / am wege des Meers / jenseid dem Jordan / vnd die Heydnische Galilea / hat ein groß Liecht gesehen.

Von den namen Capernaum.

Es mag aber die Stadt Capernaum billig Schöndorff heissen / denn so viel heist Capernaum / denn es ist ein sehr schön vnd lustige gegend vmb dieser Stadt her gewesen. Denn da Land darinne sie gelegen / hat Genezareth auff Deutsch / ein Fürstengatte geheissen / weil es vber der masse sehr lustig vnd fruchtbar gewesen / wie ein Fürstengart. Denn man hat da viel Pomerantzen / Palmen / Oelbewme / Weingärten vnd andere schöne Gewächs gefunden. Vnd gegen mittag hat die stad Capernaum os Galileische Meer gehabt / ist also schiffreich gewesen / vnd zu einem Kauffhandel vnd allerley Handtierung gantz bequem / Dieweil aber die Einwoner dieser

Stadt

Jesu Christi. 13

Stadt mehr das Zeitliche denn das Ewige Gut suchten / vnd den HERRen Christum / der so viel Zeichen vnd Wunderwerck in jhrer Stadt thäte verachteten / vnd seine Predigt nicht wolten annemen / verkündigte der HErr Christus dieser Stadt / nicht allein zeitlichen vntergang / sondern drewete jr die Helle vnd ewige Verdamnis / da er also zu jr sprach: Du Capernaum / die du erhaben bist biß in den Himmel / du wirst bis in die Helle herunter gestossen werden / Denn wenn zu Sodoma die Thaten geschehen weren / die bey dir geschehen sind sie stünde noch heutiges Tages / Doch ich sage euch / es wird der Sodomer Land am Jüngsten gerichte treglicher ergehen / denn dir / Matth. 11. Luc. 10. Denn dergleichen wolthat / das Gott also selbst in einer Stadt Persönlich gewonet / vnd ein Bürger darin gewesen / vnd so viel Wunderthaten darin gethan / als zu Capernaum geschehen / ist keiner Stadt auff Erden widerfaren. *Wie Capernaum ist verwüstet worden.*

Vnd weil die Stadt Capernaum alle diese herrliche wolthaten verachtet / vnd in Wind geschlagen / hat auch die grewliche Straffe vber sie ergehen müssen / denn sie ist durch den Krieg der Römer so gar verwüstet vnd vmbgekeret / das man jetzt zu vnser zeit / kaum sieben Hütten armer Fischer da findet / wie Bernhart von Breitenbach schreibet. Vnd das ist kein wunder / denn ob es wol zu des Hieronymi zeiten ein klein Städtlein gewesen / wie er in seinen Büchlein de locis Hebraicis anzeiget / so sind doch seind der zeit her / wie die Historien bezeugen / die Persen / Saracenen vnd Türcken / etliche mal ins heilige Land gefallen / vnd habens sehr jemmerlich verheret / ausgebrand vnd verwüstet. Derwegen auch kein Wunder / das die Städte im heiligen Lande so gar vmbgekeret sind / das man von etlichen kaum 7. oder 8. Heuser mehr findet. Ja die rechten alten Städte im heiligen Lande sind etliche so gar verwüstet / das sie Steinhauffen sind / vnd eitel verfallene Mawren / die vber einen hauffen ligen / vnd sind keine Dörffer daben gebawet. So ist auch das heilige Land nicht mehr so fruchtbar wie vorhin / sondern zu mehrem theil gantz bergig / sandig / steinig vnfruchtbar.

Im Hebreischen Euangelio Matthei wird die Stadt Capernaum יְבוּשַׁעַר Capernachum genant / das heist so viel / als ager vel vicus pœnitentiæ, Bußacker / oder ein Dorff der Busse / vnd derselbige Nam reimet sich auch sehr wol mit dieser Stadt / denn der HErr Christus hat in dieser Stadt Busse geprediget / Matth. 4. *Capernahum.*

Reisen vnsers HErren JEsu Christi / von den ersten Ostern seines H. Predigampts anzurechnen / biß auff die andern Ostern.

ALs der HErr JHEsus Christus / in den nechsten Ostern / nach seiner H. Tauffe / zu Jerusalem grosse zeichen gethan hatte / dadurch auch Nicodemus war beweget worden / sich bey Nacht zum HERRN Christo zuuerfügen / vnd von jhm zu lernen / den weg zum Himmel / vnd der HErr Christus jhm vnd auch vielen andern / den rechten Weg zum Himmel geweiset hatte / machte sich der Sohn Gottes auff / vnd gieng aus der Stadt Jerusalem / vnd Predigt im Jüdischen Lande. Vnd insonderheit hat er einen ort am Jordan ausgesehen / vnd daselbst geprediget / nicht weit von Johanne dem Teuffer / vnd die Jünger des HErrn Christi haben da getaufft / Joh. 3. Es sind aber von Jerusalem biß an den Jordan 4. meilen.

2. Da aber Johannes der Teuffer war ins Gefengnis geworffen / zog der HErr Christus wider in Galileam / vnd reiset vom Jordan gen Sichar / 7. meilen / vnd disputierte da mit dem Samaritischen Weiblin am Brunnen / Joh. 4. Solches ist geschehen am ende des ersten jars seines Predigampts.

Anfang des ein vnd dreissigsten Jahres / des Alters vnsers HErrn Jesu Christi.

JOn Sichar ist der HErr Jesus in Galileam gezogen / vnd vber 8. meilen gen Cana in Galilea kommen / da er zuuor das Wasser hatte in Wein verwandelt / da ist der Königischer / des Sohn kranck lag zu Capernaum / vber 5. meilen zum HErrn Christo kommen / vnd hat jn gebeten / das er seinen Sohn wolte gesund machen / Joh. 4.

B iiij   4. Von

Reisen des Herren

4. Von Cana ist der Herr Christus vber zwo meilen gen Nazareth in sein Vaterland gegangen / vnnd als er da in der Schule seinen Landsleuten die bittere Warheit predigte/ wurden sie zornig / vnd stiessen jhn zur Stadt hinaus / vnd füreten jhn auff einen Hügel des Berges / darauff jhre Stadt gebawet war / das sie jhn herab stürtzeten / aber er gieng mitten durch sie hinweg / Luc. 4.

5. Von Nazareth ist der Herr Christus/ vber 3. meilen gen Capernaum kommen/ vnd hat da gewonet/ vnd nahe bey der Stadt am Galileischen Meer/ die vier Fischer/ Petrum/ Andream/ Jacobum vnd Johannem/ zum Predigampt beruffen/ Matth. 4. Luc. 5.   Vnd ist mit denselben vier Jüngern wider in die Stadt Capernaum gegangen / vnd in der Schule einen Teuffel ausgetrieben/ Luc. 4. Marc. 1. Vnd Simonis Petri Schwieger vom Fieber gesund gemacht/ Matth. 8. Luc. 4. Vnd auch sonsten viel grosser Wunderzeichen daselbst gethan/ vnd Teuffel ausgetrieben. Solches ist geschehen am Abend.

6. Vnd des nechsten Morgens ist der Herr Christus frühe auffgestanden / vnd aus der Stadt Capernaum/ an eine wüste Stedte gegangen / das er daselbst betete / Aber seine Jünger sind jm nachgeeilet/ vnd da sie jn funden / haben sie jhn auffgehalten / vnd jhm gesagt: Jederman sucht dich. Er aber hat geantwortet / Ich mus auch andern Stedten das Euangelium predigen/ Last vns in die nechsten Stedtlin gehen/ dz ich daselbst auch predige/ Mar. 1. Vñ hat geprediget in jren Schulen/ in gantz Galilea/ vnd die Teuffel ausgetrieben/ Matth. 4. Vnd also ist der Herr Christus hin vnd wider gezogen/ im Galileischen Lande / das auch die Euangelisten nicht allzumal haben beschreiben können. Das aber ist hiezu mercken / da der Sohn Gottes also hin vnd wider durch das Galileische Land gereiset/ endtlich in die Stadt Cæsaream Philippi / welche ligt zwölff meilen von Capernaum gegen Nordenwerts/ gekommen ist/ vnd Mattheum am Zoll beruffen der jhm auch also bald ist nachgefolget / Matth. 9. Vnd das solches in der Stadt Cæsarea Philippi beweiset werde.

7. Als der Herr Christus Mattheum am Zoll beruffen / vnd das Galileische Meer hin vnd wider durchgezogen/ vnd grosse Zeichen vnd Wunder darin gethan/ ist er endtlich gen Jerusalem zum Osterfest gezogen/ vber 14. meilen/ Johan am 5. vnd Marc. 6.

Summa dieser Reisen des Herrn Christi / von den ersten Ostern seines Predigampts/ biß auff die ander Ostern/ fünfftzig meilen. Vnd so viel kan man jm nachrechnen/ aber die weiten Reisen/ wie er das gantze Galileische Land allenthalben durchzogen ist/ haben die Euangelisten nicht alle beschreiten können.

Folget nun die Beschreibung der Stadt Sichar.

Je Stad Sichar ligt von Jerusalem neun meilen gegen Norden / vnd hat vorzeiten Sichem geheissen/ vnd den Namen gehabt von einem Hügel des Berges Garizim / daran hat sie gelegen/ gleich als an einer Schuldern/ denn Sichem heist ein Schulder. Doch scheinet es der Warheit noch ehnlicher / das sie von Sichem dem Sohne Hemor/ der ein Fürste vnd Obester Regent in dieser Stad gewesen/ den Namen bekommen habe/ vnd derselbe Sichem hat daselbst Dinam Jacobs Tochter beschlaffen/ Gen. 34. Der Patriarch Jacob hat auch jhr dieser Stadt auff einem Acker gewohnet / den er von Hemor des Sichenis Vater gekauffe/ vmb 100. Groschen / er hat auch daselbst ein Altar angerichtet/ vnd den Namen des starcken Gottes Israel angeruffen / Gen. 33. Vnd der Patriarch Joseph ist hernach auff denselbigen Acker für die Stadt Sichem begraben/ Jos. 24. Der Richter Abimelech hat die Stadt Sichem im grimmigen zorn geschleiffet/ vnd Saltz darauff gesäet / Jud. 9. Jerobeam der König Israel hat sie wider gebawet / vnd darinnen gewohnet/ 1. König 12. Vnd wie Josua schreibet im 20. Capittel / Ist Sichem ein Priesterliche Freystadt gewesen/ dahin einer fliehen möchte/ der vnuersehens einen Todschlag begangen.

Hernach aber ist der Name dieser Stad also verendert/ das sie nicht mehr Sichem/ sondern Sichar/ dz ist/ ein süß wolschmeckende Gedrencke/ von Zucker vnd Honig gemacht/ auff deutsch Meth genent worden/ denn die Leute vnd Einwoner dieser Stad sind sehr stoltz vnd hoffertig gewesen/ wie Doc. Marti. Luth. in Genesin schreibet / vnd haben sich aller Wollust befliessen/ vnd teglich im Sause gelebet/ vnd sich mit süssen wolschmeckenden Gedrencken erlustiget. Vnd

Jesu Christi. 15

get/ Vnd bey dieser Stadt hat der HErr Christus mit einem Samaritischen Weiblein am Brunnen geredet/Johan. 4. Es ligt aber die Stadt Sichar am Samaritischen Lande/ zwo meilen von der Heuptstadt Samaria/ gegen Norden/auff dem Gebirge Ephraim.

Vnd ob sie wol durch den Krieg der Römer gar verwüstet vnd vmbgekehret / so ist sie doch hernach wider gebawet/vnd Neapolis/ das ist/ die Newstadt genennet worden / vnnd so hat sie zu deß H. Hieronymi zeiten geheissen/so/ sie behelt den Namen noch heutiges tages / denn sie heist zu vnser zeit Neapolosa/vnnd wie Bernhard von Breitenbach schreibet/ist es eine lustige Stadt/aber nicht feste/ denn sie ligt in einem Tahl zwischen hohen Bergen/von welchen man mit Steinen in die Stedt werffen kan / darumb / wenn die Feinde für die Stadt kommen/ lauffen die Bürger zum andern Thor hinauß / vnnd können den Feinden / zumal / wenn sie mechtiger sind/ keinen widerstand thun.

Zween Bogenschüß weit von dieser Stadt Sichem oder Neapolis/ gegen Mittag/ ist der **Deß Patri-**
Brunn Jacobs/ da der HErr Christus mit den Samaritischen Weiblin geredet / Joh. 4. **archen Ja-**
Vnd dieser Brunn ist zur rechten hand an der Strassen/die gen Jerusalem gehet. Bey die- **cobs Brun-**
sem Brunn ligt das Gut oder Meyerhoff/da Jacob gewonet hat/das er auch seinem Son Joseph gab/ deß Gebeine da auch begraben sind/Vnd wie der H. Hieronymus schreibet / haben
die Christen eine Kirche dahin gebawet. Vnd dieser Acker oder Erbgut Jacobs / ist ein sehr
langes vnd fruchtbares Thal / das auch Bernhart von Breitenbach schreibet / er wisse deß
gleichen kein Thal / das so groß/schön/lustig vnd fruchtbar were / als dieses. Vnd zu der lincken Hand deß Brunnen Jacobs zween Bogenschüß weit / ist ein sehr alter vnd verstörter/
grosser Fleck gantz öde/mit alten verfallenen Mawren/ die vber einen hauffen liegen/das wird
die alte Stadt Sichem gewesen sein / die ligt auff zween Bogenschuß weit von dem newen **Die zween**
Sichem/an einem gar lustigen ort/ allein das es am Wasser da mangelt. **Berge Gri-**

Nicht weit von Jacobs Brun/zu der rechten Hand/findet man einen hohen Berg/ der 2. **sim vnd He-**
Heupter hat/ welcher einer Grisim oder Garazim / vnd der ander Hebal heist. Diese zween **bal.**
Berge strecken sich nach der lenge biß gen Jericho / vnd auff dieselbigen zween Bergen haben
gestanden/ die den Segen vnd Fluch sprachen/ Deut. 17. Josu. 8. Auff dem Berge Garizim
nicht weit von Sichem zeiget man noch verfallene Mawren des alten Tempels Jouis O-
lympiaci, welchen Sanaballath der Samaritische Fürste gebawet / vnd seiner Tochterman/
den verlauffenen Priester Manassen/ daselbst zum Hohenpriester gemacht hat / zu den zeiten
deß Königs Alexandri Magni / der ihn solches erleubet / wie Josephus von den alten Geschlechten der Jüden/im 11. Buche anzeiget. Diesen Tempel hat Johannes Hircanus(deß
am ende deß ersten Buch der Maccabeer gedacht wird / da er des Hohenpriesters Simonis
Son gewesen sey) zu grunde verstöret/ als es zwey hundert Jar gestanden/ vnd groß Abgötterey darin getrieben war. Von diesem Tempel wird vielleicht das Samaritische Weiblein
geredet haben/als sie zum HErrn Christo sprach : Vnsere Väter haben auff diesem Berge
angebettet/ vnd ihr sprechet/zu Jerusalem sey die stedte / da man anbeten solle / Johan. 4.

Caesarea.

Die Stadt Caesarea Philippi/ligt von Jerusalem 26. meilen/ gegen Norden/ vnd hat den namen vom Römischen Keyser / vnd Philippo dem Vierfürsten / der sie zu Ehren deß Keysers Tyberii gebawet/vorhin aber hat sie Lesem geheissen/ Jos. 19. Vnd den namen gehabt von einem köstlichen edlen Stein Lyncurius genant / den auch der Hohepriester Iaros in seinem Amptschilelm auff seiner Brust getragen hat (Exod. 28. Aber im
Buch der Richter im 18.Capittel/ wird diese Stadt genent Lais/das heist ein Lew/oder ein Lö-
wenstadt. Die Kinder Dan haben diese Stadt mit Fewr verbrand/ vnnd die Einwoner daraus vertrieben/vnd haben sie darnach wider gebawet / vnnd darin gewonet / vnd sie nach ihres
Vaters namen Dan genent/ Judic.18. Der Prophet Jesaia im 10. Cap. nennet sie Laisa / das
heist ein Leuin. Hernach ist sie von den Griechen Paneas genent worden. Sie ligt nicht weit
vom Berge Libano/da der Jordan entspringet / denn die zween Wasserquellen Jor vnd Dan/
daraus der Jordan entspringet vnd auch seinen namen dauon hat/ kommen bey dieser Stadt
zusammen.Vnd ob wol diese Stadt erstlich Lesem/ darnach Lais/ vnd zum dritten Dan vnd
zu deß HErrn Christi zeiten Caesarea Philippi/ vnd von den Griechen Paneas ist genent wer-
den/: sind doch solche Namen zu vnser zeit nicht mehr im gebrauch/sondern sie heist jetzt Belli-
nas/ wie Raphael Volaterranus schreibet. Euse-

16   Reisen des Herrn Jesu Christi.

Eusebius/ Sozomenus vnd Nicephorus schreiben in den Kirchen Historien / das die Fraw die 12. Jahr den Blutgang gehabt/durch das gleubige angreiffen/ an den Saum des HErrn Christi/war gesund worden/ habe für jrem Hause in der Stadt Cæsarea Philippi, dem HErren Christo zu ehren eine Seule auffrichten lassen/ darauff des HErrn Christi Bildnis/ von Ertz sehr schön vnd hübsch gemacht/vnd der Frawen Bildnis jm zu den Füssen gelegen/ vnd von hinden zu an den Saum seines Kleides gegriffen. Die Bildnis das zum gedechtnis der Wolthat vnd des Wunderwercks vnsers HErrn Jesu Christi war auffgerichtet / hat vber drey hundert Jahr gestanden/ vnd sind oben auff der Seulen Kreuter gewachsen/ wenn die an den Saum des Bildes deß HErrn Christi gerüret/ haben sie die krafft gehabt / das sie allerley Seuchen vnd Kranckheiten heilen konden/vnd kein Artzt kont vrsach derselbigen anzeigen. Wenn sie aber nicht so hoch gewachsen waren / das sie an den Saum des Bildes des HErrn Christi rüreten/so hatten sie die krafft nicht. Der Gottlose abtrünnige Keyser Julianus Apostata/hat das Bildnis deß HErrn Christi herab werffen lassen/vnd seines an die stedte gesetzet/ aber der Donner schlug vom Himmel herab/ deß abtrünnigen Keysers Bildnis entzwey. Diß alles ist geschehen in der Stadt Cæsarea Philippi.

Dieweil aber Mattheus der Zölner eben in der Stadt gewonet hat/darin der HErr Christus der Frawen, die zwölff Jahr lang den Blutgang gehabt/ zu jhrer gesundtheit wider geholffen/vnd des Jairi Töchterlein vom Todt erwecket / wie aus den Evangelisten offenbar/ so wil darauß folgen/ das der Evangelist Mattheus in dieser Stadt Cæsarea Philippi vom HErren Christo beruffen sey. In der Grentze dieser Stadt Cæsarea Philippi / hat auch der HErr Christus seine Jünger gefraget: Was sagen doch die Leute von des Menschen Sohn/ Wer er sey? Matth. 16. Vnd wie Josephus schreibet/ von den alten Geschichten der Jüden/ im 20 Buche vnd 16. Capitel/ hat König Agrippa die Stadt Cæsaream Philippi mit Gebewen erweitert/vnd sie dem Keyser Neroni zu ehren/ Neroniam genent / Sie hat aber solchen Namen nicht lange behalten.

Eine schöne Geistliche Bedeutung.

Gleich wie das Weiblein/ das 12. Jar lang den Blutgang gehabt / dem HErrn Christo eine Seule mit seinem vnd jhrem Bilde hat auffrichten lassen / So sollen wir auch dem HErrn Christo Geistliche Seulen/das ist/ Schulen auffrichten/denn die Schulen sind die rechten Seulen der Kirchen / darauff wachsen euch zarte Blümlein vnd Kreuter das sind die Schülerchen/wenn die so hoch wachsen/ das sie den Saum Christi anrüren/ das ist/ Gottes Krafft fühlen/ So heilen sie allerley Geistliche Seuchen vnd Kranckheiten.

Reisen vnsers HErrn Jesu Christi/ von den andern Ostern seines Predigampts an/ bis an die dritten Ostern.

Als der HErr Christus zu Jerusalem / bey dem Teich Bethesda/ einen Menschen der 38. Jar war kranck gelegen/gesund gemacht / darüber jm die Jüden in den Ostern sehr hefftig zugesetzt/Joh. 5. Ist er von Jerusalem entwichen vnd auff einen Aftersabbat durch die Stadt/vnd durchs getreide gegangen/Luc. 6. Vnd vber 5. meilen in Herodis Gebiete/jenseid des Jordans/ins Land Perea›n kommen/ vnd hat da auff einem Sabbath eine verdorrete Hand gehielet/ Matth. 12. Mar. 2. Luc. 6.

2. Vnd als jhn die Phariseer vnd Herodis Diener darüber sehr hefftig nachstelleten/ ist er wider aus dem Lande Perea/an das Galileische Meer vber zehen meilen gekommen/ Da muste in seine Jünger auff dem Galileischen Meer ein Schifflein halten/vns des Volck zu fliehen das sie jn nicht drungen/ Denn es vberfielen jn viel Krancken/das sie jhn anrüren möchten/vn alle/die jn anrüreten/wurden gesund. Er trieb auch die Teuffel aus mit worten/die furen aus vielen/ schrien/vnd sprachen/Du bist Gottes Sohn/Mar. 3. Er ist auch daselbst bey den Galileischen Meer nit weit von der Stad Capernaum/auff einen berge gestiegt/vnd hat daselbst die gantze Nacht vber gebetet/vnd des Morgens aus seinen Jüngern 12. Apostel erwelet. Vnd als er mit denselbigen vom Berge herab gangen/vnd auff einen platz im Feld getreten/ist das
                                                                                                        kranck

Reisen vnsers HErrn Jesu Christi. 17

krancke Volck abermals mit hauffen zugelauffen/ vnd hat jn anrüren wollen. Vnd vmb deß gedrenges willen ist er wider auff den Berg gestiegen/ vnd eine lange Predigt gethan. Matth. 5.6.7. Luc. 6. Denn das/ die selbige einerley Predigt sey/ ist daraus offenbar/weil der anfang/ mittel vnd ende solcher Predigt/ in allen stücken sein vberein stimmen. Vnd als die Predigt vollendet gewesen/ vnnd der HErr Christus von dem Berge herab gegangen/ hat er einen Aussetzigen gereiniget/ vnd ist darnach in die Stadt Capernaum gegangen/ vnd deß Heupt-mans Knecht gesund gemachet/ Matth. 8. Luc. 7.

3. Darnach ist der HErr Christus wider aus der Stadt Capernaum gegangen/ vnd hat sich nicht weit von Bethsaida vnd Capernaum/ in wüste örter enthalten/vnd da vleissig gebet-tet. Das Volck aber ist zusamen gelauffen von allen enden/ das sie jhn höreten/ vnd durch jn gesund würde von jhren Kranckheiten/ Marc. 1. Luc. 5.

4. Von Capernaum gen Naim/sind 4. meilen/ da hat der HErr Christus für der Stadt Thor der Widwen Sohn vom Todte erwecket/ Luc. 7.

5. Darnach ist der HErr Christus wider gen Capernaum kommen/vnd hat da von einem Besessenen/der blind vnd stum war/einen Teuffel ausgetrieben/ Matth. 12. Marc. 4. Luc. 11. Vnd ist darnach aus der Stadt gegangen/ vnd hat da kurtz vor der Stadt in einem Schiffe auff dem Galileischen Meer/viel schöner Gleichnis geprediget/vnd seinen Jüngern im Hauß-se die Gleichnissen außgelegt/ Matth. 12. Marc. 4. Luc. 8.

6. Am Abend ist der HErr Christus von Capernaum anderthalbe meile vber das Galli-leische Meer gefahren/ in das Land der Gadarener vnd Gerßener/vnd vnterwegs hat er Wind vnd Meer bedrawet/ das es gantz stille geworden ist/ Matth. 8. Marc. 4. Luc. 9. Vnd als er aus dem Schiff auffs Land gestiegen/ sind jm entgegen gelauffen zween Besessene/ die sehr grimmig gewesen/also/ das niemand dieselbe Strassen hat wandern können. Vnd einer von jhnen ist mit einer Legion/ das ist/ mehr als mit 6000. Teuffeln besessen gewesen/ die hat der HErr Christus außgetrieben/vnd jnen erleubet in die Sew zufahren/ von dem Gesetz Gottes zur schmacheit daselbst geweidet wurden. Die Sew aber/ deren denn zwey tausend gewesen/ haben sich so bald die Teuffel in sie gefahren/ in den See hinein gestürtzet/ vnd sich darin er-seufftet/ Matth. 8. Marc. 5. Luc. 8.

7. Als der HErr Christus von Gadarenern gebeten worden/ das er aus jrer Gegend wei-chen wolte/ist er wider ins Schiff getreten/ vnd hinüber anderthalb meilen gefahren/ vnd ins Land Genesareth kommen/ da hat sich bey der Stadt Capernaum viel Volcks zu jm ver sam-let/Marc. 5. Luc. 8.

8. Vber etliche tage ist er wider in seine Stadt Capernaum gegangen/ welchs die Heupt-stadt gewesen ist im Lande Genesareth/da er hat pflegen zu wonen/da hat er einen Gichtbrüch-tigen gesund gemachet/der von vieren auff einem Bette zu jm ist getragen worden/ vnd durch die Ziegel vom Dach herab für jm ist wider gelassen worden/ Matth. 9. Marc. 2. Luc. 5. Vnd als der HErr Christus solchs gethan/ ist er wider aus der Stadt Capernaum/an das Galile-ische Meer gegangen/vnd alles Volck ist zu jhm gekommen/Marc. 2.

9. Von Capernaum gen Cæsarea Philippi/ sind 12. meilen/ da hat Mattheus in seinem Hause ein groß Mahl zugerichtet/ vnd den HErrn Christum neben vielen Zöllnern zu Gaste gebeten/ vnd als der HErr Christus in Matthei Hause/ mit den Pharisæern vnd Johannis Jüngern disputiert/ da ist ein Oberster der Schulen/ mit namen Jairus/gekoffen/vnd nider zu seinen Füssen gefallen/ vnd jn gebeten/das er wolte komen/vnd seine Tochter/die in den letz-ten zügen lag / gesund machen. Der HErr Christus ist auffgestanden/vnd mit jhm hin gegan-gen. Vnterwegn ist ein Fraw zu jhm getreten/die 12. Jahr den Blutgang gehabt/ vnd an dem Saum des HErrn Christi gegriffen/vnd also bald gesund worden. Das solches in der Stad Cæsarea Philippi geschehen sey/ habe ich kurtz zuuor beweiset vnd angezeiget/ wie die Fraw zur gedechtnis der Wolthat vnnd Wunderwerck s/das an jhr geschehen/ dem HErrn Christ-sto zu ehren für jr Hauß eine Seule hat auffrichten lassen/mit seinem vnd jrem Bilde/ wie ich in der Beschreibung der Stadt Cæsarea Philippi/ vorhin dauon weitleufftiger geschrieben habe.Vnd das ich wider auff die Euangelische Historiam komme/ ist der HERR Christus/ als er die Fraw/ die zwölff Jahr den Blutgang gehabt/wider gesund gemacht/ als bald nach deß Jairi Hause gegangen/ vnnd desselbigen Töchterlein/ das mitler weile gestorben war /

vom

Reisen vnsers HErrn Jesu Christi.

vom Todt erwecken/Matth.9.Marc.5.Luc.8. Vnd als er wider aus des Obersten Hause gegangen/haben jm zween Blinden nachgeschryen/die er auch wider sehend gemacht/vnd bald darnach einen Teuffel außgetrieben/Matth.10.

10. Von Cæsarea Philippi/ist der HErr Christus gen Nazareth in sein Vaterland gegangen/2.meilen. Da ward er von seinem Landsleuten verachtet/vnd thet nicht viel Zeichen daselbst vmb jhres vnglaubens willen/ohne an wenig Siechen legete er die Hende auff vnd heilet sie/Marc 6.

11. Darnach ist der HErr Christus vmbher gegangen in die Flecken im Kreise vnnd in alle Stedte vnd Merckte/vnnd in jhren Schulen lehret vnd prediget er das Euangelium vom Reich/vnd heilet aller Seuchen vnd Kranckheiten im Volcke.Vnd da er das Volck gesehen/ hat es jhm desselbigen gejammert/den sie waren verschmachtet vnd zerstrewet/wie die Schafe die keinen Hirten haben/Darumb seine zwölff Apostel zu sich geruffen/vnd sie außgesandt zu predigen/je zween vnd zween/Matth. 9. 10. Marc. 6. Vnd da solche Gebot zu seinen 12. Jüngern vollendet/ist er dauon fürbaß gegangen zu lehren vnd zu predigen in jhren Schulen. Zu derselbigen zeit hat Johannes der Teuffer aus dem gefengnis seine Jünger zum HERRN Christo gesand/Matth. 11. Darumb hat der HErr Christus grosse Wunderzeichen gethan/ vnd von Johanne dem Teuffer sehr schön vnd herrlich geprediget/vnd in derselben seiner Predigt die vndanckbarkeit der Welt/insonderheit der Städte Capernaum/Chorazin vnd Bethsaida/sehr hart gestrafft/Matth. 11.

12. In dem das der HErr Christus also hin vnd wider gereiset vnd Visitation gehalten im gantzen Galileischen Lande/lest es sich ansehen/das er in der Stadt Magdala/am Galileischen Meer gelegen/gekommen sey/ vnd daselbst der armen Sünderin Marien Magdalenen/die seine Füsse mit Threnen genetzet/vnd mit den Haren jres Heupts getrocknet/jre Sünde vergeben habe/Luc.7.

13. Vnd wie Lucas im 8. Capittel vermeldet/ist der HErr Christus darnach durch viel Stäbt vnd Märckte gereiset/vnd sind jhm etliche Weiber gefolget/die er hatte gesundt gemacht von bösen Geistern/vnd von Kranckheiten/nemlich/Maria Magdalena/von welcher waren sieben Teuffel außgefaren/vnd Johanna das Weib Chusa/des Pflegers Herodis/ vnd Susanna vnd viel andere/die jm Handreichung haben gethan von jhrer Habe. Solches ist geschehen am ende des andern Jars deß Predigamtpts vnsers HErrn Jesu Christi.

Anfang deß zwey vnd dreissigsten Jahrs des Alters vnsers HErrn Jesu Christi.

JM anfang des dritten Jahrs deß Predigamtpts vnsers HErrn Jesu Christi/ist Johannes der Teuffer im Gefengnis enthauptet worden. Als solches der HErr Christus gehöret/ist er am Galileischen Meer zwischen den Städten Tyberias vnd Bethsaida in ein Schiff gegangen/vnd mit seinen Jüngern zwo meilen an das Galileische Meer/in eine Wüsten gefahren/da er 5000. Mann mit fünff Broten/vnd zween Fischen gespeiset/Solches ist geschehen kurtz für den dritten Ostern/Joh. 6.

15. Am Abend trieb der HErr Christus seine Jünger von sich(das sie in ein Schiff stiegen vnd für jm hinüber führen gen Bethsaida. Vnd als sie die Nacht kaum 3. vierteil einer meilen rudern kundten (so hefftig war jhnen der Wind vnd das vngestüme Meer entgegen) ist jnen der HErr Christus vmb die vierde Nachtwache gefolget/vnnd hat 25. oder 30. Stadia/ das ist schier eine Deutsche meilen/auff dem vngestümen Meer gegangen/Joh. 6. Vnd als Petrus auff des HErrn Christi wort vnd befehl auch aus dem Schiffe gestiegen/vnnd auff dem Meer gegangen/Matth. 14. das er zum HErrn Christo kame/Aber für einen starcken Wind erschrack vnd anfieng zu sincken/ergrieff in der HErr Christus bey der Hand/vnd sprach:O du Kleingleubiger/warumb zweiffelstu? Vnd trat zu seinen Jüngern ins Schiff/ vnd also bald war das Schiff am Lande/vnd kamen in das Land Genesareth/bey der Stadt Capernaum/vnd als der HErr Christus daselbst viel Krancken gesund gemacht hatte/ist er in die Stadt Capernaum gegangen/da hat er vom Volck/das jhm zu Schiffe gefolget war/ vnd sich sehr verwundert/wie er vber das Meer kommen were/eine lange Predigt gethan/ Joh. 6.

16. Dar

Jesu Christi 19

16. Darnach ist der HErr Christus vber 14. meilen gen Jerusalem zum Oster fest gezogen.

Summa dieser Reisen deß HErrn Christi/von den andern Ostern an zu rechnen/biß auff die dritte Ostern/sind 64. meilen/außgenommen / die viel mannichfaltigen Reisen / der die Euangelisten ingemein wol hin gedencken / aber für der menge nicht alle haben beschreiben können.

Folget nun die beschreibung der Lender vnd Stedte.

Peraea.

Eræa ist das Land jenseid deß Jordans/da die Stemme/ Gad vnd Ruben / gewohnet haben/dasselbige Land/ob es wol nicht in Galilea gelegen/so hat es doch gleichwol vnter Herodis Gebiete gehöret/vnd Johannes der Teuffer ist da auff dem Schloß Macherunth enthcupttet worden.

Galileische Meer.

Das Galileische Meer/ist von Jerusalem 12. meilen/ gegen Norden / vnd hat in seinem Vfer die gestalt einer ligenden Harffen/Denn oben breitet es sich weit auß / vnd vnten leufft es spitz zu/darumb wird es auch im 4. Buch Mose/im 34. Capittel / das Meer Cinereth/auff Deutsch/das Harffen Meer genant / denn Kinor heist ein Harpffe. Sonst wird es mit seinem rechten gewönlichen Namen / gemeinlich das Galileische Meer genent/ darumb/das es im Galileischen Land gelegen. Es wird auch wol die See Genesareth genent von dem Lande Genesareth/das gegen Norden daran stösset/ vnd sehr lustig vnd fruchtbar ist/ wie bald hernach folgen wird. Vnterweilen heist es auch wol das Meer Tyberias/ von der Stadt Tyberias/die auch an diesem Meer ligt.

Es ist aber diß Galileische Meer 3. meilen lang / vnd 1. meil breit / vnd der Jordan fleust mitten dadurch/vnd da er von Nordenwerts erst darin kömpt / ligt auff einer seiten die Stadt Chorazin/vnd auff der ander seiten die Stadt Capernaum / Vnd wie Josephus schreibet/ist das wasser im Galileischen Meer sehr lustig/süsse vnd wolschmeckend / vnd darzu sehr fruchtbar/vnd hat viel Fische gehabt/darumb auch viel Fischer an diesem Meer gewonet / vnd sich des Fischens ernehret haben. Es haben auch viel schöner Städte an diesem Meer gelegen/ als nemlich/gegen der Sonnen Nidergang / Capernaum / Bethsaida / Magdala/Tyberias/ vnd Tariche. Vnd gegen der Sonnen Auffgang/haben an diesem Meer gelegen die Stedte Chorazin/ Julia vnd Gadara/wie denn solchs in der Taffel deß heiligen Landes augenscheinlich gesehen wird. An diesem Meer hat Petrus/auff deß HErrn Christi befehl/einen Stater/ das ist/einen halben Thaler/auß des Fisches Munde gezogen/Matth. 17. Der HErr Christus hat auff diesem Meer/als er von seinen Jüngern vom schlaff erweckt ward/Wind vnd Meer bedrewet/vnd gestillet/Matth. 8. Marc. 4. Vnd die Jünger / wenn sie auff diesem Meer ihre Netze auff deß HErrn Christi Wort vnd befehl außgeworffen / haben sie vber die massen sehr grosse Fischzüge gethan/Luc. 4. Joh. 21. Der Sohn GOttes hat auff diesem Meer gegangen/schier 1. Deutsche meilen/denn so viel machen bey nahe 30. Stadia oder Feldwegs / Joh. 6. Vnd ist doch das Meer zu der zeit sehr vngestüm gewesen/Matth. 14.

Galileische Meer.

Jn viertel einer meilen von der Stadt Capernaum/ist bey dem Galileischen Meer ein sehr hoher Berg da viel langs Graß auffwechset. Auff diesem Berg weiset man noch heutiges tags einen Stein/wie Bernhard von Breittenbach schreibt/ darauff der HErr Christus hat pflegen auff zu sitzen/wenn er prediget/ wie die Einwoner deß H. Landes fürgeben. Item/man weiset auch daselbst die Gesesse der 12. Apostel. Vnd ist dieser Berg sehr hoch das man das gantze Galileische Meer / vnd die Länder/ Jturæam vnd Traconitidem/ Item/ die Berge Libanum/ Sanir vnd Hermon/vnd die Stemme Naphthalim vnd Zebulon / darauff sehn kan. Der HErr Christus ist etlich mal auff diesen Berg gestiegen/ vnd insonderheit hat er da ein lange Predigt gethan/Matth. 5. Vnd da er vom Berg herab gangen/einen Aussetzigen gesund gemachet/Matth. 8. Von diesem Berge bey 30. schritten/entspringet ein lebendiges

Reisen deß Herrn

diser Brunn mit einer Mawr vmbgeben/dauon sagt man / das es sey ein Aberauß dem Nilo/ Dieweil etliche Fische darin wachsen/die sonst nirgend denn im Nilo gefunden werden. Dieser Brunn ist nicht weit vom Galileischen Meer/vnd Josephus nennet diesen Brunn Capharnaum/denn er ligt nicht weit von der Stadt Capernaum/vnd das gantze feld von diesem Brunn biß an die Stadt Capernaum/vnnd vmb die Stadt her / wird alles Capernaum genennet. Zwantzig schritt von diesem Brunn / weisen die Einwoner diß heiligen Landes noch heutiges tags am Galileischen Meer den ort / da sich der HErr Christus nach seiner frölichen Aufferstehung seinen Jüngern offenbaret/vnd gefragt/Ob sie zu essen hetten/Joh. 21. Vnd von danen 10. schritt ist der Ort/da die Jünger auß dem Schiff giengen/vnd sahen ein glutt kolen/vñ Fische darauff/vnd Brot/Joh. 21.

Naim/heist Lustig vnd Lieblich.

Naim ein Bild dieser Welt/Au.7.

DIe Stadt Naim da der HErr Christus der Widtwen Sohn vom tode erwecket/ligt von Jerusalem 12. meilen/gegen Norden/Vnd ist ein Bilde dieser Welt / die ist auch wol lustig vnnd frölich / vnd die Weltkinder leben darin in allen frewden / derwegen möcht die Welt auch wol Naim heissen/das ist/Lustig vnd lieblich / Aber der bitter todt fertzt(leider) alles vmb. Denn man sihet(leider) teglich/ein schrecklich Spectackel in dieser welt/ wie einer nach dem andern hinauß getragen/vnd in die Erden beschartet wird / vnd also teglich viel armer Widwen vnd Waysen werden: Dagegen haben wir einen edlen Trost/das wir vnsere hoffnung auff den Hertzogen deß Lebens/vnsern HErrn Jesum Christum setzen/der kan allein deß bittern Todtes Procession begegnen/vnd jm in Todenbar greiffen/vnd alle Trawrigkeit in Frewde/vnd den Todt ins Leben verwandeln.

Vnser Sarck ist ein Kaste deß todtes/der HErr Christus dagegen ist ein Kaste deß Lebens/ vnd die rechte Arca des Verbundes/vnd der Gnadenthron Gottes/darauff die gülden Cherubin/die lieben Engel stehen. Vnd es ist zwar sehr mercklich/das die Priester des Alten Testaments dieselbe Laden GOttes haben müssen auff jhren schuldern tragen / gleich wie man ein Leich zum Grabe tregt/Denn dadurch ist bedeutet werden / das die geistliche Lade vnnd Gnadenthron Gottes/vnser lieber HErr Christus / vnsere todes procession geheiliget / das vnser Sarck nicht mehr ein Kaste des tods / sondern ein fein Ruhebetlein vnnd Schlaffkemmerlein sein sol/darauff Gott sein gnediges Angesicht gewendet / vnd vns wider aufferwecken wird zum ewigen Leben.

Das ich aber wider auff die Stadt Naim komme/ist hie weiter zu mercken/das sie im Samaritischen Lande/vnd im Stam Isaschar/an einer sehr schönen vnd lustigen gegend gelegen hat derwegen es auch kein wunder ist / das sie ein. lustigen / lieblichen vnd frölichen Namen bekommen/Denn eine halbe meil von Naim / gegen der Sonnen Auffgang / ligt der Berg Thabor/wie der H. Hieronymus schreibet / welcher denn ein sehr lustiger Berg gewesen/wie an seinem ort weitleufftiger dauon sol gehandelt werden. Vnd gegen Mittag / kurtz vor der Stadt Naim/ligt der lustige Berg Hermon/der 4. meilen lang ist/Dieser zween Berge/Thabor vnd Hermon/wird auch gedacht im 89. Psalm/da also geschrieben stehet : Thabor vnnd Hermon jauchtzen/in deinem Namen/das ist/Sie grünen/ vnd sind vber die massen sehr lustig Bey diesen schönen lustigen Bergen hat die Stadt Naim gelegen / vnd ein halbe meilen von der Stadt Naim/gegen Occident / ligt die Stadt Sunem / da vor zeiten der Prophet Elisa seiner Wirtin Sohn vom Todt erwecket hat/2. König. 4. Die Stadt Naim stehet noch heutiges tags/vnd hat vorzeiten im Stam Isaschar gelegen.

Gadara/heist ein Festung.

DIe Stadt Gadara/wird auch sonsten Gerasa oder Gergesa genent / vnd wie es sich anhehen lest/hat sie den namen von Girgosi Canaans Sohn/Gen. 10. Der H. Hieronymus schreibet/Gadara sey noch zu seiner zeit ein herrliche Stadt gewesen / vnd hat gelegen jenseid deß Jordans/im Lande Gilead/auff einem hohen Berge / am Vfer des Galiläischen Meers. Sie stehet auch noch heutiges tags vnd ligt von Jerusalem 12. meilen/gegen Nordosten.

Strabo im 16. Buch siner Geographia schreibet / bey der Stadt Gadara sey ein See/ die habe gifftig wasser/vnd wenn das Vieh darauß trincket / so gehen jhnen die haar auß/vnd die Hörner fallen jhnen vom Kopffe/vnd die Klawen von den füssen. Vnd wie es etliche gelehrte Leute dafür halten/soll in sich die zwey tausent Sew/darin die Teuffel gefahren waren/die der

HErr

Jesu Christi.   21

HErr Christus von den besessenen Menschen außgetrieben hatte / in diesen gifftigen See gestürtzet haben/Matth. 8. Marc. 5. Luc. 8. Die Stadt Gadara/hat vorzeiten im halben Stam̃ Manasse/jenseid des Jordans gelegen.

Genesareth/Fürstengarte.

Genesareth/ist eine Landschafft in Galilea / die gegen Nordenwerts an des Galileische Meer stösset/davon er auch der See Genesareth genent wird / Luc 5. vnd diese Landschafft ist vber die massen sehr lustig vnd fruchtbar gewesen / wie ein Lustgarten eines Fürsten. denn man da viel Pomerantzen / Palmen / Olebeume vnd Weingarten/ vnd andere schöne gewechs gefunden/darumb hat diß Land auch/(nicht vnbillich) Genesareth / das ist/ein Fürstengarte geheissen / vnd ligt von Jerusalem 14. meilen/ gegen Norden. Die fürnembsten Stedte in dieser Landschafft/sind Capernaum vnd Bethsaida geheissen / die zu vnser zeit kleine Dörffer sind/kaum 6 oder 7. Heuser haben. Des Landes Genesareth wird gedacht/ Matth. 14. Marc. 6.

Die Stedte Capernaum/Cæsarea Philippi vnd Nazareth/ sind vorhin beschrieben worden.

Bethsaida/Jegerhauß.

Je Stadt Bethsaida / hat im Stamm Isaschar am Vfer des Galileischen Meers gelegen/14. meilen von Jerusalem/gegen Norden/ Sie mag billig Bethsaida/ das ist/ ein Jegerhauß heissen/Denn auß dieser Stadt sind Fischer vnd Jeger außgegangen die die gantze Welt gejaget vnd gefischet haben / nemlich Petrus/ Andreas vnd Philippus/ Denn dieselben drey Apostel waren auß dieser Stadt bürtig/ Johan. 1. Vnd haben jre Jegernetz vnd Fischnetz aufgespannen in die Welt / vnnd viel Menschen damit gefangen/Matth. 4. Luc. 5. Vnd dieweil die Stadt Bethsaida am Galileischen Meer gelegen/das sein süß Wasser vnd viel Fische gehabt/haben sich insonderheyt Petrus vnd Andreas auch auffs Fischen begeben/vnd sich davon ernehret.

Für Christi Geburt ist Bethsaida ein Dorff gewesen/vnd es kan sein/das in der Wüsten bey dieser Stadt viel Wildes/vnd eine gute Jegerey gewesen sey / davon das Dorff den Namen bekommen/das es Bethsaida/auff Deutsch ein Jegerhauß geheissen hat. Aber Philippus/der Vierfürste in Iturea/vnnd in der gegend Trachonitis / hat auß diesem Dorff ein e schöne Stad gemacht/ die er gantz zierlich gebawet / vnnd Julianum genent hat / nach der Keyserin Julia/ die Augusti Tochter/ vnd Tyberij ehelich Gemahl gewesen. Es hat auch der Vierfürste Philippus viel Leute dahin gesand / die daselbst Häuser bawen vnnd bewohnen musten, Als aber dieses Philippi Bruder/ Herodes Antipas/auß einem Dorff / Betharanda genant/jenseid des Jordans gelegen/ auch eine Stadt bawete / die er nach derselben Keyserin Namen/auch Juliadem nennete/hat die vorige Stadt / die sein Bruder Philippus gebawet hatte/seen ersten Namen Bethsaida wider bekom̃en/ vnd also hat sie auch zu des HErrn Christi zeiten Bethsaida geheissen. Sie hat etliche lustige Wassergenge gehabt / die auß einem Bach/ den Josephus den kleinen Jordan nennet/vnd nicht weit von Capernaum ins Galileische Meer fleust/in die Stadt sind geleitet worden.

Der HErr Christus hat in dieser Stadt Bethsaida geprediget / vnd für dem thor dieser Stadt einen Blinden sehend gemacht/ Mac. 8. Vnd auch sonsten viel grosse Wunderzeichen in dieser Stadt gethan. Dieweil aber die Leute vnd Bürger daselbst sich nicht bekeren wolten vnd seine Predigt vnd Wunderzeychen verachteten/schreyete der HErr Christus Ach vnd Wehe vber diese Stadt / vnd weissagete jhren endlichen verderb vnd ewiges Verdamnis/Luc. 10. Matthei 11. Vnd solche Weissagung des HErrn Christi hat auch weitlich durchgedrungen/ denn sie ist durch den Krieg der Römer/vnd andere Feinde mehr / so gar verwüstet worden/das sie zu vnser zeit ein kleines Dörfflein ist/vnd kaum 6. Häuser mehr hat. Man sihet auch noch anzeigung der Wassergenge/ dadurch das Wasser aus dem Bach/ den Josephus den kleinen Jordan nennet/sind in die Stadt geleitet worden.

Chorazin/heist Fürstenthumb.

Je Stadt Chorazin / hat auch am Galileischen Meer gelegen / im halben Stamm Manasse/jenseid deß Jordans/gegen Capernaum vber/14. meilen von Jerusalem/gegen Norden. Vnd dieweil der HErr Christus in dieser Stadt auch viel grosser Zeichen vnd Wunder gethan / vnd die Leute sich dennoch nicht haben bekehren wollen/ trieb der
C ij   Sohn

Reisen deß Herrn

Son Gottes auch ein jämmerliche vnd schreckliche wehklage vber die Stadt/ vnd verkündigt jr Gottes Zorn/vnd die ewig verdamnis/Matth. 11. Luc. 10. Solche ernstliche straffe prediget des HErrn Christi/ist an jr erfüllet worden / Denn die Stadt Cerazin ist durch den Krieg der Römer/vnd andere Feinde mehr/so gar vmbgekehret/das sie zu vnser zeit ein Steinhauffen ist/Denn man findet da nichts/den allein viel alte Gemewer/ die vber ein hauffen ligen/vnd ist da nicht ein Hauß stehen blieben.

Magdala/ein Thurn.

Je Stadt Magdala/ligt dissen am Galileischen Meer/13. meilen von Jerusalem gegen Norden. Auß dieser Stadt ist Maria Magdalena bürtig gewesen / vnd darumb heist sie Magdalena/von der Stadt Magdala/darauß sie gewesen/ aber jr rechter Name hat Maria geheissen.

Die Stadt Magdala stehet noch heutiges Tages/vnd man weiset da Marien Magdalenen Hauß/gegen Mitternacht vnd Occident / hat diese Stadt ein groß eben Feld/vnd schöne Weide vmb sich her.

Die Landschafft/darin sie gelegen/heist Dalmanutha/das heist eine arme elende wenung/ wie es D. David Chytræus außlegt. Vnd ist ein schön bilde der H. Christlichen Kirchen / die in dieser Welt wol ein arme elende Wonung hat / vnd gleichwol ist sie eine rechte Magdala/ das ist/ein starcker fester Thurn den auch die Pforten der Hellen nicht können vberwältigen.

In den Grenzen Magdala/vnd in der gegend Dalmanutha/sind auch die Pharisäer dem HErrn Christo entgegen kommen/vnd haben in versucht / vnd zeichen von jhm begert/aber der HErr Christus hat jnen geantwortet/vnd gesprochen: Deß Abends sprechet jhr/ Es wird ein schöner Tag werden/denn der Himmel ist rot/vnd des Morgens spricht jhr / Es wird heut Vngewitter sein/denn der Himmel ist roth vnd trübe. Jr Heuchler des Himmels gestalt könnet jr vrtheilen/könnet jr nicht auch die Zeichen dieser zeit vrteilen? Diese böse Ehebrecherische Art suchet ein Zeichen/vnd sol ihr kein Zeichen gegeben werden/denn das Zeichen des Propheten Jonas/Matth. 12, 16. Marc. 8. Die Stadt Magdala hat im Stam Jsaschar gelegen.

Tyberias.

Je Stadt Tyberias ligt am Galileischen Meer/12. meilen von Jerusalem gegen Norden/Für Christi Geburt/hat sie Cinereth geheissen / wie auch das Galileische Meer/ darin sie gelegen/Cinereth/auff Deutsch / das Harpffen Meer geheissen hat/Num. 14. denn es hat an seinem Vfer die gestalt einer Harpffen. Also haben nun vor den das Meer vnd die Stadt Cinereth geheissen/aber Herodes der Vierfürst in Galilea / der Johannem den Teuffer im Gefengnis hat enthaupten lassen / ließ die Stadt vornewen / vnnd sehr schön vnd hübsch auffbawen vnd mit starcken Mawren befestigen / begabet sie auch mit grossen Freyheiten vnd gab ir einen andern namen/das sie nicht mehr Cinereth/sondern Tyberias heissen solte nach dem Keyser Tyberio. Vorhin aber / ehe der Keyser die Stadt anfieng zu bawen/war da ein vnreiner Stinckender ort / dazu mit todten Cörpern vnd Gebeinen gantz verunreiniget/darumb auch die Jüden / die sich nach dem Gesetz rein halten musten / an selben Ort nicht wonen sondten / Herodes aber hat alles mit fleiß reinigen lassen / vnd die Leute mit guten worten vnd Gaben gelocket/etlichen Armen die Heuser auff seinen vnkosten bawen lassen/Auch denen/die nicht frey waren/ die Freyheit da gegeben / etliche Reiche vom Adel sind mit gewalt genötiget vnd gezwungen worden/das sie dahin ziehen/vnd mit ihrem gantzen Geschlecht da wonen musten. Josephus Antiq. Iud. lib. 18. cap. 4. Egesip lib. 2. cap. 3.

Bey dieser Stadt Tyberias ist der HERR Christus in ein Schiff getretten/vnd vber das Meer gefahren in eine Wüsten/vnd da mit fünff Broten vnnd zweyen Fischen 5000. Mann gespeiset/Johan. 6.

Flauius Josephus von dem Krieg der Jüden im andern Buch vnd 27. Capitel/beschreibet eine wunderbare Historien/die sich zu seiner zeit/ als er ein Fürst vnd Oberster Heuptman in Galilea gewesen/in dieser Stadt Tyberias zugetragen vnd begeben hat. Nicht gar ein halbe meile von Tyberias/ligt am Galileischen Meer ein Stadt Tarichee genant/ darin Josephus seine wenung gehabt. Es hat sich aber zugetragen/das einer mit namen Chtus/die Bürger zu Tyberias verfüret/das sie von Joseph sind abgefallen. Da solches Josephus erfahren/ hat es

Jesu Christi 23

hat er die Thor an seiner Stadt Tarichee lassen zuschliessen/damit niemand erfahren möchte/ was er im Sinne hette/vnd nam darnach 230. Schiff/vnd in jedem Schiff waren nicht mehr denn 4. Knechte/damit schiffte er also eilend nach der Statt Tyberias / als er für die Statt kam/liess er die ledigen Schiffe von fernen auff dem Meer bleiben/ vnd er selbst zog nahe hinzu/das man jhn sehen möchte/vnd hatte doch nicht mehr denn nur 7. Knechte bey sich. Dieweil aber die Bürger zu Tyberias besorgeten/die 230. Schiffe / die von ferne auff dem Meer stehen geblieben/weren voll gewapneter Kriegsleute/erschracken sie sehr/ wurffen jhre Wehre von sich/vnd baten/das er der Stadt verschonen/vnd sie nicht nach jhrem verdienst / von wegen jhres vngehorsams straffen wolte / Josephus aber wolte sie nicht zu Gnaden annemen/ Es were denn/das die Obersten der Stadt zu jhm herausser giengen/Die nam er in seine schiffe/liess sie gen Tarichee führen/vnd ins Gefengnis legen.

Als jhm aber zuwissen ward/daß Citius alles Lermens vnd abfallens ein vrsach were/sante Josephus einen Diener hin/der solte jhm beyde Hände abhawen. Diß erschrack Citius vnd bat sehr kläglich vnd vleissig/das jm doch eine Hand möchte gelassen werden. Solchs liess Josephus entlich zu/doch mit dem geding/das sich gedachter Citius die eine Hand selbst abhawen solte/Also bald zog Citius von Leder/vnd hawete sich die lincke Hand selbst ab / auff das er die rechte Hand behalten möchte, Also hat Josephus mit ledigen Schiffen/ durch list vnd grosse behendigkeit/die Stadt Tyberias wider vnter seine Gewalt gebracht.

Darnach im dritten Buche vnd 16. Capitel vom Kriege der Jüden schreibet derselbige Josephus/die Stadt Tyberias habe sich Vespasiano/als er dafür kommen/ willigklich ergeben/jm die Thor geöffnet/vnd also einziehen lassen / Ja die Bürger sind jhm aus der Statt entgegen gangen/vnd haben jn mit Lobgesengen empfangen/darinnen sie jn jren Heyland vnd Gutthäter genant/vnd also in jre Stadt geleitet/Dieweil aber die Pforten vnd Strossen enge waren/derwegen das Kriegsvolck nicht bald hinein kommen kondte / hat Vespasianus befohlen/das man ein stücke von der Mawren gegen Mittag niderreissen/ vnnd also den Weg erweitern solte/welchs auch also bald geschehen. Vnd dieweil sich die Bürger so williglich ergaben/hat Vespasianus befohlen / das sein Kriegsvolck in der Stadt nichts nemen oder rauben solte. Die Stadt Tyberias stehet noch heutigs tages / vnnd wie Bernhard von Breitenbach schreibt/ligt sie in der lenge am Galileischen Meer / vnd man findet da viel alter Gebew/ vnd etliche natürliche heilsame Bäder/gegen Mittag. Da wachsen auch Palmen vnd Oelbeume vnd ist vmb die Stadt her gar ein fruchtbar Land an Wein vnd Korn. Vorzeiten hat die Stadt vnd das gantze Land vmb Tiberias her/zu dem Stam Isaschar gehöret.

Reisen vnsers HErrn Jesu Christi/von den dritten Ostern seines Predigampts anzurechnen/biß auff die vierdten Ostern.

VOn Jerusalem ist der HErr Christus vber 40. meilen wider in Galileam gezogen/ denn er wolte nicht in Judeam vmbher ziehen / darumb / das jhm die Jüden nach dem Leben stelleten/Johan. 7.

2. Als der HErr Christus die Phariseer vnd Schrifftgelerten/die jn von Jerusalem waren nachgefolget/vmb jre Menschen satzung willen straffete/darumb das sie jhm nachgestellet hatten/ist der HErr Christus entwichen biß in die gegend Tyri vnd Sidon / vber 14. meilen/ Matth. 15. vnd ist da in ein Hauß gegangen/Marc. 7.

3 Vnd da er wider außgangen/aus den Grentzen Tyri vnd Sidon/hat jm ein Cananeische Frawe nachgeschryen:Ach HErr/erbarm dich meiner / meine Tochter wird vbel vom Teufel geplaget.Vnd dieweil sich dasselbige Weiblein nicht wolte abweisen lassen / sondern jmer anhielt/vnd sich so sehr demütigte/das sie gerne wolte ein Hündlein sein / wenn sie nur der Brosamen möchte teilhafftig werden/die von der Kinder Gottes Tische fielen/ Hat sich der HErr Christus deß armen Weibleins erbarmet/vnd jrer Tochter geholffen.Ist darnach vber 16. meilen auß der Grentzen Tyri vnd Sidon/biß in die Grentze der 10. Stedte / vber den Jordan gezogen/vnd hat da einer. Menschen gesund gemacht/der taub vnd stum war.Solches ist geschehen nicht

C iij

Reisen deß HErrn

hen/nicht weit vom Galileischen Meer/Marc. 7. Darnach ist der HERR Christus bey dem Galileischen Meer auff einen Berg gestiegen/da wurden viel Lamen/Blinden / Krüppel vnd Stummen zu jhm gebracht/vnd sie sind alle gesund gemacht/hat auch mit 7. Brot vnd wenig Fischen/4000. Man gespeiset/Matth. 15. Marc. 8.

4. Vnd als solchs geschehen/ist er anderthalb meilen vber das Galileische Meer gefahren vnd in die Grenne Magdala/vnd in die gegend Dalmanutha gekommen/Matth. 15. Marc. 8. Vnd da jhm die Phariseer daselbst entgegen giengen/vnd jn versuchten/hat er zu jnen gesprochen: Deß Abends sprecht ihr/Es wird ein schöner Tag werden / denn der Himmel ist roth/ Vnd des morgens sprecht jhr/Es wird heut Vngewitter sein / denn der Himmel ist roth vnd trübe. Jr Heuchler/des Himmels gestalt könnet jhr vrtheilen/könnet jhr denn nicht auch die Zeichen dieser zeit vrtheilen? Diese böse vnd Ehebrecherische art sucht ein Zeichen / vnnd soll jhr kein Zeichen gegeben werden/Denn das Zeichen des Propheten Jonas / vnd er ließ sie/vnd gieng davon/Matth. 15.

5. Vnd trat widerumb ins Schiff/vnd fuhr von Magdala biß gen Bethsaida./ ein meil. Vnd vnterwegs warnet er seine Jünger auff dem Meer / das sie sich hüten solten für dem Sawerteige der Pharisäer vnd Saduceer. Vnd als er gen Bethsaida kam / machte er einen Blinden sehend/Marc. 8.

6. Von Bethsaida biß in die Märckte der Stadt Cæsarea Philippi/sind 12. meilen. Auff dem wege hat er seine Jünger gefraget/Wer sagen doch die Leute / das deß Menschen Sohn sey? Da hat Petrus von aller Jünger wegen/die herrliche Bekentnis gethan / Du bist Christus/der Sohn deß lebendigen Gottes/Matth. 16.

7. Auß den grentzen der Stadt Cæsarea Philippi / ist der HErr Christus nach dem Berg Thabor gegangen 12. meilen vnd hat sich auff demselbigen Berge für seinen dreyen Jüngern Petro/Jacobo/vnd Johanne verkleret / vnd Moses vnnd Elias sind jhm daselbst erschienen/ vnd haben mit jm geredt. Vnd als er von dem Berge wider herab gieng / hat er seinen Jüngern verboten/das sie diese Geschichte niemand sagen solten / biß das er wider aufferstanden were von den Todten. Hat auch daruchen angezeiget / Johannes der Teuffer were der Elias/ davon der Prophet Malachias im letzten Capitel geweissaget. Vnd als der HErr Christus wider zu seinen Jüngern vnd zu dem Volck kommen / das vnten am Berge seiner wartet/ hat er einen Teuffel vnnd Sprachlosen Geist auß einem Monsüchtigen Knaben getrieben/ Matth. 17. Marc. 9. Luc. 9.

8. Von dem Berge Thabar gen Capernaum/sind dritthalbe meilen / Auff dem wege hat der HErr Christus seinen Jüngern verkündiget/Das vorhanden were / das deß Menschen Sohn muß vberantwortet werden in der Menschen Hende/vnd sie jhn tödten werden/ Er aber wird am dritten Tage wider aufferstehen. Jtem/ auff demselbigen wege haben seine Jünger auch mit einander gehandelt/welcher vnter jhnen der Grösseste were/Marc. 9. Vnd als der HErr Christus gen Capernaum kommen/hat er Petrum aus Meer geschickt/der muste einen Fisch fangen/vnd einen Stater auß seinem münde ziehen / vnnd denselbigen zu zollen geben/ Matth. 17. So hat auch der HErr Christus in derselben Stadt Capernaum seine Jünger von wegen jrer Hoffart gestraffet/vnd ein schön lange Predigt gethan / von vergebung der Sünden/vnd die Gleichniß erzehlet vom Schalcksknecht / der seinem Mitknechte nicht wolte vergeben/Matth. 18. Marc. 9. Luc. 9.

9. Darnach hat der HErr Christus sein Angesichte gewendet gen Jerusalem/auff das er gemelich gen Jerusalem keme/das Lauberhütten Fest daselbst zu halten/Joh. 7. Vnd ist also vber dritthalb meilen an die Grentze des Lands Samaria gekommen/ Luc. 9.

10. Dieweil aber die Samariter den HErrn Christum nicht heybergen wolten / da er solches durch seine Jünger an sie begerete/ist er wider zu rücke in Galileam gewichen / vnnd hat jhm fürgenommen/das gantze H. Land/für seinem letzten abscheid auß diesem leben / zu guter letzte noch einmal zu visitiren vnd besuchen/schicket derwegen 70. Jünger für jm her/ ja zween vnd zween/das sie jm den Weg bereiten solten/Luc. 10.

Solchs ist geschehen zur zeit der andern erndte. Darumb spricht der HErr Christus/Die Erndte ist groß/aber wenig sind der Erbeiter/Bittet den HErrn der Erndte/ dz er Erbeiter in seine Erndte sende/Luc. 10. Diese figürliche rede nimpt der HErr Christus eben von der zeit/

darin

Jesu Christi. 25

Darin er 70. Jünger außgesendet/denn solchs ist geschehen im Augstmonden/im anfange der andern Erndte/die für der Lauberhütten Feste hergieng/wie das dritte Buch Mosis bezeuget im 23. Capittel/da also geschrieben stehet: Jhr solt am 15. Tag deß siebenden Monden/wenn jr das Einkommen vom Lande eingebracht habt/das Fest der Lauberhütten halten 7. Tag lang.

11. Mitler weile/da die 70. Jünger dem HERRN Christo den Weg bereiteten / hat der HErr Christus Visitation gehalten in Galilea/die Reisen aber / die er damals gethan/haben die Euangelisten/von wegen der grossen menge/nicht alle beschreiben können / doch haben sich in derselben Visitation jhrer drey nach einander erboten / dem HErrn Christo nachzufolgen/ Luc. 9.

12. Darnach kurtz für der Lauberhütten Fest / sprechen seine Brüder zu jhm / mache dich auff von dannen/vnd gehe in Judæam/Jesus antwortet jhnen/ Gehet jr hinauß auff dieses Fest/Jch wil noch nicht hinauff gehen/vnd da er das zu jhnen gesagt / blieb er noch eine kleine weil in Galilea. Als aber seine Brüder waren hinauff gegangen/da gieng er auch gen Jerusalem hinauff zu dem Lauberhütten Fest vber 34. meilen/nicht offenbarlich / sondern gleich heimlich/Johan. 7: Vnd von der zeit an/ist der HErr Christus zu Jerusalem geblieben / biß in den Winter hinein/vnd hat teglich im Tempel gelehret/vnd des Abends gieng er an den Oelberg welcher 5. Stadien/welchs ein wenig mehr ist als ein halb viertel einer meilen von Jerusalem gelegen/da hat er sich die Nacht vber enthalten / vnd ist des morgens frü wider in den Tempel komen/vnd das Volck gelehrt. Zu derselbigen zeit brachten die Schrifftgelerten vnd Phariseer ein Weib zu jhm/im Ehebruch begriffen / vnd stelleten sie dar in mittel / aber der HErr Christus sprach/Welcher vnter euch ohn Sünde ist/der werffe den 1. Stein auff sie/Daselbst haben die Jüden den HErrn Christum steinigen wollen/Johan. 8. Item der HErr Christus hat auch vmb dieselbe zeit einen Menschen sehend gemacht / der Blind von Mutterleib geboren war/Joh. 9. Er hat auch schöne Predigten gethan zu Jerusalem im Tempel / vnnd sich selbst einem Hirten/vnd seine Jünger vnd lieben Christen den Schefflein vergleichet/ Joh. 10.

13. Als es zu Jerusalem Kirchweihe war im Winter/ vmbringeten die Jüden den HErrn Christum in der Halle Salomonis/vnd wolten jn steinigen/derwegen zog der HErr Christus von Jerusalem wider hinweg / auff das er sich gen Bethabara jenseid deß Jordans begeben möchte/da Johannes zuuor getaufft hatte / vnnd daselbst für den Jüden / die vbrige zeit des Winters sicher sein köndte/Joh. 10. Ist derwegen von Jerusalem gen Bethania gegangen/ eine halb meile/vnd hat Martham vnd Mariam Lazari Schwester besucht / vnd den selbigen valedicirt. Zur selbigen zeit sind die 70. Jünger vnterwegs wider zu jhm kommen/die er zuuor außgesand hatte/das sie jm den Weg bereiten solten: Vnd weil er eben des mal von Jerusalem vnd Bethania/vber 4 meilen gen Bethabara jenseid des Jordans reisen wolte / durch die grosse Wüsten/die zwischen Jerusalem vnd Jericho ist / hat er vnterweges seinen Jüngern die Gleichnuß erzehlet/von dem Menschen/der von Jerusalem hinab gangen gen Jericho/vnd vnter die Mörder gefallen war/Luc. 10.

14 Also ist der HErr Christus von Bethania gen Bethabara gereiset vber 4. meilen/ vnd ist solches geschehen am ende des dritten Jars des Predigampts vnsers HErrn Jesu Christi/ Johan: 10. Luc. 10.

Anfang des drey vnd dreissigsten Jars deß Alters
vnsers HErrn vnd Heylands Jesu Christi.

15. IM anfang des drey vnd dreissigsten Jars seines Alters/ist der HERR Christus ein zeitlang zu Bethabara jenseid des Jordans/da Johannes getaufft hatte/ geblieben/ vnd sind daselbst viel zu jhm kommen vnd gesprochen / Johannes that kein Zeichen/ aber alles was Johannes von diesem gesagt hat / das ist war / vnd gleubten alda viel an jhm/ Joh. 10. Es hat auch seiner Jünger einer daselbst zu jm gesprochen/HErr lehre vns beten/wie auch Johannes seine Jünger lehret. Darauff hat der HErr Christus seinen lieben Jüngern das heilige Vater vnser fürgebetet/auch etliche schöne Predigten daselbst gethan / wie Lucas beschreibet im eilfften/zwölfften vnnd dreyzehenden Capittel/Item in derselben Gegend jenseid des Jordans/da der HErr Christus in einer Schule auff einen Sabbath ein Frawe gesund gemachet/die den Geist der Kranckheit 18. Jar gehabt / Luc. 13. Dieweil aber etliche von den

E iiij   Phari-

Reisen deß Herrn

Phariseer zu jhm kamen/vnd sprachen/Heb dich hienauß/vnd gehe von hinnen/denn Herodes wil dich tödten/ist der HErr Christus/demselbigen listigen Fuchse Herodi / welcher daselbst nicht weit vom Jordan/auff dem Schlosse Macherunth Hoff hielt/ entwichen/ vnd vber 7. meilen in das Galileische Land gezogen/disseit deß Jordans gelegen,

15. Als der HERR Christus/wie gemeldet / in das Galileische Land gekommen war/zog er dasselbige Land durch/welchs 20. meilen lang/vnd 6. meilen breit ist / vnnd hat also besucht vnd visitiert hin vnd wider Stedt vnd Dörffer/denen er vorhin das Wort Gottes geprediget hatte/hat auch daselbst in eines Phariseers Hause einen Wassersüchtigen gesund gemacht/ vnd das Gleichniß vom grossen Abendmal erzehlet / Luc. 14. Item / als sich am selbigen ort auch viel Zölners vnd Sünders zu jhm naheten/ vnd die Phariseer darüber in vnreden / ist der HErr Christus dadurch verursacht worden/ die schönen Gleichnissen vom verlornen Schaff vnd Groschen/vnd insonderheit die fürtreffliche Gleichniß vom verlornen Sohn zu erzehlen/ Luc, 15. Im selbigen Galileischen Lande hat er auch seinen Jüngern fürgehalten/das Gleichniß vom vngetrewen Haußhalter/der nicht betteln mochte / vnd vnter andern auch die Historische Gleichniß/vom reichen Schlemmer vnd armen Lazaro/mit eingeführet/ mit welchem/ wie es sich ansehen lesset/des Herodis Hoffschrantzen/die auch teglich im sause lebeten/auff die Rieben geraten haben/das sie Busse thun solten / auff das sie nicht mit dem reichen schlemmer zum Teuffel führen/ Ja der HErr Christus hat jnen die Jagthunde (wie es sich ansehen lest) für die Nasen gehalten/das die barmhertziger weren/als sie/die stoltzen Junckern selbst/denn die Hunde haben Lazaro die schweren gelecket/Luc. 16.

17. In dem/als der HErr Christus also/wie gemeldet/Visitation hielt im heiligen Lande/ ist er auch durch Samariam gezogen/vnd sich wider in Galileam herumb gelencket / vnd vnterwegs 10. außsetzige Männer gesund gemacht/bey dem Schloß Sanim/vnter denen nur einer/welcher ein Samariter gewesen/wider vmbgekeret/dem HErrn Christo zu fusse gefallen/ vnd jm gedancket hat/Luc, 17. Hierauß sihet man nu/das der HErr Christus diese seine letzten Reise nicht stracks wegs gen Jerusalem gerichtet hat/sondern ist fürnemlich hin vnd wider durchs Land gezogen/vnd hat allenthalben/wo er hin kommen ist / den Leuten angezeiget / das er nun auff der letzten hinfart were/gen Jerusalem zu Reisen/ vnd sich daselbst für die Sünde des gantzen Menschlichen Geschlechts auffopffern wolt lassen/als ein vnschüldiges Lemblin. Solche Predigt wolte den Samaritern nicht gefallen/welche/da sie höreten / das er bedacht were gen Jerusalem zu reisen/wolten sie jhn nicht herbergen/Luc. 9. Aber den frossien Jüngern vnd andrechtigen Leuten/welche den HErrn Christum gern predigen gehöret/ werden solche wort deß HErrn Christi sehr zu hertzen gangen sein. Es hat auch der HErr Christus zu derselbigen zeit also er/wie gemeldt/in Samaria vnd Galilea visitation gehalten/ vnd kurtz für seinem ende das H. Land noch einmal zu guter letzt durchgezogen / sehr schön vnd lieblich gelehret vnd geprediget/vnd vnter andern auch die Gleichniß von Phariseern vnd Zölnern mit eingeführet/ Luc. 18.

18. Als nun der HERR Christus/wie gemelt/Visitation gehalten/vnd biß in den 3. Mon den/fast ein viertel Jars vmbher gewandert hatte / das auch die Euangelisten seine vielfeltigen/mühseligen reisen/für grosser menge nicht alle haben beschreiben können / ist er im May monden wider gen Bethabara/jenseid des Jordans/kommen / mit einer grossen menge Volckes/Matth. 19. Marc. 10. Daselst haben die Phariseer mit jhm disputiert vom Ehescheiden. So sind auch Kindlin daselbst zu jm gebracht worden / die der HErr Christus sehr lieblich gehertzet vnd gesegnet hat/Matth. 19. Marc. 10. Luc. 18. Zu derselbigen zeit ist sein hertzlieber Freund Lazarus zu Bethania kranck worden/derhalben haben desselben Schwestern / Martha vnd Maria/von Bethania vber 4. meilen botschafft zum HErrn Christo gesand/vnd jhm lassen anzeigen/das jr Bruder Lazarus tödtlich kranck were. Da der HErr Christus das gehört hat er gesagt/Die Kranckheit ist nicht zum Tode/sondern zu der Ehre Gottes/ das deß Menschen Sohn dadurch gehret werde/Joh. 11. Zu derselbigen zeit sind die Phariseer zum HErrn Christo getreten/jn versucht/vnd gefraget/Ob sich auch ein Mann möchte scheiden von seiner Frawen? Der HErr Christus hat jnen eine richtige Antwort gegeben / vnnd darnach daheim in Hause es seinen Jüngern noch deutlicher erkleret / Matth. 19. Marc. 7. Am selbigen ort/ nemlich zu Bethabora jenseid des Jordans/sind auch Kindlin zum HErrn Christo gebracht/ da leget er seine Hende auff sie/vnd segnet sie/Luc, 18.

19. Als

Jesu Christi.

19. Als aber Lazarus gestorben vnd begraben war/machte sich der HErr Christus auff den weg/vnd reiset von Bethabara gen Jericho/2. meilen/Joh. 11. Luc. 8. Vnterweges ist ein reicher Jüngling zum HErrn Christo getretten/sich gegen jhm geneiget/vnd gefragt/Guter Meister/was muß ich thun/das ich das ewige Leben ererbe? Als jhm aber der HErr Christus sagete/er müste Gelt vnd Gut/vnd alles was er hette/vmb Gottes willen fahren lassen/vnnd sich alleine an den HErrn Christum halten/ist er trawrig hinweg gegangen/also das zeitliche Gut mehr als das ewige geliebet. Dadurch der HErr Christus verursachet/das er sprach es were müglicher/das ein Kamel durch ein Nadelöhr gienge/den das ein Reicher der sein vertrawen auff Reichthumb setzete/ins Reich Gottes keme/Doch/was bey den Menschen vnmüglich/das were bey Gott müglich/Matth. 19. Mar. 10.Luc. 18. Auff demselbigen Wege/als der HErr Christus/wie gesaget/von Bethabara gen Jericho gegangen/hat er auch die Mutter der Kinder Zebedei vnd jhre Söhne gestraffet von wegen jhrer Hoffart/das sie oben an sitzen wolten. Er hat auch seinen Jüngern fürgehalten die schöne Gleichniß von den Arbeitern im Weinberge/Matth.20. Er hat auch seine Jünger auff diesen Wege besonders allein genommen/vnd zu jhnen gesagt: Sehet/wir gehen hinauff gen Jerusalem/vnd des Menschen Sohn werd vberantwortet werden in der Sünder Hende/vnd sie werden jhn verspotten/geysseln vnd tödten/vnd am 3.tage wird er wider aufferstehen. Vnd als er nahe bey Jericho kam/saß ein blinder am wege/vnd bettelte/den er wider sehend gemacht/Luc. 18. Vnd da er in die Stadt Jericho kommen/hat er bey den armen Sünder Zacheo geherberget/vnd denselbigen bekehret/Luc. 19.

20. Von Jericho ist der HErr Christus 3. meilen gen Bethania gangen/vnd hat vnterweges Bartimeum/Timei Son/vnd noch 2. andere Blinden sehend gemacht/vnd dem Volcke/das mit jhm gieng/die schöne Gleichnus fürgehalten/von dem Edlen/der vber Land zog/vnd fordert 10. seiner Knechte/vnd gab jhnen zehen Pfund/vnd sprach/Handelt/biß das ich wider komme/Luc. 19. Vnd da er gen Bethania komen/hat er Lazarum vom tod aufferwecket/Jo. 11.

21. Von Bethania ist der HErr Christus in die Stadt Ephrem drittehalb meilen gegangen/vnd enthielte sich da verborgen mit seinen Jüngern/vnd der Jüden willen/die jhnen nach dem Leben stelleten/Johan. 11. Es ligt aber dieselbige Stadt Ephrem in der Wüsten zwischen Jerusalem vnd Jericho/nur eine halbe meile von Jericho.

22. Von Ephrem ist der HErr Christus wider gen Bethania kommen/vber drittehalb meilen/Solches ist geschehen auff einen Sabbath tag/oder Sonnabend/sechs tage für Ostern. Dazumal hat Maria/des Lazari Schwester/dem HErrn Christo/der mit jrem Bruder Lazaro zu Tische saß/die Füsse gesalbet mit vngefelschter köstlicher Narden/darüber der Verrehter Judas sehr hart gemurret/Johan. 12.

23. Deß andern tages auff den Palmsontag/ist der HErr Christus von Bethania gen Jerusalem geweiset/schier eine halbe meile/vnterweges haben jhm seine Jünger aus einem Flecken/bey Bethphage am Oleberge gelegen/ein Eselin vnd Füllen der Lastbaren Eselin/holen müssen/darauff ist der HErr Christus vber den Olberg gen Jerusalem geritten. Vnd als er nahe hinzukommen/hat er die Stadt Jerusalem bitterlich beweinet/vnd darnach/als er in den Tempel gangen/Keuffer vnd Verkeuffer herauß gejaget/vnd Blinde vnd Lamen gesund gemacht/Matth. 12. Marc. 11. Luc. 19.

24. Vnd am Abend gieng der HErr Christus wider hinauß gen Bethania/schier eine halbe meile/vnd blieb da mit seinen Jüngern für den Jüden verborgen/Motth. 21.

25. Deß andern tages ist der HErr Christus wider von Bethania gen Jerusalem gangen/schier eine halbe meile/vnd hat vnterwegen eines einen Feigenbaum verflucht/vnd zu Jerusalem Keuffer abermal zum Tempel hinauß gejaget/Matth. 21. Marc. 11. Diß ist geschehen des Montags für seinem bittern Leiden.

26. Vnd des Abends gieng er wider hinauß für die Stadt/wie Marcus am eilfften Capitel anzeiget. Ob er am Oleberge geblieben/oder gantz gen Bethania gegangen sey/wird von den Euangelisten nicht vermeldet.

27. Am Dinstage morgen/gieng der HErr Christus wider gen Jerusalem/vnd vnterweges verwunderten sich seine Jünger/das der Feigenbaum/den der HErr Christus des tages zuvor verflucht hatte/schon verdorret war/Mar. 11. Vnd als er in den Tempel kam/disputirt er sehr hefftig mit den Hohenpriestern/Phariseern vñ Sadduceern/vñ fürst mancherley gleichnis

Reisen deß HErrn

ein/insonderheit aber die schöne Gleichnis von dem König/der seinem Son Hochzeit machte. Er befahl auch den Phariseern/als sie jn versuchten/vnd jhm den Zinßgroschen weiseten/sie solten dem Keyser geben/was dem Keyser gehöret/vnd Gotte/was Gott gehöret. Vnd fragt die Phariseer/Was sie von Christo hielten: Vnd da sie antworten/Er were Dauids Sohn/ spricht er zu jnen: Warumb nennet jn denn Dauid im Geist einen HErrn/da er spricht/Der HErr hat gesagt zu meinem HERrn/setze dich zu meiner Rechten/biß ich deine Feinde lege zum Schemel deiner Füsse. Vnd verstopffet jnen also das Maul/das sie jhm kein wort mehr antworten kondten/Matt. 22. Item/Er hat auch die Phariseer vnd Schrifftgelerthen weidlich außgefilßet/vnd der Stadt Jerusalem jhren verderb/vnd schreckliche verwüstung geweissaget/darumb/das sie jhn nicht hetten wollen annemen/ da er sie vnd jre Kinder gleich wie eine Gluckhenne jre Küchlin vnter seine Flügel versamlen wollen. Matth. 23. Diß alles ist auff den Dinstag geschehen/drey tage für seinem bittern Leiden/Marc. 11. Matth. 22, 23.

28. Vnd deß Abends gieng der HErr Christus hinauß/vnd blieb die Nacht am Oleberge/ vnd thet da seinen Jüngern eine lange Predigt/ vom grewel der verwüstung der Stadt Jerusalem/vnd vom Jüngsten Tage/Matt. 24. 25. Marc. 13. Luc. 21. Es hat aber der Oleberg ein wenig mehr/als ein halb viertel 1. meilen von Jerusalem gelegen/gegen der Sonnen auffgang.

29. Des Morgens frü ist der HErr Christus wider gen Jerusalem kommen/vnd alles Volck machet sich frü zu jhm in den Tempel/jhn zu hören/Luc. 21.

30. Vnd gegen den Abend/gieng der HERR Christus wider gen Bethania/schier eine halbe meile. Vnd als er da war im Hause Simonis deß Aussetzigen/ trat eine Fraw zu jhme/die hatte ein Glaß mit vngefelschtem köstlichen Nardenwasser/ vnd sie zubrach das Glaß/vnnd goß es auff sein Heupt/da er zu Tische saß. Solches verdroß alle seine Jünger/ vnd Murreten darüber/aber der Herr Christus entschüldiget die Fraw. Diß ist geschehen am Mittwochen/ zween tage für deß HErrn Christi bittern Leiden. Am selbigen tage sprach auch der HERR Christus zu seinen Jüngern: Ihr wisset das nach zweyen tagen Ostern wird/ vnd des Menschen Sohn wird vberantwortet werden/das er gecreutziget werde. Am selbigen tage ist auch Judas hingegangen zu den Hohenpriestern vnd Heuptleuten des Tempels/vnd hat 30. Silberling von jhnen empfangen/vnd die verreissung gethan/das er jhnen den HErrn Christum verrathen wolte/Matth. 26. Marc. 14.

31. Von Bethania ist der HErr Christus wider gen Jerusalem gegangen/schier eine halbe meile/vnd hat da das Osterlembleinn gessen mit seinen Jüngern/Matth. 26. Marc. 14. Luc. 22. Diß ist geschehen auff den Donnerstag deß Abends/für seinem bittern Leiden. Da hat er seinen Jüngern viel schöner wort geprediget/Johan. 14. 15. 16. 17.

32. Vnd in der Nacht ist er wider auß der Stadt gegangen/ mehr als ein halb viertel einer meilen/vber den Bach Kidron/an den Oelcberg/ vnd hat im Garten bey einem Hofe Gethsemane Blut geschwitzet vnd mit dem bittern Todt gerungen/ Im selbigen Garten hat jhn auch Judas mit einem Kuß verrathen/ vnd also ist der HErr Christus von den Gottlosen Jüden gefangen vnd gebunden/Matth. 26. Johan. 18.

33. Von dem Oleberg auß dem Garten/bey dem Hoff Gethsemane/haben die Jüden den gefangenen vnd gebundenen HERRN Jesum Christum / mehr als ober ein viertel einer meilen/gen Jerusalem gebracht/vnd jhn erstlich Hannas/ vnd darnach Caiphas vberantwortet. Vnd also ist der HErr Christus deß nachstfolgenden tages durch Pilatum vnschüldig zum Todt verdampt / vnd zu der Stadt hinauß geführet / vnd auff dem Berge Caluariæ gecreutziget/im 33. Jar seines Alters/auff einen Freytag vnd Ostertag / welcher ist gewesen der dritte tag Aprilis/wie der Sontag Buchstab vn Supputation Astronomica per tabules protenicas klerlich darthun vnd nachweisen. Vnd summet auch mit dieser meiner Suputation gantz vberein Bartolomeus Sculetus in seinem Calendario perpetuo , darinne alle Sontags Buchstaben / vnd Intervalla zwischen Wenachten vnnd Fasnacht setzet/von Christi Geburt an/biß auff diese gegenwertige zeit.

      Summa dieser Reisen vnsers HErrn vnd Heylandes Jesu Christi/von den dritten Ostern seines Predigampts/biß auff die vierdte Ostern/darin er den bittern Todt gelitten/hundert vnd siebentzig meilen/ Außgenommen die Reisen/die die Euangelisten nicht alle haben beschreiben können.

                                           Folget

Jesu Christi

Folget nun die beschreibung der Stedt vnd örter / derer in diesen Reisen deß HErrn Christi ist gedacht worden.

Tyrus.

Tyrus ist die Hauptstadt im Lande Phœnicia/ligt von Jerusalem 25. meilen gegen Nor‑ *Tyrus die* den. Von den Propheten wird sie Zor genant/ das heyst ein Felß. Denn gleich wie zu *Hauptstadt* vnser zeit Venedig/also hat sie auch auff einem harten Felß vnd Steinklippen im Meer *in Phœnicia* gelegen/vnd war gleich wie mit einer Jnsel mit dem Meer rings vmb geben. Anfenglich sol die Stadt Tyrus erbawet sein an den ort/da noch heutigs tags Tyrus Antiqua ligt/von et‑ lichen Bürgern/die von wegen einer Zwitracht auß der Stad Sydon gewichen/ 200. vnd 40. jar zuuor/ehe der König Salomon den Tempel gebawet/ wie Josephus schreibet/ Aber Kö‑ nig Agenor hat jr hernach ein bessern ort außgesehn /vnd sie vmb die zeit/als Troia verstöret ward auff einem Felsen vnud Jnsel ins Meer gebawet/ auff das sie also bequemer were zur Schiffart. Sie hat in der runde gelegen/ vnd ist mit starcken Mawren vnd festen Türmen vmbgeben gewest/ Man sand auch da grosse Marmelsteinern Seulen/ das/ wer dahin kam/ groß wunder daran sahe. Die Bürger vñ Einwoner in der Stadt Tyro sind reiche Kauffleut gewesen/vnd haben sich den Fürsten gleich gehalten/ Jesa. 23. Man hat auch in der Stadt Tyro die aller schönsten Purpur gemacht/sie hin vnd wider durch die gantze Welt geführet.

Plinius schreibet lib. 5. cap. 19. die Stadt Tyrus habe in jhrer Ringmawren begriffen/ 22, Stadia/die machen schier drey viertel einer Deutschen meilen. Vnd ob sie wol ein halb viertel meilen vom gestaden oder Vfer deß Landes Phœnicia ins Meer hinein gelegen/ so hat sie doch hernach Alexander Magnus mit einem Tamm oder erschütteten Erdreich ans Land gehenget / das sie hinfort kein Jnsel mehr gewesen ist / wie Strabo schreibet/ vnd auff denselben Tamm ward sie mit einer hohen Mawer befestiget / 25. Schuch dicke / bewaret mit 12 starcken Thürmen. Vnd hat sich jre Feldmarck in die runde/wie Plinius schreibet/ erstre‑ cket auff 19000. Schritt/die machen schier 5. Deutsche meilen.

Die Stadt Tyrus ist so reich vnd mechtig worden/ das jhre Einwoner vnd reichen Bür‑ *Tyri Reich‑* ger auch viel andere Stedte gebawet haben/Als nemlich/ Carthaginem/ Leptim vnd Vticam *thumb vnd* in Africa/vnd Kades in der Jnsel zwischen Hispania vnd Africa gelegen. Vnd ehe die Stadt *Macht.* Tyrus mit einem Tamme ans Lande gehenget ward / ist sie die herrligste Kauffstadt in aller Welt gewesen/ Denn sie war mit dem Meer rings vmbgeben/vnd daher kömpt es/das der Pro‑ phet Hesek. 26. Capittel spricht/ Sie habe im Hertzen des Meers gelegen/ Denn man hat da auß allen dreyen Orten der Welt: zu schiffen können:/nemlich/auß Europa/Asia vnd Africa.

Sie ist aber von wegen jhrer Hoffart vnd grossen Abgötterey zweymal verstöret worden. Erstlich durch Nebucadnezar den König zu Babylon/ wie auß den 26.Capittel des Prophe‑ ten Heßekiels offenbar. Vnd zum andern durch den grossen Alexander/ König in Macedonia. Denn als die Bürger von Tyro demselbigen grossen Alexandro ein gülden Kron saudten/ Freundschafft mit jm zu halten/sprach Alexander/ Er wolte gen Tyrum kommen/ vnd jren Gott Herculem anbeten/Darauff antworten die Gesanten von Tyro/ Das möchte er wol thun/den der Tempel Herculis were ausser der Stadt Antiqua Tyro. Aber diese Rede ist Alexander sehr hefftig zornig worden / Wie Q. Curtius lib.4.schreibet /vnd hat den Tyri‑ schen Gesanten im grimmigen zorn geantwortet/ Was last jr euch bedüncken/ Meinet jr/ weil gleich als in einer Jnsel/ewr stadt im Meer ligt/ mein Fußvolck vnd Kriegsvolck das zu lande da her zeugt/ könne euch keinen schaden thun? Aber in kurtzer zeit wil ichs mit der that darthun vnd beweisen/das jr für mir nicht im Meer/ sondern gleich wie auff dem Lande ligt/ Jst also bald/da die gesandten wider heim gezogen waren / gefolgt.Vnd als er die Stadt vn‑ *Tyrus vom* terstund zubekriegen/hat jederman gemeinet / es würde jhm ein vnmüglich ding sein / Denn *Alexandro* das Meer zwischen dem Lande vnd der Stadt/war so vngestüm/ das man dahin keinen Tam *M. belagert* schlagen möchte/ sondern was man ins Meer warff / das war von stund an verworffen von *vnd eröbert.* den Wellen deß Meers. Dazu war das Meer also tieff an der Mawren/ vnd an den Thür‑ men/die vmb die Stadt giengen/das man keine Leitern auschlagen möcht / dadurch man die Stadt hette mögen ersteigen. So macht der grosse Alexander zwo Schütte vnd Tämme mit grossen

Reisen deß Herrn

grossen eistigen Bewmen vom Walde Libano/ vnd ließ grosse Stein von Antiqua Tyro dar ein werffen/das auch die Tyrier auß spot die Macedonier fragten/ Ob jhr König Alexander grösser denn Neptunus der Gott deß Meers were/ vnd denselbigen vberwinden möchte/denn das wütende Meer zerriß alles/was auffgerichtet ward. Darnach kuppelt der grosse Alexander manniehmal Schiffe zusammen/die das Meer auch zubrach/ vnd ertrencket die Kriegs/ so darin waren/vnd die Stadt vnterstunden zu gewinnen. Vnnd als einem Bürger in der Stadt Tyro trewmete/wie das der Abgott Apollo von jhnen weg weichen wolte/ bunden sie desselbigen Apollinis Beine mit einer gülden Ketten an die Seule/da es stund/ das es jhnen nicht entlauffen solte/Solch ein groß Abgötterey vnd Aberglaube war in der Stadt. Als auch in des Alexandri Lager ein Kriegsman Brod auffbrach/ist Blut darauß getropffet. Vnd da Alexander drüber erschrack/ hat jhm ein weiser Mann Aristan gesagt: Wenn das Blut von aussen herumb geflossen/würde es jhnen/den Macedoniern/was böses bedeuten haben/Weil es aber inwendig auß dem Brod geflossen/geb solches ein anzeigung/ das dem Alexandri Lager ein Blutbad vber die Tyrer kommen würde. Solchs ist auch also ergangen: Denn als Alexander die Stadt 7. Monat angefochten hatte/henget er grosse Lastschiffe zusammen/vnd hat also die Stadt mit stürmender Hand erstiegen vnd gewonnen. Vnd insonderheit er selbst/ König Alexander/ist auff einen hohen Thurm gestiegen bey der Stadtmawren / darauff hat er mit seiner Hand groß wunder getrieben/vnd viel der Feinde auff der Stadtmawren beschediget. Vnd dieweil jn jederman in seinem Königlichen Schmuck / blancken vnd hellscheinenden Harnisch kennen kondte/haben sie weidlich auff jhn loß geschossen/ vnd alle pfeil auff jhn gericht. Er aber/als ein großmechtiger Held/hat mit nichten weichen wollen/ vnd wie Quintus Curtius schreibet/zu den Feinden so tapffer wider eingeschossen/ vnd so Ritterlich gefochten/das er die Feinde von der Mawren abgetrieben / vnd ist also die Stadt Tyrus erobert vnd gewonnen/6000. wehrhafftiger Bürger darinnen zu todt geschlagen/vnd 2000. hat Alexander creutzigen/vnd sie mit den Creutzen am Vfer deß Meers auffrichten lassen / welchs denn einen sehr schrecklichen vnd grewlichen Anblick gegeben. Es ist aber Alexander / als er die grosse That außgerichtet/nur 23. Jar alt gewesen. Darauß man sihet/das Gott insonderheit diß grosse Werck durch diesen Jüngling außgerichtet hat / auff das die Weissagung der lieben Propheten erfüllet würden/Jesa. 23. Jerem. 47. Hesek. 25. 56. Darnach hat Alexander die zerstörte Stadt wider gebessert/vnd sie mit einem Tamme ans Land hengen lassen / wie oben gemelt/vnd ist also Tyrus wider eine schöne Kauffstadt worden / vnd doch gleichwol hat sie nimmer so hoch wider steigen können / zu jhrer solcher grossen Herrligkeit auch nimmer wider kommen mögen/Ja sie ist auch niemals so mechtig wider worten/ als sie vorhin gewesen/ehe sie Alexander verstöret. Tyrus Antiqua ligt von der rechten Stadt Tyro schier 1. Deutsche meil gegen Südenwerts.

Der Herr Christus hat in den Grentzen Tyri vnd Sydon / einer Cananeischen Frawen geholffen/derer Tochter jemmerlich vom Truffel geplaget war/Matth. 15. Zu des wütigen Keysers Diocletiani zeiten/wurden in der Stadt Tyro viel Martyrer hingerichtet. Vnnd gleich wie diese Stadt im alten Testament jer geheissen hat/Also wird sie auch noch heutigs tags El porta de Sur,das ist/die Anfurt zu Sur genent / vnd wie Bernhard von Breitenbach schreibt/hat in dieser Stadt Tyro zu der zeit/als sie vnter den Christen gewesen/ ein Ertzbischoff regirt/dem auch andere Bischoff sind vnterthan gewesen/nemlich / der Bischoff von Acron,vnd Ptolemais/vnd der Bischoff von Sydon/ vnd der Bischoff von Beryto.

Der trefflich Lehrer Origenes/ligt in der Stadt Tyro begraben / in einer Kirche zum heiligen Grabe genant die mit einer Mawr vmbgeben ist.

Keyser Friederich Barbarossa in Tyro begraben.

So ligt auch in dieser Stadt Tyro begraben Keyser Friederich Barbarossa/der im jar nach Christi geburt 1190.als er für die Christen Ritterlich gestritten/vnd grosse herrliche thaten auß gerichtet/vnd sich in einem fliessenden Wasser külen wolte/mit hertzlichem seufftzen zu Gott/ vnuersehnlich vertruncken / vnnd hat einen herrlichen Namen hinder sich gelassen / vnanges sehen/das jn der Bapst Alexander Tertius/sehr spinne feind gewesen/vnd zu Venedig zu S. Marxen Kirchen/jm auff den Halß getreten hat. als sich der fromme Keyser für jm demütiget/ Vnnd sonder zweiffel wird der fromme Keyser in jener Welt bey Christo vnd allen Außerwelten

Jesu Christi. 30

welten Engeln im Himmel sitzen / weil er im HErrn Christo seliglich von hinnen geschieden ist. Das sey also gnug von Keyser Friderichen/der in der Stadt Tyro begraben ligt. Folget nun von den Brunnen lebendiger Wasser/die man bey der Stadt Tyro findet.

Nicht gar ein meil von Tyro findet man 4. wunderbarliche Brunnen lebendiger Wasser/die vom Berge Libano fliessen/ vnd einer vnter diesen Brunnen ist viel grösser als die andern/vnd ist vierecket/40. schuch lang / vnnd 40. schuch breit/Die andern aber sind 25. schuch lang vnd breit/vnd diese Brunnen sind alle vier mit starcken Mawren/ vnd harten Steinen/ vnd vnaußleschlichem Kalck vmbher/eine Elene hoch auffgemawret / noch fleust das Wasser offt vber die Mawren. Vnd diese vier Brunnen sind eines Bogenschuß weit von dem Meer/ vnd es gehet ein Wasser oder Fluß von jnen zum Meer/dadurch das Wasser aus dem Brunnen ins Meer fleust. Es sind auch etliche Canal oder Tolen in der Erden her gelegt worden/ dadurch d. Wasser auß diesem Brunnen biß gen Thyrum ist geleitet worden/da man all. Garten vnd fruchtbar Erdreich damit hat pflegen zubegiessen/ vnd derselbigen Wasserröhren sihet man noch heutiges tags Fußstapffen. — *Springbrünlein zu Tyro.*

König Salomon in seinem Hohenlied am 4. Capittel/gedenckt auch dieser Brunnen lebendiger Wasser/die von Libano fliessen/vnd spricht also: Meine Schwester / liebe Braut/ Du bist ein verschlossen Garten/ein verschlossene Quelle / wie ein Brunn lebendiger Wasser/ die von Libano fliessen. Mit diesem Spruch meinet König Salomon die heilige Christliche Kirche/die ist des HErrn Christi hertzliche Braut / die ist gleich wie ein verschlossener Garten/ dadurch wehet der H. Geist mit einem sanfften sausen Vnd der HErr Christus am Stamme deß Creutzes hoch erhaben/ist der rechte Libanus/vnd Weyrauchberg/ der Gott dem Himlischen Vater mit seinem Opffer vnd süssen Geruch versöhnet / vnnd die heiligen Wunden deß HErrn Christi/sind die heilsamen Brunnen / darauß fliessen herab die lebendigen Wasser neulich sein Rosinfarbes Blut/ vnnd das klare Wasser aus seiner gekrentzeten Seiten/ damit wir abgewaschen vnnd gereiniget werden von vnsern Sünden / getrencket vnd erquicket zum ewigen Leben/Joh. 4. 6. 7.

Die Stadt Thyrus mit der gantz vmbligenden Gegend/hat vorzeiten zum stam Aser gehört.

Sidon heist ein Stadt der Jäger.

Die Stadt Sidon ligt von Jerusalem 29. meilen gegen Norden / am grossen Mittelmeer der Welt/im Stam Aser/ist anfenglich gebawet worden von Sidon / Canaans Sohn/von dem sie auch den Namen hat/Gen. 10. Sie ist vorzeiten ein reiche Kauffstadt gewesen / vnnd man hat da erfunden vnd gemacht das köstliche Leinwand / das von der Stadt Sidon den Namen bekommen/ das es Sidon genennet wird / auff Hebreisch heist es Sadin/vnd daher wird sonder zweiffel vnser deutsch wort Seiden herkommen/ vnnd in solch Leinwand/das so zertlich/weich vnd subtil/wie Seiden gewesen/ hat Joseph von Arimathia den HErrn Christum gewunden/Matth. 17. Denn daselbst stehet im Griechischen vnd Lateinischen Sindon,vnd im Hebreischen Euangelio Matthei findet man das wort Sabin / daher kömpt vnser deutsch Sabin oder Sain vnd Seiden. Vnd gleich wie man zu vnser zeit zu Venedig/also hat man zu der zeit bey der Stadt Sidon das aller köstlichste Glaß gemacht/ denn das Wasser bey Sidon tregt den subtilsten kleinlichsten Sand / dauon sie das schönste Glaß gemacht haben/vnd jhre Gläserhütte/da sie das Glaß gebracht haben/ist Sarepta gewesen/da Elias der Widwen Sohn vom Todt erwecket hat/1. König. 17. — *Matth.27.*

Die Stad Sidon ligt von Tyro 4. meilen gegen Norden/vil von wegen jrer grossen pracht vnd hoffart/hat Gott Ochum den König in Persia vber sie erwecket/der hat die Stad Sidon durch list vnd verrethereyen gewonnen/vnd sind die Bürger in solch schrecken vnd zweiffel geraten/das sie die Stadt selbst angezündet haben/ vnd sind im selbigen Fewer 4000. Menschen vmbkommen/aber bald hernach hat Darius der letze König in Persia / die Stadt wider bawen lassen/doch nicht so schön vnd fest/wie sie vor hin gewesen war/vnd hat einen König dahin gesetzt/mit Namen Strato/denn als der grosse Alexander König auß Macedonia / obgedachten Dorium König in Persia/bey der Stadt Isso in Cilicia vberwonnen / ist er im 333. Jar für Christi geburt/gen Sidon komen/daselbst regirt damals vorgemelter Strato / denselben hat der grosse Alexander des Königreichs entsetzet / vnd dem Macedonischen Fürsten Hephestioni — *Sarepta. 1. Reg. 17.*

D befohlen/

Reisen deß Herrn

befohlen/das er einen andern König zu Sidon erwehlen solte / welchen die Bürger daselbst am liebsten haben wolten. Als nun Hephestion/des Alexandri Fürst/ an die von Sidon begeret/sie solten einen namhafftig machen/den sie am liebsten zum König haben wolten / darauff haben ihm die Fürnembsten der Statt den bericht geben / das sie nach alter gewonheit keinen zum Königreich pflegen auff vnd anzunemen / er were denn von Königlicher Geburt / Nun were zu der zeit keiner mehr vbrig vom Königlichen stam̄/allein ein armer Mann/ mit Namen Abdolominus / welcher ob er wol von weitem her von Königlichem stammen entsprossen/so were er doch so sehr verarmet/das er nicht weit von der Stad auff dem Lande wonete/ vnd ein armer Gärtner were/Das er aber so sehr arm geworden/ da hette jhn seine Frömigkeit hin gebracht. Auff solchen bericht derer von Sidon/hat Hephestien deß grossen Alexandri Fürst vñ sehr angenemer lieber Freund/ein Königlich Kleid genommen / das von Purpur vnnd Gold sehr köstlich gemacht war / vnd ist mit denen von Sidon hinauß zu dem armen Mann in seinen Garten gegangen/ihn zum König zu erwelen/ der gute arme Mañ hette sich dieses glücks weniger den nichts versehn/ Er stund in seinem Gärtlein/ erbeitet so fleissig/da er auch nicht gewar worden war/das Feinde vnd freunde Kriegsleute ins Land kom̄en waren/ Er suchte eben zu der zeit das Vnkraut zusammen/welches er auß dem Lande gegraben hatte/dasselbe aus dem Garten zu werffen/ In dem tritt Hephestien zu jm/vnd spricht : Liebes Männlin/Du solt das vnsaubere alte kleid/welchs du an hast/ablegen/deinen schweiß sein sauberlich abbaden/vnd diesen Purpuren vnd gülden Rock / den ich hie in meinen Henden habe/ wider anziehen/vnd ein König zu Sidon sein. Wenn du nun aber auff deinem Königlichen Thron sitzest / so gedencke an dein vorige elend/was es vor ein gelegenheit vmb dich gehabt / da du vber zuversicht zu Königlichen Ehren bist erhaben worden/ vnd sey deinen Vnterthanen günstig vnd gnedig.
Der gut arme Abdolominus kondte sich dieses handels nicht genugsam verwundern/hat den Fürsten Hephestiouem/vnd die von Sidon/so bey jm waren / sie wolten seiner nicht spotten in seinem elende vnd armut / es dauchte ihm dieser handel mehr einen Traum/weder einer warhafftigen Geschicht gleich zu sein/begeret derowegen / sie solten einen andern zum König welen/der deß Königreichs wirdiger were als er. Da aber die Trabanten zutraten/jm den schweiß/ darinnen er geerbeitet/abwuschen/vnd deß grossen Alexandri Fürst Hephestion/ jhm das Purpuren vnd gülden Kleid anzog/ vnd die von Sidon ihm als einen König huldigten vnd schworen/da sahe er erst/dz es lauter ernst war. Also ist der arme Gärtner / Abdolominus ein König in Sidon worden/vnd für dem grossen Alexandrum gebracht/ der jhn gefragt/ Wie er doch ein solche grosse Armut hette erdulden mögen/ die weil er solch eine schöne Person / dazu von Königlichem Geblüte entsprossen were. Darauff der newe König Abdolominus geantwortet/ Ich möcht e wol wünschen / das ich mit gleichem Gemüth/ wie ich die armut erduldet / auch das Königreich ertragen kondte/ Dieser meiner Hende arbeit hat in meiner armut mich dermassen ernehret vnd versorget/das meinen begeren/jn gut genügen geschehen / vnnd ob ich wol nicht viel gehabt/mir doch gleichwol nach meiner notturfft nichts gemangelt hat. Von wegen solcher schönen Antwort ist der grosse Alexander ihm so günstig worden/das er jm nicht allein alten Königlichen Schmuck vnd Gerete / deß vorigen Königs Stratonis/ sondern auch einen guten theil vom Königlichen Schatz/den er kurz zuuorn in der Schlacht dem grossen König Dario abgewonnen/vbergeben vnd geschencket hat.

Die sihet man/ wie Gott so wünderlich ist in seinen wercken/ vnd die Armen / so sich an jhrem geringen genügen lassen/ so wünderlich vnd hoch auß dem staub zu erhöhen.

Das ich nun wider auff die Stadt Sidon komme/hat sie hernach gemächlich wider zugenommen/das die nechst der Stadt Tyro / die fürnembste Stadt deß Landes Phœniciæ gewesen/vnd hat in die leng am Meer gelegen/ so groß vnd weit begriffen / das mans nicht glauben kondte/ wenn es sie alten verfallene Gebew vnd Mauren/ etc. man noch heutiges tages sieht/ nicht anzeigten. Von jhren alten Gebew ist ein ander klein Stedlin gebawet / das auff eine seiten am Meer ligt/vnd zwey feste Schlösser / eins gegen Mitternacht auff einem Felsen im Meer/ das der frembden Bilger gebawet haben/ vnd das 2. gegen Mittag / auff einem Berge im gesetzet/ gantz festiglich. Vnd die zwey Schlösser haben vor zeiten die Ritter deß Tempel Ordens innen gehabt. Aber die rechte alte Stadt Sidon ligt zu vnser zeit gantz wüste vnnd verstöret/vnd für jhrem Thor / gegen der Sonnen Auffgang/ stehet ein Capell/ an dem ort/ da

Abdolominus ein Gertner/ wird zum König zu Sidon erwehlet.

Jesu Christi. 32

die Cananeische Fraw dem HErrn Christo sol nachgeschrien haben/Ach HErr du Son Da-
uid erbarm dich meiner/Meine Tochter wird vom Teuffel vbel geplaget/ Matt. am 25. Cap.
Das Land vmb die Statt Sydon her/ist vorhin gantz fruchtbar gewesen / Denn sie hat
sehr lustig gelegen/zwischen dem Berge Libano/vnd dem grossen Meer / vnd viel Weinberge/
Korn/vnd andere schöne Früchte vmb sich her gehabt/dazu ein gesunde lustige Lufft. Aber die
Weingärten sind zu vnser zeit gar zu nicht worden/vnd verdorben / Denn die Saracenen vnd
Türcken/die im Lande wonen / trincken keinen Wein / darumb findet man in diesen Landen
wenig Weingärten. Man hat vorzeiten in den Stedten Tyro vnd Sydon die schönsten Purpur gemacht/denn man findet in keinem Meer also edle Purpur Schnecken/als in dem Meer
bey Tyro vnd Sydon. Dieser Fisch ligt vorborgen in einer Schalen / wie ein Schnecke/
vnd hat den edlesten Safft in seinem Rachen / man muß jhn lebendig fahen / sonst lest er den
köstlichen Safft von jhm fahren. Wenn er essen wil/kreucht er aus seinem Schneckenheuß-
lein/dadurch er auch anfenglich ist verrathen worden. Es ist ein freßiges Thier / hat eine lange Zungen/vnd zeucht mit jhr zum Munde alle seine Speise / ja wird auch durch die Zunge
gefangen. Man muß es in der Schalen zum ersten streich todt schlagen/sonsten verleuret es
seine Farbe/wenn es eine kleine weile schmertzen leidet.
Der HERR Christus hat zu der zeit seines bittern Leidens ein Purpur Mantel getragen
zur anzeigung/das er das rechte Blutwürmlein sey/das vmb vnser Sünde willen erquetschet
vnd zuschlagen ist. Vnd wer sich mit dieser schönen Purpur/nemlich / mit dem Rosinfarben
Blut Christi bekleidet/der kan seine Sünde damit bedecken/ vnd wird GOtt dem HErrn von
hertzen wolgefallen.

Cana Syrophenice.

Eine meile von Sydon/gegen Mittag / ligt die Statt Cana / darauß die Cananeische
Fraw gewesen ist / die dem HErrn Christo nachgeschreiet in dem Grentzen Tyri vnd
Sydon. Es ligt aber die Statt Cana von Jerusalem 28. meilen / gegen Norden/im
Lande Syria vnd phœnicia/das Marcus im 7. Capittel Syrophenicen genennet. Vnd vom
Sarepta/da der Prophet Elias der Widwen/seiner Wirtin Sohn vom Todte erwecket/ligt
sie drey viertel meilen/gegen der Sonnen Auffgang. Sie wird genant Cana maior , das
grösser Cana/zum vnterscheid einer andern Statt / die das kleinere Cana geheissen/vnnd in
Galilea gelegen hat/da der HErr Christus das Wasser in süssen Wein verwandelt/ wie dieselbige Statt vorhin an jhrem ort beschrieben worden.

Decapolis/Grentze der zehen Stedte.

Das Land Decapolis/das von zehen Stedten den Namen gehabt / ligt jenseid des Jor-
dans/am Galileischen Meer/ wie auß dem siebenden vnd achten Capittel Marci of-
fenbar/ So stimmet auch Mattheus im funfftzehenden Capittel damit vberein. Hierauß sihet man nu/daß das Land / das vorhin Gilead geheissen / hernach Decapolis ist genent
worden/von den zehen fürnemen Stedten/die darin gelegen / Als nemlich / Chorazin/da der
HErr Christus Ach vnd Wehe vberschreyet/Matth. 11. Gamala/da König Agrippa/als sie
Vespasianus stürmet/am rechten arm ist verletzet worden / wie Josephus schreibet de bello
Jud. lib. 4. cap. 1. Julia/die König Herodes zu ehren Juliæ der Römischen Keyserin gebawet
Gadara/da der HErr Christus Teuffel außgetrieben / die also in die Sew gefahren/ welche
sich in den See hinein gestürtzet haben/Matth. 8. Marc. 5. Ascharoth/da der König Og zu
Basan/der einer von den Riesen gewesen/vnd ein groß Eysern Bette gehabt / vorzeiten gewoh-
net hat/Jos. 12. In derselben Statt hat auch Job gewonet. Jabes in Gilead/ da Saul be-
graben ward/1. Sam. 13. Mitzpe/da Jephtha seine Tochter geopffert/Judic. 11. Ramoth in
Gilead/da Ahab erschossen ward/1. Reg. 22. Edrei / da Og König in Basan mit alle seinem
Volck vberwunden vnd erschlagen/Num. 21. Vnd Abela vinearum,da die Eselin mit Bi-
leam sol geredet haben.
Diß sind die 10. Stedte/die jenseid deß Jordans/bey dem Galileischen Meer ligen/eben
an dem Ort/da der HERR Christus den tauben vnd stummen Menschen gesund gemacht/
Marc. am 7. Capitel. Vnd derwegen wird auch dasselbige Land Decapolis von diesen zehen
Stedten den namen haben/ Denn was Plinius vnd andere etliche mehr / die doch selbst der
sachen

Reisen deß Herrn

sachen vneins sind/von diesem Land schreiben/ wil sich mit dem Euangelisten gantz nicht rei/
men/aber diese meinung ist die einfeltigste/vnd stimmet mit dem Euangelisten gantz vberein.
Die Stedte/Magdala/Bethsaida/vnd Cæsarea Philippi/sind vorhin beschrieben worden.

Thabor/Klarberg.

Er Berg Thabor ligt von Jerusalem 14. meilen/gegen Norden/in den Grentzen Ze/
bulon vnd Jsaschar/ist ein sehr hoher Berg/recht mitten in Galilea/vnd ist fein rund/
vnd ist sehr hoch. Den Egesippus schreibet im 4. Buche/ist dieser Berg Thabor 30.
Stadien/das ist/schier eine Deutsche meile hoch/vnd oben darauff ist ein runder ebener Plan/
schier eta viertel einer Deutschen meilen breit/darauff stehen hohe lustige grüne Beume/dar/
auff die Vögelin sehr süsse vnd lieblich singen/vnd zwar es mag dieser Berg billich Thabor/
das ist/Klarberg heissen/der sein rein vnd klar ist/denn da ist eine schöne lustige klare Lufft/
vnd der Herr Christus hat sich/auff diesem Berg für seinen dreyen Aposteln/Petro/Jacobo
vnd Johanne verkleret/Sein Angesicht hat geleuchtet als die Sonne/vnd seine Kleider wa/
ren sehr weiß/das ist kein Färber auff Erden kondte so weiß machen/vnd leuchteten von sich
wie ein klares Liecht/Matth. 17. Marc. 9. Luc. 9.

Der ort/da sich der Herr Christus auff dem Berge Thabor sol verklert haben/ist zu vn/
ser zeit ein lustiger Garten mit Beumen/vnd hat inwendig einen Brunn/der ist mit einer
Maur vmbgehen/doch wonet niemand darinnen. Man findet auch sonsten noch etliche gros/
se Gebew/alter Pallasien/vnd köstlicher Thürme/oben auff diesem Berge/da vor zeiten Kö/
nige gewonet haben/aber zu vnser zeit sind solche Gebew gantz wüste vnd verfallen/das auch
Löwen/Beeren/vnd andere wilde Thier darin ligen/derwegen auch Königliche jagt daselbst
ist. Der Berg Thabor were noch zu vnser zeit sehr bequem/ein Schloß darauff zu legen/aber
die Saracenen vnd Türcken/die vnten vmb diesen Berg her wonen/achten niemand so wir/
dig/der auff diesem Berge wonen müge/denn sie halten jhn heilig/vnd nennen jhn vmb Reu/
rung willen/einen berg Gottes. Er ist sehr hoch/vnd darumb ist er auch sehr hart auffzusteigen
Er ist auch der aller namhafftigste Berg deß heiligen Landes/nicht allein von wegen der ver/
klerung Christi/die darauff geschehen ist/sondern auch von wegen seiner Fruchtbarkeit. Denn
man findet viel Weingärten/Olebeume/vnd andere schöne Gewechs auff diesem Berge. Die
Lufft ist da gar heilsam vnd gut/der Taw dick fallende vnd süsse/der Regen früe vnd spat mit/
telmessig/da sind die Beume oder die massen hoch vnd schöne/vnd grünen beyde Sommer vnd
Winter. Da sind auch mancherley Geschlecht der Vogel/die mit jhrem süssen Gesang die
zeit vertreiben. Darumb auch die Vogler bey diesem Berge wonen/die jhre Garn vnd andere
Instrument gebrauchen/vnd sich des Vogelfangens erneheren. Bey dem Berge Thabor ist
auch der Bach Kison/da Barack vnd die Propheten Debora/Sissera den Feldheuptmann
des Königs der Cananiter in die Flucht geschlagen haben/Jud. 4.

Es ligt auch sonsten noch ein ander Berg in Ober Galilea/23. meilen von Jerusalem/
gegen Norden/derselbe Berg heist auch Thabor/vnd ligt nur/3. meilen von Cæsarea Philip/
pi/gegen der Sonnen Nidergang/Aber auff demselben Berg sol sich der HERR Christus
nicht verkleret haben.

Jericho.

Jericho ist eine Stadt im Stam Ben Jamin/drittehalb meilen von Jerusalem/gegen
Nordosten gelegen/vnd hat den namen vom wolriechen vnd süssen Gerüch/Denn da
sind köstliche Balsamgärten gewesen/darin der aller beste Balsem geflossen. Man
hat auch schöne Weingärten/vnd insonderheit wolriechende Rosen bey Jericho gefunden/die
man noch heutiges tages Rosen zu Jericho nennet/derer auch Sprach gedencket im 24. Ca/
pittel/da er das Wort Gottes den Rosenstöcken/vnd wolriechende Rosen/die bey Jericho
wachsen vergleichet.

So haben auch viel Palmen vmb Jericho her gestanden/darumb sie in heiliger Schrifft
die Palmenstadt genent wird. Josua hat die Stad Jericho gewonnen/als er mit den Priestern
vnd mit seinem Kriegsvolck vmb die Stadt gieng/vnnd die Posaunen bliesen vnd jauchtzeten
dadurch die mauren vnd thürme niderfielen/Jos. 6. Abd also Hiel von Bethel die stadt Jericho
hernach wider bawete/kostets jn seinem ersten Sohn Abiran/da er den grund legets/vnd seinen
jüngstes

Jesu Christi.

küngsten Son Egzub/da er die Thüren setzete/nach dem wort des HErrn/das er geredet hatte durch Josua den Sohn Nun/1.Reg.16. Der mütige König Herodes der die vnschüldigen Kinder tödten ließ/vnd dem Kindlein Jesu nach dem leben stellete/hat das Stedtlein Jericho mit einer Mawr befestiget/vnd nach seiner Mutter namen Coprum genennet/wie Josephus schreibet vom Kriege der Jüden im ersten Buche vnd 16. Capittel. Vnd ob die Stadt Jericho durch den Krieg der Römer wol zum andermal ist verwüstet vnd vmbgekehret worden/als Vespasianus vnd Titus die Stadt Jerusalem vnd das gantze Jüdische Land zu grunde verdorben/so ist sie doch gleichwol wider gebawet vnd gebessert/das es zu Hieronymi zeiten ein fein Stedtlein gewesen/vnd man hat Zachei Hauß/vnd den Maulbeerbaum darinnen geweiset/da Zacheus auffgestiegen/als er den HErrn Christum sehen wolte/Luc.19. Aber zu vnser zeit ist das Hauß Zachei vnnd der Maulbeerbaum nicht mehr vorhanden /. Denn das Stedtlein Jericho ist durch vielfaltige Kriege der Saracenen so gar verwüstet/das es / wie Bernhard von Brattenbach schreibet/kaum acht Heuser mehr hat/vnd alle heilige Stedte sind darinne vernilget/alleine/das man noch für Jericho den ort weiset/da der HErr Christus den Blinden sehend gemachet/der im nachschreiete/Ach HERR du Sohn Dauid erbarme dich meiner/Luc.18. Vnd ob es vmb Jericho her noch heutiges tages wol sehr fruchtbar ist/so ist es doch nichts zu achten gegen der Fruchtbarkeit/die vorhin da gewesen / als die Kinder von Israel da gewonet haben/d. i? man findet da nicht mehr die Rosen von Jericho/sondern die wachsen gegen Jericho vber, vier meilen auff jenseid deß Jordans.

Sie behalten aber den namen von Jericho / wie Sebastianus Münsterus schreibet/das sie die Bilger in diesen Flecken bekommen mögen/ vnd nicht vber den Jordan darnach schiffen dürffen. Die Stadt Jericho ligt anderthalb meilen vom Jordan/ von Jerusalem aber ligt sie dritthalb meilen. Vnd zwischen Jerusalem vnd Jericho/ist die Wüste Quarentene/da noch heutiges tages viel raubens vnd mordens in geschichet/wie Bernhard von Breitenbach schreibet/Vnd daselbst/sagt der HErr Christus/ sey auch der Mensch / der von Jerusalem hinab gieng gen Jericho/vnter die Mörder gefallen/Luc. 10. In dieser Wüsten zwischen Jerusalem vnd Jericho/ist auch der Bach Chrit/bey welchem die Raben den Propheten Eliam gespeiset haben/1. Reg. 17. Bey Jericho findet man auch ein lustig Wasser / das vorhin bitter vnd vnfruchtbar gewesen/Aber der Prophet Elisa hat Saltz in die Wasserquelle geworffen / vnd es also süsse vnd fruchtbar gemachet/2.Reg. 2.

Ephrem/heist Fruchtbar.

Die Stadt Ephrem/die von Fruchtbarkeit den namen hat ligt von Jerusalem 2. meilen/gegen Norden/in der Wüsten Quarentene / zwischen Jerusalem vnnd Jericho. Vnd bey dieser Stadt Ephrem/findet man auch den Bach Chrit / da die Raben den Propheten Eliam gespeiset haben/1.Reg. 17. Vnd wie der Euangelist Johannes am eilfften Capittel schreibet / ist der HErr Christus als er Lazarum vom Todt erwecket hatte/ in diese Stadt Ephrem gegangen/vnd hat sich da kurtz vor seinem bittern Leiden /. für den Jüden/die ihm nach dem Leben stelleten/ein zeitlang verborgen gehalten. Die Stadt Ephrem hat im Stam Ben Jamin gelegen.

Trachonitis/ein felsigt vnd steinigt Land.

Trachonitis/ist ein Land jenseid des Jordans / zwischen der Stadt Cæsarea Philippi/ vnd dem Lande Perea gelegen/vnd hat den namen von den grossen Felsen vnd steinigten Bergen/die vom Orient daron flossen. Vor zeiten hat diß Land geheissen/das Königreich Basan/vnd das Land Gilead / vnnd der grosse Prophet Moses hat diß Land eingenommen/vnd vnter den halben Stam Manasse außgetheilet. Zu des HErrn Christi zeiten ist Philippus in di. sem Lande ein Vierfürst gewesen/deß Weib war das schnöde Weib Herodias die im sein Bruder Herodes/der Vierfürst in Galilea / genommen / vnd darüber von Johanne dem Teuffer ist gestrafft worden/Matth. 14. Das Land Trachonitis wird auch Iturea genant/von Jetur/Ismaels Sohn/Gen. 25. Luc. 3. Vnd eben zu der zeit als Pontius Pilatus Landpfleger in Judæa war, vnd Herodes ein Vierfürst in Galilea / vnd sein Bruder Philippus ein Vierfürst in diesem Lande Iturea/vnd in der gegend Trachonitis/da ist auch Lisanias ein Vierfürst zu Abilene gewesen/welches ist ein Landschafft zwischen dem Libano vnd Antilibano gelegen.

D iij Betha

Reisen deß HErrn
Bethania/Trawerhauß.

Bethania ein Bild der Kirchen.

BEthania heißt ein Trawerhauß/da man in trawret vnd betrübt ist / Vnd ist ein schön Bilde der heiligen Christlichen Kirchen/dauon der HErr Christus redet Joh. 16. Ihr werdet weinen vnd heulen/die Welt aber wird sich frewen/Ir aber werdet trawrig sein/doch ewre Trawrigkeit sol zur Frewde werden. Es ligt aber dieser Fleck Bethania von Jerusalem gegen Südosten/15. Stadia oder Feldweges/die machen schier eine halbe Deutsche meilen. Vnd wie Bernhard von Breitenbach vnd F. Borchardus schreiben / weiset man noch heutiges tages/ein Steinwurff weit von Bethania/auff dem Lande bey einer Cistern/das ort/da Martha dem HErrn Christo sol entgegen gekommen sein/Johan 11. Vnd inwendig in der Stadt Bethania/weiset man auch das Hauß Simonis deß Auffsetzigen/darin ein Fraw zum HErrn Christo trat/vnd zubrach ein Glaß mit vngefelschten köstlichen Nardenwasser/vnd goß es dem HErrn Christo auff sein Heupt/da er zu Tische saß / Marc. 14. Vnd an das ort/da Martha sol gewonet haben/ist eine Kirche gebawet/vnd nicht weit von derselbigen Kirchen stehet ein Capell/darin weiset man das Grab/da der HErr Christus Lozarum vom Tode sol

Lazari grab.

erweckt haben/vnd daß ihr Grab ist mit Marmelsteinen vberzogen / vnd wird von den Saracenen/von wegen des grossen Zeichens / das da geschehen ist / in grossen Wirden gehalten. Dieses Grabes gedenckt auch der heilige Hieronymus/denn derselbe schreibet/das man schon zu seiner zeit/das Grab Lazari in der Stadt Bethania sehr ehrlich gehalten habe/ vnd es sey ein Capell darauff gebawet.

Wenn man aber von diesem Stedtlein Bethania gen Jerusalem gehet/so siehet man die Stadt nicht so bald/sondern man muß erstlich einen kleinen Berge auffsteigen / so siehet man als denn ein theil der heiligen Stadt mit dem Berge Sion vnd wenn man daßselbige Berglin wider abgehet/wird die Stadt wider verborgen/vnd darnach kompt man vnten an den Olberg/da left man das Dorff Bethphage ein Steinwurff weit zur lincken Hand liegen/vnd gehet ein klein Gäßlin auffwomb gehet also den Oleberg an einer seiten/vnd als denn kompt man an die stete/da vnser HErr Christus am Oleberg auff dem Esel gesessen / in die Stadt zu reiten/vnd daselbst erglaßet die Stadt Jerusalem mit dem Tempel Solomonis vnd des heiligen Grabes/vnd andern schönen Heusern. Darnach gehet man den Oleberg herab/vnd kompt an das ort/da die scharen des Volcks / die vorgiengen vnd nachfolgeten schrien vnd sprachen/ Hosianna dem Sohn Dauid/Gelobet sey der da kompt im Namen des HErrn.

Bethphage/Feigenhauß.

Ein Bild der Kirchen.

DAs Dorff Bethphage ligt am Oleberg/vnd wenn man von Bethania gen Jerusalem gehet/so lest man diß Dorff Bethphage ein Steinwurff weit zur lincken Hand ligen/ Vnd wie der H. Hieronymus schreibet/ist es ein Wonung vnd Flecken der Priester gewesen/vnd hat den Namen von der Fruchtbarkeit vnd Feigenbeumen / die daselbst gestanden/ Denn Bethphage heißt ein Hauß der Feigen / vnnd ist ein schön bilde der heiligen Christlichen Kirchen/die sol auch fruchtbar sein/vnd die Christen solten auch süsse / wolschmeckende/heilsame Früchte tragen/gleich wie die Feigen süß vnd wolschmeckent sind / vnd dazu böse Blattern vnd Drüsen heilen/ Wie wir lesen / das der Prophet Jesaia deß Königs Hiskia böse Blattern vnd Drüse mit Feigen geheilet hat/2. Kön. 20. Jesa. 38.

Bey Bethphage wird auch der Feigenbaum gestanden haben / den der HERR Christus verflucht/darumb/das er keine Feigen/sondern allein Bletter hatte/Matth. 21. Marc. 11. Darumb sollen wir vns auch wol vorsehen/das wir auch nicht / wie vnfruchtbare Feigenbeume/erfunden werden/die sich/gleich wie Adam vnd Eua schürtze von Feigenblettern flechten / vnd gleich wie die Werckheiligen ausser dem Glauben mit eusserlichen Wercken/ vnd eigenen verdiensten sich vnterstehen zu zieren/denn damit mag niemand bestehen für Gottes Angesichte/ sondern solch ein vnfruchtbarer Feigenbaum wird verflucht mit allen seinen grünen Blettern/ eigen Verdiensten vnd heuchlischen Wercken / vnnd wird dazu abgehawen werden / wie die HErr Christus selbst anzeiget in einer schönen Gleichniß/Luc. 13.

Von dem Flecken darauß die Eselin vnd das Füllen der
Lastbaren Eselin ist geholet worden / darauff der HErr Christus in Jerusalem geritten/ Matth. 21.

Dieses

Jesu Christi.

Jeser Fleck wie Adamus Reisnerus anzeiget/ist gewesen ein Hoff vnd Pallast mit seinen vnd stuffen/nicht weit von Bethphage am Oleberg gelegen/da sich die Wege scheiden/der eine Weg gieng von Jerusalem nach dem Grunthor/vnd der ander gieng ins Thal Gehinnon. Vnd zwar das Hebreische wörtlin Thira / das Mattheus in seinem Hebreischen Euangelio setzet/heisset nicht allein ein Castellum oder Flecken/sondern es heist auch wol einen wolgebawten Hoff/der mit Häusern gebawet / vnd mit einer Festung vmbher wol bewaret ist. Vnd es lest sich ansehen/das dieser Hoff ein Herbergierhauß gewesen/vnd die Eselin vnd das Füllen darzu gehalten/vnd auch darumb auff den Wegscheide angebunden gewesen/das die fremden Wanderoleute/die einen weiten Weg herkommen / vnd derwegen müde waren/ vnd den Oleberg nicht wol ansteigen kondten/diese Esel für Gelt dingen/ vnd damit vber den Oleberg reiten möchten/wie es etliche Gelehrte Leute dafür halten.

Was aber der Eselin vnd des Füllen geistliche bedeutung belanget/meinet es sich sehr wol/ wie es viel Gelehrte Leute außlegen/das die lastbare Eselin sey ein Bilde des Jüdischen Volcks das des Gesetzes bürde vnd last getragen hat. Das Füllen aber ist ein Bilde des Heidnischen Volckes/das des Gesetzes schwere bürde vnd last nicht getragen / vnd doch gleichwol auch angebunden ist an das Gesetze der Natur. Also sind wir alle in diesem Wirtshauß vnd Gasthofe/ nemblich in dieser Welt/da wir gleich wie frembde Geste sind/ auch angebunden / vnd stehen auff dem Wegscheide/müssen alle stunden vnd Augenblick war nemen/ vnd wissen nicht/wie bald wir dauon sollen. Der HErr Jesus Christus komme auch mit Gnaden/vnd löse vns auff von dem Bande des Todes wie Paulus spricht/Rom. 7. Vnd leite vns in das Himlische Jerusalem/da wir ewiglich mit jhm leben werden in Himlischen freuden.

Geistliche bedeutung der Eselin vnd Füllen.

Oleberg.

Er Oleberg hat fünff Stadien/das ist ein wenig mehr als ein halb viertel einer meilen von Jerusalem gegen der Sonnen auffgang gelegen/vnd ist ein sehr lustiger vñ fruchtbarer Berg gewesen/der viel Olebeume/ Palmen / Feigenbeume / Baumwollen/vnd andere edle frucht getragen. Vnd dieweil die Olebeume vnd Palmbeume jhre Bletter nimmer verlieren/wie Plinius schreibet/lib.16.cap.19. sondern beyde Sommer vñ Winter grünen so siehet man darauff/das der Oleberg nicht allein des Sommers/sondern auch des Winters sein grün gewesen ist. Der H. Augustinus nennet jhn einen Berg des Crismo vnd der Salbung/seinen Berg der fetten Speise/ Ertzney vnd Heilung/denn er hat Ole/Feigen vnd Baumwollen getragen/zur Artzney dienlich. Er nennet jhn auch einen Berg des Liechts/denn er hat gegen dem Tempel vber gelegen/gegen der Sonnen auffgang/Dertwegen ist er des Morgens vnd Abends von den stralen der Sonnen/vnd durch die gantze Nacht/ vom erglasten der Liechter des Tempels/erleucht worden / vnd hat also vom Himmel vnd auch vom Tempel Liecht empfangen/vnd daneben des Liechtes führung/nemlich guten Oel gebeu / darumb mag er billig der Oleberg heissen.

Er ist ein schön bilde der heiligen Christlichen Kirchen / die durch den Morgenstern nemlich durch vnsern HErrn Jesum Christum/ der da ist die schöne Morgenröthe vnd Auffgang aus der Höhe. Item/ durch die Liechter des Tempels/nemlich / durch fromme Prediger/ die das helle Liecht des Euangelij fürtragen/erleuchtet wird. Item auff diesem Geistlichen Oleberg/in der heiligen Christlichen Kirchen/sind auch viel frommer Christen/ die gleich wie Geistliche Olebeume vnd Feigenbeume/heilsame Früchte bringen/ vnd fruchtbar sind in allen guten Wercken/sich auch/wie edle starcke Palmenbeume auffrichten wider alle schwere bürde/ last/anfechtung/Creutz vnd verfolgung / in des HErrn Christi Triumph werden eingetragen werden in das Himlische Jerusalem. Das aber Zacharias der heilige Prophet in seinem letzten Capittel weissaget/Der Oleberg werde von einander spalten sehr weit/gegen Abend/Morgen/Mittag/ist Geistlicher weise zuuerstehen/wie Doctor Martinus Luther anzeiget/das sich die heilige Christliche Kirche in alle vier Winde/vñ in alle Welt außbreiten solte/welches auch also geschehen. Der heilige Hieronymus in Epitaphio Paulæ vermeldet/daß auff dem Oleberge vorzeiten die Rote Kue verbrant worden/mit derer Asche das Volck besprenget ward/Numeri 19. Hebr. 9. Eusebius im dritten Buch vom Leben des grossen Keysers Constantini schreibet/Die fromme andechtige Keyserin Helena/des Keysers Constantini Mutter habe auff dem Oleberg / da der HERR Christus gen Himmel gefahren war / eine schöne Kirche gebawet

Reisen des Herrn

gebawet/in runter form/vnd gestalt/die ist oben an den ort/da der Herr Christus sol gen Himmel gefahren sein/offen geblieben/vnd nicht zu gedeckt worden/wie der H. Hieronymus anzeiget in seinem Büchlein de locis Hebraicis in actis Apostolorum.

Am selbigen ort vermeldet auch derselbige H. Hieronymus/Man habe zu seiner zeit in dieser Kirchen/in der Erden die Fußstapffen geweiset/die der Herr Christus solte darin gedruckt haben/da er gen Himmel gefahren ist/darauß die frembden Bilger etliche sandkörnlein mit sich haben pflegen hinweg zutragen. Es ist aber sonder zweiffel mit denselben Fußstapffen schon zu der zeit ein lauter betrug gewesen/die frembden Bilger vmb das ire zu betriegen/wie auch noch heutiges tages geschiehet. Denn Bernhard von Breitenbach/der Anno 1483.in dieser Kirchen gewesen/vnd es darin besehen/schreibet/diese Fußstapffen werden noch heutiges tages geweiset aber nicht mehr in der blossen Erden/sondern in einem Stein/da sie die Leutbetrieger zu Jerusalem werden eingehawen haben/auff daß die Fußstapffen nicht so offt mit Erden wider zu fallen dörfften/vnd gleichwol die frembden Bilger vmb ihr Geld betriegen möchten: Darumb lassen wir solche Fußstapffen/als ein lauter betrug billig fahren/vnd suchen den Herrn Christum in seinem heiligen Göttlichen Wort/vnd droben im Himmel/da ist er zur rechten Gottes/vnd vertrit vns. Dürffen auch nach dem Oleberg Jerusalem nicht lauffen/weil sich der Geistliche Oleberg/nemlich/die heilige Christliche Kirche/durch die gantze Welt hat außgebreitet.

Gethsemane/Olethal oder Oelpresse.

Gethsemane ist ein Dörfflein vnd Meyerhoff gewesen/vnten am Oleberg gelegen/an einem sehr lustigen vñ fruchtbaren ort/vnd wie Augustinus schreibet/sind lustigk Gärten bey diesem Dörfflein gewesen/da hat der Herr Christus mit seinen Jüngern pflegen einzugehen vnd zu beten/So hat er auch daselbst im Garten Blut geschwitzet/Luc. 22.

Es lest sich ansehen/das Dorff bey diesem Garten habe den namen gehabt von der Olpresse/das man daselbst den Oel hat pflegen außzubrücken / denn Gethsemane heißt eine Olpresse. Vnd daselbst ist auch dem Sohn Gottes vnserm Herren Jesu Christo sein gedenckentes Hertz dermassen vor grosser angst zerdrückt vnnd zerpresset worden/das sein heilige Blut auß allen seinen Gliedern gedrungen/Vnd das ist also der heilsame Oel/dadurch wir geheilet werden von vnsern Sünden/Jesa 53.

Der Euangelist Mattheus aber in seinem Hebreischen Euangelio im 26.Cap.nennet diesen Hoff vnd Dörfflein Geschemanim/das heißt ein Olethal.

Helena Keysers Constantini Mutter/hat am ort Gethsemane einen grossen Tempel gebawet/den sie das Grab der Mutter Gottes genant/Niceph. lib. 8, cap. 30.

Von Maria Begrebnis vnd Himelfart was zu halten sey.

Bernhard von Breitenbach/der im Jar nach Christi Geburt 1483. diesen Tempel auch besehen hat/schreibet/es sey ein grosse gewölbte Kirchen/vnd man müsse 48. staffeln darin hinnab steigen zu dem Grabe der Jungfrawen Marien / das von schönen weissen Marmelsteinen gemacht ist/noch grösser als das Grab des Herrn Christi. Er schreibet auch/diß Grab Mariæ habe zwo Thüren/dadurch man auß vnd ein gehen könne/ob es aber das rechte Grab Mariæ sey/da ist vns nicht viel angelegen/weil wir in heiliger Schrifft nichts hievon geschrieben finden/Vnd hetten wirs sollen wissen/wohin vnd an welchem ort die Jungfraw Maria sey begraben worden/würde es der H.Geist durch den Euangelisten Lucam in seinem Apostel geschichten auch sonder zweiffel haben auffschreiben lassen / Es würde vns aber zu vnser Seligkeit gantz nicht dienlich sein. So sich aber die Jungfraw Maria an diesem ort/da ihr aller liebster Son für grosser angst Blut geschwitzt/hat begraben lassen/gibt solches ein anzeigung / das sie sich in ihrem letzten abschied auß diesem Jammerthal/ des bittern Leidens vnd Todeskampffs/den ihr Hertz aller liebster Sohn an diesem ort für ihre vnd aller Welt Sünde außgestanden/ erinnert/sich darmit wird getröstet haben/vnd also seliglich gestorben sein. Dennach lassen wir diese Historien/das die Jungfraw Maria an diesem ort begraben sey / so gut sein vnd bleiben als sie an im selbst ist/vnd haltens gleichwol für keine Euangelische Historien.

Das aber die Jungfraw Maria am dritten Tag nach ihrem begrebnis vom Tode solt wider erwecket/vnd in beysein aller Aposteln/mit Leib vnd Seel gen Himel genommen sein/ist sonder zweiffel ein gedicht/Denn solch groß herrlich Wunder würde Lucas in seinen Apostel geschichten/wenn es also geschehen were / mit nichten vorbey gegangen / sondern gewißlich auch beschrieben

Jesu Christi.

schrecken haben/ Weil aber solches nicht geschehen/ so halten wirs billig für ein Fabel vñ Mehrlin/ die von den Mönchen in die Kirchen Historien vnd Nicephorum wird hinein geflicket sein.

Das ich aber wider auff den Garten komme/ darin der HErr Christus Blut geschwitzet vnd mit dem bittern Todt gerungen hat/ schreibet Bernhard von Breitenbach/ wen man aus der Kirchen des Grabes Mariæ geht ein wenig zur lincken Hand/ so kommet man vnten an den Oelberg/ vnd wenn man ein wenig hinau steiget/ weiset man den Bilgern einen holen Felsen/ für welchem der HErr Christus mit dem bittern Todt sol gerungen vñ Blut geschwitzet haben. Man weiset auch daselbst einen Stein/ darauff der Engel dem HErrn Christo sol erschienen sein/ der in in seinem bittern Leiden vnd Todeskampff getröstet hat / Luc. 22. Von dannen ein steinwurff weit/ wird auch das ort geweiset/ da Petrus/ Jacobus vnd Johannes sollen geschlaffen haben. Item/man zeiget auch den Bilgern das ort/ da der HErr Christus von Juda mit einem Kuß verrathen worden/ daßelbige ort ist mit steinen gezeichnet. Item/ Man weiset auch an welchem ort der HErr Christus sol gebunden/ vnd Malcho das Ohr sol abgehawen sein worden/ Aber wer hat diese örter alle / wie der HErr Christus in der Finstern Nacht mit grossem getümmel ist gefangen/ vnd die Jünger erschrecket vnd erschüttet worden / so eben abmercken können ? Darumb ist wol gleublich/ das die zu Jerusalem solcher örter viel erdacht vnd zugerichtet haben/ die frembden Bilger vmb jhr Geld zu betriegen. Darumb sol man den HErrn Christum in seinem Göttlichen Worte suchen / vnd nicht an diesen vngewissen örtern.

Das aber ist hie viel mehr zu bedencken/ Adam vnd Eua haben das gebot Gottes im Garten getrochen/ Darumb hat sich auch das bitter Leiden deß HErrn Christi im Garten müssen ansahen. Vnd Adamus Rißnerus helt es dafür/ dieser Garten werde Nehem. Cap. 3. des Königs Garten genennet/ Denn so stehet es am selbigen ort geschrieben : Sallum der Sohn Chalhose bawete das Brunthor bey dem Garten des Königs. Aber dieser Garten / darin der HErr Christus gefangen worden/ hat sehr weit von der Stadt am Olberg gelegen/ vnd ist ein sehr lustiger Garten gewesen/ Wil man jhn für solchen Garten des Königs halten/ das kan man jhun/ es gibt schöne liebliche gedancken/ das die Könige / Dauid vnnd Salomon diesen Garten werden gepflantzet vnd jhre lust vnd freud darin gehabt haben / vnd der grosse König der Messia/ offt darin gewandelt / vnd im Königlichen Lustgarten im Jüdischen Paradiß sein bitter Leiden habe außstehen müssen / auff das er vns armen Sünder widerumb ins Himmelische Paradiß bringen möchte. So werden auch die Könige zu Jerusalem nicht allein kurtz vor dem Thor, sondern auch weit von der Stadt / an den lustigen Olebergs/ der bey de Sommer vnd Winter grathmet/ jhre Königliche Lustgarten gehabt haben. Vnd also ist wol gleublich das der HErr Christus der König aller Königen/ in des Königs Garten / als im jrrdischen Paradiß/ Blut geschwitzet/ vnd im dem bittern Todt gerungen habe. Vnd hat also der HErr Christus/ der grosse König von Himmel / an den ort / da andere König jhre Lust vnd Freude gehabt die grössefte Schmertzen leiden müssen.

Bach Kidron/ Schwartzer Bach.

Als weite Thal zwischen dem Oleberg vnd der Stadt Jerusalem/ hat das Thal Josaphat geheissen, durch daßelbige Thal ist der Bach Kidron zwischen dem Oleberg vnd der Stadt Jerusalem her geflossen. Vnd vber diesen Bach Kidron ist der HErr Christus gegangen/ zu der zeit seines bittern Leidens. Dieweil aber von diesem Bach Kidron im ersten Buche bey der Beschreibung der Stadt Jerusalem weitleufftiger gehandelt worden/ ist es ohne noth solches zu widerholen.

Das aber ist hie zu mercken/ der Sohn Gottes ist vber den schwartzen Bach gegangen/ der von dem schwartzen fetten Erdreich gantz trübe / schwartz vnd vnflätig gewesen / auff das er vns auß d. m schlam vnser Sünden/ erlöse/ vnd durch den edlen rothen Bach / der aus seiner gebenedeyeten Seiten geflossen/ wider reinigen möchte. Item/ das er vns erinnerte der Weissagung des Königs Dauids/ oder auch zu der zeit/ als er für seinem Sohn Absalon floch / mit grossem schmertzen vber diesen Bach Kidron gegangen ist/ 2. Sam 15. vnd im 110. Psalm also spricht vom HErrn Christo: Er wird von dem Bach am Wege trincken/ darumb wird er sein Heupt empor heben. Item im 69. Psalm spricht er in der Person des HErrn Christi. Ich versincke im tieffen schlam/ vnd die Fluth wil mich vmbgeben/ etc.

Golgatha/ Schedelstadt.

Reisen des HErrn

Er Berg Golgatha oder Calvarie/auff Deutsch Schedelstedt/darauff der HERR Christus ist gecreutziget worden/hat den Namen von den Todten Gebeinten/Schedeln vnd Pfannen der Vbeltheter/die daselbst sind gericht worden/gleich wie man bey vns vnter den Galgen vnd Redern/da man die Diebe vnd Strauchreuber/vnd andere Vbeltheter vnd Mörder pfleget abzuthun/auch solche Hirnschalen vnd todte Gebeine findet / Also ist der HErr Christus auch vnter die Vbeltheter gerechnet/vnd auff dem Berge Golgatha gecreutziget worden/auff das er für alle Vbeltheter vnd arme Sünder genug thun/ vnd bezalen möchte/vnd hat vns also durch seinen Todt/vom ewigen Todt erlöset.

Es hat aber der Berg Golgatha von Jerusalem gegen der Sonnen Nidergang gelegen/ vnd Keyser Elias Adrianus hat das ander Jerusalem / das er nach seinem Namen Eliam genennt/darumb her bawen lassen/Vnd ist also beyde das heilige Grab vnd auch der Berg Golgatha/zu vnser zeit in der Stadt Jerusalem. Vnd dieweil sich im ersten Buch bey der Beschreibung der Stadt Jerusalem vnd Elia/von diesem Berg / darauff der HErr Christus ist gecreutziget worden/weitleufftiger vnd gründlich genug beschrieben / wil ich den gütigen Leser dahin gewiesen haben.

H. Heinrich der Löw.

Das allein hab ich an diesem ort noch anzeigen wollen/Albertus Crantz schreibet/Hertzog Heinrich der Löw/der zu Braunschweig begraben ligt / als er nach dem heiligen Grab gezogen/vnd dasselbe besehen/habe er das Thor zum heiligen Creutz gantz vbersilbern lassen. Aber sind der zeit ist das heilige Grab vnd Berg Golgatha/ etliche mal von den Vngleubigen spoliiert/beraubet vnd verunreiniget worden/ wie im ersten Buch bey der beschreibung der Stadt Elisa(sonsten das jetzige Jerusalem genant)ist angezeiget worden.

Reisen vnsers HErrn Jesu Christi/nach seiner frölichen Aufferstehung.

Von Jerusalem ist der HErr Christus nach seiner frölichen Aufferstehung gen Emmahus gewandert/schier 2.meilen/vnd hat vnter weges seinen Jüngern außgelegt Mosen vnd alle Propheten/Luc. 24.

2. Von Emmahus ist der HErr Christus wider gen Jerusalem kommen / an die 2.meilen vnd sich da zunen Jüngern/als die Thüren verschlossen waren/ aus furcht für den Jüden /lebendig sehen lassen. Vnd vber acht Tage ist er jhnen abermals erschienen / in bey sein des Apostels Thomæ. Luc. 14. Joh. 20.

3. Von Jerusalem ist der HErr Christus vber 14. meilen an das Meer bey Tyberias/sonsten das Galiläische Meer genant/gekommen/vnd hat sich dazwischen Capernaum vnd Bethsaida seinen Jüngern abermals offenbaret/ vnd sie gefraget / Kinder / habt jhr was zu essen? Sie antworten jhm/Nein/Jesus sprach zu jhnen : Werffet auß zur rechten des Schiffs/so werdet jhr finden. Vnd da sie das theten/beschlossen sie eine grosse menge Fische/ Johan. 21. Darnach hat sich der HErr Christus abermal sehen lassen auff dem Berge in Galilea/da ist er gesehen worden von mehr denn fünffhundert Brüdern auff einmal/1. Cor. 15.Was es aber für ein Berg gewesen sey/wird nicht eigentlich angezeiget.Es ist aber gleublich/das es der hohe Berg sey/der nicht weit von Capernaum am Galileischen Meer ligt / da der HErr Christus eine lange Predigt gethan/Matth. 5. Vnd einen Auffetzigen Menschen gesund gemacht/Matth. 8. Welchen Berg ich vorhin beschrieben habe.

4. Aus Galilea wider gen Jerusalem/sind 14.meilen/da hat der HErr Christus seine Jünger versamlet/vnd jhnen befohlen/Sie solten von Jerusalem nicht weichen/sie hetten denn zuvor den H. Geist empfangen.

5. Auß Jerusalem hat der HErr Christus seine Jünger gen Bethania auff den Oelberg geführet/vber ein viertel einer meilen/vnd ist da gen Himmel gefahren/Luc. 24. Act. 1.

Summa dieser Reisen des HErrn Christi nach seiner frölichen Aufferstehung/32. meilen.

Summa aller Reisen des HErrn Jesu Christi/von seiner Geburt an zu rechnen/biß auff seine Hiemlfarth/668.meilen außgenommen die grossen weiten Reisen / die die Euangelisten wol gedencken/vnd doch für der menge nicht alle haben beschreiben können.

Folget

Jesu Christi. 40
Folget nun die beschreibung der Stedt vnd Orter.
Gestalt deß heiligen Grabes.

Als H. Grab ist ausserhalb der Stadt Jerusalem gelegen / nicht weit von dem Berge Golgatha / in Josephs von Arimathia Garten. Denn das ist gebräuchlich gewesen bey dem Jüdischen Völck / das sie ihre Begrebnüs gemeinlich in ihre Lustgärten gehabt / auff das sie sich bey den Lilien vnd Blumen / vnd andern schönen gewechsen / ihrer sterbligkeit erinnern möchten / Wie Dauid spricht im 103. Psalm / Ein Mensch ist in seinem Leben wie Graß / Er blühet wie ein Blume auff dem Felde / wenn der Wind darüber gehet / so ist sie nimmer da. Dieser vrsachen halben / werden sich das Jüdische Völck / vnd insonderheit die Könige in ihren Lustgärten haben begraben lassen. [Die Jüden haben jhre Begrebnis in jhren Lustgärten gehabt.]

Also hat auch der Erbar Rathsherr / Joseph von Arimathia / ein Grab in einen Felsen hawen lassen in seinem Lustgarten / auff das / wenn er vnter den Blumen spatzieren gienge / sich auch seiner Sterbligkeit erinnern möchte. Vnd in diesem Grabe / das noch gantz new war / ist der HErr Christus begraben, vnd am dritten tage wider vom Todt erstanden. Denn gleich wie Adam vnd Eua im Garten das Gebot Gottes gebrochen / vnnd dadurch den Todt vnd Verdamnüs zu wegen gebracht / Also hat der HErr Christus im Garten / durch seine frölische Aufferstehung / widerbracht das Leben / vnd die ewige Seligkeit. [Josephs Grab im Garten / darin Christus gelegt. Johan. 19.]

Es ist aber das heilige Grab nicht also gestalt gewesen / wie es die Mahler pflegen zu mahlen / viereckt / vnnd oben offen / Sondern es ist in einen Felsen gehawen gewesen / vnd hat ein Thür gehabt / das man hat hinein gehen können / wie in ein kleine Capellen / Denn Johannes der Euangelist im 20. Capitel seines heiligen Euangelij zeiget an / er sey mit Petro nach dem Grabe gelauffen / vnd als er sieht / Johannes / am ersten zum Grabe gekommen / sey er nicht hinein gegangen / sondern von ferne gestanden / vnd ins Grab gekucket / vnd die Leinen gelegt gesehen. Wenn nun das Grab also were gestalt gewesen / wie es die Mahler mahlen / hette Johannes nicht von ferne können auff den boden des Erdreichs ins Grab hinein sehen / sondern er hette müssen nahe hinzu treten / wie darnach Petrus that / der gantz vil gar hinein gieng ins Grab. Zu dem / bezeugen auch alle Euangelisten / die Frawen sein ins Grab hinein gegangen / vnd nicht hinein gestiegen / vnd ehe sie ins Grab kamen / kondten sie die Engel nicht sehen / aber da sie hinein giengen / oder zur Thür hinein gesehen sein / ist der Engel gewar worden / Mar. 16. Johan. 20. Hierauß ist nun offenbar / daß das Grab ein Thür gehabt / das man hat können hinein sehen / oder hinein gehen / wie in ein kleine Capellen / Vnd für dieselben Thür ist ein grosser Stein geweltzet gewesen / Matth. 28. [Wie es sey gestalt gewesen.]

Eusebius vnd Nicephorus schreiben / die Heyden haben einen grossen hauffen Erden auff das H. Grab geworffen / vnd es mit Erden gantz vberschüttet / das mans ja nicht mehr finden solte / vnd oben drauff haben sie der Göttin Venus Bild auffgerichtet / vnd grosse Abgötterey da getrieben / dieweil sie der Göttin Venus geopffert / vnd auff ihre Heydnische weise ir gedienet haben. Aber die fromme andechtige Keyserin Helena / deß grossen Keysers Constantini Mutter / hat diß Bildnüs der Göttin V. neris herunter werffen / vnnd das heilige Grab wider herfür Graben lassen / vnd befohlen / das man allen Dreck / Vnflat vnd Erden / damit die Heyden das heilige Grab vberschüttet hatten / zur Stadt hinauß bringen solte / welches auch also bald geschehen. Vnd also ist daß H. Grab durch die fromme andechtige Keyserin wider gesaubert vnd gereiniget worden. Vnd ihr Sohn / der grosse Keyser Constantinus / hat einen schönen Tempel auff das H. Grab bawen lassen / der ist mit Marmelseulen / Silber vnd Gold sehr hübsch geschmücket gewesen / vnd hat gegen der Sonnen Auffgang drey köstliche Thor vnd lustige Vorhöfe vnd Spatziergenge gehabt / darin die Windelstein / mit Gold wunderschön gezieret waren. Es stund auch daselbst ein groß Gewölbe / wie ein halber Himel auff 12. Seulen nach der zahl der 12. Aposteln / vnd dieselben Seulen waren oben mit Silber geschmücket. Da necsst war ein grosser weiter Vorhoff / sampt einem köstlichen Gebew / daran die Thor sehr schön gemacht / das die Leute / so die Strasse vom Marckt dahin giengen / groß wunder daran sahen / vnd sich nicht ein geringes ob solchem herrlichen Gebew verwunderten. In diesem Tempel hat das H. Grab gestanden / das derselbige Keyser Constantinus mit Marmelstein / kunstreicher arbeit sehr hübsch hatte zieren lassen. Solches ist geschehen 330. Jar nach Christi Geburt. [Venus Bilde von den Heyden auff das Grab Christi gesetzt. Tempel auff das heilige Grab gebawet.]

Der

Reisen des Herrn

Der alte Lehrer Beda (der 700. Jar nach Christi Geburt in Engelland gelebet) beschreibet die gestalt des H. Grabes also: Das es inwendig rund gewesen / sey in einem harten Felß gehawen / und habe gegen der Sonnen auffgang ein Thür gehabt / da man kondte hinein gehen / wie in ein kleine Capellen / und wenn man inwendig in diesem holen Felsen gestanden / und die Hand in die höhe gerecket / so hat man doch kaum oben anrüren mögen. Weiter beschreibet Beda / daß das ort / da der HERR Christus gelegen / sey in diesem außgehawenen Felsen gegen Norden / dreyer Hand breit hoch / und 7. Fuß lang / gleich wie ein Steinern Sarck gemacht / doch sey es nicht oben sondern auff einer seiten / nemlich / gegen Südenwerts offen gewesen / das man also von derselbigen seiten die Leich deß HErrn Christi hat hinein gelegt. Und derselbige steinerne Sarck oder Grab deß HErrn Christi / hat vermischte Farben gehabt / weiß und roth. Und daß das heilige Grab also gestalt gewesen / schreibet Beda / habe er aus den frembden Bilgern / die zu seiner zeit von Jerusalem in Engelland gekommen / und das heilige Grab mit augen gesehen hatten.

Tempel des H. Grabes wider zerstöret.
Jm Jar nach Christi Geburt 1012. hat Colipha / der Egyptische Sultan / die Stadt Jerusalem eingenommen / und den schönen herrlichen Tempel / den der grosse Keyser Constantinus auff das H. Grab gebawet / wider zerstört und abgebrochen. Doch haben jhn die Christen mit hülffe deß Constantinopolitanischen Keysers hernach wider gebawet.

Was es mit dem heiligen Grabe zu unser zeit für eine gelegenheit habe.
Jm Jar nach Christi Geburt 1246. ist Cosanus der Tartern König / auff deß Sultans anschickung / mit grossem Kriegsvolck in das Jüdische Land kommen / hat die Stadt Jerusalem eingenommen / die Christen jemmerlich erschlagen / und das H. Grab mit grossem Exsses zertrümmert / Doch haben die Münche das H. Grab wider gebawet / unnd den Egyptischen Sultan jährlichen Tribut dauon geben müssen. Dü hat nun zu unser zeit ein solche gestalt / wie Bernhard von Breitenbach schreibet / Mitten im Tempel deß H. Grabes stehet ein auffgehawener Feiß / der ist vierecket / 8. Fuß hoch / 16. Fuß lang / und 8. Fuß breit / und ist außwendig mit weissen Marmelstein überzogen / und hat gegen der Sonnen Auffgang ein Thürlin / wenn man da hinein gehet / und trit inn den holen Felsen hinein kömpt / da ist eine Wand / die diesem Felsen inwendig in zwey gleiche theil unterscheidet / deren ein jeglichs beyde dererseits und auch der hinderste / recht vierecket seyn / acht Fuß hoch / lang und breit. Und in derselben mittelsten Scheidemawr ist auch ein kleines Thürlein / darvor ligt ein stück deß Steines / den der Engel zu der zeit der Aufferstehung Christi / von dieser Thür sol abgeweltzet haben / und das ander stück dieses Steins wird auff dem Berge Sion verwaret / und haben die Armenier einen Altar davon gemacht. Wenn man aber durch das Thürlin / in die mittelste Scheidemawr hinein gehet in den hindersten theil / das gleich wie ein Kemmerlin ist / in diesem außgehawenen Felsen / so findet man darin zur rechten Hand / gegen Nordenwerts an der Wand / das heilige Grab auß Marmelstein gemacht / greiser Farbe / drey Handbreit hoch / und 8. Fuß lang / eben so lang / als das Kemmerlin ist / darin es stehet / und es kan kein tages licht da hinein fallen / weil kein Fenster darein gehet / sondern es hangen stets in die 18. brennende Ampeln vber bi sem heiligen Grabe.

Hierauß sihet man nun / das diß Grab nicht mehr so gestalt ist / wie es zu der Apostel zeit gewesen / die von ferne für den Felsen stunden / und gleichwol hinein sehen kundten / wo der HErr gelegen hatte / ob wol kein brennende Ampeln darin waren / Jetzt aber kan man das H. Grab nicht sehen / man gehe denn durch zwey Thüren hinein. Zu dem ist auch nicht mehr das rechte Grab / darin der HErr Christus gelegen hat / denn das Grab ist etlich mal durch die Ungleubigen verwüstet und verunreiniget / und die Tarter / wie vorhin gemeldt / habens gantz und gar zertrümmert und zustaub zerschlagen. Darumb sollen wir uns nach den worten des Engels billich richten / und Christum nicht mehr im Grabe bey den Todten suchen / sondern bey den lebendigen. Vollends / weil es etiel betrug ist mit diesem Grabe zu Jerusalem / und die Münche zu Jerusalem / jer schindterey damit treiben / denn sie lassen keinen frembden Bilger hinein / er habe denn jnen zuvor die Hende mit Gelde geschmieret / Denn Bernhard von Breitenbach und seine Gesellen / die im Jar nach Christi Geburt 1483. diß Grab besehen / haben ein jeglicher fünff Ducaten geben müssen / ehe hat man sie nicht wollen hinein lassen. Der Tempel des heiligen Grabes ist vorhin im 1. Buch bey der beschreibung der Stadt Elia oder Jerusalem / wie sie zu unser zeit gestalt / beschrieben worden / dahin ich den gütigen Leser wil zurück gewiesen haben.

Einmal

Reisen des HErrn Jesu Christi.

Emmahus / Muttersterck.

Je Stadt Emmahus ligt von Jerusalem 60. Stadia / oder Feldweges / die machen 1. Deutsche meilen / vnd vierthalb viertel einer Deutschen meilen. Hieraus sihet man / daß das Städtelin Emmahus / schier zwo meilen von Jerusalem gelegen. Das wort Emmahus heist Muttersterck / wie es Philippus Melanthon auslegt / vnd ist also ein schön Bilde der heiligen Christlichen Kirchen / die ist die rechte Mutter / die dem HErrn Christo viel Menschen new geberet zum ewigen Leben. Vnd diese Mutter / ob sie wol / gleich wie das Städtlin oder Schlößlin Emmahus / ein klein gerings ansehen hat / ist sie doch gleichwol so starck das sie die Pforten der Hellen nicht vberweltigen können.

Doctor Martinus Luther spricht / Emmahus heist so viel als ein Schlößlin / oder feste Burg. Dieser name reimet sich sehr wol mit der gestalt vnd gelegenheit der Stab Emmahus denn ob sie wol nicht groß / sondern ein klein Fleck gewesen / so ist sie doch gleichwol von wegen jrer stadtlichen starcken Festung / vnter die Heuptsted in Judea gerechnet / vnd darumb mag sie billig Emmahus / das ist Schlößlin oder feste Burg heissen. Sie ist aber durch den Krieg der Römer / als Jerusalem durch Titum verstöret worden / auch sehr jemmerlich zurissen / vnd verwüstet worden. Denn da Titus wider gen Rom zog / vnd einen Heuptman Liberium Maximum / im Jüdischen Lande ließ / hat Keyser Vespasianus an denselbigen ort geschrieben / Er solte das Jüdische Land verkauffen / vnd keine Stadt darin wider bawen. Derselbe Liberius Maximus / als er zum Lande außzog / lieh er nicht mehr denn 800. Kriegsknechte im Lande / denen hat er das Städtelin Emmahus / das sehr jemmerlich zerrissen vnd verwüstet war / eingeben. Josephus de bello Iuda lib. 7. cap. 25 Vber anderhalb hundert Jar hernach ist die Stadt Emmahus wider gebawet / auff befehl des Keysers Marci Aurelij Heliogabali / vnd Nicopolis / das ist / ein Stadt deß Siegs vnd vberwindung genent worden.

Nicht weit von Emmahus ist ein dreyfache wegescheide / da sich der HErr Christus gestellet als wolt er fürder gehen / vnd seine Jünger jhn nötigten / vnd sprachen / Bleib bey vns / denn es wil abend werden / Luc. 24. Bey derselben dreyfache wegescheide / ist ein Brunn gewesen / wenn francke Leut / oder auch kranck Vieh daraus getruncken / sollen sie alsbald gesund worden sein / wie Nicephorus vnd Sozomenus in jhren Kirchen Historien anzeigen. Auch ist die gemeine sage gewesen / Das der HErr Christus / als er von einer langen müheseligen Reise dahin kommen / die süsse da sol gewaschen haben / davon der Brunn solche krafft sol empfangen haben. Dem sey nu wie jm wolle / so ist vns da nicht viel an gelegen.

Brünnlein Emahus.

Emmahus ein bilde der Christlichen Kirchen.

Die Stadt Emmahus / sonsten Nicopolis genant / stehet noch heutiges tags / vnd ligt von Jerusalem schier zwo meilen gegen Nordwesten / auff der Strossen / da man von Jerusalem gen Joppen reiset / vnd hat eine schöne gelegenheit / von wegen lustiger Brunnen vnd wasser / wie Plinius schreibet / lib. 5. cap. 14.

Zum beschluß muß ich an diesem ort auch das vnvermeldet nicht lassen / Ob die zween Jünger (denen sich der HErr Christus zu Emmahus im Brodbrechen geoffenbaret) wol sehr spete wider gen Jerusalem gegangen / vnd der Stadtthor schon zugeschlossen gewesen / haben sie doch gleichwol sein in die Vorstadt kommen können / Denn dieselbe war noch zu der zeit mit keiner mawren befestiget / ward auch des nachts nicht verschlossen / wie ich solchs im ersten Buch bey der beschreibung der Stadt Jerusalem angezeiget habe. So ists auch gleublich / das der HErr Christus in dieser Vorstadt / sonsten Newstadt genant / auch das Osterlemblin mit seinen Jüngern gegessen habe / den sonsten hette er in der finstern nacht / auch nicht aus der Stadt Jerusalem kommen / vnd vber den Bach Kidron an den Oleberg gehen können / weil die Thor der Stadt Jerusalem alle Nacht verschlossen gewesen.

Was die Ordnung der Reisen vnsers HErrn Jesu Christi belanget / habe ich darinnen gefolget / dem Wirdigen vnd Hochgelarten Herrn / D. Martino Chemnitio / Superintendenten der Kirchen zu Braunschweig.

Woher der Simon gewesen sey / der dem HErrn Christo das Creutz hat nachgetragen / Matth. 27.

E Dieser

Reisen vnsers Herrn

Jeser Simon ist gewesen von Cyrene / das ist ein Stadt in Africa/vnd ligt von Jerusalem 104. meilen/gegen der Sonnen Nidergang. Vnd ob sie wol nicht nah am vfer deß Meers ligt/so kan sie doch gleichwol von denen/ die in grossen Mittelmeer schiffen / sein gesehen werden/denn sie ligt auff einem Berge/sein lustig erhaben/Vnd wie Strabo schreibet/hat sie 80. stadia/das ist drittehalb meilen in jrem vmbkreiß gehabt/ vnd das gantz vmbliegende Land/wird auch nach dieser Stadt Cyrene genant/sonsten heist es auch wol Pentapolis/von den fünff Städten die in diesem Lande Liggen/vnd heissen also: Cyrene/Berenice Astone/ Ptolemais vnd Apollonia. Aber die Stadt Cyrene ist die fürnembste vnd herrligste/ vnd folchen namen haben/von Cyrene Hippei Tochter/wie Diodorus Siculus lib. 5. schreibet. Aber im alten Testament wird die Stadt Cyrene/Kir genent/das heist ein Wand/ vnd Tiglath Pillesser/ der König von Assyrien hat sie eingenommen/ vnd hat viel gefangene Jüden dahin gesand/ 2. Reg. 16. Die haben da ein Synagoge vnd Schule auffgerichtet/die hat noch gestanden zu der zeit deß Leidens vnsers HErrn Jesu Christi. Denn Simon von Cyrene halff dem HErrn Christo das Creutz nachzutragen / vnd etliche von der Schule der Libertiner vnd Cyrener haiffen Stephanum zum tobt verdammen/ Act. 6. Die Stadt Cyrene stehet noch heutigs tags/vnd heist zu vnser zeit Corena. Es ist eine grosse lust von Springbrünlin / vnd andern lustigen dingen in dieser Stadt/ vnd das Land vmb sie her / ist sehr fruchtbar.

Woher der fromme Gottesfürchtige Joseph gewesen sey der den Leichnam vnsers HErrn Jesu Christi begraben hat.

Jeser Joseph war von Arimathia der stadt der Jüden / die Mattheus in seinem Hebreischen Euangelio/ cap. 46. mit jrem rechten Hebreischen Namen / Haramathiam nennet/das heist auff der höhen/denn sie hat hoch erhaben auff dem gebirge Ephraim gelegen/4. meilen von Jerusalem/gegen Nordwesten/nicht weit von Lidda vnd Joppen. Im 1. Buch Samuelis am 1. Capittel/ wird diese Stadt genent Ramathaim Zophim / vnd ist daselbst der Prophet Samuel geboren/ligt auch daselbst begraben/1. Sam. 29. Die Stadt Arimathia stehet noch heutigs tages/vnd wird von den Einwonern deß heiligen Landes Ramech genent/sie ist zimlich groß / aber gar offen/wie ein ander Flecken/vnd vbel erbawet / doch findet man noch hin vnd wider etliche Vestigia alter gebew darinnen / vnnd eine feine behausung vnd herberge / für die frembden Bilger / welche jnen Hertzog Philippus von Burgund/ in vorzeiten zum besten erkaufft hat. Diese herberge ist zimlich groß/ vnd hat inwendig viel gewelbte Kaminern/vnd einen guten Schöpffbrunnen / So ist im innern höfflein ein zimlicher weiter platz / der voll deß grünen Aloes stehet/dessen offt in heiliger Schrifft gedacht wird/insonderheit im 45. Psalm. Dein Kleider sind eitel Myrrhen Aloes vnd Kezia / wenn du aus dem Elffenbeinen Pallasten daher trittest/in deiner schönen pracht. So hat auch Nicodemus / der Oberste der Jüden / Myrrhen vnd Aloen bey hundert Pfunden zum Grabe deß HErrn Christi gebracht/vnd jhn gar ehrlich damit zur Erden bestattet / in Josephs von Arimathia Garten / Joh. 19.

Aloe.

Es ist aber Aloe ein grün kraut / eines sehr scharffens geruchs / vnd hat zimliche breite dicke vnd feste bletter / die einen sehr bittern safft von sich geben/darumb auch die Würme vnd Maden / für diesem bittern safft vnd starcken geruch fliehen / Es werden auch durch diß kraut die kleider erhalten / vnd die todten Cörper damit verwaret / das sie nicht bald verwesen / Es wird auch diß kraut in sehr schweren vnd langwirigen Kranckheiten offt gebraucht / darumb es auch mit hauffen aus den Morgenländern zu vns heraus gebracht wird.

Myrrhe.

So viel aber die Myrrhen belanget / damit der HErr Christus auch begraben worden / wechset dieselben auch/ in den Morgenländern/ vnd hat ein kenmlein 5. Ellenbogen hoch / der nicht hart vnd gewunden/vnd wann man die Rinden auffschneidet / so fleußt ein bitter Gummi heraus/wenn man die todten Cörper damit salbet/verwesen sie nicht bald. Die Myrrha wechset insonderheit mit hauffen im Reich Arabia / vnd gibt einen starcken geruch von sich/ das auch die jenigen welche im roten Meer schiffen / einen angenemen geruch von Timian/ Myrrhen vnd wolschmeckenden Cannelröten empfinden. Doch wechset auch Myrrhe im heiligen Lande/das in an also beyde Myrrhen vnd Aloen / damit der HErr Christus begraben worden/im heiligen Lande hat haben können.

Reisen der heiligen Aposteln. 45

Vom Kraut Aloe/ hat man ein Sprichwort in Lateinischer Sprache. Plus Aloes quam mellis habes, Plus molestiæ, quam voluptatis habes. Du hast mehr Aloes/ als Honig bey dyr/das ist/du hast mehr bitterkeit / als süssigkeit in dir / vnd ist gantz kein lieblickeit in dir zu spüren/oder zu finden. Vnd wie Plautus schreibet/ Vita hominis plus Aleos quam mellis habet, Des Menschen leben hat allzeit mehr Aloes/als Honig bey sich / der Mensch mus die gantze zeit seines Lebens jmmer dem Creutze vnterworffen sein. Also wird vns in der lieben Myrrhen vnd Aloen/damit der HErr Christus begraben worden / das liebe Creutz fein abgebildet / Denn gleich wie diese bittern Gewechse/mit jhrer bitterkeit die Würme vnnd Maden vertreiben/vnd die Kleider vnd Cörper erhalten/das sie nicht verfaulen vnd verwesen / Also ist das liebe Creutze auch wol bitter/ es vertreibet aber die gifftigen Würme / nemlich / Sünd/ Todt/Teuffel/ die vns in ewigkeit fressen/gnagen vnd verzeren wolten. Crux quamuis sit amara,& plus Aloes quam mellis habeat, tamen conseruat ab æterna putrefactione. Ob das liebe Creutz an jhm selber wol bitter ist/ vnd jmmer mehr Aloes / als Honigs bey sich hat / so erfrischet es doch dagegen die Menschen / das sie von wegen jhrer Sünde vnd Missethat/nicht ewiglich verwesen/sondern/gleich wie der HErr Christus aufferstanden/am Jüngsten Tage wir auch aufferstehen zum ewigen Leben.

Reisen der heiligen Aposteln
vnsers HERRN vnd Heylandes Jesu Christi.

Reisen deß Apostels Petri/ nach der Aufferstehung vnsers HERRN Jhesu Christi.

Petrus vnnd Johannes sind von den Aposteln gen Samarien gesand vber acht meilen/ vnd da für das Volck gebeten / das sie den heiligen Geist empfiengen Act. 8.

2. Von Samaria sind sie wider gen Jerusalem vber acht meilen gekehret/ vnd haben vnterwegen das Euangelium vielen Samaritischen Stedten geprediget/ Act. 9.

3. Von Jerusalem gen Lidda sind fünfftehalb meilen/ Als Petrus dahin kommen / hat er einen Gichtbrüchtigen Mann/mit nemen Æneas/ der acht Jahr lang zu Bette gelegen/ gesund gemacht/ Act. 9.

4. Darnach ist Petrus von Lidda gen Joppen/drey viertel einer meilen gereiset/ vnd daselbst die Gottfürchtige Jüngerin Tabeam vom Todt erwecket/Actor. 9. Zu Joppen hat sich auch ein groß Leinen Tuch/an vier Zipffel gebunden/darin allerley vierfüssige Thier gewesen/ für dem Apostel Petro/als jhn hungert/niedergelassen/Act. 10.

5. Von Joppen ist Petrus gen Cæsarea gegangen neun meilen / vnd hat da dem Heuptman Cornelio eine schöne Predigt gethan/Act. 10.

6. Darnach ist Petrus von Cæsarea gen Jerusalem kommen/vber acht meilen vnd hat sich entschüldiget/warumb er zu einem ,Heydnischen Manne / nemlich/Cornelio/ were eingegangen/vnd jhm geprediget hette/Act. 11. Vnd als Petrus ein zeitlang zu Jerusalem geblieben/ ist er vom Herode gegriffen/vnd ins Gefengnis gelegt worden/Act. 12.

7. Als der Engel Petrum aus dem Gefencknis geführt/ ist er von Jerusalem hinweg an ein ander ort gezogen / Worhin er aber gezogen sey / wird nicht angezeiget. Es kan aber sein/ das er sich in Wildnissen vnd Wüsten/vnd in kleinen Flecken vnd Dörffern/ ein zeitlang wird verborgen gehalten haben.

8. Nach des Königs Herodis Todt/der zu Cæsarea vom Engel geschlagen worden/das er gestorben ist/ Petrus wider gen Jerusalem kommen / vnd hat der Apostel Concilium helffen halten/ Act. 15.

E ij

46 Reisen der heiligen Aposteln.

7. Von Jerusalem ist Petrus gen Antiochia gezogen / 70. meilen / als er da den Jüden zu gefallen heuchelte/ ist er von Paulo ins Angesicht gestrafft worden/Gal.2.

10. Von Antiochia biß gen Babylon in Egypten/ da Petrus seine erste Epistel geschrieben hat/sind hundert vnd dreyßig meilen/ 1. Petri 5.

Summa dieser Reisen des Apostels Petri/ zwey hundert vnd viertzig meilen.

Vnd so viel kan man jhn nachrechnen / aus heiliger Apostolischer Schrifft / Das aber Petrus solte gen Rom gezogen / vnd daselbst 25. Jar 7. Monat/vnd 5. Tage / dem Bapstthumb fürgestanden haben/vnd also der erste Bischoff oder Bapst zu Rom gewesen sein / wil sich mit der heiligen Apostolischen Schrifft/vnd gewisser ausrechnung der zeit / gantz nicht reimen/ wie aus nachfolgender vnterrichtung leichtlich zu ermessen.

Zum Ersten.

Zeugnis das Petrus nicht Bapst zu Rom gewesen sey.

As Petrus zu der zeit der Römischen Keyser / Tyberij / Caij/ vnd Claudij / nicht zu Rom/sondern im Jüdischen Lande / vnd zu Jerusalem gewesen sey / ist darauß offenbar. Nicht lange darnach / als Stephanus war gesteiniget worden / sind Petrus vnd Johannes zu den Bürgern gen Samaria gesand / die das Wort GOttes hatten angenommen/Act.8. Item/ Paulus ist drey Jahr nach seiner bekehrung gen Jerusalem kommen / vnd hat da mit Petro / Jacobo vnd Johanne geredet / vnd das Apostel Concilium mit jhnen gehalten/vnd sich mit jhnen also verglichen/das sie vnter den Jüden das Euangelium predigen solten/vnd er selbst Paulus/wolte der Heyden Apostel sein / Act.15. Gal.2. Item da Claudius Römischer Keyser war/ ist Petrus zu Jerusalem vom Könige Herode gefangen / vnd der Engel Gottes hat jhn aus dem Gefencknis geführet/Act.12. Vnd am ende des Keyserthumbs Claudij/ist Petrus gen Antiochia gezogen / vnd von Paulo/als er den bekerten Jüden zugefallen geheuchelt/ins Angesicht gestrafft worden / Gal.2. Hieraus ist nun offenbar / vnd klerlich erweiset / das Petrus vnter den Römischen Keysern/ Tyberio/Caio/vnd Claudio/nicht zu Rom/sondern im Jüdischen Lande / vnd zu Jerusalem gewesen sey/ vnd am ende des Keyserthumbs Claudij/ist er von Jerusalem gen Antiochia gezogen.

Zum Andern.

As Petrus auch zu des Keysers Neronis zeiten / zu Rom nicht gewesen / beweise ich also: Im anfang des Keyserthumbs Neronis / hat Paulus seine Epistel an die Römer geschrieben / darin nennet er seine gute Freunde / die zu Rom waren/ mit namen / vnd leist sie freundlich grüssen/ Aber des Apostels Petri gedenckt er mit keinem wort / darumb muß Petrus das mal zu Rom nicht gewesen sein. Darnach die Paulus im andern Jahr des Keysers Neronis zu Rom gefangen/ in ein Hauß gelegt ward/Act.28. hat er da seine Epistel an die Galater/ Philipper/Colosser/ vnd an den Philemonem geschrieben/ Darin gedencket er auch seiner liebsten Freunde / Geferten vnd guten bekandten/ die zu Rom bey jhm waren Aber des Apostels Petri wird mit keinem wort gedacht / Daraus denn folget/ das Petrus das mal auch nicht zu Rom gewesen sey. Vnd da Paulus zum andern mal zu Rom gefangen / vnd für Keyser Neronem gebracht/vnd ins Gefencknis gelegt ward / hat er seine ander Epistel an Timotheum geschrieben/ darin er anzeigt/das er keinen mehr zu Rom bey sich gehabt/ denn alleine Lucam. Vnd solches ist geschehen am ende des Keyserthumbs Neronis / darumb kan Petrus das mal zu Rom nicht gewesen sein.

Aus diesem allen ist nun offenbahr/ das Petrus die gantze zeit vber / so lange Paulus hin vnd wider gereiset/vnd seine Episteln geschrieben/niemals zu Rom gewesen sey / auch nicht zu der zeit / als Paulus zwey mal zu Rom vnter dem Keyser Nerone gefangen gelegen. Wie ist es den müglich/ das er daselbst solte 25. Jar ein Bischoff oder Bapst gewesen: Viel gelerte Leute halten es für ein Gedichte/das sonder zweyffel in die Kirchen Historien hinein gesticket sey/ darumb halten wir vns billig an die Schrifft der lieben Propheten vnd Aposteln / als denn bleiben wir vnbetrogen. Es ist auch wol gleublich / das Petrus niemals gen Rom kommen / viel weniger den bittern Todt da gelitten / sondern entweder zu Babylon in Egypten / da seine ersten Episteln geschrieben/oder / wie Lirius wil/ zu Jerusalem vom König Agrippa sey getödtet worden.

Folget

Reisen der heiligen Aposteln. 47

Folget nun die beschreibung der Städt vnd örter/ der in diesen Reisen deß Apostels Petri ist gedacht worden.

Samaria/Gottes Wach.

Die Stadt Samaria hat 8.meilen von Jerusalem gegen Norden gelegen/auff ein lu- *Woher die*
stigen Berge/darauff sie König Amri gebawet/vnd jr den Namen gebẽ nach S- *Stadt Sa-*
mer/des Berges Herrn/dẽ der Berg abgekaufft/ꝛ. Kön. 16. Es ist vorzeitten eine *maria ihrẽ*
schöne Stadt gewesen/vnd in jhrer Ringmawr 20.Stadia begriffen/wie Josephus schreibt *Namen ge-*
die machen schier drey viertel einer meilen.Vnd die Könige von Jsrael/habẽ in dieser Stadt *habt.*
jhren Königlichen Sitz vnd Hofflager gehabt/wie die Bücher der Könige anzeigen. Dieweil
aber die Könige von Jsrael/vnd auch jhre Vnterthanen/grosse Abgötterey trieben/ vnd die
Propheten des HErrn erwürgten/kondte Gott solches nicht lenger vngerochen lassen/vnd erwecket Salmanasser/den König von Assyrien/der hatte die Stadt Samaria/nach drey järiger *Samaria ist*
belagerung/gewonnen vnd nidergerissen/vnd den König mit den Vnterthanen gefangen hin- *vom König*
weg geführet/vnd die Cuthœer/die am Wasser Cutha in Persia woneten/wider gen Samaria *zu Assyriẽ*
gesand/vnd die Stadt Samaria/vnd das gantze vmbligende Samaritische Land/ widerumb *eingenom̃en.*
damit besetzet/damit das Land nicht wüste vnde leer stünde/Josephus Antiq. Iud. lib.9.

Es haben aber dieselben Cuther vnd andere Völcker mehr/ die aus Assyria vnd Persia *Die vielche*
ins Samaritische Land geschicket worden/ jhre Abgötter mit sich gebracht/ davon ward das *Abgötterey*
Land so vol Abgötterey/das Gott Läwen lieskomer sie lauffen/die sie zu stücken rissen. *zu Samaria*
  getrieben.

Darumb muste König Salmanasser/der gefangenen Jsraelitischen Priester einen dahin senden/der setzet sich für Bethel/vnd leret die Heyden/wie sie den HErrn/den waren Gott
fürchten vnd ehren solten/ 2. König 16.

Da fiengen sie an vnd dieneten zugleich Gott dem HErrn/ vnd auch jhren Abgöttern.
Daher kam es/das sie weder Gott dem HErrn/ noch jren Abgöttern/ jhrer alten gewonheit
nach/ recht dienen kondten/sunder wurden den Jüden ein grewel/ das sie kein gemeinschafft
mit den Samaritern haben wolten/ wie auch das Samaritische Weiblin am Brunnen dem
HErrn Christo klaget/ Johan. 4. Vnd wen die Jüden einen schmehen/ vnd jhm einen bösen
Zunamen geben wolten/so nanten sie jn ein Samariter. Darum sprechen sie zum HErrn
Christo/Sagen wir nicht recht/das du ein Samariter bist/vnd hast den Teuffel/ Johan.8.

Das Samaritische Land ist sehr fruchtbar/vnd fliessen viel Wasser dadurch/ es hat auch
viel lustige Berg vnd Thal/ auch schöne Städt/ Flicken vnd Dörffer.

Der wütrige König Herodes/der die vnschuldigen Kindlin Tödten ließ/vnd dem HErrn
Christo nach dem leben stellete/ hat die Stadt Samaria wieder vernewet/ vnd köstlich auffge-
bawet/vnd mit hübschen Mawren/vmbzogen/das sie 20.stadia/das ist/schier drey viertel einer
meilen/ in jrem vmbcirck begriffen.Er hat auch dem Keyser Augusto zu ehren/einen schönen
Tempel darin gebawet/vnd die Stadt Sebasten genennet/nach des Keysers Augusti namen/
der in Griechischer sprache Sebastos/das ist/Ehrwirdig genant ward. Vnd von der zeit an
hat die Stad Samaria zween namen gehabt/das sie bißweilen Sebaste geheissen/ bißweilen
auch wol nach dem alten nomen/Samaria ist genent worden. Der heilige Hyeronymus in
Epitaphio Paulæ schreibt/Man hab zu seiner zeit in der Stad Sebaste oder Samaria/drey-
er gewaltiger Propheten Begrebnis gewiset/ Als nemlich des Propheten Elisa/ vnnd deß
Propheten Obadja/vnd Johannis deß Teuffers Begräbnis.

Das aber die gelegneit der Stadt Samaria vber die massen schön vnd lustig gewesen/ ist
daraus leichtlich abzunemen/das sie auff einem sehr hohen vnd lustigen Berge gelegen/derwe-
gen man aus dieser Stadt sehr weit hat vmbher sehen können/ biß zu Joppen/an das Meer
vnd durch das gantze Samaritische Land.So haben auch die Wanderslewt/die dahin gereiset
sind/die wunderschöne Stad auff hohen Gebirgen sehr weit können liegen sehen.Aber zu vnser *Johannis*
zeit ligt sie gantz wüste vnd zerstöret/ denn man findet nicht ein Hauß mehr da/ sondern 2. alte *deß Teuffers*
verfallene Kirchen/Die eine ligt oben auff dem Berg/ da des Königs Pallast gewesen ist/vnd *Begrebnis.*
sollen vorzeiten etliche Münche darinne gewonet haben/ Die ander ligt etwas nidriger/an der
seiten des Bergs/ wenn man von dem Berge herab steiget/ vnd in dieser Kirchen ist Johannes

E iij   deß

Reisen der heiligen Aposteln.

des Teuffers begrebnis gewesen/von weissen Marmelsteinen gemacht/darin er zwischen dem Propheten Obadja sein Begrebnis gehabt/ist aber durch die Saracenen gantz zubrochen.

Lidda / eine Seestadt.

Lydda/heist auff Griechisch eine See/aber auff Hebreisch heist es Nutzbar/wie es der H. Hieronymus auslegt/Vnd ist ein Stadt nicht weit von Joppen/am grossen Mittelmeer der Welt gele.   In dieser Stadt hat Petrus einen Gichtbrüchtigen Mann/ mit namen Eneas/der 8. Jar lang zu Bett gelegen/wider gesund gemacht / Act. 9. Die Stadt Lidda ist von den Griechen genennt Diospolis/das ist/heilige Stadt genennet worden/vnnd ligt von Jerusalem 5. meil /gegen Nordwesten. In dieser Stadt wird nichts sonderlichs gewiesen/ohn allein S. Georgens Kirche/welchen die Türcken fürnemlich als/einen Ritter vnd Helden/für andern heiligehren.

Joppen/ heist schön vnd hübsch.

Die Stadt Joppen ligt von Jerusalem 5. meilen/gegen Nordwesten/vnd wird zu vnser zeit Japho genent/vnd hat ein schön Meerport / Denn sie ligt auff einem Berge/ am grossen Mittelmeer der Welt/vnd man schiffet daselbst an /, wenn man auff dem Meer gen Jerusalem fehret. Der Apostel Petrus hat in dieser Stadt die fromme Gottsförchtige Jüngerin Tabitam vom Todt erwecket. So ist auch der Prophet Jonas daselbst in ein Schiff getretten/ vnd auffs Meer geflohen.

Actor. 9.
Jon. 1.

Sie ist ein sehr alte Stat/vnd sol für der Sündfluth gebawet sein/wie Plinius schreibt lib.5. Im alten Testament wird sie Japho genennt/das heist hübsch vnd schön/ Vnd wie etliche wollen/sol sie den Namen haben von Japhet/dem Son Noe. Vnd gleich wie zu Hieronymi zeiten/also weiset man noch heutiges tages für dieser Stadt im Meer/den stein oder Felß/daran Andromeda /das Königs Cephei Tochter/gebunden gewest/wie die Poeten fabuliren.

Ondius lib. 4. Metam.

Der Apostel Petrus hat in der Stadt Joppen ein lange zeit zur Herberge gelegen/ bey einem Gerber Simon/des Hauß am Meer gestanden / Act. 9. 10. Aus diesem Hause sol hernach ein Capel gemacht sein/die noch für wenig Jahren gestanden/ wie Berkhard von Breitenbach schreibet/vnd vnter einen Felsen gelegen gewesen am Meer/ vnd wird genennt S. Petrus/sie ist aber sehr verfallen gewesen/das auch zu vnser zeit nichts mehr dauon vbrig. Denn da Doctor Leonhart Rauwolff/ im Jahr nach Christi Geburt 1475. das H. Land besehen/hat er zu Joppen keine Antiquiteten mehr gefunden/ ohn etliche grosse Stücke der alten Stadt mawren/vnd zween Thürme/ darin etliche Wächter verordnet/ die Schiffe / die daselbst angefahren sind/für den Meerraubern zu verwaren.

Caesarea Stratonis.

Die Stadt Caesareo Stratonis ligt von Jerusalem 8. meilen/ gegen Norden/am grossen Mittelmeer der Welt / vnnd hat zuuor Pyrgos Stratonis / das ist / Stratonis Thurm geheissen/Aber König Herodes/vnter dem der HErr Christus geboren/ hat diese Stadt von schönen weissen Marmelsteinen gebawet/ vnd sie nach des Keysers Augusti namen/Caesaream/das ist/ein Keyserliche Stadt genennt/ vnd auff das sie Schiffreich were/ hat er grosse Steine ins Meer sencken/ vnd einen wunderschönen starcken Meerporten bawen lassen/ der mit hohen Marmerseulen/ Schwiegbogen/ vnd Spatzergenge gemacht war/das man kondte spatzieren gehen biß an die Schiff / vnd zusehen/ wie die Schiffe ankamen/ vnd das selbst stunden auch drey Bilder auff Marmelseulen. Auff der Stadtmawren gegen dem Meer ließ er grosse starcke Thürme auffrichten / den grössesten vnd köstlichsten vnter diesen Thürmen nennet er Drusium/ nach des Keysers August. Großuater. Die Heuser / die dem Meerport an nechsten stunden / waren allzumal aus weissen Marmelsteinen gebawet.   Vnd die Gassen der Stadt zogen sich alle nach dem Meerport.

Herodes als colonirenn? diese Stadt gebessert/ vnd sie Cesaream genennt.

Etlich auch einen Berg 1 der Stadt / recht gegen dem Meerport / einen wunderschönen grossen Tempel bawen/ von weissen Marmelstein/dem Keyser Augusto zu ehren / deß Bildnis er auch in diesem Tempel auffrichten ließ/auff Heydnische Manier/ sehr künstreich gemacht/gleich wie der Abgott Jupiter.

Herodes grosse Gottes vergessenheit.

So gar hat dieser König Herodes Gottes vergessen/das er auch einem sterblichen Menschen nemlich Keyser Augusto/ einen Tempel gebawet/ vnd sein bildnis / gleich wie einem Abgott

Reisen der heiligen Aposteln. 49

gott/darin hat auffrichten lassen. Vber das/ließ er auch die andern fürnembsten Gebew der Stad als nemlich/den Marckt/das Spielhauß vnd den Schawplatz wunderschön zurichten/ vnd vorordnet/das man daselbst alle 5. Jahr/den Keyser Augusto zu ehren/Heydnische Spiel halten solte/wie Josephus vom Kriege der Jüden im 1. Buch am 16. Capittel anzeiget.

Herodes Agrippa/der Jüden König/ließ Jacobum/Zebedei Sohn/zu Jerusalem mit dem Schwert entheupten/vnd als er sahe/das er den Jüden ein gefallen daran thet/ließ er Petrum auch ins Gefencknis werffen/Aber der Engel Gottes führet jn wunderbarlicher weise auß dem Gefencknis heraus. Nicht lange darnach zog Herodes Agrippa von Jerusalem/vnd kam in die Stadt Cæsaream Stratonis/vnd als er sich für Gott anbeten ließ/ward er vom Engel geschlagen/vnd von den Würmen gefressen/das er starb. *Herodes Agripp wird vom Engel Gottes geschlagen/ Act.12.*

Hiemit stimmet sehr fein vberein Flauius Josephus/von den alten Geschichten der Jüden im 19. Buch vnnd 8. Capittel/vnd erzehlet diese Historien also: König Agrippa ist in die Stadt Cæsarea kommen/die vorhin Stratonis Thurm geheissen/da hat er dem Keyser Claudio zu ehren/Schawspiel angerichtet. Am andern tage der Schauwspiel ist er des Morgens sehr frue/als die Sonne auffgieng/in einem silbern Stück in das Theatrum oder Schawplatz hinein getretten/vnd weil das silberne Stück gegen der Stralen der auffgehenden Sonnen/ein hellen widerglantz vnd schein von sich geben/haben die Schmeichler geruffen/Er were ein Gott/jhn angebeten/O du grosser Gott sey vns gnedig/denn ob wir dich bißher wol als einen Menschen gefürchtet/so sehen wir doch jtzundt/das du ein höhere Natur hast. Die stimme ließ sich der König sehr wolgefallen/Aber bald sahe er/vnd ward gewar/das auff seinem Heupt an einer seiten/ein Nachteul/Huhu genant/saß/des erschrack er sehr vbel/fület auch/al so bald ein krimmen in seinem Bauch/vnnd sprach zu dem vmbstehenden Volcke/O wehe/ Ich ewer Gott muß also bald sterben/Sehet doch/ich elender Mensch/den jhr jtzt für einen vnsterblichen Gott angeruffen/werde vam bittern Tode vbereilet. Weil er solches redet/ist es in einer Ohnmacht darnider gesuncken/das man jhn eilents in den Königlichen Pallast hat tragen müssen. Das Volck aber ist in Secken vnd Trawrkleidern auff die Erden nidergefallen/vnd haben Gott sehr vleissig angeruffen/das er jrem König welte gnedig sein/vnd die Lufft mit trawren vnd seufftzen erfüllet. Als König Agrippa/der im obern Hust lag/vnnd herab sahe/erblicket/wie das Volck auff der Erden lag für jhm zu bitten/kente er sich des weinens nicht enthalten/vnd weil die Würme im Leibe sehr hefftig bissen/ist er also 5. tage an einander mit schmertzen des Bauchs abgemergelt/vnnd eines bittern Todtes gestorben. Solches alles ist in dieser Stadt Cæsarea Stratonis geschehen/dauon auch Plinius schreibet/das sie vorzeiten Apollonia geheissen habe.

Der H. Hieronymus in Epitaphio Paulæ schreibet/man habe noch zu seiner zeit/in dieser Stadt Cæsarea Stratonis/das Hauß deß Heuptmans Cornelij gewiesen. Item/das Hauß Philippi des Euangelisten/vnnd die 4. Kammern seiner Töchter/die Prophetinnen waren. Als Paulus in demselbigen Hause zu der Herberge gelegen/ist der Prophete Agabus zu jhm kommen/vnnd sich mit den Gürtel Pauli an Henden vnd Füssen gebunden/vnd gesprochen. Das sagt der H. Geist/Den Man/des der Gürtel ist/werden die Jüden also binden zu Jerusalem/vnd jn vberantworten in der Heyden/Act. 21. Der gefangene Apostel Paulus hat auch in dieser Stadt Cæsarea ein herrliche Predigt gethan/für dem Landpfleger P. Festo vnd dem Jüdischen König Agrippa/vnd desselbigen Schwester Brenice/Actor. 26. *Etliche Geschicht/die in dieser Stadt geschehen/ Actor. 10.*

Die Stadt Cæsarea Stratonis/hat noch ein lange zeit nach der Verstörung der Stadt Jerusalem gestanden/vnd ein lustige bequeme gelegenheit gehabt. Denn gegen Orient war sie auff dem Lande mit süssen Wasser vmbgeben. *Gute gelegenheit dieser Stadt,*

Es sind auch viel H. Marterer in disser Stadt hingerichtet worden/wie die Kirchen Historien anzeigen/derselbigen Todt hat Gott der HERR dermassen gerochen/das die Stadt Cæsarea Stratonis zu vnser zeit gantz wüste vnd zerstört ligt/vnd in dem tieffen süssen Wasser/damit sie gegen Orient/vmb gesagt/vmbgeben/findet man viel Crocodil. *Gott hat das Blut der Mertyrer an dieser Stadt gerochen,*

Es ist auch noch ein ander Stadt im heiligen Lande/die heist Cæsarea Philippi/vnd ligt an dem ort/da der Jordan entspringet/bey dem Berge Libano/acht meilen von dieser Stadt Cæsarea Stratonis/gegen Nordosten.

E iiij
Antiochia.

50 Reisen der heil. ... Aposteln.

Antiochia.

Je Stadt Antiochia, darin Paulus mit grossem eyffer den Apostel Petrum/von wegen seiner heucheley gestrafft/Gal.2.ligt un Lande Syria/70 meilen von Jerusalem/gegen Norden. Dieser Stadt ist im ersten Buche/bey den Reisen des wütrigen Königes Antiochi weitleufftiger beschrieben worden / dahin ich hiemit den gütigen Leser will zu rücke geweiset haben.

Babylon in Egypten.

Babylon.
Memphis.
Heliopolis.
Alcair.

Je Stadt Babylon in Egypten / am Wasser Nilo gelegen / heißt zu unser zeit Alcair und ligt von Jerusalem 61. meilen / gegen Südwesten; Vorhin hat die Stadt Memphis geheissen/und disseid dem Nilo gelegen / Als aber etliche Babilonische Männer aus Chaldea dahin kommen/und gegen der Stadt Memphis uber / auff der andern seiten des Nili/mitt erleubnis der Königin in Egypten/ein new Castel und Schloß bawet en/haben sie dasselbige new Castel und Stadt nach ihren namen Babylon genennet/ Aber zu unser zeit ist Babylon/Memphis und Heliopolis eine Stadt / unnd heist alles Alcair/und begrifft in jhrem umbkreiß/wie Sebastianus Münsterus schreibt/12.Deutsche meilen/doch ist sie nicht allenthalben mit Mauren umbgeben.

Bey dieser Stadt findet man die grossen Pyramides und viereckten Spitzen/die vor alters die Könige in Egypten zu ihrem Begrebnis gebauwet und zugerichtet haben/und zwo von demselbigen viereckten und hohen Thürmen / sind so uberaus groß gewesen/das sie unter die 7. Wunderwerck der Welt sind gerechnet worden. Weil ich aber von der Stadt Memphis / sonsten Alcair/oder Babilon in Egypten genandt/im 1. Buch weitleufftiger geschrieben/will ich den gütigen Leser dahin zurücke geweiset haben.

Das aber Petrus nicht zu Babilon in Chaldea/sondern in dieser Stadt Babylon in Egypten sein erst Epistel geschrieben /ist daraus zu ermessen / weil er am ende derselbigen Epistel seines Euangelisten Marci gedencket/ der zu Alexandria in Egypten der erste Bischoff gewesen / wie die Kirchen Historien vermelden. Das aber etliche wollen/ Petrus habe die Stadt Rom Geistlicher weise Babylon genennet/ und also sein erste Epistel zu Rom geschrieben/das hat gar keinen grund / wil sich auch ganz und gar nicht reimen/ weder mit den warhafftigen Kirchen Historien/noch mit heiliger Apostolischer Schrifft. Darumb bleiben wir billig bey dem einfeldigen Verstande/das Petrus seine ersten Episteln in der Stadt Babylon in Egypten geschrieben habe.

Reisen des heiligen Apostels und Euangelisten S. Johannis.

Ohannes unnd Petrus / sind nach des HErrn Christi Himmelfart einzeitlang zu Jerusalem geblieben / darnach wurden von den Aposteln gen Samaria gesand/ober acht meilen/ das die Bürger daselbst / bis das Wort Gottes angenommen hatten / auch den heiligen Geist empfahen möchten/Actor. 8.

2. Von Samaria sind Johannes und Petrus wider gen Jerusalem kommen/ uber acht meilen/und haben unterweges das Euangelium vielen Samaritischen Stedten gepredigt/ Actor. 8.

3. Als Maria die Mutter Gottes gestorben / und auch das Apostel Concilium zu Jerusalem gehalten war / Actor 15. ist Johannes von Jerusalem gen Ephesum gezogen / 136. meilen. Da hat er die Kirchen zu Asia regieret/und sein heiliges Euangelium geschrieben / wie die Kirchen Historien anzeigen.

4. Von Epheso ist der Euangelist Johannes vom Keyser Domitiano in die Insel Pathmos

Reisen der heiligen Aposteln. 51

mos ins Elend verwiesen/über zehen meilen/ Vnd hat da seine Offenbahrung geschrieben an die sieben gemeinen Namlich an die Kirchen zu Epheso/Thyatira/Schmyrnen/Pergamo/ Sarden/Philadelphia vnd Laodicea.

5. Aus der Insel Pathmos ist Johannes wider gen Ephesum kommen/ vber 10. meilen/ vnd hat die Kirchen vnd Gemeinen in Asia/ die durch die Verfolgung zerrüttet vnd verwüstet waren/wider angerichtet/wol geordnet vnd bestellet/Ist darnach zu Epheso seligklich entschlaffen/vnd begrab en/68.Jahr nach des HErrn Christi Himmelfart.

Summa dieser Reisen Johannis des Euangelisten/
Hundert sechs vnd siebentzig meilen.

Folget nun die beschreibung der Städ
vnd örter.

Ephesus.

Die Stadt Ephesus ligt im kleinern Asia / 136. meilen von Jerusalem/ gegen Nord westen/vnd ist die Heuptstadt im Lande Jonia. Sie hat einen schönen prechtigen Namen/denn Ephesus heist ein: erwünschte Stadt/ die vber die massen schön/ vnd der wegen desiderabilis, das ist/ also gestalt ist / das man ein vorlangen vnd begeren mag haben sie anzusehen/ Vnd wie Strabo vnd Eusebius schreiben/ ist sie von Andronico / des Königs Cothri von Athen Son/anfengklich erbawet worden/zu den zeiten des Königs Dauids. Hernach hat Lysimachus eine new: Stadt darbey gebawet/ die er nach Arsinoe / seiner schönen Gemahl namen / Arsinoen genent hat.

Er hat auch den Bürgern in der alten Stadt Epheso befohlen / das sie die alte Stadt verlassen / vnd in die Newstadt ziehen solten. Vnd als sie das nicht gerne thun wolten/ließ Lysimachus das Wasser des Meers hertzu leiten/ vnd ertrenckt et also gemächlich die alte Stadt Ephesum/vnd also musten die Bürger nothwendich in die Newstadt ziehen. Doch hat dieselbe Newstadt den Namen Arsinoe nicht lang behalten / sondern sie ist gleich wie die vorige alte Stadt auch Ephesus genent worden.

Es ist eine herrliche Kauffstadt gewesen/am Meer gelegen/vnd die streitbaren Weiber Amazones/haben sie mit schönen Gebewen sehr hübsch genieret. Insonderheit ist der Göttin Diana zu ehren / ein Tempel in dieser Stadt gebawet/der so groß vnd vberaus köstlich gewesen/das er vnter die sieben Wunder der Welt gerechnet ward / Strabo lib.14. Plinius lib. 35. cap.14. Dieser Tempel ward gesetz an einem sumpffigen Ort / damit er von keinem Erdbeben beschädiget würde/ vnd lag mitten in der Stadt. Zwey hundert vnd zwantzig Jar lang hat gantz Asia daran gebawet.

Es ist dieser Tempel vier hundert vnd 50. Schuch lang / zwey hundert vnnd zwantzig Schuch breit/vnd hundert vnd sieben vnd zwantzig Seulen stunden darin / deren ein jegliche von einem besondern Könige war gesetzt worden. Diese Seulen sind 60. Fuß hoch gewesen/ vnd 36. Seulen waren sehr köstlich außgegraben. Es war auch grosse freyheit in diesem Tempel/vnd wurden so viel Gaben dahin gebracht/ von Königen / Völckern vnnd Städten/das man des gleichen von Reichthumb auff Erden nicht fand.

Es war aber ein böser verwägener Bube zu Epheso/ mit namen Herostratus/ der wolte sich einen ewigen Namen machen / darumb zündet er diesen Tempel an/ vnd verbrennet ihn damit er durch solche böse That bey den Nachkommen einen ewigen Namen erlangen möchte. Derwegen haben die zu Epheso ein gestrenge Gebodt außgehen lassen / das niemandt seinen Namen nennen solle / Doch kundten sie damit nicht zu wegen bringen / das sein Name gantz were vergessen worden.

Also ist der wunderschöne Tempel verbrand / eben auff denselben Tag / als Alexander Magnus geboren / wie Plutarchus schreibet.

Reisen der heiligen Aposteln.

Ephesus wird wider erneweret/ vnd der Tempel wider gebawet.

Nach des Alexander Magni todt/ hat Lysimachus die Stadt Ephesum/ die durch ein Erdbeben vordorben war/wider ernewert/vnd wie oben gemeldet/nach Arsinoe/ seiner schönen Gemahl vnd Königin namen/ Arsinoen genant/ vnd wie Strabo lib. 14. anzeiget/haben die Bürg er zu Epheso den vorbrandten Tempel der Göttin Diana wider gebauwet/viel schöner/ als er zuuor gewesen war/vnd die Seulen wider darin auffgericht/ zu der behuff/die Frawen jren Schmuck vnd andere Güter daran gestreckt vnd geben haben/vnd von Königen/Völckern vnd Städten wurden so viel dahin gesandt/ das man deßgleichen von Reichthumb auff Erden nicht fandt.

Paulus prediget zu Ephe so zwey Jar. Acto. 19.

Das weret so lang/biß der Apostel Paulus dahin kam/ 20. Jar nach des HErrn Christi Himmelfart/vnde predigte den HERRN Christum zu Epheso zwey Jahr lang/vnd schuff solchen nutz/das der mehrer theil der Stadt/den Abgöttischen dienst der Göttin Diana sahren liessen/ vnd gleubten an den HErrn Christum. Darüber auch ein Goldschmied/ Demetrius geuant/ein grossen Auffruhr vnd getümmel angerichtet/ das die Heyden zusammen gelauffen/vnd bey zwey stunden geruffen haben/Groß ist die Diana der Ephefer. Item/Daselbst zu Epheso/hat auch Paulus mit den wilden Thieren gekempffet/ 1. Corinth. 15. Vnd hat ein Epistel an die Ephefer geschrieben/ vnd sie ihnen von Rom vber 249. meilen zugesand. Er hat

Timotheus Bischoff zu Ephefo.

auch seinen Jüngern Timotheum in dieser Stadt Epheso zum Bischoff gemacht/ vnd zwo Episteln an ihn geschrieben/ Die erste hat er ihm von Laodicea aus Phrygia zugesand/ vber 70. meilen/Die ander hat er ihm von Rom vber 249. zugeschicket. Vnd also sind die Bürger zu Epheso durch ihren frommen getrewen Bischof Timotheum/ vnd auch durch des Apostels Pauli Lehre vnd schreiben/ je mehr vnd mehr in den Glauben an den HErrn Christum gestercket worden.

Johannes hat sein Euangelium zu Ephefo geschriebenn

Zu letzt ist auch der Euangelist Johannes in die Stadt Ephesum kommen/ vnd hat sein Euangelium da geschrieben wider den Ketzer Cerinthum/ der gelehret/ Christus were nicht warer Gott. Vnd als Johannes eins mals zu Epheso ins Bad gehen wolt/ vnnd den Ketzer Cerinthum darin fand/ eilet Johannes wider alsbald hinaus/ von stundan ward Cerinthus mit seinem Anhange/ von der niderfallenden Badstuben erschlagen. Die Stadt Ephesus ist die erste Gemeine/daran Johannes sein Apocalypsin vnd Offenbahrung geschrieben/ Vnd

Johannes stirbt zu Ephefo.

als etliche wollen/sol er auch zu Epheso/da er aus der Insel Pathmos wider dahin kommen/ seine Wittib Drusianam vom Tode erwecket haben. Zu letzt ist Johannes/als er die Kirchen vnd Gemeinen in Asia wol bestellet vnd geordnet/ in Gottseliglich entschlaffen/ vnd/ für der Stadt Epheso fein ehrlich zur Erden bestattet/ Vnd bey ihm ist auch noch ein ander Johannes Presbyterus/das ist/ Elter gement/begraben worden/ der sol die letzten zwo Episteln Johannis geschrieben haben/ wie Hieronimus in Catalogo scriptorum Ecclesiasticorum anzeiget.Die Stadt Ephesus stehet noch heutiges tages/ vnd heist zu vnser zeit Folgia ò Ephesо. wie Conradus Gesnerus in seinem Onamastico vermeldet.

Pathmos.

Johannes ist in Pathmo im Elend.

Pathmos/ist ein Insel im Egeischen Meer gelegen/zwischen dem kleinern Asia/ vnnd Griechenland/125. meilen von Jerusalem/ gegen Nordwesten/ vnd wie Plinius schreibet lib. 5. Cap. 12.hat sie 30000. Passus/das ist schier acht meilen im vmbcirck gehabt. In dieser Insel ist Johannes der Euangelist ins Elend verweiset/ vnd da sein Offenbahrung gesehen/vnd geschrieben. Die Insel Pathmos ligt zehen meilen von Ephefo gegen Südwesten/ vnd ist eine van den Inseln/Cycladibus/deren 53. gewesen/ die ringes weise vmb die Insel Delum her gelegen haben/wie Strabo schreibet lib. 10 Geographiæ. Vnd wie Petrus Apianus anzeiget/hat die Insel Pathmos vor zeiten Positum geheissen/aber zu vnser zeit nennet man sie Palmosam.

Schmyrna/ Myrrhe.

Die Stadt Schmyrna/ ist die ander Gemeine / an die Johannes seine Apocalypsin vnd Offenbahrung geschrieben/ Sie ligt in kleinern Asia/ in der Landschafft Jonia/ hundert 35. meilen von Jerusalem/ gegen Nordwesten. Es ist eine prechtige Stadt
gewesen/

Reisen der heiligen Aposteln. 53

gewesen/darin des Propheten Homeri Tempel vnd Bildnis gestanden/wie Strabo schreibet *Homeri Bild vnd Begrebnis,*
lib. 14. Geographiæ, Denn die von Schmyrna haben fürgeben/ der Poet Homerus were in
dieser Stadt geboren. Doch kan man nicht eigentlich wissen/ob es war/ sey oder nicht/ denn viel
Stedt in Griechenland haben sich darüber gezancket/ deren ein jegliche gewolt/ Homerus were in jrer Stadt geboren. Dieser selbige Homerus/ ob er wol blind gewesen / wie etliche wollen
so ist er doch der Fürste vnter allen Griechischen Poeten / der so süsse Verso geschrieben hat /
das sich alle Gelerte Leute darob verwunderu müssen.

Die Stadt Schmyrna sol den namen haben von Schmyrna Thesei aus Thessalia *Wer Schmir-*
Ehegemahl/der sie anfenglich sol gebawet haben/ vnd jr nach seinem Weib den Namen geben / *na gebawet.*
das sie Schmyrna heissen solte/ sonsten heist das Wort Schmyrna in Griechischer Sprache so viel als Myrrhe.

Der H. Policarpus/ein Jünger des Evangelisten Johannis/ist in dieser Stad Schmyr- *Polycarpus*
na ein Bischoff gewesen/ vnd wird in der Offenbahrung Johannis im 2. Capittel ein Engel *Bischoff zu Schmirn.*
genant. Dieser Polycarpus ist von seinen Bürgern zu Schmyrna / die er 86. Jahr mit dem
heilsamen Wort Gottes geweidet hatte/ vnschüldig zum Fewr verdampt / vnd elendiglich
verbrand worden/vmb der Bekentnis des HErrn Jesu Christi willen/rey hat also die Kron
der Marter vnd ewiger Gloriæ darvon gebracht/wie jm der Son Gottes verheissen vnd zu-
gesagt hatte/in der Offenbahrung Johannis im 2. Capittel/ da also geschrieben stehet/ Vnd
dem Engel der Gemeine zu Schmyrnen(das ist/ dem lieben Polycarpo) schreibet also: Das
sagt der Erste vnd der Letzte/der todt war/ vnd ist lebendich worden/Ich weiss dein Werck/vnd
dein Trübsal/vnd dein Armut(du bist aber Reich) vnd die lesterung von denen/ die da sagen/
Sie sind Jüden/vnd sinds nicht/sondern sind des Sathans hauffe / Fürchte dich nicht für der
keinen/das du leiden wirst. Sihe/der Teuffel wird etliche von euch ins Gefencknis werffen /
auff das jr versucht werdet/vnd werdet Trübsal haben 10.Tage. Sey getrew biß an den Todt/
so wil ich dir die Kron des Lebens geben. Diese zusage des HErrn Jesu Christi / ist entlich an
dem lieben Polycarpo erfüllet/vnd in der that also ergangen: Denn vmb das Jar nach Christi
Geburt/ 170. ist er in der Stadt Schmyrna / vmb der bekentnis des HErrn Christi willen /
zum Fewr verdampt/ vnnd hat also die Kron der Marter vnd des ewigen Lebens davon ge-
bracht/wie Eusebius schreibet in seiner Kirchen Historia lib. 4. Cap. 14.

Aber die Stadt Schmyrna ist von wegen dieser grossen Vndanckbarheit vnd Boßheit / *Polycar-*
die sie an jhren frommen Seelsorger vnd Bischoff / dem heiligen Polycarpo beweiset / nicht *todt wir gerochen*
vngestrafft blieben/ Denn vber zehen Jahr hernach / ist sie durch ein Erdbeben zerrissen / vnd
nidergefallen/das man sie hernach kümmerlich hat können auffbawen.

Das Wasser bey dieser Stadt/heist mit seinem rechten gewönlichen namen Pactolus/es *Das Wasser*
wird auch wol Chrysortoas genent / darumb / das man an seinem Vfer im Sande Golde *Pactolus.*
oder Gülden Körnlein findet/Plin.lic.5.cap. 29.

Pergamus/Hochschloß.

Die Stadt Pergamus ist die dritte Gemeine / an die Johannes seine Offenbahrung
vnd Apocalypsin geschrieben / vnd ligt hundert 57. meilen von Jerusalem gegen
Nordwesten/ in kleinern Asia / in der Landschafft Mysia / auff einem hohen Felsen/
davon sie auch den Namen hat/ denn Pergamus heist eine Höhe. Die Stadt Pergamus
ist vor alters ein wol gebawet Schloß vnd Castel gewesen / darauff mechtige Fürsten Hoff ge-
halten/ von denen ist herkomen Attalus/ein streitbar Held/den die Römer wegen seines getrewen beystandes zu einem König in Asia gemacht/ vnd jhnen für einen grossen Freund lieb vnd
werd gehalten haben. Diesem Attalo ist im Reich gefolget sein eltester Son König Eumenes
der hat den Römern im Krieg wider den grossen Antiochum/ des wütrigen Antiochi Vater/
auch trewlich beygestanden/ Darumb haben jhn die Römer zu einem Herrn/Regenten vnd König in gantz Asia gemacht/vnd jm seine Herrschafft biß an den Berg Taurum erweitert/Dieser
Eumenus/König in Asia/hat das Schloß Pergamum/ da er vnd sein Vorvater auff gewo-
net/ vnd Hoffgehalten / erweitert / vnd ein groß herrliche Stadt daraus gebawet/an die Johannes hernach seine Offenbahrung vnd Apocalypsin geschrieben/ darin auch der H. Mär- *Antipas*
tyrer Antipas ist getödtet worden/Apocal. cap. 2. Der Bischoff dieser Stadt hat der Nico- *Martyr*
laiten Ketzerey nicht genug gestrafft/ sondern damit durch die Finger gesehen/ Darumb vermeinet

Reiſen der heiligen Apoſteln.

vermanet zu der HErr Chriſtus durch Johannem den Euangeliſten/ in ſeiner Offenbarung im 2. Capittel/ Er ſoll Buſſe thun.

Der Nicolai-
ten Ketzerey.

Was aber der Nicolaiten Ketzerey belanget/die hat nicht lange gewehret/vnd wie Euſebius ſchreibet/haben ſich dieſelben Ketzer/berühmet/das Nicolaus/einer von den 7. Diacon/die mit Stephano den Armen fürgeſtanden/Act. 6. ihrer Lehr ein anfenger geweſen. Derſelbe Nicolaus hat ein ſchöne Fraw gehabt / vnd als jn die Apoſteln ſtrafften/das er zu ſehr vber ſeiner Fraw eyfferte/ſolte er ſie hergebracht/vnd mitten vnter ſie geſtelt/vnd geſagt haben/ Er kondt ſie einem jeglichen/wer da wolt vbergeben. Vnd ob er wol dieſe Wort geredet / ſol er ſie doch ſo vbel nicht gemeinet haben / Denn wie Clemens Alexandrinus lib. 3. Stromatum ſchreibet/hat dieſer Nicolaus niemals kein ander Weib berüret / denn ſein Eheweib / vnd hat auch Kinder mit jr gezeuget/die er ſo züchtig auffgezogen / das ſeine Töchter Jungfrawen geſtorben/vnd ſein Son vnbefleckt geblieben. Aber die heiloſen Ketzer haben ſeine Wort vbel eingenommen/ vnd grewliche Ketzerey darauß gemacht / vnnd ſich nach ſeinem namen Nicolaiten genant. Denn ſie haben gelehret/wie auch zu vnſer zeit die Widerteuffer/Weiber ſolten gemein ſein/Item/Vnkeuſchheit vnd Götzenopffer eſſen / weren Mitteldinng/ vnd ſtünde jederman frey. Sie haben auch neben Gode mehr krefften erdacht / vnnd geſpielet mit ſeltzamen ſcheußlichen namen/ vnd mancherley Ketzerey mit eingemenget / wie der Teuffel ſolche Leute pfleget aus einer blindheit in die ander zuführen. Vnd das ſey alſo genug von der Nicolaiten Ketzerey/davon Euſebius in ſeiner Kirchenhiſtorien ſchreibet/lib. 3. cap. 23. Auß der Stadt

Galeni ge-
burts Stadt.

Pergamo iſt der treffliche weit berühmte Artzt Galenus bürtig geweſen / der mit vielen Büchern erkleret Hippocratem.

Thyatira.

Die Stadt Thyatira/ die von ſtarcken geruch/das einen gar einnimpt/den namen hat/iſt die vierdte Gemein / an die Johannes ſeine Apocalypſin oder Offenbahrung geſchrieben/ vnd ligt von Jeruſalem anderthalb hundert meilen / gegen Nordweſten im kleinern Aſia/an Waſſer Caico/ da ſich die Lender Myſia vnd Lydia grentzen. Aus dieſer Stadt iſt Lydia die Purpurkremerin geweſen/die in der Stadt Philippus gewonet / vnd den Apoſtel Paulum vnd ſeinen Geſellen vnd Mitgeſerten Silam geherberget/Act. 16. Es ligen ober die Stadt / Thyatira vnd Philippis / von einander/100. meilen.

Sardiß / Frewdengeſang.

Carniolu.

Die Stadt Sardis iſt die fünffte Gemeine/ an die Johannes ſeine Apocalypſin oder Offenbahrung geſchrieben/vnd ligt in kleinern Aſia / am Berge Tmolo / 134. meilen von Jeruſalem/gegen Nordweſten / vnd iſt die Heupſtadt im Lande Lydia geweſen/ Der reiche vnd mechtige König Croeſus hat in dieſer Stadt ſeinen Königlichen Sitz vnnd Hofflager gehabt. Plinius ſchreibet/bey dieſer Stadt ſein anfengtlich gefunden die ſchönen roten Edelſtein/die man Carniol nennet/die man in Gold faſſet/vnd damit ſiegelt/ Vnd obwol dieſelben Edelſtein/von der roten Fleiſchlichen geſtalt/zu Latein Carniol genent worden/ſo nennet man ſie doch gleichwolin Griechiſcher Sprache Sardios / von dieſer Stadt Sardis/dabey man ſie anfengtlich ſol gefunden haben/wie Plinius ſchreibet / lib. 23. cap. vltimo.

Philadelphia / Brüderliche liebe.

Die Stadt Philadelphia iſt die ſechſte Gemeine/ an die Johannes ſeine Apocalypſin vnd Offenbahrung geſchrieben. Sie ligt von Jeruſalem hundert fünff vnd dreyſsig meilen/gegen Nordweſten/im Lande Lydia / vnd hat vorzeiten viel vbels erlitten vom Erdbeben. Derwegen auch die Einwoner viel Heuſer vmbher auff die Ecker gebawet haben/ dahin ſie für dem Erdbeben/wenn ſie merckten/das es kommen würde / entwiechen. Es hat aber die Stadt Phyladelphia den namen vom Könige Attalo Philadelpho/ der ſie anfengtlich ſol gebawet haben.Das Landt vmb die Stadt her iſt ſehr Fruchtbar/Aber jenſeid der Stadt Philadelphia/gegen der Sonnen auffgang / iſt ein verbrennet Landt/ſunfftzehen meilen lang/ vnd zwölff meilen breit/daßſelbige Landt tregt keine Bewme/ſondern iſt gantz Vnfruchtbar/alſein das guter Brantewein da wechſet/der ſo vberauß gut iſt/ das man ſeines gleichen nirgend findet. Die Erd am ſelbigen Ort iſt Aſcherſarb / Schwartz vnnd Feucht/ ſonder zweifel von

Reisen der heyligen Aposteln.

von den vielfeltigen Erdbeben/in welchem auch das Fewr auß der Erden geschlagen/ daruon das Land so verdorben vnd verbrandt worden/ Straco lib. 13.

Laodicea.

Laodicea heißt eine Stadt/da ein gerecht Volck in wonet/vnd ligt von Jerusalem hundert fünff vnd zwanzig meilen/gegen Nordwesten/in kleinern Asia/ am Wasser Lico/in der Landschafft Caria/vnd ist die siebende Gemeine/an die Johannes seine Apocalypsin vnd Offenbahrung geschrieben. Die Stadt Laodicea hat viel erlitten von den Erdbeben/ wie auch die gantze gegend daselbst vmbher / neinlich / zu Philadelphia/Sardis vnd Magnesia / welche Städt zum offtern mal vom Erdbeben sind erschüttert worden. Vrsach/das in diesem Lande so emsige vnd geferliche Erdbeach entstehen/wird angezeiget / daß das Erdreich inwendich viel Höle vnd Löcher hat/wenn die Dämpffe sich darin setzen/ vnd keinen außgang finden/ sahen sie an zu wüten vnd vnruhig zu werden / so lang / biß sie mit gewalt einen außbruch nemen / vnd wird die noth so groß/ das auff ein meil / zwo oder drey / das Erdreich sich daruon erschüttert/ nach dem die noth tieff oder hoch im Erdreich befunden wird / vnd so der außbruch nahe bey einer Stadt geschichet/ kompt es offt dazu/ das solche Stadt vorfelt / geschichets aber bey einer See/ wird es gar verschluckt.

Die Stadt Laodicea hat vor alters auch Diospolis/ Item Roas geheissen/ aber zu letzt hat sie den Namen Laodicea behalten. Sie ist anfenglich ein klein Städtlein gewesen/ vnd hat bald zugenommen/ das es eine herrliche prechtige Stadt worden / denn das fruchtbare Land vmb sie her/ vnd die reichen glückseligen Bürger vnd Einwoner/ haben sie sehr gebessert. Denn ein reicher Bürger daselbst / Hiero genant/ hat den Einwonern dieser Stadt / seinen lieben Mitbürgern/ 2000. Talenta/ das ist / 12. Tonnen Goldes / oder zwölff mal hundert tausent Kronen zu erben verlassen/ vnd sein Vaterland damit begabet/ vnd auch mit viel anderen Gaben die Stadt gezieret. Deßgleichen hat auch gethan Zeno/ ein trefflicher Orator oder Redner in dieser Stadt/ vnd sein Son Polemon/ den erstlich Adonius/ vnd darnach Keyser Augustus/ von wegen seiner frommigkeit/ zu Königlichen Würden erhöhet haben / Strabo lib. 21.

Hiero ein reicher Bürger in Laodicea.

Zeno ein trefflicher Orator

Die Stadt Laodicea/ Item/ Colossia vnd Hirapolis/ da der Apostel Philippus war gecreutziget worden/sind durch ein Erdbeben niedergefallen/im zehenden Jar des Keysers Neronis/ kurtz vor des Apostels Pauli todt. Vnd wie auß dem andern Capittel der Epistel an die Colosser offenbahr ist/ ist der Apostel Paulus in die Stadt Laodicea/ die im Lande Caria gelegen / nie mals kommen. Es ligt aber noch ein andere Stadt Laodicea in der Landtschafft Phrygia/ da hat Paulus seine erste Epistel an Timotheum geschrieben/ vnd sie vber 70. meilen gen Ephesum gesand. Vnd zum dritten ligt auch eine Stadt Laodicea in Syria / bey den Städten Antiochia/ Seleucia vnd Apamea.

Reisen Philippi/ des Jüngern vnsers HERRN Jesu Christi/ Actor 8.

Philippus ist nach der Himmelfart Christi/ da Stephanus gesteiniget war/ von Jerusalem gen Samaria gegangen/ acht meilen / vnd hat den HErrn Christum da geprediget/ vnd groß Zeichen vnd Wunder gethan/ vnd den Zauberer Simon bekeret. Es lest sich aber ansehen/ das dis nicht in der Heuptstadt Samaria/ sondern irgend in einer andern Stadt nahe dabey gelegen / geschehen.

2. Von Samaria eilff meilen gegen Mittag/ ligt die Stadt Bethzur/ da ist Philippus auß deß Engels befehl hingangen/ vnd hat dem Kemmerer der Königin Candaces auß Morenland getaufft.

3. Als solches geschehen war/ rücket der Geist des HErrn Philippum hinweg vnd bracht in gen Isdod.

4. Von dannen wandelte Philippus gen Cesarien / eilff meilen / vnd predigt vnterweges das Euangelium allen Städten/da er hin kam.

Summa dieser Reisen Philippi/ 34. meilen. Vnd so viel kan man jhm nachrechnen auß heiliger Schrifft / Was man in der Kirchen Historien von jhm findet / das lasse ich in seinem Würden bleiben.

Folget

Reisen der heiligen Aposteln.

Folget nun die beschreibung der Städ und örter.

Die Stadt Samaria/ist vorhin bey den Reisen des Apostels Petri beschrieben worden.

Bethsur/Felsenhauß.

Wo der Kämerling aus Morenland sol getaufft sein.

Je Stadt Bethsur/ die von den hohen Felsen/ darauff sie gelegen/ den namen hat/ ligt drey meilen von Jerusalem/ gegen Sudwesten/ auff der Strassen/ da man von Jerusalem hinab gen Hebron vnd in Gaza/vnd in Egypten reiset. Bey derselbigen Stad Bethsur/ ist vnten am Berge ein Springbrünlein / das doch nicht weit fleucht/ sondern bald wider in die Erde leufft/ Vnd wie der H. Hieronimus schreibet/ist zu seiner zeit die gemeine Sag gewest/das des Königs Candaces aus Morenland Kemmerling/in diesem Springbrunnen von Philippo getaufft sey.

Bild der Christlichen Kirchen.

Vnd also ist dieses ein schön Bilde der heiligen Christlichen Kirchen/die auff dem rechten Felsen/Nemlich/auff den HErrn Christum gegründet/ vnd mag derwegen billig Bethsur/ das ist Felsenhauß/heissen/denn die Pforten der Hellen können sie nicht vberweltigen. Vnd aus diesem Felsen/ nemlich/aus der gekreutzigten Seiten des HErrn Christi entspringet das

Die heilige Tauffe.

rechte Springbrünlein der heiligen Tauffe/damit wir getaufft/ abgewaschen vnd gereiniget werden von vnsern Sünden.

Es ist auch noch einander Bethsur im Jüdischen Lande/das ist ein Schloß auff einem hohen Felsen nahe bey Jerusalem gelegen/auff der Strassen/ da man von Jerusalem gen Bethlehem gehet/vnd von diesem Schloß findestu im ersten Buch weitleufftiger geschrieben.

Asdod/Feuerlied.

Asdod ist eine herrliche prechtige Stadt der Philister gewesen/ aber zu vnser zeit ist es ein Dorff/vnd ligt von Jerusalem sechstehalb meilen/ gegen der Sonnen Nidergang/ bey dem grossen Mittelmeer der Welt.

Gaza / Sterck.

Gaza ist auch eine prechtige Stadt der Philister gewesen bey dem grossen Mittelmeer der Welt gelegen/ eilff meilen von Jerusalem/gegen Sudwesten/ auff der Strassen wenn man von Jerusalem hinab in Egypten reiset. Simson hat in dieser Stadt der Stadt Thor zubrochen/ Judic.16. Bernhard von Breitenbach schreibet. Die Stadt Gaza sey viel grösser als Jerusalem/ Aber nicht so zierlich gebawet/ vnd man zeiget noch heutiges Tages darinnen die verfallenen Mawren des Götzenhauses Dagon/das Simson eingerissen/ vnd die Philister vnd sich damit zu todt geschlagen.

Reise

Reisen der heiligen Apostel. 57

Reise des Kemmerlings der Königin Candaces aus Morenland / der von Philippo ist getaufft worden / Actorum. 8.

VON Saba oder Meroe aus Morenland ist dieser Kemmerling gen Jerusalem kommen / vber zwey hundert ein vnd viertzig Meilen.

2. Von Jerusalem zog er gen Bethsur / drey meilen / vnnd ward da von Philippo getaufft.

3. Von Bethsur ist er wider heim / gen Saba gezogen / zwey hundert acht vnd dreissig meilen.

Summa dieser Reisen Vierhundert zwey vnd achtzig meilen.

DJe Stadt Saba oder Meroe / daher auch die Königin von Saba kommen ist / die dem König Salomon Geschencke gebracht hat / ist im 1. Buch beschrieben worden / dahin ich den gütigen Leser wil zurücke geweiset haben.

Ehe ich die Reisen deß Apostels Pauli anfahe / wil ich erstlich ein Tafel vorher setzen / darin alle Länder / Stedt vnd Inseln abgemalet sind / darin der Apostel Paulus geprediget hat. So findestu auch in der Tafel / die 7. Stedt / an die Johannes seine Apocalypsin vnd Offenbarung geschrieben.

Damit

Reisen der Heiligen Aposteln.

Damit auch ein jeglicher/der der Geometriae Cosmographiae ein wenig berichtet ist/die je Taffeln nachmalen/vnd seines gefallens vergrössern vnnd verkleinern müge/habe ich die Longitudines & Latitudines hieher beschreiben wollen.

ITALIEA CIVItates.

Roma 36 40 41 40.
Puteoli 39 50 41. 0.
Neapolis 39 10 41 0.
Capua 40 0 41 0.
Brundusium 42 30 39 40.
Rhegium 39 50 33 15.

GRAETIAE CIVItates.

Constantinopolis 50 0 43 5.
Neapolis 51 15 41 40.
Philippi 50 45 41 46.
Amphipolis 50 0 41 30.
Apollonia Mygdonia 49 30 40 30.
Thessalonica 49 50 40 20.
Berea 48 45 39 50.
Athena 52 45 37 15.
Corinthus 51 15 36 55.
Cenchreas 51 20 37 0.

ASIAE MINORIS Ciuitates.

Therse 67 40 36 50.
Attalia 62 15 36 30.
Perga 62 15 36 56.
Antiochia Pisidiae 62 30 39 0.
Laodicea Phrigiae 63 40 39 40.
Lystra 64 0 39 0.
Iconium 64 30 38 45.
Derba 94 20 38 15.
Chalcedon 56 5 43 5.
Nicea 37 0 41 40.

ASIAE CIVItates.

Ilium 55 50 41 0:
Troada 55 25 40 40.
Assus 56 0 40 15.
Pergamus 57 25 30 45.
Philadelphia 59 0 38 50.
Sardis 58 20 38 15.
Ephesus 57 40 37 40.
Thyatria.

Smyrna 58 25 38 25.
Miletus 58 0 37 0.
Helicarnassus 57 50 36 10.
Gnydus 57 10 35 30.
Patara 60 30 36 40.
Myra 61 0 36 40.
Hyeropolis 60 0 38 15.

SYRIAE CIVItates.

Antiochia 69 30 35 30.
Seleucia 69 25 35 40.
Sidon 65 15 33 30.
Tyrus 67 0 33 20.
Ptolomais 66 16 23 58
Cæsarea Stratonis 66 '50 23 61.
Ioppe 65 4 32 5.
Ierusalem 66 0 31 55.
Damaseo 60 55 33 0.

AEGIPTI CIVItates.

Alexandria 60 31 30 0.
Memphis Alcair 61 50 29 50.
Hermopolis magna 61 40 28 55.

INSVLAE.

Sicilia ciuitates Syracuse 39 30 37 15.
Melite siue Malta 38 45 34 20.
Corcyra 45 40 38 15.
Creta 54 0 34 45.
Clauda 52 30 34 0.
Salamis 50 0 37 0.
Euboea 53 40 38 15.
Andros 25 0 37 12.
Samothracia 52 30 41 15.
Mithylene 55 49 39 20.
Chius 59 20 38 25.
Trogillion 57 15 37 40.
Pathmos 57 0 37 35.
Cous 37 0 36 25.
Rhodus 85 30 35 40.
Paphus Cypri 64 10 35 5.
Salamis Cypri 66 20 35 10.

Tafel der Lender/darin
der Apostel Paulus geprediget hat.

F   Tafel

Reisen des heiligen Apo-
stels Pauli.

Paulus ist zu Tharsen in Cicilia geboren / von dannen haben ihn seine Eltern vber sechs vnd siebentzig meilen gen Jerusalem gesand/da ward er auffertzogen im Gesetz des HErrn/ zu den Füssen Gamalielis / hat auch denen die Kleider für dem Thor zu Jerusalem verwaret die Stephanum steinigten/Act.7.

2. Von Jerusalem ist er gen Damascum gezogen/viertzig meilen/ vnd ist da für der Stadt vom HErrn Christo plötzlich vmbleuchtet/vnd bekeret/Act.9.22.

3. Von Damasco ist er vber viertzig meilen/ in Arabiam gezogen/vnd hat den HErrn Christum da geprediget/Galat.1.

4. Aus Arabia ist er vber viertzig meilen wider gen Damascon kommen/Vnd als jhn der Landpfleger des Königs Areta greiffen wolte / ist er in einem Korbe vber die Mawren nidergelassen/vnd aus seinen Henden entrunnen/Act.9.2.Corinth.11.

5. Von Damasco gen Jerusalem sind 40. meilen. Als Paulus dahin kommen/vnd die Jünger sich für jhm fürchteten/hat jn Barnabas zu sich genommen/vnd jn zu den Aposteln gefüret,denen er erzehlet / Wie er auff der Strassen den HErrn gesehen/vnd er mit jm geredet/vnd wie er zu Damasco den namen Jesu frey geprediget hette/Act.9.Galat.1. Also ist auch Paulus zu Jerusalem geblieben 15.tage/vnd hat Petrum gesehen/vnd Jacobum deß HErrn bruder/Galat.1. Vnd als Paulus im Tempel gebetet/ist er entzückt worden/vnd hat den HErrn Christum gesehen / welcher zu jm gesprochen:Eile vnd mache dich behende von Jerusalem hinaus / denn sie werden nicht auffnemen dein Zeugnis von Mir/ sondern gehe hin/Ich wil dich ferne vnter die Heyden senden/Act.22.

6. Vnd als jm die Jüden zu Jerusalem nach dem leben stelleten /namen jn die Brüder/vnd geleiteten jhn gen Cæsarien/vber acht meilen/Act.9.

7. Vnd von Cæsarien schickten sie jhn durch Syriam/gen Tharsen in Cilieiam/vber acht vnd sechzig meilen/Act.9.Galat.1.

8. Von Tharso ist Paulus mit Barnaba/der jhn wider holete/gen Antiochia gezogen dreissig meilen. Vnd als sie da ein gantz Jar blieben /vnnd viel Volcks bekereten/wurden die Jünger zu Antiochia am ersten Christen genent/ Act.11.

9. Von Antiochia wurden Paulus/vnd Barnabas/zu der zeit der Thewrung/gen Jerusalem gesand/vber siebentzig meilen / den Armen Handreichung zu thun / Actorum am eilfften vnd zwölfften.

10. Von Jerusalem zogen Paulus vnd Barnabas wider gen Antiochia /70.meilen vnd namen mit sich Johannem/mit dem Zunamen Marcus/ Actor.12.

Summa dieser ersten zehen Reisen des Apostels Pauli/ vierhundert zwey vnd achtzig meilen.

Folget nun die Beschreibung der stedt vnd örter/deren in
diesen ersten zehen Reisen des Apostels Pauli ist ge-
gedacht worden.

Tharsus.

Tharsus die Heupstadt deß Landes Cicilia / darin der Apostel Paulus geboren / ligt in kleinern Asia/ sechs vnd siebentzig meilen von Jerusalem/gegen Norden/vnd hat den Namen von Tharsis/dem Sone Japhan / welcher ist gewesen ein son Japhet/ des Sons Nohe/Genes.10. Sonst heist das Wort Tharsis auch wol einen Edlen Stein/ den wir ein Hiacint nennen.

Persus der mechtige König in Persia / davon das gantze Königreich Persia den Namen hat/ sol die Stadt Tharsum erst recht gebawet haben/Wie Strabo schreibet / lib.14.

Darnach

Reisen des heiligen Apostels Pauli. 63

Darnach hat auch Sardanapalus/der Weibische König der Aſſyrer/ dieſe Stadt gebawet vnd gebeſſert. Derſelbige Sardanapalus thet anders nicht/als das er ſoff/fraß/vnd mit huren ſpielete/vnd war ſo gar der Hurerey vnd Vnzucht ergeben/das er auch Weibiſche Kleider anzog/vnd mitten vnter den vnzüchtigen Weibern ſaß/vnd ſich nicht ſchemete / mit jnen zu ſpinnen. Darumb wurden die Forſten der Aſſyrer zornig / vnd wolten ſolchen Weibiſchen Mann vnd Hurenvogt nicht lenger zum Könige haben/vnd machten ein Auffruhr wider jhn. Vnnd als ſie jhm ein Schlacht abgewunnen/verzagt er/ vnd lieſſ in ſeinen Pallaſt / vnd zündete das Königliche Gebew ſelbſt an/vnd brennet ſich alſo mit ſeinen Huren/ in ſeinem eigen Pallaſt zu todt. Vnd wie Suidas ſchreibet/hat man auff ſeinem Grabe zu Ninive/das er für ſeinem todt hat bawen laſſen/dieſe wort gefunden: Sardanapalus Anazyn Darayat Son / hat auff einen Tag die Stedte Anchialon vnd Tharſum gebawet/Du aber/O Gaſt/jß/trinck vnd ſpiel/das iſt das beſte/das die ſterblichen Menſchen haben / Denn nach dieſem Leben wird nichts beſſer/ vnd nach dem Todt iſt keine Frewde noch Wolluſt mehr zu hoffen. Dieſe Schrifft/ ſpricht Ariſtoteles/ſolte nicht auff eines Königs/ſondern auff eines Ochſen Grab ſtehen.

Sardanapalus ſchendliches leben.

Sardaräras li Epitaphium.

Die Stadt Tharſus iſt eine herrliche vnd prechtige Stadt/ vnd das luſtige Schiffreiche Waſſer Cydnus/das aus dem Berge Tauro entſpringet/fleuſt mitten durch dieſe Stadt/ In dieſem Waſſer hat ſich der groſſe Alexander / als er im drey hunderſten vnd vier vnd dreyſſig-ſten Jar für Chriſti Geburt gen Tharſum kommen / vnd etliche toge nach einander in greſſer Hitze gereiſet hatte/wider kühlen wollen/Er iſt aber/von wegen der ſchleunigen erkaltung/ in eine tödliche Krankheit gefallen/das jederman/auch er ſelber zwar / an ſeinem leben verzagt/biß jhm zu letzt ſein Medicus vnd getrewer Artzt Philippus / der jhm aus Macedonia war nachgefolget/die zuſage gethan/er wolte jhm mit einer ſehr ſtarcken Artzney / die er jnn in zweren tagen bereiten/vnd am dritten tage eingeben wolte/ſein Leben retten / vnd zu ſeiner vorigen Geſundheit widerumb verhelffen. Darein Alexander hertzlich gerne gewilliget/ ſintemal dieſes Artzen Kunſt/Erfahrenheit vnd Trew/jhm ſehr wol bekant war.

Alexander badet in Cydno/vnd felt in darkhe ibe tödliche Kranckheit.

Mitlerweile hat Alexander in ſeinem Siechbette einen Brieff bekommen / von Parmenione/ſeinem fürnembſten vnd getrewſten Fürſten einer / darin er gantz fleiſſig gewarnet worden/er ſolte ſich für ſeinem Medico/den er ſonſt allzeit trew gehalten/nemlich für obgedachten Philippo/wol fürſehen vnd hüten/denn Darius / der König aus Perſia/wider welchen Alexander eben das mal im anzoge war/hette jhm tauſent Talent Silbers/welche machen 6. mal hundert tauſent Kronen/vnd ſeine Schweſter zur Ehe verheiſſen/ wenn er nur Alexandro mit Giffte ſein Leben neme. Diß ſchreiben hat Alexandrum nicht wenig bekümmert / vnd jhn allerhand zu dancken gemacht ob er lieber ſterben wolte/oder Philippum ſeinem Medicum(welchen er allwege ſeinem Freund geſpüret) der vntrew beſchuldigen/ Zu letzt hat er bey ſich beſchloſſen/Er wolte lieber ſterben/von Philippo mit Giffte getödtet werden/ehe er jhn/als ſeinen beſondern Freund/vaſchuldiger weiſe berüchtigen wolte/ ſintemal er noch nicht eigentlich wiſſen kondte/ob Philippus/der je vnd allwege jm getrew geweſen / in ſolche Vbelthat gewilliget hette/So ſtünde es auch einem Freunde nicht wol an / ſeinen Freund vntrew beſchuldigen. In ſolchen widerwertigen Gedancken/ hat der groſſe Alexander in der Stadt Tharſen zween Tage zugebracht/vnd mitlerweil den Brieff/ſer jn von Parmenione zugeſchrieben war/ mit ſeinem eigen Königlichen Pitſchir beſieget/vnter ſeinem Hauptküſſen ligend gehabt/vnd keinem Menſen dieſen Handel offenbaren wollen. Am dritten tage aber trat Philippus zu jhm hinein/vnd trug den Becher/darin er die Artzney bereitet/in der Hand. Alexander aber/als er jhn ſahe/richtet er ſich auff/vnd lehnet ſich auff ſein Einbogen/ den Brieff / darin Philippus der vntrew beſchuldiget ward/hielt er in ſeiner lincken Hand vnd mit der rechten Haub nam er den Becher zu ſich/tranck denſelbigen rein aus / gab darnach Philippo den Brieff zu leſen/ Vnd in dem er denſelbigen durchlaß / ſahe jhn Alexander gar ſcharff ins Geſicht / ob vielleichte/ſo an der That ſchuldig / ein zeichen des ſchreckens von ſich geben würde. Philippus aber entſatzte ſich weniger als nichts / ſondern ward in ſich ſelber ſehr zornig auff Parmenionem/warff den Brieff aus zorn auff die Erden vnd ſprach : Mein Herr König / das ich vnſchuldig ſey/ſolches wird deine Geſundheit nun in kurtzer zeit zeugnis geben / darumb ſey wol zu frieden/vnd bekümmere dich dieſem wegen gar nichts. Alexander antwortet/Wenn dir die Götter/mein lieber Philippe/einen weg vnd gelegenheit hetten zugelaſſen / dadurch du mein

Wird von Philippo ſeinem getrewen Artzt wider kurirt.

Gemüth

Reisen des heiligen Apostels Pauli.

Gemüt/wie es gegen dir gesinnet were/ hettest erfahren mügen / so hettestu viel lieber ein an-
ders/weder diß Mittel/erwehlet/du hettest aber keines/das gewisser were gewesen: ein ünschen
mügen. Denn sihe/ob ich wol diesen Brieff bekommen / so habe ich doch gleichwol deinen Ar-
ney vnerschrocken rein außgetruncken/vnd an deiner Trew nicht zweiffeln wollen. Dieweil
wol Alexander kurtz darnach von dieser starcken Artzney so hefftig kranck worden / das jederman nicht anders gemeinet / er würde dem Philippo vnter den Henden sterben / So hat doch
Philippus mit laben vnd erquicken solchen fleiß gethan/das er in kurtzer zeit wider zu jhm selbst
kommen/vnd am dritten tage hernach gantz wider gesund gewesen. Diß ist also geschehen in
der Stadt: Tharsis in Cilicia/welche die fürnembste Stadt desselbigen Landes gewesen / auch
fernach je mehr vnd mehr zugenommen hat.

Hohe Schul zu Tharso. Es ist auch ein solch herrlich Studium vnd grosse Schule da gewesen/ das sie in der Phi-
losophia vbertroffen hat die Athenienser vnd Alexandriner. Doch haben die zu Athen einen
grössern namen vnd zulauff gehabt / von den frembden Studenten / die mit hauffen mehr dahin gezogen sind/als gen Tharsum. Was aber die hohen Künste vnd Philosophiam belanget
hat die Stadt Tharsus den rhum vnd preiß gehabt/für allen andern Städten.

Der Apostel Paulus zu Tharso geboren. Act. 17. 1. Corint. 15. Luth. 1. Der H. Apostel Paulus ist in dieser Stadt geboren/ vnd hat also von
Jugend auff in seinem Vaterlande mancherley Sprache vnd freye Künste gelernet / vnd in-
sonderheit des Arati/Epimenides/ Menandri/ vnd andern Poeten Schrifften fleissig gelesen/
deren Sprüche vnd Sententias er in seinen Episteln eingeführet. Darnach ist er von seinen
Eltern gen Jerusalem in die hohe Schul des Gesetzes gesand / damit er auch die H. Schrifft
lernen/ vnd in seinem Väterlichen Gesetz recht möcht vnterwiesen werden.

Die Stadt Tharsus hat für allen andern Städten auch den Rhum gehabt/ das die Ein-
heimischen vnd Bürger Kinder daselbst sehr fleissig studieret haben / vnd sind solche gelerte leute worden/das sie auch zu Rom / vnd andern Orten mehr / allen andern Nationen vnd Völckern sind vorgezogen. Die Stadt Tharsus ist auch von den Römern mit dem Römischen
Bürgerrecht begabet/darauff sich auch Paulus beruffen/ Act. 22. da er saget/ Er sey Römisch
geboren. Zu vnser zeit ist sie in des Türcken gewalt/vnd heist Terassa.

Damascus/ Blutsack.

Damascus ist eine alte Stadt. Die Stadt Damascus ligt von Jerusalem 40. Meilen / gegen Nordosten/ vnnd ist die
Heuptstadt in Syria/ eine hübsch vnd wol gebawet/ vnd ist bazu eine alte Stadt/ die zu
Abrahams zeiten schon gestanden/ denn Elieser/ Abrahams Haußvogt / war von Da-
masco/ Gen. 15. Sie ligt an einem lustigen vnd fruchtbaren ort / bey dem Berge Libano/ darauff die hohen Cedernbewme/ Cypressen /Weyrouch / vnnd andere wolriechende Kreuter vnd
Blumen wachsen. Desgleichen treget der Acker vnd Erdreich rings vmb die Stadt Damascum
sehr viel Weingärten/ rote vnd weisse Rosen / Granatepffel / Mandeln vnd Feigen als Honig
süsse/ Item/ Oliebewme fast groß/ vnd insonderheit die grossen Weinbeer / bey vns Zibeben ge-
nant/so fi det man auch daselbst/wie Plinius schreibet/ schönen Alabasterstein. Es ist da ein
gesunde lustige Lufft/vnd ein schön lauter gesund Wasser / mitten durch die Stadt fliessend/
das an einem Vfer Goldadern hat/ darumb es auch Chrysorroas genennet wird/ das heist auff
Deutsch/ ein Wasser/ darin man im Sande am Vfer Gold/ oder gülden Kerulin findet.

*Heuser vnd Gebew die-
ser Stadt.* Die Heuser in der Stadt Damasco sind außwendig nicht gar schön/ aber inwendig leuchten
sie von Gold/ Marmel/ Alabaster/ vnd kunstreicher erbeit. Es ist ein trefflich starck vnd wol gebawet hübsch Schloß zu Damasco/ das für etlichen jaren gebawet hat ein Florentiner / der vnsern Christlichen Glauben verleugnet / vnd ein Mamaluck worden. Vnd als er dem Heydni-
schen Sultan Gifft abtrieb / vnd jhn also bey dem Leben erhielt/ ward er zum Herrn vber die
Stadt Damasco gemacht/vnd bawet also/wie gesaget/ das köstliche feste Schloß. Niemand
kan gnugsam erzelen die Handlung vnd kunstreiche arbeit/die man in dieser Stadt machet.

Grosser Kauffhandel dieser Stadt. Es ist da ein groß gewerbe/ vnd die Stadt sehr Volckreich/ Aber die Heyden/ Türcken vnd
Mameducken haben die oberhand vnd das Regiment. Man findet auch Christen zu Damasco/
aber die werden sehr verhasset von den Heyden/ vnd wenn sie sterben / begrebt man sie ausserhalb der Stadt/ an das Ort/da der heilige Apostel Paulus vom Himmel ist vmbleuchtet vnd
bekeret worden.

Man zeiget auch bey der Stadt Damasco das ort/ da Cain seinen bruder Abel sol erschlagen haben/

Reisen des heiligen Apostels Pauli.

haben/Vnd es lest sich ansehen/das die Stad Damascus von denselben scheutzlichen mord den namen bekommen habe/denn Damascus oder Damasek heist auff Deutsch ein Blutsack oder blutige ort/das Blut gesoffen hat/wie Gott zu Cain spricht/Versucht sey die Erde/die ihren Mund auffgethan hat/vnd deines Bruders Blut von deinen Henden empfangen/Gen. 4.
  Der Ort/da Cain seinen Bruder ȝc betreffs las gen.

Man weiset auch noch heutiges tages zu Damasco das ort/da Paulus vber ein Mawren nider gelassen worden/vnd inwendig in der Stadt weiset man das Hauß/da Ananias folge wonet haben/der die hende Paulo auff die Augen geleget/vnd in wider sehend gemacht/Act. 9.
  Der Türcken Kirchen in Damasco.

Die Türcken vnd Mamalucken haben viel Kirchen zu Damasco/die sie Muschea nennen/vnd in der Heuptkirchen helt man den Leichnam Zacharie des Propheten in grossen Ehren/mit beleuchtung vieler Ampeln/Vnnd dieselbe Kirche oder Muschea/ist vor zeiten eine Thumkirch der Christen gewesen/vnd ist sehr hübsch/vnd hat viel Chor von Ertz vnd Metall/kunstreich gemacht. Das sey also genug von der Stadt Damasco/wie sie von Sebastian Münstero/Bernhard von Breitenbach/Sebastian Francken/Plin. lib. 5. vnd andern mehr beschrieben wird.

Arabia/Wüstland.

Arabia ist dreyerley/nemlich/Arabia deserta/das wüste Arabia/stösset an Syrien gegen Norden werts/bey dem Wasser Euphrate. Zum andern/Arabia Nabathea oder Petrea, auff Deutsch das steinigte Arabia/hebet an jenseit des Jordans/in dem halben Stam Manasse/Gad vnd Ruben/vnd strecket sich gegen Südenwerts biß an das rothe Meer. Vnd zum dritten/Arabia fœlix, das selige oder reiche Arabia/darin die Stadt Saba gelegen ist ein sehr fruchtbar Land/vnd ligt noch mehr gegen Südenwerts/zwischen dem roten vnnd Persischen Meer.
  Dreyerley Arabia.

Hie ist nu die Frage/In welchem Arabia der H. Apostel Paulus/nach seiner Bekerung/am ersten geprediget habe/Galat. 1. Antwort. Dieweil Paulus/nach dem er zu Arabia geprediget/wider gen Damascon kommen/vnd der Landpfleger deß Königs Areta in da hat greiffen/vnd tödten wollen/Act. 9. 2. Chron. 11. So gibt solches eine gewisse anzeigung/das Paulus im steinigten Arabia muß geprediget haben/darin derselbige Areta ist ein König gewesen/wie Josephus von den alten Geschichten der Jüden im 18. Buch vnd 9. Capitel anzeiget. Hier aus sihet man auch die vrsach/warumb der König Areta den Apostel Paulum hat wollen greiffen vnd tödten lassen/nemlich darumb/das er in seinem Lande/nemlich/im steinigten Arabia/den HErrn Christum geprediget hatte. Es kan auch wol sein/das die Stadt Damascus zu der zeit vnter desselbigen Königs Areta gewalt gewesen/vnd derselbige da einen Lan pfleger werde gehalten haben/der die Stadt regieren solte/vnnd zugleich dem gantzen vnderigen Landt fürstehen.
  In welchem Arabia Paulus nach j. Bekerung geprediget habe.

Das wort Arabia heist ein Wildnis oder Wüsten/denn es hat in demselbigen Lande viel Wilde vnd Wüsten gehabt/vnd insonderheit das steinigte Arabia/hat den namen von den grossen Felsen vnd steinigten Bergen/die daselbst gefunden werden/vnd in demselbigen steinigten Arabia/haben auch die Kinder von Israel 40. Jar lang in der Wüsten gewandelt/wie im ersten Buch ist angezeiget worden.
  Was Arabia heisse.

Die Könige die in diesem steinigten Arabia/kurtz für vnd nach Christi Geburt/regieret haben/werden von Josepho gemeinlich alle Areta genent/Vnd Herodes der Vierfürst in Galilea/hat auch/wie Josephus schreibet/erstlich des Königs aus Arabia Tochter gehabt/die verstieß er/vnd nam seines Bruders Philippi Weib/darüber auch Johannes der Teuffer/der solchs straffet/im Gefengnis enthauptet/vnd jemmerlich hingerichtet worden. Es ist aber zwischen dem König Areta/vnd Vierfürsten Herodes/ein blutiger Krieg entstanden/darin des Herodes Volck in die flucht geschlagen/vnd grewlich erwürget worden/durch verrhaterey vnd flucht der Kriegsleute/aus dem Vierfürstenthumb Philippi/die sonder zweiffel/durch solche schmach an ihrem Herrn Philippo begangen/dem sein Bruder Herodes sein Weib genommen hatte/haben rechnen wollen. Vnd ob wol beyde Könige/Areta vnnd Herodes/in der Schlacht nicht gewesen/so ist doch gleichwol viel Bluts darin vergossen/vnd ohne zweiffel werden die reichen Scharrhansen/die mit Herode oder Tische sassen/als er Johannem den Teuffer köpffen ließ/auch etliche darauff gangen sein. Die Schlacht ist geschehen bey der Stadt Gamala/jenseit des Galileischen Meers/Josephus Antiq. Iud. lib. 18. cap. 9.
  Krieg zwischen dem Könige Areta vnd dem Vierfürsten in Galilea.

Reisen des heiligen Apostels Pauli.

Antiochia Syriae.

ANtiochia die Heuptstadt in Syria/ligt von Jerusalem 70. meilen / gegen Norden / vnd ist im 1. Buch/bey den Reisen des wütrigen Königs Antiochi weitleufftiger beschrieben worden/dahin ich den gütigen Leser hiemit wil zu rücke gewiesen haben. In dieser Stadt sind die Jünger am ersten Christen genent worden/Actor. 11. Aus dieser Stadt ist auch der Euangelist Lucas bürtig gewesen/wie der heilige Hieronymus anzeiget.

Reisen des Apostels Pauli / da er mit Barnabas aus befehl deß heiligen Geistes/zum ersten mal von Antiochia aus gesand, ward/in kleinern Asia/vnd in der Heydenschafft das Euangelium zu predigen/Actor. 13.

1. JN Antiochia Syriæ wurden Paulus vnd Barnabas ausgesand vom H. Geist/vnd kamen vber 6. meilen gen Seleucia/Act. 13.
2. Von dannen schifften sie in Cypren/zu der Stadt Salamis / vier vnd zwantzig meilen/Actor. 13.
3. Vnd als sie die Insel durchzogen/kamen sie vber 25.meilen gen Paphon/da ist Sergius Paulus der Landvogt bekeret/vnd Elimanus der Zeuberer blind worden.
4. Von Paphos aus Cypren/sind sie in klein Asiam geschiffet / vnnd also zu Wasser vnd zu Lande/vber die 37. meilen/gen Pergen komen / in Pamphilia gelegen/ da ist Johannes/ mit dem Zunamen Marcus/den sie zum Diener bey sich hatten/von jnen gewichen / vnd vber 89. meilen wider gen Jerusalem gezogen/Actor. 13.
6. Vnd von Antiochia aus Pisidia/kamen sie gen Iconion/vber 24. meilen/ vnd hatten je wesen da eine lange zeit/vnd bekereten da viel Volcks/Act. 13. 14.
6. Darnach sind Barnabas vnd Paulus/als man sie steinigen wolte/ von Iconio gen Lystra geflohen 7. meilen/da hat Paulus einen Lamen gesundt gemacht / der von Mutterleibe lahm geboren war. Vber solchem Wunderwerck sind die Bürger zu Lystra verursachet worden/die Aposteln für Abgötter anzubeten/vnd jnen zu opffern / vnd nenneten Barnabam Jupiter/vnd Paulum Mercurium/darumb/das er das wort führte. Nicht lange darnach sind etliche Jüden von Antiochia vnd Iconio dahin kommen/ vnd das Volck vberredet / vnd Paulum gesteiniget/vnd jn zur Stadt hinaus geschleiffet/vnd gemeinet/er were gestorben. Da jhn aber die Jünger vmbringet/ist er auffgestanden/vnd in die Stadt gegangen/Act. 16.
8. Den nechstfolgenden tag/sind Paulus vnd Barnabas von Lystra gen Derben gangen/ 12. meilen/vnd das Euangelium geprediget/Actor. 14.
9. Von Derben sind sie wider gen Lystra komen/vber 12. meilen.
10. Von Lystra sind sie gen Iconion gezogen/7. meilen/Actor. 14.
11. Von Iconio sind sie gen Antiochiam in Pisidiam kommen/ vber 24. meilen. In diesen Städten haben sie die Jünger gesterckt vnd ermanet/das sie im glauben bleiben / vnd das wir durch viel trübsal müssen ins Reich Gottes gehn. Sie auch hin vnd wider Eltesten in der Gemeine geordnet/vnd sie dem HErrn befohlen/an dem sie waren gleubig worden/ Act. 14.
12. Von Antiochia Pisidiæ/sind Paulus vnd Barnabas durch das Land Pisidiæ/ vber 13. meilen/gen Pergen in Pamphiliam gezogen/vnd haben da auch das Wort des HErrn geredt/Act. 14.
13. Von Pergen aus Pamphilia/sind Paulus vnnd Barnabas gen Attalia gezogen/sind bendekt halb meilen/Actor. 14.
14. Vnd von dannen sind sie geschiffet gen Antiochia in Syriam/85. meilen / vnd die Gemeine versamlet/vnd verkündiget / wie viel Gott durch sie ausgerichtet hatte/ vnd wie er den Heyden die Thür des Glaubens auffgethan / Vnnd blieben also zu Antiochia eine lange zeit/ Actor. 15.

Reisen des heiligen Apostels Pauli. 67

15. Von Antiochia sind Paulus vnd Barnabas gen Jerusalem auffs Apostel Concilium gezogen/70.meilen/vnd haben vnterweges/als sie durch Phenicien vnd Samariam,gereiset/der Heyden wandel erzelet/vnd den Brüdern grosse freude gemacht/Acter. 15.

16. Von Jerusalem sind Paulus vnd Barnabas/mit Sila vnd Juda/deß Zuname Barsabas geheissen/wider gen Antiochia in Syriam kommen / vber 70. meilen. Vnd als Petrus auch dahin kommen/trat jhm Paulus frey vnter die Augen/vnd hat jhn gestrafft wegen seiner Heuchelcy/das er sich den Heyden entzogen/vnd denen widerstanden/die von der Beschneidung waren/zugefallen geheuchelt/Galat. 2.

Summa dieser Reisen deß Apostels Pauli/die er mit Barnabas gereiset hat/475. meilen.

Folget nun die Beschreibung der Stedt vnd örter.
Seleucia.

SEleucia/die Heuptstadt in Syria / davon auch das vmbligende Land den namen hat/ ligt von Jerusalem 70. meilen/gegen Norden/am grossen Mittelmeer der Welt/vnnd hat den namen von Seleuco Nicanore/dem König in Syria/der sie gebawet/ vnd nach seinem namen Seleucia geheissen hat. Denn derselbige König Seleucus Nicanore / als er der erste König in Syria ward/nach des grossen Alexandri todt / hat er in Syria vier herrliche Stedte gebawet/Die erste ward nach seinem namen Seleucia genent / Die ander Antiochia/ nach seines Vaters Antiochi namen/ Die dritte Laodicea / nach seiner Mutter namen/Vnd die vierdte/Apamea/nach seiner Gemahl vnd Königin namen.

Stedte/die Seleucus Nicanor gebawet.

Bey der Stadt Seleucia fleust das Wasser Orontes ins Meer/ So findet man auch da selbst den hohen Berg Casium/der eine Deutsche meile hoch ist/Vnd den Berg Pieria/davon die Stadt Seleucia den namen bekommen/das sie Seleucia Pyriae genent wird / zum vnterscheid vieler andern Stedte / die auch Seleucia geheissen haben / Als nemlich/Seleucia am Wasser Tygris/Seleucia in Persia/vnd Seleucia in Cilicia/etc.

Cyprus/heist hübsch vnd schön.

CYprus/ist eine grosse Insel/im grossen Mittelmeer der Welt gelegen/ gegen Cilicia /vnd Syria/vber 40. meilen von Jerusalem/gegen Norden/ Vnd wie Strabo im 14. Buch seiner Geographia anzeiget/begreifft sie in ihrem vmbkreiß 3 420. Stadia/die machen 170. Deutsche meilen/doch ligt sie nicht recht in die runde. Sie ist sehr fruchtbar / vnd so groß vnd mechtig/das auch für alters 9. Königreich in dieser Insel gewesen / wie Plinius schreibet/ lib. 5. cap. 1. 31. Man findet viel Schmaragden/Diamanden vnd Christallen/ Item / viel Allaun/vnd Köstlich Ertz in dieser Insel/Item viel Zucker/Wein/Baumwollen/vnd ein Wald mit Bewmen/die citel S. Johann Brod tragen. Es ist auch in der Insel Cypro der hohe Berg Olympus/vnd viel schöne Stedte/als insonderheit Cytherea / darin Venus ist geehret worden/die auch den namen davon hat/das sie Cytherea genent wird. Item die Stedte / Salamin/vnd Paphos/darin Paulus vnd Barnabas geprediget haben/ Act. 13. ligen auch in der Insel/vnd andere Stedte mehr.

Der Insel Cypri fruchtbarkeit vnd herrschafft.

Es haben sind Christi geburt viel Könige in Cypern regieret / biß sie entlich vnter die Venediger komen ist/die järlich in die sieben Tonnen Goldes aus dieser Insel kriegen / Dagegen/ müssen sie in derselben Insel/in der Heuptstadt Famagusta/järlich ein stadlich Kriegsvolck halten wider den Türcken/das jnen also järlich wol in die 3 Tonnen Goldes wider darauff geht.

Cyprus kömpt in der Venediger gewalt.

Vnd dieweil die Insel Cyprus nur 5000. Schritt/das ist/5. viertel einer meilen / von Cilicia ligt/mögen die Hirschen mit hauffen aus Cilicia in die Insel Schwimmen / vnnd legt je der hinder seinen Kopff den fordern auff die Arsbacken/wie Plinius schreibet.

Es hat auch die Insel den rhum vnd lob/das man grosse Schiffe dariune bawen kan /ohne hülffe vnd zuthun anderer Lender / Denn man findet hohe Bewme / vnd starcke Hölter in Cypern/die man zu Mastbewmen brauchet / Man findet auch Hartz vnd Pech darinnen/die Schiffe zu verpichen/auch Seilern vnd Leinwand zu Segeln.

Die Heuptstadt in Cypern ist vor alters Paphos gewesen/die auch Cyprus geheissen hat/ vnd von jr sol die gantze Insel den namen bekommen haben / Aber zu vnser zeit ist Famagusta die Heuptstadt in Cypren/davon ich vorhin gemeldet/das sie die Venediger järlich mit Kriegsvolck besetzet haben.

Diese Stadt ist sehr feste/mit Thürnen vnd Basteyen zu Lande vnd am Wasser/sehr wol verwaret. Acht meilen davon/ligt die Stadt Nicosia/da für alters die Könige in Cypren jhren Königlichen Hoff vnd sitz gehabt. Vnd bey der Stadt Lymeso / die ein Egyptischer Sultan verstöret hat/ In dieser Insel ist ein Kloster/so voll vnreines Geuistirnies / das da niemandt wonen kan/allein das da ein Kloster ist / darin haben die Mönche viel Katzen / wie Sebastianus Munsterus schreibet/die in das Feld lauffen vnd viel Vngeziefers abthun / vnd zu einer Glockengeleute kommen sie alle wider ins Kloster/das man jnen zu essen gebe.

Es wechsset aber zu Cypren hübsch vnd gut Saltz / das hawet man aus dem Erdreich gleich wie gefrorne Eiszacken / vnd treget es auff einen hauffen. Es sind zwey namhafftige Wasser in dieser Insel / die beyde aus dem hohen Berge Olympo fliessen/ nemlich Lycus gegen Mittag/vnd Lampetus gegen Mitternacht. Die Abgöttin Venus ist in der Insel Cypro für alters in grossen ehren gehalten/vnd darumb wird dieselbe Venus nach der Insel Cypria genant/vnd hat viel schöner Tempel da gehabt. In Cypren ist die Ernde im Früling vnd gehet das Vieh vber Winter auff der Weide/aber zu Sommers zeiten/wenn die Hitze zu gross ist/fleist das Vieh da heime/denn es findet nichts zu weiden.

Im Jar nach Christi vnsers Heilandes geburt 1570. ist ein grosser Krieg angangen/ zwischen den Venedigern vnd Türcken/vber der fruchtbaren vnd schönen Insel Cypren/Denn der Türckische Keyser Selimus/hat mit grossem Kriegsvolck die Insel vbeczogen / vnd endlich die Stad Nicoslam/am 9. Septembris/mit grosser gewalt erobert/vnd grawsame Tyranney darin gebet/als die Insel 97. Jar vnter der Venediger gewalt gewesen war.

Im nechstfolgenden 1571. Jar nach Christi Geburt am 1. tage des Augusti monats/ward die gewaltige vnd herrliche Stadt Famagusta in Cypren / dem Türckischen Keyser Selimo auffgeben/den Christen aber ist kein Glaube gehalten worden / der Türckische Bluthund hat den Obersten der Insel Pragedinum Venetum eines trefflichen/streitbaren vnd frommen Fürsten/den Henckersbuben befohlen/jn sehr jemmerlich zu peinigen vnd zu tödten / also ist er vnmenschlicher Tyrannischer weise lebendig geschunden/vnd die Haut jhm abgezogen worden.

Doch hat der liebe Gott solche vnmenschliche Tyranney nicht vngestrafft gelassen/Denn vber ein viertel Jar hernach/ nemlich am 7. tage Novembris / desselbigen 1571. Jars nach Christi Geburt/haben die Venediger zu sampt jhren Bundtgenossen / deß Bapst vnd des Königs von Hispanio hülffe vnd Kriegsvolck/welcher Oberster war Dom. Iohan de Austria. eine gewaltige Schlacht mit den Türcken zu Wasser gethan/bey Newpackt/oder Lepanto/vor zeiten Simus Corimhiacus genent/vnd haben eine solche herrliche Victoria erlanget/deßgleichen nie ist erhört worden/bey Menschen gedencken. Denn es sind nicht allein viel Türckische Fürsten/sondern auch der Ali Bassa selber / der Oberste vber die gantze Türckische Armada/ vmbkommen/vnd drey hundert vnd sechtzig Türckische Schiffe von den Venedigern erobert worden/vnter welchen auch das grosse Türckische Königliche Schiff gewesen/ welches mit seiner schönheit auch die köstlichen vnd herrligsten Gebew obertroffen hat. Also ist es zwar obgenants Pragadini Veneti, der ein Oberster vnd Vorsteher der Insel Cypren gewesen/vnd vieler andern Christen Todt/zumlich wol gerochen worden/doch bleibt die Insel Cypren noch heutiges tages in der Türckey.

Salamin.

Die Stadt Salamin/eine von den fürnembsten Stedten in Cypren/ligt von Jerusalem 42. meilen/gegen Norden/vnd ist gebawet worden von Teucro/eines Königes Son/aus der Insel Salamis/die nicht weit von Athen im Meer ligt. Denn als dieser Teuerus aus dem Troianischen Kriege wider heim kam / vnd seines Bruders Aiacis tode nicht gerochen hatte/verliess jn sein Vater König Thelamon/aus dem Königreich/vnd aus der Insel Salamis/vnd wolte jn für keinen Son mehr kennen. Darumb zog Teucer in Cypren/vnd bawet da eine Stadt/die nennet er Salamin/nach dem namen seines Vaterlandes / Vnd das ist nu die Stadt Salamin/da Paulus vnd Barnabas hinkamen / als sie von Cilicia in Cypren schifften/Actor. 13. Vnd wie der heilige Hieronymus schreibet / haben die Jüden zu des Keysers

Reisen des heiligen Apostels Pauli.

sers Traiani zeiten/diese Insel verstöret/vnd sehr jemmerlich erwürget alle die darinne waren. Hernach aber ist sie wider gebawet/vnd Constantia genent worden. Solon/ einer von den sieben Weisen aus Griechenland/ ist aus der Stadt Salamin in Cypren bürtig gewesen. Zu vnser zeit ist die Stadt Salamin/ die dorhin auch/ wie gemeld Constantia geheissen/Famagusta genent/vnd die Heuptstadt der Insel Cypren/vnd im Jar 1571. am ersten tage Augusti/zu sampt der gantzen Insel in des Türcken gewald/kommen.

Paphos.

PAphos/ist eine Stadt in Cypren am Meer gelegen/ darin die Abgöttin Venus einen schönen Tempel gebawet/Vnd wie der H. Hieronymus schreibet/ ist diese Stadt Paphos durch viel Erdbeben gar zerrissen vnd nidergefallen/ also/ das man zu seiner zeit nur an den alten verfallenen Gebewen hat sehen mögen/wie sie vorzeitten gestanden. Sie ligt von Jerusalem 53. meilen/gegen Norden. In dieser Stadt hat der Apostel Paulus/Elimas den Zeuberer blind gemacht/vnd den Landvogt Sergium bekeret/Act. 13. Es lest sich ansehen/ das die Stadt Paphos den namen habe / von Papho/ dem Sone des kunstreichen Meisters Pygmalionis/der in Cypren ein schön Weibsbild in Elffenbeinen gemacht.

Zu vnser zeit wird die Stadt Paphos mit jrem gewönlichen vnd jetzt gebreuchlichen namen Baffa genent/welcher name sonder zweiffel von den alten namen/Paphos herkompt.

Es ist aber diese Stadt/wie Bernhard von Breitenbach schreibet/noch heutiges tages sehr verfallen/vnd das sie vor alters eine grosse vnd prechtige Stadt gewesen sey / geben noch gute anzeigung die alte verfallene Gebew vnd Mawren. Denn man stadet da viel alte verfallene Kirchen/vnd mitten in der Stadt/auff einem Berge/grosse starcke Thürme/ die auch gar verfallen sind/ Vnd ist wol gleublich/das daselbst der Landvogt/ Sergius Paulus/der vom heiligen Apostel Paulo ist bekeret worden/sein Schloß vnd wonung gehabt/Act. 13.

Pergen/sehr irrdisch.

PErgen die Heupstadt deß Landes Pamphilia/ligt in kleinern Asia/89. meilen von Jerusalem gegen Norden/Vnd wie Pomponius Mela lib.1. vnd Strabo lib.14. schreiben hat die Abgöttin Diana für der Stadt Pergen einen schönen Tempel gehabt / auff einem hohen Berge gelegen/vnd sind järlich viel frembder Leute dahin kommen / denn man der Göttin Diana zu ehren daselbst järlich ein groß Fest gehalten. Aber Paulus der heilige Apostel/als er mit Barnaba seinem Mitgesellen in diese Stadt kommen/ haben sie viel Leute bekeret/die den Abgöttischen Gottesdienst der Göttin Diana fahren gelassen/vnd an den HErrn Christum sind gleubig worden.

Das Land Pamphilia/darinne die Stadt Pergen gelegen/ist sehr gebirgig/denn der Berg Taurus geht mit gewalt an / vnd ist sehr fruchtbar an Weingärten vnd Olebewmen. Es werden auch in diesem Lande aus dermassen gute Weiden gefunden/ denn es gehen allenthalben fliessende Wasser aus dem Berge Tauro / die das Erdreich fast sehr vnfruchtbar machen Die fürnembsten Stedte dieses Landes sind diese gewesen/ Perga Aspendus vnd Phaselis.

Antiochiae Pisidiae.

ANtiochia die Heuptstadt des Landes Pisidiae/ligt im kleinern Asia / hundert vnd funffzehen meilen von Jerusalem/gegen Norden. In dieser Stadt hat der heilige Apostel Paulus geprediget/vnd viel Leute bekeret/Act. 13. 14.

Iconium.

IConium/ist die Heuptstadt im Lande Lycaonia / wie Plinius schreibet/ lib. 5. cap. 27. Sie ligt in kleinern Asia/hundert vnd fünff meilen von Jerusalem/gegen Norden. In dieser Stadt hatten Paulus vnd Barnabas ihr wesen eine lange zeit / vnd predigten frey vom HErrn Christo/vnd bekereten viel Volckes / haben auch viel zeichen vnd Wunderwerck in dieser Stadt gethan/Act. 14.

G iiij   Lystra

Reisen des heiligen Apostels Pauli.

Lystra.

Die Stadt Lystra/ligt auch im Lande Lycaonia in Asia minore/ hundert vnd 9. meilen von Jerusalem gegen Norden. In dieser Stadt hat Paulus einen Man gesund gemacht/der Lahm von Mutterleibe geboren war. Item/ In dieser Stadt ist auch Paulus gesteiniget worden/Act. 14. 2. Cor. 11. Aus dieser Stadt Lystra ist auch Thimotheus/ ein Jünger des Apostels Pauli/gewesen/Act. 16.

Derben.

Derben ist eine Stadt im Lande Lycaonia/in kleinern Asia gelegen / 97. meilen von Jerusalem/gegen Norden. In dieser Stadt haben Paulus vnd Barnabas geprediget/ vnd viel Volcks vnterweiset/Act. 14.

Attalia.

Attalia ist eine Stadt in kleinern Asia/in der Landschafft Panphilia / am Meer gelegen drey vnd achtzig meilen von Jerusalem/gegen Norden/ Vnd hat den namen von Attalo Philadelpho/der sie gebawet / wie Strabo schreibet libro decimo quarto, Aus dieser Stadt sind Paulus vnd Barnabas wider gen Antiochiam in Syrien geschiffet/Act. 14. zu vnser zeit heist sie Catalia.

Reisen des Apostels Pauli/als
er mit Sila auszog von Antiochia/in die Heydenschafft zu reisen Actor. 15.

1. Von Antiochia/sind Paulus vnd Silas durch Syrien / in Ciliciam gen Derben gezogen/100. meilen/ vnd haben die gemeine gestercket/Actor. 15. 16.

2. Von Derben sind sie vber zwölff meilen gen Lystra kommen/ da hat Paulus Timotheum zu sich genommen/vnd jhn beschnitten/Actor. 16.

3. Von Lystra sind sie durch Galatiam/Phrigiam/vnd für dem Lande Bithinia vber/durch Mysiam/gen Troada gezogen/ hundert vnd zwo meilen / Da ist Paulo ein Gesicht bey der Nacht erschienen/Nemlich/ein Man aus Macedonia/der gestanden/vnd gebeten/vnd gesprochen: Kom herrüber in Macedoniam/vnd hilff vns/Act. 16.

4. Darumb sind sie von Troada ausgefahren / vnd stracks lauffs gen Samotracien/geschiffet/neun vnd zwantzig meilen/Act. 16.

5. Des andern tages sind sie von Samotraciam/gen Neapolin geschiffet/ drey vnd zwantzig meilen/Act. 15.

6. Von dannen sind sie gen Philippis/in die Heuptstadt des Landes Macedonia/komen/ vber 6. meilen/Da hat Paulus Lydiam/die Purpurkremerin bekeret / vnd einen Warsagergeist ausgetrieben/Ist auch mit Sila gestäupet/vnd ins Gefengnis geworffen. Vnd als sich ein gros Erdbeben erhoben / vnd alle Thüren am Gefengnis auffsprungen/ hat der Kerckermeister sein Schwert ausgezogen/vnd sich selbst erstechen wollen / Als aber Paulus laut rieff Thue dir nichts vbels/Denn wir sind noch alle hie/bekeret er sich/vnd viel Paulo vnd Silas zu Füssen führet sie aus dem Gefengnis/ond wusch jnen die Striemen abe/Actor. 16.

7. Von Philipis sind Paulus vnd Silas bey der nacht gen Amphipolin gezogen / 9. meilen Actor. 16.

8. Von Amphipolis sind sie gen Appolloniam gereiset/eilff meilen/Actor. 17.

9. Von Appollonia sind sie vber fünff meilen gen Thessalonich gekomnen / da haben die Jüden einen Auffruhr angerichtet/Actor. 17.

10. Darumb sind Paulus vnd Silas bey der nacht gen Berrhoen gezogen / 15. meilen/Da haben die Jüden abermal einen Auffthur angerichtet wider Paulum/Act. 17.

11. Derwegen ward er von den Brüdern biß ans Meer geleitet / da er in ein Schifflein gestiegen / vnnd also vber sechs vnd sechzig meilen gen Athene gekommen / Da er Dionysium Areopa-

Reisen des heiligen Apostels Pauli.   49

Areopagitam bekeret/Acto. 17. Zu Athen hat auch der Apostel Paulus seine zwo Episteln an die Thessalonicher geschrieben/vnd sie jhnen von Athen/vber 58. meilen/ gen Thessalonich zu geschickt. Vnd das sind die ersten Episteln/die Paulus geschrieben hat.

12. Darnach ist Paulus von Athen abgescheiden/vnd gen Corinthen/vber 18. meilen gekommen/Da ist er geblieben ein Jar vnd sechs Monden/vnd hat ein zeitlang gearbeitet bey einem Teppichmacher/Acter. 18.

13. Von Corinthen ist Paulus mit Aquila vnd Priscilla gen Kenchrea gezogen zwo meilen/vnd hat da sein Heupt beschoren/Actor. 18.

14. Von Kenchrea ist Paulus gen Ephesum/76. meilen geschiffet/vnd hat da Aquilam vnd Priscillam gelassen/Actor. 18.

15. Von Epheso ist Paulus gen Cæsarien geschiffet/170. meilen.

16. Von Cæsarien ist er hinauff gen Jerusalem gegangen/acht meilen/vnnd die Gemein gegrüsset/Actor. 18.

17. Von Jerusalem ist Paulus wider gen Antiochia in Syrien kommen/vber 70. meilen/ vnd da ein zeitlang geblieben/Act. 18.

Summa dieser Reisen des Apostels Pauli/723. meilen.

Folget nun die beschreibung der Städt vnd örter.

Syria.

Das Land Syria ligt im andern theil der Welt/nemlich in grössern Asia/vnd begreifft viel andere Heerschafften/Königreiche vnd Lender als nemlich/Comageram/Seleuciam/Celysiriam/Palestinam/Galileam/Samariam/Iudeam vnd Idumeam. Diese Lender alle ligen in Syria/vnd haben viel schöner Stedte/Berge/Wasser/vnd ein fruchtbares Erdreich/das Olebeume/Feigen/Mandeln/Granatöpffel/Palmen/Datteln/Cyprinat öpffel/Cypressen/Cedern/Weyrauch/Balsam/Baumwollen/vnnd andere köstliche Früchte treget/vnd fassen Wein der auch sehr köstlich ist.

Das Land Syria stösset gegen Mittag an Arabiam/gegen Orient an das Wasser Euphrates/gegen Occident an das grosse Mittelmeer der Welt/vnd gegen Mitternacht stösset es an die Lender Cliciam vnd Capadociam. Im alten Testament wird Syria genent Aram/ auff Deutsch/Hoheit/von Aram/Sems Sohn/Gen. 10.

Cilicia.

Das Land Cilicia ligt in kleinern Asia/76. meilen von Jerusalem/gegen Norden/vnd ist mit hohen vnd scharffen Bergen vmbgeben/daraus viel lustiger Wasser ins Meer fliessen. Es werden auch in diesen Bergen gefunden etliche enge Genge/die man Pforten nennet/dadurch vor alters der grosse Alexander mit grosser geschicklichkeit gezogen ist. Die Alten haben das Land getheilet/nach seiner gelegenheit in zwey theil. Eins haben sie genent das Bergig Cilicia/vnd den andern/das ebene Cilicia Wo es eben ist/da ist es sehr fruchtbar vnd reich an allen dingen.

Die fürnemsten Stedte in diesem Lande sind/Tharsus/daraus Paulus ist bürtig gewesen/vnd Issus/bey welcher der grosse Alexander Darium/den letzten König in Persia/vberwunden hat. Vnd Anazarba/daraus der treffliche Artz Dioscorides/der so scharff ding von den Kreutern geschrieben hat bürtig gewesen. Das Land Cilicia sol den namen haben/von Cillicie/des Königs Phaenicis Sohn aus Syria/aber zu vnser zeit heist es Caramannia.

Gallatia/sonsten Gallogretia genant.

Gallatia oder Gallogretia/ist ein Land in kleinern Asia/hundert meilen von Jerusalem/ gegen Norden/vnd stösset gegen Orient an Capadociam/gegen Mittag an Pamphiliam/gegen Occident an Bithyniam/vnnd gegen Mitternocht an das Euxinische Meer/die fürnembsten Stedte dieses Landes sind vor alters gewesen/Ancyra/Gordium/da der grosse Alexander einen Knoten/den niemand aufflösen kondte/entzwey gehawen. Item/ Laodicea/Tauium vnd Sinope/Diogenis Cynici Vaterland/darin auch König Mithridates

Reisen des heiligen Apostels Pauli.

ites Hoff gehalten. Item/Amisus/Pessinus vnd Antiochia Pisidiæ. Diese Stedte haben alle in Galatia oder Gallogretia gelegen. Es haben auch die Galater ein theil des Landes Lycaonia jnnen gehabt.

Von der Galater Jhrem vnd Kriegen.

Die Galater haben vor alters in Franckreich gewonet/ vnd den namen gehabt von einem Könige Galate/wie Berosus schreibet/ lib. 5. Also sihet man/ das die Galater eben die Völcker vor zeiten gewesen/ die man sonsten Gallos / vnd zu vnser zeit Frantzosen nennet / Vnd jrat das wort Galli kömpt sonder zweiffel her von dem wort Gallatæ / d3 es alleine eine verkürtzung ist des Namens/denn Gallater vnd Gallier/wie gesaget / ist vorzeiten einerley Volck gewesen Vnd diese Gallater vnd Gallier/sind etlich mal feindselig in frembde Lender gefallen / Denn vmb die zeit als Gideon ein Richter war im Jüdischen Volcke/ Verbunden sich etliche Gallater oder Gallier mit den Cymbris/ Dennemärckern vnd Deutschen / vnd theten einen feindseligen einfall in Griechenland vnd Asiam / haben auch daselbst ein ort Landes eingenommen vnd darin gewonet/wie Diodorus Siclus lib. 6. anzeiget. Darnach sind die Gallater oder Gallier vmb die zeit/ als König Corus in Persia regieret / in Italiam gefallen/vnd haben da am Wasser Pado ein Land eingenommen / das sie nach jhrem namen Galliam Cisalpinam geheissen. Dieselbigen Galli sind mit hülff der Deutschen / 57. Jar für der Monarchien des grossen Alexandri/ in Rom gefallen/vnd haben die Stadt jemmerlich verbrand / vnd verderbten/biß endlich der edle Römer Camillus wider daraus geschlagen / vnnd sein Vaterland von den Feinden erlöset hat. Zum vierden/ haben sich etliche Gallater oder Gallier/ wie man sie nennen will/ auffgemacht/ vnd sind mit grossen Heerscharen in Griechenland gefallen / vnd haben zween Fürsten gehabt/ der eine hieß Belgius/vnd der ander Brennus / Solches ist geschehen 15. Jar nach des grossen Alexandri Tode.

Zu derselbigen zeit regieret ein König in Macedonia/ mit namen Ptolomeus Ceraunius/ er war ein rechter Bluthund/ vnd begerte an seine eigene Schwester Arsinoen/ Königin in Thracia/das sie jhn zur Ehe nemen solte/ Aber sie wolte es nicht thun/ ond besorgt/es möchte verthädteren dahinden sein/ ließ sich auch bedüncken / ihr Bruder köndte oder würde sie nicht von hertzen lieb haben/ sondern trachtete viel mehr darnach/wie er ihre junge Söne/ die sie von jhrem ersten Herrn Lysimacho hatte/ vmb das Leben vnd Königreich bringen möchte. Aber der Erboßwicht hat ir solchen Argwon sein aus dem sinne geredet / vnd einen tewren Eyd geschworen das er sie mit trewen meinete/ vnd von hertzen lieb hette / hat sie auch sehr lieblich angeblicket/ vnd so süsse/ lieblich vnd freundlich mit ihr geredet/das sie nicht anders aus seinen worten / vnd geberden abnemen kondte/denn das es sein lauter ernste were. Derwegen hat sie sich endlich in seinen willen ergeben/ vnd also hat Ptolomeus Ceraunus / König in Macedonia / sein eigene Schwester zum Weibe genommen/ vnd eine prechtige Hochzeit mit jhr gehalten/ hat sie auch mit eigener Hand zur Königin gekrönet. Bald darauff/ das sie in jhre Stadt Cassandriam zu komen/gebeten/die er für langer zeit gern eingehabt / vnd es doch nicht dahin bringen können/ In dieser Stadt hat die Königin Arsinoe frey Bruder vnd Ehemann zu Gaste gebeten/ ist auch vorhin gezogen/ vnd alles sehr stadtlich zurichten lassen/ hat jhm auch jhre zween Söhne/ Lysimachum/der 16. Jar alt war/ vnd Philippum/der 3. Jar jünger gewesen / entgegen gesandt/ das sie in sein Erlich empfangen/ vnd in die Stadt geleiten solten. Als nun der zween junge Herrn zu jm kamen/empfieng er sie vber die massen freundlich/ vnd küsset sie lange zeit. Darnach zog er mit jhnen in die Stadt/ Vnd als bald er hinein kam / befahl er die Stadt vnd das Schloß mit gewalt einzunemen/vnd die zween Junge Herrn vnd Söhne zu tödten / die lieffen bald der Mutter in den Schos/ vnd rieffen die Mutter vmb trost vnd hülffe an. Da fieng sie bitterlich an zu weinen/ vnd küsset jhre Söne für grosser Liebe/ vnd stellet sich kleglich vnd jammerlich/ fiel auch den Mördern/ die jre Söne tödten wolten/ für die Schwerter/ vnd wolte sich gerne für jre Söne erstechen vnd tödten lassen/ Aber es halff nicht/ ihre Söne musten herhalten vnd wurden also der elenden Mutter für jhren Augen getödtet/ Sie aber reuffet jre Haar vnd zerriß jhr Kleid für grossem jammer/ vnd ward also mit zwein Knechten zur Stadt hinaus gestossen/ vnd zog in die Insel Samotraciam ins Elend.

Diese böse gifftige/ verrhäterliche That/ müste GOtt im Himmel rechnen / darumb hat er wie gesaget/ die Gallater in Galilea erwecket / die sind mit grossen Heerschaaren/ newer meinung zu suchen / weil ihn Gallia zu eng war / in Griechenland vnd Macedoniam zu gefallen
vnd

Reisen des heiligen Apostels Pauli. 73

vnd haben zween Kriegsfürsten gehabt/Belgium vnd Brennum. Da ist der Blutbund König Ptolomeus Cerannus/der/wie gesaget/seine eigene Schwester zum Weib genommen/vnd jhre Söhne hat tödten lassen/mit Heeres krafft auffgezogen wider die Gallater/aber die Gallater sind jhm mit jhrem Fürsten Belgio als tapffere Helden begegnet/auch den Sieg vnd oberhand behalten/vnd die Macedonier aus dem Felde geschlagen. In diesem Streit ward König Ptolomeus Cerannus/als er viel blutiger Wunden bekommen/ lebendig gefangen/ vnd also bald ward jhm sein Kopff abgeschlagen/auff eine Langen gesteckt/vnd im Heer vmbher getragen/den Feinden zum spott vnd schrecken.

Wie diese beschehen an Ptolomei gerochen sey.

Der ander Fürst der Gallater/Brennus genant/setzet es auff Rauben / vnd beraubt nicht allein die Menschen/sondern auch die Tempel. Vnd als der Tempel Appollinis zu Delphis/ der auff dem hohen Berge vnd Felsen Parnasse gelegen/auch berauben wolte/richtet der Teufel ein gerümpel/Erdbeben vnd Vngewitter an/dadurch die Feinde/ die gegen Delphos stritten/abgetrieben/zu boden geschlagen/vnd jemmerlich vmbgebracht worden / Vnnd er selbst/ Brennus/der Fürst der Gallater/ als jhm die empfangene Wunden sehr schmertzeten/verzweiffelt er/vnd stach sich mit seinem eign Tolche zu todt/Justinus lib. 24.

Brennus Tyranney/ vnd wie er gestraffet.

Aber die andern Gallater die mit jhrem Fürsten Belgio/wie gesagt / König Ptolomeum Ceraunum oberwunden/vnd grossen Preiß vnd Lob erworben/ zogen ins kleiner Asian/vnd theten Nicomedi dem König Bithynie/der sie vmb hülffe angeruffen hatte/beystand gegen seine Feinde, darumb hat derselbige König Nicomedes/sein Land mit jnen getheilet / vnd also haben sich die Gallater in kleinern Asia nidergelassen/ vnd daselbst gewonet / Das Land darin sie wonen/wird nach jhrem namen Galatia/oder Galogretia genent/darumb/das sie aus Gallia jetzt Franckreich genant/herkommen/vnd in Grecia Ritterlich gestritten hatten.

Es sind die Gallater solche streitbare Leute gewesen / das die vertriebenen Könige hin vnd wider jhre hülffe begeret haben / das sie durch jhr hülffe widerumb in jhre Königreiche möchte ngeführet vnd eingesetzt werden. Vnd ob sie wol tapffere streitbare Helden gewesen / so sind sie doch daneben sehr schrecklich/wild vnd Blutdürstig gewesen / vnd so grawsam das sie euch jre gefangene Feinde geschlachtet/vnd jren Abgöttern geopffert haben. Als sie aber 300. Jar in Asia Tyrannisiret hatten/sind sie entlich vom Apostel Paulo zum Christlichen Glauben bekert worden/vnd hat zu Rom eine schöne Epistel an sie geschrieben/vnd sie jnen von Rom ober drey hundert meilen zugesand.

Phrygia.

Phrygia heist ein dürre vnd drucken Land / vnd ligt in kleinern Asia / zwischen den Lendern Galatia vnd Mysia anderthalb hundert meilen von Jerusalem gegen Nordwesten/vnd wird getheilet in die grössere vnd kleiner Phrygiam. Das grössere Phrygia ligt bey der Stad Schmyrna/vnd das kleinere Phrygia wird sonsten Dardania genant / das rin ligt die verstörete vnd zerbrochene Stadt Ilium / sonsten Troia genent/ die von wegen der schönen H. linen aus Griechenland jn grunde verbrand vnd verstöret worden. Von vnser zeit ist sie ein ebener Kampff wie der Poeta Virgilius spricht/lib.3. Aenaid. Et Campus vbi Troia fuit Et Ovidius Epistola 1. Troia iacet certè Danias invisa puellis Ibidem,leges est,vbi Troia fuit. Also ist die alte Stad Troia ober Ilium so gar verstöret/verbrand vnd geschleiffet worden/das man hernach nicht eigentlich hat können wissen / wo sie gestanden hat/wie Strabo schreibet. Es hat aber diese Stadt jhren namen offtmals geendert nach den Königen/ die darin regiret haben/Denn erstlich hat sie König Dardanus gebawet/ vnd die Stad vn das Land vmbher nach seinem namen Dardaniam genent/vnd neben jhn hat auch sein Schweher Teucer regirt/nach des namen die Stadt vnd das Land Teucria genent worden. Es ist aber die Stadt Troia gebawet worden 800. vnd 30. Jar nach der Sündfluth/ als Moses vnd die Kinder von Israel in der Wüsten wandelten/wie Berosus / Eusebius vnd Annius eintrechtiglich anzeigen. Nach Dardano/dem ersten Könige/hat Erichthonius regieret / dem folget im Regiment sein Sohn/König Tros/nach des namen die Stadt vnd das Land Troia genent worden.

Von der Stadt Troia wenn vnd wie sie gebawet vnd wie sie verstöret sey.

Nach diesem/Regieret Son Ilius/der hat die Stad Troiam erweitert/vn sehr hübsch gebawet/vnd nach seinem namen Ilium genent/vnd diesen namen hat sie auch stets behalten / doch wird sie bißweilen Ilium/onterweilen auch wol Troia genent. Nach dem Könige Ilo regieret san Son Laomedon/vnd demselben folget im Regiment Priamus der letzte König zu Troia/

Der

Reisen des heiligen Apostels Pauli.

Der ließ die Stadt Ilium so köstlich zieren vnd bawen/das jhr in der gantzen Welt/an schöne heit vnd gewalt keine Stadt gleichen möchte. Als aber Paris dieses Königs Priami Sohn/ Menelao/dem Könige in Griechenland/sein schön Gemahl Helenen entführet/sind Menelaus/vnd seine Brüder/König Agamemnon/mit vielen Griechischen Fürsten/für die Stadt Ilium gezogen/vnd haben sie/nach zehen järiger belagerung/mit hinderlist vnd Verrätherey gewonnen/vnd zu grund verstöret/vnd verbrand/da sie von der zeit an/da sie König Dardanus anfenglich gebawet hatte/269. Jar in grosser herrligkeit gestanden/vnd ist diese zerstörung der Stadt Ilium oder Troia/geschehen mitten im Sommer/im 5. Jar deß Richters Abdon/der für Sunson ist ein Richter gewesen im Jüdischen Volck.

Von ihrer wider erbawung.

Aber eine lange zeit hernach/ist die Stadt Ilium oder Troia wider gebawet von etlichen Troianern/aber nicht an das rechte ort/da sie vorhin gestanden/vnd die Göttin Pallas hat einen kleinen Tempel darin gehabt. Aber der grosse Alexander/König in Macedonia/als er deß Darij Fürsten/bey dem Wasser Granico/das nicht weit von Troia/aus dem Berge Juen springet/vnd ins Meer fleust/Ritterlich oberwunden/hat er den kleinen Tempel Palladis in dem Städtlein Ilio/ihm gaben köstlich gezieret/vnd befohlen/das man das Städtlein Ilium oder Troia grösser bawen solte/vnd eine schöne Stadt daraus machen/vnd dazu haben insonderheit bewogen des Homeri Schrifften/die Alexander fleissig pfleget zu lesen. Darnach als er die Persen gantz nider geleget/vnd jm vnterthenig gemacht/schrieb er gar einen holdseligen Brieff an die Bürger von Ilio oder Troia/vnd gelobet jhnen/das er jhre Stadt erweitern/vnd einen grossen herrlichen Tempel darin bawen wolte/wie Strabo schreibet lib. 13. Da aber der grosse Alexander eilend starb/hat s. iner Fürsten einer/Lysimachus genant/das Werk fürgenommen/vnd die Stadt Ilium oder Troia/wie man sie nennen wil/mit einer Mawer vmbgeben/vnd einen schönen Tempel darin gebawet. Aber eine lange zeit hernach/ist der Römische Rentmeister Fimbria/als er seinen eigen Herrn/den Bürgemeister Valerianum Flaccum/mit dem er ausgesand war wider Mithridaten den König in Ponto zu streiten/in Bythinia getödtet hatte/mit dem Kriegsvolck für die Stadt Ilium oder Troia gezogen/vnd als jhn die Bürger vmb seines Raubens vnd Mordens willen/nicht einlassen wolten/stürmet er die Stadt trefftiglich/vnd als er sie am eilfften tage erobert/ward er sehr stolz vnd auffgeblasen von wegen solches Thats/vnd rhümet sich/das er die Stadt/die König Agamemnon in zehen Jaren nicht hette erobern können/in so viel tagen gewonnen hette. Darauff antwortet jhm ein Bürger aus der Stadt/vnd sprach: Ja lieber/zu der zeit hatte sie einen starcken Hectorem/ der sie verteidiget/den hat sie jetzunder nicht gehabt. Als aber der Edle Römer Silla auch hab dahin kam/hat er den Reuber vnd Mörder Fimbriam tödten lassen/vnd die Troianer wider getröstet. Hernach hat auch Keyser Augustus die Stadt Ilium oder Troia bessern/vnd mit schönen Gebawen zieren vnd befestigen lassen/Denn dieweil Aeneas vnd die Römer insonderheit aber das Geschlecht Julij Caesaris/von den Troianern jren vrsprung gehabt/hat Keyser Augustus solchen fleiß an die Stadt Ilium oder Troia gewendet/das ers den grossen Alexandro weit zuvor gethan/vnd also ists eine schöne Stadt worden. Sie ligt von Jerusalem 100. vnd 90. meilen/gegen Nordosten/Aber von dem alten zerstörten Troia/das ein Dorff ist auch Ilium genant/wie Strabo schreibet ligt sie eine meile.

Bithynia.

Bithynia/ist eine Landschafft in kleinern Asia/100. meilen von Jerusalem gegen Nordosten gelegen/gegen Constantinopel vber. Das Land hat für alters auch Ponius/Item Bebricia vnd Migdonia geheissen. Der H. Apostel Paulus hat in Bithynia predigen wollen/ist aber durch den Geist Gottes daran verhindert worden/Denn es war Gottes will/ das Paulus den grund Göttliches Wort fürnemlich/in Macedonia vnd Griechenland legen solte/Actor. 16.

Die fürnembsten Stedte in Bithynia sind/Chalcedon/Heraclea/Nicea/Prusa/die jetzt Birsa genent wird/da die Türckischen Keyser jhre begrebnis haben/Item Nicomedia/Apamia vnd Flautopolis/vnter diesen Stedten ist Nicea/gleich als eine Mutter gewesen/jhrer herrligkeit/grösse vnd fruchtbarkeit halben. Sie ligt von Jerusalem 182. meilen gegen Nordwesten. Vnd Antigonus/Philippi Son/hat sie gebawet/vnd nach seinem namen Antigoniam genennet/Aber Lysimachus hat sie Niceam genennet/nach seiner schönen Gemahl Nicea Namen/die Antipatri deß Königes aus Macedonia Tochter gewesen. Diese

Reisen des heiligen Apostels Pauli. 75

Diese Stadt hat gelegen am See Ascanio/ wie Strabo schreibet lib. 12. auff einem ebenen fruchtbaren Felde/vnd ist vierecket gewesen/vnd ein jete seite hat begriffen 4. Stadia/die machen ein halb viertel einer Deutschen meilen/das sie also vberal eine halbe meil vmb sich begriffen/Vnd gleich wie sie vierecket gewesen/ also hat sie auch nicht mehr denn vier Thor gehabt/die stunden recht Creutzweise gegen einander/ das/wer mitten in der Stadt stund/kondte aus allen vier Thoren sehen/durch die schlechte Gassen/so auch Creutzweise durch die Stadt/ von einem Thor zum andern/giengen.

In dieser Stadt hat der Christliche Keyser Constantinus/ im Jar nach Christi Geburt 328. das herrliche Concilium Nicenum gehalten / mit 318. Bischoffen/die des Ketzers Arrij Lehre verdampten/das schöne Symbolum Nicenum gemacht / vnd zu welcher zeit das heilige Osterfest järlich solte gehalten werden/sich vereiniget haben. Darnach/als die Arrianer/welche die Gottheit deß HERRN Christi verleugneten/ im Jar nach Christi Geburt 362. in dieser Stadt abermal ein Concilium halten wolten/dem vorigen Christlichen Concilio zu wider/ geschach ein groß Erdbeben/dadurch ein theil der Stadt nieder fiel/vnd viel Leute erschlug/vnd also ward daßelbe Ketzerische Concilium, durch wunderbarliche schickung Gottes deß Allmechtigen verhindert. Aber 10. Jar hernach/ als man zelet nach Christi Geburt 372. ist die Stadt Nicea durch ein schrecklich Erdbeben zu grunde nieder gefallen/ vnd gantz vmbgekeret: doch ist sie hernach wider gebawet/vnd heist zu vnser zeit Nissa.

Es sind auch viel andere Stedte/die auch Nicea geheissen haben / Als/Nicea in Thracia/ da die Arrianer auch ein Concilium gehalten / das sie also mit dem namen deß Nicenischen Concilij die Leute betriegen möchten. Die dritte Stadt Nicea ligt in Franckreich/am Wasser Pharo. Die vierdte in Griechenland. Die fünffte in Illyrico. Die sechste in India. Die siebende in der Insel Corsica, Vnd die achte in Brœotia.

Mysia.

Mysia/ist eine Landschafft im kleinern Asia/157. meilen von Jerusalem/gegen Nordwesten gelegen/am Hellespontischen Meer/bey dem Lande Troia/vnd wird getheilet in 2. theil. Das grössere Mysia ligt bey Troia/200. meilen von Jerusalem gegen Nordwesten/vnd das kleiner Mysia ligt bey dem Lande Lydia/ 157. meilen von Jerusalem/gegen Nordwesten/vnd darin ligt die Stadt Pergamus/daran Johannes der Evangelist seine Apocalypsin vnd Offenbarung geschrieben/wie ich oben angezeiget habe. Aber das hat diß Land noch viel andere Stedte/ als nemlich/ Seepsin/ Abramitium/ Troianopel/ vnd Apoloniam/ bey dem Wasser Thyndaco gelegen.

Die Völcker in Mysia sind gar verachtete Leute gewesen/das/wenn man einen auffs eusserste hat verachten wollen/hat man jhn Mysorum vltimum, das ist/den aller schlimsten Men schen in Mysia genant/wie auch die wort Ciceronis lauten. Pro. 1. Namq; vt opinor, Asia vestra constat ex Phrygia Mysia, Caria & Lydia. Vtrum igitur nostrum est, an vestrum hoc proverbium? Phrygen plagis solere fieri meliorem : Quid de tota Caria? Nonne hoc vestra voce vulgatum est? Si quid cum periculo experiri velis,in Caria id potissimum esse faciendum. Quid porro in Græco sermone tam tritum atq; celebratum, quam si quis despicatui dicitur,vt Mysorum vltimus esse dicatur? Das ist auff Deutsch so viel geredet/Ich halte es dafür/das in ewrem Asia ligen die Lender/Phrygia/Mysia/Caria vnd Lydia. Wo kömpt nu das Sprichwort her / Von vns / oder von euch? Das man saget/ Wer aus Phrygia sey/der beßere sich nicht/er were denn wol gebleuwet vnd geschlagen. Ist nicht eine gemeine sage bey euch ? Das/ wer was mit gefehrligkeit ausrichten wolle/der sol es thun in Caria. Was ist weiter in Griechischer Sprache mehr in Sprichwort vnd Geschrey/ als wenn man einen verachten wil/das man jhn den aller schlimsten in Mysia nennet?

Hieraus sihet man nu/das die Länder/Phrygia/Lydia/Caria/vn insonderheit Mysia/die aller verachtesten Länder gewesen/noch haben / beyde Paulus vnd Johannes der Evangelist/ sich dieser Länder insonnerheit angenommen. Paulus hat diesen verachteten Leuten mündlich geprediget/ Vnd Johannes hat seine Apocalypsin vnd Offenbarung an sie geschrieben/wie oben gemeldet/das diese Stedte/Pergamus/Thyatria/Sartis/Philadelphia vnd Laodicea/zu denen Johannes seine Offenbarung geschrieben/in diesen Ländern/nemlich/in Mysia / Lydia vnd

Reisen des heiligen Apostels Pauli.

vnd Caria sein gelegen. Aber die Leute in Mysia waren die aller verachtesten/vnd wie auch der name jhres Landes anzeiget/hat man sie für ein fluch vnd abschew gehalten. Aber Gott hat sie nicht verachtet/sondern durch Paulum vnd Johannem zum Christlichen Glauben bekehret. Vnd also ist an jhnen war worden der Spruch Pauli/Nicht viel Reiche/nicht viel Edle/nicht viel Gewaltige sind beruffen/sondern/was verachtet ist für der Welt/das hat Gott erwelet.

1. Corinth. 1.

Troada.

Paulus erwecket den Jüngling Eutychum.

Je Stadt Troada/da Paulus den Jüngling Eutichum vom Todt erwecket/Act. 20. ligt im kleinern Asia/am Hellespontischen Meer/183. meilen von Jerusalem gegen nordwesten/im Troianischen Lande/davon sie auch den namen hat/das sie Troada heisset. Diese Stadt hat Antigones/der König in Asia/ der nach Alexandri Magni todt darinne gewonet/nach seinem namen Antigoniam genennet/ Aber Lysimachus/ deß grossen Alexandri Fürsten einer/hat sie bald darnach sehr schön gebawet/vnd gewolt / das sie nicht mehr Antigonia/sondern Alexandria Troas genennet/wie Plinius lib. 5. Strabo lib. 13. vnd der H. Hieronymus de Locis Hebreacis vber die Acta Apostolorum anzeigen. Sie wird aber Alexandria Troas genennet/zum vnterscheid vieler andern Stedte / die auch Alexandria geheissen / vnd in andern Lendern gelegen haben/Als nemlich Alexandria in Egypten/Item/Alexandria in India/vnd andere mehr. Aber diese Stadt Troas/sonsten Alexandria genant/ob sie wol Troas/ oder Troada heist darumb / das sie im Troianischen Lande gelegen / so ist sie doch gleichwol nicht die Stadt Troia/sondern sie ligt von der Stadt Troia 7. meilen/ gegen Sudwesten/ am Hellespontischen Meer/da man kan ab vnd zuschiffen.

Von dem Hellespontischen Meer Bosphorus Thracius.

Was aber diß Meer belanget/soltu fleissig mercken/ Daß das Meer bey Constantinopel/ mancherley namen hat/Denn erstlich bey dem Ponto Euxino / zwischen Constantinopel vnd Chalcedon/ist das Meer sehr enge/nemlich/nur ein halb viertel einer meilen breit / vnd da haist es Bosphorus Thracius/da ein Ochse könnte vberschwimmen / wie Plinius schreibt lib. 6. vnd Darius / der König in Persia/Xerxis Vater / hat eine Brück vber das Meer gemacht vnd sein Kriegsvolck vbergefüret.

Propontis.

Darnach von Constantinopel gegen Mittag/ thut sich das Meer weit von einander/vnd da heist es Propontis/darumb/das es für dem Ponto Euxino ist.

Hellespontus.

Darnach bey der Stadt Troada / wird das Meer abermal so enge / das es nicht gar ein viertel einer meilen breit/vnd da heist es Hellespontus/darumb / das am selbigen ort die Jungfraw Helle/Königs Athamantis von Theba Tochter vertruncken ist.

Mare Aegeum.

Darnach thut sich das Meer abermals sehr weit von einander/vnd wird genent Mare Aegeum,das Egeische Meer/von Aegeo/dem König zu Athen/der sich aus verzweifflung sol in diß Meer hinein gestürtzet haben. Vnd in diesem Meer ligen die Inseln/Pathmos/Mytilene/ Samothrace/Chios/Leßbus/Co/vnd andere mehr. Der Apostel Paulus ist etliche mal vber diß Meer geschiffet/wie seine Reisen anzeigen.

Die Stadt Troada / da Paulus den Jüngling Eutychum vom Todt erwecket / hat am Hellespontischen Meer gelegen/eben an dem orte/da sich das Egeische Meer anhebet/Aber die rechte Stadt Troia/die vmb der schönen Helenen willen verstöret ist/hat nicht am Meer/sondern auff dem Lande gelegen/auff einem Berge/anderthalb tausent Passus/das ist/anderthalb viertel einer Deutschen meilen/von dem Propontico Meer/vnd wie oben gemeldet/ligen die zwo Stedte Troia vnd Troada sieben meilen von einander.

Samothracia.

Samothracia oder Samothrace/ist eine Insel im Egeischen Meer/bey dem Lande Thracia gelegen/gegen Troia vber/vnd hat vor zeiten Dardania geheissen / vom Troianischen Könige Dardano. Sie ist so hoch im Meer gelegen / das man auff jhr sehr weit vmb sich sehen kan/davon sie auch den namen hat/das sie Samothracia/das ist/die hohe Insel deß Landes Thracia genennt wird. Sie ligt von Jerusalem zwey hundert ein vnd zwantzig meilen/gegen Nordwesten. Dieser Insel gedencket auch Virgilius lib. 13. Aeneid. Traciamque Samum, quae nunc Samothracia fertur. In dieser Insel hat auch Arsinoe/die Königin aus Thracia/im Elende gelebet/als sie von jhrem leiblichen Bruder Ptolomeo Cerauno/der sie zur Ehe genommen/vnd jre junge Söne hat tödten lassen/aus jrer Stad Cassandria verstossen

Reisen deß heiligen Apostels Pauli.

sen wird/wie ich oben bey der beschreibung deß Landes Galatia angezeiget habe. Es gedencket auch dieser Insel Strabo lib. 10. Vnd wie wir lesen im 16. Capitel der Apostel Geschichte/ist der Apostel Paulus/von der Stadt Troada gen Samothracien geschifft/vnd von dannen ist er des negesten tages gen Neapolin in Griechenland gefahren.

Neapolis/Newstadt.

Die Stadt Neapolis/da Paulus hin kommen ist/als er von Samothracien schiffet/ligt im Lande Thracia/228. meilen von Jerusalem/gegen Nordwesten. Es sind auch sonsten noch viel andere Stedte/die Neapolis heissen/als nemlich Neapolis bey Samaria gelegen/sonsten Sichem genennet/da der HErr Christus mit dem Weiblein am Brunnen geredet/Johan. 4. Item/einander Stadt Neapolis/ligt im kleinern Asia/in der Landschafft Caria. Man findet auch eine Stadt Neapolin in Africa/vnd ein andere in Pannonia/ Aber insonderheit ist sehr berhümet/Neapolis in Campania/in der Landschafft Italiæ gelegen/von der das Königreich Neapolis den namen hat.

Philippis.

Philippis die Heuptstadt deß Landes Macedonia/hat vorhin Crenides/das ist/Goldbrünlein geheissen/von den Brunadern vnd Goldadern deß Erdreichs/die da gewesen/ Aber Philippus/König in Macedonia/deß grossen Alexandri Vater/hat sie gebessert/ vnd gebawet/vnd nach seinem Namen/Philippis genent. Sie ist die Heuptstadt des Landes Macedonia/vnd ein herrliche Freystadt gewesen/vnd hat gelegen am Wasser Strimon/234. meilen von Jerusalem/gegen Nordwesten. In dieser Stadt hat Lydia die Purpurkremerin gewonet/die durch Paulum ist bekeret worden/Actor. 16. Es hat auch der Apostel Paulus in dieser Stadt Philippis einen Warsogergeist außgetrieben/darüber er vnd sein Geselle Silas sind gesteupet worden/Actor. 16. Der Apostel Paulus hat ein Epistel an die Philipper geschrieben/vnd sie jhnen von Rom/vber hundert vnd sieben vnd fünffzig meilen zugesand. Bey der Stadt Philippis sind die Campi Philippici, da Cæsar vnd Pompeius/vnd hernach Augustus vnd Cassius gestritten haben. Virgil. 1. Georg. Romanus acies iterum videri Philippi.

Amphipolis.

Amphipolis ist ein Stadt in Macedonia/die ringes vmbgeben mit dem Wasser Strimon/davon sie auch den namen hat/das sie Amphipolis heist. Sie ligt von Jerusalem zwey hundert vnd 40. meilen/gegen Nordwesten. Das der Apostel Paulus auch in diese Stadt kommen sey/bezeuget Lucas in den Apostel Geschichten/im siebenzehenden Capitel.

Apollonia/Sonnestadt.

Die Stadt Apollonia/da Paulus hinkommen ist/als er von Amphipolis gereiset/Act. 17. ligt im Lande Mrgdonia/vñ hat den namen von der Sonnen/daraus die Heyden einen Abgott gemacht/den sie Apollinem nennen. Es ligt aber diese Stadt Apollonia von Jerusalem 237. meilen/gegen Nordwesten. Es sind auch sonsten etliche andere Stedte/ die auch Apollonia heissen/als nemlich/Apollonia am Adriatischen Meer in Griechenland gelegen. Item/Apollonia in Thracia. Apollonia in Creta. Apollonia in Syria/vnd Apollonia in Africa bey Cyrenen.

Thessalonich.

Thessalonich/ist eine Stadt in Macedonia/die vor zeiten Halia geheissen/vom Meer/ daran sie gelegen/Als aber Philippus/ein König in Macedonia/Amyntæ Sohn/bey dieser Stadt die Thessalos vberwand/nant er die Stadt Thessalonicam/zu ewiger gedechtnis solcher Victoriæ, das er da die Thessalos vberwunden hette. Sie ligt von Jerusalem 233. meilen/gegen Nordwesten. Der heilige Apostel Paulus hat in dieser Stadt geprediget/ vnd viel Leute darinne bekeret/Actor. am 17. Capitel/denn es ist ein herrliche vnd Volckreiche Stadt gewesen. Der Apostel Paulus hat auch zwo Episteln an sie geschrieben/vnd sie von Athene vber 58. meilen dahin gesand.

Reisen des heiligen Apostels Pauli. 78

Auffruhr zu Thessalonich.
Zu deß Keysers Theodosij zeit/hat sich in der Stadt Thessalonica ein Auffrhur erhaben/ in dem auch etliche deß Keysers Heupleute vmbkommen/vnd erschlagen worden/ Darumb ward Keyser Theodosius sehr zornig/vnd ließ die Stadt vberfallen/vnd sind also nicht allein die schüldigen/sondern auch viel vnschüldige getödtet worden. Vnter andern war da ein fremb=

Eine merck= wirdige Historia.
der Kauffman/der hatte zween Söne/die wurden auch vnschüldig ergriffen/ Da man sie tö= ten wolte/bat der Vater sehr fleglich/das man doch seine Söne wolte leben lassen/angesehen/ das er mit seinen Sönen aus einem frembden Lande herkommen/vnd verwegen an der Auff= rhur keine schuld hetten/Er erbot sich auch / das er gerne für seine Söne sterben wolt. Aber die Kriegsleute/des Keysers Diener/antworten darauff/Die zahl/so viel sie tödten solten/müste voll sein/darumb köndten sie ihm beyde Söne nicht leben lassen/Diewel er sich aber so iemer= lich stellete/vnd so fleglich gebette/wolten sie ihm einen Son leben lassen/möchte derhalben ei= nen von ihnen auserwelen/welchen er lieber wolt beim Leben behalten. Der arme Vater war gar erschrocken/sahe denn diesen/denn jenen Sohn an mit weinenden Augen/ vnd küsset sie/ vnd hatte sie gleich lieb/vnd das Väterliche Hertz kondte keinen außerwelen/vnd den andern den Todt vbergeben/Vnd in dem er also in schwerem Gedancken stund / für jammer seufftzt/ fielen die Bösewichter zu/vnd tödten ihm seine Söne alle beyde für seinen Augen. Von wegen dieser bösen That/hat der heilige Ambrosius/Bischoff zu Meilan/dem Keyser Theodesio nit gestatten wollen/in die Kirchen/vnd zum Sacrament zu gehen / er hette denn erst offentliche Busse gethan/Welches der Keyser also willigtlich angenommen vnd gethan / Theodoretus lib. 5. cap. 17. Sozomenus lib. 7. cap. 24.

Thessaloni= ca ist in des Türcken ge= walt.
Der Türckische Keyser Amurates/des namens der 2. hat die Stadt Thessalonica/sampt dem gantzen vmbligenden Lande/vnter seine gewalt gebracht / da sie vorhin vnter der Vened= ger gewalt gewesen war/wie Paulus Iovius schreibet/vnd hat in der Stadt / vnd in dem gan= tzen Land grosse Tyranney geübet. Es war aber die Stadt Thessalonica kurtz zuvorn den Ve=

Andronicus Palaeologus.
netigern verkaufft/darumb/das sich der Constantinopolitanischer Keyser besorgete/er möchte vnd köndte die Stadt gegen dem Türcken / von denen er sehr hefftig angefochten ward / nicht lenger auffhalten. Aber der Türcke/wie gesaget/hat sie den Venedigern wider genommen/vnd mit behendigkeit vnd Verrhätery/wie Laonicus Calcocondyles Atheniensis schreibt/ge= stürmet vnd gewonnen/vnd hat jhrer keinen/die in der Stadt waren/ den Feinden entrinnen mögen/ausgenommen die Venediger/die auff der Burg waren/sind in die Schiffe auffs Mer geflohen/vnd also davon kommen. Die andern aber sind iemmerlich zerschelt / vnd von den Türckischen Bluthunden hin vnd wider durchs Land geschleiffet.

Also ist die herrliche stad Thessalonica/die neheste Constantinopel/des orts die grösste stad ist/ vnd wie etliche wollen/auch grösser denn Adrianopel sein sol/in des Türcken gewalt kommen. Zu vnser zeit heist sie Salonica/vnd wie Sebastianus Münsterus schreibet / wonen dreyerley Völcker drinnen/Christen/Jüden vnd Türcken / Doch sind der Jüden am aller meisten/die sind Kauffleute/vnd treiben Handwercke. Die Jüden/so da gewonet/sagen selbst/das bey vier zehen tausent Jüden da wonen / vnd sind jhrer bey sechs tausent Tuchmacher/haben auch bey 20. Synagogen in der Stadt. Sie müssen alle gelbe Binden vmb die Hüte tragen/aber die Christen tragen blawe Binden/vnd die Türcken weisse. Es sind auch viel Jüden zu Constanti= nopel vnd Adrianopel/aber an keinem ort in der Türckey mehr/denn zu Salonich.

Berrhoen.

Errhoen/ist eine Stadt im Lande Macedonia/vnd ligt am Wasser Haliagmon/24. meilen von Jerusalem gegen Nordwesten. In dieser Stadt haben die Jüden wider den Apostel Paulum ein Auffruhr angerichtet/Actor. 17. Diese Stadt stehet noch heuti= tages/vnd heist zu vnser zeit/Veria.

Athene.

Je Stadt Athene/in Griechenland am Meer gelegen/ist eine sehr alte Stad/der König Cecrops in Griechenland/der zu Mosis zeiten gelebet/hat sie anfengtlich gebawet/vnd nach seinem namen Cecropiam genennet / Lang hernach ist sie nach des Königs Mo= psi namen Mopsopia genent worden. Zum dritten hat sie auch ein zeitlang Jonia geheissen. Vnd zu letzt hat sie den namen Athene behalten/von der Göttinnen Athena / die sonsten Mi= nerva

Reisen des heiligen Apostels Pauli.

nerva heist. Vnd diese Stadt ist eine Mutter aller freyen Künste auff Erdreich gewesen/ Dis Solon/Socrates/ Plato/Aristoteles/ Demosthenes/ vnd viel andere treffliche weise Menner/ haben in dieser Stadt gelebet/sie hat auch viel Könige/Fürsten/vn streitbare Helden gehabt/die in jr nach einander regieret/vnd grosse Thaten ausgerichtet haben. Sie ligt am Meer/im Lande Achaia/182. meilen von Jerusalem/gegen der Sonnen nidergang. In dieser Stadt hat der H. Apostel Paulus viel Leute bekeret/vnd insonderheit ist darzumal auch bekert worden/Dionysius Areopagita. Denn die Stadt Athen hat ein Promontorium, das ist/einen berg gehabt/ der sich für der Stadt heraus ins Meer gestrecket / derselbige Berg hat Areopagus / das ist/ Martis Berg geheissen/ denn der Abgott Mars hat da einen Tempel gehabt/das ist ein Rathaus gewesen/darin man vber das Blut/vnd andere wichtige sachen gerichtet / Die Richter in diesem Tempel vnd Rathause des Abgottes Martis/ wurden Areopagitæ genent / Vnd solcher einer ist der Dionysius Areopagita gewesen/den der Apostel Paulus bekeret hat/ Acto.17. Denn da Paulus gen Athen kam/disputiret er alle tag in der Hohen Schule / vnd predigte den gecreutzigten HErrn Jesum Christum/ biß die Philosophi vnd scharffsinnigen Leute zu Athen entlich zornig worden/vnd sprachen: Er were ein Lotterbube/ vnd führeten jhn auff den Richtplatz vnd Rathaus Areopagum/da man/wie gesaget/die Menschen/die das leben verwircket hatten/pflegte zu verdammen/ Da haben sie Paulum auch/ zum Todt verurteilen wollen/ Aber er thet solch eine herrliche Predigt/das sie jhn nicht allein frey liessen hinweg gehen / sondern begerten auch/ er solte jhnen mehr von dem HErrn Christo predigen / vnd einer von der Blutrichtern/ Dionysius Areopagita/ ward gleubig an den HErrn Christum. Das wörtlein Areopagus. Areopagus kömpt von ἄρεως Mars/ vnd πάγος Locus eminens, auff deutsch/ ein hoher Platz zu Athen/ vom Tempel Martis also genant/ das man da vber das Blut vnd wichtige sachen richter.

Die Stadt Athen hat auch einen Hafen gehabt am Meer / da die Schiffe pflegten anzukommen, das ist ein herrlich Gebew gewesen/mit siebenjeltiger Mawer befestiget/vnd so groß/ das 400. Schiffe haben hinein faren können/ vnd dieser Hafen hat Pyræus geheissen/des auch Terentius gedencket in Eunucho/Act. 3. Scen. 4. Aber zu vnser zeit heist dieser Hafen Porto Linie , Es ist vor alters ein gros Gewerbe vnd Kauffhandel in diesem Hafen gewesen/ vnd giengen zwo Mawren von der Stadt Athen/die waren 40. Stadia/ das ist/ fünff viertel einer meilen lang/ die haben diesen Hafen Pyræum/sampt dem Berge Munichia / vnd noch zween andere Hafen/ da auch Schiffe pflegten anzukommen/ an die Stadt gehenget. Im dem Hafen Pyræo hat Jupiter einen schönen Tempel gehabt / so hat man auch da viel schöner Taffeln/ kunstreiche Gemelde/ vnd ausgehawene Bilder gefunden/ die doch zu vnser zeit gantz zu brochen sind/gleich wie auch die grossen langen Mawren / erst durch die Lacedemonier / vnd hernach durch die Römer zu grunde sind nidergerissen/ vnd herunter geworffen.

Was aber die Stadt Athen an jr selbst belanget/ war sie allenthalben auff einem harten Felß gelegen/ vnd hat viel schöner Gebewde vnd Tempel gehabt / vnd insonderheit der Göttin Minervæ Tempel/ die sonsten Athen oder Pallas heist/ darinne stets brennende Ampeln hiengen/ Da war auch ein Junggfraw Kloster / Item / da stund auch der Göttin Pallas Bildnis/ von Elffenbein sehr kunstreich gemacht. Es waren auch viel hohe Schulen vnd Lustgärten zu Athen/ darinne die Philosophi spazieren giengen / darinnen auch die Cantores vnd Sanguinei sters sehr kunstreich vnd lieblich sungen. So hatte auch die Stadt mancherley Hafen vnd Meerporten/ sehr hübsch gebawet/ da die Schiffe pflegten anzulauffen / vnd teglich viel Kaufleute vnd Studenten ankamen/ Summa/es war die Mutter aller freyen Künste auff Erden.

Diese schöne Stadt/ ist eben durch denselbigen Türckischen Bluthund vnd Tyrannen/ der die Stadt Constantinopel verstöret hat/ nemlich/ durch den Türckischen Keyser Mahometh/ des namens den andern/ vmbgekeret vnd vertilget worden/ wie Laonicus ChalcedeontilesAtheniensis schreibet lib. 9. de rebus Turcicis, Vnd helt sich die Historia also:

Ein Florentinischer Kauffman/ Nerpius genant/ kam gen Athen/ vnd brachte so viel zu wegen/ das er oberster Regent in der Stadt ward. Als er aber starb/ ließ er nach sich seine Fraw/ mit einem kleinen Kindlein Die Fraw richtet durch gaben vnd geschenck bey dem Türckischen Keyser Mahometh so viel aus/das sie ein Regentin in der Stadt Athen ward. Nu begab es sich vnlangst darnach/ das ein Venedischer Kauffmann/ gen Athen kam/ den gewan sie lieb/ vnd sagt jm zu/ das sie jn zur Ehe nemen wolte/ vnd jn zu Athen zum Fürsten machen/ wenn er sein weib

H iij

Reisen des heiligen Apostels Pauli.

weib zu Venedig verlassen wolte/vnd bey jhr zu Athen bleiben. Der Venediger gewan bald ein begierd zum Regiment/zeg heim/vnd tödtet sein Weib mit Gifft/nach Welscher art/kom darnach wider gen Athen/vnd befreyet die Widwe/vnd bekam also das Regiment in der Stad Athen/Als er aber mit dem Adel/vnd andern erbarn Leuten/grosse Tyranney begunte zu treiben/welches die zu Athen nicht leiden kundten/ verklagten sie jhn bey dem Türckischen Keyser Mahometh/der lies jhn fordern/Vnd als er vermeinte deß Keysers Zorn mit Gelt zu stillen/ halff es doch nicht/sondern er ward erwürget/vnd bekam also sein verdiente straffe dafür/das er sein Weib mit Gifft getödtet. Nu habe ich hie vor gemeldet/daß das Weib von jhrem ersten Man ein junges Kindlein hatte/dasselbige junge Kind hatte einen Freund/dem gab der Türckische Keyser Mahometh die Regierung vber/biß der Knabe zu seinen mündigen jaren keme. So bald nu derselbige Freund deß Knabens die Regierung angefangen / nam er das Weib/ das vnter dem schein des Ehestandes/den Venedigern/die Regierung auff getragen / bey dem Halse/ließ sie gen Margaris führen/vnd daselbst vmbbringen. Also ist das Weib auch durch Göttliche schickung gestraffet worden. Als nu der junge Erbe die Mutter verloren/ vnd gesehen/das sich der Freund vnterstund/jhm das Fürstenthumb auch zu entziehen/ verklaget er jhn für dem Türckischen Keyser Mahometh/das er jm seine Mutter erwürget hette. Aus welchem Mahometh/als er gesehen/das deß würgens kein end sein wolte / verursachet worden / das er dem Landpfleger in Thessalia befehl thet/die Stadt Athen einzunemen. Also hat der Türckische Keyser Mahometh / deß names der ander / die Stadt Athen in seine gewalt bekommen. Nach dem sich aber die Bürger herrnach auffrhürisch vnd vngehorsam erzeigten / hat er nicht allein das Schloß/sondern auch ein grossen theil der Stadt geschleiffet vnd zerrissen ist/nicht mehr vbrig bleiben/denn etliche Hütlin/darin die Fischer wonen / vnd ein hauffe zusammen gerunnen arines Volcks/vnd ein Schloß/das die Türcken Sethine nennen / vnd haben also den Namen Athene verfelschet/das Sethine daraus worden ist.

Das ist also das ende der herrlichen Stadt Athen/die viel schöner Exempel allerley Tugenden gehabt vnd ist eine behausung vnd herberge geweß der besten Künsten auff Erden/hat auch wider die Türcken viel ehrlicher Thaten weislich vnd Ritterlich gethan/ vnd das auch nicht zu verschweigen/ist sie im Regiment / als sie die vberhand in Griechenland gehabt / viel gütiger vnd mesiger gewest/vnd sich so hoch nicht erhaben/als die Thebaner vnd Lacedemonier. Vnd von Cecrops/dem ersten Könige zu Athen/der die Stadt gebawet hat/biß auff dem Türckischen Keyser Mahometh/der sie verstöret/vnd nidergerissen/sind 3000. Jar.

Hie ist vber den vntergang dieser Stadt insonderheit diß wol zu mercken / Wie das vmb Gewalt/Vnrecht/Mord vnd Hurerey willen/die Stedt vnd Herrschafften gemeinlich vertilget vnd vmbgekert werden/denn Gott nicht lassen kan/ er mus solche Sünde grewlich straffen.

Die gegend vmb Athen her/am Meer gelegen/heist Attica/von dem Griechischen wörtlin *attu*, das heist ein Vfer/ Denn die Stadt Athen/vnd das Land darumb her/hat ain Vfer des Meers gelegen/vnd ein Promontorium oder Vorgebirge gehabt / gegen der Sonnen Auffgang/das sich sehr weit ins Meer hinein gestrecket / vnd hat geheissen/ Sunium / dessen auch Terentius gedencket im Eunucho, Actus primi, Scena secunda, Item, Actus 3. Scena 3. Zu vnser zeit heist diß Vorgebirge nicht mehr Sunium / sondern Cabo de Columbas, vnd hebet an bey dem Hafen Pirlo/vnd strecket sich in die gegen meilen ins Meer hinein. Neun meilen von Athen gegen der Sonnen Nidergang/ligt die Stadt Megara / daraus Euelides der treffliche Geometer vnd Mathematicus gewesen.

Solonis Gesetz/die er des neuen Athen gegeben. Zum Beschlus/habe ich an disem ort auch das anzeigen wollen/ Der weise Man Solon hat den Atheniensern etliche Gesetz fürgeschrieben/vnd vnter andern auch geordnet / das die Ehebrecher musten getödtet werden. Item/ Ein Sohn were nicht schüldig seinem Vater im Alter Narung zu geben/vnd handreichung zu thun/ wenn er von jm in der Jugend nicht zu einem Handwercke were erzogen/ Man solte auch keinen zum Bürger annemen / er were denn ein Handwercksman. Hieraus sihet man/das der weise Man Solon/der einer von den sieben Weisen in Griechenland gewesen / zu Athen keine Vnzucht vnd Müssigang hat leiden wollen.

Zu vnser zeit / sol die Stadt Athen zimlich wol wider erbawet sein / vnd weil von allerley Nation viel Volcks dahin gezogen/ ist sie so gros worden / das sie in jhrem vmbkreiß an die 6.

Deutsche

Reisen des heiligen Apostels Pauli.

Deutsche meilen begreifft. Es sol aber in gantz Griechenland kein ungeschickte Barbarische Sprach gefunden werden/als eben zu Athen/jetzt zu unsern zeiten/denn es wonen daselbst Jüden/Moren/Türcken/Saracenen und Christen/darumb es auch kein wunder/das die Griechische Sprache so gar daselbst verwirret und verfelschet ist worden.

Corinthus.

Die Stadt Corinthus ligt in Peloponneso/welches ist der edelste theil Griechischer Nation/und für alters hat die Stadt Corinthus Corcyra geheissen/und sol anfengklich gebawet sein/zu der zeit/da Moses gelebet/der die Kinder von Israel aus Egyptenland geführet. Aber Eusebius schreibet/Sie sey gebawet umb die zeit/als Josua im Jüdischen Land ein Richter gewesen/von Sisypho/einem reichen Reuber/der hat auch ein Schloß daselbst gebawet/das er nach seinem namen Sisyphium genennet. Hernach ist die Stadt Corinthus auch Ephyra/und zu letzt nach deß Königes Corinth namen/Corinthus oder Corinthia genennet worden. Sie ligt am Isthmo/das ist/an dem schmalen Halse/damit das Land Peloponnesus am andern Griechenland henget / Die Landschafft umb die Stadt Corinthum her / heisset Achaia. Sie ist eine grosse / prechtige und herrliche Stadt gewesen/ und viel Könige und Fürsten haben nach einander darin regieret. Sie lag zwischen zweyen Meeren/und war sehr hübsch und wol gebawet/und mit Mawren starck bewaret und befestiget.

Für der Stadt ligt ein Berg Acrocorinthus genennt/der ist sehr hoch/Denn/wie Strabo schreibet/ist er dritthalb Stadien/das ist / fünfftzehen hundert zwey und sechtzig Schuch hoch/ und war auch mit der Stadtmawren an die Stadt gehenget/und war also gleich wie ein festes Schloß der Stadt Corintho. Er gieng schlimpff auff/denn man gieng dreyssig Stadia / das ist/sechster eine Deutsche meilen / ehe man recht auff die höhe kam/ gegen Nordenwert ist gleich er ab/wie eine Mawer/das niemand am seltigem ort hinauff oder absteigen kondte. Es ist unten so weit gewesen/das er dritthalbe meilen umb sich begriffen / noch war es mit der Stadtmawer also eingefangen/und an die Stadt gehenget/das er der Stadt Corintho/ gleich wie ein stadtlichere Wall/Schloß und Festung war.

Oben auff diesem Berge lag der Göttin Venus Tempel/darin mehr denn tausent Jungfrawen waren/zum dienst der Göttin Venus ergeben. Es ist nicht auszusprechen/wie ein gewinst aus aller Welt zu diesem Tempel gewesen/darüber die Stadt über die massen reich worden ist. Darnach besser herab/war auch auff dem Berge Acrocorintho der lustige Brunn Pyrene/der den Musis und Göttin des Gesanges ist geheiliget gewesen. Und noch besser herab/ unten auff dem Berg Acrocorintho/hat das Schloß Sisyphium gelegen / von weissem Stein sehr hübsch gebawet. Darnach unter diesem hohen Berge lag die Stadt Corinthus/überaus köstlich gebawet/auff einer lustigen ebne/und die Mawren umb sie her/begriffen viertzig Stadia/die machen fünff viertel einer Deutschen meilen.

Sie ist sehr Volckreich/und eine herrliche Kauffstadt gewesen / und hat 2. Meerpforten gehabt/das man auff beyden seiten hat können anfaren/und ist durch iren Kauffhandel so hoch gestiegen/das sie auch die Stadt Rom gezen sich verachtet.

Denn als der Römer einsmals ire Legaten und Gesandten gen Corintho schickten/ wurden dieselben auff der Strassen von einem Hause herab/ mit Brunzen und anderm Unflat/ mutwilliger weise begossen/darüber die Römer so zornig worden / das sie ihrem Bürgermeister L. Mummium mit einem stadtlichen Kriegsvolck gen Corinthum schickten / der hat die Stadt mit gewalt erobert/verbrand/und zu grunde verstöret.

Ich sol aber allhie der grossen tugent und löblichem that des Bürgermeisters L. Mummii nit vergessen/denn als er aus der zu schleiffen und zerstörten stadt Corintho / die schönsten und köstlichsten ergossen und gegrabenen Tafeln und Bilder geführet/ darin eins/ das der kunstreiche Mahler Aristides gemacht/und umb 60000. Kronen von König Attalo gekaufft/sampt andern schönen Tafeln und Bilden/damit er/wie Plinius schreibet/die gantze Stad Rom/ja gantz Italiam erfüllet und gezieret/und jederman von der plünderung und schaden der stadt Corinth. reich ward/hielt sich dieser Bürgermeister so mässig/das er aus all raub der Feinde gar nichts für sich behielt/oder in sein haus brachte/ungeacht/das er so arm war/ das der Rath zu Rom/ seine Töchter aus gemeinem Seckel aussteuren musten. Und diese verstörung der Stadt Corintho ist geschehen 143. Jar für Christi Geburt.

H iiii   Hernach

Reisen des heiligen Apostels Pauli.

Corintho wider gebawet.

Hernach hat sie Julius Cæsar/ der erste Römische Keyser/ wider gebawet/42. Jar für Christi Geburt/ vnd ist widerumb eine zierliche Stadt worden. Man hat köstlich Ertz da gemacht vnd gegossen/ das wie Silber vnd Gold geschienen hat/ das ward Corinther Ertz genant / vnd hin vnd wider in der Welt zu kunstreicher arbeit sehr gebraucht. Von solchem Ertz war auch das schöne Thor/ am eussersten Vorhoff deß Tempels zu Jerusalem / gemacht / wie im ersten Buch ist angezeiget worden.

Corinther Ertz.

Die Epistel Pauli an die Corinther.

Der Apostel S. Paulus ist in der Stadt Corintho ein Jar vnd 6. Monden gewesen/ vnd hat da eine zeitlang gearbeitet/ bey einem Teppichmacher/ vnd viel Leute bekeret. Er hat auch zwo Episteln an die Corinther geschrieben / vnd sie ihnen von Philippis vber 73. meilen zu gesand. So ist aber gleublicher/ das die erste Epistel an die Corinther nicht zu Philippis/ wie jhre vnterschrifft lautet/ sondern zu Ephesso geschrieben sey/ vnd solchs ist offenbar aus dem 16. Capitel derselbigen Epistel/ da S. Paulus also schreibet : Ich wil aber zu euch kommen/ wenn ich durch Macedoniam ziehe/ Denn durch Macedoniam werde ich ziehen/ bey euch aber werde ich vielleicht bleiben/ oder auch wintern. Vnd bald hernach im selbigen Capitel : Ich wil euch jetzt nicht sehen in für über ziehen/ denn ich hoffe/ ich wolte etliche zeit bey euch bleiben/ so es der HERR zulesset/ Ich werde aber zu Ephesso bleiben biß auff Pfingsten. Aus diesen worten deß Apostels S. Pauli sihet man/ das dieselbe seine erste Epistel an die Corinther/ nicht zu Philippis in Macedonia/ da er noch hin kommen wolte/ sondern zu Ephesso / da er zu der zeit biß auff Pfingsten stille gelegen/ geschrieben habe. Derwegen ist dieselbe erste Epistel an die Corinther/ von Ephesso gen Corinthum gesand / vber 72. meilen. Vnd als er darnach gen Philippis in Macedoniam kommen/ hat er da die andere Epistel an die Corinther geschrieben / vnd sie ihm wie oben gemeldet/ vber 73. meilen zugesand. Vnd als er nicht lang darnach selbst gen Corinthum kam/ schrieb er da seine Epistel an die Römer / vnd sandte sie ihnen gen Rom vber 123. meilen.

Epistelen an die Römer.

Cicero pro Lege Manilia, nennet die Stadt Corinthum / Lumen totius Græciæ, das ist/ ein Liecht deß gantzen Griechenlands. Denn sie war eine herrliche Kauffstadt/ an einem sehr bequemen ort gelegen/ nemlich/ an dem schmalen Halse Isthmus genant/ damit das Land Peloponnesus an dem andern Griechenland hanget/ vnd hatte 2. Meerpforten / da die Schiffe pflegten an zu kommen/ die auch sehr hübsch gebawet waren/ gleich wie kleine Städtlein/ deren eine Cenchrea genant/ ligt 2. meilen von der Stadt Corintho / gegen der Sonnen Auffgang/ am Saronischen Meer/ vnd pflegten die Schiffe anzufahren / die aus Asia kommen/ daselbst hat auch Paulus sein Heupt bescheren/ Act. 18. Der ander Hafen oder Meerpfort/ heist Lecæum/ vnd ligt von der Stadt Corintho nicht gar eine halbe meilen/ gegen der Sonnen nidergang/ am Corinthischen Meer / vnd da pflegten die Schiffe anzufahren die aus Italia kamen. Vnd diese beyde Hafen oder Meerpforten ligen am Isthmo/ das ist/ an dem schmalen Halse/ damit/ Peloponnesus an dem andern Griechenland hanget.

Cenchrea.

Lechæum.

Es ist aber dieser Isthmus 5000. Schrit breit gewesen / die machen 5. viertel einer Deutschen meilen/ vnd grosse Könige/ als König Demetrius/ Julius Cæsar/ vnd Keyser Domitius Nero/ haben sich vnterstanden diesen Isthmum durch zu graben/ auff das also Peloponnesus eine Insel würde/ aber sie sind daran erlegen. Lang hernach / als die Christen fahren/ das der Türcke mit gewalt vber das Meer in Europam brach / haben sie vber diesen Isthmum eine Mawer gemacht/ die reichte von einem Meer zum andern/ vnd scheidet Peloponnesum von den andern Griechenland/ Aber der Türckische Keyser Amurates / des namens der ander / als er Thessalonicam erstritten/ deßgleichen Bœoticam vnd Atticam/ kam er zu dieser Mawer/ vnd zu brach sie/ vnd legte eine järliche schatzung vnd Tribut auff die Peloponneser. Vnd als darnach dieses Amuratio Sen/ Mahometh des namens der ander Türmische Keyser/ abermals Peloponnesum einnemen wolte/ haben dreyssig tausent Christen die Mawer in 15. tagen wider gemacht/ dazu die Steine von der alten Mawer vortel gehabt. Sie haben auch zween Graben dafür gemacht/ Aber es halff alles nicht/ der Türckische Keyser kam mit achtzig tausent Reutern/ vnd brach mit gewalt hindurch/ vnd eröbert schier das gantze Peloponnesum.

Er lagert sich auch für die Stadt Corinthum/ die zu mal mit dreyfacher Mawer vmbgeben war/ vnd es ließ sich ansehen/ als ob sie nicht zu gewinnen were/ aber der Türck schoss die
eine

Reisen des heiligen Apostels Pauli.

eine Mawr zu stücken/vnd als die andern Mawren auch begunte zu brechen/thet sich die Stad willigtlich ergeben/wie Laonicus Chalcocondyles Atheniensis lib. 10. de rebus Turcicis schreibet/Also ist nu die herrliche Stadt Corinthus/die zu vnser zeit Coranto heist/in des Türcken gewalt kommen/im Jar nach Christi Geburt 1458. fünff Jar nach der eröberung der Stadt Constantinopel. Es ligt aber die Stadt Corinthus/oder Coranto/wie sie jetzt heisset/ 95. meilen von Jerusalem/gegen der Sonnen Nidergang.

Reisen des heiligen Apostels Pauli / als er zum dritten mal von Antiochia in die Heydenschafft reiset.

1. In Antiochia ist Paulus durch Gallatiam gezogen/biß gen Laodiceam in Phrygiam/ 95. meilen/vnd hat da die erste Epistel an Thimotheum geschrieben/wie es Doctor Maior dafür hellt/Actor. 18. 1. Tim. 6.

2. Von Laodicea ist er gen Ephesum gezogen/70. meilen/vnd hat da Timotheum zum Bischoff geordnet/wie aus dem 1. Capitel der 1. Epistel an Thimothrum offenbar. Dasmal hat euch Paulus seine 1. Epistel an die Corinther geschrieben/vnd sie von Epheso gen Corinthum gesandt/vber 78. meilen. Zu derselbigen zeit hat auch Paulus zu Epheso mit den wilden Thieren gefochten/wie dieselbe erste Epistel an die Corinther im 5. Capitel bezeuget. GOtt wircket auch zu Epheso nicht geringe Thaten durch die hende Pauli/also/das sie auch von seiner Haus die Schweißtüchlein vnd Koller oder die Krancken hielten/vnd die Seuchen von jnen wichen/ vnd die bösen Geister von jnen ausfuren. Als auch etliche Zauberer vnd Beschwerer sich vnterstunden/bey dem Namen Jesu/den Paulus prediget/die Teuffel zu beschweren/wurden sie von bösen Geistern nider gerissen/das ward kund allen die zu Epheso woneten / vnd fiel eine furcht vber sie alle. Zu derselbigen zeit hat auch Demetrius ein Goldschmid/zu Epheso ein Auffruhr angerichtet/das die Heyden bey zwo stunden geruffen/Gros ist die Diana der Epheser/Act. 19.

3. Von Epheso ist Paulus gen Troada kommen / vber 13. meilen/Vnnd als er Titum da nicht fand/ward er betrübt im Geist/vnd machte seinen Abscheid/2. Corinth. 2.

4. Von Troada ist Paulus in Macedoniam geschiffet/ vnd also gen Philippis kommen/ vber 58. meilen/2. Cor. 2. Da zumal hat Paulus in der Stadt Philippis seine ander Epistel an die Corinther geschrieben / vnd sie durch Titum vnd Lucam gen Corinthum gesand/vber 73. meilen.

5. Von Philippis ist Paulus in Griechenland vnd gen Corinthum gezogen / 120. meilen/ vnd hat vnter weges die Stedt hin vnd wider besuchet/da er vorhin geprediget hatte/Vnd als er gen Corinthum kommen/hat er seine Epistel an die Römer geschrieben/vnd sie durch Pheben/ die am dienste war an der Gemeine zu Cenchrea/gen Rom gesand/vber 133. meilen / Rom. 16.

6. Von Corintho ist Paulus als jm die Jüden nachstelleten/wider gen Philippis in Macedoniam gezogen/73. meilen/vnd hat das Osterfest gehalten/Acto. 20.

7. Von Philippis gieng Paulus nach den Ostern ans Meer/vn stieg ins Schiff/vnd schiffet in 5. tagen gen Troada/58. meilen/Vnd als er gen Troada kam/blieb er/7. tage daselbst/ vnd erwecket den Jüngling Euticheum vom Todt/Acto. 10.

8. Von Troada ist Paulus zu Fusse gen Asson gegangen/neun meilen/Acto. 20.

9. Vnd von Asson schiffet er gen Mytulenen/40. meilen/Acto. 20.

10. Aus der Insel Mitylene/ist Paulus mit denen/die bey jhm waren / gen Chion geschiffet/ sechzehen meilen/Acto. 20.

11. Vnd von der Insel Chio/schifften sie gen Samos/ funfftzehen meilen / vnnd blieben zu Tragglion/welches ist eine Insel/nahe bey der Insel Samos gelegen / wie Plinius schreibet/ lib. 5. cap. 3. vnd Strab. lib. 14.

12. Vnd als sie von Tragglion schifften/sind sie für Epheso vber gefahren/vnd also vber 40. meilen in die Stadt Miletam kommen/da hat Paulus Boten gen Ephesum gesand/vber 10. meilen/vnd die Eltesten der Gemeine zu sich fordern lassen / vnd sie vermanet/das sie gute achtung

Reisen des heiligen Apostels Pauli.

tung haben solten auff die Gemeine/die der HERR Christus mit seinem Blut erworben hat. Sagte ihnen auch darneben/Sie würden sein Angesichte nicht mehr sehen/ derumb fielen sie Paulo vmb den Hals/vnd weineten/Actor. 20.

13. Von Mileto ist Paulus mit denen/die bey jhme waren/ stracks lauffs gen Co gefahren/ funfftzehen meilen/Actor. 21.
14. Vnd aus der Insel Co kamen sie gen Rodis/ vber 21. meilen/Actor. 21.
15. Vnd von Rodis schifften sie gen Patara/25. meilen/Actor. 21.
16. Von Patara haben sie gen Tyrum geschiffet/90. meilen/ Vnd als sie da Jünger funden/sind sie da sieben tage geblieben/Actor. 21.
17. Von Tyro ist Paulus mit denen/die bey jhm waren/gen Ptolemaia geschiffet/ 6. meilen/Actor. 21.
18. Von Ptolemais sind sie gen Cæsarien gezogen/eilff meilen / vnd in das Haus Philippi des Evangelisten gegangen/der einer von den sieben Diacon gewesen/Actorum 6. Derselbige Philippus hatte vier Töchter/die waren Jungfrawen/vnd weissageten. Es ist auch der Prophet Agabus dahin kommen/vnd den Gürtel Pauli genommen/ vnd seine Hende vnd Füsse gebunden/vnd gesprochen/Das saget der heilige Geist/ den Man/ des der Gürtel ist/werden die Jüden also binden zu Jerusalem/vnd vberantworten in der Heyden Hende/Actor. 21.
19. Darnach gieng Paulus mit denen/die bey jhm waren / von Cæsarien gen Jerusalem/t. meilen/vnd ward da gefangen/vnd gebunden.

Summa dieser Reisen des Apostels Pauli/ die er zum dritten mal in die Heydenschafft gethan/823. meilen.

Folget nun die beschreibung der Stedt vnd örter.

Laodicea.

Laodicea/heist eine Stadt/da ein gerecht Volck in wonet/vnd es sind drey Stedte gewesen die Laodicea geheissen haben/ Als nemlich/Laodicea in Phrygia Pacatiana/da Paulus seine erste Epistel an Timotheum geschrieben/ die ligt von Jerusalem 125. meilen/ gegen Nordwesten. Zum andern/Laodicea in Syria/ ligt von Jerusalem 60. meilen/ gegen Norden. Vnd zum dritten/Laodicea in Caria/am Wasser Lyco gelegen/ daran Johannes seine Apocalypsin geschrieben/da der Apostel Paulus (wie das ander Capitel der Epistel an die Colosser bezeuget)niemals hinkommen ist/ ligt von Jerusalem 125. meilen gegen Nordwesten/vnd ist mit den Stedten Coloss vnd Hierapolis/ da Philippus der Apostel war geerucigt worden/ durch ein Erdbeben nieder gefallen/ im zehenden Jar des Keysers Neronis/kurtz für des Apostels Pauli todt.

Assus.

Der Stein Sircophagus.

Assus/ist eine Stadt im Egeischen Meer gelegen/im Troianischen Lande/sehr feste von Natur/vnd auch sonsten mit fleiß wol gebawet. An dem ort/da sie am Meer ligt/ hat sie einen hohen steinen Fels/das man mit grosser gefehrligkeit daran fehret / vnd ligt von Jerusalem hundert fünff vnd siebentzig meilen / gegen Nordwesten. Bey dieser Stadt bricht man den Stein Sarcophagum/wenn man steinern Sarge davon machet/vnd die todten Menschen darin begrebet / so verzeret er die todten Cörper vnd Gebeine inwendig in viertzig tagen/ das nichts davon vberbleibet/denn nur die Zeene / wie Plinius schreibet lib. 36. cap. 17. Aus dieser Stadt Asso ist auch der treffliche Philosophus Cleanthes bürtig gewesen / Vnd diewel man mit geschwindigkeit an die Statt hat pflegen anzufahren/ ist das Sprichwort von jhr gemacht/Qui celeri passu assum's, magnum vitæ periculum adit. Das bedeutet / Man sol nicht sehr eilen/denn es sey gefehrlich.

Mytilene.

Lesbos.

Die Insel vnd Stadt Mytilene/hat den namen von Mytilene Machiri Tochter/ wie Diodorus Siculus lib. 4. schreibet/vnd ligt von Jerusalem hundert vnd 68. meilen gegen Nordwesten. Vor alters hat diese Insel Lesbos geheissen / von der Stadt Lesbo/ die auch

Reisen des heiligen Apostels Pauli.   85

die auch in der Jnsel ligt/als aber hernach diese Stadt Mytilene in dieser Jnsel mechtig ward/ hat auch diese gantze Jnsel nach jhr den namen bekommen/Vnd wie Plinius schreibet/es ist eine zimliche grosse Jnsel/die vor alters viel schöner Stedte gehabt/ doch hat das Meer etliche von den Stedten durch Erdbeben verschluckt/vnd sind vber geblieben Mytilene/Methimna vnd Cressus.Vnd dieweil Mytilene die Heuptstadt ist/behelt die gantz Jnsel nach jhr den namen/das sie auch noch heutiges tages Metellinum heist. Es ist ein sehr fruchtbar Jnsel/darumb sie auch von etlichen genent wird die selige Jnsel/vnnd begreifft in jhrem vmbschweiff ,acht vnd dreissig meilen/ vnd streckt sich nach der lenge von Mitternacht gegen Mittag auff siebentzehen meilen.

Vitruuius/der Kunstreiche Bawmeister/schreibet im ersten Buch/ Die Stadt Mytilene sey wol sehr herrlich vnd schön gebawet/ aber an einem vngesunden ort gelegen/ Denn wenn der Sudwind wehet/werden die Leute daselbst kranck/wenn der Westwind wehet/werden sie hustig/vnd wenn der Nordwind wehet/werden sie wider gesund.

Viel erleuchte vnd hochgelerte Menner/sind aus dieser Stadt bürtig gewesen/ als nemlich/Pittacus einer von den 7. Weisen in Griechenland/ Item/ Alceus der Poeta/vnd sein Bruder Anthimenides/Diophanes der treffliche Orator vnd Redner/ vnnd Teophanes/ der des Pompeij herrliche thaten beschrieben hat/vnd von demselbigen mit dem Römischen Burgerrecht ist begabet worden/ des auch Cicero gedenckt in oratione pro Archia Das auch des Apostel Paulus mit seinem Geferten vnd Mitgesellen/in die Stadt vnd Jnsel Mytilene gekommen sey/bezeuget Lucas in den Apostel Geschichten/cap. 20.

Es schreibet Eneas Sylvius/das der Türcke/da er zum ersten in die Jnsel geschiffet/habe er hinweg geführet/was er ausserhalb den Stedten gefunden/vnd als er eine Stadt angegriffen/vnd sie gestürmet/sey sie durch eine Jungfraw erhalten worden. Denn da die Menner vertzweiffelt/sie zu beschützen/ sey eine Jungfraw zu der Mawren getreten/ vnd einen Harnisch angelegt/vnd etliche von den Feinden todt geschlagen/ damit sie den Mennern ein solch Hertz gemacht/das sie auffs newe angefangen zu streiten/vnd die Türcken aus dem Lande geschlagen haben. Aber nicht lange hernach/ im Jar nach Christi Geburt 1464. ist der Türckische Keyser Mahomet/des namens der ander/widerumb mit grosser gewalt gekommen/ vnd eröbert die Jnsel Mytilene mit grossem Blutvergiessen/vnd viel Christen gefangen hinweg geführet/ vnd jhr viel mitten im Leibe mit Türckischen Sebeln von einander hawen lassen/ das sie also eines herben bittern Todes sterben musten/ Denn die also mitten im Leibe von einander gehawen werden/sterben nicht balde/sondern ligen vnd quelen eine lange zeit/ehe sie jren Geist auffgeben. Vnd also ist die Jnsel Mytilene in des Türcken gewalt kommen/dem sie auch noch heutiges tages vnterworffen ist.

Mytilene von Türcken eingenommen.

Sie ligt im Egeischen Meer/gegen der Stadt Pergamo vber/vnd ist sehr fruchtbar/denn es wechset köstlicher Wein darin/vnd hohe starcke Bewme/die fürtrefflich gut sind zu Schiffen.

Am ende kan ich auch das vnvermeldet nicht lassen/Theophrastus der treffliche hochgelerte Man/der kurtz nach der grossen Alexandri zeit gelebet/ vnd in freyen Künsten fürbündig gewesen/ist aus der Stadt Cresso in der Jnsel Mytilene/bürtig gewesen. Vorhin hat dieser hochgelerter Man Tyrianus geheissen/darnach bekam er von seiner lieblichen Rede den namen/ das er Theophrastus/das ist/ein Göttlicher Redner genant ward. Er hat in die 2 tausent Schüler vnd Zuhörer gehabt/vnd viel schöner Bücher geschrieben von Bewmen/vnd andern wachsenden dingen. Diese Jnsel Mytilene wird zu vnser zeit Middilli genant.

Theophrastus wo her er bürtig gewesen.

Chios.

CHios/ist eine Jnsel im Egeischen Meer / vnnd ligt von Jerusalem 154. meilen/ gegen Nordwesten/vnd begreifft vmb sich 25. meilen/Die Heuptstadt in dieser Jnsel heist auch Chios/vnd wie es sich ansehen lest/haben beyde die Stadt vnd die Jnsel den namen von den köstlichen Gummi Mastix/der in dieser Jnsel aus etlichen Bewmen fleust/ denn Mastix wird in Syrischer Sprache Chion genennet.

Es ligt auch in dieser Jnsel der grosser vnd hoher Berg Pellencus/daraus man köstlichen Marmelstein grebet Man findet auch daselbst am Meer ein Gebirge/ Arofsium genant/darauff wechset der köstliche Wein/den wir hie zu Lande Malvasier nennen/ wiewol er zu vnser zeit fast aus Creta kömpt/aber vor alters hat man jhn gebracht aus Chio.

Wo her der Malvasier kompt.

Santos

Samos/Hoch.

Samos/ist ein Insel im Egeischen Meer/nicht weit von Epheso gelegen/von Jerusalem aber ligt sie 140. meilen/gegen Nordwesten/vnd ist sehr fruchtbar / darumb hat sie auch vor alters von etlichen Blumen Arthemisia geheissen. Sie ist auch Parthenia/ das ist/ Jungfrawlich/Jtem/Stephane/das ist/ein Kron oder Kreutzlein/genent worden. Sie vber= trifft weit in der fruchtbarkeit die Insel Chion / denn sie hat solchen fruchtbaren Boden/das man vor alters ein Sprichwort von jhr gemacht / Als solten die Hüner Milch geben in Sa= mo Doch wechsset kein Wein in der Insel/ Sie begreifft in jhrem vmbkreiß 22. meilen. Die Göttin Juno ist in dieser Insel in grossen ehren gehalten worden/ denn / wie die Heyden fabu= lieren/sol sie in dieser Insel geboren/aufferzogen/vnd den Jovi vermählet sein/ darumb hat sie in dieser Insel einen vberaus köstlichen Tempel gehabt/so ist auch jhr Bildnis da gewesen/sehr künstreich gemacht.

Der treffliche/ Hochgelehrte Mann Pythagoras ist in dieser Insel geboren / deßgleichen Sybilla Samia/die also vom HErrn Christo sol geweissaget haben: Tu enim stulta Iudæ Deum tuum non cognovisti. Iudentem mortalium mentibus, & spinis coronasti eum, horridumq; tel miscuisti. Das ist/ Aber du thörichte Judæa/hast keinen GOtt nicht erkant/ der da speist mit Menschlichen Sinnen / Sondern hast jhn mit Dornen gekrönet / vnnd hast jhn vermischte Gallen g: ben. Ob nu diese schöne wort Sybilla Samia geredet habe/oder ob sie von einem andern sein erdacht worden / da ist vns nicht viel angelegen / denn wir haben klarer vnd heller Zeugnis in heiliger Schrifft. Das ich aber wider auff die Insel Samos komme/ ist wol gleublich/der Apostel Paulus/als er zu dieser Insel geschiffet/Actor. 18. werde die Leu= te daselbst von der falschen Göttin Juno abgewendet/vnd zu dem waren lebendigen Gott/vn= sern HErrn Jesu Christo bekeret haben.

Es ist noch ein ander Insel/die auch Samos heisst/vnd ligt bey Griechenland/ gegen dem Lande Epiro ober/bey der Stadt Nicopolis/da Keyser Augustus Antonium vberwunden hat/ im Meer zwischen Corintho vnd Italia.

Trogilion.

Trogilion ist ein Promontorium oder Vorgebirge/das sich zwischen der Stad Epheso vnd der Insel Samos/ins Meer hinein gestrecket/bey demselben Promontorium oder Vorgebirge ist eine kleine Insel/die heisst auch Trogolion/wie Strabo schreibet lib.14. vnd Plinius lib. 5. cap. 13, In dieser Insel ist Paulus geblieben/Actor. am 20. Capitel.

Miletus.

Die Stadt Miletus hat im kleinern Asia/in der Gegend/ da die Lender Jonia vnd Ca= ria an einander stossen/am Egeischen Meer gelegen / 126. meilen von Jerusalem/ ge= gen Nordwesten/ Sie hat den namen/ wie es sich ansehen lest/ von dem köstlichen roten Scharlacken/ das in dieser Stadt ist gemacht worden/Doch wollen etliche / das sie von Mile= to/der sie gebawet/den namen sol bekommen haben/ oder wie Strabo schreibet / sol sie Sarpe= don/der mechtige König/ der aus der Insel Creta dahin gezogen ist/ gebawet haben/vnd jhr den namen gegeben von der Stadt Mileto in Creta gelegen. Dem sey nu wie jhm wolle/ so ist den= noch das war / das in dieser Stadt das allerschöneste rote Scharlacken Gewand ist gemacht vnd gefärbet worden.

Der Apostel Paulus hat in dieser Stadt die Eltesten von Epheso zu sich geforderet/ vñ sie gantz fleissig vnd trewlich vermanet/ Sie solten guten achtung geben auff die Gemeine / die der HErr Christus mit seinem tewren Blut erworben hat/ Act. 20. Aus der Stadt Mileto sind viel Gelerte Leute bürtig gewesen/vnd insonderheit Thales Milesius/einer von den 7. Weisen aus Griechenland/der zu der zeit der Babylonischen Gefengnis gelebet / vnd den Freyen Kün= sten Philosophiæ vnd Mathematicæ in Griechland den grund geleget. Dieser Thales Mile= sius hat zuvorn gesehen/ umb welche zeit die Sonne den schein verlieren würde. Als er eines mals gefraget ward/ Wie ein Mensch am gerechtsten leben möchte? Antwortet er Wenn wir das selbst nicht thun/daß wir an einem andern straffen. Die Stadt Miletus stehet noch heuti= ges tages/vnd heisst zu vnser zeit Melasa/wie Petrus Apianus anzeiget.

Col

Reisen des heiligen Apostels Pauli. 87

Co.

Co/ist ein Insel im Egeischen Meer/vñ ligt von Jerusalem 131. meilẽ/ gegen Nordwesten. Vnd in dieser Insel hat man vor alters köstliche Seiden gesponnen vnd gewircket/darin insonderheit eine Fraw Pamphilia mit Namen / eine Meisterin gewesen / wie Plinius schreibet/lib. 11. cap. 22. Die Insel Co ist sehr berhümet worden jhrer fruchtbarkeit halben/vnd begreiffet in sich fünff vnd zwantzig meilen. In dieser Insel ist Hippocrates / ein Fürste aller Artzten geboren/deßgleichen Apelles der aller kunstreichste Maler / ist auch aus dieser Insel bürtig gewesen. Plinius schreibet/Wenn Apelles ein kunstreich Werck gemacht/hat er an den weg gestellet/das es jederman der fürüber gieng / sehen möchte / Vnnd zu zeiten hinter der ge= malten Taffel getregen/vnd zugehöret / was die für übergehende darüber vrtheilten. Wad als auff ein zeit ein Schumacher fürüber gangen / vnd ein fürgestellet Werck angeschawet/vnnd am Schuch des Bildes was gestraffet/das nicht recht gemacht wer/hat es Apelles/so bald der Schumacher hinweg gegangen war/geendert. Am andern tag ist der Schuhmacher wider für= über gangen/vnd da er gesehen/das der mangel am Schuch geendert war / hat er angefangen zu rechtfertigen ein bein vnd waden des Bildes. Aber Apelles ist herfür gesprungen / vnd gesprochen Schuster bleib bey deinem Handwerck/vnd vrtheile nicht weiter / dan vber deinen Leisten vnd Schuch. Davon ist nachmals diß Sprichwort entstanden: Sutor non vltra cre= pidam : Der Schuster sol nicht weiter vrtheilen/ denn vber seinen Leist vnd Schuch/das ist niemand sol vrtheilen in einer Kunst/die er nicht verstehet. Der grosse Alexander wolte sonsten von keinem andern Maler sich lassen Conterfeyen/denn von diesem Apelle / Denn es war seines gleichen auff Erdreich nicht zu finden. Besihe Plinium lib. 35. cap. 10. Da wirstu wunder von diesem kunstreichen Maler Apelle finden.

Rhodus / Rose.

Die Stadt vnd Insel Rhodus / die von der wolriechenden Rosen den namen hat/ligt am grossen Mittelmeer der welt/vnter dem kleinern Asia/110. meilen von Jerusalem/ gegen Nordwesten/vnd wie Strabo schreibet/libro decimo quarto, begreifft sie 920. Stadia/die machen 28. meilen in jrem vmbkreiß. Erstlich / hat diese Insel Ephusa geheissen/ Darnach Stalina/zum dritten/Telchin/Vnd zu letzt hat sie den namen Rhodus behalten.

Es ist ein fruchtbare Insel/die viel lustiger berge vnd thal hat / vnd hat viel wildes in den walden. Man hat auch vor alters köstlichen roten Wein aus dieser Insel gen Rom gebracht/ vnd ist so reich vnd mechtig worden an Gold vnd Silber / das der Poët Pindarus von jhr schreibet auff Poetische art vnd weise / Es hab Gold zu Rhodis geregnet. Die fürnembsten Städte in dieser Insel sind gewesen/Lyndus/Camyrus / Jalyssus. Von Lyndo ist Cleobulus/ einer von den 7. Weisen in Griechenland bürtig gewesen / vnnd Chares der kunstreiche Bild= hawer/der den grossen Colossum gemacht/davon bald hernach folgen wird. Die Stadt Lyn= dus vnd Camirus ligen zu vnser zeit wüste/ aber die Stadt Jalyssus heisset zu vnser zeit Rho= dus/vnd ist sehr starck vnd wol gebawet/auff einen berg/der sich gegen Morgenwerts ins Meer hinein strecket. Sie hat auch am Vfer des Meers 13. starcke Thürner / das sind Windmülen/ die vom Winde getrieben werden/wie Bernhard von Breitenbach schreibt/ der im Jor nach Christi Geburt/1483. in dieser Stadt gewesen / vnd sie gantz fleissig nach aller gelegenheit be= sehen. In dieser Stadt Rhodis hat vor alters gelebet der Kunstreiche Meister / Protegenes/ der vom Apelle mit subtilen Linien zu malen vberwunden ward/wie Plinius schreibet / lib. 25. cap. 10. Es ist auch ein hohe Schule in dieser Stadt gewesen / das auch die Römer jhre Jun= gen Söne dahin gesand haben zu studieren. Die Insel Rhodis wird vnter die Inseln Ciclades gezelet/davon zuvorn bey der Insel Pathmos meldung geschehen/ dahin ich den gütigen Leser wil zurück geweiset haben.

Nicht lang nach des grossen Alexandri todt/hat Demetrius/ der König in Asia/in der In= sel Rhodis der Sonnen zu ehren eine grosse seule auffrichten lassen / sieben hundert ellenbogen hoch/die war gestalt wie ein bilde/vnd ward genent Colossus / Inwendig war diß werck von grossen steinen gemacht/vnd auswendig war es mit köstlichem Ertz vberzogen / vnd so kunst= reich ausgegraben/das es von seiner grösse vnd schönheit wegen vnter die 7. Wunderwerck der Welt ist gerechnet werden. Man hat zwölff Jar lang daran gebawet / vnd das Werck hat ge=

Colossus eine grosse Seule in der Insel Rhodis.

kostet/

88 Reisen deß heiligen Apostels Pauli.

koster/drey tausent Talenta/die machen achtzehen Tonnen Goldes. Dieser Colossus stund in der Jnsel Rhodis auff einem Berg bey der Stadt Lindo/ darauß auch der Kunstreiche Baw-meister Chares gewesen ist/der diesen Colossum gemachet/vnd wie Plinius schreibet/hat dieser Colossus gestanden/56. Jar/darnach ist er von einem Erdbeben vmbgefallen/vnd hat also zu-brochen/auff der Erden gelegen/an die neun hundert Jar/vnd alle die dahin kamen/ verwun-derten sich seiner vberschwenglichen grösse/denn die Finger an diesem Bilde oder Colosso/ sind so groß gewesen/wie ein andere Seule.

Rhodis von Saracenern eingenommen Anno 656.

Es haben vorzeiten die Saracenen der Jnsel Rhodis sehr viel zu leide gethan/ vnd insonderheit/Anno 655.haben sie die Stadt Rhodis eingenommen/vnd den grossen verfallenen Coloß sium/hat der Egyptische Sultan als bald mit neun hundert Cameelen/ als Eneas Siluius schreibet/oder wie Volaterranus schreibet/ mit neunzig Camelthieren hinweg tragen lassen in die Egyptische Stadt Alexandriam.

S. Johannes Herren seinen Rho dis ein. Anno 1307.

Darnach im Jar nach Christi Geburt/ tausent drey hundert vnd sieben/ haben die geistlichen Ritter/S. Johans HErrn/die von Jerusalem vertrieben waren die Stadt Rhodis ge-wonnen/vnd die vngleubige Saracenen wider darauß vertrieben / die Stadt vnd Jnsel zu jren henden genommen / vnd besessen zwey hundert vnd viertzehen Jar. Im Jar nach Christi Ge-burt/1479.hat der Türckische Keyser Mahomet/als er die Stadt Constantinopel/Cornuthum Athen/vnd viel andere Stedte/Lender vnd Jnseln/den Christen abgewonnen/ sich vntersta-den auch die Jnsel Rhodis/vnter seine gewalt zubringen/ Schickt derwegen seiner Fürsten einen Mesitum/mit einem stadlichen Kriegsvolck gen Rhodis/ der hat die Stadt vnd Jnsel Rhodis angegriffen/mit sechzehen grossen Büchsen/ die zwey vnd zwantzig spannenlang wa-ren/vnd mit hundert tausent Kriegsleuten/ Vnnd erstlich stürmet er etlich mal das Schloß welchs lag auff dem Berg/darauff vorzeiten gestanden war der grosse Colossus/Er verlor aber im ersten sturm sieben hundert Man. Darnach schoß er in die Stadt/richtet aber nichts viel auß/Er machte vber das enge Meer die Brücke von Festern/ vnd ließ nur vier grossen schüs-sen/Büchsen vnd Kriegsrüstung herzu führen/ aber die Rhodieser stelleten sich Manlich zur gegen wehr/ertrenckten jm die Schiffe/ vnd schlugen jm zwey tausend vnd fünff hundert zu tode in einem Scharmützel/der weret von Mitternacht/ biß an die zehende stunde des tages/ vnd als der Türck zulest mit gewalt in die Stadt fiel/ wehreten sich die Rhodieser also Man-lich/das sie jhn hinderfich tricken/ vnd jm vmbbrachten drey tausent fünff hundert man. Er schoß sechs tausent Büchsensteine in die Stadt/ wie Bernhard von Breitenbach schreibet/vnd belagert sie neun vnd achtzig tage lang/ vnnd muste zu letzt mit schanden vnd grossem schaden wider abziehen/als er 9000. Man dafür verloren/vnd 15000. verwund waren. Also haben sie/ die Geistlichen Ritter/S. Johans Herrn/jre Stadt vnd Jnsel/das mal mit gewalt wider den Türcken vertheidiget vnd behalten/ dauon sie vnd jr Hochmeister/in der gantzen Christenheit gros Preiß vnd Ehre erworben/vnd die Stadt vnd Jnsel Rhodis/noch 43. Jar lang innen ge-habt.

Rhodis wird vom Türck en eröbert.

Anno 1522.zog der Türckische Keyser Solimanus/ mit grosser macht vnd gewalt wider Rhodis/vnd hatte bey sich funfftzig tausent Bauren/die theten anders nichts/denn Graben vnd Schantzen machen/Aber Krieger vnd Reuter hatte er bey sich zwey hundert tausent. Er vmb lagert die Stadt mit vielen grossen Cartaunen vnd Büchsen/ die trieben Steine so groß/das sie neun Spannen/in jhrem vmbkreis hatten/vnd schoß ohn vnterlaß in die Stadt/ doch ko-nen im anfange nicht mehr denn zehen Menschen vmb / von zwey tausent Steinen. Er ließ viel heimlicher Genge vnter der Erden zur Stadtenawr machen/ leget darnach Materey da-rein/die gerne brennen/vnd zündet es an/daß das Erdreich auffreissen/ vnd zerspringen muste von dem eingelegten Pulluer/dauon die gantze Stadt erzittert. Er stürmet die Stadt manch mal/mit grossem schaden seines Volckes/ vnd insonderheit im vierdten Sturm/ griff er die Stadt an fünff örtern an vnd eröbert eine Pasten/ darauff sie also bald steckten viertzig Pan-nier mit dem Mauzerchen/Aber die in der Stadt wehreten sich so manlich/ mit Büchsen/ Fe-wer Steinen/ Pfeylen/ vnd dergleichen Gewehr/ das sie die Feinde wider von der Mawren brachten. Dieser Sturm wehrete einen halben tag/ vnd kamen auff der Türcken seiten vmb bey zwantzig tausent/ vnd auff der Rhodiser seiten/ ward auch mancher gutter Ritter erschla-gen.

Zu letzt

Reisen des heiligen Apostels Pauli. 89

Zu letzt/nach dem er 6. Monat dafür gelegen war / vnd die Mawren vnd Thürme schier gar zerschossen/auch eine grosse weite von der Stadt eingenommen/ Aber die von Rhodis ohn vnterlaß Bollwerck vnd Schütten wider jn machten/vnd sich so lange wehrten/biß jre Büchsen zerbrachen/vnd das Puluer zerran / auch die starcken streitbaren Männer gar nahe alle vmbkommen waren/oder sonsten schwerlich verwundet / auch darneben dem Türcken schwer war/in der harten Winterszeit dafür zu ligen/hat sich der Türckische Keyser erbotten / wo sie sich willig wolten ergeben/solten sie mit den jhren frey abziehen / oder da es jhnen also geliebte/ ohn schaden vnter jhm wonent bleiben/Wo sie aber das nicht thun würden/wolte er mit jhnen nach eroberung der Stadt also handeln/das jhrer nicht viel mit dem leben dauon solten kommen.

Als nu Philippus Villadamus/ein geborner Frantzoß/Groß Hochmeister vnd Oberster Fürste der S. Johans Herrn gesehen/das er gar verlassen / vnd jhm von den Christen keine hülffe zugeschickt ward/jhm auch vnmöglich were/die Stadt mit eigen krefften lenger zu vertheidigen/hat er mit den seinen Rath gehalten/ Vñ weil sie dem Feind nicht lenger widerstand thun köndten / haben sie die zerbrochene Stadt dem Türcken vbergeben. Also ist die schöne Stadt vnd Insel Rhodis/im Jar nach Christi Geburt/1522. eben am heiligen Weinachten tage/da sich das 1523. Jar nach Christi Geburt anhebet/in des Türcken gewalt kommen / vnd wie Paulus Iouius schreibet/Ist der Türckische Keyser Solimannus mit 30000. Man hinein gezogen/die sich so still vnd eingezogen gehalten / das es sehr zu verwundern gewest / Haben auch das Heiligthumb in den Christlichen Kirchen nicht beraubet / sich auch viel messiger vnnd züchtiger gehalten/denn vnser Kriegsleute / die wol Christen sein wollen / vnd doch gleichwol alles auff rauben vnd plündern setzen. Vnd als der grosse Hochmeister der S. Johans Herrn Philippus Villadamus/selbst zum Türckischen Keyser gieng/vnd einen freundlichen abscheid begerte/hat jn der Türckische Keyser nit allein gnediglich gehört/sondern auch ein gros mitleiden mit jm gehabt/vnd alles/was er zugesaget vnd verheissen/strieff vnd fest gehalten/jhm auch zugelassen/sie solten. Habe vnd Güter mit jhnen hinweg nemen / ausgenommen die Büchsen.

Also sind die Geistlichen Ritter/ S. Johans Herrn / mit jhrem grossen Hochmeister zu Schiffe gegangen/vnd dauon gefahren/haben auch jre Güter mit sich genommen/vnd ist jnen von den Christen die Insel Melite/jetz Malta genant/bey Cilicia gelegen/zu bewonen vbergeben. An dem tage/als Rhodis dem Türcken vbergeben ward/ist zu Rom hinder dem Bapst eine Marmeln Vberschwell an einer Thür nieder gefallen / vnd hat etliche seiner Diener getödtet.

Patara.

DIe Stadt Patara / sol den nam haben von dem mechtigen Herrn Pataro der sie außzeüglich gebawet/wie Strabo schreibet/lib. 14. Es ist eine grosse vnd herrliche Stadt dim kleinern Asia/am Meer gelegen/in der Landschafft Licia / von Jerusalem aber ligt sie 102. meilen/gegen Nordwesten. Ptolomeus Philadelphus/der König in Egypten/hat diese Stadt erweitert/vnd Arsinoen Lyciacam genent/nach seiner Schwester der aller schönsten Arsinoe/die erstlich Lysimachum/den König in Tracia/zur Ehe gehabt/ vnd nach desselbigen todt hat sie jr eigen Bruder Ptolomeus Ceraunus/König in Macedonia/ zum Weibe genommen vnd jre jungen Söhne/die sie von jrem ersten Herrn Lysimacho gehabt/tödten lassen/ wie ich vorhin/bey der beschreibung des Landes Gallatia weitleufftiger angezeiget habe. Vnd ob wol die Stadt Patara/darumb/das sie im Lande Licia gelegen/nach dieser aller schönsten Königin namen Arsinoe Liciaca ist genent worden / zum vnterscheid etlicher anderer Stedte / die auch von derselbigen Königin den namen gehabt/Als nemlich/Arsinoe in Egypten/vnd Arsinoe bey Cyrenen/dennoch hat die Stadt Patara jren ersten Namen stets behalten / Vnnd der Teufel hat da pflegten antwort zu geben in deß Abgottes Appellinis namen. Das der Apostel Paulus in diese Stadt kommen sey/ist offenbar aus dem 21. Capittel der Apostel Geschichte. Es ist auch sonsten noch eine andere Stadt in Achaia gelegen/die heist Patra / da sol Andreas der heilige Apostel/Simonis Petri Bruder/sein gecreutziget worden.

Reisen des heiligen Apostels Pauli/ da er von Jerusalem
gefangen gen Rom gesand worden/wie die letzten sechs Capitel
der Apostel Geschichte anzeigen.

J ij   Als

Reisen des heiligen Apostels Pauli.

1. Als Paulus zu Jerusalem von den Jüden geschlagen/vnd gefangen worden/ hat jhn der Oberste Hauptman von Jerusalem gen Antipatriden führen lassen/drey meilen.
Vnd solches geschach bey Nacht / darumb/ das sich vierzig Jüden zusammen geschworen/ Paulum zu tödten/Actor. 21. 22. 23.
2. Von Antipatriden ist Paulus gen Cæsarien geführet/sieben meilen/vnd ward da gefenglich verwaret zwey Jar/Actor. 24.
3. Von Cæsarien ist der Apostel Paulus mit denen/die mit jhm waren/gen Sydon geschiffet/ein vnd zwantzig meilen/Actor. 27.
4. Vnd von Sydon Schifften sie vnter Cypern hin / für Cilicia vnd Pamphilia vber/vnd kamen gen Myra in Lycia/vber neuntzig meilen/Actor. 27.
5. Von Myra sind sie gen Gnidon kommen/vber 26. meilen/Actor. 27.
6. Von Gnido sind sie vnter Creta hin/für den Stedten Salmona / Laeson vnd Asson vber gefahren/vnd gen Phenicia kommen/vber 25. meilen / Vnd als sie daselbst anfahren wolten/ war jnen der Wind entgegen/Actor. 27.
7. Derowegen schifften sie von Phenicia nach der Insel Clauda / 13. meilen / da haben sie kaum ein Kahn ergriffen/vnd vnten an das Schiff gebunden/ Act. 27.
8. Von der Insel Clauda/sind sie mit grosser gefehrligkeit für den Syrten vber gefahren/vñ also vber 180. meilen/in die Insel Melite kommen/da haben sie einen Schiffbruch erlitten/vnd Paulus hat in der Insel Melite einen Otter / die jhn von der hitze an die Hand gefahren war ins Fewr geschlenckert / Hat auch den Vater Publij / der ein Oberster in der Insel gewesen/ vom Fieber gesund gemacht/vnd auch viel andern Krancken geholffen. Vnd also ist der Apostel Paulus mit denen/die bey jhm waren/drey Monden in der Insel Melite geblieben/vnd hat den HErrn Christum da geprediget/ Actor 27. 28.
9. Aus der Insel Melite/ist Paulus mit seinen Mitgeferten/in einem Schiffe/das ein Panier der Zwilling gehabt/gen Syracusa in Siliciam gefahren / 45. meilen / vnd da sind sie drey tage geblieben/Act. 28.
10. Von Syracusa schifften sie gen Region/16. meilen/Actor. 28.
11. Vnd von Region gen Puteolen/41. meilen/da funden sie Christen / vnnd wurden von jhnen gebeten/das sie da blieben sieben tage/Act. 28.
12. Vnd von Puteolis sind sie gen Appij Forum gezogen/30.meilen/Da sind jhnen etliche Christen entgegen kommen/die jhnen von Rom vber sechsthalb meilen entgegen giengen/ vnd Paulum freundlich empfiengen/Act. 28.
13. Vnd haben jhn also von Appij Foro gen Tritabern gebracht/ vber anderthalb meilen/ da jhnen noch mehr Christen von Rom sind entgegen gangen/Actor. 28.
14. Von Tritabern ist Paulus mit denen/die dabey waren/gen Rom kommen/vber 4. meilen/vnd hat da zwey Jar in seinem gemietten Hause gefangen gelegen/ vnd seine Epistel an die Galater/Epheser/Philipper/Colosser/Philemonem vnd Ebreer geschrieben.

Summa dieser Reisen des gefangenen Apostels Pauli gen
Rom/fünff hundert acht vnd funfftzig meilen.

Summa aller Reisen des Apostels Pauli/biß auff sein erstes gefengnis zu Rom/drey tausent vnd sechtzig meilen. Als er aber wider auskommen/sol er die letzten zehen Jar seines Lebens das Evangelium nicht allein geprediget haben in Asia vnd Creta/ da er seinem Jünger Titum zum Bischoff geordnet/ Item in Macedonia / da er zu Nicopolis seine Epistel an Titum geschrieben/vnd sie jhm vber 75. meilen biß in die Insel Creta zugeschicket / Sondern es sol auch der Apostel Paulus/laut seiner zusage Rom. 15. biß in Hispanien die Lehre des H. Evangelij vom HErrn Christo ausgebreitet haben/in die 700. meilen von Jerusalem. Vnd als er darnach zum andern mal zu Rom gefangen/hat er seine ander Epistel an Timotheum geschrieben/ vnd sie vber 249. meilen gen Ephesum gesand / vnnd bald darauff sol der Apostel Paulus zu Rom in via ostiensi sein entheuptet worden.

Folget nun die beschreibung der Städt vnd örter/ der in die sen letzten Reisen deß Apostels S. Pauli ist gedacht worden.

Antipatris

Reisen des heiligen Apostels Pauli.

Antipatris.

Je Stadt Antipatris/ligt von Jerusalem 3. meilen gegen Nordwesten/ vorhin hat sie Caphar Salama/das ist/ein Dorff des Frieden geheissen/ da auch der streitbare Held Judas Maccabeus/einen Fürsten Nicanorem aus dem Felde geschlagen/1. Maccab. 7. Aber Herodes/vnter dem der HERR Christus geboren/ hat ein schön vnd hübsche Stadt darauß gemacht/ die er nach seines Vatern namen/ Antipatriden genant. Sie hat an einem sehr lustigen vnd fruchtbarn ort gelegen/ vnd ist mit Beumen vnd lustigen Wassern vmbgeben gewest/wie Josephus bezeuget Antiq. Jud. lib. 16. cap. 5. Der Apostel Paulus/ist bey Nacht gefangen gen Antipatriden geführet Act. 23.

Myra/ heist Myrrhen.

Myra/ist ein grosse herrliche Stadt gewesen/wie Strabo schreibet/lib. 14. vnd hat gelegen im kleinern Asia/in der Landschafft Lycia / am grossen Mittelmeer der Welt/95. meilen von Jerusalem gegen Nordwesten. Das der Apostel Paulus dahin kommen sey/ist offenbar aus dem 27. Capitel der Apostel Geschicht.

Gnidus.

Je Stadt Gnidus/ligt im kleinern Asia / am grossen Mittelmeer der Welt/in der Peninsel/Doris genant/die mit einem schmalen Halse an der Landschafft Caria henget/von Jerusalem aber ligt sie 123. meilen/gegen Nordwesten. In dieser Stadt hat die Göttin Venus einen schönen Tempel gehabt/darin ihr Bildnis gestanden / das der kunstreiche Meister vnd Bildhawer Praxiteles von Marmelstein/wunderschön gemacht / darumb auch Horatius die Göttin Venus ein Königin zu Gnido nennen/ lib. 1. carm. Od. 30. Venus Regina Gnidi Paphiq; &c. Das ist/O Venus ein Königin zu Gnido vnd Paphos/ etc.

Es sind aus der Stadt Gnido viel treffliche Menner kommen/ Als nemlich/ Eudoxus/der den lauff des Himels erkleret/vnd Platonis Jünger gewesen / Agatarchides Peripateticus der schöne Historien geschrieben. Tropompus/ der von wegen seiner Geschickligkeit von Julio Cæsare dem ersten Römischen Keyser/lieb vnd werd gehalten/ Artemidorus desselbigen Theopompi Son/vnd Ctesias der treffliche Medicus / der dem König Xerxi geholffen/ als er schwerlichen kranck war / vnd in 30. Büchern der Syrischen vnd Persischen Historien beschrieben hat. Die Stadt Gnydus stehet noch heutigs tags/ vnd wie es sich ansehen lest/hat sie den namen gehabt/von dem Fisch Gnydo/ den man daselbst im Meer wird gefangen haben/ vnd derselbige Fisch hat die Natur an sich / wenn man ihn angreifft / so brennet er gleich wie Nessel. Zu vnser zeit hat die Statt Gnidus einen andern namen/denn sie wird genent Cabo Chrio/wie Conradus Gesnerus in seinem Onomastico anziget.

Vierzehen meilen von der Stadt Gnido gegen Nordosten/ligt die Stadt Halicarnassus/ darin stadet man noch heutigs tages eines zeichen des wunderschönen Grabes/das Artemisia ein König in Caria/ ihrem verstorbenen Gmahl/ König Mausolo/ hat bawen lassen/so prechtig/groß vnd kunstreich/das es vnter die 7. wunder der Welt gezelet wird. Diß Grab war 25. Ellenbogen hoch/vnd 40. fuß hat es im vmbgriff gehabt/ vnd ist vierecket gewesen / von eitel köstlichem Marmel gemacht/vnd mit 36. wunderschönen Marmelseulen vmbgeben. Vier/ die aller kunstreichsten Bildhawer/ haben daran gearbeitet/ wie Plinius schreibet lib. 36. cap. 5. Scopas der kunstreiche Meister/hat die Seulen gegen Orient auffgehawen / Bryaxes die seiten gegen Norden/ Timotheus gegen Mittag / vnd Lechoras gegen Occident/ vnnd ein jeglicher hat fleiß angewendet/das er den andern vbertreffen möchte. Die Königin Artemisia wolte mit diesem köstlichem Grabe ihren schmertzen / den sie von ihres Mannes todt bekommen/ lindern/aber es halff sie nichts / denn der kummer brachte sie vmb ihr Leben / ehe das Grab fertig ward. Doch liessen die vier kunstreiche Meister nicht ab/die schöne arbeit zu vollfertigen/das sie ihnen mit solcher wunderschönen arbeit einen ewigen Namen machten. Zu letzt ist auch der 5. Meister dazu kommen/Pythis mit namen / der hat einen vierecketen Thurm auff diß Grab gebawet/vnd einen triumphwagen oben darauff/ dafür giengen vier Roß von Marmelstein/ sehr hübsch gemacht/vnd als das Gebew verfertiget ist es vberal hundert vnd viertzig fuß hoch gewesen/vnd hat gestanden zum grossen wunder der gantzen Welt. Nach diesem Grabe werden auch alle andere köstliche Gräber Mausolea genant. Man weiset auch noch heutiges tages die verfallene mauren vnd zeichen von diesem Grabe in der Stadt Halicarnasso/ wie Sebastia-

Königs Mausolei Grab zu Halicarnasso.

Reisen deß heiligen Apostels Pauli.

nus Münsterus anzeiget. Auß der Stadt Halicarnasso sind auch viel treffliche gelerte Männer kommen/als nemlich/Herodotus/Heraclytus vnnd Dionysius Halicarnassus/der zu des Keysers Augusti zeiten gelebet.

Creta.

Die Insel Creta/sol den namen haben/wie Strabo schreibet/von den Völckern Curetes/die in der Jnsel gewonet/vnd das Haar fornen auff dem Heupt abgeschoren haben/das sie niemand im Streit dabey ergreiffen solte/darumb sind sie in Griechischer Sprache Curetes genent worden/vom abscheren der Haar/vnd ist der name nach der zeit also verkürtzet worden/das man sie zu letzt Cretes geheissen hat.

Die Insel Creta ligt im grossen Mittelmeer der Welt/zwischen Griechenland vnd Asia/anderthalb hundert meilen von Jerusalem/gegen der Sonnen Nidergang. Es ist eine grosse Insel/denn sie begreifft nach der lenge 50. meilen/nach der breite zwölff meilen/vnd bey jhrem vmbschweiff 547. meilen/vnd ist sehr fruchtbar/von Cypressen Beumen/Wein/Malvasier/Zucker vnd Kreutern/die man also nennet/darumb/das sie auß der Insel Creta zu vns gebracht werden/Der Malvasier oder hat den namen/von der Stadt Malvasia in Peloponneso/an dem Vorgebirge Malta/recht gegen Creta oder Candia vber gelegen/dieweil aber dergleichen Wein auch in Creta wechset/wird er auch Maluasier genent. Vnd zwar zu vnser zeit/wird der meiste Maluasier auß der Insel Creta gebracht/aber vor alters ist er kommen auß der Insel Chius.

Vnter andern Bergen/die der Insel Creta gefunden werden/wird der Berg Ida sehr gepreiset/seiner höhe halben/vnd ligen rings vmb jhn her Stedt vnd Flecken. Es hat auch die Insel Creta viel andere Berge vnd Wälde/vnd besonder reuchts sie starck nach Cypressen baumen/d: ren etliche Berge sehr wol gefunden werden/Plinius schreibet/das auff eine zeit in dieser Insel durch ein Erdbeben ein Berg sey beweget worden von seiner stedte/vnd da habe sich eines Menschen Corper hersür gethan/der sey viertzig Ellenbogen lang gewesen. Man findet kein gifftiges Thier in dieser Insel Creta/aber vor alters haben sehr lose Leute darin gewonet/darüber auch Paulus klaget in seiner Epistel an Titum im ersten Capittel/da er des Epimenides Spruch einführet/Die Creter sind jmmer Lügener/böse Thier/vnd faule Beuche. In summa/sie sind vaserm München im Dapstthumb gleich gewesen/Denn gleich wie dieselbigen böse Thier/Lügener vnd faule Beuche sind/vnnd jhr Heupt bescheren/also haben die Creter auch geth an Titus/des Apostels Pauli Jünger/ist ein Bischoff in dieser Insel gewesen/vnd der Apostel Paulus hat eine Epistel an jhn geschrieben/vnd sie jhn von Nicopolis auß Macedonia vber 80. meilen zugesand.

Die Insel Creta ist vor alters sehr mechtig vnd Volckreich gewesen/denn sie hat hundert Städte gehabt/vnter denen insonderheit sehr berhümet sind/Gnossus/Grotina vnd Cydon. Vnter diesen ist Gnessus die elteste vnd fürnembste/darin König Minois vor alters seinen Königlichen Sitz gehabt/darauß auch der treffliche Geographus Strabo bürtig gewesen. Diese Stadt Gnossus hat vorhin Ceraius geheissen/von dem Wasser Cerato/das da fürüber fleust/Aber zu vnser zeit heisset sie Candia/gleich wie auch die gantze Insel/vnd die Venetiger seyen alle 3. Jar einen Hertzogen dahin. Es haben auch in der Insel Creta gelegen die Stedte/Salmona vnd Lasea/die von Plinio Lasas genennet wird. Vnd mitten zwischen diesen Stetten war ein Meerpfort/oder Hafen/Gutfurt genant/des Lucas gedencket in den Aposteln Geschichten am 27.Capitel/vnd zeiget an/dos Paulus denen/die bey jm im Schiff waren/trewlich geraten/sie solten daselbst anfahren/vnd den Winter vber da verbleiben. Aber der Vnterheuptman gleubet dem Schiffherrn vnd Schiffman mehr/denn dem/das Paulus saget/vnd sind darüber in gefährligkeit Leibs vnd Lebens geraten. Es haben aber diese Stedte/Salmona vnd Lasea/vnd der Meerpfort oder Hafen Gutfurt/in der Insel Creta gelegen gegen Mittag am grossen Mittelmeer der Welt/Vnd noch weiter von dannen/hat auch die Stadt Asson gelegen die Plinius Astiu nennet/da sollten sie das Schiff/vnd führen gegen das Norden/vn weil sie einen guten Sudwind hatten/vorhofften sie zu Phenicia anzufahren/welches ist ein Hafen oder Meerpforten der Insel Creta/so kam aber eine starcke Windsbraus auß dem Nordosten/vnd trieb sie wider zu rücke ins Meer hinein/mit grosser vngestimmigkeit/vnd gerietthen also in gefährligkeit Leibs vnd Lebens/Actor. 27.

Reisen des Heiligen Apostels Pauli. 93

Der kunstreiche Meister Dedalus hat vor alters in der Insel Creta/ den jetzigen Laby= *Vier Laby=*
rinth/das vielfeltige Irrhauß zugerichtet/das war ein wunderbarlich gebew / denn es hatte in= *rinth oder*
wendig so viel umbgenge/gemach und kammern / das niemand ohn einen nachgezogen Faden *Irrhäuser*
wider hind.r sich heraus kommen kondte/ und solcher Labyrinth sind vier auff Erdtrich getre= *in der Welt.*
ten/ Der erste zu Heracleopolis in Egypten / der ander in Creta / der dritte in Lemno/vnnd der
vierde in Thusia/ der in Egypten ist der grösste und wunderbarlichste gewesen /von den Köni=
gen in Egypten der Sonnen zu ehren gebawet / wie Plinius schreibt / lib. 36. cap. 13. Dieser
Labarinth stund ar-ff grossen Seulen/vnd begriff in sich viel Spaziergenge / Kammern/Ge=
mach/Vmbgenge/ und aller Egyptischen Götter Tempel / von Plancken / außgepolierten
Marmelstein und Alabaster steinen gebawet. So stunden auch bunte Marmelseulen darin=
ne/vnd Bildnis der Götter vnd Könige. Und wenn man etliche Thüren darinnen auffsihet/
gab es ein laut von sich/als wenn es donnert. Oben auff diesem Labyrinth waren wunderschö=
ne Vbergebew und Pallast/zu welchen man steigen muste/neunzig staffeln hoch. Nach diesem
Egyptischen Labyrinth/ hat der kunstreiche Meister Dedalus von Athen/ den andern Laby=
rinth in dieser Insel Creta gebawet/und ob er wol grosse Kunst daran gewendet/ so hat er doch
kaum den hundersten theil erreichet.
  Der dritte Labyrinthhus/war in der Insel Lemno/auch sehr wunderbarlich und hübsch ge=
macht/ und mit hundert und funfftzig Seulen gezieret.
  Der vierdte Labyrinth/stund im Thusia der Landschafft Italiae/ den hat König Porsena
zu seinem begräbnis bawen lassen. Das sind also die vier Labyrinth/ die so gar verwickelt ge=we=
sen/das niemand möchte heraus komen / er hette denn ein Kleislein garn für der Thür lassen/
und den Faden mit ihm hinein gezogen / und wie Plinius schreibet / sind es in der warheit un=
nütze Gebew gewesen/vnd eine lautere nerrische hoffart der Königen/die sie gebawet/vnd ir gan=
tze Königretch mit solchem vnnützen Vnkosten geschwechet / vnd die arme Leuttin vnd Vnter=
thanen damit beschweret vnd betrübet/ ja wol gantz verderbet haben. Darumb hat es mit sol=
chen vnnützen Gebewen keinen bestand haben können/ denn sie allzumal zu nichte worden/und
herunter gerissen/ das auch schon zu Plinii zeiten / des Labyrinths in Creta vnd Italia/keine
fußstapffen mehr vbrig gewesen. Aber die andern zweene / Nemlich / der in Egypten / vnd ist
der Insel Lemno/haben noch gestanden/ob sie wol verfallen gewesen.
  Das ich aber wider auff die Insel Creta kome / ist sie sechs vnd sechßig jar für Christi Ge=
burt/in der Römer gewalt kommen/vnd also eine lange zeit den Römischen Keysern unterthan
gewesen/biß hernach die Saraceneu darein gefallen / vnd sie dem Römischen Keyser abgewon=
nen haben/8. hundert jar nach Christi geburt. Darnach vmb das Jar nach Christi Menscb=
werdung 979. hat der Constantinopolitanische Keyser die Saracenen wider darauß vertrie=
ben/vnd die Insel zu seinen henden genommen. Biß zu letzt die Venediger in ire gewalt ge=
bracht/vnd mit ihren eigenen Bürgern und Vnterthanen besetzet haben / im jar nach Christi
geburt/1011. Vnd also ist sie noch heutiges tags vnter der Venediger gewalt/vnd heist zu vn=
ser zeit Candia/vnd die Venediger setzen alle drey Jar einen Hertzogen dahin.

Clauda.

Die Insel Clauda ligt nicht weit von der Insel Creta gegen Sudenwerts/ im grossen
Mittelmeer der Welt/vnd heisset zu vnser zeit Porto Gabosa/Sie ligt von Jerusalem
hundert zwey vnd siebentzig meilen/gegen der Sonnen Nidergang. Als der Apostel
Paulus mit denen/die bey ihm waren da fürüber schiffte/haben sie kaum einen Kahn ergriffen
vnd vnten an das Schiff gebunden/ Actor. 17.

Syrten.

Die Syrten haben den namen von ziehen / darumb / das sie Schiffe zu sich ziehen/vnd
zubrechen/vnd sind zwey geferliche Oerter im Africanischen Meer / da das vngestüme
Meer aus seinem grunde sond in die höhe wirfft / gleich wie grosse Berge/ Wenn die
schiffe daran faren/müssen sie zu stücken brechen.Vnd dieser Syrten sint zween/Syrtis Mag=
na/vnd Syrtis Parua/ Gross Syrten / vnd klein Syrten / Die grosse Syrte ist von Jerusa=
lem/drittehalb hundert meilen / gegen der Sonnen nidergang / vnd ist an die dreissig meilen
breit. Die kleine Syrte ist vnter der Insel Melite 330. meilen von Jerusalem/ vnd ist in die 18.
meilen breit/ der Apostel Paulus ist für den Syrten mit grosser geferligkeit für vber gefahren/
Actor. an) 17.

J iiij   Melite

Reisen des heiligen Apostels Pauli.
Melite/Honigsüsse.

Je Insel Melite bringet vns viel Honigs/davon sie auch den namen hat/denn Melite heist so viel/als ein Honigsüsse Insel/zu vnser zeit heist sie Malta/vnd ligt im grossen Mittelmeer der Welt/zwischen Sicilia vnd Africa/von Jerusalem aber ligt sie 3. meilen gegen der Sonnen Nidergang. Sie ist sehr fruchtbar/vnd treget Korn/Flachs/Kümmig/Baumwoll/Feigen/Wein/Thimian scheust an allen örtern auff/desgleichen welchender Klee vnd Quendel. Die aller wolriechende Rosen in aller Welt wachsen da/Jtem/schöne Violen/vnd andere wolriechende Blumen vnd Kreuter/daraus die Jmmen süssen Honig saugen/Derwegen man auch in dieser Insel den besten Honig findet in aller Welt/darumb sie auch nicht ohn vrsach Melite/das ist/ein Honigsüsse Jnsel heist.

Zu Sommers zeiten ist da eine grosse Hitze/das auch die Leute von der Sonnen Braunschwarz gefärbet werden. Bey nacht felt im Sommer der Thaw/wie ein fruchtbar Regen/auff die Kreuter. Keinen Schnee oder Eyß hat man in der Insel jemals gesehen/Denn die mittagigen Winde/die bey vns Kelte vnd Eyß machen/bringet bey inen Regen/das bringet ihnen denn Graß vnd alle fülle/darumb auch gute Weide da ist. Vnd ob es wol eine kleine Jnsel ist/denn sie ist fünff meilen lang/vnd dritthalb meilen breit/vnd in ihrem vmbgriff hat sie fünffzehen meilen. So ist sie doch sehr Volckreich/denn in 8. Pfarren/die auff dem Lande sind/werden vber 10000. Menschen gerechnet. Es sind Gottsfürchtige/friedsame Leute/die haben hübsche Weiber/die sind so züchtig/das sie sich vberhüllen/wenn sie auff der Strassen gehen. Die gebornen Meliter sind der art vnd Natur/das sie ein jede Schlange fleucht. Die kleinen Kinder saugen die Scorpion/treiben kurtzweil mit jnen/ja sie essen sie/schadet ihnen nichts/da es doch anderswo das vergifftigste tödtlichste Thier oder Wurm ist. Man findet auch schöne kleine zötichte Hündlein in der Insel/die weit geführet/vnd thewer verkaufft werden.

Es ist eine Stadt in dieser Insel/die hat vor zeiten Melite geheissen/gleich wie die Insel/aber jetzt heist sie Malta/vnd ist von den Christen so starck vnd wol befestiget/das sie ausserhalb hungers noth/niemand erobern vnd bezwingen mag. In dieser Stadt ligt ein Schloß/darauff die Geistlichen Ritter/S. Johano Herren/ihren Sitz vnd Hofflager haben. Eine meile von der Stadt ligt noch ein ander Stedtlein/das etwa/wie die verfallenen Gebew anzeigen/viel grösser gewesen. Vor zeiten hat die Göttin Juno einen Tempel in dieser Insel gehabt/der stund auff dem Promontorio oder Vorgebirge/gegen der Sonnen Auffgang/darin waren schöne Kleynoder vnd Schätze/vnd insonderheit das köstliche Elffenbein/das König Massinissa/als es ein Heuptman weg genommen/wider in den Tempel führen lieffs. Vnd dieses Tempels der Göttin Juno/geben noch anzeigung etliche verfallene Gebew/wunderbarlicher köstligkeit vnd grösse. Gegen Mitternacht hat der Abgott Hercules einen Tempel gehabt/da jetzt Port Curi ist/dessen auch noch viel wunderbarlicher Warzeichen verhanden. Also haben die Leute vnd Einwoner dieser Insel die Abgötter der Heyden angebetet/vnd in grossen ehren gehalten/biß der Apostel Paulus dahin kommen/vnnd sie zum Christlichen Glauben bekeret hat/Wie wir lesen Actorum am 27. Capitel/das er durch den vngestümmen Wind/also er gefangen gen Rom gesand ward/in die Jnsel verworffen hat/vnd daselbst ein Schiffbruch erlitten hate. Das Orts/da die anfuhr geschehen/vnd das Schiff zerbrochen/ist an der Insel Malta/gegen Nordenwerts/vnd ist an beyden seiten mit dem Meer vmbgeben/vnd die Christen haben ein Capell dahin gebawet/die steht noch heutiges tages/vnd heist S. Paul. Vnd nicht weit von dannen ist eine Höle/mit zweyen Löchern vnd Gemachen/darin der Apostel Paulus sol gefangen gelegen haben/Vnnd beyde/die Einwoner vnd Außlender/treiben viel Aberglaubens mit derselben Hölen/Denn sie brechen Steine daraus/vnd tragens für Gifft bey ihnen/Vnd haltens die Meliter dafür/wie Paulus die Ottern/die ihm vor der Hitze an die Hand gefahren/ins Fewer geschleuckert/vnd von ihr vnbeschädiget geblieben/Also habe er ihnen auch erworben/das ihnen kein gifftig Thier schaden möge. Die Jnsel Melite ist etwan den Africanern vnterthan gewesen/deren Sprache die Einwoner noch heute zu tage gebrauchen/vnd die Schrifften in Marmelstein/so man noch findet/weisens auch aus.

Zu der zeit/alo Dido ein mechtige Königin war in Africa/vnd die Stadt Carthaginem bawete/826 Jar für CHRJSTJ Geburt/hat die Insel Melite einen König gehabt/mit namen Battus/vnd dieweil ihm die Königin Dido zu mechtig war/thet er sich an sie ergeben.

Reisen des heiligen Apostels Pauli. 95

Als aber dieselbe Dido/von Hiarba/dem König Getuliæ überzogen ward/ der sie wider ihren willen wolte zur Ehe nemen/erstach sie sich selbst. Da floh ire Schwester Anna in die Insel Melite/vnd hat da ein zeitlang bey dem König Batto vnterhalt. Als aber König Hiarbas die Stadt Carthaginem eingenommen/hat er auch die Insel Melite hundert zeit den Carthaginensern vnterworffen gemacht. Die Einwoner dieser Insel haben auch/ als Tullius Hostilius zu Rom regieret/mit dem Tyrannen Phalario/dem König in Sycilia/ kundschafft gehabt/ der sie hoch lobet/vnd mit Gelde zu zu hülffe kam in nöten. Die Römer vnd Carthaginenser haben fast alle ire Schiffstreit vmb diese Insel her gethan/ vnd sie ist allewege den Römern gewogener gewesen/biß sie sich auch endlich dem Edlen Römer Sempronio ergeben/ als Hannibal bey Trebia in Italiam zog. Vnd also ist die Insel Melite eine lange zeit den Römern vnterthan gewesen/biß sie im Jar nach Christi Geburt 1090. Rogerus/der König Sicilie eingenommen vnd von der zeit an ist sie stets den Königen Sicilie vnterworffen geblieben.

Als aber der Türcke nach Christi Geburt/ Anno 1522. am heiligen Weinachten tage/den Christen die Stadt vnd Insel Rhodis abgewan/vnd den Geistlichen Ritter Orden/S. Johans Herrn genant/darauß vertrieb/zogen sie mit ihren Hochmeister in die Insel Creta/ oder Candien/wie man sie jetzt nennet/da lag der Hochmeister Philippus Villadamus ein Monat stille/fuhr hernach mit seinen Rittern / S. Johans HErren/ auff Corsun/kam im Meyen gen Messina in Sicilien/da entstund ein Sterben/darumb sie gen Neapolis wichen/ da worden sie wol empfangen/vnd von dannen zogen sie gen Rom. Dieweil aber der Bapst Adrian gestorben/vnd Clemens Bapst worden/gab ihnen derselbige die Stadt Viterbium ein/daselbst Hoff zu halten/biß das Anno 1529.Keyser Carl. der 5.juen im Julio die Insel Malta eingeben/mit dem geding/das sie stets vier Galeen solt halten auff dem Meer/wider den Türcken/die Christenheit zu bewaren. Also sind die Geistlichen Ritter / S. Johans Herrn/ die von Johanne dem Teuffer den namen haben/vnd sich gegen dem Türcken/ als er die Stadt Rhodis eröbert/Ritterlich vnd Manlich geweret / mit ihren Hochmeister in die Insel Malta gezogen/ vnd haben die Stadt vnd das Schloß darinnen / sehr starck befestiget/ das sie ausserhalb hungersnot/niemand gewinnen kan. Denn als im Jar nach Christi Geburt 1551. der Türckische Keyser seinen Heuptman Senam außschicket / mit anderthalb hundert Schiffen / die Insel Malta anzugreiffen/vnd derselbige gantzer 8. tage lang die Insel belagert / vund viel verschoß muste er doch zu letzt wider abziehen/vnd kondte sie nicht gewinnen. Gott der Allmechtige wolte dem Türcken fortin widerstand thun/vnd seine Christenheit beschirmen. Also haben nun die Edlen Ritter/S. Johans Herrn/ihr Hofflager in der Stadt vnd Insel Malta. Bey dem verfallenen Tempel der Göttin Juno, ligt eine Capel in dieser Insel/ die heist vnser Fraw zu Corte/da die Herrn ihren Lustgarten haben/ der wird Marsa genant.

S. Johans Ritter Beruff gen Malta ein/ Anno 1529.

Der Türckische muß von Malta wider abziehen Anno 1554.

Die Insel Malta hat auch vorzeiten viel Christlicher Bischoffe gehabt / Denn zur zeit Keysers Theodosij/des namens des andern/ward ein Concilium zu Malta gehalten/dahin kamen 214. Bischoffe/dasselbe Concilium wird für das 8. gerechnet / vnd im Decret für das achte angezogen. Darauff ist gewesen Solanus/Bischoff zu Malta/ Aulius von Carthago/vnd S. Augustinus zu Hippona/In Geistlichen Rechten nennet man es das Meleutianische Concilium/vnd den Bischoff daselbst Mileutianum. Zu Gregorij zeiten/im Jar nach Christi Geburt 596.hat die Insel Malta einen Bischoff gehabt/Lucilius genant. Es sind aber die Bischoffe hernach verschoben/vnd dem Ertzbischoffe zu Palermo in Sicilien vnterworffen/Aber zu vnser zeit/wie gemeld/haben die Geistlichen Ritter / S. Johans Herrn/mit ihrem Hochmeister das Regiment in dieser Insel.

Concilium zu Malta gehalten.

Sie hat einen steinigten Boden vnd Erdreich darauff/anderthalb Ellen dick/das viel schöner Früchte traget/vnd insonderheit die aller schönsten Baumwoll/die wechset also. Ein zweiglein steust auff wie ein Beumlein/schucks hoch/vnd gantz hültzern / das treget 3. oder 4. Estlin/bringet Laub gleich wie ein Weinreben/doch nicht so groß/bekömpt dunckelgelbe Blumen/ daraus wird ein Nuß/etwa grösser denn ein Haselnuß/wenn sie zeitig/schnelt sie auff/hat einen haaricht Kern/mit einer Baumwoll überzogen/ wenn mans abruffet / hat man nicht gern Regen/Mit den Kern mesten sie das Vieh/denn sie haben einen geschmack wie Eicheln. Man findet auch schönen weissen stein in der Insel Malta/der lest sich schneiden vnd sägen wie holtz/ so weich ist er/vnd ist zum bawen vnd auch zum Kalck gut. Vnd das auch zuverwundern/werden die Einwoner daselbst gemeinlich fast alle 70. oder 80. Jar alt.

J v   Die

Reisen des heiligen Apostels Pauli.

Die Insel ist sonsten an allen orten mit hohen Felsen und tieffen Meer verwaret und umbgeben/ allein gegen Sicilien hat sie viel Hafen und Meerpforten/ und das sämpt davon her/ dieweil das Meer bey Sicilien mit grosser ungestüme an die Insel Malta schlegt/ hat sie gegen Norden dermassen abgestossen/ das es uberall viel Meerpforten und Hafen daselbst hat/die vor alters zeiten/wie man wol siehet/bewaret gewesen gegen Sicilien.

Das sey also genug von der Insel Melite oder Malta/ da der heilige Apostel Paulus ein Schiffbruch erlitten/ ein Otter/die ihm an die Hand gefahren war/ ins Fewer geschlenckt/ des Obersten Publij Vater vom Fieber gesund gemacht/ und auch vielen andern Krancken geholffen/denn er ist drey Monden in dieser Insel geblieben/Act. 28.

Syracusa.

Die Stadt Syracusa ligt in Sicilien/gegen Orient/ am Meer/ von Jerusalem aber ligt sie 339. meilen/gegen der Sonnen Nidergang. Vor alters ist die Stadt Syracusa fast hübsch und gross gewesen/mit dreyen Mauren umbgeben/und so mechtig/ dz sie auch mit gleichen krefften gegen die von Charthago gestritten hat. Sie mag auch billich Syracusa/das ist ein solche Stadt heissen/die mit gewalt zu sich zeucht/den sie hat das Regiment uber gantz Sicilian an sich gezogen. Der Tyran Dionysius hat etwan zu Fusse daraus geführet hundert tausent und zwantzig tausent Man/und zwölff tausent zu Ross. Die Stadt Syracusa war vor alters geteilet in 4. Stedte/und hatte zween gute Meerpforten/die machten eine Insel/und eine Stadt war darin/die noch zu unser zeit im herrlichen wesen ist / und ligt dabey ein Schloss/Marckt genant/darin die Tyrannen vor alters ire Schätze gesamlet haben.

Die Stadt Syracusa hat viel treffliche Regenten gehabt/ aber insonderheit sind schreckliche die zween Tyrannen/die beyde Dionysius geheissen/und nach einander in dieser Stadt regieret haben.

Dionysius der Elter/ König in Sicilia.

Dionysius der Elter/als er einemals sahe/ das sein Sohn Dionysius der Jünger/einem grossen Schatz von Silber und Gold/ und viel güldene Stauffe und Bächer bey einander gehabt/und zusammen gebracht/sol er uber laut geschrien haben/O Sohn/Es ist kein Königlich Gemüth in dir/ weil du so viel güldener Trinkgeschirr und köstliche Kleinodien bey einander hast/und hast dir keinen Freund damit gemacht.

Dionysius der Jüngere ein grosser Tyran.

Dionysius der Jünger/hat nach seinem Vater regieret / und ist ein grosser Tyran gewesen/denn er liess seine Schwester und alle / da er ein Argwon auff hette/als solten sie ihn nach dem Reich stellen/hinrichten. Und weil er von jederman/ umb seiner Tyranney willen/ gehasset war/segret er seine Töchter den Bart scheren / denn er durffte sich den Bartscherern nichte vertrawen / sie möchten ihm die Kählen abgestochen haben / darumb musten ihm seine Töchter den Bart scheren/und als die Töchter gross wurden/und sich befrepeten/ brant er ihm selbs den Bart ab mit glüenden Kolen.

Damocles ein grosser Schmeichler.

Es war bey ihm ein grosser Schmeichler/mit namen Damocles/ der schatzt in selig/seines grossen Reichthumbs halben. Darauff fraget in König Dionysius/ob er auch also selig zu son begerte/Damocles antwortet: Ja. Da setzte ihn Dionysius auff einem gülden Stuel bekleidet/ in mit Gold und Purpur/und liess ihm ihr tragen die aller besten Speise/stellet hübsche Knaben für den Tisch/die ihn dienen musten. Und als Damocles auffs frölichste war/und sich gar glückselig achtet/liess im König Dionysius an ein Pferdshaar ein bloss schwert uber den Kopff hengen/deßen Damocles sehr hart erschrack/und er sahe sich das schwert an/besorgte das pferdhaar möchte brechen/und das schwert möchte ihm in den Kopff fallen. Derowegen vergieng im essen und trincken/und bat den König/das er ihn wolte lassen hinweg gehen/er begerte der glückseligkeit und frewde nicht mehr. König Dionysius antwortet/Ob er wol ein König were/ und grossen Reichthumb hette/so müste er doch alle tage in gleichen sorgen und geschrigkeit Lebens und Lebens sitzen/darumb solte er in nicht mehr mit schmeichel worten für Glückselig schätzen.

Dionysius verleur das Königreich/ und wird ein Schulmeister.

Letzlich/als dieser König Dionysius/und seiner Tyrannen willen/ von jederman auffs eussersten gehasset ward/liess er das Reich faren/und flog heimlich in Italiam/ und kam zu letzt in Griechenland/zu der Stadt Corintho / da gieng er mit zurissen Kleidern in den Kochen und Hurenheusern/und ward endlich der jungen Kinder Schulmeister.

Agathocles ein Töpffers Sohn wird König in Sicilien.

Nach diesem Dionysio hat die Stadt Syracusa einzeitlang guten friden gehabt/ biss sie Agathocles/eines Töpffers Son/mit behendigkeit eingenommen/ und sich zum Könige darin gemacht.

Diese

Reisen des heiligen Apostels Pauli.   97

Dieser Agathocles war ein Töpffers Sohn/ dieweil er sich aber im Kriege wol hielt/ ward er ein Heuptman/vnd zuletzt ein König in Silicia/vnd hatte seinen Königlichen sitz in der Stadt Syracusa/Vnd damit er sich stets seines geringen Herkomens erinnern möchte/ vnnd andere auch zur tugent reitzen/ließ er jhn das essen gemeinlich fürtragen/ in güldenen vnd auch jrdenen Gefessen/das Güldene vnd auch also jrdenne Schüsseln auff seinem Tisch stunden / zur anzeigung/das er aus eines Töpffer Sohn ein König worden were.

Nach Agathocle/hat Pyrrhus ein König aus Epiro das Königreich Sicilien an sich gebracht/vnd als er aus Sicilien weg zog / vnnd von den Römern oberwunden ward/haben die von Syracusa vnd Silicia einen König erwelht/Hiero genant/ der von wegen seiner schönen Person/vnd tugent sehr gerühmet ward. Aber die Römer sandten ein Stadtlich Kriegsvolck in Siciliam/die verfielen in ehe er sichs versahe/vñ schlugen in mit seinem Kriegsvolck in die flucht/das auch König Hiero darnach selbst bekant/er were oberwunden worden/ehe er gewuß das Feinde im Lande gewesen weren. Also ist Silicia in der Römer gewalt kommen / doch haben sie den König in seiner Stadt Syracusa sein lebenlang sitzen / vnd regieren lassen/ allein/ das er den Römern vnterthan gewesen. Vor vnd ehe Sicilia den Römern ward vnterworffen/ hatte die Stadt Syracusa Königliche gewalt vnd herrschafft vber das gantze Sicilien / Aber nach dem die Römer Herrn darüber worden/ ist noch das Rathauß zu Syracusa blieben vnd die Richter haben daselbst Recht gesprochen.

Im Jar nach Christi Geburt 1070. ward die Stadt Syracusa durch ein Erdbeben also erschüttet/das viel Gebew dauon verfielen / vnd insonderheit fiel eine Kirche vnter der Messe darüber/vnd erschlug gar nahe alle Menschen/ die darinne waren.

Die Stadt Syracusa stehet noch heutiges tages/vnd heist zu vnser zeit Syracusa/vnd im anfang des Meyens ist eine grosse Jarmesser in dieser Stadt/vnd kommen trefflich viel Kauffleute dahin / wie Sebastianus Münsterus schreibet. Die Insel Sicilia darinne sie gelegen ist dreyeckich/ vnd sehr fruchtbar/vnd ligt bey Italia/wie die Landtafel anzeiget / vnd ist dem Könige von Hispania zustendig/hat auch noch viel andere grosse Stedte/dauon ohne noth an die sem ort weitleufftiger zuschreiben / dieweil ich allein diese Stedte vnd örter beschreiben wollen da der Apostel Paulus hinkommen ist.

Region.

Die Stadt Region ligt in Italia / an dem engen Meer/ zwischen Italia vnd Sicilia/ von Jerusalem aber ligt sie 330. meilen/gegen der Sonnen Nidergang/vnd wie Strabo schreibet lib. 6. hat sie Antimenestus der Chalcedenser Hertzog/ gebawet / vnnd die Landschafft Italiæ/darin sie gelegen / heist Cabria. Was aber den namen der Stadt belanget/ heist Region/auff Lateinisch / Königlich / denn es ist vor zeiten eine prechtige Stadt gewesen/ Aber in Griechischer Sprache hat diese Stadt den namen von durchbruch vnd durckriß deß Meers/das bey dieser Stadt in einem Erdbeben krefftiglich hindurch gebrochen / vnd die Länder/ Italiam vnd Siciliam/ die vor alters an einander gehangen/ von einander gerissen hat/ das also Sicilia ein Insel worden. Etliche wollen / dieser durchbruch des Meers sol durch ein Erdbeben geschehen sein/Etliche ander aber haltens dafür/ das Meer habe durch sein vielseltiges wüten/gemechlich also hindurch gerissen.

Diese Stadt Region stehet noch heutiges tages/vñ heist zu vnser zeit Reggion/vnd bey dieser Stadt ist ein grawsamer sorglicher Fels/der heist Scilla/ der henget am Lande Italia/vnd strecket sich ins Meer hinein/an diesen Felsen wütet das Meer grawsamlich / vnd ist ein Meerschlund dabey Charybdis genant. Hie müssen die Schiffleute mit grosser geschrligkeit zwischen durchfaren/dauon das Sprichwort gemacht: Incidit in Scillam, cupiens vitare Carybdin. Er feret an den grawsamen Felsen Scillam / der den schylichen ort Charybdim vermeinet zu vermeiden. Das ist/Wer ein groß vnglück vermeinet abzuwenden/ der kömpt offt in ein grössers. Beide diese gefehrliche örter sind in dem engen Meer zwischen Italia vnd Sicilia/das nur 3. viertel einer deutschen meilen breit ist/vnd in diesem engen Meer wütet das vngestüm Meer, grawsamlich/vnd schlegt an den Felsen Scillam so hart/das es einen laut von sich gibt / als ob ein hauffen Hunde heulen. Durch di sen sehrlichen ort ist der Apostel Paulus auch hindurch geschiffet/für der Stadt Reggion ober/Act. 28. Vnd damit sich die Schiffleute wol fürsehen/ vnd sich für den gefehrlichen örtern hüten mügen/stehet auff dem Vorgebirge Pioro / in der

Insel

Reisen des heiligen Apostels Pauli.

Jnsel Sycilia/an der ecken gegen Nordenwerts/recht gegen den Felsen Scilla ober/ein thurm der zeiget den Schiffleuten/so von fernen kommen/den weg / das sie nicht fahren in den grausamen Fels Scillam/vnd also zu stücken brechen / vnnd vntergehen/ oder das sie nicht in den Meerschlund Carybdini fallen.

Die Stadt Regio heist zu vnser zeit Rejo/doch wird sie auch wol Regio genant. Vnd bey dem Felsen Scilla ligt ein Städtlein/das heist Scyllacium / die Einwoner aber heissens Scyglum oder Scyglio. Die Poeten haben von den Felsen Scilla vnd Meerschlund Carybdini/ grewliche Monstra Marina, das ist, Meerwunder erdichtet/ die den Schiffleuten grossen schaden zu fügten/dieweil der Fels Scilla oben ein gestalt hat wie ein gross Menschen Heupt.

Puteoli.

Die Stadt Puteoli/ligt in Jtalia/in der Landschafft Campania/am Meer bey Neapolis/347. meilen/von Jerusalem / gegen der Sonnen Nidergang/ vnd hat den namen von vielen warmen Brunnen vnd Bädern/die daselbst sind. Vor alter sol die Dicearcha geheissen haben/von wegen der guten Policey vnd Gerechtigkeit die in dieser Stadt gewesen. Aber die Römer haben sie vmb die zeit/als sie von Hannibal der Carthaginenser Hauptman bestritten worden/erweitert / vnnd hübsch gebawet / vnd von den warmen Brunnen vnd Bädern/die daselbst sind/Puteolis genant/vnd ein herrliche Kauffstadt aus jr gemachet. Sie stehet noch heutiges tages/vnd heist zu vnser zeit Puzzuoli.

Von dem Foro Appij vnd Tritabern/wirstu bald hernach in der beschreibung der Stadt Rom gründlichen bericht empfangen.

Colosse.

Die Stadt Colosse die von grossen Bildern vnd Seulen den namen hat / ligt im kleinern Asia/bey der Stadt Laodicea / in der Landschafft Phrygia an dem Ort / da die Wasser Lycus vnd Meander/zusammen kommen/130. meilen von Jerusalem/gegen Nordwesten. Die Stadt Colosse vnd Laodicea/am Wasser Lyco/vnd Hieropolis/da der Apostel Philippus war gecreutziget worden/sind durch ein Erdbeben nider gefallen / im zehenden Jar des Keysers Neronis/kurtz vor des Apostels Pauli todt / Vnd solches ist geschehen sonder zweiffel von wegen jhrer Vndanckbarkeit gegen Gott vnd sein heiliges Wort. Denn der Apostel Paulus hat eine schöne Epistel an die Colosser geschrieben / vnnd sie jhnen von Rom zugesand/ober 270. meilen. In derselbigen Epistel lesset er die zu Laodicea / freundlich grüssen/ vnd bestihlet/das die Epistel auch in der Gemeine zu Laodicea solle gelesen werden. Dieweil aber beyde/die Colosser/vnd auch die Laodicea/solche Epistel nicht fleissig genug betrachtet vnnd zu hertzen genomen/sondern gegen Gott vnd sein heiliges Wort vndanckbar gewesen/ ist auch der gerechte Zorn Gottes vber sie kommen/das sie durch ein Erdbeben vmbgekeret / vnnd nider gefallen sind.

In der Stadt Colossis hat Archippus gewonet/des der Apostel Paulus in seiner Epistel an die Colosser im 4. Capitel/desgleichen in seiner Epistel an Philemonem gedencket / vnd wie es der H. Hieronimus dafür helt/ist derselbige Archippus in der Stadt Colossis ein Bischoff gewesen. Item/in der Stat Colossis hat auch gewonet Philemon / ein frommer Gottfürchtiger Man/an dem der Apostel Paulus eine Epistel geschrieben/ vnd sie jm von Rom gen Colossis ober 270. meilen zugesand. Dieser Philemon wird von dem Apostel Paulo sehr gerühmmet/von wegen seines sonderlichen Glaubens / vnd das er ein Kirchen vnd Gemeine in seinem Hause habe/vnd das er den heiligen grosse Wolthaten habe beweiset. Die Hertzen/spricht er/ der Heiligen/sind durch dich erquicket. Vnd dieweil demselbigen Philemoni sein Knecht Onesinus entlauffen war/hat jn Paulus zu Rom wider bekeret/vnd jn seinen Herrn / Philemoni wider zugesand/vnd befihlt jm dem Philemoni/in seiner Epistel an jhn geschrieben/ vnd bittet er wolle jn wider auffnemen/wird auch Bürge für jhn.

Das sey also gnug von der Stadt Colossis / daran Paulus seine Epistel geschrieben/darin auch Archippus vnd Philemon gewonet haben.

Weiter ist hie zu mercken/das auch die Völcker wol in der Insel Rhodis/die bey dem grossen Colosso gewonet haben / davon ich vorhin bey der Insel Rhodis weitleufftig geschrieben/ von etlichen Colosser genent werden / Aber die Stadt Colosse daran Paulus seine Epistel geschrieben/hat nicht in der Insel Rhodis/sondern in der Landschafft Phrygia / bey der Stadt Laodicea gelegen/wie aus vorigen bericht leichtlich zu ermessen.

Nicopo

Reisen des heiligen Apostels Pauli.   99
Nicopolis Siegstadt.

Die Stadt Nicopolis in Macedonia/ da der Apostel Paulus seine Epistel an Titum geschrieben/ligt von Jerusalem 245. meilen gegen der Sonnen Nidergang/ an dem Egerischen Meer, in der Landschafft Cypro in Griechenland/ vnnd hat den namen bekommen vom Keyser Augusto/der sie gebawet/vnd Nicopolin / der ist/eine Stadt des Siegs genent/darumb das er am selbigen ort auff dem Meer/ M. Antonium vnnd Cleopatram/die Könige aus Egypten/vberwunden hatte. In dieser Stadt hat der Apostel Paulus seine Epistel an Titum geschrieben/vnd sie jhm vber 80. meilen/bis in die Insel Cretam/zugesend.

Die Stadt Nicopolis stehet noch heutiges tages/vnd heist zu vnser zeit Perusia/vnd ist in des Türcken gewalt. Es sind auch sonsten noch viel ander Stedte/ die auch Nicopolis geheissen haben/Als nemlich/ Nicopolis in Cilicia / da der grosse Alexander Darium den König in Persia vberwunden/die vorhin Issus geheissen. Vnd noch ein Nicopolis/sonsten Emmahus genant/ligt in Judea.

Roma.

Die Stadt Rom ligt in Italia/382. meilen von Jerusalem / gegen der Sonnen Nider- *Rom die* gang/vnd hat den namen vom König Romulo/der sie mit hülffe seines Bruders Remi *Heuptstadt* gebawet/vnd ist vorzeiten die Heupstadt der gantzen Welt gewesen/ vnd hat gelegen *in der gantzen Welt.* auff 7. Bergen/die heissen also/Capitolinus/Palatinus/Auentinus/Cælius/Esquilinus/Viminalis/vnd Quirinalis/vnd zu letst ist auch der Berg Janiculum darein kommen. Vnd dieweil man auff der ebene zwischen diesen Bergen / viel Gebew vnd Gewelbe hat auffgericht/ist es dazu kommen/das viel Berge dermassen vberzogen sind worden/ vnd die Thal erhöhet/das man heutiges tages etlicher Berge höhe nicht spüren mag.

Die Stadt Rom ist vor zeiten mit köstlichen Gebewen gezieret gewesen / Denn gleich wie *Römischer* sie die Heupstadt gewesen in der gantzen Welt/ also war sie auch die allerschönste/ mit vielen *Gebew zu* Tempeln gezieret/Denn die Götter/Jupiter/Apollo/Esculaptus/ Hercules / Diana/Juno/ *Rom an* Minerua/Lucia/Concordia/Fides/ Pietas/ Pax/ Victoria/ Isis/vnd viel ander Götter mehr *Reichthum.* haben in dieser Stadt jhre Tempel gehabt/so hat auch daselbst Pantheon/das ist/aller Götter Tempel/gestanden. Item/die Könige / Keyser/ Fürsten / Bürgermeister vnd andere treffliche reiche Bürger vnd Römische Rathsherrn. haben die Stadt mit schönlichen Pallasten/Schlössern vnd Heusern sehr hübsch gezieret/ vnd insonderheit war des Keysers Neronis Haus gantz *An Königlichem Pallast.* Gülden. Man hat auch viel Marmelnseulen vnd Triumphbogen/ vnd Bildnus der Keyser/ *sten.* Bürgermeister vnd Fürsten zu Rom gefunden/ die von Gold vnd Silber geschimmert haben. So waren auch daselbst viel Theatra vnd Amphitheatra, das ist/ Spielheuser vnd Fechtheuser/vnd sonderlich auff dem Campo Martio,da sich die Römische Bürgerschafft in Turnieren vnd in Fechten vbeten. So sind auch die Begräbnis des Keysers / vnd insonderheit des Keysers *An Begrebnis.* Augusti/vber die massen schön vnd hübsch gemacht gewesen. Denn des Keysers Augusti Bildnis sind da 2. mal/wie Strabo schreibet/eins von köstlichem Ertz/ vnd das ander von weissem Marmelstein gemacht/das/wer gen Rom kam/vnd solche bildnis vnd Gebew ansahawet/gross *An Lustgerten vnd war-* wunder sahe. Man hat auch viel lustige Gärten/Wassergeng/vn̄ warme Bäder in der Stadt *men Bäder.* gehabt/Denn Antonius/Nero/Diocletianus vnd Constantinus / haben ein vnkosten daran gewendet/das sie zur lust vñ gesundheit des Menschen warme bäder in der Stadt haben möchtel.

Sonderlichen aber hat der Christliche Keyser Constantinus Magnus viel Christliche Kir- *Kirchen/die* chen zu Rom gebawet/vnd mit Silber/Golde/ Acker vnd Lande reich begabet. Vnter andern *Keyser Constantinus zu* hat dieser Keyser Constantinus S. Johan Lateran Kirchen gebawet/vnd den Gibel von vorn *Rom hat bauen lassen.* zu vnser Silber lassen zieren / Er ließ auch daselbst des HErrn Christi Bildnis auff einem Königlichem Thron/s. Staffeln hoch auffrichten/ das war von Silber gemacht / vnd hate ein Kron auff mit gülden Stralen. Dieser Saluator war 140. Pfund Silbers schwer. Es stunden auch die zwölff Apostel dabey/auch von Silber gemacht/90. Pfund Silbers schwer/ vnd hatten Kronen auff von lauterm Golde. Item/vier silbern Engeln/ hundert vnd fünff Pfund schwer/die waren auch mit gülden Kronen gezieret. Er ließ auch sieben Altar machen/mit lauterm Golde vberzogen/zwey hundert Pfund Goldes schwer. Er ließ auch bey dieser S. Johan Lateran Kirchen einen heiligen Brunnen auffrichten/ von buntem Marmelstein / der war inwendig

Reisen des heiligen Apostels Pauli.

inwendig Silbern/da goß man das heilige Tauffwasser ein. Mitten in diesem Tauffstein vnd heiligen Brunn/stund eine Seule von buntem Marmelstein gemacht/daran war ein gülden Schale/da war Balsam Oel in/den pflegt man anzuzünden/das er in den Osterfeyrtagen vmb sich leuchtete. Auff dem breiten Raube dieses Tauffsteins stund ein gülden Lemblein/war aus man Wasser goß. Nicht weit von dem gülden Lemblein/das von lauterm Gold gemacht war/stund des HERRn Christi Bildniß/gantz Silbern/vnd war 170. Pfund Silbers schwer. Auff der andern seiten stund Johannes des Teuffers Bildniß / 100. Pfund Silbers schwer/ vnd stunden die wort dabey:Ecce Agnus Dei,Ecce qui tollit peccata mundi. Sihe/das ist Gottes Lamb/das der Welt Sünde tregt. Es stunden auch 7. Hirsche von Silber an diesem Tauffstein vnd heiligen Brunn/die gossen Wasser/vnd dieselben Hirschen waren ein jeglicher 80. Pfund Silbers schwer.

Weiter hat auch derselbe Keyser Constantinus/auff dem Berge Vaticano/der jetzt S. Peters Berg heist/vnd disseid der Tyber ligt eine schöne Kirchen gebawet/zu ehren des Apostels Petri/die jetzt S. Petri Kirch heist/Daselbst ließ auch Keyser Constantinus des Apostels Petri Bildnuß/von Kupffer vnd Ertz sehr kunstreich gemacht/auffrichten. Vnd auff des Apostels Petri Begrebnis ließ er ein gülden Creutz setzen/von reinem lauterm Gold/110. Pfund Goldes schwer. Vnd das Altar in S. Petri Kirchen / war mit Silber vnd Gold beschlagen/ vnd mit Perlen vnd Edelstein versetzet.

Gleiches fals hat er auch S. Pauli Kirchen sehr köstlich vnd zierlichen bawen lassen/in via Ostiensi,vnd auff des Apostels Pauli begräbnis/auch ein gülden Creutz/auffrichten/von reinem lauterem Gold gemacht/150. Pfund Goldes schwer. Es ist schier nicht außzusprechen/ so viel köstlicher Gaben/Klynodia vnd Kelche/als derselbige Keyser Constantinus zu der Ehren Gottes gegeben hat. Er hat auch S. Lorentzen/Item/Johannis des Teuffers/vnd noch viel andere Kirchen mehr zu Rom gebawet.

Es hatte vor zeiten Keyser Troianus zu Rom ein Pferd/von Ertz gemachet/auffrichten lassen/des Pferdes gleichen wolte Keyser Constantinus auch zu Constantinopel setzen lassen/welch: Stad er new gebawet/vnd nach seinem namen Constantinopolin nenuet / Vnd als der Keyser den Kunstreichen Meister Hormisiam anredete/ solch Pferd zu Constantinopel zu machen/Antwortet er dem Keyser/vnd sprach: Wiltu solch ein groß Pferd machen lassen/so mustu ihm auch einen solchen gressen Stall bawen/wie jenes zu Rom hat/ sol es anders auch so be: hältet werden. Wolte damit anzeigen/der Keyser müste die Stadt Constantinopel auch so prechtig vnd schöne bawen/wie Rom were/sonst würde das Pferd / wenn es noch so kunstreich gemacht/nimmerminehr so berhümet werden/als jenes/ das zu Rom stünde.

Bonifacius/des namens der vierdte / Bapst zu Rom hat das Pantheon / aller Götter Tempel/geweyhet/in der ehre vnser lieben Frawen/ vnd aller Heiligen/ vnd heisset jetzt Maria rotunda. Sie heisset darumb also/das sie einer runden Form vnd gestalt ist.

Aus diesem allen ist nu offenbar/welch eine schöne Stadt Rom vor zeiten gewesen/als sie das Heupt der gantzen weiten Welt war / Vnd ob sie wol noch heutiges tages noch eine wunderschöne vnd herrliche Stadt ist/so ist es doch nichts zu rechnen gegen der alten Stadt Rom/ die von Marmel/Silber vnd Gold geleuchtet hat. Denn durch die vielfeltigen eröberung vnd verwüstung der Stadt Rom / sind viel herrliche Gebew zu grunde verbrand vnnd zubrochen worden. Vnd insonderheit ist die schöne Kirch S. Johan Lateran/die Keyser Constantinus gebawet/vnd wunderbarlich gezieret hat/wie oben gemeldet/auch abgebrand/vnnd hernach wieder gebawet worden/aber nicht so schön/wie sie vorhin gewesen.

Gelegenheit der Stadt Rom zu vnser zeit.

Zu vnser zeit hat es mit der Stadt Rom ein solche gelegenheit: S. Petri Kirchen vnd des Bapsts Pallast/vnd die Engelburg/Moles Atriani genant / welche vberaus grosse herrliche vnd prechtige gebew sind/ligen alle disseid der Tyber/gegen Nordwesten/da man aus Deutschland vnd Franckreich gen Rom kömpt. Daselbst findet man auch einen hohen Berg / darauff ligt des Bapsts Lusthaus/Bel videre genant/mit vielen Lustgärten/vnd wie ein jrrdisch Paradeiß/ wunderbarlich zugericht. Auff demselben Bel videre kan man die gantze Stadt ligen sehen/ Aber S. Johans Lateran Kirch/ligt am andern end der Stadt/gegen Südosten / denn wenn man von S. Petri Kirchen dahin gehen wil/muß man vber die Tyber / vnd darnach die gantze Stadt durchgehen/vnd als denn findet man schier am end der Stadt Rom/ gegen Südosten/ S. Johan Lateran Kirchen.

Daselbst

Reisen des heiligen Apostels Pauli.

Daselbst ligt auch Rom Antiqua, denn das ort der Stadt Rom/ das gegen der Sonnen auffgang ligt/vnd sehr wüste vnd verfallen ist/heißt Rom Antiqua, das alte Rom/ vnd das teil der Stadt Rom/ das gegen der Sonnen Nidergang ligt/ heißt noua Roma, das newe Rom/ darumb/das es nit gebewen schön gezieret vnd verneweret ist/doch ist es alles eine Stadt/vnd in Roma antiqua findet man noch viel alter herrlicher Gebew/die doch sehr verfallen sind/Denn ob wol durch die vielfaltigen eröberung vnd verwüstung der Stadt Rom/ viel herrlicher Gebew sind zu grund verbrand vnd zubrochen worden/ so weiset man doch gleichwol noch heutiges tages zu Rom etliche Marmelseulen/ vnd insonderheit deß Keysers Adriani vnd Antonii Seulen/die sehr hoch/vnd gewunden/vnd mit Historien kunstreich gemacht sind/ vnd inwendig hohl/das man kan darinnen hinauff steigen. Item/ Man weiset auch daselbst den Tempel des Friedes/vnd viel andere verfallene Kirchen vnd Abgötter. Item/Septimij Bogen/vnd ein groß Amphitheatrum, das ist/ein groß Spielhauß/das doch halb zubrochen vnd verfallen ist. Item/einen grossen Colossum, vnd insonderheit des Römischen Keysers Titi vnd Vespasiani Triumphbogen/der stehet in via sacra, vnd ist von Mamelstein sehr hübsch gemacht/vnd mit Gold geschmücket/so sind auch Bilder vnd Triumphschrifften darin gegraben. Vnd insonderheit sihet man daran gehawen/die gestalt des gülden Leuchters/Altars vnd Tisches/vnd andere Geschir des Tempels Salomonis/Auch Fasces der Römischen Obrigkeit/ mit dieser Schrifft/SENATVS POPVLVSQVAE ROMANVS TITO, DIVI VESPASIANI FILIO. Item/noch ein ander Schrifft/also lautend: S. P. Q. R. IMP. TITO,CAES. DIVI VESPASIANI FILIO,VESPASIANO AVGVSTO PON. MAXIMO TRIB POST. IMP.P.P. PRINCIPISVO, QVI PRAECEPTIS TRIAE CONSILIISQ, ET AVSPICIIS,GENTEM IVDAEORVM DOMVIT,ET VRBEM HIEROSOLYMAM, OMNIBVS ANTE SE DVCIBVS, REGIBVS,GENTIBVS,AVT FRVSTRA PETITAM, AVT OMNINO INTENTA DELEVIT.
Diese Triumphschrifft bedeuten/das ist/Ein Rath zu Rom/ vnd das gantze Römische Volck dem Keyser Tito vnd seinem Vater Vespasiano zu ehren denselbigen Triumphbogen habet bawen lassen/darumb/das sie die Stadt Jerusalem/ vnd das gantze Jüdische Volck bezwungen/vnd zu grunde verstöret hatten/ das vor jhnen/ keinem Könige oder Fürsten war müglich gewesen. Vnd dieser Arcus Triumphalis wird noch heutiges tages zu Rom gesehen.

Man findet auch noch zu Rom Wassergenge sehr hübsch gebawet/vñ des Keysers Diocletiani Bäder/die haben einen weiten begriff/ vnd sind mit hübschen Gengen/ Bürgebewen/Ge welben vnd Kammern zugerichtet gewesen/ vnd mit gressen bunden Marmeln vnd Alabaster steinen vnterfüßet/ wie man noch heutigs tages sehen mag. Aber das jetzige Rom hat kaum den schatten von dem Alten Rom/das durch die vielfaltigen eröberung vñ verwüstung zerrissen vnd zubrochen worden. Denn auff dem Berge Palatino/ da vor zeiten Romuli/ vnd der andern Könige/so nach jm regieret haben/Item/der Bürgemeister/ vnd Römischer Keyser/ Augusti vnd Tyberij Heuser gestanden/ligt jetzt gantz wüste/vnd man findet nichts darauff/ allein eine bawfällige Kirchen/vnd etliche alte Gemewer/Desgleichen auch das Capitolium/das alle wunderliche dinge der Egypter vbertroffen hat/darauff deß Jouis Ferretrij Tempel/ vnd viel andere Kirchen gestanden/vnd von wegen seiner schönheit/ eine behausung der Götter ist genent worden/das ligt jetzt auch zubrochen vnd verstöret. Vnd obwol der Bapst vnd seine Cardinäl/ vnd viel andere Bischoff/ Prelaten/vnd edle Römer/ die Stadt Rom mit schönen prechtigen vnd zierlichen Gebewen sehr schön vnd hübsch gezieret/ vnd insonderheit das ort der Stadt/das gegen der Sonnen Nidergang ligt/vnd noua Roma heißt/ so würde es doch dem alten Rom/ das zu Keysers Augusti/vnd zu Keysers Constantini zeiten gestanden/ wenn man dz auch noch zu vnser zeit möchte in seiner vollkommene schönheit sehen/das Wasser nicht reichen.

Was des Bapst Kleidung belanget/treget er teglich gemeinlich ein lang weis Kleid/mit einem roten Sammitten Niderschlage/ vnd hat rote Sammitten Schuhe vnd Pantoffel an/ vnd auff dem Heupt einen roten Cardinals Hut/vnd in seiner Hand das rote Bäpstliche Creuz Aber wenn die grossen Festage sind/ schmücket er sich mit Golde auffs köstlichste/ vnd hat eine dreyfache Krone auff. *Des Bapsts Kleidung.*

Die Engelburg ist ein groß starck gebew von gebranten steinen mit dreyfacher mawr vmbgeben/vnd dar auff oben die gestalt eines Engels/doch hat der Bapst gemeinlich sein wesen nit auff der Engelburg/sondern in einem herrlichen Pallast bey S. P. Münster/vnd von dasien kan er *Die Engelburg.*

spatzie

Reisen des heiligen Apostels Pauli.

spatieren gehen in seine Lustgarten, vnnd auff sein Lusthauß/Bel videre, genent. Vnd diese gebew des Bapsts ligen alle disseid der Tyber/da man auß Deutschland vnd auß Franckreich gen Rom kompt.

Es sind viel Märckte vnd wunderbarliche gebew/vnd schöne heuser zu Rom/vnd ein grosse Welt von Volck/das/wer dahin kömpt/groß wunder sihet. Man findet da vber die massen viel Klöster/Kirchen/Capellen vnd Spitalheuser/Vnd sind insonderheit berühmet diese Kirchen vnd Klöster/S. Peter/S. Johan Lateran/S. Maria Rotunda / S. Maria de populo, S. Eusannia/S. Vitalie/S. Lorentz/S. Sebastian/Item/S. Sabinæ/Bonifacij vnd Alexij Kloster vnd andere mehr.

Die gülden Pfort. Zum beschluß muß ich an disem Ort der Gülden Pforten nicht vergessen/Das ist ein zugemaurte Pfort/bey S. Peters Münster/vnd hat allein den namen/das sie Gülden sey/Denn der Bapst pfleget da in einem Jubel Jar/greiffen Ablas vnd vergebung der Sünden außzutheilen. Als denn schlegt er mit einem Gülden Hammer an die zugemaurte Pforten vnd irem solichs geschicht/reissen die Werckleut/so dazu verordnet/die mauren ein/das sie niderfellt da tasselt denn alles Volck/das mit hauffen hirein fellet/den Kalck vnd vnderfallend gemeur mit fleiß zusamen/vnd halten sfür ein sehr köstlich Heiligthumb. Den Gülden Hammer damit der Bapst an die zugemauriten Pforten geschlaen/schencker er einem guten Freundt/ oder wem er wil/der schancket sich den gar glückselig/vnd helt den gülden Hammer auch für ein besonders Heiligthumb. Deß Reinfarben Bluts Christi aber/das vns ALLEIN reinigt von Sünden reinliget/tund muter weite gar vergessen.

S. pauli Pfort. Gegen Mittag hat die Stadt Rom ein Thor/das heist S. Paulus Pfort/da geht man hinauß nach der Statt Ostia/die da ligt an dem ort wo die Tyber in s Meer fleußt/vnd darumb wird die strasse da hinauß genennet/via ostiensis, auff der andern strassen / nemlich in via ostiensis ein. Welsche meilen von der Stadt Rom gegen Mittag/weiset man bey den Brunn den ort/da der Apostel Paulus sol sein geköpfet worden/dem da haben die Römer ihr Halßgericht gehabt. Vnd zwischen diesem ort vnd der Stadt Rom auff halbem weg/ die nlich in via ostiensis eine halbe Welsche meilen von der Stadt Rom/gegen Mittag steht S. Paul Kirche/da der Apostel Paulus anfenglich ist begraben worden/wie Platina anzeichet. Vnd gegen Südosten der Stadt Rom/ein Thor/das heist S. Sebastians Pfort/da geht hinauß via Appia das ist ein Steinweg/ den Appius Claudius hat legen lassen. Dieser Steinweg ist an die 40. meilen lang / denn er geht von Rom biß gen Capua/wie etliche wollen/auch biß an Brundusium/vnd ist von harten blawen steinen gemacht/die man aus dem Meer genommen hat. Vnd obwol rechte mitten auff diesem steinwege die Rinne oder Gosse durchauß geht/so ist doch der steinweg auff beiden seiten der Rinnen oder Gassen so breit/das auff einer jeglichen seiten zween Wagen neben einander fahren können. Vnd dieweil man da nicht viel fehret/sondern man gemeinlich alldauff Mäuleslin traget sol/vnd der blawe stein/dauon der steinweg gemacht/auch sehr hart ist/wird er nicht leicht ausgefahren/auff diesem steinwege oder via appia. 4. Deutsche meilen von der Stadt Rom gegen der Sonnen Auffgang ligt Tretabern/das sind 3. Wirdsbenser/sehr starck für die frembden Gäste zugericht/die von Rom gen Capua vnd Brundusium Reisen/vnd biß an diese tres Tabernas, oder Wirtsheuser/ist von den Welschen heut zu tage Tretaberen genennet werden/sind etliche Christen dem Apostel Paulo/ der gen Rom kam, entgegen gangen/Act. 28. Das wort heist auff Deutsch/3. Hütten Anderthalb meilen auffenseit Tretabern ligt das Städtlein Forum Appij auff Deutsch Appij Marckt/da auch etliche Christen dem Apostel Paulo entgegen kommen/Act. 28. Das wie Horatius anzeiget/lib. 1. Ser. Satyr. hat das in Via Appia

Tretabern, Forum Appij. jenseid der Stadt Arritia gelegen/dauon Strabo schreibet/das sie 160. Stadia / das ist fünff Deutsche meilen von Rom gelegen habe via appia. Die Stadt Rom hat auch sonsten viel andere lustige Pforten vnd strassen/ habe ich/vnd ich noch hie weitleufftig zubeschreiben/Der heilig Apostel Paulus hat eine Epistel an die Römer geschrieben/vnd die jnen aus der Statt Corintho/vber hundert vnd drey vnd achtzig meilen zugesandt. Also hat ich nun die Reisen der lieben Patriarchen/Richter/Könige/Fürsten vnd Propheten/dern im alten Testament gedacht worden/Item in diesem andern Buch/so auff das newe Testament gerichtet/die Reisen des lieben Josephs/vnd der Jungfrawen Marien Johannis des Teuffers/des Herrn Jesu Christi/vnd seiner lieben Aposteln ordenlich nach einander beschrieben. Gott gebe/das wir irem Exempel nach/hie in diesem Jammerthal/vnsere mühselige Reisen vnd woffart auch seliglich vollenden mögen / vnd wenn denmal eins vnser seligs stündlein kommen wird / abscheiden mögen in das Himlische Vaterland/das warliche vnd der liebe Gott vnd seines lieben Sohns/vnsers HErrn Jesu Christi willen, hochgelobet, in alle Ewigkeit Amen.

Register

Register vber die ander Buch.

A.

Acrocorinthus/ein Berg zu Corintho/18.
Adrianí vnd Anioni seulen zu Rom/101.
Abumim/ein Schloß/7.
Agathocles/ein Töpffers Sohn/wird König in Sicilia/96.
Alexander Magnus eröbert die Stadt Tyrum/29.
Alexander badet sich in Cydno/vnd felt in eine tödliche Kranckheit/63.
Aloe/ein grün Kraut/44.
Altar in Rom/mit Gold beschlagen/99.
Andreas der heilige Apostel/ wo er gecreutziget sey/88.
Amphipolis/ein Stadt in Macedonia/77.
Antiochia/die Heuptstadt in Syria/50. 66.
Antiochia Pisidiæ/69.
Antipas/Martyr/53.
Antipatris/ eine Stadt vom Könige Herode gebawet/91.
Apelles der kunstreiche Mahler/87.
Apollonia/77.
Arabia das steinigte/5.
Arabia dreyerley/65.
Areopagus/ein Rathaus zu Athen/79.
Archippus/des Paulus gedenckt/ wo er gewonet/93.
Arimathia/eine Stadt im H. Lande/44.
Arsinoe/ein Königin/ von ihrem eigen Bruder zur Ehe genommen/72.
Asdod/ein Stadt der Philister/56.
Assus/ein Stadt im Troianischen Lande/84.
Athen/die Heuptstadt in Griechen/78.
Athen/ wie sie in der Türcken gewalt komen/79.
Attalia/ein Stadt im kleinern Asia/70.
Attica ist das Land/darin Athen gelegen/89.
Auffrhur zu Thessalonich/78.
Augusti des Römischen Keysers Begrebnis zu Rom/99.

B.

Babylon in Egypten/50.
Baumwolle/wie die wachse/95.
Bel Videre/des Bapst Lusthaus/100.
Berrhoen/ein Stadt in Macedonia/78.
Berg in Galilea/19.
Bethabara/da Johannes getaufft/7.
Bethania/ ein Flecken nahe bey Jerusalem gelegen/36.
Bethlehem/ da der HErr Christus geborn/4.
Bethphage/ein Flecken am Olberg/36.
Bethsaida/ ein Städtlein am Galil. Meer/71.
Bethsur/ein Stadt in Judea/56.
Bithynia ein Landschafft in kleinern Asia/74.

Brenni tyrannen/vnd wie sie gestraffet/73.
Brunnen/lebendige Wasser/die vom Berg Libanon fliessen/30.
Brunn Pteræ/81.
Brunne vnter dem Thor zu Bethlehem/4.

C.

Cain/wo er seinen Bruder erschlagen/65.
Calipha/d' Egyptische Sultan zubricht den Tempel des H. Grabes zu Jerusale/41.
Cana in Galilea/11.
Cana in Syrophenice/32.
Capernaum/des HErrn Christi Stadt/darin er gewonet/11.
Capitolium/ein herrlich Gebew zu Rom/101.
Carniolu/ein Edelstein anfenglich zu Sardis gefunden/45.
Carthago/81.
Cæsarea Philippi/15.
Cæsarea Stratonis/65. 48.
Cenchrea/82.
Charibdis/ein gefehrlich Meerschlund/97.
Chios/ein Insel/85.
Chorazin/ eine Stadt am Galileischen Meer/11.
Chrysorrhoas/ein Wasser zu Damasco/darin man Gold findet/64.
Cilicia/ein Landschafft in kleinern Asia/71.
Clauda/ein Insel nahe bey Creta/93.
Co/ ein Insel im Egeischen Meer/ daraus Apelles bürtig gewesen/87.
Colosse/eine Stadt/daran Paulus ein Epistel geschrieben/98.
Colossus/ eine grosse Schule in der Insel Rodis/ wird vnter die sieben Wunder der Welt gerechnet.
Corinthus/eine Stadt/daran Paulus zwo Episteln geschrieben/81.
Creite kompt aus der Insel Creta/292
Creta/ein grosse Insel/92.
Cyprus/ein Insel vnter Cilicia gelegen/ 67.
Cyrene/eine Stadt in Africa/44.

D.

Damascus/ein sehr prechtige Stadt in Syria/64.
Damocles/ ein Schmeichler des Königs Dionysij in Sicilia/96.
Decapolis/Grentze der zehen Stedte/32.
Derben/ein Stadt in Lycaonia/70.
Dianæ Tempel zu Epheso/ wird vnter die sieben Wunder der Welt gerechnet/53.
Diocletiani Bäder zu Rom/99.
Dionisius Aropagita ein Blutrichter zu Athen/79. Diony-

Register.

Dyonisius der elter/König in Sicilia/96.
Dionysius Halicarnassus ist von Halicarnasso bürtig gewesen/92.
Dionysius der jünger/König in Sicilia/ein grausamer Tyran/94.
Dioscorides der treffliche Artzt/ist aus Cilicia bürtig gewesen/71.

E.

Ein Jungfraw rettet die Insel Mytilene/25.
Emmahus ein städtlein/da der Herr Christus mit seinen zwey Jüngern hin gewandert nach seiner frölichen aufferstehung/43.
Engelburg zu Rom/wo sie gelegen/vnd wie sie gebawet/10.
Enon ein Stadt/da Johannes getauffet/8.
Ephesus/eine schöne predigte Stadt im kleinern Asia/51.
Ephrem/ein klein Städtlein nicht weit von Jericho gelegen/35.

F.

Flecken/daraus die Eselin geholet/darauff der HErr Christus geritten/36.
Forum Appij/ein Städtlein in Italia/da etliche Jünger von Rom den Apostel Paulo begegnet/102.
Fridericus Barbarossa/Römischer Keyser/ligt zu Tyro begraben/30.

G.

Gadara/ein Stadt am Galileischen Meer/ jenseid des Jordano gelegen/20.
Galatæ/Völcker/daran Paulus eine Epistel geschrieben/wonen in Galatia/73.
Galenus/ein trefflicher Artzt/54.
Galileische Meer/19.
Guter Brandwein zu Philadelphia/54.
Gaza ein Stadt der Philister da Simson die Thor mit beyden Pfosten weg getragen/56.
Gebirge/darüber die Jungfraw Maria gegangen/3.
Genesareth/ein lustige Landschafft am Galileischen Meer/19.
Gergesa/ist die Stadt Gadara/20.
Gethsemane/ein Dörfflein vnd Meyerhoff am Oelberg/da Christus gefangen/38.
Giftiger See bey der Stadt Gadara/20.
Golgatha ein Berg/darauff der HErr Christus ist gecreutziget worden/40.
Gnidus/eine Stadt im kleinern Asia/91.
Grab des HErrn Christi/wie es gestalt/41.
Grab deß Königs Mausoli/vnter die sieben Wunder der Welt gerechnet/51.
Grab Rachel/4. Grab Jesse/4.
Grentze der zehen Stedte/13.
Gülden Creutz auff Petri vnd Pauli Gre-

bern zu Rom/sind ein jegliches anderthalb hundert Pfund schwer gewesen/von lauterm Golde gemacht/100.
Gülden Pforten zu Rom/102.

H.

Halicarnassus/ein Stadt im kleinern Asia/91.
Herberge zu Arimathia für die Bilgrim/44.
Hermopolis/ein Stadt in Egypten/darin Joseph vnd Maria mit dem Kindlein Jesu geflohen/5.
Herodotus ist zu Halicarnasse geboren/92.
Herodis Agrippæ jemmerlicher todt/49.
Homeri Bild vnd Begrebnis/53.
Hiero/ein reicher Bürger zu Laodicea/55.
Hiero/König in Sicilien/von den Römern vberwunden/97.
Hipporrates/ein Fürst aller Artzten/87.
Homerus/der Poet ist blind worden/vnd aus der Stadt Smyrna bürtig gewesen/53.

I.

Jacobs des Patriarchen Brunn/15.
Iconium/ein Stadt in Lycaonia/69.
Jericho/ein sehr lustige Stadt/34.
Jesse/Davids Vatters begrebnis/4.
Deß HErrn Jesu Reisen in seiner kindheit/3.
Deß HErrn Jesu Reisen von seiner Tauffe biß auff das erste Osterfest/9.
Deß HErrn Jesu Reisen von den ersten Ostern seines Predigampts,biß auff die andern Ostern/13.
Deß HErrn Jesu Reisen von den andern Ostern seines Predigampts/biß auff die dritten/16.
Deß HErrn Jesu Reisen von den dritten Ostern/biß auff die vierten seines Predigampts/23.
Deß HErrn Jesu Reisen nach seiner Aufferstehung/40.
Johannes des Teuffers Reisen/7.
Johannes der Teuffer ist zu Macherunth entheupt/8.
Johannes des Teuffers bildnis zu Rom 100 Pfund schwer/100.
Johannes des Evangelisten Reisen/50.
Johannes hat sein Evangelium zu Epheso geschrieben/52.
Johannes stirb zu Epheso/52.
S. Johannis Herrn nemen Rhodis ein/88.
Johan Lateran Kirchen zu Rom/ein wunderschön Gebew/99.
Joppen/ein Stadt/da Petrus Tabeam vom todt erwecket/48.
Joseph der den Leichnam Christi begrabt/44.
Isthmus/81. 82.

Kemmerlin

Register.

K.
Kemerling der Königin Candaces aus Mohrenland/wo er getaufft/ 57.
Kidron ein schwartzer bach bey Jerusalem/ 39.
Krieg zwischen dem König Areta / vnd dem Vier Fürsten in Galilea/ 65.

L.
Labyrinth/ ein Wunder der gantzen Welt/ 93.
Laodicea am Wasser Lyco/ 55.
Laodicea in Phrygia Pacatiana/ 84.
Lesbus/ 84.
Lecheæ 16/ ein Meerport/ 82.
Lucas der Evangelist/ wo er geboren sey/ 66.
Lucilius Bassus eröbert Macherunth/ 8.
4. Minimy Tugent/ 81.
Lydda ein Stadt/ da Petrus dem Gichtbrüchtigen Aeneam gesund machte/ 48.
Lystra/ ein Stadt in Lycaonia/ 70.

M.
Macherus ein Schloß/ darauff Johannes der Teuffer ist geköpfft worden/ 8.
Magdala/ ein Stadt / daraus Maria Magdalena bürtig gewesen/ 22.
Malta/ ist ein Insel Melite/ 94.
Malvasier kömpt aus der Insel Creta / vnd wo von er den Namen habe/ 81.
Marcus der Evangelist/ erster Bischoff zu Alexandria in Egypten/ 50.
Maria der H. Mutter Gottes Reise/ 2.
Maria/ wenn sie gestorben/ 3.
Mausoleum/ das köstliche Begrebnus/ 91.
Was von ihrem Begrebnis vnd Himmelfart zu halten/ 38.
Melite/ ein Honig süsse Insel/ da Paulus ein Schiffbruch erlitten/ 94.
Miletus/ ein Stadt im kleinern Asia/ daraus Thales Milesius bürtig gewesen/ 86.
Mytylene / ein Insel / daraus Theophrastus bürtig gewesen/ 84.
Myrra/ ein grosse herrliche Stadt in Lycia/ 91.
Myrrhe/ 44.
Mysia/ eine Landschafft im kleiner Asia/ 75.

N.
Nain / da der HErr Christus der Widwen Sohn vom Todt erwecket/ 20.
Nazareth/ da d' Herr Christus auferzogen/ 3.
Die von Nazareth wollen Christum vom berge herab stürtzen/ 3.
Neapolis/ eine Stadt in Thracia/ 77.
Neronis Hauß zu Rom ist gantz Gülden gewesen/ 99.
Nicolaiten Ketzerey/ 54.
Nicopolis/ ein Stadt in Macedonia/ da Paulus seine Epistel an Titum geschrieben/ 99.

Nicea die Staat/ wie sie gestalt/ 74.

O.
Oelberg bey Jerusalem/ wie er gestalt/ 37.
Origenes ligt in der Stadt Tyro begrabt/ 30.

P.
Paulus reisen/ die er mit Barnaba gethan/ 66.
Pauli Reisen von Antiochia in die Heydenschafft/ 70.
Paulus reiset abermal von Antiochia in die Heydenschafft/ 83.
Paulus wird gefangen von Jerusalem gen Rom geführet/ 96.
Pabsts Lustgarte vnd Pallast zu Rom/ 100.
Pabsts tegliche Kleidung/ 101.
Pactolus das Wasser/ 53.
Pantheon / aller Götten Tempel zu Rom/ ist die ehre vnser lieben Frawen vñ aller Heiligen geweyhet/ 100.
Paphos/ ein Stadt in Egypten/ da Paulus hin kommen ist/ 69.
Patara/ ein Stadt im kleinern Asia/ 89.
Pathmos/ ein Insel / darin Johannes seine Apocalypsin geschrieben/ 52.
Paulus zu Tharso geboren/ 64.
Pauli des heiligen Apostels Reisen/ 52.
Paulus erwecket Eutichum/ 76.
Paulus prediget zu Epheso zwey Jar/ 52.
Pera/ ein Landschafft jenseid des Jordans/ 19.
Pergamus/ ein Stadt im kleinern Asia/ darin Joanes seine Apocalypsin geschrieben/ 53.
Pergen/ die Heuptstadt in Pamphilia 69.
Persia/ ein Baum/ neiget sich für Christo/ 5.
Petri des heiligen Apostels Reisen/ 45.
Petrus ist nicht Babst zu Rom gewesen/ 46.
Pferd von Ertz/ das Troianus zu Rom hat setzen lassen/ 100.
Philadelphia/ eine Stadt in Lydia / darin Johannes seine Apocalypsin geschrieben/ 55.
Philemon / an dem Paulus seine Epistel geschrieben/ 98.
Philippi des heiligen Apostels Reisen/ 55.
Philippis/ eine Stadt in Macedonia/ 77.
Phrygia/ ein Landschafft im kleinern Asia/ 73.
Phreus/ ein Meerport zu Athen/ 80.
Ptoleinaus König in Macedonia / nimbt seine eigene Schwester zum Wiebe/ 72.
Polycarpus/ Bischoff zu Smyrna/ 53.
Policarpi todt wird geschehn/ 53.
Purpurschnecken worden aus dem Meer bey Tyro vnd Sydon gefischet/ 32.
Puteoli/ eine Stadt in Italia / bey Neapolis gelegen/ 98.
Pythagoras Geburts Stadt/ 86.

K ij   Pyrrhus

Register.

Pyrrhus/König zu Sicilien/96.

R.

Raphels/des Patriarchen Jacobs Haußfrawen Begrebnis/4.
Region/ein Stadt in Italia/da Paulus hinkommen ist/97.
Rhodus/ein Insel vnd Stadt/87.
Roma/die prechtige Stadt/in aller Welt berühmet/99.
Rosen von Jericho/31.

S.

Sabin/ein kleinlich Leingewand/darin der HErr Christus gewunden/als man jhn begraben hat/30.
Salamis/eine Stadt in Cypern/68.
Samaria/eine Stadt im heiligen Lande/47.
Samos/ein Insel/da Paulus hin kommen ist/86.
Samothracia/ein Insel/im Egeischen Meer/76.
Sarcophagus/ein Stein/84.
Sardanapalus/der Assyrer König brend sich mit seinen Huren zu seinem eigen Pallast zu todt/63.
Sardis/ein Stad im kleinern Asia/daran Johannes seine Apocalypsin geschrieben/54.
Smyrna/ein Stadt in kleinern Asia/daran Johannes seine Apocalypsin geschrieben/52.
Scylla/ein grausamer Fels/bey der Stadt Regien/daran die Schiffe zu stücken lauffen/97.
Seleucia/eine köstliche Stadt in Syria/67.
Sichar/ein Stadt da der HErr Christus mit einem Weiblein am Brunnen geredet/14.
Sicilia/ein grosse Insel/95.
Sydon/ein schöne Stadt in Syria/43.
Silbern Apostel vnd Engel zu Rom/mit güldenen Kronen gezieret/99.
Simon von Cyrene/der dem HErrn Christo das Creutz nachgetragen/43.
Solon/der weise Man/ist aus der Stad Salomonis in Egypten bürtig gewesen/68.
Solonis Gesetze/die er den Athenisern geben/80.
Sunium Promontorium/82.
Sibylla Samia/86.
Syracusa/ein Königliche stadt in Sicilia/95.
Syria/eine Landschafft in Asia/71.
Syrten/zwey geferliche örter im Africanischen Meer/94.
Sysiphum/ein Schloß/82.

T.

Taffel des heiligen Landes/zu den Reisen des HErrn Christi dienlich/stehet fornen an diesem Buche/aber die Tafel zu den Reisen der Apostel Johannis vnd Pauli dienlich/findestu am Blat/60. 61.
Tharsus/die Heuptstadt in Cilicia/des Apostels Pauli Vaterland/62.
Tauffstein von bunten Marmel gemacht/zu Rom bey S. Johan Lateran Kirchen v̈ber die massen sehr köstlich/100.
Tempel zu Bethlehem/da Christus geborn/4.
Tempel des Grabes Maria/38.
Tempel zu Epheso/ein Wunder der Welt/51.
Thales Milesius/ein Hochgelerter Man/36.
Thabor ein sehr lustig Berg im H. Land/34.
Theophrastus ein Hochgelerter Man/85.
Thessalonich/ein Stadt in Macedonia/daran Paulus zwo Episteln geschrieben/77.
Thyatria/ein Stadt im kleinern Asia/daran Johan. seine Apocalypsin geschrieben/54.
Tyberias/ein stadt am Galileischen Meer/22.
Trachonitis/ein Landschafft/sinseit des Jordans gelegen/35.
Timotheus/Bischoff zu Epheso/52. 83.
Tretabernem/drey Wirtsheuser/da etliche Jünger von Rom den Apostel Paulo begegnet/102.
Troada/ein stadt bey Troia gelegen/da Paulus Eutichum vom todt erwecket/76.
Tregylion/ein Vorgebirge/vnd kleine Insel bey der Stadt Epheso/im Egeischen Meer gelegen/86.
Troia/ein herliche Stadt im kleinern Asia/die vmb der schönen Helenen aus Griechenland willen verstöret ist/73.
Türcken Kirche zu Damasco/65.
Tyrus/die Heuptstadt im Lande Phenicia/29.

V.

Venus Bild von den Heyden auff das heilige Grab Christi gesetzt/41.
Veneris Tempel zu Corintho/81.
Vespasiani vnnd Titi Triumphboge zu Rom/101.

VV.

Weisen aus Morgenland/die dem Kindlein Jesu Gold/Weyrauch vnd Myrrhen gebracht/wie sie gereiset haben/6.
Wie hoch der Teuffel den HErrn Christum in die Lufft geführet/10.

Z.

Zacharias/Johannis des Teuffers Vater/wo er gewonet habe/1.
Zeno/ein trefflicher Orator/15.

Danck

Register.

Damit auch ein jeder desto besser
vnd leichter die Evangelia/durchs gantze Jar/finden kön
ne/an welchem Blat jhrer gedacht werde/habe ich diß nachfolgende Register hierzu setzen wollen.

Register der Evangelien durchs
gantze Jar.

Advent/Christus reitet auff einer Eselin in die Stadt Jerusalem/27.
   Von der Stadt Bethania/36.
   Von Bethphage/36.
   Vom Flecken/daraus die Eselin vnd das Füllen geholet/36.
   Vom Oelberg/37.
2. Advent/Christus prediget seinen Jüngern vom Jüngsten Tage/28.
3. Advent/Johannes im Gefengnis sendet seine Jünger zum HErrn Christo/18.
   Vom Schloß Macherunth/darauff Johannes gefangen gelegen/8.
4. Advent/Johannes gibt zeugnis vom HErrn Christo/10.
   Von Bethabara/7.
Sontags nach dem Christag/Von Christi opfferung im Tempel/2.
New Jarstag/Von Christi Beschneidung/4.
Sontags nach dem Newen Jarstage/Von den vnschuldigen Kinderlein / vnd flucht in E-
gypten/findestu an den Blettern/mit 2. vnd 6. bezeichnet.
An der heiligen drey Könige tage/Von den Weisen aus Morenland/2. 6.
   Vnd im Ersten Buche bey der Stadt Saba vnd Susa/fol.

Sontag nach der heiligen drey König Tag.

Da Jesus zwölff Jar alt war/2.
Von der Hochzeit zu Cana in Galilea/11.
   Von der Stadt Cana/in Galilea/11.
Von dem Aussetzigen vnd Heuptman zu Capernaum/17.
Jesus bedrawet dem Wind vnd Meer/Vom Galileischen Meer/19.
Die Gleichnis vom Feinde/der Vnkraut vnter den Weitzen seet/hat der HErr Christus neben
vielen andern Gleichnissen/auff dem Galileischen Meer geprediget/17.
   Von dem Berg in Galilea/19.
   Von der Stadt Capernaum/11.
Septuagesima/Gleichnis von den Erbeitern im Weinberg/17.
Sexagesima/Gleichnis vom Seeman / gehöret auch zu den Gleichnissen / die der HERR
Christus auff dem Galileischen Meer geprediget/17.
Quinquagesima/Jesus verkündiget seinen Jüngern sein Leiden / vnd machet einen Blinden
sehend/27.
   Von der Stadt Jericho/34.
Invocavit/Jesus ward vom Teuffel versucht/10.
Reminiscere/Ein Cananeische Fraw schreiet dem HERRN nach/29.
   Von der Stadt Tyro/10.
   Von der Stadt Sidon/19.
   Von der Stadt Catta in Syrophenice/32.
Oculi/Jesus trieb einen Teuffel aus/der war blind vnd stumm/17.
Letare/Jesus speiset fünff tausent Man/mit fünff Broden vnd zween Fischen/13.
   Von der Stadt Tyberias/findestu am Blat/22.
Judica/die Jüden wolten Christum steinigen/21.
Palmtag/ist das Evangelium/das auff den ersten Advent gelesen wird.

                                                         Ostern

Register.

Ostern/Von Christi Aufferstehung/40.
Montags in den Ostern/Christus wandert gen Emmahus/40.
Von der Stadt Emmahus/43.
Dinstags in den Ostern/Christus erscheinet allen Aposteln/außgenommen Thoma/40.
Quasimodogeniti/Christus erscheinet Thomæ/vnd den andern Aposteln/40.
Misericordias Domini/Christus vergleichet sich einem guten Hirten/25.
Die Evangelia auff die Sontage/Jubilate/Cantate/Vocis Jucunditatis vnd Exaudi/hat
  der HErr Christus im letzten Abendessen geprediget/28.
Auffarts tag/Von Christi Himmelfarth/40.
Vom Oelberg/34.
Von Christi Fußstapffen/38.
Pfingsten/Das Evangelium hat Christus auch im letzten Abendmal geprediget/28.
Montags in den Pfingsten/Das Evangelium hat der HErr Christus Nicodemo geprediget
  bald nach den ersten Ostern seines Predigampts/13.
Dinstags in den Pfingsten/Christus vergleichet seine Jünger den Schefflein/25.
Trinitatis/Christus prediget Nicodemo/13.

Sontage nach Trinitatis.

Vom Reichen Man vnd armen Lazaro/26.
Von der Purpur/32.
Vom grossen Abendmal/26.
Vom verlornen Schefflein vnd Groschen/26.
Seid Barmhertzig/etc. Diß Evangelium hat der HErr Christus auff dem Berge in Galilea
  geprediget/17.
Vom Berge in Galilea/19.
Vom grossen Fischzuge/vnd berieff Petrum zum Menschen Fischer/14.
  Vom Galileischen Meer/19.
Die Predige von der Gerechtigkeit der Phariseer/vnnd der rechten Christgleubigen/hatden
  HErr Christus auff dem Berg in Galilea gethan/19.
  Von den Berg in Galilea/19.
Jesus speiset vier tausent Man/mit sieben Broten/vnd wenig Fischen/14.
Von den falschen Propheten/hat der HERR Christus auff dem Berge in Galilea geprediget/17.
  Von dem Berg in Galilea/19.
Von dem vngerechten Haußhalter/26.
Christus weinet vber die Stadt Jerusalem/27.
Die Gleichnis von dem Phariseer vnd Zöllner/Luc.17. hat der HErr Christus geprediget in
  seiner letzten Visitation/als er aus Samaria in Galileam kommen/vnd das gantze Land
  durchzogen/26.
Von dem Tauben vnd Stummen/23.
Decapolis/Grentze der zehen Stedte/32.
Von dem/der bey Jericho vnter die Mörder gefallen/25.
Von der Stadt Jericho/34.
Von den zehen Aussetzigen/26.
Gleichnis von Lilien auff dem Felde/hat der HERR Christus geprediget auff dem Berg in
  Galilea/17.
Von dem Berge in Galilea/19.
Christus erwecket der Widwen Sohn vom Todt/17.
  Von der Stadt Nain/20.
Jesus machet einen Wassersüchtigen gesund/26.
Jesus fraget die Phariseer/was sie von Christo halten/28.
Christus machet einen Gichtbrüchigen gesund/17.
  Von des HErrn Christi Stadt/Capernaum genant/11.
Gleichnis vom Könige/der seinem Sohn Hochzeit machte/28

Von

Register.

Von des Königlichen Sohn zu Capernaum/13.
Von der Stadt Capernaum/11.
Gleichnis vom Schalckknechte/der seinem Mitknecht nicht wolte vergeben/ale
aber dem Keyser was des Keysers ist/vnd Gott was Gottes ist/28.
Von der Frawen/die zwölff Jar den Blutgang gehabt/16. 17.
Dem Grewel der verwüstung/28.
Jesus predigte seinen Jüngern vom Jüngsten Tage/28.

Evangelia auff die Tage der Apostel.

Andrea/Jesus beruffe Petrum/Andream/Jacobum vnd Johannem zu Menschenfischern/14.
Vom Galileischen Meer/17.
Von der Stadt Bethsaida/21.
Thomæ/Jesus erscheinet den Aposteln vnd Thomæ/40.
Stephani/Jesus vergleichet sich einer Gluckhennen/28.
Johannes Evangelista/Christus offenbaret sich seinen Jüngern am Galileischen Meer/ bey Tyberias/40.
Von der Stadt Tyberias/22.
Von dem Berge in Galilea/19.
Pauli bekerung. Christus prediget Petro/als der reiche Jüngling von jhm gewichen trat/dar und der HErr Christus gesaget: Es ist müglicher/ das ein Kamel durch ein Nadelöhre gehe/denn das ein Reicher ins Reich Gottes komme/27.
Von der offenbarung im Tempel/2.
Von der Stadt Nazareth/3.
Matthiæ/Das Evangelium am Matthias Tag/hat der HErr Christus geprediget/ als die Jünger wider von jhm hinweg gegangen waren/die Johannes zu jhm aus dem Gefengnis gesand hatte/18.
Verkündigung Mariæ/ Der Engel Gabriel bringet der Jungfrawen Marien Botschafft zu die Stadt Nazareth/das sie sol Gottes Mutter werden/ 3.
Philippi Jacobi/Das Evangelium hat der HERR Christus geprediget im letzten Abendmal/28.
Johannis des Teuffers Vater/Zacharias/wo er gewonet habe/1.
Petri vnd Pauli. Christus fraget seine Jünger bey der Stadt Cæsarea Philippi/Was sagen die Leute/wer des Menschen Sohn sey/24.
Von der Stadt Cæsarea Philippi/15.
Da Maria zu Elizabetha gieng/Vom Gebirge/darüber sie gegangen/3.
Reise der Jungfrawen Mariæ/ 2.
Maria Magdalena/eine arme Sünderin/ 18.
Von der Stadt Magdala/daraus sie bürtig gewesen/22.
Jacobi/von den Kindern Zebedei/27.
Bartholomei/Christus straffte seine Jünger/als er das Osterlemblein mit jhnen gessen/28.
Matthei/Von Mattheo dem Zöllner/14.
Von der Stadt Cæsarea Philippi/darin er den HErrn Christum zu Gaste gebeten/15.
Michaelis/Christus straffet seine Jünger von wegen jhrer Hoffart/24.
Simonis vnd Judæ/Das Evangelium an Simonis vnd Judæ tag/ hat Christus im letzten Abentmal geprediget/28.
Aller Heiligen tage/Das Evangelium am aller Heiligen tage/ hat der HErr Christus geprediget auff dem Berge in Galilea/17.
Von dem Berg in Galilea/19.

E N D E.

Uber das Buch Josua, ein

sehr nutze vnnd schöne erklerung, vnd der Austheilung des gelobten Landes Canaan, wie es vnter die zwölff Stemme Jsrael ausgetheilet ist worden.

Durch/

M. Heinricum Bünting Pfarherrn der Gemeine Gottes zu Grünow.

Gedruckt zu Magdeburgk, durch Paul Donat, Jn vorlegung Ambrosij Kirchners.

ANNO M. D. XCVII.

Vber das Buch Josua.

Von der theilung des Landes
Canaan/wie es vnter die zwölff Stemme Israel ausgetheilet worden.

AVff das die Reisen des H. Patriarchen Moysis Josua/ Vnd der ander Richter des Jüdischen Volcks ordentlich an ein ander hangen möchten/ vnd der gute Leser dieselben desto besser einnemen vnd begreiffen köndte/ habe ich die austheilung des gelobten Landes Canaan/die an jhr selbst sehr schwer zubegreiffen ist/ mit den Reisen nicht vermengen wollen/denn sonsten würde der gütige Leser in dieser schweren Materia bald vberdrüssig worden sein/ vnd das Werck an jhm selbst/ gantz keine lieblichkeit zu lesen behalten haben. Damit ich aber an denen/ die die austheilung des gelobten Landes Canaan gern verstehen möchten/ dauon denn Josua in seinem Buch etwas weitleufftiger handelt mit einer sonderlichen Erklerung dienstlich sein möchte habe ich hie am ende des andern Reisebuchs/ diß kurtze Tractetlein von der austheilung des Landes Canaan/hinzu gesetzt/ohne welche das Buch Josua nicht gründlich kan oder mag verstanden werden. Der liebe Gott verleyhe/ das es zu seines heiligen Namens Lob vnd ehren/ zu gründlicher Erklerung seines heiligen seligmachenden Worts/vielen reichen Verstand mittheilen, vnd zu jhrer Seligkeit nützlich vnd dienstlich sein möge/Amen.

Die ersten zwölff Capittel/des Buchs
Josua/sind an im selbst klar genug vnd wol zubegreiffen/aus der beschreibung der Reisen des Grosfürsten Josua/ vnd derwegen ohne noth an diesem ort weitleufftiger dauon zu handeln. Wil der wegen an diesem orth nur die austheilung des gelobten Landes Canaan zuerklären vor mich nehmen.

Das land jenseid des Jordans hat der grosse Prophet Moyses eingenommen/ vnd vnter die Kinder Ruben/ Gad/ vnnd vnter den halben Stam Manasse ausgetheilet/ der gestalt/ wie folgt.

Von dem Erbtheil der Kinder Ruben.

Die Grentze der Kinder Ruben jenseid des Jordans/ war gegen Morgen Aroer gen Medba/ treu viertel einer meilen/von Medba gen Hesbon eine halbe meile/ vnnd von Hesbon gen Dibon/ ein viertel einer meilen/ thut in Summa anderthalb meilen/ die Grentze aber des Stams Ruben gegen Norden/ were von Dibon biß gen Bosor an den Jordan/drey meilen. Die Grentze aber gegen Abent war der Jordan von Bosor an biß an das Todte Meer/ vnnd thut dritthalb meilen. Von Mittag aber war die Grentze vom Todten Meers biß gen Aroer drey meilen.

Summa aller Grentze des Stams Ruben/zehen meilen.

Von den Stedten des Stams Ruben.
Num.32. Jos.13.

IM stam Ruben haben gelegen/ die Priesterliche Stat Jachza/ vnd die Königliche Stadt Hesbon darin Sihon der König der Amoniter gewonet hat/vnd der Berg Bisga/ die zuuorn in Moysis Reisen beschrieben sind worden. Item es haben auch vber das/ diese nachfolgende Stete im Stam Ruben gelegen/Eleale/ Bamoth/ Baal/ Beth Baalmeon/ Kedemoth/ Mephaath/ Kiriathaim/ Sibma/ Zerethosar/ Nebo/ Beth Peor/ Beth Jesimoth/vnd Peor.

Eleale

Von dem Stam Ruben.   2

Eleale/ Gottes Auffart.

Eleale ligt jenseid des Jordans/ im Stam Ruben/ siebendehalb meilen von Jerusalem gegen Nordosten zwischen Herben vnd Jachza/ Num. 23.

Bamothbaal eine höhe des Abgotts Baal.

Die Stadt Bamoth Baal/ ist ein Bögen Tempel des Abgotts Baal gewesen/ vnd hat gelegen im thal Bamoth/ zwischen Medaba vnd Aroer am Bach Arnon/ sieben meilen von Jerusalem gegen der Sonnen auffgang/ Num. 21. Josu. 13.

Beth BaalMeon/ ein haus der flucht vnd
Wonung des Abgotts Baal.

Beth Baal Meon ist eine Stadt der Moabiter/ jenseid des Jordans gelegen im Stam Ruben zwischen Jachza vnd Aroer/ sechs meilen von Jerusalem gegen den Sonnen Auffgang/ Jos. 13.

Kedemoth/ Alienstadt oder Oldenburg.

Kedemoth ist eine Stadt des Stams Rubens/ jenseid des Jordans vnd hat gelegen sieben meilen von Jerusalem gegen der Sonnen Auffgang/ vnd ist den Leuiten geschenckt worden/ Jos. 21.

Mephat/ Blanckenwasser.

Mephat ist eine Priesterliche Stadt im Stam Ruben/ den Moabitern zustendig gewesen/ Jer. 48. vnd ligt sechs meilen von Jerusalem gegen der Sonnen Auffgang/ drey viertel einer meilen von Jachza gegen Mittage.

Kiriathaim/ Stedte.

Kiriathaim ist eine Stadt auff jenseid des Jordans/ im Stam Ruben gelegen/ sechstehalb meilen von Jerusalem gegen der Sonnen Auffgang/ vnnd hat den Namen davon/ das sie in viel Stedte oder Gleichere getheilet gewesen/ in dieser Stadt haben die Emim/ das ist/ die starcken Riesen/ vnd Elsenfresser gewonet. Jeet wird auch gedacht/ Gen. 14. Jesai. 16.

Sibma/ besitz.

Sibma oder Sibana/ ist eine Stadt im Stam Ruben jenseid des Jordans gelegen in die sechs meilen von Jerusalem/ gegen Auffgang der Sonnen.

Zerethasaar/ Morgenpein.

Die Stadt Zerethasaar/ hat auch baselbst im Stam Ruben/ jenseid des Jordans gelegen/ sechs meilen von Jerusalem gegen Orient.

Nebo/ Propheten Stadt.

Nebo ist eine Stadt der Moabiter/ jenseid des Jordans/ im Stam Ruben gewesen/ vnd hat gelegen bey dem Berge Pisgau sünff meilen von Jerusalem gegen der Sonnen Auffgang.

Beth Peor/ Haus des Abgotts Peor oder Priapi.

Gegen der Stadt Nebo vnd dem Berge Pisga vber/ ist ein ander Gebirge gewesen/ das hat oben einen ebenen plan gehabt/ darauff hat gestanden das Haus oder Tempel des Abgotts Peor/ daran sich die Kinder von Israel versündiget haben/ fünff meilen von Jerusalem gegen Auffgang der Sonnen/ Peor aber heist so vil/ als ein Maulauff/ vnnd ist ein Abgott der Hurerey vnd Vnzucht gewesen.

Beth Jesimoth/ Verstörunghausen.

Beth Jesimoth ist eine Stadt des Stams Rubens/ im Lande der Moabiter bey Bethabara auff jenseid des Jordans gelegen/ 5. meilen von Jerusalem gegen Auffgang der Sonnen/ Jos. 13. Nu. 15.

Bezer/ Wemenden.

Die Stadt Bezer/ sonsten Bozor/ vnd Bezara genennt/ ligt auch bey Bethabara jenseid des Jordans/ im Stam Ruben/ fünff meilen von Jerusalem gegen Nortosten/ vnd ist eine Priesterliche Freystadt gewesen/ Jos. 20. vnd 63. Jerem. 48.

Vom Erbtheil der Kinder Gad.

Die Grentze des Stams Gad/ hat angefangen bey Aroer gegen Morgenwerts/ vnd hat sich von dannen/ durch das halbe Land der Ammoniter gezogen/ biß gen Jaeser vber vierdehalb meilen/ vnd von dannen gen Ramoth in Gilead vber drey meilen/ thut also die Morgengrentze siebendehalb meilen, Gegen Mitternacht aber/ war die Grentze der Kinder Gad/ von Romath in Gilead/ biß an den Jordan zwo meilen/ vnd gegen Abend ist ihre Grentze gewesen der Jordan/ vom Galileischen Meer herab biß gen Bethabara/ da Johannes getauffet hat/ sieben meilen/ Gegen Mittag aber gieng die Grentze der Kinder Gad/ von Aroer gen Dibon/ vber anterthalb meilen/ vnd von dannen biß gen Bethabara an den Jordan drey meilen.

Summa aller Grentzen des Stams der Kinder Gad/ 20. meilen.

Uber das Buch Josua.

Hat derwegen der Stam Gad eben noch eins so viel meilen umb sich begriffen/ als der Stam Ruben/ Rechts in der mitte hat sich der Stam Ruben außgestrecket/ von Hesbon biß an die stedte des landes Gilead/ Namiach/ Mizpe und Bethonim oder fünff meilen/ Item/ von Mahanaim biß an die Grentze der Stadt Debir/ sind auch fünff meilen.

Von den Stedten der Kinder Gad/ Num. 32. Jos. 13.

Die Stedte des Stams Gad/heissen also/ Jaeser/ Dibon/ Atharoth/ Aroer/ Hesbon/ Arott/ Sophan/ Jagabeha/ Bethnimra/ Betharam/ Debir/ Mahanaim und Ramoth.

Jaeser/ Gotteshülff.

Jeser ist eine Priesterliche Stadt im Stammen Gad/ neun meilen von Jerusalem gegen der Sonnen Auffgang. Zu des heiligen Hieronymi zeiten ist sie ein Dorff gewesen.

Dibon/ ein überflüssig geben.

Dibon ist eine Stadt jenseid des Jordans/ ein viertel einer meilen von Gesbon gegen Norden gelegen/von Jerusalem aber ligt sie sieben meilen gegen Morposten/ jer wird auch gedacht/Jos.16.

Atharoth, und Aroer / Krentzlein oder Kronen.

Diese zwo Stette haben auch jenseid des Jordans im Stammen Gad gelegen. Wie weit aber von Jerusalem/ kan man nicht eigentlich wissen.

Hesbon/ Kunstreich.

Die Priesterliche und Königliche Stadt Hesbon / hat zugleich im Stam Ruben und Gad gelegen/ Num.22.und Jos.21. sieben meilen von Jerusalem gegen der Sonnen Auffgang.

Aroer / Damarischer Busch.

Aroer ist eine Stadt der Moabiter im Stammen Gad gelegen / jenseid des Jordans am bach Arnos sechs meilen von Jerusalem gegen der Sonnen Auffgang / dieser stadt wird sehr offt gedacht in heiliger schrifft/ Num.21.32.33. Item 1. Samuel 30.und 2. Königen 10. Deut.3. Jos.12.13. Jerem.40.

Sophan/ Lüneglein.

Sophan ist eine Stadt des Stams Gad/ jenseid des Jordans gelegen/ eine meile von Mahanaim gegen Mittag/ von Jerusalem aber ligt sie zehen meilen gegen Nordosten.

Jegabeha/ Stoltz.

Die Stadt Jegabeha/ hat auch jenseid des Jordans/ im Stammen Gad gelegen / neundehalb meilen von Jerusalem gegen Nordosten/ eine meile von Noba/ h gegen Süden/ Num.37.

Bethnimra/ Bitterhausen.

Bethnimra hat im Stam Gad jenseid des Jordans gelegen / Ache meilen von Jerusalem gegen Nordosten/ eine meile von Jaeser gegen der Sonnen Nidergang.

Bettharam/ Haus der empfahung.

Betharam die Stadt des stammes Gad / jenseid des Jordans gelegen / ist von Jerusalem gegen Nordosten sieben meilen.

Debir Heiligen Stedt oder allerheiligster ort.

Diese Stadt Debir/ hat auff jenseid des Jordans im Stammen Gad gelegen / siebendehalb meilen von Jerusalem gegen Nordosten.

Mahanaim/ Heerlager.

Die Stadt Mahanaim da die lieben Engel den Patriarchen Jacob begegnet seind/ da auch David hergestohen ist für seinem Son Absalon/ ist eine Stadt der Leuiten jenseid des Jordans / im Stam Gad gelegen/ eilff meilen von Jerusalem gegen Nordosten.

Ramoth in Gilead/ die hohen in Gilead.

Ramoth in Gilead / ist eine Priesterliche Freystadt der Leuiten im stammen Gad und im Lande Gilead jenseid des Jordans gelegen / zwölff meilen von Jerusalem gegen Nordosten / daselbst ist König Achab mit einem Pfeil tödtlich verwund/ daran er auch gestorben/1. König 22.

Von dem Erbtheil des halben Stams Manasse auff jenseid des Jordans gelegen.

Die Grentze des halben stams Manasse/jenseid des Jordans war gegen Morgenwerts von Bresstca an das gantze Gebirge Gilead/ biß gen Salcha oben am Berge Hermon bey dem Libano gelegen ist mellen/ gegen Nörden aber war die Grentze der Berg Libanus / von Salcha an biß gen Maaerian den Jordan eine meile/ die Abendgrentze war der Jordan / und Hebt an Oben bey Maathad und gehet biß gen Mahanaim/ da der Jordan aus dem Galiläischen Meer kompt / unnd Begreiffe nach

Von dem Stam Juda.

nach der lenge funffzehen meilen/die Grentze aber gegen Mittag hebet an/an einer Einœcth/ sonsten das Galileische Meer genent/bey der Stadt Mahanaim/vnd zeucht sich biß gen Kaworth in Gilead vber anderthalb meilen/vnd erstreckt sich von dannen weiter gegen Mittag biß gen Beestra/ oder drittehalb meilen. Summa aller Grentze des halben Stams Manasse jenseid des Jordans thut 38. m. vert.

Von den Stedten des halben Stams Manasse auff jenseid des Jordans.

Im halben Stam Manasse jenseid des Jordans haben gelegen die Stedte Edrai/ vnnd Astaroth/ welche vorhin bey Mosis Reisen sind beschrieben worden/ Item/ Beesthra/ Gaulon / Maachati/ Salcha vnd die lender Basan/ Argob/ vnd Gessur.

Beesthra/ Geheimnis.

Beesthra ein Stadt der Leuiten/ jenseid des Jordans/ im halben Stam Manasse gelegen/ eine meile von Jaezer gegen der Sonnen Auffgang/ von Jerusalem aber ligt sie zehen meilen gegen Nordosten/Josua.21.

Gaulon/oder Golan ein Hauffe.

Gaulon ist eine Priesterliche Frey Stadt im Lande Basan/vnd im halben Stam Manasse/ jenseid des Jordans 23. meilen von Jerusalem gegen Nordosten/ das Land Basan/darin Og der mechtige König zu Basan hat geregieret/hat den Namen von der festigkeit/wie denn auch das Land Gessur auff Deutsch Ochsenkampff/ so daran gestossen / auch den Namen von der fruchtbarkeit gehabt/ Deut.3, Jos.10.21,

Maachati/ Zerstossung.

Die Stadt Maachati / ligt bey Caesarea Philippi/ jenseid des Jordans gelegen / 26. meilen von Jerusalem gegen Nordosten/ Deut.3. Jos.13.

Salcha/ Fußweg.

Die Stadt Salcha ligt 27. meilen von Jerusalem gegen Nordosten/ jenseid des Jordans/ am Berge Hermon/ welcher auch Senir / Leuchtenberg vnd Sarion Taubenfang genent wirdt/ Hermon aber heist verflucht/ Deut.12. Jos.12.13. Psal.29.

Argob/ Verfluchter klumpe.

Argob ist eine Stadt vnd Landschafft jenseid des Jordans im Königreich Basan/ 26. meilen von Jerusalem gegen Nordosten/Deut.3.

Von dem Erbtheil des Stams Juda/ Jos.15.

Die Grentze des Stams Juda/gegen Mittag/hebt an von der Ecken des Saltzmeers / oder von der Zungen des todten Meers/ die gegen Mittagwertz gehet / vnd kompt von dannen hinauff gen Akrabbim vber zwo meilen/ vnd gehet von dannen durch die wüsten Zin / gen Kades Barnea vber sechs meilen von Kades Barnea gen Hezron ist eine meile/ von Hezron gen Adar ist eine meile/vnd von dannen gen Karkaa sind zwo meilen. Von Karkaa gen Azmon oder Chasmona anderthalb meilen/ von Chasmona biß an den Bach Egypti/ der bey der Stadt Rhinocorura ins grosse Meer fleust / sind 4. meilen. Summa der Grentze des Stams Juda gegen Mittag/ begreifft 18. halbe meilen.

Folget nun die Beschreibung der Stedt vnd örter/ Ecke oder Zunge des todten Meers.

Das todte Meer ist zuuorn beschrieben worden / bey den reisen des Ertzvaters Loths / das aber ist an diesem ort allein zumercken/ die innerste Ecke oder zunge des todten Meers gegen Mittagwertz ist von Jerusalem sieben Meilen.

Akrabbim.

Die Stadt Akrabbim die von Scorpione den Namen hat / ligt von Jerusalem sechs meilen gegen Mittag.

Hetzron/ein Dorff oder Fleck.

Das Stedtlein Hetzron ligt von Jerusalem zwölffthalb meilen gegen Südwesten / eine meile von Kades Barnea gegen der Sonnen Nidergang/ sie wirt auch sonsten Hazor/ Item Kiriath Hezron Grünhoff oder Grünndorff genennet.

Adar/ Grostheti herrlich vnd prechtig.

Adar ist ein Dorff vnd ligt zwölff meilen von Jerusalem gegen Südwesten/ zwo meilen von Kades Barnea/vnd anderthalb meil en von Sidag gegen Mittagwerts/ Num.34. Jos.15.

Carcaa' Pauimentum / ein Pflaster.

Die Stadt Carcaa hat 13. meile.n von Jerusalem gegen Südwesten gelegen / vier meilen von Kades Barnea gegen der Sonnen Nidergang.

Uber das Buch Josua.

Bach Egypti.

Dieser Bach Egypti/ ist ein Wasser in der Wüsten Sur/ das bey der Stadt Rhinocorura in das grosse Mittelmeer der Welt fleust/ acht zehen meilen von Jerusalem gegen Südwest/ vnd wird in Hebreischer sprach Sichor genant/ das heist schwartz/ weil es eine schwartze trübe farbe hat. Dieses wassers ist auch zuvorn gedacht worden in den Reisen des Königs Davids/ denn David hat bij Volck auffordern lassen/von dem Wasser Sichor an bis gen Hemath/ 2. Cor. 1. Der wüsten Ein vnd der Stadt Kades Barnea ist vorhin bey den Reisen der Kinder von Israel aus Egypten gedacht worden. Die Stadt Edolmona oder aber Azmon/ welches so viel heist als starck/ krefftig/ ligt von Jerusalem vier zehen meilen gegen Südwesten/ von Kades Barnea aber hat sie sanfftehalb meilen gelegen/ gegen der Sonnen Niedergang/vnd zwischen diesen zweien Stedten/ Kades Barnea vnd Chasmona/sonsten Azimon oder Hasmona genant/ haben die Kinder Israel in der Wüsten je vierzigste Lager gehabt/ wie in den Reisen Mosis vnd der Kinder von Israel ist angezeiget worden.

Von der Grentze des Stams Juda gegen Morgenwerts.

Die Morgengrentze des Stams Juda/ist das todte meer oder saltzmeer/ welches vorhin bey den reisen des Ertz vatters Loth beschrieben ist worden/vnd begreifft in die lenge in die zehen deutsche meilen.

Von der Grentzen des Stams Juda gegen Mitternacht.

Die Grentze des Stams Juda gegen Mitternacht/ hebet an von der Zungen des todten Meers/ do der Jordan in fleust/ vnnd gehet gegen Morgenwerts bis zu der Stadt Bethagla jtzo meilen/ vnd von dannen lencket sie sich gegen Südenwerts gegen Bethabara drey viertel einer meilen/vnd von dannen zum stein Bohen/des Sons Ruben/ein viertel einer meilen/von dem stein Bohen/ durch das Thal Achor bis gen Debir ist eine meile/ vnd von Debir welche Stadt nicht weit von Gilgal enn Iubilium gelegen gewest/ bis zu dem Wasser Ensemmes ist eine halbe deutsche meile/vnd von dannen zum Brunn Rogel eine gantze meile/von dem Brunn Rogel bis zum Thal des Sons Hinnam seind zwei vnd einer meilen/ von de n Thal des Sons Hinnam/ welchs hart bey Jebus oder Jerusalem gelegen/ durch die Ecken des thals Raphaim bis zu dem Wasserbrunn Nephthoah ist ein viertel einer meilen/ vnd von dannen durch die Dörffer/ des Gebirgs Ephron bis gen Baala oder Kiriath Jearim ist auch ein el trel einer meilen/ oder Kiriath Jearim bis gen Bethsemes hat man eine halbe meile/die zwischen sind gewesen ein stück des Gebirges Seir/ vnd das Gebirge Jearim/ welchs sich erstreckt hat von Kiriath Jearim/ bis an die Stadt Chessalon/ nahe bey Emmahus gelegen/ oder die anderthalb deutsche meilen/ von Bethsemes gen Chessalon sind fünff viertel einer meilen/ von Chessalon gen Thimnah sind anderthalb meilen/ von Thimnath/ da auch die Feldmarck der Philister Stadt Ekron grentz t/ bis gen Jabnia/ vnd aus grosse Mittelmeer der Welt/ sind drey viertel einer meilen/ daselbst hat auch die Stadt Ekron oder Sichron vnd der Berg Baala gelegen.

Summa der Grentze des Stams Juda gegen Mitternacht begreifft 12. meilen vnd ein viertel.

Folget nun die beschreibung der Stedt vnd örter/ zunge des todten Meers.

Die zunge des todten Meers/ da der Jordan einfleust/ ist von Jerusalem vierdehalbe meile gegen Morgenwerts.

Beth Hagla Rundhausen.

Diese Stadt Beth Hagla ligt/ nahe bey Gilgal gegen Morgenwerts/ von Jerusalem aber ligt sie oren m iken gegen Norden in/vnd wird sonsten auch wol Beihchola/ das ist ein Friedenhaus/vnd Beth Besen/auff Deutsch Schamtorhausen genant. Diese Stadt haben Jonadas vnd Simion/ Juda Macabeï Bruder befestiget / 1. Mac. 9. Josephus anrig. Jud. lib. 13. cap. 1. Sie ist durch das los dem Stam Ben Jamin zugefallen/ Jof. 18.

Beth Araba / Wüstenhausen ein Haus der Wüsten.

Diese Stadt Beth Araba ligt in der Grentze der Stemme Juda vnd Ben Jamin / nicht all drey meilen von Jerusalem gegen der Sonnen auffgang/Jos. 15. 18. drey viertel einer meilen vom Jordan. Und der Bach Chrit fleust für dieser Stadt vber/ daselbst haben die Raben dem Propheten Eliseys zugeführet / Brot vnd fleisch/ des Morgens vnd Abends / vnd er hat von dem Bach Chrit getruncken/solches ist geschehen nicht weit von dieser Stadt Beth Araba/ 3. Reg. 17.

Stein Bohen / Stein des Baumans.

Der stein Bohen des Sons Ruben ligen auch nicht weit von dem Bach Chrit / ein viertel einer meilen von Beth Araba gegen Mittag / von Jerusalem aber ligt dieser stein Bohen drey meilen dieser stein wird noch heutiges tages gesehen/ vnd scheinet Marmel sein.

Thal Achor/ Schreckenthal.

Als Thal Achor/da Achan der Dieb ist gesteiniget worden/ligt drey meilen von Jerusalem / bey der Stedte

Von dem Stam Juda. 6

Siehen Jericho vnd Gilgal/vnd strecket sich auß gegen Mittagwerts/ biß an die Stette Beth Araba vnd Debir/ vnd biß an den Bach Christ/ vnd dieweil Achan der Dieb der das Volck Gottes betrübet vnd erschrecket hatte/daselbst gesteiniget/ hat das Thal den Namen davon bekommen/ das es das Thal Achor auff Deutsch/ schreckenthal ist genennt worden.

Debir / Heilige Stadt.

Diese Stadt ligt von Jerusalem zwölff meilen gegen Morgenwerts. Es ist auch noch ein andre Stadt im Stam Juda/auch Debir genant/nicht weit von Hebron gelegen/ die den Leviten gegeben ist worden/ Josua.21.

Adumim/Blutig.

Als Schloß Adumim ligt in der Wüsten / nicht weit vom Jordan/ zehen meilen von Jerusalem gegen Morgenwerts / Jos.15.vnd 18. Daselbst ist auch Johannes der Teuffer außgezogen worden/als an seinem ort sol angezeiget vnd gemelt werden.

Ensemes/Sonnenbrunn.

Das Wasser Ensemes ist gewesen zwo meilen von Jerusalem gegen der Sonnen Auffgang.

Brunn Rogel/Fußbrunn.

Der Brunn Rogel ist gewesen eine meile von Jerusalem gegen Morgenwerts/dieses Brunnen wird auch gedacht/2 Sam.19.vnd 1.Reg 1.vnd Jos.15.vnd 18.

Thal Raphaim/Gigantenthal/Ein thal der Helden oder Heilande.

Als Thal der Giganten oder Helden / hat nicht weit von Jerusalem gelegen gegen Abendwerts/oder Occident/Daselbst hat auch König Dauid die Philister geschlagen/2.Sam.5.

Nephthoach/Wasserbrun/Pfortentrun.

Der Brunn Nephthoach / ist bey dem Thal der Gigantin / nicht weit von Jerusalem gegen der Sonnen Nidergang.

Baala/Ein Domina oder Herrscherin.

Die Stadt Baala wird sonsten Kiriath Jearim / eine Stadt der Wechter oder des Waldes genant/ dieser Stadt ist auch zuvorn etlich mal gedacht worden / sie ligt im Stam Juda / ein wenig mehr als ein viertel einer meilen von Jerusalem gegen der Sonnen Nidergang / Baala ist auch ein Berg zwischen Joppen vnd Sichron gelegen.

Bethsemes/Sonnenhauß.

Der Priesterlichen Stadt Bethsemes/ eine meile von Jerusalem gegen Occident/ im Stam Juda gelegen/ist auch zuvor gedacht worden. Denn Gott hat daselbst das Volck geschlagen/50070. mann darumb das sie die Laden des HErrn gesehen hatten wider kommen aus der Philister Land.1.Sam.6.

Berg Seir / ein rauch Gebirge.

Der Berg Seir / welcher sehr rauch von Bulgen vnd Brazen gewesen / hat gelegen zwischen Kiriath Jearim vnd Bethsemes eine halbemeile von Jerusalem/ gegen Westen. Es ist auch noch ein ander Gebirge Seir/ dardauff Esau gewonet hat/20. meilen von Jerusalem gegen Mittag.

Berg Jearim / ein Berg der Wechter oder des waldes/Weltenberge.

Dieser Berg hat bey Kiriath Jearim gelegen nicht all eine halbe meilen von Jerusalem gegen der Sonnen Nidergang/ vnd hat sich außgestreckt / oder anderthalb meilen von Kiriath Jearim an biß gen Chesalon.

Chesalon/Vnbestendig.

Die stadt Chesalon/ ligt nahe bey Emmahus nicht all zwo meilen von Jerusalem gegen Nordwest.

Thimnath/Wunderschön.

Die Stadt Thimnath ligt nahe bey Jerusalem gegen Norwesten auff dem Gebirge Ephraim/ daselbst hat der Ertzvater Juda seine Schaffe beschoren / Gen.38. Vnd sein Son hat daselbst hochzeit gehalten mit eines Philisters Tochter/ Jud.14. Daselbst hat auch Josua gewonet/ der ist am selbigen orte gestorben vnnd begraben/ Jos.14. Von dieser Stadt ist zuvor bey den Reisen des Ertzvaters Juda weitleufftiger gehandelt worden.

Jabnia oder Jabniel/ sonsten Jamina genant/ zur Wetoheit.

Jabniel ist eine Stadt am grossen Mittelmeer der Welt gelegen/ eine meile von Joppen gegen mittag Von Jerusalem aber ligt es 4. meilen gegen Norwesten

Secrona/oder Sichron/ zur Trunckenheit.

Diese Stadt ligt nicht all eine meile von Joppen von Jerusalem aber ligt sie oder meilen gegen Norwesten. Von Jabnia aber ligt sie nur ein viertel einer meilen gegen Norden / am grossen Mittelmeer der Welt.

A iiij   Von

Von dem Stam Ruben.

Von der Grentze des Stams Juda gegen Abend.

Von der Grentze des Stams Juda gegen Abend ist das grosse Mittelmeer der Welt daran ligen die Philister/Asdod/Ascalon/Gad unnd Gaza gelegen sind/ vnnd begreifft von der Stadt Gerona/ biß an den Bach Egypti der bey der Stadt Rhinocorura ins Meer fleust/ siebenzehen vnd halbe Deutsche meilen. Summa aller Grentze des Stams Juda gegen Morgen/ abent/ mitternacht vnd Mittag/ thut in alles 55.meilen vnd ein viertel.

Folget nun von den Stedten die im Stam Juda gelegen haben/ Josu.15.

Die Stedte des Stams der Kinder Juda/ von einer Ecken zu der andern an der Grentze der Edomiter/ gegen Mittag waren diese: Kapseel/Eder/Jagur/Kina/Dimona/Adada/Kedes/Hazor/Jithan/Siph Telem/Bealot/Hazorhadata/Kiriot/Hezron/das ist Hazor. Amam Sema/Molada/Hazargada/Hesmon/Bethphaleth/HazSimal/Beerseba/Bisiothia/Bada/Jeem/Eltolad Chesil/Harma Ziklag/Madmanna/Sansanna/Lebaoch/Silhim/Ajen/Rimon/das sind die 99. Stedte vnd jre Dörffer.

KabZeel/Gottes versamlung.

KabZeel ist eine Stadt im Stam Juda/ vnd ligt von Jerusalem 6.meilen vnd ein viertel gegen Mittag/ Jos.15. Aus dieser Stadt ist auch bürtig gewesen einer von den helden Dauids/ nemlich/ Benaja der Son Jojada/ ein sehr streitbar Mann/ von grossen thaten sehr berühmet/ 2. Sam.23. Denn er schlug zwey Lewen der Moabiter/ vnd ging hinab/ vnd schlug eine Lewin im Brunn zur schneezeit wenn sie insonderheit pflegen sehr grimmig vnd hungrig zu sein. Es hat auch dieser Benaja einen Egyptischen gewaltigen Man erschlagen/ Der hatte ein spies in seiner hant. Er aber ginge zu jhm hinab mit einem stecken/ vnd rieß den Egypter den spies aus der hand vnnd erwürget jhn mit seinem eigenen spies von wegen solcher Helden that/ ist dieser Benaja der Son Jojada sehr berühmet gewesen/ vnd ist auch andern dreissig Helden vorgezogen worden/ vnd König Dauid hat jhn zum heimlichen rath gemacht/ 2.Sam.23 Er ist auch vber die fürnemsten Kriegsleute gesetzet worden/welches Dauids Brabanten gewesen/nemlich vber die Crethi vnd Plethi/ das ist/ vber die schützen vnd aussereleseten Helden/ 2.Sam.8.20. Dieser Benaja ist auch von wegen seines dapffern Helden gemüts bey König Salomon ju sonderen gnaden gewesen/ vnd hat den Feldheuptman Joab/ der vnschüldig blut vergossen hatte am leben gestrafft/ vnd ist an desselben Stad vom König Salomon zum Feldheuptman gemacht/ vber das gantze Heer des Volcks Israel / 1.Reg.1. vnd 4. Es hat auch dieser streitbare Held vnd Feldheupt-man Benaja/ der Son Jojada/ den gottlosen buben Simei erschlagen/ der Dauid fluchte 2.Sam.16.

Eder/Heerde.

Eder ist ein Dörfflein gewesen/ bey dem Thurn Eder gelegen/ nicht weit von Bethlehem/ da die Engel den Hirten erschienen seind/ als der Herr Christus geboren war/ Luc.2.8. auch der Patriarche Jacob eine Hürten vorjeiten auffgeschlagen/Gen.35.

Jagur/WallenStedt/ Fremböling.

Ist ein Dörfflein des Stams Juda/ an der Grentze der Edomiter gegen Mittag gelegen/ weil es aber gantz verwüstet/ kan man nicht eigentlich ausrechnen/ wie viel meilen es von Jerusalem gelegen habe/Jos.15.

Kina/Erbgesess.

Kina ist ein flecken gewesen des Stams Juda sechstehalb meilen von Jerusalem gelegen/nicht weit von der Stadt Arad/daselbige Stedtlein Kina/hat den Namen bekomen von Mosi Schwager Obemlich von Hobab den Kenitter/welcher ist gewesen ein Son Reguelis des Priesters in Midian/Numeri.10. Hieraus sihet man klerlich das dieser Hobab ist gewesen ein Bruder Zipore welche Moses zur Ehe genommen hat/ Exod.2. Zipora hilst so viel als ein Krenglein/ vnd zwar dieselbige Zipora ist auch eine züchtige/Jungfraw gewesen/die jr krenglein in züchtigen ehren getragen hat/je rater bis Reguel/ein Herr Gottes/er ward auch genent Jethro ein würdiger Herre/ denn er war ein Priester in Midian/Exod.2. vnd 3. Dieser Reguel mit den ju Namen Jetro/ ist ein hoch verstendiger Weiser Man gewesen/ der seinem Eidam Mosi einen vernunfftigen Rath gegeben/ vnd von demselben jm waren Gott ist betrett worden/ Exod.18. Vnd obwol dieser Reguel von dem berge Sinai wider hat in seine Stad Midian gezogen/so ist doch sein Son Hobab bey Mose vnd den kindern Israel geblieben vnd weil jm vnter den kindern Israel ein erbtheil ist gegeben word/hat er den zunamen bekomen des genenten ist worden Hobab der Kenitter/das ist/Hobab ein Erbgesess oder mitcebe des gelobten Landes Canaan Num 10 vnd ob er wol erstlich die zerstörte PalmStad Jericho ein zeitlang ingehabt/ist jm doch hernach ein besser ort zum erbtheil gegeben worden/nemlich die gegend bey der Stadt Arad/ sechstehalb meilen von Jerusalem gegen mittag gelegen im stam Juda/welches ort auch seine kinder vñ nachkomen eingenomē vnd besessen habē/Jud.1.anfengtlich wie gemeld/hat er Hoab Dilectus, ein angenemer lieber

freund

Vber das Buch Josua.

geheissen/als er aber ein Erbtheil vnter dem Volck Israel bekommen/ist er der Keniter/das ist/der Erbgesess oder Wittibe genant worden/daher hat nun dieser Fleck oder das Stedtlein Kina den namen
bekommen/weil obgedachter Hobab des Keniters Kinder vnd Nachkommen daselbige ort zum Erb-
teil empfangen/das es Kina/das ist/ein Erbgesess ist genent worden/so sind auch alle einwoner dieses
Stedtleins/die Keniter genent worden/Jud.1.vnd 4. Von diesem stamme vnd Geschlechte ist auch gewesen Heber vnd Keniter/dessen Frawe Jael/dem Feldthauptman Sissera einen nagel durch den schlaff
geschlagen/vnd in also ertödtet/Jud.4. Von obgedachten Hobab den Keniter sol auch entsprossen sein
der treffliche Man Rechab/der einen Son gehabt mit namen Jonadas/welcher bey Jehu dem König
von Israel in grossem ansehen gewesen/vnd mit dem selbigen auff einem Wagen gefahren hat/2.Reg.
10. Dieser Jonadas der Son Rechab/hat seinen Kindern vnd nachkomen den Rechabitern sehr ernst-
lich geboten/sie sollen nimmermehr keinen Wein trincken/kein Hauß bawen/kein Weinberg pflan-
tzen/keinen Samen seen/sondern in Hütten wohnen jr lebelang/Jerem.35. Es werden aber die Recha-
biter daselbst gelobt vnd gerühmet/nit von wegen jrer enthaltung von grosser messigkeit/als ob sie damit
vergebung der Sünden erworben hetten/sondern vil mehr jres trefflichen gehorsams/das sie jhres Vatern gepot gehalten haben/vnd also daneben auch diß dabey erweiset das der Menschen Gebot viel ehe
weder Gottes Gebot gehalten werde. 　　Dimona/Dreckigt.

Dimona ist ein Dorff im Stam Juda an den Grentzen der Edomiter gegen Mittag gelegen/Jos.
15. Wie weit aber von Jerusalem/kan man nit.ht eigentlich wissen.

AdAda/zierlich vnd schön.

AdAda ligt auch im Stam Juda an den Grentzen der Edomiter gegen Mittag/Jos.15. Wie
weit aber von Jerusalem ist gantz vngewiß/weil durch die vielfaltigen verwüstung des heiligen Landes viel Dörffer vnd Stedtlein des heiligen Landes gantz vmbgekeret vnd zerschleiffet worden.

Kedes/Heilig.

Kedes auff Deutsch heilige Stadt/ist eine Stadt des Stams Juda/jehen meilen von Jerusalem/
gegen Südwesten/vnd wird sonsten genant Kades Barnea/von welcher Stadt auch zuvorn/bey
den Reisen der Kinder von Israel aus Egypten gehandlit ist worden.

Hazor/Grünhoff.

Hazor ist eine Stadt im stam Juda/nicht all eine meile von Ascalon gelegen/gegen der Sonnen
Auffgang. Von Jerusalem aber ligt sie sechs meilen vnd drey viertel/gegen der Sonnen Nider-
gang/Es ligt auch noch eine ander Stat Hazor im Stam Naphthali 20.meilen von Jerusalem gegen Norden/dieselbige hat Josua mit fewr verbrand/Jos.11 Item Barack der Feldhauptman der
Prophetin Debora hat sie gewonnen/vnd Jabin der Cananiter König daselbst erschlagen/Jud.4.

Jethnan/Drachenburg.

Ist ein Stedtlein gewesen des Stams Juda an den Grentzen der Edomiter gelegen/wie weit aber
von Jerusalem kan man nicht eigentlich wissen.

Siph/Pech.

Die Stadt Siph hat gelegen im Stam Juda nicht weit von Hebron/sechstehalb meilen von Jerusalem gegen Südwesten/die einwoner dieser Stadt haben David verrathen/1.Sam.26.Sie
hat auff einem Berge gelegen/eine meile von Hebron gegen der Sonnen Auffgang.

Telem/ein Wieder oder Bockshude.

Item ist ein Fleck gewesen des Stams Juda/ohne gefehr vierdhalb meilen von Jerusalem gegen Mittag gelegen.

Bealoth/Edelfraw.

Diese Stadt ist auch im stam Juda an den Grentzen der Edomiter gelegen/Dieweil sie aber gantz
verwüstet worden/kan man nicht eigentlich wissen wie weit sie von Jerusalem gelegen habe/Man
findet auch noch ein ander stat Bealoth im stam Dan/drey meilen von Jerusalem gegen Nordosten
gelegt/Jos.19.Diese Stadt hat Salomon gebawet/1.Reg.9.2.Chron.8.

Hazerhadata Schöndorff/Newgrünhoff.

Hazerhadata ist ein Stedtlein des stams Juda vngefehr sechs meilen von Jerusalem gegen Südwesten an der Grentze der Edomiter gelegen/Jos.15.

Kiriath Hezron oder Hazor/Stadt/Grünhoff/Grundorff.

Diese Stadt ist gelegen gewesen an der Grentze des stams Juda/zwölffehalb meilen von Jerusalem
gegen Südwesten/eine meile von Kades Barnea/gegen der Sonnen Nidergang/vnd wird sonsten auch wol schlecht Hezron genent/wie oben ist angezeiget worden.

Sema/sein Gericht.

Sema hat gelegen im stam Juda in der Grentze der Edomiter/man kan aber nicht eigentlich wissen wie weit von Jerusalem/Jos.15.

Von dem Stam Juda.

Molada/Geburdt.
Molada hat gelegen im Stam Juda/sechstehalb meilen von Jerusalem gegen Mittag/vnd ist dem Stam Simeon zugetheilet worden/Jos.15.19.

Hazargadda/Festeburg.
Hazargadda ist ein Jestes Schlos gewesen des Stams Juda/an den Grentzen der Edomiter.

Hesmon/Sterck.
Hesmon sonsten Chasmona genant oder Admon/ligt von Jerusalem viertzehen meilen gegen Süden hin / an der Grentze des Stams Juda / bey dieser Stadt haben die Kinder von Israel / als sie aus Egypten zogen/jr dreissigste lager gehabt/Num.33.

Bethphalet/zur Clauß.
Bethphalet ist ein Stedtlein des Stams Juda gewesen/ gegen Südwesten gelegen/in den Grentzen der Edomiter/weil man aber nicht hat Longitudinem & Latitudinem loci/kan distantia ab Vrbe Hierolalyma nicht Calculirt werden.

Hazar Sual/Füchsenburg.
Diese Festung hat auch an den Grentzen der Edomiter im Stam Juda gelegen. Man kan aber nicht wissen wie weit von Jerusalem/ sie ist dem Stam Simeon gegeben worden/Jos.19.

Berseba/Schwerbrünnen.
Diese Stadt ligt von Jerusalem /10. meilen gegen Südwesten / daselbst hat Abraham ein Brunnen außgraben/vnd den König Abimelech einen Eid geschworen. Zu vnser zeit ist sie ein Flecken/vnd heist Gallyn.

Bis Joht Ja/Verechter in Gottes vnd seiner Zeichen.
Bis Joht Ja hat gelegen im Stam Juda/an den Grentzen der Edomiter gegen Südwesten.

Baela oder Baala/Edelfraw oder Altenburg.
Diese Stadt Baala hat wol im Stam Juda gelegen / ist doch gleichwol auch dem Stam Simeon zugetheilet worden / Jos.15.vnd 16.vnd ob sie wol inn den Edomittern Gegrentzet / kan man doch eigentlich nicht wissen wie weit sie von Jerusalem gelegen habe.

Jim/Hügeln.
Die Stadt Jim hat im Stam Juda gelegen/ an den Grentzen der Edomiter / ohn gescher in die acht meilen von Jerusalem gegen Südwesten in die gegend der Stadt Gerar.

Azem/Stanck.
Die Stadt hat auch desselben orts hin / zugleich im Stam Juda vnd Simeon gelegen/ Jos.15.19.

El Tholath/Gottes Gieburt.
Die Stadt El Tholath ligt im Stam Juda / fast auff halben wege zwischen Lachis vnd Ascalon/ von Jerusalem aber sechstehalb meilen gegen der Sonnen Nidergang / sie ist den Kindern Simeon vbergeben worden/Jos.19.

Chesil/Unstedt.
Chesil oder Chesalon ist eine Stadt nahe bey Emmahus/ wie oben gemelt in der Grentze des Stams Juda gelegen/zwo meilen von Jerusalem gegen Nordosten.

Harma/ein Fluche.
Diese Stadt hat vorhin Zephat / das ist/ ein matte geheissen / als aber die Kinder Juda daselbst das gantze Heer/der Cananiter zu todt geschlagen hatten/ist sie Harma/das ist/ein Fluche genent worden. Sie ligt nur eine meile von Baza / von Jerusalem aber zehen meilen gegen Südwesten / Num. 21. Jud:1. Jos.15.

Ziklag/Kindell.
Diese Stadt hat am Bach Besor gelegen / zehen meilen von Jerusalem gegen Südwesten / vnd ist zugleich den Stammen Juda vnd Simeon zugetheilet worden / Jos.15.19. So hat auch David ein zeitlang daselbst gewonet/1.Sam.27.

Medmanna oder Medmena/Dreckigt.
Medmena ist ein klein Stedtlein im Stam Juda / nahe bey Berseba vnd Gaza gelegen / eilff meilen von Jerusalem gegen Sudwesten/ Jos.15. Es ligt auch ein Stedtlein Medmena im Stam Ben Jamin/eine halbe meile von Jerusalem gegen Norden/Jos.10. Jerem.48.

Semserna/Lebaoth/Sithim/Zweiglein/Lewin/Esch erde.
Sind drey Stedtlein im Stam Juda gewesen an den Grentzen der Edomiter gelegen / wie weit aber von Jerusalem/kan man nicht eigentlich wissen.

Uber das Buch Josua.   10

Ain/Auge.

AIn ist eine Priesterliche Stadt/zugleich im stam Juda vnd Simeon gelegen/nicht all eine meile von Gerar gegen Mittag/von Jerusalem aber ligt sie neundehalb meilen gegen Südwesten/ Jos. 15.19.21.

Rimmon/Granatöpffel.

JSt eine Stadt im stam Juda vnd Simeon gelegen/nicht weit von Gerar gegen Mittag/von Jerusalem aber acht meilen gegen Südwesten/ Jos.16.19. Zach.13. Jud.20.21. Man findt auch noch eine andere Stadt Rimmon im Stam Sebulon. Jos.19 Es kan sein das bey diesen Stedten viel Granatöpffel sein gewachsen/ dauon sie den namen werden bekommen haben.

Von den Stedten des Stams Juda / die in gründen gelegen haben / Jos.15.

JN den Gründen aber war/ Esthaol/ Zarea/ Asna/ Sanoah / EnGannim/ Thapuah/ Enam/ Jarmuth/ Adullam// Socho/ Aseka/ Sarairn/ Adithaim/ Gedera/ Gederothaim.

Esthaol/Frawenstarck.

ESthaol ist eine Stadt zugleich dem stam Juda vnd auch dem stam Dan zugetheilet/vnd hat gelegen am Bach Soreck/fünff meilen von Jerusalem gegen der Sonnen Nidergang/ Jos.15.19.

Zarea/Hornussen.

ZArea ist auch eine Stadt zugleich im stam Juda vnd Dan gelegen/ fünffzehalb meilen von Jerusalem gegen der Sonnen Nidergang / vnd zwischen diesen beyden Stedten Esthaol vnd Zarea ist gewesen das Lager Dan/ da Simson ist aussgezogen worden/ Jos.15.19. Judic.13.

Asna / Sanoah/EnGannim/Enderung/
Verlassung Gartenbrun.

DIese drey Stedte haben im stam Juda gelegen / wo aber vnd wie weit von Jerusalem/ kan man nicht eigentlich wissen/weil das Jüdische land so viel mal verwüstet worden/.

Thapuah/Bedechtig.

THapuah ist eine Stadt des stams Juda nicht weit vom Jordan vnd Jericho/ drey meilen von Jerusalem gegen Nordosten gelegen. In dieser Stadt hat der sibenzehende König gewonet den Josua vberwunden hat / Jos.12. Vnd obwol die Stadt Thapuah in der Erbtheilung dem Stam Juda zugefallen / so ist doch der Brunn bey Thapuah vnd das gantze Landt /so daran gestossen / dem Stam Manasse zugetheilet worden/ Jos.12.15.16 17.

Enam/Brunnen.

ENam ist eine Stadt des stams Juda / vnd ligt von Jerusalem achthalb meilen gegen Südwesten/ nicht weit von Gerar gegen Morgenwerts.

Jarmuth/Lehr des Todes.

DIe Stadt Jarmuth / darin der fünff Könige einer gewonet / die Josua hengen liess / hat in dem Stam Juda gelegen/ 5.meilen von Jerusalem gegen der Sonnen Nidergang/ Jos.10.12.15.

Adullam/ Zeugnis.

JN dieser Stadt Adullam/ hat der Patriarch Juda Hochzeit gehalten/ Gen.38. So hat sich auch Dauid daselbst in einer höle verborgen für König Saul / 1 Sam.22. Daselbst hat auch der viertzehen de König/den Josua vberwunden/ seinen Königlichen Sitz gehabt. Stellgt im Stam Juda zwo meilen von Jerusalem gegen Südwesten.

Socho/Aseka/Ein zweig/Vngezeimet.

SOcho vnd Aseka sind zwey kleine Städtlein/nahe bey einander im stam Juda gelegen/ zwo meilen von Jerusalem gegen Südwesten / daselbst hat Dauid den grossen Riesen Goliath vberwunden/ 1.Samuel.17.

Searim/Pforten.

Ist eine stadt des stams Juda/ vnd ligt von Jerusalem zwo meilen gegen der Sonnen Nidergang.

Adithaim / Versamlung.

OBwol die Stadt Adithaim im Stam Juda gelegen gewesen/ Jos.15. So weiss man doch nicht eigentlich an welchem Ort/vnd wie weit sie von Jerusalem gelegen habe.

Gedera/Ein Zaun oder Wandt.

DIese Stadt hat gelegen im Stam Juda vierdehalb meilen von Jerusalem gegen der Sonnen nidergang/vnd hat der zehende König den Josua erschlagen/daselbst Hoffgehalten/ Jos.10.15.

Gederothaim/Festung.

GEderothaim hat nicht weit von Emmahus gelegen/zwo meilen von Jerusalem gegen/ Nordosten.

Weiter)

Uber das Buch Josua.

Wier haben auch nachfolgende Stedte im Stam Juda gelegen/ Zenan/ Habasa/ Migdal Gad/ Dilean/ Mizpe/ Jackthiel/ Lachis/ Bezekath/ Eglon/ Chabon/ Lachmam/ Cithlis/ Gederoth/ Bath Dagon/ Naema/ Makeda/ Jos. 15.

Zenan/ Habasa/ Migdal Gad/ Dilean.
Schilff, New Heerthum, Elat.

Dise vier Stedte haben wie gemelt/ im Stam Juda gelegen/ dieweil aber das Jüdische Land so offt vnd vielmals verwüstet vnd verheret worden/ kan man nicht wissen/ an welchen ortern/ oder wie weit sie von Jerusalem gelegen haben.

Mitzpe/ Jackthiel/ Bazekath/ Ein warte/ Gott erhöret/ Teig.

Die drey Stedte des Stams Juda/ sind auch so gar in ein abgang kommen/ das man nicht wissen kan wo sie gestanden haben.

Lachis/ Spatziergengerin.

Die Stadt Lachis hat im Stam Juda gelegen: fünff meilen von Jerusalem gegen Südwesten/ eine halbe meile von Regila/ gegen Norden. Ihrer wird gedacht/ Jos.10.12.15.

Eglon/ Kelblin.

Eglon ist eine Stadt des Stams Juda/ drey meilen von Jerusalem gegen Mittag gelegen/ den König aus dieser Stadt hat Josua auffhengen lassen/ Jesu. 10.

Chabon/ Lachmam/ Cithlis/ Gederoth/ Naema.
Auffleschung/ Kriegisch/ Lewenschlag/ embzennet/ Schön vnd lustig.

Die sünff Stedte haben im Stam Juda gelegen/ dieweil aber die *Longitudines* & *Latitudines locorum* man zehlen können die *Distantia* ab *Urbe Hierosolymorum* nicht *calculirt* werden.

Beth Dagon/ Fischhausen/ Ein hauß des Abgotts Dagon.

Beth Dagon/ ist eine Stadt des Stams Juda/ tritthalb meilen von Jerusalem gegen Morgen/ eine meile von Modin gegen der Sonnen Auffgang/ Jos. 15.

Makeda/ heist Casia/ ein hangendes Blümlein.

Makeda ist eine Stadt im Stam Juda/ zwölff meilen von Jerusalem gegen Südwesten gelegen/ da Josua fünff Könige hat auffhengen lassen/ Jos. 10. Diese Stadt hat noch zu Hyeronymi zeiten gestanden.

Item diese nachfolgende neun Stedte haben auch im Stam Juda gelegen/ Jos. 10.

Libna / Weyrauch.

Die Stadt Libna hat dritthalb meilen von Jerusalem gegen Mittag gelegen daselbst hat der vierzehende König gewonet/ den Josua vberwunden hat/ Jos. 12. Die Stadt ist den Leuiten gegeben worden/ Jos. 21.

Ether/ Gebet.

Ether ist eine Stadt des Stams Juda/ zwischen Maon vnd Arath gelegen/ sechstehalb meilen von Jerusalem gegen Mittag/ Jos. 15. Sie ist auch dem Stam Simeon zugetheilt worden/ 1. Jos. 16.

Asan/ Rauch oder Dampff.

Asan ist eine Stadt zugleich im Stam Juda vnd Simeon gelegen/ in die sechs meilen von Jerusalem gegen Südwesten.

Jephthah/ Asna/ Nezib/ Pfortzheim/ Besatzung/ Enderung.

Dieweil die Stedte in *tabula Chorographica* nirgend gefunden worden/ so kan man auch nicht eigentlich wissen/ wohin aus/ oder wie weit sie von Jerusalem sein gelegen gewesen/ doch sein sie in der Erbtheilung alle drey/ dem Stam Juda zugefallen/ Jos. 15.

Kegila / ein Gezelt.

Die Stadt Kegila/ da Ab Jathar der Priester zu Dauid kommen ist/ hat gelegen im Stam Juda eine meile von Hebron/ gegen der Sonnen Auffgang/ von Jerusalem aber fünff meilen gegen Südwesten/ Jos.15.1.Sam.23.

Achsib/ Ein Lüge.

Achsib/ hat wol im Stam Juda gelegen/ man kan aber nicht wissen/ wo sie gestanden habe/ oder wie weit sie von Jerusalem gewesen sey.

Maresa/ Erbtheil.

Maresa des Propheten Micha Vaterland/ hat im Stam Juda gelegen/ vier meilen von Jerusalem gegen der Sonnen Nidergang/ Jos. 15. Micha 1.

Von

Uber das Buch Josua.

Von den Stedten des Stams Juda/ die auff dem Gebirge gelegen haben. Jos. 15.

Auff dem Gebirge haben gelegen/ Samir/ Jathir/ Socho/ Danna/ Kiriath/ Samna/ das ist/ Debir Anab/ Esthemo/ Anim/ Gosen/ Holon/ vnd Gilo. Das sind eilff Stedt vnd jre Dörffer.

Samir/ eine Stadt der Wechter.

Die Stadt Samir hat wol auff dem Gebirge des Stams Juda gelegen / aber wo/ oder an welchem ort wird in der Landtafel nicht eigentlich erkleret.

Jathir/ vberflüssig.

Jathir ist ein Priesterliche Stadt gewesen / in den Grentzen der stemme Judae vnd Dan/ fünff meilen von Jerusalem gegen der Sonnen Nidergang gelegen / Jos. 15. 21.

Socho/ ein Zweig.

Socho ist ein Stadt des Stams Juda/ welche zum theil auff der ebene gelegen/ vnnd gleichewol mit zu an einem Berge gehangen hat / zwo meilen von Jerusalem gegen Südwesten / daselbst hat Dauid den grossen Riesen Goliath erschlagen / 1. Sam. 16. Wil man aber das zween Socho gewesen seind die beyde im Stam Juda gelegen haben / eins in der Ebene b. n Aseka / da Dauid den grossen Goliath vberwunden hat / vnd das ander an einem ort/ irgend auff einem Berge gelegen / wil ich mit niemand darumb streitig sein / sondern lasse einem jeden hierein seine freye meinung.

Danna Richterin.

Die Stadt Danna hat auff dem Jüdischen Gebirge gelegen / doch findet man sie nicht in Tabula Chorographica/ ist derwegen wol gleublich/ das sie eine von den Stedten ist/ die zu grunde sind vertilget worden.

Kiriath Sanna ein Stadt der Dornstreuche.

Die Stadt Kiriath Sanna/ sonsten Debir genant/ ligt im Stam Juda/ nicht gar eine halbe meile von Hebron gegen Nordwesten / von Jerusalem aber ligt sie sechstehalb meilen gegen Südwesten. In dieser Stadt hat der neunte König gewonet / den Josua erschlagen hat / Jos. 12. Athniel / Calebs Bruder hat diese stadt gewunnen/ darumb hat jn Caleb seine Tochter Ascha zum Weibe geben / Jud. 1. Das wort Debir heist so viel / als ein heilig ort oder Stadt / da Gottes wort in gehöret wird / vorhin hat diese Stadt auch Kiriath Sepher/ das ist/ ein Cantzeley oder schreiberstadt geheissen / sie ist den Leuiten gegeben worden / Jos. 21.

Anab/ Weintrauben.

Anab ein Stadt des Stams Juda/ nicht weit von Hebron/ vnnd Debir/ ligt von Jerusalem in die sechs meilen gegen Südwesten/ daselbst wird die grosse Weintrauben abgeschnitten sein / Num. 13. Der Stadt Anab wird auch gedacht/ Jos. 11. Vnd wird daselbst angezeiget / das grosse Riesen in dieser Stadt sollen gewonet haben / die werden genent Enakim / darumb das sie von dem grossen Riesen Enack jhre ankunfft gehabt/ diese Enakim hat Josua ausgerot vnnd vertilget / da sie noch zuuorn in den dreyn stedten Hebron/ Debir/ vnd Anat / auch auff dem Gebirge Juda vnd Jsrael sehr mechtig gewesen waren/ das wort Enak heist ein Halsband.

Esthemo/ Anim/ Gosen/ Holon/ Ein fenrig wunder/ Artzen/ Fruchtbar / Ein hol oder Fenster.

Diese vier Stedte haben auch auff dem Gebirge des Stams Juda gelegen. Aber wie weit eine jede von Jerusalem gelegen gewesen / kan nicht ausgerechnet werden / dieweil diese vier stedte in tabula Chorographica nicht gefunden werden / auch jre Longitudines & Latitudines nirgend beschrieben sind / die steht Esthemo vnd Holon seind den Leuiten geschencket worden / Jos. 21.

Gilo / Beweglig vnd Rund.

Gilo ist ein Stadt des Stams Juda auff dem Gebirge gelegen / nicht weit von Hebron fünff meilen von Jerusalem gegen Südwesten. Aus dieser Stadt ist Dauids Rath Ahitophel bürtig gewesen/ welcher als er vom König Dauid abfiel zu seinem vngehorsamen Son Absalon / vnnd sein vngetrewer rath keinen vortgang gewinnen köne / verzweiffelt er / vnnd log hin in diese seine Geburtsstadt Gilo/ vnd erhinck sich selbst/ 2. Samuel. 17.

Weiter haben auch im Stam Juda nachfolgende Stedte gelegen.

Arab/ Duma/ Esean/ Janum/ Aphela/ Humta/ Hinderlistig/ Verschwigen/ Grunden/ Schlaffstadt Streittig/ Stoecks.

Diese sechs stedte haben im Stam Juda auff dem Gebirge gelegen/ sind aber in heiliger schrifft nicht berühmet/darumb man auch nicht wissen kan an welchen enden/ vnnd wie weit sie sind von Jerusalem gelegen gewesen.

Uber das Buch Josua.

Beth ThaPuah / Bedenckhausen.

Beth Thabitah ist ein statt Juda gelegen gewesen / wenn man von Jerusalem hinab in Egypten zeucht/ strass zwelen von Gaza/ vnd sechzehen meilen von Jerusalem gegen Südwesten.

Hebron/Gemeinschafft.

Die Stadt Hebron/sonsten Kiriath Arba/ das ist/ein Stadt des grossen Riesen Arba genant / ligt sechstehalb meilen von Jerusalem gegen Südwesten / vnnd ist oben bey den Reisen des Patriarchen Abrahams/welcher daselbst gewonet hat/ weitleufftiger beschrieben worden.

Zior / klein.

Zior sonsten Zor genant / ist eine kleine Stadt am roten Meer gelegen / sechstehalb meilen von Jerusalem gegen Südosten / Diese Stadt ist vmb des heiligen Lots willen stehen blieben / als die andern vier Stette Sodoma/ Gomorra/ Adama/ vnd Zeboim mit Schwefel vnd Fewer vom Himmel verdorben sind/ Gen.19.

Maon/Lusthaus / wonung die lieblich ist.

Maon ist ein flecklein in der Wüsten des Jüdischen Landes / sechs meilen von Jerusalem gegen Mittag. Da hat Saul den frommen vnschüldigen David mit seinem Kriegsvolck vmbgeben/ hette ihn auch gewisslich gefangen / Wenn ihn Gott durch den einfall der Philister daran nicht hette gehindert/ 1.Samuel.23.

Carmel/Grünow.

Carmel ist ein Stadt des Stams Juda auff einem berge gelegen / zwo meilen von Hebron gegen der Sonnen Auffgang/ vnd fünff meilen von Jerusalem gegen Südwesten / da hat der törichte Nabal gewonet/ den David von wegen seiner vndanckbarkeit vnd natheit hat tödten wollen / 1.Sam.25 Es ist auch sonsten noch einander Berg Carmel im stam Isaschar am grossen Mittelmeer der Wergilegen/sechzehen meilen von Jerusalem gegen Norden/darauff der Prophet Elias gewonet hat.

Siph/ Pech.

Siph ist ein Stadt des Stams Juda nicht weit von Hebron auff einem Berg gelegen/ sechstehalb meilen von Jerusalem gegen Südwesten / die einwoner dieser Stadt haben Dauid verrahten/ 1.Samuel 26.

Juda/Jesreel/Sanoah/Kain/Gibea/Bessem/Gottes-samen/Auffrürisch/Verlassen/Erbgesessen/Bergen.

Diese sechs Stätt haben wol im stam Juda gelegen/ werden doch gleichwol in tabula Chorographica nicht gefunden. Die Stadt Juda ist den Leuiten gegeben worden/ Jos.21.

Thinna/ Wunderschön.

Die Stadt Thimna hat auff dem Gebirge Ephraim gelegen in den Grenzen der Stemme Juda vnd Dan/drey meilen von Jerusalem gegen Nordwesten/ dieser stadt ist auch zuvorn gedacht worden bey den Reisen des Ertzvaters Juda/ denn derselbe hat in dieser Stadt die Schaffe beschoren/ Gen.38.vnd Simson hat daselbst ein Weib genommen / vnnd auff dem wege gen Thimna einen Jungen lewen zurissen / Jud.14. Ob wol diese Stadt anfenglich dem Stam Juda durch das los zu gefallen/ ist sie doch zuletzt willig/ dem Fürsten Josua geschenckt worden / der sie verbessert/vnd Thimnat Serah das ist/ein wunderschöne ausbreitung genant hat/ Josu.19.

Halhul.

Halhul heisst eine solche Stadt/die in ihrer schwachheit fleissig Gott lobet/sie hat im Stam Juda gelegen / an welchem ort aber / oder wie weit von Jerusalem kan man nicht eigentlich wissen / jhrer wird nur gedacht/ Jos.15.

Bethsur/Felsenhaus.

Ist ein Schloss auff einem Berge/welches fünff Stadien / das ist ein wenig mehr als ein halb vier-tel einer meilen von Jerusalem gegen der Sonnen Nidergang gelegen/ vnnd ist in der Erbtheilung dem stam Juda zugefallen. Man findet auch eine Stadt Bethsuri/die ligt auff einem Felsen drey meilen von Jerusalem gegen Südwesten / bey derselbigen Stadt hat Philippus dem Kemmerling der Königin Candaces aus Morenland getauffet/ Act.8. Hievon findestu weitern bericht bey Reisen Rehabeam des Königs Juda/ vnd auch in den Reisen des heiligen Philippi.

Gedor/Ein Zaun oder Wand.

Ist der Stadt Gedor hat der jehenne König / den Josua erschlagen / hefftgehalten vierthalb meilen von Jerusalem gegen der Sonnen Nidergang / wil man die Stette Gedor vnnd Gebera für vnterschiedliche stette halten / das stehet einem jeden frey / vnnd demnach were die Stadt Gedor auff einem Berge gelegen gewesen/ in den Grenzen des stams Dan vnd Juda/ vierteehalb meilen von Jerusalem gegen der Sonnen Nidergang / Gebera aber were an einem andern ohrt des stams Juda in einem grund gelegen gewesen.

Maarath/

Von dem Stam Juda. 14

Maarath/Finsterlich.

Maarath ist ein städtlein des stammes Juda gewesen/ist aber in tabula Chorographica terræ sanctæ nirgend zufinden.

Bethaan/ Gnadenhaus.

Diese Stadt hat gelegen im stam Juda vier meilen von Jerusalem gegen der Sonnen Nidergang/ sie wird Bethaan gnadenhausen genant/vnd hat gelegen in den Grentzen des stams Dan/vnd ist dem andern Amptman/des Königs Salomonis zuständig gewesen/1. König.4.

Bethanoth/Armeshausen.

Diß städtlein hat auch im stam Juda gelegen/wo aber oder an welchem ort/das kan man nicht eigentlich wissen.

Elthekon / Gott hats geendert oder gebessert.

Elthekon ist ein städtlein/nicht all zwo meilen von Jerusalem gegen Mittag-gelegen / niche weit von Beihlehem gegen Südenwerts.

Kiriath Baal/ein Stadt des Abgotts Baal.

Kiriach Baal ligt nicht gar eine halbe meile von Jerusalem gegen der Sonnen Nidergang vnd wird sonsten gewönlich Kiriath Jearim/das ist/ein Stadt der Welde oder wechter genant/Sie ist den Leuiten gegeben worden/von dieser Stadt findestu weiter bericht bey den Reisen des stams der Danniter.

Harabba.

Harabba ist eine Stadt des stams Juda gewesen / wie weit sie aber von Jerusalem gelegen habe/ kan man nicht eigentlich wissen.

In der Wüsten zwischen Jerusalem vnnd Jericho hat der stam Juda nachfolgende Seede zum Erbtheil bekommen.

Beth Araba.

Beth Araba ligt in der Grentze des stams Juda vnd Ben Jamin / nicht all drey meilen von Jerusalem gegen der Sonnen Auffgang / bey den Bach Chrith da die Raben dem Propheten Eliam Speise zugefahret haben/1.König.17.

Middim/ Sechacha/ Nibsan/Messe/Bedecket/Feist.

Diese drey Seede haben in der Wüsten beim Jordan gelegen/drey meilen von Jerusalem gegen der Sonnen Auffgang/ nicht weit vom Schloß Adumlm/ bey welchem Johannis der Teuffer ist erzogen worden/vnd daselbst hinauß hat auch die Saltzstadt gelegen/Jos.11.

Engeddi/Lemblins Brünsten.

Engeddi ist eine Burg am Vfer des Todten Meers / fünff meilen von Jerusalem gegen Südosten gelegen / da hat Dauid einen Zippel von Sauls Rock geschnitten / 1.Sam.24. Von dieser Stadt findestu weitern bericht/bey den Reisen des Königs Sauls.

Von dem Erbtheil der Kinder Joseph/
Ephraim vnd Manasse/Jos.16.

Das Loß fiel den Kindern Joseph vom Jordan gegen Jericho vber/von Auffgangwerts biß zum Wasser Jericho/ vber anderthalb meilen / vnnd von Jericho gen Bethel vnd auff eine meile/vnnd von dannen gen Archi Atharoth anderthalb meilen/ von Archi Atharoth / durch die Grentze Japhleti/ biß an die Grentze/des nidern Bethron ein viertel einer meilen / vnd erstrecket sich darnach weiter gegen Nordenwerts bis gen Gaser. 6.meilen/vnd das Ende ist am Meer vber eine meile.

Dieser streich des heiligen Landes welchen die Kinder Joseph/
Manasse vnd Ephraim/ zum Erbtheil bekommen begreiffe eilff meilen/vnd ein viertel.
Folget nun die Beschreibung der Stett vnd örter.

Die Stedte Jericho vnd Bethel sonsten sind genant/sind zuvorn beschrieben worden/bey den Reisen Josue vnd des Patriarchen Jacobs dahin ich wil den gütigen Leser hiemit zu rück gewiesen haben. Das Wasser aber bey Jericho/ ist eben das wasser/ welches vorhin bitter gewesen /als aber der Prophet Elisa Saltz in die Wasserquelle geworffen/ist das bitter vnfruchtbare Wasser/süß vnnd fruchtbar worden/2.König.2.

Archi Atharoth/ Subtiel Kreutzlein.

Die Stadt Archi Atharoch ligt im Stam Ephraim/ ein viertel einer meilen bey nidern Bethoron gelegen/von Jerusalem aber ligt sie zwo meilen gegen Nordtwesten.

Bethoron/Blanckenhausen.

Nider Bethoron/ vnnd ober Bethoron sind zwo Stedte im stam Ephraim/von Gera Ephraims Tochter gebawet/1.Par.8. Vnder Bethoron hat gelegen nicht weit von Emahus/ zwo meilen von

D ij Jerusa.

Vber das Buch Josua.

Jerusalem gegen Nordwesten vnnd obern Bethoron / ligt fünff meilen von Jerusalem gegen Nordwest. Diese zwo Stedte hat auch Salomon gebawet vnd gebessert / 1.Chron.9.2.Chron.8. Die Stadt nider Bethoron/ist den Leuiten gegeben worden.

Josua:21.

Japhleti/Krey ort.

Die Grentze Japhleti ist gewesen zwischen den stedten Archi/Atharoth vnd in dem Bethoron / nicht weit von nidern Bethoron gegen Nordosten.

Gaser/Zerspaltung.

Gaser ist eine Stadt der Leuiten gewesen/im stam Ephraim gelegen / sieben meilen von Jerusalem gegen Norden. Aus dieser Stadt hat Pharao der König von Egypten die Cananiter vertrieben/ vnd die zerbrochen Stadt Gaser seiner Tochter Salomonis Weibe geschencket/vnnd als König Salomon sahe,das sie sehr bequemme war/zu einer guten Festung/ hat er sie wieder auffbawen lassen.Es hat diese Stadt eine meile vom grossen Mittelmeer der Welt gelegen.

Von dem Stam Ephraim.

1.Reg.6.

Die grentze der Kinder Ephraim vnter jrem Geschlechten jres Erbtheils/von Auffgang wartz von Atharoth Azar beim Jordan / vnnd gehet bis gen Ober Bethoron vber / fünff meilen/von dannen gegen Abendwertz gen Michmethat die gegen Mieterpacht ligt / sind drey meilen / von dannen lencket sich dieselbige Grentze des Stams Ephraim herumb / gegen Morgenwertz gen Thaanath Silo vber sechs meilen/von dannen gehet sie bey dem Orientalischen gebirge gegen Siebenwertz herab gen Janoah/eine meile/vnd zumal herab/ von Janoah gen Atharoth vnd Naaratha vber vier meilen / vnd stösset an Jericho vber eine meile/ vnd gehet auß am Jordan vber anderthalb meilen / vnd von dannen bey Thapuah herab gegen Südenwertis durch Nathalana das thal der Röret / biß an das Saltzmer sind zwo meilen.

Summa der Grentze der Kinder Ephraim thut vier vnd zwantzigste halbe meile.

Folget nun die beschreibung der Stedt vnd örter.

Atharoth Adar/hertlich Krentzlein.

Josua.16.

Atharoth Adar/ist eine Stadt beim Jordan/gegen Beth Araba vber gelegen/eine meile von Jericho gegen der Sonnen Auffgang / von Jerusalem aber ligt sie vierdehalb meilen gegen Nordosten/sie wird auch wol schlecht Atharoth/ Krentzlein genant.

Beth-Horon/Blanckenhausen.

Die Stadt obern Bethoron/wie kurtz zuuor gemelt/lige von Jerusalem fünff meilen gegen Norden.

Kibzaim/Versamlung.

Josua.21.

Kibzaim ist eine Priesterliche stadt der Leuiten im stam Ephraim gewesen/ wie weit sie aber von Jerusalem gelegen habe/kan man nicht wissen.

Michmethat.

Die stadt Michmethat / die von einer schönen Gabe vnd verehrung den namen hat/ligt am grossen Mittelmeer der Welt/acht meilen von Jerusalem gegen Norden / von Cæsarea Stratonis aber hat sie drey meilen gegen der Sonnen Nidergang/vnd ist in der Erbtheilung dem stam Ephraim zugefallen.Es ist auch noch eine Stadt Michmethat im halben stam Manasse/ drey meilen von Sichem gegen Mittag gelegen/von Jerusalem aber ligt sie sechs meilen gegen Norden.

Thaenath Silo / Du glückselige Stadt.

Rom 7.4.

Josua.21.

Thaenath Silo/ist eine stadt des Sons Ephram/drey viertel einer meilen von Samaria gegen der Sonnen Auffgang geligen/von Jerusalem aber lige sie acht millen vnd ein viertel gegen Nordosten Man finder auch noch eine ander Stadt/sie heist schlecht Thaenath/vnd ist gewesen eine Priesterliche Stadt im halben stam Manasse/disseid des Jordans/eine meile von Jerusalem gegen Mittag gelegen/ von Jerusalem aber lige sie eintzehalb meilen gegen Norden/daselbst hat Baena der fünffte Amptman des Königs Salomon gewonet / Item daselbst hat auch Hoffgehalten der 25. König den Josua erschlagen hat.

Janoah/Still vnd Friedsam.

1.Reg 15.

Janoah,ist eine stadt des stams Ephraims/ eine meile von Thanach Silo /gegen Mittag gelegen/von Jerusalem aber ligt sie acht meilen gegen Nordosten / nicht gar eine meile vom Jordan gegen der Sonnen Nidergang / Es hat auch noch eine andere stadt Janoah im stam Naphthali gelegen 23 meilen von Jerusalem gegen Norden.

Atharoth/Krentzlein.

Atharoth ist die stadt Atharoth Adar / welche kurtz zuuorn ist beschrieben worden / sie ligt vierthalb meilen von Jerusalem gegen Nordosten.

Naaratha/

Uber das Buch Josua. 16

Naaratha/Jungfrewlein.
Je stadt Naaratha ligt im stam Ephraim eine meile von Jericho gegen Norden/ von Jerusalem aber ligt sie anderthalb meilen gegen Nordosten.

Thapuah/Ödechtig.
Die stadt Thapuah ligt im stam Juda/nicht weit vom Jordan vnd Jericho/ drey meilen von Jerusalem gegen Nordosten/in dieser Stadt hat der 17. König gewonet/ den Josua vberwunnen hat/ Jos.12. Vnd obwol die Stadt Thapuah in der Erbtheilung dem stam Juda zugefallen/ so ist doch der Brunn bey Thapuah/ vnnd das Land so daran gestossen/ dem Stam Manasse zugetheilet worden/ Jos. 12.15.19.17.

Nahal Kana/Bach der Rören.
Der Bach Nahal Kana/ ist zwischen dem Jordan vnnd schloß Atuuuim gewesen/ bey den Bach Chrit drey meilen von Jerusalem gegen der Sonnen-Auffgang.

Salzmeer.
Das Saltzmeer ist eben das Todte Meer. Da Sodoma vnd Gomorra sein vntergangen.

Gaser/Zerspaltunge.
Die Priesterliche Stadt Gaser/ hat im stam Ephraim/ siebenmeilen von Jerusalem gegen Norden gelegen/ ist zwar beschrieben worden/ denn ob wol die Kinder Ephraim/ die Cananiten aus dieser stadt nicht gentzlich haben vertreiben können/ so ist doch hernach Pharao der König aus Egypten herauff gezogen vnd hat die stadt erobert/ die Cananiter daraus verjaget vnnd die zerbrochene Stadt seiner Tochter Salomonis Weibe geschencket/ Jos.16.1. König.9.

Erbtheil des halben Stams Manasse/diffeid des Jordans/Jos 17.

Das Erbtheil des halben Stams Manasse disseid des Jordans/ hat sich in einander geflochten vnd vermenget/mit dem Erbtheil des stams Ephraim/denn es strecket sich von dem stedtlein Assar nahe bey Dothan gelegen/ gegen Südwesten fünffzehalb meilen/ biß zu der Stadt Mecherhar/ welche ligt drey meilen von Sichem gegen Mittag/vnd von derselbigen Stadt Mechmethat erstrecket sich derselbe halbe stam Manasse noch weiter gegen Mittag biß an die Stadt Thapuah/vnd gen Nahal Kana/das ist/zum Bach der Rören vber 5. meilen/ den Enthapuah der Brunn bey Thapuah/ vnnd das Land dabey ist dem stam Manasse zugetheilet worden/vnd bey Nahal Kana dem Bach der Rören/hat sich das Erbtheil des halben stams Manasse vermischt mit dem Bachstetten des stams Ephraim / daselbst hin ist auch das städtlein Ephrem gelegen gewesen/ da der HERR Christus hin gieng/kurtz vor seinem bittern Leiden vnd sterben/ Joha.11. Aber gegen Norden ist die Grentze des halben stams Manasse gewesen/ disseid des Jordans am Bach Kison vnd am grossen Mittelmeer der Welt. Darnach hat sich das Erbtheil des stams Ephraim/ mehr gegen Mittag gezogen/ das Erbtheil aber des halben stams Manasse sich ferner gegen Mittag ausgestrecket/ also das auch ein Winckel/ des halben Stams Manasse/zwischen dem grossen Mittelmeer der Welt vnd dem Bach Kison gelegen/ gegen Morgenwerts an dem stam Isaschar gestossen hat.

Folget nun die beschreibung der Stedt vnd örter.

Die Stadt Michmethat vnd Thapuah/ vnd der Bach der Rören Nahal Kana / sind kurtz zuvorn beschrieben worden.

Assur/Selig.
Assur ist ein Städtlein im halben stam Manasse disseid des Jordans gelegen / ein wenig weiter als ein viertel einer meilen / von Dothan gegen Südenwerts / von Jerusalem aber ligt dieses Städtlein recht ab elff meilen gegen Norden/ die Stadt Dothan aber ist eben die Stadt bey welcher Joseph von seinem eigenen Brüdern verkauffet ward/Gen.27.

Kison/Versamlunge.
Der Bach/ Kison der von der versamlung der Wasser/die von dem Berg Gilboa / Hermon vnd Thabor darein fliessen/ den namen hat / entspringt aus dem Berge Gilboa vnd theilet sich in zween Stromen/ der eine fleußt gegen Norden werts in das Galileische Meer / vnd der ander gegen Mitternacht bey dem Berg Carmel da Elias die Baalspfaffen geschlachtet hat / in das grosse Mittelmeer der Welt / Mare Mediterraneum genant / auff dem Berge Gilboa ist Saul von den Philistern vberwunden/ derwegen er in vertzweiffelung gefallen vnd sich selbst ermördet hat/1.Samuel.13.

Woher der Bach Kison seinen namen habe.

Von dem Stam Manasse.

Im Stam Manasse disseid des Jordans haben auch nachfolgende Stedte gelegen.

Gilboa da sich König Saul in sein eigen Schwert zu todte fiel / 1.Sam.31. Dor sonsten Dosa genant/ da Tryphon ist belagert worden / 1.Macc.15. Endor da Saul bey einer Zauberin hat raht gesucht / 1.Sam.28. Megiddo / da König Josia im streit tödlich verwund worden / 2.König.23. Diese Stedte sind zuvorn bey den Reisen der Könige Sauls/ Josias und Tryphons gründlich beschrieben worden / welcher haben auch daselbst im halben Stam Manasse gelegen / die Stedte Jebleam vnnd Thaanach vnd der Landschafft Naphet dritter theil / Jos.17.

Jebleam / ein Verwirret Volck.

Jebleam ist eine Stadt im stam Manasse / eine halbe meile von Sichem gegen der Sonnen Niddergang gelegen / von Jerusalem aber ligt sie neun meilen gegen Norden / die Stadt Jebleam hat den namen von der verwirrung des Volckes / denn es haben zugleich Israeliter vnnd Cananiter / in dieser stadt gewonet Jud.1. zwischen den Stedten Sichem vnd Jebleam / die/ wie gewelt eine halbe meile von einander gelegen / hat ein klein Stedtlein gelegen Luza genant / das hat eben der Man gebawet / der den Kindern Joseph weiset an welchem orte sie die stadt Bethel vorhin luß genant / ersteigen solt/ Jud.1.

Thaanach / Glücklich.

Thaanach / ist ein Priesterliche stadt / im halben stam Manasse / eine meile von Jesreel gegen Mittag gelegen / von Jerusalem ligt sie eilffthalb meilen gegen Norden / von dieser Stadt ist auch kurtz zuvorn bey der beschreibung der Stadt Thaanach Silo weitleufftiger gehandelt worden / dahin ich den gütigen leser wil zurück gewiesen haben.

Naphet / Landschafft.

Der dritte theil dieser Landschafft har dissseid des Jordans im halben stam Manasse gelegen / Jos.17.

Pheresiter / Bawren.

Pheresiter sind grosse starcke Bawren vnd Riesen gewesen / die in Dörffern gewonet haben / vnd in den Welden vnd Wildnissen auff dem Gebirge / das am grossen Mittelmeer der Welt geliegen ist bey den Stemmen Ephraim vnd Manasse gegen der Sonnen Nidergang.

Jesreel / Gottes Samen.

Die Stadt Jesreel / da die Hunde die Gottlose Königin Jesebel gefressen haben / ligt im Stam Isaschar 12. meilen von Jerusalem gegen Norden / vnnd ist zuvorn bey des Richters Gideon vnd Königs Achas Reisen beschrieben worden.

Gath / Rimmon / Granatöpffel / Dresse.

Gath Rimmon ist eine Priesterliche Stadt der Leutten im halben stam Manasse / disseid des Jordans vier meilen von Jerusalem gegen Morgen / Jos.21.

Von dem Erbtheil der Kinder Ben Jamin / Jos.18.

Die Grentze des stams Benjamin / gegen Mitternacht ging vom Jordan durch die wüsten / Beth Auen gegen Bethel vnd Lus / dritthalb meilen / vnd von dannen zu dem Berge zwischen Atharoth Aar vnd Nidern Beth Horon zwo meilen / die grentze aber gegen der Sonnen Nidergang war von dem Berge zwischen Atharoth Aar vnd Nidern Beth Horon bis gen Kiriath Jearim anderthalb meilen. Die grentze aber gegen Mittag hebet an von Kiriath Jearim vnd gehet bis zum wasserbrun Nephthoa ein viertel einer meile / vnd von dannen durch das thal Raphaim / bis zu dem thal des Sons Hinnam welches bey Jebus oder Jerusalem gelegen hat / ist auch ein viertel einer meile / von demselbem thal des Sons Hinnam bis zu dem brun Rogel/ hat man ein viertel einer meile / vn von dannen zum wasser En semes ist eine deutsche meile / von dem wasser Ensems zu dem hauffen / die gegen Adumim hinauff liegen / ist eine halbe deutsche meile / von dannen bis zum stein des Sons Ruben / hat man eine deutsche meile vnd darnach / weiter gen Beth Hagla ist auch eine meile / von Beth Hagla aber bis zu der zungen des Saltzmeers / da der Jordan einfleust/ sind zwo meilen. Sulha der grentze aber des stams Benjamin gegen mittag thut 7. meilen vnd ein viertel einer meile / die grentze aber des stams Benjamin gegen Morgen / ist der Jordan auff 2. meilen / Summa aller Grentze des stams Benjamin / 15. meilen / vnnd ein viertel.

Die Stedte vnd Ӧrter / deren in diesen grentzen des stams Benjamin gedacht wird / sind vorhin beschrieben worden / in dem erbtheil der Kinder Joseph vnnd in den grentzen des Stams Juda gegen Mitternacht / dahin ich den gütigen leser wil zurück gewiesen haben / die stadt aber Atharoth Ader / der die im Erbtheil der Kinder Benjamin gedacht wird / das sie bey nidern Beth Horon gelegen habe / wird Jos.16. im Erbtheil der Kinder Joseph Archi Atharoth genant / vnd stimmen die namen sein obertin / dem Archi Atharoth heist Subtil krenglein / vnd Atharoth Ader herrlich krenglein. Die wüsten Bethaven aber / deren auch in diesen Grentzen des stams Ben Jamin gedacht wird / hat nahe bey Bethel gelegen denn Bethel wird von dem Propheten Bethaven / ein Haus der Sünden genant / von wegen der grossen Abgötterey / die die Kinder von Israel daselbst getrieben haben.

Von

Von dem Stam Ben Jamin.

Von den Stedten die im stam Ben Jamin gelegen haben/ Jos. 18.

Jericho/ ein süsser geruch.

Die Stadt Jericho / die Josua mit Posaunen gestürmet hat / ligt im stam Benjamin bei etzlich meilen von Jerusalem gegen Nordosten / vnd ist zuuorn in den Reisen Josua beschrieben worden.

Beth Hagla/ Rundhausen.

Beth Hagla ligt im stam Ben Jamin nahe bey Gilgal gegen Morgenwerts / von Jerusalem aber drey meilen gegen Nordosten, vnd wird auch wol Bethogla, das ist ein Freudenhauß / vnd Bethbesen auff Deutsch Schamrothausen genant, diese Stadt haben Jonadab vnd Simon, Judae Mac-cabäi Bruder befestiget, 1. Maccab. 9. Josephus antiq. lib. 13. cap. 1.

Emeck/ Ketziß/ Thal oder Grentzen.

Emeck Ketziß / ist ein Städtlein des stams Ben Jamin gewesen / nicht weit von Jericho, am Thal Achor gelegen / an der eussersten Grentze des stams Ben Jamin / drey meilen von Jerusalem gegen Nordosten.

Beth Araba/ Wüstenhausen.

Beth Araba eine Stadt des Stams Ben Jamin hat gelegen / in der Grentze des stammes Juda vnd Benjamin, nicht gar drey meilen von Jerusalem gegen der Sonnen Auffgang, drey viertel einer meilen vom Jordan / bey dem Bach Chrit / da die Raben Eliam gespeiset haben / Jos. 15. 18. 1. Königs 17.

Zemaraim/ Bawmeister.

Die Stadt Zimaraim hat gelegen an dem Berge Zemaraim / nicht weit von Bethel / zwo meilen von Jerusalem gegen Norden / daselbst hat König Jerobeam im streit fünff hundert tausen man verloren, 2. Chron. 18.

Bethel/ Gotteshaus.

Bethel die stadt des stams Ben Jamin da der Patriarch Jacob vorzeiten die Letter an dem Himel gesehen / die auch zuuorn Lust geheissen hat / zwey meilen von Jerusalem gegen Norden gelegen, ist zuuorn bey des Patriarchen Jacob reisen gründtlich beschrieben worden.

Arim/ oder Ai / Hügelich / oder Bergich.

Die Stadt Ai, die Josua vorzeiten mit list erobert hat, ist von Jerusalem drey meilen gegen Norden, gelegen gewesen auff einem hügel. Vnd ist so gar in einen Abgang gerathen / vnd zunichte worden, das man zu des H. Hieronymi zeiten, kaum das ort hat kennen können.

Hapara/ Ophra/ Caphar/ Amonia/ Aphni.
Fruchtbar,   Staub,   Dorff des Volckes,   Vogel.

Dis sind vier kleine stedtlein des stams Ben Jamin vnd Jerusalem gegen Nordenwerts gelegen, werden doch gleichwol in tabula chorographica nicht gefunden, es kan sein, das sie auch nach der zeit vergangen vnd gar verwüstet worden.

Gaba, oder Geba/ Ein höhe.

Gaba oder Geba ist eine Priesterliche stat des stams Benjamin am Thal Rephaim, nahe bey Kiriath Jearim gelegen gewesen, ein viertel einer meilen von Jerusalem gegen der Sonnen nidergang, daselbst hat Dauid die Philister in die flucht geschlagen / 2. Sam. 5. Vnd dieweil auch zu Kiriath Jearim eine herrliche höhe gewesen / da die Lade Gottes des HErrn ein zeitlang blieben ist / 1. Sam. 7. ist es wol gleublich / das sie zwo Stedte Giba vnd Kiriath Jearim / die auff einer höhe nahe bey einander gelegen haben, ein die lenge an einander gebawet sein worden, vnd also halte ichs gentzlich dauor, das die Giba sey eben die höhe bey Kiriath Jearim, da die Lade Gottes ist hin gesetzt worden, als sie wider kam aus der Philister Land, 1. Sam. 7. Item auff diesem Hügel Gottes / da die Philister Lager war zu Kiriath Jearim, fand die Propheten / Saul entgegen kommen / mit denen er geweissaget hat, 1. Sam. 10. Es kommen auch oft wort bisweilen Geba vnd Gibea appellatiue für die höhe zu Kiriath Jearim genommen worden. Denn die Lade Gottes als sie wider kam aus der Philister Lande / war sie gen Kiriath Jearim geholet vnd daselbst zu Gibea, das ist auff eine höhe, oder an ein hohes ort gesetzet nemlich ins Haus Abinadab / der auff der höhe wonet / 1. Sam. 7. 2. Sam. 6. So aber jemand an diesem ort Kiriath Jearim Giba oder Gibea / 3 vnterschiedliche stedt wolt sein lassen / der wird auff eins halb viertel einer meilen, drey Hügel Gottes sehen, wie vngereimet ring aber solches sey, siehet jederman wol.

Gibeon/ Bergen.

Gibeon eine Priesterliche Stadt im Stam Ben Jamin eine meile von Jerusalem gegen Norden gelegen auff einem Berge dauon sie auch den namen hat / diser Stadt Einwoner haben sich Josua williglich ergeben, Jos. 9. Im ersten Buch Samuelis wird sie Gibea Saulis genant, den König Saul

Von dem Stam Ben Jamin.

Saul ist in dieser Stadt geboren/vnnd hat auch daselbst seinen Königlichen Sitz gehabt/von welcher ist zuuorn bey König Sauls Reisen weitleufftiger gehandelt worden.

Ramah / ein Höhe.

Ramah ist eine Stadt des stams Ben Jamin/ nahe bey Bethel gegen Norden gelegen/auff dem gebirge Ephraim/ diese Stadt Baesa hat der König Israel bawen wollen lassen/ist aber daran verhindert worden/1.König.15. Sie hat zwo meilen von Jerusalem gegen Mitternacht gelegen/Das Gebirge Ephraim hat sich auch in den stam Ben Jamin hinein gestrecket.

Beeroth / Brünlein.

Beeroth ist ein Städtlein des stams Ben Jamin gewesen/ nicht weit von Jerusalem gelegen/gegen Nordwesten/zwischen Gibeon vnd Kiriath Jearim/ Jos.9.18.

Mizpa / ein Warte.

Mizpa ist eine Stadt im stam Ben Jamin/ die auch vorzeiten der König Assa befestiget hat/1.Reg.15. Sie ligt nahe bey Gibeon/ von Jerusalem aber/ hat sie eine meile gegen Nordwesten gelegen/ bie von findestu weitern bericht/bey den reisen des Propheten Jeremie/Jos.4.18.

Caphira / ein junger Lewe.

Caphira ist auch eine Stadt des stams Ben Jamin gewesen den Gibeonitern zustendig/ vnd hat gelegen eine halbe meile von Jerusalem gegen Nordwesten/zwischen Gibeon vnd Kiriath Jearim.

Maza / Reckelu / Jerpeel / Flade / Buntrock / Gottesartz.

Die stadt Maza/Reckelu/Jerpeel vnd Tharegla/haben im stam Ben Jamin/ nicht weit von Jerusalem gelegen/werden aber in tabula Chorographica palestine nicht gefunden/Jos.18.

Anathot / Elend.

Die Stadt Anathot/darin der Prophet Jeremia geboren/ ist eine Priesterliche Stadt des Stam Ben Jamin gewesen/zwanzig Stadien/das ist/drittehalb viertel einer meilen von Jerusalem gegen Norden gelegen/ Jerem.1.10. Josephus antiq. Juda.10.Cap.10.

Gallim / Rundetheile.

Die Stadt Gallim darin Phalti gewonet/ den Saul seiner Tochter Michal Dauids Weib zur Ehe gegeben/ hat im Stam Ben Jamin gelegen/ zwo meilen von Jerusalem gegen Nordosten/ 1.Sam.25.Jes.10.

Bahurim / Ausserkoren.

Bahurim ist ein Städtlein im stam Ben Jamin/ drey viertel einer meilen von Jerusalem gegen Nordosten gelegen/ bis an die Stadt/ nemlich fünff viertel einer meilen hat Phaltielseiner Frawen Michal weinende nachgefolget/ als er sie Dauid wider vbergeben muste/2.Sam.3.

Almon / Zela / Eleph / Jüngling / Ribbe / Tausent.

Die Priesterliche Stadt Almon/ Item Zela/vnd Eleph/haben im Stam Benjamin gelegen/ weil man aber nicht wissen wie weit von Jerusalem.

Jebusiter / Zertreter.

Jebusiter sind Cananiter gewesen/ die in der Stadt Jerusalem jhren Sitz gehabt haben/ dauon die Stadt ein zeitlang Jebus geheissen hat.

Gibeath / Kiriath / Bergen Stadt.

Es sind auch zween Stedte im stam Benjamin gewesen/ vieweil sie aber in tabula Palestine tragend vorhanden/ kan man auch nicht wissen an welchen ören/ oder wie weit sie von Jerusalem selb gelegen gewesen.

Nob / Propheten Stadt.

Nob ist ein Städtlein gewesen/ nahe bey Jerusalem gelegen/ eben in dieser Stadt hat Abimelech der Priester/ dem flüchtigen Dauid die Schawbrode vnd das schwert des grossen Riesen Goliaths gegeben/dariüber Saul so zornig gewesen ist/ das er die Priester des HErrn erwürget/ vnnd die Stadt zu grunde verrilget hat/1.Sam.21,22. Jesa.10.

Von dem Erbtheil der Kinder Simeon/Jos.16.

Das Erbtheil der kinder Simeon ist gewesen vnter dem Erbtheil der Kinder Juda vnd haben nachfolgende Stedte darinnen gelegen.

Beerseba / Schwerbrunnen.

Die Stadt Beerseba/ die von dem Eide/ den Abraham daselbst den König Abimelech geschworen/ vnd von dem Brunnen den er daselbst gegraben hat/den namen bekomen/ ist dem Stam Simeon zugetheilet

Von dem Stam Juda.

zůgetheilet worden/ vnd hat zehen meilen von Jerusalem gegen Südwesten gelegen/ Gen.21.zu diser zeit ist es ein Flecken vnd heist Galilijn.

Seba/Sieben.

Seba ist ein Stadt des stams Simeon gewesen/ wie weit sie aber von Jerusalem gelegen habe/kan man nicht eigentlich wissen.

Molada/Geburt.

Molada hat im stam Simeon vnd Juda gelegen/sechstehalb meilen von Jerusalem gegen Mittag. Jos.15.16.

Hazar Sual/Bala/Azem/Fuchsenburg/Oldenburg/Stanck.

Diese drey Stedte haben zugleich dem stam Juda vnd Simeon gelegen/ an den Grentzen der Philister.

ElTholad/Gottesgeburt.

Die Stadt ElTholath ist vom stam Juda den Kindern Simeon geschencket worden/ vnd ligt auff ein halben wege zwischen Lachis vnd Ascalon/ von Jerusalem aber siebendehalbe meilen gegen der Sonnen Niedergang.

Bethel/Jungfraw.

Bethel hat im stam Simeon gelegen/ man kan aber nicht eigentlich wissen wie weit von Jerusalem.

Ziklag/Rinden.

Diese stadt Ziklag/darin auch David ein zeitlang gewonet hat/ ist zugleich im stam Juda vnd Simeon gelegen gewesen/am Bach Besor zehen meilen von Jerusalem gegen Südwesten. Jos.15.19. 1.Samu.27.

Harmah/ein Fluch.

Diese stadt ligt nur eine meile von Gaza/von Jerusalem aber zehen meilen gegen Südwesten/ vnd sind daselbst die Cananiter erschlagen. Numeri.21. Judic.1. Josua.15.

Beth Marcaboth/Hazar/Susa/Reuters- hausen/Reutersburg.

Beth Marcaboth vnd Hazor Susa sind zwey Stedte im stam Simeon gewesen/ von Jerusalem gegen Südwesten gelegen/wie weit aber von Jerusalem/kan man nicht eigentlich wissen.

BethLebaoth/Saruhen/Lewinhaus/Gnadensenger.

Diese zwo Stedte haben auch im stam Simeon gelegen/ wie viel meilen aber von Jerusalem/kan nicht außgerechnet werden/ weil man in tabula Chorographica ihre longitudines & latitudines nicht verzeichnet findet.

Ain/Auge.

Ain ist eine Priesterliche stadt zugleich im stam Juda vnd Simeon gelegen nicht gar eine meile von Getar gegen Mittag/von Jerusalem aber neundehalbe meilen gegen Südwesten. Josua.19.19.

Rimnon/Granatöpffel.

Rimnon hat auch im stam Juda vnd Simeon/ nicht weit von Gerar gegen Mittag gelegen/ von Jerusalem aber acht meilen gegen Südwesten/ Man findet auch noch eine ander Stadt Rimmon im stam Sebulon/Es kan sein/das bey diesen Stedten viel Granatöpffel gewachsen sein/davon sie den Namen werden bekommen haben. Jos 12.19. Judic.20. Zacharias.12.

Ether/Geber.

Ether ist eine Stadt zugleich dem stam Juda vnd Simeon gelegen/zwischen Maon vnd Arath/sechstehalb meilen von Jerusalem gegen Mittag.

Asan/Rauch.

Asan ist auch zugleich im stam Juda vnd Simeon gelegen gewesen/ in die sechs meilen von Jerusalem gegen Südwesten.

Baalath Beer/Frawenbrunn.

Diese Stadt hat gelegen an den grentzen der stemme Simeon vnd Dan/drey meilen von Jerusalem gegen der Sonnen Nidergang.

Ramath/Hohen oder Bergen.

Ramah oder Ramath ist eine höhe oder Gebirge welches sonsten das Gebirge Juda genent wird/ vnd ligt von Jerusalem gegen Mittag/ vnd erstrecket sich von Bethlehem/ bis hin an Kades Barnea über neun meilen / davon lesen wir Jerem. vnd Matth.2. Vox in ramah audita est, auff den Gebirg hat man ein geschrey gehöret/viel klagens/heulens vnd Wehens/Rahel beweinet ihre Kinder vnnd Wolt sich nicht trösten lassen/denn es war mit jhnen auß/rrr.

Von den

Uber das Buch Josua.

Von dem Erbtheil der Kinder Sebulon / Jos. 19.

Je grentze des stams Sebulon gegen Abendwerts/ist gewesen am grossen Mittelmeer der welt/von Sarid gegen Mareala/anderthalbe meile/vnd ein viertel von Mareala/gegen Dabaseth eine meile/ vnnd hat sich geendet am Bach der für Jackneam fleust aber drey viertel einer meile von Dabaseth thut also die Abengrentze des stams Sebulon am grossen Mittelmeer der welt/ vierdehalb meilen. Die Grentze aber des Stams Sebilon gegen Mittag war von Sarid bis gen Eisloth Thabor 4. meilen/ vnd von dannen gen Dabrath eine meile / von Dabrath gen Jorphia vnd gegen Morgenwerts biß an den Jordan / anderthalb meilen / begreifft verwegen die Grentze des stams Sebulon gegen Mittag siebendehalb meilen. Die Grentze aber gegen Morgenwerts ist der Jordan / zwischen den Galileischen Meer vnd dem See Samochonite / vnnn ligen baselbst gegen dem Jordan aber in der Morgengrentze des Stams Sebulon nachfolgende Stedte/von Dabrath gen Githa Hepher sind drey viertel einer meilen/vnd von Githa Hepher durch Jhra von Kazin / gen Rimos Mithoar sind anderthalbe meilen/vnd von dannen gen Rea/ eine meile/vnd von Rea bis gen Nathon/ 1 meile vnd ein viertel / thut also die Morgengrentze fünffthalb meilen. Die Grentze des stams Sebulon gegen Mitternacht aber lendet sich herumb vom Jordan da er aus dem See Samochonit fleust/bis gen Narbon/zwo meilen/vnd von dannen gen Sepheoris anderthalb meilen / vnd endet sich im thal Jephthael am Bach der für Jackneam fleust aber anderthalb meilen. Das also die Morgengrentze/ in allen begreiffen fünff meilen.

Summa aller grentze des stams Sebulon/thut 20. meilen.

Folget nun die beschreibung der Stedt im stam Sebulon / Jos. 19.

Sarid/ Ubrig.

Sarib ist ein stedtlein des stams Sebulon am grossen Mittelmeer der Welt gelegen / sechtzehn meilen von Jerusalem gegen Norden/sie ligt nicht gar ein viertel einer meilen vom Berge Carmelo gegen Morgenwerts/auff dem Berge Carmel aber / hat der Prophet Elias verzeiten gewonet/ 2. Reg. 1.

Mareala/ Ein bittere auffsteigung.

Jst Stadt Mareala ligt im Stam Sebulon/am grossen Mittelmeer der Welt/ hundert vnnd siebenzehendehalb meilen von Jerusalem / gegen Mitternacht anderthalb meilen von Sarid / vnd dem Berge Carmel gegen der Sonnen auffgang.

Dabaseth / Camelhügel.

Dabaseth/ ist eine stadt des stams Sebulon gewesen/am grossen mittelmeer der welt gelegen/100 vnd achtzehen meilen von Jerusalem gegen Norden/anderthalb meilen von Ptolemais gegen Mittag.

Jackneam / lieblich erhörung.

Jst Stadt Jackneam hat auch am grossen Mittelmeer der Welt gelegen / drey viertel einer meilen/Von Ptolemais gegen Mittag / von Jerusalem aber hat sie 18 meilen gelegen gegen Norden vnd ist den Leviten gegeben worden/Jos. 19.21.

Eisloth Thabor/ Krummer Thabor.

Dise stadt ligt am Berge Thabor/im stam Sebulon/vierzehen meilen von Jerusalem gegen Norden. Thabor heist so viel als ein leuchtender klarer Berg.

Dabrath/ Reden.

Dabrath/ ist eine Priesterliche stadt der Leuiten gewesen/ vnnd hat gelegen im stam Jsaschar / an den Grentzen des stams Sebulon/ nicht gar zwo meilen von Nazareth / gegen Mittag / von Jerusalem aber hundert vnd fünffzehendehalb meilen gegen Norden.

Japhia/ herrlich vnd schön.

Japhia/ ist eine stadt im stam Sebulon/fünffzehen meilen von Jerusalem gegen Nordosten gelegen/ nicht weit von Capernaum.

Githa Hepher/ Durchgrabene Weinpresse.

Githa Hepher oder Gath Hepher/ die Stadt des stams Sebulon/ daraus der Prophet Jonas bürtig gewesen / hat fünffzehn meilen von Jerusalem gegen Norden gelegen. Es kan sein das viel weites bey dieser Stadt gewachsen / daion sie den namen bekommen habe. Sie ligt nur eine meile von Nazareth gegen Mittag/ihr wird gedacht/ Jos. 19.2 Reg. 4.

Itha/ Kazin/ Zeit / Verweserin.

Dise zwo Stedte haben zwischen Gath/ Hepher/ vnd Rimmon im stam Sebulon gelegen/ 16. meilen von Jerusalem gegen Norden/ Jos. 16.

Rimmon/ Mithoar. Granatöpffel/ Entwerffung.

Dise Stadt Rimmon Mithoar/ligt im Stam Sebulon/siebenzehen meilen von Jerusalem gegen Nordosten Jos. 19.

Von dem Stam Juda. 22

Nea/Wanckelmütig.
Diese Stadt ligt im stam Sebulon achtzehende halbe meilen von Jerusalem gegen Nordosten eine meile vnd ein viertel geit Nazareth gegen der Sonnen Auffgang.

Naton/Geschencke.
Die Stadt Nathon oder Hanarkon ligt im stam Sebulon 19. meilen von Jerusalem gegen Norden/zwo meilen von Nazareth gegen Nordosten.

Nazareth/Grünzweig.
Die Stadt Nazareth da der HErr Christus ist auffgezogen worden/hat auch im stam Sebulon gelegen sechs meilen vnd ein viertel von Jerusalem gegen Norden. Diese Stadt wird hernach in den reisen des HErrn Christi weitleuffiger beschrieben vnd erkleret.

Sephoris.
Die Stadt Sephoris ligt in den Grentzen der stemme Naphthali vnnd Sebulon/siebentzehen meilen von Jerusalem gegen Norden.

Jepthahel/Gottes Pforte.
Als thal Jephthahel ist bey den Stedten Ptolemais vnd Jachneam/achtzehen meilen von Jerusalem gegen Norden in den grentzen Assur vnd Zebulon gelegen.

Cana vnd Galilea.
Die ist eben die Stadt da der HErr Christus Wasser zu Wein gemacht hat/ vnd ligt im stam Sebulon siebentzehen meilen von Jerusalem gegen Norden. Cana heist ein Rohr. Von dieser Stadt sol bey den Reisen des HErrn Christi w. tleufftiger gehandelt werden.

Cathath/Simeon/Jedeala/Bethlehem/Abbrechen/Wechterin. Fliegendes Eid/Brodhausen.
Diese vier Stedte haben an den eusersten Grentze des stams Sebulon gegen Mitternacht gelegen/ zwischen Nathon vnd dem thal Jephthahel/achtzehen meilen von Jerusalem gegen Norden Jos 19. Es ligt auch ein ander Bethlehem im stam Juda/ da der HErr Christus geboren ist/Miche. 5. Matth. 2. Luc. 2.

Nahaal/Eine Stadt des Lobes vnd Preises.
Nahaol ist ein Priesterliche stadt der Leuiten gewesen/ein stam Zebulon/achtzehendehalbe meilen von Jerusalem gegen Norden gelegen/Jos.19.21. Jud.1.

Chartha/Dimnath/Ein Stadt/Mist.
Diese zwo Stedte sind auch vom stam Sebulon/den Leuiten geschencke worden/vnnd haben in die sechtzehen meilen von Jerusalem gegen Norden gelegen/Jos.21.

Von dem Erbtheil des Stams Jsaschar/Josua 19.
Die Grentze des stams Jsaschar gegen Mittag war von grossen Mittelmeer der Welt / bis an Jesreel anderthalb meilen/ vnnd von Jesreel gen Chesulloth ein halb viertel einer meilen/ von Chesulloth gen Sunem ein halbe meile/ von Sunem gen Hapharaim drey viertel einer meilen/ von Hapharaim gen Sion fünff viertel einer meilen/ von Sion gen Anaharath ein halb meilen/ vnnd von Anaharath gegen Mittag zum anfang des Galileischen Meers/ wittehalb meilen/ thut also die Grentze des stams Jsaschar gegen Mittag in die sieben Deutsche meilen. Die Grentze des stams Jsaschar gegen Abendwerts ist das grosse Mittelmeer der Welt / von der Stadt Dora angetrechwer bis an den Berg Carmel/ vier meilen/ in derselben Grentze gegen dem grossen Mittelmeer der Welt vber / haben diese stette gelegen wie das Buch Josua im 19. Capit. anzeiger. Von Rabith zu der Priesterlichen stadt Kiseon/heit eine halbe meile/von Kiseon gen Aben auch eine halbe meile/ von Aben gen Remeth/ thut übermals eine halbe meile/vnd von Remeth gen Engannim helt schier eine gantze meile/von Engannim zum Berge Carmel anderthalb meile/ diese Grentze stimmet mit der vorigen des Meers Grentze sein übertein/ denn sie begreifft abermals vier meilen. Die Grentze aber des Stams Jsaschar gegen Norden theilt sich also/ von dem Berge Carmel bis gen Enhaza gen BethPazes helt eine meile / von BethPazes zum Berge Thabor ist eine meile / von dem Berge Thabor gen Sahaztma ist eine halbe meile / vnnd von Sahaztma geu Bethsemes eine meile von Bethsemes aber biß an den Jordan bey der Stadt Capernaum/ist auch eine meile/dermach helt die Grentze des stams Jsaschar gegen Mitternacht sieben meilen / die Grentze des Stams Jsaschar gegen Morgenwerts ist das Galileische Meer/ vnd begreifft nach der lenge drey meilen.

Summa aller Grentze des stams Jsaschar/21.meilen.

Folget nun die Beschreibung der Stedt vnd örter. Jos.19.
Jesreel Gottessamen.
Jesreel ist die Stadt da die Hunde Jesebel gefressen haben/sie ligt im Stam Jsaschar/zwölff meilen von

Vber das Buch Josua.

von Jerusalem gegen Norden/am Bach Kison/vnd ist hinforn bey den Reisen Giblons vnd des Königs Ahab weitleufftiger beschrieben worden/sie ligt auff einem Hügel/vnnd hat zu vnser zeit in die dreissig Heuser/vnd heist Sanachim.

Chesulloth/Vnbestendig.

Chesulloth ist ein stedlein nahe bey Jesreel am Bach Kison vnnd im stam Jsaschar/zwölff meilen von Jerusalem gegen Norden.

Sunem/Scharlachenroth.

Die statt Sunem/da der Prophet Elisa seiner Wirtin Son vom Tode erwecket hat/ligt auch im stam Jsaschar zwölff meilen von Jerusalem gegen Norden. Hieuon findestu weitern bericht bey des Propheten Elisa Reisen.

Hapharaim.

Hapharaim ist eine Stadt des Stams Jsaschar nicht weit von Naim/bey dem Berge Hermon zwölff meilen von Jerusalem gegen Norden gelegen/sie ligt eine halbe meile von Naim gegen Süden.

Sion perv

Ein köstlich Kleiner vnd geschencke.

Die Stadt Sion hat im Stam Jsaschar gelegen dreyzehende halbe meilen von Jerusalem gegen Nordosten/sonsten ist auch Sion ein Berg zu Jerusalem/darauff die Oberstadt gelegen hat genant die Stadt Dauid/vnd wird durch ein א geschrieben.

Anaharath/Nasendampff/oder schnargeln.

Die Stadt ligt im stam Jsaschar/dreyzehen meilen von Jerusalem gegen Nordosten/eine meile zwischen Tyberias gegen Mitternach.

Dora/Dauren.

Dora oder Dor/heist eine Wonung/die eine lang zeit weret/wie wir auff Deutsch sprechen Alten stats oder Altenburg. Es ligt aber die Stadt Dora am grossen Mittelmeer der Welt/zwölff meilen von Jerusalem gegen Norden/auff halben weg zwischen dem Berge Carmel vnd der Statt Cesarea Stratonis.

Carmel/Grunow.

Jesel ist eben der Berg Carmel/darauff der Prophet Elias gewonet hat/ 2. Könige 1. Vnd ligt am grossen Mittelmeer der Welt/sechzehen meilen von Jerusalem gegen Norden.

Rabbith/Volckreich.

Rabbith ist eine Stadt im stam Jsaschar/eine halbe meile von Jesreel gegen Norden gelegen/von Jerusalem aber ist sie dreyzehende halbe meilen gegen Norden gelegen gewesen.

Kiscon/Versamlung.

Kiscon ist eine Priesterliche Stadt im Stam Jsaschar gewesen/darin Leuiten gewonet haben/vnnd hat gelegen eine meile von Jesreel gegen Norden/am wasser Kison/dauon sie auch den namen hat von Jerusalem aber hat sie dreyzehen meilen gegen Norden gelegen.

Abetz/Pfütze.

Die Stadt Abetz hat im Stam Jsaschar gelegen/anderthalb meilen von Jesreel gegen Mitternacht am Bach Kison/vierzehende halbe meilen von Jerusalem gegen Norden.

Rameth/Hoch.

Rameth ist eine Stadt des Stams Jsaschar/auff halben weg zwischen Jesreel vnd dem Berg Carmel gelegen/am Bach Kison vierzehen meilen von Jerusalem gegen Norden.

Engannim/Gartenbrunn.

Engannim ist eine Priesterliche Stadt der Leuiten/im stam Jsaschar/am Bach Kison gelegen/ derthalbe meilen von dem Berge Carmel gegen Mittag/von Jerusalem aber funffzehen meilen vnd ein vierteil gegen Norden.

Enhadad/Gelbbrünleim.

Enhadad/oder Euhada hat im Stam Jsaschar gelegen/vierzehen meilen von Jerusalem gegen Norden.

Beth Pazez/Haus der zerknirschung.

Beth Pazez ist eine Stadt des Stams Jsaschar gewesen/funfftzehende halbe meilen von Jerusalem gegen Norden gelegen.

Thabor/Klarberg.

Der Berg Thabor/darauff sich der HErr Christus für seinen Jüngern verkleret hat/Matth.17. Marc.9.

Von dem Stam Isaschar.   24

Matt. 9. Luc. 9. Hat im Galileischen Land vnd im Stam Isaschar gelegen/ vierzehen meilen von Jerusalem gegen Norden/von diesem Bergen findestu weitern bericht/ bey den Reisen vnsers HErren Jesu Christi.

Saba Zima / Zertheilung.

Diese Stadt ist im Stam Isaschar gelegen gewesen/ nahe bey dem Berge Thabor gegen Morgenwerts vierzehen meilen von Jerusalem gegen Norden.

Bethsemes / Sonnenhauß.

Die Stadt Bethsemes hat im Stam Isaschar gelegen/ vierzehen meilen von Jerusalem gegen Nordosten/ eine meil von Capernaum gegen Nordwesten. Man findet auch noch sonst ein ander Stadt Bethsemes im Stam Juda/ darin Leuiten gewonet haben/ ein meil von Jerusalem/ gegen der Sonnen Nidergang.

Jahrmuth / Lehr des todes.

Jahrmuth/ ist ein Priesterliche Stadt der Leuiten gewesen/ im Stam Isaschar gelegen in die drey-sechen meilen von Jerusalem gegen Norden / Jos. 21. Man hat auch sonsten noch ein ander Stadt Jahrmuth im Stam Juda fünff meilen von Jerusalem/gegen der Sonnen Nidergang/ darin der fünff Könige einer gewohnet hat/ die Josua hengen ließ/ Jos. 10, 11, 12.

Dabrath / Reden.

Dabrath/ ist ein Priesterliche Stadt der Leuiten gewesen/ vnd hat gelegen im Stam Isaschar/ an den Grenzen des Stams Sebulon nicht all zwo meilen von Nazareth gegen Mittag/ von Jerusalem aber funffzehen meilen gegen Norden.

Cinneroth / ein Harpffe.

Cinneroth / ist ein Statt am Galileischen Meer/ zwölff meilen von Jerusalem gegen Nordosten gelegen/ vor Christi geburt hat diese Stadt Cinnereth geheissen/ gleich wie das Galileische Meer daran sie gelegen auch Cinnareth/auff Deutsch/ das Harpffen Meer ist genent worden/Num. 34. Deut. 3. Josu. 12. 13. So hat auch daselbst die Landschafft am Meer gelegen/ bey der Stadt Cinnereth/ die Herrschaffte oder das Land Cinnereth geheissen. Es hat aber das Galileische Meer/ darumb von der Harffen den namen bekommen/ weil es in seinem Vfer die gestalt einer ligenden Harffen gehabt. Nach Christi geburt aber hat Herodes der Vierfürst in Galilea/die stadt Cinneroth vernemen/ vnd mit starcken Mawren befestigen lassen/ vnd jr einen newen namen geben/ das sie nicht mehr Cinnereth/ sondern Tyberias heissen solte/ nach dem Römischen Keyser Tyberio/ wie vom findestu weitern bericht bey den Reisen des HErrn Jesu Christi/ da deren von der stadt Tyberias weitleufftiger gehandelt werd.

Weiter haben auch im stam Isaschar gelegen/ die Stadt Naim/ da der HERR Christus den Widwen Sohn vom todt erwecket hat / Magdalum / darauß Maria Magdalena bürtig gewesen/ Bethsaida Petri/ Andree/ vnd Philippi Vaterland/ vnd die schöne Stadt Capernaum/da der Son Gottes vnser lieber HErr Jesus Christus viel Zeichen vnd Wunder gethan hat. Dauon findestu gründlichen bericht bey den Reisen vnsers HErren Jesu Christi.

Von dem Erbtheil der Kinder Asser/

Die Mittelgrenze des stams Asser/ so viel der Stedte belangen die recht mitten im lande gelegen haben von norden herab gegen Mittag zu rechnen/ ist diese gewest/ von Helfoath gen Halt/ sind zwo meilen vnd ein viertel/von Hali gen Beiten heil 1. meilen/ von Beten gen Achsaph ist auch 1 meilen von Achsaph gen Alamelech eine meile vnd ein viertel von Alomelech gen Amead ist ein viertel einer meilen/ von Amead gen Mesral hat man eine meilen / Summa dieser Grenze des Stams Asser begreifft sichs meilen vnd drey viertel.

Die grenze des stams Asser gegen Mittag hebet an am Meer bey Chorsibnath/ vnd gehet von dannen gen Bethagon eine halbe meile/ vnd kompt darnach in den Grenzen des stams Sebulon an das thal Iepthabel herab gen Bethemeck drey viertel einer meilen/ vnd von Bethemeck zum thal Nebiel ist eine meile. Thut also die grenze des stams Asser gegen Mittag zwo meilen/ vnd ein viertel.

Die grenze aber des stams Asser gegen Morgenwerts/ hebt an vom thal Negiel/ vnd gehet gegen Morgenwerts hinauß zur lincken hand der stadt Cabul/ zwo meilen/ vnd von dannen weiter hinauff gen Ebron zwo meilen/ von Ebron gegen Rehob eine meile vnd ein viertel/ von Rehob gen Hamon drey viertel einer meile/ von Hamon zum grössten Cana/ zwo meilen vnd ein viertel/ vnd von Cana biß zu der grossen Sadt Sidon ist eine meile. Das also die Morgengrenze des Stams Asser begreifft neun meilen vnd ein viertel.

Die grenze des stams Asser gegen Norden/ ist die grosse stadt Sidon/ von derselbigen hebt sich als bald widerumb an die Abendgrenze des stams Asser vnd gehet am grossen Mittelmeer der Welt/ herab vber das Gebirge Rama zu der festen Stadt Zor/ sonsten Tyrus genant / vber vier meilen vnd von Tyro gegen Hossa weittehalb meilen, vnd von Hossa gehet dieselbe Abendgrenze des Stams Asser am

grossen

Von dem Stam Asser.

grosse Mittelmeer der Welt/bey den Stedten Achsib/Vma/Aphect vnd Rehob herab/biß in der grossen Stadt Accon oder Ptolemais oder fünffthehalb meilen/begreifft also die Abendgrentze eilff meilen. Summa aller Grentze des Stams Assur thut neun vnd zwantzig meilen vnd ein viertel.

Folget nun die beschreibung der Stedte vnd örter.

Helkat/Lieblich.

Die Statt Helkath ist ein Priesterliche Stadt der Leuiten gewesen/im Stam Asser gelegen/fuͤnff meilen von der Stadt Tyro gegen der Sonnen Auffgang/von Jerusalem aber hat sie sechs vnd zwantzig meilen gegen Norden gelegen/Jos.19.21.

Hali/Halsband.

Hali oder Chali/hat im stam Asser vier vnd zwantzig meilen von Jerusalem gegen Norden gelegen.

Beten/ein Bauch.

Beten hat im Stam Asser drey vnd zwantzig meilen von Jerusalem gegen Norden gelegen.

Achsaph/Zauberer.

Achsaph/eine Stadt des Stams Asser/hat zwey vnd zwantzig meilen von Jerusalem gegen Norden gelegen.

Alamelech.

Ein Königliches oder Königliches stillschweigen hat im Statt Asser gelegen / ein vnd zwantzig meilen von Jerusalem gegen Norden.

Amead/ein geschnürckt Volck.

Die Stadt Amead hat im Stam Asser am grossen Mittelmeer der Welt gelegen/zwey vnd zwantzigste halbe meile von Jerusalem gegen Norden.

Miseal/Bete selig.

Miseal ist eine Statt im Stam Asser / die vom fleissigen Beten den namen hat/vnnd ist ein vnd zwantzigstehalb meilen von Jerusalem gegen Norden gelegen gewesen / sie ward zu einer Priesterlichen Stadt den Leuiten gemacht/Jos.21.

Sihor Libnath/schwartz vnd weis.

Sihor Libnath ist eine Stadt im Stam Asser/die von der Bundten farbe den namen bekommen hat/weil sie weis vnd schwartz geschinnen/vnd hat am grossen Mittelmeer der Welt gelegen/eine meilen von Ptolomais/gegen Norden/von Jerusalem aber zwantzig meil gegen Mitternacht. am Gebirge Carmel denn dasselbige gebirge hat sich herumb gezogen / am grossen Mittelmeer der Stadt von dem Berge Carmel biß zu der Stadt Ptolomais/vnd an die Stadt Sichor Libnath/Jos.19.

Beth Dagon/Fischenhausen.

Die Stad Beth Dagon hat 21 meilen von Jerusalem gegen Norden gelegen/ein meil von Ptolomais gegen der Sonnen auffgang/vnd hat den namen von der Abgöttin Dagon/die oben die gestalt einer Jungfrawen/vnten aber die gestalt eines Fisches gehabt / welches bey vns gemeiniklich ein Meerweiblein genennt wird. Diese Abgöttin wird von den Heidnischen Poeten/Decretes genennt/dem ein Ouidius gedenckt lib. 4. Metam. Item Plinius vnd Herodorus/Diodorus zeigen an/im 1. buch Diese Göttin sey von den Philistern bey der Stadt Ascalon geehret vnd angebetet worden. Von im Syrern wird sie Atregatis genannt/aber die Hebreer nennen sie Dagon. Diese Abgöttin ist von den Philister wie die heilige Bibel vermeldet in grossen ehren gehalten/vnd hat zu Asdod/Ascalon/Gath vnd Gaza schöne Tempel gehabt/aber die zu Ecron habt Beelzebub angebetet/2. König 1. Als nu der Gottes Arcken genomen ward von den Philistern/ward sie gen Asdod gebracht in das Haus Dagon/vnd als die Philister des Morgens frue auffstunden/lag Dagon auff dem Antlitz auff der Erden/ward aber wider auffgerichtet an seine stedte. Des andern Morgens lag Dagon für der Lade des HERrn / selbst auff der Erden auff dem Antlig/das Heubt aber vnd beide Hende waren abgehawen auff der Schwelle/das er stumm welcher vnrein am Tisch gewesen ist/allein auff der Schwelle war ligen blieben/1. Sam. 5. Also im Buch der Richter am 16. Capittel lesen wir/wie Simson das Götzenhaus Dagon zu Gaza habe eingerissen. Bernhard von Breitenbach schreibet/Die Stad Gaza sey viel grösser als Jerusalem/aber nicht so zierlich gebauet/vnd man zeige noch darinne die verfallene mauren des Götzenhauses. Davon das Simson eingerissen/vnd die Philister von sich selbst damit zu todte geworffen habe. Weiter ist zu wissen Meerweiblein oder Abgoettin Dagon/nicht allein von den Philistern/sondern auch an andern orthen mehr angebetet vn geehret worden/insonderheit in den zwo stedten Beth Dagon der ein im stam Juda/wie oben aus dem 15. Cap. Josua vermeldet/vnd die 2. die im stam Asser bey der stadt Ptolemais gelegen

Vber das Buch Josua.

ölegen gewesen / welche Stedte / alle beyde von der Abgöttin Dagon den namen bekomen haben/von Beth Dagon / das ist Götzenhausen der Abgöttin Dagon genennet worden.

Jephthael/Gottes Pforte.

Das thal Jephthael / ist gewesen bey den Stedten Ptolemais vnnd Jackneam in den Grentzen Asser vnd Sebulon achtzehen meilen von Jerusalem gegen Norden.

Bethmeck/Thalhausen.

Bethmeck ist ein Stadt im Stam Asser gewesen/ein thal Jephthael gelegen/ bey der Stadt Ptolemais neuntzehen meilen von Jerusalem/gegen norden/an der Mitternächtigen Grentze des stams Asser.

Negiel Gottes wüste.

Negiel/ist ein thal voller Büsche vnd Brachen/ zwo meilen von der Stadt Ptolemais gegen Morgenwerts /von Jerusalem zwantzig meilen gegen Norden.

Capul/Dreckigt/Sandicht.

Chbul/ist eine Stadt im Stam Asser/22.meilen von Jerusalem / gegen Norden gelegen / als König Salomon den Tempel vnd das Königliche Haus zu Jerusalem gebawet hatte/ hat er nach dieser Stadt Cabul/vnd schencket daselbest Hyram dem König von Tyro zwantzig stedte in Galilea: vnd die weil dieselben stedte dem Könige Hyram nicht gefielen / hat er die Stadt vnd das Land daselbst Cabul genant, ein Dreckigt/Sandicht Land/das gantz vnfruchtbar ist/1 Reg.9. Jos.19.

Ebron/Der durchgenger Stadt.

Die Stadt Ebron hat im stam Asser gelegen 24.meilen von Jerusalem gegen Norden.

Rehob/Ausbreitung.

Rehob ist ein Priesterliche Stadt der Leuiten gewesen, im stam Asser gelegen 25.meilen von Jerusalem gegen Norden / es lest sich ansehen das diese Stadt schöne breite gassen gehabt / vnd davon Rehob / oder Rehob Breitestrassen genandt sey worden / sie hat drey meilen von Tyro gelegen / gegen Süpsten. Aus dieser Stadt haben die Kinder Asser/die Cananiter nicht gantz vertrieben / sondern haben sie vnter sich lassen wohnen/ Judic.1.

Hamon/Getümel.

Hamon oder Thamon/ ist ein Stadt des stams Asser gewesen / sechs vnd zwantzig meilen von Jerusalem gegen Norden/drey meilen von der grossen Stadt Sidon nach Mittag.

Cana/Ein Rohr.

Cana Maior/das grösste Cana / daraus die Cananeische Fraw bürtig gewesen ist / die dem HErrn Christo nachschreyer an den Grentze Tyro vnd Sidon/hat im stam Assur gelegen in Ober Galilea eine meile von Sidon gegen Mittag / von Jerusalem aber 28.meilen gegen Norden, Cana minor aber/das kleinere Cana ist ein Stadt in nidern Galilea gewesen/ siebentzehen meilen von Jerusalem gegen Norden gelegen/vnd in demselben kleinern Cana/ hat der HErr Christus wasser zu Wein gemacht. Von beyden Cana findestu weitern bericht bey des HErren Christi Reisen.

Sidon/Ein Stadt der Jeger.

Von dieser herrlichen grossen vnd prechtigen Stadt Sidon / die am grossen Mittelmeer der Welt neun vnd zwantzig meilen gegen Norden gelegen hat / findestu gründlichen bericht bey den Reisen vnsers HErrn Jesu Christi.

Zor/ein Fels.

Zor ist die grosse Stadt Tyrus am grossen Mittelmeer der Welt im stam Asser gelegen 25 meilen von Jerusalem gegen Norden. Diese herrliche vnd prechtige Kauffstadt wird bey den Reisen des HErrn Christi auch weitleufftig beschrieben.

Hossa/Ein Stadt der Hoffnung.

Hossa oder Chessa ist ein Stadt im Stam Asser / am grossen Mittelmeer der Welt/ vier vnd zwantzigthalbe meilen von Jerusalem gegen Norden / von der Stadt Tyro aber ligt sie drittehalb meilen gegen Mittag.

Achsib/Lügenhafftig.

Achsib ist ein Stadt des Stams Asser/am grossen Mittelmeer der Welt gelegen / zwey vnd zwantzigthalbe meilen von Jerusalem/gegen Norden/ Jos.19. Aus dieser Stadt haben die Kinder Asser die Cananiter nicht gantz vertrieben/sondern haben sie vnter sich wohnen lassen.

Vma/Volckreich.

Die Stadt Vma / hat auch am grossen Mittelmeer der Welt im Stam Asser gelegen/zwey vnnd zwantzig meilen von Jerusalem/gegen Norden.

Aphek

Von dem Stam Naphthali.
Apheck / Streitig.

Apheck / an diesem ort ist ein stadt im stam Asser 24. meilen von Jerusalem gegen Norden gelegen/ Jos.19. Auß dieser stadt sind die Cananiter nicht gantz vertrieben worden / sondern haben vnter den Kinder Asser gewonet/ Judic. 1.

Accon/ oder Ptolemais.

Die stadt Ptolomais hat vorhin Accon geheissen/ vnd zwischen der Stadt Tyro vnd dem Berg Carmel gelegen/ neun zehen meilen von Jerusalem gegen Norden im stam Asser. Denn die Kinder Asser haben die Cananiter nicht gantz vnd gar vertrieben / sondern dieselben vnter sich wohnen lassen/ Judic. 1. Ptolemæus ein König in Egypten hat diese Stadt gebessert mit schönen Gebewen/ vnd seinen namen Ptolemaidem genennet/ doch hat sie auch jren ersten vnd stetten namen behalten.

Abdon / Knechtisch.

Abdon/ ist eine Priesterliche Stadt des stams Asser gewesen/ darin Leviten gewonet haben/ vnd bei zwey vnd zwantzig meilen von Jerusalem/ gegen Norden gelegen / Jos. 21.

Sarepta oder Zarpath / Schmeltzhütten.

Das Städtlein Sarepta/ da Elias der Widwen Son vom todte erwecket / hat auch im stam Asser gelegen/ acht vnd zwantzig meilen von Jerusalem gegen Norden/ vnnd ist in des Propheten Eliæ Kirchen beschrieben worden.

Von dem Erbtheil der Kinder Naphthali / Jos. 19.

Die grentze des Stams Naphthali gegen Morgenwerts ist der Jordan/ vnd begreifft sieben meilen von der Stadt Cæsarea Philippi herab/ biß zu dem ende des Sees Samachonites/ da der Jordan wider herauß fleusset/ in derselben Morgengrentze haben im stam Naphthali gelegen nachfolgende stätte: Heleph änderthalb meilen von Cæsarea Philippi / doch hat Cæsarea Philippi jenseit/ Heleph aber disseit des Jordans gelegen/ von Heleph gen Elon/ sind in die dritehalb meilen / vnd von Elon durch Zaanannim gen Adami Neleb heit eine meilen von Adami Neleb bis gen Jabneel drey vierteil meilen/ vnd von Jabneel biß gen Lakum sind auch drey vierteil meilen/ von Lakum aber bis an den Jordan ist ein halb meile thut also die Morgengrentze des stams Naphthali/ bey dem Jordan herab sieben meilen.

Die grentze aber des stams Naphthali gegen Mittag stösset an dem stam Zebulon/ vnd gehen vom Jordan bis zu der Stadt Agnos Thabor/ zwo meilen / vnd kömpt von dannen herauß gen Hukok vier fünff vierteil einer meil / vnd stösset gegen der Sonnen Nidergang an dem Stam Asser oder änderthalb meilen vnd ein vierteil/ begreiffet also die grentze des Stams Naphthali gegen Mittag fünff meilen.

Die Abendgrentze des stams Naphthali/ stösset an den Stam Asser/ vnd thut sieben meilen.

Die Mitternächtige grentze aber des Stams Naphthali ist an dem Berg Antilibano/ vnd begreifft fünfftehalb meilen.

Summa aller grentze des Stams Naphthali vier vnd zwantzigstehalb meilen.

Folget nun die Beschreibung der Stedt vnd örter.

Heleph/ Enderung.

Heleph/ ist ein stadt im stam Naphthali / ausserhalb meilen von Cæsarea Philippi in westen gelegen von Jerusalem aber vier vnd zwantzig meilen/ gegen Nordosten.

Elon/Eichen.

Elon die Stadt des stams Naphthali/ hat eine meile vom Jordan gegen der Sonnen Nidergang gelegen/ von Jerusalem aber zwey vnd zwantzig meilen gegen Nordosten.

Zaenannim / Versetzung oder vmbschweiffung.

Zenanim ist ein landschafft gewesen im stam Naphthali/ zwischen Elon vnd Adami Neleb / zwo vnd zwantzigste halb meilen von Jerusalem/ gegen Nordosten.

Adami Neleb Rote Erden/ein Grube.

Die Stadt Adami vnd Neleb / sind beyde im stam Naphthali gelegen gewesen / disseid des Jordans/ nicht weit vom See Samachonites / ein vnd zwantzig meilen von Jerusalem gegen Nordosten.

Jabneel Gottes Gebew.

Jabneel ist ein Stadt im stam Naphthali gewesen/ eine halbe meile vom See Samachonites gegen der Sonnen Nidergang gelegen/ zwantzig meilen von Jerusalem gegen Nordosten.

Lakum. Jr Geschenck.

Die Stadt Lakum/ hat gelegen im stam Naphthali/ bey dem See Samachonites zwantzigstehalbe meilen von Jerusalem/ gegen Nordosten.

Vber das Buch Josua. 28

Asenoth Thabor/ Helle vnd klar.

Asenoth Thabor hat in der Grentze des Stams Naphthali gegen Mittag gelegen/ vngfähr anderthalb meilen von Jerusalem/ gegen Nordosten.

Hukok/ Ein Mandat oder Gesetz.

Die Stadt Hukok/ sonsten Chukah genant/ hat auff der grentze des stam Naphthali gegen Mittag gelegen/ zwantzig meilen von Jerusalem gegen Norden.

Weiter haben auch nachfolgende Stedte
im Stam Naphthali gelegen.

Zidimzer/ Hamath/ Rakath/ Cinnareth/ Adama/ Ramas/ Hazor/ Keder Edrei/ Enhazot/ Jereon/ Migdalel/ Harem/ Beth Anath/ vnd Bethsemes / welches denn sestlebue gewesen/ Jos. 19. Wollen sie vertzelgen auch nach einander beschreiben.

Zidimzer/ Seidenquale.

Zidimzer sonsten Sidimsa genant/ hat bey dem Berg Antilibano/ im stam Naphthali gelegen/ 26. halbe meilen von Jerusalem gegen Norden.

Hamath/ Grimm.

Die Stadt wird sonsten Chamarh genent/ vnnd hat auch vnten am Berg Antilibano gelegen/ an der eussersten Grentze des Heiligen Landes gegen Mitternacht / vnnd ist des Lewiten gegeben worden/ Jos. 21. sie hat ein meil von Rechab gegen Morgenwerts gelegen / Dieweil Num 13. Cap. dieser beyden Stedte gedacht wird / haltens etliche dafür / die kundschaffer des H. Landes sein an diesen zwo stedten wider vmbgekeret. Es ligen aber zwo Stedte Rechob im Stam Asser vnd Hamath im stam Naphthali fünff vnd zwantzig meilen von Jerusalem/ gegen Norden/ Man findet auch etliche die halten es das für die Kundschaffer des H. Landes sein bis gegen Hemath in Syria sonsten Antiochia genant/ fortgezogen/ denen ist in den Reisen des Großfürsten Josua zuvorn gesolget habe/ diese meinung/ nemlich das die Kundschaffer des heiligen Landes bey den Stedten Rehob vnd Hemath am Berge Antilibano wider vmbgekeret haben/ ist der Warheit am ehnlichsten/ denn das Land zwischen dem Berge Antilibano vnd der stadt Kades Barnea gelegen/ ist eben das Land / welches vnter die zwölff stemme Israel außgetheilet worden.

Rakath/ Tempora capitis Pars tenuis. Der schlaff oder die dünne am Heupt.

Rakath ist ein Stadt des Stams Naphthali vier vnd zwantzig meilen von Jerusalem / gegen Norten gelegen.

Cinnareth/ ein Harpffe.

Cinnareth oder Cinnereth/ ist ein Stadt im stam Naphthali 23. meilen von Jerusalem gegen Norden gelegen / vnnd hat den namen von der welttlingenden Harpffen / Jos 19. Ein Hadad der König von Syrien/ der zu Damasco wonete/ ward von Assa dem König Juda vmb hülffe angeruffen wider Baesa den König von Israel/ fiel die derwegen seine Heuptleute aus/ vnnd schlug das gantze Land/ Cinnereth im Stam Naphthali gelegen/ 1. Reg. 15 Hierauß siehet man / das die Stadt Cinnareth im Stam Naphthali vber ein gantze Landtschafft geherrschet die nach ir den Namen bekommen hat.

Es ist auch noch ein ander stadt Cinnareth gewesen/ im stam Isaschar am Galileischen Meer gelegen/ zwölff meilen von Jerusalem gegen Nordosten/ die hat nach Christi geburt der Viertsürst Herodes aus Galilea vernewen/ vnd mit newen Mauren befestigen lassen / vnd ir einen newen namen geben das sie nicht mehr Cinnareth / sondern Tyberias heissen solte / zu ehren des Römischen Keysers Tyberij/ Das Galileische Meer auch daselbst hat das Meer Cinnereth / das ist/ das Harffen Meer geheissen / wie es in seinem Vfer die gestalt einer stzenden Harffen gehabt. Ist aber hernach auch das Meer bey Tyberias genennet worden / nach der stadt Tyberias / Joh. 6. Von dem Meer Cinnareth liest sie im alten Testament./ Num. 27. Deut. 3. Jos. 12. 13. Beyde Stedte haben vilff meilen von einander gelegen.

Cinnareth im Stam Isaschar.

Adama/ Roth Erden.

Die stadt Adama hat im stam Naphthali gelegen 22. meil von Jerusalem/ gegen Norden/ ein an der stadt Adama hat auch vorzeiten bey den Stedten Sodoma vnd Gomorra gelegen/ vnnd ist mit dem selben wie Schwefel vnd fewer vom Himmel herab vertilget worden/ an dem ort / da jtzt das tote Meer ist/ das mit Schwefel vnd Pech brennet.

Ramah/ ein Höhe.

Die stadt Ramah/ hat nicht weit von der stadt Atama im stam Naphthali gelegen / zwey vnd zwantzighalbe meilen von Jerusalem gegen Norden/ vnd hat den namen von dem Berge oder Höhe darauff sie gelegen/ Denn es sind Stedte im heiligen Lande gewesen / die Ramaah geheissen haben / rein den Bhachi vnd Bergen darauff sie gestanden/ als nemlich/ Ramah in Gilead / Ramoth auff dem Gebirge Ephraim/ Ramathaim Zophim sonsten Armathia vnnd schlechs Ramah genant/ vnd diese Ramah im stam Naphthali.

E iij   Gazer/

Von dem Stam Naphthali.
Hazor/Grünhoff.

Hazor ist ein Ort im Stam Naphthali zwantzig meilen von Jerusalem gegen Norden/in Obergaliläa gelegen/ie Statt hat Josua mit seinem verbrand/Jos.11. Item Barack der Feldhauptman der Prophetin D. bora ǎar diese stadt auch gewonnen/vnnd Jabin der Cananiter König darin erschlagen/Judic.14. Die alten gefallenen gebew in dieser stadt/geben noch heutiges tages gute anzeigung/das sie vorzeiten eine feste vn grosse stadt gewesen sey/man findet auch noch eine stadt Hazor/im Stam Juda/en die 7.meilen von Jnsalem gegen der Sonnen Nidergang gelegen/bey der Stadt Asialor.

Ledes/Heilig.

Kedes ist ein Priesterliche Freystadt/auff dem Gebirge Naphthali gewesen/23.meilen von Jerusalem gegen Norden/Daselbst hat der 27. König gewonet/den Josua erschlagen hat/Jos.12.19. 20.21. Item daselbst hat auch seinen Sitz vnnd wonung gehabt/Barack der Prophetin Debora Heubtmann/Jud.4. Sie ist vorzeiten ein sehr reiche vnd schöne Stadt gewesen/vnd wie der Herr Bernhard von Breitenbach anzeiget/findet man noch heutiges tages in dieser Stadt etliche ruinas vnd vnfallen Mawren grosse gebew/vnd etliche schöne begrebnis der alten.

Edrei/Völcklein.

Edrei ist ein Statt im sam Nephthali vier vnd zwantzig stehalb meilen von Jerusalem/gegen Norden gelegen/Jos.19. Es ist auch ein ander statt im halben Stamme Manasse/jensit des Jordans gelegen a wesen/auch Edrei genant im lande Gilead/dreyzehen meilen von Jerusalem gegen Morienstem/daselbst hat Moses vberwunnen den starcken Risen Og/der König zu Basan der eine Eisen bette gehabt/Num.11. Deut.3 Beyde stette Edrei haben zwölff meilen von einander gelegen.

En Hazor/Brunn des Grünhoffes.

En Hazor ist ein Statt des stams Naphthali gewesen/gelegen bey der Stadt Dann/da der Jordan entspringet/am Bach Libano/sechs meilen gegen Norden/Jos.16.

Jereon/Frucht des schmertzen.

Jereon oder Jron/ist ein stadt des stams Naphthali gewesen vnd hat fünff vnd zwantzig meilen von Jerusalem gegen Norden gelegen/Jos.19.

Migdalel/Gottes Thurn.

Die Statt Migdalel/hat im stam Naphthali gelegen/fünff vnd zwantzigstehalb meilen von Jerusalem gegen Norden/Jos.19.

Haram/Verflucht.

Haram oder Horem/hat auch im stam Naphthali gelegen/fünff vnnd zwantzigstehalb teil van Jerusalem gegen Norden.

Beth Anath/Haus des grünen Zweiges.

Beth Anath/war ein Statt des Stams Naphthali 25.meilen von Jerusalem gegen Norden gelegen/nahe bey der Statt Hamath oder Chamath/Jos.19.

Beth Sames/Sonnenhaus.

Diese Statt Beth Sames hat im Stam Naphthali gelegen/nicht gar 25.meilen von Jerusalem gegen Norden/in ober Galilea Man hat auch sonsten noch zwo andere Stette auch Gleichsames gement./eine im Stam Jsaschar/nicht weit von Capernaum/Die ander im Stam Juda ein meilen von Jerusalem gegen der Sonnen Nidergang gelegen.

Carthan ein Stadt/oder Stetisch.

Carthan/ist ein Priesterliche Stadt der Leuiten im Stam Naphthali gewesen/in die ein vnd zwantzig meilen von Jerusalem gegen Norden gelegen/Jos.21.

Hamath Dor/Grim der lange zeit weret.

Diese die Stadt Hamoth am berge Antilibano/an der eussersten grentze des heiligen Landes gelegen fünff vnnd zwantzig meilen von Jerusalem gegen Norden/vnd ist den Leuiten gegeben worden im sam Naphthali Jos.21. irer ist auch zuuer gedacht worden.

Von dem Erbtheil des stams Dann/Jos.19.

Die grentze des stams Dann gegen Mittag/hebet an am grossen Mittelmeer der Welt/auff haben weg zwischen Asdod vnnd Ascalon/vnnd gehet von dannen bis gen Esthaol anderthalb meilen. vnd von Esthaol gen Zarea ist ein halbe meile/von Zarea zu legt biß gen Aialon vier meilen/thut also die Mittag Grentze des Stams Dan/sechs meilen. Die grentze des stams Dan gegen der Sonnen auffgang ist die einige Stadt Aialon. Die Grentze aber gegen Mitternacht gehet von Aialon bis gen Thimnatha etrcha.b meilen/vnd von Thimnatha bis gen Japho oder Joppen zwo meilen/thut derwegen die Mitternacht linie fünftzehalb meilen. Die grentze aber des stams Dan nach Abendwerts ist das grosse Mittelmeer der Welt/von Joppen an bis zu halben Weg zwischen Asdod vnd Ascalon/vnd begreifft sünftzehalb meilen. Summa aller Grentze des halben Stams Dan/thut 15. meilen. Die

Vber das Buch Josua. 30

Die Stedte der Philister Asrod vnd Ascalon sind zuvorn beschrieben worden/ gleich wie ich auch der Stette Esthaol vnd Zarea da Simson ist auffersogen worden/ Jalon da der Mond stille gestanden hat/ als Josua seinen Feinden nachgejaget/ Jos.10. Item/ Thimnatha da der Eydquater Juda seine schaffe beschoren vnnd Simson Hochzeit gehalten hat/ Gen.38. Jud.41. die Stette sind auch voriges erklerung gnugsam bekant/ der wegen ohne noth solches an diesem ort zuwiderholen. Wollen derwegen nur die Stedte an diesem ort beschreiben/ die im vorigen vnbereit inwendig im stam gelegen haben.

Irsames/   Selabin/   Jehela/   Elon.
Sonnenstadt/ Fuchsenverstand/ Auffgehenckt/ Eychen

Diese vier Stedte haben im stammen Dan gelegen/ man kan aber nicht eigentlich wissen/ wie weit von Jerusalem/ weil sie in tabula Chorographica palestinae nicht gefunden werden/ auch jhre longitudines er laut vnd ines Geometers nirgent beschrieben sind.

Eltheke/ Gottes gehör/ oder/ zu Gott gerichtet.
Diß ist ein Priesterliche Stadt der Leuiten gewesen/ vnd hat gelegen im Stamm Dan/ ohne gefehr in die drey meilen von Jerusalem gegen der Sonnen Nidergang/ Jos.19.21.

Gibethon/ Hochgaben.
Gibethon ist auch ein Priesterliche Stadt des stammes Dan/ darin Leuiten gewonet haben/ vnd hat gelegen nicht weit von Ekron im Lande der Philister/ vier meilen von Jerusalem gegen der Sonnen Nidergang/ Jos.19.21. Diese Stadt hat Nadab der König von Israel belagert/ ist aber daselbst in der belagerung von seinem eigenen Diener Baesa erschlagen worden/ Jos.19.

Ekron/ Zerstörerin.
Ekron ist die fünffte Stadt der Philister gewesen/ da sie einen der Beelzebub für Gott angebettet haben/ sie ligt nicht weit vom grossen Mittelmeer der Welt/ nahe bey Asrod vier meilen von Jerusalem gegen der Sonnen Nidergang/ Jos.18.1. Sam.5.2. Reg.1.

Baalath/ Edelfraw.
Die Stadt Baalath hat drey meilen von Jerusalem gegen Nordwesten gelegen im stammen Dan Jos.19. Sie hat einen Welttischen Namen/ darumb hat sie König Salomon gebawet vnnd gebessert als er der liebe pflieget/ 1 Reg.9. 2. Chron.8.

Jehud/ Bene Barack/ Bekennerin.
Kinder der Donnerblitzen.

Diese zwo stedte haben im Stammen Dan gelegen/ man kan aber nicht wissen an welchem ort sie gestanden haben/ oder wie weit sie von Jerusalem gelegen gewesen.

Gad Rimmon/ Granatöpffel.
Gad Rimmon ist ein Priesterliche Stadt der Leuiten im stammen Dan gelegen/ vierdtehalbe meilen von Jerusalem gegen der Sonnen Nidergang/ Jos.19.21.

Me Jarkon/ Rakon/ Grasblümlein/ Bergheulen.
Diese zwo Stedte haben auch im stammen Dan gelegen/ in die drey oder vier meilen von Jerusalem gegen der Sonnen Nidergang/ sie werden aber in tabula Chorographica terrae sanctae nicht gefunden.

Dann/ Richterin.
Die Stadt Dann/ ligt am berge Libano/ da der Jordan entspringet sechs vnd zwantzig meilen von Jerusalem gegen Norden. Vorhin hies sie Lesem/ Jos.19. Von einem köstlichen Edlem gestein Ligurius genant/ der auch der Hohepriester Aaron in seinem ampschildlein auff seiner Brust gehabt/ Exod.28. Aber im Buch der Richter am 18.Cap. wird diese Stadt genant Lais. das heist ein Löwe obervnterstatt/ der Propher Jesaias am 10. Capitel nenet sie Laisa/ das heist ein Lewin. Die Kinder Dann haben diese Stadt mit gewalt eröbert vnd verbrandt/ die einwoner darauß vertrieben vnd sie dornach wider gebawet/ drin nen gewonet/ vnd nach jres Vaters Namen Dann genennet/ hieuon findestu weitern bericht/ im andern Buch bey der Stadt Caesarea Philippi.

Von der Grentze des Gantzen Landes Canaan Num. 34.

Die Grentze des gantzen Landes Canaan gegen Mittag/ hebt an von der ecken des Saltzmeers/ oder von der zungen des roten Meers/ die gegen Mittagwerts gehet/ vnd lencket sich von dannen herauff gen Akrabbim vber zwo meilen/ vnd gehet von dannen durch die wüste Zin/ gen Kades Barnea/ober 6. meilen/ vnd kompt von Kades Barnea zum Dorff Adar vber 6. meilen/ gehet darnach gen Ammon vber vierdthalb meile/ von dannen biß zum Bach Egypti sonsten Sichor genant/ sind 4.meilen. Summa aller grentzen des Landes Canaan gegen Mittag begreifft 17.meilen vnd ein halbe meile.

Aber

Von dem Stam Dann.

Aber die Grentze des gantzen Landes Canaan gegen abent / ist das grosse Mittelmeer der Welt von dem Bach Egypti an / so nhen Sichor genant / bee bey der Stadt Rhinocorura ins Meer fleust / biß zu der grossen Stadt Sidon / vnd begreiffet in alles sieben vnd viertzig meilen.

Die grentze gegen Mitternacht aber / hebet an von dem grossen Mittelmeer der Welt / bey der stadt Sidon / vnd gehet an dem Berg Hor / das ist / an den hohen Berge Antilibano herab / biß zu der Statt Hamath fünfftzehalb meilen / von bannen gen Zedada eine halbe meile vnd von Zedada gen Sophron helt auch ein halbe meile / darnach biß zum Dorff Enan / welches am Jordan gelegen hat / bey der stadt Dann / ist eine meile.

Thut also die Grentze des gantzen Landes Canaan gegen Mitternacht sibenbehalbe meilen andern Berg Antilibano.

Die grentze aber des gantzen Landes Canaan gegen Morgen / hebet an bey dem Dorff Enan da der Jordan entspringet / vnnd gehet von bannen zu der Stadt Sepham vber eine halbe meilen / vnd von Sepha gen Riblath sind 4. meilen / vnnd von Riblath welches am See gelegen hat / biß zu dem Galileischen Meer / das vorzeiten Cinnereth / das ist ein Haesten Meer geheissen hat / sind siebenthalbe meilen / dasselbige Galileische Meer aber ist drey meilen lang / der Jordan darnach zwischen dem Galileischen meer vnd dem Saltzmeer begreiffe anderthalb meilen / das Saltzmeer aber helt nach der lenge nicht als neun meilen. Thut also die grentze des gantzen landes Canaan gegen Morgenwerts am Jordan vnd gesaltzenen Meer / 34. meilen. Summa aller grentze des landes Canaan begreiffe rings hundert vnd fünff meilen.

Die Querlinie von einer Ecken zu der andern gezogen / nemlich von dem Wasser Sichor an / biß zu der Statt Dann / da der Jordan entspringet / helt vier vnd zwantzig meilen.

Die ander Querlinie aber von einer Ecken zu der andern gelogen / nemlich von der vntersten junckten des Saltzmeers an / biß zu der grossen Stadt Sidon / begreifft fünff vnd dreissig meilen.

Die linia aber recht durch gezogen / von der stadt Kades Barnea an / biß zu der stadt Hamath die bey dem Berg Antilibano gelegen hat / helt sechs vnd dreissstehalbe meilen.

König Dauid aber rechnet die lenge des gelobten landes Canaan / von dem Wasser Sichor an / das bey der stadt Rinceruea ins Meer fleusset / biß zu der stadt Hamath am Berge Antilibano gelegen / 2. Chron. 14. Demnach wil das heilige Land in der lenge begreiffen / ein wenig mehr als ein vnnd dreissig meilen / daher kämpe es vn / das man es gemeinlich also setzet / das heilige Land sey viertzig meilen lang. Vns also hastu die eigentliche ausrechnung des gelobten Landes Canaan / disseid des Jordans gelegen nach der lenge / straten / vnd gantzen vmbkreis. Die rechte vntere breite aber des gelobten landes Canaan / zwischen dem grossen Mittelmeer der Welt / vnnd dem Jordan / begreifft sechs meilen / thut noch 100 meilen / denn so breit ist das Land jenseid des Jordans / zwischen dem Jordan vnd dem gebirge Gilead welche an das vntere die stemme Ruben / Gad / vnno halb Manasse ist ausgetheilet worden / so hastu die rechte breite des heiligen Landes das vnter die zwelff Stemme Israel ist ausgetheilet worden / nemlich acht meilen / der Herr Doctor Martinus Chemnitius aber in præfatione hat die gantze tabula palestinæ / nemlich die Länder der Amoniter vnd Moabiter mit gemessen / vnd bekompt also in die breite fünffzehen meilen.

Folget nun die Beschreibung der Stedt vnd örter.

Die Stadt Atrabbim vnnd das Dorff Adar sind zuuorn beschrieben worden / bey dem Exibitell der Kinder Juda. So ist auch die Stadt Kades Barnea gnugsam bekant / aus den Reisen des Propheten Mosis vnd der Kinder von Israel.

Sichor / Schwartz.

Der Bach Sichor hat den namen von der schwartzen trüben farbe / vnd fleisset bey der stadt Rhinocorura ins grosse Mittelmeer der Welt / 13. meilen von Jerusalem gegen Südwesten / vnnd wird Josue am 13. genant der Bach Egypti.

Sidon / ein Stadt der Jeger.

Die grosse herrliche Kauffstadt Sidon / hat 29. meilen von Jerusalem gegen Norden / am grossen Mittelmeer der Welt gelegen / bey dem Berge Antilibano.

Hor / Ein Berg.

Also wird der Berg Antilibanus genant / bey der Stadt Sidon gelegen / Num. 34.

Hamath / Grün.

Hamath ist eine Stadt der Leuiten gewesen / im stam Naphthali siluff vn zwantzig meilen von Jerusalem gegen Norden gelegen / an der eusersten grentze des heiligen Landes gegen Mitternacht. Biß in dieses

Von den Freystedten der Todtschleger.   32

in diese sinde sind die kundschaffer des gelobten Lands Canaan forgezogen/ Num. 13. König David
jog auch das Volck auffbieten vnd außründigen lassen/von dem Wasser Sichor an biß auff diese Stadt
Hamath/als er die Lade Gottes nach Jerusalem holen wolte/ Chron. 14. Dieser Stadt Hamath wird
auch gedacht/ Jos. 19. 21.

Zedada/Seiden.

Die Stadt Zedada/hat im stam Naphthali gelegen eine halbe meil von Hamae gegen Mittag/von
Jerusalem aber hat sie fünff vnd zwantzigstehalb meilen/gegen Norden gelegen/jrer wird auch gedacht Ezechielis/ 47.

Syphron/schön vnd hübsch grünende.

Syphron ist ein Stadt im stam Naphthali gewesen/ fünff vnnd zwantzig meilen von Jerusalem gegen Norden gelegen/ein halbe meile von Zedada gegen Morgenwerts.

Enam/Brunnen.

Das Dorff Enam hat bey der Stadt Dann gelegen/ vnten am Berge Antilibano/ an dem Brunnen
da der Jordan entspringet/ Num. 34. 26. meilen von Jerusalem gegen Norden.

Sepham/Vberlippe/oder Vberlefftze.

Die Stadt Sepham hat am Jordan gelegen/ im stam Naphthali fünff vnd zwantzigstehalbe meilen von Jerusalem gegen Nordosten/ Dieser Stadt gedencket auch der Prophet Hesek. 47. Capitel
der heilige Hieronymus aber in locis Hebraicis schreibet/ Sepham sey die Stadt Apamea in Syria
gelegen/ aber die jetzige meinung das Sepham ein sonderliche Stadt gewesen sey/ am Jordan gelegen/
wie die tabula palestinae anzeiget/ ist der Warheit am ehnlichsten.

Ribla/Volckreich.

Ribla oder Rublath ist ein Stadt im stam Naphthali gelegen am See Samachonites/ ein vnd zwantzigstehalb meilen von Jerusalem gegen Nordosten/ Num. 34. Der See Samachonites wird
daselbst jm/ das ist ein Auge genennet/ denn er hat in seinem Vfer die gestalt eines Auges. Der H.
Hieronymus aber in locis Hebraicis wil/ Alblath sey die Stadt Antiochia in Syria gelegen/ sonsten
demach genennt/ vnd daselbst sey auch Zedechia dem König Juda die Augen ausgestochen worden.

Von den sechs Freystedten/ dahin einer fliehen mügen
der vnuersehens oder vnwissend einen Todtschlag
begangen haette/ Num. 35. vnd Jos. 20.

Kedes/Heilig.

Ehes die Priesterliche Freystadt auff dem Gebirge Naphthali hat 23. meilen von Jerusalem gegen Norden gelegen/ daselbst hat der 27. König Hoffgehalten/ den Josua erschlagen/ Jos. 12. Je-
ton/daselbst hat auch Baruck der Propheten Debora/ Feldhauptman gewonet/ Jud. 4. Man findet
auch noch heutiges tages etliche ruinas/ vnnd verfallene Mauren grosse Gebew auch schöne Begrebnis der Alten in dieser Stadt/daraus wol abzunehmen ist/ das sie vorzeiten mus eine grosse Stadt gewesen sein.

Sichem/ein Schulder.

Die Priesterliche Freystadt Sichem sonsten Sichar genant/ da Dina Jacobs tochter beschlaffen
worden/ da auch der HERR Christus mit dem Samaritischen Weiblein am Brunnen geredet hat
ist auff dem Berge Ephraim gelegen gewesen neun meilen von Jerusalem gegen Norden/ vnnd hat
einem hügel oder auff einer Schultern am Berge Garizim gehangen/ denn derselbige Berg Garizim/
ist ein theil des Gebirges Ephraim gewesen/von dieser Stadt Sichem oder Sichar wird bey den Reisen
des HErrn Christi weitleufftiger gehandelt.

Hebron.
Eine Gemeinschafft.

Hebron die Priesterliche Freystadt auff dem Gebirge Juda sechstehalbe meilen von Jerusalem / gegen Südwesten gelegen/ ist jetzund bey den Reisen des Patriarchen Abrahams gründlich beschrieben worden/vnd ohne noch solches an diesem ort zuwiderholen.

Bezer/oder Bazra Weinernden.

Bezer ist ein Priesterliche Stadt gewesen/auff jenseid des Jordans/im stam Ruben auff einer ebenen
gelegen bey Berhabara nicht weit vom Jordan/ 5. meilen von Jerusalem gegen nordosten/ sie hat
den Namen von den schönen roten Wein/der daselbst mit hauffen gewachsen/ vnnd ein Bild des roten
trauberts

Von der Grentze des Landes Canaan.

taubenbluts unsers Herrn Jesu Christi gewesen ist, wie die Weissagung des Propheten Jsaiæ am 63. Capitel anzeiget.

Ramoth in Gilead / Die höhen in Gilead.

Die Priesterliche Freystadt Ramoth in Gilead / bey welchem Ahab der König von Jsrael im streit tödtlich verwundet worden / hat jenseid des Jordans / im Stammen Gad gelegen / zwölff willen von Jerusalem gegen Nordosten, 1. Reg. 22.

Golan / ein hauffe.

Golan oder Gaulon / ist ein Priesterliche Freystate gewesen / jenseid des Jordans im Lande Basan / und im halben stam Manasse gelegen / 23. meilen von Jerusalem gegen Nordosten / das dann Sason darin Og der mechtige König in Basan vorzeiten regieret hat / Deut. 3. Hat den Namen einer festigkeit / weil es ein sehr fruchtbar Land gewesen ist / vier meilen von der Stadt Golan gegen Sonnenwerts findet man die stadt Suah oder Sueta / daraus Bildad Jobs freund ist bürtig gewesen / Job. 2. Bey dieser Stadt gegen Morgenwerts / findet man ein viereckete Spitze des heiligen Jobs / So haben auch die Völcker vom Morgenlande und Orient pflegen zusammen zukommen / nemlich von Haran und Mesopotamia. Item die Moabiter und Ammoniter / und einen herrlichen Marck daselbst zuhalten im Lande Basan / da sie in dem schönen fruchtbaren selbe jre banck gesezt / von mancherley farben haben pflegen auffschlagen.

So viel die acht und viertzig Stedte der Leviten belangen thut / die im 2. Capittel des Buchs Josua nach einander erzelet werden / die sind vorhin ein iede zu jhrem Erbtheil / dauon sie den Leuiten gegeben worden gantz gründlich beschrieben / dahin ich hiermit den gütigen Leser will zurück gewiesen haben. Desgleichen sind auch die letzten drey Capiteel des Buchs Josua an jm selbst klar gnug / aus der beschreibung der Reissen des Fürsten Josue.

Wo Eleasar der Son Aaron begraben sey / Jos. 24.

Eleasar der Hohepriester / ist begraben worden zu Gibea seines Sohns Pinehas / das ist / er ist begraben worden in der Priesterlichen Stadt Gibeon / denn dieselbige Stadt ist den Kindern Aaron dem Stam Bin Jamin gegeben worden / Josu. 21. Und hat gelegen auff dem Gebirge Ephraim / denn das Gebirge Ephraim hat sich bis in den stam Ben Jamin hinein gestrecket / so ist auch daselbst in der Priesterlichen stade Gibea Pinehas (welche hernach Gibea Sauli / des Hohenpriesters Pinehas halben / Item Gibea Saulis / des Königs Sauli hohe geheissen hat) Die Hütte des Stiffts / die Moses in der Wüsten gemacht hatte / und der Ehrne grosse Altar sind geblieben / bis zu des Königs Salomonis zeiten / 2. Chron. 2. Hieuon findestu weitern bericht / bey der beschreibung der Stadt Gibeon.

Von den Stedten Hemath und Riblath / eine sonderliche erklärung sehr wol zumercken.

Der etzliche seine Lehrer / nemlich der heilige Hieronymus / der selbst im heiligen Lande gewesen und dasselbige hin und wider durch gelegen / augenscheinlich besichtiget / und sehr fleissig beschrieben hat / zeiget in seinen Schrifften Ehemal an / die Stadt Antiochia in Syria gelegen / habe vorzeiten Hemath geheissen / so sey auch das Land daselbst umb her / das Land Hemath genennet worden / demnach wollen die Kundschaffter des Heiligen Landes von Kades Barnea bis gen Hemath / das ist / bis gen Antiochia in Syriam das Land der Cananiter ausgekundschafft haben / Num. 13. Und König Dauid als er die Lade Gottes von Kiriath Jearim gen Jerusalem hat holen wollen / wird das Volck haben auffbleiben lassen / von dem wasser Sichor an / bis gen Hemath / das ist bis gen Antiochia in Syria zu ligen / 1. Chron. 14. Wie ich denn dieser meinung des heiligen Hieronymi in den Reissen des Fürsten Josue und des Königs Dauids gefolget habe / denn ein solcher trefflicher Lehrer der selbst im heiligen Lande gewohnet / und der gelegenheit der örter fleissig nach geforschet hat / ist traun nicht zuuerachten. Ich finde aber noch ein ander stadt / die heist auch Hemath und ist eine Priesterliche stadt der Leuiten im stam Naphthali 25. meilen von Jerusalem gegen Norden gelegen / bey dem Berge Antilibano an der eusersten Gretze des Landes Canaan gegen Mitternacht / Num. 34. Jos. 19. Von welcher stadt der H. Hieronymus weniger denn nichts schreiber / darumb konte es wol sein / ja es scheinet auch ist warheit am ähnlichsten / das die Kundschaffter des Landes Canaan bey dieser Stadt Hemath am Berg Antilibano wider umb gekeret haben / und nicht bis gen Antiochiam oder Hemath in Syriam gezogen sein / wie der H. Hieronymus und andere mehr wollen / Num. 13. Item / nach dieser meinung wolt auch König Dauid / als er die Laden GOttes nach Jerusalem holen wollen / nur das Volck haben auffbieten und auffstellen lassen / das zwischen dem wasser Sichor / und dieser Stadt Hemath am Fusse des Berges Antilibano gelegen / unter den 12. Stemmen Jsrael gewonet hat / 2. Chron. 2. Denn diese meinung wie du siehest ist auch der warheit am ähnlichsten / doch leugne ich gleichwol nicht / das das Jsraelitische Volck sich sehr weit auch in die umbligenden Lender ausgebreitet habe / will derwegen des heiligen

Von den Freystedten der Todtschleger. 34

Heiligen Hieronimi/ auch anderer seiner gelahrter Leute meinung nicht genzlich verwerffen. Welcher schreibet derselbige heilige Hieronimus/ die Stadt Riblath / da Zedekia dem König Juda die Augen sind außgestochen worden/ sey auch die Stadt Antiochia in Syria gelegen. Wie ich beim selben meinung des H. Hieronimi in den Reisen Zedekia des Königs Juda gefolget habe. Ich finde aber noch ein ander Stadt im Stam Naphthali/die heist Riblath/vn̄ hat an der Morgengrentze des Landtes Canaan gelegen Num. 34. Das wie Tabula Corographica des heiligen landes anzeiget / hart sie am See Samachonite gelegen/vnd zwantzigstehalbe meilen von Jerusalem gegen Nordosten im landt Henath/ Jerem. 39. Denn von der Priesterlichen Stadt Hemath kan der gantze Stam Naphthali/das land Hemath genent werden. Demnach wurden Zedekia dem Könige Juda die augen nicht zu Antiochia in Syria/sondern zu Ribla im Stam Naphthali sein außgestochen worden/2. König 25. Jer. 93. Doch lasse ich einem jeden seine gedancken hierüber auch frey/vnnd wil des heiligen Hieronimi meinung nicht genzlich verwerffen.

Das sey also genug an diesem ort zu der Erklerung des Buchs Josue / so viel die gelegenheit der Leuter vnd Stedte belanget/die darinnen angezogen werden. Der günstige Leser wolle der sachen weiter nachdencken/vnd dieser meiner anleitung zu Gottes lobe vnd Preis/ auch seiner eigenen
Seelen Seligkeit/zum besten nützlich vnd wol gebrauchen/durch gnädige erleuchtung des werden heiligen Geistes/
AMEN.

DE MONETIS ET MEN-
SVRIS SACRÆ SCRI-
PTVRÆ.

Das ist:

Ein eigentliche ausrechnung vnd
Beschreibung aller Müntze vnd Masse in Heiliger Schrifft.

Darin alle Silbern vnd Goldmüntze / auch alle Korn vnd Weinmasse der Hebreer / Griechen vnnd Lateiner / so viel deren im Alten vnnd Newen Testament gedacht / nach notturfft erkleret / vnd mit vnser Müntze vnd Maß Proportioniret vnd verglichen werden / mit fleis / vnd aus vielen bewerten Büchern zusammen gezogen.

Durch

M. Henricum Bünting / Pfarherrn der Kirchen zu Grunow / im Lande Braunschweig.

Gedruckt zu Magdeburg / durch Paul Donat / In vorlegung Ambrosij Kirchners / Anno 1597.

Die fürnemsten Authoren/
Die ich zu dieser Erbeit gebraucht habe/
sind diese:

Ambrosius Calepinus,
A. Gellius,
Athenæus.
Casparus Peucerus,
Fl. Iosephus.
Galenus.
Guilhelmus Budæus.
Hesichius,
Sanctus Hieronimus.
Ioachimus Camerarius,
Iohannes auenarius,

Iohannes Forsterus,
Iulius Pollux.
Martinus Lutherus.
Mattheus Hostus.
Paulus Eberus.
Philippus Melanthon:
Priscianus Grammaticus.
Sebastianus Munsterus.
Septuaginta Interpretes,
Suidas,
Volusius Metianus,

Ponderum quoq; & Mensuram certæ proportiones
in Miropolis inueniuntur.

Der Edlen / Erbarn vnd vieltu-
gentsamen Frawen Annen / Geborne von Kanstein / Se-
ligern Frantzen von Kressenbruchs nachgelassener Widwen / meiner besonder günstigen lieben
Freundin.

Gnade vnd Friede von Gott dem Himlischen Vater/
durch JEsum Christum seinen Eingebornen lieben Sohn / vnsern
frommen getrewen Mittler / Heyland vnnd Seligmachern zuuorn/
Edle/Erbare / vnd viel Tugentsame Fraw/ günstige liebe Freundin / Es hat der liebe fromme Gott vns armen Menschen / die wir durch den
Fall vnser ersten Eltern / Adam vnd Eua / in die Sünde vnd ewigen Todt ge-
rathen/ein grosse vnaussprechliche Barmhertzigkeit / Liebe vnd Wolthat er-
zeiget / in seinem einigen liebsten Son JEsu Christo / den er vmb vnsernt willen vom Himmel gesandt/ damit er das arme / verlorne Menschliche Geschlecht mit Gott versönen / vnnd zu der Himlischen Göttlichen Gesellschafft
wider bringen möchte / welches / nach dem es auff kein ander weise geschehen
kondte / es were denn/ das wir zuuor von Sünden gereiniget / vom Fluch des
Gesetzes erlöset / aus dem Rachen des grimmigen Teuffels/ Ja aus der tieffen Hellenglut errettet würden / So hat derselbige Eingeborne Sohn Got-
tes/ vnser lieber HERR Jesus Christus / die mittelste Person in der heiligen
Dreyfaltigkeit / auch ins mittel sich müssen dar stellen / zwischen GOtt seinem Himlischen Vater / vnnd dem gantzen Menschlichen Geschlechte / vnser
Flaisch vnd Blut ohne Sünde an sich nemen / damit er in seiner Vnschuld/ für
vns arme Sünder köndte gnug thun / Leiden vnd sterben. Da hilfft kein Silber noch Gold/ Ja / wenn auch were ein klumpff Goldes dargewogen/ schwerer dann der gantze Erdtboden // ja grösser denn Himmel vnd Erden / so hette
doch die geringste Sunde damit nicht können bezahlet / oder versöhnet werden / Ja kein Engel / kein Creatur kondte vns helffen / Derwegen muste der
Schöpffer selbs für die arme Creatur / Der HERR für die Knechte / der
fromme vnschüldige Sohn Gottes / für die ergesten Buben / Reuber vnnd
Mörder/leiden/genug thun / vnnd bezalen / auff das wir also auff sein theil-
res Blut von Sünden gereiniget / durch sein bitter Leiden vnnd Sterben /
vom Tode / Teuffel vnd Helle errettet vnd erlöset / vnnd durch sein vullenkom-
menen Gehorsam / dem Himlischen Vater widerumb versöhnet / vnnd zugesel-
let würden. Solche selige Lehr aber / wird vns allein in heiliger Schrifft
fürgetragen / gegen welche alle Erkentnis vnd Weisheit dieser Welt / lauter
Finsternis vnd Thorheit zu achten. Derwegen vns auch der Sohn Gottes
selber auff die heilige Schrifft weiset / Johan am 5. Capittel / Suchet in der
Schrifft (spricht er) denn ihr habt das Leben darinnen / vnd sie ists / die von
mir zeuget.   Also hat GOtt der HERR kein ander Mittel / die Seligkeit
zu erlangen / vns fürgestellet / allein sein liebes heiliges Wort / wer das fleissig liebet / vnd mit dem Glauben ergreifft / der wird Selig werden. Aber hie
findet sich bey vielen Leuten der vnrath vnd mangel / wenn sie die Schrifften

A ij   der

Vorrede.

der Propheten vnd Aposteln lesen wollen/ das / gleich wie die vnbekanten namen der Stådt vnnd örter in heiliger Schrifft / einem fleissigen Leser offt jrre machen / also auch die vnbekannten namen der Gewicht/Müntz vnd Masse/ keinen geringen vberdruß im lesen anrichten. Denn wenn man nicht weis/ was diese vnbekante wörter / Secel, Drachma, Epha, Bath, Gomor, vnd andere vnbekante namen der Müntze vnd Masse solle bedeuten / wird ein fleissiger Leser offtmals jrr werden / vnd der sachen keinen gewissen grund vernemen können. Derwegen / nach dem ich in meinem Itinerario vnd Reisebuch die vielfaltigen Städt/Länder vnd örter/ so in heiliger Schrifft fürlauffen / vnnd im lesen verdrießlich sein möchten / nach notturfft erkleret / habe ich auch diß Büchlein/ von mancherley Gewicht/Müntz vnd Masse/ hinzu thun wollen/ damit dieselbigen einem Christlichen Leser auch bekand würden / vnd wir also durch erklerung der Müntze vnnd Maß/ desto mehr lieb gewonnen möchten/ die heilige Schrifft zu lesen. Haben derwegen dis gantze Buch in zwey Theil vnterschieden vnd abgetheilet. Im ersten Theil werden nach einander durch die gantze Bibel ordentlich ausgeleget / vnd nach notturfft erkleret / alle Silberne vnd Goldmüntze / so viel deren im Alten vnnd Newen Testament nach einander erzehlet werden / vnd folget darauff ein Täfflein / darin alle Hebreische / Griechsche vnd Lateinische Müntze gegen einander Probieret vnd vergleichet werden / vnnd ist zwar solches nicht allein nützlich / sondern auch sehr lieblich vnd lustig zu wissen. Denn wie lieblich ist es doch zu bedencken / das Maria des lieben Lazari Schwester / des HErrn Christi Füsse mit einem Pfund vnuerfelschter köstlicher Narden gesalbet / welche so köstlich vnd thewer geschatzet ward / Joh. 17. das dasselbige einige Pfund Narden für drey hundert Denarios hette mögen verkaufft werden / die nach Budaei rechnung / so viel thun als dreissig Kronen. Daraus sihet man die grosse Liebe derselbigen heiligen Frauwen / Denn so sie an die Füsse des HErrn Christi so einen thewren Schatz gewendet/ wie viel mehr grössere Ehre hette sie lieber seinem heiligen Heupte angeboten / wenn sie sich aus grosser Demut nicht viel zu geringe vnd vnwürdig geachtet / dasselbige zu berühren / dieweil es mit keinem jrrdischen Balsam oder Vnguent / Sondern viel mehr mit dem heiligen Geist vom Himmel herab zu salben/ auch nicht mit keinem vergenglichen Gold oder Perlin / sondern mit der Kron der Göttlichen Himlischen Glori wirdig war zu zieren. Solche vnd dergleichen schöne Historien / beyde des Alten vnd Newen Testaments / Welche ohn auslegung der Gewichte vnd Müntze/ nicht können gründlich verstanden werden/ findet man in diesem Buch auffs eigentlichste vnd deutlichste erkleret/ also/ das ich auch fast kein ort der heiligen Schrifft / darin einiger Müntze gedacht wird / verbey gehe.

Der ander Theil dieses Buchs/ ist auff die Korn vnnd Weitmasse abgerichtet / die ich mit vnser Maß/ so hie im Lande Braunschweig / Hannouer Hameln / Grunow / vnd im Stifft Hildesheim gebreuchlich ist / vergleiche/ mit angehencktem Täfflein / darin alle Hebreische / Griechische vnd Lateinische masse gegen einander proportionirt werden/ also/ das auch ein jeglicher für sich selbst/ auff andere Lender solche Bücher zurichten kan. Vnd das solche Lere auch sehr

Vorrede.

sehr dienstlich vnd nütze sey / zu gründlicher erklerung der Heiligen Schrifft / mag aus einem einigen Exempel leichtlich erkandt werden. Wir lesen im 1. Buch der Könige im 7. Capitel / Daß das grosse gegossene Meer / welches König Salomon im Tempel zu Jerusalem hatte auffrichten lassen / sey zehen Ellen weit gewesen / mitten durch im Dametro / vnnd habe dreißig Ellen rings vmbher in der Circumferentia gehabt / vnnd sey fünff Ellen hoch gewesen / vnd darin gangen zwey tausent Bath / welches kleine Tonnen gewesen / deren ein jegliche / wie Josephus schreibet / zwey vnd siebentzig Sextarios oder Nössel gehalten / die machen neun Stübichen. Demnach wolten in das grosse gegossene Meer gegangen sein / achtzehen tausent Stübichen / oder fünfftihalb hundert Ahmen Weins / wenn man ein jede Ahmen Weins auff viertzig Stübichen rechnet. Hieraus siehet man / welch ein grosses Werck diß gegossen Meer gewesen / das von dem köstlichen Ertz / wunderschön / vnd sehr Kunstreich gemacht / vnd wie ein wunder der Welt in obern vorhofe des Tempels zu Jerusalem / auff zwölff Rindern gestanden / dadurch ohn zweiffel das heilsame Bad der heiligen Tauffe / ist fürgebildet worden / welches die zwölff Aposteln in alle vier örter der Welt ausruffen solten.

Es möcht aber alhie einer sprechen: Lieber / Woher kan man denn so eigentlich wissen / die gewisse Proportion jeder Gewicht / Müntz vnd Maß / so doch fast in allen Landen grosse verenderung darin fürfallen / vnnd nach langer zeit die Müntz vnnd Maß / grösser vnd kleiner hetten können gemacht werden? Antwort ich kürtzlich / Das gewisse schwer vnd gröss jeder Gewicht vnnd Maß von alten zeiten her / durch die gantze Welt nothwendich bey den Medicis vnnd Apoteckern hat müssen in rechter Proportion verbleiben / die sie auch noch heutiges tages fast in allen Apotecken mit jhrem alten gewönlichen Griechischen / vnd Lateinischen namen nennen / vnd in jhrem alten gebrauch stets vnuerrücket behalten. So wissen auch die Alchimisten / Goldschmide / Müntzer vnd Bergleute / in abwegung der Metall / nach der schwere vnd Gewicht / von jeder Müntz fein artig zu vrtheilen / vnnd nach dem die Metall gut oder gering sind / gantz eigentlich bericht zu geben / wie viel ein jedes gelte / oder werth sey. Man hat auch viel gelarte Leute / als von diesen dingen gantz fleissig vnd gründlich geschrieben haben / wie ich derselbigen etliche / die ich zu diesem Wercke gebraucht / kurtz zuuorn im anfang dieses Buchs erzehlet habe / Dieweil aber von wegen der Hebreischen / Griechischen vnnd Lateinischen Sprachen / darin diese Proportionirung / der Gewicht / Müntze vnd Maß beschrieben / jederman solche vergleichung nicht so leichtlich begreiffen vnd vernemen kan / habe ich einen jeden gutherzigen Leser mit diesem Buch anleitung vnd einen kurtzen bericht geben wollen / wie die Müntz Gewicht vnnd Maß in heiliger Schrifft sollen verstanden werden.

Der liebe GOtt verleye seine Gnad / das vielen hinnit möge gedienet sein vnd viel frommen Herzten hiedurch angereitzet vnd verursachet werden / die heilige Schrifft fleissiger zu lesen / vnd der Sachen weiter nach zu dencken.

A iij   Inson

Vorrede.

Insonderheit aber habe ich E.E. als meiner großgünstigen lieben Frawen vnd Frawen / diß Buch offeriren vnd zuschreiben wollen/dieweil mir E.E. besondere Gottesfurcht/Vernunfft/vnd Verstand/auch grosse lust vnd liebe zu Gottes Wort/sehr wol bekandt/als die mit mir offt vnd vielmals / nicht alein etliche stunden/ sondern gantze Tage lang von Gottes heiliges Wort vnterredung gehalten/vnd zweiffel nicht/E.E. werde sich solches mein fürnemen vnd zimliche Erbeit wolgefallen lassen/vnd meine günstige liebe Freundin vnd Fraw sein vnd bleiben. Der Eingeborne Sohn Gottes / vnnd getrewer Heyland vnd Seligmacher/der gewißlich jhm eine ewige Kirche im Menschlichen Geschlecht / durch sein heiliges Euangelium samlet vnd erhelt / wolle auch E.E. vnd derselben jungen Söne vnd Junckern in seiner Kirchen/vielen zu trost/lange zeit leben lassen / vnd gnediglich bewaren. Datum zu Grunow/den eilfften Februarij / Im Jahr nach Christi vnsers HERRN heilsame vnd seligmachende Geburt / 1 5 8 2.

E. E.

Dienstwillige

M. Henricus
Bünting.

Der erſte Theil dieſes Buches /

darinnen alle Silbern vnd Goldmüntze/ ſo viel deren im Alten vnd Newen Teſtament gedacht/nach einander außgelegt vnd erkleret werden.

Vom Gewicht der Hebreer.

Jeweil die Hebreer jhre Müntze nach dem Gewicht abgewogen / ſo mus erſtlich ein kurtze erklerung der Gewicht vor her gehen/vnd iſt derwegen wol zu mercken / das die Hebreer dreyerley Gewicht gehabt haben / Nemlich / gemeine Gewicht / Königliche Gewicht/vnd Heiligthumbs Gewicht. Des Heiligthumbs Gewicht war eben noch eins ſo ſchwer/als das gemeine Gewicht / aber Königliche Gewicht hielt zwiſchen jnen gerad dz mittel/wie du aus nachfolgender erzelung der Gewicht abzunemen/die ich aus Fl. Joſepho/Wilhelmo Budæo, Mattheo Hoſto/ vnd andern vielen Scribenten hie habe her ſetzen wollen.

Zuzа, ein Quintlin / Wird in Griechiſcher vnd Lateiniſcher Sprache Drachma oder Denarios genant.

Sekel ſind dreyerley geweſen.
- Siclus vulgaris, der gemeine Sekel / hat gewogen ein halb Loth/nemlich/ zwey Quintlin.
- Siclus Regius, der Königliche Sekel / hat gewogen drey Quintlin.
- Siclus Templi, ſiue Sanctuarij, der Sekel des Heiligthumbs hat gewogen ein Loth/nemlich/vier Quintlin.

Mina. Ein Pfund / war auch dreyerley / wie Heſekiel bezeuget. Cap. 45.
- Mina vulgaris, das gemeine Pfund/helt fünfftzehen Loth/ nemlich 15. Sekel des Heiligthumbs/ Heſe. 45.
- Mina Regia, das Königliche Pfund/hat gewogen zwantzig Loth / nemlich 20. Sekel des Heiligthumbs / Heſe. 45.
- Minæ Sanctuarij ſiue Templi, das Pfund des Heiligthumbs aber/wug fünff vnd zwantzig Loth / nemlich 25. Sekel des Heiligthumbs/ Heſe. 45.

Kichar, Ein Zentner / zu Latein Talentum, war auch dreyerley.
- Talentum vulgaris, der gemeine Zentner/helt drey tauſent gemeine Sekel/die machen anderthalb tauſent Loth.
- Talentum Regium, der Königliche Zentner helt drey tauſent Königlicher Sekel/die machen zwey tauſent/ zwey hundert vnd fünfftzig Loth.
- Talentum Templi ſiue Sanctuarij, der Zentner des Heiligthumbs helt drey tauſent Sekel des Heiligthumbs/ nemlich/ drey tauſent Loth.

Vnd iſt hie auch wol zu mercken/was fur ein Proportion vnd vergleichung/ die Hebreiſche vnd Griechiſche Gewichte gegen einander gehabt haben/nemlich Mina templi, das Pfund der Heiligthumbs / war eben ſo ſchwer / als Mina Attica ; Demnach iſt das Griechiſche Pfund/vnd das Pfund des Heiligthumbs bey den Hebreern gleich ſchwer geweſen. Vnnd gleich wie bey den Griechen ſechtzig Minæ ein Talentum gemacht / alſo haben auch ſechtzig Minæ oder Pfund des Heiligthumbs / einen gemeinen Hebreiſchen Zentner gemacht. Vnnd iſt alſo ſind Talentum Atticum vulgare, vnd Talentum Hebræum vulgare, gleich ſchwer geweſen. Daher iſt kommen /das der gemeine Hebreiſche Zentner auch auſſer Landes/nemlich/ in Italia vnd Griechen Land hat können gebraucht werden/ Aber die Königlichen vnd des Heiligthumbs Zentner / ſind allein im Jüdiſchen Lande geblieben. Alſo auch Mina vulgaris, das gemeine Hebreiſche Pfund / weil derſelben nicht ſechtzig / wie im Griechenland gebreuchlich/ſondern hundert auff das Talentum vulgare gegangen/ haben die Griechen vnnd Römer jhr Gewicht da auch nicht vergleichen mögen / derwegen iſt es gleich / wie auch Mina Regis nirgend anders/weder im Jüdiſchen Lande gebraucht worden.

Rechnung der Müntze

So ist nun kürtzlich/summarischer weise davon zu reden/bis die eigentliche vergleichung der Hebreischen und Griechischen Gewicht. Mina Templi, das Pfundt des Heiligthumbs/ war eben so schwer/als das Griechische Pfundt, Mina Attica genant/denn jes wug fünff und zwantzig Loth/ist deriwegen sieben Loth leichter gewesen/denn unsere Deutsche Pfund im Lande Braunschweig. Und Talentum Hebræum vulgare, der gemeine Zentner der Hebreer/ wug eben so schwer als der Griechische Zentner / Talentum Atticum genant. Item/Der Sekel des Heiligthumbs wug gerad ein Loth/gleich wie Semuncia bey den Griechen.

Folget nun von der Silberne Müntze der Hebreer.

Die Hebreer haben jhre Müntze nach jhrem Gewicht abgewogen/und derselbigen auch nach dem Gewicht den namen geben/wie folget.
Zuza, ein halb ort Thalers / nemlich/ein Quintlin Silbers.
Siclus vulgaris, der gemeine Sekel/ein ort Thalers.
Siclus Regius, der Königliche Sekel/ anderthalb ort Thalers/thut 9. Fürstengroschen.
Siclus Templi, der Sekel des Heiligthumbs/ein halber Thaler/nemlich/ein Loth Silbers.
Mina vulgaris, das gemeine Pfund/achthalden Thaler / Taleros 7 ¼.
Mina Regia, das Königliche Pfund/zehen Thaler.
Mina Templi, das Pfund des Heiligthumbs/dreyzehende halben Thaler / Taleros 12½.
Talentum Regium, der Königliche Zentner/ 1125. Thaler.
Talentum Templi der Zentner des Heiligthumbs hat gegolten anderthalb tausent Thaler/ Taleros 1500.

Und hie soltu diese Regel fleisig mercken/So offt in heiliger Schrifft/das wörtlein Sekel allein stehet / und kein sonderlich Gewicht dabey ausgedrückt wird / so kan es von keinem andern/als von den gemeinen Sekeln verstanden werden. Wenn aber die wort/nach dem Königlichen gewicht/oder nach dem Sekel / das ist / nach dem Gewicht des Heiligthumbs/ dabey stehen/so sind es Sicli Regij oder Sicli Templi, nach dem die wort an jhm selbst lauten.
Die Silberne Sekel werden auch bißweilen Silberlinge genant / wie bald hernach sol gründlich angezeiget und erkleret werden. Dis sey also zum eingang genug von der Silbern Müntze der Hebreer / wie die nach dem Gewicht den Namen gehabt.

Von der Goldmüntze der Hebreer.

Zuza Auri ━━━━━ NAdareonim, ein Ungerisch Goldgülde/ Drachma auri/ein quintlin Goldes.
Siclus vulgaris auri,der gemeine Sekel Goldes / zwey Ungerische Goldgülden.
Siclus Regius auri, der Königliche Sekel Goldes/drey Ungerische Goldgülden.
Siclus aureus Templi, der Güldene Sekel des Heiligthumbs/vier Ungerische Goldgülden.
Mina vulgaris auri/das gemeine Pfund Goldes/sechzig Ungerische Goldgülden.
Mina Regia auri,das Königliche Pfund Goldes/achtzig Ungerische Goldgülden.
Mina auri Templi,das güldene Pfund des Heiligthumbs / ein hundert Ungerische Goldgülden.
Talentum vulgare auri, der gemeine Zentner Goldes 6000. Ungerische Goldgülden.
Talentum Regium auri , der Königliche Zentner Goldes / neun tausent Ungerische Goldgülden.
Talentum Templi auri, der güldene Zentner des Heiligthumbs/zwölff tausent Ungerische Goldgülden:

Unnd ob ich wol die Goldmüntze der Hebreer/ nach Ungerischem Golde gewertirt/dieweil sich die Gewicht der Ungerischen Goldgülden sehr fein hrezu reimet/so ist doch das Gold so im Jüdischen Lande gebreuchlich / viel köstlicher gewesen/denn es ist Arum Ophirizum, und edel köstlich Arabisch/ja das aller lauterste und beste Gold gewesen.

Weiter

im Alten Testament.

Weiter/so viel die gestalt der Müntze belanget/ findet man noch zur gedechtnis etliche Silberne Sekel/die hin vnd wider abgegossen werden / die haben auff einer seiten die Ruthen Aaronis/die da grünte/vnd Mandeln trug/vnd stehen Hebreische Buchstaben darumbher/die bedeuten so viel/als Müntze der Stadt Jerusalem. Vnd auff der andern seiten stehet ein Kelch oder Faß mit Weyrauch/ vnd dabey die wort/ Sekel Israel. *Matth. 22.*

Zuza oder/sonsten Drachma oder Denarius genant/ war ein Pfennig wie oben gemeldet/der ein Quintelin Silbers oder Goldes gewogen/vnd wie Mattheus im 22. Capittel bezeuget hat// zu der zeit / als der HErr Christus alhie auff Erden gewandelt / das Bilde vnd die Vberschrifft des Römischen Keysers darauff gestanden.

Vber das wird auch in heiliger Schrifft nachfolgender Müntze gedacht.

Argentei, Silberling sind zweyerley gewesen/ denn die silberne Sekel des Jüdischen Volcks warden bißweilen Silberling genent / derwegen so haben die gemeinen Sekel oder Silberling ein ort Thalers gegolten / Aber die Silberling des Tempels sind Sicli Sanctuarii siue Templi gewesen/ deren ein jeder einen halben Thaler gegolten / vnd für dreißigsolcher Silberling ist der HErr Christus verrathen worden. *Christus ist vmb 30. Silberling des Tempels verkaufft worden. Matth. 17.*

Stater ein halber Thaler/ nemlich/ ein Loth Silbers/ solch ein Pfennig hat Petrus aus des Fisches Munde gezogen.

Man hat auch sonsten etliche güldene Stater gefunden/ die von lauterm Golde geschlagen waren/deren etliche ein doppelte Ducaten / etliche drey Vngerische Goldgülden / etliche auch wol vier Vngerische Goldgülden werth gewesen. Ja/ das noch viel mehr ist/ sind etliche Stater, die von lauterm Golde geschlagen waren/so groß gewesen/als zu vnsern zeiten die Portugalöser sind/ Aber solche güldene Stater wurden im Jüdischen Lande nicht gemüntzet / derwegen behielten sie auch den Namen von den Königen/die sie hatten müntzen lassen/ vnd wurden genent Stateres Darici, Philippici vnd Alexandrei, &c. *Gülden Stateres.*

Didrachmum, war ein Pfennig / der galt ein ort Thalers / dieser Müntze wird gedacht Matth. am 7.

Denarius oder Drachma / ein Schreckenberger/ oder gerad ein halber ort Thalers von dieser Müntze list man Matth. 20. 22. vnd Luc. 15.

Scrupulum Argenti אגורה Agora ein Fürstengroschen/ der dritte theil eines Quintlins/dieses Pfennigs wird gedacht 1. Samuel. 2.

Geia גרה War ein Pfennig / ein wenig geringer als ein Mariengroschen / denn zwantzig Gera machen ein Siclum nemlich/ einen halben Thaler/ Exod. 30. Num. 3. Ezech. 45.

Obulus עין Ist so viel als ein halb Fürstengrosche/der sechste theil eines Quintlins.

As minus, Ist ein kleiner Pfennig gewesen/der ein wenig geringer/als bey vns ein Matthier gegolten/ ohne geschr so viel/als vier Hannouerische Witten/ein wenig mehr als vierdehalben Meißnischen Pfennig/denn es ist der zehende theil eines Quintlins gewesen.

Quadrans, קדרן Ein Viertling / war ein kleiner Pfennig / ein wenig geringer als ein Meißnischer Pfennig oder Flitterichen / deest enim decima pars, vt non sit integer nummulus Misnicus. Dennoch wil Quadrans ein wenig mehr sein/als ein Gosler ohne geschr so viel/als ein Hannouerisch Witte. Diser Pfennig wird auch sonsten zu Latein Teruncius genent/ à tribus vncijs. Quadrans autem nominatur, quod sit quarta pars Assis. Von dieser Müntze lesen wir/ Matth. 5. Marc. 12.

Minutum, λεπτόν Ein Scherfflin oder Gosler/ Aber Marci 2. gilt dieser Pfennig ein wenig geringer/nemlich/ein Hannouerischen Schwaren/oder einen halben Meisnischen Pfenning.

Folget nun die Rechnung der Müntz in H. Schrifft.

Genesis 20.

Abimelech/ der König zu Gerar/spricht zu Sara/ Sihe da / ich habe deinem Bruder tausend Silberling gegeben/ die machen drittehalb hundert Thaler/ denn es sind Sicli vulgares gewesen/ deren ein jeglicher ein ort Thalers gegolten.

Genesis 23.

Rechnung der Müntze.

Genesis 23.

Abraham kauffte seiner Frawen Sara ein Begrebnis/für vier hundert Sekel Silbers/zu machen ein hundert Thaler/den es sind gemeine Sekel gewesen/deren ein jeglicher ein ort Thalers gegolten.

Genesis 24.

Abrahams Knecht gab der Braut Rebecca ein Güldene Stirspange/eines halben Seckel Goldes/das ist/eines Ungerischen Goldgülden schwer/vnd zween Armbende/zehen Sekel Goldes/das ist/zwantzig Vngerischen Goldgülden schwer. Denn der Text daselbst redet von gemeinen Sekeln.

Genesis 37.

Joseph ward von seinen Brüdern verkaufft für zwantzig Silberling/das ist/vor zwantzig ort Thalers/nach anzeigung der septuaginta interpretum. Demnach werden diese Silberlinge Sicli vulgares gewesen sein/vnd machen die zwantzig Silberlinge nur fünff Thaler. Sie haben jhn sehr guten kauff geben/auff das sie seiner loß werden möchten. Die Silbering aber/da der HErr Christus für verrhaten ward/waren noch eins so gros/denn das waren Sicli Templi, deren ein jeglicher einen halben Thaler gegolten.

Exod. 21.

Wer einen stösigen Ochsen hatte/der einen Knecht oder Magt stieß/so muste der Herr des Ochsen jhrem Herrn dreißig Silbern Sekel geben / die machen achthalben Thaler. Denn der Text redet de Siclis vulgaribus.

Exod. 30.

Wenn das Volck gezehlet ward/so muste ein jeglicher geben einen halben Sekel/nach dem Sekel des Heiligthumbs/das ist ein jeglicher muste geben ein ort Thalers.

Exod. 37.

Der heilige Leuchter mit seinem Lichtschneutzen vnd Leschschnepffen/war gemacht aus einem Zentner feines Goldes/nach dem Gewicht deß Heiligthumbs/das ist so viel als zwölff tausent Ungerische Goldgülden.

Exo. 38.

Alles Gold/das am Heiligthumb in der Wüsten verarbeitet worden / ist neun vnd zwantzig Zentner/sieben hundert vnd dreissig Sickel/nach dem Gewicht des Heiligthumbs/die machen drey mal hundert tausent/fünfftzig tausent/neun hundert vnd zwantzig Ungerisch Goldgülden / Das ist vierdtehalb Tonnen Goldes / vnd neun hundert vnd zwantzig Vngerische Goldgülden. Doch ist solch Gold / das am Heiligthumb in der Wüsten verarbeitet worden/ köstlich Arabisch Gold gewesen.

Des Silbers aber/so am Heiligthumb verarbeitet worden/war hundert Zentner/tausent sieben hundert/fünff vnd siebentzig Sekel /nach dem Sekel des Heiligthumbs/ das ist so viel als hundert tausent/fünfftzig tausent/acht hundert vnd achtzig Joachims Thaler/vnd ein halber Thaler. Denn deß Volcks / das gezehlet ward / von zwantzig Jaren vnd drüber/ war sechs hundert mal tausent/drey tausent/fünff hundert vnd fünfftzig/vnd ein jeder muste einen halben Sekel des Heiligthumbs/das ist /ein ort Thalers geben / thut derwegen die gantze Summa/wie gemelt 150887. Thaler.

Aus hundert Zentner Silbers / das ist/von hundert tausent/vnd fünfftzig tausent Thalern/ wurden gegossen die Füsse des Heiligthumbs / vnd die Füsse des Vorhangs / hundert Füsse aus hundert Zentnern/das ist/anderthalb tausent Thaler zu einem Fusse.

Levit. 27.

Wer ein Gelübde thet/ war also geschehet/ Ein junges Kneblein / das erst sprechen lernet vnd noch nicht fünff Jahr alt war / muste geben fünff Sekel des Heiligthumbs/ist so viel als drittehalb Thaler/vnd ein Megtlein drey silberne Sekel/das ist/anderthalben Thaler. Ein junges Knabe / der vber fünff Jahr alt war / ward geschetzet auff zwantzig Sekel des Heiligthumbs/ die machen zehen Thaler/vnd ein Megtlein gab als denn halb so viel/Nemlich zehen
Sekel

im Alten Testament.

Sekel/die machen fünff Thaler. Ein junger Geselle oder Man/der vber zwantzig Jahr alt war/muste geben funfftzig Sekel/das sind fünff vnd zwantzig Thaler. Ein Jungfrauw aber oder Ehefraw/gab als denn dreissig Sekel/das sind funfftzehen Thaler. Ein alter Man/der vber sechtzig Jahr alt war/muste geben/funfftzehen Sekel/das machen achthalben Thaler. Vnd eine alte Fraw/die sechtzig Jahr alt war/gab zehen Sekel/die machen fünff Thaler.

Numeri 3.

MOses nam das Lösegelt/das vbrig war vber der Leutten zahl/von den Erstgebürten der kinder Israel/tausent/drey hundert/vnd fünff vnd sechtzig Sekel/nach dem Gewicht des Heiligthumbs/die machen sechs hundert/zwey vnd achtzig Joachims Thaler/vnd ein halben Thaler/vnd gabs Aaron vnd seinen Sönen. Von einem jeden Erstgebornen/hat Moses genommen fünff Sekel des Heiligthumbs/das ist/drittehalb Thaler.

Numeri 7.

DIe Fürsten Israel offerten Gott/ein jeglicher eine Silberne Schüssel/vnd ein Silberne Schalen/vnd ein gülden Saltzirigen. Ein jede Schüssel hatte hundert vnd dreissig Sekel oder Loth Silbers gewogen/das machen 65. Thaler/denn es sind Sicli Templi gewesen/wie der Text anzeiget. Vnd eine jede Schale ist siebentzig Sekel oder Loth Silbers schwer gewesen/das sind fünff vnd dreissig Thaler. Vnd ein jedes Saltzirigen war schwer zehen Sekel oder Loth Goldes/das ist so viel/als viertzig Vngerische Goldgülden. Dieweil nun der Fürsten zwölffe gewesen/so ist dazumal an Silber zwölff hundert Thaler/vnd am Golde/vier hundert vnd achtzig Vngerische Goldgülden werth geoffert worden. Doch ist das Gold köstlich Arabisch Gold gewesen.

Deut. 25.

WEnn ein Man vberzeuget ward/das er sein junges Eheweib vnschüldiger weise beruchtiget hette/so muste er ihrem Vater hundert Sicli vulgares/das ist/fünff vnd zwantzig Thaler zur straffe geben/vnd kundte sie durch keinerley fürwendung sein/lebenlang von sich abscheiden lassen. Item daselbst/Wer ein Jungfraw beschlieff/der muste sie zum Weibe nemen/vnd ihrem Vater fünfftzig Sekel Silbers/das ist/dreyzehendehalben Thaler geben. Denn der Text redet da von gemeinen Sekeln/der ein jeglicher einen ort Thalers gegolten.

Josue 7.

ACHan der Dieb hat gestolen einen köstlichen Babylonischen Mantel/vnnd zwey hundert Sekel Silbers/die machen funfftzig Thaler/vnd eine güldene Zungen/die funfftzig Sekel Goldes/das ist/hundert Vngerische Goldgülden schwer gewogen hat. Loquitur enim textus de Siclis vulgaribus.

Judicum 8.

GIdeon hat von den erschlagenen Midianitern zur Ausbeute gesamlet an Gewichte/tausent/sieben hundert Sekel Goldes/die machen drey tausent/vier hundert Vngerische Goldgülden/denn es sind Sicli vulgares gewesen. Hievon ist ein Gülden Leibrock gemacht/daran sich gantz Israel versündiget hat.

Judicum 16.

DIe Philister Fürsten haben der Huren Delila verheissen zu geben/so sie Simson verrhaten würde/ein jeglicher 1100. Silberling/das sind Sicli vulgares gewesen/der ein jeglicher ein ort Thalers gegolten/demnach wollen die tausent vnd hundert Silberling machen/zwey hundert/fünff vnd siebentzig Thaler/vnd so viel hat ein jeder Fürst der Delila zugesagt/nun sind der Fürsten fünffe gewesen/daraus folget/das Simson für tausent/drey hundert fünff vnd siebentzig Thaler sey verrathen worden.

Judic. 17.

DAs Bilde des Abgotts im Hause Micha/auff dem Gebirge Ephraim/ist zwey hundert Silberling schwer gewesen/die machen funfftzig Thaler/Denn der Text/wie es sich ansehen lest/redet daselbst de Siclis vulgaribus/vnd war die Summa des Geldes/das zu derselbigen Abgötterey angewendet ward/tausent vnnd hundert Silberling/das ist/zwey hundert

Rechnung der Müntze.

dert vnd fünff vnd siebentzig Thaler. Dem Leuiten aber / der jhm dienete / hat Micha järlich benante Kleider / vnd ohn den Zeheenden vnd anderer zufelle / zehen Silberlinge geben/das wa ren Sekel des Heiligthumbs gewesen sein/der ein jeder einen halben Thaler gegolten/denn mit solcher Müntze hat man den Leuiten pflegen zu lohnen.

1. Samuel 1.

Wer vbrig ist vom Hause Leui / wird kommen vnd für jhnen niderfallen / vmb einen Silbern Pfennig / Im Hebreischen stehet Agora das haben Forsterus vnd Auenarius interpretirt pro Scrupulo argenti, Wolte demnach so viel machen/als ein Fürstengroschen. Wil man aber die eltesten interpretation/ oder siebentzig Dolmetscher lieber folgen/ die es Obulum reddirt haben/so wil dieser Silberne Pfennig einen halben Fürstengroschen gegolten haben.

1. Samuel 9.

Da Saul die Eselin suchte / hatte sein Knabe bey sich / ein viertel eines Silbern Sekels/ das ist ein Pfennig gewesen / der ein wenig mehr gegolten / als ein Spitzgroschen. Denn der gemeine Sekel galt einen ort Thalers / das vierde theil aber vom ort Thalers/ist ein halb Q intlin Silbers/nemlich/ zween Mariengroschen/vnd drey Geßler / vnd so viel hat dieser Silbern Pfennig gegolten/den Sauls Knabe dem Seher Samuel hat geben wollen.

1. Samuel 17.

Das Pantzer des grossen Riesen Goliath / ist fünff tausent Sekel Ertz / das ist/vnser Gewicht vber acht vnd siebentzig Pfund schwer gewesen / vnd das Eysen seines Spitzes hat sechs hundert Sekel/das ist/vnser Gewicht vber neun Pfund Eysen gewogen.

2. Samuel 12.1. Paral. 21.

Werdierung der Königlichen Kron zu Rabba.

Auch genau die Stad Rabba/vnd nam die Kron jres Königes/ die sehr köstlich von Gold vnd Edelgestein gemacht war/ vnnd ward Dauid auff sein Heupt gesetzet. Diese Krone hat am Gewichte ein Zentner Goldes gehabt / das kan von keinem Hebreischen Zentner verstanden werden/sonst würde die Kron sechs tausent Vngerische Goldgülden schwer gewesen sein/ nemlich/ vnser Gewicht in die siben vnd viertzig Pfund/vnd der König hette sie nicht tragen können / sondern es muss de Talento Syriaco, das ist/von einem Syrischen Zentner verstanden werden/in welches der vierde theil eines Hebreischen Zentners gewesen/nemlich/ein tausent vnd fünff hundert Vngerische Goldgülden/vnser Gewicht an die zwölff Pfund. Vnd so schwer ist dieselbe Krone des Königes zu Rabba gewesen/die darnach dem König Dauid ist auff sein Heupt gesetzt worden / denn dieweil die Stad Rabba/vnd das gantze Land der Kinder Ammon in Syria gelegen/so werden sie auch Syrische Gewicht gebraucht haben.

Es kan auch wol sein/das die Könige: dieselbe schwere Kron gar selten/vnd allein in jhrer höhesten Pracht werden getragen haben. Man köndte die wort dieses Texts auch wol also auslegen: das die Kron am Gewicht/das ist an der werde / ein Zentner Goldes gehabt / das wer die Kron/die sehr köstlich von Golde vnd Edelgestein gemacht war / bezalen wolte / hett müssen einen Hebreischen Zentner Goldes/ das ist sechs tausent Vngerische Goldgülden/ der für in die stedte tragen.

Vnd also were es ein sonderliche Phrasis vnd art zu reden in der Schrifft / die Kron hat am Gewicht/das ist/ an der bezahlung/oder Gold/einen Zentner Goldes. Denn gleich wie die Hebreische Müntze nach dem Gewichte den namen gehabt / also auch die bezahlung/wird durch das abwegen ausgesprochen. Wie wir den sehen/Zachariæ am 11. Sie wugen da / das ist Sie bezalten/wie viel ich galt/ neinlich/ dreyßig Silberling. Welche meinung dir nun am besten gefelt/die magstu behalten.

2. Samuel 18.

Joab spricht zu dem Man / der Absolon hatte sehen an der Eichen hangen/Hettestu jhn zu der Erden geschlagen / so wolt ich dir von meinet wegen zehen Silberling/das ist/zehen ort Thalers vnd einen Gürtel geben haben. Der Man antwortet: Wenn du mir tausent Silberlinge/das ist / tausent ort Thalers / in meine Handt gewogen hettes / so wolte ich dennoch meine Hand nicht an des Königes Son geleget haben/

2. Sam. 24

im Alten Testament.

2. Sam. 24. 1. Paral. 22.

Da der Engel des HErrn seine Hand ausgestrecket vber Jerusalem/ vnd das Volck mit der Pestilentz schlug/ kauffte David die Tenne Arasna des Jebusiters für sechs hundert Seckel Goldes/ die machten so viel/ als zwölff hundert Vngerische Goldgülden/ vnd für das Rind zum Brandopffer gab er jhm funfftzig Seckel Silbers/ die machen dreytzehendehalben Thaler. Denn es sind Sicli vulgares gewesen.

1. König. 6.

Die Königin von Saba/ hat dem Könige Salomo geschencket/ hundert vnnd zwantzig Zentner Goldes/die machen siebenmal hundert tausent/ vnd zwantzig tausent Vngerische Goldgülden/ das weren also sieben Tonnen Goldes/ vnd noch zwantzig tausent Vngerische Goldgülden darüber. Doch ist solch Gold vngleich/ viel besser/ als das Vngerische Gold gewesen/ denn es war alles köstlich Arabisch Gold.

1. König. 10.

König Salomon hat auch järlich einzukommen gehabt/ sechs hundert/ sechs vnd sechtzig Zentner Goldes/die machen so viel/ als neun vnnd dreyßig mal hunder tausent/ vnnd neun vnnd sechtzig tausent Vngerische Goldgülden/ hin an die viertzig Tonnen Goldes. Vnd solch Gold ist vberaus köstlich Gold aus Ophir vnnd Arabia gewesen. Das Silber aber/ so Salomon ein zukommen gehabt/ war nicht zuzelen/ denn er machte/ das deß Silbers zu Jerusalem so viel war/ wie der Steine.

König Salomon hat auch zwey hundert Schilde machen lassen/ vom besten Golde/ sechs hundert stücke Goldes/ das ist/ sechs hundert Vngerische Goldgülden zu einem Schilde. Denn ein stücke Goldes ist so schwer gewesen/ als ein Drachma/ nemlich/ ein Quintlin Goldes/ das ist gerad ein Vngerisch Goldgülde/ doch ist das Gold zu diesen Schilden viel köstlicher gewesen/ als das Vngerische Gold. Er ließ auch Tartschen machen vom besten Gold/ ja 3. Pfund Goldes/ oder drey hundert stücke Goldes/ das ist/ drey hundert Vngerische Goldgülden zu einer Tartschen/ 2. Paral. 9.

Die Kauffleute haben auch dem Könige Salomo Wagen vnnd Pferd in Egypten gekaufft/ja einen Wagen vmb sechs hundert Silberling/ das ist/ vmb anderthalb hundert Thaler/ vnd ein Pferd vmb hundert vnd funfftzig Silberling/ das ist/ vmb acht vnd dreyßigsehalben Thaler. Denn diese Silberling sind Sicli vulgares gewesen/ deren ein jeglicher einen ort Thalers gegolten.

2. König. 5.

Naeman/ der Feldheuptman des Königes zu Syrien/ als er gen Samaria zog/ sich von seiner Aussetzigkeit reinigen zu lassen/ hat er mit auff den weg genommen zehen Zentner Silbers/ das ist/ sieben tausent vnd fünff hundert Thaler/ Vnnd am Golde so viel als sechtzig tausent Vngerische Goldgülden. Vnd als er von seinem Aussatz war gereiniget worden/ hat er Gehasi dem Knaben Elisa des Propheten/ der jhm nachlieff auff dem wege/ geschencket zwey Feyerkleider/ vnd zween Zentner Silbers/ die machen/ ein jeglicher achtzehalb hundert Thaler/ thut zusammen/ tausent fünff hundert Thaler/ da haben zween Knaben/ wie der Text meldet/ gnug an zutragen gehabt. Wenn man aber nach dem Talento Syriaco, welches der vierde theil eines Hebreischen Zentner gewesen/ die rechnung anstellen wolde/ so hette der Hauptman Naeman/ als er gen Samarien zog/ sich von seinem Aussatz reinigen zulassen/ so viel/ als ein tausent/ acht hundert/ fünff vnd siebentzig Thaler/ mit sich auff den weg genommen/ vnd den Gehasi davon geschencket zwo Talenta Syriaca, die wolten machen/ drey hundert/ fünff vnd siebentzig Thaler/ Die hette ein Knabe wol tragen können/ darumb halte ich/ das zu der zeit noch Hebreische Zentner im gebrauch gewesen sein in Syria/ denn die Syrier waren kurtz zuvor den Hebreischen oder Jsraelitischen Königen vnderthan gewesen/ darumb werden sie auch zu der zeit derselbigen Müntze vñ Gewichte noch gebraucht haben/ bis sie lange hernach die Gewichte vñ Müntze geendert. Demnach las ichs bey der ersten rechnung bleiben/ halte dieselben für die warhafftigsten.

Rechnung der Müntze.

2. König 6.

BEnhadad/ der König in Syrien/belagert die Stadt Samaria so hefftig/das ein Eselskopff acht Silberling/das ist/acht ort Thalers gegolten/die wolten zween Joachims thaler machen/vnd ein viertheil Cab/das ist/ein Nössel Taubenmist fünff Silberlin/das ist ort Thalers gegolten hat/Da aber die Syrier von der Stadt hinweg geflogen worn/ist ward das Korn so wolfeil vnter dem Thor zu Samaria/das ein Statum/welches ein wenig mehr ist als ein halber Himbte/Semelmehl/einen Sekel/das ist/ein ort Thalers gegolten/ vnd zween Sata/das ist/nicht gar ein Scheffel Gersten/auch ein Sekel/das ist/ein ort Thalers gegolten. Denn es sind Sicli vulgares.

2. König. 15.

DAphul/der König von Assyrien/das Land Israel vberzog/gab jhm Menahem/der König von Israel tausent Zentner Silbers/die machten sieben mal hundert tausent/vnd funfftzig tausent Thaler/das er jhn mit frieden liesse. Zu der behuff hat König Menahem die reichesten in Israel geschatzet/deren ein jeglicher funfftzig Seckel Silbers/das ist/funfftzig ort Thalers hat geben müssen/die machen dreyzehende halben Thaler.

1. Paral. 23. vnd 30.

DAuid hat seinem Sohn Salomo zum Gebew des Tempels verlassen/erstlich an Gold/ hundert tausent Zentner Goldes/die machen sechs hundert tausent mal tausent Vngerische Goldgülden/nemlich/sechs tausent Tonnen Goldes. Noch hat Dauid dazu geben von seinem eigen Gute/drey tausent Zentner Goldes von Ophir/die machen achtzehen tausent mal tausent Vngerische Goldgülden/nemlich/hundert vnd achtzehen Tonnen Goldes. Vnnd die Fürsten in Israel haben dazu geben/fünff tausent Zentner Goldes/vnnd zehen tausent Gülden/die machen dreyssig tausent mal tausent/vnnd 10000. Vngerische Goldgülden/nemlich/drey hundert Tonnen Golds/vnd zehen tausent Vngerische Goldgülden. Summa alles Golds/das Dauid seinem Son Salomo zum Gebew des Tempels verlassen/thut sechs hundert tausent mal tausent/acht hundert vierzig tausent mal tausent/vnnd 10000. Vngerische Goldgülden. Das sind also sechs tausent vier hundert vnnd achtzig Tonnen Goldes/vnnd zehen tausent Vngerische Goldgülden. Vnd so viel Goldes hat Dauid seinem Son Salomo zum Gebew des Tempels verlassen. Grösser Summa lese ich in keiner Historien/vnnd ist solch Gold dazu das aller köstlichste Gold aus Ophir vnd Arabia gewesen.

An Silber aber hat Dauid zum Gebew des Tempels verlassen/erstlich tausent mal tausent Zentner/vnd zum andern noch 7000. Zentner/Vnnd die Fürsten Israel haben dazu geben/zehen tausent Zentner/Jst also die Summa des Silbers/das Dauid seinem Son Salomo zum Gebew des Tempels verlassen/tausent mal tausent vnd siebentzehen tausent Zentner/die machen sieben hundert tausent mal tausent/zwey vnd sechtzig tausent mal tausent/sieben hundert tausent/vnd funfftzig tausent Thaler.

Esra. 2.

ETliche obersten Väter/als sie aus der Babylonischen Gefengnis wider gen Jerusalem kamen/haben zum Gebew des newen Tempels vñ Heyligthumbs geben/ein vnd sechtzig tausent Drachmas/das ist/ein vnd sechtzig tausent Vngerische Goldgülden/vnnd fünff tausent Pfund Silbers/das ist/fünff vnd siebentzig tausent Thaler/vnd hundert Priesterröcke.

Esrae. 7.

ARthasasta/der König in Persia/der sonsten Darius Artaxerxes Longimanus genennet wird/befahl seinem Schatzmeister/nun solte dem Schrifftgelehrten Esra zu behuff des Heiligthums zu Jerusalem geben/hundert Zentner Silbers/die machen fünff vnnd siebentzig tausent Thaler/wenn mans rechnet nach gemeinen Hebreischen Gewicht/denn dieweil da wort/nach dem Königlichen Sekel oder gewicht/nicht dabey stehet/so kans nirgend anders/als von gemeinen ekel Sober Gewicht vorstanden werden.

Esrae. 8.

Der König in Persia vnd seine Fürsten/vnd gantz Israel/hat gegeben zu wider auffrichtung

---
Vorrath am Gelde/den König Dauid seinem Son Salomo zum Gebew des Tempels nach sich gelassen hat.

im Alten Testament.

rung des Heiligthumbs zu Jerusalem 650. Zentner Silbers / das ist / vier hundert tausent / siebenzig vnd achtzig tausent/vn fünff hundert Thaler. Vnd an Silbern Gefessen hundert Zentner die mochten fünff vnd siebentzig tausent Thaler / vnd an Golde hundert Zentner / die machen sechs Tonnen Goldes / neinlich/sechs hundert tausent Vngerische Goldgülden/Ein jeder becher 50. Vngerische Goldgülden.

Nehemiae. 7.

ARthasasta/das ist/ Nehemias gab zum Schatz des Heiligthumbs/tausent Drachmas, das ist tausent Vngerische Goldgülden/vnd etliche oberste Väter gaben dazu zwantzig tausent Drachmas, das ist zwantzig tausent Vngerische Goldgülden. Vnd an Silber gaben sie zwey tausent vnd zwey hundert Pfund/das ist/sieben vnd zwantzig tausent vnd fünffzig Drachmas zwantzig tausent Vngerische Goldgülden/vnd zwey tausent Pfund Silbers/die machen fünff vnd zwantzig tausent Thaler.

Esther. 3.

DEr stoltze Haman/hat zu außrottung der Jüden aus geben wollen / zehen tausent Zentner Silbers/die machen sieben tausent mal tausent/ vnd fünff hundert tausent Thaler / das ist so viel als sechtzig Tonnen Goldes/neinlich sechtzig mal hundert tausent Kronen / wenn man nach des Bucan schatzung/ein jede Kronen zu dreyßig Fürstengroschen rechnet.

Hesekiel. 45.

EJn Sekel sol zwantzig Gera haben / Sekel aber ist hie so viel als ein Loth / demnach wil Gera ein Pfennig oder kleines gewichtlin sein/so schwer als der zwantzigste teil eines Lothes/ ein wenig geringer als ein halb Ortdülin halb / nicht gar ein Mariengroschen / bey nahe acht Meßnische Pfenniger/deest tamen vna quinta pars nummuli, vt non compleat Gera octo numulos Misnicos. Weiter spricht der Prophet daselbst / ein Mana macht zwantzig. Sekel/ fünff vnd zwantzig Sekel / vnnd fünffzehen Sekel / Vnd wil damit anzeigen/ das die Hebreer dreyerley Pfund haben/Denn Maneh oder Mona ist bey ihnen so viel als ein Pfund.

Mina vulgaris, das gemeine Pfund/ wie auch im anfange dises Buches angezeiget / hat fünffzehen Loth gewogen.

Mina Regia, das Königliche Pfund aber ist zwantzig Sekel/das ist/zwantzig Loth schwer gewesen Vnd MinaTempli, das Pfund des Heiligthumbs/hat fünff vnd zwantzig Loth oder Sekel gehalten/vnd ist derwegen eben so schwer gewesen/als Mina Attica, Vnd diß ist also die rechte auslegung des Propheten Hesekiels an diesem ort.

Tobiae. 1.

DEr alte Tobias hat dem armen Man Gabel zu Rages in Meden gutwillig fürgestrecket vnd geliehen/zehen Pfund Silbers/das ist / ein hundert fünff vnd zwantzig Thaler.

1. Macab. 10.

DEmetrius/der König in Syria/ hat den Jüden järlich wollen geben zum gebew des Tempels/fünffzehen tausent Sekel Silbers/die machen sieben tausent vnd fünff hundert Thaler/wenn sie jhm wolten hülffe thun. Er hat auch das Gold so seine Ampleute vom einkommen des Tempels entwendet hatten/ widerumb wollen dabey kommen lassen. Desselbigen Geldes war fünff tausent Sekel Silbers / die machen zwey tausent vnnd fünff hundert Thaler. Denn dieser Text ist de Siclis Templi zuuerstehen/deren ein jeglicher ein halben Thaler werd gewesen.

1. Maccab. 10.

JOnathas/der Hohepriester zu Jerusalem/hat bey Demetrio/dem König in Syria / so viel zu wegen gebracht / das er den Jüden den Schoß erlassen/vnd hat jm für solche Freyheit geben/drey hundert Zentner Goldes / die machen achtzehen mal hundert tausent Vngerische Goldgülden/ neinlich achtzehen Tonnen Goldes.

1. Maccab. 13.

SImon hat seinen Bruder Jonathan lösen wollen / vil Tryphon dem obersten Heuptman des Königs in Syria/ hundert Zentner gesand/ die machen fünff vnnd siebentzig tausent Thaler

B ij   1. Mac. 14.

Rechnung der Müntze.

1. Maccab. 15.

Simon der Hoheprister zu Jerusalem/ hat den Römern ein groß Gülden Schild gesand/ tausent Pfund schwer/die machen gerade eine Tonne Goldes/ nemlich/ hundert tausent Ungerische Goldgülden.

1. Maccab. 15.

Antiochus Demetri Sohn/ König in Syria / fordert von Simone den Hohenpriester zu Jerusalem / für etliche eingenomene Stedte / fünff hundert Zentner Silbers / vnnd noch für erlittenen schaden auch so viel / das waren also zusammen tausent Zentner Silbers/ die machen sieben hundert tausent vnd fünffzig tausent Thaler: Aber Simon hat solchem dem Könige begeren nicht wollen statt geben / sondern vmb alles frieden willen / sich gleichwol erbotten/das er dem Könige hundert Zentner geben wolte/ die machen fünff vnnd siebenzig tausent Thaler.

2. Maccab. 3.

Heliodorus wird von Gott gestrafft/ da er den Tempel zu Jerusalem berauben wil.

Da Heliodorus den Tempel zu Jerusalem hat berauben wollen/da sind vier hundert Zentner Silbers/das ist/drey mal hundert tausent Thaler/vnd zwey hundert Zentner Goldes/ das ist/zwölff mal hundert tausent Ungerische Goldgülden/ die machen zwölff Tonnen Goldes/ im Tempel gewesen. Als Heliodorus dasselbige Geld wech nemen wolte / ward er von einem Engel im gülden Harnisch zu Pferde angesprenget / vnd noch von zween andern Engeln zu bodem geschlagen.

2. Maccab. 4.

Jason /der vertzweiffelte Bube/ hat seinem frommen Bruder Oniam dein Hohenpriesterampt vertrungen/ vnnd dem König Antiocho für das Hohepriesterthumb geben jerlich hundert vñ sechzig Zentner Silbers/ Item/noch achtzig Zentner/vñ zum dritten nech hundert vnd fünfftzig Zentner/thut also die Summa/fünff hundert vnd neuntzig Zentner Silbers/ die machen vier mal hundert tausent/zwey vnd vierzig tausent/ vnd fünff hundert Thaler.

Derselbige vertzweiffelte Bube Joson/als er war Hohepriester worden/vnd vernam/ das der König Antiochus in der Stadt Tyro grosses spiel hielt / hat er drey hundert Drachmas/ das ist so viel/als drey hundert Ungerische Goltgülden/dahin gesand / die selt man dem Abgott Herculi opffern.Denen aber solches befohlen war/habens nicht thun wollen/sondern haben Schifffrüstung damite bestellet. Da ich aber diese Drachmas nicht für Silberne Müntz schawe/sondern achte/das es güldene Drachmas gewesen sein/die vom lauterm Golde geschlagen/hat die ursache/dieweil drey hundert Drachmas Silbers zu geringe sein wolten /Schifffrüstung damit zubestellen / denn drey hundert Drachmas Silbers thun nicht mehr/ als acht vnd dreyssig halben Thaler. Darumb werden diese Drachmas gülden gewesen sein/ derselb ein jeglicher ein Drachma/das ist ein quintlin Goldes gewogen/das werd so viel als ein Ungerisch Goldgülde. Und also ist nu mit diesen drey hundert Drachmio / die so viel als drey hundert Ungerische Goldgülden wert gewesen/ da man sie dem Abgott Herculi/ nach des Hohenpriesters Jasons begeren/ nicht hat opffern wollen / Schifffrüstung bestalt worden.

Menelaus /als er von Joson dem Hohenpriester zum Könige gesand ward/ hat er den König geheuchlet/vnd das Hohepriesterthumb an sich gebracht/ vnd dem König drey hundert Zentner/das ist/zwey mal hundert tausent/vnd fünff vnd zwantzig tausent Thaler mehr gelobet/ denn Jason/da er aber das Geld nicht außgeben konte/ist er wider von dem Hohenpriester ampt verstossen/2.Mac.4.

2. Maccab. 5.

Antiochus hat achzehen hundert Zentner Silbers aus dem Tempel zu Jerusalem geraubet/die machen dreyzehen mal hundert tausent vnd fünfftzig tausent Thaler.

2. Maccab. 8.

Antiochus hat järlich den Römern geben müssen/zwey tausent Zentner / die machen fünffzehen hundert tausent Thaler.

Nicanor

im Newen Testament.

Nicanor hat ausruffen lassen / das er die gefangen Jüden verkeuffen wolte/ neuntzig Jüden für einen Zentner / das ist / achthalb hundert Thaler / demnach würde ein jeder Jüde für acht Thaler vnnd acht Fürstengroschen sein vorkaufft worden. Aber dasselbige böse fürnemen ist dem Nicanore nicht geraten.

2.Maccab.12.

JVdas Maccabeus hat zwey tausent Drachmas Silbers gen Jerusalem zum Schuldopffer gesand/die machen drittehalb hundert Thaler.

Folget nun die rechnung der Müntze im newen Testament.

Matth.5.

WEr seinem Widersacher nicht willfertig ist/ sol in den Kercker geworffen werden / vnd von dannen nicht heraus kommen/spricht der HErr Christus/ bis das er den letzten Heller bezale. Da stehet das wörtlein קודרנט Quadrans, ein Vierling / das war ein kleiner Pfennig/ ein wenig geringer / als ein Meißnischer Pfennig / ohn geschr so gros / als ein Hannouerischer Witte / denn es war der vierdte theil Assis minuti.

Matth.10.

KEufft man nicht zween Sperlinge vmb einen Pfennig/Nonne duo Passerculi minuto Asse veniunt. Dieweil As minutus ein Pfennig gewesen / der so viel gegolten / als das zehende theil eines Quintlins/So wollen die zween Sperling nicht gar ein Matthier gegolten haben/sondern ohn gefehr so viel / als ein Hannouerische Witte / das also ein jeglicher Sperling zween Witte gegolten/nicht gar zween Meißnische Pfennig.

Matth.17.

DA der HErr Christus zu Capernaum einging/traten zu Petro/die den Zinßgroschen auffnamen/vnd sprachen: Pfleget ewer Meister auch den Zinßgroschen zu geben? Præceptor vester nonne soluit Drachma? Didrachmum war ein Pfennig zween Quintlin schwer/vñ hat derwegen so viel als ein Orts Thalers gegolten / vnnd so viel hat ein jeder zu Zinse geben müssen. Drumb schicket der HErr Christus Petrum ans Meer/der zog einen Stater/ das ist/ ein halber Thaler aus des Fisches Mund/vnd gab ihn für sich vnd für den HErrn Christum/ Denn Stater war ein Pfennig/so schwer als zween Didrachma, denn er hat gerad ein Loth Silbers gewogen.

Matth.18.

DAs Himmelreich ist gleich einem König der mit seinen Knechten rechnen wolte / vnd als er anfing zu rechnen/kam ihm einer für/der war ihm zehen tausent Pfund schüldig. Im Hebreischen Euangelio Matthei stehet ריבו מנים Ribbo manim, Meiadem minarum,10. tausent Pfund/ die machen hundert tausent vnd fünff vnnd zwantzig tausent Thaler. Vnd so viel ist der Schalck knecht seinem Herrn dem König schuldig gewesen. Dagegen war ihm sein Mitknecht einer widerumb schuldig / hundert Groschen / Jm Hebreischen Texte stehet מאה Centum Obulos,hundert Neuengroschen Pfennig/oder hundert halbe Fürsten groschen/ Denn er מעה Obulus,ist der sechste theil eines Quintlins / vnnd thut so viel / als ein halber Fürstengrosche. Demnach wollen die hundert Obuli, so viel machen/ als 50. Fürstengroschen/ nemlich zween Thaler vnd zween Fürstengroschen. Wolte derwegen die Schuld des Schalck knechtetausent mal grösser sein/weder die Schuld des armen Mitknechts. Vnd das ist also die rechnung aus dem Hebreischen Text Matthei. Wil man aber die rechnung aus dem Griechischen Texte nemen / so ist der Schalckknecht seinem Herrn dem König / schuldig / decem mille Talentorum,zehen tausent Talenta oder Zentner / die machen 75. mal hundert tausent Thaler / Oder wenn man auff Ducaten rechnung das Silber zu Golde rechnet / für eine jede Kronen 30. Fürstengroschen / so wollen die zehen tausent Talenti, das ist / fünff vnnd siebentzig mal hundert tausent Thaler so viel machen/ als sechtzig mal hundert tausent Kronen/das weren also 60. Tonnen Goldes. Das ist ja eine grosse Summa / die niemals kein Priuat Mensche hat auffbringen mögen / ja die aller reichsten vnd mechtigsten Könige auff Erden vermögen kaum so viel auffzubringen.

B iij   Man

Rechnung der Müntz.

Man list aber im Buch Esther/im 3. Capittel/das der stoltze Haman eben so viel Geldes/ nemlich/zehen tausent Zentner oder Talenta Silbers/das ist so viel als sechtzig mal hundert tausent Kronen/hab anwenden wollen/das Jüdische Volck damit zu vertilgen. Vnd zwar zu der zeit/ist das Königreich Persia auch im höchsten Flor gestanden/vnd war der stoltze Haman aller Königlichen Güter mechtig/Darumb wenn er noch mehr Geldes zu der zeit hette auffbringen mögen/er würde es freylig nicht vnterlassen haben/denn er hatte sein höchstes vermögen daran gewendet/das Jüdische Volck zu vertilgen.

Item Darius der Persen König/hat dem grossen Alexandro zu entboten/vnd verheissen/das er jhm seine Tochter zur Ehe geben/vnd das Königreich Persia mit jhm theilen wolte/vnnd vber das/noch zehen tausent Talenta/das ist sechtzig mal hundert tausent Kronen schencken. Aber Alexander hat solches abgeschlagen/vnd nicht thun wollen. Vnd als der seiner Fürsten einer/Parmenio zu jhm saget/Jch thet es/wenn ich Alexander were/Antwortet Alexander/Vnd ich thet es auch/wenn ich Parmenio were. Vnd entbot Dario/dem König in Persia also zu: Die Welt köndte nicht zwo Sonnen haben/So köndte der Erdboden auch nicht zween Könige haben.

Derselbige König Alexander Magnus/hat auch einen Fürsten bey sich gehabt/der jhm sehr gehaim vnd getrew war/mit namen Hephæstion. Denn als Alexander einsmals einen Brieff las/den seine Mutter an jhn geschrieben/darin sie sehr hesstig vber den Fürsten Antipatrum klaget/vnd jhn sehr schalt vnd verunglimpffet/stund Hephæstion bey Alexandro/vnd sahe auch in den Brieff/vnd zwar Alexandro ließ jhn sein mit lesen/Aber als der Brieff ausgelesen war/zog Alexander seinen Pitschir Ring von den Fingern/vnd druckt jn dem Hephæstioni auff den Mund/damit anzuzeigen/was er gelesen/solte verschwigen vnd verschwigen bleiben. Gröss-ern Freund hat Alexander nicht gehabt/den er mehr geliebet hette/als diesen Hephæstionem/vnd als derselbige bey der Stadt Babilon starb/ließ jhn Alexander gar herrlich vnd prechtig begraben/mit zehen tausent Tolentis/das ist/mit sechtzig mal hundert tausent Kronen Vnd eben so viel ist auch/wie genent der Schalckknecht im Euangelio seinem Herrn dem Könige schüldig/Matth. 18 Eben so viel haben auch die Jüden/als Pompeius 60. Jahr für Christi Geburt/die Statt Jerusalem erobert vnd eingenommen/in kurtzer zeit zu Tribut vnd Zinse geben müssen den Römern/wie Josephus schreibet. Item/Decem mille Talentorum sechtzig mal hundert tausent Kronen/hat auch der geitzige Römer Crassus/im 15. Jahr für Christi Geburt/aus dem Tempel zu Jerusalem geraubet. Eben so viel/nemlich/sechtzig Tonnen Goldes/sol auch wie etliche wollen/das Königreich Franckreich/da es in seinem Wolstande gewesen/järlich haben auffbringen mögen. Man sagt auch/das des Türckischen Keysers Einkommen thut järlich an die sechtzig Sonnen Goldes.

Also haben/das die Summa/so der Schalckknecht im Euangelio seinem Herrn dem König schüldig ist/der aller grössesten Summa eine ist/Dagegen ist jhm sein Mitknecht nur schüldig/wie der Griechische Text anzeiget, Centum Denarios, hundert Quintlin Silbers/das ist ein Mina oder Pfund/nemlich/dreyzehende halben Thaler/Oder wenn man nach des Budæi gewonheit das Silber zu Golde rechnet/ist es so viel/als zehen Kronen/sein jede Krone aber wil nach des Budæi schatzung nur dreissig Fürstengroschen gelten. Dieser rechnung nach/wil die Schuld des Schalckknechts/sechs hundert tausent mal grösser sein/weder die Schuld des armen Mitknechts. Vnd solch ein Proportion ist auch der Schuld/damit wir Gott verhafftet sind/gegen der Schuld/damit vnser Nehester wider vns sich versündiget hat.

Matth. 20.

Der Herr des Weinberges/ward mit den Arbeitern eins vmb einen Groschen zum Taglohn. Im Hebreischen Text stehet das wörtlein זוזא Zuza/vnd der Griechische Text hat das wort Denarium. Nu ist Zuza oder Denarius so viel als ein Quintlin Silbers/nemlich/ein halb Ort Thalers. Ein Pfennig der drey Fürstengroschen/oder so viel als fünfftehalben Marienigroschen gelten.

Matth. 22.

Da die Phariseer vnd Herodis Diener den Herrn Christum versuchten/vnd jhn fragten/Ob man dem Keyser Zinse geben solte oder nicht/Antwortet der HERR Christus/vnd sprach

im Newen Testament.

sprach: Jhr Heuchler/was versucht jhr mich? Weiset mir die Zinsemünße. Vnd sie reichten jhm einen Groschen dar. Daselbst stehet auch das wort Zuza oder Denarius/vnd thut so viel/als einen halben Ort Thalers/nemlich fünfftehalben Mariengroschen.

Matth. 25.

DAs Himelreich ist gleich einem Menschen/der vber Land zog/vnd rieff seinen Knechten/ vnd thet jhn seine Güter ein/vnd einem gab er fünff Zentner/Das ist/drey tausent/sieben hundert vnd funffßig Thaler/der hat eben noch ein so viel damit gewonnen. Dem andern aber gab er zween Zentner/das ist/tausent vnd fünff hundert Thaler/der hat auch eben noch eins so viel damit gewonnen. Dem dritten aber gab er einen Zentner/das ist/sieben hundert vnd funffßig Thaler/der hat nichts damit gewonnen/sondern den Zentner in die Erden verborgen.

Matth. 26.

JVdas Ischarioth ließ sich den Geitzteuffel verfüren/das er gedachte den HErrn Christo zu verrathen/gieng derwegen hin zu den Jüden/vnd sprach: Was wolt jhr mir geben/so wel ich jhn euch verrathen? Vnd sie boten jhm dreyßig Silberling. Das sind silbern Sekel des Heiligthumbs gewesen/wie es Doctor Martinus Luther/Mattheus Hostes/vnd andere gelehrte Leute dafür halten. Demnach hat ein jeder Silberling ein Loth Silbers/das ist/einen halben Thaler gegolten/vnd also ist der HErr Christus für fünfftzehen Thaler verrathen worden/den dreyßig Silberling/das ist/dreyßig halbe Thaler/machen funfftzehen gantze Thaler. Vnd für dasselbige Geld ist darnach des Töpffers Acker gekaufft worden/Matthei 27. Vnd das diese silberne Sekel des Tempels vñ Heiligthumbs gewesen/erscheinet auch daraus war zu sein/weil Judas dasselbige Gelt von den Hohenpriestern vnd Heuptleuten/des Tempels empfangen/die gemeinlich mit solcher Müntze pflegen vmbzugehen/So hat auch der schnöde Bösewicht dasselbe Gelt wider in den Tempel geworffen/da ers empfangen hatte/ vnd sich davon gemacht/selbst erhenckt wie ein Dieb/vnnd ist mitten entzwey geborsten/hat gleich wie ein rechter Ertzverräther sein Eingeweide selbst ausgeschüttet/vnd ist also gleich wie ein Dieb vnd Verrhäter sehr scheuslich dahin gestorben/vnd zum Teuffel gefahren.

Marci 12.

DEr HErr Christus setzet sich gegen den Gotteskasten/vnnd schawet wie das Volck Geld einlegte in den Gotteskasten/vnd die Reichen legten viel ein/vnd es kam eine arme Widwe/die legte λεπτα δυο, Minuta duo/zween Hannouerische Schware ein/die machen Quadrantem/einen Hannouerischen Witten/denn Quadrans war der vierde theil Assis/vnd As war der zehende theil eines Quintlins/vnd so ist Quadrans ein Pfennig gewesen/ein wenig geringer/als ein Meißnischer Pfennig/deest enim decima pars, vt non sit integer nummulus Misnicus.

Marci 14.

ALs der HERR Christus war zu Bethanien/im Hause Simonis des Aussätzigen/trat ein Fraw zu jhm/die hatte ein Glaß mit vngefelschtem köstlichen Nardenwasser/vnd sie zubrach das Glaß/oder den Albaster/wie der Griechischen Text lautet/vnd goß es auff sein Heupt/Da wurden etliche der Jünger vnwillig/vnd sprachen: Was sol dieser vnrath? Man kündte das Wasser mehr denn für drey hundert Denarios/das ist/für drey hundert Quintlin Silbers/verkauffen/vnd den Armen geben haben. Dieweil nu ein jeder Denarius ein Quintelin Silbers/das ist/ein halben Ort Thalers gegolten/so wollen die drey hundert Denarij/acht vnd dreißigsthalben Thaler gegolten haben/nemlich/dreyßig Kronen/ wenn man eine jede Krone nach Budæi rechnung/auff dreißig Fürstengroschen rechnet/Nu ist dasselbige Nardenwasser noch theurer gewesen/nach anzeigung der Jünger/darumb mus es ein vberaus köstlich Wasser gewesen sein.

B iiij   Luc. 12

14 Rechnung der Müntze

Luc. 12.

DEr HErr Christus spricht also: Verkaufft man nicht fünff Sperling vmb zween Pfennig? Nonne quinque Passerculi veniunt minutis assibus duobus? Dieweil As Minus ein Pfennig gewesen/der so viel gegolten/als der zehende theil eines Quintelins / nicht gar ein Matthyer / so wollen diese fünff Sperling ein wenig mehr/als siebendehalben Meißnische Pfennig gegolten haben/ nemlich vnser Münße hie im Lande Braunschweig nicht viel mehr als zehen Goßler/ Demnach wolte ein jeder Sperling zwey Goßler / oder ein wenig mehr als anderthalben Meißnischen Pfennig gelten.

Luc. 15.

WElch Weib ist/(spricht der HErr Christus)die zehen Drachmas, das ist / zehen Pfennig bey einander hette/deren ein jeglicher ein halben Ort Thalers gölte/Wolten demnach die zehen Drachmæ zusammen fünff ort Thalers machen/vnd nach Budæi rechnung / ein Frantzösische Kronen / wenn man die Kronen zu dreyßig Fürstengroschen rechnet. Wenn nun die Frawe einen Drachmam dauon verlöre / würde sie nicht ein Licht anzünden / vnnd kehren das Hauß/vnd suchen mit fleiß/bis sie jhn wider fünde? Vnnd als denn würde sie jhre Nachbarinnen ruffen / vnnd sprechen: Frewet euch mit mir / denn ich habe meinen Drachmam oder halben ort Thalers wider funden/ den ich verloren hatte.

Luc. 19.

DAs Himmelreich ist gleich einem Edlen/der vber Land zog/das er ein Reich einneme. Dieser foderte zehen seiner Knechte/vnd gab jhnen zehen Pfund / vnd sprach zu jhnen: Handelt biß ich wider komme. Ein Mina oder ober Pfund thut bey den Hebreern fünff vnnd zwantzig Sekel/das ist/fünff vnd zwantzig Loth/ oder dreyzehende halben Thaler / vnnd so viel hat er einem jeden Knechte geben. Die gantze summa aber der zehen Pfund machet hundert fünff vnd zwantzig Thaler/vnd so viel haben die Knechte sempetlichen von jhm entpfangen / vnd eben so viel hat auch der erste Knecht/weil sein Herr ausgewesen/mit seinem Pfunde gewonnen. Der ander Knecht aber hat fünff Pfund / drey vnd sechzigstehalben Thaler gewonnen. Vnd der dritte hatte nichts erworben, denn er hat sein Geld im Schweißtuch behalten/ vnd es nicht in die Wechselbencke geben/vnd derwegen gantz keinen danck bey seynem Herrn verdienet.

Johan. 6.

ALs der Herr Christus fünff tausent Man wil speisen/ausgenommen/ Weiber vnd Kinder/ der auch sonder zweiffel ein sehr grosse menge gewesen/versuchet er Philippum/ vñ spricht: Woher keuffen wir Brod?/ das dieße ässen? Philippus macht die rechnung / vnd spricht: zwey hundert Pfennig werdt Brods ist nicht gnug vnter sie/das ein jeglicher ein wenig neme. Dieser zwey hundert Pfennig hat ein jeder ein Denarium/ das ist / ein halben ort Thalers gegolten/demnach wollen diese zwey hundert Denarij fünff vnnd zwantzig Thaler machen / Oder nach Budæi rechnung zwantzig Kronen / wenn man dreyßig Fürstengroschen auff eine Kronen rechnet. Dieweil nu des Volcks fünff tausent Man gewesen / so hat ein jeder noch nicht für anderthalben Meißnischen Pfennig, das ist/ein jeglicher hat nicht viel mehr / als für zwey Goßler werd Brods bekommen. Was solten denn die Weiber vnd Kinder essen/der auch sonder zweiffel eine gute anzahl gewesen / Matth. 14. Darumb spricht Philippus recht / für zwey hundert Denarios/das ist/für fünff vnd zwantzig Thaler werd Brods ist nicht gnug vnter sie/ das ein jeder ein wenig neme. Vnd die andern Jünger antworteten drauff/ Sollen wir denn hinzehen/vnd für die zwey hundert Denarios/das ist/ fünff vnd zwantzig Thaler werd Brods keuffen/vnd jhnen zu essen geben. Marci 6.

Johan. 12.

ALs der HErr Christus sechs tage für Ostern/ mit Lazaro/den er von den Todten erwecket zu Bethanien zu Tische saß/ nam Maria Lazari schwester ein pfund Saltz von vngefelschter köstlicher Narden/vnd Salbete die Füsse Jhesu/ vnd trucket sie mit jrem Hare, Das Hauß aber ward voll vom geruch der Salten. Da murret Judas Simonis Son Ischariothes/ vnd sprach: Warumb ist diese Salbe nicht verkaufft vmb drey hüdert Denarios/das ist/ vmb drey hundert

im Newen Testament.

hundert Quintlin Silbers / die machen acht vnd dreissig halten Thaler/ oder dreissig Kronen / wenn man nach Budæi rechnung eine Krone dreyssig Fürstengroschen werth achtet. Dieweil nu dieser Salben ein Pfund gewesen / vnnd ein jegliches Pfund fünff vnd sibentzig Loth gewogen/so ist daraus offenbar/das ein jegliches Loth dieser Salben mehr als ein Frantzösische Krone / nemlich anderthalben Thaler / oder eines Vngerischen Goldgüldens wenig gewesen/Das mus je vber die massen ein sehr köstliche Salbe gewesen sein/Darumb schreibet Johannes auch nicht ohn vrsach/das sie mit jhrem geruch das gantze Hauß gefüllet habe.

Johan. 19.

Als aber der HErr Christus solte begraben werden/kam Nicodemus/vnd brachte Myrrhen vnd Aloen durch einander gemischt / bey hundert Pfunden / die machen zwey tausent vnd fünff hundert Loth/ Vnd so schwer hat die Salbe gewogen / damit der HErr Christus ist gesalbet worden/vnd begraben worden/nemlich/vnser gewicht acht vnd sibentzig Pfund.

Actor. 19.

IN Asia worden viel Bücher verbrand / nemlich / für fünff tausent Silbergroschen / das werden Römische Denarij gewesen sein/ deren ein jeglicher ein halb ort Thalers gegolten/ Derwegen sind das mahl fur sechs tausent /drey hundert/drey vnd dreyssig Thaler / vnd acht Fürstengroschen werth Bücher verbrand worden.

Nachfolgendes Tefflin zeiget an / wie alle Hebreische/ Griechische/ vnd Lateinische Gewicht vnd Müntze mit einander zu vergleichen sein.

PONDERVM ET MONETARVM VALOR
APVD EBREOS, GRAECOS ET LATINOS.

Nciola, ein Hanenköpfflein oder halb Gößler/wiewol ein wenig geringer/ἡμιώβολον est, duodecima pars afsis æreï,nondum tertia pars nummuli,Misnici. Minutia ein wenig mehr als ein Gößler, λεπτον septima pars Arceli siue Oboli, desunt duæ septimæ partes, vt non sit integer nummulus Misnicus. Sed Maretia. ponitur pro medietate quadrantis, wolt sein ein Hannouerische schwart.

Teruntius, ein Hannouerisch Witte, vere dicitur alias Quadrans. Τρυγγιον τι του πυρός, οὐδ' ἔνιοι habet nomen à tribus vnci,s & quarta parte afsis, deest decima pars, vt non sit integer nummulus Misnicus.

Chalcus, ein Flitterchen/ χαλκὸς nummulus Misnicus, sexta pars Oboli, vt testatur Suidas.

Sembella, nicht gar drey Gößler/est enim semifsis Libellæ,& facit nummulum Misnicum, cum quatuor eius quintis partibus.

Siliqua, drey Gößler/ ein schlim Körtling/ oder ein Braunschweigisch Lawempfennig, Κεράτιον αἰγιλωπος, est triens Oboli, constituens duos nummulos Misnicos, octodecim Silliquæ fecerunt Drachmam.

Cidabus, ein wenig mehr als ein Gößler / doch nicht gar ein Körtling/ κίδαρις valet duos nummos Misnicos cum quadrante,estq́; octaua pars Euthiæ,teste polluce.

Semiobu'us, ein Meseripp, tres nummuli Misnici, fuit enim ἡμιώβολον apud Athenienses, quarta pars sertupuli, & dimidia pars Oboli, quæ Drachmæ sexta pars erat, vnde idem semiobolus ἥμυσυ τον etiam;dictus est;Sed Semiobolus, Aegineus facit 5. nummulos Misnicos.

As æreus, siue libelli argenti, ein Mattheier, doch ein wenig geringer ἀσσάριον fuit decima pars Denarij, valet ergo nummulos Misnicos tres, cum tribus quintis partibus, eius typus fuit Ianus bifrons, in altera parte Rostrum nauis.

Obolus Atticus, ein halber Fürstengroschen/ein Neungößler Pfennig/zwen Miserippen ἰβολὸς φέλλες sexta pars Drachmæ, valet ergo sex nummulos Misnicos, Hebræis dicitur habet pondus 16. granorum hordeaceorum.

Gera, ein Mariengroschen/ doch ein wenig geringer/nam quinq; Gerah apud Hebræos faciunt Drachmam, & viginti constituunt Siclum, est ergo Gerah nummus constituens apud Hebræos septem nummulos Misnicos cum quinta eius parte.

Sestertius nummus, ein wenig geringer als ein alt Fürstenmüntz/ ein örtlin Silbers/oder halb Quintlin halb / σέσηρτιος quarta pars Drachmæ, facit ergo nouem nummulos Misnicos, continet Asses duos, et tertium dimidiatum.

Obulus Aegineus, ein Funffzehender oder alt Fürstenmüntz / facit decem nummulos Misnicos Idem hic Obolus Aegineus dicitur λίτρα, vt Aristoteles apud pollucem libro 4. testatur.

Diobolus Atticus ober Scripulum Argenti, ein Fürstengrosche / Grossus Misnicus, Διώβολος/ vel γεώμμα vigesima quarta pars vnciæ, et tertia parsDrachmæ, der tritte theil eines Quintlins.

Triobolus Atticus ober Quinarius, anderthalb Fürstengroschen/nemlich ein halb quintlin Silbers, thut zwey Mariengroschen/vnd 3 Gößler. Idem valet ἡμιδραχμον τριώβολον & εἰσδὲ valet nummulos Misnicos octodecim. Idem quoq; valet Victoriatus, nummus Argenteus, ita dictus à Typo, quot victoria insignitus esset.

Diobolus Aegineus, dreitenhalben Mariengroschen/facit nummulos Misnicos viginti, hoc est, Grossum Misnicum cum eius besse.

Tetrobolus Atticus, zwen Fürstengroschen / oder drey Mariengroschen/ τετρώβολον μίσθμα valet 24 nummulos Misnicos, huius nummi typus erat Iouis effigies, & in altera parte noctua, Inde Prouerbium, Noctuas Athenas, apud Erasmum in Chiliadibus.

Drachma ober Denarius, ein halber ort Thalers / oder ein Quintlin Silbers/thut 3. Fürsten Groschen / oder fünffthalben Mariengroschen / dicitur Denarius à decem alsibus,& δραχμή Quod feni oboli τῶν ἐξ ὀβόλων id est, manum compleant, Zuza ober Drachma apud Hebræos habet pondus 90. granorum hordeaceorum. Centum Drachmæ, apud Græcos faciunt Minam.

Tetro-

Tetrobolus Aegineus, ein Schreckenberger / thut 5. Mariengroschen/tres Grossos Misnicos cum triente, id est, quatuor nummulis Misnicis.

Sextula, sechs Mariengroschen/fuit enim sexta pars vnciæ, facit ergo quatuor Grossos Misnicos, Idem quoq; valet Siclus, nummus Persicus & Sardonicus apud Hesychium, facit enim octo Obolos Atticos.

Siclus Prophanus, siue vulgaris Iudeorum, ein ort Thalers / Idem quod δίδραγμον. nemlich ein halb Loth Silbers Tantundem valet ἕων nummus, sic dictus à typo, quod bouem insculptum haberet. Idem valet Stater Didrachmus.

Duellæ, zwölff Mariengroschen / duæ Sæxtulæ constituunt tertiam partem vnciæ, videl'icet octo Grossos Misnicos.

τριακδικελιτρον Dreyzehende halben Mariengroschen / Stater corinthius, qui 10s λίτρας, 1. Obolos Aegineos facit videlicet octo GrossosMisnicos, cum triente seu quatuor nummulis Misnicis.

Stater Ietradrachmus in Syria & Iudæa vsitatus, ein halber Thaler/Stater dicitur â verbo ἱσῶναι, quod appendere siue librare significat, sicut Siclus siueSeKel àSaKal deducitur. Idem ergo significant Stater & Siclus, nemlich ein Gewicht.

Siclus Templi, siue sanctuarij, hat auch ein halben Thaler gegolten / Idem quod Semuncia, ein Loth Silbers / Ille Iudaicus habuit pondus ;84. granorum Hordeaceorum.

Libra Romana, ein Römisch Pfundt, thut 12. Thaler/ vnser Gewicht 24. Loth. Dicitur etiã As, & diuiditur in duodecim vncias, quarum appellationes subijcio, Vncia ein thaler, ὀγγίa duodecima pars Assis, 2. Loth. Sextans, 2 Thaler ʃεκτημοριον quasi sexta pars assis, vnciæ duæ, 4. Loth. Quadrans 3. Thaler. τετραγτημόριον quarta pars assis, continet vncias tres, 6 Thaler. Triens 4. Thaler. τριτημόριον tertia pars assis/continet quatuor vncias 8. Loth. Quincunx 5. Thaler. quinq; vnciæ πεντώγγιον 10. Loth. Semis quasi semias, 6. Thaler/ ἡμικλύσιον assis dimidium 12. Loth. Septunx 7. Thaler / septem vnciæ ἱπτάωγγιον 14. Loth. Bes 8. Thaler/δίμοιραί octo vnciæ, 16. Loth. Dodrans nouem vnciæ, 9. Thaler/ τριμοιρία 18. Loth. Dextans vnciæ decem, 10. Thaler/ 20. Loth. Deunx vndecim vnciæ, 11. Thaler / 22. Loth. Deinde sequitur As siue Pondus, thut 12. Thaler/ 24. Loth. Dupondius 2. Pfund/24. Thaler. Tresis, tres Asses, 3. Pfund / 36. Thaler. Octussis: octo Asses, 8. Pfund/96. Thaler. Vicessis, 20. Asses 240. Thaler. Tricessis, triginta Asses, 30. Pfund / 360. Thaler. Centussis, centum Asses, hundert Pfund/1200. Thaler.

Mina Attica, ἐνναθεας Griechsche Pfund thut dreyzehende halben Thaler / oder 10. Kronen/ so man nach Budæi rechnung ein jede Krone zu 30. Fürstengroschen rechnet. Mina attica sexagesima pars Talenti, & constabat ex drachmis atticis centum, et erat maior libra Romana Drachmis quatuor, hat derwegen 25. Loth gewogen / Hebræis dicitur מָנֶה

Talentum, ein Zentner / τάλαντον Talentum Atticum minus, thut 1500. Thaler / oder so man das Silber zu Golde wechselt/ vnd dreyssig Fürstengroschen/ nach Budæi rechen schafft/ auff ein Krone rechnet / so will Talentum Atticum minus machen sechs hundert Kronen. Talentum Atticum minus constabat ex sexaginta Minis. Talentum Atticum magnum. Thut nach Budæi rechnung 800 Kronen.

Talentum Hebrænm, כִּכָּר Der Hebreische Zentner ist dreyerley/ videlicet Talentum vulgare, Talentum regium, & Talentum Sanctuarij siue Templi, fuit duplo maius Talento vulgari, habuit pondus 3000. Siclorum Templi, sicut colligitur ex 28. cap. Exodi, & sicut Hebræi volunt. Idem Talentum habuit pondus 115000. granorum hordeaceorum. An Golde thut dasselbige Talentum Templi zwölff tausent Vngerische Goldgülden/ an Silber/15000. Thaler. Talentum regium apud Hebræos fuit 90. Minarum Atticaium thut derwegen 125. Thaler. Sed Talentum vulgare apud Hebræos fuit duplex. Nam cum subinde nouæ gentes descenderent in Palestinam, pondera etiam aucta sunt. Talentum ergo vulgare Minus, est Talenti Sacri dimidium, & constat sexaginta Minis Atticis, Thut an Golde sechs tausent Vngerische Goldgülden/vnd an Silber 750. Thaler. Sed Talentum vulgare maius, est centenarium à centum Minis Atticis dictum,
& est Talenti Sacri Dextans, Thut an Silber 1250. Thaler/
An Golde aber/ zehen tausent Vngerische
Goldgülden.

DE

STERTIIS HÆ TENENDÆ SVNT REGVLÆ.

PRIMA REGVLA.

Estertius genere masculino idem significat quod Numerus in specie, nemlich/ein örtlein Silbers. Fuit enim Sestertius quarta pars Denarij & facit præcise novem nummulos Misnicos. Dicitur Sestertius, quasi semistertius, quod in se contineat Aißes duos, & tertium dimidiatū. Notæ eius sunt LLS, IIS,HS H S Quatuor sestertij faciunt denarium, einen halben ort Thalers Octo sestertij einen ort Thalers. 16. Sestertij einen halben Thaler. Viginti Sestertij, quindecim groffos Misuicos, vt Thalers/32. Sestertij, ein Thaler. 40. Sestertij faciunt denarios decem, 530. tanti Budeus Coronatum æstimat, Centum Sestertij thun drey fürstengroschen/Nemlich fünff Kronen. Mille Sestertij / machen ein vnd dein Ort/Nemlich/fünff vnd zwantzig Kronen.

SECVNDA REGVLA.

uralis Numorum & Sestertiorum Romani per Syncopem contrahē:significant. Decem Millia Sestertiorum & decem millia Sestertium. rtium, & decies centena millia Sestertiorum. Sic eandem significatille Sestertij mille Sestertium nummum, & mille Sestertium, & facit :oronatos.

TERTIA REGVLA.

ivo plurali facimus nomen generis neutri Sestertium, propter brevi ce mille, proinde Sestertium genere neutro, significat mille nummos itur sit HS, cum lineola supra caput extensa, sicut Budæus ex vetusto onstrāt. Nam sicut notæ numerorum latine septem apice notatæ, mil nt, vt Probus Gramaticus testatur, sic hæc sestertij notā est millenare. V. X. L. C. D. M. toties milie significant, quod vnitates in se conti-:stertia, faciunt decem millia nummorum sestertiorum, Nemlich drey ınd dreissigste halbe Thaler oder 250. Kronen. Quadraginta sestertia, fa:a millia nummorum sesteriorum, Nemlich zehen tausent Kronen. Tan questris sub Iulio Cæsare sexingenta sestertia, constituunt sexcenta m sestertiorum, videlicet, viginti millia Coronatorum, tantus fuit s, ante Augustum. Mille sestertia faciunt milena millia nummorum ılich/fünff vnd zwantzig tausent Kronen.

QVARTA REGVLA.

Sestertia Romani per adverbia feré loquebantur, infra mille autem verbia locuti sunt, & talis locutio per adverbia numeralia, erat eclipti int enim Romani centena millia, exemplis sit res illustrior, Decies sedecies Centena millia nummorum Sosteriorum, sive mille sestertia. hic numerus hoc modo 1000000. & facit 25. millia Coronatorum. vrum, id est, centies centena millia nummorum sestertiorum, Cyphris 100000. facit hæc summa ducenta quinquaginta millia Coronatorum, ft vinio Cleopatræ. Quadringenties Sestertium, id est quatringenties ummorum sesteriorum. Cyphris ita scribuntur, 40000000. thut tausronen / zehen tonnen Goldes/ tanti æstimatus est Plinio ornatus I.oliæ. coegisse vicies septies millies Sestertium hoc est, vicies septies millies ımmorum sestertiorum, Cyphris scribuntur hoc modo, 2700000000. Its diese Summa demnach machen/sechs hundert vnd fünff vnd sechßig Thonnen Goldes.

Ander Theil.

Darinnen alle Korn vnd Weinmas/ so viel deren im Alten vnd Newen Testament gedacht/ nach einander außgeleget vnd erkläret werden.

Namen der Kornmasse.

Chœnix/der dritten theil einer halben Metzen.
Gomer/eine halbe Metze.
Satum/eine halbe Himbde/doch ein wenig mehr.
Epha/ein Schöffel/oder præcisè vnser Maß fünff Metzen.
Latech/ein Malter.
Cor vnd Gomor/ zwey Malter.

Namen der Bier oder Weinmasse.

Himina/ein halb Nössel.
Log/Sextarius, in Nössel.
Cab/ein halb Stübichen.
Hin/ein Bohnkanne/ein grosse kanne/oder ein Eymer/da zwölff Nössel eingehen.
Cad/ein Dickrug/wie viel er gehalten/ist vngewiß.
Cad vel Cadus maior Metretra: Ein Zuber oder Kübel/da 60. Nössel eingiengen.
Buth/ein Faß oder Tonne/da 72. Nössel eingiengen. Es war ein Maß so groß/ als ein Ephaf
Hesekiel 45.
Gomer/ein Weinmaß oder Olemaß/da 720. Log oder Nössel eingiengen / die machen 30. sil-
bichen/nicht viel mehr als 2 Ahmen Weins.

Vnd das ist also ohngefehr / die vergleichung der masse/ so hie im Lande Braunschweig
gebreuchlich ist/mit dem Hebreischen Masse / denn ob wol die Masse nach einer jeden Stadt/
bißweilen grösser oder kleiner sein/denn man hat hie dritte Metzen vnd vierdte Metzen / Item/
Hannoverische Schöffel/ Hildesheimische vnd Brunswische Schöffel / etc. So tregt es doch
so gar weit mit aus dem wege/ist auch ohne noth vnd gefahr / alles so gar genaw zu proportio-
niren/so du aber gerne wissen woltest / woher ich solche vergleichung der Hebreischen enden
sern Maß genommen hette/so besihe das letzte Testim am ende des Buches / welches ich aus
dem heiligen Hieronymo/ Josepho/ Philippo Melanthone/ Joachimo Camerario, vnd vielen
andern glaubwirdigen Scribenten zusammen gezogen / als denn findestu eine feine artige vnd
richtige Proportionirung vnd vergleichung allerley Masse.

Rechnung der Masse im Alten Testament.

Genes. 18.

ALs Abraham die drey Männer auff die Herberge kriegt / eilet er zu seiner Sara in die Hüt-
ten/vnd spricht : Menge 3 Sata / das ist/ein Schöffel Semelmehl / vnd backe kuchen.
Denn drey Sata machen einen Schöffel. Fuit n. Satum tertia pars Ephi, capiens 144.
ova teste Divo Hieronymo.

Exod. 16.

MOses sprach zu Aaron/Nim ein Krüglein/vnd thue ein Gomer / das ist / ein halbe Metzen
Himmelbrods darein / zu behalten auff ewre nachkommen. Im selbigen Capitel zeiget
auch Moses an/das Gomer sey der zehende theil eines Epha/das ist / eines Schöffels. Demnach wolt Gomer nach vnser Masse ein halbe Metze sein./ præcisè, der sechste theil einer
Hundsten / vnd so viel Manna oder Himmelbrod ist teglich für einen jeden Menschen gesamlet worden.

im Alten Testament.

Exod. 29.

Vnd das soltu auff dem Altar thun/ Zwey järige Lemmer soltu allwege des Tages derauff opffern/ein Lamb des Morgens/ vnd das ander zwischen Abends. Vnd zu einem Lamb ein zehenden Semelmehls gemenget/mit einem viertel vom Hin gestossen Oeles/vnd ein viertel vom Hin Weins/zum Tranckopffer/ das ist/ Du solt so viel als drey Nössel Oeles/vnd drey Nössel Weins dazu thun/denn Log war bey den Hebreern ein Maß/ da sechs gebacken Eyer eingiengen/Der H. Hieronymus interpretirt es Sextarium ein Nössel/ vnd zwölff Log haben ein Hin gemacht/das war ein Maß/da 27. Eyer eingiengen/ oder zwölff Nössel. Vnd also wolt ein viertel vom Hin drey Nössel machen.

Exod. 30.

Das Salböle zum Heiligthumb ward also gemacht/ Der besten Specerey vnd der edelsten Myrrhen kam dazu fünff hundert Seckel oder Loth/ vnd Commeth die helffte so viel/ Nemlich/250. Loth/vnd Kalmes auch 250. Loth/ vnd Casien fünff hundert Loth. Diß alles ward vermenget mit einem Hin/das ist/mit einem Eymer oder zwölff Nössel Baumöle/ nach der Apotecker Kunst. *Salböle zum Heiligthumb.*

Levit. 5.

Wer sich versündiget hatte/vnd vermochte nicht zwo Turteltauben/oder zwo junge Tauben/ zum Opffer zu bringen/der muste bringen ein zehenden theil Epha Semelmehl/ das ist/er solte bringen des zehenden theil eines Scheffels/das ist ein Gomer/ohngefehr ein halbe Metzen.

Levit. 14.

Wenn der Aussetzige war rein erkant/ so muste er am achten Tage zwey järige Lemmer nemen/die ohn wandel waren/vnd drey zehenden Semmelmehls zum Speisopffer/ mit öle gemenget/vnd ein Loth/das ist ein Nössel Oeles/ ein zehende Semmelmehls aber thut so viel/ als ein Gomer/nemlich/ein halbe Metzen.

Num. 15.

Zum Speisopffer war gemenget/der vierte theil vom Hin/ das ist drey Nössel Oeles/vnd eben so viel Weins/ Oder das dritte theil vom Hin/das ist vier Nössel Oeles/vnd eben auch so viel Weins. Bißweilen auch wol ein halb Hin/das ist sechs Nössel Oeles/ vnd auch eben so viel Weins.

Deut. 25.

Es sol nicht zweyerley Epha/das ist/zweyerley Schöffel/ gros vnd klein/ in deinem Hause sein.

Judic. 7.

Als Gideon die Midianiter angreiffen wolte/gab er seinen Kriegsleuten/ einem jeglichem einen Posaune in seine Hand/vnd ledige Krüge vnd Fackeln darinnen. Diese Krüge sind Cadi minores gewesen/Oelkrüge wie Lampen zugericht/darin man Fackeln vnd Tædas nuptiales,das ist/Brautkertzen pflegte zu tragen. Denn das war für alters der gebrauch/ das der Breutigam bey Nacht die Braut holte/ vnd als denn wurden ihm Jungfrawen zugeordnet/ die da Brautfackeln/vnd schöne helle Lampen für ihm her trugen. Daher auch der HERR Christus das schöne Gleichnis genommen hat/von den zehen Jungfrawen/ die da ausgiengen den Breutigam entgegen/Matth. 25. Solche Fackeln oder Tædæ nuptiales interdum accipiuntur pro nuptiis, sive pro ipso coniugio, Virg. 4. Aeneidos, Si non pertæsum thalami tædǽq́; fuisset. *Alter Gebrauch die Braut heim zu holen.*

Es ist aber der vnterscheid hie auch zu mercken/das in den Jungfrawen Lampen/ davon der HErr Christus redet/ Oele gewesen/ aber in Gideons Oelkrügen ist kein Oele gewesen/ sondern es waren ledige Oelkrüge/mit einem dicken bauche vnd schmalen hals/ vnd da haben Fackeln vnd Kertzen in gestalden. Sie mögen genennet werden Cadi minoris, denn sie sind nicht sehr gros gewesen/sondern so leicht/das man sie in einer Hand leichtlich ohn alle beschwerung hat tragen mögen/Wieviel aber darein gegangen/kan man nicht wissen.

C ij

Rechnung der Müntze

Ruth. cap. 2.

Die junge Wittwe Ruth/die Moabitin/ war nicht müßig/vnd faulentzet nicht gerne/sondern gieng hin auff den Acker Boas/ da hat sie eines tages so viel Ehren den Schnittern auff dem Felde nachgelesen/ das sie des Abends/ da sie die Ehren mit einem Stecken ausgedroschen/ein Epha/das ist/ein Scheffel Gersten bekommen hat.

Ruth. 3.

Als sich Ruth schlaffen legete zu den füssen Boas/vnd begerte/ das er sie möchte zur Ehe nemen/gab jhr Boas/da er des Morgens auffstund/sechs Maß oder Mobios/das ist/sechs Metzen Gersten.

1. Samuel. 17.

Als Sauel wider die Philister in den Streit gezogen war/ vnnd Goliath täglich dem Zeug Israel hohn sprach/sandte Isai seinen Sohn David ins Heer/ der muste seinen Brüdern ein Epha/das ist/ein Scheffel Sangen bringen.

Ruth. 3.

Abigails ehrliche Gabe/darmit sie Davids zorn stillet.

Als David auff dem wege war/den halsstarrigen Narrenkopff/ vnd vndanckbaren Nabal zu erwürgen/da machte sich Abigail Nabals Weib/ gar eine tugentsame Fraw/ auff jn weg/vnd zog dem zornigen David entgegen/ vnnd stillet seinen grimmigen Zorn/mit einem seinen ehrlichen Geschencke/Denn sie brachte jhm zwey hundert Brod/vnd zwey Lägel Wein/vnd fünff gekochte Schafe/vnd fünff Sata/das ist vnser Maß/ anderthalb Scheffel Mehl/ vnd hundert stücke Rosin/ vnd zwey hundert stücke Feygen. Das lud sie also auff an Esel/ vnd führete es David entgegen.

1. König. 7.

Das gegossene Meer auff 12. Rindern.

Das gegossen Meer/das auff zwölff Rindern stund/ war sehr kunstreich gemacht/ von dem aller köstlichsten Ertz/vnd war zehen Ellen weit im Diametra, das ist/ mitten durch/vnd hatte 30. Ellen ringes vmbher in der Circumferentia,vnd es war fünff Ellen hoch/vnd giengen dar in zwey tausent Bath/das ist/ zwey tausent Tonnen wassers. Ein jegliche Tonne aber war so groß/das ein Scheffel Korn darein gieng. Denn ein Epha vnd Bath/ warm gleich groß bey den Hebreern. Josephus schreibt/das ein Bath habe 72. Sextarios oder Nößel gehalten/ die machen 9. Städtichen. Demnach wolten in diß grosse gegossen Meer gegangen sein/18000. Stübichen/ oder fünfftehalb hundert Ahmen Weins/ wenn man auff eine jede Ahme rechnet 40. Stübichen. Vnd so viel Wassers hat man in diß grosse gegossene Meer gethan.

1. König 17.

König Salomon ließ auch zehen Ehrne Kessel machen/ die stunden auff fünff Stulen vnd Redern/vnd in ein jeden Kessel giengen viertzig Bath/die machen nach Josephi anzeigung/ zwey tausent vnd acht hundert vnnd achtzig Sextarios oder Nößel/nemlich/drey hundert vnd sechtzig Stübichen/das weren also neun Ahmen Weins. Vnd so viel Wassers ist in einem jeglichen Kessel gegangen.

1. König 17.

Als der Prophet Elia an die Widwen zu Zarpath begeret/das sie jhm solte ein wenig Wassers vnd ein bißlein Brods holen/Antwortet sie: So war der HErr dein Gott lebet/ich hab nichtes gebackenes/ohn ein Handvol Mehls im Cad/das ist/ ein Kübel oder Zuber(oder ein Faß/so gros/das wol sechs Stübichen darein giengen)vnd ein wenig Oele im Kruge. Er sprach zu jhr: Das Mehl im Cad oder Kübel/ sol nicht verzehret werden/ vnd dem Oeletyg sol nichts mangeln/biß auff den tag/so der HErr wird regnen lassen auff Erden.

1. König 18.

Als der Prophet Elia auff dem Berge Carmel in gegenwart des Volcks Jsrael opffern wolte/ vnd den Altar/ Holtz vnnd Brandopffer fein zugericht hatte/ machet er eine
Grube

im Alten Testament.

Gruben/zwey Sata/das ist/mit gar ein Scheffels weit/ vmb den Altar her/ vnd ließ darnach zwölff Cad/das ist/12. Kübel oder Zuber Wassers auff das Opffer giessen/ das auch die Grube/die vmb den Altar her gemacht/gar voll Wassers lieff. Als aber Elia betet/ fiel das Fewer vom Himmel/vnd verzehret das Brandopffer/Holtz/Stein vnd Erden/ vnd leckete auch das Wasser auff in der Gruben.

2. König 6.

Als Benhadad/ der König von Syrien/ die Stadt Samaria belagerte/ ward eine solche Thewrung in der Stadt/das ein Eselskopff acht Silberling/das ist/8. ort Thalers/nemlich 2. Jochims Thaler gegolten/ vnd ein viertel Cab/ das ist/ ein Nössel Taubenmist/fünff Silberling/das ist/fünff ort Thalers gegolten. Denn Cab war bey den Hebreern ein Maß/ so groß als ein halb Stübichen oder vier Nössel/ demnach wil ein viertel Cab/ so viel als ein Nössel sein. Vnd also ist in der grossen Thewrung ein Nössel Taubenmist/ für fünff ort Thalers verkaufft worden.

1. König 7.

Als die Syrer von Gott erschreckt/wider weg flohen von der Stadt Samaria/ ward das Korn/nach der Weissagung deß Prepheten Elisa/ so wolfeil/ vnter dem Thor zu Samaria/das zwey Sata/die machen vnser Masse ein wenig mehr/ als ein Himbden Gersten/ ein ort Thalers gegolten/vnd ein Satum/welches ein wenig mehr/als ein halb Hümbte ist/Semmelmehl hat auch ein ort Thalers gegolten.

2. Para 2.

Salomon hat den Zimmerleuten/ die auff dem Berg Libano das Holtz haweten/zum Gebew deß Tempels zu Jerusalem/ gegeben/zwantzig tausent Cor gestossen Weitzen/vnd zwantzig tausent Cor gestossen Gersten. Dieweil nu einjedes Cor nach vnser Masse/ in die zwey Malter Korn thut/ so ist des gestossen Weitzen viertzig tausent Malter/ vnd der Gersten auch viertzig tausent Malter/ Thut also der Weitze drey tausent/ drey hundert vnd drey vnd dreissig Fuder/vnd eben so viel ist auch der Gersten gewesen. Thut also des Korns zusammen an Weitzen vnd Gersten/sechs tausent/sechs hundert/sechs vnd sechtzig Fuder. Aber das hat Salomon denselbigen Zimmerleuten geben/zwantzig tausent Bath Weins/vnd zwantzig tousent Bath Oeles. Dieweil aber ein Bath/ wie oben aus Josepho angezeiget/ neun Stübichen helt/so wolte des Weins sein/hundert tausent vnd achtzig tausent Stübichen/ vnd eben so viel wolte auch des Oeles sein. Thut demnach der Wein fünffhalb tausent Ahmen Weins/ deren ein jegliche 40. Stübichen helt. Vnd eben so viel ist auch des Oeles gewesen.

Vnd ob einem dis wol schier vngleublich dünckt/ so muß man doch auch dagegen erwegen/die grosse menge des Volckes/ die das Holtz gehawen haben/ Denn ihrer waren siebentzig tausent die Last trugen/vnd achtzig tausent Hawer/vnd drey tausent/ vnd sechs hundert Auffseher/Thut in summa/hundert tausent/drey vnd fünfftzig tausent/ vnd sechs hundert Mann/ die werden warlich was weg gebissen/vnd weg gefressen haben. Vnd ich achte/ das ihrer viel vnter denselbigen/sich beköstet werden bekostet/ vnd vmb Geld gedienet haben/ sonsten würde es ihnen noch viel zu geringe gewesen sein. Denn was solten hundert tausent vnd achtzig tausent Stübichen Weins/ vnter hundert tausent/ drey vnd fünfftzig tausent Man/ Da würde ja ein jeglicher nicht viel mehr/ als ein Stübichen Weins bekommen haben/ vnd auch eben so viel Oeles/ Desgleichen würde ein jeder an Korn/ hin an die zwey Schöffel Korns nur bekommen haben/das were je noch sehr geringe. Darumb ist es wol gleublich/ das ihrer viel vmb Geld werden gedienet/ vnd sich selbst beköstiget haben. Ja/ es lest sich ansehen/ das Salomon das Korn/ Wein vnd Oele werde allein gesand haben/ den Knechten Hyram/ des Königs zu Tyro/vnd das Israelitische Volck werde zu mehrern theil vmb sonst/ freywillig am Haus des HERRN gearbeitet/ vnd sich selbst beköstet haben. Wie were es sonsten müglich gewesen/solch ein trefflichs Gebew in sieben Jahren aus zu bawen/ vnd solchen vberschwencklichen Vnkosten so lang zu tragen.

Was Salomon den Zimmerleuten die auffn Libano zum Tempel Holtz hawen den/an Korn vnd Wein gesand habe.

Wie viel des erbeits Volck auff dem Libano gewest sein.

Hesekiel

Rechnung der Müntze

Heseliel 45.

Ihr solt rechte gewicht/vnd rechte Schöffel / vnd rechte Maß haben / Epha vnd Bath sollen gleich sein/das ein Bath den zehenden theil vom Homer habe / vnd das Epha auch den zehenden theil vom Homer/ denn nach dem Homer sol man sie beyde messen. Die ist erstlich zu mercken/das Homer das grösseste Maß bey den Hebreern gewesen / vnnd war ein Faß so groß das 720. Nössel oder Sextarij darein giengen / die machen neuntzig Stübichen / ohn geseerb viel/ als zwey Ahmen Weins/oder so man Korn darein thet / wolt es an die zwey Malter vnser Maß machen.

Epha war ein Kornmasse/vnd ward der zehende theil vom Homer/nicht also viel / als vnser Schöffel/Dieweil wir aber kein neher Maß haben / vergleich ich dem Epha mit vnserm Schöffel.

Bath war ein Weinmaß vnd Oelemaß / eben so groß / als ein Epha / Gleich wie nun das Epha oder Hebreische Schöffel/der zehende theil vom Homer gewesen / also auch das Bath welches ein Weinfaß oder Oelefaß gewesen/war auch der zehende theil vom Homer/vnd giengen darein 72. Sextarij oder Nössel / die machen neun Stübichen. Damit du aber den gantzen Handel vnd die Proportion beyder Maß desto besser vernemen mögst / B. sihe nachfolgende Täffelein/darin sie gegen einander gesetzet.

Kornmasse.

Homer ist ein Kornmaß/helt so viel als funfftzig Metzen/oder hundert Gomer/Das ist/hundert halbe Metzen/ Thut vnser Maß an die zwey Malter.

Epha/ein Hebreischer Schöffel/ist auch zehende theil eines Homers / vnnd helt vnser Maß 5. Metzen/die machen 10. Gomer / das ist zehenhalbe Metzen. Ich rechne hie aber 3. Metzen auff ein Himbten / welche man bey vns ein dritte Metzen nennet.

Satum ein wenig mehr als vnser Maß ein halber Himbdt / denn drey Sata haben ein Epha gemacht.

Gomer/ein halbe Metze / ist der zehende theil vom Epha/vnd der hundertste vom Homer. Denn hundert Gomer / machen gerad ein Homer.

Weinmasse.

Homer ist auch ein Weinmaß / vnd Oelemaß / vnnd gehet darein 720. Nössel/die machen neuntzig Stübichen / nicht viel mehr als zwey Ahmen Weins.

Bath / ein Hebreische Tonne / ist der zehende theil vom Homer / vnd derhalben eben so groß / als ein Epha / helt derwegen nach der Hebreer antzeigung / zwey vnd siebentzig Sextarios oder Nössel / die machen neun Stübichen.

Urna / ein Eymer / helt eben so viel als Satum/drey Stübichen/ quatuor videlicet congios.

Xous Congius,nicht gar ein Stübichen/ ist schier so groß als ein Gomer / denn ein Gomer bey den Hebreern / helt bey nahe ein Stübichen.

Hose 3.

Vnd der HERR sprach zu mir: Gehe noch eines hin / vnd buhle vmb das Bulerische vnd Ehebrecherische Weib/wie denn der HERR vmb die Kinder Israel bulet / vnd sie doch sich zu frembden Göttern kehren/vnd bulen vmb eine Kanne Weins. Vnd ich ward mit ihr eins/vmb funfftzehen Silberling/das ist/vmb funfftzehen ort Thalers/vnd ein Homer Gersten/ thut zwey Malter Gersten/vnd ein Ledech Gersten/ das ist / vnnd ein halben Homer / neuulich/ vmb ein Malter Gersten. Wolte also die Summa sein / vierdthalben Thaler / ein end Thaler/vnd drey Malter Gersten. Denn Ladech/wie gemelt/hat so viel gethan / als ein halb Homer/vnser Masse ein Malter Korus/doch ein wenig mehr / Dieweil wir aber keine nehere Masse haben/die neher hinzu stimmen köndten/nun ich den Leteech mit einem Malter/vnd den Homer mit zwey Maltern vergleichen.

Rechnung

im Newen Testament.

Rechnung der Masse im newen Testament.

Matth. 13.

DAs Himmelreich ist einem Sawerteig gleich / den ein Weib nam vnd vermenget jhn vnter drey Sata / das ist / vnter einem Schöffel mehls / biß das er gar durch sewert ward. Denn drey Sata bey den Hebreern machen ein Epha / das ist / einen Schöffel. Ist derwegen ein Satum ein wenig mehr als ein halber Himbte.

Luc. 16.

DA der vngerechte Haußhalter rechnung hielt / mit den Schuldenern seines HErrn / war der erste schüldig Centum Batos Olei, hundert Bath / das ist / hundert Tonnen Oeles / wie der vngerechte Haußhalter vnd gieng in ein jedes Bath oder Tonnen neun stübichen / ist also die gantze summa der schuld Rechnung neunhundert Stübichen. Der vngerechte Haußhalter spricht / er solle nur die helffte schreiben / gehalten. fünfftzig Bath / das ist / fünfftzehalb hundert Stübichen.

Der ander Schuldener war schuldig hundert Chor Weitzen. Ein Chorus aber thut vnser Master zwey / Ist also die summa der Schuld / zwey hundert Malter Weitzen / die machen an die sechtzehen Fuder Korns. Der vngetrewe Haußhalter aber befahl jhm / er solte allein achtzig Chor Weitzen / das ist / hundert vnd sechtzig Malter anzeichnen / vnd also bleibet er noch in die dreytzehen Fuder Weitzen schüldig.

Hat derwegen der vngerechte Haußhalter / dem ersten Schuldener zum besten / seinem Herrn die helffte abgesohen / nemlich / fünfftzehalb hundert Stübichen Oeles / Vnd dem andern Schuldener zu fortheil, hat er seinem Herrn den fünfften theil der schuld / nemlich / hin an die drey Fuder Weitzen gestolen.

Johan. 2.

AUff der Hochzeit zu Cana in Galilea / hat der HErr Christus das Wasser in sechs steinern Wasserkrügen / in süssen Wein verwandelt / Es giengen aber in einem jeglichen Wasserkrug zwey oder drey Metretas / wie der Griechische Text anzeiget / Ein Metreta aber hielt sechtzig Sextarios oder Nössel / das ist / in eine Metretam haben achtzehalb Stübichen gangen. Nu seines also / das die ersten drey Wasserkrüge ein jeder drey Metretas gehalten / so were in einem jeglichen / hundert vnd achtzig Nössel / das ist / drey vnd zwantzig stehalb Stübichen gantz gemein / nemlich / in die zwey Fuder oder Kübel voll Wassers. Darumb halte ich / das es grosse steinern Krüge gewesen / aus vollem starcken Steine gemacht / darin man das Wasser hat tragen müssen. Vnd sein nicht allein darumb so gestanden / das man die Hende daraus waschen solte / sondern das auch einer gantz darein stehen / vnd nach Jüdischer Reinigung sich darin baden vnd reinigen kondte / wie denn ist Jüden diß Badens gar viel gemacht haben. Weiter / so rechne die andern drey Wasserkrüge also / das in einem jeglichen zwo Metretas / hundert vnd zwantzig Nössel / das ist / fünfftzehen Stübichen gangen sein. Dennach wil Christus Braut vnd Breutigam / auff der Hochzeit zu Cana in Galilea / mit neun hundert Nösseln Weins / die machen hundert vnd dreyzehendehalb Stübichen / das ist / bey nahe mit dreyen Ahmen Weins verehret haben.

Apocalyp. 6.

ICh höret eine Stimme sagen / ein Chœnix Weitzen vmb einen Denarium, das ist der vierdte theil einer halben Metzen / sol einen halben Ort Thalers gelten. Denn Chœnix ist das vierdte theil einer halben Metzen / vnnd Denarius thut so viel als ein halb Ort Thalers. Demnach würde ein halbe Metze vier Denarios, nemlich / einen halben Thaler / vnd eine gantze Metze vier Ort Thalers / das ist / ein gantzen Joachims Thaler gelten. Das wolte eine sehr schreckliche Thewrung sein.

Hie ist auch zu mercken / das die alten Griechen sehr fleissig sind gewesen in ihrer Haußhaltung / vnd haben ein gewisse Masse gehabt / wie viel einem jeden Knechte solte täglich zur speise gegeben

Rechnung der Müntze

Der Alten Griechen weis in jhrer haußhaltung.
gegeben werden/nemlich/ein Chœnix / das war ein Maß ongefehr so groß / als zwey Nössel oder das vierdte theil einer halben Mechen Speise / da ward jhnen ein Sextarius vini, das ist ein Nössel Weins zu geben/Das war also der Knechte tägliche Speiß vnd Tranck. Vnd also kondten die Herrn eigentlich wissen/wie viel jhn jährlich drauff gieng / nemlich/ auff ein jeden Knechte drey hundert fünff vnd sechzig Chœnices / thut vnser Maß nicht viel mehr als zwey Malter järlich zur Speise/vnd drey hundert fünff vnd sechzig Nössel / das ist / fünff vnd viertzig Stübichen zum Tranck/nemlich/ein wenig mehr als ein Ahm Weins. Vnd das ist also eines jeden Knechts järliche Speis vnd Tranck gewesen. Gott aber hat die Kinder von Israel die 40. Jahr oder in der Wüsten viel reichlicher versorget/denn er gab einen jeden täglich ein Gomer/das ist/ein halbe Metzen Himmelbrodt/das ist/vier mal so viel als ein Chœnix.

Cicero.
Cicero octava oratione in Verrem schreibet/das ist ein Modus tritici (welte sein vnser Masse ein Metze Weitzen) sey in Sicilia gemeinlich verkauffe für drey sestertios, die machen zween Fürstengroschen/vnd einen Meißnischen Dreyling oder Miserippen. Dieweil Chœnix der achte theil vom Modio gewesen / so wolte ein Chœnix ein wenig mehr / als drey Meißnische Pfennige/nemlich/ohn gefehr fünff Goßler gegolten haben / vnd so viel hat täglich an Leibeigen Knecht in Griechenland seinem Herrn an Speise verzehret / vnd noch ein Nössel Weins dazu.

Mesigkeit der Alten im Essen vnd Trincken.
Also sihet man/das die Alten kaum die helffte so viel gessen vnd getruncken haben/ weder die vnsern / sondern sich fein mässig gehalten/da umb sind sie auch / ohn zweiffel viel gesünder vnd zu allen hendeln viel geschickter vnd bequemer gewesen. Die Natur ist mit einem geringen wol gesettiget/wenn sie aber zu viel vberladen wird / kan sie balde geschwechet vnd gekrencket werden/vnd wird als denn auch ein Mensch vngeschickt zu allen dingen.

Vnd das sey also gnug von dem Korn vnd Weinmaß/ so vielen deren beyde im Alten vnd Newen Testament gedacht wird / Damit aber ein jeglicher gutherziger Leser/ aller Hebraischen/Griechischen vnd Lateinischen Masse gründlichen bericht bekommen / vnd solche Bücher auch auff andere Lender zurichten möge / hab ich nachfolgendes Tefflein am ende dieses Buchs hinzu setzen wollen/darin solche Maß/so viel immer müglich/auffs eigentlichste gegen einander proportionirt werden. Der liebe GOtt verleihe Gnad / das ein jeder gutherziger Leser der sachen weiter nachdencken / dem lieben Gott zu ehren vnd gefallen / vnd seiner selbst eigen Seligkeit zum besten / die heilige Schrifft mit mehrem fleiß lesen vnd beherzigen möge/

Das verleihe der liebe GOTT vmb seines Hertzlieben Sohns / vnsers Erlösers vnd Seligmachers JESV CHRISTI willen/
AMEN.

Nachfol

im Newen Testament.

Nachfolgendes Teffelein/aus vielen Büchern vnd Glaubwirdigen Scribenten zusammen gezogen/zeiget an/wie alle Hebreische/Griechische vnd Lateinische Maß/gegen einander zu Proportioniren vnd vergleichen sein.

TABULA DE MENSURIS HEBRAICIS, GRAECIS ET LATINIS.

חמר Gomer, כר χορ☉ Corus,capiebat decem Bathos vel Epha, Ova 4320. Sextarios 720. Gomer 100- Vnser Maß zwey Malter Korns/ oder 50. Stübichen Weins/nemlich/nicht viel mehr als zwey Ahmen Weins.

לתך Ledeck,dimidium Cori,continet 5. Epha, Ova 2160. Sextarios 370. Gomer 50. Vnser Maß ein Malter Korns.

איפה vel אפה Epha, Μέδιμν☉, Medimnus Atticus,ein Scheffel/ decima part Homor sive Cori,capiebat tria Sata,Ova 432. Sextarios 27. Gomor 10. vnser Maß 5. Metzen.

בת Bath Batos. Bathus vel Batus,ein Faß oder Tonne/ fuit mensura liquidorum , habens eandem mensuram cum Epha,continet ergo Ova 432. Sextarios 72. Congios 12. neun Stübichen.

כד Cad καδ☉ Cadus ein Kübel oder Zuber/μετρητὴ, Metreta capit Ova 360. Sextarios 60. Congios 10. Vnser Maß achthalb Stübichen.

Ἀμφορεὺς Amphora,ein Kübel oder Zuber/erat mensura continens Sextarios 48. Congios 8. vnser Maß 6. Stübichen.

סאה Satum Κάπηλ vel σάμν☉, Vrna,ein Eymer/ein wenig mehr als ein Himbte/fuit tertia pars Ephi,dimidium Amphoræ, capiens Ova 144. Sextarios 24. Congios 4. drey Stübichen.

הין Hin μέδιμν☉ ein Metz/tertia par Amphoræ, continens Sextarios 16. Congios 2⅔ vnser Maß an die zwey Stübichen/oder ein Metzen.

חין Hin,ein Bohnkanne/ oder ein grosse Kanne/Mensura liquidorum Olei & Vini, & mensura minor modio,capiens Login sive Sextarios 2. Congios 12. Vnser Maß anderthalb Stübichen.

Semodius paulo superavit Congium,fuit enim sexta pars Amphoræ, continens Sextarios 8. Vnser Maß ein Stübichen oder ein halbe Metzen.

עשר Gomer,eine halbe Metzen/decima pars Ephi & centesima pars Homer sive Cori,capiebat Sextarios 7½.

Χοῦς aut χοῦς vel Χοῖ Congius,continens sex Sextarios,Cyathos autem 72, fuit,octava pars Amphoræ,vnser Maß drey Quartier.

Cabus Modiolus,quarta pars Modij,capiens quatuor Login, hoc est, Sextarios, quatuor Ova autem 24. Vnser Maß ein halb Stübichen.

χοῖνιξ Chænix de mensium diurnum,octava pars Modij & dimidium Semodij,tertia pars Gomer,capiebat Sextarios 2. Cyathos 24. Das vierdte theil einer halben Metzen/ zwey Nössli/ oder ein Quartier.

Quartarius luit quarta pars congij,& decima sexta pars Amphoræ,capiebat Cyathos 18. Vnser Maß ein halb Nössel.

לג Log,Sextarios,ein Nösel/est mensura quæ tantum continet , quantum sex ovorum testæ,capit ergo Cyathos 12. vnser Maß ein Nössel/ nominatur etiam Mina Italica.

המין Hemina, Κοτύλη Cotyla capiebat sex Cyathos;ein halb Nössel.

Κυάθ☉ Cyathus,est mensura capiens duodecim Cochlearia,ein Becher.

Μύστρ☉ Mystrum,ein halb Becher/capiebat sex Cochlearia.

Cyame capit duo Cochlearia,zwen Löffel voll.

Κοχλιάριον Cochlearium,ein Löffel voll.

Folgen

23 Rechnung der Müntze

Folgen nun etliche Exempla. Heydnischer Historien/das man also sehen möge/wie diß Büchlein auch zu vielen Griechischen vnd Römischen Historien nütz vnd dienstlich sey.

Vnter dem Keyser Claudio ist ein solch grosse Thewrung gewesen/das ein Mobius, das ist/ eine Metze Korns/ist verkaufft worden für sechs Drachmas/die machen drey Ort Thaler o/so doch sonsten gemeinlich/wenn keine Thewrung war/dieselbige Metze Korns in Lateinischer Sprach/Modius genant/nur tres Sestertios,das ist/zween Fürstengroschen gegolten/wie kurtz zuvorn ex Cicerone in Verrem angezeiget worden/Dieser grossen Thewrung gedencket Suetonius vnd Dion/vnd es ist eben die Thewrung/die der Prophet Agabus durch den heiligen Geist zuvorn gesehen/vnd geweissaget/das sie vnter dem Keyser Claudio geschehen solte/Actor. am 11.

Von Pythio/dem Könige Lydorum/Herodot. lib. 7.

Der König Pythius in Lydia / der den mechtigen König Xerxem auß Persia mit seinem gantzen Kriegsvolck zu Gast gebeten/ist reich gewesen/zween tausent Talent Silbers/die machen dreissig mal hundert tausent Thaler/vnd an Golde hat er gehabt/Quadragies centena millia nummum Daricorum septem millibus minus,Die machen viertzig mal hundert tausent Portugaloser/weniger sieben tausent Portugaloser/Vnd so viel hat jm König Xerxes/dem er zu behulff des vorstehenden Krieges solche Summa schencken wolte / dazu geben/das also die viertzig mal hundert tausent Dariei oder Portugaloser sind vol worden. Nach Budæi rechnung n ollen diese viertzig mal hundert tausent Darii so viel mach en als vier hundert mal hundert tausent Kronen/das weren also vier hundert Tonnen Goldes. Denn er rechnet einen Daricum zehen Kronen werth/Besihe Herodot. lib. 7. vnd Budæum de Asse.

Von Novellio Torquato.

Novellius Torquatus Mediolanesis/hat den Zunamen bekommen/das er genent ist Tricongius, darumb / das er in gegenwart des Keysers Tyberij / hatte außgesoffen in einem Sosse tres Congios Vini,die machen neun Quartier Weins/vnd so viel hat dieser Novellus Torquatus in einem satze zu sich genommen/Sic credendum est,Plin. lib. 14. cap. 22.

Von der grossen Huren Lais zu Corinth.

Diese Lais war vber die massen schön/darumb viel der aller Reichesten vnd mechtigsten aus Griechenland gen Corinthum zogen/der Liebe mit jhr zu pflegen/vnd keiner word zugelassen/er hette jhr denn so viel geben/als sie von jhm forderte. Vnd dieser schöne Sira von wollen / ist auch der treffliche Orator vnnd berhümste Redner/in Griechischer Zungen Demosthenes/gen Corinthum gezogen/er kondte sie aber mit seiner lieblichen Rede dazu nicht bringen/das sie jhm hette wollen zu jhr lassen/sie forderte von jhm zehen tausent Drachmas/ die machen tausent Kronen/nach Budæi rechnung/der allzeit zehen Drachmas auff eine Kronen rechnet. Demosthenes aber hat die Liebe so thewr nicht kauffen wollen/sondern drauff geantwortet, ἐκ ἀνεμαί μίσον ἐξλχμων μεταμλέων. Das ist / Ich keuffe mir mit zehen tausent Drachmas keine Rewe oder leid/Besihe Gellium lib. 1. cap. 8.

Terentius in Eunucho Actus 3. Scena.

Thraso schacket die Magd aus Aethiopia/die Phædria seiner lieben Thaidi schencken wolte/ das sie sey gekaufft vmb tres Minas,für drey Pfund / die machen nach Budæi rechnung/ dreissig Kronen. Vnd der Eunuchus/vnd die Magd aus Meereinland zusammen/sind gekaufft für zwantzig minas/die machen zwey hundert Kronen/Act. 3. Scen. 2. Denn Mina Attica heist zehen Kronen/wie das Täfflein de Ponderibus & Monetis anzeiget/Damit aber ein jeder im Terentio vnd auch sonsten in andern/beyde Geistlichen vnd Weltlichen Historien nach Budæi rechnung die Drachmas,Minas vnd Talenta zu Kronen rechnen könne, sol man auff nachfolgende drey Regeln fleissig acht haben.

Die

im Alten Testament.   24

Die erste Regel von den Drachmis.

Theile die Drachmas durch zehen/so werden nach Budæi rechnung Frantzösische Kronen darauß/denn 10. Drachmæ machen eine Krone/darumb so machen 20. Drachmæ 2. Kronen/30. Drachmæ 3. Kronen/40. Drachmæ 4. Kronen/90. Drachmæ 9. Kronen/100. Drachmæ 10. Kronen/nemlich/ein Minam oder Pfund.

Die ander Regel von den Minis.

Je Minas multiplicir durch 10. so werden Kronen drauß/denn 10. Kronen machen ein Minam oder Pfund. Demnach so machen 2. Minæ 20. Kronen/3. Minæ 30. Kronen/4. Minæ 40. Kronen/8. Minæ 80. Kronen/9. Minæ 90. Kronen/10. Minæ 100 Kronen/20. Minæ 200. Kronen/30. Minæ 300. Kronen/33. Minæ 330. Kronen/34. Minæ 340. Kronen/40. Minæ 400. Kronen/50. Minæ 500. Kronen/60. Minæ 600. Kronen/nemlich ein talentum.

Die dritte Regel von Talentis.

Je Talenta multiplicire durch 600. so werden Kronen darauß/denn 600. Kronen machen ein Talentum Atticum, darumb so machen 2. Talenta 1200. Kronen/3. Talenta 1800. Kronen/ 10. Talenta 6000. Kronen/20. Talenta 12000. Kronen/30. Talenta 18000. Kronen/100. Talenta 60000. Kronen/10000. Talenta 60. mahl hundert tausent Kronen/nemlich/60. Tonnen Golds etc. Vnd also kanstu alle Griechische Drachmas, Minas & Talenta gantz liederlich zu Kronen rechnen/allein das du acht habest auff das Talentum magnum, welches thut achthundert Kronen/ Terent. in Phorm. Act. 4. Scen. 3. Wo aber das Talentum magnum mit namen nicht eigentlich auß gedruckt wird/da mus der Text vom gemeinen Talentis verstanden werden.

Vom Croeso/dem mechtigen König in Lydia.

Herodot. lib. 1.

Dieser König Croesus hat ein statliche Legation abgefertiget gen Delphos/vnd den Abgott Apollinem fragen lassen/ob jm auch der Krieg/den er gegen Cyrum/den mechtigen König in Persia/fürgenom/zum glückseligem ende aus lauffen würde/vñ hat dazumal vnter vielen andern köstlichen gaben/gen Delphos gesand 1. gülden Löwen von lauterm Golde/ sehr künstlich gemacht: 10. Talent Goldes schwer/die machen 60000. Vngerische Goldgülden/vnser gewicht 1. ber die 4. Zentner reines Goldes/vnd vber das noch zwo weite grosse schalen/deren die eine von lauterm gold sehr kunstreich gemacht/neundhalb Talent goldes schwer gewesen/das wert also 51. tausent Vngerische goldgülden/vnser gewicht 3. Zentner/vñ 61. Pfund goldes/& duodecim Minarum, die machen nach Vngerischem golde/1200. Vngerische goldgülden/vnser gewicht vber die 9 Pfund goldes. Das also die gülden schale vnser gewicht/ wenn mans eigentlich ausrechnet/in alles gewogen hat 3. Centner 71. Pfund/vnd 26. loth goldes. Die ander schale hatte der treffliche berhümbte Künstler/Theodorus Samius/von Silber sehr kunstreich vnd köstlich ausgearbeitet/vnd war so gros/das 600 Amphoræ darein giengen/die machen 90. Ahmen Weins/wenn ein Ahme gerechnet wird zu 40. stübichen.

Für diese herrliche vnd köstliche gaben/hat König Croesus vom Teuffel eine heuchlische/zweyzüngige vnd betriegliche antwort bekomen/dadurch ist er angereitzet worden/zum Kriege wider Cyrum/den mechtigen König in Persia/vnd verlor darüber sein gantzes Königreich/ward auch selbst gefangen/vnd auff ein hauffen holtzes gesetzet/das er solte verbrandt werden/dieweil er aber mit erbermlicher stim schreiet: O Solon/O Solon/vnd ansaget das der weise Man Solon jhm zuvor gesaget/Wie niemand für seinem End selig zu schetzen were/ist jm aus mitleiden vom König Cyro das Leben geschencket worden. Also siehet man/wie der Teuffel diesen Croesum für seine milde Königliche gaben so vbel gelohnet hat. Solche vnd dergleichen mehr/mögen aus diesem Büchlein nach jeder Gewicht/Müntze vnd Mas proportionierung/desto besser verstanden werden/Der gütige Leser wolle jhns zu diesem mahl diese anleitung gefallen lassen/vnd der sachen
zu Gottes Lob vnd Preis weiter nach
dencken.

www.ingramcontent.com/pod-product-compliance
Lightning Source LLC
Chambersburg PA
CBHW022137300426
44115CB00006B/232